lonely planet

Kambodscha

Nick Ray
Greg Bloom, Daniel Robinson

PRASAT PREAH VIHEAR (S. 303)
Wer den höllisch anstrengenden Überlandtrip zu diesem Bergtempel auf sich nimmt, den erwarten Heiligtümer aus Stein und atemberaubende Aussichten
KOH KER (S. 298)
Die Ruinen dieser lange unzugänglichen Hauptstadt aus dem 10. Jh. bestaunen
TEMPELANLAGE ANGKOR WAT (S. 165)
Angkor Wat ist die „Mutter aller Tempel" und größte Ansammlung religiöser Bauwerke weltweit
BATTAMBANG (S. 270)
Hier locken Baufragmente aus längst vergangener Zeit, Radtouren zu Bergtempeln und der *norry*, ein etwas anderer Zug
KOH KONG CONSERVATION CORRIDOR (S. 216)
Dschungel, Mangrovensümpfe, Wasserfälle, Inseln und Strände des südlichen Kardamom-Gebirges erkunden
BOKOR-NATIONALPARK (S. 248)
Zwischen verfallenen Gebäuden aus der Kolonialzeit umherschlendern, den Blick auf die Küste genießen und durch den Regenwald spazieren
SIHANOUKVILLE (S. 226)
An Traumstränden entspannen, in unbekannten Gewässern tauchen, im Ream-Nationalpark wandern gehen und nachts um die Häuser ziehen
KAMPOT (S. 241)
Die hübsche, gemütliche Stadt am Flussufer ist die perfekte Basis für Ausflüge zu den Höhlen und Pagoden in der Umgebung
KEP (S. 251)
Kep-sur-Mer, Lieblingsferienort der französischen Kolonialherren, verzaubert Besucher mit seinem ganz besonderen Charme
THAILAND
Dangkrek-Gebirge (Chuor Phnom Dangkrek)
Chong Jom
O Smach
Choam Srawngam
Choam
Anlong Veng
Prasat Preah Vihear
Preah-Vihear-Waldschutzgebiet
Sra Em
Choam Ksant
Kulen-Prompep-Naturschutzgebiet
Banteay-Chhmar-Naturschutzgebiet
Samraong
NH69
NH68
ODDAR MEANCHEY
Banteay Chhmar
Thmor Pouk
Ang-Trapeng-Thmor-Waldschutzgebiet
Ang-Trapeng-Thmor-Reservat
Koh Ker
Kulen
SIEM REAP
Phnom-Kulen-Nationalpark
Srayong
BANTEAY MEANCHEY
Aranya Prathet
Poipet
NH5
Sisophon
Kralanh
Angkor-Naturschutzgebiet
Phnom Kulen (487 m)
Beng Mealea
Beng-Per-Naturschutzgebiet
Roneim-Daun-Sam-Naturschutzgebiet
Mongkol Borei
NH6
NH67
Svay Leu
Khvau
Ta Seng
Tempel von Angkor
Siem Reap
Preah Khan
Kouk Kduoch
Tonlé-Sap-Mehrzweckgebiet
Me Chrey
Dam Dek
Daun Lem
Kamrieng
Schwimmendes Dorf Chong Kneas
Sangker
Battambang
Komong Khleang
Kamping Poy
Tonlé-Sap-Biosphärenreservat
Tonlé-Sap-See
Ban Pakard
Psar Pruhm
Reang Kesei
Stoeng
Sambor Prei Kuk
Pailin
NH57
KRONG PAILIN
Treng
Stung
Boeng-Tonlé-Chhmar-Naturschutzgebiet
Samlaut-Mehrzweckgebiet
Moung Russei
NH6
BATTAMBANG
Kompong Thom
NH5
Kompong Luong
Pursat
Krakor
Phnom Krapang (1711 m)
Trat
Phnom-Samkos-Naturschutzgebiet
Stung Pouthisat
Phnom Samkos (1717 m)
PURSAT
Kompong Chhnang
Ko Chang
Zentrales Kardamom-Waldschutzgebiet
Phnom Aural (1813 m)
KOMPONG CHHNANG
NH5
Romeas
12° N
Kardamom-Gebirge (Chuor Phnom Kravanh)
Phnom Knang Trapeang (1213 m)
Phnom-Aural-Naturschutzgebiet
Udong
Khlong Yai
NH44
Ko Kut
Hat Lek
Cham Yeam
Südliches Kardamom-Waldschutzgebiet
KOMPONG SPEU
PHNOM PENH
Krong Koh Kong
Peam-Krasaop-Naturschutzgebiet
Takhmau
Kompong Speu
KOH KONG
Koh Kong Conservation Corridor
Chi Phat
Kiriom-Nationalpark
NH46
NH4
Koh Kong
NH2
NH48
Sre Ambel
NH3
Botum-Sakor-Nationalpark
Elefantengebirge (Chuor Phnom Damrei)
Angk Tasaom
11° N
Takeo
Golf von Kompong Som
NH4
KAMPOT
Koh Samit
Chhuk
Bokor-Nationalpark
Koh Rung
Veal Renh
Tani
NH2
KOMPONG SOM
KRONG KEP
NH31
Phnom Den
Kbal-Chhay-Waldschutzgebiet
Bokor-Bergstation
Kampot
Kompong Trach
Tuk Meas
Sihanoukville
Golf von Thailand
Koh Rung Samloem
Ream-Nationalpark
Koh Thmei
Kep-Nationalpark
Kep
Prek Chak
Xa Xia
Ha Tien
Koh Tonsay
Phu-Quoc-Insel
102° E
103° E

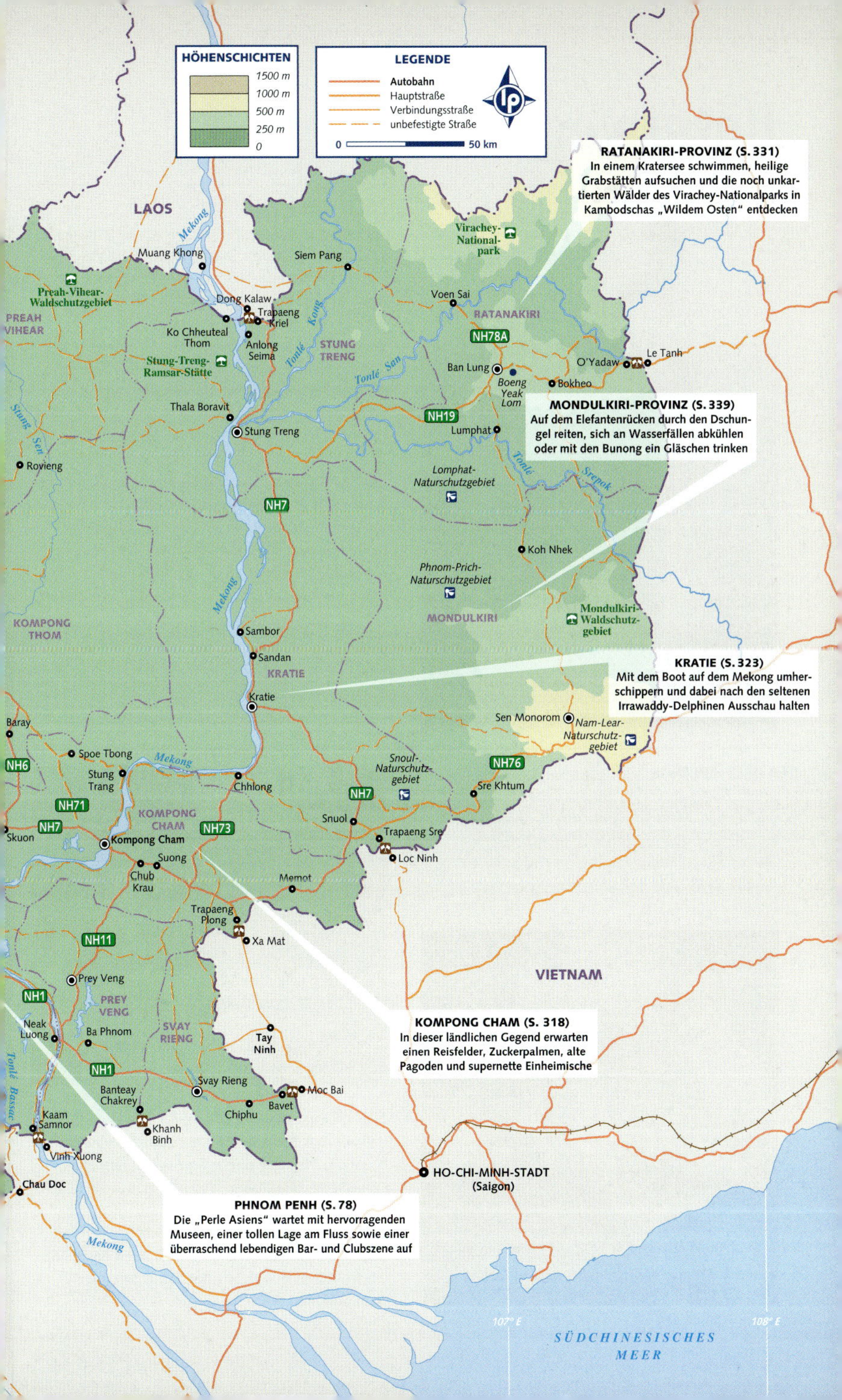

HÖHENSCHICHTEN
1500 m
1000 m
500 m
250 m
0
LEGENDE
Autobahn
Hauptstraße
Verbindungsstraße
unbefestigte Straße
0
50 km
RATANAKIRI-PROVINZ (S. 331)
In einem Kratersee schwimmen, heilige Grabstätten aufsuchen und die noch unkartierten Wälder des Virachey-Nationalparks in Kambodschas „Wildem Osten" entdecken
MONDULKIRI-PROVINZ (S. 339)
Auf dem Elefantenrücken durch den Dschungel reiten, sich an Wasserfällen abkühlen oder mit den Bunong ein Gläschen trinken
KRATIE (S. 323)
Mit dem Boot auf dem Mekong umherschippern und dabei nach den seltenen Irrawaddy-Delphinen Ausschau halten
KOMPONG CHAM (S. 318)
In dieser ländlichen Gegend erwarten einen Reisfelder, Zuckerpalmen, alte Pagoden und supernette Einheimische
PHNOM PENH (S. 78)
Die „Perle Asiens" wartet mit hervorragenden Museen, einer tollen Lage am Fluss sowie einer überraschend lebendigen Bar- und Clubszene auf
LAOS
VIETNAM
SÜDCHINESISCHES MEER
107° E
108° E
Mekong
Muang Khong
Siem Pang
Virachey-Nationalpark
Preah-Vihear-Waldschutzgebiet
PREAH VIHEAR
Dong Kalaw
Trapaeng Kriel
Voen Sai
RATANAKIRI
Ko Chheuteal Thom
Anlong Seima
Tonlé Kong
STUNG TRENG
NH78A
Le Tanh
O'Yadaw
Stung-Treng-Ramsar-Stätte
Tonlé San
Ban Lung
Boeng Yeak Lom
Bokheo
Thala Boravit
NH19
Stung Treng
Lumphat
Stung Sen
Rovieng
Lomphat-Naturschutzgebiet
Tonlé Srepok
NH7
Koh Nhek
Phnom-Prich-Naturschutzgebiet
Mondulkiri-Waldschutzgebiet
MONDULKIRI
KOMPONG THOM
Sambor
Sandan
KRATIE
Kratie
Sen Monorom
Nam-Lear-Naturschutzgebiet
Baray
Spoe Tbong
NH6
Stung Trang
Chhlong
Snoul-Naturschutzgebiet
NH76
Sre Khtum
NH71
NH7
KOMPONG CHAM
Skuon
Kompong Cham
NH73
Snuol
Trapaeng Sre
Loc Ninh
Suong
Chub Krau
Memot
Trapaeng Plong
Xa Mat
NH11
Prey Veng
PREY VENG
NH1
Neak Luong
Ba Phnom
SVAY RIENG
Tay Ninh
NH1
Svay Rieng
Moc Bai
Banteay Chakrey
Bavet
Chiphu
Tonlé Bassac
Kaam Samnor
Khanh Binh
Vinh Xuong
HO-CHI-MINH-STADT (Saigon)
Chau Doc

Unterwegs

NICK RAY HAUPTAUTOR

Dieses Foto entstand in der Nähe des fantastischen Bergtempels Prasat Preah Vihear (S. 303). Den Besucher erwartet eine herrliche Aussicht, denn in der Ferne verschmelzen die ausgedehnten Ebenen des Tieflands mit dem Horizont. Weil sich an der Grenze zwischen Thailand und Kambodscha gegenwärtig bewaffnete Soldaten gegenüberstehen, trifft man in der Gegend nur wenige Touristen. Eine Motorradtour auf kambodschanischer Seite gilt als echtes Abenteuer, ist wegen der angespannten Situation allerdings nicht ganz ungefährlich. Am Preah Vihear schlugen die Roten Khmer ihr letztes großes Gefecht, deshalb muss man auf Landminen achten. Außerdem sollte man die kräftigen Windböen nicht unterschätzen, die über den Bergrücken fegen, und auf keinen Fall zu nahe an den Abgrund herantreten!

DANIEL ROBINSON Auf der autofreien Mekong-Insel Koh Paen (S. 319) habe ich dieses Monster von einer Jackfrucht entdeckt: Bei dem Gedanken an ihr süßes, duftendes Fruchtfleisch lief mir gleich das Wasser im Mund zusammen. Die Kinder waren von mir ähnlich fasziniert wie ich von der Frucht.

GREG BLOOM Die berüchtigte 57 km lange „Straße" von Koh Nhek nach Lumphat ist eher ein holpriger Pfad. Sie endet am Srepok-Fluss in Lumphat (S. 338), ganz in der Nähe der Stelle, wo dieses Foto entstanden ist. Ich hatte übrigens gerade vier Stunden auf einem *moto* hinter mir! Von hier aus ging es dann weiter nach Ban Lung, wo ich mir eine wohlverdiente Erfrischung genehmigte.

Mehr zu den Autoren siehe S. 404.

Highlights

Kambodscha ist zwar ein relativ kleines Land, bietet aber eine Vielzahl an Attraktionen, die von alten Dschungeltempeln über einsame, windgepeitschte Nationalparks und herrliche Küstenstreifen mit vereinzelten Tropeninseln bis zu erlesenen Designerrestaurants reicht.

Den meisten Besuchern verschlägt es angesichts der Anlage in Angkor die Sprache und selbst Phnom Penh wartet mit einem fantastischen Sakralbau auf, der bekannten Silberpagode. Ausflüge aufs Land, z. B. nach Kep, das für seine leckeren Krebse berühmt ist, oder mit dem Bambuszug nach Battambang, bieten die Gelegenheit durchzuatmen.

Doch wohin es einen auch verschlägt, überall wird man freundlich und mit einem offenen Lächeln empfangen.

JOHN BANAGAN

1 BAYON, ANGKOR

Hier fühlt man sich ganz schön beobachtet, denn die hohen Türme von Bayon (S. 186) zieren mehr als 200 Gesichter aus Stein, angeblich allesamt Porträts des Khmer-Königs Jayavarman VII. Unter ihrem Blick kommt man sich richtig klein und unbedeutend vor.

Laurakb, Traveller

JULIET COOM

2 DIE KAMBODSCHANER

Auf dem Fahrrad haben wir sowohl die Hauptattraktionen des Landes als auch zahlreiche kleinere Städte und Dörfer besucht. Alle Orte hatten etwas gemeinsam: Wir wurden stets mit einem Lächeln und *Hello*-Rufen begrüßt, und da viele jüngere Kambodschaner sehr gut Englisch sprechen, konnten wir uns toll verständigen. Manche waren zunächst etwas schüchtern, aber mit ein paar Brocken Khmer (S. 395) haben wir das Eis ganz schnell gebrochen.

Claire Dann und Tabitha Langford, Traveller

ANDERS BLOMQV

3 TA PROHM

Ta Prohm (S. 195) befindet sich mitten im Dschungel und ist einer der beeindruckendsten Orte, die ich je gesehen habe. Die Tempelruinen liegen halb verdeckt unter gewaltigen Baumwurzeln, sodass hier echtes Lara-Croft-Feeling aufkommt!

Crisonthemove, Traveller

KÖNIGSPALAST & SILBERPAGODE

Angkor Wat raubt einem den Atem, doch der Königspalast (S. 89) in der Hauptstadt bietet ein wahres Fest für die Sinne! Der Boden der Silberpagode besteht aus strahlenden Silberfliesen und auch das Gelände rund um den Palast gilt als bemerkenswert. Kambodscha ist ein Land der Extreme, und hier lockt der opulente, königliche Teil.

moontorch, Traveller

4

CAROL WILEY

BATTAMBANG

Die Gegend rund um Battambang (S. 270) per Motorrad zu erkunden war einfach herrlich. Wir hatten *moto*-Fahrer angeheuert, die uns in kleine Ortschaften lotsten. Dort sahen wir bei der Herstellung von Reisnudeln zu und entdeckten zum Trocknen ausgelegte Chilischoten sowie große stinkende Fässer mit Fischpaste. Zuletzt stiegen wir über und über mit Staub bedeckt in den wunderbaren Bambuszug nach Battambang.

Sasha Baskett, Lonely Planet Mitarbeiterin

5

DANIEL BOAG

ANDREW BURKE

6

BOKOR-BERGSTATION

Ein Spaziergang zwischen den Ruinen dieses verlassenen Ortes (S. 248) ist sehr zu empfehlen. Die Bergstation wurde in den 1920er-Jahren von Franzosen errichtet und später von den Roten Khmer und vietnamesischen Truppen besetzt. Das unheimliche Hotel mit Einschusslöchern in den Wänden erinnert an das Gebäude aus dem Film *Shining*.

cheryn, Traveller

7 BAMBUSZUG

Man nehme einen Motor und eine Achse, platziere das Ganze auf Bahnschienen und lege eine Art Zaun oben drauf – fertig ist der berühmte Bambuszug (S. 273). Wir bitten Platz zu nehmen, sich gut festzuhalten und darauf zu hoffen, dass der zehnjährige Fahrer möglichen Gegenverkehr rechtzeitig vorausahnt. Es steht jedem frei, ein kurzes Stoßgebet zu sprechen.

providores, Traveller

NEIL SETCHFIELD / ALA

JERRY REDFERN / ONASIA

8 KREBSE

Kep (S. 251) mausert sich allmählich zu einem Mekka für frische Meeresfrüchte. Dass wir uns die Krustentiere aus den vielen schwimmenden Körben selbst aussuchen und bei ihrer Zubereitung zusehen konnten, machte diesen Trip zu einem echten Highlight. Der Wettbewerb ist hart, aber die Atmosphäre dennoch nett, außerdem war die Auswahl überwältigend. Als wir Kep hinter uns ließen, leckten wir uns noch immer die Lippen.

Annelies Mertens,
Lonely Planet Mitarbeiterin

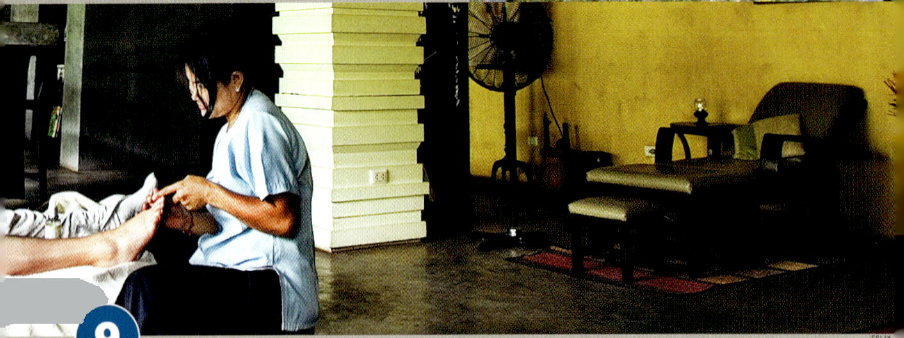

FELIX

9 EINE MASSAGE IN SIEM REAP

Nach einer schweißtreibenden Tempelbesichtigung gönnten wir uns eine entspannende Behandlung bei den blinden Masseuren von Siem Reap (S. 145). Es war nicht ganz leicht, sich zu verständigen, aber nach einigen witzigen Missverständnissen schlüpften wir in lockere Pyjamas und legten uns hin. Ich wurde von einer älteren Dame mit überraschend viel Kraft durchgeknetet: Ein in vielerlei Hinsicht inspirierendes Erlebnis, denn diese Frau überließ sich trotz ihrer Behinderung nicht ihrem Schicksal, sondern nutzte stattdessen ihre besondere Begabung und strotzte dabei vor Entschlossenheit.

Jennifer Garrett, Lonely Planet Mitarbeiterin

Inhalt

Regionalkarten

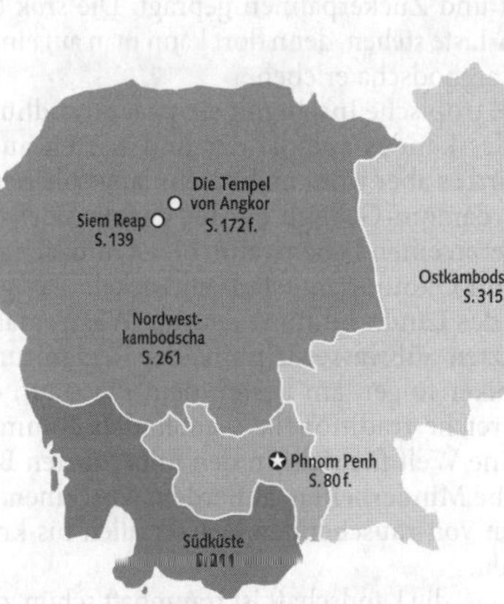

Reiseziel Kambodscha

KURZINFOS

Bevölkerung: 14,5 Mio.

Lebenserwartung: 62 Jahre

Kindersterblichkeit: 55 von 1000 Neugeborenen

BIP: 11,25 Mrd. US$ (2008)

Alphabetisierung: 76 %

Anzahl der Touristen pro Jahr: 2 Mio. (Tendenz steigend)

Anzahl der in Kambodscha lebenden Mönche: 60 000

Pro Jahr werden 290 000 bis 430 000 t Süßwasserfische gefangen

Gesamtgewicht der in Kambodscha abgeworfenen Bomben: 539 000 t

Anzahl der zugelassenen Psychiater: 26

Kambodschas Zauber kann man sich nur sehr schwer entziehen. In Angkor Wat, der Mutter aller Tempel und ein erstaunliches Zusammenspiel aus Symbolik, Symmetrie und Spiritualität, gehen Besucher auf Tuchfühlung mit den Göttern. Wenn dies bildlich gesprochen das Himmelreich ist, dann stellt Tuol Sleng die Hölle dar, in der man mehr über die Tötungsmaschinerie der Roten Khmer erfährt. Willkommen in einem geheimnisvollen Land, einem aufregenden Reiseziel mit einer gleichermaßen faszinierenden und erschreckenden Vergangenheit, wo man der Zukunft erwartungsvoll entgegenblickt.

Endlich sind drei Jahrzehnte voller Angst und Schrecken vorüber. Nun herrscht Frieden und die Einheimischen empfangen Traveller mit offenen Armen. Der Tourismus boomt, was vor allem Angkor, dem Wahrzeichen der Nation, aber auch dem hohen Abenteuerfaktor zu verdanken ist.

Kambodscha ging aus dem mächtigen Khmer-Reich hervor, das zu früheren Zeiten einen Großteil des heutigen Laos, Thailand und Vietnam umfasste. Wie dieses Imperium einmal ausgesehen hat, darauf lassen die sagenumwobenen Tempel von Angkor schließen, die in Südostasien ihresgleichen suchen. Sie verschlagen einem schlichtweg die Sprache und zeugen von der genialen Baukunst der Khmer. Nur wenige Orte auf der Welt wie Machu Picchu oder Petra sind ähnlich beeindruckend.

Doch das Königreich ist mehr als ein Land der schönen Tempel. In der chaotischen, aber faszinierenden Hauptstadt Phnom Penh werden politische Intrigen gesponnen und Reden geschwungen, während die agile Wirtschaft übermütig Purzelbäume schlägt. Oft lassen Südostasienreisende sie auf dem Weg nach Angkor links liegen, dabei erntet die Stadt viel Lob für ihre tolle Lage am Fluss, die kulturelle Renaissance und eine Restaurant- bzw. Ausgehszene, die sich problemlos mit der anderer Metropolen in der Region messen kann.

Siem Reap und Phnom Penh sind die bekanntesten Städte des Landes, stellen aber in vielerlei Hinsicht Mikrokosmen dar, die nichts mit der Realität des ländlichen Kambodscha gemein haben. Dort spielt sich der Alltag in einer anderen Geschwindigkeit ab und die zeitlos schöne Gegend ist von Reisfeldern und Zuckerpalmen geprägt. Die *srok* (Provinzen) sollten auf jeder To-do-Liste stehen, denn dort kann man auf einem *dar leng* (Rundgang) das echte Kambodscha erleben.

Herrliche tropische Inseln mit ein paar Strandhütten reihen sich vor der Südküste des Landes aneinander und warten auf ihre Entdeckung. So idyllisch wird es aber wohl nicht mehr lange bleiben. Landeinwärts erhebt sich das Kardamom-Gebirge, ein Teil der ausgedehnten Tropenwildnis, die scheuen Tieren einen Lebensraum bietet und sich nach und nach zu einer Spielwiese für Ökotourismusfans entwickelt. Der gewaltige Mekong gräbt sich durch das Land und führt enorme Wassermassen mit sich, in denen sich die letzten Süßwasserdelphine der Region tummeln. Radfahrer und Mountainbiker folgen am besten dem Flusslauf, da sie auf diese Weise durch zahlreiche traditionelle Gemeinden kommen. Der Nordosten ist ebenfalls eine Welt für sich: In den unberührten Bergregionen trifft man auf ethnische Minderheiten, außerdem wird einen das Angebot an Naturattraktionen von rauschenden Wasserfällen bis kristallklaren Kraterseen überwältigen.

Keine Frage, die Landschaft ist traumhaft schön, doch das Leben in Kambodscha stellt für den durchschnittlichen Einheimischen alles andere als ein

Zuckerschlecken dar. Nach wie vor gilt das Land als eines der ärmsten Asiens, und die Bevölkerung ist den Launen der Natur und manchmal auch der Politiker ausgeliefert. Laut dem UN Development Programme (UNDP; www.undp.org) sind die Verhältnisse in Kambodscha schlimmer als im Kongo oder auf den Salomonen, und so nimmt der Staat gerade eben einen Platz vor Myanmar ein. Darüber hinaus wies Transparency International (www.transparency.org) dem Königreich nur den Rang 158 unter 180 auf Korruption untersuchten Ländern zu. Die Gehälter der meisten Einheimischen fallen erschreckend gering aus. Oft ist das Jahreseinkommen lediglich dreistellig und selbst Staatsdiener wie Lehrer können ihren Lebensunterhalt mit dem Lohn nicht bestreiten.

Die hiesigen Naturschätze sind ein absolutes Highlight, doch das Paradies ist in Gefahr: Man holzt alte Wälder ab, um Platz für Plantagen zu schaffen, Flüsse werden auf ihre Eignung für den Betrieb großer Wasserkraftwerke hin untersucht und an der Südküste machen sich führende Ölgesellschaften breit. Zwar haben diese Entwicklungen der bereits erstarkten Wirtschaft zusätzlich unter die Arme gegriffen – zumindest, bis die Auswirkungen der weltweiten Finanzkrise spürbar wurden –, verpassten dem aufstrebenden Ökotourismus jedoch einen Dämpfer.

„Kambodscha kann mit einem Sternchen am Promihimmel verglichen werden, das gerade erst entdeckt wurde; jeder will etwas von ihm, aber längst nicht jedem liegt sein Wohlergehen am Herzen."

Kambodscha kann mit einem Sternchen am Promihimmel verglichen werden, das gerade erst entdeckt wurde; jeder will etwas von ihm, doch längst nicht allen liegt sein Wohlergehen am Herzen. Die Regierung möchte von den Möglichkeiten profitieren, die sich plötzlich eröffnen, denn der Staat war auf dem internationalen Parkett lange Zeit von wirtschaftlichen Schwergewichten gemieden worden. Jetzt werden Verträge jedoch fast wie Autogrammkarten unterzeichnet, deshalb machen sich viele Experten Sorgen über die langfristige Entwicklung des Landes. Beispielsweise haben die Chinesen Ende 2009 Fördergelder in Höhe von 1,1 Mrd. US-Dollar an Kambodscha ausgezahlt, wesentlich mehr als alle anderen Spender zusammengenommen, trotzdem sind an diese Unterstützung keine unangenehmen Bedingungen geknüpft. Wirklich nur ein spontaner Akt der Mildtätigkeit? Beijing hat jedenfalls ein anderes Credo als die EU.

Der Tourismus ist ein wahrer Segen für Kambodscha: Er bietet der jungen Generation eine Perspektive und Arbeit, hat das traditionelle Kunsthandwerk beflügelt und der Bevölkerung nach den dunklen Jahren des Kriegs und Genozids einen neuen Sinn für Nationalstolz verliehen. Die Kehrseite der Medaille sind der Sextourismus, die Ausbeutung von Arbeitskräften und die an Zulauf gewinnende Glücksspielkultur. Kambodscha ist in der dankbaren Situation, aus den Erfahrungen und Fehlern anderer Staaten in der Region lernen zu können, und könnte den Pfad hin zu einer nachhaltigen Tourismusbranche beschreiten. Allerdings stellt die Regierung, die schnelles Geld mittels kurzfristiger lukrativer Investitionen verdienen möchte, dabei eventuell einen Stolperstein dar. Noch weiß man nicht, ob das Königreich sämtlichen Wünschen und Anforderungen der Besucher gerecht werden kann, doch es steht auf jeden Fall eine neue Ära ins Haus und als Nächstes wird sich wahrscheinlich der „Kampf um die Strände" in den Vordergrund drängen.

Der Staat vereint zwei Seiten: Werden Stadtbewohner illegal vertrieben oder nimmt sich ein General nach Belieben Land, eröffnet gleichzeitig irgendwo eine Nichtregierungsorganisation eine neue Schule oder es entsteht eine Kläranlage, um die Lebensqualität der Bewohner eines Dorfes zu verbessern. Kambodscha ist wie Yin und Yang, es inspiriert und verunsichert. Je mehr Facetten man kennenlernt, desto mehr wird einem zum Weinen zumute sein – dabei kann es sich aber sowohl um Freuden- als auch um Kummertränen handeln.

„Davon abgesehen, dass sich hier das achte Weltwunder befindet, sind die Einwohner das kostbarste Gut des Landes."

Davon abgesehen, dass sich hier das achte Weltwunder befindet, sind die Einwohner das kostbarste Gut des Landes. Die Kambodschaner gingen durch die Hölle und haben Jahre des Blutvergießens, der Armut sowie politischer Instabilität hinter sich. Dank ihres unbeugsamen Naturells und ansteckenden Optimismus können sie aber trotz dieser harten Zeiten immer noch herzlich lachen. Aus diesem Grund wird wohl kein Traveller nach Hause zurückkehren, ohne ein besonderes Maß an Bewunderung und Zuneigung für die Bewohner des rätselhaften Königreichs zu empfinden.

Kambodscha, das sind traumhaft schöne Strände wie in Thailand ohne die nervigen Touristenmassen, das ist unberührte Natur wie in Laos und eine unbekannte, aber vorzügliche Küche wie in Vietnam. Das sind Tempel, neben denen die Anlagen in Myanmar (Birma) und Indonesien geradezu verblassen, und das ist das Herz Südostasiens, wo alles, was die Region zu bieten hat, in einem leicht verdaulichen Häppchen verpackt ist. Wer beabsichtigt, hier nur eine Woche zu verbringen, sollte seine Pläne dringend überdenken.

Bevor es losgeht

Eine Reise nach Kambodscha erlaubt einen Blick in die Seele Südostasiens. Die großartigen Tempel von Angkor bleiben unübertroffen und neben dem reichen Erbe des alten Khmer-Reiches warten die lebendige Hauptstadt Phnom Penh, kilometerlange, unberührte tropische Strände, der mächtige Mekong, eine lebendige Kultur und die freundlichsten Menschen der Region auf einen. Weil die Gegend nicht gerade zu den gut entwickelten Regionen der Welt zählt (was für manche gerade ihren Reiz ausmacht), sollte man Geduld und Humor mitbringen. Das Land steckt voller Überraschungen, also macht man sich am besten auf Abenteuer gefasst.

REISEZEIT

Kambodscha kann man das ganze Jahr über besuchen. Als ideal gelten der Dezember und der Januar, wenn es vergleichsweise wenig feucht ist, selten regnet und eine kühle Brise weht. Allerdings kommen in diesen Monaten auch die meisten Besucher ins Land.

Ab Anfang Februar steigt die Temperatur bis zum Killermonat April, wenn oftmals über 40 °C erreicht werden. Irgendwann im Mai oder Juni bis zum Oktober sorgt der Monsun aus dem Südwesten für Regen und eine hohe Luftfeuchtigkeit, die auch hartgesottene Traveller zum Schwitzen bringt. Trotzdem handelt es sich um keine schlechte Reisezeit, da der Niederschlag in kurzen, heftigen Güssen fällt. Angkor liegt inmitten von üppigem Grün und die Gräben sind voller Wasser. Wer abgelegene Gebiete besuchen will, wird es in diesen Monaten allerdings recht schwer haben.

Mehr zum Klima siehe S. 358.

Manche Besucher legen ihre Reise gerne auf eines der jährlich stattfindenden traditionellen Feste wie z.B. Bom Om Tuk oder auch das Khmer-Neujahr (S. 20).

PREISE

Reisekosten können in Kambodscha je nach Geschmack und Komfort das ganze Spektrum von sehr günstig bis unglaublich teuer umfassen. Pfennigfuchser kommen schon mit 15 US$ pro Tag aus, Budgetreisende, die es sich gerne gut gehen lassen, sollten rund 30 US$ einkalkulieren. Traveller mit mittlerem Budget benötigen täglich 75 bis 150 US$ für schicke Unterkünfte, gutes Essen und komfortable Transportmittel. Wer auf Luxus Wert legt, muss mindestens 200 US$ einplanen.

AN ALLES GEDACHT?

Am besten nimmt man so wenig Gepäck wie möglich mit, denn in Kambodscha findet man praktisch alles, was es zu Hause gibt, und das in der Regel günstiger. Seifen und Pflegeprodukte gibt's im Überfluss und Kleider, Schuhe bzw. Rucksäcke bekommt man zu einem Bruchteil des westlichen Preises. Tampons erhält man normalerweise in allen größeren Städten, jedoch nicht in abgelegeneren Gegenden.

Ein Schweizer Armeemesser oder etwas Ähnliches ist praktisch, 27 verschiedene Funktionen braucht man aber nicht. Auch Taschenlampe, Kompass, Speicherstick und eine Extra-Speicherkarte für den Fotoapparat sind hilfreich.

Darüber hinaus sollte man Ohrstöpsel gegen den Dauerlärm, einen Universalstecker, eine Rucksackregenhülle, Insektenschutzmittel und – ganz wichtig – Plastiktüten einpacken: Mit ihnen hält man nicht nur seine Siebensachen auseinander, sondern sie bleiben auch sauber und trocken. Und das ist viel wert nach einem langen Tag voller Regen.

Eine Unterkunft in beliebten Reisezielen bekommt man schon zwischen 2 und 5 US$. Für 10 bis 20 US$ locken Annehmlichkeiten wie Klimaanlage, Satelliten-TV, Kühlschrank und Warmwasser. Wenn man bereit ist, 50 US$ auszugeben, wird man mit Drei-Sterne-Standards und charmanten Boutique-Resorts belohnt. Ab 100 US$ winkt Fünf-Sterne-Komfort. In der Nebensaison, oder wenn wenig los ist, sollte man ruhig nach einem Nachlass fragen.

Die kambodschanische Küche mag zwar weniger bekannt sein als die thailändische und vietnamesische, kann aber durchaus mithalten. Snacks gibt's auf den Straßen oder Märkten. Eine komplette Mahlzeit ist schon ab etwa 2000 R zu haben, ein Festessen für wenige Dollar. Lokale Khmer-Restaurants bieten etwas mehr Annehmlichkeiten. Hier werden für ein Gericht rund 2 US$ verlangt. Etwas tiefer in die Tasche greifen muss man in schicken Khmer- sowie asiatischen und internationalen Restaurants. Dort bekommt man Gerichte ab 4 US$ in den günstigeren Läden bis hin zu 10 US$ in gehobenen Lokalen. 50 US$ und mehr muss löhnen, wer sich verschiedene Weine gönnen will.

WAS KOSTET WIE VIEL?

Hotelzimmer mit Klimaanlage 10–20 US$

Mahlzeit im Restaurant 4–15 US$

Internetzugang 0,40–2 US$ pro Std.

Cambodia Daily (Zeitung) 1200 R

Krama (karierter Schal) 1–2 US$

Zwischen Phnom Penh und Siem Reap kann man fliegen, außerdem verkehren zwischen zahlreichen beliebten Reisezielen Schnellfähren. Teilweise sind Bootsfahrten malerischer als Überlandtouren. Mittlerweile gibt es sogar ein anständiges Busnetz: Mit vielen Linien kommt man extrem günstig zwischen Städten und Ortschaften in ganz Kambodscha umher. Auf schlechten Straßen reist man am entspanntesten per Sammeltaxi oder Pick-up. Mit dem Zug kann man inzwischen nicht mehr fahren, da der Personenverkehr eingestellt wurde. Das ist aber gar nicht so schlecht, wenn man bedenkt, dass Tempo 20 üblich war. Am flexibelsten ist man, wenn man ein Auto oder Allradfahrzeug mit Fahrer mietet. Weitere Informationen siehe im Kapitel „Verkehrsmittel & -wege“ (S. 367).

Wer Angkor besuchen will, muss Eintrittsgelder einplanen. Ein Tagesticket kostet 20 US$, eine Karte für drei Tage 40 US$ und ein Wochenticket 60 US$. Zusätzliche Ausgaben entstehen durch die An- und Abreise von bzw. zu allen Ruinen. Ein Fahrrad bekommt man ab 2 US$, für ein *moto* (kleines Motorrad mit Fahrer) werden rund 8 US$, für ein *remork-moto* (Motorrad mit Anhänger, auch als *tuk tuk* bekannt) 10 bis 15 US$ und für ein Auto 25 bis 50 US$ verlangt.

Ob man viel oder wenig Geld zur Verfügung hat, spielt keine Rolle, denn Kambodscha hält für jeden das Richtige bereit. Deshalb kann wirklich jeder das Land genau so genießen, wie es ihm am liebsten ist.

VERANTWORTUNGSVOLL REISEN

Seit Erscheinen des ersten Lonely Planet Reiseführers im Jahr 1973 ermutigen wir unsere Leser, sich beim Besuch anderer Länder vorsichtig und verantwortungsvoll zu verhalten und auch mal die ausgetretenen Pfade zu verlassen. Auslandsreisen nehmen in sagenhaftem Ausmaß zu. Wir glauben noch immer fest an die Vorteile dieser Trips, aber trotzdem sollte man die Konsequenzen bedenken, die für die globale Umwelt, die heimische Wirtschaft und Kultur und das Ökosystem entstehen.

Kambodscha musste schlimme Zeiten durchleben und jeder Traveller kann dem kleinen Land mit einfachen Mitteln Gutes tun, indem er z. B. ein wenig länger bleibt, weiter reist und auch abgelegene Regionen ansteuert. Darüber hinaus hilft es, wenn man die lokalen Märkte frequentiert und Geld in Restaurants bzw. Geschäften ausgibt, die benachteiligte Einheimische unterstützen. Weitere Tipps findet man im Kasten auf S. 64, im Kapitel „Essen & Trinken“ sowie in den Abschnitten „Essen“ und „Shoppen“ der Kapitel „Phnom Penh“, „Siem Reap“ und anderer Städte.

TOP 10

ALTE TEMPEL

Kambodscha ist Asiens Tempelmekka. Besucher haben die Wahl zwischen majestätischen Bergtempeln, vergessenen Dschungelfestungen, spektakulären Flussbetten und Ziegelstädten.

1 Angkor Wat (S. 180), die Mutter aller Tempel
2 Banteay Chhmar (S. 288), eine vergessene Tempelanlage im Nordwesten
3 Banteay Srei (S. 203), ein Juwel in der Krone der Angkor-Kunst
4 Bayon (S. 186) mit seinen 216 rätselhaften Gesichtern
5 Beng Mealea (S. 206), so groß wie Angkor, doch von Pflanzen überwuchert
6 Kbal Spean (S. 204), der „Fluss der Tausend Lingas"
7 Koh Ker (S. 298), Hauptstadt der Eroberer
8 Prasat Preah Vihear (S. 303), der spektakulärste der Bergtempel
9 Sambor Prei Kuk (S. 308), die erste Tempelstadt der Region
10 Ta Prohm (S. 195), das noch so ist, wie die ersten Entdecker es vorfanden

DIE TRAGÖDIE VON KAMBODSCHA IN WORTEN

Im krassen Gegensatz zu den Triumphen des Angkor-Reichs steht die dunkle Leere der 1970er. Ein halbes Jahrzehnt dauerte der brutale Bürgerkrieg, der schließlich die Roten Khmer an die Macht brachte. In einer blutigen Revolution drehte das Regime die Uhren zurück zur Stunde Null. Am besten macht man sich vor einem Besuch des Landes über die grausamen Geschehnisse schlau.

1 *Schattenkrieg: Kissinger, Nixon und die Zerstörung Kambodschas* von William Shawcross (1982)
2 *A History of Cambodia* von David Chandler (1994)
3 *Sihanouk: Prince of Light, Prince of Darkness* von Milton Osbourne (1994)
4 *The Pol Pot Regime* von Ben Kiernan (1996)
5 *Voices from S-21* von David Chandler (1999)
6 *Der weite Weg der Hoffnung* von Luong Ung (2001)
7 *The Gate* von François Bizot (2003)
8 *Meine Heimat – euer Krieg: Kindheit in Kambodscha* von Saovory Kim Sam (2008)
9 *Der Deich der Witwen: Eine Frau in der Hölle der Roten Khmer* von Denise Affonço (2009)
10 *Die Kinder der Killing Fields* von Erich Follath (2009)

ABENTEUER

Wer Abenteuer liebt, kommt nach Kambodscha. Die Straßen sind vielleicht schlecht, aber was man erlebt, vergisst man nie mehr.

1 Durch die Wildnis nach Prasat Preah Vihear (S. 303) pilgern
2 Am Strand der schönen Insel Koh Kong (S. 219) relaxen
3 Die Wälder des Virachey-Nationalparks (S. 338) erkunden
4 Im Einbaum durch die überfluteten Wälder von Kompong Pluk (S. 163) paddeln
5 Die Höhlenpagoden (S. 247 und S. 250) der Kampot-Provinz durchstreifen
6 In Battambang in den Bambuszug, Kambodschas Regionalexpress (S. 273), steigen
7 An der Tempelanlage Preah Khan (S. 296) im Dschungel campen
8 In Prek Toal (S. 162) einige der seltensten großen Wasservögel Asiens beobachten
9 Sich den Mekong Discovery Trail (S. 326) mit dem Mountainbike vornehmen
10 Wie einstige Entdecker in die Regenwälder des Kardamom-Gebirges eindringen (S. 216)

Folgende Webseiten bieten Informationen zum nachhaltigen Tourismus und geben Tipps zum verantwortungsvollen Reisen:

Cambodia Community-Based Ecotourism Network (www.ccben.org) Offizielle Internetseite zur Förderung des gemeindebasierten Ökotourismus in Kambodscha. Außerdem findet man hier weitere Infos zu landesweiten Projekten und Initiativen.

ChildSafe (www.childsafe-cambodia.org) Die Kampagne ChildSafe will den Sextourismus stoppen und Kinder vor allen Formen der Ausbeutung zu schützen.

ConCERT (www.concertcambodia.org) Eine in Siem Reap ansässige Organisation, die „Gemeinden, Umwelt und verantwortungsvollen Tourismus miteinander verbindet".

Heritage Watch (www.heritagewatchinternational.org) Ziel der Nichtregierungsorganisation ist es, das Interesse an abgelegenen Kulturstätten und deren Schutz zu wecken.

Mekong Discovery Trail (www.mekongdiscoverytrail.org) Auf der offiziellen Webseite des Mekong Discovery Trail werden Tourismusinitiativen am oberen Mekong vorgestellt.

Responsible Travel (www.responsible-travel.org) Gute Tipps zum gewissenhaften Reisen.

Sam Veasna Center for Wildlife Conservation (www.samveasna.org) Die beste Informationsquelle für einen umweltverträglichen Besuch von Kambodschas herrlichen Vogelschutzgebieten.

Stay Another Day (www.stay-another-day.org) Ein toller Internetauftritt, der Touristen dazu ermutigen soll, einen Tag länger im Land zu bleiben. Hier findet man zahlreiche Vorschläge für Ausflüge und Projektbesuche.

REISELEKTÜRE

Als Klassiker gilt Norman Lewis' *A Dragon Apparent: Travels in Cambodia, Laos & Vietnam* (1951), eine Schilderung seines Vorstoßes 1950 nach Indochina, das bald untergehen sollte. Während seiner Reisen umrundete er den See Tonlé Sap und legte in Ankor einen Zwischenstopp ein. Das Buch wurde als Teil von *The Norman Lewis Omnibus* (1995) neu aufgelegt.

Von Autoren, die ihre Länder kennen und lieben, stammt das Buch *To Asia with Love: A Connoisseur's Guide to Cambodia, Laos, Thailand and Vietnam* (2004). Der Sammelband wurde von Kim Fay herausgegeben und ist eine reizvolle Vorstellung Kambodschas und der Mekong-Region für alle, die Inspiration und Abenteuer suchen. 2010 erschien zudem das Werk *To Cambodia with Love.*

Henri Mouhots *Travels in Siam, Cambodia, Laos and Annam* (1864) bietet Einblicke in die Geschichte des Mannes, der Angkor „wiederentdeckte".

Jon Swains *River of Time* (1995) versetzt den Leser zurück in das alte Indochina mitten im Wahnsinn des Krieges und schildert aus erster Hand die schwierige Lage der französischen Botschaft in den ersten Tagen nach der Machtübernahme durch die Roten Khmer.

In *Derailed in Uncle Ho's Victory Garden* (1995) versucht der legendäre Fotograf Tim Page zu ergründen, warum der Fotojournalist Sean Flynn (Errol Flynns Sohn) 1970 in Kambodscha verschwand. Mit seinem Werk setzt Page zudem den auf allen Seiten des Indochinakriegs gefallenen Korrespondenten ein Denkmal.

Als hervorragende Schilderung des Lebens auf dem Mutterfluss gilt *The River's Tale: A Year on the Mekong* (2001) von Edward Gargan. Der ehemalige Kriegsgegner, der zum Auslandskorrespondenten wurde, schildert aus seiner Perspektive, wie sich Kambodscha und dessen Nachbarländer wieder aufgerappelt haben.

In *Ein Bus namens Wanda – Abenteuer Alltag entlang des Mekonks* begibt sich Volker Häring per Fahrrad, Bus und Boot auf eine Reise entlang des mächtigen Flusses und erzählt von seinen dort erlebten Abenteuern und Begegnungen.

The Indochina Chronicles (2005) von Phil Karber sind ein lebendiger Reisebericht, in dem der Autor von seinen Abenteuern und Missgeschicken in Kambodscha, Laos und Vietnam berichtet.

Amit Gilboas *Off the Rails in Phnom Penh – Into the Dark Heart of Guns, Girls and Ganja* (1998) handelt von düsteren Themen wie Prostitution und Drogen. Gilboa nimmt sich damit einer Seite Kambodschas an, auf die viele Einheimische nicht gerade stolz sind.

Die ultimative Veralberung eines Reiseführers ist *Phaic Tăn: Land des krampfhaften Lächelns* (2008), eine Persiflage auf Südostasien, in der so gut wie niemand verschont wird, weder Einheimische noch Traveller und noch nicht einmal Reisebuchautoren ...

INFOS IM INTERNET

Andy Brouwer's Cambodia Tales (www.andybrouwer.co.uk) Die Webseite rund um Kambodscha enthält ausführliche Links zu anderen Seiten, regelmäßig neue Reiseartikel und einen beliebten Blog.

Angkor Wat Portal (www.angkor.com) Links zu verschiedenen interessanten Themengebieten.

Biking Southeast Asia with Mr. Pumpy (www.mrpumpy.net) Beste, wenn auch veraltete Internetseite für Radfahrer, die Kambodscha durchqueren wollen. Verfasst wurde die offenherzige und humorvolle Seite von Mr. Pumpys bestem Freund Felix Hude.

Expat Advisory (www.expat-advisory.com) Webseite mit Neuigkeiten und Veranstaltungen, die sich vor allem an Auswanderer richtet. Aktuelle Informationen zu Events in Phnom Penh.

Lonely Planet (www.lonelyplanet.com) Tipps zur Reise nach bzw. in Kambodscha, Reiseforum Thorn Tree und aktuelle Neuigkeiten.

Ministry of Tourism (www.mot.gov.kh) Die offizielle kambodschanische Tourismusseite ist veraltet, doch es gibt einige nützliche Links zu Hotels, Restaurants und Reisebüros.

Tales of Asia (www.talesofasia.com) Detaillierte Informationen zu Überlandreisen in Kambodscha, darunter auch zur Route Bangkok–Siem Reap.

Things Asian (www.thingsasian.com) Auf dieser Seite findet man jede Menge zur Kultur in der Mekong-Region, darunter zur Architektur, Literatur und Mode.

Veranstaltungskalender

Am besten plant man seine Reise so, dass man wenigstens eines von Kambodschas großen Festen miterleben wird. Feiertage und Ferien richten sich nach dem Mondkalender, deshalb variieren die Termine von Jahr zu Jahr. Im Internet erfährt man die genauen Daten.

JANUAR–APRIL

CHAUL CHNAM CHEN (CHINESISCHES NEUJAHR) Ende Jan.–Mitte Feb.
Kambodschas chinesische Bewohner feiern Neujahr zwischen Ende Januar und Mitte Februar. Vietnamesen nennen dieses Fest Tet. Da zahlreiche Geschäfte in Phnom Penh von Chinesen geführt werden, steht der Handel zu dieser Zeit des Jahres still und in der ganzen Stadt werden Drachentänze aufgeführt. Viele Vietnamesen, die in Kambodscha leben, kehren dann für mindestens eine Woche in ihr Heimatland zurück.

CHAUL CHNAM CHEN (KHMER-NEUJAHR) Mitte April
Diese dreitägige Feier ist wie Weihnachten, Neujahr und Geburtstag am selben Tag. Kambodschaner legen zu diesem Datum Opfergaben in Wats nieder, putzen ihre Häuser und tauschen Geschenke aus. Es handelt sich um eine schöne Besuchszeit, weil sich die Einheimischen mit Wasser und Talkum austoben, sodass viele verwirrte Touristen im Anschluss aussehen wie Gipsfiguren. Große Menschenmengen versammeln sich am Wat Phnom in der Hauptstadt. Frauen aufgepasst: Hier sind jede Menge junge, übereifrige Männer unterwegs. Angkor platzt fast aus allen Nähten und in den meisten Tempeln herrscht Chaos. Wer die Anlage lieber in Ruhe kennenlernen will, sollte die Feier also meiden. Dennoch wird nirgendwo so exzessiv wie in Thailand oder Laos gefeiert.

MAI–AUGUST

CHAT PREAH NENGKAL (KÖNIGLICHE PFLÜGEZEREMONIE) Anf. Mai
Angeführt wird diese Zeremonie von der Königsfamilie. Das landwirtschaftliche Fest läutet den traditionellen Beginn der Reisanbausaison ein und findet vor dem Nationalmuseum (S. 90) in Phnom Penh statt. Angeblich riechen die königlichen Ochsen, ob die Ernte gut oder schlecht ausfallen wird.

VISAKHA PUJA (BUDDHA-TAG) Mai/Juni
Fast alle Aktivitäten zur Feier von Buddhas Geburt, Erleuchtung und *parinibbana* (Hinscheiden) finden rund um die Tempel statt. Das Fest wird am achten Tag des vierten Mondes gefeiert. Am besten steuert man Angkor Wat an, wo Mönche eine Prozession mit Kerzen durchführen.

SEPTEMBER–DEZEMBER

P'CHUM BEN (FEST DER VERSTORBENEN) Sept./Okt.
Dieses mehrtägige Fest entspricht in etwa Allerseelen. Man gedenkt der Toten, indem man Opfergaben in die Tempel bringt, z. B. Papiergeld, Blumen, Kerzen und Weihrauch sowie Essen und Trinken, das über die Mönche an die Verstorbenen weitergegeben wird. Von gläubigen Buddhisten wird erwartet, dass sie während der Feierlichkeiten sieben Wats besuchen.

BON OM TUK (WASSERFEST) Okt./Nov.
Bei diesem Fest wird der glorreiche Sieg von Jayavarman VII. über die Cham gefeiert, die Angkor 1177 eroberten. Gleichzeitig feiert man das beeindruckende Naturschauspiel, bei dem der Fluss Tonlé Sap seine Fließrichtung ändert. Es handelt sich um einen der wichtigsten Termine im kambodschanischen Kalender und um eine wunderbare, wenn auch chaotische Zeit für einen Besuch in Phnom Penh oder Siem Reap. Bootsrennen finden auf den Flüssen Tonlé Sap und Siem Reap statt. Jeder der bunt geschmückten Kähne hat 40 Ruderer an Bord. Ganze 2 Mio. Menschen kommen in die Hauptstadt, um dem fröhlichen Fest beizuwohnen, zu dem auch Livekonzerte, Imbissstände, Fahrgeschäfte und Feuerwerk gehören, deshalb sollte man rechtzeitig im Voraus eine Unterkunft reservieren.

Reiserouten

KLASSISCHE ROUTEN

KURZTRIP

Zwei Wochen

Egal, von wo aus man startet: Diese Tour führt einen zu herrlichen Tempeln, Stränden und in die Hauptstadt. In **Phnom Penh** (S. 78) sollte man sich das beeindruckende **Nationalmuseum** (S. 90) und die **Silberpagode** (S. 90) nicht entgehen lassen. Tolle Shoppingmöglichkeiten bietet der **Psar Tuol Tom Pong** (S. 128), zudem kommt hier das **Nachtleben** (S. 122) quasi nie zur Ruhe.

Per Schnellboot gelangt man nach **Phnom Da** (S. 258) und in die alte Kolonialstadt **Kampot** (S. 241). Von dort geht's zu der **Bokor-Bergstation** (S. 248), der am Meer gelegenen Stadt **Kep** (S. 251) sowie den Höhlenpagoden bei **Phnom Chhnork** (S. 247) und **Phnom Sorsia** (S. 247).

Richtung Westen lockt **Sihanoukville** (S. 226), Kambodschas Strandhauptstadt. Anschließend fährt man zurück nach Phnom Penh und weiter nach **Kompong Thom** (S. 306). Bei der Erkundung der Backsteintempel von **Sambor Prei Kuk** (S. 308) gibt's einen Vorgeschmack auf spätere Highlights.

Beendet werden sollte die Tour in Angkor. Die steinerne Perfektion von **Angkor Wat** (S. 180) und die unheimlichen Ruinen von **Bayon** (S. 186) und **Ta Prohm** (S. 195) sind wirklich überwältigend. Danach geht's weiter landeinwärts nach **Kbal Spean** (S. 204) oder ins dschungelüberwucherte **Beng Mealea** (S. 206).

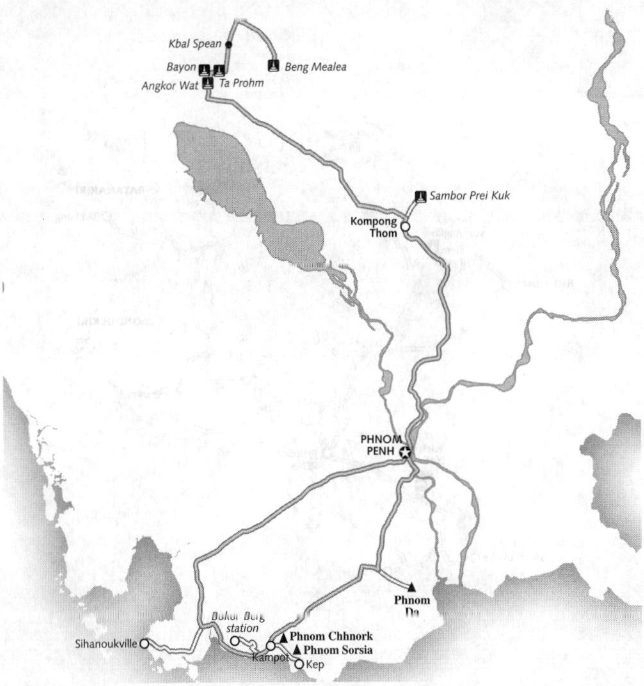

Dieser Trip dauert zwei Wochen, wenn man zügig reist, oder drei, wenn man es gemächlicher angeht. Der größte Teil der Route wird durch öffentliche Verkehrsmittel abgedeckt. Für Abstecher nach Kep und Sambor Prei Kuk kann man sich ein Motorrad leihen und in Angkor ein *remork-moto (tuk tuk)* ausprobieren. Mehr Geld und weniger Zeit? Dann mietet man am besten ein Auto.

DIE GROSSE TOUR

Ein Monat

Kambodscha ist ein kleines Land, sodass man die größten Highlights trotz der schlechten Straßen in einem Monat besuchen kann.

Man startet in **Phnom Penh** (S. 78), genießt die Schönheit des Nordostens und folgt der „Hügeltour" (S. 24). Dann geht's entweder in die **Ratanakiri-** (S. 331) oder in die **Mondulkiri-Provinz** (S. 339). Mondulkiris sanfte Hügel eignen sich besser für Budgetreisende, da man hier problemlos vorankommt. Ratanakiri ist dagegen eine gute Ausgangsbasis für Traveller, die Kambodscha und Laos bereisen möchten. Da fällt die Entscheidung schwer ...

Nun geht's über die „Kurztrip"-Strecke (S. 21) zur Südküste, wo man z. B. ein paar Tage in **Kep** (S. 251) oder auf einer der nahe gelegenen Inseln verbringen kann. Alternativ unternimmt man von **Sihanoukville** (S. 226) eine Bootstour zu den Inseln vor der Küste. Auf dem Rückweg zur Hauptstadt sollte man den **Kirirom-Nationalpark** (S. 136) besuchen. In den hiesigen Piniewäldern leben Schwarzbären, außerdem lockt ein spektakulärer Ausblick auf das Kardamom-Gebirge.

Im Nordwesten liegt das charmante **Battambang** (S. 270), eine der am besten erhaltenen Kolonialstädte Kambodschas. Von dort aus kann man das Landleben erkunden und eine Fahrt mit dem Bambuszug unternehmen. Danach geht's per Boot auf dem schlangenbewohnten Sangker nach **Siem Reap** (S. 137) und zu den sagenhaften **Tempeln von Angkor** (S. 165).

Hinterher sollte man sich noch Zeit nehmen, um die im dichten Dschungel versteckte einstige Hauptstadt **Koh Ker** (S. 298) zu erkunden. Oder man steuert **Prasat Preah Vihear** (S. 303) an: Dieser Bergtempel thront direkt an einem schwindelerregenden Abgrund nahe der thailändischen Grenze.

Wer mehrere Länder besucht, kann in umgekehrter Richtung reisen, also in Siem Reap starten und auf dem Fluss nach Vietnam oder Laos fahren. Wenn man aus Laos einreist, sollte man zuerst das östliche Ratanakiri und dann den Süden ansteuern. Normalerweise kommt man problemlos voran, denn auf großen Straßen verkehren Busse und auf kleinen Taxis. Außerdem wimmelt es auf vielen Flüssen von Booten.

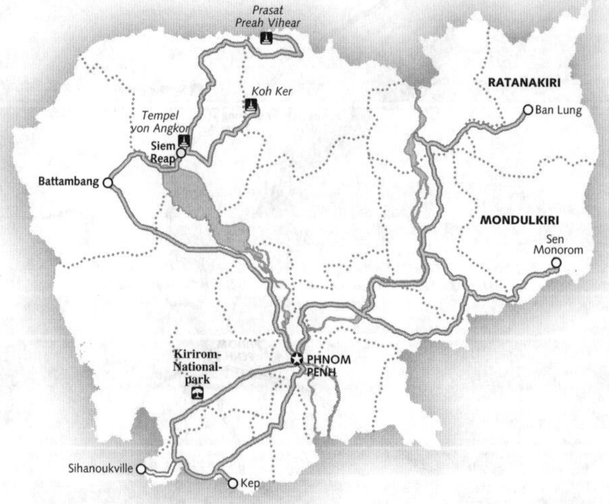

ABSEITS AUSGETRETENER PFADE

DIE VERLORENEN TEMPEL DES NORDWESTENS

Die prachtvollen Tempel von Angkor repräsentieren die Hauptstadt eines konkurrenzlosen Reichs, das ganz Südostasien umfasste. Im Dschungel liegen mehrere seit Jahrhunderten vergessene, faszinierende Denkmäler, die einen guten Grund liefern, die Reise um einige Tage zu verlängern.

Diese anstrengende Tour führt über eine Menge holprige Straßen und verbindet einen Besuch der lebhaften Hauptstadt Phnom Penh mit Siem Reap, dem Tor zu Angkor. Von **Phnom Penh** (S. 78) geht's zunächst Richtung Norden durch **Kompong Thom** (S. 306) und weiter zur präangkorianischen Hauptstadt **Sambor Prei Kuk** (S. 308), Asiens erster Tempelstadt. Hier lässt man die Zivilisation hinter sich und beginnt die anstrengende Fahrt (nur in der Trockenzeit möglich) nach Nordwesten zum Dschungeltempel **Preah Khan** (S. 296), einem der größten Gebäudekomplexe aus der Angkor-Zeit.

Dann geht's weiter nach **Koh Ker** (S. 298). Die Wälder rund um die Hauptstadt aus dem 10. Jh. sind von zahlreichen Denkmälern übersät.

Prasat Preah Vihear (S. 303) raubt vielen Besuchern den Atem, denn seine Grundmauern erstrecken sich bis an den Rand einer steil abfallenden Klippe. Danach macht man sich auf nach **Siem Reap** (S. 137). Unterwegs passiert man **Anlong Veng** (S. 291), die frühere Hochburg der Roten Khmer mit der Einäscherungsstätte von Pol Pot. Die Reise endet entweder mit einem Besuch der obligatorischen **Tempel von Angkor** (S. 165) oder – für ganz Unermüdliche – mit einem Ausflug zum wunderschönen **Banteay Chhmar** (S. 288).

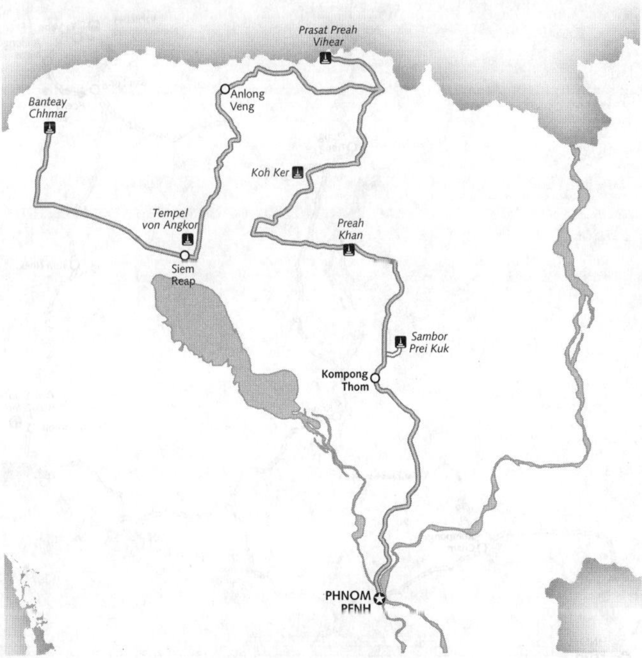

Dieser Trip ist anstrengend, denn es gibt kaum öffentliche Verkehrsmittel. Er dauert mindestens eine Woche und sollte nicht in der Regenzeit unternommen werden. Geübte Motorradfahrer können für die Strecke ein Geländemotorrad mieten. Am komfortabelsten sind Wagen mit Allradantrieb, aber man kann auch mit einer Kombination aus Pick-ups und *motos* (kleines Motorrad mit Fahrer) reisen – danach braucht man allerdings eine Massage.

HÜGELTOUR

Kambodschas Nordosten ist eine Welt für sich: Hier lockt eine relativ kühle Landschaft aus Bergen und versteckten Wasserfällen, in der viele Minderheiten leben. Einige nutzen bis heute Elefanten als Transportmittel.

Nachdem man **Phnom Penh** (S. 78) und das lebhafte **Kompong Cham** (S. 318) hinter sich gelassen hat, geht's Richtung Osten nach **Sen Monorom** (S. 339). In der charmanten Hauptstadt der Mondulkiri-Provinz sollte man ein paar Tage bleiben, um im **Bou-Sraa-Wasserfall** (S. 344) zu baden, mehr über die beeindruckenden **Elefanten** (S. 343) zu erfahren und Bunong-Dörfer zu erkunden. Danach steht **Kratie** (S. 323) auf dem Plan. Das hübsche Städtchen dient als Ausgangsbasis für eine Begegnung mit dem seltenen Irrawaddy-Delphin, der stromaufwärts zu finden ist.

Auf dem Mekong reist man Richtung Norden zur **Stung-Treng-Provinz** (S. 328), wo erste ökotouristische Projekte verwirklicht werden und sich unweit der laotischen Grenze weitere Delphine tummeln. In östlicher Richtung erstreckt sich **Ban Lung** (S. 332), Hauptstadt der Ratanakiri-Provinz und Startpunkt für eine unvergessliches Tour. Von hier aus erreicht man das schönste natürliche Schwimmbecken Kambodschas, den **Boeng Yeak Lom** (S. 333), ethnische Minderheitendörfer rund um **Voen Sai** (S. 336) und **Andong Meas** (S. 337). Darüber hinaus kann man ein Flussabenteuer auf dem Tonlé Sap bei **Ta Veng** (S. 337) erleben oder eine Wanderung durch den **Virachey-Nationalpark** (S. 338) unternehmen. Motorradfahrer können die Provinzen Mondulkiri und Ratanakiri besuchen, indem sie über das Dorf **Koh Nhek** (S. 346) reisen. Die Strecke von Sen Monorom nach Koh Nhek ist ein Kinderspiel, aber danach gibt's keine Straßen mehr und man braucht unbedingt einen kundigen *moto*-Fahrer, der einen führt.

Auf den Hauptstraßen geht's per Gemeinschaftstaxi oder Pick-up voran, doch in der Regenzeit ist die Strecke fürchterlich. Zwischen den Provinzen Mondulkiri und Ratanakiri wartet ein teuflischer Teilabschnitt auf (erfahrene) Motorradfahrer. Ab Ratanakiri können Überlandtouristen dann nach Laos weiterreisen.

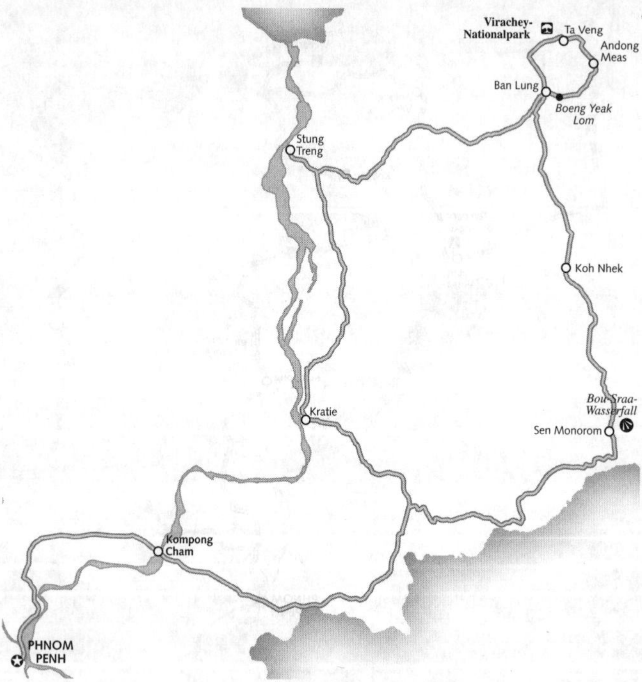

MASSGESCHNEIDERTE TOUREN

DAS WILDE KARDAMOM-GEBIRGE & DIE UNERFORSCHTE KÜSTE

Auf einer Reise entlang des **Koh Kong Conservation Corridor** (S. 216) im tiefen Südwesten kann man die verschiedenen Ökosysteme des Kardamom-Gebirges vom pinienbewaldeten Hochland über dichte Regenwälder bis zur mangrovengesäumten Küstenlinie und unberührten Stränden erkunden. Per *moto* oder Boot startet man vom ehemaligen Schmugglerhafen **Krong Koh Kong** (S. 210) zum **Tatai-Fluss** (S. 217), wo sich ein paar Ökolodges befinden. Landeinwärts stößt man in den geschützten Wäldern des zentralen Kardamom-Gebirges auf die **Thma-Bang-Rangerstation** (S. 219). Hier kann man am Areng-Fluss den Lebensraum des vom Aussterben bedrohten Drachenfisches und der Siam-Krokodile (S. 221) erkunden.

Darüber hinaus ist Krong Koh Kong eine gute Ausgangsbasis für einen Ruderausflug durch die Mangrovenwälder des **Peam-Krasaop-Naturschutzgebiets** (S. 218) und zur **Koh-Kong-Insel** (S. 219), deren Westseite sieben unberührte Strände mit versteckten Lagunen säumen. Die Nordwestküste des **Botum-Sakor-Nationalparks** (S. 221) liegt gleich gegenüber dem Inselkanal, aber die herrlichen Strände weiter südlich sind von **Koh Sdach** (S. 222) aus leichter zu erreichen. Auf die Insel gelangt man mit der **Fähre zwischen Sihanoukville und Koh Sdach** (S. 238). Ganz in der Nähe locken einige herrliche Schnorchelspots. Wer die mangrovengesäumte Ostküste des Nationalparks mit dem **Ta-Op-Fluss** (S. 221) und vielen Affen besuchen möchte, mietet in **Andoung Tuek** (S. 222) ein Boot. Damit kann man auch einen Ausflug stromaufwärts zum Dorf **Chi Phat** (S. 222) unternehmen. Dieser Ort geriet wegen seiner vielen Wilderer in Verruf, doch heute befindet sich hier ein zukunftsweisendes Ökoprojekt, das sich auf gemeindebasierten Tourismus konzentriert. Rund um den Koh Kong Conservation Corridor verteilen sich umweltfreundliche Unterkünfte wie die Rainbow Lodge (S. 218) und die Four Rivers Floating Ecolodge (S. 218), beide am Tatai-Fluss.

Geschichte

Kambodschas Geschichte lässt sich in wenigen Worten als schöner Schwan beschreiben, der sich in ein hässliches Entlein verwandelt. Die vielversprechenden Anfangsjahre fanden im riesigen Angkor-Reich ihren Höhepunkt, das seine Dominanz in der Region über vier Jahrhunderte hinweg mühelos behaupten konnte. Doch ab dem 13. Jh. begann der schöne Putz zu bröckeln, als aufstrebende Nachbarstaaten in kambodschanisches Gebiet vordrangen. Richtig schlimm wurde es schließlich im 20. Jh., als ein brutaler Bürgerkrieg in der Schreckensherrschaft der Roten Khmer (1975–79) gipfelte, von der sich das Land noch immer nicht völlig erholt hat.

DIE URSPRÜNGE DER KHMER

Der Legende nach wurde der Grundstein Kambodschas durch die Vereinigung einer Prinzessin und eines Fremden gelegt. Bei Letzterem handelte es sich um einen indischen Brahmanen namens Kaundinya, die Prinzessin war die Tochter eines Naga-Königs, der über ein wasserreiches Gebiet herrschte. Eines Tages, als Kaundinya durch die Region segelte, fuhr die Prinzessin in einem Ruderboot hinaus, um ihn zu begrüßen. Kaundinya schoss mit seinem magischen Bogen einen Pfeil auf ihr Boot, woraufhin die verängstigte Fru in eine Heirat einwilligte. Weil ihr Vater eine Mitgift benötigte, trank er die Gewässer seines Landes aus und übergab dieses Kaundinya. Das neue Königreich wurde Kambuja genannt.

Einen umfassenden Überblick über die kambodschanische Geschichte von den prähistorischen Anfängen über den Ruhm des Angkor-Reichs bis hin zum heutigen Tag bietet David Chandlers *A History of Cambodia* (1994).

Wie viele Legenden ist auch diese aus historischer Sicht fragwürdig, dennoch sagt sie etwas über die kulturellen Hintergründe der kambodschanischen Gesellschaft aus, insbesondere über die Beziehung zum großen Nachbarstaat Indien. Kambodschas religiöse Traditionen, Königshäuser und Schrift haben ihren Ursprung in Indien und verschmolzen zwischen dem 1. und 5. Jh. n. Chr. zu einer eigenständigen kulturellen Identität.

Über die prähistorische Geschichte des Landes ist wenig bekannt. Große Teile der südöstlichen Gebiete bestanden aus einem weiten seichten Golf, der im Laufe der Jahrhunderte vom Mekong in eine Schlammlandschaft verwandelt wurde. So entstand ein flaches mineralreiches Gebiet, das sich bestens für die Landwirtschaft eignet. Im Nordwesten wurden Hinweise auf Höhlenbewohner gefunden. Untersuchungen haben ergeben, dass in der Region entdeckte Tongefäße etwa 4200 v. Chr. hergestellt wurden, allerdings lässt sich nur schwer feststellen, ob zwischen diesen Höhlenmenschen und der heutigen Bevölkerung ein Zusammenhang besteht. Ausgrabungen von Knochen, die etwa aus dem Jahr 1500 v. Chr. stammen, legen allerdings nahe, dass die damaligen Einwohner den modernen Menschen ähnlich sahen. Aus frühen Aufzeichnungen der Chinesen geht hervor, dass die Kambodschaner „hässlich" und „dunkel" waren und nackt herumliefen. Eine gesun-

ZEITACHSE

4200 v. Chr.

In den Höhlen rund um Laang Spean leben Menschen, die Tonwaren herstellen können. Archäologische Funde weisen darauf hin, dass die Gefäße denen ähneln, die heute noch in Kambodscha genutzt werden.

100 n. Chr.

Mit der Ankunft von indischen Händlern und Hindus beginnt die Indisierung des Landes: Religion, Sprache und Bildhauerkünste halten in Kambodscha Einzug.

245

Der chinesische Herrscher Wei entsendet eine Erkundungstruppe in die Länder der Mekong-Region, die ihm mitteilt, dass es in der Delta-Region ein barbarisches, aber reiches Land namens Funan gibt.

de Dosis an Skepsis ist bei der Lektüre der Berichte des imperialistischen Chinas über den „barbarischen" Nachbar jedoch durchaus angebracht.

DIE FRÜHEN KAMBODSCHANISCHEN KÖNIGREICHE

Kambodschanische Machtansprüche kamen und gingen nicht mit Angkor. Bereits vor dem 9. Jh. agierte eine ganze Reihe mächtiger Königreiche in der Region.

Im 1. Jh. begann die Indisierung des Landes. In der Küstenregion, die dem heutigen Südvietnam entspricht, damals aber von den Khmer bewohnt wurde, siedelten sich Händler an. Diese Siedlungen stellten wichtige Anlaufhäfen dar, da sie an der Route vom Golf von Bengalen zu den südlichen Provinzen Chinas lagen. Das größte dieser aufstrebenden Königreiche war bei den Chinesen unter dem Namen Funan bekannt. Wahrscheinlich erstreckte es sich über das Gebiet zwischen Ba Phnom in der Prey-Veng-Provinz – einer Gegend, deren Besuch sich heute nur für Archäologiefans lohnt – und Oc-Eo in der südvietnamesischen Kien-Giang-Provinz. Funan war wohl vergleichbar mit Champasak in Südlaos, dem damaligen Kuruksetra, und anderen weniger bedeutenden Lehnsystemen in der Region.

Der Begriff Funan kommt aus dem Chinesischen und könnte eine Transkription des alten aus dem Khmer stammenden Wortes *bnam* (Berg) sein. Auch wenn man nur sehr wenig über das Reich weiß, wird seine Wichtigkeit als frühes südostasiatisches Machtzentrum hervorgehoben.

Wahrscheinlich bestand Kambodscha zwischen dem 1. und 8. Jh. aus einer Ansammlung kleiner Staaten, von denen jeder über seine eigene Herrscherschicht verfügte. Strategische Hochzeiten zwischen den regierenden Familien sowie Kriege untereinander waren aber üblich. Funan gehörte zweifellos dazu und spielte mit seinem Hafen sicherlich eine entscheidende Rolle in der Verbreitung indischer Kultur im Landesinneren.

Das spärliche Wissen der Historiker über das Reich ziehen sie größtenteils aus chinesischen Quellen. Diese besagen, dass während der Funan-Periode (1.–6. Jh. v. Chr.) die hinduistischen Gottheiten Shiva und Vishnu angebetet wurden und man gleichzeitig den Buddhismus praktizierte. Wahrscheinlich diente das Linga (Phallussymbol) als Zentrum religiöser Rituale und symbolisierte die Macht des Königs; später entwickelte sich hieraus der angkorianische Kult des Gottkönigs. Damals nutzte man einfache Bewässerungssysteme, die Reisanbau ermöglichten, außerdem wurde Handel (z. B. mit Gewürzen aus China und Indien) betrieben.

Ab dem 6. Jh. siedelten sich die frühen Einwohner zunehmend entlang der Flüsse Mekong und Tonlé Sap an, wo auch heute noch die Mehrheit der Kambodschaner lebt. Der Grund dafür ist wohl der bewässerungsintensive Anbau von Reis. Man vermutet, dass Kambodscha zwischen dem 6. und 8. Jh. einen Zusammenschluss aus miteinander konkurrierenden Königreichen darstellte, die von autokratischen Herrschern regiert wurden. Diese

Oc-Eo, Kambodschas wichtiger Hafen in der Funan-Periode, der heute im vietnamesischen Mekong-Delta liegt, war ein bedeutender Handelsknotenpunkt zwischen Asien und Europa; Archäologen haben dort römische Münzen und chinesische Tonwaren ausgegraben.

Sambor Prei Kuk, im frühen 7. Jh. unter König Isanavarman I. errichtet, hieß ursprünglich Isanapura und war die erste große südostasiatische Tempelstadt.

Die alten Khmer waren sozusagen die Römer Südostasiens: Sie bauten ein großes Straßennetz in der Region, das ihre Städte miteinander verband.

600

Kambodschas erste Inschriften werden in Stein gemeißelt und stellen so die ersten historischen Aufzeichnungen aus der präangkorianischen Periode dar, die nicht aus China stammen.

802

Jayavarman II. erklärt während einer Zeremonie auf dem Phnom Kulen die Unabhängigkeit von Java und sich selbst zum *devaraja* (Gottkönig). Damit ist der Grundstein für das Khmer-Reich Angkor gelegt.

889

Yasovarman I. verlegt die Hauptstadt von Hariharalaya (heute Roluos) 16 km weiter nordwestlich nach Angkor mit den drei Tempelbergen.

setzten ihren absoluten Herrschaftsanspruch durch das aus Indien stammende hierarchische Kastensystem durch.

Meistens wird dieser Zeitraum als Chenla-Periode bezeichnet. Ebenso wie Funan stammt der Begriff aus dem Chinesischen. Nur wenig spricht dafür, dass Chenla ein vereinigtes Königreich war, das über ganz Kambodscha regierte. Tatsächlich unterschieden die Chinesen zwischen „Wasser-Chenla" und „Land-Chenla". Wasser-Chenla schloss das Gebiet rund um Angkor Borei und den Tempelberg Phnom Da in der Nähe der heutigen Provinzhauptstadt Takeo ein, Land-Chenla wiederum den Oberlauf des Mekong-Flusses und das Gebiet östlich des Sees Tonlé Sap rund um Sambor Prei Kuk, einen Ort von großer historischer Bedeutung.

Nicht nur Indien hatte bedeutende kulturelle Einflüsse auf Kambodscha, sondern auch die Insel Java, die Teile von „Wasser-Chenla" im 8. Jh. kolonisierte.

DER AUFSTIEG DES ANGKOR-REICHES

Allmählich verschmolz Kambodscha zu einer Einheit. Innerhalb kurzer Zeit sollten die zersplitterten Königreiche zu einem bedeutenden asiatischen Reich zusammenwachsen.

Eine beliebte Pilgerstätte heutiger Einwohner ist der heilige Berg Phnom Kulen (S. 205) nordöstlich von Angkor. Dort beschreibt eine Inschrift, wie Jayavarman II. (reg. 802–50) sich 802 zum „alleinherrschenden Monarchen" bzw. *devaraja* (Gottkönig) erklärt. Man vermutet, dass er als junger Mann am Hof des buddhistischen Shailendras in Java lebte. Nach seiner Rückkehr in sein Heimatland zettelte er einen Aufstand gegen die Javaner an, die über Kambodschas Süden herrschten. Dann machte sich Jayavarman II. mittels von Bündnissen und Eroberungszügen daran, das Gebiet unter seine Kontrolle zu bringen, und wurde so zum ersten Herrscher, der über die Region, die heute Kambodscha darstellt, regierte.

Auf Jayavarman II. folgten noch viele weitere Könige. Sie alle herrschten über das größte Reich, das jemals auf südostasiatischem Festland existierte und das ein beeindruckendes Erbe – Angkor – hinterlassen sollte. Eine Schlüsselrolle in dem kometenhaften Aufstieg Angkors spielten Bewässerungsmethoden und ein ausgefeiltes hydraulisches System. Erste Aufzeichnungen darüber stammen aus der Regierungszeit von Indravarman I. (reg. 877–89). Während seiner Herrschaft wurde das *baray* (Wasserreservoir) von Indratataka errichtet. Darüber hinaus erlebte die angkorianische Kunst damals ihre Blütezeit, beispielsweise wurden Tempel wie der bemerkenswerte Bakong (S. 202) im Roluos-Gebiet erbaut.

1296 lebte der chinesische Gesandte Chou Ta Kuan ein Jahr lang in Angkor. Seine Beobachtungen schrieb er in dem 2006 neu aufgelegten Werk *Sitten in Kambodscha* nieder, das faszinierende Einblicke in die Blütezeit des Reichs gibt.

Ende des 11. Jhs. verlor Angkor allmählich die Kontrolle über seine Gebiete. Suryavarman I. (reg. 1002–49) nutzte das Machtvakuum und bestieg unrechtmäßig den Thron. Wie Jayavarman II. zwei Jahrhunderte zuvor vereinigte er das Königreich durch Bündnisse und Kriege und erweiterte so das Herrschaftsgebiet. Nach und nach begann sich ein Schema abzuzeichnen, das für die Angkor-Periode symptomatisch werden sollte: Gebietsverlagerungen und Unruhen, auf die Wiedervereinigung und weitere territoriale

924

König Jayavarman IV. wählt Koh Ker als Hauptstadt, in der er riesige Bauprojekte auf den Weg bringt. 20 Jahre später wird der Standort wegen Wassermangels wieder nach Angkor verlegt.

1002

Suryavarman I. erlangt die Macht und vergrößert das Königreich, indem er das buddhistische Louvo (das heutige thailändische Lopburi) erobert. Nun werden die Handelsbeziehungen mit anderen Ländern intensiviert.

1112

Suryavarman II. beginnt mit dem Bau von Angkor Wat. Die Mutter aller Tempel ist Vishnu gewidmet und dient als sein Grabmal.

Erweiterungen unter einem mächtigen König folgten. Architektonisch gesehen waren die Phasen, die auf turbulente Zeiten folgten, die fruchtbarsten. So wollten die amtierenden Landesherren durch die Verwirklichung riesiger Bauprojekte ihre Regierung feiern oder legitimieren.

1066 wurde Angkor wieder von Unruhen heimgesucht und zum Zentrum der Machtkämpfe rivalisierender Herrscher. Erst mit der Thronbesteigung von Suryavarman II. (reg. 1112–52) konnte das Königreich wiedervereint werden. Suryavarman läutete eine neue Phase der Expansion ein, indem er kostspielige Kriege in Vietnam sowie Champa (Zentralvietnam) führte. In die Geschichtsbücher ging er als König ein, der im Gedenken an die hinduistische Gottheit Vishnu den Bau des beeindruckenden Tempels Angkor Wat (S. 180) veranlasste. Einblicke in diese Epoche geben Flachreliefs mit Szenen der Herrschaft von Suryavarman II. im Südwestgang des Wats.

Suryavarman brachte Champa unter seine Kontrolle und machte es zu einem Vasallenstaat, doch 1177 schlug die Bevölkerung zurück: Mit Schiffen gelangten die Cham über den Mekong bis zum Tonlé-Sap-See, starteten einen Überraschungsangriff und nahmen die Stadt Angkor ein. Dabei wurde König Dharanindravarman II. getötet. Im folgenden Jahr besiegten Khmer-Truppen unter der Führung eines Cousins von Suryavarman II. die Cham in einer weiteren Seeschlacht. Als neuer König wurde 1181 Jayavarman VII. gekrönt (reg. 1181–1219), ein Anhänger des Mahayana-Buddhismus. Er ließ die Stadt Angkor Thom (S. 185) und einige andere monumentale Bauwerke rund um Angkor errichten. Allerdings war er eine Persönlichkeit voller Widersprüche. Die Flachreliefs von Bayon (S. 186) zeigen Jayavarman als Kriegsherrn, der über Schlachten von grausamer Brutalität wacht, während Statuen ihn als nachdenklichen, entrückten König darstellen. Der Bau der Tempel und andere öffentliche Projekte wurden in großer Eile durchgeführt und bedeuteten dadurch viel Leid für die eingesetzten Arbeitskräfte, was wiederum den Niedergang des Reiches beschleunigte. Teilweise wurde Jayavarman von dem Wunsch getrieben, seine Herrschaft zu legitimieren, da es wohl weitere Mitstreiter gab, die direkter mit dem Königshaus verwandt waren. Außerdem verfolgte er das Ziel, eine neue Religion in einer Gesellschaft einzuführen, die hauptsächlich an den Hinduismus glaubte. In vielerlei Hinsicht war er Kambodschas erster fortschrittlicher Herrscher: Er setzte sich für Gleichheit ein, schaffte das Kastensystem ab und brachte Projekte zum Bau von Schulen, Krankenhäusern sowie Straßen auf den Weg.

Zu den klassischen Werken über Angkor gehört *A Guide to the Angkor Monuments* von Maurice Glaize. Es wurde in den 1940er-Jahren erstmals veröffentlicht und wird heute nicht mehr verlegt, kann jedoch kostenlos unter www.theangkorguide.com heruntergeladen werden.

Weitere Informationen zur Angkor-Periode siehe S. 166.

DER NIEDERGANG ANGKORS

Angkor war das Herz eines gewaltigen Imperiums, zu dem weite Teile der Mekong-Region gehörten, doch wie bei allen Großreichen ging auch sein Stern irgendwann unter.

1152

Suryavarman II. wird während eines Feldzugs gegen das vietnamesische Dai Viet getötet. Der Angriff stellt eine Provokation dar und entfacht einen jahrhundertelangen Konflikt zwischen den beiden Ländern.

1177

Auf dem Seeweg über den Tonlé Sap starten die Cham einen Überraschungsangriff auf Angkor, besiegen die mächtigen Khmer und halten die Hauptstadt vier Jahre lang besetzt.

1181

Die Cham werden besiegt. Jayavarman VII., der größte König Angkors und Erbauer von Angkor Thom, besteigt den Thron und ändert die Staatsreligion in den Mahayana-Buddhismus um.

Neueste Untersuchungen von fossilisierten Baumresten in der Mekong-Region legen nahe, dass Angkor im 14. und 15. Jh. während einer Art früher Erderwärmungsphase mit schweren Dürren und Überschwemmungen zu kämpfen hatte, die wahrscheinlich zum Zusammenbruch des komplexen Bewässerungssystems beitrugen.

Viele Experten glauben, dass sich der Niedergang bereits zum Zeitpunkt des Baus von Angkor Wat ankündigte, als sich das Reich am Höhepunkt seiner bemerkenswerten Produktivität befand. Eventuell waren die Bewässerungsanlagen überlastet und verschlammten langsam. Grund dafür könnte die massive Abholzung gewesen sein, die in den stark besiedelten Gebieten nördlich und östlich von Angkor durchgeführt worden war. Gigantische Bauprojekte wie Angkor Wat und Angkor Thom bedeuteten zweifellos eine große Belastung für die Staatskasse, Tausende Sklavenarbeiter und gewöhnliche Bürger, die harte Arbeit und Steuerzahlungen leisten mussten. Nach der Regierungszeit von Jayavarman VII. wurde der Tempelbau eingestellt, weil die vielen staatlichen Projekte den Sandsteinbestand aufgebraucht und die Bevölkerung kraftlos zurückgelassen hatten.

Eine weitere Herausforderung für spätere Herrscher waren religiöse Konflikte und interne Rivalitäten. In den letzten Jahren des Reichs änderte sich die Staatsreligion mehrmals und die Könige verbrachten mehr Zeit mit der Zerstörung heiliger Bilder in den Tempeln ihrer Vorgänger als mit der Errichtung eigener Bauten. Gelegentlich führte dieses Vorgehen sogar zum Ausbruch von Bürgerkriegen.

Angkor verlor allmählich die Kontrolle über seine Randgebiete. Zur gleichen Zeit gewannen die Thai an Einfluss, die von Yunnan aus in den Süden immigriert waren, um Kublai Khan und seinen mongolischen Truppen zu entkommen. Zunächst ließen sie sich in Sukothai, dann in Ayutthaya nieder. Nach und nach gewannen sie an Macht und versuchten wiederholt, Angkor unter ihre Kontrolle zu bringen. 1431 gelang es ihnen schließlich, die Stadt zu plündern und Tausende Intellektuelle, Künstler und Tänzer des königlichen Hofes zu verschleppen. In dieser Phase siedelte die Elite der Khmer zunehmend in die Phnom-Penh-Region über, weil dort Möglichkeiten des Seehandels mit China bestanden und sie Angst vor den kriegslustigen Thai hatten. Über die Jahrhunderte hinweg wurde die Hauptstadt mehrmals verlegt, letztendlich wählte man jedoch das heutige Phnom Penh als Regierungssitz.

1600 war die heutige vietnamesische Wirtschaftsmetropole Ho-Chi-Minh-Stadt (Saigon) noch ein kleines kambodschanisches Dorf namens Prey Nokor.

Von 1600 bis zur Ankunft der Franzosen 1863 regierten mehrere schwache Könige, die sich von Rivalen bedrängt sahen und deshalb nach Beschützern suchten. Doch natürlich hatte die Hilfe Thailands oder Vietnams ihren Preis. Im 17. Jh. unterstützten die südvietnamesischen Nguyen-Herrscher den kambodschanischen König. Im Gegenzug forderten sie das Recht ein, sich in der Mekong-Delta-Region anzusiedeln. Die Khmer nennen das Gebiet heute noch Kampuchea Krom (Unteres Kambodscha), auch wenn es eigentlich von Vietnamesen besetzt ist.

Im Westen kontrollierten die Thai ab 1794 die Provinzen Battambang und Siem Reap und hatten großen Einfluss auf Kambodschas königliche Familie. So wurde ein Herrscher mithilfe der thailändischen Armee in Bangkok gekrönt; seinen Thron bestieg er in Udong (S. 132). Kambodscha

1219

Jayavarman VII. stirbt mit etwa 90 Jahren und das Angkor-Reich erlebt aufgrund des fehlerhaften Bewässerungssystems, religiöser Konflikte und des Aufstiegs mächtiger Nachbarstaaten seinen allmählichen Verfall.

1253

Unter Kublai Khan plündern die Mongolen das thailändische Königreich Nanchao in Yunnan und breiten sich in Richtung Süden aus, was zum Konflikt mit dem schwächelnden Khmer-Reich führt.

1296

Der chinesische Gesandte Chou Ta Kuan lebt ein Jahr lang in Angkor und veröffentlicht das Werk *Sitten in Kambodscha*, die einzigen überlieferten Aufzeichnungen über das Leben in der beeindruckenden Khmer-Hauptstadt.

überstand das 18. Jh. nur deshalb als einheitlicher Staat, weil die Nachbarmächte mit anderen Dingen beschäftigt waren: Die Thai investierten eine Menge Energie und Zeit in den Kampf gegen die Birmanen, und die Vietnamesen waren durch interne Konflikte ausgelastet. Diese Situation sollte über zwei Jahrhunderte andauern und das geschwächte Kambodscha zwischen seinen zwei mächtigen Nachbarn regelrecht zerreiben.

Kambodschas turbulente Vergangenheit wird mittels verschiedener Artikel, Erzählungen und Fotos auf der exzellenten Webseite namens *Beauty and Darkness: Cambodia, the Odyssey of the Khmer People* (www.mekong.net/cambodia) vorgestellt.

DIE FRANZOSEN IN KAMBODSCHA

1863 wurde das Machtspiel zwischen Thailand und Vietnam beendet, als König Norodom I. (reg. 1860–1904) aufgrund der drohenden Gefahr durch die französische Marine einen Vertrag unterzeichnete, in dem das Gebiet zum Protektorat erklärt wurde. Ironischerweise handelte es sich tatsächlich um eine Schutzherrschaft, da Kambodscha Gefahr lief, es Champa gleichzutun und von der Landkarte zu verschwinden. Für Frankreich wurde es eine Art Nebenschauplatz wegen seiner Interessen in Vietnam – die Parallelen zum Vorgehen der USA ein Jahrhundert später sind nicht von der Hand zu weisen. So mischten sich die Franzosen anfangs nur wenig in die inneren Angelegenheiten Kambodschas ein. Ihre Präsenz half Norodom außerdem, seinen Thronanspruch gegen seine aufrührerischen Halbbrüder zu verteidigen.

Doch ab den 1870er-Jahren beanspruchte Frankreich mehr Kontrolle. 1884 wurde Norodom dazu gezwungen, einen Vertrag zu unterschreiben, der sein Land praktisch zu einer Kolonie machte und eine zwei Jahre andauernde Rebellion auslöste. Es handelte sich um den einzigen bedeutenden Aufstand in Kambodscha vor dem Zweiten Weltkrieg und er konnte erst beendet werden, nachdem der König dazu überredet worden war, die Rebellen zur Niederlegung der Waffen aufzurufen; im Gegenzug wurde der Status Quo wiederhergestellt.

In den folgenden Jahrzehnten halfen hohe kambodschanische Regierungsbeamte den Franzosen dabei, direkt in die Verwaltung des Staates einzugreifen, weil sie sich von der Kooperation gewisse Vorteile versprachen. Mit französischer Hilfe erstrahlte Norodoms Hof in einem Glanz, den es seit der Blütezeit Angkors nicht mehr gegeben hatte, was die Monarchie symbolisch stärkte. 1907 gelang es Frankreich, Thailand zur Rückgabe der nordwestlichen Provinzen Battambang, Siem Reap und Sisophon zu drängen. Im Gegenzug gestand man den Thai laotisches Gebiet zu. Somit befand sich Angkor seit über hundert Jahren zum ersten Mal wieder in kambodschanischer Hand.

Die Franzosen taten nur wenig für die Förderung von Bildungsmaßnahmen in Kambodscha: Nach 70 Jahren Kolonialherrschaft und am Ende des Zweiten Weltkriegs gab es hier keine einzige Universität und nur eine weiterführende Schule.

Norodoms Nachfolger war Sisowath (reg. 1904–27), auf den wiederum Monivong (reg. 1927–41) folgte. Nach Monivongs Tod setzte Admiral Jean Decoux, der französische Generalgouverneur des von Japan besetzten Indochina, den 19-jährigen Prinz Norodom Sihanouk auf den kambodschanischen Thron. Die französischen Befehlshaber hielten den Teenager für

1353

In Angkor beendet der laotische Prinz Chao Fa Ngum sein Exil. Sein Schwiegervater finanziert ihm eine Erkundungsreise, bei der er die neuen thailändischen Königreiche erobern und sich selbst zum Anführer von Lan Xang ernennen wird.

1431

Die Thailänder plündern Angkor und bringen viele Angehörige des königlichen Hofes, darunter Adelsleute, Priester, Tänzer und Kunsthandwerker, nach Ayutthaya.

1594

Laut der Legende fällt Kambodschas Hauptstadt Lovek, als die Siamesen den Verteidigungsring aus Bambus mit Silbermünzen beschießen. Die Soldaten fällen diesen, um an das Silber zu gelangen, und zerstören den Schutzwall.

leicht beeinflussbar, was sich jedoch als wirklich grobe Fehleinschätzung erweisen sollte (s. Kasten S. 33).

Während des Zweiten Weltkriegs hielten japanische Truppen weite Teile Asiens besetzt, darunter auch Kambodscha. In Frankreich kooperierten viele mit der deutschen Besatzungsmacht und die Japaner überließen Vichy-Frankreich, ihrem neuen Alliierten, gerne die Kontrolle über Kambodscha. Dafür wurden Thailand (sozusagen ein Verbündeter Japans) erneut große Teile von den Provinzen Battambang und Siem Reap zugesprochen; erst 1947 sollten diese Gebiete wieder zurückgegeben werden. Die Besetzung von Paris 1944 und die folgende politische Instabilität zwangen Japan Anfang 1945, die direkte Kontrolle über die Region zu übernehmen. Nach dem Zweiten Weltkrieg kehrten die Franzosen zurück und erklärten Kambodscha zu einem autonomen Staat innerhalb der Union Française, tatsächlich hielten sie jedoch weiterhin die Fäden in der Hand. Die Nachkriegsjahre waren von Konflikten zwischen den verschiedenen politischen Lagern geprägt. Für weitere Instabilität sorgte der Indochinakrieg in Vietnam und Laos, der auch Auswirkungen auf Kambodscha hatte. Genau wie 20 Jahre später im Krieg gegen Lon Nol und die USA kämpften die Vietnamesen an der Seite der Khmer Issarak (Freie Khmer) gegen Frankreich.

SIHANOUKS REGIERUNGSZEIT

Die Zeit nach der Unabhängigkeit war von Frieden und Wohlstand geprägt – der Beginn von Kambodschas goldenen Jahren voller Kreativität und Optimismus. Phnom Penh gewann an Größe und Prestige, die Tempel von Angkor avancierten zum Top-Touristenziel Südostasiens und Sihanouk empfing viele einflussreiche Persönlichkeiten aus der ganzen Welt. Doch mit dem Vietnamkrieg, der auch die Nachbarstaaten in Mitleidenschaft ziehen sollte, zogen dunkle Wolken am Horizont auf.

In den 1960ern war Kambodscha eine Oase des Friedens, während in den Nachbarstaaten Vietnam und Laos Kriege tobten, doch schon 1970 hatte sich das Blatt komplett gewendet. Einen umfassenden Überblick liefert *Schattenkrieg: Kissinger, Nixon und die Zerstörung Kambodschas* von William Shawcross (1982).

Ende 1952 löste Sihanouk das frischgebackene Parlament auf, rief das Kriegsrecht aus und begann seinen „königlichen Kreuzzug", eine Art Kampagne, bei der er durch Reisen internationale Unterstützung für den Unabhängigkeitskampf suchte. Am 9. November 1953 wurde Kambodschas Unabhängigkeit erklärt und im Mai 1954 von der Genfer Konferenz anerkannt. Damit endete Frankreichs Herrschaft in Indochina. 1955 trat Sihanouk zurück; statt seiner übernahm sein Vater Norodom Suramrit das Amt. Das Ganze war ein regelrechter Geniestreich, denn nun hatte Sihanouk sowohl königliche Autorität als auch höchste politische Macht: Seine neu gegründete Partei Sangkum Reastr Niyum (Sozialistische Volksgemeinschaft) gewann bei den Wahlen im September 1955 nämlich alle Parlamentssitze. In den nächsten 15 Jahren sollte Sihanouk Kambodschas politische Landschaft dominieren.

Auch wenn er die vietnamesischen Kommunisten fürchtete, betrachtete Sihanouk Südvietnam und Thailand, beide Verbündete der ungeliebten

1772

Kambodscha ist zwischen den mächtigen Vietnamesen und Siamesen gefangen. Letztere brennen Phnom Penh nieder – ein weiteres Kapitel in der Geschichte der bis heute andauernden Konflikte.

1834

Während der Herrschaft des Kaisers Minh Mang erobern die Vietnamesen weite Teile Kambodschas und beginnen eine langsame Revolution, um „den Barbaren ihre Sitten zu lehren".

1863

Frankreich zwingt Norodom I. zur Unterzeichnung eines Vertrags, der Kambodscha zum Protektorat erklärt. Dadurch wird das Land vor seinem Untergang bewahrt, allerdings beginnt gleichzeitig die 90-jährige französische Herrschaft.

SIHANOUK, DER LETZTE GOTTKÖNIG

Norodom Sihanouk war während der turbulenten politischen Zeiten in Kambodscha eine prägende Figur. Der legendäre König mit seinen verschiedenen Facetten und wechselnden politischen Positionen beschäftigte sich als junger Mensch in erster Linie mit amourösen Abenteuern. Später, als die französische Kolonialherrschaft endete, war er Prinz, führte außerdem Kambodscha durch die goldenen Jahre, wurde von den Roten Khmer gefangen genommen und kehrte schließlich als glorreicher König aus dem privilegierten Exil zurück. Die Meinungen über das politische Chamäleon sind gespalten, über eines herrscht allerdings Einigkeit: Sihanouk ist wirklich ein Stehaufmännchen.

Er wurde 1922 geboren und war eigentlich kein Anwärter auf den Thron, da er zum Norodom-Zweig der königlichen Familie gehörte. 1941 wurde er mit nur 19 Jahren und noch nicht vollständig ausgebildet zum König gekrönt. 1955 dankte Sihanouk ab und widmete sich erfolgreich der Politik; seine Partei gewann im selben Jahr alle Sitze im Parlament. Mitte der 1960er-Jahre hatte Sihanouk bereits ein Jahrzehnt die Geschicke des Landes bestimmt. Während dieser Zeit nahm er schließlich nach unzähligen Liebesaffären Monique Izzi, Tochter eines franko-italienischen Vaters und einer kambodschanischen Mutter, zur Frau.

Damals galt Sihanouk als Erfolgsgarant. Als das Land jedoch in den Vietnamkrieg hineingezogen wurde und Regierungstruppen gegen einen linksgerichteten Aufstand in ländlichen Gebieten kämpfen mussten, wurde ihm zunehmend die Verantwortung dafür gegeben. Eine schwer kriselnde Wirtschaft, sein übertriebenes Engagement in der kambodschanischen Filmindustrie (S. 60) und seine öffentlichen Bekanntmachungen, in denen er Kambodscha als „Oase des Friedens" bezeichnete, legten nahe, dass sich der König nicht nur vom Thron, sondern auch von der Realität verabschiedet hatte.

Am 18. März 1970 stimmte die Nationalversammlung für Sihanouks Amtsenthebung. Daraufhin ging er nach Peking ins Exil und schloss sich den Kommunisten an. Nach dem Sieg der Roten Khmer am 17. April 1975 kehrte er als Regierungsoberhaupt des neu geschaffenen Demokratischen Kampuchea nach Kambodscha zurück. Nach weniger als einem Jahr gab er sein Amt auf und wurde im königlichen Palast als Gefangener der Roten Khmer gehalten. Dort blieb er bis Anfang 1979, dann floh er nur einen Tag vor der vietnamesischen Invasion erneut nach Peking. Erst mehr als zehn Jahre später sollte Sihanouk wieder kambodschanischen Boden betreten.

Er wollte immer alles für sein Land sein, internationaler Staatsmann, General, Filmregisseur und Mann des Volkes. Am 24. September 1993, nach 38 Jahren auf der politischen Bühne, nahm er abermals die Rolle des Königs ein. Seine zweite Amtszeit war jedoch frustrierend; er repräsentierte mehr, als dass er regierte und musste Politikern den Vortritt lassen. Mehrere Male half er, Kambodscha aus politischen Sackgassen zu manövrieren, doch schließlich hatte er genug und trat am 7. Oktober 2004 zurück. Für diesen Schritt gibt es viele Erklärungsversuche (Alter, gesundheitliche Probleme), doch die meisten Beobachter sehen in ihm eine kalkulierte politische Entscheidung, die so die Zukunft der Monarchie sicherstellen sollte, weil die Politik die Wahl eines Nachfolgers hinauszögerte. Sein Sohn Sihamoni bestieg den Thron und Kambodscha musste sich einer weiteren Krise stellen. Dennoch ist Sihanouk, dem letzten in einer langen Reihe von Gottkönigen Angkors, ein Platz in der Geschichte gewiss.

1885

Aufgrund eines Vertrags, der Frankreich große Macht in Kambodscha einräumt, bricht eine Rebellion aus. Überwachungsboote der französischen Marine auf dem Mekong bieten Schutz während der Vertragsunterzeichnung.

1907

Frankreich erreicht nach erfolgreichen Verhandlungen, dass die nordwestlichen Provinzen Siem Reap, Battambang und Preah Vihear, die seit 1794 unter thailändischer Kontrolle stehen, zurückgegeben werden.

1942

Japanische Truppen besetzen Kambodscha. Sie überlassen die Verwaltung Vertretern von Vichy-Frankreich, unterstützen jedoch mit dem Ende des Kriegs Unabhängigkeitsbestrebungen.

USA, als größte Bedrohung für Kambodschas Sicherheit und Überleben. Um diese Gefahr abzuwenden, erklärte er das Land für neutral und wies weitere US-Hilfen zurück, die das hiesige Militärbudget zuvor kräftig aufgestockt hatten. Darüber hinaus verstaatlichte er viele Wirtschaftszweige, etwa den Reishandel. 1965 brach Sihanouk die diplomatischen Beziehungen zu Washington ab, da er einen Komplott der USA gegen sein Land und seine Familie vermutete, und näherte sich Nordvietnam sowie China an. Außerdem durften die Kommunisten in ihrem Kampf gegen Südvietnam und die USA kambodschanisches Gebiet nutzen. Sihanouk bezog also klar Position, eine nicht gerade ungefährliche Strategie in dieser konfliktbeladenen Region.

Pol Pot reiste 1966 über den Ho-Chi-Minh-Pfad nach Peking, wo gerade die Kulturelle Revolution ihren Höhepunkt fand. Diese schien ihn wohl zu inspirieren, denn die Roten Khmer gingen bezüglich eines radikalen Neuanfangs noch weiter als die Roten Garden.

Dieses Vorgehen sowie seine sozialistische Wirtschaftspolitik schreckten konservative Elemente innerhalb der kambodschanischen Gesellschaft ab, darunter das Militär und urbane Eliten. Zur gleichen Zeit äußerte die politische Linke, von der viele Mitglieder im Ausland studiert hatten, scharfe Kritik an der Innenpolitik der Regierung, die politische Debatten zu unterbinden versuchte. Sihanouks Probleme verschlimmerten sich auch dadurch, dass alle Bevölkerungsschichten von korrupten Regierungsangehörigen, die der königlichen Familie teilweise unangenehm nahestanden, genug hatten. Auch wenn die meisten Bauern Sihanouk als Quasi-Gott verehrten, brach 1967 in Samlot, Battambang, ein von der ländlichen Bevölkerung gestützter Aufstand aus. Daraufhin erklärte der Regierungschef die Linke zur größten Bedrohung seines Regimes, gab dem Druck von militärischer Seite nach und setzte eine Politik der starken Unterdrückung des linken Flügels um.

1969 spitzte sich der Konflikt zwischen der Armee und der Linken zu, als die Vietnamesen im Landesinneren Kambodschas Zuflucht suchten. Darüber hinaus wurde Sihanouks politische Position zunehmend geschwächt, teilweise aufgrund seiner Leidenschaft für das Filmemachen, was zur Vernachlässigung der nationalen Politik führte. Im März 1970, während Sihanouks Reise nach Frankreich, setzten ihn sein Cousin Prinz Sisowath Sirik Matak und General Lon Nol als Staatsoberhaupt ab, wahrscheinlich mit stillschweigender Zustimmung der USA. Daraufhin ließ sich Sihanouk in Peking nieder, wo er eine Exilregierung errichtete. Unterstützt wurde er von einer indigenen kambodschanischen Revolutionsbewegung, die Sihanouk „Rote Khmer" nannte. Dies sollte ein entscheidender Moment in der Gegenwartsgeschichte des Landes werden, da die Roten Khmer das Bündnis mit Sihanouk dazu nutzten, neue Mitglieder für ihre kleine Gruppierung anzuwerben. Spricht man heute mit ehemaligen Kämpfern, sagen sie, sie wären „in die Berge gegangen", um für den König zu kämpfen; von Mao oder Marxismus hätten sie nichts gewusst.

Lon Nols militärischer Presseattaché Major Am Rong war für seine schillernden, fantasievollen Pressekonferenzen bekannt, in denen er ein rosiges Bild der sich rapide verschlimmernden Situation zeichnete.

AUSBRUCH DES BÜRGERKRIEGS

Nun war der Weg für den Ausbruch eines blutigen Bürgerkriegs geebnet und Sihanouk wurde in Abwesenheit zum Tode verurteilt. Diesem unver-

1947

Die Provinzen Battambang, Siem Reap und Sisophon, die während der japanischen Besatzung erneut an die Thailänder fielen, werden an Kambodscha zurückgegeben.

1953

Sihanouks königlicher Kreuzzug für die Unabhängigkeit ist erfolgreich: Am 9. November sieht Kambodscha voller Optimismus einer selbstbestimmten Zukunft entgegen.

1955

König Sihanouk dankt ab, um sich der Politik zu widmen. Er gründet die Sangkum-Reastr-Niyum-Partei (Sozialistische Volksgemeinschaft) und gewinnt die Wahlen mühelos.

söhnlichen Zeichen von Seiten der neuen Regierung folgten fünf Jahre kompromisslose Politik. Lon Nol setzte den kommunistischen vietnamesischen Truppen für deren Rückzug ein Ultimatum von einer Woche. Dies kam praktisch einer Kriegserklärung gleich, da kein vietnamesischer Kämpfer auf heimischen Boden zurückkehren wollte, wo bereits die Amerikaner warteten.

Am 30. April 1970 fielen US-Amerikaner und Südvietnamesen in Kambodscha ein. Sie wollten die feindlichen Truppen aufspüren, die kambodschanische Stützpunkte nutzten, um die südvietnamesische Regierung zu stürzen. Als Reaktion auf die Invasion zogen sich die vietnamesischen Kommunisten tiefer in das Landesinnere zurück, was zu einer weiteren Destabilisierung von Lon Nols Regierung führte. Die winzige kambodschanische Armee war chancenlos und nach wenigen Monaten konnten vietnamesische Truppen und ihre Verbündeten, die Roten Khmer, fast das ganze Land einnehmen. Im Juli 1970 besetzten die Vietnamesen schließlich die Tempel von Angkor und machten damit die Demütigung perfekt.

1969 hatten die USA ein geheimes Bombenprogramm gestartet, das den Beschuss verdächtiger kommunistischer Basislager in Kambodscha vorsah. In den nächsten vier Jahren, bis die Angriffe im August 1973 vom US-Kongress eingestellt wurden, wurden weite Teile der östlichen Gebiete Kambodschas durch B-52-Langstreckenbomber der US-Luftwaffe angegriffen. Dabei sollen tausende Zivilisten umgekommen sein, Hunderte wurden zu Flüchtlingen. Zweifellos führte die Kampagne zu einem Mitgliederzulauf bei den Roten Khmer, da zahlreiche Bauern bei den Luftangriffen Familienangehörige verloren. Die letzte und heftigste Bombardierungsphase Anfang 1973 mag den frühzeitigen Fall von Phnom Penh verhindert haben, ihre Grausamkeit radikalisierte jedoch den Kurs vieler Kader der Roten Khmer und trug sicherlich zu der Brutalität bei, die ihre spätere Herrschaft charakterisierte.

Grausame Kämpfe überzogen das Land und stürzten Millionen ins Elend. Viele flohen von ländlichen Gebieten in das relativ sichere Phnom Penh und die Provinzhauptstädte. Zwischen 1970 und 1975 fielen Hunderttausende Menschen den Kämpfen zum Opfer. In diesen Jahren spielten die Roten Khmer mit ihrem Kampf gegen das Lon-Nol-Regime eine immer wichtigere Rolle. Dabei wurden sie von den Vietnamesen unterstützt, was sie allerdings seit 1975 vehement abstreiten.

Die Führungsriege der Roten Khmer, darunter Pol Pot und Ieng Sary, beide in Paris ausgebildet, waren in den 1960er-Jahren vor den repressiven Maßnahmen gegen verdächtige Linke von Seiten der Sicherheitstruppen Sihanouks in ländliche Gebiete geflohen. Nun konnten sie ihre Macht in der Bewegung wieder festigen und gingen noch vor der Einnahme Phnom Penhs gegen ihre Gegner vor. Ein Großteil der kambodschanischen in Vietnam ausgebildeten Kommunisten, die sich seit der Genfer Initiative im Jahr 1954 in Hanoi befanden, kehrte 1973 zum Ho-Chi-Minh-Pfad zurück, um ihre

In Francis Ford Coppolas *Apocalypse Now* (1979) setzt sich ein abtrünniger Colonel (Marlon Brando) in Kambodscha von seiner Truppe ab. Martin Sheen spielt einen jungen Soldaten, der ihn zurückbringen soll. Dies ist einer der beeindruckendsten Antikriegsfilme, die jemals gedreht wurden.

Während der US-Bombardierungen wurden mehr Sprengsätze auf Kambodscha abgeworfen als im Zweiten Weltkrieg von allen Parteien zusammengenommen.

The Killing Fields – Schreiendes Land (1985) gilt als *der* Film über die Herrschaft der Roten Khmer in Kambodscha. Er erzählt die Geschichte des US-Journalisten Sidney Schanberg und seines kambodschanischen Assistenten Dith Pran während des Kriegs und in der Zeit danach.

1962

Der Internationale Gerichtshof entscheidet in dem lang andauernden Konflikt über den Preah-Vihear-Bergtempel im Dangkrek-Gebirge zugunsten Kambodschas, was bis heute für Kontroversen sorgt.

1963

Pol Pot und Ieng Sary fliehen in den Dschungel von Ratanakiri, um einen Guerilla-Krieg gegen Sihanouks Regierung zu beginnen. Vietnamesen unterstützen sie bei der Ausbildung zu Kämpfern.

1964

Nach dem US-finanzierten Putsch gegen den südvietnamesischen Präsidenten Diem 1963 schlägt Sihanouk einen linksgerichteten Kurs ein. Er bricht die diplomatischen Beziehungen mit den USA ab und verstaatlicht den Reishandel.

François Bizot war gleich zweimal zur falschen Zeit am falschen Ort. Zuerst wurde er von den Roten Khmer entführt und dann später (1975) auch noch von ihnen in der französischen Botschaft festgehalten. Seine erschütternde Geschichte ist in *The Gate* (2003) nachzulesen.

Verbündeten bei den Roten Khmer zu unterstützen. Bis 1975 wurden viele von ihnen auf Befehl des antivietnamesischen Pol-Pot-Lagers umgebracht. Auch moderate Sihanouk-Anhänger, die sich den Roten Khmer aus Loyalität zu ihrem entmachteten Anführer und nicht aus ideologischen Gründen angeschlossen hatten, fielen den Säuberungsaktionen zum Opfer – bevor das Regime überhaupt an die Macht kam. Dieses Vorgehen sollte sich in den inneren Säuberungsaktionen und Massenexekutionen, die schließlich das Regime der Roten Khmer zum Fall bringen sollte, wiederholen.

Aufgrund der Habgier und Korruption in den eigenen Reihen sank die Beliebtheit der Lon-Nol-Regierung innerhalb kurzer Zeit rapide. Da die USA den Krieg finanzierten, nutzten Regierung und Militär lukrative Methoden, um sich zu bereichern. So erfanden sie „Phantomsoldaten", deren Verdienste sie selbst einstrichen, oder verkauften Waffen an den Feind. Lon Nol galt als schwacher Regierungschef, der von Aberglauben, Wahrsagern und mystischen Kreuzzügen besessen war. Dieser Eindruck verstärkte sich mit dem Schlaganfall, den er im März 1971 erlitt. In den nächsten vier Jahren schien er den Kontakt zur Realität immer mehr zu verlieren, während sein Bruder Lon Non an Macht gewann.

Trotz intensiver militärischer und wirtschaftlicher Hilfe von Seiten der USA gelang es Lon Nol nicht, die Roten Khmer unter Kontrolle zu bringen. Weite Teile der ländlichen Gebiete fielen an die Rebellen und zahlreiche Provinzhauptstädte waren von Phnom Penh abgeschnitten. Anfang April 1975 floh Lon Nol aus dem Land und überließ Sirik Matak das Amt des Regierungschefs, der sich bis zuletzt weigerte, dieses zu räumen. „Ich kann doch nicht auf so feige Weise gehen... Ich habe nur einen Fehler begangen, euch, den Amerikanern, zu glauben", waren die bitteren Worte, die Sirik Matak dem US-Botschafter John Gunther Dean schrieb. Am 17. April 1975, zwei Wochen vor dem Fall Saigons (heute Ho-Chi-Minh-Stadt), fiel Phnom Penh an die Roten Khmer.

Während der Herrschaft der Roten Khmer durfte nur eine Handvoll Ausländer das Demokratische Kampuchea besuchen. Die US-Journalistin Elizabeth Becker gehörte zu ihnen und reiste Ende 1978 nach Kambodscha; in ihrem Buch *When the War Was Over* (1986) erzählt sie ihre Geschichte.

DIE SCHRECKENSHERRSCHAFT DER ROTEN KHMER

Nach der Eroberung Phnom Penhs nahmen die Roten Khmer eine extrem radikale und brutale Umstrukturierung der Gesellschaft vor, nach der Kambodscha in eine von Bauern regierte landwirtschaftliche Genossenschaft umgewandelt werden sollte. Sie zwangen die gesamte Bevölkerung von Phnom Penh und den Provinzstädten, darunter Kranke, Alte und Schwache, zu Gewaltmärschen aufs Land, wo sie zwölf bis 15 Stunden täglich arbeiten mussten. Ungehorsam hatte die sofortige Exekution zur Folge. Der Beginn der Herrschaft der Roten Khmer wurde zum Jahr Null erklärt. Die Währung wurde abgeschafft, der Postdienst eingestellt und das Land schottete sich von der Außenwelt ab.

Laut Pol Pot waren die Roten Khmer keine einheitliche Bewegung, stattdessen bestand die Gruppierung für ihn aus verschiedenen Lagern, die ge-

1969

US-Präsident Nixon ordnet geheime Bombardierungen Kambodschas an. Zunächst werden Grenzgebiete flächenmäßig beschossen, dann das gesamte Land. Bis zur Einstellung der Angriffe 1973 sterben 250 000 Einwohner.

1970

Sihanouk verbündet sich mit den Roten Khmer, nachdem er vom Militärführer Lon Nol und seinem eigenen Cousin Prinz Sirik Matak gestürzt und in Abwesenheit zum Tode verurteilt wurde. Ein fünf Jahre andauernder Bürgerkrieg bricht aus.

1971

Lon Nol, Anführer der Khmer-Republik, startet die Chenla-Offensive gegen vietnamesische Kommunisten und deren Verbündete, die Roten Khmer, die sich allerdings als Desaster erweist. Er behauptet sein Amt noch bis 1975.

säubert werden mussten. Dieser Prozess hatte bereits mit den Übergriffen auf in Vietnam ausgebildete Rote Khmer und Sihanouk-Anhänger begonnen. Direkt nach der Machtergreifung richtete sich der Zorn Pol Pots gegen das frühere Regime. Ranghohe Regierungsmitglieder und Militärs, die Lon Nol

BLUTSBRUDER NR. 1

Der Name Pol Pot, Bruder Nr. 1 im Regime der Roten Khmer, lässt sowohl Kambodschaner als auch Ausländer erschaudern. Er steht wie kein anderer für den grausamen Wahnsinn des Regimes, das er von 1975 bis 1979 anführte. Seine Politik brachte Millionen Einwohnern Elend, Leid und Tod.

Pol Pot wurde 1928 als Saloth Sar in einem kleinen Dorf in Kompong Thom geboren. Als junger Mann bekam er ein Stipendium für ein Studium in Paris. Dort soll er seine radikalen marxistischen Ideen entwickelt haben, die später in einer Politik des extremen Maoismus gipfelten.

Aufgrund von Sihanouks repressiver Politik flohen Saloth Sar und Kameraden 1963 in den Dschungel von Ratanakiri. Ab diesem Moment nannte sich Saloth nur noch Pol Pot.

1970 wurde Sihanouk von Lon Nol aus dem Amt geputscht. Daraufhin verbündete sich der frühere König mit den Roten Khmer und ging nach Peking ins Exil. Seine Anhängerschaft wuchs und die bekannte Führungsriege formierte sich. Pol Pot blieb jedoch zunächst im Hintergrund und überließ Khieu Samphan und Ieng Sary die wichtigsten Ämter.

Als die Roten Khmer am 17. April 1975 in Phnom Penh einmarschierten, konnten sich nur wenige vorstellen, was nun folgen würde. Pol Pot und seine Leute führten eine der radikalsten und brutalsten Revolutionen in der Geschichte der Menschheit durch. 1975 wurde zum Jahr Null erklärt und Kambodscha steuerte in dem Versuch, mit der Vergangenheit zu brechen, auf seine Selbstzerstörung zu. Erst 1976, nach einer Reise zu seinen Mentoren in Peking, trat Pol Pot als Gesicht der Revolution in Erscheinung. Der ausländischen Presse gab er so gut wie keine Interviews und war nur in vom Staatsfernsehen produzierten Propagandafilmen zu sehen. Im letzten Jahr seines Regimes hatte sich ein regelrechter Kult um seine Person entwickelt, beispielsweise wurden sogar Steinbüsten von ihm hergestellt.

Als die Vietnamesen am 25. Dezember 1978 in Kambodscha einmarschierten, flohen Pol Pot und seine Anhänger in das Dschungelgebiet nahe der thailändischen Grenze. Von dort lancierten sie während des folgenden Jahrzehnts Angriffe auf die Regierung in Kambodscha.

Den größten Teil der 1980er-Jahre verbrachte Pol Pot in Thailand. Dort konnte er seine Truppen um sich scharen und war somit wieder eine Bedrohung. Das Mysterium um seine Person wuchs, da die internationale Presse immer wieder über sein wahres Schicksal spekulierte. Es wurde so häufig von seinem Tod berichtet, dass viele Kambodschaner an sein tatsächliches Ableben am 15. April 1998 erst glaubten, als Bilder seiner Leiche in Zeitungen und im Fernsehen zu sehen waren. Selbst dann waren viele noch skeptisch und es wird selbst heute noch über das exakte Datum spekuliert. Offizielle Todesursache war ein Herzinfarkt, doch seine Leiche wurde ohne vollständige Obduktion auf einem Scheiterhaufen aus Reifen verbrannt.

Weitere Details über Pol Pots Leben sind in einigen ausgezeichneten Biografien über ihn nachzulesen, z. B. in David Chandlers *Brother Number One* oder Phillip Sorts *Pol Pot: The History of a Nightmare.*

1973

Sihanouk und seine Frau Monique bereisen den Ho-Chi-Minh-Pfad, um am heiligen Berg von Phnom Kulen in der Nähe von Angkor Verbündete der Roten Khmer zu besuchen – ein Propagandasieg für Pol Pot.

1975

Die Roten Khmer marschieren am 17. April in Phnom Penh ein und erklären dies zur Stunde Null. Sie evakuieren die Hauptstadt und verwandeln die Nation in ein Gefängnis ohne Mauern.

1977

In der östlichen Zone führt die Pol-Pot-Fraktion der Roten Khmer die blutige Säuberungsaktionen durch. Entlang des Mekong-Ufers bricht daraufhin ein Bürgerkrieg aus; Vietnam beteiligt sich an den Kämpfen.

nahestanden, wurden innerhalb weniger Tage nach der Machtübernahme hingerichtet. Dann konzentrierte man sich auf die äußeren Gebiete, die in geografische Zonen eingeteilt wurden. Die loyalen Truppen der südwestlichen Zone unter der Kontrolle des einbeinigen Generals Ta Mok wurden in die verschiedenen Regionen geschickt, um die Säuberungsaktionen durchzuführen, bei denen Tausende starben.

Der Deich der Witwen: Eine Frau in der Hölle der Roten Khmer sind die packenden Memoiren von Denise Affonço, die aufgrund ihrer Heirat mit einem der intellektuellen Köpfe der Bewegung als eine der wenigen Ausländerinnen die Revolution miterlebte.

In der letzten und blutigsten Phase gegen die mächtige und unabhängige östliche Zone nahmen diese Aktionen geradezu groteske Formen an. Das dortige Lager galt als moderater als die übrigen Truppen und sowohl ideologisch als auch geografisch näher an Vietnam. Zunächst festigten Pol Pots Truppen die Macht im Rest des Landes, bevor sie ab 1977 gegen die Ostfraktion vorgingen. Hunderte Anführer wurden umgebracht, woraufhin eine offene Rebellion ausbrach, die schließlich einen Bürgerkrieg entfachte. Viele Anführer aus der Ostzone flohen nach Vietnam; später sollten sie den Kern der Regierung bilden, die von den Vietnamesen im Januar 1979 eingesetzt wurde. Sie waren wehrlos und galten als nicht vertrauenswürdig und man bezeichnete sie als „kambodschanische Körper mit vietnamesischem Geist" oder „Entenhintern mit Hühnerköpfen". Sie wurden in den Nordwesten deportiert. Ihr Erkennungszeichen waren neue blaue *kramas* (Schals), die sie als östliche Feinde der Revolution auswiesen. Nur die vietnamesische Invasion verhinderte, dass alle umgebracht wurden.

Man weiß immer noch nicht genau, wie viele Kambodschaner während der drei Jahre, acht Monate und 20 Tage dauernden Herrschaft der Roten Khmer getötet wurden. Ausländische Experten sprechen von etwa einer Million, Forscher der Yale University von fast zwei Millionen und Vietnamesen von drei Millionen Toten.

Hunderttausende wurden während der Herrschaft der Roten Khmer hingerichtet und zahlreiche weitere Menschen starben an Hunger und Krankheiten. Es gab nur zweimal am Tag etwas zu essen, und zwar lediglich ein wenig wässrigen Reisbrei, der kaum zur Stärkung für die mühselige Arbeit auf den Feldern taugte. In den Arbeitslagern brachen Krankheiten aus und ganze Familien fielen Malaria oder Ruhr zum Opfer. Für viele bedeutete der Tod eine Erlösung. In manchen Gebieten ging es weniger schlimm als in anderen zu, manche Anführer waren fairer als andere, doch die meisten mussten unendliches Elend und Leid ertragen.

Ein umfassendes Bild der Methoden, die im Verhör- und Folterzentrum der Roten Khmer S-21 angewandt wurden, bietet David Chandlers verstörender Klassiker *Voices from S-21* (1999).

Man ermordete immer mehr moderate Kräfte und Angkar (die Organisation) wurde zur einzigen Anlaufstelle. Wer eine andere Meinung hatte, wurde umgebracht. Die Roten Khmer nahmen den Kambodschanern alles, was ihnen lieb war, ihre Familien, ihr Essen, ihre Felder und ihren Glauben. Sogar die Bauern, die ihre Revolution unterstützt hatten, konnten solch einem Wahnsinn nicht länger blind folgen. 1978 stand niemand mehr auf der Seite der Schreckensherrscher, doch keiner hatte die Kraft, etwas gegen sie zu unternehmen – mit Ausnahme der Vietnamesen.

1979

Am 7. Januar, nur zwei Wochen nach Beginn der Invasion, befreien vietnamesische Truppen Kambodscha von der Herrschaft der Roten Khmer und errichten in Phnom Penh ein friedliches Regime.

1980

Kambodscha wird von einer furchtbaren Hungersnot heimgesucht, da in den vergangenen Jahren kein Reis angebaut oder geerntet wurde. Weltweit wird zu Hilfsaktionen aufgerufen.

1982

Sihanouk wird dazu gedrängt, sich als Anführer des Demokratischen Kampuchea, einer neuen Militärgruppierung gegen die von Vietnam unterstützte Regierung in Phnom Penh, mit den Roten Khmer zu verbünden.

KATASTROPHENHILFE

Die Hungersnot in Kambodscha entwickelte sich zu einer neuen Front des Kalten Kriegs, schließlich wetteiferten Washington und Moskau um internationalen Einfluss. Als Hunderttausende Kambodschaner nach Thailand flohen, wurde ein massives von der UN finanziertes Programm zur Bekämpfung des Hungers gestartet. Die internationale Gemeinschaft wollte die Hilfsgüter über eine Landbrücke bei Poipet transportieren, doch die neue von Vietnam unterstützte Regierung in Phnom Penh bestand auf der Route durch die Hauptstadt über Kompong Som (Sihanoukville) oder den Mekong. Beide Seiten hatten ihre Gründe: Letztere wollte verhindern, dass die Hilfsgüter in die Hände der Roten Khmer fielen, Erstere wiederum bezweifelte, dass die Regierung über die nötige Infrastruktur zur Verteilung der Hilfe verfügte. Beide Seiten sollten Recht behalten.

Einige Organisationen verteilten die Hilfsgüter über den langsamen Weg durch Phnom Penh, andere errichteten Lager in Thailand, die eine geradezu magnetische Wirkung auf halb Kambodscha hatten, da viele Menschen sich immer noch vor der Rückkehr der Roten Khmer fürchteten oder sich ein neues Leben in Übersee aufbauen wollten. Das thailändische Militär überzeugte die internationale Gemeinschaft davon, die Güter über ihre Kanäle zu transportieren, und nutzte die Situation für den Aufbau der geschwächten Truppen der Roten Khmer als wirksame Widerstandsbewegung gegen die Vietnamesen. Thailand stellte für den Transport internationaler Hilfsgüter durch sein Territorium die Bedingung, dass auch die Truppen der Roten Khmer, die sich an der Grenze niedergelassen hatten, mit Lebensmitteln versorgt wurden. Zusammen mit Waffenlieferungen aus China war diese internationale Hilfsaktion ein entscheidender Faktor für das Wiedererstarken der Roten Khmer und weitere zwei Jahrzehnte andauernde Kämpfe.

VIETNAM GREIFT EIN

Die Beziehungen zwischen Kambodscha und Vietnam waren historisch bedingt schon immer spannungsgeladen, da die Vietnamesen langsam, aber stetig Richtung Süden und damit auf kambodschanisches Gebiet vordrangen. Obwohl die beiden kommunistischen Parteien Seite an Seite gekämpft hatten, traten bald alte Spannungen an die Oberfläche.

Während der 1980er-Jahre lebten die meisten Kambodschaner in Phnom Penh – an zweiter Stelle folgte das Flüchtlingslager Khao I Dang an der thailändischen Grenze.

Zwischen 1976 und 1978 provozierten die Roten Khmer Auseinandersetzungen im vietnamesischen Grenzgebiet und forderten das Mekong-Delta für sich ein. Bei den Angriffen auf vietnamesische Grenzorte kamen Hunderte vietnamesische Zivilisten ums Leben. Am 25. Dezember 1978 initiierte Vietnam eine groß angelegte Invasion und zwei Wochen später wurde Pol Pots Regierung gestürzt. Als sich vietnamesische Panzer Phnom Penh näherten, flohen die Roten Khmer mit so vielen Zivilisten, wie sie zu fassen bekamen, gen Westen und versteckten sich in Dschungelgebieten sowie in den Bergen entlang der thailändischen Grenze. Die Vietnamesen errichteten eine neue Regierung, der ehemalige Anführer der Roten Khmer vorstanden, darunter der aktuelle Premierminister Hun Sen, der 1977 nach Vietnam entkommen war. Anfang 1979 lancierten die Verbündeten der Roten Khmer – chinesische Kommunisten – verschiedene Vergeltungsmaßnahmen

1984

Vietnam startet im Westen Kambodschas eine bedeutende Offensive. Diese zwingt die Roten Khmer und ihre Verbündeten, sich in thailändische Flüchtlingslager zurückzuziehen.

1985

Es kommt zu einem Führungswechsel und Hun Sen, Mitglied der Kambodschanischen Volkspartei, wird zum kambodschanischen Premierminister, ein Amt, das er auch heute noch innehat.

1989

Als Gorbatschows Perestroika-Politik erste Auswirkungen auf die kommunistischen Verbündeten zeigt, reagiert Vietnam und zieht seine Truppen aus Kambodscha ab.

entlang der nördlichen Grenze Vietnams, um ihren Gesinnungsgenossen Zeit zu verschaffen. Der Versuch scheiterte und nach 17 Tagen zogen sich die Chinesen zurück. Nun führte Vietnam Schauprozesse durch, bei denen Pol Pot und Ieng Sary wegen Völkermordes zum Tode verurteilt wurden.

Die traumatisierte Bevölkerung machte sich auf die Suche nach noch lebenden Familienmitgliedern. Millionen hatten ihr Zuhause verloren und mussten Hunderte Kilometer durch das ganze Land laufen. Reisvorräte waren vernichtet worden und die Ernte war vertrocknet. Weil außerdem kaum neuer Reis angebaut worden war, kam es 1979 und 1980 zu einer Hungersnot.

Wer mehr über Politik und Alltag im Kambodscha der 1980er-Jahre erfahren möchte, ist mit Evan Gottesmans *Cambodia After the Khmer Rouge*, das neue Erkenntnisse über eine nur wenig bekannte Zeit darlegt, gut beraten.

Als sich die Situation in Kambodscha zuspitzte, erklärte sich Sihanouk nach Druck von Seiten Chinas dazu bereit, eine politische und militärische Bewegung gegen die Regierung in Phnom Penh anzuführen. Das Widerstandsbündnis unter Sihanouks Führung bestand – zumindest auf dem Papier – aus der Funcinpec (französische Abkürzung für Nationale Einheitsfront für ein Unabhängiges, Neutrales, Friedliches und Kooperatives Kambodscha), der Sihanouk-treue Royalisten angehörten, der Nationalen Befreiungsfront des Khmer-Volkes, einer nichtkommunistischen Gruppierung unter der Führung des ehemaligen Premierministers Son Sann, und den Roten Khmer, die offiziell als Partei des Demokratischen Kampuchea agierten und die stärkste Fraktion des Bündnisses stellten. Ihre Verbrechen ließ man unter den Tisch fallen um sicherzustellen, dass ein tragfähiger, den Gegebenheiten angepasster Kompromiss zustande kam.

Der Journalist Henry Kamm verbrachte mehrere Jahre mit Recherchen über Kambodscha. Sein Buch *Cambodia: Report from a Stricken Land* gibt faszinierende Einblicke in die neuesten Entwicklungen.

Mitte der 1980er-Jahre schickte die britische Regierung den Special Air Service (SAS) in ein Lager im malaysischen Dschungel, um Guerilla-Kämpfer in der Verlegung von Landminen auszubilden. Obwohl der SAS offiziell die schwächeren Bündnispartner unterstützen sollte, profitierten von ihrer Arbeit in erster Linie die Roten Khmer. So nutzten sie die neu erworbenen Kenntnisse, um das kambodschanische Volk einzuschüchtern und zu terrorisieren. Die USA unterstützten die nichtkommunistischen Fraktionen des von den Roten Khmer angeführten Bündnisses mit mehr als 15 Mio. US-Dollar pro Jahr.

In den 1980er-Jahren schottete sich das Land größtenteils von der westlichen Welt ab – humanitäre Hilfsorganisationen ausgenommen. Die Regierungspolitik wurde quasi von den Vietnamesen kontrolliert, dementsprechend war Kambodscha praktisch Teil des Ostblocks. Während dieser Zeit befand sich die Wirtschaft am Boden, weil der Staat ebenso wie Vietnam unter einem von den USA initiierten Embargo litt.

In Kambodscha sind zwischen vier und sechs Millionen Landminen vergraben. Die Rehabilitationsmaßnahmen der geschätzten 40 000 Opfer werden mit insgesamt 120 Mio. US-Dollar veranschlagt.

1984 nahmen die Vietnamesen alle wichtigen Rebellenlager auf kambodschanischem Gebiet ein und zwangen so die Roten Khmer und deren Verbündete, sich nach Thailand zurückzuziehen. Ab diesem Zeitpunkt konzentrierte sich die Strategie der im Untergrund kämpfenden Roten Khmer samt Verbündeten darauf, den Feind zu demoralisieren. Zu den Taktiken gehörten

1991

Der Pariser Vertrag wird unterzeichnet. Alle Parteien, auch die Roten Khmer, verpflichten sich an freien und fairen Wahlen, die unter UN-Beobachtung abgehalten werden, teilzunehmen.

1993

Die Sihanouk nahestehende royalistische Partei Funcinpec mit ihrem Vorsitzenden Prinz Ranariddh gewinnt die Wahlen, doch die KPK erzwingt eine Regierungsbeteiligung, indem sie mit einer Abspaltung des Ostens droht.

1994

Die Roten Khmer starten Aktionen gegen Touristen. Sie entführen und töten Reisegruppen, die per Taxi oder Zug zur Südküste unterwegs sind, und unterstreichen damit den Ruf Kambodschas im Westen als gefährliches Land.

das Bombardieren von unter Regierungskontrolle stehenden Garnisonsstädten, das Verlegen von Tausenden Minen in ländlichen Gebieten, Angriffe auf den Straßengüterverkehr, das Sprengen von Brücken, Entführungen von Dorfältesten und Übergriffe gegen Zivilisten. Außerdem zwangen die Roten Khmer zahlreiche Männer, Frauen und Kinder, die in von ihnen kontrollierten Flüchtlingslagern lebten, Munition und andere Güter über stark verminte Grenzgebiete nach Kambodscha zu bringen.

In ihrem Kampf gegen die Guerilla legten die Vietnamesen wiederum das weltweit längste Minenfeld, bekannt als K-5, das sich vom Golf von Thailand bis zur laotischen Grenze erstreckte. Außerdem wurden Kambodschaner in die Wälder geschickt, um Bäume an abgelegenen Straßenabschnitten abzuholzen und somit Angriffe aus dem Hinterhalt zu verhindern. Tausende starben an Krankheiten und Verletzungen infolge von Landminen. Die Roten Khmer waren zwar nicht mehr an der Macht, doch für viele bedeuteten die 1980er-Jahre einen genauso harten Überlebenskampf wie das Jahrzehnt zuvor.

Westliche Mächte sorgten dafür, dass die Roten Khmer bis 1991 ihren Sitz in der UN-Generalversammlung in New York behielten, sodass ausgerechnet die für den Genozid verantwortlichen Personen ihre eigenen Opfer auf internationaler Ebene vertraten.

DIE UNO TRITT AUF DEN PLAN

Mit dem Ende des Kalten Kriegs hielt in vielen Teilen der Welt Frieden Einzug und auch an Kambodscha ging der neue Geist der Versöhnung nicht spurlos vorbei. Im September 1989 kündigte Vietnam mit einer am Boden liegenden Wirtschaft und dem Wunsch nach Beendigung der internationalen Isolation den Rückzug aller Truppen aus Kambodscha an. Nach ihrem Abzug startete das Oppositionsbündnis, das weiterhin von den Roten Khmer dominiert wurde, eine Reihe von Angriffen und zwang so die nun verwundbare Regierung an den Verhandlungstisch.

Diplomatische Bemühungen zur Beendigung des Bürgerkriegs trugen im September 1990 erste Früchte und die Regierung in Phnom Penh sowie die drei Fraktionen der Widerstandsbewegung akzeptierten einen Friedensvertrag. Dieser sah die Bildung des Obersten Nationalen Rats (ONR), einem Bündnis aller Fraktionen unter der Präsidentschaft Sihanouks, vor. In der Zwischenzeit sollte die Übergangsverwaltung der Vereinten Nationen in Kambodscha (Untac) zwei Jahre lang die Verwaltung des Landes beaufsichtigen sowie den Weg für freie, gerechte Wahlen ebnen.

Zweifellos konnte die Untac Erfolge vorweisen, doch es wurden auch Fehler gemacht, die Kambodscha in der „demokratischen" Phase teuer zu stehen kommen sollten. Sie brachte viele internationale Menschenrechtsabkommen auf den Weg und öffnete einer beträchtlichen Anzahl von Nicht regierungsorganisationen die Tür. Als wichtigster Erfolg galten jedoch die Wahlen am 25. Mai 1993, bei der eine Beteiligung von 89,6 % verzeichnet wurde. Allerdings war das Ergebnis keineswegs eindeutig. Die Funcinpec unter der Führung von Prinz Norodom Ranariddh erzielte 58 Sitze und die Kambodschanische Volkspartei (Kanakpak Pracheachon Kampuchea; KPK),

Um die Verbrechen der Roten Khmer für zukünftige Generationen zu dokumentieren, wurde das kambodschanische Dokumentationszentrum errichtet. Die exzellente Webseite www.dccam.org bietet jede Menge Informationen über die dunkelsten Stunden des Landes.

1995
Prinz Norodom Sirivudh wird verhaftet und ins Exil geschickt, weil er angeblich ein Attentat auf Premierminister Hun Sen plant: So wird ein weiterer potentieller Rivale entsorgt.

1997
Der zweite Premierminister Hun Sen stürzt den ersten Premierminister Norodom Ranariddh in einem Militärputsch.

1998
Pol Pot stirbt am 15. April 1998, als Anlong Veng von Regierungstruppen eingenommen wird. Manch ein Beobachter fragt sich, ob das Timing wirklich purer Zufall ist.

NOMEN EST OMEN

Kambodschas häufige Umbenennung in den letzten Jahrzehnten gibt zweifellos Anlass zur Verwirrung. Die Einwohner nennen ihr Land Kampuchea. Diese Bezeichnung stammt aus dem 10. Jh. und leitet sich von dem Wort Kambuja ab, was „Nachkommen des Kambu", dem mythologischen Gründer des Landes, bedeutet. Das portugiesische „Camboxa" und das französische „Cambodge", von denen sich das deutsche „Kambodscha" ableitet, sind Adaptionen von „Kambuja".

Seit der Unabhängigkeit des Landes 1953 trug es verschiedene Namen, bis man schließlich wieder zu der ursprünglichen Bezeichnung zurückkehrte:

- Das Königreich Kambodscha
- Die Khmer-Republik (während der Regierungszeit von Lon Nol von 1970 bis 1975)
- Demokratisches Kampuchea (unter den Roten Khmer, die von 1975 bis 1979 herrschten)
- Die Volksrepublik Kampuchea (unter der von Vietnam unterstützten Regierung 1979–1989)
- Der Staat Kambodscha (ab Mitte 1989)
- Das Königreich Kambodscha (ab Mai 1993)

Die Roten Khmer bestanden darauf, dass im Ausland die Bezeichnung Kampuchea benutzt wurde. Mit der Änderung des Namens zurück zu Kambodscha wollte sich die Regierung in Phnom Penh symbolisch von den bitteren Assoziationen der Bezeichnung Kampuchea distanzieren, das die westliche Welt mit dem grausamen Regime der Roten Khmer in Verbindung brachte.

die für die frühere kommunistische Regierung stand, 51 Sitze. Zwar hatte die KPK die Wahlen verloren, doch da die Parteispitze mit einer Abspaltung der östlichen Provinzen drohte, wurden schließlich zwei Premierminister ernannt, Norodom Ranariddh an erster und Hun Sen an zweiter Stelle.

Noch heute wird die Untac als UN-Erfolgsgeschichte verbucht. Wenn man genauer hinblickt, war der geschaffene Frieden aber schlecht durchdacht und durchgeführt, denn viele der regierenden Mächte wollten ihre eigenen Pläne umsetzen. Ein Großteil der Kambodschaner, die die 1970er-Jahre überlebt hatten, hielt es für unzumutbar, dass die Roten Khmer, die einen Völkermord zu verantworten hatten, an Wahlen teilnehmen durften.

Im Zuge des UN-Abrüstungsprogramms wurden ländliche Milizen entwaffnet. Diese hatten eine entscheidende Rolle innerhalb der Verteidigungsnetzwerke, die die Regierung in den Provinzen gegen die Roten Khmer einsetzte, gespielt. Als Konsequenz waren Dorfgemeinschaften Angriffen hilflos ausgesetzt. Die Roten Khmer nutzten die ihnen im Friedensprozess zugestandene Legitimität, um erneut ein Guerilla-Netzwerk aufzubauen. 1994, als sie von der Regierung schließlich verboten wurden, waren sie wohl eine größere Bedrohung für die Stabilität des Landes als jemals sonst in der Zeit nach 1979.

1999

Nach zweijähriger Verzögerung schließt sich Kambodscha Asean an und nimmt so seinen Platz innerhalb der Familie der südostasiatischen Staaten ein, die das Land zurück auf der Weltbühne willkommen heißen.

2002

In Kambodscha werden die ersten Kommunalwahlen abgehalten. Sie sind ein erster Versuch, das alte kommunistische System abzuschaffen und für demokratische Verhältnisse zu sorgen.

2003

Die KPK gewinnt die Wahlen, doch politische Machtkämpfe verzögern die Regierungsbildung um ein Jahr. Schließlich greift man wieder auf die Koalition mit der Funcinpec zurück.

Als Hauptziele der Untac galten die „Schaffung und Bewahrung des Friedens" sowie die „Förderung der nationalen Versöhnung". Zwar führte man freie und faire Wahlen durch, doch diese wurden später durch das Vorgehen kambodschanischer Politiker nichtig gemacht. Während der UN-Phase unternahm man zudem kaum etwas gegen den von der KPK errichteten kommunistischen Staatsapparat, eine gut funktionierende Maschinerie, die bis heute dafür sorgt, dass frühere Kommunisten die Verwaltung, die Justiz, die Armee und die Polizei kontrollieren.

Den neuesten politischen Klatsch und Tratsch in Kambodscha findet man unter http://ki-media.blogspot.com.

DER STEINIGE WEG ZUM FRIEDEN

Nach dem Sturz der Regierung von Pol Pot durch die Vietnamesen 1979 zogen sich die Roten Khmer in Dschungelgebiete zurück. 1993 boykottierten die Guerilla-Kämpfer die Wahlen und lehnten Friedensverhandlungen ab. Das Überlaufen von etwa 2000 Truppen der Roten Khmer in den Monaten nach den Wahlen ließ die Hoffnung aufkeimen, dass sich die hartnäckigen Aufständler zurückziehen würden. Zunächst fanden von der Regierung initiierte Amnestie-Programme aber nur wenig Resonanz, denn die Strategie, Truppen der Roten Khmer anzuwerben und sie zu zwingen, gegen ehemalige Kameraden zu kämpfen, bewegte nur wenige zum Überlaufen.

Informationen über aktuelle Ereignisse bietet die Webseite der *Phnom Penh Post* (www.phnompenhpost.com).

1994 änderten die Roten Khmer ihre Taktik und richteten ihre Angriffe gegen Touristen. So wurden während einer Taxifahrt nach Sihanoukville drei Urlauber abgepasst und erschossen. Ein paar Monate später entführten die Rebellen drei Ausländer während einer Zugfahrt nach Sihanoukville, die beim anschließenden Lösegelddrama zu Tode kamen.

Mitte der 1990er-Jahre änderte die Regierung ihre Strategie. Um den Krieg zu beenden, setzte sie nun auf Zuckerbrot statt auf Peitsche. Der Durchbruch kam 1996, als Ieng Sary, „Bruder Nr. 3" in der Hierarchie der Roten Khmer und Außenminister während Pol Pots Regierung, von diesem der Korruption beschuldigt wurde. Daraufhin desertierten massenhaft Kämpfer und deren Unterstützer in der Pailin-Region, was das Schicksal der verbleibenden Roten Khmer endgültig besiegelte. Pailin, reich an Edelsteinen und Nutzholz, war lange die wirtschaftliche Stütze gewesen, durch die diese Gruppierung noch am Leben erhalten werden konnte. Das Wegfallen dieser Einkommensquelle und die Tatsache, dass die Regierungstruppen nun ihre Energie für den Kampf gegen einen Feind bündelten, ließen hoffen, dass die Tage des Bürgerkriegs nun gezählt waren.

Am 31. März 1997 wurde auf eine Gruppe von Sam-Rainsy-Anhängern, die vor der Nationalversammlung demonstrierten, eine Granate geworfen. Sam Rainsy beschuldigte daraufhin Hun Sen und die KPK für den Angriff verantwortlich zu sein. Sogar das FBI führte Ermittlungen durch.

1997 bekam die Regierungskoalition erste Risse und die junge Demokratie musste sich einer neuen Bewährungsprobe stellen. Allerdings waren es wieder die Roten Khmer, die sämtliche Schlagzeilen beherrschten. Pol Pot ordnete die Hinrichtung von Son Sen, seinem ehemaligen Verteidigungsminister, und vielen seiner Angehörigen an. Dies führte zu einem Putsch innerhalb der Gruppierung. Der einbeinige General und Hardliner Ta Mok übernahm die Macht und stellte Pol Pot vor Gericht. In Phnom Penh ging

2004

König Sihanouk dankt überraschend ab, auf ihn folgt sein Sohn Sihamoni. Die Entscheidung ist populär, da Sihamoni nichts mit der Politik der Vergangenheit zu tun hatte.

2005

Kambodscha tritt der WTO bei und öffnet seine Märkte für den freien Handel. Viele Beobachter kritisieren diesen Schritt, weil die Wirtschaftskraft gering ist und einheimische Produzenten nun nicht mehr geschützt werden.

2006

Inzwischen tragen politische Rivalen ihre Konflikte im Gerichtssaal aus. Nach viel juristischem Hin und Her ist Oppositionsführer Sam Rainsy wieder zurück auf der Bühne, Prinz Ranariddh wiederum steht im politischen Abseits.

das Gerücht um, dass Letzterer dorthin gebracht werden würde, um sich der internationalen Gerichtsbarkeit zu stellen, doch dann sollten sich die Ereignisse überschlagen.

Es kam zu einem langwierigen Prozess, während dem sowohl die Funcinpec als auch die KPK versuchten, das Vertrauen der verbliebenen radikalen Roten Khmer im Norden Kambodschas zu gewinnen. Ranariddh konnte fast eine Einigung mit den Guerilla-Kämpfern erzielen und wollte diese vor Kambodschas Asean-Beitritt unter Dach und Fach bringen, schließlich wäre ein Ende des Bürgerkriegs ein äußerst positives Zeichen gewesen. Er wurde jedoch von dem zweiten Premierminister Hun Sen ausgestochen. Am 5. Juli 1997 kam es auf Phnom Penhs Straßen erneut zu Gefechten, als KPK-treue Truppen und Funcinpec-Anhänger aufeinandertrafen. Die heftigsten Auseinandersetzungen fanden rund um den Flughafen und wichtige Regierungsgebäude statt. Es dauerte nicht lange, dann hatte die KPK Kambodscha erneut unter ihrer Kontrolle.

Das Regime der Roten Khmer gilt in Kambodscha als sensibles Thema, was teilweise an den Verbindungen der aktuellen Führung mit der kommunistischen Bewegung liegt. So ist die Geschichte des Genozids erst seit 2009 Teil des Schullehrplans.

Nach dem Putsch verbündeten sich die verbliebenen Truppen der Funcinpec, die an der thailändischen Grenze rund um O Smach die Stellung hielten, mit den letzten Roten Khmer unter Ta Moks Kontrolle. Die Kämpfe waren zwar beendet, das Sterben jedoch nicht; mehrere prominente Führungsmitglieder der Funcinpec und des Militärs wurden Opfer von außergerichtlichen Hinrichtungen. Bis heute hat man diese Verbrechen nicht geahndet. Zahlreiche hochrangige Funcinpec-Mitglieder flohen ins Ausland, Offiziere führten den Widerstandskampf vor Ort weiter.

Anfang 1998 kündigte die KPK eine umfassende Offensive gegen ihre Feinde im Norden an. Im April waren die Hochburgen der Roten Khmer, Anlong Veng und Preah Vihear, so gut wie eingenommen. Während der schweren Kämpfe konnte sich Pol Pot den Armen der Justiz entziehen, weil er am 15. April in Gefangenschaft der Roten Khmer starb. Auf den Fall von Anlong Veng im April folgte der Fall von Preah Vihear im Mai und die drei großen Anführer, Ta Mok, Khieu Samphan sowie Nuon Chea, flohen mit ihren verbliebenen Truppen in den Dschungel nahe der thailändischen Grenze.

Als Pol Pot am 15. April 1998 starb, wurde seine Leiche übereilt und ohne Obduktion auf übereinander gestapelten Reifen verbrannt. Dieses Vorgehen gab den Anlass zu Spekulationen, er sei ermordet worden.

1998 bestätigten die Wahlen die KPK in ihrer Rolle als Kambodschas stärkste politische Kraft und am 25. Dezember erhielt Hun Sen das Weihnachtsgeschenk, das er sich gewünscht hatte: Khieu Samphan und Nuon Chea liefen auf die Regierungsseite über. Die internationale Gemeinschaft forderte Kriegsverbrecherprozesse gegen die verbliebene Führungsriege der Roten Khmer und nach langwierigen Verhandlungen einigte man sich schließlich auf die Einrichtung eines Tribunals, vor das überlebende Anführer gestellt werden sollten. Die KPK traute einem von der UN geführten Gericht nicht, weil diese die von den Roten Khmer dominierte Koalition gegen die Regierung in Phnom Penh unterstützt hatten, und wollte ein Mitspracherecht. Die UN wiederum zweifelten daran, dass das Justizsystem

2007

Die royalistische Partei Funcinpec verliert aufgrund von Konflikten, Intrigen und Fehlern weiter an Boden. Demokraten schließen sich Sam Rainsy, an, die Loyalisten der neuen Norodom-Ranariddh-Partei, andere der KPK.

2008

Bei den Wahlen kann sich die KPK auf 58 % verbessern, die restlichen Stimmen verteilen sich auf verschiedene Oppositionsparteien.

2009

Kambodschas Wirtschaft wird von der weltweiten Finanzkrise getroffen: Investitionen nehmen ab, Haus- und Grundstückspreise steigen und die Besucherzahlen gehen zurück.

den Anforderungen bezüglich Gerechtigkeit und Neutralität eines so großen Prozesses gewachsen sei. Schließlich einigte man sich auf einen Kompromiss, ein gemischtes Gericht bestehend aus drei internationalen und vier kambodschanischen Richtern; einem Urteil mussten jeweils zwei bzw. drei der eingesetzten Personen zustimmen.

Anfang 2002 fanden in Kambodscha erstmals Kommunalwahlen statt, bei denen Repräsentanten für Dorfgemeinschaften und Kommunen gewählt wurden. Sie stellten einen wichtigen Schritt hin zu einem basisdemokratischen System dar. Obwohl seit 1993 nationale Wahlen abgehalten wurden, hatte die KPK auf lokaler und regionaler Ebene die alleinige politische Macht inne. Nur durch Kommunalwahlen konnte diese Situation geändert werden. Mit den Parlamentswahlen im Juli 2003 verschoben sich die Machtverhältnisse. Die KPK konnte ihre Position festigen, die Sam-Rainsy-Partei wurde zweitstärkste und die Funcinpec drittstärkste Kraft. Nach fast einjährigen Verhandlungen entschied sich die Funcinpec erneut gegen eine Zusammenarbeit mit der Sam-Rainsy-Partei und ging eine weitere Koalition mit der KPK ein.

Der Terrorverdächtige Hambali der Gruppierung Jemaah Islamiyah, die mit al-Qaida in Verbindung steht, wurde im August 2003 in Thailand verhaftet. Später kam heraus, dass er etwa sechs Monate in einem Backpacker-Hostel am Boeng-Kak-See gelebt hatte.

AKTUELLE ENTWICKLUNGEN

Kambodscha befindet sich nach den Schrecken des Regimes der Roten Khmer, die immer noch der Aufarbeitung bedürfen, am Scheideweg. Vergleicht man den heutigen Staat mit dem tiefen Abgrund, in den das Land während der Gewaltherrschaft schlitterte, ist durchaus Optimismus angesagt. Im Vergleich zu den erfolgreicheren Nachbarstaaten relativiert sich die Einschätzung jedoch. Kambodscha muss sich zwischen Pluralismus, Fortschritt und Wohlstand oder Einschüchterung, Straflosigkeit und Ungerechtigkeit entscheiden. Wie es in Zukunft weitergehen wird, ist offen.

Ungewiss ist auch der Ausgang der Prozesse gegen die Roten Khmer. Während des Kalten Kriegs wurden die Gerichtsverfahren zwei Jahrzehnte lang ausgesetzt und danach durch bürokratisches Tauziehen im Aus- und Inland verzögert. Nach vielen Streitigkeiten zwischen den kambodschanischen Behörden und der internationalen Gemeinschaft hat das Rote-Khmer-Tribunal endlich seine Arbeit aufgenommen. Dennoch steht keineswegs fest, ob die Mühlen der Justiz schnell genug mahlen, um die alternde Führungsriege tatsächlich noch zur Rechenschaft zu ziehen. General Ta Mok starb 2006 in Gefangenschaft und sowohl Ieng Sary, der frühere Außenminister der Roten Khmer, als auch Nuon Chea haben gesundheitliche Probleme. Gegenwärtig werden gegen Sary und das ehemalige Staatsoberhaupt Khieu Samphan Prozesse geführt. 2009 dominierte vor allem die Gerichtsverhandlung gegen Kaing Guek Eav alias Kamerad Duch die Schlagzeilen. Die Anklage forderte eine 40-jährige Haftstrafe. Ende Juli 2010 wurde Kaing Guek Eav schließlich zu 35 Jahren Haft verurteilt, allerdings erließ man ihm 16 Jahre, da er schon seit Langem im Gefängnis sitzt. Einige Opfer halten diesen Gerichtsentscheid angesichts der Schwere von Duchs Taten und der erdrückenden Beweislast für zu gnädig.

Viele aus der heutigen kambodschanischen Führungsriege waren früher Mitglieder der Roten Khmer, darunter Premierminister Hun Sen und der Vorsitzende des Senats Chea Sim. Es gibt allerdings keine Beweise, dass sie in die Massenmorde verwickelt waren.

In der Zwischenzeit verschlingen die Verfahren immer mehr Geld. Bald wird die 150-Mio.-Dollar-Marke überschritten, außerdem gibt es auf kambodschanischer Seite Korruptionsvorwürfe und politische Konflikte. Manche Kambodschaner halten das Tribunal für eine wichtige Botschaft bezüglich politischer Verantwortlichkeit, die auch Auswirkungen auf heutige Machtinhaber hat. Andere meinen, dass Geld verschwendet wird, schließlich sei die Beweislast gegen die überlebende Führungsriege erdrückend. Sie halten die Schaffung einer Aufklärungs- und Versöhnungskommission für sinnvoller, weil diese eher Antworten auf die Frage nach den Beweggründen der durchschnittlichen Roten-Khmer-Kader geben könnte.

Karen Coates' *Cambodia Now* gibt ungeschönte Einblicke in das heutige Kambodscha aus der Perspektive mehrerer Einheimischer.

Die Königsfamilie stellt eine Konstante in der neueren Geschichte des Staats dar. Eine besonders prominente Rolle nahm dabei der launenhafte König Sihanouk ein, der 1993 die Macht wiedererlangt hatte und 2004 die Welt wieder einmal mit seiner Abdankung überraschte. Nun bestieg sein Sohn den Thron, was der Monarchie wieder zu mehr Glaubwürdigkeit verhalf, schließlich hatte er nichts mit der Politik der Vergangenheit zu tun. Der politische Arm der Königsfamilie, die Funcinpec, verlor dabei weiter massiv an Boden. Prinz Ranariddh wurde als Vorsitzender der von ihm ins Leben gerufenen Partei abgesetzt und gründete die Norodom-Ranariddh-Partei. Manche Demokraten schlossen sich Sam Rainsy an, andere liefen zur KPK über. Ranariddh wurde schließlich des Vertrauensbruchs wegen ehelicher Untreue und des Verkaufs der Funcinpec-Parteizentrale beschuldigt und musste ins Exil gehen. Das Resultat all dieser Querelen sind zwei konkurrierende royalistische Parteien, die schwächer und zerstrittener sind als je zuvor.

Mittlerweile ist eine neue royalistische Familie auf den Plan getreten, vertreten durch die KPK. Ihre Zukunftspläne sehen Bündnisse zwischen den Dynastien vor, die durch Hochzeiten geschlossen werden sollen. Diese Strategie wurde besonders im letzten Jahrzehnt offensichtlich und hohe Führungspersonen sehen die politische Zukunft in den Händen der nächsten KPK-Generation. Angeführt wird diese Elite von Premierminister Hun Sen, der sich sowohl in seinem privaten als auch in seinem politischen Leben – beim Kampf um Phnom Penh 1975 verlor er ein Auge – als Stehaufmännchen erwies. Momentan scheint es so, als sei mit einer wenig gebildeten Wählerschaft und einer zerstrittenen Opposition „in dem Land der Blinden der Einäugige König".

Die neuesten Entwicklungen des Rote-Khmer-Tribunals gibt's auf der Webseite www.cambodiatribunalmonitor.org.

Oppositionsführer Sam Rainsy wirft den Machtinhabern fehlende Führungsstärke vor und konnte insbesondere in urbanen Gebieten Stimmen gewinnen. Das wiederum macht Konflikte mit der KPK in den nächsten Jahren wahrscheinlich. Wegen zu harscher Kritik wurde Sam Rainsy und verschiedenen gleichgesinnten Abgeordneten bereits des Öfteren die Immunität entzogen, um sie der Verleumdung anzuklagen.

Je weiter Kambodscha in die regionale Wirtschaft eingebunden wird und je mehr Investitionszahlungen fließen, desto weniger denkbar scheint eine Rückkehr zu alten politischen Wegen. Die Royalisten steuern auf eine politische Sackgasse zu und so liegt die Zukunft des Landes wohl entweder in den Händen der tief verwurzelten KPK oder der populistischen Sam-Rainsy-Partei.

Kultur

MENTALITÄT

Seit den glorreichen Tagen des alten Angkor-Reichs war das kambodschanische Volk in historischen Kämpfen oft der Verlierer. Die Geschichte hatte einen großen Einfluss auf die heutigen Ansichten der Bevölkerung und so sind die Beziehungen zwischen Kambodscha und seinen Nachbarn Thailand sowie Vietnam durch eine Mischung aus Furcht, Bewunderung und Feindseligkeit gekennzeichnet.

Die Haltung der Einwohner zu Thailändern und Vietnamesen ist komplex. Erstere sind nicht sonderlich beliebt, denn so manch einer glaubt, dass Thailand seine kulturelle Schuld gegenüber Kambodscha nicht anerkennt und auf den ärmeren Nachbarstaat herabschaut. Gegenüber Vietnamesen ist die Einstellung ambivalenter: Ein Großteil der Bevölkerung befürchtet nämlich eine Kolonialisierung durch die Vietnamesen. Darüber hinaus wird das verlorene Mekong-Delta von vielen immer noch „Kampuchea Krom" („Unteres Kambodscha") genannt. Dennoch zollen die Kambodschaner Vietnam für die „Befreiung" von den Roten Khmer 1979 (s. S. 38) widerwillig Respekt. Als in den 1980er-Jahren daraus eine Besatzung wurde, verschlechterten sich die Beziehungen zwischen beiden Ländern allerdings erneut.

Kambodschaner und Laoten sind eng miteinander verbunden, da Fa Ngum, Gründer des ersten laotischen Königreiches Lan Xang (Land der Millionen Elefanten), von seinem Schwiegervater – einem Khmer – unterstützt wurde.

Auf den ersten Blick erscheint Kambodscha wie eine Nation voller strahlender glücklicher Menschen, aber bei näherem Hinsehen offenbart sich ein Land voller Widersprüche. Hell und dunkel, Reich und Arm, Liebe und Hass, Leben und Tod – all das wird auf einer Reise durch das Königreich sichtbar. Am auffälligsten ist aber der Kontrast zwischen den Zeugen der ruhmreichen Vergangenheit und der tragischen Gegenwart.

Der Begriff Angkor ist allgegenwärtig, z. B. auf der Flagge, dem Nationalbier, Zigaretten, den Schildern von Hotels und Pensionen. Er steht als Symbol für nationale Identität und glühenden Stolz, ein Siegeszeichen an die Welt: Egal, wie schlimm die Lage in jüngerer Zeit auch gewesen sein mag, die Kambodschaner haben Angkor Wat erbaut und eine größere Leistung gibt es ihrer Meinung nach nicht.

Beinahe ebenso allgegenwärtig wie seine Tempel ist Jayavarman VII., Angkors größter König. Dieser Mann hat die Cham besiegt und das Reich zu höchster Blüte geführt und wird deshalb als Nationalheld gefeiert.

Im Kontrast dazu steht der höllische Abgrund, in den die Nation während der Herrschaft der Roten Khmer stürzte. Pol Pot brachte dem Land Tod und Leid, und wann immer man seinen Namen hört, folgen Geschichten persönlicher Tragödien, toter Brüder, Mütter und Babys; Traumata, von denen sich die meisten Kambodschaner niemals erholen konnten. Das Rote-Khmer-Tribunal tagt weiter, aber bisher bleiben viele Fragen nach dem Wie und Warum unbeantwortet.

Jayavarman VII. war Mahayana-Buddhist. Er setzte seinen Glauben dafür ein, das Schicksal seines Volkes zu verbessern, indem er Krankenhäuser, Universitäten, Straßen und Unterkünfte errichten ließ.

Jayavarman VII. und Angkor werden geliebt, Pol Pot und die Roten Khmer dagegen verabscheut, und der sprunghafte letzte Gottkönig Sihanouk steht irgendwo dazwischen. Viele verehren ihn als „Vater der Nation", für andere jedoch hat er das Land durch seine Kooperation mit den Roten Khmer im Stich gelassen. In mancherlei Hinsicht steht seine Widersprüchlichkeit für das heutige Kambodscha. Wer Sihanouk versteht und nachvollziehen kann, was er erleiden musste, wird auch das Land besser begreifen.

LEBENSART

Für zahlreiche ältere Kambodschaner konzentriert sich das Leben auf die Familie, den Glauben und das Essen – eine zeitlose Lebensart, die seit Jahrhunderten gleich geblieben ist. Familie bedeutet hier mehr als der engste Kreis, denn sie umfasst auch die weitere Verwandtschaft wie Cousins dritten Grades und obskure Tanten: Solange man das gleiche Blut teilt, bestehen enge Bande untereinander. Familien halten zusammen, lösen ihre Probleme gemeinsam und hören auf die Älteren. Sie versammeln sich in Zeiten der Not und der Freude, feiern zusammen Feste und Erfolge, betrauern ihre Toten und beweinen Enttäuschungen. Egal, ob ein kambodschanisches Haus groß oder klein ist, es wird immer von einer Menge Menschen bewohnt.

Selbst die zerstörerischen Roten Khmer ehrten das mächtige Angkor Wat auf ihrer Flagge. Diese zeigte drei gelbe Türme des Tempels vor einem blutroten Hintergrund.

Nach wie vor gelten diese Konstanten für einen Großteil der ländlichen Bevölkerung. Mehrere Generationen leben unter einem Dach, teilen sich das Essen und haben dieselbe Religion. Doch in den dunklen Jahrzehnten der 1970er- und 80er-Jahre durchbrachen Krieg und Ideologie diese Routine. Die Bauern wurden von allem, was ihnen wichtig war, fortgerissen, in einen blutigen Bürgerkrieg gestürzt und später in die Sklaverei gezwungen. Angkar, die Organisation der Roten Khmer, übernahm im Leben der Menschen die Rolle des Moralapostels und sozialen Führers. Familien wurden zerstört, Kinder wandten sich gegen ihre Eltern, Brüder gegen ihre Schwestern. Das Band des Vertrauens zerriss und wird heute erst langsam wiederhergestellt.

Älteren Kambodschanern bietet auch der Glaube Halt. Mithilfe des Buddhismus, der hinduistische und animistische Elemente enthält, konnten sie ihr Leben nach der Schreckensherrschaft der Roten Khmer wiederaufbauen. In den meisten Häusern stehen kleine Schreine, vor denen für eine glückliche Zukunft gebetet wird, und am Tag des Buddhas sind die Wats voll mit Gläubigen.

Essen bedeutet für die Bevölkerung mehr als den meisten anderen, denn in den späten 1970er-Jahren litt das Land unter einer Hungersnot und selbst heute sind Unterernährung und Nahrungsmittelknappheit in Dürreperioden keine Seltenheit. Die Existenzgrundlage der Landbewohner (immer noch die Mehrheit der kambodschanischen Bevölkerung) sind ihre Felder. Alle Bauern fühlen sich ihrem Land eng verbunden, weil von ihm ihr Überleben abhängt. Dementsprechend wird der Rhythmus des ländlichen Lebens vom Erntekreislauf bestimmt.

Für die jüngere Generation, die in der nachkommunistischen Zeit in relativer Freiheit aufwuchs, sieht die Sache schon anders aus, wohl auch wegen des ständigen Einflusses von MTV und seichten Seifenopern. Kambodscha durchlebt gerade seinen ganz eigenen Sixties-Swing, da die jüngere Generation einen anderen Lebensstil als ihre Eltern pflegt. Besonders in den Städten führt dies zu heftigen Spannungen. Die rebellischen Teenager lassen sich in puncto Kleidung und Freunde nichts vorschreiben und machen die Nacht zum Tage. Doch nur wenige stehen auf eigenen Füßen und so kehren sie am Ende des Tages nach Hause zurück und die Streitereien beginnen von vorne.

Mehr über das Leben und die Zeit von Norodom Sihanouk erfährt man in seiner Biografie *Prince of Light, Prince of Darkness* (1994) von Milton Osborne.

Derzeit erlebt Kambodscha einen rasanten Wandel, aber noch halten die Traditionalisten wacker stand, obwohl der Protest gegen den Karaoke-Ansturm nicht leichtfällt. In den nächsten Jahrzehnten kommen große demografische Veränderungen auf das Land zu. Momentan leben nur 20 % der Einwohner in Städten, ein großer Unterschied zu weiter entwickelten Nachbarländern wie Malaysia und Thailand. Auf der Suche nach besseren Möglichkeiten wandern allerdings zunehmend mehr junge Leute in die Städte ab, was das Gesicht der hiesigen Gesellschaft für immer verändern wird. Trotzdem bleibt sie fürs Erste weitaus traditioneller als die in Thailand und Vietnam – Besucher des Landes sollten dies im Gedächtnis behalten.

Begrüßung

Kambodschaner begrüßen sich traditionell mit dem *sompiah,* bei dem man die Hände wie im Gebet zusammenlegt und sich verneigt, ähnlich wie beim

10 TIPPS, UM DEN RESPEKT DER EINHEIMISCHEN ZU ERLANGEN

Wer sich etwas Zeit nimmt, um die Kultur der Kambodschaner kennenzulernen, vermeidet es, jemanden unabsichtlich zu beleidigen und im schlimmsten Fall einen internationalen Zwischenfall hervorzurufen. Außerdem macht man sich bei seinen Gastgebern mit ein paar kulturellen Kenntnissen sehr beliebt. Hier ein paar Tipps:

Dresscode

Man sollte die lokalen Regeln respektieren, insbesondere an religiösen Stätten. Oberarme und Oberschenkel müssen bedeckt werden und vor dem Betreten eines Tempels muss man immer die Schuhe ausziehen und seine Kopfbedeckung ablegen. Nacktbaden ist überall unangemessen.

Einen Beitrag leisten

Die meisten Tempel leben von Spenden, deshalb sollte man beim Besuch einen kleinen Betrag entrichten. Wenn man das Haus eines Khmer besucht, wird ein kleines Zeichen der Dankbarkeit in Form eines Geschenkes immer gerne gesehen.

Treffen & Begrüßung

Man sollte die kambodschanische Art der Begrüßung, *sompiah* (S. 48), lernen und anwenden, wenn man sich potentiellen neuen Freunden vorstellt. Wer jemanden herbeiwinkt, muss seine Hand immer zum eigenen Körper hin bewegen und die Handfläche nach unten halten. Die Handfläche mit ausgestreckten Fingern nach oben zu halten, kann als anzüglich und sogar beleidigend aufgefasst werden.

Das Berühren von Frauen

Mönche sollen keine Frau berühren oder von dieser angefasst werden. Wenn eine Frau einem Ordensbruder etwas geben will, platziert sie den Gegenstand in seiner Reichweite oder auf seinem „Empfangstuch".

Ruhig bleiben

Nie die Stimme heben oder aggressiv werden. Das führt zum Gesichtsverlust und zu Verlegenheit bei den Einheimischen, was die Situation nur noch schlimmer macht.

Visitenkarten

Der Austausch von Visitenkarten ist ein wichtiger Teil jeder auch noch so kleinen Transaktion und aller Geschäftskontakte. Am besten lässt man vor der Anreise Visitenkarten anfertigen und verteilt diese wie Konfetti. Die Karten werden immer mit beiden Händen überreicht.

Tödliche Essstäbchen

Wenn man Essstäbchen senkrecht in eine Reisschale legt, erinnern sie an Räucherstäbchen, die für Tote abgebrannt werden – ein machtvolles Zeichen, das in Asien nicht gerne gesehen wird.

Füße

Vor dem Betreten eines Hauses sollte man die Schuhe ausziehen. Es gilt als ausgesprochen unhöflich, seine Fußsohlen auf andere Leute zu richten. Niemals mit den Füßen auf etwas Heiliges wie eine Buddhafigur zeigen.

Hut ab

Als Zeichen des Respekts vor Älteren oder angesehenen Menschen wie Mönchen sollte man seine Kopfbedeckung abnehmen und bei einem Gespräch höflich nicken. Einen Erwachsenen niemals am Kopf (der heiligste Körperteil in Asien) berühren oder tätscheln.

Zahnstocher

Wenn man hartnäckige Essensreste zwischen seinen Zähnen herauspult, sollte man dies mit einer Hand tun und mit der anderen seinen Mund bedecken.

wai in Thailand. Je höher die Hände gehalten werden und je tiefer die Verbeugung ist, umso mehr Respekt zollt man seinem Gegenüber – das muss man vor allem bei der Begrüßung von Amtspersonen oder älteren Menschen beachten. In letzter Zeit ist diese Sitte teilweise durch den Handschlag ersetzt worden, aber auch wenn Männer dazu tendieren, sich so zu begrüßen, verwenden die Frauen normalerweise beiden Geschlechtern gegenüber die traditionelle Begrüßung. Es ist akzeptabel (bzw. entschuldbar), wenn man als Ausländer zur Begrüßung eines Kambodschaners (egal, ob Mann oder Frau) dessen Hand schüttelt.

Traveller, die von liberalen thailändischen Inseln wie Ko Pha Ngan oder Ko Chang nach Kambodscha kommen, sollten bedenken, dass sie tief in die Vergangenheit zurückreisen, zumindest im Hinblick auf Traditionen. Es wird nicht gerne gesehen, wenn man mit freiem Oberkörper (Männer) oder leicht bekleidet (Frauen) durch die Tempel von Angkor spaziert.

Kleidung

Sowohl Männer als auch Frauen tragen Sarongs aus Baumwolle oder Seide, vor allem zu Hause. In den Städten bevorzugen die meisten Männer Hosen und die Frauen westliche Kleidung.

Bei formellen Anlässen wie religiösen Festen und Familienfeiern haben die Frauen tagsüber oft ein *hol* (eine Art Shirt) an. Abends schlüpfen sie in einfarbige *phamuong* (Seidenkleider) mit verzierten Säumen. Wenn eine Hochzeit stattfindet, werden die Kleiderfarben vom Wochentag diktiert, an dem gefeiert wird. Normalerweise kleiden sich kambodschanische Frauen eher zurückhaltend, obwohl sich der Dresscode in den Großstädten schnell ändert.

WIRTSCHAFT

Weil sie von den jahrzehntelangen Konflikten schwer traumatisiert war, galt Kambodschas Wirtschaft lange als Gecko unter Drachen. Seitdem sie aber liberalisiert wurde und viele Investoren Vorteile aus den neuen Möglichkeiten zu ziehen versuchen, ändert sich die Situation allmählich. Asiatische Geldgeber strömen nach Phnom Penh – allen voran die Südkoreaner, die zahlreiche Verträge für Wolkenkratzer unterzeichnet haben – und auch westliche Unternehmen wollen ein Stück vom Kuchen. Es entstanden Investmentfonds und überall sind risikofreudige Financiers unterwegs. 2009 bremste die globale Wirtschaftskrise das Wachstum und so wurden viele Projekte um ein oder mehrere Jahre verschoben.

Heute ist das Land weit entfernt von den Tagen des Bürgerkrieges, des Genozids und der Hungersnöte. Allerdings beschränkt sich der Boom auf ausländische Investoren, wohlhabende Kambodschaner und ein paar wenige Großstädter. Stimmen aus der Bevölkerung verlangen jedoch von der Regierung, auch den Landbewohnern Investitionsmöglichkeiten zur Verfügung zu stellen, wenn sie eine stabile Zukunft für den Staat will.

Vor dem Bürgerkrieg war die Gummiproduktion der führende Industriezweig. Heute kommt er mithilfe neuer Anpflanzungen wieder auf die Beine. Auf anderen Plantagen stellt man Palmöl und holzfreies Papier her. Unberührte Wälder werden gerodet und neu aufgeforstet, doch vielerorts kann sich das Ökosystem nicht mehr erholen.

Kambodscha gehörte von 2006 bis 2008 zu den am schnellsten wachsenden Wirtschaftsnationen der Welt und erreichte 2007 das magische Ziel von 10 %. 2009 jedoch verlangsamte sich das Wachstum aufgrund der weltweiten Finanzkrise beträchtlich.

Eine große Bedeutung für die Wirtschaft hat der Textilsektor, deshalb ist Phnom Penh von Textilfabriken umringt. Kambodscha versucht seine Nische als moralischer Produzent zu finden und gute Arbeitsbedingungen zu schaffen. Die Fabrikarbeit ist kein Zuckerschlecken, doch als Alternative bleiben meist nur die Reisfelder oder zwielichtige Randzonen der Unterhaltungsindustrie, oft genug eine Einbahnstraße in die Prostitution. Was die Zukunft der Textilindustrie anbelangt, muss man abwarten, ob auf dem internationalen Markt der Profit oder der gute Zweck triumphieren werden. Die Weltwirtschaftskrise hat viele Arbeitsplätze in diesem Sektor vernichtet (fast 100 000 junge Frauen verloren ihren Job) und wahrscheinlich wird die Textilindustrie einige Jahre brauchen, um sich wieder zu erholen.

Wichtig für Kambodscha ist auch der Tourismus. 2008 besuchten über zwei Millionen Menschen das Land: Damit hat sich ihre Zahl innerhalb weniger Jahre verdoppelt. Jährlich werden Tausende neuer Jobs geschaf-

EIN CENT MEHR, KEIN CENT WENIGER *Nick Ray*

Kambodschaner haben für jede Lebenssituation ein Sprichwort und das um sich greifende Problem der Bestechlichkeit bildet da keine Ausnahme. Mit dem Spruch „Kleine Leute nehmen kleine, große Leute nehmen große Schmiergelder" wird die momentane Situation überaus treffend beschrieben. *Puk roluy* ist der Khmer-Ausdruck für „Korruption" und heißt wörtlich übersetzt „etwas, das verfault ist und weggeworfen werden sollte".

Laut Aussagen der Transparency International belegt Kambodscha von 180 Ländern nur Platz 158 unter den korrupten Nationen und steht damit auf gleicher Stufe wie Zentralafrika, Tadschikistan und Laos. Auf Phnom Penhs Anti-Korruptions-Konzert im Mai 2009 sagte US-Botschafterin Carol Rodley, dass die Korruption die kambodschanische Regierung jährlich schätzungsweise 500 Millionen US$ koste.

Bestechlichkeit ist kein neuer Trend in Kambodscha, denn bis ins 19. Jh. war das Problem so weit verbreitet, dass viele Einwohner sich praktisch selbst ihren Schutzherren versklavt hatten. Ein anderes Sprichwort beschrieb die Situation ganz lapidar: „Die Reichen müssen die Armen schützen, so wie Kleidung den Körper schützt."

Nach Erreichen der Unabhängigkeit wurde das Wort „Regierung" zum Synonym für Korruption. Die Situation verschärfte sich, als die USA sich einmischten und Lon Nols Regierung unterstützten. Nun wurden auf die Soldliste Soldaten mit einer Scheinidentität gesetzt, außerdem gab man Tote und Deserteure gar nicht erst bekannt. Schätzungsweise steckte das Militär bis 1972 den Sold von etwa 100 000 dieser Phantomsoldaten in die eigenen Taschen.

Unter Pot Pol ließ die Korruption nach, aber die Einsätze der Kambodschaner stiegen, denn oftmals erkauften sie sich ihr Leben gegen Gold oder Schmuck. Nach dem Sturz der Roten Khmer durch die Vietnamesen musste ein Großteil der Bevölkerung täglich ums Überleben kämpfen und es gab nur einen geringen oder gar keinen Spielraum für Bestechung. In den thailändischen Grenzlagern allerdings tauschten und verkauften skrupellose Leute Hilfsgüter.

Als der freie Markt und wenig später die UN einzogen, geriet die Korruption außer Kontrolle. Der Direktor der Weltbank, James Wolfensohn, wurde bei seinem Besuch 2005 gebeten, die Probleme des Landes in drei Worten zusammenzufassen. Vor sämtlichen Spitzenvertretern der kambodschanischen Regierung sagte er: „Korruption, Korruption und Korruption." Am traurigsten an der Geschichte ist die Tatsache, dass viele Einwohner grundehrliche Leute sind, deren Überlebenskampf schon hart genug ist, auch ohne dass sie sich noch mit der Bestechlichkeit mancher Bürger auseinandersetzen müssen.

Der durchschnittliche Kambodschaner kommt schon in jungen Jahren mit diesem Thema in Berührung. Manche Ärzte und Krankenschwestern fordern vor der Behandlung Geld, selbst wenn sie eigentlich kostenfrei sein sollte. Studenten bestechen ihre Lehrer, damit sie ihnen Prüfungsfragen im Voraus aushändigen, und Schüler mit guten Verbindungen kaufen nach der Prüfung die Ergebnisse eines anderen Schülers. Stipendien können dementsprechend also gar nicht gerecht verteilt werden. Obwohl Bildung offiziell kostenlos ist, verlangen viele Lehrer eine Gebühr, um ihr eigenes Einkommen aufzubessern, sodass arme Familien keine Möglichkeit haben, ihre Kinder in die Schule zu schicken.

Arbeitsplätze bei der Polizei oder in der Armee sind häufig besonders lukrativ, denn hier kommen auch Touristen in Berührung mit der Korruption. In Phnom Penh scheinen Verkehrspolizisten allgegenwärtig zu sein, aber bestimmte Stadtteile erfreuen sich größerer Beliebtheit als andere, da sie die Möglichkeit für ein paar Erpressungen bieten.

Damit sich das Land weiterentwickeln kann, muss man die Bestechlichkeit irgendwie in den Griff kriegen. Aufgrund kleiner Gehälter und mangelhafter Maßnahmen wird das Königreich aber wohl noch viele weitere Jahre unter *puk roluy* leiden. Wer Kambodscha als Tourist besucht, verliert wahrscheinlich nur ein paar Tausend Riel, aber Geschäftsreisende sollten ihr Portemonnaie voller Bargeld haben – und zwar voller Dollar.

fen – eine großartige Möglichkeit, um junge Leute in die Wirtschaft zu integrieren. Die Gehälter entsprechen regionalen Standards und sind sehr niedrig, aber durch Trinkgelder erhöhen sie sich häufig so sehr, dass man damit eine ganze Familie ernähren kann. Zwar ist dieser Industriezweig ebenfalls nicht von der Finanzkrise verschont geblieben, doch er scheint sich schneller als andere Sektoren zu erholen.

Lange Zeit waren Auslandshilfen die Hauptstütze der Wirtschaft; sie machten die Hälfte des Regierungsetats aus. Nichtregierungsorganisationen haben viel dafür getan, um sozialpolitische Themen auf die Agenda zu bringen. Aufgrund milliardenschwerer Investitionen und der Tatsache, dass Chinas Regierung dem Staat riesige Summen leiht, ohne ihm Zwänge aufzuerlegen, scheinen die Tage dieser Organisationen und somit ihr Einfluss auf die Regierung gezählt zu sein.

Für zahlreiche Kambodschaner ist das alles aber relativ unbedeutend, denn es geht für sie ums Überleben. Brennender Sonne oder Regenfluten ausgeliefert, liegt ihre ganze Hoffnung auf einer guten Ernte und der Möglichkeit, am Ende der Saison etwas davon verkaufen zu können.

In diesem Land ist Korruption an der Tagesordnung und ein wichtiger Bestandteil der kambodschanischen Wirtschaft. Bis zu einem gewissen Maß zeigt sie sich auf allen Regierungsebenen – manchmal ganz offensichtlich, immer häufiger tritt sie jedoch im Verborgenen auf, etwa bei privaten Firmen, die sich aufgrund ihrer Beziehungen vorteilhafte Geschäftsabschlüsse sichern. Es scheint, als ob alles seinen Preis hat, darunter auch die Tempel, Nationalparks und sogar Genozid-Stätten. Mehr darüber siehe Kastentext S. 51.

Unter Kambodschas 24 Provinzen hat Kandal mit 300 Einwohnern pro km² die höchste Bevölkerungsdichte und Mondulkiri mit nur zwei Einwohnern pro km² die geringste.

BEVÖLKERUNG

2008 wurde Kambodschas zweite Nachkriegsvolkszählung durchgeführt: Sie ergab eine Einwohnerzahl von etwa 13,5 Millionen Einwohnern. Mit einer enormen Wachstumsrate von 2 % pro Jahr wird die Zahl 2025 bei 20 Millionen liegen.

Phnom Penh ist mit fast zwei Millionen Bürgern die größte Metropole des Landes. Zu den großen Ballungszentren gehören auch die schnell wachsenden Städte Siem Reap, Sihanoukville, Battambang und Poipet. Als bevölkerungsreichste Provinz gilt Kompong Cham; hier leben mehr als 10 % aller Kambodschaner.

Das vieldiskutierte Ungleichgewicht von Männern und Frauen, das durch die jahrzehntelangen Konflikte entstand, ist nicht mehr so schwerwiegend wie 1980, aber immer noch beträchtlich: Im Vergleich zu 86,1 Männern 1980 kommen heute etwa 95 Männer auf 100 Frauen. Ein weiteres markantes Ungleichgewicht besteht zwischen den Altersgruppen, denn mehr als 40 % der Bevölkerung sind unter 16 Jahre alt.

Kambodscha gehört zu den führenden Staaten im Behindertenvolleyball und erreichte 2007 bei den Weltmeisterschaften in Phnom Penh den dritten Platz.

SPORT

Kambodschas Nationalsport *pradal serey* (Kambodschanisches Kickboxen) gleicht Kickboxen in Thailand, man sollte allerdings nicht den Fehler begehen, es als Thaiboxen zu bezeichnen. Auf CTN und TV5 laufen an den Wochenenden regelmäßig Wettkämpfe und man kann die TV-Arenen besuchen, um sich das Ganze live anzusehen.

Eine weitere nationale Leidenschaft ist Fußball, obwohl das kambodschanische Team selbst nach asiatischen Standards nur als kleiner Fisch gilt. Viele Einwohner verfolgen die Premier League in England mit geradezu religiösem Eifer und wetten regelmäßig auf Spiele.

2009 belegte Kambodscha in der Fifa-Rangliste der Nationalteams nur Platz 176.

Darüber hinaus erfreut sich das französische Spiel *pétanque,* auch Boule genannt, großer Beliebtheit. Das kambodschanische Team hat in regionalen Wettkämpfen schon mehrere Medaillen gewonnen.

IMMIGRATION & MULTIKULTURELLES

Ethnische Khmer

Laut offiziellen Statistiken gehören 90 % aller Einwohner zu den Khmer, was das Land zum homogensten Staat in Südostasien macht. Zu den ethnischen Minderheiten zählen Vietnamesen, Chinesen, Cham, Laoten und die indigenen Volksgruppen der ländlichen Bergregionen.

Die Khmer bewohnen Kambodscha seit Beginn der schriftlichen Überlieferung (etwa im 2. Jh.), also viele Jahrhunderte, bevor Thailänder und Vietnamesen die Region besiedelten. Im Laufe der Zeit vermischten sie sich mit anderen Volksgruppen, darunter die Javaner und Malaien (8. Jh.), Thailänder (10.–15. Jh.), Vietnamesen (ab dem frühen 17. Jh.) und Chinesen (seit dem 18. Jh.).

In den Provinzen südlich und östlich von Phnom Penh stößt man in den Reisfeldern auf zahlreiche chinesische und vietnamesische Friedhöfe. Die Khmer dagegen begraben ihre Toten nicht, sondern verbrennen sie und bestatten die Asche oft in einem Stupa auf dem Gelände eines Wats.

Vietnamesen

Die Vietnamesen bilden eine der größten ethnischen Gruppen in Kambodscha, die nicht zu den Khmer zählt. Offiziell leben etwa 100 000 im Land, inoffizielle Beobachter gehen allerdings davon aus, dass die Anzahl tatsächlich zwischen einer halben und zwei Millionen liegt. Die Einwanderer spielen eine wichtige Rolle in der Fischerei- und Bauindustrie, dennoch besteht zwischen Kambodschanern und Vietnamesen immer noch ein gewisses Misstrauen, selbst gegenüber den Menschen, die bereits seit Generationen in Kambodscha leben.

Chinesen

Nach offiziellen Angaben wohnen in Kambodscha etwa 50 000 Chinesen. De facto sind es in den Städten aber wohl eher eine halbe bis eine Million. Viele leben seit vielen Generationen im Land und haben die Kultur, Sprache

DIE KHMER KROM

Diese Volksgruppe lebt in Südvietnam und besteht aus Khmer, die sich durch historische Ereignisse und die vietnamesische Beanspruchung eines einst kambodschanischen Territoriums vom Staat abgespalten haben. Niemand weiß, wie viele Khmer Krom es gibt, und Schätzungen variieren von einer bis sieben Millionen.

Die Geschichte der Expansion Vietnams war lange Zeit ein wichtiges Thema in den Büchern der Khmer. Der kambodschanische König Chey Chetha II. kam den Wünschen seiner vietnamesischen Gattin nach und erlaubte den Vietnamesen 1623 erstmals, in der kambodschanischen Stadt Prey Nokor zu siedeln. Offensichtlich war dies erst der Anfang, denn heute ist Prey Nokor bekannt als Ho-Chi-Minh-Stadt (Saigon).

Seit der Unabhängigkeit betreibt die vietnamesische Regierung eine Politik der Zwangsanpassung, laut der alle Khmer vietnamesische Namen annehmen und in vietnamesischer Sprache studieren müssen. Laut der Khmer Kampuchea Federation (KKF) werden die Khmer Krom bis heute verfolgt, haben keinen Zugang zu ärztlicher Versorgung und sind religiöser Diskriminierung sowie offenem Rassismus ausgesetzt. In den vergangenen Jahren wurden mehrere gewaltlos protestierende Mönche aus ihrem Amt verstoßen. Nach Aussagen von Human Rights Watch unterstützte die kambodschanische Regierung Vietnam sogar dabei, einige Agitatoren abzuschieben.

Viele Khmer Krom sähen Kambodscha gerne als Vermittler in ihrem Streben nach größerer Autonomie und ethnischer Repräsentation. Doch die Regierung verschließt die Augen vor den unzähligen illegal in Kambodscha lebenden Vietnamesen und ignoriert Berichte über vietnamesische Übergriffe an der Ostgrenze des Landes. Stattdessen nähert sie sich ihrem mächtigeren Nachbarn vorsichtig an – möglicherweise aufgrund der historischen Bande zwischen den beiden politischen Dynastien.

Wer mehr über die Khmer Krom erfahren will, kann sich beispielsweise die Webseite www.khmerkrom.org ansehen.

bzw. Identität der Khmer angenommen. Bis 1975 kontrollierte die chinesische Volksgruppe Kambodschas wirtschaftliches Leben. In den letzten Jahren hat sich China wieder als mächtige Wirtschaftsmacht etabliert, hauptsächlich aufgrund seiner wachsenden Investitionen.

Nicht alle Cham gehen auf das Königreich Champa zurück, manche stammen auch von malaiischen Händlern ab, die sich im 18. Jh. in Kambodscha ansiedelten und Mischehen mit den Cham eingingen.

Ethnische Cham

Die Cham-Muslime (hierzulande als „Khmer-Islam" bekannt) machen offiziell rund 200 000 Einwohner aus, inoffizielle Erhebungen setzen die Zahl aber bei 400 000 an. Sie leben in Dörfern am Ufer des Mekong und des Tonlé Sap, meist in den Provinzen Kompong Cham, Kompong Speu und Kompong Chhnang. Zwischen 1975 und 1979 waren sie grausamen Verfolgungen ausgesetzt und ein großer Teil ihrer Gemeinschaft wurde ausgelöscht. Viele von den Roten Khmer zerstörte Cham-Moscheen sind inzwischen wiederaufgebaut worden.

Sprachliche Minderheiten

Die im Hochland lebenden Khmer Leu („Obere Khmer") oder *chunchiet* (ethnische Minderheiten) umfassen etwa 75 000 bis 100 000 Einwohner.

Viele Angehörige dieser Volksgruppen findet man in den nordöstlichen Provinzen Ratanakiri, Mondulkiri, Stung Treng und Kratie. Als größte Gruppe gelten die Tompuon (gebräuchlich sind auch viele andere Schreibweisen) mit fast 20 000 Menschen. Zu den weiteren Stämmen gehören die Bunong, Kreung, Kavet, Brau und Jarai.

Tiefland-Khmer werden ermutigt, in den Nordosten zu ziehen, wo genügend Land verfügbar ist. Hier leben die ethnischen Minderheiten des Landes, die keine indigenen Konzepte für Eigentums- oder Landrechte haben; daher wird ihre Kultur in den kommenden Jahren möglicherweise an den Rand gedrängt.

Lange Zeit waren Kambodschas Bergvölker von den übrigen Einwohnern des Landes isoliert, deshalb konnte sich kein gegenseitiges Verständnis entwickeln. Sie betreiben Wanderfeldbau und halten sich nur selten für längere Zeit am selben Ort auf. Wenn sie einen Platz für einen neuen Wohnort suchen, muss einer der Dorfältesten mit der Geisterwelt kommunizieren. Nur wenige Minderheiten tragen bunte, traditionelle Trachten wie die Stammesvölker in Thailand, Laos und Vietnam.

MEDIEN

Zumindest auf dem Papier scheint die Pressefreiheit gewährleistet zu sein, da sie in der Konstitution verankert ist. Leider sieht die Realität anders aus. Oppositionsparteien haben einen weitaus begrenzteren Zugang zu den Medien als die herrschende Kambodschanische Volkspartei (KPK), außerdem überwiegen regierungsfreundliche Zeitungen, Radio- und TV-Sender. Im lokalen Journalismus ist Korruption üblich und so werden gegen Geld häufig positive Berichterstattungen geschrieben bzw. negative Berichte nicht veröffentlicht.

Kambodscha erreichte im Jahresbericht *Press Freedom Index 2009* von den Reportern ohne Grenzen den 117. Platz von 175 Ländern. Damit lag es 13 Plätze vor Thailand, das Rang 130 erreichte.

Das Fernsehen befindet sich größtenteils in den Händen der KPK, darunter der staatliche Sender TVK sowie private Kanäle wie Bayon. Aber selbst „unabhängige" Sender wie CTN sind nicht gänzlich autonom. Nach Aussagen der **Reporter ohne Grenzen** (www.rsf.org/cambodia) „gibt es in Kambodscha elf Fernsehsender, aber keiner von ihnen ist wirklich unabhängig".

Städter, die Kabelfernsehen haben, sehen oftmals die Nachrichtensender BBC und CNN oder stellen ihre Radios auf BBC World Service und Voice of America ein.

RELIGION

Buddhismus

Der Buddhismus kam mit dem Hinduismus nach Kambodscha, wurde aber erst ab dem 13. Jh. offizielle Religion. Heute praktizieren viele Kambodschaner den Theravada-Buddhismus. Zwischen 1975 und 1979 ermordeten die Roten Khmer fast alle buddhistischen Mönche und beschädigten oder zerstörten die Wats (über 3000). In den späten 1980er-Jahren wurde der Buddhismus wieder zur Staatsreligion erhoben, sodass heute wieder überall im Land junge Mönche zu sehen sind. Darüber hinaus sammelte man mithilfe von Werbefeldzügen Geld und baute die Tempel wieder auf oder sanierte sie.

Als höchstes Ziel des Theravada-Buddhismus gilt das Nirwana, die „Auslöschung" von Begierde und Leid und letzte Station im Reinkarnationskreislauf. Indem sie Mönche mit Speisen versorgen, Geld an Wats spenden und regelmäßig beten, hoffen Buddhisten, ihr Schicksal zu verbessern und genügend gute Taten zu begehen, um die Zahl ihrer Wiedergeburten zu verringern.

Von jedem männlichen Buddhisten wird erwartet, dass er für eine kurze Zeit seines Lebens als Mönch lebt, am besten nach Abschluss der Schule bis zum Beginn seiner Karriere oder bis zur Heirat. Männer oder Jungen unter zwanzig können als Novizen in den *sangha* (Klosterorden) eintreten. Heute verbringen sie zumeist nur noch eine Woche oder 15 Tage als Mönche.

Der kambodschanische Buddhismus bezieht sich stark auf seine Vorgänger und integriert viele kulturelle Traditionen aus dem Hinduismus in seine Zeremonien, so z. B. Rituale, die Geburt, Ehe und Tod betreffen. Aber die kambodschanischen Buddhisten verehren auch Geister wie Neak Ta, ein Glauben, der an die vorindische animistische Vergangenheit des Landes anknüpft.

Hinduismus

Der kambodschanische Hinduismus erlebte seine Blütezeit zeitgleich mit dem Buddhismus vom 1. bis zum 14. Jh. In der präangkorianischen Periode verehrte man Harihara (verkörpert Shiva und Vishnu in einer einzigen Gottheit). Während der Angkor-Periode wurde dagegen Shiva als Gottheit von der Königsfamilie favorisiert, im 12. Jh. allerdings von Vishnu verdrängt. Einige Elemente des Hinduismus findet man heute noch in wichtigen Zeremonien, die Geburt, Heirat und Tod betreffen.

Animismus

Allmählich gelangten der Hinduismus und der Buddhismus ins Land und vermischten sich mit dem animistischen Glauben, der schon vor der Indisierung unter den Khmer verbreitet war. Die lokalen Glaubensrichtungen verschwanden nicht, sondern wurden in die neuen Religionen integriert, sodass eine einzigartige Mischung entstand. Das Konzept des Neak Ta wurzelt in animistischen Glaubensvorstellungen von einer heiligen Erde und einem heiligen Geist um uns Menschen. Neak Ta kann als Glauben an Mutter Erde angesehen werden, eine Energie, die eine Gemeinschaft mit der Erde und dem Wasser vereint. Sie zeigt sich in vielen Formen von Steinen über Holz bis hin zu Termitenhügeln, also Dingen, die eine Verbindung zwischen den Menschen und der Fruchtbarkeit des Landes symbolisieren.

Die reinste Form des Animismus wird bei den Khmer Leu praktiziert. Manche sind zum Buddhismus konvertiert, aber die Mehrheit verehrt weiterhin die Geister ihrer Vorväter sowie diejenigen der Erde und des Himmels.

Islam

Kambodschanische Muslime sind Nachkommen der Cham. Nach dem Untergang ihres Königreiches Champa, das 1471 von den Vietnamesen gestürzt wurde, emigrierten sie aus dem heutigen Zentralvietnam nach Kambodscha. Ebenso wie ihre buddhistischen Nachbarn rufen die Cham-Muslime ihre Gläubigen mit einer Trommel zum Gebet; der in den meisten muslimischen Ländern übliche Gebetsruf durch den Muezzin ist hier weniger verbreitet.

Christentum

Im Gegensatz zum benachbarten Vietnam konnte sich das Christentum in Kambodscha kaum verbreiten. Vor dem Krieg gab es einige Kirchen im Land, allerdings wurde ein Großteil von den Roten Khmer zerstört, darunter auch die Notre-Dame-Kathedrale in Phnom Penh. Während der 1980er-Jahre erfuhr das Christentum ein Comeback in den Flüchtlingslagern an der thailändischen Grenze, wo mehrere missionarische Wohltätigkeitsorganisationen mit jeder Mahlzeit ihre Religion propagierten. Um zu überleben, wechselten viele Kambodschaner den Glauben, aber nach der Rückkehr aus den Lagern kehrten sie wieder zum Buddhismus zurück und erhielten den Spitznamen „Reis-Christen".

FRAUEN IN KAMBODSCHA

Von den 123 Sitzen in der Nationalversammlung werden nur zwanzig von weiblichen Parlamentariern belegt. Das sind nur etwa 15 % aller Abgeordneten.

Die Stellung der kambodschanischen Frauen befindet sich im Umbruch, denn die alte Generation weicht der jungen und konservative Traditionen wandeln sich. Üblicherweise ist der Platz der Frau im Haus. Während die alte Generation an dieser Rolle festhält, deutet einiges darauf hin, dass jüngere Frauen weniger Einschränkungen erwarten dürfen.

Etwa 20 % der Kambodschanerinnen führen den Haushalt und sind zudem die einzigen Ernährer. Doch noch immer haben die Männer ein Monopol auf die wichtigsten beruflichen Machtpositionen und spielen auf häuslicher Ebene die dominante soziale Rolle.

Politik und Religion diskriminieren Frauen nicht direkt, bieten ihnen aber selten die Möglichkeiten wie Männern. In den 1990er-Jahren wurden Gesetze über Abtreibung, häusliche Gewalt und Menschenhandel verabschiedet, die zwar die rechtliche Stellung der Frau verbessert, die Gesamtsituation aber kaum verändert haben.

Kinder werden zwar gleichberechtigt behandelt, doch mit steigendem Alter haben Mädchen immer weniger Zugang zu Bildung. Das gilt besonders für ländliche Regionen, wo sie nicht wie die Jungen in Wats leben und studieren können.

Viele Frauen gründen in ihren Städten oder Dörfern kleine Geschäfte, haben es allerdings sehr schwer, sobald sie noch einen Schritt weiter gehen wollen. Zurzeit stellen sie etwas über 15 % der Parlamentsabgeordneten, obwohl 56 % aller Wähler weiblich sind. In Kambodscha werden nur 15 % aller Verwaltungs- und Managementpositionen und 35 % aller anderen beruflichen Positionen von Frauen eingenommen. Der sozialpolitische Dschungel Kambodschas bleibt also eine Welt der Männer.

Das Projekt *Friends of Khmer Culture* (www.khmerculture.net) widmet sich der Förderung der hiesigen Kunst und kultureller Organisationen.

Weitere Probleme, mit denen Kambodschanerinnen zu kämpfen haben, sind häusliche Gewalt, Prostitution und die Verbreitung sexuell übertragener Infektionen. Erstere ist weit verbreitet, aber niemand weiß, wie groß das Problem wirklich ist, da viele Betroffene aus Scham und Angst schweigen. Darüber hinaus stellen Kinderprostitution (s. Kasten S. 88) und illegaler Menschenhandel mit Prostituierten ein großes Problem dar.

In den 1990er-Jahren hatte Kambodscha die höchste Rate von HIV-Infektionen in ganz Südostasien. Ganze Familien infizierten sich wegen Seitensprüngen untreuer Ehemänner, doch dank effektiver öffentlicher Aufklärungskampagnen hat das Land die Infektionsraten mittlerweile wieder unter Kontrolle.

KUNST & KULTUR

Das berühmte hinduistische *Ramayana*-Epos ist in Kambodscha als *Reamker* bekannt. Reyum Publishing hat ein wunderschön illustriertes Buch veröffentlicht, das die Geschichte erzählt: *The Reamker* (1999).

Der Feldzug der Roten Khmer war ein furchtbarer Schlag für die hiesige Kultur. Einige Jahre lang glaubte die Bevölkerung sogar, alles wäre unwiederbringlich verloren, weil die Roten Khmer nicht nur die intellektuelle Elite ermordet, sondern auch kulturelle Artefakte wie Statuen, Musikinstrumente, Bücher und sämtliche anderen Zeugen der Vergangenheit (diese sollte komplett ausgelöscht werden) zerstört hatten. Einzig die Tempel von Angkor wurden als Symbol der Macht und des alten Khmer-Reichs verschont. Trotz dieser Geschehnisse gibt es in Kambodscha zurzeit eine Renaissance der traditionellen Künste. Darüber hinaus besteht ein wachsendes Interesse, mit moderner Kunst zu experimentieren und interkulturelle Strömungen zu integrieren.

Tanz

Das königliche Ballett ist mehr als andere traditionelle Kunstformen eine greifbare Verbindung zur Pracht von Angkor. Seine Traditionen reichen weit in die Vergangenheit zurück, als die Kunst der *apsara* (Nymphen) die Macht des Gottkönigs verherrlichte. König Sihanouk entließ zu Beginn seiner Herrschaftszeit den traditionellen Harem königlicher *apsara*, der zur Krone gehörte.

Unter Pol Pot erging es dieser Kunstform sehr schlecht und nur wenige Tänzer bzw. Lehrer überlebten. 1981 wurde die Universität der Schönen Künste mit einer Handvoll Ausbilder wiedereröffnet.

Ein großer Teil des königlichen kambodschanischen Tanzes ähnelt der Tradition in Indien und Thailand (stilisierte Handbewegungen, paillettenbesetzte Lamé-Kostüme und opulente stupaartige Kopfbedeckungen). Die Thailänder übernahmen diese Techniken von den Khmer, nachdem sie Angkor im 15. Jh. geplündert hatten. Zwar war der königliche Tanz traditionell eine Angelegenheit der Frauen (mit Ausnahme der Rolle des Affen), doch heute sind mehr männliche Tänzer beteiligt.

Amrita Performing Arts (www.amritaperformingarts.org) hat eine große Anzahl bahnbrechender Tanz- und Theaterprojekte in Kambodscha aufgebaut, darunter auch Gemeinschaftsprojekte mit französischen und japanischen Künstlern.

Musik

Die Flachreliefs einiger Denkmäler in Angkor zeigen Musiker und *apsara*. Diese spielen Instrumente, die heutigen Khmer-Instrumenten ähneln: Demnach hat Kambodscha eine lange, ganz eigene Musiktradition.

Normalerweise wurde Musik als Begleitung bei Ritualen oder Vorführungen gespielt, die religiöse Bedeutung hatten. Es gab sechs Arten kambodschanischer Ensembles, die bei verschiedenen Angelegenheiten zum Einsatz kamen. Als das traditionellste gilt das *areak ka* bei Hochzeiten, u. a. mit einer *tro khmue* (Geige mit drei Saiten), einem *khsae muoy* (Streichinstrument mit einer Saite) und einer *skor areak* (Trommel).

Unter Pol Pot gingen die meisten Stücke aus der goldenen Ära vor dem Krieg verloren. Die Roten Khmer hatten es vor allem auf berühmte Sänger abgesehen, und so verschwanden der große Sin Sisamuth sowie die Diva Ros Sereysothea, berühmte Liederkomponisten und Künstler, beide gleich zu Beginn des Regimes.

Kambodschas große Musiktradition ging während der Herrschaft der Roten Khmer beinahe verloren, aber das „Programm der kambodschanischen Meisterinterpreten" widmet sich einer Neubelebung. Details findet man auf der Webseite www.cambodianmasters.org.

Nach dem Krieg ließen sich viele Khmer in den USA nieder, wo sich eine lebendige, von der US-amerikanischen Musik beeinflusste Khmer-Popkultur entwickelte. Später wurde sie zurück nach Kambodscha exportiert und erlangte enorme Popularität.

In Übersee wuchs eine neue Generation von Khmer unter westlichen Einflüssen auf, die ihren eigenen Sound kreiert. Kambodschanische Amerikaner, die nun wieder in ihre Heimat zurückkehren, sind mit Rap groß geworden. Viele neue Künstler schaffen den Durchbruch, z. B. die Gruppe ClapYaHandz, die von Sok „Cream" Visal gegründet wurde.

Darüber hinaus weist das Land eine aufblühende Popindustrie auf, deren Stars häufig Open-Air-Konzerte in Phnom Penh geben. Wer will, kann diese Musik jederzeit genießen, indem er in eine der unzähligen Karaoke-Bars geht. Preap Sovath ist sozusagen der kambodschanische Robbie Williams, und wer mehr als fünf Minuten durch die hiesigen Fernsehsender zappt, hat eine gute Chance, ihn singen zu sehen. Als eine der beliebtesten jungen Sängerinnen gilt Soun Chantha mit ihrer großartigen Stimme. Doch das Musikbusiness ändert sich ständig und zahlreiche neue Stars warten schon auf ihre Chance.

Dengue Fever, die ultimative Fusion-Band, macht sich derzeit einen Namen über die Grenzen der USA und Kambodschas hinaus und der kambodschanische Sänger Chhom Nimol führt eine Gruppe von fünf amerikanischen Prog-Rockern an, die sich in psychedelischen Klängen versucht.

Als eine der größten Legenden der 1970er-Jahre gilt Nuon Sarath. Der Jimi Hendrix von Kambodscha ist vor allem für seinen Schreigesang bekannt. Sein berühmtester Song, ein absoluter Klassiker, heißt *Chi Cyclo*.

Auf der Webseite www.tinytoones.org erfährt man mehr über die Hip-Hop-Kooperativen, die Jugendliche zu einem gesünderen Lebensstil ohne Drogen und einem offeneren Umgang mit Aids bewegen wollen. In der Region um Phnom Penh finden regelmäßig Vorführungen statt.

Etwas, das es nur in Kambodscha gibt, ist *chapaye*, eine Art Blues, der in Begleitung eines zweisaitigen Holzinstrumentes gespielt wird. Vom Klang ähnelt er einer Bassgitarre ohne Verstärker. Leider leben nur noch wenige alte Meister wie Kong Nai (der Ray Charles Kambodschas), aber *chapaye* wird heute noch oft im kambodschanischen Nachtfernsehen gespielt, bevor die Übertragung endet.

Literatur

Kambodschas literarische Tradition ist begrenzt und stark mit dem Buddhismus sowie Mythen und Legenden verbunden. Sanskrit, und später Pali, kamen mit dem Hinduismus und dem Buddhismus ins Land. Viele religiöse Schriften gibt es nur in diesen antiken Sprachen. Mithilfe der Legenden hat man versucht, die grundlegenden Werte der kambodschanischen Gesellschaft, die in der Familie und im Glauben liegen, sowie den typischen Gehorsam zur Obrigkeit zu erklären.

Architektur

Die Baukunst der Khmer erreichte ihren Höhepunkt in der Angkor-Zeit (9.–14. Jh.). Einige der schönsten Beispiele aus dieser Epoche sind Angkor Wat und die Grundmauern von Angkor Thom. Weitere Informationen über den Architekturstil dieser Zeit siehe S. 171.

Der kambodschanische Architekt Vann Molyvann hat bei der Gestaltung des modernen Phnom Penh geholfen. Zu seinen bekanntesten Gebäuden gehören das Olympiastadion (S. 95) und das Chatomuk-Theater (S. 125).

Heute werden die meisten ländlichen Häuser auf hohen Holzpfählen errichtet. Sie haben Strohdächer, Wände aus Palmmatten sowie einen Boden aus gewebten Bambusstreifen, der auf Bambusbalken ruht. Der schattige Platz darunter wird als Lagerraum und zum Entspannen am Mittag genutzt. Wohlhabende Familien besitzen Häuser mit Holzwänden und Ziegeldächern, aber der zugrunde liegende Baustil ist derselbe.

Auch die Franzosen hinterließen Bauwerke in Kambodscha, und zwar in Form einiger schöner Villen und Regierungsgebäude im neoklassischen Stil mit römisch inspirierten Säulen und allem Drum und Dran. Die schönsten Beispiele findet man in Phnom Penh, aber in zahlreichen Provinzhauptstädten stehen ebenfalls noch ein oder zwei Gebäude aus der Kolonialzeit.

Bildhauerei

Schon in der präangkorianischen Zeit, die Funan und Chenla zugeordnet wird, schufen Kambodschaner meisterhafte, sinnliche Skulpturen. Dabei handelt es sich um mehr als nur eine Kopie der indischen Bildhauerarbeiten, an denen sie sich orientierten. Manche Gelehrte behaupten, dass die hiesige Bildhauerei selbst in Indien konkurrenzlos sei.

Wer mehr über die religiösen, kulturellen und sozialen Hintergründe angkorianischer Skulpturen erfahren will, sollte sich das Buch *Sculpture of Angkor and Ancient Cambodia: Millennium of Glory* von Helen Jessup (1997) zulegen.

Die ältesten erhaltenen Skulpturen stammen aus dem 6. Jh. n. Chr. und stellen meist Vishnu mit vier oder acht Armen dar. Ein großer, achtarmiger Vishnu aus dieser Periode ist im Nationalmuseum (S. 90) in Phnom Penh zu sehen. Dort befindet sich auch eine Statue von Harihara aus dem 7. Jh., eine Gottheit, die Aspekte von Vishnu und Shiva in sich vereint, aber eher wie ein kleiner Ägypter daherkommt – eine Erinnerung daran, dass sich die indische Bildhauerei an den Griechen orientierte, die wiederum von den Pharaonen beeinflusst waren.

Zu den Innovationen der frühen Angkor-Periode gehören freistehende Skulpturen. Sie verzichten auf steinerne Aureolen, die in früheren Werken die zahlreichen Arme der Hindugottheiten stützten. Ihre Gesichter strahlen eine tiefe Ruhe aus, außerdem ist ihr Gesamteindruck weniger bewegt.

Den Banteay-Srei-Stil des späten 10. Jhs. sieht man weithin als einen Höhepunkt in der Entwicklung südostasiatischer Kunst an. Im Nationalmuseum wird eine prachtvolle Skulptur aus dieser Periode aufbewahrt. Die Sandsteinfigur stellt Shiva dar, auf dessen Knien seine Ehefrau Uma steht.

Zum Teil war der Baphuon-Stil des 11. Jhs. von Skulpturen des Banteay Srei inspiriert. Einige der schönsten Arbeiten sind übrigens bis heute erhalten.

Die Kunst der Angkor-Wat-Periode wirkt eher konservativ und unnatürlich; ihr fehlt die Anmut früherer Arbeiten. Der Genius dieser Zeit manifestiert sich deutlicher in der gewaltigen Architektur und den faszinierenden Flachreliefs Angkor Wats.

Ihren letzten Höhepunkt erreichte die angkorianische Bildhauerei in der Bayon-Periode, die vom Ende des 12. Jhs. bis Anfang des 13. Jhs. andauerte. Beim Besuch des Nationalmuseums sollte man nach der prächtigen Statue von Jayavarman VII. suchen, einer Figur, die gleichzeitig große Macht und tiefe Ruhe ausstrahlt.

Momentan entdecken kambodschanische Bildhauer ihre Fähigkeiten wieder neu, denn durch den Tourismus wächst die Nachfrage nach reproduzierten Steinreliefs berühmter Statuen und Büsten aus der Angkor-Zeit.

Das Reyum (S. 127; www.reyum.org) ist ein Ausstellungskomplex in Phnom Penh, der eingerichtet wurde, um die Kunst und Kultur der Khmer zu fördern. Es unterstützt und ermutigt junge Künstler und Autoren.

Malerei

In Kambodscha entwickelt sich eine neue Szene für zeitgenössische Malerei; diese bricht die Grenzen der traditionellen Kultur und Formen auf. Mehrere junge Künstler schaffen nun unbelastet von der Vergangenheit eine neue Zukunft dafür. Zusätzlich unterstützt werden sie von Galerien und Kunsthallen in Phnom Penh und Siem Reap, die sie überregional bekannt machen. Besonders interessant sind das Art Café (S. 127), das Java Café (S. 127) und das Meta House (S. 127) in Phnom Penh bzw. das Alliance Café (S. 155) sowie die Arts Lounge im Hotel de la Paix (S. 152) in Siem Reap.

Zu den führenden Vertretern der Kunstszene gehören Vann Nath, ein Überlebender des Tuol-Sleng-Gefängnisses, der spirituell inspirierte Maler und Bildhauer Chhim Sothy und der anspruchsvolle Künstler Oeur Sokuntevy aus Battambang.

Kunsthandwerk

Mit einer Kunsthandwerkertradition, aus der die Tempel von Angkor hervorgingen, ist es kaum verwunderlich, dass die Khmer auch heute noch exquisite Schnitzarbeiten aus Silber, Holz und Stein herstellen. Viele dieser Stücke orientieren sich in ihrem Design an den Vorbildern aus der Angkor-Zeit.

Die kambodschanische Keramikindustrie hat ebenfalls eine lange Geschichte vorzuweisen und so findet man hier viele antike Brennöfen. Gestaltungsformen reichen von extrem einfachen bis zu sehr komplizierten Töpferwaren: Es gibt Tassen mit Elefantenbildern, Teetassen mit Vogelfiguren und Kannen mit Götterbildern.

Sehr sehenswert ist die Dokumentation *Don't Think I've Forgotten* auf http://cambodianrock.com über Kambodschas verlorenen Rock 'n' Roll in den 1960er-Jahren.

Kino

2000 bekam die kambodschanische Filmindustrie neuen Auftrieb, als *Pos Keng Kong* (Die Riesenschlange) in die Kinos kam. Es handelt sich um die Neuverfilmung eines kambodschanischen Klassikers aus den 1950er-Jahren. Der Streifen erzählt die Geschichte eines mächtigen jungen Mädchens, das aus der Beziehung einer Bauersfrau und eines Schlangenkönigs hervorging. Trotz schlechter Spezialeffekte ist es eine interessante Liebesgeschichte, die in der Region zum Kassenschlager wurde.

Der Erfolg von *Pos Keng Kong* kündigte eine kleine Renaissance der nationalen Filmindustrie an. Heute drehen kambodschanische Regisseure mehrere Streifen im Jahr. Die meisten neuen Werke sind jedoch amateurhafte Horrorfilme und haben nur einen zweifelhaften künstlerischen Wert.

Der erste internationale Film, der in Kambodscha gedreht wurde, war *Lord Jim* (1964) mit dem Schauspieler Peter O'Toole.

Doch zumindest brachte es ein in Übersee lebender kambodschanischer Regisseur in den vergangenen Jahren zu großem Erfolg: *People of the Rice Fields* von Rithy Panh wurde 1995 beim Filmfestival in Cannes für die Gol-

SIHANOUK & DIE SILBERNE LEINWAND

Zwischen 1965 und 1969 war Sihanouk (Kambodschas einstiger König und Staatsführer) Autor, Regisseur und Produzent von neun Spielfilmen, eine Zahl, die wohl jeden durchschnittlichen, arbeitswütigen Hollywood-Regisseur beschämt. Sihanouk nahm das Filmgeschäft sehr ernst und so forderte er sowohl seine Familie als auch Staatsbeamte auf, ihren Teil beizutragen: Der Außenminister spielte in Sihanouks erstem Film *Apsara* (Himmlische Nymphe; 1965) die männliche, seine Tochter Prinzessin Bopha Devi die weibliche Hauptrolle. Als für denselben Streifen ein militärischer Aufmarsch gedreht werden sollte, mussten die Luftwaffe und die Helikopter-Flotte der Armee einspringen.

Oft fungierte Sihanouk auch selbst als Hauptdarsteller. Besonders bemerkenswert sind seine Auftritte als Waldgeist und als siegreicher General. Bedenkt man, wie abhängig der König von dieser Traumwelt aus Zelluloid war, verwundert es kaum, dass Kambodscha Cannes mit seinem Internationalen Filmfestival im Phnom Penh herausfordern wollte. Das Festival fand zweimal statt, 1968 und 1969. Beide Male gewann Sihanouk den Hauptpreis. Auch in seinem späteren Leben drehte er mehrere Filme. Während seiner bemerkenswerten Karriere soll er insgesamt um die dreißig Werke produziert haben. Nähere Informationen siehe unter www.norodomsihanouk.org.

dene Palme nominiert. Das Werk streift die Zeit der Roten Khmer nur flüchtig und konzentriert sich auf das Leben einer Familie, die sich mühsam auf den Reisfeldern durchkämpft. Zu Panhs weiteren Filmen zählen *One Night after the War* (1997), die Geschichte eines jungen Khmer-Kickboxers, der sich in Phnom Penh in ein Barmädchen verliebt, und das preisgekrönte *S-21: The Khmer Rouge Killing Machine* (2003), eine kraftvolle Dokumentation, in der Überlebende des Tuol-Seng-Gefängnisses an den Ort des Geschehens zurückgebracht werden, um dort erneut ihren Wächtern gegenüberzustehen.

Rithy Panhs Film *Bophana* von 1996 erzählt die wahre Geschichte von Hout Bophana, einer wunderschönen jungen Frau, und Ly Sitha, einem regionalen Khmer-Führer, die sich ineinander verlieben und für dieses „Verbrechen" hingerichtet werden.

Als bedeutendstes Werk über Kambodscha gilt *The Killing Fields – Schreiendes Land* (1985). Es erzählt die Story des amerikanischen Journalisten Sydney Schanberg und seines kambodschanischen Assistenten Dith Pran. Die meisten Szenen entstanden in Thailand, denn als der Film 1984 angefertigt wurde, war Kambodscha dem Westen noch verschlossen.

In den vergangenen Jahren wurden relativ viele internationale Streifen in Kambodscha gedreht, darunter *Tomb Raider* (2001), *City of Ghosts* (2002) und *Zwei Brüder* (2004), aufgrund der wunderschönen Hintergrundbilder alle sehr sehenswert.

Essen & Trinken

Thailand und Vietnam zählen zu den Ländern mit den besten Küchen der Welt. Da überrascht es nicht, dass auch Kambodscha mit besonderen Gerichten aufwartet. Anders als die benachbarten kulinarischen Giganten ist die hiesige Küche international noch wenig bekannt, doch das wird sich sicherlich ändern. Was Angkor für den Tourismus bedeutet, das könnte *amoc* (gebackenes Fischgericht mit Kokosnuss, Zitronengras und Chili in einem Bananenblatt) für die Kulinarik werden.

Kambodscha punktet mit zahlreichen Nationalgerichten, von denen manche ihren thailändischen und laotischen Pendants ähneln, während andere eher an die chinesische oder die vietnamesische Küche erinnern. Eines haben aber alle gemeinsam: eine typisch kambodschanische Note.

Süßwasserfisch ist dank dem Tonlé-Sap-See ein wichtiges Grundnahrungsmittel. Fisch gibt es in zahlreichen Formen und Größen vom riesigen Mekong-Wels bis hin zu winzigen Jungfischen, die sich frittiert prima als Snack zum Bier eignen. Auch die Franzosen hinterließen ihre Spuren: Baguette wurde zum Nationalbrot, außerdem wird zartes Fleisch geschätzt.

Das Land ist ein asiatisches Sammelbecken, denn hier trafen die große indische und die chinesische Zivilisation aufeinander. Diese Tatsache hat sich nicht nur in der Kultur, sondern auch in der Küche niedergeschlagen. Ob man nun Frühlingsrollen oder Curry vorzieht – in Kambodscha findet man beides. Zu den unterschiedlichen Gerichten werden zahlreiche Dips und Saucen gereicht, sodass eine Geschmacksreise zum asiatischen Festschmaus wird.

Das wohl typischste Gericht in Kambodscha ist *amoc* (Backfisch mit Kokosnuss, Zitronengras und Chili in einem Bananenblatt). Manchmal wird es auch als Suppe in der Schale einer jungen Kokosnuss serviert.

Friends (S. 114) gilt als eines der bekanntesten Restaurants in Phnom Penh. Es wartet mit einer leckeren Auswahl an Tapas, Shakes und Spezialangeboten auf, außerdem kommen die Erlöse Straßenkindern zugute. Das Kochbuch *The Best of Friends* ist ein Festschmaus fürs Auge und enthält wunderbare Rezepte.

TYPISCHES & SPEZIALITÄTEN

Auf Kambodschas grünen Feldern wächst jede Menge Reis und die zahlreichen Flüsse liefern Fisch, der zu *prahoc*, einer fermentierten Fischpaste, verarbeitet wird. Diese beiden Zutaten bilden die Basis der Khmer-Küche. Dazu kommen verschiedene Geschmacksnoten, die für Würze sorgen: geheimnisvolle Wurzeln, herrliche Kräuter und aromatische Knollen. Sie verleihen Salaten, Snacks, Suppen und Eintöpfen ein einzigartiges Aroma und den typisch kambodschanischen Geschmack.

Reis dient als Hauptzutat: Das Khmer-Wort für „essen" ist *nam bai*, wörtlich „Reis essen". Den meisten Kambodschanern, vor allem Fahrern, bleibt die Puste weg, wenn ihnen der Reis ausgeht. Dass die gleichen Kohlenhydrate auch in anderen Lebensmitteln enthalten sind, spielt keine Rolle, allein diese sättigenden Körner zählen. In Kambodschas wichtigstem Anbaugebiet, der Battambang-Provinz, gedeiht der beste Reis des Landes.

Wer Suppe liebt, sollte die lokale Spezialität *kyteow* probieren, eine energiereiche Variante mit Reis und Nudeln. Die ausgewogene Mahlzeit kostet auf Märkten rund 4000 R, in Restaurants ca. 1,50 US$. Wer keine Nudeln mag, wählt stattdessen *bobor*, einen landestypischen Reisbrei. Er wird sowohl zum Frühstück als auch zum Mittag- und Abendessen verspeist. Am besten schmeckt er mit frischem Fisch und etwas Ingwer.

Zu einer kambodschanischen Mahlzeit gehört fast immer *samlor*, eine traditionelle Suppe, die zusammen mit den anderen Gängen gereicht wird. Großer Beliebtheit erfreut sich auch *samlor machou bunlay*, eine scharfe saure Fischsuppe mit Ananas und Gewürzen. Andere bekannte Suppen sind *samlor chapek* (Suppe mit Schweinefleisch und Ingwer), *samlor machou bawng kawng* (Garnelensuppe, ähnelt der beliebten thailändischen *tom yam*) und *samlor ktis* (Fischsuppe mit Kokosnuss und Ananas).

Einblicke in die ländliche Küche bietet Gustav Auers und Sok Chonghs *Kambodschanische kreative Küche – Von Wasserlilien und Khmer-Currys*. Von jedem verkauften Exemplar gehen 5 € an die Hilfsorganisation Friends-International, die Straßenkinder unterstützt. Eines der Projekte ist das Restaurant Romdeng (S. 114), wo die Buchrezepte entwickelt wurden.

Teuk trey (Fischsauce), eines der beliebtesten Würzmittel in der kambodschanischen Küche, darf laut den Bestimmungen zu stark riechenden oder ätzenden Substanzen im Gepäck nicht auf internationale Flüge mitgenommen werden.

In Kambodscha wird vorwiegend Süßwasserfisch aus dem Tonlé-Sap-See oder aus dem Mekong gegessen. Eine Spezialität ist *trey ahng*, gegrillter Fisch (*ahng* heißt „gegrillt" und findet sich im Namen vieler Gerichte wieder). Traditionell isst man Fischstücke in Salat oder Spinatblätter gewickelt und tunkt sie in *teuk trey*. Diese Fischsauce ähnelt der vietnamesischen *nuoc mam*, enthält jedoch zusätzlich Erdnüsse.

Auch Salatgerichte sind in Kambodscha beliebt und lecker, wobei sie wenig mit einem westlichen Salat gemeinsam haben. *Phlea sait kow* besteht beispielsweise aus Rindfleisch und Gemüse mit Koriander, Pfefferminze und Zitronengras. Diese drei Gewürze findet man in sehr vielen landestypischen Gerichten.

Günstige Desserts bekommt man auf den Nachtmärkten im ganzen Land. Viele Kinder freuen sich z. B. über ein Eis-Sandwich. Kein Witz – eine Kugel hausgemachtes Eis wird in Biskuit oder Brot gereicht. Gar nicht übel.

In Kambodscha wachsen jede Menge tropische Früchte, die man sich während seines Aufenthalts nicht entgehen lassen sollte. Gängige Sorten wie *chek* (Bananen), *menoa* (Ananas) und *duong* (Kokosnuss) findet man zuhauf. Zu den größeren Früchten gehört die stark verbreitete *khnau* (Jackfrucht), die oft mehr als 20 kg wiegt. Unter ihrer grünen Schale hat sie gelbes Fleisch mit einem ganz eigenen Geschmack und einer gummiartigen Konsistenz. Die *tourain* (Durian) riecht man kilometerweit. Sie ist außen grün und mit spitzen Stacheln besetzt und ihr weiches, milchiges Fruchtfleisch wird von Chinesen als Aphrodisiakum geschätzt. Obwohl sie stinkt, behaupten viele, sie sei etwas für Kenner (die sie am besten mit einer Nasenklammer genießen).

Die Landbevölkerung trinkt am liebsten lokalen Zuckerpalmwein. Er wird täglich direkt von den Bäumen destilliert und ist ziemlich stark, wenn er sich gesetzt hat. Straßenhändler verkaufen das leckere und günstige Getränk aus Bambuscontainern von Fahrradgepäckträgern aus. Vorsicht: Nur zu empfehlen, wenn man einen stählernen Magen hat.

Traveller bevorzugen meist *mongkut* (Mangostane) und *sao mao* (Rambutan). Die kleine Mangostane hat eine lilafarbene Schale und köstliches weißes Fruchtfleisch. Königin Viktoria soll eine Belohnung für denjenigen ausgesetzt haben, der es schaffen würde, eine essbare Mangostane nach England zu bringen. Ebenso populär ist die Rambutan, deren Fruchtfleisch an eine Litschi erinnert. Ihre Schale ist mit weichen roten und grünen Stacheln bedeckt.

Am besten, wenn auch weltweit bekannt, schmeckt jedoch *svay* (Mango), die von März bis Mai geerntet wird. Einige Mangosorten sind zwar das ganze Jahr über erhältlich, doch nichts reicht an die köstlichen Früchte der heißen Jahreszeit heran.

GETRÄNKE

Kambodscha hat eine lebendige einheimische Trinkkultur. Die starke Hitze und hohe Feuchtigkeit sorgen dafür, dass man nach allem greift, was den Durst stillt. Kaffee, Tee, Bier, Wein, alkoholfreie Getränke, Fruchtsäfte sowie einige der exotischeren „Feuerwasser" bekommt man an fast jeder Ecke. Tee ist das Nationalgetränk, doch mittlerweile wird genauso häufig Bier getrunken.

ABENTEUER FÜR DEN GAUMEN

In Kambodscha trifft man auf ungewöhnliche, fremdartige und manchmal sogar anstößige Gerichte. Die eifrig alles verzehrenden Einwohner finden an Insekten, Algen, Innereien oder Fischblasen nichts Ungewöhnliches. Sie verspeisen Entenföten, brühen Gehirn auf, lassen sich zwischendurch ein paar Spinnen schmecken, häuten und grillen lebende Frösche und trinken Kobrawein, um ihre Potenz zu steigern.

Dabei finden die Khmer nichts, was den Körper am Leben erhält, als „seltsam". Für sie ist Essen entweder gesund oder nicht, nahrhaft oder nicht, lecker oder nicht. Über mehr machen sie sich schlichtweg keine Gedanken. Und sie probieren alles mindestens einmal aus.

PROST

Wenn ein kambodschanischer Mann einen Toast ausbringt, bestimmt er, welche Menge die Runde beim Anstoßen trinken muss. Manchmal kommt man mit einem *ha-sip pea-roi* (50 %) davon, meistens läuft es allerdings auf ein *moi roi pea-roi* (100 %) hinaus. Aus diesem Grund bestellen die Einheimischen ihr Bier am liebsten mit Eis, denn dann können sie das Tempo im Verlauf des Abends selbst bestimmen. Bei dem Versuch, die Khmer-Jungs ohne Hilfe von Eis unter den Tisch zu trinken, ist übrigens schon so manch ein *barang* (Ausländer) mit dem Kopf auf der Tischplatte gelandet.

Bier

Bier bekommt man sogar in den abgelegensten Dörfern. Die Nationalmarke Angkor wird in einer Brauerei in Sihanoukville hergestellt. In den meisten Restaurants und Bars kostet eine 0,6-l-Flasche 1,50 bis 3 US$. Angkor vom Fass bekommt man in den Touristenzentren für rund 1 US$.

Beer Lao aus dem benachbarten Laos gilt als sehr gut trinkbar und ist eines der günstigsten Biere auf dem Markt. Das lokal gebraute Tiger Beer erfreut sich vor allem in der Hauptstadt großer Beliebtheit. In manchen Khmer-Restaurants trifft man auf eine Schar „Biermädchen", die jeweils für eine bestimmte Biermarke werben. Sie sind stets freundlich und lassen einen in Ruhe, wenn man keinen Alkohol trinken möchte.

Vor einem seien Biertrinker gewarnt: Zwar gibt es viele gute Sorten in Kambodscha, doch mit der Kühlung sieht es in ländlichen Gegenden schlecht aus. Daher sollte man es wie die Einheimischen machen und „*Som teuk koh*" (Eis, bitte) bestellen.

In manchen Nachtclubs können Gäste exquisite Flaschen mit Alkoholika wie Johnnie Walker Blue Label mieten, um sie auf ihren Tisch zu stellen – so wahrt man die Fassade, auch wenn im Glas nur Johnnie Walker Red Label ist.

Wein & Schnaps

Wenn man von lokalem Wein spricht, ist normalerweise Reiswein gemeint. Dieser wird vor allem bei den ethnischen Minderheiten im Nordosten geschätzt. Manche Weine gären monatelang und sind extrem stark, andere schmecken frischer und erinnern eher an einen Cocktail. Wer in einem Minderheiten-Dorf zu einem Umtrunk eingeladen wird, sollte nicht ablehnen, denn das gilt als unhöflich. Zu den einheimischen Weinen zählen auch ein leichter Palm- sowie Ingwerwein.

In Phnom Penhs und Siem Reaps Supermärkten bekommt man ausländische Weine und Schnäpse zu sehr günstigen Preisen, wenn man bedenkt, welch weite Reise sie hierher gemacht haben. Europäische und australische Weine sind ab etwa 4 US$ zu haben, bekanntere Erzeugnisse kosten zwischen 4 und 10 US$. Eine Flasche Stoli-Wodka gibt's z. B. schon für rund 4 US$.

Von den meisten lokal hergestellten Schnäpsen lässt man besser die Finger. Manche Auswanderer behaupten allerdings, Sra Special (2 US$), ein whiskyähnliches Erzeugnis, sei nicht übel. Besonders beliebt sind seit einiger Zeit auch „stärkende Getränke" (à la „Red Bull trifft Absinth"), deren Etiketten mit Muskelprotzen locken und die Namen wie Hercules, Commando Bear oder Brace of Loma tragen. Sie enthalten so viele unbekannte Substanzen, um gegen die Chemiewaffenkonvention zu verstoßen, und sollten nur mit äußerster Vorsicht genossen werden.

Einen tollen englischsprachigen Blog zum Thema Essen in Kambodscha findet man unter www.phnomenon.com. Hier erfährt man eine Menge über die Khmer-Küche, Straßensnacks und Neulinge der Restaurantszene. Derzeit legt der Autor zwar eine Pause ein, aber ein Besuch der Seite lohnt sich trotzdem.

Tee & Kaffee

Tai (Tee) nach chinesischer Art ist praktisch eine nationale Institution. In den meisten chinesischen und Khmer-Restaurants wird eine kostenlose Kanne auf den Tisch gestellt, sobald man sich setzt. *Kaa fey* (Kaffee) erhält man ebenfalls in fast allen Lokalen. Man trinkt ihn entweder schwarz oder als Café au lait mit Kondensmilch.

Wasser & alkoholfreie Getränke

Niemals Wasser aus dem Hahn trinken, das gilt vor allem für die Provinzen. Es ist nur selten aufbereitet und kann zu Magenproblemen führen (S. 393). Vor Ort produziertes Mineralwasser bekommt man ab 500 R pro Flasche in Geschäften und an Ständen, allerdings zweifeln manche Einheimische und Einwanderer an der Reinheit der ganz billigen Sorten. Am besten greift man zu internationalen Marken wie Evian.

Eiswürfel sind im Allgemeinen kein Problem. Hergestellt wird das *teuk koh* (Eis) in lokalen Fabriken. Es besteht aus aufbereitetem Wasser und ist ein Erbe der Franzosen.

In Kambodscha bekommt man so gut wie jedes bekannte alkoholfreie Getränk. Für einen Softdrink in der Flasche zahlt man rund 1000 R, für Dosen ca. 2000 R und in Restaurants bzw. Bars mehr.

Bevor Kambodscha Mitglied der Welthandelsorganisation wurde, war hier der Schutz des Urheberrechts nahezu unbekannt. Dadurch entstanden zahlreiche nachgemachte Fast-Food-Restaurants wie KFC (Khmer Fried Chicken?), Pizza Hot und Burger Queen, von denen mittlerweile leider keines mehr existiert.

Fruchtshakes

Teuk kalohk sind im ganzen Land beliebt. Sie erinnern ein wenig an Smoothies und schmecken herrlich zum Essen. Vor Einbruch der Dunkelheit werden rund um die lokalen Nachtmärkte Buden aufgebaut, an denen die Getränke etwa 3000 R kosten. Wer es lieber weniger süß mag, sollte ein Auge darauf haben, wie viel Zucker zugegeben wird. Keine Lust auf Schaum? Dann einfach das Ei ablehnen.

FESTESSEN

Kambodschaner lieben es zu feiern, ob sie nun auf Hochzeiten sind, Festivals besuchen oder sich Fußballspiele ansehen. Zu diesem Zweck werden die Familiensparschweine geschlachtet, aber egal, wie groß sie sind, das Geld reicht trotzdem nicht, denn sie werden für teure Köstlichkeiten wie Ente, Garnelen oder Krabben ausgegeben. Nach der Begrüßung nehmen die Gäste an langen Tischen Platz, dann kommt ein Gang nach dem anderen auf den Tisch. Jeder isst, bis nichts mehr geht, und trinkt über sein Limit. Gläser werden erhoben, Toasts werden ausgebracht, und alle genehmigen sich noch eine Runde.

Longteine de Monteiro betreibt mehrere kambodschanische Restaurants an der Ostküste der USA. Auf www.elephantwalk.com hat sie ihre liebsten Khmer-Rezepte zusammengestellt.

WOHIN ZUM ESSEN?

Was auch immer man mag, in Kambodscha wird man fündig, sei es bei einem bescheidenen Händler, einer Marktbude, in einer lokalen Gaststätte oder in einem schicken Restaurant.

TOP FIVE: RESTAURANTS, DEREN ERLÖSE EINEM GUTEN ZWECK DIENEN

Viele Nichtregierungsorganisationen unterstützen Kambodscha auf dem Weg der Erholung. Beispielsweise haben sie Restaurants und Lokale eröffnet, um finanzielle Mittel zu schaffen und benachteiligte junge Einwohner im Dienstleistungsbereich zu schulen. Zahlreiche empfehlenswerte Restaurants in Phnom Penh (S. 114) und Siem Reap (S. 154) engagieren sich ebenfalls für gemeinnützige Projekte.

Epic Arts Café (S. 245) Lebendiges kleines Café in Kampot, das Gehörlose unterstützt und Kunsterziehung für Behinderte fördert.

Fresh Eats Café (S. 275) Der gemütliche Laden in Battambang hilft Kindern aus Familien mit HIV/Aids.

Gelato Italiano (S. 237) Moderne *gelateria*. Die Angestellten sind Schüler der Don-Bosco-Hotelfachschule in Sihanoukville.

Smile Restaurant (S. 321) Neues gemeinnütziges Restaurant in Kompong Cham mit üppigem Frühstück, einer gesunden Speisekarte und kostenlosem WLAN.

Starfish Bakery & Café (S. 236) Heimeliges Lokal in Sihanoukville mit köstlichen Kuchen und leichter Mittagskarte. Alle Erlöse kommen Gemeinschaftsprojekten zugute.

LUU MENG ***Nick Ray***

Hinter einigen der bekanntesten Restaurants und Cafés in Phnom Penh steckt der renommierte kambodschanische Starkoch und Unternehmer Luu Meng.

Er entdeckte seine Liebe zum Kochen schon in jungen Jahren, als seine chinesisch-kambodschanischen Eltern Ende der 1960er ein Restaurant auf dem Sothearos Boulevard betrieben. „Meine Familie hatte ein typisch chinesisches Restaurant, also wuchs ich inmitten von Essen auf. Wir haben immer gut geschlemmt", erzählt Meng. Nachdem das Land sich der Welt geöffnet hatte, fing er im Sofitel Cambodiana Hotel (heute Hotel Cambodiana, S. 112) an und wurde bald einer der Spitzenköche des Landes. „Ich bin durch die ganze Region gereist, habe in Thailand gearbeitet und im berühmten Sofitel Metropole in Hanoi", so Meng. Dabei lernte er viele neue Geschmacksrichtungen und regionale Spezialitäten kennen. Zurück in Kambodscha gründete er Man Co, eine Gruppe, die berühmte Restaurants wie das Malis (S. 115) und das Topaz (S. 118) in Phnom Penh betreibt.

Wir sprechen über die hiesige Küche und was sie von ihren Nachbarn unterscheidet. „Thai-Gerichte sind scharf, würzig und süß, während die vietnamesischen Speisen eher chinesische Einflüsse aufweisen", erklärt Meng. „In der Khmer-Küche dreht sich alles um frische Gewürze. Sie ist von Indien beeinflusst, verarbeitet aber immer frische Zutaten und keine getrockneten Gewürze. Unsere Küche ist nicht so scharf wie die der Thai und wir verwenden weniger Fischsauce als Vietnamesen, obwohl wir *prahoc* [Fischpaste] lieben." Er macht eine Pause, um nachzudenken. „Das Wichtigste ist die Frische aller Zutaten."

Über kambodschanische Geschmäcker und Nationalgerichte redet er ebenfalls gerne, und natürlich hat auch bei ihm *amoc* (gebackenes Fischgericht) die Nase vorn. „*Amoc* ist typisch kambodschanisch und macht sich den vielen frischen Fisch aus dem Tonlé Sap zunutze", sagt Meng. „Aus unserer Küche stammen zudem hervorragende Salate, die oftmals erstaunen. *Sait ko plear* [Salat aus rohem Rindfleisch] kann man im Stil eines Carpaccio mit frischem, fein geraspeltem Zitronengras und zahlreichen subtilen Geschmacksnoten zubereiten."

Meng hat schon viele Teile der Welt bereist und für unterschiedlichste Leute gekocht. Obwohl er dabei jede Menge Einflüsse aufgenommen hat, bleibt er im Herzen Traditionalist. „Das Wichtigste beim Kochen ist für mich die Qualität der Zutaten, der Küche und des Service", fährt er fort. „Wenn ein Koch dies weiß und versteht, kann er ganz verschiedene Gerichte zubereiten." Er konzentriert sich jedoch lieber auf seine Stärken und darauf, die heimischen Zutaten und traditionelle Speisen zu fördern. „Wenn wir eine andere Küche vorstellen wollen, setzen wir einen spezialisierten Koch aus der entsprechenden Kultur ein", sagt er. „So können wir einen authentischen Geschmack garantieren."

Natürlich diskutieren wir noch über die besten Restaurants für traditionelle kambodschanische Küche in Phnom Penh. „Meiner Meinung nach muss man die Brücke [Chruoy Changvar] überqueren, wenn man echte kambodschanische Gerichte probieren möchte", schwärmt er. „Viele Restaurants in der Stadt haben ein bisschen von allem aus der Region auf der Karte, doch jenseits der Brücke befinden sich die echten kambodschanischen Lokale." Und sein Favorit? Er lacht. „Das ist wohl das Rum Chang. Ich mag die ruhige Lage, außerdem wird dort nach sehr traditionellen Rezepten gekocht."

Luu Meng ist der Geschäftsführer von Man Co, einer Managementgesellschaft, die zahlreiche Hotels und Restaurants in Kambodscha betreibt.

Überall im Land kann man die günstige Khmer-Küche probieren, insbesondere auf lokalen Märkten und in einfachen Imbissen. Gehobene Gerichte bekommt man am ehesten in Phnom Penh und Siem Reap, wo außerdem hervorragende vietnamesische, chinesische, indische, französische, mediterrane und Thai-Speisen locken. Chinesisches und (wenn auch etwas weniger häufig) vietnamesisches Essen findet man in vielen Städten.

Bisher haben sich in Phnom Penh kaum westliche Fast-Food-Ketten niedergelassen. Eine Ausnahme bildet KFC, darüber hinaus stößt man auf mehrere einheimische Imitate. Am erfolgreichsten ist Lucky Burger.

Entenföten gelten als einer der beliebtesten Straßensnacks. Die weißen Eier enthalten ein kleines Küken mit Federn und allem anderen. Wer das nicht essen mag, bestellt besser kein *kaun pong tear*.

Oft gibt es keine festen Öffnungszeiten. Straßenstände haben meist von frühmorgens bis zum frühen Abend geöffnet, andere vor allem nachts. Ein Großteil der Restaurants empfängt den ganzen Tag über Gäste, einige der schickeren Läden machen hingegen nur mittags (11–14.30 Uhr) und zum Abendessen (17–20 Uhr) auf.

Auf die Schnelle

Da sich ein großer Teil des Lebens außerhalb des Zuhauses abspielt, ist Straßenessen ein wichtiger Bestandteil des Alltags. Wie viele Südostasiaten lieben auch die Kambodschaner Snacks. Man trifft sie sowohl tagsüber als auch nachts an improvisierten Imbissständen, an denen sie sich auf Frittiertes stürzen. Eine noch größere Auswahl bieten die Märkte, wo man vielleicht auch einen gemütlichen Sitzplatz ergattern kann. Hier isst man gut und günstig und kann sich mit der Khmer-Küche vertraut machen. Zudem haben einige der neuen Einkaufszentren wie das Sorya Shopping Centre (S. 107) in Phnom Penh hygienische, klimatisierte Food Courts.

VEGETARIER & VEGANER

Nur wenige Kambodschaner verstehen das Prinzip des strikten Vegetarismus. Möglicherweise behaupten sie, ein Gericht sei fleischlos, nur um es dem Kunden recht zu machen. Wer kein strenger Vegetarier ist und kein Problem mit Fischsaucen hat, sollte beim Bestellen keine Probleme haben. Fischesser können die Khmer-Küche von ihrer leckersten Seite kennenlernen. In vielen gehobenen internationalen Restaurants bekommt man dagegen „echte" vegetarische Gerichte. In chinesischen und Khmer-Lokalen werden fast immer pfannengerührtes Gemüse und gebratener Reis angeboten. Allerdings stammen sie vermutlich aus demselben Wok, in dem auch Fisch und Fleisch zubereitet werden. Großartige Varianten servieren indische Restaurants in beliebten Touristenzentren, da sie das Vegetarismusprinzip oft besser verstehen als die *prahoc* liebenden Khmer. In Siem Reap findet man ebenfalls zahlreiche hervorragende vegetarische Restaurants.

FÜR KLEINE ESSER

Die Familie ist das Herzstück des Lebens in Kambodscha. So überrascht es nicht, dass sich überall im Land kinderfreundliche Restaurants verteilen. Viele Lokale empfangen die Kleinen mit offenen Armen; das gilt besonders für Ausländer, denn das Personal begegnet nur selten Fremden. Manchmal fällt die Begrüßung sogar etwas zu überschwänglich aus: Da wird gekniffen und getätschelt, links, rechts und mitten ins Gesicht, aber so ist es nun einmal in Kambodscha.

In Phnom Penh und Siem Reap gibt's viele kinderfreundliche Lokale, darunter Le Jardin (S. 120), Living Room (S. 121) und Singing Tree (S. 154). Darüber hinaus verfügen manche Schnellrestaurants in der Hauptstadt sogar über Abenteuerspielplätze.

Ironischerweise sind es meist schickere westliche Läden, in denen Angestellte unter Umständen verschnupft auf spielende Kinder reagieren. Manch steifer Einwanderer scheint vergessen zu haben, dass er selbst mal jung war. Abgesehen davon gibt es in Phnom Penh und Siem Reap zahlreiche hervorragende kinderfreundliche Cafés und Lokale, die westliche Gerichte auftischen. Eine Speisekarte für die Kleinen findet man fast nirgendwo, doch weil das Essen nicht viel kostet, sollte man keinen Grund zu meckern haben.

Snacks, die Kinder von zu Hause kennen, bekommt man auch in Kambodscha, aber daneben lockt noch so vieles mehr. Vor allem das Obst ist toll. Süße Mangostanen, die verrückte Drachenfrucht oder eine Rambutan interessieren die Kids mit Sicherheit.

Teilweise enthält das Essen Glutamat. Wer lieber darauf verzichtet, kehrt besser in einem Restaurant mit englischsprachiger Speisekarte ein, das an den Umgang mit Touristen gewöhnt ist.

Weitere Informationen zum Reisen mit Kindern siehe S. 357.

ETIKETTE

- Erst Platz nehmen, wenn der Gastgeber sitzt.
- Kein Essen ablehnen, das einem der Gastgeber aufgetan hat.
- Lernen, mit Stäbchen zu essen.
- Die Stäbchen nicht V-förmig in der Schale liegen lassen – das ist ein Symbol für den Tod.
- In Restaurants 5 bis 10 % Trinkgeld geben, denn die Löhne sind niedrig.
- Kein Trinkgeld geben, wenn auf der Rechnung bereits eine Servicegebühr aufgeführt ist.
- Jedes Mal mittrinken, wenn jemand einen Toast ausbringt.
- Nicht mit dem Kopf auf dem Tisch einschlafen, wenn die ganze Nacht lang angestoßen wird.

ESSKULTUR

Lernt man die kambodschanische Küche kennen, erkennt man, dass schlichtes Essen das Beste ist. Als Grundlagen dienen eine starke Flamme, sauberes Wasser, schlichte Schneidegeräte, Mörser und Stößel und ein oder zwei geschwärzte Töpfe.

Es gibt drei Mahlzeiten am Tag. Zum Frühstück verspeist man *kyteow* oder *bobor*. Baguettes bekommt man zu jeder Tages- und Nachtzeit. Sie schmecken am besten zu einer Tasse Kaffee.

Mittags wird früh, nämlich schon gegen 11 Uhr, gegessen. Traditionell setzt man sich mit der Familie zusammen, doch in den Städten besuchen mittlerweile viele Arbeitnehmer Restaurants oder den Markt.

Auch das Abendessen nimmt man im Kreis der Familie ein. Die Gerichte werden rund um eine Schüssel Reis in der Mitte angeordnet und jeder hat eine kleine Schale vor sich stehen. Das Procedere ist einfach: Man nimmt sich Reis und garniert ihn mit Beilagen.

Wer im Restaurant mehrere Gänge bestellt, braucht sich keine Sorge über die richtige Menüabfolge machen – alle Gerichte werden in die Mitte des Tischs gestellt, sobald sie fertig sind. Dann bedient sich jeder mit dem, was er mag, egal, wer was geordert hat.

Kambodscha exportiert große Mengen unverarbeiteter Reiskörner nach Thailand und Vietnam. Von dort kommen sie in den Westen oder werden nach Kambodscha reimportiert.

Kambodschaner essen nicht nur Taranteln aus Skuon (S. 318), sondern auch Heuschrecken, Käfer, Larven und Ameisen. Wissenschaftler schlugen Insektenfarmen als eine Lösung vor, um der Nahrungsmittelknappheit entgegenzuwirken. Damit könnte das Land ausnahmsweise mal die Nase vorn haben.

Tischmanieren

Auf dem Tisch liegt für jeden eine Schüssel mit einem kleinen Teller, Stäbchen oder Gabel und Löffel griffbereit. Manche Kambodschaner essen lieber mit Stäbchen, andere mit Besteck. In der Regel bekommt man beides. Zu jedem Gedeck gehört eine kleine Schale zum Dippen von Saucen, die sich oberhalb der rechten Hand befindet.

Wer sich aus einer der Schüsseln in der Mitte bedient, benutzt dazu den gemeinsamen Servierlöffel und nicht seine Stäbchen oder seinen eigenen Löffel. Zum Essen nimmt man die Schale in die linke Hand, führt sie dicht zum Mund und nimmt sich dann etwas auf den Löffel.

Ein höflicher Gastgeber bietet mehr an, als der Besucher essen kann. Ein höflicher Gast verspeist nicht alles, was vor ihm steht.

KOCHKURSE

Wer sich für die kambodschanische Küche begeistert, lernt ein paar Kniffe, wenn er einen Kochkurs besucht. Auf diese Weise kann man seine Urlaubserlebnisse später mit Freunden teilen: Dias reißen keinen vom Hocker, doch zu einem köstlichen Abendessen sagt so gut wie niemand nein.

Kurse gibt's in Phnom Penh, Siem Reap, Battambang und Sihanoukville, und das Angebot wächst ständig. In Phnom Penh bieten z. B. das Frizz

Restaurant (S. 105) und einige Hotels Lehrgänge an und in Siem Reap kann man das Le Tigre de Papier (S. 145) ansteuern, das mit der Sala Bai Training School zusammenarbeitet. Außerdem steigen immer mehr Hotels in das Geschäft ein. Auch das kleine Restaurant Smokin' Pot (S. 274) in Battambang lockt mit einer günstigen Einführung in die Geheimnisse der kambodschanischen Kochkunst.

SPRACHFÜHRER ESSEN

Essglossar

FRÜHSTÜCK

Brot	*nohm paang*	នំបុ័ង
Butter	*bœ*	ប៊ឺរ
Gemüse-Nudelsuppe	*kyteow dak buhn lai*	KuyTavdak'bEnÂ
Reisbrei	*bobor*	បបរ
Spiegeleier	*pohng moan jien*	Bgman'econ

MITTAG- & ABENDESSEN

Aal	*ahntohng*	អន្ទង់
Curry	*karii*	ការី
Fisch	*trey*	ត្រី
Frosch	*kawng kaip*	កង្កែក
Frühlingsrollen	*naim* (frisch)	ណែម
	chaa yaw (gebraten)	ឆាយ៉
Garnelen	*bawngkia*	បង្គា
gebraten	*jien, chaa*	ចៀន, ឆា
gedünstet	*jamhoi*	ចំហាយ
gegrillt	*ahng*	អាំង
Gemüse	*buhn lai*	បន្លែ
Hähnchen	*sait moan*	សាច់មាន់
Hummer	*bawng kawng*	បង្កង
Krabben	*k'daam*	ក្តាម
Nudeln	*mii* (Ei)	មី
	kyteow (Reis)	គុយទាវ
Reis	*bai*	បាយ
Rindfleisch	*sait kow*	សាច់គោ
Schnecken	*kh'jawng*	ខ្យង
Schweinefleisch	*sait j'ruuk*	សាច់ជ្រូក
Suppe	*sup*	ស៊ុប
Tintenfisch	*meuk*	មឹក

OBST

Ananas	*menoa*	ម្នាស់
Apfel	*phla i powm*	ផ្លែប៉ោម
Banane	*chek*	ចេក
Drachenfrucht	*phlai srakaa neak*	ផ្លែស្រកានាគ
Durian	*tourain*	ធូរេន
Guave	*trawbaik*	ត្របែក
Jackfrucht	*khnau*	ខ្នុរ
Kokosnuss	*duong*	ដូង
Litschi	*phlai kuulain*	ផ្លែគូលេន
Longan	*mien*	មៀន
Mandarine	*krow-it khwait*	ក្រូចខ្វិច
Mango	*svay*	ស្វាយ
Mangostane	*mongkut*	មង្ឃុត
Netzannone	*tiep*	ទៀប

Orange	*krow-it pau sat*	ក្រូចពោធិសាត់
Papaya	*l'howng*	ល្ហុង
Pomelo	*krow-it th'lohng*	ក្រូចថ្លុង
Rambutan	*sao mao*	សាវម៉ាវ
Sternfrucht (Karambole)	*speu*	ស្ពឺ
Trauben	*tompeang baai juu*	ទំពាំងបាយជូរ
Wassermelone	*euv luhk*	ឪឡឹក
Zitrone	*krow-it ch'maa*	ក្រូចឆ្មារ

GEWÜRZZUTATEN

Chili	*m'teh*	ម្ទេស
Eis	*teuk koh*	ទឹកកក
Fischsauce	*teuk trey*	ទឹកត្រី
Ingwer	*kh'nyei*	ខ្ញី
Knoblauch	*kh'tuhm saw*	ខ្ទឹមស
Pfeffer	*m'rait*	ម្រេច
Salz	*uhmbuhl*	អំបិល
Sojasauce	*teuk sii iw*	ទឹកស៊ីអ៊ីវ
Zitronengras	*sluhk kray*	ស្លឹកគ្រៃ
Zucker	*skaw*	ស្ករ

GETRÄNKE

Bananenshake	*teuk kralohk*	ទឹកក្រឡុកចេក
Bier	*bii-yœ*	បៀរ
Kaffee	*kaa fey*	កាហ្វេ
Eiskaffee	*kaa fey teuk koh*	កាហ្វេទឹកកក
Fruchtshake	*teuk kralohk chek*	ទឹកក្រឡុកpÂeQ
Milchkaffee (Café au lait)	*kaa fey ohlay*	កាហ្វេអូលេ
Orangensaft	*teuk krow-it pau sat*	ទឹកក្រូចពោធិសាត់
schwarzer Kaffee	*kaa fey kh'mav*	កាហ្វេខ្មៅ
Tee	*tai*	តែ
Tee mit Milch	*tai teuk dawh kow*	តែទឹកដោះគោ
Wasser	*teuk*	ទឹក
Zitronensaft	*teuk krow-it ch'maa*	ទឹកក្រូចឆ្មារ

Natur & Umwelt

GEOGRAFIE

Kambodschas Grenzen sind das Ergebnis einer historisch bedingten Verkleinerung des Gebiets. Als die Vietnamesen südwärts in das Mekong-Delta vordrangen und die Thai sich in westliche Richtung nach Angkor ausbreiteten, schrumpfte das kambodschanische Territorium, das sich zu Zeiten des Angkor-Reiches von Südburma bis Saigon und im Norden bis nach Laos ausgedehnt hatte. Nur die Ankunft der französischen Kolonialherren verhinderte, dass Kambodscha das Schicksal der Cham ereilte, die ein Volk ohne Staat geworden waren. Sie errichteten ein Protektorat, dass tatsächlich eine Schutzfunktion erfüllte.

Heute umfasst der Staat eine Fläche von 181 035 km², ist also etwa halb so groß wie Vietnam bzw. Deutschland. Das Land dehnt sich von Osten nach Westen etwas weiter aus (580 km) als von Norden nach Süden (450 km). Im Westen und Nordwesten grenzt es an Thailand, im Nordosten an Laos und im Osten sowie Südosten an Südostvietnam. Der Golf von Thailand liegt im Süden.

Während der Regenzeit steigt das Wasservolumen des Tonlé Sap bis zu einem Faktor von 70.

Geografisch gesehen kennzeichnen Kambodscha vor allem der mächtige Mekong-Fluss und ein weitläufiger See, der Tonlé Sap (S. 71).

Bei Phnom Penh teilt sich der Mekong in drei kleinere Flüsse, den Tonlé Sap, der in den gleichnamigen See fließt, aus dem er auch entspringt, den Oberen Fluss (meist einfach Mekong oder auf Vietnamesisch Tien Giang genannt) und den Unteren Fluss (Tonlé Bassac, auf Vietnamesisch Hau Giang). Die reichhaltigen Ablagerungen, die sich während der Regenzeit ansammeln, wenn der Mekong über seine Ufer tritt, machen Zentralkambodscha zu einer ungemein fruchtbaren Region. Viele Einwohner leben in dieser tief gelegenen Schwemmlandebene und betreiben dem Rhythmus des Monsuns angepasst Landwirtschaft und Fischfang.

Der Südwesten ist von Bergen bedeckt, die bis zu 1813 m hoch sind. Das Kardamom-Gebirge (Chuor Phnom Kravanh) erstreckt sich über Teile der Provinzen Koh Kong, Battambang, Pursat und Krong Pailin, die sich immer mehr dem Ökotourismus öffnen. Im Südosten in den Provinzen Kompong Speu, Koh Kong und Kampot erhebt sich das Elefantengebirge (Chuor Phnom Damrei).

Bei Besuchern auf der Suche nach abgelegenen tropischen Stränden erfreut sich vor allem die 435 km lange Küstenlinie großer Beliebtheit. Im Meer vor Sihanoukville (S. 230), Kep (S. 255) und dem Koh Kong Conservation Corridor (S. 219) liegen jede Menge Inseln.

Zum größten Teil wird die Proteinaufnahme der Kambodschaner – 70 % davon stammen aus dem Verzehr von Fisch – vom Tonlé Sap abgedeckt.

Entlang der nördlichen Grenze mit Thailand treffen die Ebenen auf einen Steilhang aus Sandstein von über 300 km Länge und 550 m Höhe: das Dangkrek-Gebirge (Chuor Phnom Dangkrek). Als bester Ort, um in die Atmosphäre der Region einzutauchen, gilt der Prasat Preah Vihear (S. 303).

Im äußersten Nordosten machen die Ebenen dem östlichen Hochland Platz. Diese entlegene Region voll dicht bewaldeter Berge und Hochplateaus zieht sich im Osten bis zum Zentralen Hochland Vietnams und im Norden bis nach Laos. Die relativ unberührten Provinzen Ratanakiri (S. 331) und Mondulkiri (S. 339) dienen zahlreichen Bergvölkern als Heimat und machen sich bei Ökotouristen allmählich einen Namen.

TIERE & PFLANZEN

Bis in die 1990er-Jahre waren die Ökosysteme kambodschanischer Wälder in einem ausgezeichneten Zustand und verglichen mit den Nachbarstaaten

TONLÉ SAP: DER HERZSCHLAG KAMBODSCHAS

Der Tonlé Sap, Südostasiens größter Süßwassersee gilt als beeindruckendes Naturphänomen. Er versorgt die Hälfte der Kambodschaner mit Fisch und Wasser zur Bewässerung; außerdem bieten seine 170 schwimmenden Dörfer 90 000 Menschen – viele davon vietnamesischer Abstammung – ein Zuhause.

Bei Phnom Penh verbindet ein 100 km langer Kanal, Tonlé-Sap-Fluss genannt, den See mit dem Mekong. Von Juni bis Anfang Oktober steigt der Pegel des Letzteren aufgrund der Regenfälle rapide an. So gewinnt auch der Tonlé-Sap-Fluss an Strömung und kann in Richtung Nordwesten in den gleichnamigen See fließen. Während dieser Zeit vervier- bzw. verfünffacht sich die Oberfläche des Sees und steigt so von 2500 bis 3000 km² auf bis zu 10 000 bis 16 000 km²; seine Tiefe wiederum erhöht sich von durchschnittlich 2 auf über 10 m. Ganze 20 % des Wassers, das der Mekong in der Regenzeit zusätzlich führt, werden vom Tonlé Sap aufgenommen. Im Oktober, wenn der Pegel des Mekong allmählich fällt, ändert der Tonlé-Sap-Fluss seine Richtung und das Wasser im See fließt wieder in den Mekong zurück.

Dieser außergewöhnliche Vorgang macht den Tonlé Sap zu einem idealen Lebensraum für Vögel, Schlangen und Schildkröten sowie zu einer reichhaltigen Quelle für Süßwasserfisch. Die überfluteten Wälder sind hervorragende Laichplätze und in der Trockenzeit wunderbare Angelplätze. Experten glauben, dass Fischwanderungen aus dem See bei der Aufstockung von den Beständen bis hin nach China helfen könnten.

2001 wurde das einzigartige Ökosystem zum Unesco-Biosphärenreservat (www.tsbr-ed.org) erklärt. Allerdings genügt das wahrscheinlich nicht, um es vor der doppelten Bedrohung aus Staudammprojekten (S. 76) und ungezügelter Rodung zu schützen. Mehr zum Tonlé Sap und seinem einzigartigen Ökosystem erfährt man im Gecko Centre (S. 163) bei Siem Reap.

sind sie heute noch relativ intakt. Doch die Kriegsjahre forderten ihre Opfer, auch wenn viele Spezies in den abgelegenen Dschungelgebieten im Südwesten und Nordosten unbehelligt gedeihen konnten. Ironischerweise verschlechterte sich mit dem Frieden die Situation; weite Teile des Primärwaldes wurden gefällt und der illegale Handel mit bedrohten Tierarten weitete sich aus. Da sie viele Jahre lang keinen Zutritt hatten, beginnen Wissenschaftler erst jetzt damit, die hiesige Tier- und Pflanzenwelt zu erforschen und zu katalogisieren.

In Jean-Jacques Annauds Film *Zwei Brüder* aus dem Jahr 2004 geht es um die Geschichte von zwei verwaisten Tigerjungen während der Kolonialzeit, die bei den Tempeln von Angkor wieder zueinander finden.

Tiere

Kambodscha bietet Lebensraum für etwa 212 verschiedene Säugetierarten, darunter Tiger, Elefanten, Bären, Leoparden und Wildrinder. Eindrucksvoll sind auch kleinere Arten wie der Binturong, auch Marderbär genannt, der Kappengibbon, dessen weltweit größte Population im Kardamom-Gebirge lebt, und der Plumploris, der sich den ganzen Tag über auf Bäumen räkelt. Darüber hinaus lockt hier eine große Vielfalt an Schmetterlingsarten.

In freier Wildbahn ist es äußerst schwierig, Einblicke in die Tierwelt zu bekommen, deshalb besucht man am besten das Phnom-Tamao-Tierschutzzentrum (S. 134) in der Nähe von Phnom Penh, in dem alle bedeutenden Arten zu sehen sind.

Ganze 720 Vogelarten finden in Kambodscha ideale Lebensbedingungen vor. Das liegt in erster Linie an den ganzjährig zugänglichen Wasservorkommen, besonders in den Sümpfen rund um den Tonlé Sap. Zu den gewöhnlicheren Vogelarten gehören Enten, Rallen, Kraniche, verschiedene Reiherarten, Kormorane, Pelikane, Störche und Sittiche. Watvögel, Kiebitze und Schwalben findet man rund um die Meeresarme der Südküste. Ambitionierte Vogelbeobachter sollten folgende Einrichtungen ansteuern: das Prek-Toal-Vogelschutzgebiet (S. 162), das Ang-Trapeng-Thmor-Reservat (S. 162), in dem der äußerst seltene Saruskranich haust (er ist auf den Basreliefs in

Die *khting vor* (Spiralhornantilope), von der niemals ein lebendes Exemplar gesichtet werden konnte, wurde aus eben diesem Grund zu einer vom Aussterben bedrohten Art erklärt. Nach einer DNA-Analyse ihrer charakteristischen Hörner stellte sich allerdings heraus, dass es dieses Tier gar nicht gibt – die Hörner stammten von ganz normalen Rindern und Büffeln.

Angkor abgebildet), das Tmatboey-Ibis-Projekt (S. 301), wo der vom Aussterben bedrohte Riesenibis, Kambodschas Nationalvogel, zu sehen ist, und – Abenteuerer aufgepasst – die Chhep-Futterstation für Geier (S. 302). Mehr Informationen zur Vogelbeobachtung gibt's in Siem Reaps Sam Veasna Center (S. 376).

In Kambodscha leben ca. 240 Reptilienarten, u. a. neun gefährliche Giftschlangenarten. Schon ihre Namen verursachen bei zahlreichen Leuten Gänsehaut: die Königskobra, die Monocellata-Kobra, die Indochinesische Speikobra, der Gebänderte Krait, der Malaiische Krait, der Rotköpfige Krait, die Kettenviper, die Malaiische Grubenotter und die Weißlippen-Bambusotter. Die Nichtregierungsorganisation „Hand of Help" (S. 228) in Sihanoukville stellt übrigens Gegengifte her.

Schlangenbisse verursachen in Kambodscha mehr Amputationen als Landminen. Viele Dorfbewohner lassen sich von Medizinmännern behandeln, was oftmals zu Infektionen, Wundbrand oder sogar zum Tod führt.

BEDROHTE ARTEN

Leider sind in Kambodscha viele Tierarten akut vom Aussterben bedroht.

In den 1960er-Jahren wurde der Kouprey von König Sihanouk zum Nationaltier erklärt. Dieses Wildrind und die Wroughton-Bulldoggfledermaus, von der man vor ihrer Entdeckung in der Nähe der Preah-Vihear-Provinz glaubte, sie käme nur in Teilen Indiens vor, sind die einzigen kambodschanischen Säugetiere, die auf der Roten Liste gefährdeter Arten als kritisch, also akut bedroht, eingeordnet werden.

Zu den weiteren bedrohten Arten gehören der Asiatische Elefant, der Tiger, der Banteng (eine Wildrindart), der Gaur, die Asiatische Goldkatze, der Asiatische Wildhund, der Schopfgibbon, der Nebelparder, die Fischkatze, die Marmorkatze, der Sonnenbär, der Wasserbüffel, das Schuppentier (S. 220), der Riesenibis und in freier Wildbahn der Drachenfisch (der asiatische Knochenzüngler) sowie das Siam-Krokodil (S. 221).

In Kambodscha leben einige der letzten Irrawaddy-Süßwasserdelphine (auf Khmer *trey pisaut*), die man leicht an ihrer hervortretenden Stirn und ihrer kurzen Schnauze erkennt. Bei Redaktionsschluss waren nur noch 64 Exemplare übrig; 2006 lag die Anzahl noch bei 80 bis 100. Die possierlichen Tiere halten sich in Abschnitten des Mekong-Flusses zwischen Kratie und der laotischen Grenze auf. Bei Kampi (S. 326) kann man sie ganz gut beobachten. In den salzhaltigen Meeresarmen und Mangrovensümpfen der Koh-Kong-Provinz findet man ebenfalls einige Exemplare. Besucher des Peam-Krasaop-Naturschutzgebiets (S. 218) und des Ream-Nationalparks (S. 240) können sich die Delphine ansehen. Weitere Informationen gibt's auf der Webseite von WWF unter www.panda.org.

Forscher schätzen, dass in der Mondulkiri-Provinz 50 bis 100 Elefanten in freier Wildbahn leben. Eine ähnliche Anzahl findet man im Kardamom-Gebirge, u. a. im Botum-Sakor-Nationalpark.

Der Mekong beherbergt nach dem Amazonas die zweitgrößte Artenvielfalt an Fischen, doch Staudammprojekte gefährden wandernde Arten. Aufgrund des fortschreitenden Lebensraumverlusts und der Überfischung zählt

NROS IM KAMPF FÜR DIE UMWELT

Folgende Nichtregierungsorganisationen, die in Kambodscha hauptsächlich von Einheimischen betreut werden, spielen eine führende Rolle im hiesigen Kampf für die Umwelt:

- Conservation International (www.conservation.org)
- Flora & Fauna International (www.fauna-flora.org)
- Maddox Jolie-Pitt Foundation (www.mjpasia.org)
- Wildlife Alliance (formerly WildAid; www.wildlifealliance.org)
- Wildlife Conservation Society (www.wcs.org)
- WWF (www.worldwildlife.org)

DER TIGER – VOM AUSSTERBEN BEDROHT?

Mitte der 1990er-Jahre wurden in Kambodscha jedes Jahr zwischen 100 und 200 Tiger getötet. In Asien, besonders in China, ist dies ein lukratives Geschäft, da man Produkten, die aus den Tieren erzeugt werden, eine aphrodisierende Wirkung nachsagt. 1998 sank die Zahl der getöteten Tiger auf 85, 2005 waren es nur noch zwei. Traurigerweise reflektiert dies wahrscheinlich den dramatischen Rückgang der Population und leider kein steigendes Bewusstsein oder eine effizientere Umsetzung von Gesetzen.

Experten befürchten, dass in Kambodscha nur noch etwa 50 Tiger in freier Wildbahn leben. Ihre Anzahl ist so niedrig, dass trotz wiederholter Versuche von Forschern in den letzten Jahren keine einzige Aufnahme einer solchen Raubkatze gemacht werden konnte. Allerdings wurden Pfotenabdrücke und andere Zeichen gefunden, die auf eine Anwesenheit der Tiere hinweisen. Wahrscheinlich verstecken sich die wenigen übrig gebliebenen Tiger in abgelegenen Gebieten, wo sie sowohl von Wilderern als auch von Wissenschaftlern schwer aufzuspüren bzw. für Tierschützer kaum zu bewachen sind.

Viele Wilderer findet man in Polizei- und Militäreinheiten, die in abgelegenen Dschungelgebieten stationiert sind. Andererseits arbeiten mittlerweile aber auch zahlreiche ehemalige Wilderer als Parkwächter und können anderen Jägern besser vermitteln, welche Auswirkungen ihre Taten auf die Umwelt haben.

Heute leben die Tiger in zwei Gebieten, dem Kardamom-Gebirge und der Mondulkiri-Provinz. Darüber hinaus sollen sich einige Tiere in den Provinzen Ratanakiri, Preah Vihear und Oddar Meanchey und vielleicht sogar im Bokor-Nationalpark (S. 248) niedergelassen haben.

Informationen, Geschichten und Links zu Tigern in Kambodscha und über Schutzmaßnahmen gibt's unter www.felidae.org.

der Mekong-Riesenwels, der bis zu 300 kg schwer werden kann, zu den akut vom Aussterben bedrohten Arten.

Pflanzen

Die genaue Anzahl der Pflanzenarten in Kambodscha ist unklar, da noch keine umfassenden Untersuchungen durchgeführt worden sind. Sie wird jedoch auf etwa 15 000 geschätzt, darunter 2300 Gefäßpflanzen; mindestens ein Drittel ist endemisch.

Im Südwesten, an den regenreichen Südhängen der Berge, erreichen die Regenwaldbäume eine Höhe von bis zu 50 m und mehr. In den kühleren Klimazonen über 800 m erstrecken sich Fichtenwälder, während die Küste von Mangroven gesäumt ist. Immergrüne Wälder bedecken die Berge im Norden; die Bäume thronen bis zu 30 m über einem dicken Unterholz aus Kletterpflanzen, Bambus, Palmen sowie verschiedenen Holzgewächsen und Kräuterpflanzen. In den nördlichen Ebenen gedeihen Flügelfruchtgewächse, während sich rund um den Tonlé Sap saisonal überschwemmte Waldgebiete ausbreiten. Typisch für das östliche Hochland sind sommergrüne Waldgebiete und Grassavannen. In den baumreichen Höhen findet man jede Menge Orchideenarten.

Die Blätter der Zuckerpalme, die rund um Reisfelder gedeiht, setzt man für den Bau von Dächern und Hauswänden ein, ihre Früchte für die Herstellung von Medizin, Wein und Essig. Zwar werden Zuckerpalmen über die Jahre hinweg immer größer, ihr rindenloser Stamm hingegen wächst nicht mit, sodass Granatsplitter-Einkerbungen aller in der Region ausgefochtenen Kämpfe in ihm verewigt sind.

Kambodscha war das erste südostasiatische Land, in dem ein Nationalpark gegründet wurde. So richtete man 1925 zur Erhaltung der Wälder rund um die Tempel von Angkor ein Naturschutzgebiet ein.

NATIONALPARKS

Ende der 1960er-Jahre gab es in Kambodscha sechs Nationalparks, die insgesamt 22 000 km^2, also etwa 12 % des Landes, ausmachten. Der lange

KAMBODSCHAS WICHTIGSTE NATIONALSPARKS

Park	Größe	Besonderheiten	Aktivitäten	Beste Besuchszeit
Bokor (S. 248)	1581 km²	Geisterstadt, Ausblicke, Wasserfälle, orangefarbene Flechten	Wandern, Fahrradfahren, Wildtierbeobachtung	Dez.–Mai
Botum Sakor (S. 221)	1834 km²	Mangroven, Strände, Affen, Delphine, Elefanten	Bootsausflüge, Schwimmen, Wandern	Dez.–Mai
Kirirom (S. 136)	350 km²	Wasserfälle, Ausblicke, Kiefernwälder	Wandern, Wildtierbeobachtung	Nov.–Juni
Ream (S. 240)	150 km²	Strände, Inseln, Mangroven, Delphine, Affen	Bootstouren, Schwimmen, Wandern, Wildtierbeobachtung	Dez.–Mai
Virachey (S. 337)	3325 km²	unerforschter Regenwald, Wasserfälle	Wandern, Abenteuer, Wildtierbeobachtung	Dez.–April

Bürgerkrieg zerstörte dieses System. Erst 1993 wurde es wieder aufgebaut, als auf eine königliche Anordnung hin 23 Regionen zu Nationalparks, Naturschutz-, Landschaftsschutz- und Mischgebieten erklärt wurden. In letzter Zeit stellte man weitere Wälder unter Schutz und nun beläuft sich die Fläche der Parks auf über 43 000 km² bzw. 25 % des Landes.

Im Grunde sind das gute Nachrichten, doch in der Praxis schützen die Behörden diese Gebiete nicht wirklich, sondern ziehen lediglich Linien auf der Landkarte. Die Regierung hat genug damit zu tun, Gelder für Aufseher aufzutreiben, die bekanntere Parks beaufsichtigen, abgelegene Schutzgebiete bleiben hingegen oft auf der Strecke. In den letzten Jahren haben sich allerdings mehrere internationale NROs (Nichtregierungsorganisationen) an der Ausbildung und Finanzierung von Rangern beteiligt (s. Kasten S. 72).

Mit 1813 m ist der Phnom Aural in der Pursat-Provinz (S. 269) der höchste Berg Kambodschas.

Das Mondulkiri-Waldschutzgebiet (S. 345) ist mit seinen 4294 km² heute das größte Naturschutzgebiet Kambodschas und geht auf vietnamesischem Boden in den Yok-Don-Nationalpark über. Im Westen grenzt das 4013 km² große Zentrale Kardamom-Waldschutzgebiet (S. 219 und S. 268) an das Phnom-Samkos-Naturschutzgebiet (S. 269) sowie im Osten an das Phnom-Aural-Naturschutzgebiet (S. 269) und umfasst damit eine fast 10 000 km² große Fläche. Das Südliche Kardamom-Waldschutzgebiet (1443 km²; S. 222) verläuft entlang des Koh Kong Conservation Corridor (S. 216), dessen Potential für den Ökotourismus groß ist.

UMWELTPROBLEME

Landminen

In manchen Gebieten, z. B. entlang der thailändischen Grenze, sind Ackerland und Wälder mit gefährlichen Tretminen versetzt, die noch aus dem Bürgerkrieg stammen (s. S. 293).

Abholzung

Als größte Bedrohung für Kambodschas Ökosysteme gilt die Abholzung von Wäldern zur Gewinnung von Holzkohle und Nutzhölzern sowie für den flächenmäßigen Anbau lukrativer Nutzpflanzen. Während der vietnamesischen Besatzung wurden große Gebiete gerodet, um Angriffe aus dem Hinterhalt entlang von Transportwegen von Seiten der Roten Khmer zu verhindern. In den 1990er-Jahren verschlimmerte sich die Zerstörung, als der Wandel hin zu einer kapitalistischen Wirtschaft dazu führte, dass gut vernetzte Geschäftsleute Gewinn witterten und Anlagen ausschlachteten.

Die internationale Nachfrage nach Nutzholz ist hoch. Da Nachbarstaaten wie Thailand und Vietnam strengere Regulationen einführten, gingen viele Holzfällerunternehmen nach Kambodscha. Als das Roden Ende 1997 seinen Höhepunkt fand, waren auf etwa 70 000 km², also ca. 35 % der Gesamtfläche des Landes, Konzessionen ausgegeben worden. Das entsprach sämtlichen Wäldern mit Ausnahme von Nationalparks und Naturschutzgebieten, die allerdings illegal gerodet wurden. Laut **Global Witness** (www.globalwitness.org), das umweltpolitische Fehlentwicklungen anprangert, sind die Königlichen Streitkräfte Kambodschas die treibende Kraft hinter jüngsten Entwaldungen in abgelegenen Grenzregionen.

Auf kurze Sicht trägt die Abholzung zur Verschlimmerung von Überschwemmungen entlang des Mekong bei, die Langzeitfolgen sind jedoch nur schwer abzuschätzen. Fehlen in den Bergen schützende Bäume, werden zukünftig große Mengen an Humusböden bei Monsunregen weggeschwemmt, was bedenkliche Auswirkungen auf den Tonlé Sap haben wird. Werden die seichten Gewässer infolge von Verschlammung abebben und eine Umweltkrise, ähnlich jener, die den Fall des Angkor-Reiches begleitete, auslösen? Zusammen mit der Überfischung, der Verschmutzung und den Dammbauplänen könnten diese Probleme letztendlich den See zerstören – eine Katastrophe für zukünftige Generationen.

Seit 2002 hat sich die Lage etwas verbessert. Nach Druck von Geldgebern und internationalen Institutionen wurden alle Verträge zur Rodung erfolgreich eingefroren, weitere Verhandlungen mit der Regierung stehen noch aus. Die industrielle Abholzung wurde gestoppt und die großen Lastwagen, die auf den Landstraßen hoch- und runterdonnerten, sind verschwunden. Dennoch geht die illegale Abholzung im kleinen Stil weiter, beispielsweise um Holzkohle zu gewinnen und Siedlungsgebiete durch Brandrodung zu erschließen.

Die neueste Bedrohung für Kambodschas Wälder sind „wirtschaftliche Konzessionen", die für den Anbau lukrativer Nutzpflanzen wie Kautschuk, Mangos, Cashewnüsse und Jackfrüchte oder für die Agrarforstwirtschaft (Akazien und Bambus, die der Papierherstellung dienen) erteilt werden. Es gibt zwar gewisse gesetzliche Regelungen – so darf für Plantagen z. B. nur ein Gebiet von maximal 100 km² freigegeben werden –, doch sogar diese großzügige Vorgabe wird oft unterlaufen. Es gibt sogar Fälle, bei denen Konzessionsinhaber den gesamten Bezirk gerodet und anschließend nichts wiederangebaut haben.

Die *US Foreign Assistance Act 118/119 Analysis* (April 2005) zur Bewahrung von tropischen Wäldern und biologischer Vielfalt in Kambodscha kam zu folgendem Schluss: „Die Verwaltung von [Kambodschas] vielfältigen natürlichen Ressourcen, insbesondere der Wälder und des Tonlé-Sap-Sees, wird durch Korruption, extreme Ungleichheit bezüglich der Zugangsrechte, mangelhafte oder nicht existente Pachtregelungen, eine schwache Zivilgesellschaft, ethnische Spaltungen und wachsende Probleme der Bevölkerung behindert."

Luftverschmutzung

Die Luftverschmutzung in Phnom Penh ist lange nicht so schlimm wie in Bangkok, doch weil die Anzahl der Autos rapide steigt, verschlimmert sich die Situation. In Provinzstädten und Dörfern kann einem der Rauch von Müllverbrennungen das Abendessen vermiesen oder gar die Gesundheit angreifen. Einige Hotelzimmer haben eine sehr schlechte Belüftung, sodass einem Schimmel und Moder das Atmen erschweren.

Sanitäranlagen sind in kambodschanischen Städten rudimentär und in ländlichen Gebieten schlicht nicht vorhanden. Nur ein winziger Teil der

Mitte der 1960er-Jahre waren Berechnungen zufolge etwa 90 % des Primärwaldes Kambodschas intakt. Heute gibt es verschiedene Schätzungen, am häufigsten wird aber von 30 % gesprochen.

2007 legt der vernichtende Bericht *Cambodia's Family Trees* (www.globalwitness.org/media_library_detail.php/546/en/cambodias_family_trees) von der britischen Umweltschutzorganisation Global Witness Kambodschas mächtigste illegale Holzfäller-Syndikate offen – die Veröffentlichung im Land selbst wurde verboten.

Im September 2005 wurden drei Ranger ermordet, die zusammen mit der Nichtregierungsorganisation Flora & Fauna International gegen illegales Jagen und Roden im Kardamom-Gebirge vorgingen. Die mutmaßlichen Täter waren Wilderer.

WAS KANN JEDER EINZELNE TUN?

Wer Kambodscha besucht, kann zumindest einen kleinen Beitrag zur ökologischen Nachhaltigkeit im Land leisten.

- Mit gutem Beispiel vorangehen und seinen Müll entsorgen.
- Frischen Kokosnusssaft in seiner natürlichen Verpackung anstelle von Softdrinks in Einwegdosen und -flaschen trinken.
- Sich einen Wanderführer aussuchen, der sowohl das Ökosystem als auch die hier lebenden Menschen respektiert.
- Kein Fleisch von wilden Tieren wie Fledermäusen, Hochwild oder Haifischen essen.
- Beim Schnorcheln oder Tauchen keine lebenden Korallen berühren und keine Korallensouvenirs kaufen.
- Wer Zeuge davon wird, wie Wildtiere getötet oder gegessen werden bzw. Handel mit ihnen getrieben wird, sollte sich alle wichtigen Details notieren und sich mit der Wildlife Alliance, einer Nichtregierungsorganisation, die das staatliche **Wildlife Rapid Rescue Team** (☎ 012 500094; nickmarx@online.com.kh, wildlifealliance@online.com.kh) unterstützt, in Verbindung setzen. Gerettete Tiere werden entweder freigelassen oder in das Phnom-Tamao-Tierschutzzentrum (S. 134) gebracht.
- Einige der im GreenDex (S. 422) aufgeführten Einrichtungen besuchen.

Bevölkerung hat Zugang zu anständigen Toiletten. Diese Situation führt zum Ausbruch und der schnellen Verbreitung von Krankheiten; Durchfallepidemien sind nichts Ungewöhnliches und Todesursache Nummer eins bei kambodschanischen Kleinkindern.

Diverse Abfälle, insbesondere Plastiktüten und -flaschen, liegen in großer Menge an Stränden, rund um Wasserfälle und neben Straßen und bedecken Städte sowie Dörfer.

Ein weiteres Problem ist Erdöl, das vor Sihanoukville entdeckt wurde. Unachtsamkeiten bei der Förderung könnten Kambodschas zauberhafte Küste samt den unberührten Mangrovenwäldern zerstören.

Anfang der 1990er-Jahre verfügte Kambodscha im Vergleich zu seinen Nachbarn über so weitläufige Waldgebiete, dass einige Umweltschützer forderten, das gesamte Land unter Naturschutz zu stellen.

Staudammpläne für den Mekong

Der 4800 km lange Mekong entspringt in Tibet und mündet ins Südchinesische Meer. Über 500 km schlängelt er sich durch Kambodscha, wo er eine Breite von bis zu 5 km erreicht. Angesichts des wachsenden Energiebedarfs in ganz Südostasien ist es für ärmere Länder wie Kambodscha, wo nur 20 % der Haushalte – die meisten davon in Phnom Penh – Zugang zu Elektrizität haben, und seine Nachbarstaaten flussaufwärts wie China sehr verlockend, auf dem Mekong und seinen Nebenflüssen Dämme zur Wasserkrafterzeugung zu bauen.

Umweltschützer befürchten, dass diese Eindämmung katastrophale Auswirkungen auf das Strömungsverhalten, Wanderfische, das Überleben des Irrawaddy-Süßwasserdelphins (S. 326) und die Existenz des Tonlé Sap (S. 71) haben könnte. Diskutiert wird z. B. der Bau des Sambor-Damms, ein massives 3300-MW-Projekt, das 35 km nördlich von Kratie umgesetzt werden soll, und der Bau des Don-Sahong-Damms (Siphandone-Damm) nördlich der kambodschanisch-laotischen Grenze.

Eine weitere Sorge sind die möglichen Auswirkungen auf die jährlichen monsunbedingten Überschwemmungen, bei denen sich nährstoffreicher Schlamm in weiten für die Landwirtschaft genutzten Gebieten einlagert. Wenn der Wasserspiegel des Tonlé Sap in der Regenzeit nur um 1 m sinkt, wird eine Fläche von etwa 2000 km² nicht überschwemmt, was folgenschwere Folgen für kambodschanische Bauern haben könnte.

Die Pläne für den Fluss werden von der **Mekong River Commission** (MRC; www.mrcmekong.org) beobachtet. Sie wurde vom UNDP ins Leben gerufen, umfasst Kambodscha, Thailand, Laos sowie Vietnam und hat sich nachhaltiger Entwicklung verschrieben.

Sandabbau

Der Abbau von Sand an den Meeresarmen der Koh-Kong-Provinz, selbst innerhalb des Peam-Krasaop-Naturschutzgebiets, bedroht das sensible Ökosystem der Mangrovenwälder und das Meeresleben. Laut der 2009 von der *Phnom Penh Post* durchgeführten Nachforschungen berichten in Krong Koh Kong heimische Fischer seit dem Einsatz der Bagger, die das Flussbett aufwühlen, von sinkenden Fangquoten und Veränderungen im Verhalten der Meerestiere, z. B. von Krebsen. Ein Großteil des Sandes wird nach Singapur gebracht. Weitere Informationen siehe Bericht von Global Witness aus dem Jahr 2009 *Country for Sale* (www.globalwitness.org/media_library_detail.php/713/en/country_for_sale).

Phnom Penh

ភ្នំពេញ

Phnom Penh: Dieser Name strotzt förmlich von Exotik. Die kambodschanische Hauptstadt ist eine häufig übersehene Attraktion, dabei wartet sie mit einer umwerfenden Lage am Ufer des Mekong und einem herrlichen Königspalast auf. Neue Investoren spülen Geld in die Kassen, was den Charakter und die Skyline der Metropole vielleicht für immer verändern wird. Gewissermaßen befindet sich Phnom Penh am Scheideweg zwischen Asiens Vergangenheit und Gegenwart und ist zudem ein fesselnder, faszinierender Ort der Extreme, an dem Armut und Überfluss, Schönheit und Chaos aufeinanderprallen.

Hier droht Reizüberflutung: Motorräder sausen durch die Gassen, an Ständen und auf Märkten wabern beißende Gerüchen umher und an jeder Ecke dringen Geräusche des täglichen Lebens ans Ohr. All das verbindet sich zu einer besonderen Atmosphäre, denn Phnom Penh verkörpert das alte Asien, das sich viele Touristen vor Beginn ihrer Reise erträumen.

Einst galt die Metropole als „Perle Asiens", doch bedingt durch Krieg und Revolution verblasste ihr Ruhm. Jetzt ist Phnom Penh wieder da und nimmt einen Platz in der Riege der schicken südostasiatischen Hauptstädte ein. Das Nationalmuseum lässt einen in die alte Geschichte des Landes eintauchen, während es im Tuol-Sleng-Museum um die traumatischen Ereignisse jüngerer Zeit geht. Märkte laden zur Schnäppchenjagd ein, es gibt aber auch tolle Boutiquen. Besucher können sich Snacks an Essensständen genehmigen oder im gediegenen Ambiente eines Designerrestaurants speisen – es ist wirklich für jeden Geschmack etwas dabei.

HIGHLIGHTS

- Die 5000 silbernen Bodenfliesen der **Silberpagode** (S. 89) bieten einen faszinierenden Anblick
- Im **Nationalmuseum** (S. 90) ist eine der schönsten Sammlungen von Khmer-Skulpturen ausgestellt
- Der **Psar Thmei** (S. 127), Phnom Penhs Hauptmarkt, gilt als Art-déco-Meisterwerk
- Ein Besuch des **Tuol-Sleng-Museums** (S. 91) ist ein Muss, wenn man den dunkelsten Teil der kambodschanischen Geschichte besser verstehen möchte
- Das legendäre Nachtleben der Hauptstadt lockt z. B. mit einem Happy-Hour-Cocktail, einem lokaltypischen Abendessen und einem Streifzug durch die **gut besuchten Bars** (S. 123)

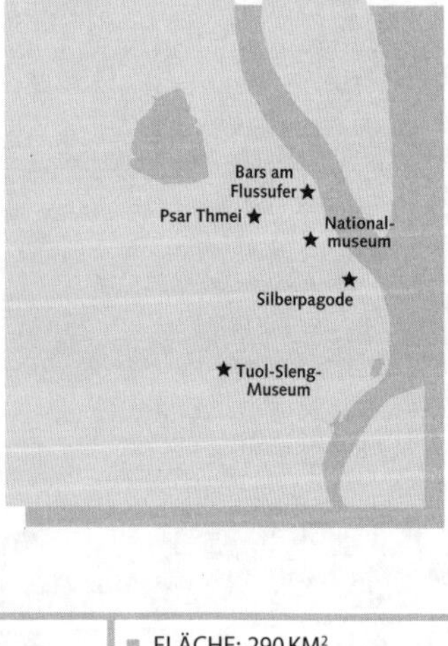

VORWAHL: 023	EINWOHNER: 2 MIO.	FLÄCHE: 290 KM²

GESCHICHTE

Der Überlieferung zufolge gehen die Anfänge von Phnom Penh auf eine alte Frau namens Penh zurück, die vier Buddha-Darstellungen am Mekong-Ufer fand. Sie verwahrte diese auf einem nahe gelegenen Hügel, und der Ort, der ringsum entstand, wurde als Phnom Penh (Penhs Hügel) bezeichnet.

Leider erklärt die Geschichte nicht, warum Angkor in den 1430er-Jahren zurückgelassen und Phnom Penh zur neuen Hauptstadt des Landes auserkoren wurde. Man hat diesen Umstand als Beweis für den kulturellen Verfall und Untergang des mächtigen Königreichs gedeutet. Angkor war abgelegen und wurde wiederholt von siamesischen Truppen aus Ayutthaya angegriffen. Phnom Penh wies eine praktischere, zentralere Lage innerhalb des Khmer-Territoriums auf und eignete sich hervorragend für den Flusshandel: Durch das Mekong-Delta konnten Waren nach Laos und China verschifft werden, und über den Tonlé-Sap-Fluss hatte man Zugang zum fischreichen Tonlé-Sap-See.

Bis Mitte des 16. Jhs. konnte Phnom Penh so zu einem bedeutenden Handelszentrum in der Region aufsteigen, in dem sich zahlreiche indonesische und chinesische Kaufleute tummelten. Ein Jahrhundert später drangen allerdings die Vietnamesen in das Khmer-Reich vor und schnitten die Stadt von den Seestraßen ab. Gleichzeitig verschafften sich chinesische Kaufleute, die von der Qing-Dynastie gen Süden verdrängt worden waren, das Monopol auf den Handel. Das zunehmend isolierte Königreich diente schließlich als Pufferstaat zwischen den erstarkenden Vietnamesen und Thailändern. 1772 brannten Letztere Phnom Penh bis auf die Grundmauern nieder. Zwar wurde die Stadt wiederaufgebaut, verkam jedoch zu einem Spielball zwischen den beiden rivalisierenden asiatischen Völkern, bis 1863 die Franzosen die Macht an sich reißen konnten. In dieser Zeit zählte Phnom Penh Schätzungen zufolge kaum mehr als 25 000 Einwohner.

Als Kambodscha zum französischen Protektorat wurde, gliederte man die Stadt in *quartiers* (Viertel). Die französische Verwaltung und europäische Geschäftsleute ließen sich nördlich des Wat Phnom zwischen dem Monivong Boulevard und dem Tonlé-Sap-Fluss nieder. Chinesische Händler waren am Flussufer südlich des Wat Phnom bis zum Königspalast anzutreffen, die westliche Grenze ihres Viertels stellte der Norodom Boulevard dar. Rund um den Königspalast sowie südlich davon verteilten sich die Wohnhäuser von Kambodschanern und Vietnamesen. Die Franzosen zogen sich 1953 aus dem Land zurück, hinterließen jedoch deutliche Spuren in Form von bedeutenden Wahrzeichen, darunter der Königspalast, das Nationalmuseum, der Psar Thmei (Hauptmarkt) und beeindruckende Regierungsgebäude.

In den friedlichen Jahren nach der Unabhängigkeit wuchs die Stadt schnell: Als Sihanouk 1970 gestürzt wurde, lag die Einwohnerzahl bei ca. 500 000. Wenige Jahre später waren die Auswirkungen des Vietnamkriegs auch in Kambodscha zu spüren, denn in Phnom Penh wimmelte es von Flüchtlingen. Anfang 1975 lebten fast 3 Mio. Menschen in der Stadt. Die Roten Khmer eroberten die Metropole am 17. April 1975. Ein Teil ihrer radikalen Revolution bestand in der Vertreibung der gesamten Stadtbevölkerung aufs Land. Verschiedene Gruppierungen der neuen Machthaber waren mit der Evakuierung bestimmter Bezirke betraut; die Bürger, die östlich des Norodom Boulevard lebten, wurden nach Osten geschickt, die Einwohner südlich des Palasts in den Süden des Landes usw. Auf diese Weise riss man zahlreiche Familien auseinander und für viele Tausende Kambodschaner hingen die zukünftigen Erfahrungen mit den Roten Khmer davon ab, in welchem Teil der Stadt sie sich an jenem schicksalsträchtigen Tag aufgehalten hatten.

Zu Zeiten des Demokratischen Kampuchea wurden Zehntausende ehemalige Hauptstadtbewohner ermordet, unter ihnen der Großteil der gebildeten Schicht. Solange die Roten Khmer in Phnom Penh an der Macht waren, lag die Einwohnerzahl nie über 50 000; diese setzten sich aus Seniormitgliedern der Partei, Fabrikarbeitern sowie militärischen Führern zusammen.

Mit Ankunft der Vietnamesen 1979 ließen sich hier wieder mehr Menschen nieder, wobei die Neubesiedelung von der neuen Regierung zunächst aufs Strengste kontrolliert wurde. In den 1980er-Jahren war in der Hauptstadt der Anblick von Kühen in den Straßen üblicher als der von Autos, und erst als sich die Führungsriege Ende des Jahrzehnts ihres kommunistischen Credos entledigte, wehte der Wind des Fortschritts in Phnom Penh. Für manch einen waren die 1990er-Jahre überaus erfolgreich: Die Einrichtung der

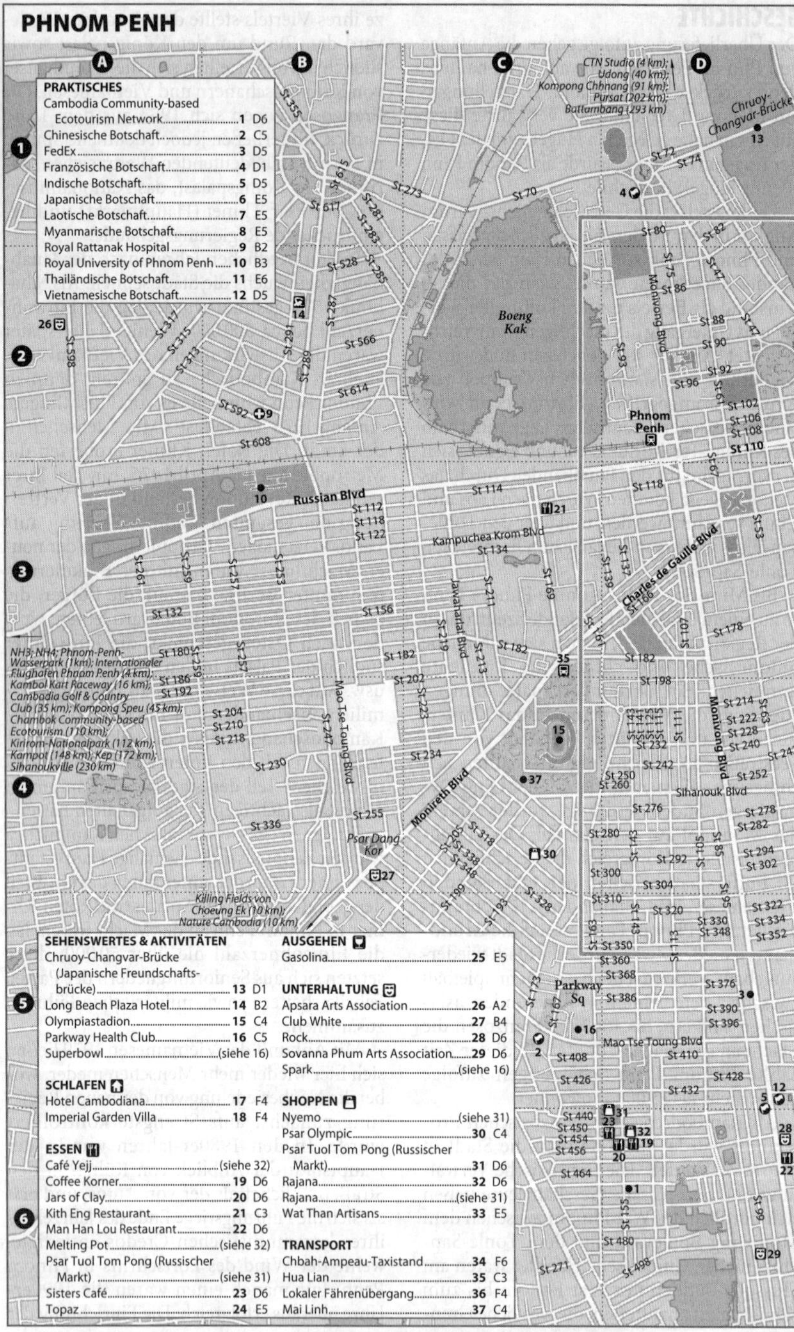
PHNOM PENH
PRAKTISCHES
Cambodia Community-based Ecotourism Network 1 D6
Chinesische Botschaft 2 C5
FedEx 3 D5
Französische Botschaft 4 D1
Indische Botschaft 5 D5
Japanische Botschaft 6 E5
Laotische Botschaft 7 E5
Myanmarische Botschaft 8 E5
Royal Rattanak Hospital 9 B2
Royal University of Phnom Penh 10 B3
Thailändische Botschaft 11 E6
Vietnamesische Botschaft 12 D5
SEHENSWERTES & AKTIVITÄTEN
Chruoy-Changvar-Brücke (Japanische Freundschaftsbrücke) 13 D1
Long Beach Plaza Hotel 14 B2
Olympiastadion 15 C4
Parkway Health Club 16 C5
Superbowl (siehe 16)
SCHLAFEN
Hotel Cambodiana 17 F4
Imperial Garden Villa 18 F4
ESSEN
Café Yejj (siehe 32)
Coffee Korner 19 D6
Jars of Clay 20 D6
Kith Eng Restaurant 21 C3
Man Han Lou Restaurant 22 D6
Melting Pot (siehe 32)
Psar Tuol Tom Pong (Russischer Markt) (siehe 31)
Sisters Café 23 D6
Topaz 24 E5
AUSGEHEN
Gasolina 25 E5
UNTERHALTUNG
Apsara Arts Association 26 A2
Club White 27 B4
Rock 28 D6
Sovanna Phum Arts Association 29 D6
Spark (siehe 16)
SHOPPEN
Nyemo (siehe 31)
Psar Olympic 30 C4
Psar Tuol Tom Pong (Russischer Markt) 31 D6
Rajana 32 D6
Rajana (siehe 31)
Wat Than Artisans 33 E5
TRANSPORT
Chbah-Ampeau-Taxistand 34 F6
Hua Lian 35 C3
Lokaler Fährenübergang 36 F4
Mai Linh 37 C4
CTN Studio (4 km); Udong (40 km); Kompong Chhnang (91 km); Pursat (202 km); Battambang (293 km)
Chruoy-Changvar-Brücke
Boeng Kak
Phnom Penh
Russian Blvd
Kampuchea Krom Blvd
Charles de Gaulle Blvd
Monivong Blvd
Jawaharlal Blvd
Mao Tse Toung Blvd
Monireth Blvd
Sihanouk Blvd
Psar Dang Kor
Parkway Sq
NH3; NH4; Phnom-Penh-Wasserpark (1 km); Internationaler Flughafen Phnom Penh (4 km); Kambol Kart Raceway (16 km); Cambodia Golf & Country Club (35 km); Kompong Speu (45 km); Chambok Community-based Ecotourism (110 km); Kirirom-Nationalpark (112 km); Kampot (148 km); Kep (172 km); Sihanoukville (230 km)
Killing Fields von Choeung Ek (10 km); Nature Cambodia (10 km)

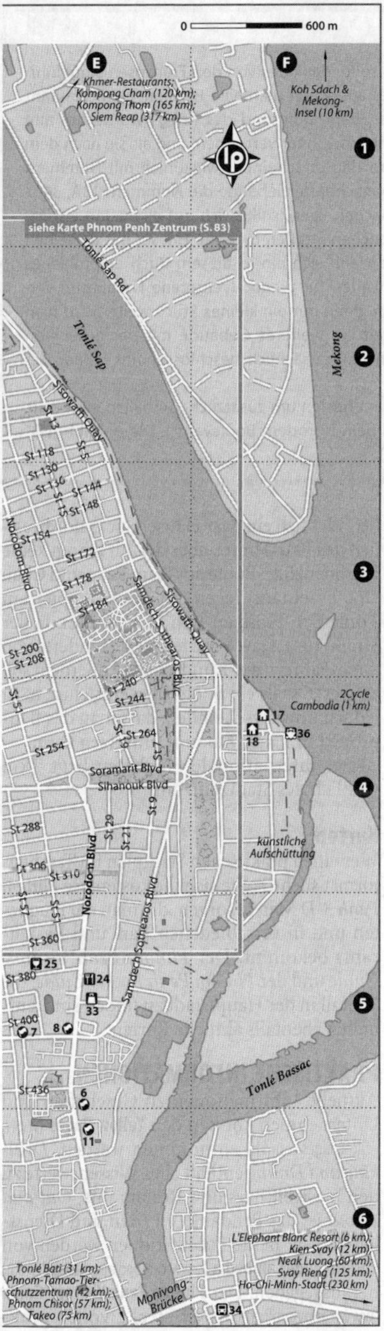

UN Transitional Authority in Cambodia (Untac) ging mit Fördergeldern in Höhe von 2 Mrd. US-Dollar einher, die größtenteils auf die Gehälter von ausländischen Angestellten verwendet wurden. Geschäftstüchtige Einheimische halfen den Neulingen gerne dabei, ihr Geld loszuwerden, indem sie z. B. überzogene Mieten berechneten. Der Untac folgten zahlreiche große Unternehmen und schon bald schossen Büro- und Geschäftsgebäude aus dem Boden.

Seit etwa zehn Jahren vollzieht sich ein wirklicher Wandel. Straßen werden ausgebessert, Abwasserrohre gelegt, Parks eingeweiht und Flussufer baulich erschlossen. Viele Stadtteile zeugen mit neuen Hochhäusern von einer florierenden Wirtschaft, todschicke neue Restaurants öffnen ihre Pforten und die Geldgeber reiben sich mit seligem Gesichtsausdruck die Hände – das hat man früher nur in Bangkok oder Hanoi gesehen. Phnom Penh befindet sich auf der Überholspur. Eine neue Mittelschicht entsteht und gleicht die Bevölkerungsverluste aus, die durch das Wüten der Roten Khmer entstanden sind. Die Elite zieht es vor, ihr Geld in Kambodscha zu investieren, statt es im Ausland anzulegen. Phnom Penh ist wieder da, und es stehen weitreichende Veränderungen ins Haus.

ORIENTIERUNG

In Phnom Penh findet man sich relativ problemlos zurecht, weil die Stadt auf einem schachbrettartigen Grundriss aufgebaut ist. Alle Straßen sind durchnummeriert und die Hauptverkehrsadern verlaufen von Nord nach Süd, parallel zu den Ufern des Tonlé Sap und des Tonlé Bassac. Der Monivong Boulevard führt von Nord nach Süd durch das Zentrum und gleich westlich am Psar Thmei vorbei. Sein nördlicher Teil steht ganz im Zeichen des Shoppings. Außerdem befinden sich dort ein paar der ältesten (sprich: unattraktivsten) Hotels der Stadt. Der Norodom Boulevard erstreckt sich vom Wat Phnom nach Süden und ist von zahlreichen Verwaltungsgebäuden gesäumt. Im Norden findet man Banken, weiter südlich Regierungsministerien und Botschaften. Der Samdech Sothearos Boulevard verläuft nahe dem Flussufer und windet sich am Königspalast sowie der Silberpagode vorbei. Der Sisowath Quay schmiegt sich ans Flussufer. Dort sind die beliebtesten Restaurants und Bars von Phnom Penh angesiedelt. Als wichtigste Ost-West-Verbindungen sind

ZAHLENSALAT

Sich in den Straßen Phnom Penhs zurechtzufinden sollte dank des von den Franzosen eingeführten Systems nicht allzu schwer sein. Anders sieht es aus, wenn man eine Pension, ein Restaurant oder Büro anhand der Hausnummer suchen muss, denn aufgrund des Kriegs wurde das alte Nummerierungsprinzip zerstört: Damals wurden alle Einwohner vertrieben, und als sie nach dem Krieg endlich zurückkehren durften, haben sie ihre Häuser scheinbar willkürlich mit Nummern versehen. Und so ist es nicht ungewöhnlich, das benachbarte Gebäude die Nummern 13A, 34, 7 und 26 aufweisen. Wer sich darauf einen Reim machen kann, sollte sich auf einen Job als Dechiffrierer bewerben. Darüber hinaus gibt es in manchen Straßen mehrere Häuser mit derselben Nummer. Was wir eigentlich damit sagen wollen: Wenn sich ein in diesem Buch empfohlenes Hotel oder ein Restaurant offensichtlich in einen Laden für *prahoc* (vergorene Fischpaste) verwandelt hat, sollte man uns nicht gleich verfluchen, denn nur ein kleines Stück weiter wird man auf derselben Straße mit hoher Wahrscheinlichkeit ein weiteres Gebäude mit der gesuchten Hausnummer finden ... es sei denn, die Besitzer haben tatsächlich beschlossen, ins *prahoc*-Geschäft einzusteigen.

Erkundigt man sich nach dem Weg, bittet man am besten um zusätzliche Anhaltspunkte (z. B. „nahe der Kreuzung zwischen der Straße 110 und dem Norodom Boulevard"). Die Angabe „EO" in einer Adresse steht für *étage zéro* (Erdgeschoss).

der Russian Boulevard im Norden, der Sihanouk Boulevard (er führt vom Olympiastadion am Unabhängigkeitsdenkmal vorbei bis in die Nähe der Nationalversammlung) und der Mao Tse Toung Boulevard, eine Art Ringstraße, die im Westen der Stadt ebenfalls in Nord-Süd-Richtung verläuft, zu nennen.

Die Hauptverkehrsadern werden von Hunderten kleinerer, bezifferter Straßen gekreuzt. Ost-West-Verbindungen haben gerade Nummern, die immer höher werden, wenn man von der Chruoy Changvar Bridge Richtung Süden geht. Dementsprechend weisen Nord-Süd-Verbindungen ungerade Nummern auf, deren Wert zunimmt, wenn man vom Fluss aus nach Westen läuft.

An den meisten Bauwerken ist sowohl die Gebäude- als auch die Straßennummer angebracht. Ein Haus ausschließlich anhand der Adresse zu finden gilt allerdings als nicht ganz einfach, da nur selten eine chronologische Bezifferung vorgenommen wurde (s. Kasten oben).

Fast alle Busse, Taxis und Pick-ups halten im Zentrum rund um den Psar Thmei. Von dort gelangt man per *moto* (kleines Motorrad mit Fahrer), *remork-moto (tuk tuk)* oder Taxi in null Komma nichts zu Pensionen und Hotels. Manche Busse steuern das Flussufer unweit der Straße 104 weiter nördlich an (es kursieren Gerüchte, denen zufolge die Regierung Busbahnhöfe außerhalb des Zentrums bauen lassen will, um dem chronischen Verkehrschaos entgegenzuwirken). Der Bahnhof befindet sich ein paar Häuserblocks nordwestlich des Psar Thmei, aber derzeit fahren keine Personenzüge. Boote aus Siem Reap und Chau Doc (Vietnam) legen am Touristenpier am Tonlé-Sap-Fluss an (am östlichen Ende der Straße 104). Davor warten stets Hunderte von *moto*-Fahrern auf Kundschaft. Außerdem soll an dieser Stelle ein Bootshafen entstehen; es ist jedoch unwahrscheinlich, dass man das Bauprojekt in naher Zukunft umsetzen kann.

Der internationale Flughafen liegt 7 km westlich des Stadtzentrums.

Karten

Wer einen praktischen Stadtplan im Taschenformat sucht, sollte sich die kostenlose *Phnom Penh 3-D Map* besorgen, die man am Flughafen und in verschiedenen Bars und Restaurants bekommt. Der *Phnom Penh Visitors' Guide* und der *Phnom Penh Pocket Guide,* die überall in der Hauptstadt zu finden sind, enthalten ebenfalls aktuelle Karten.

PRAKTISCHE INFORMATIONEN

Aktuelle Informationen zu Geschäften und Unternehmen können den **Yellow Pages** (www.yellowpages.com.kh) entnommen werden. *Drinking and Dining* enthält alles Wissenswerte zu den hiesigen Bars und Restaurants, *Out and About* ist das Pendant zu Läden und Dienstleistungen. Beide Publikationen werden von **Pocket Guide Cambodia** (www.cambodiapocketguide.com) herausgegeben. Der **Phnom Penh Visitors' Guide** (www.canbypublications.com) steckt voller prak-

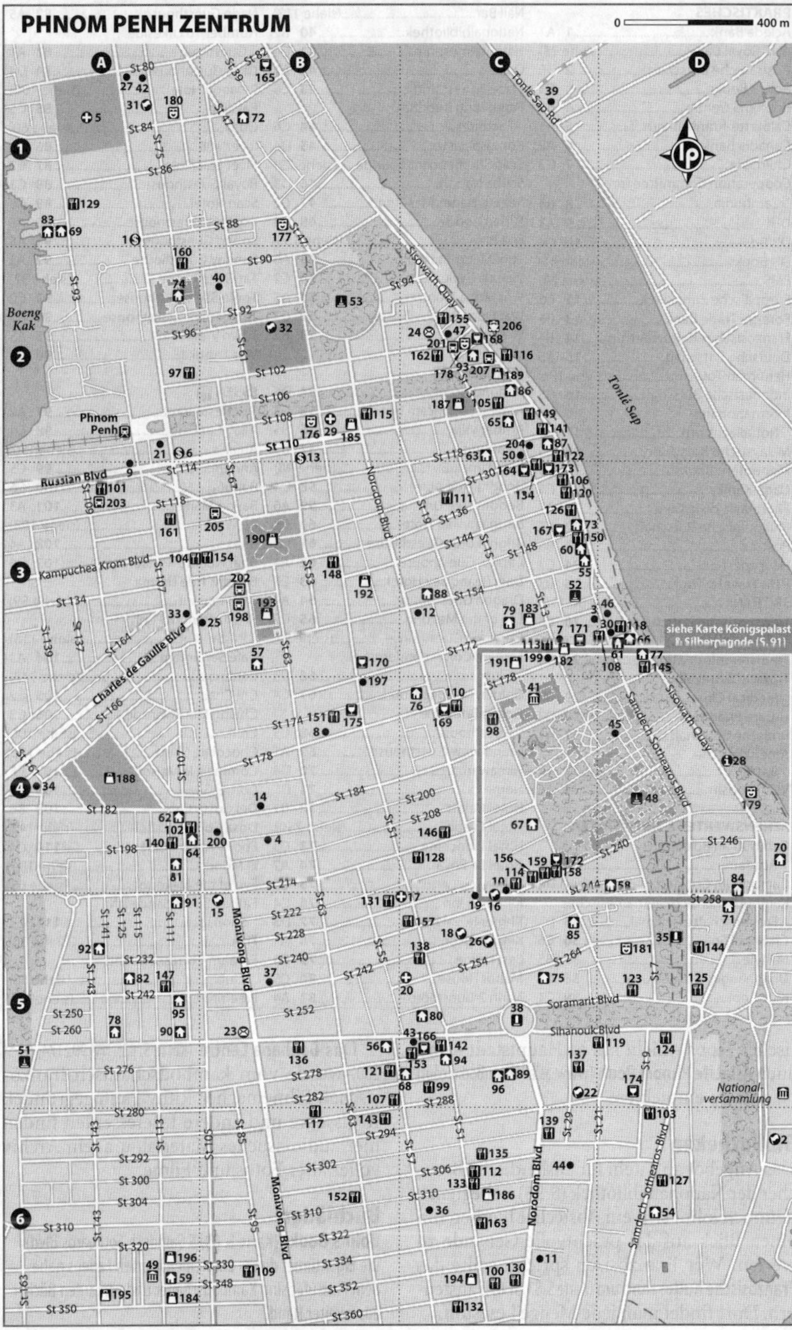
PHNOM PENH ZENTRUM
0
400 m
A
B
C
D
1
2
3
4
5
6
Boeng Kak
Phnom Penh
Tonlé Sap
Tonlé Sap Rd
Sisowath Quay
Russian Blvd
Kampuchea Krom Blvd
Charles de Gaulle Blvd
Norodom Blvd
Monivong Blvd
Samdech Sothearos Blvd
Soramarit Blvd
Sihanouk Blvd
National-versammlung
siehe Karte Königspalast & Silberpagode (S. 91)
St 80
St 82
St 84
St 86
St 88
St 90
St 92
St 94
St 96
St 102
St 106
St 108
St 110
St 114
St 118
St 130
St 134
St 136
St 144
St 148
St 154
St 164
St 166
St 172
St 174
St 178
St 182
St 184
St 198
St 200
St 208
St 214
St 222
St 228
St 232
St 240
St 242
St 244
St 246
St 250
St 252
St 254
St 258
St 260
St 264
St 276
St 278
St 280
St 282
St 288
St 292
St 294
St 300
St 302
St 304
St 306
St 310
St 320
St 322
St 330
St 334
St 348
St 350
St 352
St 360
St 39
St 47
St 51
St 53
St 55
St 57
St 61
St 63
St 67
St 75
St 85
St 93
St 95
St 105
St 107
St 109
St 111
St 113
St 115
St 125
St 137
St 139
St 141
St 143
St 161
St 163
St 13
St 15
St 19
St 7
St 9
St 21
St 29

PRAKTISCHES
Acleda Bank 1 A1
ANZ Royal Bank .... (siehe 73)
Australische Botschaft 2 D6
Bohr's Books 3 C3
Bophana Centre 4 B4
Calmette-Krankenhaus 5 A1
Canadia Bank 6 A2
ChildSafe 7 C3
Cooperation Committee for Cambodia 8 B4
DHL 9 A3
D's Books 10 C4
D's Books .... (siehe 61)
EMS .... (siehe 24)
Europäische Zahnklinik 11 C6
Foreign Trade Bank 13 B2
Französisches Kulturzentrum 14 B4
Deutsche Botschaft 15 B5
Hanuman Tourism .... (siehe 186)
Indonesische Botschaft 16 C5
Internationales Notfallzentrum 17 C5
Malaysische Botschaft 18 C5
Monument Books 19 C5
Naga-Klinik 20 C5
Pharmacie de la Gare 21 A2
Philippinische Botschaft 22 C5
Post 23 B5
Hauptpost 24 C2
PTM Travel & Tours 25 B3
SBC BANK .... (siehe 118)
Singapurische Botschaft 26 C5
TNT 27 A1
Touristeninformation 28 D4
Tropical & Travellers Medical Clinic 29 B2
U-Care Pharmacy 30 D3
Britische Botschaft 31 A1
Amerikanische Botschaft 32 B2
VLK Tourism 33 A3

SEHENSWERTES & AKTIVITÄTEN
Cambodian Boxkator Academy 34 A4
Cambodian Cooking Class .... (siehe 114)
Kambodschanisch-vietnamesisches Freundschaftsdenkmal 35 D5
Champei Spa 36 C6
In Style 37 B5
Unabhängigkeitsdenkmal 38 C5
Kidz Cool 39 C1
Nail Bar .... (siehe 113)
Nationalbibliothek 40 B2
Nationalmuseum 41 C4
O Spa 42 A1
Place-Fitnessstudio 43 C5
Prayuvong Buddha Factories 44 C6
Königspalast 45 D4
Scan Shuffleboard Lounge .... (siehe 89)
Scuba Nation 46 D3
Seeing Hands Massage 47 C2
Silberpagode 48 D4
Spa Bliss .... (siehe 159)
Tuol-Sleng-Museum 49 A6
Vicious Cycle 50 C2
Wat Moha Montrei 51 A5
Wat Ounalom 52 C3
Wat Phnom 53 B2

SCHLAFEN
Almond Hotel 54 D6
Amanjaya Pancam Hotel 55 C3
Amber Villa 56 B5
Billabong 57 B3
Blue Lime .... (siehe 98)
Boddhi Tree Aram 58 D4
Boddhi Tree Umma 59 A6
Bougainvillier Hotel 60 C3
Bright Lotus Guesthouse 61 D3
Capitol Guesthouse 62 A4
Dara Reang Sey Hotel 63 C2
Dragon Guesthouse 64 A4
Eye of the Mekong 65 C2
Fairyland Guesthouse .... (siehe 92)
Foreign Correspondents' Club 66 D3
Golden Mekong Hotel 67 C4
Goldie Boutique Guesthouse 68 C5
Grand View Guesthouse 69 A1
Himawari 70 D4
Home 71 D5
Hotel Cara 72 B1
Hotel Castle .... (siehe 150)
Hotel Indochine 73 C3
Hotel Le Royal 74 A2
Kabiki 75 C5
Kambuja Inn 76 C4
Khmer Royal Hotel 77 D3
King Angkor 78 A5
Last Home 79 C3
Manor House 80 C5
Narin 2 Guesthouse 81 A4
Narin Guesthouse 82 A5
Number 10 Lakeside Guesthouse 83 A1
Okay Guesthouse 84 D4
Paragon Hotel .... (siehe 106)
Pavilion 85 C5
Quay .... (siehe 60)
River 108 .... 86 C2
River Star Hotel 87 C2
Royal Guesthouse 88 C3
Scan Hotel 89 C5
Sky Park Guesthouse 90 A5
Spring Guesthouse 91 A5
Sunday Guesthouse 92 A5
Tat Guesthouse .... (siehe 82)
Tonle Sap Guesthouse 93 C2
Top Banana Guesthouse 94 C5
Town View Hotel 95 A5
Villa Langka 96 C5

ESSEN
112 Restaurant 97 A2
Alley Cat Café 98 C4
Anjali's .... (siehe 150)
Annam 99 C5
Baitong 100 C6
Bayon Market 101 A3
BB World .... (siehe 193)
Bites 102 A4
Boat Noodle Restaurant 103 D6
Boddhi Tree Umma Restaurant .... (siehe 59)
Bopha Phnom Penh Restaurant .... (siehe 116)
Café Sentiment 104 A3
Cantina .... (siehe 118)
Chi Cha 105 C2
Chiang Mai Riverside 106 C3
Chill .... (siehe 106)
Chocolate Shop .... (siehe 156)
Comme a la Maison 107 B5
Corner 33 .... 108 D3
Del Gusto Café 109 B6
Dosa Corner .... (siehe142)
Ebony Apsara Café 110 C4
El Mundo .... (siehe 106)
Eye of the Mekong .... (siehe 65)
Fatboy Sub & Sandwich Shop 111 C3
Fish .... (siehe 86)
Foreign Correspondents' Club .... (siehe 66)
Freebird .... (siehe114)

tischer Tipps – nicht nur zu Hauptstadt – und auch **AsiaLife Phnom Penh** (www.asialifecambodia.com) ist sehr zu empfehlen.

Bibliotheken

Das Angebot an Titeln für ausländische Besucher der Nationalbibliothek (S. 95) ist begrenzt, dennoch lohnt sich ein Abstecher hierher, um einen Blick auf das prachtvolle Gebäude zu werfen. Wer Französisch spricht, sollte das **Französische Kulturzentrum** (Karte S. 83; St 184) ansteuern. Dort findet man jede Menge Lesestoff.

Das **Bophana Centre** (Karte S. 83; ☎ 992174; 64 St 200) wurde vom kambodschanisch-französischen Filmemacher Rithy Panh gegründet. Regisseure und andere Interessenten finden hier audiovisuelles Material, u. a. ein Archiv voller alter Fotos und Filme.

Buchläden

Bohr's Books (Karte S. 83; 5 Samdech Sothearos Blvd) Die Eigentümer dieses empfehlenswerten Ladens nahe dem Flussufer sind Kambodschaner und verkaufen Bücher aus zweiter Hand.

Fresco 112 C6
Friends 113 C3
Frizz Restaurant 114 C4
Garden Center Café 115 B2
Goldfish River Restaurant 116 C2
Green Pepper (siehe 46)
Hagar 117 B6
Happy Herb's Pizza 118 D3
Java Café 119 D5
Kandal House 120 C3
Khmer Borane Restaurant (siehe 145)
Khmer Surin 121 B5
Kiwi Bakery 122 C2
K'nyay 123 D5
Ko Ko Ro 124 D5
Kravanh 125 D5
La Croisette 126 C3
La Marmite (siehe 176)
La Patate 2 127 D6
La Residence 128 C4
Lazy Gecko Café 129 A1
Le Cedre 130 C6
Le Duo 131 B5
Le Jardin 132 C6
Le Lotus Blanc 133 C6
Le Safran (siehe 112)
Le Wok (siehe 171)
Lemongrass 134 C3
Living Room 135 C6
Lucky Burger (siehe 136)
Lucky Supermarket 136 B5
Luna D'Autunno 137 C5
Magnolia 138 C5
Malis 139 C6
Mama Restaurant 140 A4
Master Suki Soup (siehe 193)
Mekong River Restaurant 141 C2
Metro (siehe 73)
Mount Everest (siehe 43)
Nature & Sea 142 C5
Ocean 143 B6
Oh My Buddha! (siehe 129)
Origami 144 D5
Pacharan 145 D3
Pencil Supermarket 146 C4
Penny Lane 147 A5
Pho Fortune (siehe 30)
Pop Café (siehe 66)
Psar O Russei (siehe 188)
Psar Ta Pang 148 B3
Psar Thmei (siehe 190)
Riverhouse Asian Bistro 149 C2
Riverside Bistro 150 C3
Romdeng 151 B4
Rorg Damrei 152 B6
Saffron 153 C5
Sam Doo Restaurant 154 B3
Seven Bright Restaurant 155 C2
Sher-e-Punjab (siehe 134)
Shop 156 C4
Slek Chak 157 C5
Essensstände im Sorya-Einkaufszentrum (siehe 193)
Sugar Palm 158 C4
Tamarind Bar 159 C4
Tell Restaurant 160 A2
Thai Huot Supermarket 161 A3
Van's Restaurant 162 C2
Veijo Tonlé (siehe 120)
VIP Minimart 163 C6
Yi Sang (siehe 54)

AUSGEHEN

Blue Chilli (siehe 110)
Brauhaus 164 C3
Chinese House 165 B1
Chiva's Shack (siehe 134)
Dodo Rhum House (siehe 110)
Elephant Bar (siehe 74)
Elsewhere Bar (siehe 94)
Equinox Bar 166 C5
Flavour (siehe 94)
Fly Lounge 167 C3
Green Vespa 168 C2
Gym Bar 169 C4
Heart of Darkness 170 B3
Howie's Bar (siehe 170)
Pickled Parrot (siehe 93)
Pink Elephant (siehe 118)
Quay (siehe 60)
Rising Sun (siehe 61)
Riverhouse Lounge (siehe 149)
Rory's Pub 171 C3
Rubies 172 C4
Salt Lounge 173 C3
Talkin to a Stranger 174 D5
Zeppelin Café 175 B4

UNTERHALTUNG

Art Café 176 D2
Casa 177 B1
Cavern 178 C2
Chatomuk-Theater 179 D4
Manhattan Club 180 A1
Memphis Pub (siehe 141)
Meta House 181 D5

SHOPPEN

Ambre (siehe 8)
Art Café (siehe 176)
Asasax Art Gallery 182 C3
Aw-kun Shop 183 C3
Bliss Boutique (siehe 159)
Cambodian Handicraft Association 184 A6
Colours of Cambodia (siehe 66)
Couleurs d'Asie (siehe 159)
Friends & Stuff (siehe 113)
Jasmine (siehe 114)
Java Café (siehe 119)
Kambuja (siehe 185)
Mekong Quilts (siehe 114)
Meta House (siehe 181)
NCDP Handicrafts 185 B2
Nyemo 186 C6
Psar Chaa 187 C2
Psar O Russei 188 A4
Psar Reatrey 189 C2
Psar Thmei 190 B3
Reyum 191 C3
Sobbhana 192 B3
Sorya-Einkaufszentrum 193 B3
Subtyl (siehe 156)
Tabitha 194 C6
Tuol Sleng Shoes 195 A6
Villageworks 196 A6
Water Lily (siehe 156)

TRANSPORT

Angkor Motorcycles! 197 B4
Betelnut Jeep Tours (siehe 129)
Blue Cruiser (siehe 206)
Capitol Tour (siehe 62)
GST 198 B3
Hang Chau (siehe 200)
Harley Tours Cambodia (siehe 174)
Little Bikes 199 C3
Lucky! Lucky! 200 B4
Mekong Express (siehe 168)
Neak Krorhorm (siehe 86)
New! New! (siehe 200)
Paramount Angkor Express 201 C2
Phnom Penh Sorya 202 B3
Rith Mony 203 A3
Riverside Moto 204 C2
Sok Sokha (siehe 207)
Taxipark 205 B3
Touristenboot-Anlegestelle 206 C2
Virak Buntham 207 C2

D's Books (Karte S. 83; www.ds-books.com; abseits des Norodom Blvd **79 St 240**; in der Nähe des Flussufers **7 St 178**) Die größte Ladenkette für gebrauchte Bücher in der Hauptstadt wartet mit einer ziemlich guten Auswahl auf. Eine dritte Filiale befindet sich im Backpackerviertel am Boeng-Kak-See.

Monument Books (Karte S. 83; ☎ 217617; 111 Norodom Blvd) Phnom Penhs am besten sortierte Buchhandlung führt so ziemlich jeden Titel zu Kambodscha, der momentan in Printform erhältlich ist, und beherbergt außerdem eine kleine Java-Café-Filiale (S. 121). Am Flughafen gibt's einen weiteren Laden.

Geld

Wer sein Bargeld in kambodschanische Riel tauschen möchte, steuert am besten die Schmuckstände auf den Märkten an. Der Psar Thmei (S. 127) und der Psar Tuol Tom Pong (S. 128) verfügen über eine besonders praktische Lage.

In ein paar schickeren Hotels kann ebenfalls Geld gewechselt werden, dieser Service ist allerdings gewöhnlich den Gästen vorbehalten. Die meisten Banken öffnen werktags von etwa 8 bis 15.30 Uhr sowie samstagvor-

PHNOM PENH IN…

… einem Tag

Hat man nur einen Tag zur Verfügung, sollte man früh aufbrechen, um den Einheimischen beim Frühsport (Tai Chi und Aerobic) vor dem **Königspalast** (S. 89) zuzusehen. Nach dem Frühstück in einem der Cafés am Flussufer steht ein Besuch der faszinierenden **Silberpagode** (S. 89) an, bevor man die fantastische Khmer-Skulpturensammlung im **Nationalmuseum** (S. 90) bewundert. Wer mittags im nahe gelegenen Restaurant **Friends** (S. 114) einkehrt, trägt zur Unterstützung von Straßenkindern bei. Gestärkt und ausgeruht kann man als Nächstes die schicke Architektur des **Psar Thmei** (S. 127) bestaunen, einkaufen sollte man allerdings im **Psar Tuol Tom Pong** (S. 128). Das **Tuol-Sleng-Museum** (S. 91) ist schwerere Kost: Dort steht das düsterste Kapitel in Kambodschas Geschichte im Vordergrund. Bei einem Getränk zur Happy Hour kann man anschließend über die Erlebnisse des Tages nachdenken. In einem der vielen guten **Khmer-Restaurants** (S. 113) schafft man eine solide Basis, bevor es zum Feiern in eine der wunderbaren **Bars** (S. 123) geht.

… zwei Tagen

Zwei Tage genügen, um Kambodschas Hauptstadt kennenzulernen. Am Vormittag des ersten Tags stehen die Kulturschätze des **Nationalmuseums** (S. 90) und des **Königspalasts** (S. 89) auf dem Programm, am Nachmittag ein Besuch des **Tuol-Sleng-Museums** (S. 91) sowie der **Killing Fields von Choeung Ek** (S. 92), wo die Gefangenen aus dem Security Prison 21 hingerichtet wurden. Diese Programmpunkte vermitteln ein Verständnis dafür, was für eine enorme Entwicklung das Land in den letzten Jahren durchgemacht hat. Später kann man dann an Bord eines Schiffes auf dem **Mekong** (S. 96) den Sonnenuntergang und den schönen Blick auf den Königspalast genießen.

Der zweite Tag steht ganz im Zeichen des Kaufrauschs. Der **Psar Thmei** (S. 127) und der **Psar Tuol Tom Pong** (S. 128) locken mit einem Labyrinth aus Ständen, an denen Textilien, Kunsthandwerk, DVDs, günstige Kleidung und vieles mehr verkauft werden. Ein bisschen Bargeld sollte man für die **Geschäfte** (S. 125) aufsparen, die gemeinnützige Projekte unterstützen. Sie alle haben eine gute Auswahl an Seidenwaren im Angebot.

Am Nachmittag geht's zum **Unabhängigkeitsdenkmal** (S. 95), das Angkor Wats zentralem Turm nachempfunden ist. Danach folgt man dem Flussufer zum **Wat Phnom** (S. 93), wo die Khmer um Glück für ihre Vorhaben etc. bitten. In den nahe gelegenen Bars (S. 123) genießt man anschließend einen Cocktail zur Happy Hour – die richtige Einstimmung auf eine ausgelassene Party-Nacht in Phnom Penh.

mittags. Viele Filialen sind entlang des Boulevards zu finden, der aus den Straßen 110 und 114 besteht – Kambodschas Antwort auf die Wall Street.

ANZ Royal Bank (Karte S. 83; ☎ 726900; 265 Sisowath Quay) Betreibt eine ganze Reihe Geldautomaten in der ganzen Stadt, u. a. in Supermärkten und an Tankstellen. Allerdings kostet jede Transaktion 4 US$.

Canadia Bank (Karte S. 83; ☎ 215286; Ecke St 110 & Monivong Blvd) In der noblen, neuen Zentrale werden Reiseschecks in verschiedenen Währungen gegen eine Zahlung von 2 % getauscht. Barvorschüsse per Kreditkarte (MasterCard- und Visa) sind kostenlos. An Canadia-Bank-Geldautomaten in der Stadt wird keine Abbuchungsgebühr erhoben.

Foreign Trade Bank (Karte S. 83; ☎ 723466; 3 St 114; ⏰ Mo–Fr 7–15.45 Uhr) Nirgendwo in der Stadt ist die Kommission für Reiseschecks in US$ geringer (nur 1 %).

SBC Bank (Karte S. 83; ☎ 990688; 315 Sisowath Quay; ⏰ 8–20 Uhr) Praktische Öffnungszeiten, eine günstige Lage und gebührenfreies Abheben an den Geldautomaten. Vertritt Western Union.

Wer eine internationale Überweisung tätigen will, kann diese über die Foreign Trade Bank abwickeln; es ist allerdings eventuell schneller (und teurer), auf eine internationale Bank wie MoneyGram oder Western Union zurückzugreifen. MoneyGram wird von der Canadia Bank vertreten, Western Union findet man in der SBC Bank oder der **Acleda Bank** (Karte S. 83; ☎ 998777; 61 Monivong Blvd).

Internetzugang

Phnom Penh ist gut vernetzt und die Preise für eine Stunde Surfen liegen bei unter

0,50 US$. Internetcafés verteilen sich über das gesamte Stadtgebiet.

Auch viele Pensionen bieten Internetzugang. Wer in einem exklusiveren Hotel übernachtet, sollte sich besser ein Internetcafé außerhalb suchen, weil die hoteleigenen Angebote gewöhnlich überteuert sind.

Mittlerweile warten zahlreiche Unterkünfte der Mittel- und Spitzenklasse mit gebührenpflichtigem WLAN auf. Eine gute Alternative sind die kostenlosen Hotspots in Cafés, Restaurants und Bars.

Medizinische Versorgung

In Phnom Penh besteht ein deutlicher Unterschied zwischen Kliniken und Krankenhäusern. Normalerweise ist die Ausstattung Ersterer ausreichend, liegt jedoch ein Notfall vor, sollte man stattdessen besser ein Krankenhaus aufsuchen.

Calmette-Krankenhaus (Karte S. 83; ☎ 426948; 3 Monivong Blvd; 🕑 24 Std.) Unter französischer Verwaltung und das beste Hospital in der Umgebung.

Europäische Zahnklinik (Karte S. 83; ☎ 211363; 160A Norodom Blvd; 🕑 Mo–Sa 7.30–12.30 & 13.30–19.30 Uhr) Klinik mit internationalem Standard. Hat einen guten Ruf.

Internationales Notfallzentrum (Karte S. 83; ☎ 216911; www.internationalsos.com; 161 St 51; 🕑 Mo–Fr 8–17.30, Sa 8–12 Uhr) Eine der besten Anlaufstellen der Stadt, allerdings sind die Preise entsprechend hoch. Hier hat sich übrigens auch ein Zahnarzt aus dem Ausland niedergelassen.

Naga-Klinik (Karte S. 83; ☎ 211300; www.nagaclinic.com; 11 St 254; 🕑 24 Std.) Wird von Franzosen geführt und ist eine verlässliche Adresse.

Pharmacie de la Gare (Karte S. 83; ☎ 430205; 81 Monivong Blvd; 🕑 Mo–Sa 7–19, So 8–12 Uhr) Die Apotheker beraten Kunden wahlweise auf Englisch oder Französisch.

Royal Rattanak Hospital (Karte S. 80 f.; ☎ 365555; www.royalrattanakhospital.com; 11 St 592; 🕑 24 Std.) Eine erstklassige internationale Institution, die zum Bangkok-Krankenhaus gehört. Ziemlich teuer.

Tropical & Travellers Medical Clinic (Karte S. 83; ☎ 366802; www.travellersmedicalclinic.com; 88 St 108) Angesehene Klinik unter britischer Führung.

U-Care Pharmacy (Karte S. 83; ☎ 222399; 26 Samdech Sothearos Blvd; 🕑 8–21 Uhr) Apotheke mit internationalem Standard in praktischer Lage unweit des Flusses.

Notfall

Feuerwehr (☎ 118)
Krankenwagen (☎ 119)
Polizei (☎ 117)

Die Beamten der **Touristenpolizei** (☎ 724793 oder 097-7780002) sprechen Englisch und sind rund um die Uhr telefonisch erreichbar, ebenso wie die **Polizei** (☎ 012 999999; sprechen Khmer). Über die Notrufnummer ☎ 724891 kann man auf Englisch einen **Krankenwagen** bestellen.

Medizinische Notfälle müssen eventuell in Bangkok behandelt werden. Siehe links für mehr Informationen über die medizinische Versorgung in Phnom Penh.

Post

Ein hübsches Gebäude gleich östlich des Wat Phnom beherbergt die **Hauptpost** (Karte S. 83; St 13; 🕑 7–19 Uhr). Neben den üblichen Dienstleistungen werden auch Telefon- und Faxdienste angeboten. Es gibt noch eine weitere Filiale auf dem Monivong Boulevard (nahe der Kreuzung mit dem Sihanouk Blvd). Eine Übersicht der typischen Preise für Sendungen findet man auf S. 359.

Wer Wertgegenstände o. Ä. schnell heimschicken möchte, kann einen der internationalen Kurierdienste (S. 359) in Anspruch nehmen.

Reisebüros

In der Stadt gibt's eine ganze Reihe von Reisebüros, darunter ein paar etablierte Läden in der Nähe des Psar Thmei. Hier ein paar Optionen:

Hanuman Tourism (Karte S. 83; ☎ 218356; www.hanumantourism.com; 12 St 310)

PTM Travel & Tours (Karte S. 83; ☎ 364768; www.ptm-travel.com; 200 Monivong Blvd)

VLK Tourism (Karte S. 83; ☎ 723331; www.vlktravel.com; 195 Monivong Blvd)

Telefon & Fax

Inlandsgespräche sind in den privaten Telefonläden im Stadtgebiet am günstigsten. Hier bekommen Kunden auf jeden Fall den besten Tarif, egal, in welchem Land sie anrufen möchten. Lokale Gespräche kosten ab 300 Riel pro Minute.

Telefondienste zu vernünftigen Preisen werden darüber hinaus auch in zahlreichen Internetcafés angeboten. Eine weitere tolle Möglichkeit ist natürlich das Telefonieren übers Netz, da Auslandsgespräche hierbei viel günstiger sind. Auf den meisten Rechnern findet man Programme wie Skype oder ähnliche Anwendungen.

Mehr Informationen zum Telefonieren und Faxen siehe S. 361.

Touristeninformation

Endlich gibt es auch in Phnom Penh eine **Touristeninformation** (Sisowath Quay). Sie befindet sich am Flussufer unweit des Chatomuk-Theaters. Bislang ist das Infomaterial nicht sehr umfangreich, doch man darf sich auf saubere Toiletten freuen. Mit diesem Reiseführer und den kostenlosen Stadtplänen (S. 82) sowie mit Tipps von den Pensionsbetreibern und anderen Reisenden sind Traveller jedoch gut gewappnet.

Cambodia Community-Based Ecotourism Network (Karte S. 80 f.; ☎ 355272; www.ccben.org; 10A St 468; ⏲ Mo–Fr 8–12 & 13.30–17.30 Uhr) Informationen zum Ökotourismus und Aktivitäten in kambodschanischen Gemeinden.

ChildSafe (Karte S. 83; www.childsafe-cambodia.org; 186 St 13) Gegenüber dem beliebten Restaurant Friends. Interessierte können sich hier über die ChildSafe-Kampagne informieren. Dominierende Themen sind Probleme wie Betteln, Sextourismus u. Ä.

Waschsalons

Die meisten Pensionen bieten einen Wäscheservice zu vernünftigen Preisen an, in den Luxushotels wird man allerdings ordentlich zur Kasse gebeten. Wer auf einen der günstigen Läden in der Stadt zurückgreift, kann ein kleines Vermögen sparen.

GEFAHREN & ÄRGERNISSE

Phnom Penh ist nicht so gefährlich wie immer vermutet wird, trotzdem zahlt sich Wachsamkeit aus. Manchmal ereignen sich bewaffnete Raubüberfälle, aber rein statistisch betrachtet müsste man schon ein echter Pechvogel sein, um in so eine Situation zu geraten.

Wird man eingekreist, sollte man ruhig bleiben und sich unter keinen Umständen widersetzen. Stattdessen Hände hochheben und den Dieb nehmen lassen, was er will. Keinesfalls in die Taschen greifen, denn der Angreifer könnte denken, dass sich dort eine

KINDERPROSTITUTION

In Kambodscha stellt der sexuelle Missbrauch von Kindern durch pädophile Reisende ein ernstzunehmendes Problem dar. Dieses Verbrechen wird in Kambodscha geahndet, deshalb sitzen hier viele Ausländer Haftstrafen ab. So etwas wie einen speziellen Trakt für Sexualverbrecher gibt es nicht. Einige Länder, darunter Deutschland, Frankreich, Großbritannien, die USA und Australien, haben die notwendigen Gesetze erlassen, um Staatsbürger, die im Ausland Sex mit Minderjährigen haben, auf heimischem Boden verurteilen zu können.

Obwohl man immer effektiver gegen Kindesmissbrauch vorgeht, treibt die Armut Menschen nach wie vor dazu, ihre Babys an Adoptiveltern zu verkaufen und Kinder als Prostituierte arbeiten zu lassen. Der Handel mit den Kleinen wird in verschiedensten Formen betrieben und Prostitution ist nur eine von zahlreichen Spielarten. Manche verarmte Familien „verleihen" ihre Kinder beispielsweise als Bettler, Arbeitskräfte und Verkäufer. Zahlreiche Kinderprostituierte stammen ursprünglich aus Vietnam und wurden von ihren Eltern an kambodschanische „Unternehmen" verkauft. Wer einmal in dieses Netz hineingeraten ist, hat kaum Chancen, einem traurigen Schicksal voller Gewalt wieder zu entkommen. Oft werden die Kinder von ihren Zuhältern mit Drogen wie *yama* (ein Metamphetamin) gefügig und abhängig gemacht.

Pädophilie ist keine rein westliche Zivilisationskrankheit. Ein spezielles Problem mit asiatischen „Touristen" ist, dass Kindesmissbrauch in vielen benachbarten Nationen wie ein Kavaliersdelikt behandelt wird, dazu gehört auch der Handel mit Jungfrauen. In Kambodscha glaubt man, dass Sex mit einer Jungfrau Kraft verleiht. NROs können vielleicht westlichen Pädophilen Einhalt gebieten, alten Traditionen den Garaus zu machen steht jedoch auf einem ganz anderen Blatt.

Als verantwortungsvoller Traveller sollte man seine Augen nicht vor dieser Problematik verschließen. Wer etwas Seltsames bemerkt, kann nützliche Informationen – z. B. den Namen oder die Staatsangehörigkeit eines auffälligen „Urlaubers" – an die jeweilige Botschaft weitergeben. Darüber hinaus gibt es eine **kambodschanische Hotline** (☎ 023-997919) und eine anonyme **ChildSafe Hotline** (☎ 012 311112; www.childsafe-cambodia.org). Wer in einem Hotel eincheckt oder sich für ein Transportmittel entscheidet, hält am besten nach dem Logo von ChildSafe Ausschau: Es deutet darauf hin, dass die jeweilige Einrichtung bzw. der Fahrer aktiv gegen Sextourismus vorgeht und besonders geschult wurde. Das globale Netzwerk **End Child Prostitution and Trafficking** (Ecpat; www.ecpat.org) kämpft gegen Kinderprostitution, -pornografie und -handel und arbeitet mit Partnerorganisationen in den meisten westlichen Ländern zusammen.

TASCHENDIEBSTAHL

Taschendiebstahl ist ein echtes Problem in Phnom Penh und oft sind Touristen die Opfer. Als bevorzugte Jagdreviere gelten das Flussufer und überlaufene Orte wie Märkte, allerdings folgen die Täter keinem bestimmten Muster. Sie sind wahrlich Meister ihres Fachs: *Moto*-Diebe können beispielsweise jederzeit zuschlagen. 2007 endete eine solche Attacke tödlich, denn eine junge Französin stolperte vor ein Auto, als ihr der motorisierte Angreifer die Tasche entriss. Am besten besorgt man sich eine Tasche, die eng am Körper getragen wird (etwa einen Rucksack) und in der man Wertgegenstände verstauen kann. Kamera & Co. nie offen zur Schau stellen, insbesondere wenn man auf der Straße oder per *moto*, *remork* bzw. *cyclo* unterwegs ist.

Waffe versteckt. Nachts hat man besser keinen Rucksack bzw. keine Handtasche dabei, denn sie könnten das Interesse von Langfingern wecken.

Vorsicht zahlt sich auch in angesagten Bars oder Nachtclubs aus, wo die Khmer-Elite feiert. Diese bringt nämlich oft zum Spaß ein paar Bodyguards mit. Das ist solange ungefährlich, bis ein betrunkener Ausländer den verwöhnten Kids sprichwörtlich oder bildlich auf die Füße tritt oder sie einen Annäherungsversuch bei einer Touristin starten. Beim Anzeichen von Ärger kann es nämlich richtig ungemütlich werden, wenn die Leibwächter eingreifen.

Manchmal halten Polizisten Motorradfahrer aus dem Ausland wegen Bagatellen an, um ein „Bußgeld" einzuheimsen. Hin und wieder sind sie richtig dreist und wollen einen z. B. dafür belangen, dass man tagsüber mit Licht fährt (wohingegen es völlig in Ordnung zu sein scheint, nachts ohne Licht zu fahren!). Wahrscheinlich fordern die Polizisten 5 US$. Wenn man sich weigert zu zahlen, werden sie damit drohen, einen auf die Wache mitzunehmen, wo man ein offizielles Bußgeld in Höhe von 20 US$ entrichten soll. Wer geduldig und freundlich ist, muss letztendlich meist nur 1 US$ zahlen. Am besten stellt man erst gar keinen Blickkontakt mit den Polizisten her, weil man dann wahrscheinlich überhaupt nicht in eine solche Situation geraten wird.

Am Flussufer – vor allem da, wo man im Freien sitzen kann – und auf Marktgeländen (Psar Thmei, Psar Tuol Tom Pong) tummeln sich besonders viele Bettler, die aber normalerweise nicht zudringlich sind. Mehr zum Umgang mit ihnen siehe S. 352.

In der Regenzeit (Juni–Okt.) kommt es nach heftigen Niederschlägen häufig zu Überschwemmungen und manche Straßen verwandeln sich vorübergehend in regelrechte Kanäle. Vielleicht wird sich dies aber bald ändern, denn die japanische Regierung hat die Abflussrinnen und -kanäle am Flussufer kürzlich erneuert.

SEHENSWERTES

Phnom Penh ist eine vergleichsweise kleine Stadt mit recht zentral gelegenen Hauptattraktionen. Die bedeutendsten kulturellen Sehenswürdigkeiten können zu Fuß erreicht werden; sie befinden sich unweit des Flussufers und damit im schönsten Teil der Stadt.

Königspalast & Silberpagode

ព្រះបរមរាជវាំង/និង វត្តព្រះកែវ

Mit seinen Dächern im klassischen Khmer-Stil und dem kunstvollen Goldüberzug dominiert der **Königspalast** (Karte S. 83; Samdech Sothearos Blvd; Eintritt inkl. Fotoapparat/Videokamera 25 000 R; 8–11 & 14–17 Uhr) Phnom Penhs Skyline. Das umwerfende Bauwerk unweit des Flussufers hat erstaunlich viel Ähnlichkeit mit dem Königspalast in Bangkok. Es liegt versteckt hinter schützenden Mauern und im Schatten hoher Gebäude und ist mit seinen üppig grünen Gärten eine Oase der Ruhe.

Darüber hinaus ist dies der offizielle Wohnsitz von König Sihamoni, weshalb Teile des weitläufigen Geländes der Öffentlichkeit nicht zugänglich sind. Ausnahmen bilden die Silberpagode und die direkte Umgebung. In der Pagode selbst dürfen keine Fotos gemacht werden, außerdem gibt's einen Kleiderkodex (Hosen müssen mindestens bis zum Knie reichen, T-Shirts und Blusen bis zum Ellbogen). Wer nicht angemessen angezogen ist, muss sich ein entsprechendes Outfit leihen. Sonntags herrscht hier ein enormer Andrang; dann wimmelt es hier nur so von Khmer aus den ländlichen Regionen.

CHAN-CHAYA-PAVILLON

Durch den Chan-Chaya-Pavillon gelangt man auf das Königspalastgelände. Früher fanden hier Vorführungen klassischer kambodschanischer Tänze statt. Anlässlich verschiedener Festivals oder Feiertage wird das Gebäude abends beleuchtet.

THRONSAAL

Den Thronsaal krönt ein 59 m hoher Turm, der dem Bayon von Angkor nachempfunden ist. König Sisowath weihte ihn 1919 ein. Das aktuelle Gebäude aus Zement ersetzte einen riesigen Holzbau, der 1869 an dieser Stelle errichtet wurde. Es ist Schauplatz von Krönungen und anderen Zeremonien, z. B. bei Staatsempfängen. Viele wertvolle Gegenstände, die man hier einst bewundern konnte, fielen den Roten Khmer zum Opfer. Im Hof befindet sich ein eigenartiges Haus aus Eisen, das Napoleon König Norodom schenkte. Bei der Gestaltung wurde das kambodschanische Klima ganz offensichtlich nicht berücksichtigt.

SILBERPAGODE

Der Name dieser Pagode, die auch als Wat Preah Keo (Pagode des Smaragd-Buddhas) bekannt ist, geht auf ihren Boden zurück, der aus mehr als 5000 Silberfliesen von jeweils 1 kg besteht – insgesamt liegen hier also um die fünf Tonnen! In der Nähe des Eingangs kann man ein paar davon sehen, der Großteil ist jedoch abgedeckt. Das ursprüngliche Bauwerk bestand aus Holz und wurde 1892 unter König Norodom errichtet. Dieser hatte sich offensichtlich vom Wat Phra Keo in Bangkok inspirieren lassen. 1962 entstand das aktuelle Bauwerk.

Die Roten Khmer sahen von der Zerstörung der Silberpagode ab, um zu zeigen, dass ihnen etwas an der Bewahrung der kambodschanischen Kultur lag. Obwohl mehr als die Hälfte der hier einst aufbewahrten Schätze im Zuge der vietnamesischen Invasion verloren ging, gestohlen oder zerstört wurde, ist das Bauwerk einfach atemberaubend. Es handelt sich um einen der wenigen Orte in Kambodscha, wo man sich anhand von mit Edelsteinen verzierten Objekten nach wie vor einen Eindruck vom Genie und der Pracht der Khmer-Zivilisation verschaffen kann.

Eine Treppe aus italienischem Marmor führt in das Gebäude. Drinnen sitzt der Smaragd-Buddha – er soll aus Baccarat-Kristall bestehen – auf einem vergoldeten Sockel. Vor dem Podium steht ein lebensgroßer goldener und mit 9584 Diamanten besetzter Buddha. Der größte Edelstein ist in die Krone eingelassen und hat stolze 25 Karat. Die Statue wurde ca. 1907 in den Palastwerkstätten gefertigt und wiegt um die 90 kg. Direkt vor ihm befindet sich ein kleiner Stupa, der eine Buddha-Reliquie aus Sri Lanka enthält. Links davon sieht man einen 80 kg schweren Bronze- und rechts einen Silber-Buddha. Die Figuren aus massivem Gold noch weiter rechts verkörpern Szenen aus dem Leben Buddhas.

Hinter dem Schrein stößt man auf einen Marmor-Buddha aus Myanmar (Birma) und auf ein Bett, das der König früher am Krönungstag nutzte. Es muss von zwölf Männern getragen werden, denn schon die Goldornamente allein wiegen 23 kg!

Die Wände der Pagode zieren außergewöhnliche Khmer-Kunstwerke, darunter reich verzierte Masken, die bei traditionellen Tänzen zum Einsatz kamen, und Dutzende von goldenen Buddhas – daneben wirken die zahlreichen kostbaren Gastgeschenke ausländischer Staatschefs geradezu einfallslos.

Szenen aus dem indischen Epos *Ramayana* (in Kambodscha als *Reamker* bekannt) schmücken die Wände im Wandelgang, der rund um die Tempelanlage führt. Gleich südlich des Osttors findet man die erste Episode. Die Wandmalereien entstanden um 1900.

Auf dem Gelände befinden sich noch weitere sehenswerte Gebäude. In der *mondap* (Bibliothek) beispielsweise waren früher reich verzierte heilige Texte untergebracht, die auf Palmblättern niedergeschrieben wurden (mittlerweile befinden sie sich in einem klimatisierten Raum). Interessant sind auch der Schrein und ein Reiterstandbild von König Norodom (reg. 1860–1904) sowie der Schrein von König Ang Duong (reg. 1845–59). Dann gibt es da noch einen Pavillon mit einem großen Fußabdruck Buddhas und den Phnom Mondap, einen künstlichen Hügel mit einer Kapelle und einem bronzenen Fußabdruck Buddhas aus Sri Lanka sowie den Schrein einer Tochter von Prinz Sihanouk, einen Pavillon für königliche Zeremonien, den Schrein von Prinz Sihanouks Vater, König Norodom Suramarit (reg. 1955–60), und einen Turm, dessen Glocke ertönt, wenn die Tore geöffnet oder geschlossen werden sollen.

Nationalmuseum

សារមន្ទីរជាតិ

Direkt nördlich des Königspalasts befindet sich das **Nationalmuseum** (Karte S. 83; www.cambodiamuseum.info; Ecke St 13 & St 178; Eintritt 3 US$, Fotoapparat/Videokamera 1/3 US$; ⌚ 8–17 Uhr). Es ist in einem

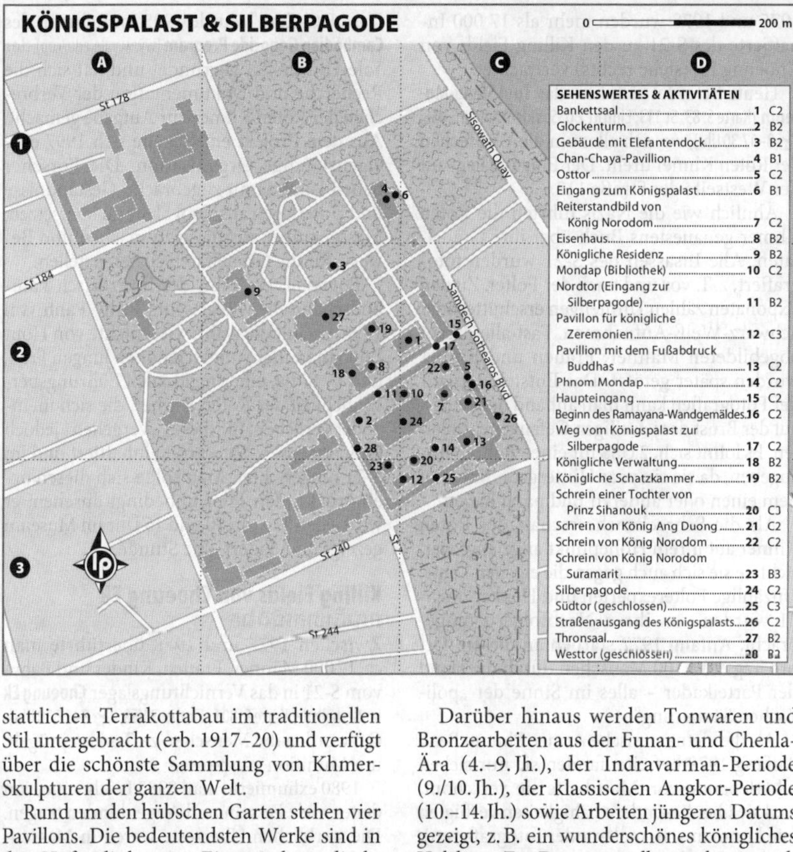

stattlichen Terrakottabau im traditionellen Stil untergebracht (erb. 1917–20) und verfügt über die schönste Sammlung von Khmer-Skulpturen der ganzen Welt.

Rund um den hübschen Garten stehen vier Pavillons. Die bedeutendsten Werke sind in den Höfen links vom Eingang bzw. direkt dahinter untergebracht, doch die meisten Besucher gehen im Uhrzeigersinn von Gebäude zu Gebäude, um sich die Exponate in chronologischer Reihenfolge anzusehen. Die Werke aus der präangkorischen Periode zeigen die Entwicklung weg von der menschlichen Form der indischen Bildhauerei hin zu einer göttlicheren Form bei den Khmer zwischen dem 5. und 8. Jh. Zu den Highlights zählen eine imposante achtarmige Statue von Vishnu aus dem 6. oder 7. Jh. und ein starrender Harihara, der Attribute von Shiva und Vishnu vereint. Die Angkor-Sammlung umfasst eine beeindruckende Statue von Shiva (datiert auf das Jahr 870), ein großes Paar miteinander ringender Affen, einen fantastischen Banteay Srei-Fries und eine sitzende Statue des meditierenden Jayavarman VII. (reg. 1181–1219).

Darüber hinaus werden Tonwaren und Bronzearbeiten aus der Funan- und Chenla-Ära (4.–9. Jh.), der Indravarman-Periode (9./10. Jh.), der klassischen Angkor-Periode (10.–14. Jh.) sowie Arbeiten jüngeren Datums gezeigt, z. B. ein wunderschönes königliches Holzboot. Zur Dauerausstellung gehören auch Buddha-Figuren aus der Zeit nach Angkor. Viele davon wurden aus Angkor Wat gerettet, als der Bürgerkrieg ausbrach (s. S. 58).

Fotos darf man leider nur im Hof machen. Vor Ort können Führer engagiert werden, die Englisch, Französisch oder Japanisch sprechen (ab 5 US$, je nach Größe der Gruppe). Am Eingang bekommt man eine praktische Broschüre, *The New Guide to the National Museum*.

Tuol-Sleng-Museum
សារមន្ទីរទួលស្លែង

1975 besetzten Pol Pots Truppen die Tuol-Svay-Prey-Schule und funktionierten sie zu einem Gefängnis um, das sogenannte Security Prison 21 (S-21). Bald war es das größte Gefangenenlager und gleichzeitig die schlimmste Folterstätte des Landes. Zwischen

1975 und 1978 wurden mehr als 17 000 Inhaftierte des S-21 zu den Killing Fields von Choeung Ek (siehe rechts) verfrachtet.

Heute befindet sich hier das **Tuol Sleng-Museum** (Karte S. 83; St 113; Eintritt 2 US$, Videokamera 5 US$; ⌚ 8–17.30 Uhr), wo sich alles um die Verbrechen der Roten Khmer dreht. Der Eingang liegt auf der Westseite der Straße 113.

Ähnlich wie die Nazis führten die Roten Khmer genauestens Buch über ihre Gräueltaten. Alle Insassen des S-21 wurden fotografiert, z. T. vor und nach der Folter. Zu den Exponaten zählen Unmengen erschütternder Schwarz-Weiß-Aufnahmen. Fast alle darauf abgebildeten Männer, Frauen und Kinder wurden später getötet. Das Entstehungsjahr der Fotografien kann man anhand der Ziffern auf der Brust des jeweiligen Gefangenen ableiten. Es lohnt sich, 2 US$ für einen Führer auszugeben, da sie ein paar Hintergrundinfos zu dem einen oder anderen Bild parat haben.

Als die Schreckensherrschaft der Roten Khmer auf ihrem Höhepunkt angelangt war, richtete sie sich auch gegen die eigenen Leute: Unzählige Folterexperten und Henker des S-21 wurden von ihren Nachfolgern umgebracht. Anfang 1977 starben an diesem Ort pro Tag etwa 100 Menschen durch die Hand der Parteikader – alles im Sinne der „politischen Säuberung".

Als die vietnamesische Armee Phnom Penh Anfang 1979 befreite, fanden sie nur sieben Überlebende vor. Man hatte sie verschont, weil sie über besondere Fähigkeiten verfügten (sie konnten z. B. malen oder fotografieren). Vierzehn andere Menschen waren zu Tode gefoltert worden, als die Vietnamesen bereits die Stadt einkreisten. In den Zimmern, wo ihre verwesenden Leichen gefunden wurden, sind Aufnahmen von ihrem grausamen Tod zu sehen; sie wurden im Hof beigesetzt.

Ein Besuch des Museums setzt vielen Leuten zu. Besonders verstörend ist die augenscheinliche Normalität dieses Ortes. Die Vorstadtlage, einfache Schulgebäude und die grasbewachsene Fläche, auf der Kinder Fußball spielen, wollen nicht zu den verrosteten Betten, Folterinstrumenten und den Wänden mit den zahlreichen grausamen Bildern passen und schaffen so eine bedrückende Atmosphäre. Dieser Ort beweist, was für eine dunkle Seite es in Menschen gibt. Tuol Sleng ist definitiv nichts für Zartbesaitete.

Viele Exponate stammen aus dem **Documentation Center of Cambodia** (DC-Cam; www.dccam.org). Das „DC-Cam" wurde 1995 im Rahmen des **Cambodian Genocide Program** (www.yale.edu/cgp) der Yale-Universität gegründet und hat sich die Recherche und Dokumentation der Verbrechen der Roten Khmer zur Aufgabe gemacht. Aus dem Projekt entwickelte sich 1997 eine eigenständige Organisation. Die Forscher haben Jahre damit zugebracht, Geständnisse und Unterlagen aus Tuol Sleng zu übersetzen, Massengräber ausfindig zu machen und Beweise für die Gräueltaten sicherzustellen.

Bophana, ein Film des französisch-kambodschanischen Regisseurs Rithy Panh von 1996, erzählt die wahre Geschichte von Hout Bophana, einer wunderschönen jungen Frau, und Ly Sitha, einer regionalen Führungspersönlichkeit der Roten Khmer, die sich ineinander verlieben, für dieses „Vergehen" jedoch büßen müssen. Sie werden inhaftiert und im S-21 hingerichtet. Man sollte sich diesen beeindruckenden Film unbedingt ansehen; er wird jeden Tag um 10 und 15 Uhr im Museum gezeigt und dauert eine Stunde.

Killing Fields von Choeung Ek
វាលពិឃាតជើងឯក

Zwischen 1975 und 1978 überführte man ca. 17 000 Männer, Frauen, Kinder und Babys vom S-21 in das Vernichtungslager **Choeung Ek** (außerhalb der Karte S. 80 f.; Eintritt 3 US$; ⌚ 8–17.30 Uhr). Oft wurden die Menschen zu Tode geprügelt, um Munition zu sparen.

1980 exhumierte man 8985 Leichname, von denen viele Fesseln und Augenbinden trugen. Die sterblichen Überreste waren in Massengräbern verscharrt. 43 der 129 Grabstätten sind unberührt und rund um die übrigen Stätten liegen noch immer menschliche Knochenfragmente und Kleiderfetzen. Im 1988 errichteten Gedenk-Stupa sind mehr als 8000 Schädel, nach Geschlecht und Alter sortiert, zu sehen. Heute wirkt das Areal so friedlich, dass man sich kaum vorstellen kann, was sich hier vor wenigen Jahrzehnten abgespielt hat. Das neue Museum vor Ort bietet interessante Informationen zum Regime der Roten Khmer und dem aktuellen Prozess gegen die überlebenden Drahtzieher.

Die Killing Fields erstrecken sich 15 km von Phnom Penh; der Weg dorthin ist ausgeschildert (auch auf Engl.). Fast alle Besucher kommen per Rad, *moto*, *remork* oder Taxi. Auf dem Monireth Boulevard geht's in südwestlicher Richtung aus der Stadt hinaus. Von der Brücke nahe der Street 271 sind es noch

VANN NATH – EIN KÜNSTLERPORTRÄT *Nick Ray*

Der kambodschanische Künstler Vann Nath ist weltweit für seine Darstellung von Folterszenen bekannt, die im Gefängnis S-21 in Phnom Penh durch die Roten Khmer erfolgten. Er war einer von gerade mal sieben Menschen, die diesen Ort lebend verließen. Mittlerweile sind außer ihm nur noch zwei weitere Ex-Gefangene übrig: Chum Mey und Bou Meng.

Vann Nath wurde 1946 in Battambang geboren und fertigte bereits als Teenager Bilder an. Er arbeitete als Schildermaler und kreierte Motive für Kinoposter. Als die Roten Khmer an die Macht kamen, veränderte sich sein Leben schlagartig. Wie so viele andere Einwohner verfrachtete man ihn aufs Land. Am 7. Januar 1978 wurde er im Alter von 32 Jahren im S-21 interniert. In den folgenden Monaten ging er durch die Hölle und erlebte den Tod von Tausenden Menschen mit.

Als einer der wenigen Überlebenden des berüchtigten Gefängnisses schickten ihn die Vietnamesen von 1980 und 1982 zurück ins S-21, um die berühmten Bilder für die Nachwelt zu schaffen. Einen Großteil des folgenden Jahrzehnts kämpfte er in der kambodschanischen Armee entlang der thailändischen Grenze gegen die früheren Unterdrücker.

„Ich nahm die Malerei nach den Wahlen 1993 wieder auf, da ich erst ab diesem Zeitpunkt das Gefühl hatte, wieder frei meine Meinung äußern zu können", erzählt Vann Nath. „Erst da wurde ich durch meine Bilder aus dem Gefängnis bekannt."

Ich möchte wissen, wie er es empfindet, dass Tuol Sleng heute eine Touristenattraktion ist. „Wir müssen der Seelen jener gedenken, die an diesem Ort gestorben sind", mahnt er. „Für sie bestand keinerlei Hoffnung, es gab kein Licht und keine Zukunft. Sie hatten kein Leben mehr." Dann fährt er fort: „Ich male, um der Welt die Geschichte der Menschen zu erzählen, die ihr Leben in Tuol Seng lassen mussten."

Vann Nath erinnert sich an ein Gespräch mit anderen Gefangenen, als er 1978 inhaftiert wurde. „Wir wurden in einen Raum im ersten Stock gebracht", berichtet er, „und einigten uns darauf, dass die Überlebenden den Angehörigen der Verstorbenen mitteilen sollten, was geschehen war." Da Vann Nath einer der wenigen Überlebenden ist, fühlt er sich verpflichtet, die Welt über das Schicksal seiner Leidensgenossen zu unterrichten.

Was ist es für ein Gefühl, an den Tatort zurückzukehren? „Als ich das erste Mal zurückkam, musste ich wirklich mit mir kämpfen. Alles sah noch genauso aus wie damals", berichtet Vann Nath. „Ich konnte mich kaum rühren und das Sprechen fiel mir schwer."

Am Ende unseres Gesprächs geht es um das Rote-Khmer-Tribunal. Vann Nath hat sich seit seiner Gefangenschaft mit Menschenrechtsfragen auseinandergesetzt, tut sich jedoch in seiner Rolle als Opfer schwer, das Gericht anzuerkennen: „Ich stehe für Tausende von ermoderten Gefangenen und bezweifle, dass diese Einrichtung im Sinne der Toten gewesen wäre. In Bezug auf die Menschenrechte scheint es angemessen zu sein, doch die Roten Khmer haben sich auch nicht um irgendwelche Rechte geschert."

„Wir müssen uns fragen, was überhaupt gerecht ist", stellt er fest, „Wenn wir mehr Gerechtigkeit fordern, haben wir es tatsächlich schnell mit Rache zu tun. Ich hoffe einfach, dass der Gerichtshof eine weise, faire Entscheidung fällen wird."

Vann Nath malte Folterszenen, für die die Roten Khmer verantwortlich sind. Die Bilder sind im Tuol Seng-Museum (S. 91) ausgestellt. Er betreibt das Restaurant Kith Eng (S. 116), in dem eine kleine Galerie mit seinen berühmten Arbeiten untergebracht ist. Außerdem stammt aus seiner Feder das Werk A Cambodian Prison Portrait: One Year in the Khmer Rouge's S-21, *das man in Kambodscha kaufen kann.*

13 km bis Choeung Ek; mittlerweile wurde die komplette Strecke dorthin asphaltiert. Jedes Jahr am 9. Mai findet auf dem Gelände eine Gedenkfeier statt.

2005 wurden die Killing Fields „privatisiert". Nach wie vor reagieren viele Khmer und ausländische Besucher mit Befremden darauf, dass ein Unternehmen Profit aus Kambodschas tragischer Geschichte schlägt.

Wat Phnom
វត្តភ្នំ

Auf dem einzigen „Hügel" der Stadt, einer 27 m hohen, baumbestandenen Erhebung, thront der **Wat Phnom** (Karte S. 83; Eintritt 1 US$). Der Legende zufolge wurde die erste Pagode bereits 1373 an dieser Stelle errichtet. In ihr befanden sich vier Buddha-Statuen, die Madame Penh aus den Fluten des Mekong geborgen hatte. Den Haupteingang erreicht man über die stattliche Osttreppe, die von den Löwen und *naga* (mythischen Schlangen) an den Brüstungen bewacht werden.

Heutzutage kommen viele Menschen hierher, um Glück bzw. Erfolg in der Schule oder im Beruf zu erbitten. Geht ein Wunsch in Erfüllung, bringen die Gläubigen Opfergaben in Form einer Girlande aus Jasminblüten oder eines Strunks Bananen dar – angeblich haben die Geister das besonders gerne.

Das *vihara* (Tempelheiligtum) wurde mehrmals neu aufgebaut (1434, 1806, 1894 und 1926). Der große Stupa westlich davon beherbergt die Asche von König Ponhea Yat (reg. 1405–67). In einem Pavillon an der Südseite des Durchgangs zwischen den beiden Bauten steht eine lächelnde und etwas plump wirkende Figur von Madame Penh.

Ein Stück nördlich und etwas unterhalb des Tempelheiligtums liegt Preah Chaus erlesener Schrein. Er wird vor allem von den Vietnamesen verehrt. Zu beiden Seiten des Eingangs zu der Kammer, die eine Statue von Preah Chau ziert, befinden sich Schutzgeister mit Eisenschlägern. Davor sind Malereien von Konfuzius und zwei Weisen, Thang Cheng (rechts) und Thang Thay (links), zu sehen. Links vom Hauptaltar befindet sich eine achtarmige Vishnu-Skulptur.

Am Wat Phnom geht's ein wenig zu wie in einem Zirkus. Bettler, Getränkeverkäuferinnen und Kinder, die Vögel in Käfigen anbieten – man zahlt dafür, die Tiere zu „befreien" und fliegen zu lassen, allerdings sind sie darauf abgerichtet, anschließend in ihren Käfig zurückzukehren –, hängen sich an die Fersen sämtlicher Besucher. Man darf das Ganze aber nicht so eng sehen, denn die Leute versuchen einfach nur, über die Runden zu kommen. Wer mag, kann auf einem Elefanten einmal rund um den Hügel reiten. Danach bekommt man eines der begehrten Dickhäuterfotos fürs Album.

Familien aufgepasst: An der Südostseite des Wat Phnom erstreckt sich ein Spielplatz. Der vielfarbige Springbrunnen ganz in der Nähe wird täglich bei Sonnenuntergang angestellt.

> **ACHTUNG: AFFENZIRKUS AM WAT PHNOM**
>
> Rund um den Wat Phnom leben große Verbände von Makaken. Sie werden oft aggressiv, wenn sie Menschen mit Lebensmitteln entdecken. Weil schon mehrere Kinder gebissen worden sind, sollten Eltern gebührenden Abstand halten, selbst wenn ihre Kleinen die „süßen" Äffchen unbedingt aus der Nähe betrachten wollen.

Wat Ounalom

វត្តឧណ្ណាលោម

Der **Wat Ounalom** (Karte S. 83; Samdech Sothearos Blvd; Eintritt frei; ⌚ 6–18 Uhr) ist der Hauptsitz der kambodschanischen Buddhisten. Er wurde 1443 gegründet und besteht aus insgesamt 44 Bauten. Unter Pol Pot wurde er übel zugerichtet, doch mittlerweile geht alles wieder seinen normalen Gang. Außer dem buddhistischen Oberhaupt des Landes lebt hier auch eine große Zahl von Mönchen.

Im zweiten Obergeschoss des Hauptgebäudes, links vom Podium, steht eine Skulptur von Samdech Huot Tat, dem vierten Patriarchen des kambodschanischen Buddhismus. Pol Pot ordnete seine Ermordung an. Die Statue stammt aus dem Jahr 1971 – damals war der Patriarch 80 Jahre alt –, und wurde von den Roten Khmer in den Mekong geworfen, um so das Ende des Buddhismus zu verdeutlichen. 1979, nach dem Ende ihrer Schreckensherrschaft, barg man die Figur. Die Statue rechts vom Podium verkörpert einen ehemaligen Patriarchen der Thummayuth-Sekte, der die königliche Familie angehört.

Im dritten Obergeschoss ist ein Marmorbuddha aus Birma untergebracht. Er wurde von den Roten Khmer in Stücke geschlagen, zu einem späteren Zeitpunkt jedoch wieder zusammengefügt. Beide Glaskästen vor dem Podium enthalten 20 m lange Flaggen, die an buddhistischen Festtagen zum Einsatz kommen. Die Wände zieren Szenen aus Buddhas Leben. Sie entstanden im selben Jahr, als das Gebäude errichtet wurde (1952).

Der Stupa hinter dem Hauptgebäude enthält ein Augenbrauenhaar von Buddha. Die Inschrift über dem Eingang ist in Pali (einer sehr alten indischen Sprache) verfasst.

Wat Moha Montrei

វត្តមហាមន្ត្រី

Der **Wat Moha Montrei** (Karte S. 83; Sihanouk Blvd; Eintritt frei; ⌚ 6–18 Uhr) befindet sich in der Nähe des Olympiastadions. Sein Name (*moha montrei* bedeutet „der großartige Minister") geht auf einen Angestellten von König Monivong, Chakrue Ponn, zurück. Dieser hatte den Bau der Pagode angeregt. 1970 wurde das Zement-*vihara* mit seinem 35 m hohen Turm fertiggestellt. Zwischen 1975 und 1979 missbrauchten die Roten Khmer das Bauwerk als Reis- und Maisspeicher.

Die Wandmalereien im Tempelheiligtum erzählen die Geschichte Buddhas und weisen Elemente im kambodschanischen Stil auf. Alle Engel, die Buddha in den Himmel begleiten, sind wie Khmer-Tänzer gekleidet, und die versammelten Beamten tragen die weißen Militäruniformen aus der Sihanouk-Ära. An der Wand links vom Altar steht ein bemalter Löwenthron aus Holz, an dem viermal monatlich religiöser Unterricht abgehalten wird. Der goldene Holzthron ganz in der Nähe dient demselben Zweck. Sämtliche Buddha-Skulpturen entstanden nach 1979.

Unabhängigkeitsdenkmal
វិមានឯករាជ្យ

Das **Unabhängigkeitsdenkmal** (Karte S. 83; Ecke Norodom & Sihanouk Blvd) wurde dem Hauptturm von Angkor Wat nachempfunden und 1958 zum Gedenken an die Unabhängigkeit von Frankreich 1953 errichtet. Gleichzeitig dient es als Denkmal für die kambodschanischen Kriegsopfer (zumindest für diejenigen, die von der derzeitigen Regierung als erinnerungswürdig erachtet werden) und wird manchmal als Siegesdenkmal bezeichnet. An Nationalfeiertagen legt man hier Kränze nieder. Das **Kambodschanisch-vietnamesische Freundschaftsdenkmal** von 1979 erreicht man über den Samdech Sothearos Boulevard; sein Design ist vietnamesisch (es mutet kommunistisch an).

Noch mehr Sehenswertes

Die 700 m lange **Chruoy-Changvar-Brücke** (Karte S. 80 f.) oder auch Japanische Freundschaftsbrücke überspannt den Tonlé-Sap-Fluss. Bei Gefechten 1975 wurde sie in die Luft gesprengt. Sie galt lange als Symbol für das Unheil, das über Kambodscha hereingebrochen war. 1993 konnte sie mittels japanischer Fördergelder restauriert werden. Für alle, die den Film *The Killing Fields – Schreiendes Land* gesehen haben: Ganz in der Nähe nahmen Anhänger der Roten Khmer am Nachmittag des 17. April 1975 (der Tag, an dem Phnom Penh fiel) den *New-York-Times*-Korrespondenten Sydney Schanberg und seine Crew gefangen und drohten, sie zu töten.

Am nördlichen Ende des Monivong Boulevard stößt man auf die **Französische Botschaft** (Karte S. 80 f.; ☎ 430020; 1 Monivong Blvd). Sie spielte eine wichtige Rolle im Zuge der Ereignisse nach dem Fall der Hauptstadt: Etwa 800 Ausländer und 600 Kambodschaner suchten dort Zuflucht, doch innerhalb von nur 48 Stunden informierten die Roten Khmer den französischen Vizekonsul darüber, dass sich die neue Regierung nicht um diplomatische Immunität scherte und forderten die Auslieferung aller Einheimischen auf dem Botschaftsgelände. Für den Fall, dass ihrem Befehl nicht Folge geleistet würde, sollten eben alle sterben, egal, aus welchem Land sie stammten. Kambodschanerinnen, die mit Ausländern verheiratet waren, durften bleiben, kambodschanische Männer, die mit Ausländerinnen verheiratet waren, mussten sich hingegen stellen. Die Menschen, die in der Botschaft zurückblieben, weinten, als man Bedienstete, Kollegen, Freunde und Ehemänner hinauseskortierte, und wurden Ende des Monats mit Lkw außer Landes gebracht. Heute umgibt eine hohe, weiß getünchte Mauer den Gebäudekomplex, und die Franzosen sind mit viel Tamtam nach Kambodscha zurückgekehrt, um in der ehemaligen Kolonie für ihre Sprache und Kultur zu werben.

Meistens wird das **Olympiastadion** (Karte S. 80 f.; nahe der Ecke Sihanouk & Monireth Blvds) als National Sports Complex bezeichnet. Es gilt als bemerkenswertes Beispiel für die Khmer-Architektur der 1960er-Jahre und umfasst eine Arena sowie Anlagen für Boxer, Turner, Volleyballteams u. Ä. Nach 17 Uhr können sich Besucher Fußball- und Badmintonpartien sowie *pétanque*-Begegnungen ansehen.

Auf dem Gelände des Wat Prayuvong entstand ein ganzes Viertel voller privater Werkstätten, in denen Buddhas aus Zement, *naga* und kleine Stupas hergestellt werden. Sie sollen den Mangel an rituellen Gegenständen wettmachen, der auf den Zerstörungswahn der Roten Khmer zurückzuführen ist. Zwar kann man die grell bemalten Zementfiguren kaum Kunstwerke nennen, aber immerhin stehen sie für den Versuch, den Status des Buddhismus in Kambodscha wiederherzustellen. Zu finden sind die **Prayuvong-Buddha-Fabriken** (Karte S. 83; zw. St 308 & St 310) etwa 300 m südlich des Unabhängigkeitsdenkmals.

In einem 1924 errichteten eleganten Gebäude nahe dem Wat Phnom ist die **Nationalbibliothek** (Bibliothèque Nationale; Karte S. 83; St 92; 🕓 Di–So 8–11 & 14–17 Uhr) untergebracht. Die Roten Khmer nutzten sie als Stall und zerstör-

SCHIESSSTÄNDE

Schießübungen waren lange Zeit eine der beliebtesten touristischen Aktivitäten. Weil das Strafverfolgungssystem in Kambodscha mangelhaft ist, konnten sich Urlauber früher so ziemlich alles herausnehmen, ohne je für ihre Vergehen belangt zu werden. Dem Militär war bewusst, was dieser Umstand für Geschäftsmöglichkeiten in sich barg. Nach 25 Jahren Bürgerkrieg hatte sich ein ordentliches Kontingent an Waffen angesammelt und so initiierte man ein eigenes „Abrüstungsprogramm", indem schießwütige Möchtegernrambos aus dem Ausland mit Gewehren und Munition versorgt wurden. Man funktionierte eine Reihe von Militärstützpunkten bei Phnom Penh in Schießplätze um und schon bald strömten Touristen herbei, die schon immer mal eine AK-47, eine M-60 oder einen B-40-Granatwerfer testen wollten. Hin und wieder ließ die Regierung Razzien durchführen, im Großen und Ganzen florierte das Geschäft jedoch relativ ungestört.

Und so ist es bis heute. Ein besonders unpassender Platz befindet sich nahe den Killing Fields von Choeung Ek, ein weiterer liegt gleich hinter der Gokartstrecke (S. 96) im Bezirk Kambol (abseits des NH4). Besucher können verschiedene Waffen benutzen. Für die meisten Maschinengewehre zahlt man ca. 1 US$ pro Kugel. Pistolen sind ebenfalls vorhanden, aber auch noch weit extremere Waffen, etwa B-40-Granatwerfer zur Panzerabwehr (3,50 US$).

Einigen Gerüchten zufolge darf man auf den Übungsplätzen auf lebende Tiere wie Hühner oder Kühe schießen. Wir sind natürlich strikt gegen diese Praktik. So manch einer wird sich jetzt wohl fragen, wie so etwas überhaupt möglich sein kann? Die Antwort ist einfach: In diesem armen Land regiert das Geld.

ten einen Großteil der Bücher, der Rest wurde achtlos auf die Straße geworfen und dort von Einheimischen aufgesammelt. Teilweise spendeten diese ihre Funde nach dem Ende der Schreckensherrschaft an die Bibliothek, manche verwendeten das Papier jedoch zum Einwickeln von Lebensmitteln.

AKTIVITÄTEN

Bootsfahrten

Touren auf dem Tonlé Sap oder Mekong erfreuen sich bei Reisenden großer Beliebtheit. Besonders zu empfehlen sind Fahrten am frühen Abend, denn dann sieht man die Sonne langsam hinter den funkelnden Türmen des Königspalasts verschwinden. Boote können auch für längere Ausflüge zur **Koh-Sdach-** oder **Mekong-Insel** gechartert werden, die durch eine Brücke miteinander verbunden sind. Auf beiden leben Seidenweber. Wer mag, kann auf dem „Festland" ein Fahrrad leihen und dieses mit auf die Inseln nehmen.

Am Flussufer ankern **Touristenboote**, die 10 bis 20 US$ pro Stunde kosten (je nach Verhandlungskünsten und Teilnehmerzahl).

Bowlen

In der Stadt gibt es nur eine Bowlingbahn, nämlich bei **Superbowl** (Karte S. 80 f.; Mao Tse Toung Blvd; 9 US$ pro Std., Schuhverleih 1 US$) am Parkway Sqare. Man zahlt hier immer pro Bahn, nicht pro Spieler.

Fitnessstudios

In Phnom Penh gibt es eine ganze Reihe von kleinen Trainingshallen mit sehr einfachen Geräten für Gewichtestemmer (etwa 1 US$ pro Std.).

Das schickste Fitnessstudio ist **Place Gym** (Karte S. 83; ☎ 726999; The Place, 90 Sihanouk Blvd; 10 US$ pro Tag, 10er-Karte 55 US$). Es erstreckt sich über drei Stockwerke, hat eine ultramoderne Ausstattung und bietet einen Ausblick auf das Unabhängigkeitsdenkmal. Außerdem kann man hier nach dem Sport kostenlos ins Internet gehen.

Gokartfahren

Die professionelle **Kambol Kart Raceway** (außerhalb der Karte S. 80 f.; ☎ 012 232332; www.kkraceway.com; 10 Min. für 12 US$) liegt 12 km vom Flughafen und 2 km von der Straße nach Sihanoukville. Jeden Sonntag finden hier Rennen statt – genau das Richtige für künftige Michael Schumachers. Helm und Anzug sind im Preis inbegriffen.

Golf

Golfen ist eine teure Angelegenheit, aber verglichen mit anderen südostasiatischen Ländern sind die Preise in Kambodscha akzeptabel. Wer unbedingt ein paar Bälle einputten will, kann sich an den **Royal Cambodia Phnom Penh Golf Club** (außerhalb der Karte S. 80 f.; ☎ 011 290552;

(Fortsetzung auf Seite 105)

DIE FARBEN KAMBODSCHAS

Kambodscha ist ein wahrer Augenschmaus. Zum Potpourri der kräftigen Farben zählen z. B. das Smaragdgrün der Reisfelder und das Safrangelb der Roben buddhistischer Mönche. Die alten Tempel bestehen aus mit Moos überzogenem Sandstein und das Zusammenspiel von Licht und Schatten zaubert kunstvolle Maserungen auf die Oberflächen. Kunterbunt sind auch die köstliche Khmer-Küche und die traditionellen Künste – man denke nur an die Tanzkostüme. Dank seiner Einwohner erstrahlt das Land in warmem Licht: Ihr freundliches Lachen und ihre liebenswerte Herzlichkeit machen die Reise zu einem unvergesslichen Erlebnis.

MICK ELMORE

1

Tempel-Hopping

Zweifellos ist Kambodscha die Tempelhochburg Asiens. Das bezieht sich nicht nur auf den grandiosen Angkor Wat, der als Himmel auf Erden gilt, weil er den in Stein verewigten Göttern eine Heimatstatt bietet, sondern auch auf die zahlreichen versteckt im Dschungel liegenden beeindruckenden Denkmäler aus der Blütezeit des Khmer-Reichs.

2

❶ Angkor Wat

Zum „Tempel, der eigentlich eine Stadt ist" führt ein imposanter Zugang. Wer ihm folgt, betritt Angkor Wat (S. 180), das absolute Highlight jeder Kambodscha-Reise.

❷ Dschungeltempel

Markenzeichen des ultimativen Dschungeltempels Ta Prohm (siehe Abb. links und S. 195) sind die Wurzeln, die sich um den Stein winden und das Bauwerk förmlich zu erwürgen scheinen. Die Ruinenstätte Beng Mealea (siehe Abb. rechts und S. 206) wurde sogar komplett vom Dschungel geschluckt.

❸ Preah Khan

Spirituelle Harmonie verspricht der Preah-Khan-Tempel (S. 198). Hier wird nicht nur Buddha, sondern auch das Hindu-Dreigestirn aus Shiva, Vishnu und Brahma verehrt.

❹ Koh Ker

Koh Ker (S. 298) entstand im 10. Jh. mitten im Regenwald. In der Tempelanlage können ein paar der schönsten Skulpturen aus der Angkor-Periode bestaunt werden.

❺ Banteay Chhmar

Abseits ausgetretener Pfade geht's zur „schmalen Festung" Banteay Chhmar (S. 288), einem der monumentalen Bauwerke aus Zeiten Jayavarmans VII. mit zahlreichen Gesichtern von Avalokiteshvara, dem Bodhisattva des Mitleids.

❻ Die Zeit vor Angkor

Überall im Land befinden sich Überreste der mächtigen Königreiche Funan und Chenla, die bereits lange vorher existierten. Dazu gehört z. B. Sambor Prei Kuk (S. 308), Südostasiens erste Tempelstadt.

Menschen & Kultur

Heute empfangen die Kambodschaner die Welt mit offenen Armen. Zwar ist die Vergangenheit nicht abgehakt und man pilgert weiterhin zu den Pagoden, doch gleichzeitig blickt man erwartungsfroh in die Zukunft und die neue Generation nimmt ihr Schicksal beherzt in die Hand. Besucher des Landes sollten die lokale Küche kosten, traditionellen Vorführungen beiwohnen und versuchen, ethnische Minderheiten kennenzulernen, um so die kambodschanische Kultur besser zu verstehen.

❶ Buddhistische Mönche
Beinahe wäre es den Roten Khmer gelungen, den buddhistischen Glauben (S. 54) vollkommen aus dem Land zu verdrängen, doch heutzutage ziehen die in safrangelbe Roben gewandeten Mönche glücklicherweise wieder unbehelligt durch die Straßen Kambodschas.

❷ Ein kulinarisches Abenteuer
Kambodscha ist ein echtes Fest für die Sinne. Die relativ unbekannten lokaltypischen Gerichte (S. 61) liefern einen kulinarischen Querschnitt durch verschiedene asiatische Küchen und vereinen darüber hinaus das Beste, was Thailand, Vietnam, Indien und China zu bieten haben.

❸ Das Leben auf dem Land
Viele Kambodschaner leben als Bauern oder Fischer auf dem Land. 50 % der Bevölkerung sind jünger als 16 Jahre (S. 52).

❹ Darstellende Kunst
Bei Vorführungen des königlichen Balletts (S. 57), volkstümlichen Tänze und im Schattentheater werden Mythen aus der früheren hinduistisch geprägten Geschichte umgesetzt und dadurch Brücken zu den glorreichen Tagen von Angkor geschlagen.

❺ Multikulti
Kambodscha liegt im Herzen Asiens. Kein Wunder also, dass hier ganz unterschiedliche Bevölkerungsgruppen anzutreffen sind (S. 53), darunter die dominierenden Khmer sowie Chinesen, Vietnamesen, Cham und Bergvölker im entlegenen Nordosten.

❻ Kunsthandwerk
Die Künstler zu Zeiten Angkors waren hervorragende Steinmetze und Schnitzer (S. 361) und selbst heute noch werden diese traditionsreichen Handwerke praktiziert. Neben Stein- und Holzskulpturen gibt's jede Menge reich verzierte Silberwaren, feine Seidenstoffe und Lackarbeiten.

Naturwunder

Krieg und Revolution haben Kambodscha mehr als 30 Jahre förmlich von den Landkarten gelöscht. Auch aus diesem Grund gibt es nach wie vor gewaltige unberührte Gebiete, die immer mehr Besucher anziehen. Man kann dem Lauf des Mekong folgen, die Wildnis des Kardamom-Gebirges erkunden, in Nationalparks wandern, sich an einem der Wasserfälle im Nordosten Abkühlung verschaffen oder in bester Robinson-Crusoe-Manier von Strand zu Strand ziehen.

❶ Tonlé Sap-See
Südostasiens größter See lockt mit schwimmenden Dörfern und überfluteten Wäldern. Der Tonlé Sap (S. 71) fungiert als Auffangbecken und Hochwasserschutz!

❷ Die Höhlen von Kampot
Bei Kampot (S. 246) kann man in die „Unterwelt" abtauchen und sich in eine der zahlreichen Höhlen wagen. Manche beherbergen uralte Hindutempel, die aussehen, als seien sie eben erst gebaut worden.

❸ Der Wilde Osten
Auf geht's in die Hügel der Provinzen Mondulkiri (S. 339) und Ratanakiri (S. 331), wo Elefanten nach wie vor ein bevorzugtes Transportmittel sind. Hier gibts dichten Dschungel, versteckte Wasserfälle und zurückgezogene Minderheiten zu sehen.

❹ Einsame Strände
Kambodschas Küste besticht durch unberührte Tropenstrände und paradiesisch anmutende Refugien wie die Inseln vor Sihanoukville (S. 231) und Kep (S. 255) oder die Nationalparks in der Koh-Kong-Provinz (S. 210).

❺ Mekong
Der mächtige Mekong fließt mitten durch das Herz des Landes. Wer auf ihm unterwegs ist, bekommt eventuell einige der vom Aussterben bedrohten, faszinierenden Irrawaddy-Delphine (S. 326) zu sehen..

❻ Kardamom-Gebirge
Das unberührte Kardamom-Gebirge (S. 216) ist eine der letzten großen Wildnisregionen Asiens. Dichter Dschungel erstreckt sich von den Gipfeln bis zu den kristallklaren Wassern des Golfs von Thailand.

5

(Fortsetzung von Seite 96)

NH4; Mo–Fr 40 US$ pro Spiel, Schuh-/Schlägermiete 5/10 US$) an der Straße nach Sihanoukville oder den **Cambodia Golf & Country Club** (außerhalb der Karte S. 80 f.; ☎ 363666; www.cambodia-golf.com; NH4; 43 US$ pro Spiel, Schuh-/Schlägermiete 5/10 US$) wenden.

Joggen

Wer ein paar in Phnom Penh lebende Ausländer kennenlernen möchte, schließt sich am besten den sogenannten Hash House Harriers an, die oft einfach nur als „the Hash" bezeichnet werden. Interessierte treffen sich immer sonntags um 14.15 Uhr vor dem Bahnhof (Karte S. 83). Die Teilnahmegebühr von 5 US$ deckt die Versorgung mit Getränken (in erster Linie Bier) ab.

Kochkurse

Wer mehr über die hiesige Küche erfahren möchte, meldet sich für den Unterricht in der **Cambodian Cooking Class** (Karte S. 83; ☎ 012 524801; www.cambodian-cooking-class.com; 67 St 240; ⏰ Mo–Sa 9 Uhr) im Frizz Restaurant an. Ein halber/ganzer Tag kostet 12,50/20 US$. Im Preis ist ein Rezeptbüchlein inbegriffen.

Massagen & Spas

In Phnom Penh gibt's jede Menge Massagesalons. Manche sind zwar ein wenig verrufen, aber trotzdem ist die Auswahl an seriösen Unternehmen gut. Darüber hinaus kann man sich in ein paar hervorragenden Wellnesszentren verwöhnen lassen.

In den meisten gehobenen Hotels werden traditionelle Behandlungen angeboten, als eine der günstigsten Anlaufstellen gilt allerdings **Seeing Hands Massage** (Karte S. 83; ☎ 012 680 934; 12 St 13; Zi. mit Ventilator/Klimaanlage 5/7 US$ pro Std.). Die blinden Masseure sind sehr erfahren, können Linderung bei kleinen und großen Wehwehchen schaffen und führen zudem Shiatsu- oder Fußbehandlungen durch. In der Stadt befinden sich weitere Einrichtungen dieser Art.

Ein paar der besten Adressen für Massagen, Gesichtsbehandlungen, Maniküre usw.:

Champei Spa (Karte S. 83; ☎ 222846; www.champeispa.net; 38 St 57) Khmer-, schwedische und andere Massagen, Schönheitspflege und ein Friseursalon.

In Style (Karte S. 83; ☎ 986747; www.instylespa-cambodia.com; 63 St 242) Gartenspa und Wellnesszentrum. Bietet Massagen, Gesichtsbehandlungen und vieles mehr.

Nail Bar (Karte S. 80 f.; Mith-Samlanh-Trainingszentrum hinter dem Restaurant Friends, 215 St 13; ⏰ 12–16 Uhr) Günstige Maniküren, Pediküren, Fuß- und Handmassagen. Der Erlös kommt Straßenkindern zugute.

O Spa (Karte S. 83; ☎ 992405; www.ospacambodia.com; 4B St 75) Eine Oase der Ruhe. Regenerierende Massagen mit heißen Steinen sowie balinesische und thailändische Behandlungen.

Spa Bliss (Karte S. 83; ☎ 215754; 29 St 240) Das renommierte Spa ist in einem hübschen alten französischen Haus auf der beliebten Straße 240 untergebracht.

Quadbiking

Nature Cambodia (außerhalb der Karte S. 80 f.; ☎ 012 676381; www.nature-cambodia.com; nahe Choeung Ek) bietet Quadbiketouren (ATV-Fahrten) in Phnom

FIGHT CLUB AUF KAMBODSCHANISCH

Die Begriffe *muay Thai* (Thaiboxen) und Kickboxen sind weltweit bekannt, aber nur wenige wissen, dass diese Kontaktsportart vermutlich ursprünglich aus Kambodscha stammt. *Pradal serey* (wörtlich übersetzt „freier Kampf") ist die hiesige Version des Kickboxens, und wer mag, kann sich in Phnom Penh ein paar Vorführungen ansehen. Samstags und sonntags um 14 Uhr richtet der beliebte TV-Sender CTN Boxkämpfe aus. Als Schauplatz dient das Hauptstudio an der Nationalen Schnellstraße 5 etwa 4 km nördlich der Chruoy-Changvar-Brücke. Der Eintritt ist gratis. Normalerweise wird man dort zahlreiche Einheimische antreffen, die heimlich wetten. Fast alle Kämpfe enden damit, dass ein Boxer einen brutalen Schlag mit dem Ellbogen kassiert. Beim *pradal serey* führt man weit mehr Ausweichmanöver aus als bei anderen Kickboxvarianten.

Eine noch ältere Kampfsportart ist *bokator* oder *labokatao*. Manche sagen, sie stamme aus der Angkor-Periode. Der Name bedeutet so viel wie „sich mit einem Löwen schlagen". Ursprünglich war *bokator* für Begegnungen auf dem Schlachtfeld gedacht. Zulässige Waffen sind Bambusstäbe und kurze Stöcke, in manchen Situationen auch der *krama* (dünner Baumwollschal). Großmeister San Kim Sean betreibt die **Cambodian Boxkator Academy** (Karte S. 83; ☎ 012 651845; www.khmerboxkatorempire.com; 169 St 161) in Phnom Penh. Eine Stunde Unterricht kostet 5 US$ (tgl. im Stundentakt von 17.30–19.30 Uhr).

Penhs Umgebung an. Die Fahrzeuge haben Automatikgetriebe, sind also auch für Anfänger problemlos zu handhaben, außerdem muss man für das Vergnügen nicht sehr tief in die Tasche greifen (15 US$ für 1½ Std. oder 35 US$ für einen halben Tag). Das Gelände unweit der Hauptstadt ist wunderschön und es stehen auch längere Trips sowie Jeepausflüge auf dem Programm. Wer hierhinwill, folgt einfach den Schildern nach Choeung Ek; Nature Cambodia befindet sich ca. 300 m vor dem Eingang. Am besten ruft man vorher an, denn die Anzahl an Quads ist begrenzt.

Radfahren

Vicious Cycle (Karte S. 83; ☎ 012 462165; www.grasshopperadventures.com; 29 St 130; 8 US$ pro Tag), der hiesige Repräsentant von Grasshopper Adventures, vermietet vernünftige importierte Räder (Trek und Giant). Im Sortiment sind sogar ein paar Familienräder mit Kindersitzen (10 US$). Es werden u. a. Fahrten zu den Mekong-Inseln (29 US$) oder nach Udong (44 US$) angeboten (jeweils inkl. Mittagessen).

Wer mit einer der lokalen Fähren, die vorm Imperial Garden Villa Hotel ablegen, den Mekong überquert, muss nur ein kurzes Stück bis zum nächsten Verleih gehen: **2Cycle Cambodia** (außerhalb der Karte S. 80 f.; ☎ 015 696376; www.2cyclecambodia.com) hat neben „einheimischen" Mountainbikes für 2 US$ pro Stunde bzw. 6 US$ am Tag auch kleinere Kinderräder im Programm (einen Tag vor dem Ausflug reservieren). Es handelt sich um eine gute Adresse, wenn man dem Großstadtchaos entfliehen möchte, ohne sich zunächst durch das Verkehrschaos kämpfen zu müssen. Die Umgebung ist wirklich schön!

Schwimmen

Die meisten Mittelklasse- und Spitzenklasseunterkünfte haben Pools, in denen man sich Abkühlung verschaffen kann. Gegen eine Gebühr dürfen auch Nichtgäste hineinspringen. Im Hotel Cambodiana (S. 112) werden wochentags nur 7 US$ verlangt, im Hotel Le Royal berappt man dagegen 20 US$ für die Pool- und Fitnessstudionutzung. Das Blue Lime (S. 112) – hier sind Kinder nicht willkommen – und das Kabiki (S. 112) – familienfreundlich – gewähren Nichtgästen ebenfalls Zugang zu ihren Einrichtungen (5 US$ pro Tag). Einen weiteren kleinen Pool findet man in der Restaurant-Bar Elsewhere (S. 123), wo man gratis plantschen darf!

Zu den weiteren Optionen zählen das Hotel **Himawari** (Karte S. 83; ☎ 214555; 313 Sisowath Quay) – im Eintritt (10 US$) ist die Nutzung des Fitnessstudios inbegriffen –, das Hallenbad des **Parkway Health Club** (Karte S. 80 f.; ☎ 982928; 113 Mao Tse Toung Blvd; 6 US$), der darüber hinaus mit einem Dampfbad, einer Sauna und einem Fitnessstudio aufwartet, und das **Long Beach Plaza Hotel** (Karte S. 80 f.; ☎ 998007; St 289; 1 US$). Letzteres besitzt einen großen Pool und der Eintritt ist sehr günstig.

Mit einem wunderschönen Becken punktet auch das L'Elephant Blanc Resort (S. 112) 7 km außerhalb der Stadt an der Straße nach Neak Luong. Erwachsene zahlen 4 US$, Kinder 2 US$. An manchen Wochentagen kann man sich über einen reduzierten Eintrittspreis von 50 % freuen. Vor Ort gibt's eine nette Restaurant-Bar.

Shuffleboard

So unwahrscheinlich es auch klingen mag, in Phnom Penh befindet sich Südostasiens einzige „ernstzunehmende" Location dieses Freizeitsports, die **Scan Shuffleboard Lounge** (Karte S. 83; ☎ 092-791449; www.shufflelounge.com; 4 St 282; 3 US$ pro Std.). Sie ist auf dem Dach des Scan Hotel untergebracht. Für alle, die sich gerade am Kopf kratzen: Shuffleboard ist eine Art Curling auf dem Tisch – ein netter Zeitvertreib in Kombination mit ein paar kühlen Bierchen.

Tauchen

Nein, wir empfehlen weder den Mekong noch den Tonlé Sap als Tauchspots, aber **Scuba Nation** (Karte S. 80 f.; ☎ 012 604680; www.divecambodia.com; 18 Samdech Sothearos Blvd) ist eine der führenden Tauchschulen mit Sitz in Sihanoukville. In Phnom Penhs Niederlassung können Reservierungen vorgenommen oder Swimmingpool-Kurse gebucht werden.

STADTSPAZIERGANG

Welcher Ort eignete sich besser als Ausgangspunkt für einen Streifzug durch Phnom Penh (S. 107) als der **Wat Phnom** (**1**; S. 93), der auf dem einzigen Hügel der Stadt thront? Am besten tut man es den Einheimischen gleich und bittet um Glück oder zumindest darum, dass man auf seinen Erkundungsspaziergängen nicht in einen der offenen Abwasserkanäle stolpert! Wenn man Richtung Südwesten blickt, erspäht man die festungsähnliche **US-amerikanische Botschaft (2)**.

STADTSPAZIERGANG

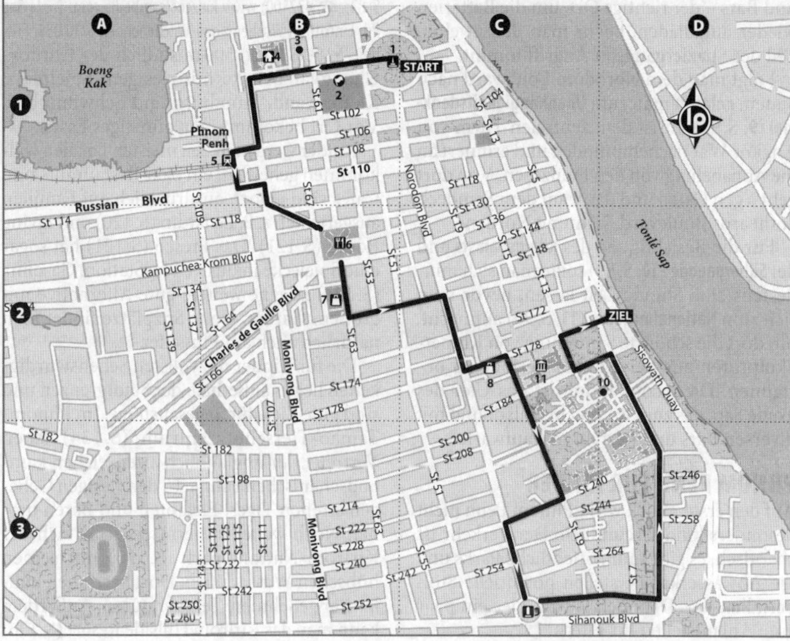

STADTSPAZIERGANG

Start Wat Phnom
Ende Sisowath Quay
Länge 6 km
Dauer 8 Std. (inklusive ausreichend Zeit, um sich Sehenswürdigkeiten anzusehen)

Auf der Straße 92 geht's Richtung Westen zur **Nationalbibliothek** (**3**; S. 95), ein klassisches Beispiel für französische Kolonialarchitektur. Ein Stück davon entfernt kann man die bemerkenswerte Fassade des **Hotel Le Royal** (**4**; S. 113) bestaunen, wo zwischen 16 und 20 Uhr die Cocktail-Happy-Hour lockt. Mittlerweile gehört das Gebäude zur Raffles-Gruppe. Hier biegt man links auf den Monivong Boulevard ab, Phnom Penhs wichtigste Einkaufsmeile. Rechts befindet sich der prächtige alte **Bahnhof (5)** – leider sind die dort ankommenden bzw. abfahrenden Züge nicht annähernd so pompös.

Richtung Südosten nähert man sich der auffälligen Kuppel des **Psar Thmei** (**6**; S. 127). Diesen Markt wird man so schnell nicht vergessen, denn dort stapelt sich einfach alles bis unter die Decke, was man sich nur vorstellen kann. Zu den exotischeren Waren zählen frittierte Insekten und gehäutete Frösche. Achtung: Häufig erheben die Verkäufer Wucherpreise! An den Essensständen werden allerdings typisch kambodschanische Snacks feilgeboten.

Auf der Straße 63 geht's Richtung Süden weiter, vorbei an dem modernen Äquivalent zum Hauptmarkt, auch als **Sorya Shopping Centre** (**7**; S. 126) bekannt. Der hiesige Restaurantbereich ist größer und sauberer als der auf dem Marktgelände. Ein weiteres Plus sind die Klimaanlage und der Balkon im obersten Stock (den Aufzug ins achte Obergeschoss nehmen); dort genießt man einen tollen Ausblick auf den Psar Thmei.

Als Nächstes biegt man links in die Straße 154, rechts auf den Norodom Boulevard und dann noch einmal links in die Straße 178 ab, wo sich mehrere gut besuchte **Kunstläden** (**8**; S. 127) aneinanderreihen. An der Kreuzung mit der Straße 19 hält man sich rechts und folgt der Route, bis man zur Straße 240 gelangt. Es handelt sich um eine der eleganteren

Ecken Phnom Penhs mit Cafés, Restaurants und Bars – der richtige Ort, um die Batterien wieder aufzuladen, bevor man den zweiten Teil des Spaziergangs in Angriff nimmt.

Folgt man dem Norodom Boulevard nach Süden, gelangt man zum **Unabhängigkeitsdenkmal** (**9**; S. 95). Er ist dem zentralen Turm von Angkor Wat nachempfunden und erinnert an die Abnabelung von den Franzosen. Von dort geht's gen Osten und dann auf dem Samdech Sothearos Boulevard Richtung Norden.

Für die Besichtigung des **Königspalasts** und der **Silberpagode** (**10**; S. 89) sollte man sich mindestens eine Stunde Zeit lassen, bevor man sich zum **Nationalmuseum** (**11**; S. 90) aufmacht, um dort die schönste Sammlung von Khmer-Skulpturen aus der Angkor-Periode zu bestaunen. Die letzte Station ist das Ufer des Tonlé Sap, das zum Bummeln einlädt und mit diversen Bars und Restaurants aufwartet.

PHNOM PENH FÜR KINDER

Auf den ersten Blick wirkt Phnom Penh nicht besonders kinderfreundlich: Der Verkehr ist chaotisch, es gibt kaum öffentliche Parks und die Abwasserkanäle stellen potentielle Stolperfallen dar. Dennoch locken hier ein paar gute Anlaufstellen für Eltern.

Mit den meisten Sehenswürdigkeiten werden Kleinkinder wenig anfangen können, doch der Königspalast (S. 89) ist recht interessant. Darüber hinaus kann man am Fuß des Hügels, auf dem der Wat Phnom (S. 93) thront, auf Elefanten reiten.

Zahlreiche gehobene Hotels sind mit einem Swimmingpool (S. 106) ausgestattet, der gegen eine Gebühr auch von Nichtgästen genutzt werden darf. Eine gute Adresse für Familien ist eventuell auch die Gokartbahn (S. 96). Alternativ bietet sich ein Besuch des **Phnom Penh Water Park** (außerhalb der Karte S. 80 f.; ☎ 881008; Russian Blvd; Eintritt an Wochentagen/Wochenenden 2/3 US$; 🕑 8–18 Uhr) mit Wasserrutschen, einem Wellenbad und einem kleinen Rummelplatz an. Die Anlage ist nicht so sauber wie die Hotelpools, eignet sich jedoch prima für eine Pause vom Großstadtchaos. Im Sorya Shopping Centre (S. 126) befindet sich eine Bahn für Inlineskater (oberes Geschoss) und eine Partie Bowling (S. 96) ist ebenfalls eine Option. Außerdem verteilen sich in der Hauptstadt zahlreiche Spielplätze, darunter viele mit Trampolins, z. B. im Pencil Supermarket (S. 122) oder am Wat Phnom (S. 93). Letzterer liegt unter freiem Himmel. Als besonders schön gilt die Anlage **Kidz Cool** (Karte S. 83; ☎ 432100; www.kidzcoolcambodia.com; Tonlé Sap Rd; Eintritt an Wochentagen/Wochenenden 5/10 US$, Erw. frei; 🕑 8–18.30 Uhr) 500 m südlich der Chruoy-Changvar-Brücke mit riesigem Spielplatz, Kletterwand, Hüpfburg und Schwimmbad. Vor Ort bekommt man günstiges Essen.

Kinder werden in den meisten Lokalen willkommen geheißen, ein paar Restaurants und Cafés sind jedoch ausdrücklich auf Familien ausgerichtet, z. B. Le Jardin (S. 120) und Living Room (S. 121). Das Fresco (S. 121) hat sogar eine Spielecke inklusive PlayStation. Gasolina (S. 124) ist eine weitere gute Alternative mit großem Garten. Nette Sitzplätze findet man natürlich auch am Flussufer.

Die für Kinder reizvollsten Sehenswürdigkeiten liegen außerhalb der Stadtgrenzen und sind gute Ziele für Tagesausflüge. Im Phnom-Tamao-Tierschutzzentrum (S. 134) leben Vertreter der unglaublich artenreichen kambodschanischen Fauna. In den riesigen Gehegen streifen Tiger, Elefanten und Bären umher. Noch weiter entfernt erstreckt sich der Kirirom-Nationalpark (S. 136) mit seinen hübschen Wasserfällen. Dort herrschen kühlere, angenehmere Temperaturen. Außerdem kann man das Kirirom Hillside Resort (S. 136) aufsuchen, das mit viel frischer Luft, jeder Menge Kiefern und Aktivitäten wie Reiten und Kajakfahren aufwartet.

GEFÜHRTE TOUREN

Individualreisende erkunden Phnom Penh am besten auf eigene Faust; das macht einfach mehr Spaß, als sich an die Vorgaben eines Reiseführers zu halten. Wer dennoch nicht auf eine Stadtführung verzichten möchte, wendet sich einfach an eine der bekanntesten Pensionen. Dort werden vielfach Ausflüge zu den zuvor genannten Sehenswürdigkeit angeboten (ca. 6 US$ pro Pers. zzgl. Eintrittpreise).

Wer sich für die neuere Khmer-Architektur der Sangkum-Ära (1953–70) interessiert, sollte sich einer Führung von **Khmer Architecture Tours** (www.ka-tours.org) anschließen. Zu Fuß bzw. per *cyclo* geht's zu den auffälligsten Gebäuden der Stadt. Abfahrt ist gewöhnlich jedes zweite Wochenende um 8.30 Uhr. Die Webseite umfasst eine selbst gezeichnete Karte mit den beliebtesten Spazierrouten. Mehr Informationen zu besonders sehenswerten Bauwerken bieten *Cultures of Independence* (2001) oder *Building Cambodia: New Khmer Architecture 1953–70* (2006).

SCHLAFEN

In Phnom Penh gibt's eine umfangreiche Auswahl an Unterkünften, die von Pensionen über Hotels bis zu Luxuspalästen reicht. Außerdem werden immer mehr neue Bauten errichtet, um den steigenden Besucherzahlen gerecht zu werden: Es ist also für jedes Budget etwas dabei.

Günstige Pensionen schießen überall in der Stadt aus dem Boden. Manchmal kostet eine Übernachtung gerade mal 2 US$ und für 5 US$ bekommt man schon ein kleines Zimmer mit Ventilator. Schicke, neue Räumlichkeiten mit Klimaanlage schlagen mit mindestens 10 US$ zu Buche. Das beste Preis-Leistungs-Verhältnis bieten Mittelklassehotels: Für etwa 25 US$ kann man sich oftmals über eine Topausstattung mit Klimaanlage, Satelliten-TV und schickem Bad freuen. Wer noch ein bisschen mehr ausgibt (ca. 50 US$), schläft wahrscheinlich in einer Bleibe mit Swimmingpool. Reisende, die nicht aufs Geld achten müssen, finden in der teuersten Kategorie noble, aber auch nichtssagende Hotels und jede Menge Boutique-Schick vor.

Budgetunterkünfte

Es gibt zwei beliebte Backpackerviertel in der Stadt. Eines liegt am Ostufer des Boeng-Kak-Sees, das andere erstreckt sich rund um das alteingesessene Capitol Guesthouse an den Straßen 182 und 111 westlich des Monivong Boulevards. Die Gegend in der Nähe des Sees ist ein bisschen rauer und wird vermutlich in der nächsten Zeit von profitgierigen Unternehmern aufgekauft werden.

WESTLICH DES MONIVONG BOULEVARDS

Die beliebtesten Budgetunterkünfte findet man in dem Labyrinth aus kleinen Straßen zwischen dem Psar O Russei und dem Sihanouk Boulevard weiter südlich.

LP Tipp **Narin Guesthouse** (Karte S. 83; ☎ 982554; touchnarrin@hotmail.com; 50 St 125; Zi. 3–10 US$;) Eine nach wie vor beliebte Anlaufstelle: Wir haben hier 1995 das erste Mal übernachtet! Das Narin verströmt eine familiäre Atmosphäre und wartet mit einer netten Terrasse zum Entspannen sowie ein paar sehr einfachen Budgetunterkünften auf.

Narin 2 Guesthouse (Karte S. 83; ☎ 350411; 20 St 111; Zi. 6–15 US$;) Nur wenige Blocks vom Narin entfernt erinnert das Narin 2 mehr an ein Hotel als der schwesterliche Betrieb. Vor Ort befindet sich ein elegantes Restaurant.

Das **King Angkor** (Karte S. 83; ☎ 220512; www.thekingangkor.com; 74 St 141; Zi. 6–25 US$;) wurde kürzlich renoviert und ist entsprechend gut in Schuss. Es bietet eine wahrhaft königliche Auswahl an Unterkünften. Unten gibt's zudem ein riesig wirkendes Restaurant und ein Reisebüro.

Dragon Guesthouse (Karte S. 83; ☎ 012 239066; 238 St 107; Zi. 7–12 US$;) Nette kleine Pension. Alle Zimmer sind mit Kabel-TV und Privatbad ausgestattet. Im gut besuchten Balkonrestaurant werden internationale Speisen serviert.

Spring Guesthouse (Karte S. 83; ☎ 222155; spring_guesthouse@yahoo.com; 34 St 111; Zi. 7–12 US$;) Vorreiter einer neuen Generation von schicken Pensionen in der Gegend. Gäste übernachten in hellen, sauberen Zimmern mit Kabel-TV. Wer länger bleibt, kann sich über günstigere Tarife freuen.

Sunday Guesthouse (Karte S. 83; ☎ 211623; 97 St 141; Zi. 8–16 US$;) Netter Familienbetrieb mit gepflegten Räumlichkeiten und einem guten Preis-Leistungs-Verhältnis! Die hilfsbereiten Angestellten sprechen Englisch.

Sky Park Guesthouse (Karte S. 83; ☎ 992718; skyparkguesthousepp@gmail.com; 78 St 111; Zi. 8–20 US$;) Angesichts des gebotenen Komforts ist diese blitzsaubere Unterkunft mit Aufzug wirklich günstig. Sämtliche Zimmer warten mit Kabel-TV und Warmwasser auf. Klimatisierte Räume gibt's ab 12 US$.

Fairyland Guesthouse (Karte S. 83; ☎ 092-538834; fairylandhotel@yahoo.com; 99 St 141; Zi. 13–15 US$;) Seit Ende 2009 in Betrieb. Das hohe Gebäude macht einen guten Eindruck: Innen findet man große, helle Zimmer mit ordentlicher Bettwäsche und netten Bädern vor. In den teureren Zimmern stehen ein Doppel- und ein Einzelbett.

Ebenfalls empfehlenswert:

Tat Guesthouse (Karte S. 83; ☎ 099-801000; tatguesthouse@hotmail.com; 52 St 125; Zi. 3–15 US$;) Netter Familienbetrieb mit günstigen, ansprechenden Zimmern. In dem Restaurant auf dem Dach weht eine leichte Brise.

Capitol Guesthouse (Karte S. 83; ☎ 724104; www.capitolkh.com; 14 St 182; Zi. 3–18 US$;) Eine der ältesten Pensionen in der Stadt. In den zahlreichen Anbauten sind preiswerte Zimmer und ein beliebtes Café untergebracht. Wenn man sich für eine Stadtführung interessiert, ist es eine gute Anlaufstelle.

RUND UM DIE STADT

Im Stadtgebiet verteilen sich zahlreiche Unterkünfte, sodass man nicht lange suchen muss.

Okay Guesthouse (Karte S. 83; ☎ 986534; 3B St 258; Zi. 3–15 US$;) Dieses Gästehaus ist mehr als nur okay: Reisende dürfen sich auf ein beliebtes Restaurant, einen schönen Garten, günstige Zimmer und eine freundliche Atmosphäre freuen. Die günstigsten Zimmer haben kein eigenes Bad. Wer ein bisschen mehr ausgibt, bekommt eine klimatisierte Bleibe mit TV und Warmwasser.

Last Home (Karte S. 83; ☎ 012 831702; www.lasthomecambodia.com; 21 St 172; Zi. 5–15 US$;) Liegt hinter dem Wat Ounalom an der Straße 172 und mausert sich langsam zu einer Topadresse. Viele Reisende halten dem Last Home die Treue und kommen immer wieder. Zu den Extras zählen Kabel-TV und gute Bäder.

Home (Karte S. 83; ☎ 077-663221; www.home-cambodia.com; 8 St 258; Zi. 6–12 US$;) Ein brandneues, 2010 fertiggestelltes Hotel mit nur einer Handvoll Zimmer. Die Atmosphäre ist ausgelassen und vorne befindet sich ein gut besuchtes Bar-Restaurant.

Top Banana Guesthouse (Karte S. 83; ☎ 012 885572; www.topbanana.biz; Ecke St 51 & 278; Zi. 6–15 US$;) Tolle Lage gegenüber dem Wat Langka. Auf dem Dach findet man einen wunderbaren Lounge-Bereich zum Entspannen. In den billigsten Zimmern müssen Gäste auf warmes Wasser verzichten und in den teureren Unterkünften sorgt die Klimaanlage für frostig kalte Temperaturen.

Royal Guesthouse (Karte S. 83; ☎ 218026; 91 St 154; Zi. 8–15 US$;) Alteingesessene Pension mit ein paar eleganteren Räumen, die fast in die Kategorie Edelbackpacker gehören. Makellose Bäder und geschmackvolles Dekor.

Dara Reang Sey Hotel (Karte S. 83; ☎ 428181; www.darareangsey.com; 45 St 13; Zi. 8–35 US$;) Ebenfalls schon lange dabei ist dieses Hotel mit preiswerten Zimmern, fürsorglichen Eigentümern und Wohlfühlatmosphäre.

Hotel Indochine (Karte S. 83; ☎ 724239; indochinehtl@camnet.com.kh; 251 Sisowath Quay; Zi. 10–25 US$;) Eine der ältesten Adressen am Flussufer mit einem akzeptablen Preis. TV, Kühlschrank und Warmwasser gehören zur Standardausstattung, am schönsten sind aber die Zimmer inklusive Balkon und Flussblick.

Boddhi Tree Umma (Karte S. 83; www.boddhitree.com; 50 St 113; Zi. 12–32 US$;) Zartbesaiteten wird die Lage gegenüber vom Tuol-Sleng-Museum eventuell etwas zusetzen, doch davon abgesehen gilt das Boddhi Tree als eine herrlich atmosphärische Unterkunft. Das alte Holzhaus beherbergt klimatisierte Zimmer und im Garten befindet sich ein wirklich ausgezeichnetes Restaurant.

Bright Lotus Guesthouse (Karte S. 83; ☎ 990446; 22 St 178; Zi. 16–22 US$;) Gewährt einen tollen Blick auf das Nationalmuseum und den Königspalast – sowie auf das Flussufer, falls man einen Giraffenhals hat. Außerdem gibt's hier (gebührenpflichtiges) WLAN.

RUND UM DEN BOENG-KAK-SEE

Fast alle Pensionen am See stehen auf hölzernen Plattformen über dem Wasser. Der Boeng Kak ist stark verschmutzt, deshalb sollte man nicht auf die Idee kommen, darin zu schwimmen. Manche vergleichen die Umgebung mit einer Art Ko Pha Ngan in der Stadt – bloß dass der Boeng Kak nicht unbedingt mit dem Golf von Thailand mithalten kann. Wertgegenstände bewahrt man am besten im Schließfach auf, weil die meisten Unterkünfte nicht sehr sicher sind. Leider steht bereits fest, dass Investoren das komplette Gelände umgestalten werden und der See somit Stück für Stück unter Sanddünen und Müll verschwinden wird.

Number 10 Lakeside Guesthouse (Karte S. 83; ☎ 012 725032; 10 St 93; Zi. 3–10 US$) Spottbillige Zimmer mit Gemeinschaftsbad und größere Räume mit Warmwasser und Kabel-TV am Seeufer. Es gibt einen gemütlichen Essbereich, der sich gut zum Abhängen eignet, außerdem kann man dort auch einfach etwas trinken. In der Nähe reihen sich ähnliche Pensionen mit entspannter Atmosphäre aneinander.

Grand View Guesthouse (Karte S. 83; ☎ 430766; www.grandview.netfirms.com; St 93; Zi. 4–10 US$;) Hier lautet das Motto „Thailand trifft Vietnam", da die kastenförmigen Zimmer im Bangkoker Stil in einem schmalen Gebäude mit Saigoner Dekoration untergebracht sind. Um zu den Unterkünften in den oberen Etagen zu gelangen, muss ein relativ langer Weg zurückgelegt werden, doch die Aussicht auf den See ist unvergleichlich.

Mittelklassehotels

Wer zwischen 20 und 80 US$ pro Nacht ausgeben kann und will, darf sich auf eine exzellente Auswahl an Hotels freuen. Einige der eleganteren Mittelklasseunterkünfte inklusive Swimmingpools müssen sich in puncto Komfort nicht vor den Luxushotels verstecken.

Ähnlich wie die Budgetpensionen sind auch die Mittelklasseoptionen über das komplette Stadtgebiet verteilt. Unsere favorisierte

Anlaufstelle ist der Sisowath Quay am Flussufer, doch auch südwestlich des Unabhängigkeitsdenkmals findet man gute Adressen.

AM FLUSSUFER

Das **Paragon Hotel** (Karte S. 83; ☎ 222607; 219 Sisowath Quay; Zi. 17–38 US$;) beherbergt 40 Zimmer an einem belebten Abschnitt des Flussufers und bietet ein hervorragendes Preis-Leistungs-Verhältnis! TV und Minibar gehören zur Standardausstattung und die teureren Räume warten mit makellosen Duschen auf.

River Star Hotel (Karte S. 83; ☎ 990501; www.riverstarhotel.com; 185 Sisowath Quay; Zi. 18–35 US$;) Ordentliche, relativ geräumige Zimmer mit Kabel-TV, Kühlschrank und Klimaanlage. Unten befindet sich ein beliebtes Bar-Restaurant und es gibt sogar einen Aufzug.

Bougainvillier Hotel (Karte S. 83; ☎ 220528; www.bougainvillierhotel.com; 277 Sisowath Quay; Zi. 58–100 US$;) Eines der besten Hotels in diesem Preissegment. Alle Zimmer warten mit chinesischen bzw. Khmer-Möbeln sowie eleganten Seidenstoffen auf. Die Suiten sind sehr groß und gewähren einen tollen Blick auf den Tonlé Sap. Gefrühstückt (im Preis inbegriffen) wird in dem angesehenen französischen Restaurant vor Ort.

Hotel Castle (Karte S. 83; ☎ 211425; www.hotelcastle.com.kh; 4 St 148; Zi. ab 65 US$;) Die moderne Unterkunft liegt zwar nicht direkt am Flussufer, doch dieses Manko machen die schicken Zimmer, der Swimmingpool und das kostenlose WLAN mehr als wett.

Imperial Garden Villa (Karte S. 80 f.; ☎ 219991; www.imperialgarden-hotel.com; 315 Sisowath Quay; EZ/DZ 65/70 US$;) Angesichts des Drei-Sterne-Komforts und kostenlosen WLANs handelt es sich hierbei um eine relativ günstige Option. Darüber hinaus kommen Gäste in den Genuss eines großen Pools und eines Tennisplatzes. Das Frühstückbüfett ist im Preis inbegriffen, und während man isst, blickt man auf den Mekong.

Im **Foreign Correspondents' Club** (Karte S. 83; ☎ 210142; www.fcccambodia.com; 363 Sisowath Quay; Zi. 80–155 US$;) kann man sich problemlos in die aufregende Zeit der Kriegsberichterstattung zurückversetzen. Die Räumlichkeiten verfügen über ein tolles Holzdekor und sind mit DVD-Spielern sowie Minibars (darin stehen keine kleinen Schnäpse, sondern 1-Liter-Flaschen Alkohol!) ausgestattet. In der Restaurant-Bar (S. 119) herrscht immer jede Menge Andrang.

Ebenfalls empfehlenswert:

Tonle Sap Guesthouse (Karte S. 83; ☎ 986722; www.tonlesapguesthouse.com; 4 St 104; Zi. 18–40 US$;) Befindet sich über dem Pickled Parrot (S. 123) und ist eine gute Anlaufstelle für Leute, die gerne rund um die Uhr feiern.

Eye of the Mekong (Karte S. 83; ☎ 092-880240; eyeofthemekong@gmail.com; 30 St 110; Zi. 20–40 US$;) Verfügt über gerade mal vier Zimmer. Die beiden größeren sind besonders zu empfehlen, denn sie besitzen schöne Möbel und es gibt eine Regendusche.

Khmer Royal Hotel (Karte S. 83; ☎ 223824; www.khmerroyalhotel.com; Sisowath Quay; Zi. 45–55 US$;) Jenseits der wenig ansprechenden Fassade verbergen sich ein paar nette Räume. Nach einer Unterkunft mit Flussblick fragen.

ZENTRUM

Wer auf der Suche nach einer günstigen, guten Unterkunft ist, sollte die sogenannte Goldene Meile ansteuern – eine Ansammlung von Hotels auf der Straße 278, deren Namen das Wort „Golden" enthalten. Sie bieten alle einen ähnlichen Standard (Klimaanlage, Kabel-TV, Kühlschrank, Warmwasser und einen kostenlosen Wäscheservice) für 15 US$.

Town View Hotel (Karte S. 83; ☎ 992939; 30 St 111; www.townviewhotel.com; Zi. ab 20 US$;) Ein elegantes Haus in einem beliebten Backpackerrevier. Die Zimmer punkten mit Kabel-TV, einer Minibar und einem blitzsauberen Bad, außerdem gibt's einen Aufzug.

Goldie Boutique Guesthouse (Karte S. 83; ☎ 996670; 6B-D St 57; Zi. 23–30 US$;) Das Hotel besteht aus drei Häusern und ist ziemlich beeindruckend: Fast alle Zimmer verfügen über einen Balkon und sämtliche Räumlichkeiten weisen einen tollen Stil auf. Familienzimmer (30 US$) haben ein zweites Schlafzimmer.

Kambuja Inn (Karte S. 83; ☎ 223377; kambujainn@camnet.com.kh; 10 St 174; Zi. 25–40 US$;) Diese Unterkunft nimmt ein paar alte französische Ladenhäuser unweit des Norodom Boulevards ein und beherbergt zehn charmante, komfortable Zimmer. Holz und Seide prägen das Dekor und die teureren Räumlichkeiten gehen schon fast als Suiten durch.

Scan Hotel (Karte S. 83; ☎ 214498; www.hotel-scandinavia-cambodia.com; 4 St 282; Zi. 30–55 US$;) Ein echter Geheimtipp unter eingefleischten Phnom Penh-Fans. DVD-Spieler und Minibar gehören zur Grundausstattung auf den Zimmern und im Garten lockt ein Swimmingpool. Auf dem Gelände befinden sich zudem ein Restaurant sowie eine Kunstgalerie und auf dem Dach kann man Shuffleboard spielen. Das Internet darf gegen eine Gebühr genutzt werden.

Hotel Cara (Karte S. 83; ☎ 430066; www.hotelcara.com; 18 St 47; EZ/DZ ab 34/39 US$;) Stil zu erschwinglichen Preisen. Die Zimmer sind von zeitgenössischen Khmer-Materialien geprägt und verfügen oftmals über einen Balkon.

LP Tipp **Amber Villa** (Karte S. 83; ☎ 216303; www.amber-kh.com; 1A St 57; Zi. 35–40 US$;) Eine heimelige kleine Unterkunft mit B&B-Flair sowie ausreichend großen, ordentlichen Zimmern. Internetnutzung und Wäscheservice sind im Preis inbegriffen.

Billabong (Karte S. 83; ☎ 223703; www.thebillabonghotel.com; 5 St 158; Zi. 36–62 US$;) Trotz seiner Nähe zum Psar Thmei ist das Billabong eine Oase der Ruhe. Alle 15 Zimmer des Boutique-Hotels sind um einen großen Swimmingpool angeordnet. Die Standardräume fallen eher klein aus, während die Unterkünfte direkt am Pool geräumiger und stilvoller daherkommen.

Manor House (Karte S. 83; ☎ 992566; www.manorhousecambodia.com; 21 St 262; EZ/DZ ab 38/43 US$;) Schwule und Lesben sind hier ausdrücklich willkommen. Die kleine Villa in einer Seitenstraße bietet geschmackvoll eingerichtete Zimmer und einen kleinen Pool. Die Deluxe-Variante wartet mit DVD-Spielern auf. Keine Familien mit Kindern.

LP Tipp **Pavilion** (Karte S. 83; ☎ 222280; www.thepavilion.asia; 227 St 19; Zi. 40–90 US$;) Diese atmosphärische Unterkunft mit eindeutiger chinesisch-kambodschanischer Note ist in einer der elegantesten französischen Villen der Stadt untergebracht. Von manchen Zimmern blickt man direkt auf den Pool. Mittlerweile nimmt das Pavilion auch das Gebäude nebenan ein; ein paar der dortigen Räumlichkeiten sind sogar mit einem eigenen Tauchbecken ausgestattet. Weitere Extras: kostenloses WLAN und ein wunderschöner Garten. Kinder sind hier allerdings nicht erwünscht.

Villa Langka (Karte S. 83; ☎ 726771; www.villalangka.com; 14 St 282; Zi. 40–110 US$;) Ein sehr beliebtes Boutiquehotel nahe dem Wat Langka. Die 27 Zimmer liegen rund um einen netten Pool und ein Gartencafé. Je teurer die Unterkunft, desto aufwendiger ist das Dekor und desto mehr Platz hat man zur Verfügung. Die Suiten kosten etwa 100 US$ (jeweils zzgl. 10 % Steuern).

Kabiki (Karte S. 83; ☎ 222290; www.thekabiki.com; 22 St 264; Zi. 50–75 US$;) Phnom Penhs familienfreundlichste Bleibe hat einen weitläufigen Garten mit einem einladenden Swimmingpool und einem Kinderbecken. Die Familienzimmer sind mit Etagenbetten ausgestattet, außerdem verfügen die meisten Unterkünfte über private Gartenterrassen.

Ebenfalls empfehlenswert:

Golden Mekong Hotel (Karte S. 83; ☎ 211721; www.goldenmekonghotel.com; 205 St 19; Zi. 20–30 US$;) Atmosphärisches, komfortables Hotel hinter dem Königspalast mit gutem Preis-Leistungs-Verhältnis.

Blue Lime (Karte S. 83; ☎ 222260; www.bluelime.asia; 42 St 19; Zi. 40–60 US$;) Das schicke Hotel mit minimalistischem Dekor hat dieselben Betreiber wie das Pavilion (siehe links). Viele Zimmer gewähren einen Blick auf den hübschen Swimmingpool.

Boddhi Tree Aram (Karte S. 83; www.boddhitree.com; 70 St 244; Zi. 58–68 US$;) Gewissermaßen die Deluxe-Variante des Boddhi Tree Umma (S. 110). Eine elegante Bleibe mit stilvoll aufgemachten Zimmern ganz in der Nähe des Königspalasts.

Almond Hotel (Karte S. 83; ☎ 220822; www.almondhotel.com.kh; 128F Samdech Sothearos Blvd; Zi. 58–86 US$;) Businesshotel mit Boutique-Schick – besser kann man das beliebte Almond wahrscheinlich nicht beschreiben.

AUSSERHALB DER STADT

L'Elephant Blanc Resort (außerhalb der Karte S. 80 f.; ☎ 222988; NH1; Zi. 25–30 US$;) Ein wunderschönes kleines Resort außerhalb des Stadtgebiets – genau der richtige Ort, wenn man genug von der Großstadthektik hat. Große, bequeme Zimmer und ein toller Pool gehören mit zum Paket. An Wochenenden wird die Anlage vor allem von Ausländern mit ständigem Wohnsitz in Phnom Penh frequentiert. Unter der Woche geht's um einiges ruhiger zu.

Spitzenklassehotels

Normalerweise kommt man in den Luxushotels günstiger davon, wenn man die Buchung vorab im Internet oder über ein Reisebüro vornimmt: So kann man bis zu 50 % sparen!

River 108 (Karte S. 83; ☎ 218785; www.river108.com; 2 St 108; Suite ab 78 US$;) Dieses schicke neue Boutiquehotel nahe dem Flussufer besticht durch eine elegante Chintz-Note. Die Zimmer warten mit Flachbildfernsehern und großzügigen Bädern auf. Einige verfügen zudem über Terrassen mit Flussblick.

Hotel Cambodiana (Karte S. 80 f.; ☎ 426288; www.hotelcambodiana.com; 313 Sisowath Quay; EZ/DZ 100 US$;) Ein echtes Wahrzeichen, das in regelmäßigen Abständen generalüberholt wird, um mit neueren Einrichtungen mithalten zu können. Zur Anlage gehören Tennisplätze, ein Swimmingpool und eine erstklassige Bäckerei. Als das Cambodiana noch nicht fertiggestellt war, nutzte es die Regierung unter Lon Nol als Militärbasis. 1975 suchten hier Tausende von Flüchtlingen aus den ländlichen Regionen Schutz.

Quay (Karte S. 83; www.thequayhotel.com; Sisowath Quay; Zi. ab 100 US$;) Kambodschas erstes CO_2-neutrales Hotel. Das elegante Quay liegt am Flussufer und sein Design erinnert an Philippe Starck. Die Suiten mit Panoramablick auf den Fluss (ab 140 US$) sind heiß begehrt und wesentlich geräumiger als die fensterlosen Zimmer an der Rückseite. Auf dem Gelände befinden sich außerdem das Restaurant Chow (dort gibt's Fusion-Küche) sowie eine tolle Bar und ein Sprudelbad auf dem Dach.

Himawari (Karte S. 83; ☎ 214555; www.himawarihotel.com; 313 Sisowath Quay; Apt. 128 US$;) Erinnert an ein privates Wohnhaus und verfügt sowohl über Zimmer als auch über Suiten und Apartments. Das Himawari hat eine tolle Lage am Mekong-Ufer und bietet eine Menge Extras wie einen Pool und ein Fitnessstudio. Darüber hinaus kann man direkt am Fluss zu Abend essen. Tipp: Besser nach einem Nichtraucherzimmer fragen, sonst muss man einen starken Geruch nach Zigarettenqualm in Kauf nehmen.

Amanjaya Pancam Hotel (Karte S. 83; ☎ 219579; www.amanjaya.com; 1 St 154; Suite 155–250 US$;) In unmittelbarer Nähe des Flussufers gewährt das Amanjaya Pancam eine tolle Aussicht auf den Tonlé Sap und den Wat Ounalom. Dies war das erste Boutique-Hotel von Phnom Penh. Es beherbergt geräumige, stilvoll gestaltete Suiten mit eleganten Khmer-Gardinen und Tropenmobiliar.

LP Tipp **Hotel Le Royal** (Karte S. 83; ☎ 981888; www.raffles.com; Ecke Monivong Blvd & St 92; Zi. ab 200 US$;) Gemeinsam mit dem Oriental in Bangkok und Raffles in Singapur zählt diese Unterkunft zu den prächtigsten alten Hotels in Asien. Der klassische Kolonialbau gilt als Phnom Penhs absolute Topadresse. Gäste dürfen sich auf einen ausgezeichneten Service und jede Menge Stil freuen. Zur Anlage gehören zwei Swimmingpools, ein Fitnessstudio, ein Spa sowie diverse Bars und Restaurants. Übrigens: Zwischen 1970 und 1975 übernachteten hier viele bekannte Journalisten.

ESSEN

Wer gutes Essen liebt, wird sich inPhnom Penh wohlfühlen. Die Auswahl an Restaurants ist fantastisch, denn man kann sich an landestypischer Khmer-Küche, aber auch an chinesischen, vietnamesischen, thailändischen, indischen, französischen, italienischen, spanischen und mexikanischen Spezialitäten laben. Die meisten Khmer-Restaurants öffnen gegen 6.30 Uhr, Essen wird bis etwa 21 Uhr serviert. Internationale Restaurants schließen gewöhnlich gegen 22 Uhr und teilweise wird zwischen Frühstück und Mittagessen bzw. Mittag- und Abendessen Pause gemacht.

Die günstigsten Speisen gibt's auf den vielen Märkten. Zwar sind die dortigen Restaurantbereiche nicht unbedingt schick, aber dafür locken sie mit schmackhaften, preiswerten Snacks. Wenn es einem in den Gebäuden zu heiß und hektisch ist, sollte man einen der Straßenverkäufer ansteuern, die ihre Waren auf den Schultern tragen bzw. in kleinen Karren durch die Gegend schieben.

In den Minirestaurants und Imbissen geht's etwas zivilisierter zu, ohne dass man dafür allzu tief in die Tasche greifen muss. Viele internationale Lokale sind für kambodschanische Verhältnisse ziemlich teuer; wenn man die Preise allerdings mit denen im Heimatland vergleicht, kommt man immer noch günstig davon.

Manche Traveller verbringen fast ihre gesamte Zeit auf dem Balkon ihrer Unterkunft, weil ihnen die Eigentümer erzählen, dass Phnom Penh eine gefährliche Stadt ist. Wir raten allerdings davon ab, denn in diesem Fall verpasst man ein wahrhaft kulinarisches Abenteuer der Extraklasse!

Kambodschanisch

Nach Sonnenuntergang erstrahlen die Angkor-Beer-Schriftzüge der Khmer-Restaurants und weisen Kunden mit großem Hunger bzw. Durst den Weg. Nur nicht schüchtern sein und einfach dem optischen Reiz folgen: Als Lohn winken leckeres Essen, große Bierkrüge und eine lebendige Atmosphäre. Ein lokaltypisches Gericht kostet 2 bis 4 US$, ein Krug Bier rund 2 US$.

Soup-chhnang-dei-Restaurants, in denen die Gäste ihre Suppen selbst zubereiten, stehen bei Kambodschanern hoch im Kurs und sind ein witziges Gruppenevent. Einheimische Restaurantbesucher helfen Ausländern normalerweise gerne: Damit die Suppe gelingt,

ESSEN FÜR EINEN GUTEN ZWECK

Hinter ein paar Restaurants in der Hauptstadt stehen Hilfsorganisationen, die ihre Projekte in Kambodscha u.a. mit Einnahmen aus dem Gaststättengewerbe finanzieren. Mit einer leckeren Mahlzeit kann man also aktiv zum Wiederaufbau des Landes beitragen. Außerdem bieten diese Lokale Einheimischen die Chance, wertvolle Arbeitserfahrungen zu sammeln.

Café Yejj (Karte S. 80 f.; 170 St 450; Hauptgerichte 3–6 US$; ⌚ Mo–Sa 7–17, So 9.30–14 Uhr) Das klimatisierte Café im Bistrostil ist eine gute Anlaufstelle nach dem Besuch des Psar Tuol Tom Pong (Russischer Markt). Hier locken Pastagerichte, Salate, Frappuccinos und Brownies. Das Yejj setzt sich für fairen Handel und gerechte Arbeitsbedingungen ein.

Ebony Apsara Café (Karte S. 83; 42 St 178; Hauptgerichte 2–5 US$; ⌚ 11–24 Uhr, an Wochenenden bis 2 Uhr) Schickes kleines Café unweit des Norodom Boulevards, in dem gesunde Shakes, vegetarische Leckerbissen, Khmer- und internationale Küche serviert werden. Der Laden ist bis spätabends geöffnet und 40 % des Erlöses gehen an die Apsara Arts Association (S. 125).

LP Tipp **Friends** (Karte S. 83; ☎ 426748; www.friends-international.org; 215 St 13; Gerichte 2–8 US$; ⌚ 11–21 Uhr) Eines der beliebtesten Restaurants in Phnom Penh in erstklassiger Lage nahe dem Nationalmuseum. Gäste kommen in den Genuss von leckeren Tapas, himmlischen Smoothies und abwechslungsreichen Cocktails. Diesen Laden darf man sich nicht entgehen lassen, denn die Betreiber ermöglichen ehemaligen Straßenkindern der Einstieg ins Gaststättengewerbe.

Hagar (Karte S. 83; ☎ 012 306075; www.hagarcambodia.com; 23 St 288; ⌚ 7–16 Uhr) Sämtliche Einnahmen werden zur Unterstützung mittelloser oder missbrauchter Frauen aufgewendet. Auf der Speisekarte stehen sowohl asiatische als auch westliche Gerichte (3–12 US$). Das Mittagsbüfett kostet nur 4,50 US$.

Lazy Gecko Café (Karte S. 83; ☎ 017 912935; 23B St 93; Hauptgerichte 1,50–4,50 US$; ⌚ 8–23 Uhr) Hausgemachtes Hummus „wie aus Zypern" und andere internationale Speisen werden in diesem ungezwungenen Laden aufgetischt, der ein lokales Waisenhaus unterstützt. Donnerstags ist Quizabend und samstags kann man sich das Kinderheim ansehen sowie zu Abend essen, außerdem führen die Kleinen etwas vor.

Le Lotus Blanc (Karte S. 83; ☎ 995660; 152 St 51; Hauptgerichte 6 US$, Menü 12 US$; Mo–Fr Frühstück & Mittagessen) Dieses elegante neue Lokal dient als Ausbildungsstätte für Jugendliche, die zuvor die städtische Müllhalde durchforsten mussten. Betreiber ist die französische NRO Pour un Sourire d'Enfant (Für das Lächeln eines Kindes). In der Küche wird westliche bzw. Khmer-Küche zubereitet. Das Originalrestaurant befindet sich auf dem Gelände der PSE in Stung Meanchey.

Le Rit's (Karte S. 83; ☎ 213160; 71 St 240; Hauptgerichte 3–5 US$; ⌚ Mo–Sa 7–17 Uhr) Ist kürzlich auf die Straße 240 umgezogen. Besucher können Khmer- und Thai-Gerichte bestellen und sich über günstige Drei-Gänge-Mittagsmenüs (6 US$) freuen. Mit den Einnahmen ermöglicht man benachteiligten Frauen den Wiedereinstieg in einen Beruf.

LP Tipp **Romdeng** (Karte S. 83; ☎ 092-219565; 74 St 174; Hauptgerichte 4–7 US$; ⌚ Mo–Sa 11–22 Uhr) Das schicke Restaurant in einer traumhaften Villa aus der Kolonialzeit gehört zur „Friends"-Gruppe und hat sich auf Speisen aus dem ländlichen Kambodscha spezialisiert. Die Auswahl an traditionellen kambodschanischen Gerichten ist geradezu umwerfend – man beachte die legendären frittierten Spinnen –, außerdem wartet das Romdeng mit einem üppig grünen Garten samt Swimmingpool auf.

Veijo Tonlé (Karte S. 83; ☎ 012 847419; 237 St Sisowath Quay; Hauptgerichte 3–6 US$; ⌚ 7 Uhr–open end) In dem kleinen Laden am Fluss zaubern die Köche Pizzas, internationale Klassiker sowie Khmer- und Thai-Küche auf den Tisch. Ein Teil des Gewinns wird zur Unterstützung eines lokalen Waisenhauses verwendet.

muss beim Garen der Zutaten nämlich eine bestimmte Reihenfolge eingehalten werden. Häufig wird in diesen Lokalen auch *phnom pleung* (Feuerhügel) angeboten, was bedeutet, dass man Rindfleisch, Krabben, Tintenfisch & Co. auf einem eigenen Grill zubereitet.

Als gute Adressen fürs Frühstück und Mittagessen gelten der Psar Thmei (Hauptmarkt; Karte S. 83), der Psar Tuol Tom Pong (Russischer Markt; Karte S. 80 f.) und der Psar O Russei (Karte S. 83). Dort kann man auch gleich eine Runde shoppen gehen. Die meisten Speisen kosten 3000 bis 6000 R. Am frühen Abend werden in verschiedenen Teilen der Stadt zudem Essensstände unter freiem Himmel aufgebaut. Auf dem **Psar Ta Pang** (Karte S. 83; Ecke Sts 51 & 136) bekommt man z. B. *bobor* (Reisbrei) und leckere Desserts.

Wer angesichts der Märkte und Straßenstände um seinen Magen bangt, den sollte der klimatisierte Food Court im **Sorya Shopping Centre** (Karte S. 83; 4. OG, Ecke Sts 63 & 154) überzeugen. Dort wimmelt es immer von Einheimischen und es wird ein Couponsystem wie in Thailand verwendet. Besucher haben die Wahl zwischen mehr als 20 Lokalen von Khmer- bis zu chinesischer, thailändischer und vietnamesischer Küche. Darüber hinaus gibt's Desserts und Fruchtshakes. Ein Gericht kostet 4000 bis 8000 R. Im siebten Obergeschoss befindet sich **Master Suki Soup** (Suppe ab 5 US$). Das Konzept des Ladens ist zwar japanisch, er hat jedoch eine eindeutige Khmer-Note und ebenfalls *soup chhnang dei* im Programm. Fotos erleichtern ausländischen Gästen die Auswahl der Zutaten. Der Blick auf den Psar Thmei von der obersten Etage ist übrigens umwerfend.

K'nyay (Karte S. 83; ☎ 225225; 25K Soramarit Blvd; Hauptgerichte 2–5 US$; ⏰ Di–Fr 12–21, Sa 7–21, So geschl.) Schickes kleines kambodschanisches Restaurant, das ein Stück abseits der Hauptstraße in einer schön begrünten Villa untergebracht ist. Auf der Speisekarte stehen zahlreiche vegetarische und vegane Gerichte sowie gesunde Shakes und hausgemachtes Eis (darunter Sorten wie Ingwer und Honig).

Goldfish River Restaurant (Karte S. 83; Sisowath Quay; Hauptgerichte 2–8 US$; ⏰ 7–22 Uhr) Das Restaurant steht auf Stelzen im Tonlé Sap. Es sieht vielleicht nicht besonders umwerfend aus, bietet jedoch authentische kambodschanische Küche (mehr als 300 Gerichte!), etwa Krebse mit schwarzem Pfeffer oder Tintenfisch mit frischen Pfefferkörnern. Die kühle Brise gibt's gratis dazu.

Seven Bright Restaurant (Karte S. 83; ☎ 012 833555; St 13; Hauptgerichte 2–8 US$; ⏰ 5.30–22.30 Uhr) Na, wiedererkannt? Dies ist Gerard Depardieus Hotellobby aus dem Film *City of Ghosts*. Für gerade einmal 3 US$ kann man sich am Mittagsbüfett sattessen und manchmal wird Livemusik gespielt. Das Seven Bright öffnet bereits sehr zeitig und gilt als gute Anlaufstelle, wenn man sich vor einer frühen Busfahrt noch schnell stärken will.

Bopha Phnom Penh Restaurant (Karte S. 83; ☎ 992 800; Sisowath Quay; Hauptgerichte 2–10 US$; ⏰ 6–23 Uhr) Ein beeindruckendes Restaurant mit Schnitzereien im Angkor-Stil, massiven Möbeln und einer hübschen Flussterrasse direkt neben dem Goldfish (siehe links). Die Köche bereiten Khmer-, asiatische und westliche Gerichte zu. Mittags gibt's günstigere Menüs.

Frizz Restaurant (Karte S. 83; ☎ 220953; 67 St 240; Hauptgerichte 3–7 US$; ⏰ 7–22 Uhr) Der Name klingt zwar nicht besonders kambodschanisch, trotzdem werden hier köstlichste Khmer-Gerichte aufgetischt. Darüber hinaus kann man sich an internationalen Speisen wie Steak-und-Guinness-Pastete gütlich tun. Übrigens: Hier wird auch Kochunterricht angeboten (S. 105).

Kravanh (Karte S. 83; ☎ 012 792088; 112 Samdech Sothearos Blvd; Hauptgerichte 3–8 US$; ⏰ 11.30–22 Uhr) Dieses elegante neue Khmer-Restaurant hebt sich in puncto Einrichtung und Dekor deutlich von seinen Nachbarn ab und wird von einem Franko-Kambodschaner betrieben. Auf der Karte stehen traditionelle Salate, schmackhafte Suppen und andere regionale Spezialitäten.

Khmer Surin (Karte S. 83; ☎ 363050; 9 St 57; Hauptgerichte 3–8 US$; ⏰ 11–22 Uhr) Sehr beliebt bei Reisegruppen, was z. B. am atmosphärischen Ambiente liegt, das von Sitzkissen, blühenden Pflanzen und antiken Möbeln geprägt ist. In der Küche werden leckere kambodschanische und thailändische Gerichte zubereitet. Da sich das Restaurant über drei Etagen erstreckt, findet man normalerweise problemlos ein ruhiges Eckchen.

LP Tipp **Slek Chak** (Karte S. 83; ☎ 012 979199; 165D St 51; Hauptgerichte 3–10 US$; ⏰ 11.30–22.30 Uhr) Besitzer dieses Ladens ist niemand Geringeres als Preap Sovath – gewissermaßen der Robbie Williams Kambodschas. Das Slek Chak macht zwar von außen nicht viel her, aber drinnen erwarten einen Delikatessen wie Fischeiersuppe, pikante Froschschenkel und Wachteleier, die in einem Tontopf mit schwarzem Pfeffer gegart werden. Für das Mittagsbüfett werden nur 3 US$ verlangt.

Sugar Palm (Karte S. 83; ☎ 220956; 19 St 240; Hauptgerichte 4–9 US$; ⏰ 11.30 Uhr–open end) Eine gemütliche Restaurant-Bar mit coolem, modernem Ambiente auf der belebten Straße 240. Hier kommen traditionelle Gerichte auf den Tisch. Nachdem man sich unten einen Cocktail genehmigt hat, kann man sich auf den Balkon begeben, um dort ein lauschiges Abendessen zu genießen.

LP Tipp **Malis** (Karte S. 83; ☎ 221022; 136 Norodom Blvd; Hauptgerichte 5–15 US$; ⏰ 6–23 Uhr) Phnom

ABENDESSEN JENSEITS DER BRÜCKE

Der Wiederaufbau der Chruoy-Changvar-Brücke (Japanische Freundschaftsbrücke) am Tonlé-Sap-Fluss gab den Anstoß für einen Restaurantboom am östlichen Ufer: Dutzende von Lokalen säumen die Schnellstraße, darunter sowohl schicke als auch schäbige Läden. Fast alle eignen sich hervorragend für einen typisch kambodschanischen Abend. Sie werden vielfach von betuchten Einheimischen frequentiert: Insbesondere an den Wochenenden wimmelt es hier nur so von Kambodschanern, die sich auf eine lange Nacht einstimmen. Eine Mahlzeit kostet 3 bis 10 US$ (man hat die Wahl zwischen ca. 300 Gerichten!). Von der Ostseite der Brücke muss man sich Richtung Norden halten, dann stößt man nach ca. 1 km auf die Restaurantmeile. Viele größere Läden haben ihre eigene Hausband. Achtung: Der Verstärker wird oft bis zum Anschlag aufgedreht, deshalb sollte man sich besser nicht direkt an die Bühne setzen.

Im Folgenden ein paar der beliebtesten Adressen (sie sind ausgeschildert). Eine *moto*-Fahrt zwischen Zentrum und Restaurantmeile kostet ca. 1 US$.

- **Boeng Bopha Restaurant** – Zieht ein jüngeres Publikum an. Auf der Speisekarte stehen die typischen Gerichte.
- **Rum Chang Restaurant** – War lange Zeit eine der besten Anlaufstellen für authentische Khmer-Küche, hat aber keine eigene Band. Grandiose Lage mit Blick auf den Mekong. Zählt zu Luu Mengs Favoriten (S. 65).
- **Ta Oeu Restaurant** – Einfaches Restaurant mit tollem Preis-Leistungs-Verhältnis. Authentisches, leckeres Essen.
- **Tata Restaurant** – Zählt zur neueren Generation eleganter, gehobener Lokale. Am Wochenende treten führende Entertainer auf. Sehr beliebt.

Penhs bestes Khmer-Restaurant. Das schicke Malis ist ein Ort zum Sehen und Gesehenwerden. Der Garten gilt als besonders schön, doch in dem labyrinthartigen Gebäude kann man die Vorzüge der Klimaanlage genießen. Hier zaubern die Köche beispielsweise Rindfleisch in Bambusstreifen, Sandgrundel mit Ingwer sowie traditionelle Suppen und Salate auf den Tisch. Großer Beliebtheit erfreut sich vor allem das aufwendige Frühstück – für 1,50 bis 3 US$ ein echtes Schnäppchen.

Natürlich war das noch längst nicht alles:

Khmer Borane Restaurant (Karte S. 83; ☎ 012 290092; 389 Sisowath Quay; Hauptgerichte 2–5 US$; ⏲ 11–23 Uhr) Traditionelle Khmer-Küche am Flussufer unweit des Königspalasts.

Rorg Damrei (Karte S. 80 f.; ☎ 017 236069; 41 St 310; Hauptgerichte 2–5 US$) Speisen unter freiem Himmel im Herzen des NRO-Bezirks. Das Essen ist gesund und günstig.

Green Pepper (Karte S. 80 f.; ☎ 017 417776; Samdech Sothearos Blvd; Hauptgerichte 2,50–4 US$) Kleines Lokal in der Nähe des Flusses mit Khmer- und Thai-Gerichten. Im Zwischengeschoss gibt's besonders nette Sitzplätze.

Kith Eng Restaurant (Karte S. 80 f.; ☎ 012 853845; 336 St 169; Hauptgerichte 3–5 US$) Vann Nath (S. 93), ein Künstler, ist eine lokale Größe und der Inhaber dieses Ladens. Die Kellner servieren traditionelle kambodschanische Gerichte. In der angeschlossenen Galerie sind Naths berühmte Tuol Sleng-Bilder ausgestellt.

Le Safran (Karte S. 80 f.; ☎ 217646; 18 St 306; Hauptgerichte 3–9 US$) Edles kambodschanisch-französisches Restaurant mit stilvollem Dekor und ausgefallener Speisekarte. Neben Khmer-Spezialitäten wird auch Fusion-Küche mit französischem Einschlag zubereitet.

Thailändisch

LP Tipp **Boat Noodle Restaurant** (Karte S. 83; ☎ 012 200426; St 294; Hauptgerichte 3000–10 000 R; ⏲ 10–22 Uhr) Inmitten eines schönen Gartens stößt man auf dieses alte Holzhaus, in dem hervorragendes thailändisches und kambodschanisches Essen zubereitet wird. Zum Frühstück gibt's Nudelsuppen und mittags spezielle Menüs. Sehr zu empfehlen.

Baitong (Karte S. 83; ☎ 092-500400; 7 St 360; Hauptgerichte 2–5 US$; ⏲ 7–23 Uhr; ♿) Ist laut eigenen Aussagen ein Thai-Restaurant, man kann jedoch auch diverse andere Spezialitäten aus Kambodscha, Laos oder Vietnam genießen. Die Preise sind gut; das Mittagsbüfett kostet z. B. 3 US$. Hier tummeln sich eine Menge NRO-Mitarbeiter, um zu essen und die Bibliothek bzw. Tagungsräume zu nutzen.

Das **Chiang Mai Riverside** (Karte S. 83; ☎ 012 832369; 227 Sisowath Quay; Hauptgerichte 2–5 US$; ⏲ 10–22 Uhr) war eines der ersten Restaurants am Fluss und erfreut sich dank der erschwinglichen Thai-Küche unverändert großer Beliebtheit. Besonders lecker sind die Fischbratlinge und die authentischen Currys, die ordentlich Feuer haben.

Lemongrass (Karte S. 83; ☎ 211054; 14 St 130; Hauptgerichte 4–8 US$; ⌚ 10–22 Uhr) Ein gediegenes Restaurant mit einer guten Auswahl an Khmer-Spezialitäten. Die Preise sind vernünftig gemessen an der Aufmachung des Lemongrass. Besonderes Extra: vegetarische Gerichte.

Vietnamesisch

VIP Minimart (Karte S. 83; 156 St 51; pho 2 US$) Diese Kette hat sich mit großen Schüsseln voller dampfender *pho bo* (vietnamesische Rindfleisch-Nudel-Suppe) samt einem Potpourri aus Kräutern einen Namen gemacht und expandiert nun.

Pho Fortune (Karte S. 83; ☎ 012 871753; 11 St 178; Hauptgerichte ab 2–4 US$; ⌚ 8–21 Uhr) Wie der Name schon sagt, steht in diesem Lokal in toller Lage nahe dem Flussufer alles im Zeichen der legendären *pho*. Alternativ kann man zwischen verschiedenen internationalen Gerichten wählen.

Magnolia (Karte S. 83; ☎ 012 529977; 55 St 51; Hauptgerichte 3–6 US$; ⌚ 6–22 Uhr) In einem schön restaurierten alten Haus wird mittags ein erschwingliches Büfett geboten. Außerdem locken hier hauchdünne *ban xeo* (herzhafte Pfannkuchen) und diverse andere vietnamesische Spezialitäten.

Chinesisch

In Phnom Penh findet man zahlreiche chinesische Restaurants. Viele bieten authentische Gerichte aus dem Reich der Mitte an, darunter die Lokale entlang der Straße 136 gegenüber dem Busbahnhof, die Namen wie Peking oder Shanghai tragen. Dort kann man z. B. günstig essen gehen, bevor man eine längere Busfahrt antritt. Zumeist ist auch leckeres Dim Sum zu haben.

Sam Doo Restaurant (Karte S. 83; ☎ 218773; 56 Kampuchea Krom Blvd; Hauptgerichte 2–10 US$; ⌚ 7–2 Uhr) Viele chinesischstämmige Khmer schwören auf dieses Restaurant. In der Küche werden u. a. würziger gebratener Reis à la „Sam Doo" (das perfekte Frühstück), *trey chamhoy* (gedämpfter Fisch in Sojasauce und Ingwer) und frische Meeresfrüchte sowie erstklassiges Dim Sum zubereitet.

Man Han Lou Restaurant (Karte S. 80 f.; ☎ 721966; 456 Monivong Blvd; Hauptgerichte 5–10 US$; ⌚ 10–23 Uhr) Hier gibt's das Beste aus China, Kambodscha, Thailand und Vietnam, als absolutes Highlight gilt jedoch die Mikrobrauerei, in der goldenes (Lager), rotes (bitter), dunkles (Stark-) und grünes (undefinierbar) Bier gebraut wird.

Yi Sang (Karte S. 80 f.; ☎ 220822; 128 Samdech Sothearos Blvd; Hauptgerichte 5–20 US$; ⌚ 6.30–22 Uhr) Im Almond Hotel werden die Gäste mit moderner chinesischer Küche verwöhnt. Es gibt z. B. fangfrische Meeresfrüchte und Fisch und authentisches Dim Sum. Die Köche stammen aus Guangzhou.

Japanisch

Ko Ko Ro (Karte S. 83; ☎ 012 601095; 18 Sihanouk Blvd; Gerichte 2–7 US$; ⌚ 11.30–14 & 17.30–21 Uhr) Dieses winzige japanische Restaurant, auch bekannt unter dem Namen Mr. Sushi, hat jede Menge Charme, u. a., weil der nette, aufmerksame Besitzer seinen Gästen bei der Auswahl hilft. An den Wänden hängen Fotos der angebotenen Gerichte und der Fisch ist garantiert frisch.

LP Tipp **Origami** (Karte S. 83; ☎ 012 968095; 88 Samdech Sothearos Blvd; Büfett 8–30 US$; ⌚ 11.30–14 & 17.30–21.30 Uhr) Ein elegantes Restaurant, in dem die japanische Kochkunst eine neue Dimension erhält. Die Menüs umfassen wunderbar angerichtete Sushi-, Sashimi- und Tempura-Kreationen. Wer in Eile ist, könnte eines der erschwinglichen Business-Mittagessen bestellen. Unser Favorit ist das „Kobe" Menü.

Indisch

Dosa Corner (Karte S. 83; 5E St 51; Hauptgerichte 2–4 US$; ⌚ 7.30–22 Uhr) Liebhaber indischer Dosas (südindische Beilagen) werden diesen Laden lieben. Die Auswahl an herzhaften Pfannkuchen aus dem Süden des Subkontinents ist fantastisch. Ein tolles Restaurant.

Chi Cha (Karte S. 83; ☎ 366065; 27 St 110; Büfett 3 US$; ⌚ 7.30–0.30 Uhr) Ein etabliertes Curry-Restaurant, in dem supergünstige bengalische Gerichte aufgetischt werden. Die Thalis (Menüs) sind echte Schnäppchen, und sämtliche Speisen zu 100 % halal.

LP Tipp **Saffron** (Karte S. 83; ☎ 012 247832; 11 St 278; Currys 4–8 US$; ⌚ 11–23 Uhr) Hier werden erstklassige Currys kredenzt. Das Saffron hat sich auf pakistanische und afghanische Speisen sowie die Küche des Mittleren Ostens spezialisiert und verwandelt sich abends in eine Bar. Das Lahori-Fisch-Curry ist *lahore na* – das bedeutet sehr gut auf Khmer.

Annam (Karte S. 83; ☎ 726661; 1C St 282; Hauptgerichte 4–8 US$; ⌚ 11.30–14.30 & 18–22.30 Uhr) Ansprechendes Gartenrestaurant mit schickem Ambiente und exzellenter indischer Küche. Chettinad-Spezialitäten und günstige Menüs.

Ebenfalls empfehlenswert:

Mount Everest (Karte S. 83; ☎ 213821; 98 Sihanouk Blvd; Currys 2–5 US$) Eines der ältesten Curry-Restaurants der Stadt. Auf der Speisekarte stehen beliebte und preiswerte Spezialitäten aus Indien und Nepal.

Sher-e-Punjab (Karte S. 83; ☎ 992901; 16 St 130; Hauptgerichte 2–10 US$) Bietet einen unverändert guten Standard. Besonders lecker sind die Tandur-Kreationen.

Französisch

Comme a la Maison (Karte S. 83; ☎ 360801; 13 St 57; Hauptgerichte 3–8 US$; 6–22.30 Uhr) „Wie zu Hause", so lautet der Name dieses Restaurants, was allerdings nur zutrifft, wenn man daheim mit einem fantastischen Koch zusammenwohnt. Die Steaks sind saftig, und es gibt jede Menge Leckereien aus Frankreich und Italien.

La Marmite (Karte S. 83; ☎ 012 391746; 80 St 108; Hauptgerichte 5–10 US$; 11–14.30 & 18–22.30 Uhr) Vielleicht ist dies nicht der traditionellste französische Name, doch die Speisekarte mit Leckereien wie zarten Tournedos oder Lamm mit Kräutern könnte auch zu einem Original-Bistro gehören. Das Lokal wartet zudem mit speziellen Tagesgerichten (z. B. Muscheln) auf.

Eye of the Mekong (Karte S. 83; ☎ 092-165469; 30 St 110; Hauptgerichte 5–10 US$; 7–24 Uhr) In diesem angesagten Restaurant hängen auffällige Fotografien an den Wänden. Gäste werden u. a. mit hervorragenden Rindfleischvariationen verwöhnt, die in einer Kampot-Pfeffersauce serviert werden.

Topaz (Karte S. 80 f.; ☎ 221622; 182 Norodom Blvd; Gerichte 5–20 US$; 11–14 & 18–23 Uhr) Eines der ersten Designer-Restaurants in Phnom Penh. Das Topaz nimmt eine elegante Villa mit Wasserbecken und einem Weinkeller (Zutritt erlaubt!) ein. Auf der Speisekarte made in Paris stehen beispielsweise zarte Burgund-Schnecken in Knoblauch und Tatar (sehr feines Hackfleisch vom Rind).

LP Tipp **Van's Restaurant** (Karte S. 83; ☎ 722067; 5 St 13; Gerichte 5–25 US$; 11.30–14.30 & 17–22.30 Uhr) Nimmt eines der prächtigsten Gebäude der Stadt ein, den ehemaligen Sitz der Banque Indochine. Auf dem Weg in den eleganten Speisesaal oben passiert man die alten Sicherheitstüren! Die Gerichte werden wunderschön angerichtet; zu den kulinarischen Highlights zählen Barsch-Carpaccio, zartes Kalb und Grand Marnier-Soufflé. Außerdem werden auch ein paar günstigere Menüs angeboten.

La Residence (Karte S. 83; ☎ 224582; 22 St 214; Hauptgerichte 7–25 US$; Mittag- & Abendessen) Ein Teil von Prinzessin Maries Domizil wurde in ein modernes Restaurant unfunktioniert. Jenseits der riesigen Holztüren erwartet einen köstliches französisches Essen, darunter ein Foie-gras-Spezialmenü, Meeresfrüchte und ein ausgezeichnetes Café-de-Paris-Steak.

112 Restaurant (Karte S. 83; ☎ 990880; 1A St 102; Hauptgerichte 15–40 US$; 11.30–14.30 & 18.30–22 Uhr) Sehr gesunde französische Küche. In dem Restaurant nahe dem Hotel Le Royal kann man ein Mittagsbüfett für 10 US$ und günstige Drinks bestellen.

Italienisch

Happy Herb's Pizza (Karte S. 83; ☎ 362349; 345 Sisowath Quay; Pizzas 4–8 US$; 8–23 Uhr) Hier gibt's Pizza mit Marihuana-Belag. Die „normalen" Varianten schmecken ebenfalls ziemlich gut. Ein toller Ort, um ein kühles Bier zu genießen.

LP Tipp **Pop Café** (Karte S. 83; ☎ 012 562892; 371 Sisowath Quay; 11–15 & 18–22 Uhr; Pizzas 4–10 US$) Besitzer Giorgio begrüßt seine Gäste, als wären sie zu einem Abendessen bei ihm zu Hause eingeladen. Auf dem Programm steht authentische italienische Küche: Pizzas mit dünnem Boden, hausgemachte Pasta und leckere Gnocchi.

Le Duo (Karte S. 83; 17 St 228; Hauptgerichte 5–15 US$; Mittag- & Abendessen) Dieses klassische italienische Restaurant befindet sich in einer schönen Villa mit Garten. Auf der Karte stehen Steinpilzravioli, Pizza (mit einem schönen dünnen Boden) und hervorragende Fleisch- bzw. Fischgerichte.

Luna D'Autunno (Karte S. 83; ☎ 220895; 6C St 29; Hauptgerichte 5–15 US$; 11–14.30 & 17.30–22.30 Uhr) Ein elegantes Gartenrestaurant mit einer offenen Küche, in der köstliche Pizzas zubereitet werden (6–10 US$). Außerdem locken hier weitere italienische Klassiker und frische Meeresfrüchte. Drinnen ist ein eleganter Essbereich samt Weinkeller mit original italienischen Weinen untergebracht (Zutritt erlaubt!).

International

AM FLUSSUFER

Die Zahl internationaler Restaurants in Phnom Penh steigt, deshalb können Besucher der Hauptstadt ein geradezu überwältigendes Angebot an Geschmacksrichtungen erwarten. Die beliebtesten Lokale findet man am Flussufer.

Kandal House (Karte S. 83; ☎ 012 525612; 239B Sisowath Quay; Hauptgerichte 2–5 US$) Achtung: Dieses Restaurant ist leicht zu übersehen. Gäste laben sich an hausgemachter Pasta, Salaten, Suppen und asiatischen Spezialitäten. Dazu kann man Anchor-Bier trinken.

Cantina (Karte S. 83; ☎ 222502; 347 Sisowath Quay; Hauptgerichte 3–6 US$; ⌚ 15–23 Uhr, Sa geschl.) Gute Anlaufstelle für Tostadas, Fajitas und andere typisch mexikanische Gerichte. Alles wird frisch zubereitet. Dank Margaritas und Tequila ist die Cantina ein „Zufluchtsort für Medienanalysten, Entwicklungshelfer und Bildschirmgrößen".

Pacharan (Karte S. 83; ☎ 224394; 389 Sisowath Quay; Gerichte 3–15 US$; ⌚ 11–24 Uhr) Spanische Taverne und Tapasrestaurant in einem. Das Pacharan nimmt eines der schönsten Gebäude aus der französischen Kolonialzeit ein. Es gibt eine Reihe von vegetarischen Tapas und jede Menge Meeresfrüchtekreationen. Auch die Paella wird gerne bestellt. Ein weiteres Plus sind die spanischen Weine.

LP Tipp **Fish** (Karte S. 83; ☎ 218785; 2 St 108; Hauptgerichte 4–12 US$; ⌚ 10–1 Uhr; ♿) Es ist gar nicht so schwer, die Spezialität dieses stilvollen, unterhaltsamen Lokals zu erraten. Neben Fisch gibt's hier gibt's erstklassige Meeresfrüchtegerichte. Wir empfehlen vor allem die Antipasti und die Bouillabaisse.

Riverside Bistro (Karte S. 83; ☎ 213898; 273 Sisowath Quay; Hauptgerichte 4–15 US$; ⌚ 7–24 Uhr; 💻 ♿) Beliebtes Restaurant, in dem kambodschanische Klassiker serviert werden, z. B. gegrilltes Schweinefleisch am Zitronengrasspieß. Ein weiterer Schwerpunkt liegt auf mitteleuropäischer Küche. Spätabends fungiert das Riverside auch als Bar mit zwei Billardtischen. Hier treten regelmäßig Livebands auf.

LP Tipp **Metro** (Karte S. 83; ☎ 222275; Ecke Sisowath Quay & St 148; Hauptgerichte 4–18 US$; ♿) Eines der angesagtesten Lokale am Flussufer, das mit einem tollen Design und einer ausgefallenen Speisekarte aufwartet. Es gibt kleinere Probierportionen, z. B. Thunfisch oder Krabben mit schwarzem Pfeffer und Tequila, sowie Hauptgerichte wie Ente mit Litschi. In dem Restaurant trifft man insbesondere wohlhabende Kambodschaner.

Foreign Correspondents' Club (FCC; Karte S. 83; ☎ 724014; 363 Sisowath Quay; Hauptgerichte 5–15 US$; ⌚ 7–24 Uhr; ♿) Einer der Orte in Kambodscha, die man einfach gesehen haben muss. So ziemlich jeden Touristen verschlägt es irgendwann auf einen Drink hierhin. Das „F" ist in einem herrlichen Bau aus der Kolonialzeit untergebracht, hat hohe Decken und gewährt einen tollen Blick auf den Tonlé-Sap-Fluss bzw. das Nationalmuseum. Zwischen 17 und 19 Uhr lockt die Happy Hour, am besten bleibt man aber gleich zum Abendessen, um die Atmosphäre ausgiebig genießen zu können. Die Köche bereiten wunderbare asiatische und internationale Gerichte zu.

Riverhouse Asian Bistro (Karte S. 83; ☎ 212302; Ecke St 110 & Sisowath Quay; Hauptgerichte 5–15 US$; ⌚ 10.30–23 Uhr; ♿) Ein modernes Restaurant, das sich der asiatischen Fusionsküche verschrieben hat. Die Kellner servieren leichte Häppchen und herzhafte Hauptgerichte, darunter fantastische Rinder-Tournedos und Fleischspieße. Am Wochenende platzt der Laden fast aus allen Nähten, denn dann stärken sich die Gäste für den späteren Besuch in der oben gelegenen Lounge (S. 124).

Ebenfalls empfehlenswert:

La Croisette (Karte S. 83; ☎ 220554; 241 Sisowath Quay; Hauptgerichte 3–8 US$; ⌚ 7 Uhr–open end; ♿) In dem beliebten Restaurant am Fluss wird eine gute Auswahl an westlichen und asiatischen Speisen geboten.

Mekong River Restaurant (Karte S. 83; ☎ 991150; Ecke St 118 & Sisowath Quay; Hauptgerichte 3–9 US$; ⌚ 10–23 Uhr) Preisgünstige Menüs mit asiatischen und internationalen Gerichten, z. B. Tapas.

RUND UM DIE STADT

Außerhalb der Stadt gibt's ebenfalls ein paar hervorragende Lokale:

LP Tipp **Boddhi Tree Umma Restaurant** (Karte S. 83; ☎ 211397; 50 St 113; Hauptgerichte 2–7 US$; ⌚ 7–21 Uhr; ♿) Wenn das gegenüberliegende Tuol Sleng die Hölle ist, dann muss dieses Restaurant der Himmel sein. Der üppig grüne Garten gilt als perfekter Ort zum Ausruhen nach dem Besuch des aufwühlenden Museums. Auf der beeindruckenden Karte stehen zahlreiche Gerichte aus der Fusions- und der asiatischen Küche sowie Sandwiches, Salate, innovative Shakes und verführerische Desserts.

Del Gusto Café (Karte S. 83; ☎ 211396; 43 St 95; Hauptgerichte 3–7 US$; ⌚ 7–21 Uhr; ♿) Die elegante Villa im Art-déco-Stil quillt förmlich über vor tropischen Pflanzen. Die Karte steht ganz im Zeichen des Mittelmeers. Es gibt Brot und jede Menge Saucen zum Dippen, Salate und Wraps und im Hintergrund läuft Jazz oder klassische Musik. Hier kann man übrigens auch übernachten.

Das **Nature & Sea** (Karte S. 83; ☎ 017 953810; 78 St 51; Hauptgerichte 3–8 US$; ⌚ 8–22 Uhr) befindet sich auf einem Dach mit Blick auf die belebte Street 278 und den Wat Langka. In diesem Lokal werden exzellente Fruchtshakes zubereitet, z. B. mit Maracujas oder Honig. Die Spezialität sind herzhafte Vollkornpfannkuchen und frischer Fisch nach englischer, australischer, französischer oder italienischer Art.

Tamarind Bar (Karte S. 83; ☎ 012 830139; 31 St 240; Hauptgerichte 3–9 US$; ⌚ 10–24 Uhr) Dieser Laden bringt die Magie des Maghreb nach Phnom Penh. Man kann marokkanische Tajinen-Gerichte, aber auch Tapas und ein paar französische Speisen bestellen. Unten befindet sich eine einladende Bar mit hohen Decken. Außerdem besteht die Möglichkeit, unter freiem Himmel auf dem Dach zu speisen.

Ocean (Karte S. 83; ☎ 017 766690; 11 St 288; Hauptgerichte 4–15 US$; ⌚ 12–14 & 18–22 Uhr, So zur Mittagszeit geschl.) Mediterrane Spezialitäten: Fisch und Krustentiere.

Le Wok (Karte S. 83; ☎ 092-821857; 33 St 178; Hauptgerichte 5–15 US$; ⌚ 9–23 Uhr) Eines der besseren Fusionsrestaurants der Stadt. Der Name sagt bereits alles, denn hier trifft französisches Flair auf asiatischen Geschmack. Die Karte umfasst typische Kreationen sowie ein paar „mutigere" Gerichte wie Schnecken-Cassoulet oder Muschelsalat.

Tell Restaurant (Karte S. 83; ☎ 430650; 13 St 90; Hauptgerichte 5–15 US$; ⌚ 11.30–14 & 17–23 Uhr) Fondue, Raclette und sorgfältig weichgeklopftes Fleisch – ganz in der Nähe des Wat Phnom kann man Schweizer Klassiker und deutsches Bier bestellen. Die Portionen sind großzügig, außerdem gibt's einen Garten.

Weitere Tipps:

Alley Cat Café (Karte S. 83; ☎ 012 306845; nahe der Ecke St 178 & St 19; Hauptgerichte 2–5 US$; ⌚ 11–23 Uhr) Nette kleine Restaurant-Bar, in der leckere Tacos, Burritos und Enchiladas serviert werden. Die Portionen sind groß und die Auswahl an Getränken an der Bar lässt nichts zu wünschen übrig.

Le Cedre (Karte S. 83; ☎ 997965; St 360; Hauptgerichte 3–10 US$; ⌚ 10–14 & 17 Uhr–open end, So geschl.) Original libanesisches Restaurant (der Koch kommt aus Beirut) in atmosphärischer Lage. Tolle Mittagsmenüs.

La Patate 2 (Karte S. 83; ☎ 012 840522; 128D Samdech Sothearos Blvd; Hauptgerichte 4–12 US$; ⌚ 10–23 Uhr) Ein typisch belgisches Restaurant, das 2009 eröffnet wurde und mit erstklassigen Pommes frites sowie sättigenden Sandwiches überzeugt.

Fast Food & Kneipenessen

Die erste Fast-Food-Kette in Phnom Penh war KFC. Noch vor ein paar Jahren hätte die Abkürzung für Khmer Fried Chicken gestanden, heutzutage bekommt man jedoch das Original. Zu den lokalen Ketten zählt z. B. **Lucky Burger** (Karte S. 83; 160 Sihanouk Blvd; ⌚ 7–21 Uhr). Familien aufgepasst: BB World im Sorya Shopping Centre (Karte S. 83) wartet mit einem Kinderspielplatz auf. Das Essen kommt nicht an McDonald's heran, aber die Zutaten sind auf jeden Fall frisch. Die beste Fast-Food-Pizza gibt's bei Pizza Company; Filialen verteilen sich über das gesamte Stadtgebiet. Eine Zweigstelle findet man im bereits erwähnten Einkaufszentrum.

Viele der empfohlenen Bars (S. 123) wie Green Vespa, Rising Sun, Gym Bar, Talkin to a Stranger und Equinox, haben leckeres Essen im Angebot.

Mit besonders guter Kneipenkost (Burger, Salate, Wraps und Tex-Mex-Gerichte) lockt auch das **Freebird** (Karte S. 83; ☎ 224712; 69 St 240; Hauptgerichte 3–7 US$; ⌚ 7–24 Uhr; ♿), ein Bar-Imbiss im amerikanischen Stil.

Fatboy Sub & Sandwich Shop (Karte S. 83; ☎ 991430; 124 St 130; Baguettes ab 3,75 US$; ⌚ 11–23 Uhr) Ein neuer Laden, in dem köstlich belegte XXL-Baguettes zubereitet werden, u. a. mit Rinderfilet oder Cajun-Hühnchen.

Cafés

Le Jardin (Karte S. 83; ☎ 011 723399; 16 St 360; Hauptgerichte 2–5 US$; ⌚ 7–18 Uhr, Mo geschl.) Ein familienfreundliches Café mit einem großen Sandkasten, einem Spielhaus und Spielzeug sowie einem tollen Garten. Für die Erwachsenen gibt's Snacks und Salate, für Kinder Pastagerichte und Naschereien – und das Eis lieben natürlich alle.

LP Tipp **Shop** (Karte S. 83; ☎ 986964; 39 St 240; Hauptgerichte 2–5 US$; ⌚ 7–19 Uhr) Wer sich nach seinem Lieblingscafé daheim sehnt, sollte diesen Laden ansteuern: Dort werden oft wechselnde Sandwiches und Salate angeboten, außerdem schmecken das Gebäck und der Kuchen schlichtweg köstlich. Ganz in der Nähe befindet sich der Chocolate Shop (Karte S. 83; 35 St 240) mit demselben Management wie der Shop. Er öffnet seine Pforten von 8 bis 20 Uhr und hat ein verführerisches Sortiment für Schokoliebhaber.

El Mundo (Karte S. 83; ☎ 012 520775; 219 Sisowath Quay; Hauptgerichte 2–6 US$; ⌚ 6.30–22.30 Uhr; ♿) In entspannter Atmosphäre am Flussufer kommen Besucher dieses Ladens in den Genuss von erstklassigem Kaffee. Auf der Karte stehen ein paar internationale Speisen und Gebäck

CAFÉS IN DER NÄHE DES RUSSISCHEN MARKTS

Wenn man sich erfolgreich durch das Gewusel und Gewimmel des Russischen Markts geschlagen hat, geht nichts über einen Eiskaffee oder einen frisch zubereiteten Fruchtshake! Nach einem Einkaufsbummel könnte man eines der folgenden Cafés ansteuern, die sich allesamt in unmittelbarer Nähe des Marktgeländes befinden:

Coffee Korner (Karte S. 80 f.; ☎ 012 867667; 174 St 155; Hauptgerichte 2–6 US$; 🕑 7–22 Uhr) Gut besuchtes Eckcafé mit umfangreicher Speisekarte (internationale und asiatische Küche). Wunderbar zum Leute beobachten!

Jars of Clay (Karte S. 80 f.; ☎ 300281; 39 St 155; Kuchen 1 US$, Hauptgerichte 2–4 US$; 🕑 Di–Sa 9–17.30 Uhr) Durstlöscher, leichte Snacks und hausgemachter Kuchen. Ein tolles Extra ist die Klimaanlage.

Melting Pot (Karte S. 80 f.; ☎ 092-453247; 168A St 155; Hauptgerichte 2–5 US$; 🕑 Di–Sa 8–17.30 Uhr) Café mit französischer Note, in dem leckere Salate, herzhafte Crêpes und verführerische Desserts serviert werden.

Sisters Café (Karte S. 80 f.; ☎ 092-918244; 98 St 450; Kuchen 1 US$, Hauptgerichte 2–4 US$; 🕑 6.30–18 Uhr) Winzig, kann aber problemlos mit den „Großen" mithalten. Der Kuchen und das Gebäck (z. B. Zitronenbaiser) sind natürlich hausgemacht und schmecken hervorragend.

und oben ist ein Loungebereich untergebracht, wo man sich Filme ansehen kann. Nebenan befindet sich das neu eröffnete Chill (Karte S. 83), Phnom Penhs erste „echte" Eisdiele. Sie öffnet um 8 und schließt gegen 24 Uhr. Alle Sorten sind hausgemacht.

Java Café (Karte S. 83; ☎ 987420; 56 Sihanouk Blvd; Hauptgerichte 2–7 US$; 🕑 7–22 Uhr; ♿) Eines der beliebtesten Café-Restaurants in der Stadt. Grund dafür sind der luftige Balkon und der klimatisierte Innenbereich. Die kreative Speisekarte umfasst knackige Salate, hausgemachte Sandwiches, turmhohe Burger und spezielle Tagesangebote, gesunde Getränke, Fruchtshakes und Kaffees aus verschiedenen Kontinenten. Mittlerweile nimmt das Café noch eine weitere Etage ein; dort stehen gemütliche Sofas und es gibt noch mehr Kuchen!

Fresco (Karte S. 83; ☎ 224091; Ecke St 51 & St 306; Hauptgerichte 3–10 US$; 🕑 7–19 Uhr; 📶 ♿) Eine schicke Adresse im beliebten NRO-Bezirk. Das Fresco ist klimatisiert, auf dem Dach weht eine kühle Brise und Kinder können sich die Zeit im Spielbereich vertreiben. Das Angebot umfasst Sandwiches und Salate sowie preisgünstige Mittagscombos. WLAN darf zwischen 15 und 17 Uhr umsonst genutzt werden. Unter dem FCC (S. 119) ist eine kleinere Filiale zu finden.

Garden Center Café (Karte S. 83; ☎ 997850; 60 St 108; Hauptgerichte 4–15 US$; 🕑 7–22, Mo geschl.) Seit seinem Umzug ins Wat-Phnom-Viertel hat das Café einen kleineren Garten, punktet dafür aber mit einer zentraleren Lage. Das Frühstück ist üppig bemessen, die hausgemachten Hauptgerichte mit Beilagensalat kommen in großen Portionen auf den Tisch und die Desserts schmecken köstlich. Sonntags gibt's Braten.

Ebenfalls empfehlenswert:

Café Sentiment (Karte S. 83; ☎ 221922; 64 Monivong Blvd; Hauptgerichte 1–4 US$; 🕑 7–23 Uhr; ♿) Beliebtes Café mit mehreren Etagen an einer belebten Kreuzung des Monivong Boulevards. Gebäck, Snacks und Kaffee sind hier sehr günstig.

Living Room (Karte S. 83; ☎ 726139; 9 St 306; Hauptgerichte 2–5 US$; 🕑 Di–Do 7–18.30, Fr–So bis 21.30 Uhr, Mo geschl.; 📶 ♿) Familienfreundliches Lokal mit Garten und Spielzimmer. Gesunde Speisen, Bio-Kaffee und kostenloses WLAN.

Corner 33 (Karte S. 83; ☎ 092-998850; 33 Samdech Sothearos Blvd; Hauptgerichte 2–6 US$; 🕑 7 Uhr–open end; 💻 📶 ♿) Das Café nahe dem Flussufer verfügt über ein elegantes Dekor und eine entspannte Atmosphäre. Es gibt Kuchen, Kaffee und Shakes sowie kostenloses WLAN bzw. Gartis-Computernutzung für Leute ohne eigenen Laptop.

Penny Lane (Karte S. 83; ☎ 218970; 23A St 111; Hauptgerichte 2–7 US$; 🕑 6.30–23, So bis 15.30 Uhr; 📶 ♿) Beliebter neuer Laden in einem Backpackerviertel. Wer hier einkehrt, kann sich über frischen Kaffee, italienische Speisen und kostenloses WLAN freuen.

Backpackercafés

In Phnom Penh gibt's ein paar Travellercafés von der Sorte, die eine treue Anhängerschaft im Nachbarland Vietnam haben. Eine ähnliche Stimmung bieten die Restaurants in beliebten Pensionen. Das Lazy Gecko Café (S. 114) ist ebenfalls sehr empfehlenswert.

Mama Restaurant (Karte S. 83; 10C St 111; Hauptgerichte 1,50–4 US$; 🕑 7–21.30 Uhr) Etabliertes kleines

Lokal mit günstigen Angeboten, z. B. saftiges Rinderragout. Kulinarisch sind Nationen von Kambodscha über Thailand bis Frankreich vertreten und es locken sogar einige afrikanische Gerichte.

Bites (Karte S. 83; 240 St 107; Hauptgerichte 1,50–4 US$; 🕑 7.30–22 Uhr) Der Geschmack Malaysias, Padangs und der großen weiten Welt. Dieses saubere kleine Restaurant liegt in einem beliebten Bezirk für Budgetreisende.

Oh My Buddha! (Karte S. 83; St 93; Hauptgerichte 1,50–4 US$) Mitten im Herzen des Backpackerviertels am See lockt das einladende Lokal mit günstigem Essen und einem großzügigen Frühstück.

Anjali (Karte S. 83; ☎ 012 457901; 273 Sisowath Quay; Hauptgerichte 2,50–6 US$) Obwohl dieser neue Laden am Fluss kein Backpackercafé im eigentlichen Sinne ist, sind die Preise für diesen Teil der Stadt mehr als annehmbar. Gäste kommen in den Genuss von tollem Kneipenessen und ein paar asiatischen Spezialitäten.

Bäckereien

Kiwi Bakery (Karte S. 83; ☎ 215784; Sisowath Quay) Die kambodschanischen Besitzer haben früher eine Bäckerei in Neuseeland geleitet. In ihrem Laden bekommt man alles von gefüllten kleinen Eccles-Kuchen über frisches Brot und Pasteten bis zu Éclairs.

Mit einer tollen Auswahl warten auch das Fresco und das Shop (S. 121 & S. 120) auf.

Viele gehobene Unterkünfte betreiben Bäckereien, in denen extravagante Süßwaren feilgeboten werden, allerdings verlangen sie für ihre Produkte auch höhere Preise als Cafés oder Restaurants. Nach 18 Uhr werden die Waren zum halben Preis angeboten. Die beste Auswahl bietet das Hotel Cambodiana (S. 112). Frisches Brot und Kuchen bekommt man auch in den größeren Supermärkten.

Selbstversorger

Selbstversorger werden in Phnom Penh nicht verhungern müssen, tatsächlich ist es aber häufig günstiger, Essen z. B. an Ständen zu kaufen, so wie es auch die Einheimischen machen. Auf Märkten bekommt man Obst und Gemüse, Fisch und Fleisch zu vernünftigen Preisen – vorausgesetzt, man handelt ein bisschen. Außerdem werden nahezu überall belegte Baguettes verkauft (ab 500 R). Lokale Supermärkte haben ein erstaunlich umfangreiches Sortiment, darunter jede Menge importierte Waren, beispielsweise Fleisch aus Deutschland, Käse aus Frankreich und amerikanische Snacks.

Beliebte Supermärkte:

Bayon Market (Karte S. 83; 33 St 114) Ist kürzlich auf ein größeres Gelände umgezogen und verfügt über ein gutes Warensortiment. Hier findet man häufig Dinge, die es nirgendwo sonst in der Stadt gibt.

Lucky Supermarket (Karte S. 83; 160 Sihanouk Blvd; 🕑 7–21 Uhr) Phnom Penhs größte Supermarktkette bietet eine ansehnliche Auswahl an Fleisch und Käse.

Pencil Supermarket (Karte S. 83; St 214; 🕑 7–21 Uhr) Ein von Thailändern geführter Supermarkt und einer der größten Läden in der Stadt. Gut sortiert.

Thai Huot Supermarket (Karte S. 83; 103 Monivong Blvd) Hier bekommt man diverse französische Produkte, darunter Bonne-Maman-Marmelade und Schokolade.

In vielen Tankstellen werden Importwaren verkauft. Die meisten Starmart-Läden in den Caltex-Tankstellen an den wichtigsten Kreuzungen sind bis Mitternacht oder noch länger geöffnet. Darüber hinaus haben sich hier in den letzten Jahren immer mehr „Minimärkte" angesiedelt, die z. T. rund um die Uhr Kunden empfangen.

AUSGEHEN

Phnom Penh hat ein paar hervorragende Bars. Die beliebtesten Lokale drängen sich am Flussufer, ein oder zwei Läden findet man auch in Nebenstraßen. Normalerweise sind die Kneipen bis Mitternacht oder noch länger geöffnet.

Ein netter Ort für einen Drink bei Sonnenuntergang ist die Gegend rund um den See. Hier kann man eine Runde in der Hängematte faulenzen und das Abendrot beobachten, sofern hier nicht demnächst die Planierraupen und Kräne mit Abrissbirnen vorfahren. Zu den beliebtesten Backpackerbars gehören das Magic Sponge und das Drunken Frog, die allerdings beide nicht am Wasser liegen.

Wer ein bisschen Geld sparen möchte, sollte sich nach Happy-Hour-Angeboten (zwei Getränke zum Preis von einem) umhören. Von 17 bis 19 Uhr kann man z. B. das FCC (S. 119) ansteuern, das mit einem tollen Blick aufs Wasser und einer netten Brise lockt.

Normalerweise gibt's auch in den gehobenen Hotels eine Happy Hour. Die **Elephant Bar** (Karte S. 83; St 92; 🕑 14–24 Uhr) wird schon seit 80 Jahren von Journalisten und Politikern, den Reichen und Berühmten frequentiert, während man im Lokal des Hotel Le Royal zwischen 16 und 20 Uhr Getränke zum halben

BLUMENKINDER

Wer einige Male in Phnom Penh ausgegangen ist, gewöhnt sich schnell an die Omnipräsenz junger Blumenverkäufer in den beliebtesten Bars und Restaurants. Die Kids sind wirklich unglaublich süß, deshalb kann ihrem Angebot kaum einer widerstehen. Eigentlich wäre das ja eine gute Sache, wenn die Kleinen das hart verdiente Geld tatsächlich mit nach Hause nehmen würden. Dies ist jedoch meist nicht der Fall: Draußen auf der Straße wird man für gewöhnlich einen wartenden *moto*-Fahrer mit einem Eimer voller Blumen erspähen, der die Jungen und Mädchen später zu einer anderen Bar bringt. Sie werden also ausgenutzt, damit sich irgendein Erwachsener die Taschen füllen kann. Man sollte sich deshalb zweimal überlegen, ob man ihnen wirklich etwas abkauft.

Preis plus Snacks bekommt und eine Runde Billard spielen kann. Auf dem Dach ist das **Quay** (Karte S. 83; 277 Sisowath Quay; 🕒 7–23 Uhr) untergebracht. Die Bar wartet mit einer herrlichen Aussicht, einer kühlen Brise und einer Happy Hour von 16 bis 20 Uhr (Getränke zum halben Preis) auf. Wahrscheinlich ist die Cocktailkarte die kreativste der ganzen Stadt. Getränke enthalten teilweise interessante Zutaten wie Ingwer oder Zitronengras.

Talkin to a Stranger (Karte S. 83; ☎ 012 798530; 21B St 294; 🕒 17 Uhr–open end, Sa geschl.) Nach wie vor ist diese Gartenbar ein absoluter Renner. Die sympathischen Betreiber verwöhnen ihre Gäste mit umwerfenden Cocktails und tollen Angeboten zum Abendessen. Ein besonderes Extra sind die Quiz-Abende und regelmäßig auftretenden Livebands.

Green Vespa (Karte S. 83; 95 Sisowath Quay; 🕒 6.30 Uhr–open end) Wird bevorzugt von in Phnom Penh ansässigen Ausländern angesteuert. Das Vespa hat eine herrlich umfangreiche Getränkekarte, darunter sogar ein paar richtig gute Whiskysorten. Viele Leute kommen aber auch her, um sich an dem herzhaften Kneipenessen zu laben. Toll sind auch die Tagesangebote.

Chinese House (Karte S. 83; Sisowath Quay; 🕒 11.30 Uhr–open end) Ein atmosphärisches Bauwerk aus der Kolonialzeit beherbergt dieses Restaurant. Unten befindet sich eine Kunstgalerie und in der gediegenen Bar oben treten regelmäßig Livebands auf. Happy Hour ist täglich von 16 bis 20 Uhr: Die Mojitos sind wirklich riesig! Außerdem gibt's leckere chinesische Häppchen.

Brauhaus (Karte S. 83; 34 St 130; 🕒 11 Uhr–open end) Gemütliche deutsche Kneipe, die mit Schweinshaxen, allem Drum und Dran sowie der größten Bierauswahl von ganz Phnom Penh aufwartet. Neben leckeren Sorten aus Belgien und Frankreich sind auch günstigere lokale Biere zu haben. Fast jeden Abend wird Livemusik gespielt.

Flavour (Karte S. 83; 21B St 278; 🕒 7 Uhr–open end) Aufgrund der Lage an der Ecke der „Goldenen Meile" ist dieser Laden schon ein echter Favorit. Hier tummeln sich NRO-Mitarbeiter und genießen das günstige Fassbier, Cocktails sowie internationale Speisen.

Gym Bar (Karte S. 83; 42 St 178; 🕒 11 Uhr–open end) In der besten „Sportbar" der Stadt beschränken sich die körperlichen Aktivitäten allerdings aufs Gläserheben und Sichzuprosten. Man wird wahrscheinlich nirgendwo in Südostasien größere Bildschirme finden. Kaltes Bier, Kneipenessen und ein lautes Publikum runden das Bild ab.

Pickled Parrot (Karte S. 83; 4 St 104; 🕒 24 Std.) Eine der wenigen Bars in der Stadt, die man zu jeder Tageszeit ansteuern kann, um in netter (klimatisierter!) Atmosphäre ein Bier mit netten Leuten zu trinken. Zur Ausstattung gehören große Fernseher und ein Billardtisch. Die Getränke sind günstig. Dies ist übrigens *keine* Hostessenbar wie so viele andere Läden in dieser Ecke der Stadt.

Rubies (Karte S. 83; Ecke St 240 & St 19; 🕒 17.30 Uhr–open end, Mo geschl.) Wer die Traube dem Hopfen vorzieht, könnte diese charmante kleine Weinbar aufsuchen. Das Dekor ist von Holz geprägt, und die Tische sind bis auf den Bürgersteig verteilt. Die umfangreiche Weinkarte vereint das Beste, was die Neue Welt zu bieten hat.

Elsewhere Bar (Karte S. 83; 2 St 278; 🕒 10 Uhr–open end, Di geschl.) Ist erst kürzlich umgezogen. Jetzt befindet sich die Bar im Epizentrum des Ausgehviertels auf der Straße 278. Ambient-Klänge, eine tolle Getränkekarte und zwei Tauchbecken machen das Elsewhere zu einer angesagten Adresse. Am Abend präsentiert sie sich sexy, tagsüber eher ruhig. Happy Hour ist zwischen 16 und 20 Uhr.

Gasolina (Karte S. 80 f.; 56-58 St 57; 🕐 18–open end, Mo geschl.) Stilvolle Gartenbar, in der Südamerikas sinnliche Musik gespielt wird. Hier wird sogar Salsa-Unterricht angeboten (Dienstag- und Donnerstagabend). Zu trinken gibt's Rum und billiges Bier und auf der Speisekarte stehen leckere Gerichte. Tipp: Am Wochenende wird hier ein toller Brunch angeboten.

Salt Lounge (Karte S. 83; 217 St 136; 🕐 18 Uhr–open end) Modern und minimalistisch präsentiert sich diese Cocktailbar, eine der schwulen- und lesbenfreundlichsten Adressen der Stadt. Hier tummelt sich ein gemischtes Publikum, das für eine angenehme Stimmung sorgt.

Fly Lounge (Karte S. 83; 21 St 148; 🕐 17–2 Uhr) Eine relativ neue Bar, die Aufsehen erregt. Hat man die Cocktail-Lounge betreten, kann man inmitten von Kissen und Vorhängen relaxen oder eine Runde im Pool schwimmen gehen; er gehört zu dem kleinen, hinten gelegenen Nachtclub.

Riverhouse Lounge (Karte S. 83; Ecke St 110 & Sisowath Quay; 🕐 16–2 Uhr) Gewissermaßen Club und Kneipe in einem. Diese atmosphärische Lounge-Bar wartet mit Auftritten von DJs und Livebands auf und hat sich zu einer Topanlaufstelle für hippe junge Khmer gemausert.

Heart of Darkness (Karte S. 83; 26 St 51; 🕐 20 Uhr–open end) Dieser Nachtclub ist ein Ort zum Sehen und Gesehenwerden, deshalb würde der Name „Heart of Business" besser passen! Ansprechendes Angkor-Dekor.

Ebenfalls empfehlenswert:

Blue Chilli (Karte S. 83; 36 St 178; 🕐 18 Uhr–open end) Beliebte Bar mit nettem Design (Tropenaquarien etc.). Man findet ohne Problem ein ruhiges Eckchen. Schwule und Lesben sind willkommen.

Chiva's Shack (Karte S. 83; 42C St 130) Hier gibt's das billigste Fassbier der Stadt (0,50 US$).

Dodo Rhum House (Karte S. 83; 42C St 178; 🕐 17 Uhr–open end) Diese nette Bar hat sich auf hausgemachte Rumsorten spezialisiert. Die Fischgerichte sind hervorragend.

Equinox Bar (Karte S. 83; ☎ 012 586139; 3A St 278) Beliebtes Lokal mit einer Bar unter freiem Himmel, einem Billardtisch und einer Lounge. Die Drinks sind günstig (Happy Hour von 17–20 Uhr) und das Essen ist lecker.

Howie's Bar (Karte S. 83; 32 St 51; 🕐 19–6 Uhr) Howie's ist die perfekte Alternative, wenn das Heart of Darkness aus allen Nähten platzt.

Pink Elephant (Karte S. 83; 343 Sisowath Quay; 🕐 11–24 Uhr) Alteingesessene Bar am Fluss neben Happy Herb's Pizza (S. 118).

Rising Sun (Karte S. 83; 20 St 178; 🕐 7–23 Uhr) Kreuzung aus britischem Pub und Backpackerbar. Die Gäste dürfen sich auf erschwingliche Getränke, leckeres Kneipenessen und ein opulentes Frühstück freuen.

Rory's Pub (Karte S. 83; 33 St 178; 🕐 7–24 Uhr, an den Wochenenden länger) Unheimlich beliebtes Irish Pub in superzentraler Lage.

Zeppelin Café (Karte S. 83; St 51; 🕐 16 Uhr–open end) Wer hat behauptet, dass Vinyl out ist? In dieser Rockbar der alten Schule steht der Besitzer Abend für Abend an den Plattenspielern.

UNTERHALTUNG

Wer wissen will, was in puncto Unterhaltung geboten wird, sollte sich eine Ausgabe von *AsiaLife Phnom Penh* oder die Freitagsausgabe der *Phnom Penh Post* inklusive dem Magazin *7 Days* zulegen.

Nachtclubs

Die wenigen „richtigen" Nachtclubs gelten als Treffpunkte der Privilegierten. Hier stößt man auf die Sprösslinge der politischen Elite, die nicht unbedingt die angenehmsten Partypeople sind. Normalerweise wird die Musik bis zum Anschlag aufgedreht und für Getränke muss man ziemlich tief in die Tasche greifen. Meistens machen die Läden schon gegen 19 Uhr auf, doch erst ab etwa 22 Uhr füllen sich die Räumlichkeiten mit feierfreudigen Besuchern. Wer tanzen möchte, könnte z. B. das Heart of Darkness (jeden Abend; siehe links) oder die klassischere Riverhouse Lounge (an Wochenenden; siehe links) ansteuern.

Phnom Penhs neueste Adresse ist der **Club White** (Karte S. 80 f.; 305C Mao Tse Toung Blvd; Eintrittspreis hängt von der Veranstaltung ab; 🕐 20 Uhr–open end), der am ehesten an einen Nachtclub à la London oder New York herankommt. Regelmäßig werden Gast-DJs aus der Region eingeflogen, und es gibt diverse Hip-Hop- bzw. House-Abende.

Auch in den folgenden Clubs kann man sich unters einheimische Partyvolk mischen:

Casa (Karte S. 83; St 47; Eintrittspreis hängt von der Veranstaltung ab; 🕐 open end) Gast-DJs, Mottoabende und „Celebrity Spotting".

Manhattan Club (Karte S. 83; St 84; Eintritt frei; 🕐 bis zum Morgengrauen) In Kambodschas ältestem Club erwarten einen wummernde Technoklänge und Menschenmassen.

Rock (Karte S. 80 f.; Monivong Blvd; Eintrittspreis hängt von der Veranstaltung ab; 🕐 open end) Sieht aus wie ein gigantischer Heimwerkermarkt. Die Einheimischen lieben diesen Laden mit Komplettausstattung, darunter z. B. Karaokezimmer.

Spark (Karte S. 80 f.; Mao Tse Toung Blvd; Eintrittspreis hängt von der Veranstaltung ab; ⌚ open end) Gehört der Tochter des Premierministers Hun Sen. Strenge Sicherheitskontrollen.

Kinos

Die Kinoszene erlebte eine Renaissance, nachdem König Sihanouk 2001 dazu aufgerufen hatte, verschiedene historische Lichtspielhäuser wiederzueröffnen. Fast nirgendwo sind Filme in englischer Sprache zu sehen. Stattdessen sollte man sich auf eine Flut von kambodschanischen Billigproduktionen über Zombies, Vampire und Geister einstellen.

In vielen Pensionen am See werden jeden Abend Filme gezeigt, darunter vor allem Werke mit einem Bezug zur kambodschanischen Geschichte wie *The Killing Fields – Schreiendes Land*.

Im Mekong River Restaurant (S. 119) kann man sich zwei Streifen in englischer Sprache zu Gemüte führen. Einer handelt von den Roten Khmer, der andere von der Landminenproblematik. Sie sind stündlich zwischen 11 und 21 Uhr zu sehen und kosten 3 US$.

Das **Meta House** (Karte S. 83; www.meta-house.com; 6 St 264; ⌚ 18–24 Uhr, Mo geschl.) ist eine Nachtgalerie mit einem erstklassigen Sortiment an Spiel-, Dokumentar- und Kurzfilmen über Kambodscha (normalerweise mit englischen Untertiteln). Manchmal werden sie von den Machern präsentiert.

Wochentags kann man sich im französischen Kulturzentrum (S. 84) französische Filme anschauen. Meistens geht's um 18.30 Uhr los. Genaue Termine listet der Vranstaltungskalender auf, den man im Zentrum erhält.

Klassischer Tanz & Theater

Apsara Arts Association (Karte S. 80 f.; ☎ 990621; www.apsara-art.org; 71 St 598) Jeden Samstag um 19.30 Uhr finden abwechselnd klassische und Volkstanzvorführungen statt (5 US$). Interessierte können den Schülern montags bis samstags von 7.30 bis 10.30 und von 14 bis 17 Uhr beim Training zusehen (Spenden sind sehr willkommen). Dabei sollte man nicht vergessen, dass es sich um eine Tanzschule handelt – man sollte sich möglichst ruhig verhalten und nur wenige Fotos mit Blitz machen.

Sovanna Phum Arts Association (Karte S. 80 f.; ☎ 987564; www.shadow-puppets.org; 4 St 99) Samstagabends um 19.30 Uhr locken beeindruckende Schattentheatervorführungen und Tanzchoreografien (5/3 US$ für Erw./Kinder). Besucher können Unterricht in der Kunst des Schattenspiels und der Puppenherstellung nehmen und klassischen Tanz bzw. Volkstänze sowie das Spiel auf traditionellen Khmer-Instrumenten erlernen.

Interessante Vorführungen werden auch im **Chatomuk Theatre** (Karte S. 83; Sisowath Quay) gleich nördlich des Hotel Cambodiana geboten. Offiziell dient das Theater als Konferenzzentrum der Regierung, dennoch finden hier regelmäßig Kulturveranstaltungen statt.

Livemusik

Verglichen mit anderen asiatischen Metropolen hatte man in Phnom Penh früher eher selten die Gelegenheit, Livebands zu sehen (und zu hören), doch mittlerweile zieht die Stadt immer mehr Musiker an, die z. B. im FCC (S. 119) auftreten – entweder im Barbereich oder auf dem Dach. In der Riverhouse Lounge (S. 124) und im Club White (S. 124) haben außerdem schon ein paar namhafte DJs aufgelegt, darunter Cash Money.

Memphis Pub (Karte S. 83; 3 St 118; ⌚ 17–1 Uhr) Nein, der Laden ist *nicht* geschlossen, er hat nur schalldichte Türen! Der Memphis Pub gilt als Phnom Penhs Topanlaufstelle für Livemusik. Dienstags bis samstags wird Rock 'n' Roll gespielt, mittwochs stehen Jamsessions auf dem Programm.

Cavern (Karte S. 80 f.; 19 St 104; ⌚ 11.30–2 Uhr) Mitten auf der berüchtigten Straße 104 wird freitags Livemusik geboten. An den übrigen Tagen sind hier Rockhymnen zu hören.

Art Café (Karte S. 83; www.artcafe-phnom-penh.com; 84 St 108; ⌚ 11–23 Uhr) Ein gediegenes Café, in dem deutsche und zentraleuropäische Küche zubereitet wird. Freitag- und samstagabends treten Künstler der Sparten Blues, Klassik und traditionelle Khmer-Musik auf. Mehr Informationen zu den Veranstaltungen findet man auf der Webseite.

Einige der größeren Hotels wie das Cambodiana (S. 112) verfügen über eigene „Lobbybands", deren Mitglieder meist von den Philippinen stammen; manchmal erinnert ihr Sound aber mehr an Fahrstuhlmusik.

SHOPPEN

In Phnom Penh kann man fantastisch einkaufen, auf Märkten sollte man aber nie vergessen zu handeln, sonst bekommt man den „Kopf geschoren" – das sagen die Einheimischen, wenn man über den Tisch gezogen wird. Die meisten Marktgelände sind von 6.30 bis 17.30 Uhr geöffnet, einige Geschäfte machen erst später auf. In den Touristenläden kann man häufig auch abends noch einkaufen gehen.

Mittlerweile gibt's in der Stadt mehrere Einkaufszentren. Sie sind vielleicht nicht so glamourös wie das Siam Paragon in Bangkok, bieten sich aber dank Klimaanlage sehr gut zum Bummeln an. Als momentan beste Adresse gilt das **Sorya Shopping Centre** (Karte S. 83; Ecke St 63 & St 154). Neben einer guten Auswahl an Geschäften lockt hier ein toller Blick auf den Psar Thmei.

SHOPPEN FÜR EINEN GUTEN ZWECK

In Phnom Penh gibt es eine Reihe toller Geschäfte für Kunsthandwerk und Textilien, deren Betreiber soziale Projekte in Kambodscha unterstützen:

Aw-kun Shop (Karte S. 83; ☎ 990250; 19D St 172; ⌚ 8.30–21.30 Uhr) Gemeinnütziger Laden mit Fair Trade-Kunsthandwerk und vielem mehr.

Cambodian Handicraft Association (Karte S. 83; ☎ 012 913861; 54 St 113; ⌚ 8–18 Uhr) Ausstellungsfläche und Werkstatt in einem. Hier werden wunderbare von Hand gemachte Kleidung, Schals, Spielsachen, Taschen und Fotoalben verkauft.

Colours of Cambodia (Karte S. 83; ☎ 217974; 373 Sisowath Quay; ⌚ 9–18 Uhr) Beliebter Fair Trade-Geschenkartikelladen unter dem FCC. Alle Gewinne fließen in NRO-Kunsthandwerkerprojekte. Zu den angebotenen Waren zählen Seide, Holzschnitzereien, T-Shirts und Schmuck.

Friends & Stuff (Karte S. 83; ☎ 426748; 215 St 13; ⌚ Mo–Sa 11–21 Uhr) Neue und gebrauchte Waren. Der Erlös kommt Straßenkindern zugute.

Mekong Blue (Karte S. 83; ☎ 012 609730; www.mekongblue.com; 9 St 130; ⌚ 9–18 Uhr) In dieser Boutique werden wunderschöne Schals und Tücher der bekanntesten Seiden-Kooperative aus Stung Treng angeboten. Ziel ist es, die Unabhängigkeit kambodschanischer Frauen zu fördern.

Mekong Quilts (Karte S. 83; ☎ 219607; www.mekong-quilts.com; 49 St 240; ⌚ 9–19 Uhr) Traumhaft schöne von Hand gefertigte Quilts und Überwürfe. Das Geld kommt Frauen in entlegenen Dörfern zugute.

NCDP Handicrafts (Karte S. 83; ☎ 213734; 3 Norodom Blvd; ⌚ 8–18 Uhr) Wurde vom Nationalen Zentrum für behinderte Menschen (National Centre for Disabled Persons, kurz NCDP) ins Leben gerufen. Man kann feine Seidenschals, Stoffüberwürfe, Taschen und Kissen kaufen. *Kramas* (Schals), Shirts, Portemonnaies, Notebooks und Grußkarten gehören ebenfalls zum Sortiment.

Nyemo Hauptfiliale (Karte S. 83; ☎ 213160; www.nyemo.com; 71 St 240; ⌚ 7.30–16.30 Uhr); Outlet (Karte S. 80 f.; Psar Tuol Tom Pong) Unterstützt benachteiligte Frauen beim Wiedereinstieg in den Beruf. Nyemo ist auf hochwertige Seide spezialisiert. Das Outlet befindet sich im Psar Tuol Tom Pong.

Rajana Hauptfiliale (Karte S. 80 f.; ☎ 364795; 170 St 450; ⌚ 8–18 Uhr); Marktfiliale (Karte S. 80 f.; Psar Tuol Tom Pong) Hat zwei praktisch gelegene Niederlassungen, die für fairere Löhne und eine gute Ausbildung einstehen. Die Auswahl an Karten ist toll, es gibt aber auch ein paar ausgefallene Waren aus Metall, feinen Schmuck, Kunsthandwerk aus Bambus und verschiedene kambodschanische Gewürze.

Sobbhana (Karte S. 83; ☎ 219455; www.sobbhana.org; 23 St 144; ⌚ 9–12 & 14.30–18 Uhr) Die Sobbhana Foundation ist eine gemeinnützige Organisation, die von Prinzessin Marie gegründet wurde. Hier werden Frauen in der traditionellen Fertigung von Webstoffen geschult. Zum Angebot zählen herrliche Seidenartikel.

Tabitha (Karte S. 83; ☎ 721038; www.tabitha.ca; St 51; ⌚ 7–18 Uhr) Noch ein NRO-Laden mit einer guten Auswahl an Seidentaschen, Geschirr, Dekowaren für das Schlafzimmer sowie Kinderspielzeug. Der Erlös kommt dem Aufbau ländlicher Gemeinden zugute, z. B. der Aushebung von Brunnen.

Villageworks (Karte S. 83; ☎ 215732; 118 St 113; ⌚ 8–17 Uhr) Gegenüber dem Tuol-Sleng-Museum. Auch hier gibt's Seide, aber auch wunderschöne handgemachte Karten und Accessoires aus Kokosnussholz.

Wat Than Artisans (Karte S. 80 f.; ☎ 216321; 180 Norodom Blvd; ⌚ 8–17 Uhr) Dieses Kunsthandwerkergeschäft auf dem Gelände des Wat Than ähnelt dem NCDP. Im Laden werden vornehmlich Produkte aus Khmer-Seide verkauft. Mit dem Gewinn finanziert man Minenräumungen und Medikamente für Polio-Kranke.

Designerboutiquen

Ein paar Boutiquen sind auf die Fertigung von Seidenmaterialien, stilvoller Kleidung und glamouröser Accessoires spezialisiert. Viele davon säumen die hippe Straße 240.

Ambre (Karte S. 83; ☎ 217935; 37 St 178) Die führende kambodschanische Modedesignerin Romyda Keth hat eine umwerfende Villa aus der Kolonialzeit in die perfekte Kulisse für ihre phantastische Seidenkollektion verwandelt

Bliss Boutique (Karte S. 83; ☎ 215754; 29 St 240) Schöne Dekoartikel und Einrichtungsgegenstände, Seide und andere Textilien sowie legere Kleidung.

Couleurs d'Asie (Karte S. 83; ☎ 221075; 33 St 240) Opulente Seidenwaren für die Inneneinrichtung. *Die* Adresse für Wandbehänge, Bettdecken und -überwürfe.

Jasmine (Karte S. 83; ☎ 223103; 73 St 240) Eine beliebte Boutique, in der man elegante Abendroben und Seidenstoffe findet. Ein paar Kreationen sind geradezu verwegen!

Kambuja (Karte S. 83; ☎ 986209; 165 St 110) Die einheimischen und amerikanischen Designer haben sich einen Namen mit innovativen, internationalen Kreationen gemacht, die aus feinsten kambodschanischen Materialien hergestellt werden.

Subtyl (Karte S. 83; ☎ 992710; 43 St 240) Eine Boutique mit französischem Management. Stilvolle Accessoires und Kleidung. Außerdem gibt's hier eine neue, angesagte Linie namens Chilli Kids speziell für Kinder.

Tuol Sleng Shoes (Karte S. 83; ☎ 012 739358; 144 St 143) Der Name verheißt nichts Gutes, doch an den Preisen für die von Hand gefertigten Schuhe ist absolut nichts auszusetzen.

Water Lily (Karte S. 83; ☎ 986241; 37 St 240) Beliebter Shop für Schmuck und Accessoires mit originellem Design.

Kunstgalerien

Gegenüber dem Nationalmuseum haben sich an der Straße 178 zahlreiche Geschäfte niedergelassen, in denen Bilder lokaler Künstler angeboten werden. Früher bestand das Sortiment aus amateurhaften Angkor-Malereien, wie es sie überall im Land zu kaufen gab, doch mittlerweile konnte sich eine neue Generation von Malern etablieren. Handeln muss man hier aber nach wie vor. In diesem Teil der Stadt sind darüber hinaus Reproduktionen berühmter Angkor-Skulpturen zu haben, die sich prima im Regal oder auf dem Fensterbrett machen.

In vielen gehobenen Hotels und Restaurants sind Bereiche für Kunst- und Fotoausstellungen reserviert, z. B. hier:

Art Café (Karte S. 83; 84 St 108; 🕑 11–23 Uhr) Café und Galerie in einem mit immer anderen Ausstellungen einheimischer und internationaler Künstler.

Asasax Art Gallery (Karte S. 83; 192 St 178; 🕑 9–20 Uhr) In dieser erlesenen Galerie sind die umwerfenden Arbeiten von Asasax zu sehen.

Java Café (Karte S. 83; 56 Sihanouk Blvd; 🕑 7–22 Uhr) Setzt sich sehr für die Förderung der kambodschanischen Kunstszene ein. Anspruchsvolle Ausstellungen.

Meta House (Karte S. 83; www.meta-house.com; 6 St 264; 🕑 14–24 Uhr, Mo geschl.) Moderne Kunst- und Nachtgalerie. Schauplatz für lokale Ausstellungen, internationale Sammlungen und Fotografie.

Reyum (Karte S. 83; ☎ 217149; www.reyum.org; 47 St 178) Wer auf der Straße 178 unterwegs ist, sollte dieser gemeinnützigen Organisation einen Besuch abstatten. Im Reyum finden nämlich regelmäßig Ausstellungen zu den unterschiedlichsten Aspekten der kambodschanischen Kultur statt.

Märkte

Noch mal die nötigen Vokabeln üben und dann heißt es: Auf in die Schlacht! Wer Spaß am Handeln hat, kann jede Menge Schnäppchen machen.

PSAR THMEI

ផ្សារថ្មី

Der auffällige **Psar Thmei** (Hauptmarkt; Karte S. 83; St 53) gilt als ein Wahrzeichen der Hauptstadt. Wegen seiner Größe und Lage wird das Art-déco-Gebäude häufig auch als Hauptmarkt bezeichnet. Mit dem riesigen Kuppeldach erinnert es an eine babylonische Zikkurat (pyramidenartiger Stufentempel). Manche behaupten, dass die Kuppel zu den zehn größten der Welt gehört. Die besondere Architektur ermöglicht eine optimale Belüftung, deshalb ist es in der Haupthalle selbst bei glühend heißen Temperaturen angenehm kühl. Das Marktgebäude hat vier Flügel voller Stände, an denen Gold- und Silberschmuck, antike Münzen, nachgemachte Markenuhren, Kleidung u. Ä. feilgeboten werden. Für Fotografen stellt der Lebensmittelmarkt einen besonderen Leckerbissen dar. Wer Lust auf ein lokaltypisches Mittagessen hat, steuert am besten die Buden an der Westseite (Richtung Monivong Boulevard) an.

Zweifellos ist der Psar Thmei eine tolle Anlaufstelle zum Bummeln und Shoppen, Kambodschaner beklagen sich jedoch darüber, dass viele Händler überteuerte Preise erheben. Derzeit sind Renovierungsarbeiten im Gange (mit freundlicher Unterstützung der französischen Regierung) und so sehen Teile des Marktgeländes bereits wieder so aus wie in den guten alten Zeiten.

PSAR TUOL TOM PONG

ផ្សារទួលទំពូង

Wenn man auf der Suche nach Souvenirs und Kleidung ist, führt kein Weg am **Psar Tuol Tom Pong** (Karte S. 80 f.; südl. des Mao Tse Toung Blvd) vorbei. Ausländische Besucher kennen ihn eher unter dem Namen Russischer Markt, da dort in den 1980er-Jahren vor allem Russen ihre Einkäufe tätigten. Zum Angebot gehört eine große Auswahl an Kunsthandwerk und Antiquitäten (vieles ist unecht), darunter Mini-Buddhas, Holzschnitzereien, Betelnusskistchen, Seidenstoffe, Silberschmuck, Musikinstrumente etc. Hier heißt es handeln, was das Zeug hält, denn der Markt zieht jeden Monat Tausende von Touristen an.

Westliche Kleidung, die in den Fabriken rund um Phnom Penh hergestellt wird, landet ebenfalls auf dem Psar Tuol Tom Pong. Für Marken wie Banana Republic, Billabong, Calvin Klein, Colombia, Gap, Gant oder Next muss man gerade mal 10 % des in Europa üblichen Preises zahlen. Achtung: Es sind viele Nachahmungen im Umlauf, z. B. Labels Kevin Clein.

Diesen Markt sollte man sich unter keinen Umständen entgehen lassen!

PSAR O RUSSEI

ផ្សារអូឫស្សី

Nicht zu verwechseln mit dem Russischen Markt. Im **Psar O Russei** (Karte S. 83; St 182) findet man Dinge wie Lebensmittel, Modeschmuck, importierte Toilettenartikel, gebrauchte Kleidung und vieles mehr. Das riesige, labyrinthartige Gebäude sieht von außen wie ein Einkaufszentrum aus und beherbergt Hunderte von Ständen.

NOCH MEHR MÄRKTE

Psar Reatrey (Phnom Penh-Nachtmarkt; Karte S. 83; St 108 & Sisowath Quay; ⌚ 16–24 Uhr) Der Nachtmarkt ist eine Art Open-Air-Version des Psar Tuol Tom Pong und findet jeden Freitag-, Samstag- und Sonntagabend statt, sofern das Wetter mitspielt. Unbedingt handeln, denn der Psar Reatrey ist nicht gerade billig! Interessanterweise sind hier mehr Einheimische als Ausländer unterwegs.

Psar Chaa (Karte S. 83; St 108) Wirkt ziemlich heruntergekommen. Hier gibt's jede Menge Haushaltsartikel, Kleidung, kleine Restaurants, Lebensmittelhändler und Schmuckverkäufer. Draußen findet man ein paar nette Stände mit frischem Obst.

Psar Olympic (Karte S. 80 f.; St 310) Ein recht moderner Markt. Das Angebot umfasst Fahrradersatzteile, Kleidung, Elektrowaren und diverse Lebensmittel.

AN- & WEITERREISE

Bus

Seitdem Kambodschas Straßen saniert werden, ist die Zahl der Busverbindungen enorm gestiegen. Fast alle großen Städte sind mittlerweile von Phnom Penh aus mit klimatisierten Fahrzeugen zu erreichen. Diese starten gewöhnlich vor den Niederlassungen der jeweiligen Unternehmen. Die meisten findet man rund um den Psar Thmei bzw. nahe dem nördlichen Ende des Sisowath Quay.

Hier die bekanntesten Firmen:

Capitol Tour (Karte S. 83; ☎ 217627; 14 St 182) Fahrten nach Battambang, Ho-Chi-Minh-Stadt, Poipet, Siem Reap und Sihanoukville.

GST (Karte S. 83; ☎ 218114; Psar Thmei-Viertel) Ban Lung, Battambang, Ho-Chi-Minh-Stadt, Kratie, Pakse, Poipet, Siem Reap, Stung Treng, Sihanoukville und Tbeng Meanchey.

Hua Lian (Karte S. 80 f.; ☎ 223025; Monireth Blvd & Olympiastadion) Bedient entlegene Ziele wie Ban Lung und Sen Monorom im Nordosten sowie Kampot, Kratie, Sihanoukville und Stung Treng.

Mai Linh (Karte S. 80 f.; ☎ 211888; 391 Sihanouk Blvd) Das vietnamesische Unternehmen bietet Fahrten nach Siem Reap und Ho-Chi-Minh-Stadt an.

Mekong Express (Karte S. 83; ☎ 427518; 87 Sisowath Quay) Komfortable Verbindungen inklusive Servicepersonal nach Siem Reap (11 US$) und nach Sihanoukville (7 US$). Ho-Chi-Minh-Stadt (12 US$) steht ebenfalls auf dem Programm.

Neak Krorhorm (Karte S. 83; ☎ 219497; 4 St 108) Steuert Battambang, Poipet, Siem Reap und Sisophon an.

Paramount Angkor Express (Karte S. 83; ☎ 427567; 24 St 102) Doppeldeckerbusse nehmen Kurs auf Battambang, Koh Kong, Kompong Cham, Kratie, Pailin, Pakse, Poipet, Siem Reap, Sihanoukville und Stung Treng.

Phnom Penh Sorya (Karte S. 83; ☎ 210359; Psar Thmei-Viertel) Der etablierteste Anbieter bedient die Strecken nach Ban Lung, Battambang, Ho-Chi-Minh-Stadt, Kampot, Kep, Koh Kong, Kompong Cham, Kompong Chhnang, Kratie, Neak Luong, Pakse, Poipet, Siem Reap, Sihanoukville, Stung Treng und Takeo.

Rith Mony (Karte S. 83; ☎ 012 878919; 137 St 118) Verbindungen nach Ban Lung, Battambang, Ho-Chi-Minh-Stadt, Koh Kong, Kompong Cham, Kratie, Pakse, Siem Reap, Sihanoukville und Stung Treng.

Sok Sokha (Karte S. 83; ☎ 991414; 121 Sisowath Blvd) Mit Luxusbussen geht's nach Siem Reap. Besonderes Extra: Reisende werden kostenfrei an ihrem jeweiligen Hotel aufgelesen.

Virak Buntham (Karte S. 83; ☎ 016 786270; St 106) Fahrten nach Bangkok, Koh Kong und Sihanoukville. Das Unternehmen betreibt zudem den ersten „Schlafbus" nach Siem Reap (23 Uhr; 9 US$).

Die Preise ähneln sich sehr, Fahrten in Deluxe-Bussen sind aber natürlich etwas teurer. Hier ein paar Richtwerte für besonders beliebte Reiseziele: Ban Lung (ab 10 US$, 12 Std., mehrere Abfahrten am frühen Vormittag), Battambang (ab 5 US$, 5 Std., bis 12 Uhr häufig), Kampot (ab 4 US$, 3–4 Std., mehrmals tgl.), Kep (ab 4 US$, 4 Std., mehrmals tgl.), Kompong Cham (ab 3 US$, 2 Std., bis 16 Uhr häufig), Kompong Chhnang (ab 2,50 US$, 2 Std., regelmäßige Abfahrten), Koh Kong (ab 10 US$, 6 Std., mehrere Abfahrten am Vormittag), Kratie (ab 25 000 R, 5 Std., mehrere Abfahrten am Vormittag), Poipet (ab 7,50 US$, 8 Std., mehrere Abfahrten am frühen Vormittag), Sen Monorom (ab 10 US$, 10 Std., 1-mal tgl.), Siem Reap (ab 5 US$, 6 Std., bis 12 Uhr regelmäßig), Sihanoukville (ab 3,50 US$, 4 Std., bis 12 Uhr regelmäßig), Stung Treng (ab 9,50 US$, 7 Std., mehrere Abfahrten am Vormittag) und Takeo (ab 2,50 US$, 2 Std., regelmäßig).

Fast alle Langstreckenbusse halten unterwegs in größeren Städten, z. B. in Kompong Thom auf dem Weg nach Siem Reap oder in Pursat auf den Weg nach Battambang. Tickets sollten vorab gekauft werden, um sich einen Sitzplatz zu sichern. Normalerweise müssen auch unterwegs Zugestiegene den vollen Fahrpreis entrichten.

Genaueres zu den Verbindungen zwischen Phnom Penh und Ho-Chi-Minh-Stadt in Vietnam siehe S. 374.

Flugzeug

Mehr zu internationalen und nationalen Flügen nach/ab Phnom Penh siehe S. 367.

Sammeltaxi, Minibus & Pick-up

Von Phnom Penh aus kann man Ziele im ganzen Land mit Gemeinschaftstaxis, Pickups und Minibussen erreichen. Diese Transportmittel werden jedoch weniger genutzt, seitdem das günstige und bequemere Busnetzwerk ausgebaut wurde. Wer nach Svay Rieng und von dort weiter nach Vietnam reisen möchte, muss sich zum Chbah-Ampeau-Taxistand (Karte S. 80 f.) an der Ostseite der Monivong-Brücke im Süden der Stadt aufmachen. Fast alle anderen Reiseziele erreicht man vom Psar Thmei aus. Die Art des fahrbaren Untersatzes hängt von der jeweiligen Beschaffenheit der Straßen ab. Schnelle Sammeltaxis erfreuen sich größerer Beliebtheit als Pick-ups und überfüllte Minibusse.

Hier ein paar Richtwerte für die jeweiligen Transportmittel, die auf speziellen Routen bevorzugt eingesetzt werden (Achtung: Selbst Einheimische müssen mit den Fahrern verhandeln): Taxis steuern Sihanoukville (25 000 R, 2½ Std.), Kampot (20 000 R, 2 Std.), Kompong Thom (20 000 R, 2½ Std.), Siem Reap (40 000 R, 5 Std.), Battambang (30 000 R, 4 Std.), Pursat (20 000 R, 3 Std.), Kompong Cham (15 000 R, 2 Std.) und Kratie (35 000 R, 5 Std.) an. Sie können übrigens auch für einen ganzen Tag gemietet werden. Wer sich in Phnom Penh und Umgebung fortbewegen will, muss zwischen 25 bis 50 US$ investieren. Weitere Entfernungen kosten entsprechend mehr. Ein weiteres Kriterium bei der Preisbestimmung sind die Sprachkenntnisse des Fahrers.

Pick-ups gehören schon fast der Vergangenheit an, werden jedoch noch auf ein paar Strecken eingesetzt, so z. B. nach Mondulkiri (15 US$, 9 Std.). Am besten legt man die guten Straßenabschnitte dennoch per Bus zurück und steigt erst in einen Pick-up, wenn es nicht mehr anders geht.

In Minibussen zu reisen ist alles andere als lustig. Nach Möglichkeit sollte man mit einem größeren, klimatisierten Bus oder einem Gemeinschaftstaxi fahren. Mehr zum Thema „Expressminibusse“ auf der Strecke Ban Lung–Stung Treng–Phnom Penh findet man im Kapitel „Ostkambodscha“.

Schiff/Fähre

Bei der **Anlegestelle für Touristenboote** (Karte S. 83; Sisowath Quay) am östlichen Ende der Straße 104 sind zahlreiche Schnellbootbetreiber zu finden. Über den Tonlé-Sap-Fluss und den gleichnamigen See geht's Richtung Norden nach Siem Reap, Fahrten auf dem Mekong werden in Phnom Penh allerdings nicht mehr angeboten. Genaueres zu den internationalen Routen von Phnom Penh nach Chau Doc und ins vietnamesische Mekong-Delta erfährt man auf S. 376.

Die Schnellboote nach Siem Reap (35 US$, 5–6 Std.) werden nicht mehr so häufig in Anspruch genommen wie früher: Wenn man sich nämlich zwischen einem klimatisierten Bus für 6 US$ und einer Art „Viehtransport“ auf dem Dach einer Fähre für 35 US$ entscheiden soll, muss wohl niemand lange überlegen! Es gibt definitiv bessere Routen für ein Bootsabenteuer in Kambodscha.

Mehrere Unternehmen bedienen die Strecke (Abfahrt tgl. um 7 Uhr). Der erste Abschnitt der Reise lockt mit einer malerischen Kulisse, doch sobald man den gewaltigen Tonlé-Sap-Binnensee erreicht hat, ist von schöner Uferlandschaft und urigen Dörfern weit und breit nichts mehr zu sehen. Die meisten Touristen bevorzugen einen Sitzplatz auf dem Dach, wo man sich unbedingt einen Hut aufsetzen und eine dicke Schicht Sonnencreme auftragen sollte! In der Trockenzeit werden sehr kleine Boote eingesetzt, die teilweise überfüllt sind.

Zug

Derzeit werden in Kambodscha keine Personenzüge eingesetzt – ein Segen, denn die Züge schaffen nicht mehr als etwa 20 km/h.

Wer dennoch wissen möchte, wo sich der Bahnhof (Karte S. 83) befindet: Er ist in dem prächtigen alten Kolonialbau am westlichen Ende der Straßen 106 und 108 untergebracht und drinnen herrscht das Chaos. In den kommenden Jahren soll die Eisenbahnstrecke saniert werden. Wer weiß, vielleicht kann man ab 2012 ja wieder mit dem Zug fahren?!

UNTERWEGS VOR ORT

Phnom Penh ist eine kleine Stadt, in der man problemlos von A nach B gelangt. Allerdings wird der Verkehr von Jahr zu Jahr chaotischer und zu den Stoßzeiten morgens und abends sind Staus die Regel, insbesondere auf dem Monivong und dem Norodom Boulevard.

Auto & Motorrad

Autos können sowohl in Reisebüros als auch in Pensionen und Hotels gemietet werden. Wer im Stadtgebiet bleibt, zahlt mindestens 25 US$ für einen normalen Wagen und mindestens 60 US$ für ein Fahrzeug mit Allradantrieb. Für Ausflüge in die Umgebung muss man tief in die Tasche greifen.

In Phnom Penh gibt es zahlreiche Motorradverleiher, aber Achtung: Diebstahl ist ein echtes Problem, und wer sich beklauen lässt, haftet. Am besten fragt man nach einem Schloss und stellt das Fahrzeug immer auf bewachten Parkplätzen ab, z. B. vor Marktgeländen (300 R). Eine Honda mit 100 ccm kostet etwa 4 bis 6 US$ pro Tag, für 250er-Cross-Motorräder muss man mit 10 bis 20 US$ pro Tag rechnen. Einen guten Ruf haben z. B. folgende Anbieter:

Angkor Motorcycles! (Karte S. 83; ☎ 012 722098; 92 St 51)
Little Bikes (Karte S. 83; ☎ 017 329338; 178 St 13)
Lucky! Lucky! (Karte S. 83; ☎ 212788; 413 Monivong Blvd)
New! New! (Karte S. 83; 417 Monivong Blvd)

Wer gerne offroad unterwegs ist, wendet sich am besten an spezialisierte Unternehmen (siehe dazu auch S. 378):

Riverside Moto (Karte S. 83; ☎ 223588; www.riversidemotorcycletours.com; 30 St 118) Ist auf Touren ins Landesinnere spezialisiert, liefert das notwendige Werkzeug und Ersatzteile. Die Motorräder sind gut in Schuss.

Two Wheels Only (Karte S. 80 f.; ☎ 012 200513; www.twocambodia.com; 34 St 368) Reparaturdienst und importiertes Zubehör. Verleiht gepflegte Motorräder für Touren.

Harley Tours Cambodia (Karte S. 83; ☎ 012 948529; www.harleycambodia.com; 21 St 294) Organisiert Harley-Touren rund um Phnom Penh, z. B. mit Übernachtung in Kompong Cham oder Kep. Motorräder können tageweise gemietet werden, die Preise sind allerdings ähnlich heftig wie für eine Luxuskarrosse im Heimatland.

Bus

In Phnom Penh gibt's keine öffentlichen Nahverkehrsbusse. Die meisten Einheimischen nutzen stattdessen *motos* oder *cyclos*. Die langen, geraden Alleen durch das Stadtgebiet würden sich hervorragend für den Einsatz von Straßenbahnen eignen, aber von Neuerungen wie diesen ist man noch Lichtjahre entfernt.

Cyclo

Mittlerweile sind auf Phnom Penhs Straßen nicht mehr so viele *cyclos* unterwegs, weil sich *motos* immer größerer Beliebtheit erfreuen. Per *cyclo* kann man die Sehenswürdigkeiten im Zentrum allerdings um einiges entspannter abklappern. Für eine Fahrt vom einen zum anderen Ende der Stadt sind sie hingegen einfach zu langsam. Eine Sightseeingtour kostet 8 bis 10 US$ pro Tag, je nachdem, wohin man genau fahren möchte und wie viele Stunden strampeln das für den Fahrer bedeutet. Spätabends müssten *cyclos* als potentielles Sicherheitsrisiko auf den Straßen klassifiziert werden, dann schlafen die meisten Fahrer in ihren klapprigen Vehikeln aber sowieso schon den Schlaf der Gerechten. Für ein *cyclo* zahlt man einen ähnlichen Preis wie für ein *moto;* wer an beliebten Touristenorten in Phnom Penh zusteigt, sollte allerdings handeln.

Wer einen Ausflug im **Cyclo Centre** (☎ 991178; www.cyclo.org.uk) bucht, tut etwas Gutes, denn das Unternehmen unterstützt die *cyclo*-Fahrer in

AUF DEM WEG INS NIRGENDWO

Per *remork-moto, moto* oder *cyclo* umherzureisen sieht leichter aus als es ist. Viele Fahrer, die in der Nähe der Pensionen, Hotels, Restaurants und Bars auf Kundschaft warten, sprechen zwar z.T. gebrochenes Englisch und kennen die Stadt wie ihre Westentasche – ihnen begreiflich zu machen, wohin man genau möchte, kann jedoch ziemlich kompliziert sein. Wer eines dieser Transportmittel auf der Straße oder vor den Märkten anhält, landet möglichweise an einem x-beliebigen Platz in Phnom Penh. Wenn man seinen Zielort nennt, wird man normalerweise mit einem überzeugenden Nicken bedacht. Die Fahrer sind nämlich mehr als erpicht darauf, Ausländern ein paar Riel extra zu entlocken, auch wenn sie nicht den leisesten Schimmer haben, wohin man überhaupt will. Sie geben Vollgas bzw. strampeln hektisch los und warten darauf, dass man ihnen Anweisungen erteilt – was man allerdings kaum tun wird, denkt man doch, der Einheimische kennt den Weg. Und ehe man sich's versieht, befindet man sich schon auf halber Strecke nach Sihanoukville oder Siem Reap. Die Moral von der Geschicht: Nie ohne Stadtplan losziehen und den Fahrer mit Bedacht wählen.

der Hauptstadt. Es werden verschiedene Mottotrips angeboten, darunter Kneipentouren und Kulturausflüge. Für eine Stunde werden etwa 2,50 US$ und für einen ganzen Tag ca. 10 US$ verlangt.

Fahrrad

Ein paar Pensionen verleihen Fahrräder für 1 bis 2 US$ pro Tag. Hat man sich einmal mit dem chaotischen Verkehr vertraut gemacht (es herrschen anarchistische Verhältnisse!), kann man die Stadt per Drahtesel erkunden – ein großes, allerdings etwas staubiges Vergnügen. Auf S. 96 erfährt man mehr über Tagesausflüge rund um Phnom Penh.

Vom/Zum Flughafen

Der internationale Flughafen (außerhalb der Karte S. 80 f.) liegt 7 km westlich der Stadt und ist über den Russian Boulevard zu erreichen. Ein offizielles Taxi ins Zentrum schlägt mit 9 US$ zu Buche. Für diesen Preis wird der Fahrer exakt *ein* Ziel ansteuern – man muss also dafür Sorge tragen, dass er einen wirklich dahin bringt, wohin man möchte, und nicht, wohin *er* möchte. Für ein *remork* in die Innenstadt zahlt man ca. 7 US$, offizielle *motos* kosten 2 US$ (Fixpreis). Die Fahrt dauert in der Regel 30 Minuten.

Wer vom Zentrum zum Flughafen will, sollte nicht mehr als 6 oder 7 US$ für ein Taxi hinlegen. *Moto*-Fahrer verlangen etwa 1,50 US$ und *remork*-Fahrer etwa 4 US$.

Moto

In touristischen Gegenden sprechen die meisten *moto*-Fahrer Englisch und manchmal auch ein bisschen Französisch. Andernorts kann die Verständigung nahezu unmöglich sein (s. Kasten oben). Kurzstrecken kosten 1000 bis 2000 R, abends ein wenig mehr. Eine Fahrt von einem Ende der Stadt zum anderen schlägt mit 1 US$ zu Buche. Früher musste man den Preis nicht vor der Fahrt festgelegen, doch heutzutage werden immer mehr Touristen abgezogen: Handeln ist also geradezu ein Muss, wenn man in einem der Spitzenhotels übernachtet. Gleiches gilt für Nachtschwärmer, die vor beliebten Bars auf ein *moto* steigen, um nach Hause zu kommen. Andernfalls kann es richtig teuer werden.

Unweit beliebter Pensionen und Hotels postieren sich häufig *moto*-Fahrer, die gut Englisch sprechen. Sie bieten sich als Guides an (je nach Route 8–10 US$ pro Tag).

Remork-moto

Remorks, auch als *tuk tuks* bekannt, sind Motorräder, die vor einen Wagen gespannt werden. Sie gelten hier als beliebtes Transportmittel und stammen aus China, Indien oder Thailand, es gibt aber auch eine kambodschanische Variante, die erstmalig in Siem Reap eingesetzt wurde. Für eine Fahrt zahlt man etwa das Doppelte wie für eine Tour mit dem *moto*. Je mehr Passagiere mitkommen, desto teurer wird es.

Taxi

Inzwischen werden in der Hauptstadt offizielle Taxis mit Gebührenzählern eingesetzt, die wirklich günstig sind (1 US$ pro km). Zu den verlässlichen Unternehmen gehören **Global Meter Taxi** (☎ 011 311888) und **Choice Taxi** (☎ 888023) – vorher anrufen. **Taxi Vantha** (☎ 012 855000; www.taxivantha.com) ist eine ältere Firma mit 24-Stunden-Service; allerdings verfügt sie nur über wenige Fahrzeuge.

Privattaxis stehen normalerweise vor beliebten Bars und Clubs parat. Wer eines nutzen will, muss auf jeden Fall im Voraus einen Preis aushandeln.

RUND UM PHNOM PENH

In Phnom Penhs Umgebung verteilen sich ein paar Sehenswürdigkeiten, die man gut im Rahmen eines Tagesausflugs besichtigen kann. Verglichen mit anderen Highlights, die Kambodscha zu bieten hat, kommen sie allerdings eher bescheiden daher. Den Tonlé-Bati-Tempel und die Phnom-Chisor-Hügelpagode fasst man am besten in einem Trip zusammen und reist im Anschluss z. B. nach Takeo (S. 256) oder Kampot (S. 241) im Süden weiter. Auch Udong, die einstige Hauptstadt des Landes, ist ein interessantes Tagesausflugsziel. Sie kann mit einem Besuch in Kompong Chhnang (S. 262), einem „authentischen" kambodschanischen Ort, kombiniert werden.

Saubere, komfortable und günstige Busse von Phnom Penh Sorya Transport (S. 128) steuern die meisten der im Folgenden genannten Ziele an. Erfahrene Biker erreichen diese Attraktionen auch per Motorrad (s. S. 131) – eine interessante Alternative, denn unterwegs passiert man eine Reihe kleiner Dörfer. Wenn Geld keine Rolle spielt, lässt man sich in einem Taxi umherkutschieren (je nach Route 40–60 US$ pro Tag). Einige beliebte Pensionen organisieren überdies günstige Touren mit oder ohne Guide zu den meisten der hier aufgeführten Sehenswürdigkeiten.

KIEN SVAY

កៀនស្វាយ

Kien Svay ist ein toller Ort für ein Picknick an einem kleinen Zufluss des Mekong, denn über dem Wasser stehen Hunderte von Bambushütten. Viele Khmer lieben das Ambiente und unternehmen Wochenendausflüge hierhin, um ihren Lieblingsbeschäftigungen nachzugehen: dem Picknick am Wasser und dem gemütlichen Entspannen auf Reetmatten. Für 5000 R pro Stunde kann man einen Bereich zum Essen und Relaxen in einer erhöhten, offenen Hütte mieten, die mit Matten ausgelegt ist. Auf den Preis sollte man sich unbedingt vorab einigen!

Auf dem Gelände werden ganz unterschiedliche Snacks angeboten. Dank des lebendigen Wettbewerbs (es gibt ca. 50 Verkäufer vor Ort) sind die Preise generell ziemlich vernünftig, wenn man handelt. Zu den besonders beliebten Gerichten zählen Grillhühnchen und -fisch, Flusshummer und frisches Obst. An Wochentagen herrscht nicht viel Andrang, was zum Picknicken vielleicht angenehmer ist.

An- & Weiterreise

Kien Svay ist ein Bezirk in der Kandal-Provinz. Das eigentliche Picknickgelände erstreckt sich direkt vor der kleinen Stadt Koki 15 km östlich von Phnom Penh. Um von der Hauptstadt dorthinzugelangen, muss man vom NH1 (verbindet Phnom Penh mit Ho-Chi-Minh-Stadt) links abbiegen. 15 km östlich der Monivong-Brücke geht's durch ein Tor, das an ein Wat erinnert. An zahllosen Bettlern und Hunderten von Autos erkennt man, dass man den richtigen Ort erreicht hat. Busse nach Kein Svay starten regelmäßig am Psar Thmei (nur 4000 R). Für ein *moto* zahlt man ca. 5 US$ (hin und zurück).

UDONG

ឧដុង្គ

Udong (der Siegreiche) war zwischen 1618 und 1866 Kambodschas Hauptstadt. Angesichts der Tatsache, dass sich das Land zu diesem Zeitpunkt bereits im Niedergang befand, wirkt der Name allerdings übermäßig optimistisch. Eine Reihe von Königen, darunter auch Norodom, wurden hier gekrönt. Als Hauptattraktionen gelten die zwei kleinen Hügel von Phnom Udong, auf denen mehrere Stupas thronen. Sie bieten schöne Ausblicke auf die von unzähligen Zuckerpalmen geprägte Landschaft. Obwohl Udong kein absolutes Highlight ist, lohnt sich ein Ausflug dorthin, wenn man ausreichend Zeit hat.

Auf dem kleineren Hügel befinden sich zwei Bauten und mehrere Stupas. Die **Ta-San-Moschee** ist nach Westen in Richtung Mekka, ausgerichtet. Jenseits der Ebene südlich der Moschee erhebt sich der **Phnom Vihear Leu**, ein Hügel mit einem Tempelheiligtum *(vihara)* zwischen zwei weißen Pfosten. Rechts davon befindet sich ein Gebäude, das unter Pol Pots Herrschaft als Gefängnis diente. Die Pagode links unterhalb des *vihara* heißt **Arey Ka Sap**.

Der größere Hügel, Phnom Preah Reach Throap (Hügel des Königlichen Reichtums), wurde nach einem Khmer-König aus dem 16. Jh. benannt, der dort während des Kriegs mit den Thai angeblich den Nationalschatz versteckte. Besonders beeindruckend ist das **Vihear Preah Ath Roes**. Das Tempelheiligtum und die Buddha-Statue, 1911 von König Sisowath gestiftet, wurden 1977 von den Roten Khmer zerstört; einzig Teile der Mauern, die Sockel von acht enormen Säulen sowie der rechte Arm und Teile der rechten Körperhälfte der Buddha-Statue blieben erhalten. Die Figur wurde rekonstruiert und auch das Dach des *vihara* ist inzwischen wiederaufgebaut worden.

Etwa 120 m nordwestlich des Vihear Preah Ath Roes liegt eine Reihe kleiner Tempelheiligtümer. Das erste, **Vihear Preah Ko**, hat ein Ziegeldach und beherbergt eine Skulptur von Preah Ko, dem heiligen Bullen. Die Original-Statue wurde vor langer Zeit von Thailändern entwendet. Im zweiten Bauwerk, dem **Vihear Preah Keo**, befindet sich ein sitzender Buddha. Die brüchigen Wände des **Vihear Prak Neak** tragen ein Strohdach. Hier wird ein sitzender Buddha von einer *naga* bewacht (*prak neak* bedeutet „von einer *naga* geschützt").

Am nordwestlichen Ende des Hügels erheben sich vier große Stupas. Der **Chet Dey Mak Proum** ist die Grabstätte von König Monivong (reg. 1927–41) und wartet mit *garudas* (mythische Figuren; halb Mann, halb Vogel), Blumenmustern und Elefanten auf, außerdem kann man auf dem Dach vier Gesichter ausmachen. Der mittlere Stupa, **Tray Troeng**, verfügt über bunte Säulen. Er wurde 1891 von König Norodom erbaut, der hier die Asche seines Vaters, König Ang Duong (reg. 1845–59) beisetzen ließ. Manche behaupten jedoch, dass Ang Duong stattdessen neben der Silberpagode in Phnom Penh begraben liegt. Den dritten Stupa, **Damrei Sam Poan**, ließ König Chey Chetha II (reg. 1618–26) als Grabstätte für seinen Vorgänger Soriyopor errichten. Der vierte Stupa beherbergt eine Reliquie von Buddha. Angeblich handelt es sich um ein Augenbrauenhaar, das bis 2002 im blauen Stupa vor dem Bahnhof in der Hauptstadt untergebracht war.

Von König Monivongs Stupa führt die Treppe nach Osten den Hang hinab. Unten angekommen, entdeckt man direkt nördlich einen **Pavillon**. Er ist mit Malereien von den Gräueltaten der Roten Khmer versehen.

Am Fuß des Hügels, nahe der Straße, steht ein **Denkmal** für die Opfer des Pol-Pot-Regimes. Es enthält die Knochen von Menschen, die in 100 Massengräbern verscharrt worden waren; in ihnen fand man jeweils etwa zehn Leichname. Neben den Gebeinen wurden bei Ausgrabungen 1981 und 1982 auch diverse Folterinstrumente freigelegt.

Schlafen & Essen

Im **Cambodia Vipassana Dhura Buddhist Meditation Centre** (Ansprechpartnerin: Kim Simoeun ☎ 012 221505; www.cambodiavipassanacenter.com) können Ausländer übernachten und sich unter der Anleitung erfahrener Mönche und Nonnen im Meditieren üben. Die Zimmer sind für Klosterverhältnisse komfortabel, allerdings nicht immer blitzsauber. Es gibt keine Fixpreise für Seminare, aber 20 US$ pro Tag (inkl. Mittagessen) sind realistisch; kommt eine Übernachtung hinzu, sind es um die 30 US$ (das erklärte uns jedenfalls eine der französischsprachigen Nonnen). Strom hat man gewöhnlich nur bis 20 Uhr, aber gegen eine kleine Spende wird auf Wunsch der Generator angestellt.

Besucher können sich an einigen Ständen sowie in Restaurants mit Blick auf die beiden „Gipfel" nahe der Prek Kdam-Brücke am Tonlé-Sap-Fluss stärken.

An- & Weiterreise

Udong liegt 41 km von der Hauptstadt. Auf dem NH5 verlässt man Phnom Penh in nördlicher Richtung; am ausgeschilderten Torbogen geht's nach links. 3,5 km südlich dieser Abfahrt stößt man auf Udong. Die Zufahrtsstraße führt zunächst durch das Dorf Psar Dek Krom und an einem Denkmal für die Opfer des Pol-Pot-Regimes vorbei, bevor man an einer kurzen Treppe ankommt.

Klimatisierte Busse fahren den ganzen Tag über regelmäßig von Phnom Penh hierher. Sie sind günstig und komfortabel (10 000 R, 1 Std.). Los geht's in der Nähe des Psar Thmei. Passagiere steigen an der Zufahrtsstraße aus und lassen sich von dort per *moto* bis zum Fuß des Phnom Udong bringen (1 US$). Busse nach/aus Kompong Chhnang (S. 262) halten ebenfalls hier – wer Lust hat, kann also im Anschluss an die Besichtigung der Tempel noch einen Abstecher in eine typisch kambodschanische Stadt unternehmen, in die es nur selten Touristen verschlägt.

Wer in Phnom Penh einen Taxifahrer für den ganzen Tag anheuert, muss etwa 40 US$

einplanen, für einen *moto*-Fahrer zahlt man dagegen 10 US$. Weil die Straße stark befahren und ziemlich staubig ist, gilt der Bus definitiv als angenehmere Alternative.

TONLÉ BATI

ទន្លេបាទី

Die Bezeichnung **Tonlé Bati** (Eintritt inkl. Getränk 3 US$) umfasst ein paar alte Tempel aus der Angkor-Zeit. Darüber hinaus handelt es sich um einen beliebten Ort für ein Picknick. Wer bereits andere Bauten aus dieser Ära gesehen hat, kann sich diesen Ausflug eigentlich sparen, wenn Angkor jedoch noch nicht abgehakt ist, stimmt man sich hier schon mal auf das Kambodscha-Highlight ein.

TA PROHM

តាព្រហ្ម

Dieser Laterittempel entstand unter König Jayavarman VII. (reg. 1181–1219). Zuvor befand sich an der Stelle ein Khmer-Schrein aus dem 6. Jh. Heute ist der verfallene Bau von bunten Blumen und Pflanzen umgeben – Hobbyfotografen werden begeistert sein!

Das Hauptheiligtum besteht aus fünf Kammern mit jeweils einem Linga (Phallussymbol). Überall haben die Roten Khmer Spuren ihrer Zerstörungswut hinterlassen.

Hat man das Osttor passiert, sieht man zur Rechten in 15 m Entfernung das Flachrelief von zwei Frauen und einem Mann, der sich vor der größeren der beiden Frauen verbeugt. Die kleinere Frau hat gerade ein Kind zur Welt gebracht, aber der Hebamme (der größeren Frau) nicht den nötigen Respekt erwiesen. Aus diesem Grund ist die junge Mutter dazu verdammt worden, die Nachgeburt den Rest ihres Lebens in einer Kiste auf dem Kopf zu tragen. Der Mann – Vater des Kindes – bittet die Hebamme, seiner Frau zu verzeihen.

YEAY PEAU

យាយពៅ

Der Yeay-Peau-Tempel wurde nach König Prohms Mutter benannt und befindet sich 150 m nördlich des Ta Prohm auf dem Gelände einer modernen Pagode. Der Legende zufolge brachte Peau einen Sohn namens Prohm zur Welt. Als dieser erfuhr, dass König Preah Ket Mealea sein Vater war, zog er aus, um am Hof des Herrschers zu leben. Nach ein paar Jahren wollte er zu seiner Mutter zurückkehren, erkannte sie jedoch nicht wieder. Betört von der Schönheit Peaus hielt er um ihre Hand an. Er glaubte ihr nicht, als sie sagte, sie sei seine Mutter. Um seinen Avancen Einhalt zu gebieten, machte sie ihm einen Vorschlag … was dabei herausgekommen ist, erfährt man auf S. 321.

AM SEE

300 m nordwestlich des Ta Prohm ragt eine lange, schmale Halbinsel in den Tonlé Bati. Früher tummelten sich hier an den Wochenenden unzählige Essens- und Getränkeverkäufer, doch die Preise waren so hoch, dass sich die Hauptstadtbewohner irgendwann nicht mehr blicken ließen. Mittlerweile stehen auf der Rückseite der Eintrittskarte die regulären Preise für Speis und Trank; bald sollten die Besucherzahlen also wieder steigen. Der Blick auf den See und die kühle Brise sind wirklich toll.

An- & Weiterreise

Auf dem NH2 ist die Zufahrtsstraße zum Tonlé Bati etwa 31 km südlich von Phnom Penh ausgeschildert (rechter Hand). Die Tempel und das Picknickgelände befinden sich 2,5 km von der Schnellstraße.

Tagsüber fahren regelmäßig Busse nach Takeo. Passagiere werden an der Zufahrtsstraße abgesetzt (6000 R). In Phnom Penh startet der erste Bus um 7 Uhr, danach besteht bis 16 Uhr stündlich eine Verbindung. Busse aus Takeo passieren die Abzweigung tagsüber ebenfalls regelmäßig. Diese Verbindungen sind übrigens auch für alle interessant, die Phnom Tamao besichtigen wollen.

PHNOM-TAMAO-TIERSCHUTZZENTRUM

ភ្នំតាម៉ៅ

Kambodschas führendes **Tierschutzzentrum** (Erw./Kind 5/2 US$) umfasst ein weitläufiges Gelände südlich der Hauptstadt. Hier finden Tiere ein Zuhause, die aus den Fängen von Händlern bzw. aus Wildererfallen befreit wurden. Dank der Unterstützung internationaler Nichtregierungsorganisationen werden die Haltungsbedingungen ständig verbessert. Das Reservat ist so riesig, dass es an eine Mischung aus Zoo und Safaripark erinnert und wahrscheinlich wird dies schon bald eines der besten Schutzgebiete in der Region sein.

Als besonders sehenswert gelten die Gehege der Tiger (die Population ist sehr groß) und der Elefanten – manchmal werden Aktivitäten wie Elefantenmalerei angeboten. Darüber hinaus kann man die Vogelvoliere besichtigen und es gibt einen Bereich, in dem sich Makaken und Wild tummeln.

Nirgendwo auf der Welt bekommt man einen größeren Bestand von Kappengibbons und Malaiischen Sonnenbären in Gefangenschaft zu Gesicht. Abgesehen davon bietet das Reservat seltenen Arten wie Siam-Krokodile und Marabus einen Lebensraum. Nach Möglichkeit werden die Tiere nach ihrer Genesung wieder in die Freiheit entlassen. Der Park hat sich aber nicht nur der Pflege misshandelter Tiere verschrieben, sondern führt auch spezielle Zuchtprogramme für eine Reihe weltweit bedrohter Arten durch.

In Kambodscha ist es gar nicht so leicht, wilde Tiere zu beobachten, denn die größeren Arten leben normalerweise in sehr entlegenen Ecken. Auch aus diesem Grund gilt Phnom Tamao als tolles Ausflugsziel.

Wer keine Zoos mag, wird von dieser Einrichtung wohl nicht allzu angetan sein, aber man darf nicht vergessen, dass hier Tiere einen Zufluchtsort gefunden haben, die andernfalls getötet worden wären. Jeder Besucher trägt also durch das Eintrittsgeld aktiv zum Schutz und Überleben der wunderbaren kambodschanischen Fauna bei.

Free the Bears (www.freethebears.org.au; volunteerasianbears@freethebears.org.au) betreibt eine Initiative für „freiwillige Bärenhüter". Gegen eine kleine Gebühr kann man bis zu sechs Wochen mit asiatischen Schwarz- und Malaiischen Sonnenbären arbeiten. Dazu gehören das Füttern und Waschen junger Tiere. Derzeit werden etwa 90 Bären betreut.

Betelnut Jeep Tours (Karte S. 83; ☎ 012 619924; www.betelnuttours.com; 30 US$ pro Pers.) ist im Lazy Gecko Café zu finden und bietet Tagesausflüge nach Phnom Tamao an. Los geht's dienstags, donnerstags und samstags um 10 Uhr. Eintritt, Führer und Mittagessen sind inbegriffen.

An- & Weiterreise

Phnom Tamao erstreckt sich 44 km von Phnom Penh und ist über den NH2 zu erreichen. Wenn man nach 37 km das Hinweisschild passiert hat, muss man rechts abbiegen. Die restliche Strecke führt über einen sandigen Weg. An den Wochenenden kann man erst einen klimatisierten Bus und dann ein *moto* nehmen, unter der Woche ist es schlauer, ein Motorrad zu leihen oder einen Taxifahrer anzuheuern. Mehr zu den Bussen siehe S. 134.

PHNOM CHISOR

ភ្នំជីសូ

Der **Phnom Chisor** (Eintritt 3 US$, zu zahlen auf dem Gipfel). ein Tempel aus der Angkor-Zeit, erhebt sich auf einem Hügel in der Takeo-Provinz (S. 255) und gewährt einen herrlichen Blick auf das Umland. Am besten besucht man ihn frühmorgens oder spätnachmittags, weil der Aufstieg zur Mittagszeit schweißtreibend ist.

An der Ostseite des Hügels befindet sich der Haupttempel aus Laterit sowie Backsteinen und mit Sandsteinstürzen. Ringsum sieht man z. T. verfallene Mauern einer 2,5 m breiten Galerie mit Fenstern. Die hier entdeckten Inschriften stammen aus dem 11. Jh. Damals war die Stätte unter dem Namen Suryagiri bekannt. Die Holztüren des Heiligtums im Zentrum der Anlage gehen nach Osten und sind mit Schnitzereien (Figuren, die auf Schweinen stehen) verziert. Innen befinden sich Buddha-Statuen.

Auf der Ebene westlich des Hügels stößt man auf **Sen Thmol** (unterhalb des Phnom Chisor), **Sen Ravang** und den Teich **Tonlé Om**. Diese heiligen Stätten und der Phnom Chisor bilden eine gerade Linie in Richtung Angkor. Bei rituellen Zeremonien, die hier vor 900 Jahren stattfanden, erklommen der König, seine Brahmanen und das Gefolge insgesamt 400 Stufen, um zum Suryagiri zu gelangen.

Von der Galerie gegenüber den Holztoren des Haupttempels genießt man eine fantastische Sicht auf die Tempel und die Ebene. Wer sich die Überlandtour zum Preah Vihear (S. 303) nicht zutraut, könnte stattdessen dieses Bauwerk besuchen – er ist sozusagen Kabodschas zweitbester „Tempel mit Aussicht". Das moderne buddhistische *vihara* in der Nähe des Haupttheiligtums wird übrigens von den hier ansässigen Mönchen genutzt.

An- & Weiterreise

Die Zufahrtsstraße zum Phnom Chisor führt nach Osten. 52 km südlich der Hauptstadt befindet sich ein Schild auf der linken Straßenseite. Von der Schnellstraße bis zum Fuß des Hügels sind es noch etwa 5 km.

Am besten nimmt man in Phnom Penh einen Bus nach Takeo und bittet den Fahrer, einen an der Abzweigung des NH2 abzusetzen (8500 R). Dort steigt man auf ein *moto* und lässt sich bis zum Hügel bringen (1 US$). Alternativ heuert man in Phnom Penh einen Taxifahrer an. Eine Tour zum Phnom Chisor und zum Tonlé Bati kostet ca. 50 US$.

KIRIROM-NATIONALPARK
ឧទ្យានជាតិគីរីរម្យ

Kirirom (Eintritt 5 US$) erstreckt sich inmitten üppig grüner Wälder und Kiefernhaine. An den Wochenenden strömen Einheimische herbei, denn das Gelände liegt 675 m über NN und die Temperaturen sind um einiges angenehmer als in Phnom Penh. Mehrere kleine **Wasserfälle** laden zum Picknicken ein und es gibt eine Reihe einfacher Wanderpfade. Wer Lust hat, eine „richtige" Trekkingtour zu unternehmen, sollte einen der Parkwächter ansprechen (ca. 5 US$). Man benötigt zwei Stunden, um zum **Phnom Dat Chivit** (Dat Chivit heißt „Ende des Lebens") zu gelangen. Eine steil abfallende Felswand gewährt einen herrlichen Blick auf das **Elephanten-** und das **Kardamom-Gebirge** im Westen. Unterwegs sichtet man zahlreiche Wildtiere, z. B. Schwarzbären.

Unweit der Parkgrenzen, 10 km hinter dem Kirirom Hillside Resort, wird das **Chambok Community-Based Ecotourism** (Eintritt Erw./Kind 3/1 US$) in der Gemeinde Chambok durchgeführt. Zu den Attraktionen des Ökotourismusprojekts zählen eine 40 m hohe Kaskade, Fahrten in traditionellen Ochsenkarren (Kambodschas erste Vehikel mit Allradantrieb) und Wanderungen. Darüber hinaus kann man lokaltypische Speisen in dem kleinen Restaurant kosten und – nach vorheriger Anmeldung – bei einheimischen Familien übernachten. Das Programm wurde von einer hiesigen Nichtregierungsorganisation angestoßen, **Mlup Baitong** (☎ 023-214409; www.mlup.org), und ein Teil des Gewinns kommt der Gemeinde zugute.

Die Wanderung zum Wasserfall dauert etwa eine Stunde. Ein 1,7 km langes Stück geht es bergauf. Der Lohn für die Strapazen ist der Blick auf einen traumhaften Wasserfall, der über eine mit Dschungelpflanzen gewachsene Felswand hinwegrauscht. Hat man den ebenen Abschnitt des Wegs hinter sich gelassen, sind kühle Getränke Mangelware, deshalb sollte man ausreichend Wasser mitnehmen. Die ersten beiden ausgeschilderten Wasserfälle kommen nicht so spektakulär daher, also marschiert man besser bis zum Hauptwasserfall weiter.

Schlafen & Essen

Es gibt im Kirirom-Nationalpark zwei Übernachtungsmöglichkeiten, die unterschiedlicher nicht sein könnten. Das **Kirirom Guesthouse** (☎ 012 957700; Zi. 20 US$) wirkt ziemlich heruntergekommen und sehr einfach, die Lage hingegen ist fantastisch. Außerdem warten die Zimmer (samt angrenzendem Bad) mit sauberen Laken und Ventilatoren auf. Das Restaurant (Hauptgerichte 2,50–7,50 US$) verfügt über mehrere Pavillons im Freien und die Aussicht ist toll.

Das **Kirirom Hillside Resort** (☎ 016 590999; www.kiriromresort.com; Zelten inkl. Zelt 17 US$, Zi. ab 50 US$, Bungalow ab 65 US$; ❄ 💻 🏊) befindet sich gleich unterhalb des Parkeingangs. Auf den ersten Blick handelt es sich um einen kitschigen, auf einheimische Touristen zugeschnittenen Ort, die gerne das Leben auf dem Land kennenlernen möchten. Der an ein Schloss erinnernde Eingang und Plastikdinosaurier schrecken viele Besucher aus dem Westen ab, doch Familien mit Kindern werden das abwechslungsreiche Angebot an Aktivitäten (Fahrradfahren, Reiten, Kajakfahren) zu schätzen wissen. Im hinteren Teil des weitläufigen Geländes stehen unterschiedlich große Bungalows im skandinavischen Stil, die mit TV, Minibar und Warmwasserduschen ausgestattet sind. Zu den Einrichtungen gehören außerdem ein Swimmingpool, eine Sauna und mehrere Restaurants. Der Pool verfügt über eine tolle Lage, denn im Hintergrund erheben sich Berge. Gegen eine Gebühr von 5 US$ pro Tag kann er auch von Nichtgästen genutzt werden.

Im **Paradise Restaurant** (Hauptgerichte 3–6 US$) gibt's ziemlich gute Auswahl an lokaltypischen, asiatischen und westlichen Gerichten zu vernünftigen Preisen; der gedämpfte Schnapper kostet beispielsweise 4,75 US$.

An- & Weiterreise

Der Nationalpark liegt ungefähr 112 km südwestlich von Phnom Penh und etwa 24 km westlich des NH4. Ohne eigenen fahrbaren Untersatz ist es ziemlich schwer, dorthinzugelangen. Man kann beispielsweise einen Bus Richtung Sihanoukville nehmen und den Fahrer bitten, einen in der Nähe des Kirirom- bzw. Preah-Suramarit-Kossomak-Nationalparks (so der vollständige Name auf Khmer) abzusetzen. Das letzte Stück muss man per *moto* zurücklegen. Am einfachsten ist es, ein Motorrad in Phnom Penh zu leihen oder eine Gruppe von Leuten zusammenzutrommeln, um ein Taxi für ca. 60 US$ zu chartern. Wer mit dem Privatwagen aus der Hauptstadt anreist, erreicht nach 87 km die Abzweigung zum Park; rechter Hand befindet sich ein großes Schild.

Siem Reap

សៀមរាប

In den 1960er-Jahren war Siem Reap (*si*-em ri-*ep*) einer der angesagtesten Orte Südostasiens und lockte die Reichen und Schönen in Scharen an. Nach drei Jahrzehnten des Dornröschenschlafs ist die Stadt wieder zurück und gilt momentan als eines der beliebtesten Reiseziele weltweit. Als Lebensader der Tempel von Angkor, dem achten Weltwunder, war sie scheinbar schon immer für Größeres bestimmt, doch nur wenige ahnten, dass ihr Aufstieg so rasant vonstatten gehen würde. Siem Reap hat sich als Epizentrum des modernen Kambodscha neu entdeckt. Mittlerweile gibt es mehr Pensionen und Hotels als Tempel sowie erstklassige Restaurants und luxuriöse Spas.

In seinem Herzen besticht dieser Ort noch immer mit viel Charme, alten französischen Geschäftshäusern, schattigen Alleen und einem hübschen Fluss. Allerdings wächst er in einem enormen Tempo: Neue Häuser und Wohnungen werden gebaut, Hotels und Resorts schießen wie Pilze aus dem Boden. Der Touristenboom hat Einzug gehalten und stärkt die einheimische Wirtschaft – gute Nachrichten für die lange vom Schicksal gebeutelten Einwohner und Siem Reap selbst, das sich in einen pulsierenden Besuchermagneten verwandelt hat. Ewige Pessimisten, die gerne die „guten alten Zeiten" heraufbeschwören, ignoriert man am besten, denn das Hier und Heute weiß zu überzeugen, auch wenn sich viele Touristen über den Tourbusstau auf dem Rückweg von den Tempeln ärgern.

Angkor sollte man mit allen Sinnen genießen und Siem Reap dient als ideale Basis für jede Menge Abenteuer. Immer noch der Meinung, drei Tage für die Tempel sind genug? Mit dieser Stadt vor der Haustür ein klarer Fehlschluss!

HIGHLIGHTS

- Im **Prek-Toal-Vogelschutzgebiet** (S. 162) einige der weltweit seltensten Vogelarten beobachten
- Den überschwemmten Wald von **Kompong Pluk** (S. 163), ein eindrucksvolles Dorf aus Bambus-Wolkenkratzern, erkunden
- Idyllische Angkor-Tempel entdecken, die sich in den modernen Pagoden des **Wat Athvea** und **Wat Preah Inkosei** (S. 141) verstecken
- Sich in der **Pub Street** (S. 156), Siem Reaps Ausgehmeile, sowie nahe gelegenen Restaurants und Bars vergnügen
- Bei einem **Kochkurs** (S. 145) die Geheimnisse der Khmer-Küche kennenlernen und damit die Daheimgebliebenen beeindrucken

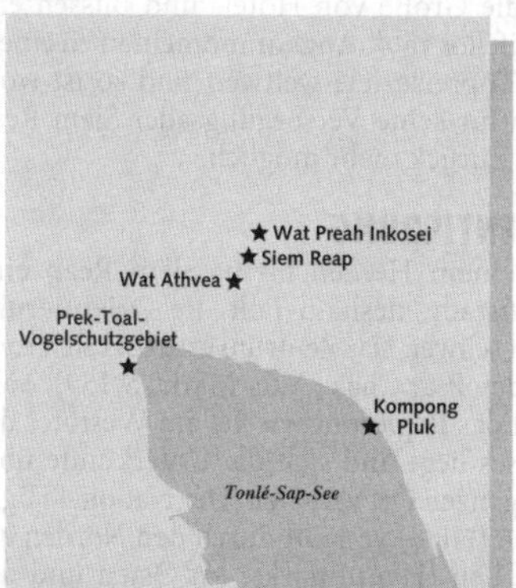

VORWAHL: 063	EINWOHNER: 120 000	FLÄCHE: 12 299 M²

GESCHICHTE

Siem Reap bedeutet „Niederlage der Siamesen", nicht gerade ein taktvoller Name für eine große Stadt in der Nähe von Thailand: Man stelle sich vor, Birmingham würde „Niederlage der Deutschen" heißen ... Einst umfasste das Angkor-Reich große Teile seines Nachbarn, doch im Namen schwingt leise Ironie mit, schließlich besiegte Thailand letztendlich Kambodscha und übte von 1794 bis 1907 die Kontrolle über Siem Reap und Angkor aus.

Als französische Forscher Angkor im 19. Jh. entdeckten, war Siem Reap nicht mehr als ein kleines Dorf, doch mit der Rückgabe Angkors an Kambodscha bzw. die Franzosen begann es zu wachsen. Die ersten Touristen kamen und 1929 öffnete das Grand Hotel d'Angkor (S. 152) seine Tore. Bis Ende der 1960er-Jahre waren die Tempel von Angkor eine der Hauptattraktionen Asiens und schillernde Persönlichkeiten wie Charlie Chaplin und Jackie Kennedy gehörten zu den Besuchern. Mit Ausbruch des Kriegs und der anschließenden Herrschaft der Roten Khmer verschwand Siem Reap in der Versenkung und sollte sich erst Mitte der 1990er-Jahre wieder bemerkbar machen.

Der Tourismus gilt als treibender Motor der Stadt, die ohne sorgfältige Planung zu einer überlaufenen Urlaubshochburg verkommen könnte. Allerdings scheint man aus den Fehlern gelernt zu haben, die in anderen Reisezielen der Region begangen wurden: Beispielsweise führte man gesetzliche Vorgaben für die Größe von Hotels und Bussen ein. Zweifellos zählt Angkor momentan zu einem der Topreiseziele weltweit und so ist wohl auch für seine Versorgungsader Siem Reap kein Zurück mehr möglich.

ORIENTIERUNG

In seinem Herzen bleibt Siem Reap eine Kleinstadt, deshalb fällt die Orientierung nicht schwer. Das Zentrum erstreckt sich rund um den Psar Chaa (Alter Markt; S. 159), während das Regierungsviertel am Westufer des Flusses liegt und sich die Unterkünfte über den ganzen Ort verteilen. Der National Highway 6 (NH6) verläuft durch den Norden am Psar Leu (Hauptmarkt) im Osten und der Königsresidenz sowie dem Grand Hotel d'Angkor (S. 152) im Zentrum vorbei zum Flughafen und über die thailändische Grenze. Der Siem-Reap-Fluss (Stung Siem Reap) bahnt sich seinen Weg von Norden nach Süden durch die Stadtmitte. Über ihn führen jede Menge Brücken, sodass man ohne Probleme von der einen auf die andere Uferseite gelangt. Wie in Phnom Penh ist die Straßennummerierung äußerst willkürlich, es gestaltet sich also nicht ganz einfach, zu einer bestimmten Adresse zu gelangen.

Angkor Wat und Angkor Thom liegen nur 6 bzw. 8 km nördlich der Stadt: Auf der Karte S. 172 f. findet man die wichtigsten Tempel.

Fahrer der Busse und Sammeltaxis lassen Traveller normalerweise beim Busbahnhof bzw. Taxistand 3 km östlich der Innenstadt aussteigen. Von dort ist es ein kurzer Trip per *moto* oder *remork-moto (tuk tuk)* zu den Pensionen und Hotels. Schnellboote ab Phnom Penh und Battambang legen in Phnom Krom etwa 11 km südlich der Stadt an. Bei den meisten Unterkünften ist eine kostenlose *moto*- oder Kleinbusfahrt im Preis inbegriffen. Der Internationale Flughafen befindet sich 7 km westlich der Stadt. Hier starten jede Menge Taxis und *motos* ins Zentrum. Weitere Informationen siehe S. 161.

PRAKTISCHE INFORMATIONEN

Im vierteljährlich erscheinenden *Siem Reap Angkor Visitors Guide* (www.canbypublications.com) gibt's jede Menge nützliche Informationen. *Drinking and Dining* hilft bei der Suche nach Bars und Restaurants, *Out and About* nach Geschäften und Dienstleistungen; beide werden von **Pocket Guide Cambodia** (www.cambodiapocketguide.com) verlegt und sind fast überall erhältlich.

Buchläden

Rund um die Tempel verkaufen Kinder und Behinderte günstige Bücher über Angkor und Kambodscha. Bei vielen Werken handelt es sich um illegale Kopien und die Druckqualität lässt meist zu wünschen übrig.

Blue Apsara (Karte S. 142; ☎ 012 601483; beim Psar Chaa) Ältester Laden für gebrauchte Bücher der Stadt mit einer guten Auswahl an deutschen, englischen und französischen Werken.

D's Books (Karte S. 142; Pithnou St; 🕑 9–22 Uhr) Größte Kette für Second-Hand-Bücher in Kambodscha; die praktische Lage macht abendliches Schmökern möglich.

Monument Books (Karte S. 142; FCC Angkor) Gut ausgestattetes neues Geschäft. Am Flughafen gibt's eine weitere Filiale.

Siem Reap Book Center (Karte S. 142; Pithnou St) Umfangreiche Auswahl über Angkor und andere Themen.

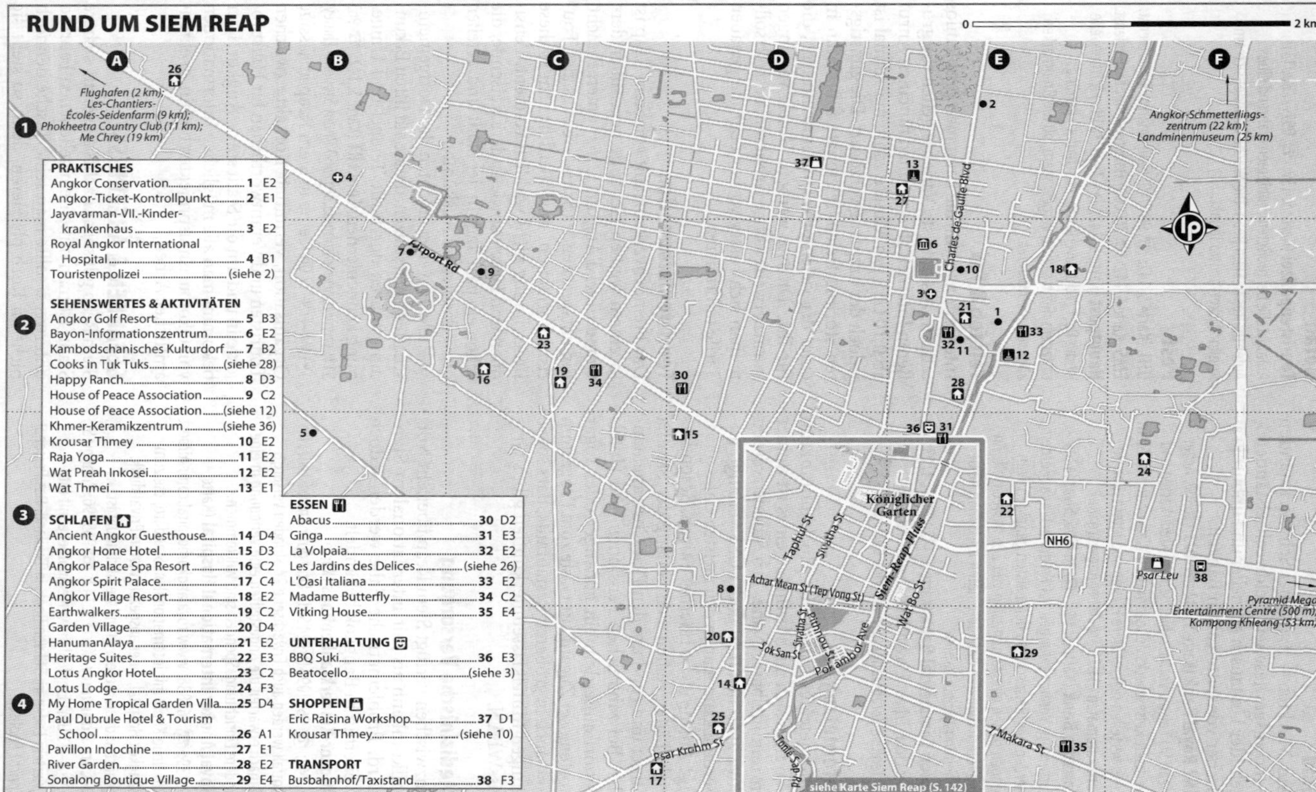
RUND UM SIEM REAP
0 2 km
Flughafen (2 km); Les-Chantiers-Écoles-Seidenfarm (9 km); Phokheetra Country Club (11 km); Me Chrey (19 km)
Angkor-Schmetterlingszentrum (22 km); Landminenmuseum (25 km)
Pyramid Mega Entertainment Centre (500 m); Kompong Khleang (53 km)
Airport Rd
Charles de Gaulle Blvd
Königlicher Garten
Siem-Reap-Fluss
Taphul St
Sivatha St
Achar Mean St (Tep Vong St)
Wat Bo St
Pithnou St
Sok San St
Pokambor Ave
Tonle Sap Rd
Psar Krohm St
7 Makara St
NH6
Psar Leu
siehe Karte Siem Reap (S. 142)
PRAKTISCHES
Angkor Conservation 1 E2
Angkor-Ticket-Kontrollpunkt 2 E1
Jayavarman-VII.-Kinderkrankenhaus 3 E2
Royal Angkor International Hospital 4 B1
Touristenpolizei (siehe 2)
SEHENSWERTES & AKTIVITÄTEN
Angkor Golf Resort 5 B3
Bayon-Informationszentrum 6 E2
Kambodschanisches Kulturdorf 7 B2
Cooks in Tuk Tuks (siehe 28)
Happy Ranch 8 D3
House of Peace Association 9 C2
House of Peace Association (siehe 12)
Khmer-Keramikzentrum (siehe 36)
Krousar Thmey 10 E2
Raja Yoga 11 E2
Wat Preah Inkosei 12 E2
Wat Thmei 13 E1
SCHLAFEN
Ancient Angkor Guesthouse 14 D4
Angkor Home Hotel 15 D3
Angkor Palace Spa Resort 16 C2
Angkor Spirit Palace 17 C4
Angkor Village Resort 18 E2
Earthwalkers 19 C2
Garden Village 20 D4
HanumanAlaya 21 E2
Heritage Suites 22 E3
Lotus Angkor Hotel 23 C2
Lotus Lodge 24 F3
My Home Tropical Garden Villa 25 D4
Paul Dubrule Hotel & Tourism School 26 A1
Pavillon Indochine 27 E1
River Garden 28 E2
Sonalong Boutique Village 29 E4
ESSEN
Abacus 30 D2
Ginga 31 E3
La Volpaia 32 E2
Les Jardins des Delices (siehe 26)
L'Oasi Italiana 33 E2
Madame Butterfly 34 C2
Vitking House 35 E4
UNTERHALTUNG
BBQ Suki 36 E3
Beatocello (siehe 3)
SHOPPEN
Eric Raisina Workshop 37 D1
Krousar Thmey (siehe 10)
TRANSPORT
Busbahnhof/Taxistand 38 F3

Geld

Auf Märkten – meist bei Schmuckständen oder ausgewiesenen Geldwechselständen – geht der Umtausch schneller und unbürokratischer vonstatten als in Banken.

ANZ Royal Bank (Karte S. 142; ☎ 023 726900; Achar Mean St) Leistet Vorauszahlungen auf Kreditkarten und wechselt Reiseschecks der gängigsten Währungen. In Siem Reap verteilen sich mehrere Filialen und internationale Bankautomaten (4 US$ pro Abhebungsvorgang).

Canadia Bank (Karte S. 142; ☎ 964808; Sivatha St) Kostenlose Vorauszahlungen auf Kreditkarten, außerdem werden hier Reiseschecks der meisten gängigen Währungen gegen eine Kommission von 2 % gewechselt. An den internationalen Bankautomaten muss man keine Abhebungsgebühr zahlen.

Union Commercial Bank (Karte S. 142; ☎ 964703; Psar Chaa) Erhebt 2 % auf Reiseschecks und leistet kostenlose Vorauszahlungen auf Visa-Karten.

Internetzugang

Internetcafés haben hier Hochkonjunktur. Wo man sich auch befindet, eines ist immer in unmittelbarer Nähe. Pro Stunde werden etwa zwischen 0,50 und 1 US$ verlangt, außerdem kann man in den meisten Cafés günstige Anrufe übers Internet tätigen. Besonders viele Läden reihen sich entlang der Sivatha Street und rund um den Psar Chaa aneinander. Bei zahlreichen Pensionen und Hotels gehört außerdem ein günstiger oder sogar kostenloser Zugang für Gäste zum Programm und auch in größeren Restaurants, Bars sowie einigen Mittelklasseunterkünften gibt's Gratis-WLAN.

Medizinische Versorgung

Inzwischen verfügt Siem Reap über ein Notfallkrankenhaus mit internationalem Standard. Problematische Fälle werden jedoch weiterhin in Bangkok behandelt.

Angkor-Kinderkrankenhaus (Karte S. 142; ☎ 963409; 🕑 24 Std.) Eine gute Anlaufstelle. Im Notfall werden auch Erwachsene 24 Stunden versorgt, danach erwarten die Angestellten eine Verlegung in eine andere Einrichtung. Spenden sind willkommen.

Royal Angkor International Hospital (Karte S. 139; ☎ 761888; www.royalangkorhospital.com; Airport Rd) Neue Klinik mit internationalem Standard, die zum Bangkok Hospital, einer ausgezeichneten Privatklinik, gehört und aus diesem Grund ziemlich teuer ist.

U-Care Pharmacy (Karte S. 142; ☎ 965396; Pithnou St; 🕑 8–21 Uhr) Empfehlenswerte Apotheke mit integriertem Laden im Stil von Boots in Thailand. Das Personal spricht Englisch.

Nofall

Touristenpolizei (Karte S. 139; ☎ 097-7780013) Anlaufstelle bei größeren Problemen während eines Aufenthaltes in Siem Reap. Die Wache befindet sich am Angkor-Ticket-Kontrollpunkt.

Post

DHL (Karte S. 142; ☎ 964949; Hauptmarkt) Kurierdienst.

EMS (Karte S. 142; ☎ 760000) Hauptpost mit Kurierdienst.

Hauptpost (Karte S. 142; 🕑 7–17.30 Uhr) Mittlerweile ist die Post recht zuverlässig, es schadet allerdings trotzdem nicht, sich zu vergewissern, ob die Briefmarken abgestempelt wurden.

Telefon & Fax

Internationale Anrufe kann man problemlos tätigen. Als billigste Variante gelten die größeren Internetcafés, wo man für einen Anruf ab 0,10 US$ pro Minute zahlt; manchmal ist jedoch der Empfang verzögert. Die günstigsten störungsfreien Telefonate führt man in einer der vielen privaten Einrichtungen, die für ihre Dienste werben. Hotels verlangen normalerweise saftige Gebühren, deshalb sollte man sich besser vorher über die genauen Tarife informieren.

Touristeninformation

Das Fremdenverkehrsamt von Siem Reap ist in einem weißen Gebäude gegenüber dem Grand Hotel d'Angkor (S. 152) untergebracht. Ein entsprechendes Schild weist es als „Tourist Information" aus, allerdings hat es diese Bezeichnung nicht wirklich verdient. Pensionen und Hotels sowie andere Reisende, die schon ein paar Tage in der Stadt sind, erteilen oft verlässlichere Auskünfte.

Viele Traveller möchten die Dorfgemeinschaften unterstützen, die sie auf ihren Erkundungstouren durch die Tempel und Umgebung kennenlernen. **ConCERT** (Karte S. 142; ☎ 963 511; www.concertcambodia.org; 560 Phum Stoueng Thmey; 🕑 Mo–Fr 9–17 Uhr), eine in Siem Reap ansässige Organisation, vermittelt Kontakte zwischen Touristen und Verantwortlichen für Hilfsprojekte in und um die Stadt sowie Angkor. Hier bekommt man alle möglichen Informationen von Ökotourismusprojekten bis hin zu ehrenamtlicher Arbeit.

GEFAHREN & ÄRGERNISSE

Siem Reap gilt sogar nachts als relativ sichere Stadt. Ist man mit einem geliehenen Fahrrad unterwegs, sollte man seine Tasche dennoch nicht im Korb platzieren, denn so stellt sie eine leichte Beute dar. Außerdem gehen Frauen bei Dunkelheit besser in Begleitung von Mitreisenden nach Hause, insbesondere in schlecht beleuchteten Zonen.

Provisionsbetrügereien sind an der Tagesordnung. Dabei bezahlen bestimmte Pensionen und kleinere Hotels Fahrer von *motos* und Taxis dafür, dass sie ihnen Gäste herbeikarren. Aus diesem Grund sollte man seine Buchung online tätigen und sich abholen lassen. Reist man aus Phnom Penh an, können einem die Angestellten in der dortigen Pension eine Unterkunft vermitteln. Alternativ sieht man sich vor Ort um und verhandelt in den entsprechenden Hotels.

Mehr zu Abzockmethoden an Travellern, die von Bangkok über den Landweg nach Siem Reap fahren, siehe S. 372.

In der Stadt gibt's zahlreiche Bettler, die recht nervig sein können. Allerdings darf man nicht vergessen, dass ihr Leben ohne Sozialsystem und staatliche Hilfen ziemlich hart ist. Handelt es sich um Kinder, sollte man ihnen Nahrungsmittel besorgen, da sie das Geld meistens abgeben müssen. Inzwischen hat man das Problem einigermaßen in den Griff bekommen, da viele von ihnen nun Bücher oder Postkarten an Touristen verkaufen anstatt nach Almosen zu fragen.

In abgelegenen Tempelanlagen muss man sich unbedingt an die ausgeschilderten Wege halten, denn in Orten wie Phnom Kulen und Kbal Spean liegen immer noch Landminen herum (s. S. 353).

SEHENSWERTES

Die meisten Besucher kommen wegen Angkor Wat nach Siem Reap. Die Sehenswürdigkeiten in und um die Stadt können da nicht mithalten, bieten aber eine gute Abwechslung, wenn man nach ein paar Tagen genug von den Tempeln hat. Allerdings gehören zu den interessantesten Attraktionen – genau – noch mehr Tempel.

Pagoden

Rund um Siem Reap bilden die modernen Pagoden einen interessanten Kontrast zu den alten Sandsteinbauten in Angkor. Der **Wat Bo** (Karte S. 142; ⌚ 6–18 Uhr) gehört zu den ältesten Tempeln der Stadt. Er wartet mit einer Sammlung gut erhaltener Wandmalereien aus dem späten 19. Jh. auf, die Szenen aus dem *Reamker*, der kambodschanischen Version des *Ramayana*, zeigen. Einen Besuch lohnt auch der **Wat Preah Inkosei** (Karte S. 139; ⌚ 6–18 Uhr) nördlich der Stadt. Dieser Gebäudekomplex wurde auf der Anlage eines frühen angkorianischen Sandsteintempels errichtet, der sich nach wie vor am Rand des Komplexes erhebt.

Südlich der Innenstadt liegt neben einem alten Tempel der **Wat Athvea** (außerhalb der Karte S. 142; ⌚ 6–18 Uhr), eine hübsche Pagode. Er ist sehr gut erhalten und wird nur von wenigen

ANGKOR-NATIONALMUSEUM

An der Straße nach Angkor stößt man auf das eindrucksvolle **Nationalmuseum** (Karte S. 142; ☎ 966601; www.angkornationalmuseum.com; 968 Charles de Gaulle Blvd; Eintritt Erw./Kind unter 1,20 m 12/6 US$; ⌚ 8.30–18.30 Uhr), ein hochmodernes Gebäude, in dem Besuchern die Kultur der Khmer und das prachtvolle Angkor-Reich nahegebracht werden. Die Ausstellungsstücke sind nach Ära, Religion und Königshäusern geordnet. Nach einer kurzen Präsentation betritt man die Zen-artige „Gallery of a Thousand Buddhas" mit einer erlesenen Sammlung verschiedener Figuren. Darüber hinaus locken Exponate zu den präangkorianischen Perioden Funan und Chenla, den großen Khmer-Königen, Angkor Wat und Angkor Thom sowie Inschriften.

Zu den interaktiven Elementen gehören ein Video mit Touchscreen, historische Reportagen und die Möglichkeit, einen Sonnenuntergang vor dem Panorama des Angkor Wat zu erleben. Bei all der Technologie fällt die Auswahl an Plastiken im Vergleich mit dem Nationalmuseum (S. 90) in Phnom Penh etwas mager aus. Dennoch lohnt sich ein Besuch, insbesondere wenn man das erste Mal in Siem Reap ist; so kann man sich noch vor Erkundung der Tempel ein Bild von der Geschichte Angkors und des Khmer-Reichs machen. Minuspunkte gibt's für den Eintrittspreis, der mit 12 US$ ganz einfach überteuert ist. Im Gegensatz dazu erhält man nämlich bereits für 20 US$ Zutritt zu allen Angkor-Tempeln. Außerdem wird eine Kameragebühr von 2 US$ verlangt, obwohl man nicht überall Fotos schießen darf. Für 3 US$ bekommt man eine Audiotour. An das Museum grenzt eine „Cultural Mall" mit Geschäften, Galerien und Cafés, die von den Touristen jedoch noch nicht richtig angenommen wird und deshalb ziemlich verwaist wirkt.

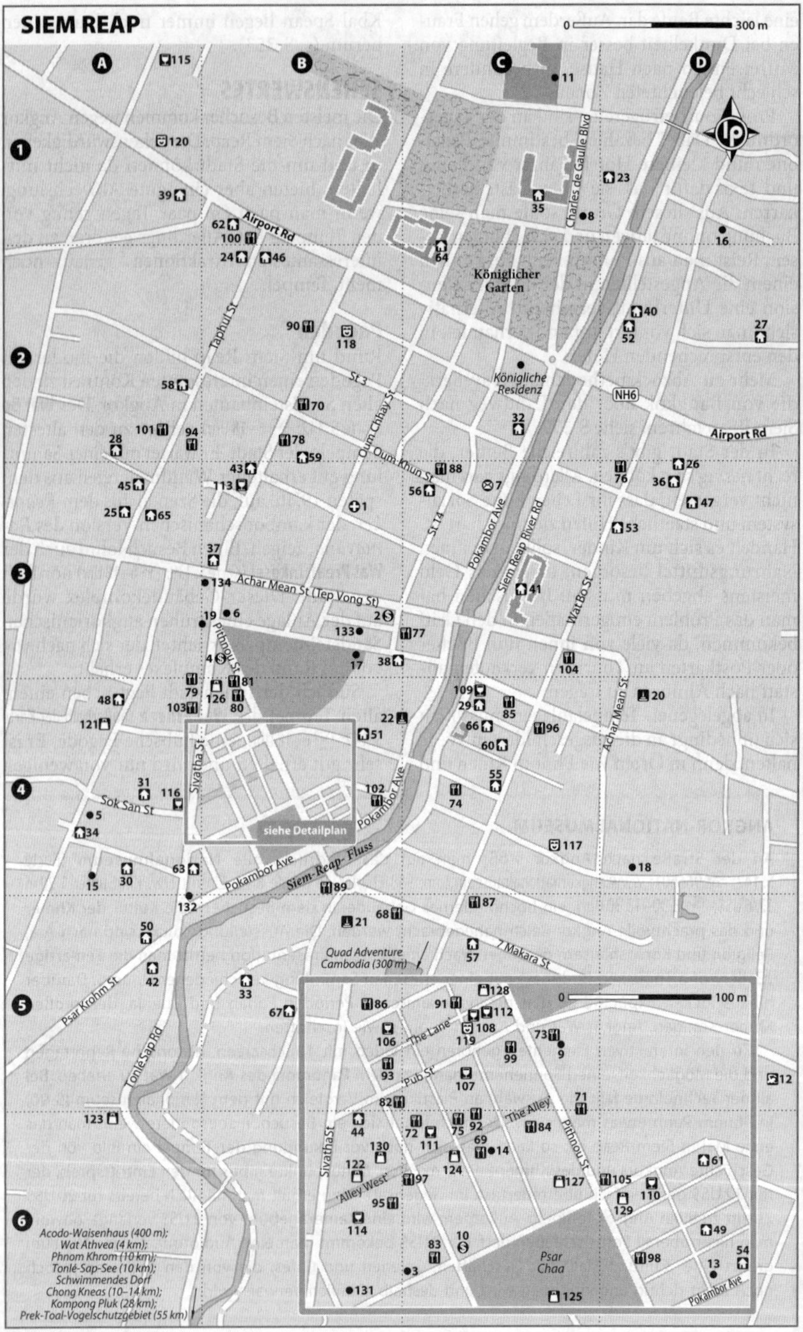
SIEM REAP
300 m
Airport Rd
Taphul St
St 3
Oum Chhay St
Oum Khun St
St 14
Charles de Gaulle Blvd
Königlicher Garten
Königliche Residenz
NH6
Airport Rd
Pokambor Ave
Siem Reap River Rd
Wat Bo St
Achar Mean St (Tep Vong St)
Pithnou St
Achar Mean St
Sivatha St
Sok San St
siehe Detailplan
Pokambor Ave
Siem-Reap-Fluss
7 Makara St
Quad Adventure Cambodia (300 m)
Psar Krohm St
Tonlé Sap Rd
Acodo-Waisenhaus (400 m); Wat Athvea (4 km); Phnom Krom (10 km); Tonlé-Sap-See (10 km); Schwimmendes Dorf Chong Kneas (10–14 km); Kompong Pluk (28 km); Prek-Toal-Vogelschutzgebiet (55 km)
100 m
'The Lane'
'Pub St'
'The Alley'
'Alley West'
SivathaSt
Pithnou St
Psar Chaa
Pokambor Ave

PRAKTISCHES

Angkor-Kinderkrankenhaus	1	B3
ANZ Royal Bank	2	B3
Blue Apsara	3	C6
Canadia Bank	4	B3
ConCERT	5	A4
DHL	6	B3
D's Books	(siehe 128)	
EMS	(siehe 7)	
Hauptpost	7	C3
Monument Books	(siehe 32)	
Siem Reap Book Center	(siehe 9)	
Touristeninformation	8	C1
U-Care Pharmacy	9	C5
Union Commercial Bank	10	C6

SEHENSWERTES & AKTIVITÄTEN

Angkor-Nationalmuseum	11	C1
Angkor Palm	(siehe 71)	
Aqua	12	D5
Bodia Spa	(siehe 9)	
Bodytune	13	D6
Frangipani	14	C6
Kong Kea Spa	(siehe 41)	
Le Tigre de Papier	(siehe 107)	
Les Chantiers Écoles	15	A4
Miniaturrepliken von Angkor-Tempeln	16	D1
Physical Rehabilitation Center	17	B3
Sam Veasna Center	18	D4
Sanctuary Spa	(siehe 56)	
Seeing Hands Massage 4	19	B3
Visaya Spa	(siehe 32)	
Wat Bo	20	D4
Wat Dam Nak	21	B5
Wat Preah Prohm Roth	22	B4

SCHLAFEN

Amansara	23	D1
Angkorland Hotel	24	B2
Auberge Mont Royal	25	A3
Babel Guesthouse	26	D3
Borann L'Auberge des Temples	27	D2
Central Boutique Angkor Hotel	28	A2
City River Hotel	29	C4
EI8HT Rooms	30	A4
Encore Angkor Guesthouse	31	A4
FCC Angkor	32	C2
Golden Banana	33	B5
Golden Temple Villa	34	A4
Grand Hotel d'Angkor	35	C1
Happy Guesthouse	36	D3
Hotel de la Paix	37	B3
Ivy Guesthouse 2	38	B3
Jasmine Lodge	39	A1
La Noria Guesthouse	40	D2
La Résidence d'Angkor	41	C3
Mandalay Inn	42	A5
Mekong Angkor Palace	43	B3
Molly Malone's Guesthouse	44	B6
Mommy's Guesthouse	45	A3
Mon Papa Guesthouse	46	B2
MotherHome Guesthouse	47	D3
Native Khmer	48	A4
Neth Socheata Guesthouse	49	D6
Popular Guesthouse	50	A5
Prohm Roth Guesthouse	51	B4
Rosy Guesthouse	52	D2
Sala Bai Hotel & Restaurant School	(siehe 94)	
Seven Candles Guesthouse	53	D3
Shadow of Angkor Guesthouse	54	D6
Shadow of Angkor II Guesthouse	55	C4
Shinta Mani	56	C3
Siem Reap Hostel	57	C5
Smiley Guesthouse	58	A2
Somadevi Angkor Hotel	59	B2
Soria Moria Hotel	60	C4
Steung Siem Reap Hotel	61	D6
Ta Som Guesthouse	62	B1
Terrasse des Elephants	63	A4
Victoria Angkor Hotel	64	C2
Villa Siem Reap	65	A3
Viroth's Hotel	66	C4
Wat's Up Guesthouse	67	B5

ESSEN

AHA	(siehe 124)	
Alliance Cafe	68	B5
Amok	69	C6
Angkor-Markt	70	B2
Angkor Palm	71	C5
Blackwheat Creperie	72	C6
Blue Pumpkin	73	C5
Butterflies Garden Restaurant	74	C4
Café de la Paix	(siehe 37)	
Café Indochine	(siehe 43)	
Cambodian BBQ	75	C6
Chamkar	(siehe 75)	
Chivit Thai	76	D3
Common Grounds	77	C3
Curry Walla	78	B2
Dead Fish Tower	79	A4
FCC Angkor	(siehe 32)	
Happy Herb's Pizza	80	B4
Hong Kong Restaurant	81	B4
In Touch	82	B5
Joe-to-Go	83	C6
Khmer Kitchen Restaurant	84	C6
Le Café	85	C4
Le Malraux	86	B5
Le Tigre de Papier	(siehe 107)	
Les Orientalistes	87	C5
L'Escale des Arts & des Sens	88	C3
Lokale Essensstände	89	B4
Lucky Market	90	B2
Maharajah	91	C5
Moloppor Café	(siehe 29)	
n.y.d.c.	92	C6
Psar Chaa	(siehe 125)	
Red Piano	93	B5
Sala Bai Hotel & Restaurant School	94	A2
Samot	95	B6
Selantra	96	C4
Singing Tree Café	97	C6
Socheata II Restaurant	98	D6
Soup Dragon	99	C5
Starmart	100	B1
Sugar Palm	101	A2
Swensen's Ice Cream	102	B4
Tell Restaurant	103	A4
Viroth's Restaurant	104	C3
Viva	105	D6

AUSGEHEN

4 Faces	106	B5
Angkor What?	107	C5
Banana Leaf	108	C5
Central	(siehe 83)	
Chilli Si-Dang	109	C4
Island Bar	(siehe 121)	
Laundry Bar	110	D6
Linga Bar	111	C6
Miss Wong	112	C5
Nest	113	B3
Sports Bar	114	B6
Temple Club	(siehe 119)	
Trey Kon	115	A1
Warehouse	(siehe 129)	
X Bar	116	A4

UNTERHALTUNG

Apsara Theatre	117	C4
Dining Room	(siehe 41)	
Koulen II Restaurant	118	B2
La Noria Restaurant	(siehe 40)	
Temple Club	119	C5
Tonlé Sap Restaurant	120	A1

SHOPPEN

Angkor-Nachtmarkt	121	A4
Artisans d'Angkor	(siehe 15)	
Bambou Indochine	122	B6
Bloom	(siehe 110)	
Garden of Desire	(siehe 69)	
Hagar Design	(siehe 14)	
IKTT	123	A6
Jasmine	(siehe 32)	
McDermott Gallery	124	C6
Nyemo	(siehe 121)	
Psar Chaa	125	C6
Rajana	126	B4
Rehab Craft	(siehe 54)	
Rogue	127	C6
Samatoa	128	C5
Senteurs d'Angkor	129	D6
Tabitha Cambodia	(siehe 70)	
Wanderlust	130	B6

TRANSPORT

Capitol Tour	131	B6
GST	132	A5
Helicopters Cambodia	133	B3
Helistar	134	B3
Mekong Express	(siehe 6)	

Touristen angesteuert, was ihn vor allem spätnachmittags zu einem friedlichen Rückzugsgebiet macht.

An der linken Abzweigung auf der Straße nach Angkor Wat stößt man auf den **Wat Thmei** (Karte S. 139; 6–18 Uhr) mit seinem kleinen als Gedenkstätte dienenden Stupa, in dem Schädel und Knochen von Opfern der Roten Khmer aufbewahrt werden. Hier trifft man außerdem viele junge Mönche, die sich mit Fremden sehr gerne auf Englisch unterhalten, um so ihre Sprachkenntnisse anzuwenden.

Während der Herrschaft von König Sisowath diente der **Wat Dam Nak** (Karte S. 142; 6–18 Uhr) als seine Residenz, deswegen der Name *dam nak* (Palast). Heute befindet sich hier das **Centre for Khmer Studies** (www.khmerstudies.org), eine unabhängige Einrichtung, die sich für ein besseres Verständnis der Khmer-Kultur einsetzt. Zur Anlage gehört eine öffentlich zugängliche Bibliothek.

Les Chantiers Écoles

In Siem Reap legt man viel Wert darauf, Kambodschas traditionelle Kultur wiederzubeleben. Diese hatte unter den Roten Khmer und den darauf folgenden Jahren der Instabilität stark gelitten.

Les Chantiers Écoles (Karte S. 142) bringt Jugendlichen aus armen Bevölkerungsschichten Holzschnitz- und Steinhautechniken bei. Zum Schulgelände gehört der wunderschöne Laden Artisans d'Angkor (S. 159), in dem z. B. Stein- und Holzreproduktionen von Statuen aus der Angkor-Zeit sowie Haushaltsgegenstände verkauft werden. Zwischen 7.30 und 17.30 Uhr finden Touren statt, die Einblicke in traditionelle Techniken gewähren. Die Schule liegt an einer Nebenstraße und ist ab der Sivatha Street gut ausgeschildert.

Gegenüber von Angkor Wat findet man im Cafégebäude einen zweiten Laden, außerdem gibt's in den Flughäfen von Phnom Penh und Siem Reap Verkaufsstellen. Mit den Gewinnen wird Les Chantiers Écoles finanziert.

Darüber hinaus betreibt die Einrichtung eine **Seidenfarm** (außerhalb der Karte S. 139), deren Erzeugnisse wie Kleidung, Dekorationsgegenstände und Accessoires, zu den besten des Landes zählen. Hier lernt man alle Produktionsstufen vom Maulbeerbaumanbau über die Entwicklung der Seidenraupen bis hin zum Weben und Färben der Seide kennen. Zwischen 7 und 17 Uhr werden kostenlose Führungen angeboten: Ein Gratisshuttle fährt um 9.30 und 13.30 Uhr an der Les Chantiers Écoles ab. Die Farm liegt etwa 16 km westlich von Siem Reap direkt an der Straße nach Sisophon im Dorf Puok.

Khmer-Keramikzentrum

Im **Khmer Ceramics Centre** (Karte S. 139; ☎ 092-476689; www.khmerceramics.com; Charles de Gaulle Blvd; 8–18 Uhr) werden alte Töpfertraditionen angewandt, die während der Angkor-Zeit als ausgeklügelte Kunstform galten. Vor Kurzem wurde die Einrichtung an die Straße nach Angkor verlegt, aber man kann sie nach wie vor besuchen. Kurse, in denen traditionelle Techniken gelehrt werden, kosten zwischen 15 und 30 US$ pro Tag. Es sind kunstvolle Werke erhältlich und das Zentrum arbeitet mit **Heritage Watch** (www.heritagewatch.org) zusammen, um Bewohnern abgelegener Dörfer einen nachhaltigen Lebensunterhalt zu ermöglichen.

Schattenpuppen

Die Herstellung von *sbei tuoi* (Schattenpuppen) aus Leder ist eine traditionelle Kunst der Khmer und die Figuren sind ein tolles Souvenir. Sie stellen u. a. Götter und Dämonen aus dem *Reamker* sowie elegante Elefanten mit kunstvollem Geschirr, ein typisch kambodschanisches Andenken, dar. Die Puppen werden im **House of Peace Association** (Karte S. 139) 4 km entlang dem NH6 in Richtung Flughafen angefertigt. Kleine Puppen bekommt man ab 15 US$, größere kosten bis zu 150 US$. Eine zweite Werkstatt befindet sich im Wat Preah Inkosei (S. 141). Schattentheatervorstellungen sind im La Noria Restaurant (S. 158) zu sehen.

Miniaturrepliken von Angkor-Tempeln

Zu den skurrileren Orten der Stadt gehört der **Garten** (Karte S. 142; Eintritt 1,50 US$) eines einheimischen Bildhauers, in dem Miniaturrepliken von Angkor Wat, dem Bayon, dem Banteay Srei sowie anderen Tempeln zu sehen sind. Hier bekommt man eine Luftaufnahme Angkors, ohne einen Hubschrauber mieten zu müssen, auch wenn sich die Clevereren unter den Daheimgebliebenen eventuell über die riesigen Insekten auf dem Foto wundern werden.

Kambodschanisches Kulturdorf

Auch wenn man hier Kitsch in seiner reinsten Form zu sehen bekommt, tummeln sich in dieser Anlage jede Menge Einheimische. Das

Cambodian Cultural Village (Karte S. 139; ☎ 963836; www.cambodianculturalvillage.com; Airport Rd; Eintritt Erw./Kind unter 1,10 m 9 US$/frei; 🕒 8–19 Uhr) versucht das ganze Land mittels nachgebauter Häuser und Dörfer darzustellen. Dazu gehören ein Wachsmuseum, Häuser der Cham, Chinesen, Kreung und Khmer sowie Miniaturrepliken wichtiger Gebäude. Den ganzen Tag über werden Tanzvorführungen und andere Darbietungen gezeigt. Nichtsdestotrotz kann der Komplex ausländische Touristen – jedenfalls diejenigen ohne Kinder – nicht wirklich überzeugen. Er liegt auf halbem Weg zwischen Siem Reap und dem Flughafen.

Landminenmuseum

Das **Cambodia Landmine Museum** (außerhalb der Karte S. 139; ☎ 012 598951; www.cambodialandminemuseum.org; Eintritt 2 US$; 🕒 7.30–17.30 Uhr) wurde von Aki Rais gegründet, der sich für die Entminung von Gebieten einsetzt. Dank seiner informativen und umfassenden Sammlung von Minen, Granatwerfern, Gewehren und anderen Waffen, die im Bürgerkrieg benutzt wurden, ist es immer gut besucht. Zu dem Gelände gehört ein nachgebautes Minenfeld, auf dem Besucher Ausschau nach entschärften Sprengkörpern halten können. Alle Einnahmen gehen an Kampagnen, die über Landminen aufklären sollen, ein Waisenhaus und ein Rehabilitations- sowie Ausbildungszentrum auf dem Gelände. Das Museum liegt etwa 25 km von Siem Reap entfernt in Banteay Srei, deshalb kann ein Besuch bestens mit einem Ausflug zum Banteay-Srei-Tempel etwa 6 km weiter kombiniert werden.

Wer mehr über die Folgeerscheinungen einer Amputation erfahren möchte, sollte sich das **Physical Rehabilitation Centre** (Karte S. 142; 🕒 Mo–Fr 8–12 & 14–17 Uhr) ansehen, das von **Handicap International** (www.handicapinternational.be) geleitet wird und verschiedene Ausstellungsstücke samt Erklärungen beherbergt, darunter verschiedene selbstgemachte Prothesen, die heute von künstlichen Gliedmaßen internationalen Standards ersetzt werden. Darüber hinaus trifft man Einheimische, die sich hier behandeln lassen.

Angkor-Schmetterlingszentrum

Das 2009 eröffnete **Angkor Butterfly Centre** (außerhalb der Karte S. 139; ☎ 011 348460; www.angkorbutterfly.com; Eintritt Erw./Kind US$4/2; 🕒 tgl. 9–17 Uhr) lohnt einen Besuch und lässt sich mit einem Ausflug nach Banteay Srei sowie zum Landminenmuseum verbinden. In dem größten Indoor-Schmetterlingszentrum Südostasiens flattern über 30 kambodschanische Arten umher. Kinder werden jede Menge Spaß haben, schließlich bekommen sie den gesamten Prozess vom Ei über die Raupe und den Kokon bis hin zum fertigen Insekt zu sehen. Die Einrichtung unterstützt Landbewohner aus armen Bevölkerungsschichten, aus diesem Grund werden die meisten Schmetterlinge rund um Phnom Kulen gezüchtet. Sie liegt 7 km vor Banteay Srei auf der rechten Straßenseite und ist nicht zu übersehen.

AKTIVITÄTEN

Golf

Es gibt in Siem Reap mehrere Golfplätze von internationalem Standard. Im **Phokheetra Country Club** (außerhalb der Karte S. 139; ☎ 964600; www.sofitel.com) wird jährlich ein Turnier der Asientour ausgetragen. Mitten auf der gepflegten Anlage steht eine alte Angkor-Brücke. Das erstklassige **Angkor Golf Resort** (Karte S. 139; ☎ 761139; www.angkor-golf.com) wurde von der britischen Golflegende Nick Faldo entworfen.

Die Platzgebühr beträgt bei beiden Einrichtungen etwa 100 US$, Caddy, Schläger und Wagen kosten extra.

Kochkurse

Kochkurse haben in der Stadt einen Boom erlebt und so bietet eine ganze Reihe von Restaurants und Hotels teilweise erstklassige Einführungen in die Geheimnisse der kambodschanischen Küche. Eine Auswahl:

Angkor Palm (S. 153) Informelle Kochkurse von 8 bis 17 Uhr für nur 10/15/20 US$ pro 1/2/3 Gerichte.

Cooks in Tuk Tuks (Karte S. 139; ☎ 963400; www.the rivergarden.info; 25 US$ pro Person) Die täglichen professionellen Lehrgänge starten mit einem Besuch des Psar-Leu-Marktes. Hinterher wird im River Garden (S. 150) losgebrutzelt.

Le Tigre de Papier (S. 155) Der Kurs beginnt jeden Tag um 10 Uhr und beinhaltet einen Besuch des Marktes für 12 US$. Alle Einnahmen gehen an die Sala Bai Hotel & Restaurant School (S. 154) – so wird Qualität mit einem guten Zweck vereint.

Massagen & Spas

Nachdem man die kurvigen Straßen der Preah-Vihear-Provinz hinter sich gelassen hat, könnte man sich eine Massage gönnen. **Seeing Hands Massage 4** (Karte S. 142; ☎ 012 836487; 324 Sivatha St; Ventilator/Klimaanlage 5/7 US$ pro Std.) bildet beispielsweise Blinde als Masseure aus und auch

Krousar Thmey (Karte S. 139; Massage 7 US$) bei der kostenlosen Tonlé-Sap-Ausstellung bietet Behandlungen durch Sehbehinderte an. Vorsicht vor Trittbrettfahrern, die blinde Menschen aus Profitgier ausnutzen!

Fußmassagen sind in Siem Reap ein echter Verkaufsschlager, was angesichts der unzähligen Tempeltreppen wohl niemanden wundert. Nordwestlich des Psar Chaa gibt's einige Einrichtungen, in denen man sich für 6 bis 7 US$ durchkneten lassen kann. Ihre Qualität variiert, deshalb sollte man sich erst ein wenig umschauen, bevor man sich entscheidet.

Eine Fußbehandlung der anderen Art wird einem bei **Dr. Fish** verpasst. In einem Wasserbassin befreien einen Putzerlippfische von toten Hautschuppen – für die einen der Himmel, für Kitzlige die Hölle. Man findet den Laden im Angkor-Nachtmarkt, wobei sich in der Stadt mittlerweile aber zahlreiche weitere Filialen verteilen, darunter alleine zehn rund um die Pub Street und den Psar Chaa.

Außerdem lockt Siem Reap mit einigen luxuriösen Spas:

Bodia Spa (Karte S. 142; ☎ 761593; www.bodia-spa.com; Pithnou St; ⏲ 10–24 Uhr) Schickes Wellnesscenter in der Nähe des Psar Chaa, das zahlreiche Massagen und Behandlungen mit natürlichen Pflegeprodukten sowie eine eigene Linie von Kräuterprodukten im Angebot hat.

Bodytune (Karte S. 142; ☎ 764141; www.bodytune.co.th; 293 Pokambor Ave; Massagen 12–37 US$; ⏲ 10–22 Uhr) Der edle Ableger eines bekannten thailändischen Spas eignet sich mit seiner Aussicht auf den Fluss bestens zum erholsamen Entspannen.

Frangipani (Karte S. 142; ☎ 964391; www.frangipanisiemreap.com; The Alley; ⏲ 10–22 Uhr) Diese reizende Einrichtung an einer Allee zwischen dem Psar Chaa und der Bar Street bietet Massagen sowie Badekuren an.

Viele Spitzenklassehotels haben hauseigene Wellnessbereiche, die auch für Nichtgäste zugänglich sind. Zu den renommiertesten gehören das **Sanctuary Spa** (Karte S. 142) im Shinta Mani (S. 151), das von Lesern der Zeitschrift *Spa Asia* zum zweitbesten dieses Kontinents gewählt wurde, und das **Visaya Spa** (Karte S. 142) im FCC Angkor (S. 151). Empfehlenswert ist auch das **Kong Kea Spa** (Karte S. 142) in La Residence d'Angkor (S. 151), eine beeindruckende neue Einrichtung mit erstklassiger Ausstattung.

Quadbiking

Dank **Quad Adventure Cambodia** (außerhalb der Karte S. 142; ☎ 092-787216; www.q-adventure-cambodia.com; Fahrten 25–195 US$) hat dieser vergnügliche Freizeitsport nun auch in Siem Reap Einzug erhalten. Alle Touren beginnen mit einem kurzen Einführungskurs. Ausflüge rund um die Stadt führen an hübschen Tempeln und in die Abendsonne getauchten Reisfeldern vorbei sowie durch traditionelle Dörfer, wo einem Kinder zuwinken. Quad Adventure Cambodia ist gut ausgeschildert und beim Wat Dam Nak zu finden.

Reiten

Mit **Happy Ranch** (Karte S. 139; ☎ 012 920002; www.thehappyranch.com; Einstündiger bis eintägiger Ritt 17–80 US$) kann man Siem Reap, umliegende Dörfer und abgeschiedene Stätten auf dem Pferderücken erkunden – eine entspannte Art, die Landschaft fernab des Verkehrs und Trubels zu entdecken. Viele Ausflüge schließen den Wat Athvea (S. 141), eine moderne Pagode mit zugehörigem Tempel, und den Wat Chedi, eine Tempelanlage in einer Flussniederung unweit des Tonlé-Sap-Sees ein. Zum Programm gehören außerdem Reitstunden für Kinder und Anfänger. Wer direkt bucht, bekommt die besten Preise.

Schwimmen

Bei den ganzen Tempelbesichtigungen kann man ganz schön ins Schwitzen kommen, da sorgt ein Sprung in den Pool für Abkühlung. In vielen Unterkünften zahlt man eine Tagesgebühr für die Nutzung des Schwimmbeckens und/oder des Fitnessstudios, die von 5 US$ in Mittelklassehotels bis zu 20 US$ in Fünf-Sterne-Häusern reicht. Darüber hinaus legen sich auch immer mehr günstige Hotels und Resorts einen Pool zu und bieten so eine günstige Variante für kleinere Geldbeutel.

Alternativ macht man sich auf zum **Aqua** (Karte S. 142; www.aquacambodia.com; 7 Makara St; Schwimmen 2 US$): Dort gibt es ein großes Becken sowie eine gut besuchte kleine Bar mit Restaurant. Einheimische erfrischen sich an den Wochenenden am liebsten im Westlichen Baray (S. 201).

Yoga

Wenn die Tempel von Angkor spirituelle Geister geweckt haben, kann man sich bei **Raja Yoga** (Karte S. 139; ☎ 761712; www.bkrajayoga.org; in der Nähe des HanumanAlaya Hotel) noch weiter inspirieren lassen. Hier werden jeden Tag kostenlose Sitzungen angeboten, längere Kurse gibt's nach Vereinbarung.

SIEM REAP FÜR KINDER

In Siem Reap kommen die Kleinen dank verschiedener Aktivitäten voll auf ihre Kosten. Ältere Kinder werden sich auch für die Tempel begeistern können, insbesondere für den Ta Prohm (S. 195) und den Beng Mealea (S. 206) mit ihrer Indiana-Jones-Atmosphäre, den Angkor Wat (S. 180) mit seinen gigantischen Ausmaßen oder den Bayon (S. 186) mit seinen skurrilen Steingesichtern.

Außerdem kann man Bootsausflüge auf dem Tonlé Sap unternehmen und dabei abgeschiedene Dörfer besuchen (S. 162), sich einen Badetag in einem Hotel oder Resort (siehe S. 146) gönnen, Töpferkurse im Khmer-Keramikzentrum (S. 144) belegen, die Umgebung auf dem Pferderücken (S. 146) oder per Quad (siehe S. 146) erkunden, durch das Kambodschanische Kulturdorf (S. 144) streifen, das Angkor Schmetterlingszentrum ansehen (S. 145) oder sich einfach einen gemütlichen Tag in den Cafés und Restaurants der Stadt machen. Weitere Abwechslung bieten Eiscafés und Grillrestaurants.

GEFÜHRTE TOUREN

Fast alle Besucher kommen nach Siem Reap, um Angkor Wat zu sehen. Mehr zu Tempeltouren siehe S. 177, außerdem findet man auf S. 376 eine Liste guter Anbieter.

SCHLAFEN

Siem Reap verfügt über die beste Auswahl an Unterkünften in ganz Kambodschas. Für den kleinen Geldbeutel eignet sich eine der vielen familiengeführten Pensionen mit Zimmern, die zwischen 3 und 20 US$ kosten, während man im mittleren Preissegment schickere Gästehäuser und kleine Hotels findet, in denen man ab 20 bzw. 25 US$ unterkommt.

In der Stadt gibt's jede Menge Mittel- und Spitzenklasseunterkünfte, deren Zahl aufgrund des ungezügelten Baubooms weiterhin ansteigt. In der Nebensaison (April–Sept.) kann man mancherorts eventuell Rabatte aushandeln. Luxushotels erheben in der Haupt- und Nebensaison meist unterschiedliche Preise.

Die im Folgenden aufgeführten Bleiben sind unsere Favoriten. Darüber hinaus wartet Siem Reap aber noch mit zahlreichen anderen empfehlenswerten Optionen auf.

Provisionsbetrügereien kommen häufig vor, deshalb sollte man immer die Augen aufhalten (siehe auch S. 140).

Budgetunterkünfte

Vermittler von günstigen Pensionen warten am Taxistand, in Phnom Krom (wo die Schnellboote aus Phnom Penh anlegen) und am Flughafen. Auch wenn man sich noch nicht für eine Unterkunft entschieden hat, sollte man sich nicht wundern, seinen Namen auf einer Gästeliste zu entdecken. Viele der Einrichtungen in Phnom Penh haben entweder Partner vor Ort oder verkaufen die Namen ihrer Besucher an andere Häuser. Dank diesem System wird man zumeist kostenlos in die Stadt chauffiert. Selbstverständlich muss man nicht in der jeweiligen Unterkunft übernachten, wenn sie einem nicht zusagt. In dem Fall kostet die „Gratisfahrt" allerdings oft plötzlich 1 US$ oder mehr.

RUND UM DEN PSAR CHAA

Popular Guesthouse (Karte S. 142; ☎ 963578; chom@camnet.com.kh; Zi. 3–18 US$;) Hier ist der Name Programm. Die weitläufige Pension beherbergt etwa 70 gepflegte Zimmer sowie ein Dachterrassenrestaurant mit toller Küche.

Prohm Roth Guesthouse (Karte S. 142; ☎ 012 466495; www.prohmroth-guesthouse.com; Zi. 7–18 US$;) Diese herzliche Unterkunft liegt sehr zentral und dabei doch versteckt in einer Nebenstraße parallel zum Wat Preah Prohm Roth. Ab 11 US$ bekommt man ein klimatisiertes Zimmer; WLAN ist kostenlos.

Mandalay Inn (Karte S. 142; ☎ 761662; www.mandalayinn.com; 148 Sivatha St; Zi. 8–20 US$;) Birmanische Gastfreundlichkeit gepaart mit Khmer-Herzlichkeit: Die makellosen Zimmer in der schicken Pension verfügen über WLAN und auf dem Dach gibt's ein Fitnessstudio.

Shadow of Angkor Guesthouse (Karte S. 142; ☎ 964 774; www.shadowofangkor.com; 353 Pokambor Ave; Zi. 8–25 US$;) Diese einladende Unterkunft ist in einem prachtvollen Haus aus der französischen Kolonialzeit mit Ausblick auf den Fluss untergebracht und hat günstige Zimmer mit Ventilatoren sowie kostenloses Internet im Angebot.

LP Tipp **Neth Socheata Guesthouse** (Karte S. 142; ☎ 963294; www.angkorguesthousenethsocheata.com; Zi. 15–18 US$;) Die Pension gehört zu einer der Neueröffnungen rund um den Psar Chaa und weiß mit ihrer charmanten Lage mitten im Straßenlabyrinth nordöstlich des Marktes zu überzeugen. Weitere Pluspunkte verteilen wir für die geschmackvolle Einrichtung, blitzblanke Bäder und die kostenlose Internetverbindung.

Weitere Empfehlungen in Marktnähe:

Ivy Guesthouse 2 (Karte S. 142; ☎ 012 602930; Zi. 6–12 US$;) Einladende, lebhafte Pension mit Entspannungsecke und Bar.

EI8HT Rooms (Karte S. 142; ☎ 969788; www.ei8htrooms.com; Zi. 14–16 US$;) Schicke kleine Unterkunft mit glänzender Seidenbettwäsche, DVD-Player sowie kostenlosem Internetzugang und WLAN. Wegen der Beliebtheit wurde das Angebot auf 16 Zimmer erweitert.

RUND UM DIE SIVATHA STREET

Garden Village (Karte S. 139; ☎ 012 217373; www.gardenvillageguesthouse.com; B 1 US$, Zi. 3–15 US$;) Die Zimmer in der weitläufigen Unterkunft gehören zu den billigsten vor Ort. Gäste kommen entweder in Acht-Bett-Räumen unter oder schlafen in Betten mit Trennwänden inklusive Gemeinschaftsbad für 3 US$.

LP Tipp **My Home Tropical Garden Villa** (Karte S. 139; ☎ 760035; www.myhomecambodia.com; Zi. 8–18 US$;) Hotelstandard zu Pensionspreisen. Diese empfehlenswerte Unterkunft ist mit Seidenstoffen und geschmackvollen Möbeln ausgestattet. In der Lobby kann man kostenlos ins Internet und die Zimmer (klimatisierte Räume gibt's ab 15 US$) warten mit Gratis-WLAN auf.

Native Khmer (Karte S. 142; ☎ 965935; Zi. 8–20 US$;) Unweit des Angkor-Nachtmarktes verströmt diese Bleibe Woodstock-Atmosphäre und huldigt Persönlichkeiten wie Bob Marley und Jerry Garcia. Wer nichts gegen Hippie-Flair hat, ist mit den preiswerten Zimmern gut bedient.

Golden Temple Villa (Karte S. 142; ☎ 012 943459; www.goldentemplevilla.com; Zi. 8–30 US$;) Flippiges Dekor und witziges Design sorgen für die große Beliebtheit der Golden Temple Villa. Alle Räume sind farbenprächtig gestrichen und verfügen über Kabelfernsehen. Zudem können sich die Gäste über einen kostenlosen Internetzugang sowie über ein Bar-Restaurant im Untergeschoss freuen.

Ancient Angkor Guesthouse (Karte S. 139; ☎ 012 772862; www.ancient-angkor.com; Zi. 12–30 US$;) Inzwischen besteht das Gästehaus aus zwei Gebäuden mit schicken Zimmern, die ihr Geld wirklich wert sind. Es gibt einen kleinen Pool sowie kostenloses Internet und Gratis-WLAN.

Sala Bai Hotel & Restaurant School (Karte S. 142; ☎ 963329; www.salabai.com; Taphul St; Zi. 15–30 US$;) Hier kann man in die intime Atmosphäre dieses Hotels samt Restaurantfachschule eintauchen und sich von dem hilfsbereiten Personal verwöhnen lassen. Die Zimmer punkten mit Seidenstoffen, Dekokissen und Korbschränken.

Weitere einladende, familiengeführte Unterkünfte:

Mommy's Guesthouse (Karte S. 142; ☎ 012 941755; Zi. 4–15 US$;) Die gemütliche Villa verfügt über große klimatisierte Zimmer sowie günstige Räumlichkeiten mit Kaltwasserduschen. Freundliche Besitzer.

Mon Papa Guesthouse (Karte S. 142; ☎ 761923; Zi. 6–10 US$;) Gehört zwar nicht zum Mommy's, ist aber trotzdem eine saubere kleine Bleibe mit Gratis-WLAN.

Smiley Guesthouse (Karte S. 142; ☎ 012 852955; Zi. 8–15 US$;) Eine der ersten Pensionen vor Ort, die zu einer Art Hotel umgebaut wurde. Die über 70 Zimmer sind rund um einen Garten angeordnet.

AIRPORT ROAD

Das **Earthwalkers** (Karte S. 139; ☎ 012 967901; www.earthwalkers.no; abseits des NH6; B 5 US$, EZ/DZ ab 12/15 US$;) gehört zu den ersten Backpackerhostels der Stadt und erfreut sich vor allem wegen seines charakteristischen Pools in Form eines Fußabdrucks großer Beliebtheit. Bei den Preisen für ein Schlafsaalbett ist Frühstück inbegriffen, die Einzel- und Doppelzimmer gibt's entweder mit Klimaanlage oder Ventilator. Außerdem bekommt man gute Reisetipps.

Ta Som Guesthouse (Karte S. 142; ☎ 964970; www.tasomguesthouse.com; NH6; Zi. 6–12 US$;) Günstige Zimmer mit Ventilatoren und eine zentrale Lage sprechen für das Ta Som Guesthouse. Hier werden auch Karten für das Busunternehmen Capitol Tour (S. 160) verkauft.

Jasmine Lodge (Karte S. 142; ☎ 760697; www.jasminelodge.com; NH6; Zi. 6–22 US$;) Sämtliche Zimmer dieser alteingesessenen, gemütlichen Pension wurden in den letzten Jahren renoviert und in der Bar mit angeschlossenem Restaurant steht ein Billardtisch bereit. Zum Programm gehören darüber hinaus kostenlose Kochkurse und die Vermittlung von Übernachtungen bei Gastfamilien.

RUND UM DEN WAT BO

LP Tipp **Seven Candles Guesthouse** (Karte S. 142; ☎ 963380; www.sevencandlesguesthouse.com; 307 Wat Bo St; Zi. 7–15 US$;) Das Seven Candles wird von der Ly-Familie geführt, die einen Teil des Gewinns in die Ponheary Ly Foundation fließen lässt. Diese Stiftung setzt sich für mehrere Bildungsprojekte in ländlichen Gebieten ein. Alle Zimmer sind penibel sauber und verfügen über Warmwasser, einen Fernseher sowie einen Kühlschrank.

Shadow of Angkor II Guesthouse (Karte S. 142; ☎ 760363; www.shadowofangkor.com; Wat Bo St; Zi. 15–35 US$;) Hat schönere Zimmer als das Original (S. 147) und einen Pool.

In einer parallel zum nördlichen Ende der Wat Bo Street verlaufenden Nebenstraße reihen sich Pensionen aneinander, darunter:

Happy Guesthouse (Karte S. 142; ☎ 012 960879; www.angkorhotels.com/happy; Zi. 4–10 US$;) Herzliche Besitzer, preiswerte Zimmer und ein freier Internetzugang.

MotherHome Guesthouse (Karte S. 142; ☎ 760302; www.motherhomeguesthouse.com; Zi. 9–20 US$;) Schicke neue Bleibe mit sauberen, großzügig geschnittenen Zimmern sowie eine kostenlose Fahrrad- und Internetnutzung.

Und noch mehr Tipps:

Wat's Up Guesthouse (Karte S. 142; ☎ 012 675881; Zi. 6–20 US$;) Eine hübsche Pension in einer relativ ruhigen Gegend. Zu den familienfreundlichen Extras gehören Kinderbetten, -wagen sowie -sitze fürs Auto und Fahrrad.

Rosy Guesthouse (Karte S. 142; ☎ 965059; www.rosyguesthouse.com; Siem Reap River Rd; Zi. 8–30 US$;) Für die tolle Lage direkt am Fluss sind die kürzlich renovierten Zimmer nicht zu teuer, außerdem lockt im Untergeschoss eine stets gut besuchte Bar.

Mittelklassehotels

Dank einer stetig wachsenden Anzahl von Unterkünften in dieser Preisklasse können sich Siem-Reap-Besucher über eine große Auswahl freuen. Meistens ist der kostenlose Transfer ab dem Flughafen oder der Bootsanlegestelle inklusive.

RUND UM DEN PSAR CHAA

Molly Malone's Guesthouse (Karte S. 142; ☎ 963533; www.mollymalonescambodia.com; Pub St; Zi. 20–35 US$;) Wer es gerne trubelig mag, ist in diesem netten über einem beliebten Irish Pub (S. 157) gelegenen B&B mit ein paar Gästezimmern samt Himmelbetten an der richtigen Adresse.

Golden Banana (Karte S. 142; ☎ 761259; www.golden-banana.com; Zi. 25–89 US$;) Kürzlich wurde das Golden Banana um einen Flügel im Kolonialstil erweitert. Die älteren preiswerteren Zimmer sind in pagodenähnlichen Bungalows untergebracht, während sich die neueren Suiten über zwei Stockwerke verteilen und über Schaukelstühle sowie einen Blick auf den Pool verfügen. Einige Zimmer haben Bäder mit Regenduschköpfen und Wannen im Freien zu bieten. Schwule sind herzlich willkommen.

Terrasse des Elephants (Karte S. 142; ☎ 380117; www.terrasse-des-elephants.com; EZ/DZ ab 50/55 US$;) Dank der kitschigen Angkor-Deko samt Flachreliefs in den Schlafzimmern und Bädern im Bayon-Stil wird eine Übernachtung unvergesslich. Dazu kommen noch die zentrale Lage, ein Dachterrassenpool und ein Garten.

Steung Siem Reap Hotel (Karte S. 142; ☎ 965167; www.steungsiemreaphotel.com; EZ/DZ ab 70/80 US$;) Fügt sich mit seinen hohen Wänden, Lamellenjalousien und schmiedeeisernen Balkonen perfekt ins koloniale Flair rund um den Psar Chaa ein. Die Drei-Sterne-Zimmer verfügen über eine Holzeinrichtung, außerdem ist die Lage nur schwer zu toppen.

RUND UM DIE SIVATHA STREET

Villa Siem Reap (Karte S. 142; ☎ 761036; www.thevillasiemreap.com; 153 Taphul St; Zi. 18–50 US$;) Sorgt mit freundlichem Service und seiner gemütlichen Atmosphäre für das gewisse Etwas. Alle Zimmer sind hübsch eingerichtet und besitzen einen Safe sowie eine Minibar. Wer will, kann hier auch beliebte Touren zu entlegenen Sehenswürdigkeiten buchen.

LP Tipp **Encore Angkor Guesthouse** (Karte S. 142; ☎ 969400; www.encoreangkor.com; 456 Sok San St; Zi. 20–50 US$;) Das günstige Hotel punktet sowohl mit seiner stilvollen Lobby als auch mit Zimmern, die über tolle Extras wie übergroße Betten und einen eigenen Safe verfügen. Noch wirbt das Encore Angkor Guesthouse damit, ein echter Geheimtipp zu sein, zumindest bis jetzt …

Auberge Mont Royal (Karte S. 142; ☎ 964044; www.auberge-mont-royal.com; Zi. 25–60 US$;) In einer klassischen Villa im Kolonialstil kommen Gäste in den Genuss hübscher Räumlichkeiten zu fairen Preisen. Für das gewisse Etwas in dieser Preisklasse sorgen der Swimmingpool und das Spa.

Ebenfalls empfehlenswert:

Mekong Angkor Palace (Karte S. 142; ☎ 963636; www.mekongangkorpalace.com; Sivatha St; Zi. 25–40 US$;) Das Hotel abseits der Hauptstraße bietet große helle Zimmer sowie einen einladenden Pool.

Central Boutique Angkor Hotel (Karte S. 142; ☎ 764 030; www.centralboutiqueangkorhotel.com; Ta Phul Village; Zi. 35 US$;) Als Hauptattraktion gilt der Pool, doch auch die Räumlichkeiten mit Terrasse, weicher Bettwäsche und Safe überzeugen.

AIRPORT ROAD

Paul Dubrule Hotel & Tourism School (École d'Hôtellerie et de Tourisme Paul Dubrule; Karte S. 139; ☎ 963673; www.ecolepauldubrule.org; Zi. 20–35 US$;) Paul Dubrule war Mitbegründer der Accor-Hotelgruppe und deshalb ist es nicht verwunderlich, dass in seinem Hotel mit angeschlossener Hotelfachschule – in diese werden die Gewinne investiert – sowohl routinierter Service als auch schicke Zimmer geboten werden. Letztere lohnen ihren Preis, allerdings gibt es nur vier davon.

RUND UM DEN WAT BO

Siem Reap Hostel (Karte S. 142; ☎ 964660; www.thesiemreaphostel.com; 10 Makara St; B 8 US$, Zi. 30–45 US$;) Angkors erstes echtes Backpackerhostel kommt ziemlich schick daher und hat sowohl für den kleineren Geldbeutel als auch für anspruchsvollere Gäste etwas zu bieten. Die Schlafsäle sind teuer, aber bei den recht hübschen Zimmern ist das Frühstück inklusive. Darüber hinaus gibt's hier eine einladende Bar mit Restaurant und einen überdachten Pool.

Green Village Palace (außerhalb der Karte S. 142; ☎ 760623; www.greenvillagepalace.com; Wat Dam Nak St; Zi. 15–30 US$;) Für diese Preisklasse wird Besuchern einiges geboten: Das Green Village Palace punktet mit eleganten Zimmern samt dramatischer Seidendeko, TV und Kühlschrank sowie einem Pool und einem Fitnessstudio.

LP Tipp **Soria Moria Hotel** (Karte S. 142; ☎ 964768; www.thesoriamoria.com; Wat Bo St; Zi. 40–75 US$;) Die elegante Bleibe mit Herz engagiert sich für wohltätige Zwecke und beherbergt hübsche Zimmer mit edlen Bädern. Im unten gelegenen Restaurant wird Fusionsküche serviert, während oben unter freiem Himmel Whirlpools locken.

La Noria Guesthouse (Karte S. 142; ☎ 964242; www.lanoriaangkor.com; Zi. 44 US$;) Das zauberhafte La Noria verfügt über einen tropischen Garten und einen sehr hübschen Swimmingpool. Alle Zimmer sind traditionell eingerichtet und besitzen eine Terrasse, weisen allerdings weder einen Fernseher noch einen Kühlschrank auf.

Borann L'Auberge des Temples (Karte S. 142; ☎ 964740; www.borann.com; Zi. 44 US$;) Gehört zum La Noria und ist diesem sehr ähnlich, das gilt auch für die äußerst idyllische Umgebung.

Ebenfalls empfehlenswert:

Babel Guesthouse (Karte S. 142; ☎ 965474; babelsiemreap@gmail.com; Zi. 14–24 US$;) Anspruchsvolle Pension mit einem malerischen tropischen Garten. Service und Erscheinungsbild sind besser als bei vergleichbaren Unterkünften in der Gegend.

City River Hotel (Karte S. 142; ☎ 763000; www.cityriverhotel.com; Zi. ab 45 US$;) Schicke, moderne Zimmer in toller flussnaher Lage. Pluspunkte gibt's auch für den Dachterrassenpool.

IN DER WEITEREN UMGEBUNG

Lotus Lodge (Karte S. 139; ☎ 966140; www.lotuslodgecambodia.com; Zi. 25–35 US$;) Nach einem Tag voller Tempeltouren bietet das Lotus erholsame Ruhe. Die Zimmer sind sauber und gemütlich, außerdem überzeugen der große Pool, das einladende Bar-Restaurant, die kostenlose Fahrradnutzung und der abendliche Gratis-Shuttleservice.

Pavillon Indochine (Karte S. 139; ☎ 012 849681; www.pavillon-indochine.com; Zi. 50–55 US$, Suite 70–85 US$;) Charmante Zimmer im Kolonialschick rund um einen kleinen Pool. Zur Einrichtung gehören asiatische Antiquitäten, Moskitonetze sowie ein Safe.

River Garden (Karte S. 139; ☎ 963400; www.theriver garden.info; Zi. 55–99 US$;) Das ganz aus Holz gebaute Resort liegt in einem zauberhaften Garten und bietet eine kleine Auswahl an atmosphärischen Zimmern, einige davon mit großem Balkon und tiefer Badewanne. Gäste können am Pool entspannen, sich durch das Eisbüfett schlemmen oder an einem der „Cooks in *tuk tuks*"-Kochkurse (S. 145) teilnehmen.

HanumanAlaya (Karte S. 139; ☎ 760582; www.hanumanalaya.com; Zi. 60–90 US$;) Sämtliche Zimmer in dieser herrlichen Wohlfühloase samt einem hübschen Garten und Pool sind mit Antiquitäten und Kunsthandwerk eingerichtet, verfügen jedoch auch über moderne Annehmlichkeiten wie Kabelfernsehen, Minibar und Tresor. Zudem sorgt das Sita Spa für Erholung und das Reahoo Restaurant kredenzt typische Khmer-Gerichte.

Ebenfalls empfehlenswert:

Angkor Spirit Palace (Karte S. 139; ☎ 760029; www.angkorspiritpalace.com; Zi. 35–55 US$;) Wer einen kleinen Aufpreis zahlt, kann es sich in den geräumigeren und besser ausgestatteten „Palace"- und „Spirit"-Zimmern gemütlich machen. Der im Grünen gelegene Pool bietet Entspannung.

Sonalong Boutique Village (Karte S. 139; ☎ 012 913376; www.sonalongvillage.com; Zi. ab 50 US$;) Westlich des Wat Bo bietet dieses neue Resort mit einem blühenden Garten und einem Pool Zimmer inklusive Balkon (oben) oder Veranda (unten).

Spitzenklassehotels

Die meisten Hotels dieser Preisklasse erheben zusätzlich eine allgemeine Steuer von 10 %, eine Kurtaxe von 2 % und manchmal auch eine Servicegebühr von 10 %, aber immerhin ist das Frühstück inbegriffen. Für einen Besuch zwischen November und März sollte man besser frühzeitig reservieren. Wer online oder über ein Reisebüro bucht, kann einiges an Geld sparen.

Viroth's Hotel (Karte S. 142; ☎ 761720; www.viroth-hotel.com; Zi. ab 90 US$;) Das kleine Luxushotel mit sieben schicken Zimmern kommt minimalistisch und modern daher. Es verfügt über ein Schwimmbecken, einen Whirlpool und kostenloses WLAN.

Shinta Mani (Karte S. 142; ☎ 761998; www.shintamani.com; Oum Khun St; EZ/DZ/3BZ 90/100/130 US$;) Hier werden benachteiligte Jugendliche ausgebildet. Die Zimmer besitzen Designerbäder und elegante Betten, außerdem gibt's einen kleinen Swimmingpool. Das Shinta Mani hat bereits mehrere internationale Auszeichnungen für verantwortungsvollen Tourismus gewonnen und unterstützt viele soziale Projekte. Momentan sind umfangreiche Renovierungsarbeiten in Planung.

FCC Angkor (Karte S. 142; ☎ 760280; www.fcccambodia.com; Pokambor Ave; EZ/DZ ab 135/155 US$;) Ein tolles Designhotel, das seinen eleganten europäischen Pendants in nichts nachsteht. Für das gewisse Etwas sorgen Khmer-Elemente, kambodschanische Seide, große Badewannen und der WLAN-Zugang auf dem gesamten Gelände. Als Sahnehäubchen gelten der schwarzgekachelte Pool und das Visaya Spa.

Angkor Village Resort (Karte S. 139; ☎ 963561; Phum Traeng St; Zi. 149 US$;) Dieses zauberhafte Resort verfügt über einen langgezogenen Pool, der sich flussähnlich durch die Anlage schlängelt. Alle Zimmer sind großzügig geschnitten und warten mit eleganten Bädern und verschiedene Annehmlichkeiten wie Fernsehern auf.

Victoria Angkor Hotel (Karte S. 142; ☎ 760428; www.victoriahotels-asia.com; Zi. ab 155 US$;) Wer auf der Suche nach französisch-indochinesischem Kolonialstil ist, sollte das Victoria ansteuern. Durch die elegante Lobby gelangt man zu einem beeindruckenden Gartenpool. Die Zimmer wirken sehr geschmackvoll und teilweise genießt man von ihnen einen Blick auf das Schwimmbecken.

LP Tipp **La Résidence d'Angkor** (Karte S. 142; ☎ 963 390; www.residencedangkor.com; Siem Reap River Rd; Zi. ab 185 US$;) Die offenen, komplett mit Holz eingerichteten Zimmer gehören mit ihren riesig wirkenden Whirlpools zu den schönsten Übernachtungsoptionen in der Stadt. Von der dezent gehaltenen Rezeption geht's zu dem tollen Pool, in dem man wunderbar ein paar Runden drehen kann. Vor Kurzem wurde die Anlage um einige moderne Gästeräume mit großen Bädern und begehbaren Kleiderschränken erweitert. Verwöhnen lassen kann man sich auch im herrlichen Kong Kea Spa.

TOP FIVE: NEBENSAISON-ANGEBOTE

Mehrere Hotels locken in der Nebensaison (Mitte April bis Mitte Oktober) mit tollen Schnäppchen. Hier ein paar der beliebtesten Unterkünfte:

Lotus Angkor Hotel (Karte S. 139; ☎ 965555; www.lotusangkor.com; Airport Rd; Zi. ab 50 US$;) Erfreut sich dank der schicken Zimmer und des großen Pools bei Touristengruppen großer Beliebtheit.

Somadevi Angkor Hotel (Karte S. 142; ☎ 967666; www.somadeviangkor.com; Sivatha St; Zi. ab 50 US$;) Weitläufiges zentral gelegenes Hotel mit hübschen, großzügig geschnittenen Zimmern und einem großen Pool in T-Form.

Angkorland Hotel (Karte S. 142; ☎ 760544; www.angkorland.com; neben der Airport Rd; Zi. ab 59 US$;) Diese geräumige Unterkunft verfügt über eine schwere Holzausstattung und einen Garten mit Pool.

Borei Angkor Resort & Spa (Karte S. 139; ☎ 964406; www.boreiangkor.com; NH6 East; Zi. ab 60 US$;) Bis zum beliebten Resort sind es von der Innenstadt nur ein paar Gehminuten.

Angkor Home Hotel (Karte S. 139; ☎ 969797; www.angkorhomehotel.com; abseits der Airport Rd; Zi. ab 79 US$;) Ein nobles Haus mit eleganten Zimmern und einem großen Schwimmbecken.

Hotel de la Paix (Karte S. 142; ☎ 966000; www.hoteldelapaixangkor.com; Sivatha St; Zi. ab 265 US$;) Ausgefallenes modernes Design, eine schicke Einrichtung und minimalistischer Stil. Wer es eher traditionell mag, sei also vorgewarnt. Die Zimmer verfügen über offene Bäder und iPods. Im hoteleigenen Restaurant Meric kommt Innovatives auf den Tisch.

Grand Hotel d'Angkor (Karte S. 142; ☎ 963888; www.raffles.com; Zi. ab 360 US$;) In dieser Unterkunft kann man Geschichte atmen, denn das Hotel wurde bereits 1929 eröffnet. Auf der Gästeliste findet man Namen wie Charlie Chaplin, Charles de Gaulle, Jackie Kennedy und Bill Clinton und dank der traumhaften Landschaft fühlt man sich wie in die Vergangenheit zurückversetzt. Die Zimmer weisen den klassischen Kolonialstil auf und in den Bädern warten eine Menge kleine Geschenke.

Amansara (Karte S. 142; ☎ 760333; www.amanresorts.com; Zi. ab 750 US$;) Das Hotel in der ehemaligen Gästevilla von Norodom Sihanouk wartet mit den größten Suiten der Stadt auf. Manche davon verfügen sogar über einen eigenen Minipool. Im Preis sind Touren zu den bedeutendsten Angkor-Tempeln inbegriffen. Auf der Gästeliste geben sich die Reichen und Schönen die Klinke in die Hand, darunter Mick Jagger und Angelina Jolie (natürlich nicht zusammen, Letztere befand sich in Begleitung von Brad).

Verwöhnen lassen kann man sich auch in diesen Einrichtungen:

Angkor Palace Spa Resort (Karte S. 139; ☎ 760511; www.angkorpalaceresort.com; abseits der Airport Rd; Zi. 155 US$;) Das weitläufige im Bali-Stil gehaltene Resort mit zauberhaften luftigen Zimmern und einem riesigen Swimmingpool bietet ein gutes Preis-Leistungs-Verhältnis.

Heritage Suites (Karte S. 139; ☎ 969100; www.relaischateaux.com/heritage; Zi. ab 235 US$, Suite 345 US$;) Die im Kolonialstil gehaltenen offenen Suiten sind spektakulär.

Sothea (Karte S. 139; ☎ 966788; www.thesothea.com; Airport Rd; Zi. ab 290 US$;) Neue exklusive Anlage mit romantischem Flair. Sie gehört zur Preferred-Boutique-Gruppe.

ESSEN

Die kulinarische Szene hat jede Menge zu bieten: Es gibt eine tolle Auswahl an Essensständen, asiatischen Imbissen und Edelrestaurants. Zum Angebot gehören Köstlichkeiten von jedem Kontinent und täglich kommen neue Versuchungen hinzu. So kann man sich von der einfachen Khmer-Küche verwöhnen lassen oder sich vor/nach Ausflügen in die Umgebung mit rustikalen Leckereien oder gehobener Küche stärken.

Während der Hochsaison sind viele der Topadressen von Touristen bevölkert. Bei der großen Anzahl an Lokalen findet man mit etwas Geduld jedoch immer ein ruhiges Plätzchen. Die hier aufgeführten Restaurants stellen nur einen Bruchteil des Angebots dar.

Einige Pensionen der unteren Preisklasse haben ebenfalls köstliches Essen im Angebot, darunter meistens lokale und internationale Gerichte. In der eigenen Unterkunft zu speisen ist zwar die einfachste Variante, allerdings lässt man sich dann ein authentisches Stück Siem Reap entgehen. Manche Mittelklasse- und alle Spitzenklassehotels betreiben eigene – teilweise erstklassige – Restaurants. Informationen zu Abendessen mit klassischen Tanzdarbietungen, wie sie von vielen Hotels und Gaststätten angeboten werden, siehe unter dem Abschnitt „Unterhaltung" (S. 158).

Mehr Empfehlungen für ein schmackhaftes Mittagessen in bzw. um Angkor siehe Kastentext S. 176.

RASANTE VERÄNDERUNGEN

Siem Reap entwickelte sich in den letzten Jahren mit rasanter Geschwindigkeit, deshalb wird sich bei Erscheinen dieses Reiseführers wahrscheinlich wieder einiges geändert haben. Das indische Restaurant Kama Sutra schließt, allerdings soll es auf der Alley wiedereröffnen. Das vegetarierfreundliche V and A hat ebenfalls dichtgemacht, dafür feiert das Joe-to-Go, ein Café, das sich für wohltätige Zwecke einsetzt und früher den gleichen Standort hatte, ganz in der Nähe seine Wiedereröffnung. Eventuell wird das Roluos Tea Garden aufgrund einer Meinungsverschiedenheit mit der Apsara-Behörde ebenfalls verlegt. Die Alley West boomt auch weiterhin und so öffnen immer neue kleine Boutiquen und gemeinnützige Geschäfte. Im Klartext: Diese Stadt steht niemals still.

Kambodschanisch

Günstige Khmer-Snacks bekommt man auf dem **Psar Chaa** (Karte S. 142; 7–21 Uhr) an den vielen Essensständen im Nordwesten des

Marktes; alle haben englischsprachige Schilder und Speisekarten. Hier kann man in typischer Atmosphäre lokale Speisen zu lokalen Preisen genießen. Manche Gerichte sind schon fertig, andere werden frisch zubereitet. Meistens zahlt man dafür zwischen 1,50 und 3 US$. Weitere gute **lokale Essensstände** (Karte S. 142) findet man gegenüber dem Wat Dam Nak; Qualität und Preise lassen sich nach Anzahl der parkenden *motos* vor der jeweiligen Bude beurteilen.

Auf der Alley reihen sich empfehlenswerte kambodschanische Restaurants aneinander, viele davon familiengeführt. Oft taucht in ihren Namen das Wort „Khmer" auf, außerdem locken sie mit günstigem Bier und preiswerten Menüs. Am besten sieht man sich ein wenig um und entscheidet sich ganz spontan für einen Laden.

Socheata II Restaurant (Karte S. 142; ☎ 761416; Pithnou St; Hauptgerichte 2–5 US$; 🕒 7–22 Uhr) Das Lokal ist leicht zu übersehen und bietet eine große Auswahl an Klassikern, darunter köstliche Salate mit Bananenblättern, Pampelmuse und Brunnenkresse.

Khmer Kitchen Restaurant (Karte S. 142; ☎ 964154; The Alley; Hauptgerichte 2–5 US$; 🕒 11–22 Uhr) Auf der Suche nach kulinarischer „Satisfaction"? Dann heißt es den Spuren Mick Jaggers folgen und sich in diesem beliebten Restaurant Khmer- oder Thai-Gerichte wie Currys gönnen.

Angkor Palm (Karte S. 142; ☎ 761436; www.angkorpalm.com; Pithnou St; Hauptgerichte 3–8 US$; 🕒 10–22 Uhr) Das preisgekrönte Angkor Palm kredenzt authentische einheimische Küche. Sogar Khmer zeigen sich vom legendären *amoc* (Backfisch im Bananenblatt) begeistert. Toll sind auch die Probierplatte für zwei Personen und die Kochkurse.

Viroth's Restaurant (Karte S. 142; ☎ 016 951800; Wat Bo St; Hauptgerichte 4–8 US$; 🕒 Mittag- und Abendessen) In dem stilvollen Gartenlokal trifft Khmer-Küche auf balinesisches Design. Obwohl sich das Viroth's bei Touristengruppen großer Beliebtheit erfreut, konnte es sich eine gewisse Intimität bewahren.

Café Indochine (Karte S. 142; ☎ 012 804952; Sivatha St; Hauptgerichte 4–8 US$; 🕒 10–15 & 17–23 Uhr) Gehört zu den wenigen verbleibenden traditionellen Khmer-Lokalen und bietet eine Mischung aus asiatischen sowie europäischen Elementen. Abends, wenn hier weniger Trubel herrscht, geht's besonders atmosphärisch zu.

Amok (Karte S. 142; ☎ 965407; The Alley; Hauptgerichte 4–9 US$; 🕒 17–23 Uhr) Das Restaurant im Herzen der Alley wurde nach dem kambodschanischen Nationalgericht *amoc* (oder *amok*) benannt. Tatsächlich ist der im Bananenblatt gebackene Fisch eine gute Wahl, wobei der *amoc*-Probierteller mit vier verschiedenen Varianten als noch bessere Wahl gilt.

Madame Butterfly (Karte S. 139; ☎ 016 909607; Airport Rd; Hauptgerichte 4–10 US$; 🕒 18–23 Uhr) Auf der Speisekarte des aufwendig mit Seide und wogenden Gardinen dekorierten traditionellen Holzhauses findet man sowohl Khmer-Spezialitäten als auch Gerichte aus verschiedenen asiatischen Küchen.

LP Tipp **Sugar Palm** (Karte S. 142; ☎ 964838; Taphul St; Hauptgerichte 5–9 US$; 🕒 11 Uhr–open end) In dem wunderschönen Holzhaus im Westen der Stadt kommen traditionelle Gerichte mit verschiedenen Kräutern und Gewürzen auf den Tisch, darunter leckere *char-kroeng*-Variationen (Zitronengrascurrys). An der beliebten Cocktailbar kann man den Abend beginnen oder ausklingen lassen.

L'Escale des Arts & des Sens (Karte S. 142; ☎ 761442; www.escale-arts-sens.com; Oum Khun St; Hauptgerichte 5–20 US$; 🕒 6.30–22 Uhr; ♿) Moderne asiatische Küche. Besonders empfehlenswert sind die köstlichen Vorspeisenteller mit Appetithäppchen, die man mit Reiswein herunterspülen kann. Zu den Hauptgerichten gehört auf sieben Weisen zubereitetes Rindfleisch – das Rezept basiert auf einer königlichen Kochanleitung für Tigerfleisch, das dankenswerterweise nicht auf der Speisekarte steht.

Cambodian BBQ (Karte S. 142; ☎ 966052; The Alley; Hauptgerichte 7–10 US$; 🕒 Abendessen) Eine weitere gute Option entlang der Alley. Hier werden *phnom-pleung*-Grillgerichte (wörtlich „Feuerhügel") mit Krokodil-, Schlangen-, Straußen- und Kängurufleisch aufgepeppt.

Asiatisch

Hong Kong Restaurant (Karte S. 142; ☎ 012 966226; Pithnou St; Hauptgerichte 2–4 US$; 🕒 9–22 Uhr) Das winzige chinesische Restaurant hat sich auf authentisches, preiswertes *dim sum* spezialisiert. Besonders empfehlenswert ist das würzige *mopor tofu* (Schweinehack mit Tofu).

Curry Walla (Karte S. 142; ☎ 965451; Sivatha St; Hauptgerichte 2–5 US$; 🕒 10.30–23 Uhr) Einer der Favoriten in puncto günstiges indisches Essen. Die *thalis* (Menüs) sind ein echtes Schnäppchen und der Besitzer bezieht seine geheimen Zutaten direkt aus Indien.

Dead Fish Tower (Karte S. 142; Sivatha St; Hauptgerichte 2–5 US$; 🕒 7 Uhr–open end; 💻 ♿) Auf den ersten

SIEM REAP

TOP FIVE: ESSEN FÜR EINEN GUTEN ZWECK

Im Folgenden listen wir einige gute Restaurants auf, die sich für wohltätige Zwecke einsetzen oder die Ausbildung zukünftiger Hotelfachkräfte fördern, indem sie ihnen den Einstieg in die Tourismusbranche ermöglichen. Wenn man in solchen Läden speist, gibt man den Jugendlichen die Möglichkeit, ihre Fähigkeiten an echten Gästen zu erproben.

Butterflies Garden Restaurant (Karte S. 142; ☎ 761211; www.butterfliesofangkor.com; Hauptgerichte 3–8 US$; 🕑 8–22 Uhr) Dieses Lokal liegt in einem blühenden Garten mit zahllosen Schmetterlingen und bietet ein kulinarisches Erlebnis der besonderen Art. Auf der Speisekarte findet man Khmer-Gerichte, einige internationale Klassiker sowie sündhaft leckere Desserts. Das Butterflies Garden engagiert sich für gute Zwecke, etwa für Cambodian Living Arts und Dorfgemeinschaften, die von HIV/Aids betroffen sind.

Common Grounds (Karte S. 142; ☎ 965687; 719 St 14; leichte Gerichte 3–5 US$; 🕑 7–22 Uhr; 💻 📶) Stilvolles internationales Café im Starbucks-Stil. Hier locken guter Kaffee, hausgemachter Kuchen, leichte Snacks sowie kostenloses WLAN und Gratis-Internetterminals. Darüber hinaus hat das Common Grounds Computer- und Englischkurse für Kambodschaner im Programm und engagiert sich für wohltätige Zwecke.

Les Jardins des Delices (Karte S. 139; ☎ 963673; Paul Dubrule Hotel & Tourism School; NH6; Mittagsmenü 12 US$; 🕑 Mo–Fr 12–14 Uhr) Sofitel-Standard zu erschwinglichen Preisen: Zur Auswahl steht z. B. ein dreigängiges Menü mit asiatischen und westlichen Elementen, das von Nachwuchsköchen zubereitet wird.

Sala Bai Hotel & Restaurant School (Karte S. 142; ☎ 963329; www.salabai.com; Mittagsmenü 8 US$; 🕑 Mo–Fr 7–9 & 12–14 Uhr) In der Hotel- und Restaurantfachschule werden junge Khmer zu Fachkräften ausgebildet, außerdem kommen Gäste in den Genuss von günstigen westlichen und kambodschanischen Gerichten.

LP Tipp **Singing Tree Café** (Karte S. 142; ☎ 965210; www.singingtreecafe.com; Hauptgerichte 2–5 US$; 🕑 Mo geschl.) Vor Kurzem zog das kleine Straßencafé auf die angesagte Alley West, wo Anfang 2010 jede Menge neuer Läden ihre Pforten geöffnet haben. Zum Angebot gehören leckere Muffins, originelle Kaffees und kreative gesunde Snacks.

Blick wirkt das Restaurant eher wie ein Abenteuerspielplatz, denn man speist auf dem Boden an Tischen aus Baumstämmen. Die Küche verspricht, weder Hunde, Katzen, Ratten noch Würmer auf den Tisch zu bringen – und trotzdem kommen Exoten auf ihre Kosten, denn auf dem Gelände werden Krokodile gehalten.

Soup Dragon (Karte S. 142; ☎ 964933; Pub St; Vietnamesische Hauptgerichte 2–6 US$, Westliche Hauptgerichte 5–10 US$; 🕑 6–23 Uhr; ♿) In dem dreistöckigen Lokal werden verschiedene kulinarische Stilrichtungen geboten: Im Erdgeschoss gibt's klassisches asiatisches Frühstück wie *pho* (vietnamesische Reisnudelsuppe) für etwa 1 US$, die ideale Stärkung vor Erkundung der Tempel, und im Obergeschoss kann man zwischen verschiedenen asiatischen sowie internationalen Gerichten wählen, darunter marokkanische und italienische Spezialitäten.

Chivit Thai (Karte S. 142; ☎ 012 830761; 130 Wat Bo St; Hauptgerichte 3–8 US$; 🕑 7–22 Uhr) Siem Reaps atmosphärischstes Thai-Restaurant ist in einer wunderschönen Holzvilla mit einem blühenden Garten untergebracht. Entweder speist man auf thailändische Kissen gebettet oder an Tischen. Auf der Speisekarte steht z. B. *laab* (Salat mit Fisch oder Fleisch).

Ginga (Karte S. 139; ☎ 963366; Hauptgerichte 6–15 US$; 🕑 Mittag- und Abendessen) Traditionelle japanische Küche. Zur Auswahl stehen günstige Sashimi- und Sushi-Teller sowie verschiedene Mittagskombinationen.

Ebenfalls empfehlenswert:

Moloppor Café (Karte S. 142; ☎ 966690; Siem Reap River Rd; Hauptgerichte 1–4 US$; 🕑 10–23 Uhr) Dieses Lokal gehört zu den günstigsten Optionen in der Stadt und lockt mit asiatischen (u. a. japanischen) sowie italienischen Gerichten.

In Touch (Karte S. 142; ☎ 963240; Pub St; Hauptgerichte 3–6 US$; 🕑 11 Uhr–open end) Punktet mit einer tollen Lage und einer spektakulär stimmungsvollen Beleuchtung. Auf den Tisch kommen thailändische Speisen, man sollte sein Abendessen allerdings früh einnehmen, sonst wird man von der Band unter den Tisch gesungen.

Maharajah (Karte S. 142; ☎ 966221; beim Psar Chaa; Hauptgerichte 3–7 US$; 🕑 10–23 Uhr) Früher war dies das beliebte Taj-Restaurant in der Nähe des Psar Chaa. Und auch heute noch bringen die Besitzer authentische günstige indische Speisen auf den Tisch.

International

LP Tipp **Blue Pumpkin** (Karte S. 142; ☎ 963574; Pithnou St; Hauptgerichte 2–6 US$; 🕑 6–22 Uhr; ❄ 📶 ♿) Sieht man von der köstlichen Auswahl an Kuchen, Brot und selbstgemachtem Eis ab, wirkt das

Erdgeschoss des Blue Pumpkin wie ein beliebiges älteres Café. Im Obergeschoss eröffnet sich dann eine andere Welt voll weißem Minimalismus, Betten zum Entspannen und kostenlosem WLAN. Leichte Snacks, leckere Sandwiches, sättigende Specials und himmlische Shakes – was will man mehr?

LP Tipp **Le Tigre de Papier** (Karte S. 142; ☎ 760930; Pub St; Hauptgerichte 2–9 US$; 24 Std.;) An der Pub Street und der Alley liegt eine der besten Adressen, wenn man kulinarische Vielfalt sucht. Hier gibt's authentische Khmer-Gerichte, leckere italienische Küche und eine Auswahl an klassischen internationalen Gerichten. Abends wird der Laden zur gut besuchten Bar. Kostenloses WLAN.

Tell Restaurant (Karte S. 142; ☎ 963289; Sivatha St; Hauptgerichte 2–10 US$; 10–22 Uhr;) Für Erfrischung sorgt an heißen Tagen die Klimaanlage. Das Tell kredenzt jede Menge preiswerte asiatische Gerichte, internationale Klassiker und Schweizer Spezialitäten wie Fondue und Raclette.

Red Piano (Karte S. 142; ☎ 963240; Pub St; Hauptgerichte 3–6 US$;) Von dem riesigen Balkon des restaurierten Prachtbaus aus der Kolonialzeit können Gäste wunderbar das Treiben auf der Straße beobachten. Auf der Speisekarte findet man eine verlässliche Auswahl an asiatischen und internationalen Gerichten, alle zu vernünftigen Preisen. Nachdem sich hier Angelina Jolie blicken ließ, wurde ein Cocktail nach ihr benannt.

AHA (Karte S. 142; ☎ 965501; The Alley; Tapas 3–10 US$;) Angesagtes kleines Lokal inklusive Weinbar. Verschiedene Appetithäppchen wie Käse, Gemüse, Khmer-Spezialitäten, Klassisches und Modernes. Innovative Küche.

Samot (Karte S. 142; ☎ 092-410400; Hauptgerichte 5–10 US$; 16–24 Uhr) Das einladende kleine Restaurant versteckt sich an der Verlängerung der Alley. Sein Name – Samot bedeutet „Meer" – ist Programm: Auf den Tisch kommen beispielsweise Zackenbarsch, Riesengarnelen und manchmal sogar Jakobsmuscheln. Für den rustikaleren Geschmack gibt's auch ein paar Fleischgerichte.

FCC Angkor (Karte S. 142; ☎ 760280; Hauptgerichte 5–15 US$; 7–24 Uhr;) Dank ihrem schimmernden Pool, dem von Fackeln erhellten Essbereich und der Gartenbar ist diese Institution ein echter Besuchermagnet. Auch im Inneren setzt sich der Kolonialschick mit Polstersesseln und einer offenen Küche, in der asiatische und internationale Gerichte zubereitet werden, fort. Die wunderschön präsentierten Probierteller sollte man sich nicht entgehen lassen.

International gespeist wird außerdem in folgenden Restaurants:

Viva (Karte S. 142; ☎ 012 209154; Pithnou St; Hauptgerichte 2–6 US$; 11.30 Uhr–open end) Mexikanisches Essen und Margaritas werden in fröhlicher Atmosphäre serviert und sorgen für Stimmung.

Blackwheat Creperie (Karte S. 142; ☎ 092-963213; beim Psar Chaa; Hauptgerichte 3–8 US$; 11–2 Uhr) Exotische Crepes in den verschiedensten Geschmacksrichtungen samt einer gesunden vegetarischen Auswahl. Pfannkuchen wird in diesem Laden ganz neu erfunden.

Selantra (Karte S. 142; ☎ 963097; Wat Bo St; Hauptgerichte 4–10 US$; 11.30 Uhr–open end) 2009 wurde das Selantra von einem ehemaligen Mitarbeiter des Hotel de la Paix eröffnet. Gäste können sich über kreative internationale Speisen in stilvollem Ambiente freuen.

Les Orientalistes (Karte S. 142; ☎ 760278; 613 Wat Bo St; Hauptgerichte 4–12 US$; Mittag- und Abendessen) Das Restaurant beschwört den Geist orientalischer Märkte herauf und kredenzt Khmer-Gerichte sowie französische und marokkanische Küche.

Französisch

Le Malraux (Karte S. 142; ☎ 966041; Hauptgerichte 5–12 US$; 7–24 Uhr) Das klassische Art-déco-Café mit angeschlossenem Restaurant ist mit seiner feinen französischen Küche eine gute Adresse für Feinschmecker. Zum Einstieg sollte man sich das Lachs-Tartar und –Carpaccio gönnen, gefolgt von einem der leckeren Steakgerichte. Es werden auch asiatische Gerichte serviert.

Alliance Cafe (Karte S. 142; ☎ 017 809010; Hauptgerichte 5–15 US$; 10–23 Uhr) In einer Villa aus der Kolonialzeit bietet dieses Lokal als Verneigung vor Kambodscha auch mehrere lokaltypische Speisen an. Zu den Highlights der französischen Gerichte gehören Jakobsmuscheln auf Spinatbett sowie Entenbrust in Maracujasoße, man sollte allerdings unbedingt Platz für ein Dessert lassen! Der Laden wird außerdem als Kunstgalerie genutzt.

LP Tipp **Abacus** (Karte S. 139; ☎ 012 644286; abseits der Airport Rd; Hauptgerichte 8–20 US$; 11 Uhr–open end;) Im zweifellos besten Restaurant der Stadt kommen vor allem französische Kreationen auf den Tisch, darunter Steak in schwarzer Trüffelsoße, saftiges Lamm und exzellente Fischgerichte wie Thunfisch-*maguro*. Gespeist wird im Garten oder im kühlen Innenbereich. Darüber hinaus finden hier regelmäßig Veranstaltungen statt.

Italienisch

Happy Herb's Pizza (Karte S. 142; ☎ 092-838134; Pithnou St; Pizzas 3–7 US$; 🕑 7–23 Uhr) Dieser Ableger der Phnom-Penh-Institution bringt Gäste mit einem nicht ganz legalen Kraut zum Lächeln. Es gibt übrigens auch drogenfreie Pizzas.

L'Oasi Italiana (Karte S. 139; ☎ 092-418917; Gerichte 4–10 US$; 🕑 Mo 18–22, Di–So 11–14 & 18–22 Uhr) Eine echte kleine Oase, die sich in einem Wald unweit des Wat Preah Inkosei versteckt. Besonders lecker: Gnocchi und selbstgemachte Pasta, darunter Steinpilz-Ravioli.

La Volpaia (Karte S. 139; ☎ 764184; www.lavolpaia.com; Charles de Gaulle Blvd; Pizzas 5–10 US$; 🕑 11–23 Uhr; ❄) In der Gartenvilla kommen authentische italienische Köstlichkeiten auf den Tisch, darunter knusprige Pizza sowie Fleisch- und Fischgerichte.

Vegetarisch

Vitking House (Karte S. 139; ☎ 012 563673; 7 Makara St; Hauptgerichte 1–2 US$; 🕑 7–21 Uhr) Das vegetarische Restaurant gehört zu den billigsten Optionen in der Stadt und zieht jede Menge Studenten von der nahe gelegenen Uni an, die sich über dampfende Teller voller Shitake-Pilze und Nudeln hermachen. Lohnt die Anreise!

LP Tipp **Chamkar** (Karte S. 142; ☎ 092-733150; The Alley; Hauptgerichte 3–5 US$; 🕑 11–23 Uhr, So mittags geschl.; ❄) Angesichts der kreativen Speisen muss der Besitzer einen phänomenalen Gemüselieferanten haben. Auf jeden Fall hat er seinem Laden einen treffenden Namen gegeben, der übersetzt „Farm" bedeutet. In erster Linie werden asiatische Spezialitäten serviert, z. B. gefüllter Kürbis oder Gemüsespieße in Schwarzpfeffersauce.

Cafés

Einige sehr gute Cafés werden im Kastentext auf S. 154 genannt.

Swensen's Ice Cream (Karte S. 142; ☎ 966424; Pokambor Ave; Waffel 1,25 US$; 🕑 9–21 Uhr) Im Angkor Trade Center bekommt man das beste Eis der Stadt.

Le Café (Karte S. 142; ☎ 092-271392; beim Wat Bo; Snacks 2–4 US$; 🕑 7.30–21 Uhr; ♿) Gehört zur Paul Dubrule Hotel & Tourism School (S. 150) und bereichert das Französische Kulturzentrum mit erstklassigen Sandwiches, Salaten sowie Milchshakes.

Joe-to-Go (Karte S. 142; ☎ 092 532640; www.theglobalchild.org; beim Psar Chaa; Hauptgerichte 2–5 US$; 🕑 7–21.30 Uhr) Seit der Wiedereröffnung 2010 lockt das Joe-to-Go mit einer größeren Auswahl und einem stilvolleren Ambiente, als Verkaufsschlager gilt jedoch weiterhin der Feinschmeckerkaffee. Der Erlös geht an Projekte, die Straßenkindern Zugang zur Bildung ermöglichen und ihnen ein Dach über dem Kopf beschaffen.

Café de la Paix (Karte S. 142; Hotel de la Paix, Sivatha St; Gerichte 3–5 US$; 🕑 6–22 Uhr; ❄ 📶 ♿) Es mag vielleicht überraschen, aber zum opulenten Hotel de la Paix gehört ein erschwingliches Café, das eine tolle Auswahl an Sandwiches, Salaten und Lavazza-Kaffee kredenzt. Die Eiscreme schmeckt köstlich und es gibt kostenloses WLAN.

n.y.d.c. (Karte S. 142; ☎ 965886; The Alley; Gerichte 3–5 US$; 🕑 6–22 Uhr; ♿) Der schicke Feinkostladen hat Sandwiches, Wraps und Kaffee im Angebot. 20 % des Gewinns gehen an Familienhilfsprojekte rund um Siem Reap.

Selbstversorger

Auf den Märkten bekommt man z. B. Obst und frisches Brot. Substantielleres wie Käse oder Schokolade wird in lokalen Supermärkten verkauft. Meistens ist es günstiger, an einem der Marktstände zu essen, als selbst zu kochen. Wer jedoch auf längere Touren geht, möchte vielleicht etwas Proviant mitnehmen.

Einige Adressen für Selbstversorger:

Angkor-Markt (Karte S. 142; Sivatha St) Vor Kurzem wurde der Markt auf ein größeres Gelände auf der anderen Straßenseite verlegt. Hier findet man alle möglichen internationalen Produkte.

Lucky Market (Karte S. 142; Sivatha St) Siem Reaps größter Supermarkt gehört zu einem Einkaufszentrum auf der Sivatha Street.

Starmart (Karte S. 142; Caltex Starmart, NH6 West) Gute Auswahl an importierten Waren, darunter Eiscreme.

AUSGEHEN

In Siem Reap kann man jede Menge Spaß haben. Mittlerweile hat sich die Stadt von einem verschlafenen Örtchen zu einem internationalen Jetset-Treffpunkt gewandelt und ist nun fester Bestandteil des Nachtlebens in Südostasien. Rund um den Psar Chaa finden Partyfans auf jeden Fall gute Läden, eine der Straßen wird sogar scherzhaft als Pub Street bezeichnet! Abends sperrt man sie für den Verkehr und gibt sie erst gegen Mitternacht wieder für Fahrzeuge frei.

Parallel dazu verläuft im Süden die Alley, die ebenfalls mit zahlreichen Möglichkeiten lockt. Tolle Bars verstecken sich in einigen kleinen Seitenstraßen Richtung Norden und

BIERGÄRTEN AUF KAMBODSCHANISCH

Rund um Siem Reap findet man zahlreiche Biergärten. Sie werden vor allem von jungen Kambodschanern besucht, die in der Tourismusbranche arbeiten. Hier gibt's billiges Bier, lokale Snacks und die Chance, Einheimische kennenzulernen. Die eisgekühlten Getränke werden teilweise in Drei-Liter-Gefäßen samt Kühlaggregat serviert. Für kambodschanische Standards geht's eher rustikal zu, alleinreisende Frauen sollten sich also besser anderen Travellern anschließen.

Die besten Locations findet man ab der ersten Ampel nach der Sivatha Street nördlich der Airport Road, darunter das **Trey Kon** (Karte S. 142; ☎ 017 999023; 🕑 17 Uhr–open end) mit einer riesigen kreisförmigen Bar, regelmäßigen Fußballübertragungen auf Großbildschirmen und gewaltigen Bierkrügen. Man kann aber auch einfach durch die Gegend bummeln und gucken, wo die Einwohner so einkehren.

es gibt eine Menge weiterer Optionen in der ganzen Stadt, deshalb sollte man mindestens einen großen Ausgehabend einplanen.

Die meisten Kneipen sowie einige der schickeren Unterkünfte bieten Happy Hours an. Da in den Hotelbars auch Nichtgäste Zutritt haben, kann man ganz einfach in die Welt der Schönen und Reichen eintauchen, wobei es dort eher formell zugeht.

Neben der hier aufgeführten Auswahl verwandeln sich einige der zuvor genannten Restaurants nachts in stimmungsvolle Bars, darunter das atmosphärische Abacus (S. 155), das Aqua (S. 146) mit seinem verlockenden Pool, das klassische FCC Angkor (S. 155), das beliebte Red Piano (S. 155) und die Dachterrassenbar Soup Dragon (S. 154), die 7 % ihres Gewinns dem Angkor-Kinderkrankenhaus spendet – wenn man schon der eigenen Leber keinen Gefallen tut, trägt man wenigstens zur Gesundheit anderer bei.

Warehouse (Karte S. 142; beim Psar Chaa; 🕑 10.30–3 Uhr; 📶) Ihre wunderbare Lage beschert der beliebten Bar gegenüber dem Psar Chaa zahlreiche Besucher. Gute Musik, Tischfußball, Billardtisch, Snacks und berauschende Getränke sorgen bis in die frühen Morgenstunden für Stimmung.

Laundry Bar (Karte S. 142; beim Psar Chaa; 🕑 18 Uhr–open end) Dank der schummrigen Beleuchtung und dem stilvollen Dekor ist dies eine der einladendsten Bars vor Ort, für die man seine hübscheste Kleidung herauskramen sollte. Am Wochenende und bei Auftritten von Gast-DJs herrscht großer Andrang. Die Happy Hour dauert bis 21 Uhr.

Angkor What? (Karte S. 142; Pub St; 🕑 18 Uhr–open end) Siem Reaps Klassiker zieht allabendlich jede Menge Leute an. Die Happy Hour (bis 21 Uhr) bringt einen in die richtige Stimmung für später, wenn sich der ganze Laden auf – und manchmal auch unter – den Tischen zu Indie-Rhythmen bewegt.

Temple Club (Karte S. 142; Pub St; 🕑 10 Uhr–open end) In diesem Tempel wird Spirituosen gehuldigt. Dank des angeschlossenen Restaurants startet der Betrieb früh und endet erst spätnachts. Die laute Musik und lockere Stimmung lassen einen schnell das Tanzbein schwingen, außerdem dauert die Happy Hour von 10 bis 22 Uhr!

Molly Malone's (Karte S. 142; Pub St; 🕑 7.30–24 Uhr) Das erste Irish Pub der Stadt muntert mit seiner Dubliner Gastfreundschaft heimwehkranke Iren auf. Hier gibt's Whiskey, Guinness und exzellentes Pubessen und gelegentlich treten Livebands auf.

Linga Bar (Karte S. 142; The Alley; 🕑 17 Uhr–open end) Diese superschicke Schwulenbar überzeugt mit ihrer entspannten Atmosphäre, einer großartigen Cocktailkarte sowie mitreißender Musik, die am späten Abend viele Tanzverrückte anlockt.

Miss Wong (Karte S. 142; The Lane; 🕑 18 Uhr–open end) Auch das Miss Wong ist in der Schwulenszene beliebt. Es überzeugt mit seinem Shanghai-Schick der 1920er-Jahre und wird von zahlreichen ausländischen Gästen besucht. Leckere Cocktails.

Chilli Si-Dang (Karte S. 142; ☎ 012 723488; Siem Reap River Rd; 🕑 7 Uhr–open end; 📶) In der gemütlichen Weinbar in ruhiger Flusslage und mit Balkon kann man sich bestens einen guten Tropfen Wein oder ein Cocktail schmecken lassen. Die Happy Hour dauert von 17 bis 20 Uhr und es gibt kostenloses WLAN.

Nest (Karte S. 142; ☎ 017 925181; Sivatha St; 🕑 16 Uhr–open end) Diese Location weiß mit ihren von Segeln überspannten stilvollen Sitzecken im Freien zu beeindrucken und verfügt über eine der kreativsten Cocktailkarten der Stadt. Darüber hinaus stehen hier bequeme Sofabetten bereit, wobei es darin während der Regenzeit etwas ungemütlich wird.

X Bar (Karte S. 142; Sivatha St; 🕒 16 Uhr–Sonnenaufgang) Eine *der* Ausgehadressen schlechthin. Wenn sonst schon alles geschlossen hat, finden Nachtschwärmer hier immer noch ein Plätzchen. Am frühen Abend gibt's Filme auf dem Großbildschirm, außerdem einen Billardtisch und – wenn die Energie noch reicht – sogar eine Halfpipe für Skateboards.

Ebenfalls empfehlenswert:

Banana Leaf (Karte S. 142; Pub St) Auf den Sitzplätzen am Gehweg lassen die Gäste das Straßenleben an sich vorbeiziehen.

4 Faces (Karte S. 142; beim Psar Chaa; 🕒 10 Uhr–open end; 📶) Die einladende Restaurant-Bar ist eine Hommage an Bayon und fungiert zudem als Fotogalerie. Es gibt kostenloses WLAN sowie große Fernseher für Sportfans.

Island Bar (Karte S. 142; Angkor-Nachtmarkt; 🕒 16 Uhr–open end) In der Kneipe im hinteren Teil des Nachtmarktes kann man sich nach einer langen Einkaufstour wunderbar entspannen.

Sports Bar (Karte S. 142; The Alley West; 🕒 16–6 Uhr) Siem Reaps einzige echte Sportbar verfügt über Großbildschirme, einen Billardtisch und jede Menge Spirituosen.

Central (Karte S. 142; beim Psar Chaa; 🕒 4 Uhr–open end; 📶) In der Café-Bar im Bohème-Stil treten regelmäßig Livebands auf. Kostenloses WLAN.

UNTERHALTUNG

Bei mehreren Restaurants und Hotels stehen abends kulturelle Veranstaltungen auf dem Programm, die Besuchern die einmalige Chance bieten, sich klassische kambodschanische Tanzvorführungen anzusehen. Diese richten sich zwar an ein touristisches Publikum und können dem Königlichen Ballett in Phnom Penh keinesfalls das Wasser reichen, doch auf das ungeübte Auge wirken sie trotzdem anmutig und kunstvoll. Im Preis ist meist ein Büfett inbegriffen. Besonders empfehlenswert sind spezielle Aufführungen, die mit ihren Einnahmen kulturelle Organisationen sowie Waisenheime unterstützen – eine gute Gelegenheit, einen Beitrag zu lokalen Hilfsprojekten zu leisten.

Acodo-Waisenhaus (außerhalb der Karte S. 142; ☎ 012 734306; www.acodo.org; Eintritt frei) Jeden Abend um 18.30 Uhr finden hier kostenlose traditionelle Tanzaufführungen statt. Spenden sind willkommen. Der Weg ist an der Straße zum Tonlé-Sap-See ausgeschildert.

Temple Club (Karte S. 142; Pub St) Im Obergeschoss des Temple Club werden ab 19.30 Uhr kostenlose Tanzdarbietungen und preisgünstige Gerichte geboten, allerdings halten sich hier auch ein paar Prostituierte auf.

Für die stimmungsvollste Show sorgt das **Apsara Theatre** (Karte S. 142; www.angkorvillage.com/theatre.php; Eintritt 25 US$) im Angkor Village Resort, denn es liegt in einem eindrucksvollen Holzpavillon, der an einen Wat erinnert. Pro Nacht gibt's zwei Vorführungen. Leider ist das Menü weniger inspirierend. Hinter dem Pool des Grand Hotel d'Angkor (S. 152) befindet sich ebenfalls eine ansprechende Showbühne. Der Eintritt kostet zwar 32 US$, beinhaltet aber ein erstklassiges Büfett.

Besser als die beiden zuletzt genannten Optionen ist die Aufführung im **Dining Room** (Karte S. 142; Di, Do & Sa kostenlose Show), dem Restaurant (Hauptgerichte 15–50 US$) im La Résidence d'Angkor (S. 151). Im Garten kann man à la carte speisen.

Das **Tonlé Sap Restaurant** (Karte S. 142; ☎ 963388; NH6 West; Show 12 US$; 🕒 19.30 Uhr) und das **Koulen II Restaurant** (Karte S. 142; ☎ 012 630090; Sivatha St; Show 12 US$; 🕒 19 Uhr) warten mit prächtigen Darbietungen sowie reichhaltigen Büfetts auf, die zahlreiche Touristengruppen anziehen.

Für abwechslungsreiche Unterhaltung sorgt zudem jeden Mittwoch- und Sonntagabend das **La Noria Restaurant** (Karte S. 142; ☎ 964242; Hauptgerichte 4–8 US$) mit einer Schattentheateraufführung samt klassischer Tanzshow inklusive Abendessen. Ein Teil der Einnahmen wird einer Organisation gespendet, die kambodschanische Kinder unterstützt.

Im **BBQ Suki** (Karte S. 139; ☎ 965650; Charles de Gaulle Blvd; Büfett 5–10 US$) lockt um 19.30 Uhr eine kostenlose Schattentheateraufführung. Das Abendmenü ist allerdings nicht annähernd so gut wie die Grillgerichte und das Büfett im Erdgeschoss.

Beatocello (Karte S. 139; www.beatocello.com; 🕒 Sa 19.15 Uhr), besser bekannt als Dr. Beat Richner, gibt im Jayavarman-VII.-Kinderkrankenhaus hörenswerte Cello-Vorstellungen. Der Eintritt ist frei, Spenden werden jedoch gerne angenommen, da mit ihnen medizinische Behandlungen finanziert werden.

Im schillernden neuen **Pyramid Mega Entertainment Centre** (außerhalb der Karte S. 139; ☎ 967778; www.pyramid-megaclub.com; NH6) zollt man gleich zwei Weltwundern Tribut. Die **Disco** (Eintritt frei; 🕒 19–3 oder 4 Uhr) verfügt über eine hochmoderne Soundanlage und draußen gibt's eine eingezäunte Paintball-Anlage. Der Komplex erstreckt sich etwa 4 km südöstlich der Stadt an der Straße nach Phnom Penh.

SHOPPEN

Viele Produkte, die man auf den Märkten von Siem Reap bekommt, werden von Händlern auch rund um die Tempel angeboten. Manchen sind die dauernden Offerten bei ihrer Entdeckungstour schnell lästig, andere üben sich im Feilschen und nutzen die Gelegenheit, mit Einheimischen in Kontakt zu treten. Oft sind die Verkäufer Kinder und manche Touristen meinen, sie sollten lieber eine Schule besuchen. Die meisten tun das nebenbei sogar, wenn es sich ihre Familien leisten können.

Bei den Tempeln werden u.a. Postkarten, T-Shirts, Flachreliefbilder, skurrile Instrumente, kunstvoll verzierte Messer und Armbrustbolzen angepriesen – bei Letzteren wird es bei der Ausreise aber ziemlich wahrscheinlich Probleme mit dem Zoll geben ... Man sollte auf jeden Fall handeln, denn in der Regel sind die Preise überteuert.

Einkäufe in der Stadt erledigt man am besten im Psar Chaa (Karte S. 142), egal, ob man nun Silberwaren, Seide, Holzschnitzereien, Buddhas, Gemälde, Banknoten und Münzen, T-Shirts oder Untersetzer sucht. Wer beim Handeln weder die Geduld noch den Humor verliert, kann gute Schnäppchen erzielen. Alte Steinreliefs, die angeblich aus Angkor stammen, sollte man links liegen lassen. Selbst wenn diese tatsächlich echt sind, regt ihr Kauf zu ihrer weiteren illegalen Entwendung an, darüber hinaus werden sie meist vom Zoll konfisziert. Stattdessen hält man sich besser an moderne Repliken und vergräbt sie für einige Monate im Garten – der Effekt ist in etwa derselbe.

Der beliebte **Angkor-Nachtmarkt** (Karte S. 142; in der Nähe der Sivatha St; 16–24 Uhr) gilt als wichtiger Bestandteil der hiesigen Shoppingszene. An den Ständen werden Kunsthandwerk, Souvenirs und Seide verkauft und man kommt in den Genuss der angenehmen Abendtemperaturen. Entspannung bieten die Island Bar (S. 158) oder eine Massage bei Dr. Fish (S. 146).

TOP TEN: SHOPPEN FÜR EINEN GUTEN ZWECK

Einige tolle Geschäfte unterstützen durch ihre Produktion oder ihre Gewinne behinderte bzw. benachteiligte Menschen:

Artisans d'Angkor (Karte S. 142; ☎ 963330; www.artisansdangkor.com; 7.30–18.30 Uhr) Hier bekommt man qualitativ hochwertige Schnitzarbeiten und exquisite Seidenstoffe. Außerdem werden benachteiligte Jugendliche in der Kunst ihrer Vorväter unterrichtet (s S. 144).

Bloom (Karte S. 142; beim Psar Chaa; 10–22 Uhr) Viele der angebotenen Waren werden aus wiederverwertbaren Materialien hergestellt, darunter Taschen aus alten kambodschanischen Reissäcken.

Hagar Design (Karte S. 142; The Alley; 9–21 Uhr) Die kleine Boutique hat sich auf Seidenschals, Taschen und Accessoires spezialisiert und unterstützt Frauen, die misshandelt wurden.

IKTT (Karte S. 142; Tonlé Sap Rd; 9–17 Uhr) Das Institut für traditionelle Khmer-Textilien ist in einem traditionellen Holzhaus untergebracht und verkauft z. B. feine *kramas,* Schals sowie Überwürfe.

Krousar Thmey (Karte S. 139; Charles de Gaulle Blvd; 8–17.30 Uhr) In diesem kleinen Laden sind Schattenspielerpuppen, traditionelle Schals, Bilder und Postkarten erhältlich. Das Krousar Thmey greift blinden Kindern unter die Arme.

Nyemo (Karte S. 142; Angkor-Nachtmarkt; 16–24 Uhr) Hier werden Seidenprodukte wie Kissen, Tücher und Überwürfe sowie Kinderspielzeug angeboten. Mit den Gewinnen unterstützt man HIV-/Aids-Kranke und hilfsbedürftige Frauen.

Rajana (Karte S. 142; Sivatha St; 9–21 Uhr, So geschl.) Skurrile Holz- und Metallarbeiten, kunstvoller Silberschmuck und handgefertigte Karten. Rajana engagiert sich für fairen Handel und arbeitssuchende Kambodschaner.

Rehab Craft (Karte S. 142; 353 Pokambor Ave; 9–21 Uhr) Dieser Laden hat sich auf hochwertige Seidenprodukte wie Geldbeutel und Handtaschen spezialisiert. Mit den Gewinnen hilft man behinderten Menschen.

Senteurs d'Angkor (Karte S. 142; ☎ 964860; Pithnou St; 8.30–21.30 Uhr) Das Geschäft gegenüber dem Psar Chaa bietet eine umfangreiche Auswahl an Seidenprodukten und Schnitzarbeiten sowie traditionellen Schönheitsprodukten und Gewürzen. Es setzt sich für Job- und Ausbildungsmöglichkeiten der verarmten Landbevölkerung sowie von sozial Benachteiligten ein, außerdem bezieht es seine Produkte von Bauern aus der Gegend. Zu dem Geschäft gehört ein botanischer Garten an der Airport Road; Wer ihn besuchen möchte, sollte sich an die Angestellten wenden.

Tabitha Cambodia (Karte S. 142; ☎ 760650; abseits der Sivatha St; 7–18 Uhr) Seidenschals, Kissenbezüge und Überwürfe. Mit den Erlösen werden Tabitha-Projekte finanziert, etwa der Bau von Häusern und von Brunnen.

Natürlich kann man sich auch einen der informativen 3-D-Filme (3 US$) über die Roten Khmer oder Landminen ansehen.

Einige lohnenswerte Geschäfte:

Bambou Indochine (Karte S. 142; ☎ 966071; The Alley West; ⌚ 10–22 Uhr) Originelle von indochinesischen Elementen inspirierte Kleider. Die T-Shirts sind ein ganz besonderes Souvenir.

Eric Raisina Workshop (Karte S. 139; ☎ 965207; beim Wat Thmei; ⌚ nach Vereinbarung) Die Mode des angesehenen Designers Eric Raisina – geboren in Madagaskar, aufgewachsen in Frankreich, wohnhaft in Kambodscha – zeichnet sich durch eine einzigartige Mischung unterschiedlicher Stile aus.

Garden of Desire (Karte S. 142; ☎ 012 312116; The Alley; ⌚ Mo–Sa 10–21.30, So ab 15 Uhr) Designerschmuck für den anspruchsvollen Geschmack. Originelle Kreationen aus Silber und Halbedelsteinen aus dem nordöstlichen Teil des Landes.

Jasmine (Karte S. 142; ☎ 760610; Pokambor Ave; ⌚ 9–22 Uhr) Die Boutique befindet sich im FCC Angkor und hat stilvolle Seidenmode für jede Gelegenheit im Angebot.

McDermott Gallery (Karte S. 142; ☎ 012 274274; www.mcdermottgallery.com; The Alley; ⌚ 10–22 Uhr) Hier gibt's berühmte Aufnahmen Angkors zu sehen. Man hat die Auswahl zwischen Kalendern, Karten und eindrucksvollen sepiafarbenen Tempelbildern. Darüber hinaus gibt's regelmäßige Ausstellungen.

Rogue (Karte S. 142; Pithnou St; ⌚ 10–22 Uhr) Zum Sortiment gehören iPods, Download-Angebote, Accessoires und T-Shirts.

Samatoa (Karte S. 142; ☎ 965310; Pithnou St; ⌚ 8–23 Uhr) Designermode mit Seidenelementen, die man sich in 48 Stunden auf den Leib schneidern lassen kann. Unterstützt fairen Handel.

Wanderlust (Karte S. 142; ☎ 965980; The Alley West; ⌚ 8–22 Uhr) Die kleine Designerboutique mit schräger Spaßmachmode sowie -accessoires ist in einem alten Haus im Provence-Stil untergebracht.

AN- & WEITEREISE

Auto, Sammeltaxi, Minibus & Pick-up

Neben Bussen bedienen Sammeltaxis und andere Fahrzeuge die wichtigsten Routen. Meistens kommt man mit ihnen etwas schneller voran.

Zu den Zielen gehören Phnom Penh (10 US$, 5 Std.), Kompong Thom (5 US$, 2 Std.), Sisophon (5 US$, 2 Std.) und Poipet (7 US$, 3 Std.). Möchte man den Banteay-Chhmar-Tempel besuchen, geht's zunächst nach Sisophon, wo die Weiterfahrt organisiert werden kann. Mehr über die Reise nach Anlong Veng siehe S. 295.

Nach Prasat Preah Vihear (entweder über Anlong Veng oder Koh Ker) kommt man mit einem Sammeltaxi (15 US$, 5 oder 6 Std.) oder Pick-up (innen/hinten 12,50/10 US$), die am NH6, 100 m östlich der ANZ Royal Bank und 1 km westlich des Wendebereichs des Busbahnhofs, starten.

Weitere Informationen zur Route zwischen Bangkok und Siem Reap siehe Kastentext S. 372.

Bus

Die Verbindungsstraße zwischen Siem Reap und Phnom Penh ist in einem guten Zustand. Täglich bedienen mehrere klimatisierte Busse die Strecke. Diese führt in westlicher Richtung nach Sisophon, Thailand sowie Battambang und wurde komplett erneuert.

Alle Linien starten am Busbahnhof bzw. Taxistand (Karte S. 139) 3 km östlich der Stadt bzw. 200 m südlich des NH6. Tickets bekommt man in Pensionen, Hotels, den Büros der Busunternehmen, Reiseagenturen und Kiosks. Manche Anbieter holen ihre Fahrgäste mit dem Minibus in ihrer jeweiligen Unterkunft ab. Fast alle Verbindungen nach Phnom Penh bestehen zwischen 7 und 13 Uhr, andere Ziele werden oft schon frühmorgens angesteuert. Nach der Ankunft in Siem Reap sollte man sich auf zahlreiche geschäftstüchtige *moto*-Fahrer einstellen, die einem ihre Dienste anbieten.

Busunternehmen, die Verbindungen nach Siem Reap anbieten:

Capitol Tour (Karte S. 142; ☎ 963883; beim Psar Chaa) Verbindungen nach Phnom Penh, Poipet, Battambang und nach Bangkok.

GST (Karte S. 142; ☎ 092-905016; Sivatha St) Bedient die Strecken nach Phnom Penh und Anlong Veng.

Mekong Express (Karte S. 142; ☎ 963662; 14A Sivatha St) Steuert Phnom Penh und Ho-Chi-Minh-Stadt an.

Neak Kror Horm (Karte S. 139; ☎ 964924; Busbahnhof/Taxistand) Zu den Zielen gehören Phnom Penh und Poipet.

Paramount Angkor Express (Karte S. 139; ☎ 966469; Busbahnhof/Taxistand) Phnom Penh, Sisophon und Battambang.

Phnom Penh Sorya (Karte S. 139; ☎ 012 235618; Busbahnhof/Taxistand) Verkehrt nach Phnom Penh, Poipet und Battambang.

Rith Mony (Karte S. 139; ☎ 012 344377; Busbahnhof/Taxistand) Steuert Phnom Penh und Stung Treng an.

Für die Fahrt nach Phnom Penh (6 Std.) über den NH6 muss man 5 bis 11 US$ einplanen;

der Preis richtet sich nach dem Serviceangebot (klimatisiert, bequeme Sitze, Toilette, Servicekraft) und danach, ob ein Hoteltransfer inbegriffen ist. Fast alle Unternehmen verlangen für die Beförderung nach Kompong Thom und Phnom Penh die gleichen Preise. Mehrere Veranstalter haben zudem direkte Verbindungen nach Kompong Cham (6 US$, 5 oder 6 Std.), Battambang (3,75 US$, 3 Std.), Sisophon (3,75 US$, 2 Std.) und Poipet (3,75 US$, 3 Std.) im Programm. GST bedient Anlong Veng (4 US$, 2 Std.) und einige Busse steuern sogar Ho-Chi-Minh-Stadt (ab 20 US$) an.

Flugzeug

Es gibt internationale Direktflüge von Siem Reap nach Bangkok in Thailand, Vientiane, Luang Prabang und Pakse in Laos, Ho-Chi-Minh-Stadt (Saigon), Hanoi und Da Nang in Vietnam, Hongkong, Kuala Lumpur in Malaysia, Kunming in China, Seoul in Südkorea, Singapur und Taipei in Taiwan. Mehr zu internationalen Verbindungen ab/nach Siem Reap siehe S. 367.

Momentan werden nur Inlandsflüge nach Phnom Penh angeboten, und zwar ausschließlich von Cambodia Angkor Airways (einfacher Flug/Hin- & Rückflug ab 55/110 US$). In der Hochsaison sind die wenigen Maschinen schnell ausgebucht, man sollte also so früh wie möglich reservieren. Die Wiederaufnahme von Flügen nach Sihanoukville ist in Planung.

Büros der Airlines in der Stadt:

Bangkok Airways (☎ 380191; www.bangkokair.com)
Cambodia Angkor Air (☎ 964488; www.cambodiaangkorair.com)
China Eastern Airlines (☎ 965229; www.ce-air.com)
Jetstar Asia (☎ 964388; www.jetstarasia.com)
Lao Airlines (☎ 963283; www.laoairlines.com)
Malaysia Airlines (☎ 964135; www.malaysia-airlines.com)
Siem Reap Airways (☎ 380191; www.siemreapairways.com)
Vietnam Airlines (☎ 964488; www.vietnamairlines.com)

Schiff/Fähre

Zwischen Siem Reap und Phnom Penh (35 US$, 5–6 Std.) oder Battambang (20 US$, je nach Saison 3–8 Std.) verkehren täglich Schnellboote. Mittlerweile ist der Seeweg in die Hauptstadt eine ziemliche Abzocke, schließlich kommt man über Land fast genauso schnell dorthin, zahlt aber nur ein Fünftel des Preises. Die Fahrt nach Battambang bietet malerische Ausblicke, technische Pannen sind allerdings an der Tagesordnung. Weitere Informationen siehe S. 129 und S. 277.

Alle Schiffe starten im schwimmenden Dorf Chong Kneas nahe Phnom Krom, 11 km südlich von Siem Reap. Sie liegen je nach Jahreszeit an verschiedenen Stellen vor Anker. Während der Trockenzeit weichen der See und somit auch der Hafen bzw. das Dorf zurück. Eine Straße, die bei jedem Wetter befahrbar ist und damit den Zugang erleichtert, wird gerade gebaut.

In den meisten Pensionen der Stadt werden Fahrkarten verkauft. Ersteht man sein Ticket dort, ist meist der Transfer zum Hafen per *moto* oder Minibus im Preis inbegriffen. Andernfalls zahlt man für ein *moto* 1 bis 2 US$, für ein *remork-moto* 5 US$ und für ein Taxi etwa 10 US$.

UNTERWEGS VOR ORT

Mehr zu Transportwegen und -mitteln rund um Angkor siehe S. 178. Im Folgenden werden die in Siem Reap üblichsten Fahrzeuge aufgelistet.

Auto & Motorrad

Viele Hotels und Pensionen vermitteln Mietwagen für mindestens 25 US$ pro Tag. In schickeren Unterkünften sollte man mit höheren Preisen rechnen. Ausländer dürfen in bzw. rund um die Stadt keine Motorräder ausleihen. Wer nicht darauf verzichten möchte, muss das Fahrzeug bereits in Phnom Penh mieten. Mehr über motorisierte Geländetouren zu abgelegenen Tempeln erfährt man auf S. 378.

Vom/Zum Flughafen

Der Internationale Flughafen liegt 7 km von der Innenstadt. Bucht man im Voraus, ist bei vielen Hotels und Pensionen ein kostenloser Abholservice im Preis inbegriffen. Offizielle Taxis warten neben dem Terminal und verlangen 7 US$. Die Fahrt ins Zentrum kostet je nach Lage der Unterkunft per *moto* 2 US$ und mit dem *remork-moto* 5 US$.

Fahrrad

Einige Pensionen sowie ein paar Geschäfte rund um den Psar Chaa verleihen Fahrräder. Pro Tag zahlt man meistens 1 bis 2 US$. Besonders empfehlenswert ist der Anbieter **White Bicycles** (www.thewhitebicycles.org), der gemeinnützige Projekte unterstützt (s. S. 179).

SIEM REAP

Moto

Ein *moto* samt Fahrer kostet zwischen 7 und 9 US$ pro Tag. Für eine kurze Tour durch die Stadt zahlt man 1000 bis 2000 R, für Fahrten nach Angkor oder zum Flughafen muss man entsprechend tiefer in die Tasche greifen. Man sollte den Preis stets im Voraus verhandeln, da oft zu viel verlangt wird.

Remork-Moto

Remork-motos sind niedliche kleine Motorräder mit einer Passagierkabine (vor Ort werden sie meist *tuk tuks* genannt). Sie eignen sich besonders für Pärchen, allerdings wollen einen viele Fahrer über den Tisch ziehen. Für Stadttouren gilt 1 US$ als angemessener Preis, nachts muss man für nicht direkt im Zentrum gelegene Ziele oft 2 US$ zahlen. Der Preis steigt mit Anzahl der Passagiere.

RUND UM SIEM REAP

PREK-TOAL-VOGELSCHUTZGEBIET

ជំរកបក្សីព្រែកទាល

Prek Toal gehört zu den drei Biosphären des Tonlé-Sap-Sees. Ein eindrucksvolles Vogelschutzgebiet macht dieses Gebiet zum lohnenswerten Besucherziel. Es erfüllt die Träume von vielen Ornithologen, denn hier lebt eine beträchtliche Anzahl seltener Arten auf kleinem Raum, darunter der eindrucksvolle Sunda-Marabu, der Milchstorch und der Graupelikan. Auch weniger Interessierte werden sich für diese Vögel aufgrund ihrer enormen Spannbreite und gigantischen Nester begeistern.

Während der Trockenzeit (Dez.–April) fühlt man sich angesichts der beeindruckenden Vogelschwärme fast wie im Hitchcock-Klassiker. Besuche lohnen sich zwar schon ab September, allerdings sieht man dann weniger Tiere. Da ansonsten überall die Wasservorräte schwinden, sammeln sich sämtliche Vögel in dieser Gegend. Besucher sollten entweder frühmorgens oder spätnachmittags kommen, denn dies sind die besten Zeiten für Beobachtungstouren. Also bricht man entweder in den frühen Morgenstunden auf oder verbringt eine Nacht im Büro der Parkaufsicht, wo einfache Einzel-/Doppelbetten für 15/20 US$ zur Verfügung stehen.

Zwei Ökotourismus-Agenturen bieten Touren nach Prek Toal an: Das **Sam Veasna Center** (Karte S. 142; ☎ 963710; www.samveasna.org; beim Wat Bo) leistet einen Beitrag zum Schutz des Gebiets, denn es unterstützt lokale Gemeinden, die im Gegenzug weder jagen noch Wald roden dürfen. Eine vier- bis sechsköpfige Gruppe muss pro Person etwa 98 US$ für einen Ausflug zahlen. **Osmose** (☎ 012 832812; www.osmosetonlesap.net) hat ebenfalls organisierte Tagesexkursionen im Programm. Sie kosten pro Person 95 US$ und es müssen sich mindestens vier Teilnehmer finden.

Der Transport, Eintrittsgebühren, Tourguides, Frühstück, Mittagessen und Wasser sind inklusive. Auf Nachfrage gibt's Ferngläser, außerdem verfügt das Sam Veasna Center über ein Spektiv. Beide Veranstalter organisieren auch Touren mit Übernachtung. Ein Teil der Einnahmen geht an Bildungsprojekte für Kinder und Dorfbewohner, die über die Bedeutung der Vögel und das einzigartige Naturschutzgebiet aus überschwemmten Wäldern aufgeklärt werden. Bei den Trips ist ein Besuch einer Dorfgemeinschaft inbegriffen. Tagesausflügler werden gegen 6 Uhr vom Hotel abgeholt und bei Einbruch der Dunkelheit wieder zurückgebracht.

Sonnencreme und Kopfbedeckung sind ein Muss, gerade in der Trockenzeit kann es sehr heiß werden. Die Guides haben Infobroschüren, in denen alle Vogelnamen auf Englisch aufgeführt sind, allerdings beherrschen sie selbst die Sprache kaum. Man kann aber sowohl beim Sam Veasna Center als auch bei Osmose Fremdenführer mit guten Englischkenntnissen buchen.

Macht man sich auf eigene Faust zum Schutzgebiet auf, geht's zunächst per *moto* (etwa 2 US$) oder Taxi (10 US$) innerhalb von 20 Minuten zum schwimmenden Dorf Chong Kneas und dann mit dem Boot bis zum Parkbüro (Hin- & Rückfahrt 55 US$, jeweils 1 Std.). Von hier aus wird man mit einem weiteren kleinen Boot (30 US$ inklusive Guide; 1 Std.) ins Vogelreservat gebracht.

ANG-TRAPENG-THMOR-RESERVAT

Das **Ang-Trapeng-Thmor-Reservat** (Eintritt 10 US$), ein weiteres Vogelschutzgebiet, erstreckt sich etwa 100 km von Siem Reap nahe der Grenze in der Phnom-Srok-Region, Banteay-Meanchey-Provinz. Es gehört zu den einzigen beiden Gebieten auf der Welt, wo der extrem seltene Saruskranich lebt, der auf Flachreliefs in Bayon dargestellt ist. Diese graugefiederten Vögel haben enorm lange Beine und auffallende rote Köpfe. Das Reservat liegt an einem

Wasserschutzgebiet, das während des Regimes der Roten Khmer von Zwangsarbeitern errichtet wurde. Obwohl die Gegend eher einfach ist, befindet man sich hier an einem wunderschönen Fleckchen Erde. Ferngläser muss man übrigens selbst mitbringen.

Um Ang Trapeng Thmor zu erreichen, folgt man der Straße nach Sisophon etwa 72 km und biegt Richtung Norden nach Prey Mon ab. Auf dem 22 km langen Weg geht's an einigen Dörfern vorbei, die für ihre Seidenwebkunst bekannt sind. Das Sam Veasna Center (siehe S. 162) organisiert Vogelbeobachtungstouren hierher (bei einer vier- bis sechsköpfigen Gruppe 75 US$ pro Person) und bietet so eine einfache Möglichkeit, diese Gegend zu erkunden. Darüber hinaus hat das Unternehmen spezielle Ausflüge in den Nordwesten im Programm, die es in Zusammenarbeit mit der **Wildlife Conservation Society** (www.wcs.org) durchführt (s. S. 302).

SCHWIMMENDES DORF CHONG KNEAS

ភូមិបណ្តែតចុងឃ្នាស

Chong Kneas ist ein äußerst beliebtes Ziel für Besucher, die eine Pause von den Tempeltouren einlegen möchten. Man kann den Ausflug auch leicht auf eigene Faust unternehmen, wobei man dafür etwas tiefer in die Tasche greifen muss. Noch idyllischer geht's in den weiter abseits gelegenen Tonlé-Sap-Dörfern zu. Traveller, die per Boot aus Phnom Penh oder Battambang anreisen, sammeln während der Fahrt bereits erste Eindrücke, schließlich liegt Chong Kneas in der Nähe von Phnom Krom, wo sich die Anlegestelle befindet. Im warmen Licht der morgendlichen oder abendlichen Sonne wirkt die Umgebung besonders malerisch. Den Sonnenuntergang kann man außerdem vom Phnom-Krom-Bergtempel (S. 202) aus genießen. Als kleiner Nachteil gelten allerdings die vielen Touristengruppen, weil man deshalb oft im Konvoi durch die Kanäle gleiten muss.

Lohnenswert ist auch ein Besuch des **Gecko Centre** (www.tsbr-ed.org; 🕓 8.30–17.30 Uhr). Dieses Informationszentrum im schwimmenden Dorf erforscht die Geheimnisse des Tonlé-Sap-Sees. Hier erfährt man mehr über die Flora und Fauna sowie die Gemeinden in der Umgebung.

Chong Kneas bewegt sich mit den Jahreszeiten und man benötigt ein Boot, um es ausführlich zu erkunden. Bei der Sou-Ching-Kooperative bekommt man eines für einen Festpreis von 11 US$ pro Person; außerdem muss man eine Eintrittsgebühr von 2 US$ für den Besuch zahlen.

Momentan ist **Tara Boat** (☎ 092-957765; www.taraboat.com) der beste Anbieter, da es All-inclusive-Trips samt Mittagessen auf einem umgebauten Frachtschiff im Programm hat. Transfers, Eintrittsgebühren, Bootsfahrten vor Ort, ein Tourguide und ein zweigängiges Menü sind im Preis enthalten (27 US$ für ein Mittagessen, 33 US$ für ein Abendessen bei Sonnenuntergang).

Die *moto*-Fahrt von Siem Reap nach Chong Kneas kostet 2 US$; soll der Fahrer warten, wird es etwas teurer. Für ein Taxi muss man etwa 15 US$ einplanen. Die Fahrt dauert 20 Minuten. Alternativ leiht man sich ein Fahrrad und radelt hierher: Die 11 km lange Strecke führt durch hübsche Dörfer und Reisfelder und ist leicht zu bewältigen.

ÜBERSCHWEMMTER WALD VON KOMPONG PLUK

ព្រៃលិចទឹកកំពង់ភ្លុក

Noch eindrucksvoller als Chong Kneas, allerdings auch schwieriger zu erreichen, ist das auf schwindelerregenden Stelzen gebaute Dorf **Kompong Pluk** (Eintritt 2 US$). Dieser Ort scheint aus einer anderen Welt zu stammen und liegt in der Nähe eines Waldes, der jedes Jahr überschwemmt wird, wenn der Wasserspiegel des Sees durch den Mekong-Zufluss ansteigt. Sinkt er wieder, treten versteinerte Bäume zum Vorschein. Auf besonders atmosphärische Weise lässt sich das Gebiet per Holzeinbaum in der Regenzeit erkunden. Fast alle Häuser des hübschen Dorfs thronen auf etwa 6 bis 7 m hohen Stelzen: Sie sehen fast aus wie Bambus-Wolkenkratzer und scheinen einem Filmset entsprungen zu sein.

Nach Kompong Pluk führen zwei Wege. Entweder kommt man von Chong Kneas aus per Boot (1¼ Std.) hierher (Hin- & Rückweg 55 US$) oder entscheidet sich für die Route über den kleinen Ort Roluos, die teilweise über Land (5 US$ mit dem *moto*) und teilweise über Wasser (8 US$) führt. Eine bei jedem Wetter befahrbare Zugangsstraße wird gerade gebaut; bis zu ihrer Fertigstellung soll es nicht mehr lange dauern. Eventuell muss man für ihre Nutzung Gebühren zahlen, wenn man Kompong Pluk besuchen möchte. Die kombinierte Land-/Seewegroute nimmt bis zu zwei Stunden in Anspruch, denn je nach Jahreszeit ist man eher auf der Straße, manchmal eher auf dem Wasser unterwegs. Tara Boat (siehe S. 163) bietet Tagesausflüge für 60 US$ pro Person an.

KOMPONG KHLEANG

កំពង់ឃ្លាំង

Kompong Khleang ist einer der größten Orte am Tonlé Sap und kann schon fast als Stadt bezeichnet werden. Hier stehen mehrere kunstvoll verzierte Pagoden. Wie in Kompong Pluk wurden die meisten Häuser auf hohen Stelzen errichtet, um für den stark schwankenden Wasserspiegel gerüstet zu sein. Im Vergleich zu den näher an Siem Reap liegenden schwimmenden Dörfern kommen nur wenige Touristen hierher, was den Ort zu einem noch attraktiveren Ausflugsziel macht. In den Häusern leben zwar nicht viele Menschen, dennoch kann man in der Stelzenstadt tolle ein- bis zweistündige Erkundungstouren unternehmen. Für eine zweistündige Bootsfahrt durch den Ort und hinaus auf den See zahlt man ungefähr 20 US$. Von Siem Reap aus kommt man dank der bei jedem Wetter befahrbaren Straße über das Dorf Dam Dek problemlos hierher. Alternativ reist man per Boot über Chong Kneas an, allerdings benötigt man dann etwa drei Stunden.

ME CHREY

មេជ្រៃ

Dieses schwimmende Dorf auf halber Strecke zwischen Siem Reap und Prek Toal wurde erst relativ spät „entdeckt". Es gehört zu den kleineren Orten der Gegend, ist dafür aber auch sehr viel weniger touristisch als das geschäftige Chong Kneas. Wegen Unstimmigkeiten zwischen Reiseagenturen und Sou Ching über die Eintrittsgebühren von Chong Kneas bieten einige der gehobenen Veranstalter nun Ausflüge nach Me Chrey (Eintritt 1 US$) an. Wie Chong Kneas bewegt sich auch dieses Dorf mit dem Wasserspiegel. Während der Regenzeit ist es hier besonders hübsch, denn dann sammeln sich die Häuser um eine Pagodeninsel. Me Chrey erstreckt sich 25 km von Siem Reap südlich des Puok-Distrikts. Nachdem man die Rückfahrt auf dem Landweg organisiert hat, kann man die Gegend per Boot erkunden (13 US$ für maximal zehn Pers.).

Die Tempel von Angkor

Willkommen im Himmel auf Erden. Angkor ist die weltliche Verkörperung des Bergs Meru – hinduistischer Olymp und Wohnsitz der alten Götter – sowie die perfekte Verschmelzung von kreativem Ehrgeiz und spiritueller Hingabe. Alle kambodschanischen Gottkönige haben danach gestrebt, ihre Vorgänger in der Größe, Höhe und Symmetrie ihrer Tempel zu übertreffen. Heraus kam eines der gewaltigsten religiösen Bauwerke der Welt, Angkor Wat. Die zahlreichen Stätten, die heute noch zu sehen sind, gelten lediglich als heiliges Skelett des riesigen politischen, religiösen und sozialen Zentrums des alten kambodschanischen Khmer-Reichs, einer Metropole, die in ihrer Blütezeit eine Million Einwohner hatte. Zum Vergleich: London war damals ein Städtchen mit gerade mal 50 000 Bewohnern. Das Recht, in Gebäuden aus Stein oder Ziegeln zu wohnen, war Göttern vorbehalten, und so bestanden die Wohnhäuser, öffentlichen Gebäude und Paläste von Angkor aus mittlerweile längst verfallenem Holz.

Für indische Hindus repräsentiert der Himalaja den Berg Meru, also den Wohnsitz der Götter, während diese Position für die Khmer-Könige der Phnom Kulen einnahm.

Angkor ist das Herz und die Seele Kambodschas und seine Tempel sind Quelle der Inspiration sowie des Nationalstolzes für alle Khmer, die ihre Leben nach Jahren des Terrors mühsam wieder ins Lot bringen. Heute stellen diese heiligen Bauten ein Pilgerziel für alle Kambodschaner dar. Zudem wird sich kein Kambodscha-Traveller ihre außergewöhnliche Schönheit entgehen lassen wollen, denn diese bedeutende antike Stätte verbindet die gewaltige Große der Chinesischen Mauer und den Detailreichtum bzw. die Komplexität des Taj Mahal mit dem Symbolismus und der Symmetrie der ägyptischen Pyramiden.

Jahrhundertelang waren die prächtigen Tempel dem Dschungel überlassen. Sie liegen inmitten des ältesten Nationalparks der Region unter hoch aufragenden Bäumen und ihr Mangel an moderner Infrastruktur wirkt äußerst erfrischend. Angesichts der Fülle der sakralen Bauwerke ist es sogar möglich, hier eine geruhsame Pilgertour abseits der Menschenmengen zu planen, die zu bestimmten Zeiten und an manchen Tempeln schier unerträglich sein können. Manche Besucher gehen davon aus, dass sie in ein oder zwei Tagen alle Gebäude gesehen haben, doch sie entdecken schnell die unglaubliche Vielfalt der Architektur, die sich von einem Gottkönig zum nächsten dramatisch ändert. An diesem Ort bestaunt man den Bayon, eines der bizarrsten Bauwerke der Welt, fühlt die Erregung der ersten europäischen Entdecker in Ta Prohm, wo die Natur verrückt spielt, oder folgt wie einstige

ERLEBNISSE IN ANGKOR

- Den Sonnenaufgang über dem Angkor Wat (S. 180) beobachten, dem heiligsten aller Heiligtümer und größten religiösen Bauwerk der Welt.
- Die Abgeklärtheit und Pracht des Bayon (S. 186) bewundern, dessen 216 rätselhafte Gesichter hinaus in den Dschungel schauen.
- Erleben, wie sich die Natur der mysteriösen Ruinen von Ta Prohm (S. 195), des Tempels aus Tomb Raider, bemächtigt.
- Ehrfürchtig die kunstvollen Schnitzereien von Banteay Srei (S. 203) betrachten – es sind die schönsten in ganz Angkor.
- Tief in den Dschungel nach Kbal Spean (S. 204) wandern und den „Fluss der Tausend Lingas" erforschen.

Pilger dem heiligen „Fluss der Tausend Lingas". Die größte Herausforderung bei einem Besuch ist es, sich zu entscheiden, was man sehen will. Wenn einige der heiligen Stätten „zweiten Ranges" irgendwo anders in der Region stehen würden, wären sie Topziele. Nur einen Tag in Angkor zu verbringen ist geradezu ein Sakrileg, denn nirgendwo sonst auf der Welt gibt es eine so große Konzentration architektonischen Reichtums!

GESCHICHTE

Frühe Jahre

Mehr zur präangkorianischen Periode steht im Kapitel Geschichte (S. 27). Die Angkor-Ära dauert von 802 bis 1432 und umfasst damit mehr als 600 Jahre. In diese einzigartige historische Zeit fielen der Bau der Tempel von Angkor und die Konsolidierung des Khmer-Reichs als einer der größten Mächte Südostasiens, Phasen des Niedergangs und des Aufschwungs sowie Kriege mit rivalisierenden Mächten in Vietnam, Thailand und Myanmar. Der folgende kurze Überblick beschränkt sich auf die Jahre, in denen Angkors Tempel entstanden sind.

Alles begann mit der Herrschaft von Jayavarman II. (reg. 802–50), der als Erster die rivalisierenden kambodschanischen Königreiche vereinte. Sein Hof befand sich an verschiedenen Orten, u. a. in Phnom Kulen (S. 205) 40 km östlich von Angkor Wat und in Roluos (S. 201, damals als Hariharalaya bekannt) 13 km östlich von Siem Reap.

Jayavarman ernannte sich selbst zum *devaraja* (Gottkönig), dem irdischen Vertreter des Hindugottes Shiva, und baute in Phnom Kulen einen „Tempelberg". Dieser repräsentierte Shivas Wohnsitz, den Berg Meru, also die heilige Stätte im Zentrum des Universums. Damit schuf der Herrscher einen Präzedenzfall, der zum beherrschenden Merkmal der Angkor-Periode wurde und zur überwältigenden architektonischen Produktivität der damaligen Khmer führte.

Jayavarman II. verbrachte seine prägenden Jahre auf der Insel Java am Hof des Königreichs Shailendra. Möglicherweise wurde er dort vom hinduistischen Tempelkomplex Prambanan und der großartigen buddhistischen Tempelanlage von Borobudur inspiriert.

Indravarman I. (reg. 877–89) war vermutlich ein Thronräuber, der den Titel des *devaraja* wahrscheinlich durch Eroberung erwarb. Er baute einen 6,5 km² großen *baray* (Wasserspeicher) und gründete Preah Ko (S. 201). Der *baray* war die erste Stufe eines Bewässerungssystems, das zu einer „hydraulischen Stadt" führte. Auf diese Weise nutzten die Khmer den Kreislauf der Natur, um ihr Land zu bewässern. Wie so oft bildeten auch hier Form und Funktion eine harmonische Einheit. Darüber hinaus hatte der *baray* religiöse Bedeutung, denn der Legende zufolge ist der Berg Meru von Seen umgeben. Indravarmans letztes Werk war Bakong (S. 202), eine Darstellung des Bergs Meru in Form einer Pyramide.

Sein Sohn Yasovarman I. (reg. 889–910) war so weitsichtig, sich einen eigenen Tempelberg zu errichten, wo sein Ruhm gepriesen werden sollte. Zunächst ließ er Lolei (S. 202) auf einer künstlichen Insel in dem *baray* bauen, den sein Vater geschaffen hatte. Erst danach warf er ein Auge auf den Phnom Bakheng (S. 192), ein beliebter Ort, um den Sonnenuntergang über Angkor Wat zu betrachten. Um diesen Hügel mit dem 16 km südöstlich gelegenen Roluos zu verbinden, wurde eine erhöhte Straße gebaut. Zudem legte man östlich des Phnom Bakheng einen großen *baray* an. Dieser inzwischen völlig versandete Wasserrspeicher wird heute Östlicher Baray (S. 200) genannt. Die Tempelberge Phnom Krom (S. 202) und Phnom Bok (S. 203) wurden ebenfalls von Yasovarman I. in Auftrag gegeben.

Nach seinem Tod verlagerte ein anderer Thronräuber, Jayavarman IV. (reg. 924–42), das Machtzentrum vorübergehend von der Angkor-Region ins etwa 80 km nordöstlich gelegene Koh Ker (S. 298). Unter Rajendravarman II. (reg. 944–68), der den Östlichen Mebon (S. 200) und Pre Rup (S. 200) errichtete, befand es sich dann aber wieder in Angkor. Während der Regie-

TOP TEN: KÖNIGE VON ANGKOR

Eine schier endlose Zahl von Königen regierte das Khmer-Reich vom 9. bis zum 14. Jh. Ihre Namen enthalten stets das Wort *„varman"*, das „Brustpanzer" oder „beschützt durch" bedeutet. Die wichtigsten Herrscher sind:

Jayavarman II. (reg. 802–50) Gründer des Khmer-Reichs im Jahr 802.

Indravarman I. (reg. 877–89) Erbauer des ersten *baray* (Wasserreservoir), des Preah Ko (S. 201) und des Bakong (S. 202).

Yasovarman I. (reg. 889–910) Verlegte die Hauptstadt nach Angkor und erbaute Lolei (S. 202) sowie Phnom Bakheng (S. 192).

Jayavarman IV. (reg. 924–42) Eroberte den Thron und verlegte die Hauptstadt nach Koh Ker (S. 298).

Rajendravarman II. (reg. 944–68) Erbauer des Östlichen Mebon (S. 200), des Pre Rup (S. 200) und des Phimeanakas (S. 190).

Jayavarman V. (reg. 968–1001) Leitete den Bau des Ta Keo (S. 194) und des Banteay Srei (S. 203).

Suryavarman I. (reg. 1002–49) Erweiterte das Reich um große Teile von Laos und Thailand.

Udayadityavarman II. (reg. 1049–65) Erbauer des Pyramidentempels Baphuon (S. 189) und des Westlichen Mebon (S. 201).

Suryavarman II. (reg. 1112–52) Legendärer Bauherr von Angkor Wat (S. 180) und Beng Mealea (S. 206).

Jayavarman VII. (reg. 1181–1219) Der mächtigste Gottkönig erbaute Angkor Thom (S. 185), den Preah Khan (S. 198) und den Ta Prohm (S. 195).

rungszeit seines Sohnes Jayavarman V. (reg. 968–1001) entstanden die Tempel Ta Keo (S. 194) und Banteay Srei (S. 203). Letzterer wurde jedoch nicht vom König, sondern von einem Brahmanen gebaut.

Die klassische Periode

Die beliebtesten Tempel in Angkor, Angkor Wat sowie Angkor Thom und Umgebung stammen aus der sogenannten klassischen Periode, was bei vielen Bilder eines Goldenen Zeitalters des Überflusses hervorruft. Doch obwohl diese Zeit durchaus von Phasen einer bemerkenswerten Produktivität geprägt war, gab es andererseits auch Unruhen, Eroberungen und Rückschläge. So existiert die große Stadt Angkor Thom nur deshalb, weil Angkor, das sich an der gleichen Stelle befand, während der Invasion der Cham von 1177 zerstört wurde.

Viele bedeutende Orte in der Mekong-Region waren im 11. und 12. Jh. wichtige Siedlungen der Khmer, darunter die laotische Hauptstadt Vientiane und die thailändische Stadt Lopburi.

Suryavarman I. (reg. 1002–49), ein Thronräuber, gelangte durch strategische Bündnisse und militärische Eroberungen an die Macht. Er übernahm zwar den hinduistischen Kult des Gottkönigs, aber vermutlich kam er aus der Tradition des Mahayana-Buddhismus. Es ist sogar möglich, dass er den Buddhismus in Kambodscha gefördert hat. Buddhistische Skulpturen wurden jedenfalls während seiner Regierungszeit in der Angkor-Region immer weiter verbreitet. Ansonsten hinterließ er hier nur wenige Zeugnisse, wobei Angkor aufgrund seiner militärischen Erfolge die Kontrolle über große Teile Südthailands und des südlichen Laos übernahm. Suryavarmans Sohn Udayadityavarman II. (reg. 1049–65) führte weitere Feldzüge an und erweiterte das Reich noch mehr. Außerdem ließ er Baphuon (S. 189) und den Westlichen Mebon (S. 201) bauen.

Suryavarman II. hatte Angkor Wat vermutlich als Begräbnistempel oder Mausoleum geplant, doch er wurde hier niemals begraben. Man vermutet, dass er auf dem Rückweg von einem gescheiterten Feldzug gegen die Dai Viet (Vietnamesen) starb.

Von 1066 bis zum Ende des Jahrhunderts wurde Angkor wieder einmal gespalten, da rivalisierende Fraktionen um den Thron kämpften. Der erste bedeutende Herrscher dieser neuen Ära war Suryavarman II. (reg. 1112–52), der Kambodscha vereinte und den Einfluss der Khmer bis ins heutige Malaysia und nach Birma (Myanmar) ausweitete. Durch seine Verehrung der Hindugottheit Vishnu hob er sich auch religiös von allen vorhergehenden Königen ab. Den größten und wohl prächtigsten aller Tempel von Angkor, Angkor Wat (S. 180), widmete er Vishnu.

Als die Cham 1177 in Angkor einfielen, waren die Khmer völlig unvorbereitet, denn die Gegner griffen vom Wasser und nicht über die traditionellen Landwege an.

Die Regierungszeit von Suryavarman II. und der Bau von Angkor Wat waren ein Meilenstein der Khmer-Zivilisation. Doch hinter den Kulissen gab es schon erste Anzeichen des Niedergangs. Man nimmt an, dass das Bewässerungssystem der Reservoire und Kanäle zu dieser Zeit überlastet wurde und sie allmählich zu versanden begann, hinzu kamen Überbevölkerung und Abholzung. Auch der Bau von Angkor Wat strapazierte die vorhandenen Ressourcen, und darüber hinaus führte Suryavarman II. einen verhängnisvollen Kriegszug gegen Dai Viet (Vietnam), bei dem er selbst ums Leben kam.

Im Jahr 1177 erhoben sich die Cham des damaligen Königreichs Champa (heute Südvietnam), das lange Zeit vom Khmer-Reich annektiert worden war, und brandschatzten Angkor. Sie plünderten die hölzerne Stadt und brannten sie gnadenlos nieder. Jayavarman VII. (reg. 1181–1219) nahm vier Jahre später Rache, indem er die Cham vertrieb und das verlorene Gebiet zurückeroberte.

Die Regierungszeit von Jayavarman VII. gibt der Wissenschaft viele Rätsel auf. Sie stellt eine radikale Abkehr von der Herrschaft seiner Vorgänger dar. Jahrhundertelang war der Hindugott Shiva (gelegentlich auch Vishnu) Ursprung der königlichen Gottheit. Jayavarman VII. hingegen nahm den Mahayana-Buddhismus an und wählte Avalokiteshvara, den Bodhisattva des Mitleids, zu seiner Schutzgottheit. Damit könnte er zu einer Religion konvertiert sein, die sich unter seinen Untertanen bereits weiter Verbreitung erfreute. Möglicherweise war aber auch die Zerstörung von Angkor ein derartiger Schlag für die königliche Göttlichkeit, dass eine neue religiöse Grundlage für notwendig erachtet wurde.

In The King's Last Song von Geoff Ryman sind die Geschichte von Jayavarman VII. und ein modernes Drama miteinander verwoben, eine Entführung und die Roten Khmer inklusive.

Während seiner Regierungszeit nahm Jayavarman VII. ein schwindelerregendes Spektrum von Tempelprojekten in Angriff, in deren Zentrum Baphuon (S. 189) stand, der Bereich der Hauptstadt, der von den Cham zerstört worden war. Die neue Stadt Angkor Thom (S. 185) war von Mauern und einem Wassergraben umgeben, einem weiteren Bestandteil des komplexen Bewässerungssystems. Das Zentrum von Angkor Thom bildete der Bayon (S. 186), der mit Gesichtern dekorierte Tempelberg, heute neben Angkor Wat der berühmteste kambodschanische Tempel. Andere während seiner Herrschaft gebaute sakrale Bauwerke sind u. a. Ta Prohm (S. 195), Banteay Kdei (S. 196) und Preah Khan (S. 198). Außerdem ließ Jayavarman weiter entfernt riesige Komplexe wie Banteay Chhmar (S. 288) und Preah Khan (S. 296) errichten und war damit von den vielen Königen Angkors der weitaus produktivste Bauherr.

Zudem begann er ein bedeutendes Programm öffentlicher Bauten und so entstanden in seinem gesamten Reich Straßen, Schulen sowie Krankenhäuser. Überall in Kambodscha kann man ihre Überreste sehen. Am berühmtesten ist die Spean-Praptos-Brücke bei Kompong Kdei 65 km südöstlich von Siem Reap am National Highway 6 (NH6), doch in den Wäldern an der alten Angkor-Straße zum großartigen Preah Khan verbergen sich noch zahlreiche weitere Bauten, darunter die inzwischen zugängliche Spean-Ta-Ong-Brücke etwa 28 km östlich von Beng Mealea in der Nähe des Khvau-Dorfs.

Nach dem Tod von Jayavarman VII. um 1219 setzte der Niedergang des Khmer-Reichs ein. Der Hinduismus wurde für mehr als ein Jahrhundert wieder Staatsreligion, und Ausbrüche von Bilderstürmerei führten zur Zerstörung oder Veränderung buddhistischer Skulpturen. 1351 und 1431 plünderten die Thailänder Angkor. Nun zog der Hof der Khmer nach Phnom Penh und kehrte im 16. Jh. vorübergehend nach Angkor zurück, das inzwischen verlassen und von Pilgern, Heiligen sowie der Natur in Besitz genommen worden war.

Angkors Wiederentdeckung

Die französische „Entdeckung" von Angkor in den 1860er-Jahren sorgte international für Wirbel und weckte im Ausland großes Interesse an Kambodscha. Doch der Begriff „Entdeckung" trifft eigentlich nicht zu. Als der französische Forscher Henri Mouhot auf Angkor Wat stieß, gab es hier nämlich bereits ein wohlhabendes Kloster mit Mönchen und Sklaven. Außerdem waren schon im 16. Jh. portugiesische Reisende nach Angkor gekommen und hatten es „Ummauerte Stadt" genannt. Diego do Couto erstellte 1614 eine akkurate Beschreibung von Angkor, die jedoch erst 1958 veröffentlicht wurde.

Die glorreiche siamesische Hauptstadt Ayutthaya, die ihr goldenes Zeitalter vom 14. bis zum 18. Jh. erlebte, war in vielerlei Hinsicht eine Wiederherstellung der Pracht von Angkor, von dem thailändische Eroberer inspiriert wurden.

Tatsächlich wurde Angkor erst nach Erscheinen des Buches *Siam et dans le Cambodge* von Mouhot, das nach seinem Tod im Jahr 1868 auf den Markt kam, in der Öffentlichkeit wahrgenommen. In den 1870er-Jahren feierte man Mouhot, der diesen Anspruch selbst nie erhoben hatte, als Entdecker der vergessenen Tempelstadt. Ein französischer Missionar namens Charles-Emile Bouillevaux hatte Angkor schon zehn Jahre vor Mouhot besucht und eine Zusammenfassung seiner Funde veröffentlicht. Der Bericht von Bouillevaux wurde jedoch schlichtweg ignoriert. Erst Mouhots detaillierte Beschreibungen und faszinierende Federzeichnungen der Tempel ließ die Ruinen zu einer internationalen Manie werden.

Henri Mouhots „Entdeckungsreise" nach Angkor wurde von der Royal Geographic Society in London finanziert, denn er war zwar gebürtiger Franzose, aber mit einer Engländerin verheiratet.

Von diesem Zeitpunkt an war Angkor das Ziel von Expeditionen, die von Frankreich ausgerüstet wurden. 1901 begann mit der Finanzierung einer Expedition zum Bayon die langjährige Partnerschaft der **École Française d'Extrême-Orient** (EFEO; www.efeo.fr) mit der Tempelstadt. 1907 erhielt Kambodscha Angkor zurück, nachdem dieses fast 150 Jahre unter thailändischer Kontrolle gestanden hatte. Die EFEO übernahm die Verantwortung für die Freilegung und Restaurierung der gesamten Stätte. Im selben Jahr trafen die ersten Touristen ein – ganze 200 Besucher innerhalb von drei Monaten, das gab es hier noch nie! Angkor war dem Dschungel „entrissen" worden und nahm allmählich seinen gebührenden Platz in der modernen Welt ein.

RESTAURIERUNG

Mit Ausnahme von Angkor Wat, das im 16. Jh. von den königlichen Khmer restauriert worden war, um als buddhistisches Heiligtum zu dienen, blieben die Tempel viele Jahrhunderte lang dem Dschungel überlassen. Die meisten sind aus Sandstein gebaut, der leicht verwittert, wenn er lange Zeit hoher Feuchtigkeit ausgesetzt ist. Fledermausexkremente forderten ebenso ihren Zoll wie gelegentliche Diebstähle von Skulpturen und Steinen. An manchen Gebäuden wie Ta Prohm hatte der Dschungel enorm zu wuchern begonnen, und die Entfernung der Pflanzen barg ein hohes Risiko für die Bauwerke, weil diese inzwischen vom Wurzelgeflecht gestützt wurden.

Ein japanischer Pilger zeichnete im 17. Jh. einen detaillierten Plan von Angkor Wat, dachte allerdings fälschlicherweise, er habe die Tempelanlage in Indien gesehen.

Die ersten Versuche unter der Federführung der EFEO, Angkor von den Pflanzen zu befreien, waren durch technische Schwierigkeiten und theoretische Diskussionen belastet: Zum einen begann der Dschungel sofort wieder zu wuchern, wo er eben beseitigt worden war, zum anderen stritten Wissenschaftler darüber, in welchem Ausmaß die Tempel restauriert werden sollten und ob spätere Ergänzungen wie Buddhabilder aus hinduistischen Tempeln entfernt werden sollten.

Erst in den 1920er-Jahren fand man eine Lösung: die sogenannte Anastilosis. Mit dieser Methode hatten die Holländer bereits Borobudur auf Java restauriert. Vereinfacht gesagt wurden nach dieser Methode Baudenkmäler unter Nutzung der Originalmaterialien bearbeitet, die ursprüngliche Form und Struktur blieb erhalten. Neue Materialien waren nur erlaubt, wenn die ursprünglichen nicht mehr aufzutreiben waren, und sie sollten möglichst unauffällig verwendet werden. Ein Beispiel dieser Methode ist der Damm,

1887 reiste der Architekt Lucien Fournereau nach Angkor, wo er Pläne anfertigte und akribische Querschnitte erstellte. Bis in die 1960er-Jahre waren keine besseren zu bekommen.

ANGKOR-FÜHRER

Im Laufe der Jahre wurden zahlreiche Bücher über Angkor geschrieben und nach wie vor erscheinen neue Titel – daran lässt sich Angkors Renaissance als kultureller Hotspot der Welt ablesen. Dies sind einige der besten Führer:

- *Guide to the Angkor Monuments* (Maurice Glaize) – Der ultimative Reiseführer für Angkor, kostenlos zum Herunterladen unter www.theangkorguide.com.
- *Passage Through Angkor* (Mark Standen) – Eine der besten fotografischen Wiedergaben der Tempel von Angkor.
- *Pilgrimage to Angkor* (Pierre Loti) – Gehört zu den schönsten Büchern über Angkor und basiert auf der Reise des Autors im Jahr 1910.
- *Ancient Angkor* (Claudes Jacques) – Der wunderbare Führer wurde von einem der renommiertesten Angkor-Wissenschaftler verfasst und enthält Fotos von Michael Freeman.
- *Angkor* (Claudes Jacques) – Auch dieser auf Deutsch übersetzte Prachtband wurde von Claudes Jacques verfasst. Die Fotos stammen von Suzanne Held.
- *Angkor: an Introduction to the Temples* (Dawn Rooney) – Das beliebteste zeitgenössische Werk.
- *Angkor: Millennium of Glory* (verschiedene Autoren) – Eine faszinierende Einführung in Geschichte, Kultur, Skulpturen und Religion der Angkor-Periode.
- *Angkor – Heart of an Asian Empire* (Bruno Dagens) – Die Geschichte von Angkors „Entdeckung" mit großzügigen Illustrationen.
- *Die Schätze von Angkor* (Marilia Albanese) – Wunderschön bebilderter Band über die wichtigsten Tempel und inklusive Tourenvorschlägen.
- *Khmer Heritage in the Old Siamese Provinces of Cambodia* (Etienne Aymonier) – 1901 reiste Aymonier durch Kambodscha und besuchte viele der wichtigsten Tempel.
- *The Customs of Cambodia* (Chou Ta-Kuan) – Der einzige Augenzeugenbericht aus Angkor stammt von einem chinesischen Abgesandten, der im späten 13. Jh. zwölf Monate in der Hauptstadt der Khmer verbrachte.

der zum Eingang von Angkor Wat führt: Seine rechte Seite wurde von den Franzosen originalgetreu wiedererrichtet.

Die erste größere Restaurierung fand 1930 am Banteay Srei statt. Sie wurde ein derartiger Erfolg, dass zahlreiche ausgedehnte Projekte an anderen Stellen rund um Angkor in Angriff genommen wurden. Als Höhepunkt wird die Restaurierung von Angkor Wat in den 1960er-Jahren gesehen. Zu diesem Zweck schaffte man große Kräne und Maschinen für den Tiefbau sowie eine umfassende Ausrüstung zur Vermessung heran.

Zwischen 1970 und 1973 verlief die Frontlinie zwischen den Kämpfern Lon Nols und der Roten Khmer bzw. nordvietnamesischen Soldaten zwischen Siem Reap und Angkor Wat. Archäologen durften die feindlichen Linien in beide Richtungen überqueren, um ihre Restaurierungsarbeiten an den Tempeln fortzusetzen.

Der Sieg der Roten Khmer und das Abgleiten Kambodschas in einen ausweglos erscheinenden Bürgerkrieg fügten Angkor deutlich weniger Schaden zu, als viele vermuteten, denn Teams der EFEO und des Kulturministeriums hatten vorsichtshalber viele Statuen aus den Tempeln entfernt. Nichtsdestotrotz führte der Aufruhr zu einer langen Unterbrechung der Restaurierungsarbeiten und gab dem Dschungel Gelegenheit, erneut zu wachsen. Der illegale Handel mit Kunstwerken war ebenfalls eine große Bedrohung. Neuerdings sind die abgelegeneren Stätten Ziele von Plünderern. Seit 1992 gehört Angkor zum Welterbe der Unesco und so halten die nationalen bzw. internationalen Bemühungen an, alle Denkmäler zu bewahren und zu restaurieren. 2003 wurde Angkor schließlich von der Liste der gefährdeten Welterbestätten gestrichen – ein Zeichen wirklichen Fortschritts.

Viele Geheimnisse dieses Gebiets sind noch immer unentdeckt, denn bisher haben sich fast alle Arbeiten auf die Restaurierung über der Erde konzentriert – dabei liegt die wahre Geschichte Angkors und seiner Bewohner unter der Erde. Die Inschriften auf den Tempeln ergeben nämlich nur ein unvollständiges Bild der Götter, denen die Bauwerke geweiht waren, und der Könige, die sie gebaut haben.

ARCHITEKTUR

Beginnend mit den frühesten Bauwerken in Roluos entwickelte sich die Khmer-Architektur beständig von der Herrschaft eines Königs zur nächsten. Archäologen gliedern die Denkmäler von Angkor daher in neun unterschiedliche Perioden, die jeweils nach dem führenden Beispiel des Stils jeder Periode benannt sind.

Mehr über die Aktivitäten der Unesco in Angkor sowie die zahlreichen Welterbestätten erfährt man unter http://whc.unesco.org und www.unesco.de/welterbe.

Die Khmer-Architektur entwickelte sich auf der Grundlage eines zentralen Themas: in diesem Fall des Tempelbergs, der vorzugsweise auf einem richtigen Hügel entstand. Wenn keiner da war, legte man eben einen künstlichen an. Im Prinzip wurde der Berg durch einen Turm auf einer gestaffelten Grundlage dargestellt. Ganz oben befand sich das zentrale Heiligtum, gewöhnlich mit einer offenen Tür nach Osten und drei falschen Türen nach Norden, Süden und Westen.

Mit der Bakheng-Periode schmückte man dieses Design aus. Die Spitze des Hauptturms wurde mit fünf „Gipfeln" gekrönt – einem in der Mitte und vier in den Himmelsrichtungen. Selbst Angkor Wat weist diese Form auf, allerdings in einem grandiosen Maßstab. Andere Merkmale, die sich steigender Beliebtheit erfreuten, waren ein Eingangsturm sowie ein Damm, der mit Balustraden aus *nagas* (mythologischen Schlangenwesen) gesäumt war und hinauf zum Tempel führte.

Die in vielen Tempeln zu sehende siebenköpfige *naga* symbolisiert den Regenbogen, genauer gesagt die Brücke zwischen Himmel und Erde.

Als die Tempel selbst immer ambitionierter wurden, nahm die Bedeutung des Hauptturms ab, auch wenn er weiterhin im Zentrum des Bauwerks stand. An den Toren und Ecken der Mauern wurden kleinere Türme gebaut, deren Gesamtzahl oft religiöse oder astrologische Bedeutung hatte.

Diese Verfeinerungen und Ergänzungen fanden ihren Höhepunkt schließlich in Angkor Wat, das quasi ein Modell für die Entwicklung der Angkor-Architektur ist. Die Bauform der Bayon-Periode bricht in sakralen Stätten wie Ta Prohm und Preah Khan mit dieser Tradition. Dort scheint die horizontale Anlage der Galerien, Korridore und Höfe den Hauptturm vollständig in den Hintergrund zu drängen.

1866 schoss der schottische Fotograf John Thomson die ersten Fotos von den Tempeln. Darüber hinaus äußerte er als erster Besucher aus dem Westen die Vermutung, diese Bauwerke seien symbolische Darstellungen des mythologischen Bergs Meru.

Weil die Architekten von Angkor es nie schafften, einen vollständigen Bogen zu entwickeln, sind die Korridore und Türöffnungen seltsam eng. Sie schufen lediglich Überwölbungen, indem sie Blöcke versetzt übereinanderlegten, bis diese sich an einem zentralen Punkt trafen. Diese Technik, als Kragbogen bekannt, kann nur sehr kurze Spannweiten überbrücken.

ORIENTIERUNG

Die erste wichtige Stätte nördlich von Siem Reap ist Angkor Wat. Dahinter folgt Angkor Thom. Im Osten und Westen dieser ummauerten Stadt liegen zwei gewaltige ehemalige Wasserspeicher (das östliche ist inzwischen komplett ausgetrocknet), die einst zur Ernährung der vielen Einwohner beitrugen. Weiter östlich befinden sich u. a. die Tempel Ta Prohm, Banteay Kdei und Pre Rup. Nördlich von Angkor stößt man auf Preah Khan und weit dahinter im Nordosten erheben sich Banteay Srei, Kbal Spean, Phnom Kulen und Beng Mealea. Im Südosten von Siem Reap steht die Tempelgruppe von Roluos aus der Frühzeit von Angkor.

Der Fluss Stung Siem Reap schlängelt sich von den Ausläufern des Phnom Kulens bis zum Tonlé-Sap-See und wurde so umgeleitet, dass er durch alle wichtigen Tempel sowie *barays* von Angkor strömt.

Karten

In einigen Hotels, Gästehäusern und Restaurants bekommt man kostenlose Karten von Angkor, darunter die *Siem Reap Angkor 3D Map*. Zu den de-

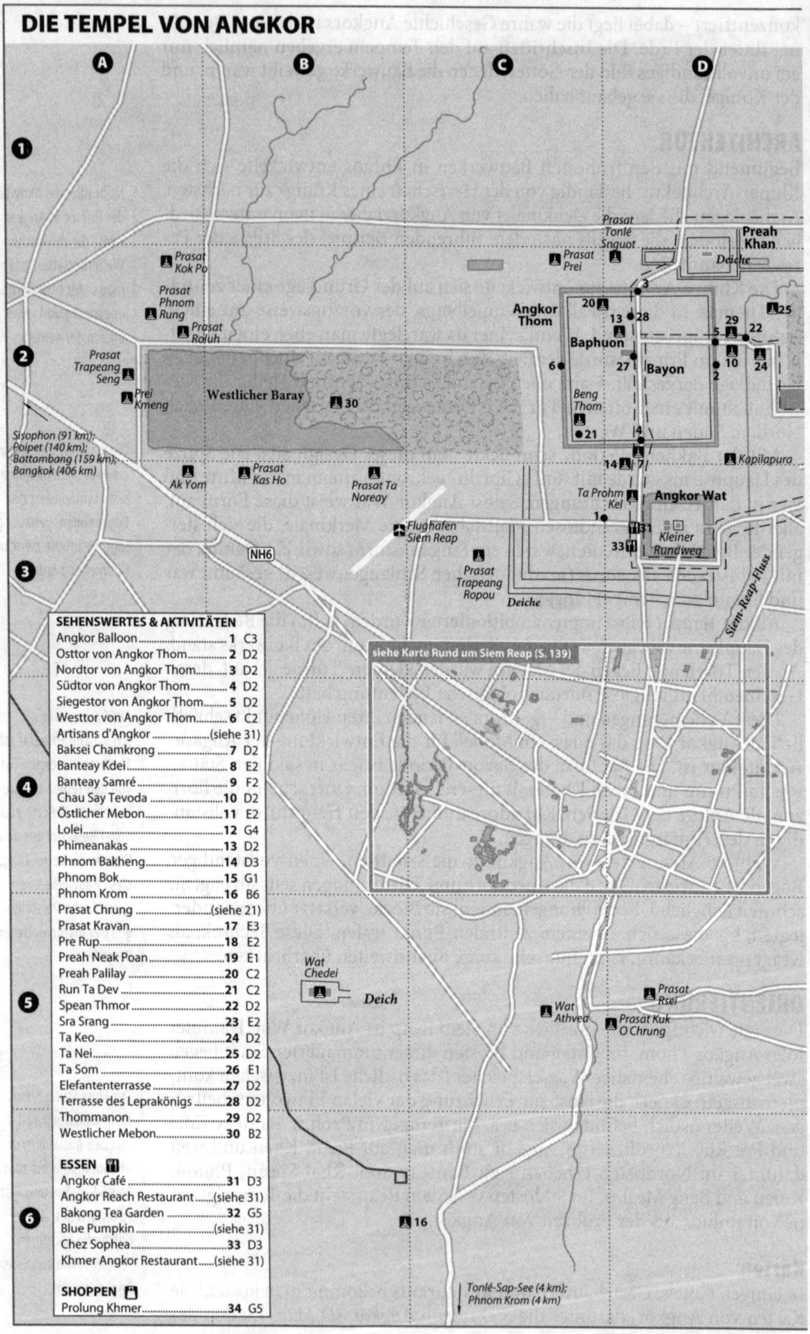
DIE TEMPEL VON ANGKOR
A
B
C
D
1
2
3
4
5
6
Prasat Kok Po
Prasat Phnom Rung
Prasat Roluh
Prasat Trapeang Seng
Prei Kmeng
Westlicher Baray
30
Sisophon (91 km); Poipet (140 km); Battambang (159 km); Bangkok (406 km)
Ak Yom
Prasat Kas Ho
Prasat Ta Noreay
Flughafen Siem Reap
NH6
Prasat Trapeang Ropou
Deiche
Prasat Tonlé Snguot
Prasat Prei
Preah Khan
Deiche
Angkor Thom
Baphuon
Bayon
Beng Thom
Kapilapura
Ta Prohm Kel
Angkor Wat
Kleiner Rundweg
Siem-Reap-Fluss
siehe Karte Rund um Siem Reap (S. 139)
Wat Chedei
Deich
Wat Athvea
Prasat Rsei
Prasat Kuk O Chrung
16
Tonlé-Sap-See (4 km); Phnom Krom (4 km)
SEHENSWERTES & AKTIVITÄTEN
Angkor Balloon 1 C3
Osttor von Angkor Thom 2 D2
Nordtor von Angkor Thom 3 D2
Südtor von Angkor Thom 4 D2
Siegestor von Angkor Thom 5 D2
Westtor von Angkor Thom 6 C2
Artisans d'Angkor (siehe 31)
Baksei Chamkrong 7 D2
Banteay Kdei 8 E2
Banteay Samré 9 F2
Chau Say Tevoda 10 D2
Östlicher Mebon 11 E2
Lolei 12 G4
Phimeanakas 13 D2
Phnom Bakheng 14 D3
Phnom Bok 15 G1
Phnom Krom 16 B6
Prasat Chrung (siehe 21)
Prasat Kravan 17 E3
Pre Rup 18 E2
Preah Neak Poan 19 E1
Preah Palilay 20 C2
Run Ta Dev 21 C2
Spean Thmor 22 D2
Sra Srang 23 E2
Ta Keo 24 D2
Ta Nei 25 D2
Ta Som 26 E1
Elefantenterrasse 27 D2
Terrasse des Leprakönigs 28 D2
Thommanon 29 D2
Westlicher Mebon 30 B2
ESSEN
Angkor Café 31 D3
Angkor Reach Restaurant (siehe 31)
Bakong Tea Garden 32 G5
Blue Pumpkin (siehe 31)
Chez Sophea 33 D3
Khmer Angkor Restaurant (siehe 31)
SHOPPEN
Prolung Khmer 34 G5

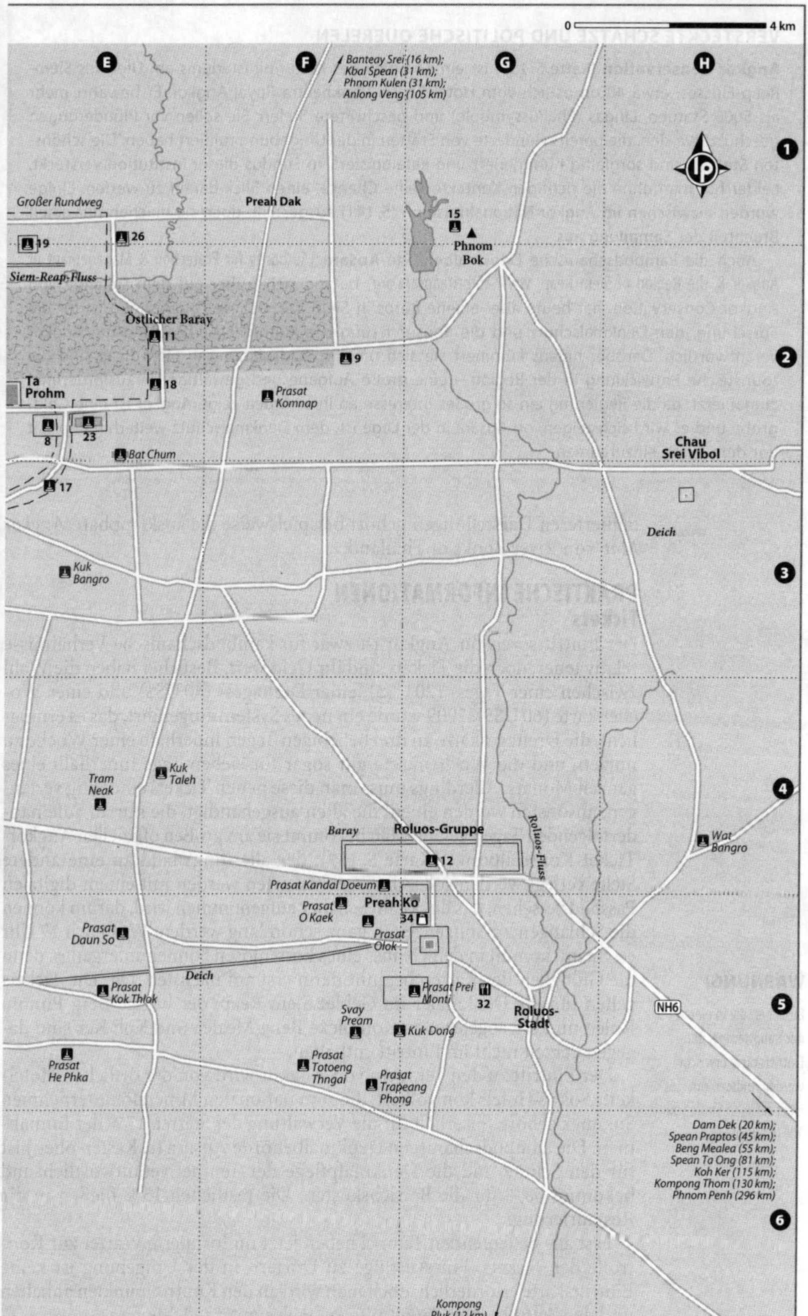
0 4 km
E
F
G
H
1
2
3
4
5
6
Banteay Srei (16 km);
Kbal Spean (31 km);
Phnom Kulen (31 km);
Anlong Veng (105 km)
Großer Rundweg
Preah Dak
15
Phnom Bok
19
26
Siem-Reap-Fluss
Östlicher Baray
11
9
18
Ta Prohm
Prasat Komnap
8
23
Bat Chum
17
Chau Srei Vibol
Deich
Kuk Bangro
Kuk Taleh
Tram Neak
Baray
Roluos-Gruppe
12
Roluos-Fluss
Wat Bangro
Prasat Kandal Doeum
Prasat O Kaek
Preah Ko
34
Prasat Olok
Prasat Daun So
Deich
Prasat Kok Thlok
Prasat Prei Monti
32
Roluos-Stadt
NH6
Svay Pream
Kuk Dong
Prasat He Phka
Prasat Totoeng Thngai
Prasat Trapeang Phong
Dam Dek (20 km);
Spean Praptos (45 km);
Beng Mealea (55 km);
Spean Ta Ong (81 km);
Koh Ker (115 km);
Kompong Thom (130 km);
Phnom Penh (296 km)
Kompong Pluk (12 km)

VERSTECKTE SCHÄTZE UND POLITISCHE QUERELEN

Angkor Conservation (Karte S. 139) ist ein Komplex des Kulturministeriums am Ufer des Siem-Reap-Flusses, etwa 400 m östlich vom Hotel Sofitel Phokheetra Royal Angkor. Er bewahrt mehr als 5000 Statuen, Lingas (Phallussymbole) und beschriftete Stelen: Sie sollen vor Plünderungen geschützt werden, die bereits Hunderte von Stätten in der Umgebung ruiniert haben. Die schönsten Statuen sind sorgfältig nummeriert und katalogisiert im Fundus dieser Institution versteckt. Leider hat man ohne die richtigen Kontakte keine Chance, einen Blick darauf zu werfen. Einige wurden inzwischen im Angkor-Nationalmuseum (S. 141) ausgestellt, doch sie machen nur einen Bruchteil der Sammlung aus.

Auch die kambodschanische Denkmalbehörde **Apsara** (Authority for Protection & Management of Angkor & the Region of Siem Reap; www.autoriteapsara.org) befand sich früher auf dem Gelände von Angkor Conservation, hat heute aber eigene Büros in Siem Reap. Diese Organisation ist für die Forschung, den Denkmalschutz und die Konservierung des kulturellen Erbes rund um Angkor verantwortlich. Darüber hinaus kümmert sie sich um die Stadtplanung in Siem Reap und die touristische Entwicklung in der Region – eine große Aufgabe und gewaltige Herausforderung, zumal jetzt, da die Regierung ein so großes Interesse an ihrer Arbeit zeigt. Angkor ist eine Goldgrube und es wird sich zeigen, ob Apsara in der Lage ist, dem Denkmalschutz weiterhin Priorität vor dem Profit einzuräumen.

taillierteren Darstellungen gehört beispielsweise die ausklappbare *Angkor Map* von River Books of Thailand.

PRAKTISCHE INFORMATIONEN

Tickets

Der Eintrittspreis für Angkor ist zwar für kambodschanische Verhältnisse relativ teuer, doch die Tickets sind ihr Geld wert. Besucher haben die Wahl zwischen einer Tages- (20 US$), einer Dreitages- (40 US$) und einer Wochenkarte (60 US$). 2009 wurde ein neues System eingeführt, das es ermöglicht, die Dreitageskarte an drei beliebigen Tagen innerhalb einer Woche zu nutzen, und die Wochenkarte gilt sogar für sieben Tage innerhalb eines ganzen Monats. Allerdings muss man diese neuen Tickets eindeutig verlangen, ansonsten werden einem die alten ausgehändigt, die nur an aufeinanderfolgenden Tagen gelten. Man bekommt sie am großen offiziellen Angkor-Ticket-Kontrollpunkt (Karte S. 139), der allerdings bald an eine andere Stelle verlegt werden soll. Alle Eintrittskarten werden mit einem digitalen Passbild versehen, das direkt am Schalter aufgenommen wird, darum können die Schlangen zu Spitzenzeiten ganz schön lang werden. Wer nach 17 Uhr erscheint, kommt in den Genuss eines kostenlosen Sonnenuntergangs, denn die Gültigkeit der Karten beginnt dann erst am nächsten Tag. Die Tickets gelten für alle Denkmäler im Gebiet Siem Reap; der heilige Berg Phnom Kulen und die abgelegenen Komplexe Beng Mealea und Koh Ker sind dagegen derzeit nicht im Eintritt enthalten.

WARNUNG!

Besucher, die in einem der Haupttempel ohne Eintrittskarte erwischt werden, müssen mit einer saftigen Strafe von 100 US$ rechnen.

Der Eintritt zu den Tempeln von Angkor wird von der örtlichen Hotelkette Sokha Hotels kontrolliert, die zum nationalen Mineralölunternehmen Sokimex gehört. Sie erhält für die Verwaltung der Stätten 17 % der Einnahmen. Die kambodschanische Denkmalbehörde Apsara (s. Kasten oben) ist für den Schutz und die Denkmalpflege der Tempel verantwortlich und bekommt 68 % für die Betriebskosten. Die restlichen 15 % fließen in die Restaurierung.

Fast alle bedeutenden Tempel haben jetzt uniformierte Wärter zur Kontrolle der Tickets. Für Ausflüge zu Dörfern in der Umgebung ist keine Eintrittskarte erforderlich, doch man wird an den Kontrollpunkten anhalten und den Aufsehern erklären müssen, wohin man möchte.

REISEROUTEN

In den Anfangstagen des Tourismus wurde das Problem, was man in welcher Reihenfolge besichtigen sollte, mit zwei Rundwegen gelöst: dem sogenannten Kleinen (Petit Circuit) und dem Großen Rundweg (Grand Circuit), die beide auf der Karte Tempel von Angkor (Karte S. 172 f.) eingezeichnet sind. Es ist zwar schwer vorstellbar, dass ihnen irgendwer noch Schritt für Schritt folgt, doch seinerzeit waren sie wesentliche Bestandteile des Angkor-Besuchs und wurden oft auf dem Rücken eines Elefanten unternommen.

Hinweise zu den günstigsten Zeiten für den Besuch bestimmter Tempel und den besten Orten für den Sonnenauf- bzw. Sonnenuntergang sowie Tipps, wie man den Massen entkommt, siehe Kastentext S. 177.

Auf der Internetseite der *World Heritage Tour* (www.world-heritage-tour.org) kann man Angkor auf einer virtuellen 360-Grad-Tour besichtigen.

Kleiner Rundweg

Diese 17 km lange Route beginnt in Angkor Wat und führt Richtung Norden zum Phnom Bakheng, Baksei Chamkrong und nach Angkor Thom mit seinen Stadtmauern und Toren, dem Bayon, dem Baphuon, dem Königspalast, Phimeanakas, Preah Palilay, der Terrasse des Leprakönigs, der Elefantenterrasse, den Kleangs und Prasat Suor Prat. Durch das Siegestor in der Ostmauer verlässt man Angkor Thom und gelangt zum Chau Say Tevoda, Thommanon, Spean Thmor und Ta Keo. Richtung Nordosten geht's weiter nach Ta Nei, von dort südlich zum Ta Prohm und dann Richtung Osten zum Banteay Kdei und Sra Srang, von wo aus man schließlich über Prasat Kravan nach Angkor Wat zurückkehrt.

Großer Rundweg

Der 26 km lange Weg ist eine Erweiterung der kürzeren Strecke: Statt Angkor Thom durch das östliche Tor zu verlassen, geht's nach Norden zum Preaj Khan und Preah Neak Pean, dann östlich nach Ta Som und Richtung Süden über den Östlichen Mebon nach Pre Rup. Von hier führt die Route erst in die westliche, dann in die südwestliche Richtung zurück nach Angkor Wat.

Ein Tag

Wer nur einen Tag für Angkor erübrigen kann, wird sich ärgern. Am besten wandert man dann bei Sonnenaufgang zum Angkor Wat und erkundet den mächtigen Tempel, solange es hier ruhig ist. Weiter geht's zu den Baumwurzeln von Ta Prohm, gefolgt von einer Mittagspause. Am Nachmittag besucht man die Tempel in Angkor Thom und bewundert die rätselhaften Gesichter des Bayon im Licht des späten Nachmittags.

Zwei Tage

In zwei Tagen ist es möglich, auch einige der anderen Highlights rund um Angkor unterzubringen. Morgens besichtigt man den kleinen Banteay Srei

DER RUF DER NATUR

Angkor verfügt über einige der besten öffentlichen Toiletten Asiens. Diese warten mit diversen Annehmlichkeiten wie elektronischen Spülungen auf, die wohl jedes Luxushotel stolz machen würden. Leider verzichten die Wärter oft darauf, die Generatoren anzuschalten, sodass es in den Kabinen ziemlich dunkel ist (zum Glück kann man auch manuell spülen!). In der Nähe fast aller wichtigen Tempel findet man ein solches „stilles Örtchen", und wenn man seine Eintrittskarte vorzeigt, muss man für die Nutzung nichts zahlen.

Nicht vergessen: In abgelegenen Gegenden sollte man sich niemals weit vom Weg entfernen, denn es ist auf jeden Fall unendlich viel besser, in einer peinlichen Haltung gesehen zu werden, als auf eine Landmine zu treten!

MITTAGESSEN IN ANGKOR

Die meisten Touristengruppen fahren zum Mittagessen nach Siem Reap zurück – ein guter Grund, um hierzubleiben und die Stätten ganz in Ruhe zu erkunden. Essen kann man an einem der vielen kambodschanischen Stände in der Nähe fast aller größeren Tempel. Wer mit dem *moto* oder *remork-moto (tuk tuk)* unterwegs ist, fragt am besten den Fahrer nach einen Tipp (vorausgesetzt, man versteht sich mit ihm), denn er isst wahrscheinlich jeden Tag in Angkor und kennt die besten Orte bzw. Preise.

Gegenüber dem Eingang von Angkor Wat lockt die größte Auswahl an Lokalen, darunter das Khmer Angkor Restaurant (Karte S. 172 f.) und das Angkor Reach Restaurant (Karte S. 172 f.), die Gerichte für 3 bis 6 US$ anbieten. Inzwischen hat dort ebenfalls eine praktische Zweigstelle des **Blue Pumpkin** eröffnet (Karte S. 172 f.; Gerichte 2–5 US$; ⊠), wo man neben den üblichen göttlichen Fruchtshakes Sandwiches, Salate und Eis bekommt, auch zum Mitnehmen. **Chez Sophea** (Karte S. 172 f.; ☎ 012 858003; Mahlzeiten 10–20 US$) kredenzt Grillfleisch und -fisch, die mit einem knackigen Salat serviert werden, allerdings muss man dafür etwas tiefer in die Tasche greifen.

Gleich nördlich des Bayon bieten sich etliche kambodschanische Nudelstände für einen schnellen Snack an. Andere Tempel, in deren näherer Umgebung man sich stärken kann, sind Ta Prohm, Preah Khan und Ta Keo. Außerdem liegen am Nordufer des Sra Srang ein paar ganz einladende Khmer-Restaurants.

Etwas weiter weg in Banteay Srei gibt's mehrere kleine Läden mit kunstvoller Holzdekoration. Gebratenen Reis und Nudelsuppe werden weiter nördlich bei Kbal Spean am Fuß des Hügels verkauft. Dort stößt man auch auf das einladende **Borey Sovann Restaurant** (Mahlzeiten 3–6 US$), wo man sich vor bzw. nach dem Aufstieg wunderbar entspannen kann. In der Nähe des Eingangs zum Beng-Mealea-Tempel stehen ebenfalls einige Imbissbuden (Gerichte 1–3 US$).

Wasser und Softdrinks erhält man überall im Tempelgebiet. Viele Händler warten vor den Bauten auf durstige Kunden. Manchmal kommen sie genau im richtigen Moment auf einen zu, wenn man aber zum 27. Mal in einer Stunde gefragt wird, ist man nahe daran, loszuschreien. Trotzdem sollte man sich beherrschen, sonst erschreckt man nur seine Mitreisenden und verliert gegenüber den Einheimischen das Gesicht.

mit seinen großartigen Verzierungen und Reliefs und hält auf dem Rückweg beim Banteay Samré. Nachmittags besucht man den gewaltigen Preah Khan, den grazilen Preah Neak Pean sowie die Baumwurzeln von Ta Som und beendet den Tag mit der Beobachtung des Sonnenuntergangs auf dem Pre Rup. Am zweiten Tag folgt man der aus Seite 175 beschriebenen Eintagestour nach Angkor Wat, Ta Prohm und Angkor Thom.

Drei bis fünf Tage

Der durchschnittliche Besucher verbringt nur 2½ Tage in Angkor, kaum genug Zeit, um die wichtigsten Tempel zu sehen, ganz zu schweigen von der lebhaften Stadt Siem Reap.

Wer drei bis fünf Tage Zeit hat, um Angkor zu erkunden, kann viele Highlights sehen. Eine Variante ist es, am ersten bzw. ersten und zweiten Tag so viele Bauwerke wie möglich zu besuchen (wie oben beschrieben) und danach andere Stätten wie die Tempel von Roluos und Banteay Kdei anzusteuern. Als bessere Möglichkeit wird allerdings eine allmähliche Steigerung bis zu den spektakulärsten Bauwerken betrachtet. Denn wenn man Angkor Wat schon am ersten Tag abhakt, wirkt ein Tempel wie Ta Keo einfach nicht mehr so aufregend. Natürlich kann man auch einer chronologischen Route folgen: Dabei beginnt man mit den frühesten Baudenkmälern von Angkor und arbeitet sich bis Angkor Thom vor; so gewinnt man einen guten Überblick über die Entwicklung der Architektur und Kunst der Khmer.

Um sich mal ein bisschen zu bewegen und die herrliche Natur- und Kulturlandschaft zu genießen, lohnt sich auf jeden Fall die Tour nach Kbal Spean zum „Fluss der Tausend Lingas“ oder zum abgelegenen, überwucherten Beng Mealea. Beide können mit dem Banteay Srei zu einer langen Tagestour kombiniert werden.

Eine Woche

Wer eine Woche hat, ist beneidenswert. Dann kann man nämlich in aller Ruhe sämtliche Tempel der Region besuchen und hat außerdem noch Zeit für allerlei andere Dinge: Erholung am Pool, eine Spa-Behandlung oder einen Einkaufsbummel in Siem Reap. Die bereits beschriebenen Routen geben gute Anhaltspunkte für eine Tempelbesichtigung, die man nun ganz entspannt angehen sollte. Auch die Besichtigung abgelegener Stätten wie Koh Ker (S. 298), Prasat Preah Vihear (S. 303) oder Banteay Chhmar (S. 288) lässt sich bei so viel Spielraum gut bewerkstelligen.

GEFÜHRTE TOUREN

Viele Individualreisende mit kleinem oder mittlerem Budget besuchen die Tempel am liebsten auf eigene Faust. Wer jedoch nur einen oder zwei Tage

DEM GEDRÄNGE AUS DEM WEG GEHEN

Angkor liegt auf der üblichen Touristenroute. Jedes Jahr kommen mehr Besucher hierher, doch mit ein wenig Planung kann man den Massen noch immer entfliehen. Eines darf man dabei allerdings nicht vergessen: Oft erfreuen sich die Stätten aus gutem Grund so großer Beliebtheit, deshalb sollte man ausnahmsweise mal mit dem Strom schwimmen.

Der beliebteste Ort zur Beobachtung des Sonnenaufgangs ist Angkor Wat. Viele Touristen machen sich nach diesem Erlebnis gleich auf den Weg in die Stadt, um zu frühstücken, sodass man selbst die Bauten erkunden kann, während es in der Umgebung ruhig ist und einigermaßen kühle Temperaturen herrschen. Der Bayon wird morgens von weit weniger Menschen besucht als Angkor Wat. Sra Srang wirkt ebenfalls recht friedlich, außerdem gilt der Sonnenaufgang hier wegen der Spiegelungen in den großen Wasserflächen als spektakulär. Eventuell ist der Phnom Bakheng eine gute Alternative, denn dort sieht man die Sonne hinter Angkor Wat aufsteigen, geht dabei aber der irrsinnigen Menschenmasse aus dem Weg, die sich zum Sonnenuntergang einfindet. Rund um den Ta Prohm kann man die Sonne zwar nicht aufgehen sehen, dafür erwartet einen jedoch eine mysteriöse, geradezu magische Atmosphäre.

Als absolut beste Stelle, um den Sonnenuntergang zu betrachten, gilt der Tempelberg Phnom Bakheng. Leider klettern manchmal über 1000 Touristen gleichzeitig auf der kleinen Stätte herum. Aus diesem Grund ist man besser beraten, wenn man zum Sonnenaufgang oder frühmorgens herkommt. Es kann sich ebenfalls lohnen, zum Sonnenuntergang innerhalb der Mauern von Angkor Wat zu bleiben, da sich gegen 16.30 Uhr zahlreiche Touristen auf den Weg zum Phnom Bakheng machen, und man bald darauf fast alleine ist. Der Pre Rup wartet mit einem authentischen Sonnenuntergang über der kambodschanischen Landschaft auf, doch auch an diesem Ort versammeln sich mittlerweile immer mehr Menschen (trotzdem ist das nicht vergleichbar mit dem Gedränge am Bakheng). Noch schöner ist der Tempelberg Phnom Krom, der mit einer herrlichen Aussicht auf den Tonlé-Sap-See überzeugt. Unpraktischerweise muss man für dieses Erlebnis jedoch eine lange Rückfahrt im Dunkeln in Kauf nehmen. In relativer Einsamkeit kann man den Sonnenuntergang vom östlichen Rand des Westlichen Baray oder von der Insel des Westlichen Mebon genießen.

Mittags geht's in den beliebtesten Tempeln am ruhigsten zu. Dann kehren fast alle großen Touristengruppen nach Siem Reap zurück, um etwas zu essen. Allerdings handelt es sich auch um die heißeste Zeit des Tages, und so kann es ziemliche strapaziös sein, in offenen Gebäuden wie dem Banteay Srei oder dem Bayon umherzuwandern. Angenehmere Bedingungen bieten die mit Laub überdachten Monumente wie Ta Prohm, Preah Khan und Beng Mealea oder sogar Angkor Wat (in der Nähe der Flachreliefs). In Letzterem herrscht von 6 bis 7 und 15 bis 17 Uhr am meisten Andrang, während der Bayon zwischen 8 und 10 Uhr und der Banteay Srei am Vormittag bzw. Nachmittag die meisten Besucher anziehen. Bei anderen Stätten wie dem Ta Prohm und dem Preah Khan ist es schwieriger, die Touristenströme vorherzusagen, aber wenn der Parkplatz bei einem Tempel voller Reisebusse ist, macht man sich eben zu einem abgelegeneren Heiligtum auf. Das Schöne an Angkor ist ja, dass es einen nicht allzu weit entfernt immer noch ein weiteres Highlight erwartet.

Auf der Webseite www.heritagewatch.org kann man sich über nachhaltige Initiativen informieren, die örtliche Kommunen in den Tourismusboom von Angkor einbeziehen wollen.

an diesem faszinierenden Ort verbringt, bevorzugt vielleicht eine vor Ort organisierte Führung.

Einen offiziellen Guide findet man in Siem Reap, z. B. über die **Khmer Angkor Tour Guides Association** (☎ 063-964347; www.khmerangkortourguide.com). Englisch- und französischsprachige Führer kosten 20 bis 30 US$ pro Tag, während man für andere Sprachen wie Deutsch mehr zahlen muss, da es nur wenige Mitarbeiter beherrschen.

Wer an einem solchen Ausflug teilnehmen möchte, sollte sich im Kapitel „Verkehrsmittel und -wege" unter dem Stichwort „Geführte Touren" (S. 376) die empfohlenen kambodschanischen Anbieter ansehen. Empfehlenswerte Veranstalter mit Sitz in Siem Reap:

Buffalo Trails (☎ 012 297506; www.buffalotrails-cambodia.com) Bietet Aufenthalte bei Familien aus der Gegend sowie geführte Wanderungen, Vogelbeobachtungsausflüge und traditionellen Fischfang an.

Terre Cambodge (☎ 063-964557; www.terrecambodge.com) Touren zu verschiedenen abgelegenen Stätten rund um Angkor, teilweise mit dem Fahrrad, sowie Bootstouren auf dem Tonlé-Sap-See mit einem hölzernen Sampan-Boot.

Villa (☎ 063-761036; www.thevillasiemreap.com) Exkursionen in kleinen Gruppen zu weiter entfernten Stätten wie dem Beng-Mealea-Tempel und dem Kompong-Pluk-Dorf, außerdem Ausflüge ins „wirkliche Leben" außerhalb der Tempel.

Wer das ultimative Angkor-Erlebnis sucht, sollte verschiedene Transportmöglichkeiten in Erwägung ziehen, z. B. ein *moto, remork-moto* oder Auto für einen Tag, um zu den abgelegenen Stätten zu gelangen, ein Fahrrad, um die zentralen Tempel zu besuchen, und eine Tour zu Fuß, um Ruhe und Frieden zu genießen.

ANREISE & UNTERWEGS VOR ORT

Besucher der Tempel von Angkor müssen sich mit der Frage beschäftigen, wie sie am besten von einer Stätte zur nächsten kommen. Viele der bekanntesten Tempel befinden sich in der Nähe der ummauerten Stadt Angkor Thom, die selbst nur 8 km von Siem Reap liegt. Individualreisende müssen sich mit einer verwirrend großen Auswahl an Transportmöglichkeiten auseinandersetzen.

Auto & Motorrad

Autos erfreuen sich großer Beliebtheit, denn sie bieten natürlich Schutz vor dem Wetter, egal ob vor Regen oder der glühenden Sonne. Wenn sich mehrere Besucher ein Fahrzeug teilen, kann das außerdem sehr preiswert sein. Allerdings bekommt man auf diese Weise weniger von der Landschaft, den Geräuschen und Düften zwischen den Tempeln mit. Mietwagen sind bei Hotels, Gästehäusern und Agenturen in der Stadt erhältlich und kosten 25 bis 35 US$ pro Tag, wenn man die Haupttempel zum Ziel hat.

Derzeit dürfen Touristen in Siem Reap kein Motorrad leihen und mieten sich deshalb am besten bereits eines in Phnom Penh. Wer es damit bis Angkor schafft, sollte es zum Schutz vor Dieben bei den Tempeln auf einem bewachten Parkplatz oder bei einem Standbesitzer abstellen.

2010 soll die Lizenz für den Verkauf der Eintrittskarten an eine südkoreanische Firma gehen. Dann werden auch die Kontrollpunkte verlegt. Außerdem sollen Elektroautos für alle Besucher eingeführt werden: Man muss sich also möglicherweise nicht mehr den Kopf zerbrechen, wie man von einem Punkt zum anderen kommt. Diese Neuerung wurde 2000 zum ersten Mal in Erwägung gezogen, dürfte aber bei den Fahrern der örtlichen Transportmittel nicht sehr gut ankommen.

Elefant

Die Tour auf dem Elefantenrücken war zu Beginn des 20. Jhs. die traditionelle Reisemethode. Heute ist es wieder möglich, morgens den Weg von Angkor Thoms Südtor bis zum Bayon mit einem der mächtigen Tiere zurückzulegen (10 US$) oder abends zum Sonnenuntergang zum Gipfel des Phnom Bakheng zu reiten (15 US$). Die Elefanten gehören der Hotelanlage **Angkor Village** (www.angkorvillage.com). Manche Besucher haben sich allerdings über die rüde Behandlung der Dickhäuter beschwert.

Fahrrad

Räder eignen sich hervorragend, um von Tempel zu Tempel zu kommen. Sie sind umweltfreundlich und werden von den meisten Einwohnern der Gegend genutzt. Es gibt viele gute Straßen und nur wenige Hügel, darum können hier auch Gelegenheitsfahrer mühelos in die Pedale treten. Außerdem sieht man bei der geringeren Geschwindigkeit viel mehr als aus dem Autofenster oder vom Rücksitz eines *motos*.

White Bicycles (www.thewhitebicycles.org; 2 US$ pro Tag) wird von mehreren Gästehäusern in der Stadt unterstützt; ein Teil der Verleihgebühr fließt in lokale Projekte. Zahlreiche Gästehäuser und Hotels in der Stadt verleihen Räder für 1 bis 2 US$ pro Tag.

Bei manchen Anbietern bekommt man auch bessere Mountainbikes von Trek oder Giant für etwa 7 bis 10 US$ pro Tag. **Travel Loops** (Karte S. 142; ☎ 063-963776; www.cyclingincambodia.com; Sivatha St, Siem Reap) hat Rennräder von Cannondale für 5 US$ und Mountainbikes mit Helm für 10 US$ im Sortiment.

Wer die abgelegenen Tempel in der Preah-Vihear-Provinz besichtigen will (S. 295), sollte sich um einen Allradwagen kümmern (ab 80 US$ pro Tag), da eine Motorradtour dorthin viel mehr Zeit in Anspruch nimmt.

Hubschrauber

Helicopters Cambodia (Karte S. 142; ☎ 012 814500; www.helicopterscambodia.com; 658 Hup Quan St, Siem Reap) bietet für Gutbetuchte Trips über Angkor Wat (90 US$) und die Tempel außerhalb von Angkor Thom (150 US$) an. Das Büro befindet sich in Siem Reap unweit des Psar Chaa. Charterflüge zu abgelegenen Tempeln wie Prasat Preah Vihear und Preah Khan kann man dort auch buchen, sie kosten mindestens 1800 US$ pro Stunde plus 10 % Verkaufssteuer. Der Neueinsteiger **Helistar** (Karte S. 142; ☎ 063-966072; www.helistarcambodia.com; 24 Sivatha St, Siem Reap) hat ebenfalls Hubschrauberflüge im Programm.

Angkor Balloon (Karte S. 172 f.; ☎ 012 759698; 11 US$ pro Pers.) bietet einen Blick auf Angkor Wat aus der Vogelperspektive. Bis zu 30 Personen passen in den Ballon, der an einem Seil befestigt ist und 200 m in die Höhe steigt.

Minibus

Minibusfahrten werden in verschiedenen Hotels und Reisebüros organisiert. Ein Fahrzeug mit zwölf Sitzplätzen kostet mindestens 50 US$ pro Tag, ein Reisebus mit 25 oder 30 Sitzen schlägt mit etwa 100 US$ zu Buche.

Moto

Viele Backpacker besuchen die Tempel per *moto*. In Siem Reap belagern einen die Fahrer meist von der ersten Sekunde an, doch sie sind oft sachkundig und freundlich und erweisen sich als gute Begleiter für eine Tempeltour. Sie können einen absetzen und zur vereinbarten Zeit wieder abholen und warten sogar mit etwas Hintergrundwissen zu den Monumenten auf. Viele bessere Fahrer werden später offizielle Reiseführer.

Remork-Moto

Remork-motos oder *tuk tuks* (Mopeds mit einem winzig wirkenden überdachten Anhänger) erfreuen sich für Touren in und um Angkor großer Beliebtheit, denn die Passagiere können sich während der Fahrt unterhalten, was auf dem Rücksitz eines *motos* nicht möglich ist. Darüber hinaus bieten sie einen gewissen Regenschutz. Genau wie die *moto*-Fahrer sind auch die Fahrer der *remork-motos* gute Begleiter für eine Tempeltour. Der Preis liegt zwischen 10 und 20 US$ pro Tag, abhängig vom Ziel und von der Anzahl der Passagiere.

Der Transport zu abgelegenen Tempeln wie dem Banteay Srei oder dem Beng Mealea ist wegen der höheren Spritkosten teurer.

Zu Fuß

Selbstverständlich kann man auch schlicht und einfach zu Fuß losziehen, allerdings liegen einige Tempel zu weit weg von Siem Reap, um sie auf diese Weise zu besichtigen. Angkor Wat und die Tempel von Angkor Thom erreicht man aber problemlos und begegnet auf diese Weise auch mal den Dorfbewohnern der Gegend. Wer von der Straße wegmöchte, sollte den friedlichen, etwa 13 km langen Weg entlang der Mauern von Angkor Thom nehmen. Unterwegs stößt man auf einige kleine, entlegene Stätten und sieht verschiedene Vogelarten. Lohnenswert ist auch der Waldweg vom Ta Nei zum Ta Keo.

ANGKOR WAT

អង្គរវត្ត

Angkor Wat, die Mutter aller Tempel, ist zweifellos das atemberaubendste Monument Angkors und nach Meinung vieler auch das größte religiöse Bauwerk der Welt. Nicht ohne Grund bedeutet sein Name schließlich „Tempel, der eine Stadt ist". Rund um die Stätte zieht sich ein Wassergraben, der europäische Burggräben vor Scham erblassen ließe, und darüber hinaus ist sie eines der spektakulärsten Monumente, das je von Menschenhand geschaffen wurde.

Die überwältigende Verschmelzung von Spiritualität und Symmetrie, zeitloses Beispiel für die Verehrung der Götter, gilt als einzigartig. Besucher sollten die erste Begegnung mit dem Tempel auskosten, denn der erregende Moment, wenn man erstmals den inneren Damm betritt, lässt sich später nicht wiederholen. Der am besten erhaltene Tempel in Angkor war niemals Wind und Wetter überlassen, und wer mehrmals hierherkommt, wird immer wieder neue Details entdecken. Wahrscheinlich wurde das Bauwerk als Mausoleum für Suryavarman II. entworfen und war dem Hindugott Vishnu geweiht, mit dem sich der König identifizierte.

Mehr als 3000 *apsaras* (Nymphen) schmücken die Wände von Angkor Wat – und jede ist einzigartig. Angehende Haarkünstler können sich hier von 37 verschiedenen Frisuren inspirieren lassen.

Unter den Tempeln von Angkor hat Angkor Wat so manches Alleinstellungsmerkmal. Am bedeutungsvollsten ist seine Ausrichtung nach Westen, da dies symbolisch der Richtung des Todes entspricht. Aus diesem Grund glaubten früher viele Wissenschaftler an die Nutzung Angkor Wats als Grabstätte. Unterstützt wurde diese These durch die Anlage der großartigen Flachreliefs, die Besucher gegen den Uhrzeigersinn um den Tempel führten – ein Ritual, das es bereits vorher in alten hinduistischen Beerdigungsriten gab. Allerdings wird auch Vishnu häufig dem Westen zugeordnet, deshalb geht man heute davon aus, dass Angkor Wat sowohl als Tempel als auch als Mausoleum für Suryavarman II. diente.

Für *Tomb Raider* wurde ein aufwendiges schwimmendes Dorf im nördlichen Staubecken von Angkor Wat gebaut. Hier kam die von Angelina Jolie gespielte Lara Croft an Land und lieh sich von einem einheimischen Mönch ein Handy.

Außerdem ist die Anlage für ihre betörenden *apsaras* (himmlische Nymphen) berühmt. Bei Bemühungen in den 1980er-Jahren, den Tempel mit chemischen Mitteln zu reinigen, wurde allerdings ein Großteil davon beschädigt. Inzwischen werden die Nymphen in Zusammenarbeit mit Teams des **German Apsara Conservation Project** (GACP; www.gacp-angkor.de) von der Fachhochschule Köln restauriert. Die Mitarbeiter betreiben auch einen kleinen Informationsstand in der Nordwestecke von Angkor Wat (ganz in der Nähe des modernen Tempels), an dem man wunderschöne Schwarz-Weiß-Postkarten und Ansichten von Angkor kaufen kann.

SYMBOLIK

Besucher von Angkor Wat sind von der Monumentalität, faszinierenden Dekoration und den riesigen Flachreliefs überwältigt. Die heiligen Männer der Blütezeit Angkors dürften an seinen vielschichtigen Bedeutungsebenen ebenso viel Freude gehabt haben wie heutige Professoren für moderne Literatur an James Joyces Ulysses.

TIPP

Den Menschenmassen in Angkor Wat entgeht man am besten von 7 bis 9, 12 bis 14 und nach 17 Uhr.

In ihrem Buch *Angkor Wat: Time, Space and Kingship* erklärt Eleanor Mannikka, dass die räumlichen Dimensionen der Anlage den vier Weltaltern (Yuga) des klassischen Hindu-Verständnisses entsprechen. Wer den Dammweg zum Haupteingang entlangspaziert und durch die Höfe zum letzten Hauptturm geht, in dem sich früher eine Statue Vishnus befand, reist bildlich gesprochen zurück zum ersten Weltalter der Erschaffung des Universums.

Genau wie die anderen Tempelberge stellt Angkor Wat das räumliche Universum im Miniaturformat dar. Sein zentraler Turm entspricht dem Berg Meru, und um ihn herum liegen kleinere Gipfel, die abwechselnd von Kon-

MOTIVE, SYMBOLE & FIGUREN RUND UM ANGKOR

Die majestätischen Tempel von Angkor sind mit kunstvollen Statuen und in Stein gemeißelten Reliefs geschmückt, die Mythen, Legenden, Symbole und unzählige Figuren darstellen. Zum besseren Verständnis haben wir einige der häufigsten Motive zusammengefasst. Wer mehr darüber wissen will, sollte sich das Buch *Images of the Gods* von Vittorio Reveda besorgen.

Apsaras Himmlische Nymphen oder Göttinnen, auch *devadas* genannt; viele Tempelwände sind mit ihren schönen weiblichen Formen geschmückt.

Asuras Oft erscheinen diese Dämonen in Darstellungen vom „Quirlen des Milchmeers", etwa in Angkor Wat.

Devas Die „guten Götter" im Schöpfungsmythos vom „Quirlen des Milchmeers".

Flamme Dieses Motiv umrahmt Stufen und Torbögen, denn die Flamme soll jeden Pilger beim Betreten des Tempels reinigen.

Garuda Reittier von Vishnu; dieses Wesen, halb Mensch und halb Vogel, ist in einigen Tempeln zu sehen und wurde unter Jayavarman VII. zusammen mit seiner Erzfeindin, der *naga*, dargestellt, um die religiöse Einheit Kambodschas zu fördern.

Kala Von Shiva ernannter Tempelwächter, auch Rehu genannt; er hatte einen solchen Appetit, dass er seinen eigenen Körper verschlang, daher wird er lediglich als gigantischer Kopf über Toröffnungen dargestellt.

Linga Phallussymbol der Fruchtbarkeit; ursprünglich waren Lingas in den Türmen vieler Hindutempel zu finden.

Lotusblüte Ein Symbol der Reinheit. Die Formen der Türme und der Treppen zu den Eingängen stellen oft Lotusblüten dar, außerdem sind sie häufig in Verzierungen zu sehen.

Makara Riesige Seeschlange mit krokodilartigem Maul; sie erscheint in den Ecken von Giebeln und spelt *nagas* oder andere Geschöpfe aus.

Naga Die mehrköpfige Schlange, Halbschwester und Feindin von Garuda, ist die Hüterin des Wassers und bringt Regen: Damit zeichnet sie sich für das Wohlergehen des Reichs verantwortlich. Sie ist an Dämmen, Torwegen und Dächern zu sehen.

Nandi Stier und Reittier von Shiva; *nandi*-Skulpturen sind in einigen Tempeln zu finden, viele wurden allerdings von Plünderern beschädigt oder gestohlen.

Rishi Weiser oder Asket bei den Hindu, auch *essai;* die bärtigen Gestalten sind oft im Schneidersitz am Fuß von Säulen oder an Seitenwänden dargestellt.

Wein Der Wein ist ein weiteres Symbol der Reinheit und verziert Torbögen sowie Fensterrahmen; er soll dabei helfen, Besucher auf ihrer Reise zu diesem Himmel auf Erden, dem Sitz der Götter, zu reinigen.

Yama Gott des Todes und Herrscher der Unterwelt; er bestimmt, wer in den Himmel und wer in die Hölle kommt.

Yoni Weibliches Fruchtbarkeitssymbol; wird mit Lingas kombiniert, um Wasser zu gewinnen, das mit Fruchtbarkeit erfüllt ist.

tinenten (untere Höfe) und Ozeanen (Wassergraben) umgeben sind. Die siebenköpfige *naga* wird zu einer symbolischen Regenbogenbrücke, die zum Sitz der Götter führt.

DIE ANLAGE

Angkor Wat ist von einem 190 m breiten Wassergraben umgeben, der ein gigantisches Rechteck mit einer Seitenlänge von 1,5 mal 1,3 km bildet. Von Westen her führt ein Dammweg aus Sandstein über den Wassergraben. Die Sandsteinblöcke, aus denen die Anlage erbaut ist, wurden in über 50 km Entfernung am heiligen Berg Phnom Kulen gebrochen und mit Booten auf dem Stung Siem Reap hierhergebracht. Die Logistik eines solchen Unternehmens übersteigt fast jegliche Vorstellungskraft. Tausende Arbeiter müssen dafür erforderlich gewesen sein – eine Meisterleistung, wenn man bedenkt, dass sie ohne die heute auf Großbaustellen selbstverständlichen Kräne und Lkws vollbracht wurde.

Inschriften zufolge waren 300 000 Männer und 6000 Elefanten am Bau von Angkor Wat beteiligt, dennoch wurden die Arbeiten nicht ganz vollendet.

An jeder Seite der rechteckigen äußeren Ummauerung, die 1025 m lang und 800 m breit ist, befindet sich ein Tor. Der Haupteingang, eine 235 m breite, reich mit Reliefs und Skulpturen geschmückte Plattform, liegt an der Westseite. Hier befindet sich eine 3,25 m hohe Statue von Vishnu, die aus

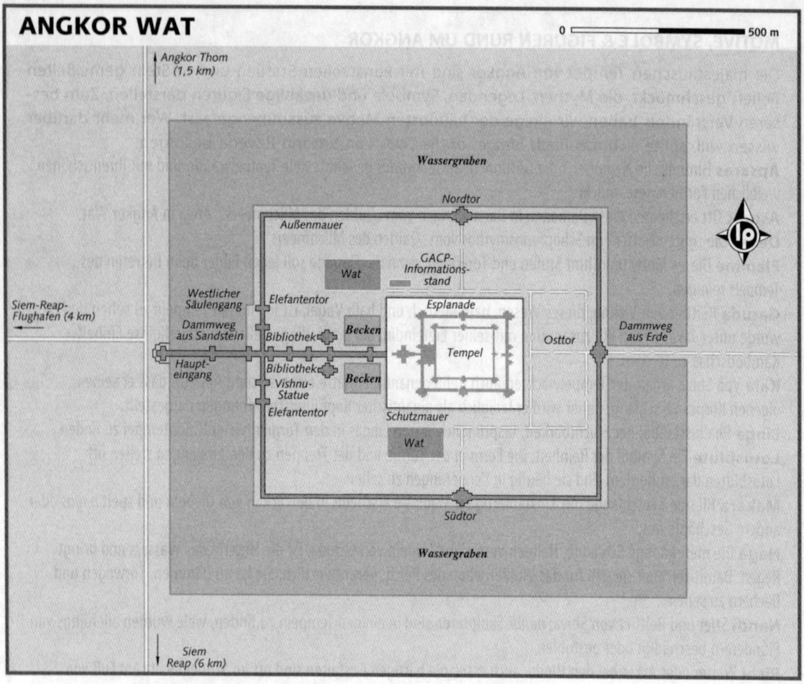

einem einzigen Sandsteinblock geschaffen wurde. Die acht Arme der Skulptur halten eine Keule, einen Speer, einen Diskus, ein Muschelhorn und andere Attribute. Oft liegen hier Haarlocken – Opfergaben von jungen Leuten, die sich auf ihre Hochzeit vorbereiten, und von Pilgern, die für erfahrenes Glück danken wollen.

Ein 475 m langer und 9,5 m breiter Dammweg, gesäumt von prächtigen *naga*-Balustraden, verläuft vom Haupteingang zum zentralen Tempel, vorbei an zwei eleganten Bibliotheken (die nördliche wurde von einem japanischen Team restauriert) und zwei Wasserbecken. Das nördliche Bassin ist ein sehr beliebter Standort, um den Sonnenuntergang zu betrachten.

Viele größere Sandsteinblöcke in Angkor haben kleine runde Löcher. Darin steckten ursprünglich Holzstangen, mit denen die Steine während des Baus hochgehoben und an die richtige Stelle transportiert wurden, danach wurden die Stangen abgesägt.

Der zentrale Tempelkomplex umfasst drei Ebenen aus Lateritgestein. Sie umschließen einen Hof, der von miteinander verbundenen Galerien umringt wird. Die Galerie der Tausend Buddhas beherbergte einmal Hunderte Bildnisse, aber leider wurden viele entfernt oder gestohlen, deshalb sind hier nur noch wenige zu sehen.

Alle Spitzen der Türme in den vier Ecken der zweiten und dritten Ebene enden in symbolischen Lotusblüten. Der zentrale Turm verleiht dem gesamten Ensemble seine außergewöhnliche Geschlossenheit. Er erhebt sich 31 m über der dritte Ebene und 55 m über dem Erdboden. Die Treppen zur oberen Ebene, dem sogenannten Bakan, sind extrem steil, schließlich war es keine leichte Aufgabe, das Königreich der Götter zu erreichen. Von 2007 bis 2009 durfte man die oberste Plattform nicht betreten, doch inzwischen wird sie für eine begrenzte Besucheranzahl pro Tag geöffnet. Wer sie sehen will, sollte also frühzeitig herkommen. Oben kann man die kühle Brise und die weite Aussicht genießen, ehe man schließlich in einer ruhigen Ecke über Symmetrie und Symbolik dieses „Everests der Tempel" nachsinnt.

FLACHRELIEFS

Um die Außenseite der zentralen Tempelanlage erstreckt sich eine 800 m lange Reihe Flachreliefs, die hier kurz beschrieben werden – und zwar beginnend am westlichen Eingang, sodass sich die Abbildungen immer auf der linken Seite befinden. Fast alle wurden im 12. Jh. fertiggestellt, allerdings hat man einige unvollendete Tafeln im 16. Jh. mit neuen Reliefs ergänzt.

(A) Die Schlacht von Kurukshetra

Im südlichen Flügel der Westgalerie ist eine im hinduistischen Heldenepos *Mahabharata* geschilderte Schlachtszene dargestellt. Die Kaurava (von Norden kommend) und die Pandava (von Süden kommend) marschieren aufeinander zu und treffen in einer furiosen Schlacht aufeinander. Im untersten Fries des Reliefs ist die Infanterie zu sehen, darüber die auf Elefanten reitenden Offiziere und die Anführer. Einige besonders interessante Details (von links nach rechts): Ein toter General liegt von seinen trauernden Eltern und Truppen umringt auf einem Haufen von Pfeilen; ein Krieger auf einem Elefanten legt seine Waffe nieder und gibt sich damit geschlagen; ein tödlich verwundeter Offizier fällt von seinem Wagen in die Arme seiner Soldaten. Im Laufe der Jahrhunderte wurden einige Stellen von den Millionen Händen, die sie berührten, so blank gerieben, dass sie wie schwarzer Marmor aussehen. Die Statuen im Säulengang in der Südwestecke stellen Gestalten aus dem Ramayana dar.

(B) Die Armee von Suryavarman II.

Der bemerkenswerte westliche Abschnitt der Südgalerie zeigt einen Triumphmarsch der Armee von Suryavarman II. In der Südwestecke etwa 2 m

Im zentralen Heiligtum von Angkor Wat stand ursprünglich eine goldene Vishna-Statue auf einem Garuda (mythologische Gestalt, halb Mensch, halb Vogel); sie symbolisierte den angebeteten Gottkönig Suryavarman II.

Einst wurden die Flachreliefs von Angkor Wat durch das Holzdach des Tempels geschützt. Abgesehen von einem Originalbalken in der Westhälfte der Nordgalerie ist dieses jedoch längst verrottet. Die anderen überdachten Bereiche sind Rekonstruktionen.

ZENTRALE ANLAGE VON ANGKOR WAT

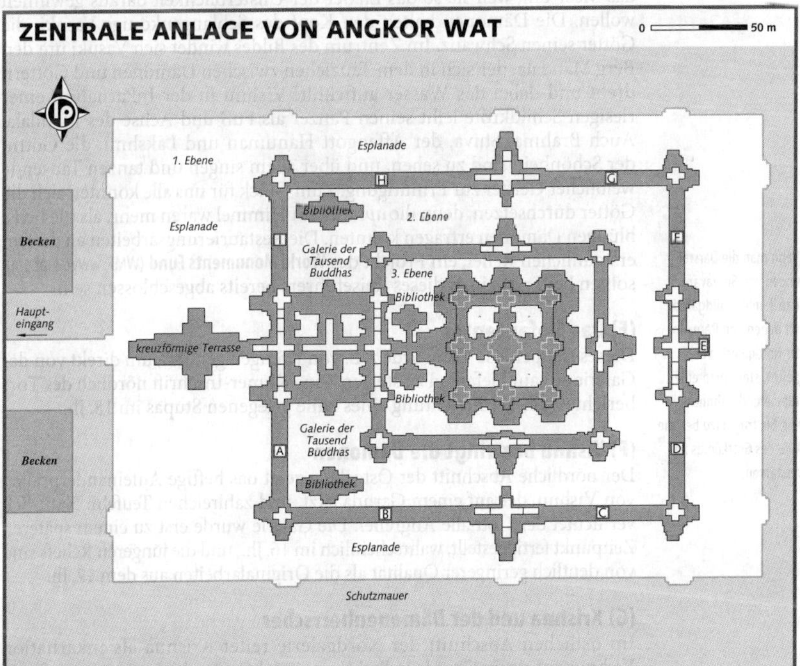

über dem Boden ist Suryavarman II. auf einem Elefanten zu erkennen. Er trägt das königliche Diadem und eine Schlachtaxt, außerdem wird er von 15 Schirmen beschattet und zahlreiche Diener fächeln ihm Luft zu. Dahinter folgt eine Prozession gut ausgerüsteter Soldaten und Offiziere zu Pferd, zwischen ihnen reiten die heldenhaften kriegerischen Anführer auf Elefanten. Kurz vor dem Ende dieser Tafel sieht man die eher ungeordnet marschierende siamesische Söldnerarmee mit ihren langen Helmbüschen. Damals kämpften die Männer an der Seite der Khmer gegen die Cham. Erstere tragen viereckige Brustpanzer und sind mit Speeren bewaffnet, während Letztere Röcke anhaben und mit Dreizacken gerüstet sind.

Angeblich sind die rechteckigen Löcher im Relief der Armee von Suryavarman II. entstanden, als Thai-Soldaten einige Teile mit Inschriften entfernten. Auf ihnen sollen sich Hinweise zum Aufenthaltsort der goldenen Schätze von Suryavarman II. befunden haben, die später während der Regierungszeit von Jayavarman VII. vergraben wurden.

(C) Himmel und Hölle

Die östliche Hälfte der Südgalerie präsentiert 37 Himmel und 32 Höllen. Im mittleren und oberen Teil links schreiten schöne Frauen und Männer auf den 18-armigen Yama zu, der auf einem Stier sitzt und über sie urteilt; darunter folgen seine Assistenten Dharma und Sitragupta. Auf den unteren Abbildungen werden die Sünder von Teufeln die Straße zur Hölle entlanggezerrt. Rechts von Yama ist die Tafel durch eine horizontale Linie von Garudas geteilt: Oben leben die Auserwählten in Villen, umsorgt von Frauen und Dienern; unten leiden die Verdammten schreckliche Qualen. In den 1930er-Jahren wurde die Decke dieses Bereichs von den Franzosen restauriert.

(D) Das Quirlen des Milchmeers

Im südlichen Teil der Ostgalerie findet sich das berühmte und hervorragend gearbeitete Flachrelief vom „Quirlen des Milchmeers". Es zeigt 88 *asuras* auf der linken und 92 *devas* mit Kammhelmen auf der rechten Seite; diese rühren das Meer um, weil sie so das Elixier der Unsterblichkeit daraus gewinnen wollen. Die Dämonen halten den Kopf des Schlangenkönigs Vasuki, die Götter seinen Schwanz. Im Zentrum des Bildes windet sich Vasuki um den Berg Mandala, der sich in dem Tauziehen zwischen Dämonen und Göttern dreht und dabei das Wasser aufwühlt. Vishnu in der Inkarnation einer riesigen Schildkröte leiht seinen Panzer als Fuß und Achse des Mandala. Auch Brahma, Shiva, der Affengott Hanuman und Lakshmi, die Göttin der Schönheit, sind zu sehen, und über allem singen und tanzen Tausende weiblicher Geister zur Ermutigung. Zum Glück für uns alle konnten sich die Götter durchsetzen, denn die *apsaras* am Himmel waren mehr, als die heißblütigen Dämonen ertragen konnten. Die Restaurierungsarbeiten an diesem erstaunlichen Relief, ein Projekt des **World Monuments Fund** (WMF; www.wmf.org), sollten bei Erscheinen dieses Reiseführers bereits abgeschlossen sein.

Wenn man die Darstellungen von Suryavarman II. in der Südgalerie mit denen von Rama in der Nordgalerie vergleicht, stellt man eine frappierende Ähnlichkeit fest: Sie trug dazu bei, die Aura des Gottkönigs zu verstärken.

(E) Das Elefantentor

Dieses treppenlose Tor wurde z. B. von Königen genutzt, um direkt von der Galerie aus auf Elefanten zu steigen. Eine Khmer-Inschrift nördlich des Tors berichtet von der Errichtung eines nahe gelegenen Stupas im 18. Jh.

(F) Vishnu bezwingt die Dämonen

Der nördliche Abschnitt der Ostgalerie zeigt das heftige Aufeinanderprallen von Vishnu, der auf einem Garuda sitzt, und zahlreichen Teufeln. Natürlich vernichtet der Gott alle Angreifer. Die Galerie wurde erst zu einem späteren Zeitpunkt fertiggestellt, wahrscheinlich im 16. Jh., und die jüngeren Reliefs sind von deutlich geringerer Qualität als die Originalarbeiten aus dem 12. Jh.

(G) Krishna und der Dämonenherrscher

Im östlichen Abschnitt der Nordgalerie reitet Krishna als Inkarnation Vishnus auf einem Garuda in Richtung einer brennenden ummauerten Stadt, den Sitz des Dämonenherrschers Bana. Der Garuda löscht das Feuer und Bana wird gefangen genommen. In der letzten Szene kniet Krishna vor Shiva nieder und bittet darum, Banas Leben zu schonen.

(H) Der Kampf der Götter und der Dämonen

In der westlichen Hälfte der Nordgalerie ist der Kampf zwischen den 21 Göttern des hinduistischen Himmels und mehreren Dämonen zu sehen. Die Götter sind mit ihren traditionellen Attributen und Reittieren dargestellt. Vishnu hat vier Arme und sitzt auf einem Garuda, während Shiva auf einer heiligen Gans reitet.

(I) Die Schlacht um Lanka

Der nördliche Teil der Westgalerie zeigt Szenen aus dem *Ramayana*. In der Schlacht um Lanka kämpft Rama, der auf den Schultern von Hanuman steht, zusammen mit seiner Affenarmee gegen den zehnköpfigen und 20-armigen Ravana, um seine schöne Frau Sita aus dessen Gefangenschaft zu befreien. Ravana befindet sich in einem von Monstern gezogenen Streitwagen und führt eine Armee von Giganten an.

Demnächst sollen auch nächtliche Besuche von Angkor Wat möglich sein. Einer südkoreanischen Firma namens Sou Ching wurde bereits die Lizenz dafür zugesagt, doch wegen Kontroversen über die Installation der Beleuchtung und mögliche Schäden an den Sandsteinstrukturen kamen die Vorbereitungen zum Erliegen.

ANGKOR THOM

អង្គរធំ

Angkor Thom ist, wie der Name schon sagt, eine „große Stadt" mit gewaltigen Ausmaßen. Sie erstreckt sich über mehr als 10 km². Errichten ließ sie Angkors bedeutendster König, Jayavarman VII., der nach der verheerenden Plünderung der ehemaligen Khmer-Hauptstadt durch die Cham an die Macht gelangte. Während ihrer Blütezeit lebten hier und in der Umgebung schätzungsweise eine Million Menschen. Das Zentrum bildet der faszinierende Staatstempel Bayon. Eine *jayagiri* (quadratische Mauer) von 12 km Länge und 8 m Höhe umschließt die Metropole. An ihrer Außenseite verläuft ein 100 m breiter *jayasindhu* (Wassergraben). Auch diese architektonische Anlage ist eine monumentale Darstellung des von Ozeanen umgebenen Bergs Meru.

Es fällt schwer, sich ein größeres oder schöneres Bauwerk als Angkor Wat vorzustellen, doch in Angkor Thom addieren sich die einzelnen Bestandteile zu einem größeren Ganzen. Besucher ziehen zuerst die Tore in den Bann: fünf 20 m hohe Bauwerke, je eines in der Nord-, West- und Südwand sowie zwei in der Ostwand. Sie werden jeweils vom edelmütigen Gesicht des Bodhisattva Avalokiteshvara gekrönt, der auf das Königreich schaut, und durch eine monumentale Darstellung vom „Quirlen des Milchmeers" flankiert, bei der sich 54 Dämonen und 54 Götter ein gewaltiges Tauziehen auf dem Dammweg liefern. Man stelle sich einen Bauern im 13. Jh. vor, der sich der hoheitsvollen Hauptstadt zum ersten Mal nähert. Es muss eine ehrfurchtgebietende, aber auch verstörende Erfahrung gewesen sein, durch ein solches Tor zu treten und die Macht der Gottkönige so unmittelbar zu spüren.

Der Dammweg am Westtor von Angkor Thom ist völlig zusammengebrochen. Jetzt liegen hier nur noch zahlreiche uralte Steine wild durcheinander, die wie die Opfer einer schrecklichen historischen Karambolage wirken.

Das Südtor erfreut sich der größten Beliebtheit, denn es wurde vollständig restauriert. Viele der Köpfe befinden sich an ihrem Platz, die meisten als Kopie. Das Tor liegt an der Hauptstraße von Angkor Thom nach Angkor Wat, deshalb ist es an diesem Ort oft sehr voll. Dagegen wirken das Ost- und das Westtor am Ende von unbefestigten Wegen geruhsamer. Übrigens war das Osttor einer der Schauplätze des Films *Tomb Raider;* hier brachen die bösen Jungs ein, indem sie eine gewaltige *apsara* (aus Styropor) niederrissen.

Im Zentrum des ummauerten Areals stehen die wichtigsten Monumente der Stadt, darunter der Bayon, der Baphuon, der Königspalast, Phimeanakas und die Elefantenterrasse.

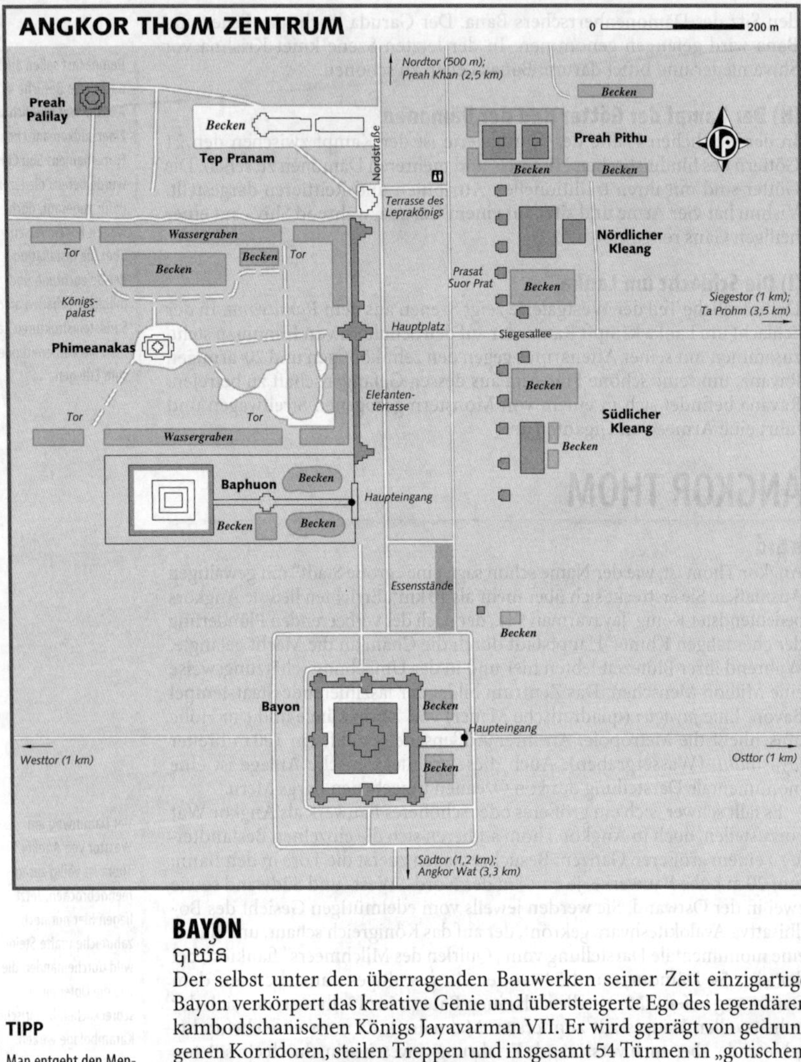

BAYON

បាយ័ន

Der selbst unter den überragenden Bauwerken seiner Zeit einzigartige Bayon verkörpert das kreative Genie und übersteigerte Ego des legendären kambodschanischen Königs Jayavarman VII. Er wird geprägt von gedrungenen Korridoren, steilen Treppen und insgesamt 54 Türmen in „gotischem Stil", die mit 216 enormen, kühl lächelnden Gesichtern von Avalokiteshvara geschmückt sind. Die Antlitze weisen mehr als nur eine flüchtige Ähnlichkeit mit dem des Herrschers selbst auf. Aus jedem Winkel starren die riesigen Köpfe auf einen herab und strahlen dabei Macht und Herrschaft aus, gepaart mit einem Anflug von Menschlichkeit – genau die erforderliche Mischung, um ein derart großes Reich zu führen und sicherzustellen, dass die ethnisch und kulturell so vielfältige, teils weit entfernt lebende Bevölkerung sich dem Willen des Monarchen beugte. Beim Herumwandern wird man feststellen, dass immer etwa ein Dutzend Köpfe sichtbar sind, entweder von vorne oder im Profil, mal fast auf Augenhöhe, dann wieder von oben herab.

TIPP

Man entgeht den Menschenmassen rund um den Bayon, wenn man morgens zwischen 6 und 8 Uhr oder mittags zwischen 12 und 14 Uhr herkommt.

Inzwischen steht fest, dass Jayavarman VII. den Bayon erbauen ließ, doch jahrelang war über seine Entstehung nichts bekannt. Darüber hinaus brauchten die Forscher eine gewisse Zeit, ehe sie bemerkten, dass sich das von dichtem Dschungel überwucherte Gebäude genau im Zentrum der Stadt Angkor Thom befindet. Noch immer ist es von vielen Rätseln umgeben, z. B. in Bezug auf seine genaue Funktion und die Symbolik. Doch das scheint für ein Bauwerk, dessen Markenzeichen ein rätselhaft lächelndes Gesicht ist, nur angemessen zu sein.

Da der Bayon Richtung Osten liegt, kommen viele Besucher früh am Morgen, zumeist direkt nach dem Sonnenaufgang, wenn allmählich Gesicht für Gesicht erhellt wird. Nachmittags sieht der Bayon allerdings genauso eindrucksvoll aus, und wer zum Sonnenuntergang bleibt, erlebt ein ähnlich beeindruckendes Schauspiel (natürlich in umgekehrter Reihenfolge). Ein japanisches Team ist dabei, mehrere äußere Bereiche des Tempels zu restaurieren.

Eventuell war das Khmer-Reich zur Bauzeit des Bayon in 54 Provinzen unterteilt. Über die außerhalb der Hauptstadt gelegenen Gebiete des Reichs wachten die Augen von Avalokiteshvara (oder Jayavarman VII.), denen nichts entging.

Die Anlage

Von Weitem sieht der Bayon wie ein Schutthaufen aus. Sein Zauber entfaltet sich erst, wenn man das dritte Obergeschoss des Tempels erreicht hat.

Seine einfache Grundstruktur wird von drei Ebenen gebildet, die mehr oder weniger den drei ausgeprägten Bauphasen des Gebäudes entsprechen. Da Jayavarman VII. in fortgeschrittenem Alter mit seiner Errichtung begann, vertraute er nicht darauf, den Tempel vollenden zu können. Aus diesem Grund ließ er immer erst eine Bauphase beenden, ehe mit der nächsten begonnen werden durfte. Die beiden unteren Ebenen sind quadratisch und mit Flachreliefs dekoriert. Sie führen zur dritten, runden Ebene mit den berühmten Türmen und ihren Gesichtern.

Flachreliefs

Die Flachreliefs von Angkor Wat mögen zwar bekannter sein, doch die des Bayon sind sogar noch umfangreicher: Über 1,2 km erstrecken sich außerordentlich kunstvolle plastische Darstellungen mit mehr als 11 000 Figuren. Die berühmten Reliefs an der Außenmauer der ersten Ebene zeigen ausgesprochen lebendige Alltagsszenen aus dem 12. Jh. Nicht so riesig kommen diejenigen der zweiten Ebene daher, oft sieht man auch nur Fragmente. Hier werden die Abbildungen der ersten Ebene beschrieben. Ausgangspunkt ist das Osttor und die Besichtigung erfolgt im Uhrzeigersinn.

(A) DIE CHAM AUF DER FLUCHT

Gleich südlich des Osttors ist ein Panorama mit drei Friesen zu sehen. Unten marschieren Khmer-Soldaten in den Kampf und neben Elefanten sind auch Ochsenkarren dargestellt, die sich kaum von den heutigen in Kambodscha unterscheiden. Die mittlere Abbildung zeigt, wie Särge vom Schlachtfeld gebracht werden. Im Zentrum des oberen Frieses erkennt man Jayavarman VII. zu Pferd, beschattet von Schirmen und gefolgt von zahllosen Konkubinen (zu seiner Linken).

(B) VEREHRUNG DES LINGAS

Die erste Tafel nördlich der südöstlichen Ecke bildet Hindus ab, die ein Linga (Phallussymbol) anbeten. Ursprünglich war diese Darstellung wahrscheinlich buddhistisch und wurde später von einem Hindu-König noch einmal verändert.

(C) DIE SEESCHLACHT

Die nächste Wand enthält einige der am schönsten ausgeführten Reliefs. Zu sehen sind eine Seeschlacht zwischen den Khmer und den Cham (erkennbar an den Kopfbedeckungen) und Szenen des täglichen Lebens am Tonlé-Sap-See, wo der Kampf stattfand: Menschen, die sich gegenseitig Läuse aus den Haaren ziehen, Jäger und – in der Nähe des westlichen Rands – eine Frau, die ein Kind zur Welt bringt.

(D) DER SIEG ÜBER DIE CHAM

Der nächste Mauerabschnitt zeigt weitere Bilder aus dem Alltagsleben. Zwei Personen spielen Schach, ein Hahnenkampf wird abgehalten und auf dem Markt verkaufen Frauen Fisch. Die Schlacht hat sich ans Ufer verlagert, wo die Cham eine vernichtende Niederlage erleiden. Zur Feier des Siegs der Khmer wird Essen zubereitet und serviert.

(E & F) MILITÄRPARADE

Der letzte Bereich der Südgalerie mit der Abbildung einer militärischen Parade ist ebenso wie das Relief mit den Elefanten unvollendet. Brahmanen sind auf der Flucht vor Tigern auf Bäume geklettert.

> Vor ihrer Restaurierung in den 1930er-Jahren waren einige Türme des Bayon von riesigen Bäumen bedeckt, ähnlich denen, die man heute rund um Ta Prohm sieht.

(G) BÜRGERKRIEG

Einige Wissenschaftler glauben, dass diese Szenen einen Bürgerkrieg darstellen. Zum Teil bewaffnete Menschengruppen stehen sich gegenüber, dann eskaliert die Gewalt, bis Krieger und Elefanten im Handgemenge auftauchen.

(H) DER ALLSEHENDE KÖNIG

Auch im nächsten Relief wird gekämpft, allerdings in kleinerem Maßstab. Ein riesiger Fisch verschlingt eine Antilope. Zwischen den kleineren Fischen

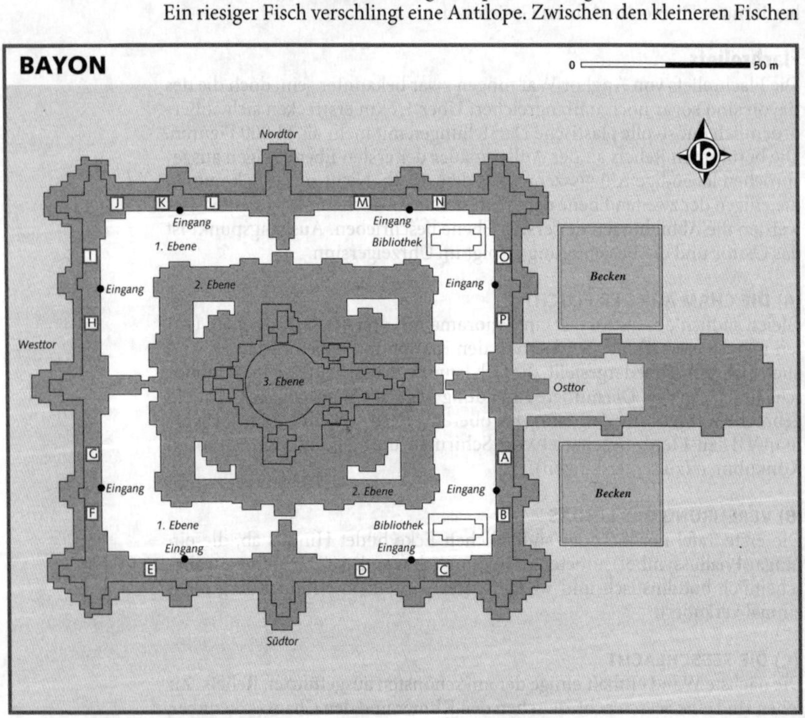

BAYON-INFORMATIONSZENTRUM

Das 2009 eröffnete **Informationszentrum** (Karte S. 139; ☎ 092-165083; www.angkor-jsa.org/bic; Eintritt 2 US$; ⏲ Di, Mi & Fr–So 8–16 Uhr) wartet mit einer tollen Ausstellung zur Geschichte des Khmer-Reichs und zu den Restaurierungsprojekten in bzw. rund um Angkor auf. Es befindet sich auf der schönen Anlage des japanischen Regierungsteams zum Erhalt Angkors (JSA) und ist verglichen mit dem Angkor-Nationalmuseum ein wahres Schnäppchen.

findet sich eine Garnele mit einer Inschrift, die besagt, dass der allsehende König diejenigen finden wird, die sich verstecken.

(I) SIEGESPARADE

Dieser Bereich zeigt eine Parade. An dieser nimmt auch der König teil, der einen Bogen trägt. Wahrscheinlich handelt es sich um eine Siegesfeier.

(J) DER ZIRKUS KOMMT IN DIE STADT

In der westlichen Ecke der Nordwand wird ein Khmer-Zirkus präsentiert. Ein Kraftmensch hält drei Zwerge, während ein auf dem Rücken liegender Mann mit seinen Füßen ein Rad dreht. Darüber befindet sich eine Gruppe Seiltänzer. Rechts davon schaut die königliche Hofgesellschaft von einer Terrasse aus zu. Unter ihnen ist eine Tierparade zu sehen. Einige Bereiche dieses Abschnitts sind unvollendet.

(K) LAND DER FÜLLE

In den beiden Flüssen neben dem Torpfosten und einige Meter weiter rechts wimmelt es von Fischen.

(L, M & N) DIE CHAM FLIEHEN

Im untersten Abschnitt dieses aus drei Friesen bestehenden unvollendeten Reliefs werden die Truppen der Cham geschlagen und aus dem Khmer-Reich vertrieben. Die nächste Wand zeigt den Angriff der Cham. Auf der stark verwitterten Abbildung sieht man sie (links) bei der Jagd auf die Khmer.

(O) PLÜNDERUNG VON ANGKOR

Dieses Relief stellt den Krieg von 1177 dar, als die Cham die Khmer besiegten und Angkor plünderten. Der verwundete Khmer-König wird von einem Elefanten herabgelassen und ein verletzter General auf einer Hängematte getragen, die an einer Stange befestigt ist. Direkt darüber betrinken sich verzweifelte Menschen. Währenddessen verfolgen die Cham (auf der rechten Seite) weiterhin den besiegten Feind.

(P) DIE CHAM ZIEHEN IN ANGKOR EIN

Hier ist ein weiteres Aufeinandertreffen der beiden Armeen abgebildet. Rechts kann man inmitten der Cham-Truppen die Fahnenträger ausmachen. In diesem Krieg, der 1181 endete, wurden die Cham besiegt (auf dem Relief A zu sehen).

BAPHUON

បាពួន

Gelegentlich wird der Baphuon als „größtes Puzzle der Welt" bezeichnet. Er stand im Zentrum der Restaurierungsmaßnahmen durch die EFEO, als der kambodschanische Bürgerkrieg ausbrach und die Arbeiten für ein Vierteljahrhundert zum Stillstand brachte. Gemäß der Anastilosis-Methode baute man den Tempel Stein für Stein ab, doch während der Herrschaft der

AM ORIGINALSCHAUPLATZ VON TOMB RAIDER

Mehrere Szenen von *Tomb Raider* mit Angelina Jolie als Lara Croft wurden bei den Tempeln von Angkor gedreht. Die Aufnahmen in Kambodscha beginnen am Phnom Bakheng, wo Lara mit Ferngläsern nach den mysteriösen Tempeln sucht. Zu diesem Zeitpunkt versuchen die Bösewichter schon, durch das Osttor von Angkor Thom einzubrechen, indem sie eine riesige *apsara* aus Styropor niederreißen. Nachdem Lara wieder bei ihrem spezialgefertigten Landrover ist, dreht sie ein paar Runden um den Bayon. Kurz darauf findet sie einen Hintereingang in den Ta-Prohm-Tempel, wo sie einen Zweig Jasmin pflückte und hinabstürzt in die … Pinewood Studios. Danach kämpft sie mit einer lebenden Statue, entwischt Daniel Craig (alias 007) durch einen Sprung in den Phnom-Kulen-Wasserfall und kommt bei einem schwimmenden Markt gegenüber von Angkor Wat wieder zum Vorschein. Hier gelangt sie ans Ufer, borgt sich von einem einheimischen Mönch ein Handy und wagt sich danach in die Galerie der Tausend Buddhas, wo sie vom Abt geheilt wird.

Roten Khmer wurden alle Aufzeichnungen zerstört. Und so saßen die Fachleute später mit 300 000 Steinen da, die wieder an ihren alten Platz sollten. 1995 nahm die EFEO die bis heute andauernden Arbeiten wieder auf. Besucher nähern sich dem 43 m hohen Tempel über einen 200 m langen erhöhten Sandsteindamm.

Auf John McDermotts Webseite www.mcdermottgallery.com und in seiner Galerie in Siem Reap (S. 160) kann man die erstaunlichen Tempel von Angkor Wat einmal in anderem Licht sehen: als Sepiabilder oder Fotos mit Infrarotfilter.

Zu seiner Blütezeit muss der Baphuon eines der spektakulärsten sakralen Gebäude Angkors gewesen sein. Er liegt 200 m nordwestlich des Bayon und stellt ebenfalls den mythologischen Berg Meru dar. Wahrscheinlich wurde der Bau unter Suryavarman I. begonnen und von Udayadityavarman II. vollendet. Er bildete das Zentrum der alten Hauptstadt, die sich hier vor dem Bau von Angkor Thom befand.

An der Westseite des Tempels stößt man auf die tragende Wand der zweiten Ebene. Sie wurde vermutlich im 15. oder 16. Jh. in einen 60 m langen liegenden Buddha umgearbeitet. Die unvollendete Figur ist schwierig zu erkennen, doch der Kopf befindet sich an der Nordseite der Mauer, und das Tor ist dort, wo die Hüfte sein soll; links davon ragt ein Arm heraus. Die Hände und die gänzlich verschwundenen Füße muss man sich selbst dazudenken. Gläubige Buddhisten nahmen das Projekt vor ca. 500 Jahren in Angriff – ein weiteres Indiz dafür, dass Angkor niemals völlig verlassen war.

KÖNIGSPALAST & PHIMEANAKAS

ភិមានអាកាស

Der Phimeanakas („Himmlischer Palast") erstreckt sich nahe dem Zentrum des ummauerten Gebiets, in dem früher der Königspalast stand. Bis auf zwei Sandsteinbecken unweit der Nordmauer ist von Letzterem nicht mehr viel übrig. Einst nutzte der Herrscher die Bassins für rituelle Waschungen, während hier heute Kinder aus der Umgebung baden. Östlich davon befindet sich die Elefantenterrasse. Mit dem Bau des Palasts wurde unter Rajendravarman II. begonnen, genutzt wurde er jedoch von Jayavarman V. und Udayadityavarman I. Später schmückten Jayavarman VII. (wer auch sonst?) und seine Nachfolger das Bauwerk weiter aus.

TIPP

Wer unter den erhöhten Dammweg klettert, der zum Baphuon führt, hat einen herrlichen Blick auf die zahlreichen stützenden Säulen.

Einige Wissenschaftler nehmen an, dass der Phimeanakas früher von einer goldenen Spitze gekrönt wurde. Mittlerweile kann man seine frühere Pracht nur noch erahnen, denn der Tempel sieht ziemlich heruntergekommen aus. Auch er ist eine pyramidenförmige Darstellung des Bergs Meru mit drei Ebenen. Leider sind fast alle Verzierungen abgebrochen oder verschwunden. Wegen der schönen Aussicht auf den Baphuon lohnt sich die Kletterei zur zweiten und dritten Ebene trotzdem.

PREAH PALILAY

ព្រះប៉ាលីឡៃ

Der Preah Palilay liegt etwa 200 m nördlich von der Nordmauer des Königspalasts. Er wurde während der Regierungszeit von Jayavarman VII. errichtet und barg ursprünglich einen Buddha, der jedoch schon lange verschwunden ist. Bedauernswerterweise sind die riesigen Bäume, die über dem Tempel aufragten, gefällt worden; damit ist auch die romantische Atmosphäre des Ortes ein wenig verloren gegangen.

TIPP

Die nordwestliche Mauer des Königspalasts ist ausgesprochen stimmungsvoll, da ihre Außenseite von riesigen Bäumen und Dschungelwein bedeckt ist – gut zu sehen auf dem Waldspaziergang vom Preah Palilay zum Phimeanakas.

TEP PRANAM

ទេពប្រណម្យ

150 m östlich vom Preah Palilay erstreckt sich das buddhistische Tep Pranam, eine 82 m lange und 34 m breite kreuzförmige Terrasse. Einst diente sie als Plattform einer Pagode. Ganz in der Nähe stößt man auf die Kopie eines 4,50 m hohen Buddhas und nicht weit entfernt lebt eine Gruppe buddhistischer Nonnen in einem aus Holz errichteten Kloster.

PREAH PITHU

ព្រះពិធូ

Diese Gruppe buddhistischer und hinduistischer Tempel aus dem 12. Jh. ist von einer Mauer umschlossen. Die Bauten beherbergen einige prächtig ausgeschmückte Terrassen und Wächtertiere in Form von Elefanten und Löwen. Preah Pithu liegt gegenüber von Tep Pranam auf der anderen Seite der nördlichen Straße.

TERRASSE DES LEPRAKÖNIGS

ទីលានព្រះគម្លង់

Die Terrasse des Leprakönigs liegt gleich nördlich von der Elefantenterrasse. Auf der 7 m hohen Plattform erhebt sich eine nackte, geschlechtslose Statue – ein weiteres Rätsel von Angkor. Die Originalfigur befindet sich im Nationalmuseum von Phnom Penh (S. 90). Einst sollen mindestens zwei der Könige von Angkor an Lepra gelitten haben, deshalb könnte die Skulptur für die beiden Männer stehen. Wahrscheinlich ist aber, dass sie Yama (Gott des Todes) verkörpert und dass die Terrasse das königliche Krematorium beherbergte.

Die vorderen Stützmauern sind mit mindestens fünf Reihen akribisch ausgeführter sitzender *apsaras* verziert, doch man sieht auch andere Figuren, darunter Könige mit spitzen Diademen und kurzen, zweischneidigen Schwertern, die von Gefolge und Prinzessinnen begleitet werden. Errichtet wurde die Terrasse im späten 12. Jh. zwischen dem Bau von Angkor Wat und des Bayon. Ursprünglich stand darauf ein aus leichten Materialien gebauter Pavillon.

Auf der Südseite (gegenüber der Elfantenterrasse) gibt's einen Zugang zur Vordermauer einer versteckten Terrasse, die durch den Bau der äußeren Strukturen überdeckt wurde. Dank der jahrhundelangen Verhüllung sehen die vier Reihen mit *apsaras* und anderen Figuren wie *nagas* so neu aus, als seien sie eben erst aus dem Stein gehauen worden. Einige Figuren blicken sehr furchterregend drein.

TIPP

Wenn man der Innenmauer der Leprakönig-Terrasse folgt, sollte man auf die immer gröberen Meißelspuren achten – ein Zeichen dafür, dass diese Mauer ebenso wie viele andere Tempel in Angkor niemals ganz fertig wurde.

ELEFANTENTERRASSE

ទីលានជល់ដំរី

Diese 350 m lange Terrasse diente als Tribüne bei öffentlichen Zeremonien sowie als Sockel für die Audienzhalle des Königs. Wenn man hier steht, kann man sich den überwältigen Prunk des Khmer-Reichs während seiner Blütezeit gut vorstellen: Infanterie, Kavallerie, Pferdekutschen und natürlich

DIE FAHRZEUGE DER GÖTTER

Ebenso wie wir Sterblichen benötigten auch die großen Hindugötter Transportmöglichkeiten. Der Garuda, ein Wesen halb Mensch, halb Vogel, dient als Fahrzeug Vishnus. Er ist in vielen Tempeln zu sehen und wurde später mit seiner Erzfeindin *naga* gemeinsam dargestellt, um unter Jayavarman VII. die religiöse Einheit zu fördern. Shiva dagegen ließ sich von Nandi durch die Gegend tragen. Rings um die Tempel verteilen sich einige Statuen des Reittieres; die meisten wurden allerdings zerstört oder von Kunsträubern gestohlen.

Elefanten marschieren bei Paraden in farbenfrohen Prozessionen umher, Flaggen und Standarten werden gehisst. Über allem thront der mit einem goldenen Diadem gekrönte Gottkönig im Schatten mehrstöckiger Sonnenschirme und umgeben von Mandarinen und Zofen, die Utensilien aus Gold und Silber tragen.

Fünf Treppen führen zum Hauptplatz, drei in der Mitte und eine an jedem Ende. Der mittlere Bereich der Stützmauer ist mit lebensgroßen Garudas und Löwen geschmückt, während sich an den Seiten die beiden Teile der berühmten Dickhäuterparade mitsamt den Führern der Tiere befinden.

Dem chinesischen Abgesandten Chou Ta-Kuan zufolge wurde Prasat Suor Prat auch für eine Art öffentliches Gericht genutzt: Während des Rechtsstreits mussten die beiden Parteien in jeweils einem Turm sitzen, bis eine Seite schließlich erkrankte und sich damit als schuldig erwies.

KLEANGS & PRASAT SUOR PRAT
ឃ្លាំង/ប្រាសាទសួព្រ័ត

Die beiden Gebäudegruppen an der Ostseite des Hauptplatzes nennt man Kleangs. Eventuell wurden der Nördliche (aus der Regierungszeit Jayavarmans V.) und der Südliche Kleang irgendwann einmal als Paläste genutzt.

Außerdem stehen hier zwölf Türme aus Laterit, zehn in einer Reihe und zwei weitere im rechten Winkel gegenüber der Siegesallee. Sie sind als Prasat Suor Prat bekannt, was so viel wie „Tempel der Seiltänzer" bedeutet. Archäologen halten Jayavarman VII. für den Bauherrn. Wahrscheinlich enthielt jeder ursprünglich ein Linga oder eine Statue. Man geht auch davon aus, dass Artisten zur Unterhaltung des Königs über Seile oder Seilbrücken balancierten, die zwischen den Türmen befestigt waren.

RUND UM ANGKOR THOM

BAKSEI CHAMKRONG
បក្សីចាំក្រុង

Südwestlich des Südtors von Angkor Thom liegt der Baksei Chamkrong, eines der wenigen Backsteinbauwerke in unmittelbarer Nachbarschaft von Angkor. Der kleine, aber wohlproportionierte Tempel war früher mit einer Schicht aus Kalkmörtel dekoriert. Wie nahezu alle anderen Bauwerke in Angkor weist seine Öffnung nach Osten. Harshavarman I. stellte im frühen 10. Jh. fünf Statuen in diesem Tempel auf, zwei von Shiva, eine von Vishnu und zwei von Devi.

Tolle Fotos der Angkor-Tempel sind auf der Webseite www.angkor-ruins.com (mit englischen Übersetzungen) zu sehen.

PHNOM BAKHENG
ភ្នំបាក់ខែង

Als Hauptattraktion des etwa 400 m südlich von Angkor Thom gelegenen Phnom Bakheng gilt der eindrucksvolle Sonnenuntergangsblick über Angkor Wat. Leider ist das Vergnügen etwas anstrengend, da Touristenhorden die Hänge des Hügels hinaufklettern und um gute Plätze auf dem Gipfel rangeln. Der Rückweg kann sich als noch schlimmer erweisen, denn es gibt keinerlei Beleuchtung. Manch einer kommt deshalb lieber frühmorgens, wenn noch nicht so viel Andrang herrscht und kühlere Temperaturen locken.

Darüber hinaus erhebt die Stätte den Anspruch, der erste Tempelberg in der Umgebung von Angkor zu sein. Yasovarman I. bevorzugte Phnom Bakheng gegenüber dem Roluos-Gebiet, wo sich die frühere Hauptstadt (samt ihren Tempelbergen) erstreckte.

Der Hügel hat fünf Stufen mit sieben Ebenen (einschließlich der Basis und der Spitze). Einst standen an der Basis 44 Türme und auf jeder Stufe weitere zwölf Bauten. Alle Zahlen haben eine symbolische Bedeutung: Die sieben Stufen verkörpern beispielsweise die sieben Himmel des Hinduismus, und die Gesamtzahl der Türme ohne die des Hauptheiligtums betrug 108, eine besonders glückverheißende Zahl, die auch in Bezug zum Mondkalender steht.

Besucher können mit Elefanten auf den Phnom Bakheng reiten (einfacher Weg 15 US$), sollten das Ganze jedoch im Voraus arrangieren, da sich die Ausflüge bei Reisegruppen großer Beliebtheit erfreuen.

TIPP

Um im warmen Licht des Spätnachmittags vom Gipfel des Phnom Bakheng ein gutes Foto von Angkor Wat zu machen, benötigt man mindestens ein 300-mm-Objektiv, denn der Tempel liegt 1,3 km entfernt.

CHAU SAY TEVODA

ចៅសាយទេវតា

Gleich östlich von Angkor Thoms Osttor erhebt sich der Chau Say Tevoda. Er wurde wahrscheinlich während der Herrschaft von Suryavarman II. im zweiten Viertel des 12. Jhs. gebaut und ist Shiva sowie Vishnu geweiht. Derzeit wird der Tempel von Chinesen mit dem Ziel restauriert, ihn vom Zustand her an das Niveau des Zwillingstempels Thommanon anzupassen.

WANDERUNGEN RUND UM DIE TEMPEL

Die Tempel von Angkor liegen über ein riesiges Gebiet des schwülwarmen tropischen Tieflands Kambodschas verstreut, daher sind sie kein ideales Wandergebiet. Andererseits ist das Gelände mit hohem Wald bedeckt, der jede Menge Schatten spendet – einen besseren Ausweg aus dem Gedränge als die Nebenstraßen zu den Tempeln kann man sich also gar nicht wünschen.

Viele Trekkingfans kommen am liebsten nach Angkor Thom, denn seine Größe ist überschaubar und die vielen Tempel innerhalb seiner Mauern bieten ein lohnendes Ziel. Man beginnt am spektakulären Südtor und bewundert die grandiose Darstellung vom „Quirlen des Milchmeers", ehe man sich von den Menschenmassen und ihren Motorfahrzeugen wieder verabschiedet. Über die Mauer der alten Stadt geht's Richtung Westen, mit guten Aussichten auf den gewaltigen Wassergraben rechter Hand und den dichten Dschungel zur Linken. Dieser Weg ist so ruhig, dass hier oft Waldvögel zu sehen sind. An der Südwestecke angekommen, kann man den Prasat Chrung bewundern, einen von vier identischen Tempeln an den Ecken der Stadt. Wenn man sich nach unten wendet, erblickt man den Zufluss zum Run Ta Dev: Die einst mächtige Stadt war in ihrer Blütezeit nämlich von Kanälen durchzogen.

Dann geht's auf der gigantischen Mauer Richtung Westtor weiter. Unterwegs passiert man linker Hand den riesigen Westlichen Baray. Am Westtor steigt man hinab und begutachtet den kunstvollen Hauptturm. Dann folgt man dem Pfad gen Osten ins Herz von Angkor Thom und lässt sich auch nicht durch die Schönheit des Bayon vom Weg abbringen, da dieser später den krönenden Abschluss bildet.

Richtung Norden lockt nun der Baphuon. Nach dem auch „größtes Puzzle der Welt" genannten Bauwerk geht's vorbei am kleinen Phimeanakas-Tempel und am Gelände des früheren Königspalasts, einem Bereich mit hoch aufragenden Bäumen, verwitterten Mauern und stimmungsvollem Pflanzendickicht zum kleinen, aber schönen Preah Palilay.

Nun mischt man sich erneut unter die Menge, indem man über die Terrasse des Leprakönigs und entlang der königlichen Aussichtsgalerie, der Elefantenterrasse, spaziert. Wer genug Zeit hat, wandert weiter Richtung Osten, um die Lateritürme von Prasat Suor Prat zu besuchen. Ansonsten folgt der Höhepunkt der Wanderung, der merkwürdige und grandiose Bayon, einer der mysteriösesten Tempel Angkors. Insbesondere für die Flachreliefs sollte man sich einen Moment nehmen, ehe man schließlich zu den legendären Gesichtern auf die obere Ebene steigt.

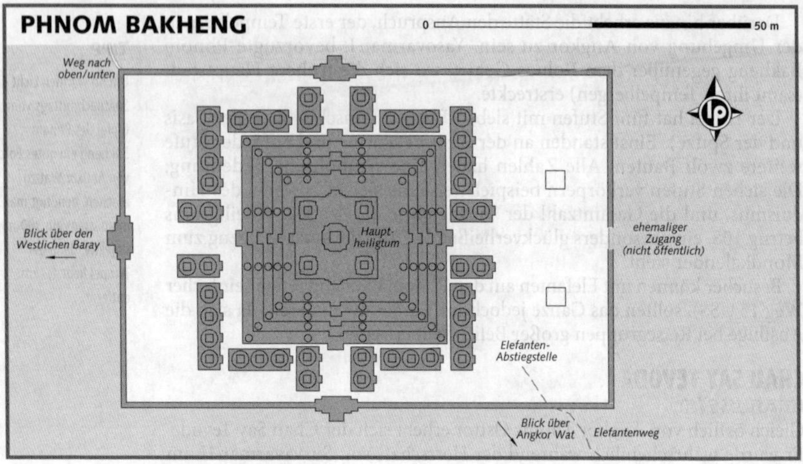

THOMMANON

ធម្មនន

Dieser Tempel direkt nördlich des Chau Say Tevoda gilt einerseits als einzigartig, gleichzeitig aber auch als Gegenstück zu seinem Nachbartempel, denn beide wurden etwa zur gleichen Zeit entworfen. Er ist ebenfalls Shiva und Vishnu geweiht und weist dank umfangreicher Restaurierungsarbeiten durch die EFEO in den 1960er-Jahren einen guten Zustand auf.

SPEAN THMOR

ស្ពានថ្ម

200 m östlich vom Thommanon erstreckt sich die Spean Thmor (auf Deutsch „Steinbrücke"), von der noch ein Bogen und mehrere Pfeiler zu sehen sind. Der letzte große Bauherr von Angkor, Jayavarman VII., legte zahlreiche Straßen mit riesigen Steinbrücken über Wasserläufe an. Spean Thmor ist als einzige große Brücke in der unmittelbaren Nähe von Angkor erhalten. Sie führt anschaulich vor Augen, wie sich der Wasserstand im Laufe der Jahrhunderte geändert hat, und liefert damit möglicherweise einen weiteren Anhaltspunkt für den Zusammenbruch des ausgedehnten Bewässerungssystems. Gleich nördlich der Brücke befindet sich ein großes Wasserrad.

In anderen Gegenden der Siem-Reap-Provinz stößt man auf spektakulärere Bauten, z. B. Spean Praptos mit 19 Bögen in Kompong Kdei am NH6 oder die 77 m breite Spean Ta Ong mit einer schönen *naga* 28 km östlich von Beng Mealea im Wald.

Inschriften zufolge wurde der Ta Keo während seines Baus vom Blitz getroffen. Dies könnte als böses Omen verstanden worden sein und seine Fertigstellung verhindert haben.

TA KEO

តាកែវ

Hätte man ihn vollendet, wäre der monumentale, undekorierte Tempel zweifellos eines der schönsten Bauwerke vor Ort. Er wurde von Jayavarman V. errichtet, ist Shiva geweiht und war zudem das erste gänzlich aus Sandstein bestehende Monument von Angkor. Die Spitze des zentralen Turms, der von vier niedrigeren Türmen an den Ecken des Platzes umgeben ist, misst fast 50 m. Für viele Tempelberge in Angkor gilt diese Anordnung übrigens als typisch.

Niemand weiß genau, wieso das Gebäude nie fertiggestellt wurde, eine wahrscheinliche Ursache könnte aber vielleicht der Tod von Jayavarman V.

gewesen sein. Vielleicht war es jedoch schlichtweg einfach nicht möglich, den Sandstein bildhauerisch zu bearbeiten, sodass hier deshalb keine Dekorationen zu finden sind.

TA NEI

តានី

Der 800 m nördlich von Ta Keo gelegene Ta Nei wurde von Jayavarman VII. gebaut. Ein wenig ähnelt die Atmosphäre hier der von Ta Prohm, wenn auch auf nicht ganz so ausgeprägte Weise: Moose und tentakelartige Wurzeln bedecken teilweise die äußeren Bereiche dieses kleinen Tempels. Dass nicht allzu viele Besucher herkommen, trägt ebenfalls zur besonderen Stimmung bei. Im Ta Nei ist heute die Ausbildungseinheit der Apsara-Behörde untergebracht (s. Kasten S. 174). Zum Ta Nei führt ein von den Franzosen gebauter Damm. Von Siem Reap ausgehend erreicht man diesen, wenn man gleich hinter dem Siegestor von Angkor Thom den nach links führenden langen Weg einschlägt.

TIPP

Wer durch den Wald vom Ta Nei zum Ta Keo geht, lässt garantiert die Menschenmassen hinter sich.

TA PROHM

តាព្រហ្ម

Angkors stimmungsvollste Ruine sollte auf der Prioritätenliste jedes Besuchers ganz weit oben stehen. Ihr Reiz liegt darin begründet, dass sie vom Dschungel „verschluckt" wurde und immer noch fast so aussieht wie zu der Zeit, als die ersten Europäer darauf stießen. Doch tatsächlich wird die Natur auch hier zurückgedrängt. Nur die größten Bäume bleiben unberührt, damit die Anlage gepflegt erscheint und nicht so rau wirkt wie z. B. Beng Mealea. Dennoch ist ein Besuch von Ta Prohm eine einzigartige Erfahrung. Der Tempel liegt in von Sonnenlicht gesprenkeltem Schatten und gigantische Wurzeln umklammern seine bröckelnden Türme und Mauern in einer kraftvollen Umarmung. Wenn Angkor Wat, der Bayon und andere Monumente das Genie der alten Khmer bezeugen, so erinnert diese Stätte an die ehrfurchtgebietende Fruchtbarkeit und Macht des Dschungels. Die altehrwürdige Ruine erlebt einen geradezu poetischen Kreislauf: Erst bezwangen die Menschen die Natur und schufen rasch ein Werk, nun besiegt wiederum die Natur die Menschen, indem sie langsam deren Bauten zerstört.

Einer beschrifteten Stele zufolge waren fast 80 000 Menschen nötig, um den Ta Prohm instand zu halten, darunter mehr als 2700 Beamte und 615 Tänzer.

1186 begann man mit der Errichtung des Bauwerks. Ursprünglich wurde es Rajavihara (Kloster des Königs) genannt, war ein buddhistischer Tempel und der Mutter von Jayavarman VII. geweiht. Es handelt sich um eines der wenigen sakralen Gebäude in und um Angkor, dessen Inschrift etwas über seine Bewohner und die von ihm abhängigen Menschen erzählt.

Ta Prohm gilt als Tempel der Türme, umschlossenen Höfe und engen Korridore. Viele Durchgänge sind nicht passierbar, denn der Weg ist durch Haufen kunstvoll behauener Steine versperrt, die von Wurzeln längst vermoderter Bäume von ihrem Platz verdrängt wurden. Flachreliefs auf sich wölbenden Mauern werden von Moosen, Flechten und Kletterpflanzen überwuchert und Büsche sprießen aus den Dächern monumentaler Portale. Darüber ragen einige jahrhundertealte Bäume auf, manche davon gestützt auf Bögen. Mit ihren Blättern filtern sie das Sonnenlicht und werfen einen grünen Schatten auf die gesamte Umgebung. Das berühmteste der vielen Wurzelflechtwerke befindet sich im östlichsten *gopura* (Eingangspavillon) des zentralen ummauerten Bereiches und trägt den Spitznamen Krokodilbaum. Früher konnte man auf die beschädigten Galerien klettern, inzwischen wurde dies jedoch verboten, um sowohl den Tempel als auch die Besucher zu schützen. Viele der lose aufliegenden Steine wiegen mindestens eine Tonne und würden ernsthaften Schaden anrichten, wenn sie herunterfielen.

Lara Croft (alias Angelina Jolie) pflückte vom sogenannten *Tomb-Raider*-Baum einen Jasminzweig ab, ehe sie hinabstürzte in die … Pinewood Studios.

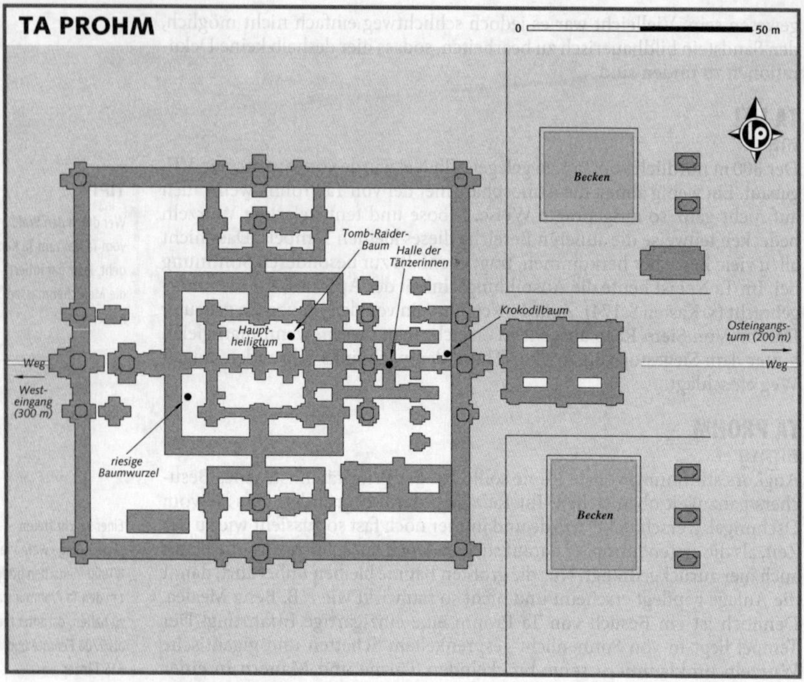

BANTEAY KDEI & SRA SRANG

បន្ទាយក្ដី និង ស្រះស្រង់

Der Banteay Kdei, ein massives buddhistisches Kloster aus dem späten 12. Jh., ist von vier konzentrischen Mauern umgeben. Seine äußere Umrandung misst 500 mal 700 m. Jeder der vier Eingänge ist mit Garudas geschmückt, die wiederum die vier Gesichter des Avalokiteshvara in die Höhe halten – eines der Lieblingsthemen von Jayavarman VII. Das Innere des zentralen Turms wurde nie vollendet und große Teile des Tempels sind wegen der überhasteten Bauweise verfallen. Hier herrscht viel weniger Andrang als beim nahe gelegenen Ta Prohm, deshalb lohnt sich ein Besuch auf jeden Fall.

Östlich der Klosteranlage befindet sich ein sehr altes Wasserbecken namens Sra Srang (Wasserbecken für rituelle Waschungen). Es misst 800 mal 400 m und war dem König sowie dessen Gefolge vorbehalten. Auf der winzigen Insel in der Mitte stand früher ein hölzerner Tempel, von dem nur noch der steinerne Sockel übrig ist. An diesem schönen Gewässer kann man einen friedlichen Sonnenaufgang erleben.

PRASAT KRAVAN

ប្រាសាទក្រវ៉ាន់

Von außen wirkt der Prasat Kravan nicht sehr beeindruckend. Sein verborgener Schatz sind die in die Backsteinwände der Türme gemeißelten Reliefs. 921 wurden diese fünf Türme in einer nach Osten ausgerichteten Nord-Süd-Reihe als hinduistische Heiligtümer errichtet. Ungewöhnlicherweise gab nicht der König den Auftrag für den Tempelbau, was die Abgelegenheit der Stätte erklärt. Sie erhebt sich direkt südlich der Straße von Angkor Wat nach Banteay Kdei.

1968 wurde der Prasat Kravan teilweise restauriert, deshalb erstrahlen die Backsteinreliefs nun wieder in ihrem altem Glanz. Die Darstellungen von Vishnu im größten Turm zeigen auf der Rückwand ein Porträt der achtarmigen Gottheit. Auf der linken Wand sieht man, wie Vishnu die drei riesigen Schritte macht, mit denen er die Welt zurückeroberte (s. Kasten S. 199), und auf der rechten Wand ist zu erkennen, wie er auf einem Garuda reitet. Die Flachreliefs des nördlichsten Turms bilden Vishnus Gefährtin Lakshmi ab.

EIN NACHRUF AUF NHIEM CHUN ***Nick Ray***

Nhiem Chun war ebenso eine Ikone von Angkor wie die verschlungenen Wurzeln, die allmählich die uralten Steine von Ta Prohm ersticken. Er wird für immer als der „Straßenkehrer von Ta Prohm" in Erinnerung bleiben, denn er stand jeden Tag tief gebeugt und krumm über den Steinen, um die hinabgefallenen Blätter wegzufegen.

Ich traf Nhiem erstmals 1995 bei meiner Erkundung von Ta Prohm. Damals war er rüstig und beweglich und glitt auf der Suche nach Laub behende über eingestürzte Säulen und heruntergefallene Steine oder unter moosbedeckten Torrahmen hindurch. Seine Gesichtszüge waren ebenso fein gemeißelt und charaktervoll wie die wunderschönen *devadas*, die in langen Reihen die Galerien schmücken.

Jahre später machte ihn Lonely Planet unsterblich, als sein ikonenhaftes Bild als Titelfoto für den Einband der vierten englischen Ausgabe des Kambodscha-Reiseführers ausgewählt wurde, eine perfekte Wiedergabe von Nhiem vor dem *Tomb-Raider*-Baum. Bald gehörte er zur ersten Liga der Angkor-Prominenz, da nun zahlreiche Menschen ein Foto von ihm machen wollten.

Nhiem Chun wurde etwa zur selben Zeit geboren wie König Sihanouk, doch ihre Leben hätten nicht unterschiedlicher sein können. Nhiem wuchs auf dem Land auf, wo er Büffel hütete und bei der Ernte half. 1941 begann er nach einer zufälligen Begegnung mit Henri Marchal, dem hiesigen Kurator, in Angkor als einfacher Arbeiter und half bei der Tempelrestaurierung. Dies war der Beginn einer lebenslangen Liebe zu den Stätten, und Nhiem war es bestimmt, die nächsten 65 Jahre seines Lebens inmitten der heiligen Steine zu arbeiten.

Als aber die Roten Khmer an die Macht kamen, stürzte seine Welt in sich zusammen. Nhiem sagte: „In den 1970er-Jahren wurde unser Leben über den Haufen geworfen. Nun musste ich auf dem Land arbeiten. Man hatte keine Wahl. Man wäre ermordet worden." Seine beiden Söhne, kostbarer noch als die Tempel, verschwanden während dieser Zeit. „Als die Kämpfe vorüber waren, wurden meine Kinder immer noch vermisst. Man sagte mir, sie wären von den Roten Khmer getötet worden und man habe ihre Kehlen mit geschärften Palmwedeln von Zuckerpalmen aufgeschlitzt", erinnert er sich.

2006 kam die BBC nach Kambodscha, um die Dokumentarserie *Imagine … Who Cares About Art?* zu drehen, und Nhiem Chun, der jederzeit loyale Hüter von Ta Prohm, wurde unser „Thema". Wir verbrachten mehrere Tage mit ihm und erfuhren von seinem Leben, seinen Lieben und seinen Verlusten. Bei einem Spaziergang sinnierte er: „Je älter ich werde, desto mehr liebe ich diesen Ort. Die Tempel verkörpern den Geist der kambodschanischen Nation. Ich könnte einen von ihnen in einem vergangenen Leben gebaut haben. Wenn ich keine Verbindung dazu hätte, wäre ich heute nicht hier, um mich darum zu kümmern."

„Jetzt bin ich alt. Ich kann die Bauten nun nicht mehr schützen", meinte er wehmütig, „Doch wenn ich nicht mehr bin, werden die Steine immer noch hier sein. Diese Tempel sind Symbole unserer Seele. Wir werden nicht überleben, wenn wir uns nicht darum kümmern."

Wie die alten Steine von Ta Prohm und sein geliebter König Sihanouk hat auch Nhiem Chun Höhen und Tiefen durchlebt. Er verbrachte sein Leben inmitten von Schönheit und Brillanz, aber er erlebte auch die hässliche Seite der Menschen. Dennoch ging das Leben weiter und die Blätter fielen nach wie vor. „Wenn ich nicht fege, werden die Blätter den Tempel bedecken. Ich muss es also tun", stellte er fest. Er war wirklich ein Mann für alle Zeiten.

Nhiem Chun verstarb im April 2009. Ta Prohm hat seinen großen Helden und Beschützer verloren. Lasst uns hoffen, dass die nächste Generation sein Erbe fortsetzt.

PREAH KHAN

ព្រះខ័ន

Der Preah Khan (Heiliges Schwert) ist einer der größten Tempelkomplexe von Angkor, ein Gewirr aus gewölbten Korridoren, wunderbaren Bildhauerarbeiten und von Flechten überwuchertem Mauerwerk. Er bildet eine gute Alternative zu Ta Prohm und wird nicht ganz so oft besucht. Jayavarman VII. errichtete die Stätte, die ihm wahrscheinlich als Residenz diente, während Angkor Thom im Bau war. Wie Ta Prohm ist er eine Ansammlung hoher, geschlossener Räume und enger Korridore, doch im Gegensatz zu diesem befindet sich der Preah Khan dank der anhaltenden Restaurierungsbemühungen des World Monuments Fund in einem relativ guten Zustand.

> Im Preah-Khan-Tempel gelang eine echte Zusammenführung: Der Osteingang ist mit seinen gleich großen Toren dem Mahayana-Buddhismus gewidmet, während die Pforten der anderen Himmelsrichtungen Shiva, Vishnu und Brahma Tribut zollen und der Reihe nach immer kleiner werden; damit betonen sie das dem Hinduismus innewohnende Wesen der Ungleichheit.

1191 wurde das Hauptheiligtum des Tempels fertiggestellt. Eine große Steinstele erzählt viel über die Rolle Preah Khans als Zentrum der Religion und des Lernens. Sie stand ursprünglich innerhalb der ersten östlichen Einfassung, ist aber nun bei Angkor Conservation (s. Kasten S. 174) in Sicherheit. Weil die Anlage 515 Gottheiten geweiht ist, fanden hier im Laufe eines Jahres 18 bedeutende Feste statt. Alleine für den Betrieb des sakralen Komplexes wurden Tausende von Personen benötigt.

Preah Khan erstreckt sich über ein großes Gebiet, doch der eigentliche Tempel liegt innerhalb einer rechteckigen Ummauerung von 700 m Breite und 800 m Länge. Vier Prozessionsgänge führen zu seinen Toren. Genau wie der Zugang zu Angkor Thom werden sie durch eine fantastische Darstellung vom „Quirlen des Milchmeers" eingerahmt, allerdings sind die meisten Köpfe verschwunden. Vom Hauptheiligtum führen vier lange, gewölbte Galerien in alle vier Himmelsrichtungen. Die meisten innere Mauern des Preah Khan waren früher mit Stuck bedeckt, der durch Löcher im Stein

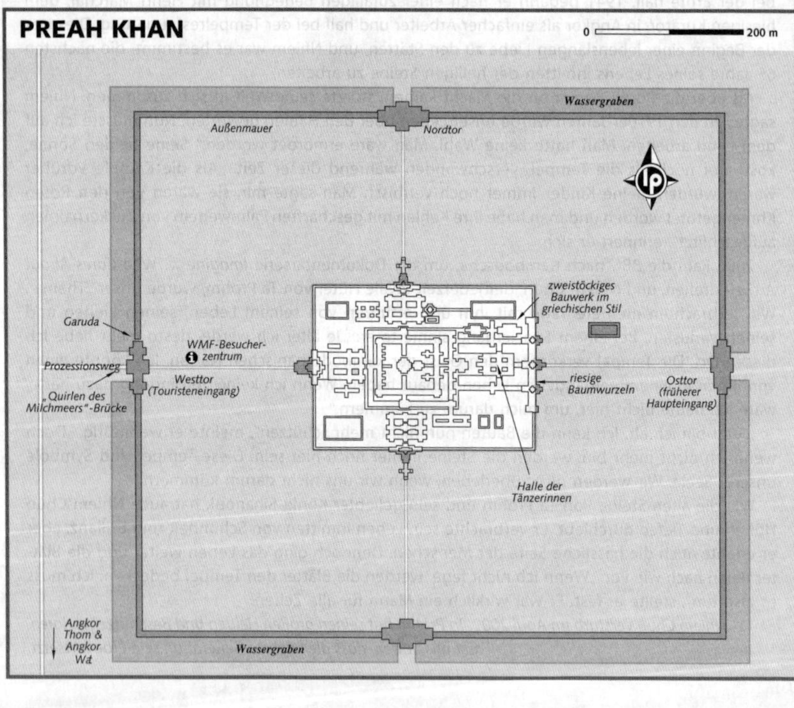

WIE VISHNU MIT DREI SCHRITTEN DIE WELT EROBERTE

Eine der beliebtesten Inkarnationen von Vishnu war der Zwerg Vamana, der die Welt vom bösen Dämonenkönig Bali zurückerobern wollte. Höflich bat Vamana diesen um ein Stück Land zum Meditieren, das nur so groß sein müsse, wie er mit drei Schritten abmessen könne.

Als der Dämon zustimmte, verwandelte sich der Zwerg plötzlich in einen mächtigen Riesen, der mit drei enormen Schritten das Universum einnahm. Aus dieser Legende, die im Prasat Kravan dargestellt ist, stammt Vishnus gelegentlicher Beiname *trivikrama* (drei Schritte).

verankert war. Zahlreiche kunstvolle Reliefs sind erhalten geblieben, darunter Darstellungen von *rishis* und *apsaras*.

Der Haupteingang befindet sich im Osten, doch fast alle Touristen kommen durch das Westtor in der Nähe der Hauptstraße, gehen den Tempel entlang bis zum Osttor, steuern dann auf das Hauptheiligtum zu und verlassen die Stätte schließlich durch das Nordtor. Bei der Annäherung von Westen sieht man kaum Hinweise auf die Natur, doch an der äußeren Stützmauer des Osttors finden sich zwei Bäume, deren monströse Wurzeln die Steine umklammern. Einer davon wächst nach wie vor weiter. Auf dem Tempelgelände steht auch ein merkwürdiges zweistöckiges Bauwerk im griechischen Stil, dessen Zweck unbekannt ist. Es sieht aus wie ein Zufluchtsort der alten Athener. Man kann den Tempel übrigens auch von Norden her betreten und im Osten verlassen.

Einst lag der Preah Neak Pean im Zentrum eines 3 km langen und 900 m breiten *baray*, der Preah Khan versorgte. Wegen einer neuen Öffnung in der Deichstraße ist der *baray* nun teilweise wieder mit Wasser gefüllt. In der zweiten Hälfte des Jahres 2009 musste man auf dem Weg zum Tempel sogar über eine 100 m lange Bohlenbrücke gehen.

PREAH NEAK PEAN

ព្រះនាគព័ន្ធ

Der Preah Neak Pean (Tempel der ineinander verschlungenen *nagas)* ist ein kleines, aber perfektes buddhistisches Bauwerk aus dem 12. Jh. von – wer hätte es gedacht – Jayavarman VII. Er beherbergt ein großes, quadratisches Wasserbecken, das von vier kleineren quadratischen Becken umgeben ist. In der Mitte des Hauptbassins liegt eine kreisförmige, von zwei *nagas* umringte „Insel", deren ineinander verflochtenen Schwänzen der Tempel seinen Namen verdankt. Wenn Angkor eines Tages in Las Vegas oder Macao als Kasino nachgebaut wird, kann man jede Wette eingehen, dass Preah Neak Pean die Vorlage für den ultimativen Swimmingpool liefern wird.

Ursprünglich zierten vier Statuen das Becken rund um die Insel, doch heute ist hier nur noch eine Skulptur zu sehen; sie wurde von französischen Archäologen, die diese Stätte von der Vegetation befreiten, aus Resten rekonstruiert. Die merkwürdige Gestalt hat den Körper eines Pferdes, der auf etlichen menschlichen Beinen ruht. Sie bezieht sich auf eine Legende, der zufolge Avalokiteshvara einst eine Gruppe schiffbrüchiger Anhänger von einer Kannibaleninsel rettete, indem er sie in fliegende Pferde verwandelte. Eine wunderschöne Kopie dieser Statue schmückt den großen Kreisverkehr am internationalen Flughafen von Siem Reap.

Früher sprudelte das Wasser vom Hauptbecken durch vier verzierte Speier, die sich noch heute in den Pavillons an den Achsen des Bassins befinden, in die vier äußeren Bassins: ein Elefantenkopf, ein Pferdekopf, ein Löwenkopf und ein Menschenkopf. Das Becken wurde für rituelle Reinigungshandlungen benutzt.

TIPP

Der eindrucksvollste Anblick von Ta Som ist der gigantische Baum, der mit seinen Wurzeln die östliche *gopura* komplett umschlungen hält. Er gilt als eines der stimmungsvollsten Fotomotive im Angkor-Gebiet.

TA SOM

តាសោម

Dieser buddhistische Tempel aus dem späten 12. Jh. liegt östlich vom Preah Neak Pean und ist ebenfalls von Jayavarman VII. – sozusagen dem Donald Trump des alten Kambodschas – erbaut worden. Sein zentraler Bereich

FRUCHTBARKEITSSYMBOLE

Fruchtbarkeitszeichen sind in den Tempeln von Angkor weit verbreitet. Ursprünglich war das Linga, ein Phallussymbol, in den Türmen der meisten hinduistischen Tempel zu finden. Es sitzt in einer *yoni*, dem weiblichen Fruchtbarkeitssymbol. Kombiniert können Linga und *yoni* heiliges Wasser erzeugen, das die sexuelle Energie der Schöpfung enthält. Brahmanen gossen das Wasser über das Linga, von wo es durch die *yoni* und kunstvoll gearbeitete Rinnen zu den Tempeln floss und von den Pilgern getrunken wurde.

glich bei Redaktionsschluss zwar noch einer Ruine, doch die Restaurierung durch den WMV sollten bald abgeschlossen sein.

ÖSTLICHER BARAY & ÖSTLICHER MEBON

បារាយខាងកើត/មេបុណ្យខាងកើត

Der Östliche Mebon wird von Erdrampen flankiert: Sie geben einen Hinweis darauf, dass der Tempel nie vollendet wurde und dienen darüber hinaus als Orientierungspunkte für die Konstruktion der hiesigen Bauwerke.

Der enorme Wasserspeicher, der als Östlicher Baray bekannt ist, wurde unter Yasovarman I. angelegt. Er ließ in jeder der vier Ecken eine Stele errichten. Das inzwischen völlig ausgetrocknete Becken bildete das wichtigste öffentliche Projekt in Yasodharapura, der Hauptstadt unter Yasovarman I. Es ist 7 km lang, 1,8 km breit und wurde einst vom Siem-Reap-Fluss gespeist.

Den auch Östlicher Mebon genannten Hindutempel baute Rajendravarman II. Ursprünglich stand das Monument auf einer Insel in der Mitte des Östlichen Baray, doch inzwischen liegt es mehr oder weniger auf dem Trockenen. Es wirkt wie eine kleinere Version des weiter südlich sich erhebenden Pre Reup, der 15 bis 20 Jahre später gebaut wurde. Der Komplex in Form eines Tempelbergs wird von dem inzwischen vertrauten Turmquintett gekrönt. Seine aufwendigen Backsteinschreine sind mit sorgfältig verteilten Löchern gespickt, die als Verankerungen für den ursprünglich vorhandenen Stuck dienten. An den Ecken der Basis wachen perfekt gearbeitete, größtenteils sehr gut erhaltene Steinfiguren auf Elefanten über den Tempel.

PRE RUP

ប្រែរូប

Der Pre Rup 1 km südlich des Östlichen Mebon geht auf Rajendravarman II. zurück. Wie seine in der Nähe liegenden Vorgänger besteht er aus einem pyramidenförmigen Tempelberg mit fünf Lotustürmen auf der obersten der drei Ebenen. Das Heiligtum aus Backsteinen war ursprünglich ebenfalls mit Stuck verziert; Reste davon findet man noch am südwestlichen Turm, der erstaunlich detailreiche Schnitzereien an den Türstürzen aufweist. Einige der äußersten östlichen Türme sind allerdings dem Einsturz nahe und werden durch hölzerne Gerüste gestützt.

TIPP

Der Pre Rup gilt als einer der beliebtesten Orte von Angkor, um den Sonnenuntergang zu betrachten, denn der Blick über die Reisfelder ist wunderschön, auch wenn einige hoch aufragende Bäume die Aussicht beeinträchtigen.

Pre Rup bedeutet „Wenden des Körpers“ und bezieht sich auf traditionelle Riten bei der Leichenverbrennung – eventuell ein Hinweis darauf, dass der Tempel früh als königliches Krematorium genutzt wurde.

BANTEAY SAMRÉ

បន្ទាយសំរែ

Dieser Tempel stammt aus derselben Periode wie Angkor Wat und wurde von Suryavarman II. gebaut. Aufgrund von umfangreichen Restaurierungsarbeiten befindet er sich in einem relativ guten Zustand, allerdings hat seine isolierte Lage in den vergangenen Jahrzehnten einige Kunsträuber angelockt. Das Gelände besteht aus einem Haupttempel mit vier Flügeln. Davor erstrecken sich eine Halle und ein Innenhof mit zwei Bibliotheken, von denen die südliche noch erstaunlich gut erhalten ist. Das gesamte Ensemble wird von zwei großen konzentrischen Mauern eingefasst, zwischen denen einst ein einzigartiger Wassergraben verlaufen sein muss, der inzwischen aber leider ausgetrocknet ist.

Der Banteay Samré liegt 400 m östlich vom Östlichen Baray. Touristen folgen einfach der Straße nach Banteay Srei bis zum Dorf Preah Dak und gehen dann weiter geradeaus, anstatt links abzubiegen. Der Besuch des Tempels lässt sich gut mit einem Ausflug zum Banteay Srei oder Phnom Bok verbinden.

WESTLICHER BARAY & WESTLICHER MEBON

បារាយខាងលិច និងមេបុណ្យខាងលិច

Der Westliche Baray ist ganze 8 km lang und 2,3 km breit. Er wurde von Hand angelegt, um Wasser für die intensive Landwirtschaft rings um Angkor bereitzustellen. Nur zur Verdeutlichung: Man hat diese riesigen Speicher nicht im eigentlichen Sinne ausgegraben, sondern am Rand entlang gewaltige Deiche errichtet. Im Zentrum des Westlichen Baray stößt man auf die Ruine des Westlichen Mebon; in diesem Tempel hat man die riesige Bronzestatue von Vishnu gefunden, die jetzt im Nationalmuseum von Phnom Penh (S. 90) zu sehen ist. Vom Damm am Südufer kann man zum Westlichen Mebon rudern (10 US$ pro Boot).

Der Westliche Baray wird von vielen Einheimischen als Schwimmbad genutzt (besonders samstags und sonntags). An seinem westlichen Ende erstreckt sich ein kleiner Strand mit Picknickhütten, außerdem kann man dort Autoschläuche als Schwimmringersatz ausleihen.

ROLUOS-GRUPPE

រលួស

Die Bauwerke von Roluos, Hauptstadt Indravarmans I., gehören zu den frühesten dauerhaften Khmer-Tempeln und stehen für den Beginn der klassischen Khmer-Kunst. Zuvor wurden in der Regel nur leichtere (und weniger haltbare) Baumaterialien wie Backsteine verwendet.

Die Stätten liegen etwa 13 km östlich von Siem Reap am NH6, unweit dem heutigen Ort Roluos.

PREAH KO

ព្រះគោ

Der Preah Ko wurde im späten 9. Jh. unter Indravarman I. errichtet und war Shiva geweiht. Seine sechs nach Osten ausgerichteten Türme sind in zwei Reihen angeordnet und mit Sandstein- sowie Stuckreliefs verziert. Der Hauptturm der vorderen Reihe ist deutlich größer als die anderen Bauten. Hier finden sich einige der besten noch erhaltenen Beispiele für Stuckarbeiten von Angkor. Bei Redaktionsschluss führte vor Ort ein deutsches Team Restaurierungsmaßnahmen durch. An den Torpfosten der Bauwerke sind kunstvolle Inschriften in der altindischen Sprache Sanskrit erhalten.

Die Türme von Preah Ko (Heiliger Ochse) werden von drei *nandis* (heilige Stiere) bewacht; diese sehen so aus, als seien ihnen im Laufe der Jahre bereits ein paar Steaks herausgeschnitten worden. 880 n. Chr. widmete Indravarman I. die Anlage seinen göttlichen Vorfahren. Die vorderen Bauten beziehen sich auf männliche Vorfahren oder Götter, die hinteren auf weibliche Ahnen oder Göttinnen. Löwen bewachen die zum Tempel hinaufführenden Stufen.

TIPP

Auf der Straße zwischen Preah Ko und Bakong liegt die Weberei **Prolung Khmer** (www.prolungkhmer.blogspot.com), in der stilvolle Baumwoll-*kramas* (Tücher) produziert werden. Das Ausbildungszentrum ist ein Kooperationsprojekt von Kambodschanern und Japanern.

TIPP

Zwischen dem Bakong-Tempel und Roluos-Stadt kann man im einladenden **Bakong Tea Garden** (☎ 092-956145; tgl. 8–17 Uhr; ♿) eine Pause einlegen und ein erfrischendes Getränk genießen. Neben einem herzlichen Willkommen erwarten einen in dem schönen Holzhaus verschiedene frisch gebackene Kuchen, leckerer Eistee und mehrere Kaffeesorten. Mit dem Gewinn werden lokale Projekte unterstützt.

BAKONG

បាគង

Gleich nördlich vom Osteingang des größten und interessantesten Tempels der Roluos-Gruppe stößt man auf ein aktives buddhistisches Kloster, das bei Redaktionsschluss gerade restauriert wurde. Der Shiva geweihte Bakong geht auf Indravarman I. zurück, repräsentiert den Berg Meru und war einst der zentrale Tempel der Stadt. Er ist nach Osten ausgerichtet und besteht aus einer Sandsteinpyramide mit fünf Ebenen auf einer 60 m² großen quadratischen Basis, die von acht Türmen aus Ziegeln und Sandstein (bzw. deren Überresten) sowie anderen kleineren Heiligtümern flankiert wird. Einige der acht Türme unterhalb des oberen zentralen Turms sind noch mit dem originalen Stuckverputz bedeckt.

Das Heiligtum auf der fünften Ebene des Bakong wurde erst während der Regierungszeit von Suryavarman II. hinzugefügt und ist im Stil des zentralen Turms von Angkor Wat gebaut.

Der Komplex wird von drei konzentrischen Mauern und einem Wassergraben umschlossen. In den Ecken der drei untersten Ebenen des Hauptheiligtums befinden sich gut erhaltene steinerne Elefanten und auf der dritten Ebene sieht man insgesamt zwölf Stupas, drei an jeder Seite.

LOLEI

លលៃ

Die vier Ziegeltürme des Lolei ließ Yasovarman I., Gründer der ersten Stadt Angkors, auf einem Inselchen in einem großen Wasserspeicher errichten – heute liegen sie inmitten von Reisfeldern. Sie sind nahezu identische Kopien der Preah-Ko-Türme, allerdings in viel schlechterer Verfassung. Eine Betrachtung lohnen vor allem die Sandsteinschnitzereien in den Nischen der Tempel und die Sanskrit-Inschriften an den Türpfosten. Einer Inschrift zufolge widmete Yasovarman I. die Türme am 12. Juli 893 seinen Eltern und seinen Großeltern mütterlicherseits.

RUND UM ANGKOR

PHNOM KROM

ភ្នំក្រោម

Dieser etwa 12 km südlich von Siem Reap gelegene Tempel wurde im 9. oder frühen 10. Jh. unter Yasovarman I. auf einem Berg mit Blick über den Tonlé-Sap-See errichtet. Sein Name bedeutet „Niedrigerer Hügel“, was auf seine geografische Lage in Bezug auf die Schwestertempel Phnom Bakheng und Phnom Bok hinweist. Die drei Türme sind Vishnu, Shiva und Brahma (von Norden nach Süden) geweiht und mittlerweile eigentlich nur noch Ruinen. Doch Phnom Krom ist nach wie vor einer der ruhigeren Orte der Gegend, um den Sonnenuntergang zu betrachten, außerdem gibt es hier einen aktiven Wat. In der Nähe legen Schnellboote aus Phnom Penh an, allerdings kann man das Bauwerk vom Fuß des Hügels aus noch nicht sehen. Wer per *moto* oder Auto herkommt, sollte seinen Fahrer dazu überreden, einen bis ganz nach oben zu bringen, ansonsten steht ein langer Aufstieg in der sengenden Hitze bevor.

TIPP

Inzwischen benötigt man ein Ticket für Angkor, um den Tempel auf dem Gipfel des Phnom Krom zu besuchen. Ohne braucht man gar nicht erst herzukommen, denn die Wärter lassen einen in dem Fall nicht nach oben.

PHNOM BOK

ភ្នំបូក

Der Phnom Bok ist der dritte Tempelberg, den Yasovarman I. im späten 9. oder frühen 10. Jh. bauen ließ. Dieser friedliche, aber abgelegene Ort wird nur selten besucht. Das kleine Bauwerk auf dem Gipfel weist einen annehmbaren Zustand auf. Aus den Ruinen zweier Türme wachsen zwei Wachsblumenbäume empor – wenn sie blühen, sieht das wie eine extravagante Frisur aus. Was den Besuch von Phnom Bok aber eigentlich lohnenswert macht, ist der Blick von dem 212 m hohen Hügel zum Phnom Kulen im Norden und über die Ebene von Angkor im Süden. Am anderen Ende des Bergs sind die Reste eines 5 m hohen Lingas zu sehen, und man geht davon aus, dass es solche Phallussymbole auch auf dem Phnom Bakheng und dem Phnom Krom gegeben hat. Weil die An- bzw. Rückfahrt viel Zeit in Anspruch nimmt, sollte man darauf verzichten, sich hier den Sonnenauf- oder -untergang anzusehen.

Phnom Bok liegt etwa 25 km von Siem Reap entfernt und ist von der Straße zum Banteay Srei aus deutlich zu erkennen. Man erreicht den Hügel, indem man der Straße zum Banteay Samré noch weitere 6 km folgt. Wer will, kann auch eine Rundfahrt unternehmen und auf dem Rückweg nach Siem Reap die Tempel von Roluos besuchen. Dazu hält man sich Richtung Süden anstatt nach Westen. Unterwegs locken schöne Aussichten auf die ländliche Umgebung.

TIPP

Ein serpentinenreicher Pfad führt in etwa 20 Minuten auf den Phnom Bok. Über die Treppe geht's schneller, sie liegt allerdings größtenteils in der Sonne. Dementsprechend sollte man die Mittagshitze meiden und viel Wasser mitnehmen, das man in der Gegend kaufen kann.

CHAU SREI VIBOL

ចៅស្រីវិបុល

Der hübsche kleine Tempel auf dem Gipfel eines Hügels wurde in der Vergangenheit nur von wenigen Touristen besucht, weil er schwer zu erreichen war. Dank neuer Straßen kommt man nun aber viel schneller hierhin. Das Hauptheiligtum ist nur noch eine Ruine, bildet aber einen schönen Kontrast zum nahe gelegenen modernen Wat. Wände aus Laterit umgeben den Fuß des Hügels, jede mit einer kleinen Eingangshalle in ziemlich gutem Zustand. Zum Tempel gelangt man über die Nationalstraße von Roluos nach Anlong Veng, die man etwa 8 km nördlich des NH6 oder 5 km südlich des Phnom Bok Richtung Osten verlässt. Auf die Abzweigung weist ein kleines Schild hin, das man leicht übersieht. Doch keine Panik: Die Bewohner dieser Gegend sind freundlich und hilfsbereit, falls man sich verfährt.

BANTEAY SREI

បន្ទាយស្រី

Für viele Besucher ist die „Kunstgalerie von Angkor" die Krönung, denn der Shiva geweihte Hindutempel aus einem rosa schimmernden Stein enthält einige der formvollendetsten Steinmetzarbeiten dieser Welt. Er ist zwar einer der kleinsten Tempel, doch was ihm an Größe fehlt, macht er durch Klasse wett. Darüber hinaus weist er einen hervorragenden Zustand und größtenteils dreidimensionale Steindekorationen auf.

Sein Bau begann 967. Er gehört zu den wenigen Angkor-Tempeln, die nicht von einem König in Auftrag gegeben wurden, sondern von einem Brahmanen, möglicherweise dem Lehrer von Jayavarman V. Das quadratische Heiligtum weist im Osten und Westen Eingänge auf, zum östlichen Eingang führt ein Dammweg. Interessant sind vor allem die üppig dekorierten Bibliotheken und die drei zentralen Türme, die mit männlichen und weiblichen Gottheiten und wunderschönen filigranen Reliefs verziert wurden.

Zu den berühmten Steinmetzarbeiten des Banteay Srei gehören zarte Frauen in klar erkennbaren traditionellen Röcken mit Lotusblumen in der Hand sowie atemberaubende Darstellungen von Szenen aus dem *Ramayana*

1923 wurde der Franzose André Malraux in Phnom Penh verhaftet, weil er versucht hatte, mehrere Statuen und Teile von Skulpturen aus dem Banteay Srei zu stehlen. Ironie der Geschichte: Unter Charles de Gaulle ernannte man Malraux später zum Kulturminister.

an den Ziergiebeln der Bibliotheken. Doch auch sonst ist nahezu jeder Quadratzentimeter der inneren Bauwerke mit kunstvollen Dekorationen bedeckt. Mehrere mythische Hüter wachen über diese perfekte Schöpfung, wobei es sich bei allen Figuren um Kopien handelt: Ihre Originale befinden sich im Depot des Nationalmuseums von Phnom Penh (S. 90).

Die Restaurierung des Bauwerks in den 1930er-Jahren war die erste wichtige Maßnahme der EFEO, bei der die Anastilosis-Methode angewandt wurde. Wie heute deutlich zum Ausdruck kommt, hatte das Projekt Erfolg und führte dazu, dass bald darauf größere Projekte wie der Bayon in Angriff genommen wurden.

Bei der Wiederentdeckung des Banteay Srei nahm man zunächst an, der Tempel würde aus dem 13. oder 14. Jh. stammen, da die hervorragenden Steinmetzarbeiten am Ende der Angkor-Periode entstanden sein mussten. Später wurde er aufgrund von neu entdeckten Inschriften auf 967 datiert. Einige Wissenschaftler fordern erneut eine Revision dieses Datums mit der Begründung, der Stil des Tempels und seine Steinmetzkunst seien mit nichts vergleichbar, was man aus dem 10. Jh. kennt. Neuere Überlegungen gehen davon aus, dass einige Bauten von Angkor mehrmals zerstört und wiederaufgebaut wurden – so wie einige der großen Kathedralen Europas – und dass sich die Stele mit den besagten Inschriften auf ein früheres Bauwerk an dieser Stelle bezieht, nicht auf das erlesene Schmuckstück, das wir heute sehen. Wie auch immer, der Banteay Srei ist eine Augenweide.

Er liegt etwa 21 km nordöstlich vom Bayon bzw. 32 km (ca. 45 Min.) von Siem Reap entfernt. Die Straße ist gut ausgeschildert und durchgängig befestigt. Viele Fahrer von *motos* und *remork-motos* verlangen einen relativ hohen Preis für die weite Strecke, deshalb sollte man sich vorher über den Preis einigen. Man kann den Besuch des Tempels auch mit einer Tour nach Kbal Spean zum „Fluss der Tausend Lingas" und zum Beng Mealea verbinden. Eine Kombination mit dem Banteay Samré und Phnom Bok ist ebenfalls möglich.

> Banteay Srei bedeutet „Zitadelle der Frauen": Der Legende nach soll der Tempel von einer Frau gebaut worden sein, da die kunstvollen Schnitzereien für die Hand eines Mannes viel zu fein seien.

> Der Banteay Srei war der erste bedeutende Tempel, der restauriert und hinsichtlich seiner touristischen Einrichtungen komplett erneuert wurde. Dazu gehören ein großer Parkplatz, ein Verkaufsbereich, Besucherinformationen und eine hochmoderne Kunstausstellung zur Geschichte der Stätte und ihrer Erhaltung.

KBAL SPEAN
ក្បាលស្ពាន

Das spektakulär eingeschnittene Flussbett tief im Dschungel nordöstlich von Angkor wird oft als „Fluss der Tausend Lingas" bezeichnet. Tatsächlich bedeutet Kbal Spean „Brückenkopf" und bezieht sich auf den natürlichen Felsübergang an dieser Stelle. Aus dem Gestein des Flussbetts wurden kunstvolle Phallussymbole herausgemeißelt und der ganze Abschnitt ist mit Skulpturen von Hindugottheiten gespickt.

Zu den steinernen Kunstwerken windet sich ein schöner, 2 km langer Pfad, der an einigen interessanten Felsformationen vorbeiführt. Am besten nimmt man reichlich Wasser mit nach oben, denn hinter dem Parkplatz gibt's keins mehr zu kaufen. Im oberen Teil des Flusses stößt man auf eine beeindruckende Skulptur von Vishnu, danach folgen mehrere Steinreliefs am Brückenkopf. Leider wurden einige davon in den letzten paar Jahren abgehackt. Das Gebiet ist jetzt mit Seilen abgesperrt, um die Abbildungen vor weiteren Beschädigungen zu schützen.

Flussabwärts sieht man weitere eindrucksvolle Figuren von Vishnu sowie von Shiva mit seiner Gefährtin Uma. Noch weiter unten stehen Hunderte

> **TIPP**
> Die Erkundung von Kbal Spean beginnt man am besten mit den ins Felsgestein des Flusses gemeißelten Skulpturen und schließt sie mit dem Wasserfall ab, der Abkühlung verheißt.

ACHTUNG LANDMINEN!

Bei einem Besuch von Kbal Spean oder Phnom Kulen sollte man niemals die Wege verlassen, denn man könnte auf eine Landmine treten.

Lingas im Flussbett. Oberhalb des Wasserfalls folgen steinerne Tierbildnisse, etwa von einer Kuh und einem Frosch. Ein Pfad schlängelt sich um die Steine herum zu einer hölzernen Treppe, die zum unteren Ende des Wasserfalls führt. Wer zwischen Januar und Mai kommt, könnte eine kleine Enttäuschung erleben, denn dann gibt es hier sehr wenig Wasser. Am schönsten ist es von Juli bis Dezember.

Nahe am Fuß des Hügels befindet sich das Naturschutzzentrum **Angkor Centre for Conservation of Biodiversity** (www.accb-cambodia.org), zu dessen Zielen es gehört, bedrohte Tiere zu retten, aufzupäppeln und wieder auszuwildern. Die Besichtigung des ACCB täglich um 13 Uhr kann arrangiert werden. Zu den bedrohten Arten, die hier gegenwärtig untergebracht sind, gehören der Kappengibbon, der Silberlangur, der Langsame Lori (Faulaffe), die Zibetkatze und die Bengalkatze (Leopardkatze).

Kbal Spean wurde 1969 „entdeckt", als ein *essai* dem französischen EFEO-Ethnologen Jean Boulbet die Gegend zeigte. Bald darauf wurde der Zugang zum Gebiet wegen des Bürgerkriegs unmöglich; erst seit 1998 ist es hier wieder sicher.

Kbal Spean liegt 50 km nordöstlich von Siem Reap, vom Banteay Srei sind es nur noch 18 km. Die Straße wurde hervorragend ausgebaut, weil sie Bestandteil der neuen Verbindung Richtung Norden ist, die vom NH6 nach Anlong Veng und zur thailändischen Grenze führt. Aus diesem Grund dauert die Tour von der Stadt auch nur etwa eine Stunde.

Moto-Fahrer verlangen mit Sicherheit einen relativ hohen Preis für die Strecke. Ein Tagesausflug einschließlich eines Besuchs des Banteay Srei sollte etwa 12 bis 15 US$ kosten. Fahrer von *remork-motos* heben den Betrag zumeist auf 20 US$ an. Für eine Fahrt mit dem Auto hierher wird ebenfalls ein Zuschlag erhoben. Der Besuch von Kbal Spean ist in den Tickets für Angkor enthalten. Die letzte Einlassmöglichkeit besteht um 15.30 Uhr.

PHNOM KULEN
ភ្នំគូលេន

Die Khmer betrachten den Phnom Kulen als heiligsten Berg des Landes. An Wochenenden und Feiertagen dient er deshalb als beliebter Wallfahrtsort. In der Geschichte spielt er eine wichtige Rolle, denn hier ernannte sich Jayavarman II. selbst zum *deravaja* (Gottkönig) und erklärte die Unabhängigkeit von Java – die Geburtsstunde des modernen Kambodschas. Auf dem Gipfel thront ein Tempel (Wat Preah Ang Thom) mit einem großen **liegenden Buddha** aus Sandstein und ganz in der Nähe stürzt ein großer **Wasserfall** herab. Darunter befinden sich kleine Badestellen sowie etliche Skulpturen, z. B. zahlreiche Lingas. Ein privater Unternehmer hat vor einem Jahrzehnt die Straße planiert und verlangt nun von ausländischen Besuchern eine Gebühr von 20 US$, verglichen mit den sonstigen Preisen in Angkor eine heftige Summe.

TIPP

Günstigere Tickets für den Phnom Kulen zum Preis von 12 US$ bekommt man im City Angkor Hotel in Siem Reap.

Die Strecke führt 20 km durch eine teilweise spektakuläre Dschungellandschaft aufwärts, ehe sie das Plateau erreicht und sich gabelt: Links geht's zum Picknickplatz, zum Wasserfall und zu den Ruinen eines Tempels aus dem 9. Jh., rechts über eine Brücke und vorbei an einigen Skulpturen im Fluss zum liegenden Buddha. Letzterer bildet für die Khmer das Zentrum ihrer Wallfahrt, darum sollte man unbedingt daran denken, seine Schuhe auszuziehen und den Kopf zu bedecken, ehe man die Stufen zum Heiligtum betritt. Die Aussicht vom 487 m hohen Gipfel über die bewaldete Ebene ist grandios.

Eigentlich gilt der Wasserfall als malerischer Ort, sehr viel schöner wäre er allerdings ohne die ganzen Picknickabfälle der Familien, die am Wochenende herkommen. Oben erhebt sich in der Nähe der Kaskade ein vom Dschungel bedeckter Tempel aus dem 9. Jh., **Prasat Krau Romeas** genannt.

Auf dem Phnom Kulen gibt's noch zahlreiche andere Angkor-Stätten, darunter 20 kleinere Tempel rund um das Plateau. Am bedeutendsten ist der **Prasat Rong Chen**, die erste Pyramide bzw. der erste Tempelberg im Gebiet von Angkor. Die riesigen steinernen Tierskulpturen oder Hüter des Bergs, bekannt als **Sra Damrei**, wirken jedoch noch beeindruckender. Leider sind sie schwer zu erreichen, weil sich der Weg durch verminte Abschnitte des Bergs schlängelt (unbedingt auf dem Pfad bleiben!) und während der Regenzeit unpassierbar ist. Die wenigen Besucher, die es bis hierher schaffen, werden für ihre Mühen aber mit der lebensgroßen Steinstatue eines Elefanten (4 m lang, 3 m hoch) sowie kleineren Figuren von Löwen, Fröschen und einer Kuh belohnt. Sie stehen an der Südseite des Bergs und der Blick über die unten sich ausbreitende Ebene ist einfach spektakulär. Um herzukommen, muss man vom Wat Preah Ang per *moto* etwa 12 km auf sehr schlechten Strecken durch dichtes Waldgebiet zurücklegen, bis man auf eine Felswand stößt. Dann geht's noch 1 km zu Fuß durch den Wald bis zu den Tieren. Man sollte nicht versuchen, den Weg allein zu finden, und darauf gefasst sein, dass der *moto*-Fahrer (nach harten Verhandlungen) 8 US$ verlangt. Unbedingt genug Wasser mitnehmen, denn unterwegs bekommt man keins mehr!

TIPP

Um Begegnungen mit anderen Autos oder Motorrädern auf der engen Straße zu vermeiden, darf man nur bis 11 Uhr auf den Phnom Kulen fahren und erst ab 12 Uhr wieder herunter.

Vor dem Bau der Straße mussten Besucher den Berg erklimmen und dann über das Plateau zum liegenden Buddha wandern. Der Fußweg führt etwa 2 km steil aufwärts, dann geht es ca. eine Stunde oben auf dem Plateau entlang. Etwa 15 km östlich der neuen Straße windet sich der Pfad zu einer kleinen Pagode, Wat Chou genannt. Sie liegt an einer Felswand, aus der eine *tuk chou (Quelle)* entspringt. Ihr Wasser gilt als heilig und die Khmer füllen sich gerne etwas davon in Flaschen ab. Irgendwann fließt es in den Tonlé-Sap-See und segnet nach Vorstellung der Khmer die Wasserläufe des Landes.

Der Phnom Kulen ist ein riesiges Bergplateau etwa 50 km von Siem Reap bzw. 15 km vom Banteay Srei entfernt. Um über die neue Mautstraße herzukommen, nimmt man an der gut ausgeschilderten Gabelung vor dem Banteay-Srei-Dorf die rechte Abzweigung und fährt an den Kreuzungen immer geradeaus. Kurz bevor die Strecke auf den Berg hinaufführt, kommt eine Schranke, wo man die 20 US$ bezahlt.

Moto-Fahrer verlangen wahrscheinlich mindestens 15 US$ für die Tour, und auch für Mietwagen muss man einen ordentlichen Aufschlag einkalkulieren: Man zahlt mehr als das Doppelte der in Angkor üblichen Preise. Die Anfahrt per *remork-moto* kann man sich gleich aus dem Kopf schlagen, denn der Anstieg ist einfach zu steil.

BENG MEALEA

បឹងមាលា

Einige Aufnahmen für den Abenteuerfilm *Zwei Brüder* (2004) wurden in Beng Mealea gemacht. Dabei setzte man insgesamt 20 Tiger aller Altersgruppen ein.

Der Beng Mealea, einer der mysteriösesten Tempel, bietet einen spektakulären Anblick, denn hier spielt die Natur verrückt. Er wurde im 12. Jh. von Suryavarman II. nach demselben Grundriss wie Angkor Wat erbaut und bildet die ultimative Indiana-Jones-Kulisse. Ein massiver, heute teilweise ausgetrockneter Wassergraben umschließt die 1200 mal 900 m große Anlage.

Früher hatte der Dschungel den gesamten Tempel im Griff, doch inzwischen ist ein Teil der dichten Vegetation zurückgeschnitten und beseitigt worden. Besucher betreten das Heiligtum von Süden und bahnen sich ihren Weg über Haufen sorgfältig gemeißelter Sandsteinblöcke, durch lange, dunkle Kammern sowie zwischen herabhängenden Weinranken hindurch. Der zentrale Turm ist völlig eingestürzt, doch zwischen den Trümmern und

HARMONY FARM

Im Beng-Mealea-Dorf gibt's ein kleines Waisenhaus namens **Harmony Farm** (www.harmonyfarm-cambodia.org). Auf Wunsch führen einen die Angestellten herum. Freiwillige können Unterrichtsstunden in Englisch geben und sind auch für längere Aufenthalte gern gesehen.

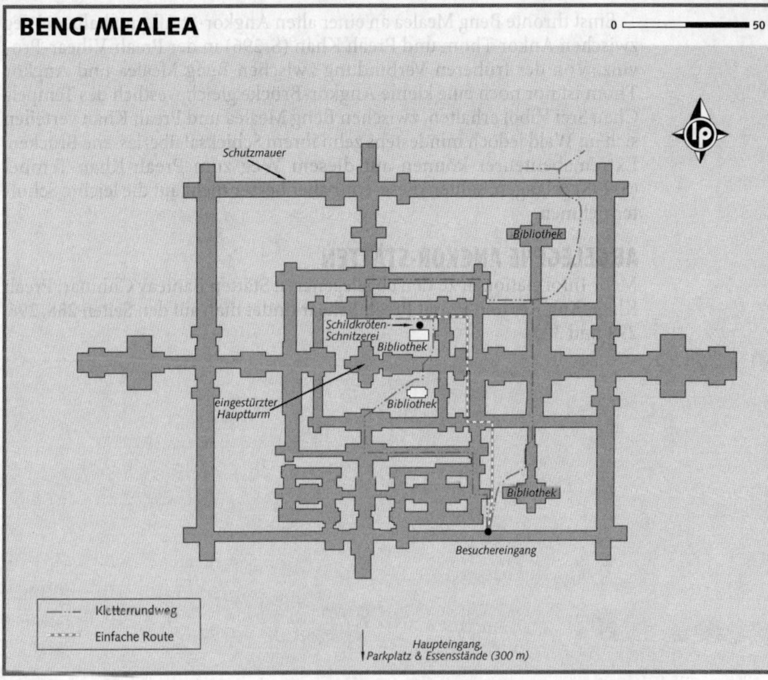

Blättern finden sich einige beeindruckende Bildhauerarbeiten und im nordöstlichen Viertel steht eine gut erhaltene Bibliothek. Dieser Tempel ist ein ganz besonderer Ort, und man sollte sich viel Zeit lassen, um ihn gründlich zu erforschen. Apsara-Wärter können einem zeigen, wo es erlaubt ist, über die Steine zu klettern und Mauern zu erklimmen. Ursprünglich wurde der große Weg aus Holzplanken für die Dreharbeiten von *Zwei Brüder* (2004) des Regisseurs Jean Jacques Annauds gebaut. Der Film mit zwei Tigerjungen in den Hauptrollen spielt in den 1930er-Jahren in Französisch-Indochina.

Einige Hundert Meter hinter den Restaurants gegenüber vom Tempeleingang liegen ein paar einfache Unterkünfte, die von einheimischen Familien geführt werden, eine Beschilderung gibt's aber nicht.

Ein Besuch von Beng Mealea kostet 5 US$, hinzu kommen kleinere Beträge für den Transport; man sollte vorher mit dem Fahrer oder Guide klären, wer diese Kosten übernimmt.

Der Tempel liegt ca. 40 km Luftlinie östlich des Bayon und 6,5 km südöstlich vom Phnom Kulen. Auf der Straße sind es von Siem Reap 68 km: Mit dem Auto benötig man eine Stunde, per *moto* oder *remork-moto* entsprechend länger. Für Individualreisende bietet es sich an, Beng Mealea, Kbal Spean und Banteay Srei in einer langen Tagestour zu kombinieren.

Der kürzeste Weg führt über die an einer Kreuzung gelegene Stadt Dam Dek, 37 km von Siem Reap entfernt in Richtung Phnom Penh am NH6. Gleich hinter dem Markt biegt man Richtung Norden ab und folgt dieser Straße 31 km. Der Tempeleingang befindet sich gleich hinter der Abzweigung nach links in Richtung Koh Ker. Frühmorgens fahren Pick-ups von Dam Dek nach Beng Mealea. Für die Fahrt in der Kabine zahlt man etwa 6000 R, hinten 4000 R.

Einst thronte Beng Mealea an einer alten Angkor-Straße auf halbem Weg zwischen Ankor Thom und Preah Khan (S. 296) in der Preah-Vihear-Provinz. Von der früheren Verbindung zwischen Beng Mealea und Angkor Thom ist nur noch eine kleine Angkor-Brücke gleich westlich des Tempels Chau Srei Vibol erhalten, zwischen Beng Mealea und Preah Khan verteilen sich im Wald jedoch mindestens zehn ihrem Schicksal überlassene Brücken. Extremabenteurer können auf diesem Weg zum Preah-Khan-Tempel (S. 298) gelangen, sollten diese Tour aber besser nicht auf die leichte Schulter nehmen.

ABGELEGENE ANGKOR-STÄTTEN

Mehr Informationen zu den abgelegeneren Stätten Banteay Chhmar, Preah Khan, Koh Ker und Prasat Preah Vihear findet man auf den Seiten 288, 296, 298 und 303.

Südküste

Kambodschas Südküste ist gesäumt von tropischen Stränden, unberührten Mangrovenwäldern und einsamen Inseln. Darüber hinaus gibt es hier Nationalparks von globaler ökologischer Bedeutung und zwei unheimliche, teilweise verlassene Ferienorte aus der Kolonialzeit. Die Gegend bietet großartige Attraktionen für Luxusurlauber und Abenteurer und ist über eine direkte Überlandroute von Bangkok aus erreichbar.

Kampot, Kambodschas wichtigste Hafenstadt bis zur Gründung Sihanoukvilles 1959 hat sich noch etwas von seinem Charme aus der französischen Zeit bewahrt. Hier kann man nicht nur prima entspannen, sondern auch einen Besuch des Bokor-Nationalparks planen. Kep, einer der exklusivsten Strandorte des Landes, wurde während des Regimes der Roten Khmer und des Bürgerkriegs zerstört, erlebt aber ein langsames Comeback. Die florierende Stadt Sihanoukville liegt eine kurze Fahrt vom Ream-Nationalpark und eine ein- bis dreistündige Bootsfahrt von den besten Sporttauchgründen des Landes entfernt.

Der wilde, abgelegene Westteil der Südküste wird vom undurchdringlichen Dschungel des Kardamom-Gebirges beherrscht, einem der größten und besterhaltenen Waldgebiete Südostasiens. Entlang des National Highways 48 (NH48) erstreckt sich der Koh Kong Conservation Corridor, ein Anziehungspunkt für Ökotouristen, von Krong Koh Kong nahe der thailändischen Grenze bis zum Golf von Kompong Som nordwestlich von Sihanoukville.

Darüber hinaus locken unweit der vietnamesischen Grenze einige fantastische Höhlentempel, die Region Takeo und Angkor Borei, Geburtsstätte von Kambodschas alter Zivilisation im 5. Jh.

HIGHLIGHTS

- Im **Koh Kong Conservation Corridor** (S. 216) abgelegene Inseln, einsame Strände, unberührte Regenwälder, von Mangroven gesäumte Flüsse und rauschende Wasserfälle erkunden
- **Sihanoukville** (S. 226) wartet mit herrlichen Stränden, tropischen Inseln, tollen Tauchspots und einem lebendigen Nachtleben auf
- Den in Nebel gehüllten **Bokor-Nationalpark** (S. 248) mit seinem (manchmal) atemberaubenden Blick auf die Küste besuchen
- Im ruhigen **Kampot** (S. 241), einer charmanten Stadt am Fluss, einige der besterhaltenen architektonischen Kolonialbauten bewundern und alle viere von sich strecken
- Rund um **Kep** (S. 251, das 1950er-Jahre-Mekka des kambodschanischen Jetsets, entlegene Inseln ansteuern und frische Meeresfrüchte genießen

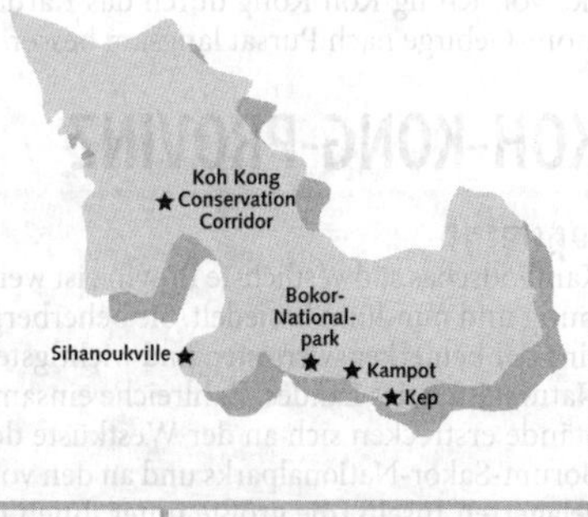

HÖHE: 0–1800 M	EINWOHNER: 1,8 MIO.	FLÄCHE: 27 817 KM²

An- & Weiterreise

Vom Internationalen Flughafen Sihanoukville (S. 238) kann man eventuell schon bald nach Siem Reap, Phnom Penh und in ein paar Städte außerhalb Kambodschas fliegen. Darüber hinaus ist derzeit eine Fährverbindung von Kep zur vietnamesischen Phu-Quoc-Insel in Planung.

In der Südküstenregion gibt's einen internationalen Grenzübergang nach Thailand und zwei ins vietnamesische Mekong-Delta:

- Cham Yeam–Hat Lek (S. 373): 10 km westlich von Krong Koh Kong und 92 km südöstlich der thailändischen Stadt Trat liegt Kambodschas zweitbeliebtester Grenzübergang nach Thailand (Poipet besetzt den ersten Platz). Er dient als Tor zum Koh Kong Conservation Corridor, einem Paradies für Ökotourismus.
- Prek Chak–Xa Xia (S. 375): Der Grenzübergang befindet sich 18 km südlich von Kompong Trach, 41 km südöstlich von Kampot und 9 km nordwestlich der vietnamesischen Stadt Ha Tien.
- Phnom Den–Tinh Bien (S. 375): 58 km südlich von Takeo. Der Übergang wird oft von Radlergruppen benutzt, weil der NH2 über einige der am besten befestigten Straßenränder des Landes verfügt.

Phnom Penh ist über den NH4, eine stark befahrene Mautstraße, mit Sihanoukville verbunden. Busse sind günstig und verkehren häufig. Obwohl der NH3 zwischen der Hauptstadt und Kampot verläuft, nehmen Busse die lange Route über Angk Tasaom (nahe Takeo), Kampong Trach und Kep. Der asphaltierte NH2 verbindet Phnom Penh mit Takeo und dem Grenzübergang Phnom Den–Tinh Bien, außerdem wird die verrufene Dschungelstrecke von Krong Koh Kong durch das Kardamom-Gebirge nach Pursat langsam besser.

KOH-KONG-PROVINZ

ខេត្តកោះកុង

Kambodschas südwestlichste Provinz ist weitläufig und nur dünn besiedelt. Sie beherbergt eine der bemerkenswertesten und wichtigsten Naturstätten des Landes. Zahlreiche einsame Stände erstrecken sich an der Westküste des Borum-Sakor-Nationalparks und an den vorgelagerten Inseln (die größte unter ihnen ist Koh Kong) während im Inland üppig grüne Regenwälder mit einem gigantischen Ökotourismus-Potenzial wachsen.

Als bester Ausgangspunkt, um den ungezähmten Dschungel der Gegend zu erforschen, der sich entlang des Koh Kong Conservation Corridor erstreckt, gilt die Flussstadt Krong Koh Kong 10 km von der thailändischen Grenze. Von hier aus bringen einen Motorboote zu tosenden Wasserfällen, abgelegenen Inseln, Sandbuchten und Fischerdörfern auf Stelzen.

KRONG KOH KONG

ក្រុងកោះកុង

☎ 035 / 29 500 Ew.

Krong Koh Kong, einst der Wilde Westen Kambodschas, dessen isolierte Grenzwirtschaft von Schmuggel, Prostitution und Glücksspiel bestimmt wurde, ist auf dem Weg, anständig zu werden. Das Zentrum wirkt noch schmuddelig, aber dafür dient die Stadt als Ausgangspunkt zu atemberaubenden Küstenabschnitten und Berggegenden. Die immer höheren Zahlen an Ökotouristen haben die Sexurlauber größtenteils in die Flucht geschlagen.

Zu den von hier aus zugänglichen Highlights des Koh Kong Conservation Corridor (S. 216) zählen das Peam-Krasaop-Schutzgebiet, die Koh-Kong-Insel, die Westküste des Botum-Sakor-Nationalparks sowie zahlreiche Wasserfälle.

Details zum Grenzübergang Cham Yeam–Hat Lek nach Thailand siehe S. 373.

Orientierung

Krong Koh Kongs Geschäftszentrum liegt zwischen dem Markt Psar Leu, der im Süden an der Straße 2 endet, sowie dem Kreisverkehr an der Kreuzung der Straßen 3 und 8. Die Straße 1 verläuft am Stung Koh Poi entlang, einem 2 km breiten Meeresarm, über den eine Zollbrücke führt. Der NH48 wird in der Stadt auch als Straße 5 bezeichnet.

Praktische Informationen

Gästehäuser, Hotels und Pubs – darunter das Oasis Bungalow Resort, die Bob Bar, das Fat Sam's und das Blue Marlin – sind die besten Orte, um Informationen zur Gegend zu bekommen. Ansonsten kann man auch die inoffizielle Webseite von Koh Kong (www.kohkong.com) besuchen oder sich eine kostenlose Ausgabe des Schwarz-Weiß-Magazins *Koh Kong Visitors Guide* besorgen. Thailändische Handys funktionieren hier.

SÜDKÜSTE

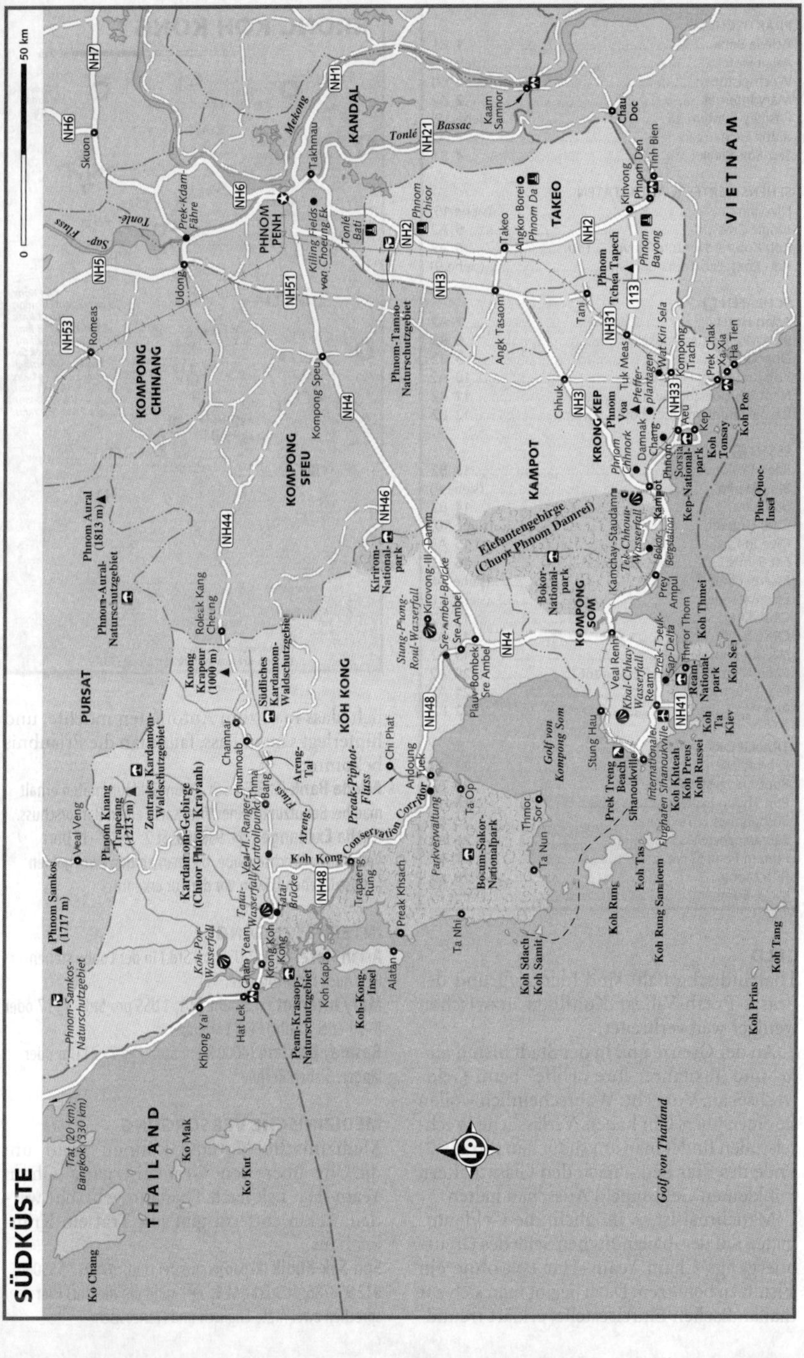
SÜDKÜSTE
0
50 km
THAILAND
VIETNAM
Ko Chang
Ko Mak
Ko Kut
Trat (20 km);
Bangkok (330 km)
Phnom-Samkos-
Naturschutzgebiet
Phnom Samkos
(1717 m)
Veal Veng
Phnom Knang
Trapeang
(1213 m)
Zentrales Kardamom-
Waldschutzgebiet
Kardamom-Gebirge
(Chuor Phnom Kravanh)
PURSAT
Phnom-Aural-
Naturschutzgebiet
Phnom Aural
(1813 m)
KOMPONG
CHHNANG
Romeas
NH53
NH5
NH6
NH7
Skuon
Udong
Prek-Kdam-
Fähre
Tonlé-
Sap-
Fluss
PHNOM
PENH
Mekong
KANDAL
NH1
Takhmau
Tonlé
Bassac
NH21
Kaam
Samnor
Chau
Doc
Killing Fields
von Choeung Ek
Tonlé
Bati
Phnom
Chisor
NH2
NH51
NH3
Phnom-Tamao-
Naturschutzgebiet
Takeo
Angkor Borei
Phnom Da
TAKEO
Kirivong
Phnom Den
Tinh Bien
Phnom
Tchea Tapech
Phnom
Bayong
113
Tani
NH31
Angk Tasaom
Kompong Speu
KOMPONG
SPEU
NH4
NH44
Roleak Kang
Cheung
Knong
Krapeur
(1000 m)
Südliches
Kardamom-
Waldschutzgebiet
KOH KONG
Kirirom-
National-
park
NH46
Kirivong-III-Damm
Stung-Phong-
Roul-Wasserfall
Sre-Ambel-Brücke
Sre Ambel
Plauv Bombek
NH48
Chi Phat
Andoung
Tuek
Preak-Piphot-
Fluss
Areng-
Tal
Areng-
Fluss
Chamnat
Chumnoab
Thma
Bang
Veal-II.-Ranger-
Kontrollpunkt
Koh Kong
Conservation Corridor
Tatai-
Wasserfall
Tatai-
Brücke
Trapaeng
Rung
Preak Khsach
Koh-Por-
Wasserfall
Cham Yeam
Krong Koh
Kong
Hat Lek
Khlong Yai
Peam-Krasaop-
Naturschutzgebiet
Koh Kapi
Koh-Kong-
Insel
Alatan
Parkverwaltung
Botum-Sakor-
Nationalpark
Ta Op
Ta Nhi
Thmor
Sor
Ta Nun
Koh Sdach
Koh Samit
Golf von
Kompong Som
Elefantengebirge
(Chuor Phnom Damrei)
KAMPOT
Bokor-
National-
park
KOMPONG
SOM
Kamchay-Staudamm
Tek-Chhouu-
Wasserfall
Kampot
Bokor-
Bergstation
Prey
Ampul
Veal Renh
Kbal-Chhay-
Wasserfall
Ream
Prek-Tdeuk-
Sap-Delta
Thmor Thom
Ream-
National-
park
NH41
Stung Hau
Prek Treng
Beach
Sihanoukville
Internationaler
Flughafen Sihanoukville
Koh Khteah
Koh Preus
Koh Russei
Koh
Ta
Kiev
Koh Sek
Koh Thmei
Koh Rung
Koh Tas
Koh Rung Samloem
Golf von Thailand
Koh Prins
Koh Tang
Chhuk
NH3
KRONG KEP
Phnom
Voa
Tuk Meas
Pfeffer-
plantagen
Phnom
Chhnork
Damnak
Chang
Phnom
Sorsia
Aeu
Kep
NH33
Wat Kiri Sela
Kompong
Trach
Prek Chak
Xa Xia
Ha Tien
Kep-National-
park
Koh
Tonsay
Koh Pos
Phu-Quoc-
Insel

SÜDKÜSTE

PRAKTISCHES

Acleda Bank	1 B1
Asian Hotel	(siehe 7)
Wechselstuben	(siehe 17)
Mary Internet	2 A2
Rasmey Buntam	(siehe 12)
Ratha Exchange	3 A2
Sen-Sok-Klinik	4 B1

SEHENSWERTES & AKTIVITÄTEN

Dive Inn	(siehe 15)
Jungle Cross	5 A2
Koh Kong Adventure Travel & Tours	6 A2
Koh Kong Eco Tours	(siehe 9)

SCHLAFEN

Asian Hotel	7 A2
Blue Moon Guesthouse	8 B3
Dugout Hotel	9 B2
Koh Kong City Hotel	10 A2
Neptune Guesthouse	11 B2
Rasmey Buntam Guesthouse	12 B2

ESSEN

Baan Peakmai	13 B2
Blue Marlin	(siehe 8)
Bob Bar	14 B2
Café Laurent	(siehe 10)
Dive Inn	15 A3
Fat Sam's	16 A2
Essensstände	(siehe 24)
Essensstände	(siehe 21)
Obststände	17 A2
Obststände	18 A2
Nachtmarkt	19 B2
Phou Mint Koh Kong Restaurant	20 A2
Psar Leu	21 A2
Pun Pun Supermarket	22 B2

TRANSPORT

Fahrradläden	23 A2
Bootsanlegestelle	24 A2
Bun Thoun Express	(siehe 9)
Busbahnhof & Taxistand	25 B1
Fähranlegestelle	26 A2
Phnom Penh Sorya	27 A2
Rith Mony	28 B2
Virak-Buntham	(siehe 9)

KRONG KOH KONG

0 — 500 m

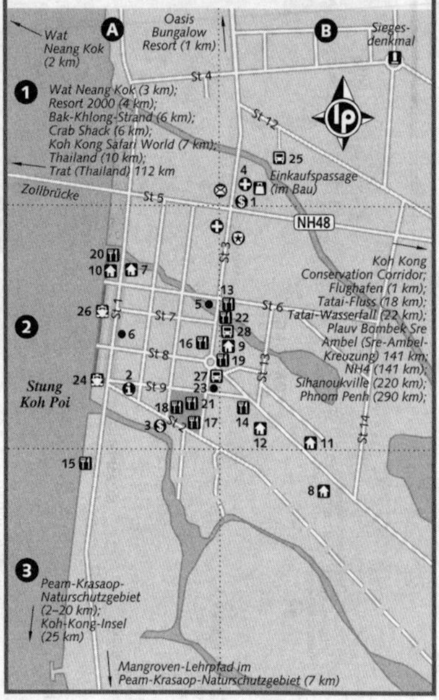

GELD

Thailändische Baht sind hier aufgrund des Prasat-Preah-Vihear-Konflikts inzwischen weniger weit verbreitet.

An der Grenze und in der Stadt bieten *moto-* und Taxifahrer ihre „Hilfe" beim Geldwechsel an. Vorsicht: Wahrscheinlich wollen sie einen übers Ohr hauen. Verlässliche Wechselstuben findet man am südlichen (Straße 2) Ende des Psar Leu – nach den Glasschaltern mit kleinen Geldstapeln Ausschau halten.

Manchmal ist es möglich, die Geldautomaten auf der thailändischen Seite des Grenzübergangs Cham Yeam–Hat Lek ohne ein Visum zu benutzen. Dazu begibt man sich zur thailändischen Einreisestelle, erklärt freundlich, dass man zum Automaten möchte, und hinterlegt seinen Pass, falls man die Erlaubnis bekommt.

Acleda Bank (St 3 Ecke St 5) Am Geldautomaten erhält man bei Benutzung seiner Visa-Karte einen Barvorschuss.

Ratha Exchange (☎ 936300; St 2; 🕑 7–17 Uhr) Verlässliche Wechselstube, die man an den zwei golden angestrichenen Löwen vor der Tür erkennt.

INTERNETZUGANG

Asian Hotel (St 1; 1 US$ pro Std.) In der Lobby stehen PCs. Auch für Nichtgäste.

Mary Internet (St 2 nahe St 1; 1 US$ pro Std.; 🕑 7 oder 8–21 oder 22 Uhr) Fünf Computer.

Rasmey Buntam (4000 R pro Std.; 🕑 7–21 Uhr oder länger) Sieben Rechner.

MEDIZINISCHE VERSORGUNG

Medizinische Notfälle können rund um die Uhr über den Grenzübergang Cham Yeam–Hat Lek nach Thailand gebracht werden: 92 km entfernt gibt's in Trat ein Krankenhaus.

Sen-Sok-Klinik (kkpao@camintel.com; ☎ 012 555060, 012 958788; St 3 Ecke St 5; 🕑 rund um die Uhr) Hier sprechen zwei Ärzte Englisch und Französisch.

SÜDKÜSTE

Sehenswertes & Aktivitäten

Informationen zu Naturstätten der Umgebung bekommt man im Koh Kong Conservation Corridor (S. 216).

Von der Brücke aus flussaufwärts thronen auf einer felsigen Landzunge am Westufer des Deltas (rechter Hand) lebensgroße Statuen. Sie stehen für die Strafen, die Sünder in der buddhistischen Hölle erwarten, und gehören zum **Wat Neang Kok**, einem buddhistischen Tempel, den man auch über die Straße erreicht (von der Brücke aus ein Stück nach rechts Richtung Thailand laufen).

Gegenüber der Stadt auf der anderen Seite des Deltas und 2 km südlich der Brücke liegt das **Resort 2000** mit einem Rasenstrand und Essmöglichkeiten. Weiter südlich bekommt man am **Bak-Khlong-Strand** günstigen Fisch und Meeresfrüchte. Besonders großer Beliebtheit bei Einwanderern erfreut sich das von einer Khmer-Familie geführte **Crab Shack**.

Die Sicht im recht flachen Wasser vor Krong Koh Kong ist oftmals eingeschränkt, also herrschen nicht gerade optimale Bedingungen zum **Tauchen**. Einige der besten Spots der Gegend erstrecken sich drei Stunden außerhalb der Stadt rund um **Shark Island**, wo angeblich oft große Fische und Schwarzspitzen-Riffhaie zu sehen sind. Wir haben jedoch auch von unvorhersehbarem Seegang und gefährlichen Strömungen gehört. Hier kann man aber immerhin gut **schnorcheln**, ebenso wie am dritten Strand der Koh-Kong-Insel. **Koh Kong Adventure Travel & Tours** (☎ 6900073, 017 502784; www.kohkongdivers.com; St 1; ⌚ Mitte Okt.–Juni) bietet PADI-Kurse und Tauchgänge an, allerdings muss man manchmal mehr zahlen als in Sihanoukville. Von Oktober bis Juli bietet **Dive Inn** (☎ 099-707434; St 1) ganztägige Schnorcheltrips zur Koh-Kong-Insel (25 US$ pro Pers., mind. 8 Teilnehmer) an.

Nichtgäste können für 3 US$ pro Tag den **Swimmingpool** des **Oasis Bungalow Resort** (⌚ 092-228342, 016 331556) mitbenutzen.

Schlafen

Manche Hotelbetreiber zahlen *moto*-Fahrern und Busgesellschaften eine Provision, wenn diese potentielle Gäste herbringen, was zu jeder Menge Scherereien führt (siehe auch S. 238). Krong Koh Kong entwickelt sich zu einem beliebten Urlaubsort für Kambodschaner, deshalb sind die Unterkünfte oft ausgebucht. Während der kambodschanischen Ferien werden zudem die Übernachtungspreise erhöht. Entlang des Tatai-Flusses 18 km östlich der Stadt eröffnen immer mehr Ökohotels (S. 217).

Neptune Guesthouse (☎ 011 984512; Zi. 3–5 US$) Ein freundliches Gästehaus unter deutscher Leitung mit einem Biergarten im hinteren Bereich und neun sehr schlichten Zimmern inklusive Pritschen, Mückennetzen, Ventilatoren, Neonbeleuchtung und Kaltwasserbädern ohne Waschbecken. Wer in einem der Räume für 3 US$ unterkommt, muss mit einem Gemeinschaftsbad vorliebnehmen.

Rasmey Buntam Guesthouse (☎ 016 207771; Zi. mit Ventilator/Klimaanlage ab 5/8 US$; ❄ 💻) Familiengeführte Unterkunft mit 30 Zimmern und so vielen bunten Kacheln, dass man sich fühlt wie in Tunesien. Die eher altmodisch eingerichtete Pension hat einen breiten Flur und kleine Fenster.

Blue Moon Guesthouse (bluemoonkohkong@yahoo.com; ☎ 016 575741, 012 575741; Zi. mit Ventilator/Klimaanlage 6/10 US$; ❄) Das 2009 eröffnete Gästehaus hinter dem Blue Marlin verfügt über neun niedliche, saubere Zimmer mit schicken Möbeln und heißem Wasser.

Dugout Hotel (☎ 936220, 016 650325; thedugouthotel@yahoo.com; St 3; Zi. mit Ventilator/Klimaanlage ab 9/12 US$; ❄ 🏊) Sauberes, ruhiges Hotel mitten im Zentrum. Fünf der sieben kleinen Zimmer liegen rund um den 6,5 m langen Pool.

Asian Hotel (☎ 936667; www.asiankohkong.com; St 1; DZ 15–20 US$; ❄ 💻 📶) Hier steigen vor allem Mitarbeiter von Nichtregierungsorganisationen ab. Das professionell geführte Hotel mit 54 geräumigen, makellosen Zimmern und ordentlichen Bädern bietet Drei-Sterne-Komfort. Gäste dürfen 20 Minuten kostenlos im Internet surfen. Ein hervorragendes Preis-Leistungsverhältnis.

LP Tipp **Oasis Bungalow Resort** (☎ 092-228342, 016 331556; http://oasisresort.netkhmer.com; 3BZ 20 US$; ❄ 💻) In einem ruhigen ländlichen Gebiet ungefähr 1,5 km nördlich des Stadtzentrums stößt man auf diese umweltfreundliche Oase der Ruhe mit fünf geräumigen Bungalows. Von der Ecke der Straßen 3 und 4 folgt man den blauen Schildern 1,2 km Richtung Norden, um zum Resort zu kommen. Wer rechtzeitig anruft, wird aus der Stadt oder von der Grenze abgeholt.

Koh Kong City Hotel (☎ 012 901902; St 1; http://kkcthotel.netkhmer.com; DZ/3BZ 20/30 US$; ❄ 💻) Dieses Hotel am Fluss macht dem Asian Konkurrenz. Es besitzt 54 helle Zimmer samt schicken Badewannen und Minibars. Zudem eröffnen

SÜDKÜSTE

manche Räume einen schönen Blick auf das Wasser. Gäste dürfen 15 Minuten kostenlos im Internet surfen.

Essen & Ausgehen

Günstige **Essensstände** (Hauptgerichte 1 US$) findet man in der südöstlichen Ecke des **Psar Leu** (St 2 Ecke St 3) und an der Straße zur Bootsanlegestelle. Zum Abendessen bietet sich der Nachtmarkt an der Straße 3 nördlich des Kreisverkehrs an. Einheimische bevorzugen die Restaurants an der Straße 1. Darüber hinaus gibt's einige Unterkünfte mit anständigen Lokalen, darunter das Asian Hotel.

Selbstversorger finden in der südwestlichen und südöstlichen Ecke des Psar Leu Obststände. Im **Pun Pun Supermarket** (St 3; 🕙 7–23 oder 24 Uhr) bekommt man Toilettenartikel, Babyprodukte und westliche Lebensmittel.

Phou Mint Koh Kong Restaurant (☎ 011 943497; St 1; Hauptgerichte 50–400 B; 🕙 6.30–22 Uhr) In dem Thai- und Khmer-Restaurant werden preiswerte Suppen (120–200 B) wie Tom Yam und superfrische Meeresfrüchte serviert. Von den vier luftigen Pavillons über dem Wasser genießt man einen romantischen Blick auf den Sonnenuntergang.

Baan Peakmai (☎ 393906; St 6; Hauptgerichte 60–250 B; 🕙 6–22 Uhr) Dieses thailändische Gartenrestaurant ist eines der besten der Stadt. Auf der umfangreichen Speisekarte stehen zwei Dutzend vegetarische und zahlreiche Meeresfrüchtegerichte.

Fat Sam's (☎ 099-592310; St 3; 🕙 7–21 Uhr oder länger) Legere Bar unter südwalisischer Leitung mit einigen Bier- und Weinsorten sowie einem Billardtisch. Hier locken Frühstück (1–3,75 US$), Sandwiches (2,75–3,50 US$) und ein Tagesangebot.

Bob Bar (☎ 016 326455; Hauptgerichte 90–170 B; 🕙 9–21 Uhr oder länger, Mitte Sept.–April ab 7 Uhr geöffnet) Frühstück, westliche Gerichte und tollen Espresso bekommt man den ganzen Tag über in diesem fröhlichen, (derzeit) von Australiern geführten Bar-Restaurant.

Dive Inn (☎ 099-707434; St 1; Hauptgerichte 100–360 B; 🕙 6.30–1 oder 2 Uhr in der Trockenzeit, bis 21 Uhr in der Regenzeit) Das Kneipenlokal unter der Leitung eines walisischen Profitauchlehrers hat gelbe Wände in Wischoptik und kredenzt leckere Khmer- sowie westliche Gerichte, darunter importierte T-Bone- und Rindersteaks. Zu Latte macchiato und Cappuccino passen am besten hausgemachte Scones, Apfel- und andere Kuchen.

Blue Marlin (☎ 085-508147; Hauptgerichte 4 US$; 🕙 9–21 Uhr oder länger) An den massiven runden Holztischen dieser schlichten Bar versammeln sich freundliche Einwanderer, um Bier für 1 US$ zu trinken und Pizza und/oder Gulasch zu verspeisen. Bei Erscheinen dieses Reiseführers sollte hier bereits WLAN eingerichtet sein.

LP Tipp **Café Laurent** (☎ 011 590168; St 1; Hauptgerichte 4–7 US$; 🕙 Mo–Sa 7–24 Uhr; 💻 📶) Das 2009 eröffnete schicke Café-Restaurant im französischen Stil erkennt man an einem alten Citroën Deux Chevaux vor der Tür. Drinnen erwarten einen raffiniertes westliches Gebäck und Essen. Hier kann man den Tag mit einem hervorragenden Croissant oder *pain au chocolat* beginnen oder ihn mit einer leichten, knusprigen Pizza samt Wunschbelag (ab 5,50 US$) beenden.

KOH KONG SAFARI WORLD

In einem Land, wo Tierschutz nicht gerade an erster Stelle steht, erwartet man sicherlich keinen gut geführten Safari-Themenpark. Doch hinter dem Eingangstor zur **Koh Kong Safari World** (☎ 016 800811; www.kohkongresort.com; Eintritt für Kambodschaner/Ausländer 8/12 US$, Kinder von 90–140 cm 4/8 US$; 🕙 9–17 Uhr) in einem Disney-Stil, den Ludwig II. von Bayern wohl unwiderstehlich gefunden hätte, locken schön gestaltete Gärten, geräumige Freigehege und so zufriedene Tiere, dass diese sogar Nachwuchs bekommen.

Neben südostasiatischen Arten wie dem Asiatischen Schwarz- bzw. Marderbär, Nashornvogel, Krabbenesser, Südlichen Schweinsaffen, Orang-Utan, Sambar und Tiger, die man in freier Wildbahn so gut wie nie sieht, leben in diesem Park etwa 8 km von Krong Koh Kong in Richtung der thailändischen Grenze auch exotische Arten, darunter Flamingos und Kängurus.

Umstrittener sind dagegen die hier veranstalteten Shows. Zwischen 9 und 15 Uhr sieht man z.B. wie ein Mann seinen Kopf in das zahnreiche, gelbe Gebiss eines Krokodils steckt, Delphine durch die Luft fliegen, Tiger durch Reifen springen und Orang-Utans in voller Montur Fahrrad fahren, tanzen und boxen.

SÜDKÜSTE

An- & Weiterreise

Krong Koh Kong liegt ca. 220 km nordwestlich von Sihanoukville und etwa 290 km westlich von Phnom Penh am NH48. Dank der vier neuen Brücken auf dieser Strecke hat die Stadt endlich eine vernünftige Anbindung zum übrigen Land.

Über eine zweispurige Schnellstraße, die manche Einheimische anscheinend als vierspurige Autobahn betrachten, ist Krong Koh Kong zudem mit der Grenze nach Thailand verbunden. Die 1,9 km lange Brücke über den Stung Koh Poi wurde von Thailändern gebaut und kostet je Richtung 4800 R/44 B pro PKW bzw. 1200 R/11 B pro Motorrad. Radfahrer und Fußgänger zahlen nichts.

Für eine Fahrt zum/vom 10 km entfernten Grenzübergang Cham Yeam–Hat Lek werden 100 B pro *moto* bzw. pro Person in einem *remork-moto (tuk tuk)* sowie 200 B pro Privattaxi verlangt. Dazu kommt noch eine Mautgebühr für die Brücke (44 B pro PKW, 11 B pro Motorrad).

BUS

Busse starten vom **Busbahnhof und Taxistand** (St 12) am Nordostende der Stadt. Dort gibt's einen ungepflasterten Parkplatz und einen Wartebereich mit Blechdach. Abreisende Passagiere können einen Bringdienst mit Gästehäusern und Hotels vereinbaren, die Fahrkarten verkaufen, dafür allerdings einen Aufschlag verlangen. Ankommende Touristen werden oft in der Stadt abgesetzt, wo sie sich auf einen Ansturm eifriger, lächelnder *moto*-Fahrer gefasst machen müssen. Die Preise variieren je nach Nachfrage.

Am günstigsten ist **Phnom Penh Sorya** (☎ 012 429809; www.ppsoryatransport.com; St 3; ⌚ 6–20 Uhr) mit einer Direktverbindung nach Phnom Penh um 7.45 Uhr (5 US$, 5 Std.) sowie einer Fahrt mit Zwischenstopp nach Sihanoukville (7 US$, 5 Std.). **Rith Mony** (☎ 015 404085; St 3; ⌚ 6–20 Uhr) hat zwei frühmorgendliche Touren nach Phnom Penh (7 US$) im Programm.

Bun Thoun Express (☎ 085-607727; St 3; ⌚ 6.30–20 Uhr) mit einem provisorischen Büro vor dem Dugout Hotel und **Virak-Buntham** (☎ 089-998760; St 3; ⌚ 6–19.30 Uhr), das mit harten Bandagen gegen seine Konkurrenten kämpft, verkehren um 8 Uhr nach Phnom Penh (8 US$, 5 Std.) und bieten eine überteuerte Direktverbindung nach Sihanoukville (13 US$, 4 Std.) an. Mittags starten Busse nach Bangkok (20 US$ oder 700 B, 7½ Std.), Ko Chang (14 US$ oder 500 B, 4½ Std.), Ko Samet (20 US$, 5 Std.) und Pattaya (20 US$ oder 600 B, 6 Std.).

SCHIFF/FÄHRE

Gerüchten zufolge verkehren die Fähren nach Koh Sdach (S. 222) und Sihanoukville bald auch während der Trockenzeit; am besten erkundigt man sich vor Ort nach dem aktuellen Stand. Achtung: Schiffe, die auf dieser Route eingesetzt werden, sind eigentlich für Fahrten auf dem Fluss und nicht auf offener See gedacht, die in dieser Gegend gelegentlich gefährlich rau ist.

TAXI

Sammeltaxis starten zwischen 6 und 18 Uhr vom Taxistand. Morgens ist am meisten los. Zu den Zielen gehören Andoung Tuek (5 US$), Sihanoukville (10 US$) und Phnom Penh (10 US$). Ein Privattaxi zur thailändischen Grenze kostet 200 B (plus 44 B Maut), sowie 55 bis 60 US$ nach Sihanoukville und 60 bis 65 US$ nach Phnom Penh.

Unterwegs vor Ort

FAHRRAD

Dive Inn vermietet Mountainbikes mit 21 Gängen für 2 US$ pro Tag. Das Neptune Guesthouse bietet City- und Mountainbikes für 1 bzw. 2 US$ an und zwei **Fahrradläden** (St 3) unter Khmer-Leitung (beide ohne englisches Schild) verlangen 2 US$.

MINIBUS

Das Oasis Bungalow Resort organisiert einen Neun-Personen-Minibus (45 US$ pro Tag zzgl. Benzin) für Touren in die Gegend oder Reisen im Land.

MOTO & MOTORRAD

Motos sind die beliebtesten Verkehrsmittel im Nahverkehr. Kurze Fahrten in die Stadt oder zum Oasis Bungalow Resort kosten 2000 R oder 20 B.

Motorräder (100 oder 125 ccm) kann man im Oasis Bungalow Resort (6 US$/24 Std. für ein neues Rad), bei Dive Inn (6 US$/Tag für ein neues Motorrad), Blue Marlin (4 US$/Tag) und im Neptune Guesthouse (4 US$/Tag) mieten. Neptune verleiht zudem Geländemotorräder mit 250 ccm.

SCHIFF/FÄHRE

Offene Rennboote aus Fiberglas mietet man am besten an der **Bootsanlegestelle** (Ecke St 1 & St 9).

Weil ihre 40-PS-Außenborder jedoch wahre Spritfresser sind, hängen die Kosten vor allem davon ab, wie viel das Benzin kostet und wie weit man fährt.

Zu den Zielen gehören das Peam-Krasaop-Schutzgebiet (25/40 US$ für bis zu 6 Pers.), die Koh-Kong-Insel via Peam Krasaop (40/60 US$) und der Koh-Por-Wasserfall (40/60 US$). Eine ganztägige Tour zur Koh-Kong-Insel mit einem Zwischenstopp im Peam-Krasaop-Schutzgebiet kostet rund 60/85 US$. Wer die Insel umrunden und an einem der Festlandstrände nahe Preak Khsach und dem Botum-Sakor-Nationalpark halten möchte, zahlt mehr. Longtailboote kosten ein bisschen weniger als Schnellboote, sind aber auch viel langsamer.

Am besten bricht man sehr früh auf, denn die See, die morgens um 7 Uhr glasklar ist, wird nachmittags oft etwas unruhig. Man sollte darauf achten, dass sich Rettungswesten an Bord befinden. Außerdem darf man nicht davon ausgehen, dass man per Handy Hilfe rufen kann, da es in vielen Gebieten vor der Küste, u. a. an der Westseite der Koh-Kong-Insel, keine Netzabdeckung gibt. Sonnenschutz, einen Hut und genügend Trinkwasser mitbringen (eine einheimische Marke heißt Porn Marina – warum, weiß man nicht).

KOH KONG CONSERVATION CORRIDOR

An beiden Seiten des NH48 von Krong Koh Kong zum Golf von Kompong Som (der Bucht nordwestlich von Sihanoukville) erstreckt sich der Koh Kong Conservation Corridor. Er umfasst viele der herausragendsten natürlichen Stätten Kambodschas, darunter den weitläufigsten Mangrovenwald des südostasiatischen Festlandes und die südlichen Ausläufer des legendären **Kardamom-Gebirges**, einer Gegend von atemberaubender Schönheit und einmaliger Artenvielfalt.

Diese Berge nehmen eine Fläche von 20 000 km² im Südwesten ein. Ihre abgelegenen Gipfel mit einer Höhe von bis zu 1800 m sowie 18 große Flüsse beherbergen mindestens 59 weltweit gefährdete Tierarten, darunter Tiger, asiatische Elefanten, Bären, Siam-Krokodile (S. 221), Riesenschuppentiere (S. 220) und acht Land- bzw. Wasserschildkrötenarten. Die Vegetation der Gegend ist noch wenig erforscht, doch bisher wurden über 100 endemische Pflanzenarten gefunden.

Darüber hinaus wächst hier der zweitgrößte unberührte Regenwald auf südostasiatischem Festland. Das macht das Kardamom-Gebirge zu einer der zwei Gegenden in der Region, wo lückenlose Wälder noch immer von Berggipfeln bis zum Meer reichen (die andere liegt in Myanmar/Birma). In manchen Hochlandgebieten fällt bis zu 5 m Regen pro Jahr. Umweltschützer hoffen, dass die Berge zum Naturerbe erklärt werden.

Während Wälder und Küsten in anderen Teilen Südostasiens von gierigen Städteplanern und Holzeinschlagfirmen mit guten Beziehungen zerstört wurden, blieben das Kardamom-Gebirge und die angrenzenden Mangrovenwälder wegen ihrer Abgelegenheit und – zumindest zu Teilen – auch wegen des Bürgerkriegs von den schlimmsten ökologischen Gräueltaten verschont. Aus diesen Gründen sind große Teile des Gebiets noch immer in einem ziemlich guten Zustand und bergen somit hervorragende Möglichkeiten für den Ökotourismus. Manche vergleichen diese Gegend mit Kenias Wildreservaten oder den Nationalparks in Costa Rica.

Die nächsten Jahre werden eine entscheidende Rolle für die Entwicklung der Berge spielen. NROs wie **Conservation International** (CI; www.conservation.org), **Fauna & Flora International** (FFI; www.fauna-flora.org) und die **Wildlife Alliance** (ehemals WildAid; www.wildlifealliance.org) sowie Teams bewaffneter Parkaufseher sind Tag und Nacht im Einsatz, um die 16 verschiedenen Ökosysteme der Gegend vor Holzfällern und Wilderern zu schützen. Zusätzlich kann auch der Ökotourismus eine wichtige Rolle spielen, wenn es darum geht, Einkommen für die hiesige Bevölkerung zu generieren und ihnen damit nachhaltige Alternativen zur Abholzung und Wilderei bieten.

Informationen zur Nordseite des Gebirges, die von Pursat und Pailin aus zugänglich ist, siehe S. 267.

GEFÜHRTE TOUREN

Die Rainbow Lodge (S. 218) organisiert Dschungelwanderungen und Bootsausflüge. Trekkingtouren auf dem Kardamom-Gebirge bietet u. a. **Asia Adventures** (www.asia-adventures.com) in Phnom Penh an.

Darüber hinaus arrangieren zahlreiche Veranstalter in Krong Koh Kong Land- und Meeresausflüge sowie Exkursionen entlang dem Koh Kong Conservation Corridor inklusive Übernachtung:

Blue Marlin (S. 214) Hat Ausflüge mit Übernachtung (40 US$ pro Pers. inkl. Essen und Transport) in die Berge nach Thma Bang im Angebot. Der Veranstalter verfügt über ein Dingi für zwei Personen (25 US$ pro Pers. und Tag) und einen Jeep für vier Personen aus der Zeit des Vietnamkriegs (40 US$ pro Pers. und Tag).

Blue Moon Guesthouse (S. 213) Herr Neat, ein ehemaliger Parkaufseher, bietet Bootstouren nach Peam Krasaop und zur Koh-Kong-Insel (nur in der Trockenzeit; 25 US$ pro Pers.), Übernachtungen im Zelt auf einer Insel (35 US$ pro Pers.) und in einer Hängematte im Regenwald (30 US$ pro Pers.) an.

Jungle Cross (☎ 015 601633; www.junglecross.com; St 3) Der Laden in einem alten Saunagebäude wird von Oktober bis Juni von Nick betrieben, der sich auf Touren mit Geländemotorrädern tief ins Kardamom-Gebirge spezialisiert hat, bei denen man in Hängematten am Fluss übernachtet. Ausflüge mit dem Jeep und Rafting sind ebenfalls möglich.

Koh Kong Eco Tours (☎ 092-228342, 015 707719; http://oasisresortblog.netkhmer.com; St 3) Jason betreibt ein Büro im Dugout-Hotel und hat Bootsausflüge (z. B. zur Insel Koh Kong), Vogelbeobachtungstrips, Angeltouren und Exkursionen zum Beobachten von Irrawaddy-Delphinen (50 US$) inklusive Übernachtungen im Programm.

Neptune Guesthouse (S. 213) Tagesausflüge (20 US$ inkl. Grillen am Mittag), Trips mit Übernachtung zur Koh-Kong-Insel und Kajaktouren.

ANREISE & UNTERWEGS VOR ORT

Alle Busse, Minibusse und Sammeltaxis zwischen Krong Koh Kong und Zielen im Osten wie Phnom Penh und Sihanoukville fahren über den NH48 und halten auf Anfrage an der Tatai-Brücke (18 km südöstlich von Krong Koh Kong) sowie in Andoung Tuek (98 km von Krong Koh Kong), dem Ausgangspunkt nach Chi Phat, und in Plauv Bombek Sre Ambel (an der Kreuzung Sre Ambel), wo die Schnellstraße auf den NH4 trifft.

Dank der Anstrengungen von Umweltschutzgruppen wie Wildlife Alliance wurden landwirtschaftliche Entwicklung und Bodenspekulation entlang des NH48 strikt untersagt. Weil die Strecke von einer Elefantenroute durchschnitten wird, wurden gelbe „Elefanten kreuzen“-Schilder aufgestellt, obwohl man wahrscheinlich eher selten für einen Dickhäuter bremsen muss.

Details zum Verleih von Booten, *motos*, *remork-motos* und Taxis in Krong Koh Kong siehe S. 215.

Eine unwegsame Straße führt gen Norden durch das wilde Kardamom-Gebirge nach Pursat, Pailin und Battambang, vorbei an abgelegenen Bergdörfern wie Veal Veng, O Som (hier gibt es eine Rangerstation) und Promoui, der wichtigsten Stadt im Phnom-Samkos-Naturschutzgebiet (S. 269). Geländemotorradfans sollten sich nur in der Trockenzeit und mit jeder Menge Erfahrung an das Gebiet heranwagen. Die Abzweigung liegt nahe Krong Koh Kong an der alten Straße nach Phnom Penh hinter dem Flughafen ein paar Hundert Meter hinter dem Armeestützpunkt. Taxis verkehren von Pursat Richtung Süden nach Promoui, wo man mit etwas Glück ein *moto* für die lange Fahrt nach Krong Koh Kong mieten kann.

Motorräder sind so laut, dass sie Vögel und Tiere verscheuchen und die Fahrer so gut wie nichts hören. Mit geräuschlosen Mountainbikes trifft man deshalb die bessere Wahl: Henry David Thoreau hätte gesagt „man kommuniziert mit ihm“. Fahrradausflügetouren in das Kardamom-Gebirge werden in Chi Phat (S. 222) angeboten, wo es auch Verleihstellen gibt. In der Gegend lassen sich immer mehr Touranbieter nieder.

Koh-Por-Wasserfall

Flussaufwärts von Krong Koh Kong ergießt sich dieser Wasserfall über ein Steinbett in einer schönen Schlucht im Regenwald. In der Trockenzeit kann man hier prima herumkraxeln und die großen Felsen als Trittsteine benutzen. Leider gefährdet eine neue Straße die Ruhe des Orts.

Am besten erreicht man den Koh Por per Motor- oder Longtailboot von Krong Koh Kong (siehe S. 215) aus.

Tatai-Fluss & -Wasserfall

Fährt man von Krong Koh Kong über den NH48 gen Osten, führt die erste Brücke nach 18 km über den Tatai-Fluss (Stung Tatai).

In einer grünen bewaldeten Schlucht ein Stückchen flussaufwärts liegt der gleichnamige Wasserfall. In der Regenzeit besteht er aus donnernden Stromschnellen, die sich über ein 4 m breites Felsenriff ergießen. Wenn dann in der Trockenzeit der Pegel sinkt, kann man den Felsvorsprung teilweise überqueren und ein Bad nehmen. Das Wasser ist hier relativ sauber, da es von hoch oben aus dem Kardamom-Gebirge kommt, wo nur wenige Menschen leben.

SCHLAFEN

Am Fluss gibt es vier Ökounterkünfte, weitere sind in Planung. Drei von ihnen erinnern an die schwimmenden Dörfer auf dem Tonlé Sap.

Nature Waterways Resort (☎ 099-211384; www.waterways.thai.li; DZ 8 US$) Bei Redaktionsschluss verfügte Andy's Meeting Point – wie man das von einem Schweizer geleitete Resort vor Ort nennt – über vier Zimmer mit Bad. Demnächst sollen vier weitere Räume und einige Bungalows hinzukommen. Neben dem Resort braust in der Regenzeit ein schöner Wasserfall. Ein winziges Wasserkraftwerk liefert Strom. Von Krong Koh Kong kommend liegt die Unterkunft gleich vor der Tatai-Brücke rechts.

Rainbow Lodge (☎ 099-744321, 012 1602585; www.rainbowlodgecambodia.com; EZ/DZ 40/60 US$, FZ 80–100 US$) Diese ruhige Ökolodge in der Hand von Einheimischen hat sieben schlichte Bungalows mit Bad, Ventilator und Mückennetz. Elektrizität wird über Solarpaneele geliefert, außerdem wäscht man sich hier mit Regenwasser. Im Zimmerpreis sind drei Mahlzeiten pro Tag inbegriffen, die mit Zutaten aus der Region zubereitet werden. An Aktivitäten werden Kajakfahren, eine Flussfahrt bei Sonnenuntergang, eine Tageswanderung und eine Campingtour mit Übernachtung angeboten. Das Quartier liegt zehn Minuten flussaufwärts von der Tatai-Brücke. Gäste sollten vorher telefonisch um kostenlose Abholung bitten.

Four Rivers Floating Ecolodge (☎ 035-6900650, 097-6434032; www.ecolodges.asia; EZ/DZ Mai–Sept. 87/102 US$, Okt–April 102/120 US$; 📶 🍴) „Erstklassigen Luxus in Einklang mit Mutter Natur" verspricht dieses Ökoresort mit südafrikanischen Villen samt Zeltdach, die auf einem Seitenarm des Tatai-Flussdeltas 6 km stromabwärts vom NH48 schwimmen. 18 weitere Villen mit je 45 m², besonderen Klärbehältern und einer Teilversorgung durch Solarenergie sind geplant. Hierhin kommt man per Boot (20 Min.) von der westlichen (Krong Koh Kong zugewandten) Seite der Tatai-Brücke aus.

River Gypsy Bungalows (☎ 099-317580; hans_loewtatai@yahoo.com; Bungalow 100 US$) Etwa 1 km flussaufwärts von der Tatai-Brücke und 200 m flussabwärts von der Rainbow Lodge liegt diese Unterkunft unter deutscher Leitung, bei der es sich nicht wirklich um eine Ökolodge handelt. Es gibt zwei schwimmende Bungalows, die man nachts dort verankern kann, wo man möchte.

AN- & WEITERREISE

Von Krong Koh Kong aus kostet ein halbtägiger Ausflug per *moto*/*remork* zum Wasserfall 10/15 US$ hin und zurück.

SÜDKÜSTE

Peam-Krasaop-Naturschutzgebiet

Auf unzähligen durch Ablagerungen entstandenen Inseln – manche davon nicht größer als ein Haus – stehen Millionen großartiger Mangroven. Diese Bäume schützen die Küste vor Erosion, dienen als lebendige Brutstätte und Futterstelle für Fische, Garnelen sowie Meerestiere und sind Lebensraum vieler Vögel. Aus ökologischer Sicht ist das Gebiet besonders wertvoll, da vergleichbare Wälder in Thailand durch kurzsichtige Baumaßnahmen zerstört wurden.

Um ein Gespür für das empfindliche Ökosystem zu bekommen und zu verstehen, wie die Baumwurzeln einen Tsunami schon in der Entwicklung aufhalten können, sollte man den 600 m langen **Mangroven-Lehrpfad** (Eintritt 5000 R; 🕑 6.30–18 Uhr) entlanggehen, der oberhalb des salzigen Wassers zu einem 15 m hohen Aussichtsturm führt. Vielleicht begegnet man sogar spielenden Affen mit einer Vorliebe für Sprudelgetränke. Der Spaziergang beginnt 7 km südöstlich von Krong Koh Kong; per *moto* muss man 2,50/5 US$ für eine einfache Strecke bzw. die Hin- und Rückfahrt zahlen.

Das Naturschutzgebiet umfasst eine Fläche von 260 km² und wurde „Juwel in der Krone" der Südküste Kambodschas getauft. Es ist größtenteils unbewohnt, wobei man eventuell an ein paar **Fischerdörfern** vorbeikommt, deren Einwohner mithilfe von dünnen Reusen auf Beutezug gehen. Teilweise werden die gefangenen Fische bis zur Marktzeit in den Unterwassernetzen am Leben erhalten. Weiter draußen auf abgelegeneren Mangroveninseln erstrecken sich einsame kleine **Strände**; dort kann man sich zusammen mit furchtlosen Einsiedlerkrebsen in der Sonne aalen.

An der Westküste liegt an beiden Ufern eines Kanals das an Venedig erinnernde Dorf **Koh Kapi**. Vor jedem der auf Stelzen stehenden Fischerhäuser ist ein blaues oder grünes Holzboot vertäut. Wer ein bisschen herumfragt, findet eventuell eine einheimische Familie, die einem frischen Fisch oder Meeresfrüchte serviert.

Manchmal sieht man am frühen Morgen gegen 6.30 oder 7 Uhr vom Aussterben bedrohte **Irrawaddy-Delphine** in der Nähe des Eingangs zum Stung-Koh-Poi-Delta.

Große Teile von Peam Krasaop sind auf der renommierten **Ramsar List of Wetlands of International Importance** (www.ramsar.org) aufgeführt. Die Lebensräume und Fischereigebiete der Gegend sind dadurch gefährdet, dass hier riesige Mengen Sand für Singapur ausgebaggert werden (S. 77).

AN- & WEITERREISE
Am besten erreicht man Peam Krasaop mit dem Schiff von Krong Koh Kong (S. 215) aus, z. B. auf dem Weg zur Koh-Kong-Insel.

Koh-Kong-Insel

កោះកុង

Kambodschas größte Insel liegt 25 km südlich von Krong Koh Kong in kristallklarem Wasser, sodass man teilweise sogar die einzelnen Sandkörner am Boden erkennen kann. Ihre sieben unberührten **Strände** an der Westküste sehen nur wenige Besucher. Stattdessen trippeln hier jede Menge Sandkrebse hinauf bzw. hinab. Außerdem stößt man auf zahlreiche bunte Muscheln, die man normalerweise nur in Souvenirläden findet.

Viele der Sandstreifen erstrecken sich an der Mündung kleiner Wasserläufe und warten mit Kokospalmen sowie grüner Vegetation auf, ganz so, wie man es in einem echten tropischen Paradies erwartet. Am **sechsten Strand** (vom Norden aus) führt ein schmaler Kanal zu einer Lagune im Stil von *Gilligans Insel*.

An der Ostseite von Koh Kong ragt ein halbes Dutzend bewaldeter Hügel empor, der höchste davon liegt 407 m über dem Meeresspiegel, die steil zur von Mangroven gesäumten Küste abfallen. Das Fischerdorf **Alatan**, die (bisher) einzige Siedlung auf der Insel, befindet sich an der Südostküste mit Blick auf die nordwestliche Ecke des Botum-Sakor-Nationalparks. Weil das Eiland zu keinem Nationalpark oder Naturschutzgebiet gehört, ist es leider kaum gegen gewinnsüchtige Bauprojekte geschützt.

Nahe dem Nordende der 20 km langen Insel wurde oberhalb des zweiten Strands eine Polizeistation eingerichtet. Dort halten die Bootsführer nur ungerne, obwohl zum Glück mittlerweile kein Schmiergeld mehr von Touristen verlangt wird. Das dicht bewaldete Innere der Insel darf man nicht erkunden und es gibt keine Gästehäuser oder Bungalows, aber immerhin kann man hier nun in Begleitung eines Führers zelten (s. S. 216).

AN- & WEITERREISE
Details zu Schnellbooten, Tagesausflügen und Übernachtungen auf Koh Kong (die Nordspitze ist rund eine Stunde von Krong Koh Kong entfernt) siehe S. 215 und S. 216.

Zentrales Kardamom-Waldschutzgebiet

Dieses Waldschutzgebiet (4013 km²) umfasst drei der am stärksten gefährdeten Ökosysteme Südostasiens: immergrünen Wald in den Niederungen, Auwald und Feuchtgebiete.

Parkaufseher und Militärpolizisten schützen die Region mithilfe von Conservation International vor illegaler Wilderei und Abholzung. Sie haben ihre Basis in acht strategisch günstig platzierten Stationen, darunter eine in **Thma Bang** mit einem **Gästehaus**. Besuche kann man telefonisch unter (☎ 012 908560; lly@conservation.org; 5 US$ pro Pers.) anmelden. Die 2008 eröffnete Unterkunft bietet acht (bald 12) Doppelzimmer mit Außenbädern. Strom gibt's zwischen 18 und 21 Uhr (demnächst sollen Solarpaneele installiert werden). Gerichte kosten 2 US$. Darüber hinaus finden

„KOH KONG WAR EIN PARADIES, BIS ES IM LONELY PLANET ERWÄHNT WURDE"

Warum preist Lonely Planet scheinbar vollkommen unbekümmert eine Insel an, die bisher ein unberührtes Paradies ist? Kann die dadurch verursachte Aufmerksamkeit nicht dafür sorgen, dass Koh Kong schneller zerstört wird?

Kambodscha und seine Einwohner brauchen dringend einen wirtschaftlichen Aufschwung, deshalb müssen natürliche Ressourcen wie dieses Eiland, das sowohl die Einheimischen als auch findige Investoren aus Phnom Penh kennen, zwangsläufig erschlossen werden. Die Frage ist, wie man das Ganze in Angriff nimmt. Darf man beispielsweise wirklich riesige Strandorte für Pauschaltouristen bauen, denen es einfach nur um einen entspannten Urlaub mit Sonne, Strand und gutem Essen geht? Darf man dabei das empfindliche Ökosystem der Insel zerstören, indem man Bäume fällt? Man kann nur hoffen, dass die Kambodschaner und die Verantwortlichen in den Provinz- bzw. Landesregierungen erkennen, wie wichtig eine langfristige, nachhaltige Entwicklung zum Schutz dieser Naturschönheit ist. Traveller können jedenfalls etwas tun: Bei jedem Besuch eines Ökotourismusziels sprechen sie sich für einen sinnvollen Umgang mit der Umwelt aus und unterstützen gleichzeitig die Einheimischen.

SÜDKÜSTE

Besucher in einem nahe gelegenen Privathaus Unterschlupf. Man sollte warme Kleidung mitbringen, da die Temperatur auf bis zu 10°C fallen kann. Mittlerweile hat Thma Bang Netzabdeckung für Telefonnummern, die mit 011, 012, 099 beginnen; manchmal gilt das auch für die 097.

Der Thma-Bang-Bezirk weist in der Koh-Kong-Provinz die niedrigste Bevölkerungsdichte (1,35 Personen pro km²) und die größte Armut auf. Ein Großteil des Gebiets ist mit dichtem Regenwald bewachsen und eignet sich deshalb hervorragend zur Vogelbeobachtung und zum Wandern in Begleitung eines lokalen Guides – Parkaufseher sind bei der Suche behilflich –, vielleicht zu einem Wasserfall. Im **Areng-Tal**, wo einige Menschen der Khmer-Minderheit Daeum wohnen, stößt man auf asiatische Elefanten und Gabelbarte, die in der freien Natur praktisch ausgestorben sind, sowie auf die weltweit wichtigste Population der stark gefährdeten Siam-Krokodile (s. S. 221) mit vielen Zähnen und einer Länge von bis zu 3,5 m; keine Sorge: Sie sehen Menschen normalerweise nicht als Futter an. Leider werden das Tal und seine Fauna durch den geplanten Staumauerbau eines Wasserkraftwerks bedroht, der wohl zu der Vertreibung von 1500 Menschen aus ihrem Lebensraum und der Überflutung von 90 bis 120 km² Land, u. a. einer wichtigen Elefantenroute, führt.

Von Dezember bis Mai können die ganz Hartgesottenen bewaffnete Parkwächter fünf bis sechs Tage auf deren achttägiger Wanderung von Thma Bang Richtung Norden nach **Kravanh** (S. 269) oder von **Chamnar** (durch eine Straße mit Thma Bang verbunden) über die Berge nach Kravanh begleiten.

Eine leichtere, das ganze Jahr über mögliche drei- bis viertägige Trekkingtour beginnt in **Chumnoab** östlich von Thma Bang und führt Richtung Osten nach **Roleak Kang Cheung**, wo eine Straße nach Kompong Speu verläuft. Zwischen beiden liegt **Knong Krapeur** (1000 m) inmitten von hoch gelegenem Weideland und Kiefern. Vor 500 Jahren war diese Gegend bewohnt und berühmt für ihre großen irdenen Urnen, die noch immer mit menschlichen Knochen gefüllt sind.

Informationen zu Wanderungen und Reservierungen erhält man bei **La Peng Ly** (☎ 012 908560; lly@conservation.org), das zu Conservation International gehört.

ENDSTATION FÜR DAS SCHUPPENTIER?

In China und Vietnam wird das Fleisch des Malaiischen Schuppentiers, das sich ausschließlich von Ameisen und Termiten ernährt, als Delikatesse gehandelt. Sowohl sein Blut als auch die Schuppen sollen Heilkräfte haben, deshalb bekommen die Dorfbewohner im Kardamom-Gebirge für die Lieferung lebender Tiere eine gewaltige Summe von 40 US$ pro Kilogramm (in Vietnam und China sind es sogar 70 bzw. 100 US$ pro Kilo). Aus diesem Grund nehmen die Bestände allerdings in einem rasanten Tempo ab, obwohl die Parkaufseher ihr Möglichstes tun und hart gegen Wilderer vorgehen, bevor es zu spät ist.

AN- & WEITERREISE

Nur wenige Straßen führen ins Kardamom-Gebirge hinein – ein idealer Schutz der Natur und des Lebensraums, da jeder noch so schlechte Weg Holzfäller und Wilderer anzieht. Für alle Besucher dieser Region ist das aber natürlich von Nachteil.

Die südlichen Ausläufer des Waldschutzgebiets erreicht man am besten von Süden her. Für die Fahrt von Krong Koh Kong nach Thma Bang werden rund 90 Min. benötigt. Während der Regenzeit ist das Reisen allerdings unter Umständen schwierig. 10 km östlich der Brücke über den Tatai biegt man vom NH48 ab. Vom Veal-II.-Ranger-Kontrollpunkt (Veal Pii) braucht man noch eine weitere Stunde (in der Regenzeit länger) bis zum Ziel.

Ein schwieriger Pfad führt von Thma Bang nach Chi Phat (S. 222). Per Motorrad kann man ihn mit Mühe und Not befahren.

Die nördlichen Teile des Waldschutzgebiets (s. S. 269) erreicht man von Pursat aus.

Trapaeng Rung

Bei Redaktionsschluss wollte die Wildlife Alliance in den vier Dörfern von Trapaeng Rung ein Ökotourismusprojekt einrichten, das dem florierenden Unterfangen in Chi Phat (S. 222) ähneln soll. Die Orte erstrecken sich rund um die zweite Brücke (wenn man von Krong Koh Kong aus Richtung Südosten auf den NH48 fährt). Gästehäuser, Unterkünfte in Privathäusern, Wanderungen zum Wasserfall und Radtouren sind ebenfalls Bestandteil der Planung.

SÜDKÜSTE

DAS SIAM-KROKODIL

In der freien Wildbahn galt das Siam-Krokodil *(Crocodylus siamensis)* als ausgestorben, bis im Jahr 2000 mehrere Tiere im Kardamom-Gebirge entdeckt wurden. Heute findet man in Kambodscha die einzigen Brutbestände dieser Art: Drei Gruppen leben in den Bergen und eine möglicherweise in der Mondulkiri-Provinz. Forscher nehmen an, dass sie pro Jahr nur fünf Nester produzieren. 2007 fanden Forscher von **Flora & Fauna International** (www.fauna-flora.org/asiapacific_siamese_crocodile.php) 23 Siam-Krokodileier am Areng-Fluss im Zentralen Kardamom-Waldschutzgebiet. Sie legten zwölf davon an eine geschützte Stelle, wo die Jungtiere 45 Tage später schlüpften. Nachdem sie von Mönchen gesegnet wurden, brachte man sie zurück zum Fluss. Beobachtungen ergaben, dass auch aus allen elf zurückgelassenen Eiern Jungtiere schlüpften. Die 23 Krokodile stellten erstaunliche 10 % der globalen Siam-Krokodilpopulation dar, die aus 99 % ihres eigentlichen Lebensraums verschwunden ist. 2008 wurden 34 Krokodileier gesammelt und ausgebrütet, 2009 entdeckte man dagegen kein einziges.

Fast alle Tiere auf Kambodschas 1000 Krokodilfarmen gelten als Mischformen, deren Abstammungslinie auch eine Verwandtschaft mit größeren Leistenkrokodilen *(Crocodylus porosus)* aufweist. Genetische Tests Ende 2009 wiesen nach, dass 35 der 69 geretteten Reptilien im Phnom-Tamao-Tierschutzzentrum (s. S. 134) reinrassige Siam-Krokodile sind. 2010 soll ein Brutprogramm gestartet werden, wobei der Nachwuchs auf Dauer in geeigneten Lebensräumen weit weg von Menschen und Staudämmen freigelassen werden soll.

Bei Redaktionsschluss waren zwei der letzten Krokodillebensräume des Kardamom-Gebirges – Veal Veng und das Areng-Tal – durch gewaltige Wasserkraftprojekte gefährdet, außerdem wird das Siam-Krokodil auf der **Roten Liste der IUCN** (www.iucnredlist.org) nach wie vor als „stark gefährdet" eingestuft.

Botum-Sakor-Nationalpark

Der 1834 km² große Nationalpark bedeckt fast die gesamte 35 km breite Halbinsel gegenüber von Sihanoukville auf der anderen (westlichen) Seite des Golfs von Kompong Som. Er ist von Mangroven und Stränden umgeben und beherbergt eine Vielzahl von Wildtieren, darunter etwa 20 Elefanten sowie Tiger, Hirsche, Leoparden und Malaienbären. Höchster Punkt ist ein 402 m hoher Hügel im fast unzugänglichen Inneren des Gebiets.

Per Boot kann man die folgenden vier von Mangroven gesäumten Flüsse hinauffahren, wo man auf viele Wildtiere wie den Kappengibbon, Langschwanzmakak und den Schwarzschenkligen Kleideraffen stößt: **Ta Op**, den längsten Strom an der Ostküste, **Ta Nun** in der Mitte der Südküste sowie **Ta Nhi** und **Preak Khsach** an der Ostküste.

Zwar wurde kürzlich der Bau einer Straße durch die Ostseite des Parks gefordert, die eines Tages um die gesamte Küste der Insel führen soll, doch bisher besucht man Botum Sakor am besten auf dem Wasserweg. Zu den Mangrovenwäldern im Osten und den beinahe menschenleeren **Stränden** an der Südostspitze kommt man per Longtailboot ab Andoung Tuek (S. 222) oder Sihanoukville. Zur Westküste mit ihren kilometerlangen feinen Sandstreifen gelangt man von Koh Sdach (S. 222) aus.

Es gibt noch weitere **Strände** an der Westküste auf der anderen Seite der Meeresenge gegenüber Koh Kong und südlich des malerischen Fischerorts **Preak Khsach**; um sie zu erreichen, mietet man in Krong Koh Kong (S. 215) ein Boot.

Gigantische Bauvorhaben könnten bald die wilde Westküste des Parks verschandeln. Ein chinesisches Unternehmen plant die Errichtung von sieben neuen Städten, einem Flughafen, Golfplätzen und vielen Hotels. Allerdings sind diese Vorhaben noch in der Schwebe, weil erst eine Studie zur Umweltverträglichkeit durchgeführt werden muss. Die aktuelle Wirtschaftskrise scheint den Fortschritt zudem etwas verlangsamt zu haben.

Botum Sakor ist noch nicht auf Besucher eingestellt, aber 3,5 km westlich von Andoung Tuek sollte es bei der **Parkzentrale** (☎ 015 374797) am NH48 möglich sein, eine Wanderung mit einem Ranger (5 US$/Tag) oder eine Bootstour zu organisieren.

Die nächsten Gästehäuser befinden sich in Andoung Tuek auf dem Tatai- und dem Koh-Sdach-Fluss. An der Südküste kann man eventuell in der **Ta-Nun-Rangerstation** oder in einem schlichten Gästehaus in **Thmor Sor**, einem Fi-

SÜDKÜSTE

scherdorf an der Ostküste, unterkommen. Vom Fährhafen in Sihanoukville gelangt man über die neue Straße dorthin. Alternativ lässt man sich von einem Fischerboot mitnehmen.

Koh Sdach

កោះស្ដេច

Diese unmittelbar vor der Südwestspitze des Botum-Sakor-Nationalparks gelegene Insel hat einen kleinen Fischerhafen, ein paar **Sandstrände**, einige schlichte Lokale und eine Bungalowanlage am Meer namens **Mean Chey Guesthouse** (☎ 011 983806; Zi. 5 US$). In der Nähe erstrecken sich mehrere schöne **Korallenriffe**, die sich hervorragend zum Tauchen oder Schnorcheln eignen. Es lohnt sich, ein Boot zu mieten und die wunderschönen, touristisch noch nicht erschlossenen Sandstreifen an der Westküste des Botum-Sakor-Nationalparks (S. 221) zu erforschen.

AN- & WEITERREISE

Die Insel ist per Fähre mit Sihanoukville verbunden (S. 238). In der Trockenzeit verkehren eventuell Boote nach Krong Koh Kong.

Südliches Kardamom-Waldschutzgebiet

Um die südliche Gegend des Kardamom-Gebirges vor Abholzung, Wilderei und Landgewinnung zu schützen, will die **Wildlife Alliance** (www.wildlifealliance.org) das Südliche Kardamom-Waldschutzgebiet (1443 km²), dessen südliche Grenze der NH48 zwischen Krong Koh Kong und Andoung Tuek bildet, in ein erstklassiges Reiseziel für Ökotouristen verwandeln.

In den nächsten Jahren werden dem florierenden Projekt in Chi Phat (siehe rechts) vergleichbare Initiativen in Trapaeng Rung (S. 220) folgen. Darüber hinaus sind für Chi Phat und den Tatai-Fluss (S. 217) **Besucherzentren** geplant.

Andoung Tuek

អណ្ដូងទឹក

Die Stadt am Fluss liegt an der Westseite der Autobrücke über den Preak Piphot. Sie dient als Ausgangspunkt für Flussfahrten stromaufwärts nach Chi Phat (siehe rechts). Unter Umständen kann man auch ein Boot mieten und damit die Ostküste des Botum-Sakor-Nationalparks (S. 221) erkunden.

SCHLAFEN

Etwa 250 m westlich der Brücke stößt man auf das extrem schlichte **Botum Sakor Guesthouse** (☎ 016 732731; Zi. mit/ohne Bad 25 000 R/15 000 R) mit sechs leicht muffigen Zimmern samt rosafarbenen Mückennetzen. In den Bädern (ohne Waschbecken) hängen Elektrokabel aus der Wand, aber einen Schlag kann man nur zwischen 18 und 22 Uhr bekommen – dann gibt's nämlich Strom.

AN- & WEITERREISE

Andoung Tuek liegt ungefähr 98 km von Krong Koh Kong und 191 km von Phnom Penh am NH48.

Busse von Krong Koh Kong nach Phnom Penh (6 US$) und Sihanoukville (5 US$) kommen gegen 9 Uhr oder 9.30 Uhr durch Andoung Tuek, während Fahrzeuge in die entgegengesetzte Richtung hier zwischen 10 und 11 Uhr halten. In Chi Phat kann CBET (siehe unten) telefonisch Reservierungen vornehmen. Sammeltaxis, die auf ihrem Weg Andoung Tuek passieren, sind in der Regel voll.

Mehr zu Boots- und Motorradfahrten nach Chi Phat siehe S. 225

Chi Phat

ជីផាត់

In dem Ort am Fluss leben 550 Familien. Einst war Chi Phat vor allem für seine Holzfäller und Wilderer bekannt, doch inzwischen wird hier ein zukunftsweisendes **gemeindebasiertes Ökotourismusprojekt** (Community-Based Ecotourism Project; CBET) durchgeführt: Es bietet Besuchern eine tolle Gelegenheit, das Ökosystem des Kardamom-Gebirges zu erforschen und dabei zu seinem Schutz beizutragen.

Silberne Haubenlanguren, Langschwanzmakaken, Doppelhornvögel und andere Regenwaldbewohner zeigen sich häufig an den Ufern des **Stung Proat**, einem nicht verzeichneten Nebenfluss des **Preak Piphot**, den man von Chi Pat aus per Boot erreicht. Gibbons sieht man selten, aber dafür hört man, wie sie sich gegenseitig durch das Blätterdach etwas zurufen. Laut dem Dorfältesten wurde der letzte Tiger dieser Gegend 1975 erspäht.

Reisenden stehen zahlreiche von der Gemeinde angebotene Freizeitaktivitäten zur Auswahl, darunter eine **Tageswanderung** durch den Dschungel, **Vogelbeobachtung bei Sonnenaufgang** (bei 2/3/4 Teilnehmern 19/16/13 US$ pro Pers.) mit dem Paddelboot und **Mountainbikeausflüge** zu Stromschnellen. Darüber hinaus kann man in Begleitung eines ehemaligen Wilderers Fotos von Affen und Nashornvögeln schießen (6–10 US$ pro Tag).

CHI PHAT: EINE FALLSTUDIE ZUM ÖKOTOURISMUS

Die 550 in Chi Phat lebenden Familien haben ihr mageres Einkommen aus der Landwirtschaft lange durch Produkte aus dem nahe gelegenen Wald aufgebessert. Kleine Mengen zu sammeln kann ökologisch verträglich sein, doch die umfassende Zerstörung des Waldes während der „Abholzungsphase" in den 1990er-Jahren hat das gesamte Ökosystem sowie die Lebensgrundlage der Dorfbewohner stark aus dem Gleichgewicht gebracht. Viele Einheimische verdienten sich ihren Lebensunterhalt mit der Jagd von gefährdeten Tieren.

Nachdem 2002 die **Wildlife Alliance** (www.wildlifealliance.org) als letzter Rettungsversuch für das südlichen Kardamom-Gebirge gegründet wurde, beanspruchten Einheimische und Außenstehende geschütztes Land, zerstörten den Wald durch illegale Rodung und fingen bedrohte Arten zum Verzehr und Verkauf auf dem Schwarzmarkt. Der einzige Weg, einer ökologischen Katastrophe zuvorzukommen – und um z. B. Makaken davor zu retten, gefangen, für 60 US$ verkauft und zum Verzehr nach Vietnam verschifft zu werden – lag darin, Parkwächterteams hierherzuschicken, die hart durchgriffen.

Doch die Durchsetzung der neuen Bestimmungen bedeutet für die Bevölkerung, dass sie weniger Geld für die Ernährung ihrer Kinder (oder den Kauf von Motorrädern) hat, und stößt deshalb auf Ablehnung. Die meisten Einheimischen verstanden nicht, dass die Umweltzerstörung, die sie teilweise selbst durch ihr Handeln verursacht haben, innerhalb weniger Jahre zu deutlich Schlimmerem führen würde. Doch beinahe alle bemerkten, dass es immer schwieriger wurde, überhaupt noch Tiere zu finden.

Die Wildlife Alliance erkannte, dass sie für die Rettung der Wälder auf die Mithilfe der Bevölkerung angewiesen war und dass eine Kooperation nur möglich sein würde, wenn man den Einwohnern einkommensfördernde Alternativen zum Wildern und Roden bieten würde. In einer so abgelegenen Gegend ist der Wald eine der einzigen Ressourcen. Ein Weg, mit Tieren und Pflanzen Geld zu verdienen, ohne sie zu zerstören, ist der Ökotourismus.

Aus diesem Grund leitete das Unternehmen ein gemeindebasiertes Ökotourismusprojekt ein. Unter der Leitung des ehemaligen israelischen Parkwächters Oran Shapira, der dank seines Kibbuz-Hintergrunds mit Gemeinschaftsinitiativen vertraut war, versah man die lokale Gemeinde mit Befugnissen. Darüber hinaus wurde ein Komitee aus 14 gewählten Abgeordneten eingerichtet, das sowohl positive als auch negative Auswirkungen (z. B. den Kontakt mit der westlichen Kultur) bewerten, Ziele setzen und das Projekt leiten sollte. Viele der „Interessenvertreter" waren ehemalige Holzfäller und Wildtierhändler.

Nach drei Jahren langsamer, stetiger Arbeit läuft das Chi-Phat-Projekt. Anfänglich skeptische Einheimische freunden sich mit der Idee an und sehen die Walderhaltung langsam in einem anderen Licht. Immer mehr Ökotouristen kommen hierher und die steigenden Einnahmen – die in die Taschen der Bewohner und in den Entwicklungsfonds der Gemeinde fließen – bewegen langsam etwas. Inzwischen dient Chi Phat als Vorbild für andere gemeinschaftsbasierte Projekte dieser Art (CBET), deshalb reisen regelmäßig Abordnungen aus ganz Kambodscha an, um sich direkt vor Ort darüber zu informieren.

Gruppen, die sich der Unterstützung des sanften Tourismus und der nachhaltigen CBET wie dem in Chi Pat verschrieben haben, riefen gemeinsam das **Cambodia Community-Based Ecotourism Network** (CCBEN; www.ccben.org) ins Leben. Auf ihrer Webseite werden zahlreiche weitere Initiativen vorgestellt.

Ebenfalls im Angebot sind ein- bis viertägige **Radtouren** und **Dschungeltrekking** (pro Pers. und Tag 20–40 US$) tief in die Berge hinein. Zu den Zielen gehören eine **Fledermaushöhle** hinter einem Wasserfall, ein Gebiet mit mysteriösen uralten **Urnen** und das 45 km entfernte Areng-Tal (S. 220). Wer sich nichts davon entgehen lassen möchte, bucht eine spezielle **Vogelbeobachtungstour** von fünf bis sieben Tagen oder den einwöchigen **Chi-Phat-Trip** inklusive Rad- bzw. Bootfahren und Wandern.

Im Dorf können Besucher zudem Volleyball, Badminton oder Billard mit den Einheimischen spielen.

PRAKTISCHE INFORMATIONEN

Das **CBET-Büro** (☎ 092-720 925; www.ecoadventurecambodia.com; ecotourism@wildlifealliance.org) in Chi Phat

SÜDKÜSTE

ist in Kambodschas erstem voll entwickelten Bambushaus untergebracht. Hier nimmt man Reservierungen für Gästehäuser, Privatunterkünfte bei einheimischen Familien sowie Aktivitäten entgegen und organisiert den Transport nach/von Andoung Tuek per Motorboot oder Motorrad. Im Notfall darf man die Internetverbindung über Satellit nutzen.

Inzwischen funktionieren in Chi Phat sogar einige Handys (z. B. mit den Nr. 012, 016 und 081). Im CBET-Büro kann man sie aufladen.

Reservierungen für den Ort können auch über ein Konsortium von umweltbewussten Reisebüros namens **Friends of Chi Phat** durchgeführt werden (Details siehe Webseite des CBET-Büros).

GEFAHREN & ÄRGERNISSE

Manchmal belästigen Betrüger Reisende an der Frachtschiffanlegestelle in Andoung Tuek (S. 225) und nahe gelegenen Cafés, geben ihnen falsche Informationen oder bieten erfundene Touristendienstleistungen an. Verlässliche Auskünfte bekommt man im Büro des CBET-Ökotourismusprojekts (s. S. 223) in Chi Phat oder auf dessen Webseite.

MOEURK MEE *Daniel Robinson*

Moeurk Mee ist Pragmatiker und gleichzeitig Idealist – die perfekte Kombination, wenn die Mission lautet, Wilderer und Holzfäller von einer Zusammenarbeit zu überzeugen, um Ökotouristen in die Gegend zu locken.

Der 25-Jährige aus der Kandal-Provinz (nahe Phnom Penh) leitet das gemeinschaftsbasierte Ökotourismusprojekt (CBET) in Chi Phat. Er fing an, sich für nachhaltige Reisen zu interessieren, als er in der Hauptstadt Tourismusmanagement studierte. Der Bereich sprach ihn an, weil er „Entwicklung und Naturschutz miteinander verbindet", zwei Disziplinen, die aktive Arbeit bedeuten und deren Erfolg oder Misserfolg nur von einem abhängt: Ergebnissen.

„Momentan", sagt Mee, „nutzen die Menschen den Wald, um ihren Lebensunterhalt zu verdienen. Wenn sie weiterhin Tiere jagen und Bäume fällen, haben wir hier aber bald nur noch eine öde Wildnis." Nachhaltige Entwicklung kann Einheimischen weniger zerstörerische Wege zeigen, ihre Familien zu ernähren. „Anfangs", erklärt er, konnten die Leute mit dem Begriff Ökotourismus allerdings gar nichts anfangen. Es war schwierig, ihnen zu erklären, warum sie mitmachen sollten, aber mehr und mehr Gemeindemitglieder sahen die offensichtlichen Ergebnisse, vor allem, seitdem Geld ins Dorf kommt. Da haben sie erkannt, dass wir nicht nur reden."

Mees Aufgabe ist es, „sich mit den Einheimischen zusammenzusetzen, ihnen Projekterfahrung zu vermitteln, einen Plan aufzustellen, zu entscheiden, was wir tun, ihnen zu helfen, diesen Plan umzusetzen, nachzubearbeiten und zu überwachen." Er soll „nicht für sie handeln, sondern sie unterrichten, mit ihnen diskutieren sowie Aufgaben vorschlagen, die sie erledigen können, und das mit Unterstützung und Ermutigung."

Bei Redaktionsschluss „profitierten 123 Familien direkt von diesem Projekt. Sie sind sehr glücklich. 15 weitere Familien erzielen zudem einen indirekten Gewinn", so Mee. „138 Familien – ein guter Anfang. Durch sie können wir der Gemeinde beweisen, dass ihnen das CBET-Projekt tatsächlich hilft. Weil die Besucherzahlen jährlich steigen, sollen zukünftig sogar noch mehr Leute einbezogen werden."

Mees langfristiges Ziel ist es, „die Umwelt und die Menschen nachhaltig zu unterstützen". Er hofft, hier in ein paar Jahren nicht mehr gebraucht zu werden, weil die Einheimischen dann selbst „Geschäfte mit den Touristen machen werden" und „die einmaligen natürlichen und kulturellen Ressourcen in der Gegend eigenständig verstehen und schützen werden." Seine Ziele für Chi Phat sind praktikabel und erreichbar: „Ich möchte, dass Touristen herkommen und die Gegend genießen können, tolle Reiseerfahrungen machen und freundliche Menschen treffen." Dann werden sie nämlich auch „Geld ausgeben, das den Dorfbewohnern direkt zukommt und so ihre Einkommenssituation verbessert."

Fragt man ihn nach seinen eigenen Zukunftsplänen, lächelt Mee und sagt: „Australien ist mein Ziel." Dort würde er gerne weitere Kurse im Tourismusmanagement oder in der ländlichen Entwicklung belegen. „Ich habe einen Plan. Und zwar möchte ich für eine NRO im Bereich Ökotourismus arbeiten, bis ich 40 bin. Danach wäre ich gerne für die Regierung tätig", entweder im Ministerium für Tourismus oder für Umwelt.

SÜDKÜSTE

SCHLAFEN

Chi Phats CBET-Projekt umfasst acht von einheimischen Familien betriebene **Gästehäuser** (DZ 5 US$) – viele sind mit abscheulichen bunten Plastikblumen geschmückt, ein Trend, den einer der Besitzer mit grellem Geschmack begann – sowie **Zimmer in Privathäusern** (EZ/DZ 3/4 US$). In allen 15 am Programm teilnehmenden Unterkünften gibt's jeweils ein Zimmer. Manche liegen in der Stadt, andere auf dem Land inmitten von Obstgärten. In einem Privathaus destillieren die Besitzer so starken Reisschnaps, dass er brennbar ist. Weil sie auf dieses Produkt extrem stolz sind, bekommt jeder Besucher ein Glas angeboten – selbst wenn man schon um 8 Uhr morgens vor der Tür steht.

Sämtliche Zimmer werden einmal pro Monat vom Komitee des CBET unter die Lupe genommen. Sie verfügen über Mückennetze, Baumwolllaken und Schaumstoffmatratzen, kostenloses gefiltertes Wasser und ein laminiertes Blatt mit einer Erläuterung der lokalen Gebräuche. Die 12-Volt-Ventilatoren werden entweder mit einem Generator (zwischen 18 und 22 Uhr) oder einer wieder aufladbaren Autobatterie betrieben. Toiletten (moderne oder Hockklosetts) und Duschen (eine Regenwasserzisterne mit einem Plastikeimer) findet man draußen, dafür sind sie aber sauber und geräumig.

Chi Phats erstes **Waldquartier** beim Vogelbeobachtungs-Campingplatz Damnak Kos wurde im Dezember 2009 eröffnet. Bei Redaktionsschluss plante man drei weitere Nachtlager für Wanderer und Radfahrer. Sie sollen teilweise mit Ökotoiletten, solarbetriebenem elektrischem Licht und entweder Hängematten oder Feldbetten ausgestattet werden.

AN- & WEITERREISE

Chi Phat liegt am Preak-Piphot-Fluss 21 km stromaufwärts von Andoung Tuek (Busverbindungen s. S. 222), wo alle Boote unter der Brücke am Ostufer (auf der Seite von Phnom Penh) anlegen.

Das CBET-Büro organisiert Flussfahrten nach/von Chi Phat in einem hölzernen Longtailboot für bis zu sechs Personen (20 US$, 1½–2 Std.) sowie in einem hölzernen Motorboot mit 20 Sitzplätzen (35 US$, 1½ Std.) und in einem Schnellboot für sechs Passagiere (50 US$, 30 Min.). Frühmorgens macht die Reise besonders viel Spaß, weil das Wasser zu dieser Zeit oftmals glasklar ist.

Frachtboote (10 000 R pro Pers., 2–2½ Std.) verkehren täglich zwischen Andoung Tuek (Abfahrt um 12 oder 12.30 Uhr) und Chi Phat (Abfahrt um 8 oder 8.30 Uhr). Fast alle Busse aus Phnom Penh, Sihanoukville und Krong Koh Kong kommen eine oder zwei Stunden, bevor das Frachtboot nach Chi Phat ablegt, in Andoung Tuek an.

Außerdem gelangt man per *moto* (5 US$ ab Andoung Tuek, 7 US$ von Chi Phat) von Andoung Tuek nach Chi Phat; Reservierungen sind über das CBET-Büro in Chi Phat möglich. Kürzlich wurde die Straße von einem Zuckerrohrunternehmen ausgebessert, doch sie ist teilweise immer noch in einem schlechten Zustand und in der Regenzeit sehr matschig.

Stung-Phong-Roul-Wasserfall

Dieser Wasserfall aus fünf kleinen Kaskaden rund um eine schwindelerregende Kurve im Fluss ist sehr eindrucksvoll. Viele Einheimische glauben, dass in ihm ein mächtiger Geist wohnt. Hier herumzukraxeln ist anstrengend, lohnt sich aber, da zur richtigen Jahreszeit tolle Schwimmstellen locken.

Die höchste Kaskade stürzt 10 m in die Tiefe. Flache Felsnasen umgeben mehrere saubere, erstaunlich kühle Becken und eignen sich hervorragend für ein romantisches Picknick. Streckt man die Füße ins Wasser und sitzt ganz ruhig, knabbern einem eventuell kleine Fische (wie auch immer die hier hochgekommen sind ...) an den Zehen herum.

Die Staumauer des 18-MW-Wasserkraftwerks Kirirom III wurde 2 m stromaufwärts gebaut und wird den Wasserfall vermutlich fast komplett trockenlegen. Man sollte also schnell herkommen, denn vielleicht gibt's an dieser Stelle bald nichts mehr zu sehen.

AN- & WEITERREISE

Der Wasserfall (Steung Pongrul) liegt 20 km nordöstlich von Sre Ambel in den Ausläufern des Elefantengebirges. Dahinter erstreckt sich der Kirirom-Nationalpark (S. 136) weitere 20 km Richtung Nordosten.

Während der Trockenzeit erreicht man den Wasserfall per Motorrad, doch dabei ist Vorsicht geboten: Hier gibt's Krater, die groß und tief genug sind, ein ganzes Fahrzeug zu verschlucken, und um die angefaulten Brücken herumzukurven kann eine nasse Angelegenheit sein. Unmittelbar nordöstlich der Sre-Ambel-Brücke biegt man Richtung Nordost vom NH48 ab und folgt der Schotterstra-

PRAKTISCHES

Ana Travel	1	C1
Ana Travel	2	D6
ANZ-Royal-Geldautomat	3	D6
ANZ-Royal-Geldautomat	4	A1
ANZ Royal Bank	5	C1
Canadia Bank	6	C1
Casablanca Books	(siehe 32)	
CT-Klinik	7	D4
Eco-Trek Tours	(siehe 32)	
F1 Laundry	8	C1
Hand of Help	9	B3
Internetcafés	10	C1
Mr. Heinz Books	(siehe 5)	
Post	11	D1
Q&A	12	D2
Storage 4U	(siehe 23)	
Touristeninformation	13	C1
TTS Internet Service	14	A1
Union Commerical Bank	15	C1
Utopia-Informationszentrum	(siehe 62)	
Vietnamesisches Konsulat	16	C4

SEHENSWERTES & AKTIVITÄTEN

Airport	(siehe 57)	
Claude Diving Centre	17	B5
Coasters	(siehe 28)	
Dive Shop	(siehe 33)	
EcoSea Dive	(siehe 28)	
EcoSea Dive	(siehe 5)	
EcoSea Dive	(siehe 6)	
Fitness- & Boxcenter	18	C4
Relax	19	A2
Scuba Nation Diving Center	20	A3
Seeing Hands Massage 3	(siehe 12)	
Starfish Bakery & Café	(siehe 55)	
Sun-Tours	21	A4
Tame Monkeys	22	A5
Traditional Khmer Cookery	23	C4
Wat Leu	24	D3

SCHLAFEN

Bungalow Village	25	B4
Chiva's Shack	26	D6
Cloud 9 Bungalows	27	C6
Coasters	28	A3
Coolabah Resort	29	A3
Geckozy Guesthouse	30	C2
Green Mood	(siehe 48)	
Independence Hotel	31	A5
Mick & Craig's	32	A2
Monkey Republic	33	A2
New Sea View Villa	34	A3
Orchidée Guesthouse	35	D6
Reef Resort	36	A2
Sea Breeze Guesthouse	37	B6
Small Hotel	38	C1
Sokha Beach Resort	39	C6
Sunset Garden Guesthouse	40	A1
Utopia	(siehe 62)	

ESSEN

Angelo's	41	D6
Brown's	42	A3
Chez Claude	(siehe 17)	
Chom Ka Spey	43	D5
Essensstände	44	D1
Green Mood	(siehe 48)	
Happa	(siehe 36)	
Happy Herb Pizza	45	D6
Holy Cow	46	D2
K2	47	D6
Koh Lin	48	A1
Ku Kai	(siehe 36)	
New Sea View Villa	(siehe 34)	
Psar Leu	49	D1
Psar Pinechikam	50	B1
Rainy Season Pizza	51	A3
Restaurants	52	C1
Samudera Supermarket	53	D2
Snake House	54	A2
Starfish Bakery & Café	55	D2
Treasure Island	56	A5

AUSGEHEN

Airport	57	A4
Aquarium	(siehe 28)	
Corner Bar	58	A1
Gelato Italiano	59	D2
Golden Lion Plaza	60	D6
Monkey Republic	(siehe 33)	
Retox Bar	61	A1
Utopia	62	A2

UNTERHALTUNG

Top Cat Cinema	63	A2

SHOPPEN

M'lop Tapang Gift Shop	(siehe 20)	
Rajana Crafts	(siehe 55)	

TRANSPORT

Busbahnhof & Taxistand	64	D1
Capitol Tour	65	C1
Mick & Craig's	(siehe 32)	
Mr. Heinz Books	(siehe 5)	
Phnom Penh Sorya	66	C1
Q&A	(siehe 12)	
Taxis nach Kampot	67	D1

ße zur Bailey-Brücke. Von dort aus führt eine pfeilgerade frühere Holzfällerstraße zunächst gen Osten und dann Richtung Nordnordost zu einer Felsspalte in den bewaldeten Hügeln. An dieser Stelle beginnt der Weg zum obersten Wasserfall (20 Min.).

In Sre Ambel kann man ein *moto* mieten (Hin- und Rückweg 15 US$, 1 Std. bis zum Fuß des Bergs). Während der Regenzeit lässt sich ein Großteil der Strecke per Boot zurücklegen. Weil der Wasserfall selbst von Einheimischen nur selten besucht wird, findet man eventuell nur mit Mühe jemanden, der weiß, wie genau man dorthinkommt.

KOMPONG-SOM-PROVINZ

ខេត្តកំពង់សោម

Zwischen Kampot und Koh Kong erstreckt sich diese winzige Provinz, die in erster Linie von der lebendigen Hafenstadt Sihanoukville beherrscht wird. An den nahe gelegenen Inseln mit ihren teilweise sehr feinen Sandstränden kann man herrlich tauchen und schnorcheln. Weitere tolle Naturstätten sind u. a. der Ream-Nationalpark 18 km östlich von Sihanoukville und der Kbal-Chhay-Wasserfall.

SIHANOUKVILLE

ក្រុងព្រះសីហនុ

☎ 034 / 155 000 Ew.

Inmitten von weißen Sandstränden und unberührten tropischen Inseln liegt Sihanoukville (Krong Preah Sihanouk) bzw. Kompong Som, Kambodschas angesagtester Strandort. In den letzten Jahren sind die Besucherzahlen kontinuierlich gestiegen und sie werden vermutlich noch mehr in die Höhe schießen, sobald es wieder Flüge nach Siem Reap gibt. Doch abgesehen von ihren saftigen Mietpreisen wirken die Stadt und ihre Strände nach wie vor ziemlich entspannt.

Sihanoukville wurde Ende der 1950er-Jahre in den Dschungel geschlagen und nach dem damaligen König benannt. Es verfügt über

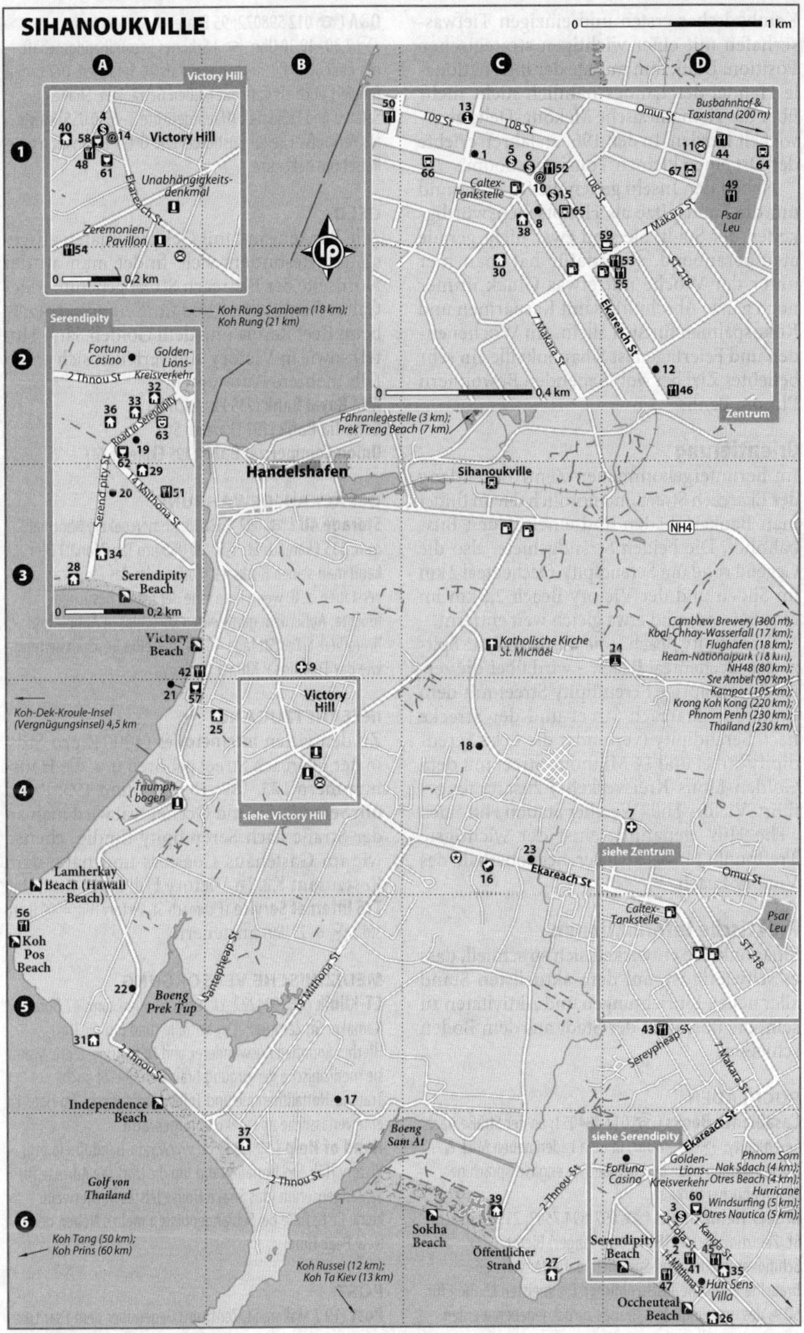
SIHANOUKVILLE
0 1 km
Victory Hill
Unabhängigkeits-denkmal
Zeremonien-Pavillon
Ekareach St
0 0,2 km
Busbahnhof & Taxistand (200 m)
Omui St
109 St
108 St
Caltex-Tankstelle
7 Makara St
Psar Leu
ST 218
Ekareach St
0 0,4 km
Zentrum
Koh Rung Samloem (18 km); Koh Rung (21 km)
Serendipity
Fortuna Casino
Golden-Lions-Kreisverkehr
2 Thnou St
Road to Serendipity
Serendipity St
14 Mithona St
Serendipity Beach
0 0,2 km
Fährenlegestelle (3 km); Prek Treng Beach (7 km)
Handelshafen
Sihanoukville
NH4
Cambrew Brewery (300 m); Kbal-Chhay-Wasserfall (17 km); Flughafen (18 km); Ream-Nationalpark (18 km); NH48 (80 km); Sre Ambel (90 km); Kampot (105 km); Krong Koh Kong (220 km); Phnom Penh (230 km); Thailand (230 km)
Katholische Kirche St. Michael
Victory Beach
Koh-Dek-Kroule-Insel (Vergnügungsinsel) 4,5 km
Victory Hill
siehe Victory Hill
Triumphbogen
siehe Zentrum
Ekareach St
Lamherkay Beach (Hawaii Beach)
Koh Pos Beach
Boeng Prek Tup
Santepheap St
19 Mithona St
2 Thnou St
Sereypheap St
7 Makara St
Independence Beach
Golf von Thailand
Boeng Sam At
2 Thnou St
siehe Serendipity
Phnom Som Nak Sdach (4 km); Otres Beach (4 km); Hurricane Windsurfing (5 km); Otres Nautica (5 km)
Sokha Beach
Öffentlicher Strand
23 Tola St
1 Kanda St
14 Mithona St
Hun Sens Villa
Occheuteal Beach
Koh Tang (50 km); Koh Prins (60 km)
Koh Russei (12 km); Koh Ta Kiev (13 km)
SÜDKÜSTE

Kambodschas ersten und einzigen Tiefwasserhafen mit einer wichtigen strategischen Position: Dank ihm musste der internationale Handel des Landes nämlich nicht mehr über das vietnamesische Mekong-Delta abgewickelt werden. In den 1960er-Jahren erlebte der Ort einen kleinen Tourismusboom.

Neben den Inseln gelten die Strände rund um die Landspitze als Hauptsehenswürdigkeiten der Stadt. Sie sind zwar nicht gerade atemberaubend, aber dafür hat man hier unter der Woche mit etwas Glück immer noch ganze Abschnitte samt Kasuarinen und Kokospalmen für sich allein. An Wochenenden und Feiertagen ist Sihanoukville ein sehr beliebtes Ziel bei wohlhabenden Bewohnern Phnom Penhs.

Orientierung

Im heruntergekommenen Zentrum entlang der Ekareach Street und nördlich davon findet man Banken, Läden und einen neuen Busbahnhof. Die beiden Strandgebiete, also die Gegend rund um Serendipity-Occheuteal 2 km im Süden und der Victory Beach 2,5 km im Nordwesten, sind etwa gleich weit entfernt.

Serendipity Beach – die nordwestliche Spitze des Occheuteal Beach – wird über die zerfurchte, holprige Serendipity Street mit dem Ende der Ekareach Street und der Strecke nach Serendipity (verbindet die Ecke Serendipity Street und 14 Milthona Street mit dem Golden-Lions-Kreisverkehr) zusammengeführt. Victory Hill (Weather Station Hill, auch „The Hill" genannt), einst der wichtigste Treffpunkt für Backpacker, liegt oberhalb des Victory Beach.

Praktische Informationen

Sihanoukville entwickelt sich so schnell, dass es schwierig ist, auf dem aktuellsten Stand aller neuen Einrichtungen und Aktivitäten zu sein, die überall in der Stadt aus dem Boden schießen.

BUCHLÄDEN

Casablanca Books (☎ 012 484051; an der Straße nach Serendipity; ⏲ 8–22 Uhr) In dem Laden neben Mick & Craig's werden neue und gebrauchte englischsprachige Taschenbücher verkauft.

Mister Heinz Books (☎ 097-894 7502; 219 Ekareach St, Zentrum; ⏲ 9–18 Uhr oder länger) Bietet 6500 Schmöker in über zehn Sprachen, darunter viele gebrauchte englische Taschenbücher. Die meisten können für 50 % des ursprünglichen Preises zurückgegeben werden.

Q&A (☎ 012 598072; 95 Ekareach St, Zentrum; ⏲ 7.30–19.30 Uhr; 📶) Schönes Secondhandgeschäft mit über 8000 Büchern in mehr als 20 Sprachen. Der Laden fungiert auch als Café mit heißen Getränken, Shakes, Salaten und Frühstück (Hauptgerichte 3–5,50 US$) sowie als Verkaufsstelle für Bustickets und Ort, an dem man gute Reisetipps bekommt.

GELD

Alle Banken sind mit Geldautomaten ausgestattet. Besonders viele findet man an der Nordseite der Ekareach Street gegenüber der Caltex-Tankstelle. Rund um Serendipity (z. B. beim Reef Resort und dem Golden Sand Hotel) sowie in Victory Hill verteilen sich ebenfalls mehrere Automaten.

ANZ Royal Bank (215 Ekareach St)

Canadia Bank (197 Ekareach St)

Union Commercial Bank (195 Ekareach St)

GEPÄCKAUFBEWAHRUNG

Storage 4U (☎ 092-738615; khmercookery@hotmail.com; 335 Ekareach St; 1,50/20 US$ pro Tag/Monat) Hier kann man seinen Rucksack, Koffer oder das Motorrad sicher verstauen, z. B. wenn man eine der Inseln besuchen möchte. Außerdem gibt's einen kostenlosen Abhol- und Bringdienst. Das Storage 4U hat dieselbe Geschäftsleitung wie das Traditional Khmer Cookery.

INTERNETZUGANG

Zu den vielen **Internetcafés** (4000 R pro Std.) in der Ekareach Street gehören u. a. die Hausnummern 173, 187, 189, 191 und 193. Rund um Serendipity und Occheuteal wird man an der Straße nach Serendipity fündig, ebenso wie im Gästehaus Coasters und nahe dem Restaurant K2. In Victory Hill kann man das **TTS Internet Service** (Ekareach St, Victory Hill; 4000 R pro Std.; ⏲ 8–23 Uhr) ansteuern.

MEDIZINISCHE VERSORGUNG

CT-Klinik (☎ 934222; ct_clinic@yahoo.com; 47 Boray Kamakor St, Zentrum; ⏲ Notfälle rund um die Uhr) Hierhin kommen Auswanderer und NRO-Angestellte, wenn sie medizinische Versorgung brauchen. Bietet auch Trauma-Notfalltherapie und Tollwutimpfungen. Im Haus ist eine verlässliche Apotheke untergebracht.

Hand of Help (☎ 934331; www.ngo-handofhelp.org; Victory Hill; ⏲ Notfälle rund um die Uhr) *Die* Adresse für Schlangenserum (das Snake House leistet mittlerweile keine Erste Hilfe bei Schlangenbissen mehr). Neben dem New Peak Hotel.

POST

Post (19 7 Makara St, Zentrum) Gegenüber dem Psar Leu.

SÜDKÜSTE

REISEBÜROS

Ana Travel (www.anainternet.com); Zentrum (☎ 933 729; 235 Ekareach St; 🕑 7.30–22 Uhr); Occheuteal Beach (☎ 934239; 23 Tola St; 🕑 9–18 oder 19 Uhr) Organisiert Ausflüge, Überlandfahrten und Visaverlängerungen für Kambodscha (1/3/6/12 Monate 50/85/155/290 US$).

Eco-Trek Tours (☎ 012 987073; ecotrektourscambo dia@yahoo.com; an der Straße nach Serendipity; 🕑 8–22 Uhr) Dieses Reisebüro neben Mick & Craig's bietet Schnorcheltrips nach Koh Russei und Koh Preus (15 US$ inkl. Mittagessen) sowie Touren in den Ream-Nationalpark (20 US$), nach Kampot und Kep an.

Utopia-Informationszentrum (☎ 934319; (www. utopiacambodia.com; Ecke Straße nach Serendipity & 14 Milthona St; 🕑 8–20 Uhr) Insel- und Schnorcheltrips sowie Tagesausflüge in den Ream-Nationalpark (20 US$).

TOURISTENINFORMATION

Gästehäuser, Kneipen und der Buchladen Q&A (S. 228) gelten als die besten Informationsquellen. Hier bekommt man zwei kostenlose Broschüren, den *Sihanouk Ville Visitors Guide* (www.canbypublications.com) und den *Sihanoukville Advertiser*. Nützlich ist auch die Webseite www.sihanoukville-cambodia.com.

Touristeninformation (☎ 933894; Ecke Sopheakmongkol St & 109 St, Zentrum; 🕑 Mo–Fr 8–11.30 & 14–17 Uhr) Liegt in einer lachsfarbenen Villa. Freundlich, aber wenig nützlich.

VISA

Wer Hilfe bei der Verlängerung eines Visums für Kambodscha braucht, wendet sich an Ana Travel (siehe oben) oder den Samudera Supermarket (S. 237).

Vietnamesisches Konsulat (☎ 933466; 310 Ekareach St; 🕑 Mo–Fr 8–12 & 14–16, Sa 8–12 Uhr) Nur an wenigen Orten auf der Welt bekommt man so schnell (nämlich sofort) ein Visum für Vietnam wie hier (40 US$ für 30 Tage). Die Ausstellung eines Visums für die Mehrfacheinreise (50 US$, ebenfalls 30 Tage gültig) dauert einen Tag. Passbild mitbringen.

WASCHSALON

Viele Wäschereien rund um den Serendipity Beach nehmen 3000 R pro Kilogramm (nach Schildern an der Straße Ausschau halten). Im Zentrum findet man einige Läden in der Straße des Small Hotel, hier zahlt man jedoch mehr bzw. pro Kleidungsstück.

F1 Laundry (☎ 012 049609; 152 Ekareach St; 🕑 7–20 Uhr) 1 kg Wäsche kostet 1 US$ und ist innerhalb von 24 Std. fertig. Wer seine Klamotten innerhalb von 3 Std. braucht, zahlt 2 US$.

Gefahren & Ärgernisse

Am häufigsten kommt Diebstahl am Strand vor, deshalb sollte man keine Wertsachen mitnehmen – es sei denn, jemand wacht mit Adleraugen darüber.

Alleinreisende Frauen, aber auch Männer müssen vorsichtig sein, wenn sie nach Einbruch der Dunkelheit am Occheuteal Beach (vor allem rund um Chiva's Shack und weiter südöstlich), am Otres Beach und auf den schlecht beleuchteten Abschnitten der Ekareach Street (zwischen dem Zentrum und Victory Hill) unterwegs sind, denn Touristen waren in letzter Zeit Opfer von Langfingern. Außerdem kam es hier zu einem Mord und mindestens einer Vergewaltigung. Zudem wurden dreiste Raube am Tag und Überfälle von Motorradfahrern am äußersten Ende des Occheuteal Beach sowie an der Straße zum Independence Beach (2 Thnou St) zwischen dem Independence Hotel und dem Sokha Beach Resort gemeldet. Einige gewalttätige Zwischenfälle passierten auch an der Hauptstraße von Victory Hill. Der als „Hühnerfarm" bekannte Rotlichtbezirk nahe dem Containerhafen ist bekannt für Schlägereien unter Alkoholeinfluss, Diebstahl und Überfälle.

Wie auch in Phnom Penh kann einem die Tasche weggerissen werden, was sehr gefährlich ist, wenn man gerade auf einem *moto/remork* sitzt. Schultertaschen sind ein beliebtes Ziel, deshalb sollte man sie vor dem Körper tragen, insbesondere nachts. Niemals einen Rucksack oder Ähnliches im vorderen Motorrad- oder Fahrradkorb verstauen. Motorraddiebstahl gilt ebenfalls als häufiges Ärgernis. Wer ein Fahrzeug mietet, sollte unbedingt auf ein robustes Schloss achten.

Die Strömung vor Occheuteal ist vor allem in der Regenzeit oftmals unerwartet stark.

Ein Ärgernis für Einheimische sind unangemessen angezogene ausländische Stadtbesucher: Man muss sich nur anschauen, wie die Kambodschaner im Meer herumtollen – meistens voll bekleidet. Am Strand kann man durchaus einen Bikini tragen, ansonsten sollte man sich aber bedecken. Oben ohne oder nackt zu baden gilt als absolutes Tabu.

Sehenswertes & Aktivitäten

STRÄNDE

Sihanoukvilles Sandstrände machen einen Wandel durch, da Bauunternehmer anrücken und zwielichtige Deals einfädeln, um sich am boomenden Tourismus zu bereichern.

Am vielseitigsten ist der 4 km lange **Occheuteal Beach**. Hier kann man nicht nur unter Sonnenschirmen auf Mietstühlen sitzen, sondern auch eine Fußmassage bekommen, einen Reifenschlauch zum Schwimmen mieten (klein/groß 2000 R/1 US$), eine Runde mit dem Bananenboot fahren (10 US$) oder mit einem lauten Jetski umherbrausen (60 US$ pro Std.). Die baufälligen Restaurants, in denen Getränke (Bier gibt's ab 2000 R) und Grillgerichte (2–4 US$) serviert werden, können aufgrund fehlender Pachtverträge jederzeit von den Planierraupen der Regierung plattgemacht werden. Von den Abwasserrinnsälen, die aus den Buden in die Brandung fließen, hält man sich besser fern. Umkleidekabinen (1000 R) findet man bei Chiva's Shack.

Ein großer Teil des südlichen schönen Strandabschnitts (ca. 1,5 km) wurde abgezäunt und soll nun in einen weiteren exklusiven Sokha-Resortkomplex verwandelt werden. Eventuell sieht man einen tieffliegenden Helikopter vor der riesigen **Villa** am Strand landen; sie gehört Premierminister Hun Sen.

Ein felsiger Abschnitt am nordwestlichen Ende des Occheuteal hat sich zu einem fröhlichen und entspannten Treffpunkt von Reisenden entwickelt, der als **Serendipity Beach** bekannt ist. In den stimmungsvollen Mittelklasse-Restaurantbars sitzt man nur wenige Meter von der Brandung entfernt – sehr romantisch, vor allem ab Sonnenuntergang.

Am südlichen Ende des Occheuteal Beach (das ehemalige Fischerdorf wurde kürzlich von der Regierung abgerissen) läuft man über eine kleine Landzunge namens **Phnom Som Nak Sdach** („Hügel des Königspalasts") und gelangt so hinüber zum **Otres Beach**, einem scheinbar endlosen, einsamen Strandabschnitt voller Kasuarinen, der problemlos mit südthailändischen Sandstreifen konkurrieren kann. Leider wurde er verpachtet, sodass sich hier in absehbarer Zeit vieles ändern dürfte. Derzeit handelt es sich aber noch um eine recht ruhige Gegend mit ein paar Essensständen. In dem entspannten, von einem Franzosen betriebenen Laden **Otres Nautica** (☎ 092-230065; ⏲ ganzjährig solange es hell ist) werden Kajaks (pro Std./Tag 3/15 US$) und Segelkatamarane von Hobie Cat (10/50 US$) vermietet, mit denen man zu nahe gelegenen Inseln schippern kann. Außerdem sind Schnorchelausflüge an

DIE LETZTE SCHLACHT IM VIETNAMKRIEG

Die letzte blutige Auseinandersetzung des Vietnamkriegs fand vor Sihanoukvilles Küste statt.

Am 12. Mai 1975, zwei Wochen nach dem Fall Saigons, griffen die Roten Khmer mit gekaperten US-Patrouillenbooten die SS *Mayagüez* an, ein amerikanisches Handelsschiff (benannt nach einer Stadt in Puerto Rico), das auf seiner regulären Fahrt von Hongkong nach Thailand unterwegs war. Sie verankerten den Frachter etwa 50 km südwestlich von Sihanoukville vor **Koh Tang** – heute ein sehr beliebtes Ziel für Sporttaucher – und brachten die 39 Besatzungsmitglieder nach Sihanoukville.

Präsident Gerald Ford wollte angesichts dieses „Akts der Piraterie" Entschlossenheit demonstrieren und befahl, das Schiff bzw. die Besatzung zu befreien. Marineflieger des US-Luftwaffen-Flugzeugträgers *Coral Sea* bombardierten die Ölraffinerie in Sihanoukville sowie die Luftwaffenbasis Ream, und Marinesoldaten bereiteten sich für ihr erstes feindliches Entern eines Schiffs auf See seit 1826 vor.

Am 15. Mai stürmten sie die *Mayagüez*, fanden diese aber verlassen vor. Parallel dazu landeten mehrere Fallschirmeinheiten auf Koh Tang. Man ging fest davon aus, dass die Insel nur leicht verteidigt sein würde. Doch dann stellte sich heraus, dass sie in Erwartung eines Angriffs der Vietnamesen befestigt worden war. Im Laufe des Kampfes wurden über 15 US-Helikopter zerstört oder beschädigt und 15 US-Soldaten getötet.

Bereits am Morgen hatten die Roten Khmer die gesamte Besatzung der *Mayagüez* unbemerkt an Bord eines thailändischen Fischerboots verfrachtet und es losgemacht – die Männer wurden aber erst von amerikanischen Schiffen entdeckt, nachdem der Angriff auf Koh Tang bereits begonnen hatte. Beim darauffolgenden chaotischen Rückzug vergaß man drei Marinesoldaten, die wahrscheinlich von den Roten Khmer entdeckt und hingerichtet wurden.

Am Vietnamkriegsdenkmal in Washington DC sind die amerikanischen Kriegstoten chronologisch aufgeführt. Aus diesem Grund stehen die Namen der Soldaten, die beim „*Mayagüez*-Vorfall" ihr Leben verloren, am Ende der letzten Tafel.

Bord eines Fischerboots im Angebot. **Hurricane Windsurfing** (☎ 017 471604) verleiht Kajaks und Paddelboote.

Um von Serendipity zum Otres Beach zu kommen (5 km), folgt man der Straße am Strand Richtung Südosten, wobei man den gesperrten Abschnitt umgeht. Motorräder können hügelaufwärts über das Kap fahren, Autos und *remorks* müssen einen kleinen Schlenker durchs Inland in Kauf nehmen. Vom Zentrum aus bleibt man ab dem Psar Leu 7 km Richtung Osten auf der Omui Street. Große Teile dieser Strecke sind voller Schlaglöcher, deshalb verkehren dort keine *remorks* und für Autos wird es holprig.

Die einstige Hippieatmosphäre ist verschwunden, doch unter russischer Führung hat der **Victory Beach** eine neue Nische als Zufluchtsort für Einwanderer gefunden, die keine Lust auf die belebte Backpackerszene des Occheuteal haben. In der sauberen, stressfreien, familienfreundlichen Gegend mit mittelmäßigen Strandlokalen wird es trotz aller Bemühungen des **Airport** (S. 237) nach Sonnenuntergang sehr ruhig. Anders als auf dem tatsächlichen Flughafen steht vor dem schicken neuen Nachtclub auch ein Flugzeug: eine echte **Antonow An-24 Turboprop**. Zum Glück hat sie Startverbot, denn niemand sollte jemals wieder mit der verrückten Maschine fliegen. Vor der Küste liegt eine winzige, mysteriöse **Vergnügungsinsel** in russischer Hand (www.miraxresort.com).

Etwa 15 km südwestlich erstreckt sich neben einem schattigen Wäldchen der **Lamherkay Beach**, auch bekannt als Hawaii Beach. An Wochenenden und Feiertagen erfreut er sich bei motorisierten Einheimischen großer Beliebtheit, alltags geht's dagegen ruhig zu. In Restaurants mit Strohdächern bekommt man Meeresfrüchte und andere Grillgerichte. Für die Nutzung einer Umkleidekabine werden 1000 R verlangt. **Koh Pos** (oder Koh Puos; Schlangeninsel), das Eiland 800 m vor der Küste, wurde von russischen Geschäftsleuten mit Resortplänen angemietet. Sie ist über eine 32 m hohe Betonbrücke mit dem Festland verbunden.

Weiter im Südwesten an der Spitze des Kaps stößt man auf den winzigen **Koh Pos Beach**, einen schönen, schattigen Sandstreifen. Gelegentlich wirkt das Wasser hier allerdings etwas unruhig.

Südöstlich davon liegt der hübsche, saubere **Independence Beach** (7-Chann Beach), der nach dem gleichnamigen 50-jährigen Hotel benannt wurde. Bei Redaktionsschluss war er wegen anstehender Bauprojekte jedoch größtenteils eingezäunt. Die einzigen offenen Abschnitte befinden sich unterhalb der Unterkunft und gegenüber dem Sea Breeze Guesthouse.

Auf halbem Weg zwischen Independence und Serendipity lockt der 1,5 km lange **Sokha Beach**, Sihanoukvilles wahrscheinlich herrlichster Sandstreifen. Abgesehen von einem kleinen öffentlichen Bereich am Ostende gehört er zum exklusiven Sokha Beach Resort (S. 235). Touristen dürfen den Strand benutzen, müssen dafür aber etwas konsumieren. Außer an besonders vollen Tagen während der Hauptsaison können sich Nichtgäste im gigantischen **Hotelpool** und am nahen Strand für 4 US$ vergnügen. Wenn ein Kreuzfahrtschiff im Hafen liegt bzw. an Feiertagen zahlt man 6 US$; Kinder unter zwölf Jahren bekommen 50 % Ermäßigung. Die Privatisierung des Sokha mag zwar für Kambodscha ein massiver Diebstahl gewesen sein, doch immerhin ist nun das eigene Hab und Gut sicher, während man im Wasser herumplantscht. Wenn in dieser Gegend irgendwelche Ganoven unterwegs sind, geht es ihnen nämlich sicherlich nicht um kleine Fische.

7 km nordöstlich des Fährhafens erstreckt sich der tagsüber größtenteils menschenleere und von Kasuarinen gesäumte **Prek Treng Beach** bzw. Hun Sen Beach mit mehreren offenen Pavillons im Khmer-Stil. Bei Sonnenuntergang zieht er dagegen viele kambodschanische Familien und Pärchen an.

INSELN

Im Meer vor Sihanoukville verteilen sich über ein Dutzend tropische Inseln, manche davon mit traumhaften, herrlich einsamen Stränden. Es heißt, dass sie alle an internationale Baufirmen verpachtet wurden, die hier ein neues Ko Chang oder Ko Samui entstehen lassen wollen. Wer diese hübschen Flecken also noch in ihrem natürlichen Zustand sehen möchte, muss sich beeilen.

Sihanoukvilles vielleicht schönster Zufluchtsort (obwohl er auch „Paradies mit Insekten" genannt wird) ist das 10 km lange **Koh Rung Samloem** (einfache Fahrt 10 US$, 2½ Std.) mit der herzförmigen Saracen-Bucht und einladenden Sandstreifen am Nord- bzw. Südende. Das alte Straßennetz aus der Zeit der Franzosen ist überwuchert, aber man kann angeln, schnorcheln und kurze Wanderungen unternehmen. Die beeindruckende Tierwelt reicht von Makaken, schwarzen Eichhörnchen und Seeadlern bis hin zu riesigen Salamandern, Eidechsen und Leguanen. **Lazy Beach Bungalows** (☎ 016 214211; www.lazybeachcambodia.com; Büro an der Serendipity St; Bungalow 25–30 US$) an der Südwestküste verfügt über zwölf Bungalows mit Bädern und Balkonen inklusive Hängematten. **EcoSea Dive** (☎ 934347, 012 606646; www.ecoseadive.com; Büros an der 225 Ekareach St, an der Straße nach Serendipity & am Serendipity Beach; DZ 30 US$) besitzt fünf Bungalows.

Unmittelbar nördlich von Koh Rung Samloem liegt eine 15 km lange Insel namens **Koh Rung** (Koh Rong; einfache Strecke 10 US$, 2½ Std.) mit vielen einsamen kleinen Stränden, einem herausragenden 5 km langen Sandstreifen an der Südwestküste, Wanderwegen und drei Dörfern. In der Gegend tummeln sich u. a. Makaken, Nashornvögel, Turmfalken, Seeadler und eine sehr seltene Nacktschneckenart vor der Küste. **Bungalows** (B 10 US$, DZ 15 US$, 3–5 Pers. 35 US$) am Hang mit Bädern und Strom zwischen 18 und 22.30 Uhr vermittelt der **Dive Shop** (☎ 933664; www.diveshopcambodia.com). Eine weitere Option ist **Sok San Beach Bungalows** (horn socheata@yahoo.com; ☎ 099-605255, 097-6772424; Zi. 10 US$, Bungalow 15 US$) an einem weitläufigen, von Palmen gesäumten Abschnitt. Dort sollen demnächst eine Ringstraße und ein Flughafen gebaut werden.

Vor der Küste auf Höhe des Ream-Nationalparks erstreckt sich **Koh Ta Kiev** mit dem mehr als urigen **Jonty's Jungle Camp** (☎ 092-502374; www.jontysjunglecamp.com). Hier können Besucher entweder in Hängematten (6 US$) oder Baumhäusern (10–22 US$) übernachten. Außerdem gibt's noch das **Koh Ta Kiev Beach Bungalow Resort** (☎ 011 708795, 012 495446).

Koh Russei (Bambusinsel; 1 Std. Bootsfahrt) soll zu einem Resort umgebaut werden, deshalb werden alle Häuschen abgerissen.

Ausflüge zu den Inseln organisieren zahlreiche Reisebüros (S. 229), Tauchshops (siehe unten) und Gästehäuser. Die hervorragenden ein- bis mehrtägigen Inseltouren von **Sun-Tours** (☎ 016 396201; www.suntours-cambodia.com) starten am Victory Beach.

TAUCHEN

Die Riffe rund um Sihanoukville sind voller Korallen und Schwämme sowie Meerestieren aller Arten, darunter Aale, Anemonen, Stachelrochen und Delphine. Einige der schönsten Tauchgründe mit z. T. phänomenaler Sicht erstrecken sich vor den abgelegenen, unbewohnten Inseln **Koh Tang** (siehe S. 230) und **Koh Prins**, die man im Rahmen einer zweitägigen Tour erreicht. Es gibt aber auch gute Spots, für die eine weniger weite Anreise nötig ist, z. B. **Koh Rung** und **Koh Rung Samloem** (einfache Strecke 2 Std.).

Marine Conservation Cambodia (www.marineconservationcambodia.org) setzt sich für den Schutz der Riffe und Brutstätten an der Küste ein.

Empfehlenswerte Anbieter:

Claude Diving Centre (☎ 934100, 012 824870; www.bestcambodia.com; oberhalb von 2 Thnou St) Claude erkundet das Meer vor Sihanoukville bereits seit 15 Jahren und hat sich auf Ausflüge zu weiter entfernten Riffen spezialisiert.

Coasters (☎ 933776; www.cambodia-beach.com; Serendipity St) Bietet PowerSnorkel-Tauchen (10 US$ pro Std.) an: eine tolle Möglichkeit für Anfänger, weil sie keine Lizenz brauchen. Außerdem kann man hier Bootsausflüge nach Koh Ta Kiev (10 US$) buchen.

Dive Shop (☎ 933664; www.diveshopcambodia.com; an der Straße nach Serendipity; 🕑 7–20 Uhr) Kambodschas zweites Fünf-Sterne-PADI-Tauchzentrum ist gleichzeitig ein Center von National Geographic und hat ein- bzw. mehrtägige Trips mit Übernachtung an Bord sowie in Bungalows auf Koh Rung im Programm.

EcoSea Dive (☎ 934347; www.ecoseadive.com; 225 Ekareach St, Stadtzentrum; 🕑 10–19 Uhr) PADI- und SSI-Kurse, Pakete mit einem/zwei Tauchgängen (45/65 US$), ein- (20 US$) und zweitägige (49 US$)Schnorchelausflüge inklusive Übernachtung auf Koh Rung Samloem. Weitere Büros finden sich an der Straße nach Serendipity sowie am Serendipity Beach.

Scuba Nation Diving Center (☎ 012 604680; www.divecambodia.com; Serendipity St) Kambodschas erstes Fünf-Sterne-PADI-Tauchcenter bietet auch das National-Geographic-Tauchzertifikat an. Hochprofessionelle Lehrer mit erstklassiger Ausrüstung geben Kurse auf Englisch, Schwedisch, Französisch und Niederländisch.

AFFENTHEATER

Fast jeden Tag versammeln sich drei Gruppen **zahmer Affen** an der 2 Thnou Street hinter bzw. auf dem Maschendrahtzaun um das Gelände des Independence Hotels. Sie hoffen auf ein paar Erdnüsse oder Bananen von Passanten. Hierher kommen auch viele Einwohner mit ihren Kindern.

WAT LEU

Ein spektakulärer Blick auf die Stadt und ein einmaliges Panorama bei Sonnenuntergang ziehen Besucher zum Wat Leu (Wat Chhnothean) auf einem friedlichen, bewaldeten

Hügel 1,5 km nordwestlich des Zentrums (neben drei rot-weißen Funktürmen). Das kleine Museum öffnet für Gruppen.

Von der Stadtmitte zahlt man für eine *moto*-Fahrt dorthin 1 US$ bis 6000 R. *Remorks* müssen den langen Weg um den Hügel herum nehmen und kosten deshalb 4 US$.

MASSAGE

In Sihanoukville stößt man auf zahlreiche zwielichtige Läden, in denen „Happy-End"-Massagen angeboten werden, es gibt aber auch erstklassige Salons mit teilweise behinderten einheimischen Angestellten:

Relax (☎ 011 686987; an der Straße nach Serendipity; 8–18 US$ pro Std.; ⌚ 10–21.30 Uhr) Die Khmer-, Lavendel-, Jasminöl- und Fußmassagen in diesem Salon unter englischer Leitung bekommen tolle Kritiken. Bald werden auch Maniküre und Pediküre (5–10 US$) angeboten. Überhaupt nicht anrüchig.

Seeing Hands Massage 3 (☎ 012 799016; 95 Ekareach St; pro Std. 6 US$; ⌚ 8–21 Uhr; ❄) Die zwei Masseure und vier Masseurinnen dieser Einrichtung sind blind. Einige sprechen Englisch.

Starfish Bakery & Café (☎ 012 952011; hinter der 62 7 Makara St, Stadtzentrum; 6–10 US$ pro Std.; ⌚ 7–18 Uhr) Blinde und behinderte Masseure, ausgebildet von westlichen Therapeuten, haben Khmer-, Thai- Öl-, Fuß- und indische Kopfmassagen im Programm. Die Gewinne kommen Sozialprojekten zugute.

Von November bis Mai bietet das **Fitness & Boxing Center** (siehe rechts) ein- bis fünftägige Massagekurse mit einem professionellen Masseur aus Frankreich an.

KOCHEN

Traditional Khmer Cookery (☎ 092-738615; khmer cookery@hotmail.com; 335 Ekareach St; ganztägig pro Person 25 US$; ⌚ Mo–Sa 10–17 Uhr) Traditionelle Kochtechniken werden in Klassen mit maximal acht Teilnehmern am Beispiel von vier Gängen angewendet. Besonderen Wünschen (z. B. nach vegetarischen Gerichten) kommen die Lehrer gerne nach. Zu den Spezialitäten gehören Tintenfisch mit Kampot-Pfeffer, ganze gedünstete Fische mit süß-saurer Sauce und Pampelmusensalat mit Garnelen.

BRAUEREIBESUCH

Jede Dose und Flasche Angkor-, Klang- und Bayon-Bier sowie Angkor Extra Stout und Black Panther Premium Stout wurde in der **Cambrew Brewery** (☎ 939618; www.cambodianbeer.com, www.angkorbeer.com.kh; NH4) hergestellt, wo Besucher an einer **Gratis-Bierverkostung** (⌚ Mi 15–17 Uhr) und an **Führungen** teilnehmen können.

FITNESS

Das **Fitness- & Boxcenter** (Centre de Fitness et de Boxe Asiatique; ☎ 015 620534; Boray Kamakor St; inkl. Aerobic 3,50 US$ pro Tag; ⌚ Okt.–Juni 5–21 Uhr, Juli–Sept. 6–20 Uhr) unter französischer Leitung in einer Villa 2 km nordwestlich des Busbahnhofs ist ein voll ausgestatteter Fitnessclub mit 165 Geräten, freien Gewichten und Kursen in Aerobic (an den meisten Tagen um 17.15 Uhr) sowie Khmer- und Thai-Boxen (4 US$).

Schlafen

Mittlerweile gibt's in Sihanoukville so viele Gästehäuser und Hotels, dass es wir hier nur einige ausgewählt Unterkünfte nennen können. Die angegebenen Preise gelten für die Hauptsaison (Nov.–März). In der Regenzeit muss man weniger zahlen, aber an Feiertagen teilweise recht tief in die Tasche greifen.

SERENDIPITY & OCCHEUTEAL

Die Gegend zwischen Serendipity Beach und dem Golden-Lions-Kreisverkehr ist Sihanoukvilles Traveller-Hochburg. Wer direkt am Wasser unterkommen will, zahlt einen Aufschlag. In der 23 Tola Street und der 1 Kanda Street (zwei bzw. drei Häuserblocks Richtung Inland vom Occheuteal Beach aus) eröffnen immer mehr Gästehäuser und Mittelklassehotels.

Utopia (☎ 934319; www.utopiacambodia.com; Ecke Straße nach Serendipity & 14 Milthona St; B Nov.–Juni 2 US$, Juli–Okt. kostenlos, Zi. 10 US$; 💻 📶 🛎) 26 Schlafsaalbetten und kostenlose Schließfächer. Günstiger kann man nicht unterkommen.

Chiva's Shack (☎ 012 360911; www.chivasshack.com; Occheuteal Beach; Zi. 3–4 US$) Chaotische Unterkunft am Strand mit Hippiestimmung wie in alten Zeiten. Hier sind faule Tage und Partynächte angesagt. Nur Gemeinschaftsbäder. Das Restaurant hat rund um die Uhr geöffnet.

LP Tipp **Monkey Republic** (☎ 012 490290; www.monkey-republic.com; monkeyrepubliccambodia@yahoo.co.uk; an der Straße nach Serendipity; Zi. 6–9 US$; 💻) Belebtes Backpacker-Lieblingsquartier unter britischer Leitung mit 26 leuchtend blauen Bungalows rund um zwei von Bananenbäumen überschatteten Innenhöfen. Alle haben schlichte Möbel, Ventilatoren, Mückennetze und Terrassen.

Mick & Craig's (☎ 012 727740; www.mickandcraigs.com; an der Straße nach Serendipity; Zi. 7–10 US$; 📶) Diese Unterkunft überzeugt mit 17 niedlichen pastellfarbenen, schlichten und praktischen Zimmern und einem hervorragenden Preis-Leistungs-Verhältnis. Darüber hinaus gibt's hier ein beliebtes Restaurant.

Orchidée Guesthouse (☎ 933639; www.orchidee-guesthouse.com; 23 Tola St; DZ 13–28 US$, 3BZ 30–40 US$;) Ein schöner, von Stühlen und Palmen umgebener 10-m-Pool ist das Herzstück dieses friedlichen Gästehauses. Die 69 gepflegten Zimmer, von denen manche am Pool liegen und andere im Bungalow-Stil gehalten sind, verfügen über Klimaanlagen, Warmwasser, Kühlschränke und gut eingerichtete Bäder. Das Frühstück ist im Preis inbegriffen (außer bei den Zimmern für 13 US$). Tolles Preis-Leistungs-Verhältnis.

Coasters (☎ 933776; www.cambodia-beach.com; Serendipity St; Zi. mit Ventilator 15–25 US$, mit Klimaanlage ab 25 US$;) Viele der 17 soliden Zimmer und Bungalows besitzen eine Veranda mit schöner Aussicht. Sie liegen auf einem Hügel oberhalb des Strandes. Die Bar und das Restaurant befinden sich direkt am Wasser. Am frühen Abend ist die Atmosphäre geradezu märchenhaft.

New Sea View Villa (☎ 092-759753; www.sihanoukville-hotel.com; Serendipity St; DZ mit Ventilator/Klimaanlage ab 17/20 US$; im Sept. geschl.;) 16 blitzblanke, sehr geräumige Zimmer mit Federkernmatratzen. Ein Geheimtipp unter Einwanderern.

Cloud 9 Bungalows (☎ 012 479365; www.cloud9bungalows.com; Zi. 20–30 US$) Der letzte Bungalowkomplex am Serendipity Beach wartet mit einer gemütlichen tropischen Bar und sieben rustikalen Bungalows im Khmer-Stil auf, die über Ventilatoren, scheibenlose Fenster, Mückennetze und Balkone samt Meerblick verfügen. In der Nebensaison fallen die Preise um 25 bis 50 %. Es gibt auch einen Zugang über die 2 Thou Street.

LP Tipp **Coolabah Resort** (☎ 017 678218; www.coolabah-hotel.com; 14 Milthona St; Zi. 45–70 US$;) Eine wunderbare neue Unterkunft. Das von Australiern geführte Resort bietet Vier-Sterne-Qualität mit erstklassigen Matratzen, hübscher Bettwäsche und Schallisolierung. Außerdem locken Annehmlichkeiten wie ein Pool und eine Bar im Loungestil.

Reef Resort (☎ 934281; www.reefresort.com.kh; an der Straße nach Serendipity; DZ 42,50–47,50 US$, 4BZ 65–70 US$;) Von den 14 großen Zimmern blickt man auf den 12,5 m langen Innenhofpool und zahlreiche lilafarbene Orchideen. Das Frühstück ist im Preis inbegriffen und es gibt einen Abholdienst vom Busbahnhof.

VICTORY HILL & BEACH

Victory Hill (Weather Station Hill), die einstige Backpackergegend, hat ihren Hippiecharme verloren. Inzwischen quartieren sich hier vor allem Männer mittleren Alters ein. Die nachfolgend aufgeführten Unterkünfte liegen in einiger Entfernung vom Lärm der leicht heruntergekommenen Hauptmeile.

Green Mood (☎ 011 917251; Zi. 2–12 US$) Drei junge Italiener führen das Green Mood mit zehn schlichten, sauberen Zimmern inklusive Ventilatoren. Die günstigsten Zimmer haben Gemeinschaftsbäder.

Sunset Garden Guesthouse (☎ 012 562004; DZ 5–10 US$;) Eine enthusiastische ältere Dame betreibt dieses makellose Haus in italienischem Stil mit einem schön gepflegten Garten. Gäste kommen in einem der 14 großen, blitzblanken Zimmer unter.

Bungalow Village (☎ 012 490293; bungalowvillage@hotmail.com; Zi. 6–15 US$) Das klassische Backpackerquartier liegt in einem Garten am Hang voller tropischer Bäume und nur 200 m vom Strand entfernt. Im altmodischen Entspannungsbereich kann man sich wie eine Eidechse auf den warmen Steinen in der Sonne aalen. Die acht schlichten Bungalows verfügen über Wände aus Holzdielen, scheibenlose Fenster, Ventilatoren und Warmwasser.

ZENTRUM

Das lebendige Zentrum erfreut sich bei Langzeitgästen großer Beliebtheit. Für alle, die mit öffentlichen Verkehrsmitteln reisen, ist diese Gegend eine gute Anlaufstelle, außerdem stößt man hier auf viele Banken und Geschäfte sowie den größten Markt.

Geckozy Guesthouse (☎ 012 495825; www.geckozy-guesthouse.com; Zi. 5–8 US$) Sechs schlichte Zimmer in einem alten Holzhaus an einer ruhigen Seitenstraße.

LP Tipp **Small Hotel** (☎ 934330; www.thesmallhotel.info; Zi. 13–18 US$;) Ein fröhliches kambodschanisch-schwedisches Pärchen betreibt dieses wunderbare Gästehaus, in dem es so gemütlich ist wie an einem verschneiten Abend in Skandinavien vor dem Kamin. Die elf makellosen Zimmer sind klimatisiert und mit Warmwasser sowie Kühlschränken ausgestattet. Weil das Small Hotel von November bis März häufig ausgebucht ist, sollte man im Voraus reservieren.

INDEPENDENCE BEACH

Das **Sea Breeze Guesthouse** (☎ 934205, 077-970403; www.seabreezecambodia.com; 2 Thnou St; Zi. 20–40 US$;) liegt jeweils 3,5 km vom Zentrum, vom Victory Beach und vom Serendipity Beach entfernt. In dem von Australiern geführten Gästehaus mit 16 geräumigen, schlicht möblierten Zimmern herrscht eine friedliche Atmosphäre. Innerhalb der Stadt wird ein kostenloser Bring- und Abholdienst angeboten.

Independence Hotel (☎ 934300; www.independencehotel.net; 2 Thnou St; Zi. ab 140 US$;) Noch immer versprüht das auffällige, 1963 eröffnete siebenstöckige Hotel die Jetset-Atmosphäre aus der Zeit, als Sihanouk noch eine wichtige Rolle im Filmgeschäft spielte. 2007 wurde es nach Jahren in der Versenkung wiedereröffnet und überzeugt nun mit 52 klassischen Zimmern samt Meerblick, Landschaftsgärten und einem Privatstrand, an dem bei Redaktionsschluss gerade Bungalows gebaut wurden

SOKHA BEACH

Sokha Beach Resort (☎ 935999; www.sokhahotels.com; 2 Thnou St; Zi. 200–220 US$, Suite 250–1000 US$;) Dieses opulente Resort im Khmer-Stil verfügt über einen 1,5 km langen Privatstrand, einen riesigen Pool mit einer eigenen kleinen Tropeninsel und einen Kinderspielplatz. Der Service ist nicht gerade ultraluxuriös, dennoch erfreut sich die Anlage mit 210 Zimmern, Suiten und Bungalows (in Kürze kommen weitere 200 dazu) bei Familien aus Phnom Penh großer Beliebheit. Auf der Webseite findet man Angebote.

Essen

Sihanoukville bietet eine beeindruckende Vielzahl an günstigen Restaurants. Im Folgenden werden einige davon genannt.

SERENDIPITY & OCCHEUTEAL

Wenn man bei Kerzenschein an den Tischen direkt am Serendipity Beach sitzt und den Sonnenuntergang betrachtet, kommt eine äußerst romantische Stimmung auf. Günstigeres Essen, z. B. Grillgerichte, bekommt man an den Imbissbuden entlang dem Occheuteal Beach. Zwei Häuserblocks Richtung Inland hat sich die 12 Tola Street zu einer Restaurantzone mit zahlreichen abends geöffneten Grilllokalen entwickelt.

Am Strand bieten Verkäufer alles von Ananas bis zu gebratenen Minihummern mit Salz, Pfeffer und Zitronensaft an. Wer einfach nur am Strand liegen und entspannen möchte, wird von ihnen vermutlich schnell genervt sein, aber immerhin kann man bei den günstigen Preisen einen Snack nach dem anderen probieren.

K2 (☎ 011 304447; Occheuteal Beach; Hauptgerichte 2–4 US$) Ein Inder aus Gujarat betreibt diesen schlichten Strandimbiss, in dem es günstige pakistanische, indische und Mogul-Küche gibt, darunter auch vegetarische Gerichte und Halal-Fleisch.

Happy Herb Pizza (☎ 012 632198; 23 Tola St; klein/mittel/groß ab 3/5,50/8,50 US$; 7–23 Uhr) In diesem Laden kann man zwischen Khmer-Gerichten (1,50–3 US$) und 23 Pizzas wählen, die man alle auch als „Happy"-Variante (d. h. mit Hanf versetzt) bekommt.

Rainy Season Pizza (☎ 092-583372; 14 Milthona St; rund um die Uhr) Vor Kurzem ist die Pizzeria unter französischer Leitung von Victory Hill hierhergezogen. Für eine ganze Pizza zahlt man 5 bis 6 US$, ein Stück kostet 2 US$. Die Lieferung ist kostenlos.

LP Tipp **New Sea View Villa** (☎ 092-759753; Serendipity St; Hauptgerichte 4–7 US$; 8–16 & 18–22 Uhr) Dieses Restaurant ist berühmt dafür, eine der besten Küchen der Stadt zu haben. Abends werden Gerichte wie Garnelen in Wasabi, gebackene Jakobsmuscheln in Weinsauce, Enten-*magret* in Himbeersauce sowie gute vegetarische Gerichte (z. B. Lasagne) serviert. Zum Dessert gibt's Karottenkuchen, Tiramisù und Crème brûlée.

LP Tipp **Happa** (☎ 934380; an der Straße nach Serendipity; Hauptgerichte 4–7 US$; 17–24 Uhr) Inmitten von tropischem Dekor mit japanischer Note kommen Gäste in den Genuss von leckeren authentischen Teppanyaki mit zahlreichen Saucen. Darüber hinaus werden im selben Gebäude bei Ku Kai (☎ 012 593339; Di–So 17–21 Uhr) Sashimi und Tempura-Gerichte (4,75 US$) angeboten.

Angelo's (☎ 011 309014; 23 Tola St; Hauptgerichte 4–13,50 US$; 16–24 Uhr) Köstliche gegrillte Meeresbewohner wie Garnelen, Tintenfisch, Hummer, Barrakuda sowie australisches T-Bone-Steak und die Spezialität des Hauses, Coca-Cola-Rippchen (Rippchen in Coca mariniert, gekocht und dann gebraten), stehen auf Angelo's Speisekarte.

VICTORY HILL & STRAND

Selbst wenn man nicht hier wohnt, sollte man das lebendige Viertel (einschließlich der an-

SÜDKÜSTE

grenzenden Teile der Ekareach Street) wegen seiner vielen verschiedenen leckeren und günstigen Restaurants besuchen.

Koh Lin (☎ 012 588625; Victory Hill; Hauptgerichte 5000–26 000 R; ⌚ 9–23 Uhr) Hier können sich Gäste über günstige kambodschanische, vietnamesische und französische Bistro-Klassiker an fünf mit Kerzen beleuchteten Tischen freuen. Zum Dessert locken Profiteroles, Crème Caramel und Crêpes. Der Name ist ein Wortspiel: *Colline* heißt auf Französisch Hügel.

Green Mood (☎ 011 917251; Victory Hill; Hauptgerichte 3–4 US$; ⌚ 11.30–15 & 18–23 Uhr) 15 fantastisch zubereitete, echt italienische Pasta-Gerichte – kein Wunder, denn die Besitzer kommen aus Bergamo.

Brown's (☎ 012 930526; Victory Beach; Hauptgerichte 3,25–5 US$; ⌚ 9 Uhr–Sonnenuntergang) Direkt am Strand und beliebt wegen seiner asiatischen Gerichte und Burger.

Snake House (☎ 012 673805; www.snake-house.com, auf Russisch; Hauptgerichte 3,50–9,50 US$; ⌚ 7–22 oder 23 Uhr;) In diesem einmaligen Restaurant werden russische Gerichte und Sushi an Tischen mit Glasvitrinen serviert, in denen sich lebendige Schlangen befinden – sie werden hier für die Erzeugung von Gegengift gezüchtet. Zu diesem Komplex gehören außerdem ein Gästehaus, eine Bar mit einem kleinen Pool (1 US$), eine Vogelvoliere, Leguane und eine Krokodilfarm (3 US$; für Speisende kostenlos): Ein falscher Schritt, und die Reptilien mit ihren vielen Zähnen speisen genauso gut wie man selbst zuvor.

SÜDKÜSTE

ZENTRUM

Abends werden mehrere zwanglose Buden an der Ostseite der Sophamongkol Street unmittelbar nördlich der Ekareach Street aufgebaut. An den beliebten **Essensständen** (Ecke Omui St & 7 Makara St; Hauptgerichte 3500 R) einen Block nördlich des Hauptmarkts Psar Leu mit seinem blauen Dach – abends ist ihre Anzahl am größten – bekommt man u. a. Grillhähnchen, Reisbrei oder Nudeln mit Hähnchen sowie eine Menge kambodschanische Desserts.

LP Tipp **Chom Ka Spey** (☎ 016 940171; Hauptgerichte klein/groß 8000/15 000 R; ⌚ 10 oder 11–ca. 23 Uhr) Ein Geheimtipp unter Einwanderern ist das sogenannte „Cabbage Farm Restaurant", das tolle Kritiken für seine Meeresfrüchte und scharf gewürzten Gerichte bekommt. Hier kommt authentische Khmer-Küche auf den Tisch. Nach einem Angkor-Beer-Schild auf Khmer und Chinesisch Ausschau halten.

Holy Cow (☎ 012 478510; 83 Ekareach St; Hauptgerichte 2–4,50 US$; ⌚ 9.30–23 Uhr) In diesem schick-verrückten Café-Restaurant gibt's u. a. Bagels mit Frischkäse, Pastagerichte, Sandwiches mit hausgemachtem Brot (2,50–3,50 US$) und eine gute Auswahl an vegetarischen Gerichten, darunter zwei vegane Desserts mit Schokolade. Oben im kleinen Laden werden Produkte von M'lop Tapang (S. 237) verkauft.

Starfish Bakery & Café (☎ 012 952011; www.starfishcambodia.org; hinter der 62 7 Makara St; Hauptgerichte 3,50–4,50 US$; ⌚ 7–18 Uhr) Das entspannte, von einer NRO betriebene Gartencafé am Ende einer roterdigen Gasse kredenzt sättigendes westliches Frühstück, leichte Mittagsgerichte (Sandwiches, Quiches, Fajitas, Salate etc.) sowie Brownies und Apfelkuchen. Vegetarier kommen ebenfalls auf ihre Kosten. Die Gewinne werden in Projekte zur nachhaltigen Entwicklung gesteckt.

ANDERE STADTTEILE

Treasure Island (☎ 016 876618; Koh Pos Beach; Hauptgerichte 2–15 US$; ⌚ 10–14 & 16–21 Uhr) Wohlhabende Chinesen mit Appetit auf Fisch und Meeresfrüchte nach Hongkong-Art sollten dieses abgelegene, hallenähnliche Restaurant ansteuern. Das zukünftige Essen tummelt sich meist noch in Aquarien, sodass man einfach auf das zeigen kann, was man gerne hätte. Fast alle Preise sind vernünftig, aber man sollte das Kleingedruckte lesen, denn manches wird nach Gewicht verkauft (Meeresschnecken kosten bis zu 18 US$ pro Kilo). Auf der Getränkekarte stehen zwei Dutzend vorwiegend französische Weine.

LP Tipp **Chez Claude** (☎ 934100; www.bestcambodia.com; oberhalb der 2 Thnou St; Hauptgerichte 3,50–14 US$; ⌚ 7–23 oder 24 Uhr) Hoch oben über dem Sokha Beach thront das Chez Claude, das man mit der lokaleigenen Miniseilbahn erreicht. Es besteht ganz aus Holz und wartet mit hervorragenden französischen, vietnamesischen und kambodschanischen Gerichten, darunter exzellent zubereitete Meeresfrüchte, sowie vor allem französischen Weinen auf. Dieser Laden lohnt einen Abstecher.

SELBSTVERSORGER

Im Zentrum findet man am **Psar Leu** (7 Makara St) zahlreiche Obst- und Gemüsestände; die Läden auf der anderen Straßenseite neben den Kampot-Taxis haben rund um die Uhr geöffnet. Eine weitere Anlaufstelle ist der kleinere, etwas teurere **Psar Pinechikam** (Boray Kamakor St Ecke

St 109). **Samudera Supermarket** (☎ 933441; 64 7 Makara St, Stadtzentrum; ⏰ 7–21 Uhr) führt westliche Lebensmittel, darunter Käse und Wein.

Ausgehen

Es mangelt nicht an Locations, wo man das lokal gebraute Angkor Beer probieren kann. Ein Glas vom Fass kostet nur 0,50 US$.

SERENDIPITY & OCCHEUTEAL

Manche der Essensstände am Occheuteal Beach haben sehr lange geöffnet (die Bar im Chiva's Shack sogar rund um die Uhr). Stylisher sind die Restaurant-Bars am Serendipity Beach. Am **Golden Lion Plaza** (1 Kanda St) findet man ganze zehn Locations in ausländischer Hand, sodass man von einer Kneipe zur nächsten torkeln kann.

Monkey Republic (☎ 012 490290; www.monkey-republic.com; an der Straße nach Serendipity) Ein toller Ort, um andere Reisende kennenzulernen. Oben gibt's einen Chillout-Bereich.

Utopie (☎ 934319; www.utopiacambodia.com; Ecke an der Straße nach Serendipity & 14 Milthona St; ⏰ 9.30–2 Uhr oder länger; 💻 📶) Partykneipe mit einem Pool, einer feuerspuckenden Fahnenstange und Megafeten, die vor allem Backpacker anziehen. Happy Hour ist von 21 bis 22 Uhr.

Aquarium (☎ 016 410806; www.cambodia-beach.com; Serendipity Beach; Hauptgerichte 3–5,50 US$; ⏰ 7–21.30 Uhr; Bar bis open end) Die bunt beleuchtete Bar inklusive Grillrestaurant lockt dreimal pro Woche mit Live-Blues- und Countrymusik.

VICTORY BEACH

Hier geht es nach Sonnenuntergang recht gediegen zu. Das 2008 eröffnete **Airport** (⏰ bis 24 Uhr), eine Kombination aus Bar, Disko und Diner in russischer Hand (Hauptgerichte 4,50–7 US$), versucht das zu ändern. Als herausragendstes Merkmal der hallenähnlichen Location mit einer zum Meer geöffneten Seite gilt die Antonow An-24 Turboprop, deren Cockpit man sich anschauen kann. Laut dem Schild an der Tür sind Kameras, Messer, Waffen und Handgranaten verboten.

VICTORY HILL

Das Nachtleben von Victory Hill ist in letzter Zeit ein bisschen anrüchig geworden, doch es gibt in der Gegend immer noch einige der besten Kneipen und Bars der Stadt.

Roton Bar (☎ 012 019431, ⏰ Mai–Nov. 14–1 Uhr, Dez.–April 10–ca. 2 Uhr) Diese mit Postern zugepflasterte Bar ist eine der Lieblingskneipen der Einwanderer. Oft kommen Gäste in den Genuss von Livemusik (ab 20.30 Uhr) und Jam-Sessions (Instrumente vorhanden). Das Essen ist zu 100 % vegetarisch.

Corner Bar (☎ 934461; ⏰ Di–So 12–2 Uhr) Freundliche Sportbar in britischer Hand mit Kneipenessen, darunter sehr leckere Pizzas. Auf vier Bildschirmen laufen Rugby und Fußball, und wenn das Wetter mitmacht, werden am Strand Kricket- (Mo 16 Uhr) und Fußballspiele (Di 16.30 Uhr) veranstaltet.

ZENTRUM

Gelato Italiano (49 7 Makara St; ⏰ 8–21 Uhr) Das Café im italienischen Stil wird von Auszubildenden der Don Bosco Hotel School geführt. Auf der Karte stehen Espresso, Latte Macchiato, Eiskaffee und Banana Split (3 US$) sowie italienische Eiscreme (2000 R pro Kugel) und Snacks (Hauptgerichte 2,50–5 US$).

Unterhaltung

Top Cat Cinema (☎ 011 617799; an der Straße nach Serendipity; Tickets 3 US$; ❄) Ein sehr beliebtes winziges Kino mit gemütlichen runden Stühlen und einer kräftigen Klimaanlage, in dem Filme auf einer 8 m großen HD-Leinwand gezeigt werden.

Shoppen

M'lop Tapang Gift Shop (☎ 097-9427387; www.mloptapang.org; Serendipity St) Dieser Laden wird von einer lokal ansässigen NRO betrieben. Hier gibt's Taschen, Schals und Geschenke, die von Straßenkindern (und ihren Familien) hergestellt wurden. Durch diesen Job können die Kleinen in die Schule gehen, anstatt am Strand Waren verkaufen zu müssen. In der Nähe findet man noch zahlreiche weitere Geschäfte mit Kunsthandwerk.

Rajana Crafts (www.rajanacrafts.org; hinter der 62 7 Makara St; ⏰ 7–18 Uhr) Gemeinnütziger Shop auf dem Gelände der Starfish Bakery & Café. Mit den Gewinnen aus dem Verkauf von Schmuck, Kleidung, Accessoires und Kunsthandwerk aus fairem Handel werden jungen Kambodschanern kunsthandwerkliche Fähigkeiten beigebracht.

An- & Weiterreise

Der National Highway 4 (NH4) verbindet Sihanoukville mit Phnom Penh (230 km) und befindet sich dank einer von der US-Regierung bezahlten Aufbesserung in einem hervorragenden Zustand. Allerdings wirft die Tatsache, dass sie mit amerikanischen Hilfsgeldern finanziert wurde, die Frage auf, warum sie dann

SÜDKÜSTE

mautpflichtig ist. Achtung: Wegen des Schwerlastverkehrs und Überholmanövern an nicht einsehbaren Stellen gehört sie zu Kambodschas gefährlichsten Schnellstraßen, vor allem gegen Sonnenaufgang und nachts.

Der NH3 nach Kampot (105 km) und der NH48 nach Krong Koh Kong (220 km) sowie zur thailändischen Grenze (230 km) sind ebenfalls tipptopp in Schuss.

BUS

Zehn Busgesellschaften, deren Angestellte ein wenig Englisch sprechen, haben Ticketschalter am schäbigen neuen **Busbahnhof und Taxistand** (Omui St), der nur wenig mehr als ein mit Müll übersäter Kiesparkplatz ist. Manche Unternehmer knöpfen Ausländern höhere Preise ab als den Einheimischen. Bucht man über Gästehäuser, Hotels und Reisebüros, zahlt man eine Extragebühr.

Nach Phnom Penh (4–4 1/2 Std.) kommt man am günstigsten mit **Capitol Tour** (☎ 934042; Busbahnhof & Taxistand). Die Fahrt kostet 13 000 R und die Busse starten fünfmal täglich zwischen 7.30 und 13.30 Uhr. **Phnom Penh Sorya** (☎ 933888; www.ppsoryatransport.com; Busbahnhof & Taxistand) verlangt 4 US$ und bietet zwischen 7 und 14 Uhr insgesamt sieben Verbindungen an. Von 9 bis 12.15 Uhr verkehren nur wenige Busse, nach 14.15 Uhr überhaupt keine mehr. In der Regel kann man an einem der Stadtbüros dieser zwei Gesellschaften in der 167 Ekareach Street und der 235 Ekareach Street einsteigen.

Virak-Buntham (☎ 016 754358; Bus- & Taxibahnhof) startet um 8 Uhr nach Krong Koh Kong (13 US$, 4 Std.) und fährt über den Koh Kong Conservation Corridor, Ko Chang (27 US$, 8–10 Std.), Ko Samet (35 US$, 11 Std.) sowie Bangkok (35 US$, 11–12 Std.). **Bun Thou Express** (☎ 016 6077727; Bus- & Taxibahnhof) steuert ebenfalls Krong Koh Kong und Thailand an, arbeitete aber bei Redaktionsschluss mit Virak-Buntham zusammen.

Um 20 Uhr betreibt Virak-Buntham einen Sondernachtbus nach Siem Reap (20 US$, 10 Std., Ankunft um 6 Uhr) mit einem Halt in Phnom Penh (7 US$, 4 Std., Ankunft um Mitternacht).

FLUGZEUG

Eine Mischung aus Tempel- und Strandurlaub wird kein Problem mehr sein, sobald der Internationale Flughafen Sihanoukville (IATA-Code: KOS) 18 km östlich der Stadt die Flüge nach/von Siem Reap wieder aufnimmt. Internationale Verbindungen zur/von der vietnamesischen Phu-Quoc-Insel sowie von/nach Korea und Malaysia sind ebenfalls denkbar.

SCHIFF/FÄHRE

Wenn es nicht stürmt, legen die **Boote** (☎ 016 851934, 012 857735; Kambodschaner/Ausländer 12,50/15 US$) nach Koh Sdach (S. 222) jeden zweiten Tag um 13 Uhr am Fährhafen 3 km nördlich des Stadtzentrums ab. Nahe dem Anleger sieht man, wie hölzerne Fischerkähne (8000 US$ ohne Motor) zusammengezimmert werden.

WENN ZWEI DAS GLEICHE TUN, IST ES NOCH LANGE NICHT DASSELBE

An Sihanoukvilles neuem Busbahnhof dürfen nur Mitglieder des offiziellen „*motodup*-Verbands" (sprich: des Kartells) ankommende Gäste in Empfang nehmen. Unabhängige Fahrer, die geschickt werden, um jemanden abzuholen, müssen den Namen ihres Auftraggebers nennen. Infolgedessen werden oftmals überhöhte Preise für den Nahverkehr angegeben. Handeln ist meistens vergeblich – wer den Fixpreis nicht akzeptiert (für eine Fahrt zu den Stränden zahlt man in der Regel 8000 R), wird nicht mitgenommen. Läuft man zur Hauptstraße, trifft man eventuell auf einen *moto*-Fahrer, der einen zum Marktpreis (4000 R) befördert. Vorher muss man jedoch unter Umständen erst den beharrlichen Fahrer loswerden, den einem das Kartell über das Rotationsprinzip zugewiesen hat. Manchmal kommt es zu Auseinandersetzungen zwischen unabhängigen Fahrern und Kartellfahrern. Ähnlich ist die Situation bei *remorks*, die sich wunderbar eignen, wenn man ein großes Gepäckstück dabeihat.

Manche Gästehausbetreiber bezahlen *moto*-Fahrern 2 US$, wenn sie ihnen Kunden bringen. Andere Unterkünfte bieten höhere Summen von 4 oder sogar 5 US$, sodass es nach der Ankunft manchmal gar nicht so einfach ist, den Fahrer zu überzeugen, einen dahin zu bringen, wo man tatsächlich hinmöchte. Zahlt ihm die selbst ausgewählte Bleibe nämlich keine Provision, will der Fahrer einem oftmals weismachen, das besagte Quartier habe aus irgendeinem Grund geschlossen oder sei „voller Prostituierter".

SÜDKÜSTE

MOTORRÄDER & DIE POLIZEI

Mittlerweile können Ausländer in Sihanoukville wieder Motorräder mieten, doch nun gibt's eine neue Schwierigkeit: „Bußgelder", die man an Ort und Stelle zahlen muss.

An unerwarteten Straßenblockaden überprüft die Polizei, ob Motorräder mit zwei Außenspiegeln versehen sind und die Fahrer (aber nicht die Passagiere) Helme tragen. Ausländer gelten als beliebte Ziele, da man ihnen saftigere Strafen aufbrummen kann – Einheimische bezahlen für kleine Ordnungswidrigkeiten 1 US$ und für das Fahren ohne Helm 5000 R. Außerdem ist es möglich, Travellern eine Geldstrafe aufzuerlegen, weil sie ohne gültigen kambodschanischen Führerschein unterwegs sind (der Internationale Führerschein wird nicht anerkannt). Wenn man sich gegen die Maßnahmen wehrt, kann das gemietete Motorrad auch schon mal konfisziert werden.

Straßensperrungen durch die Polizei erwarten einen häufig am Golden-Lions-Kreisverkehr und an der Kreuzung unweit der Caltex-Tankstelle an der Ekareach Street. Alteingesessene Einwanderer haben beobachtet, dass es solche Aktionen nur selten bei Regenwetter, dafür aber deutlich häufiger vor wichtigen Feiertagen gibt, für die Polizisten wie alle anderen Einwohner auch Geld benötigen. Manche Motorradläden haben „Abkommen" mit der Polizei: Erhalten Letztere bestimmte „Geschenke", fragen die Verkehrspolizisten Kunden der besagten Geschäfte nicht nach einem kambodschanischen Führerschein.

Bei Redaktionsschluss wurde Krong Koh Kong (s. S. 215) nicht angesteuert. In der Trockenzeit sollen aber eventuell wieder einige Verbindungen dorthin bestehen.

SAMMELTAXI

Manche Fahrer scheinen sich für Michael Schumacher zu halten. Wer nichts für blinde Überholvorgänge übrig hat, sollte also lieber auf den Bus warten.

Sammeltaxis nach Phnom Penh (4 Std.) sammeln sich an der Triumphpforte neben dem neuen Busbahnhof. Nur wenige Fahrer sprechen überhaupt Englisch. Für einen beengten Sitzplatz zahlt man 5 US$, für ein Privattaxi 40 US$. Vollgestopfte Minibusse kosten 15 000 R. Wer nach Krong Koh Kong möchte, steigt an der Kreuzung Plauv Bombek Sre Ambel um, wo der NH4 und der NH48 aufeinander treffen.

Morgens verkehren die Sammeltaxis (4 US$) und überfüllte Minibusse (2 US$) nach Kampot am häufigsten. Sie starten an einem offenen Parkplatz gegenüber dem Psar Leu an der 7 Makara Stree. Für ein Privattaxi nach Kampot muss man 25 US$ und zur vietnamesischen Grenze 50 US$ einplanen. In Reisebüros und Gästehäusern können sich Besucher über den Shuttleservice nach Kampot (rund 7 US$) informieren.

Unterwegs vor Ort

Manche Unterkünfte bieten einen kostenlosen Abholdienst vom Busbahnhof an, wenn man im Voraus reserviert.

FAHRRAD

Sihanoukville lässt sich wunderbar mit dem Fahrrad erkunden. Schlicht ausgestattete Citybikes kann man in zwei Buchläden mieten, nämlich bei **Mister Heinz Books** (☎ 097-8947502; 219 Ekareach St, Stadtzentrum; 1,50 US$ pro Tag; ⌚ 9–18 Uhr oder länger) und bei **Q&A** (☎ 012 598072; 95 Ekareach St, Stadtzentrum; pro Tag 1,50 US$; ⌚ 7.30–19.30 Uhr). Mick & Craig's (S. 233) plant einen Verleih von anständigen Mountainbikes für 6 bis 8 US$ pro Tag; Craig informiert Besucher gerne über gute Strecken.

MOTO & REMORK

Hiesige *moto*-Fahrer sind bekannt für aggressive Kundenwerbung. Mehr als sonst irgendwo in Kambodscha versuchen sie schamlos, Kasse zu machen. Deshalb sollte man gnadenlos feilschen (immer mit einem Lächeln!), bevor man aufsteigt. Vermutlich zahlt man ein wenig mehr als in Phnom Penh.

Vom Zentrum aus kostet ein *moto* nach Victory Hill und Serendipity sowie zum Occheuteal Beach und Victory Beach 3000 R bis 1 US$. Für die Strecke zum Fähranleger zahlt man 1,50 bis 2 US$. Die Fahrt vom Occheuteal Beach nach Victory Hill schlägt mit 6000 R bis 2 US$ zu Buche. Wer sich per *moto* vom Otres Beach nach Serendipity bringen lässt, muss 1,50 bis 2 US$ einplanen und für die Tour bis ins Stadtzentrum mit 2 bis 3 US$ rechnen. Nachts zahlt man meist ein wenig mehr (ca. 2000 R).

Vom Occheuteal Beach kosten *remorks* ins Zentrum zwischen 2 und 3 US$ (manchmal

SÜDKÜSTE

verlangen Fahrer den doppelten Preis) bzw. zwischen 3 und 4 US$ nach Victory Hill.

Die Miete eines *motos* (inklusive Fahrer) wird mit etwa 10 US$ pro Tag plus Benzin veranschlagt, ein *remork* mit 20 US$.

Angestellte vieler Gästehäuser können ein einfaches Motorrad für rund 5 US$ pro Tag organisieren. Wer selbst fährt, sollte vor allem an Kreuzungen mit Ampeln sehr vorsichtig sein. Sie wurden nämlich erst 2008 eingerichtet und werden von den Kambodschanern anscheinend nur als Zierde angesehen, da sie nach wie vor auch bei Rot fahren. Wer hier ordnungsgemäß anhält, überrascht einen Einheimischen mitunter sogar so sehr, dass dieser eventuell einfach auffährt.

RUND UM SIHANOUKVILLE

Ream-Nationalpark

ឧទ្យានជាតិរាម

Nur 18 km östlich von Sihanoukville liegt dieses auch als Preah-Sihanouk-Nationalpark bekannte Naturschutzgebiet. Es besteht aus 150 km² Primärwald (größtenteils immergrüner Tieflandwald und Mangrovensümpfe) und 60 km² Meereslebensräumen.

Hier findet man zahlreiche gefährdete Raubvögel, darunter den Brahminenweih sowie den Graukopf- und den Weißbauchseeadler. Man sieht sie über dem **Prek-Toeuk-Sap-Delta** kreisen, das in der Trockenzeit salzig und in der Regenzeit mit Süßwasser gefüllt ist. Zu den gefährdeten Vögeln, die sich vom Watt ernähren, gehören der Malaien-, der Milch- und der Buntstorch. Außerdem sieht man an vielen Stellen Silberreiher, Seidenreiher, Wollhalsstörche, Kappen- und der Storchschnabellieste.

Trotz seines Nationalparkstatus gilt vor allem Reams Küste durch eine geplante touristische Erschließung als massiv gefährdet. Indem man das Gebiet besucht, zeigt man, dass es in seinem natürlichen Zustand nicht nur unbezahlbar für die Menschen, sondern auch eine wertvolle Einnahmequelle für Sihanoukville ist.

SEHENSWERTES, AKTIVITÄTEN & SCHLAFEN

Dschungelwanderungen sind ohne Begleitung verboten. Sie werden von zumeist englischsprechenden Rangern geleitet und sind einfach zu organisieren, indem man sich an die **Parkverwaltung** (☎ 016 767686, 012 875096; ⌚ 8–18 Uhr) gegenüber dem Flughafen wendet. Dort findet man auch eine kleine Ausstellung zur lokalen Flora und Fauna. Eine zwei- bis dreistündige Wanderung vom **Keng-Kong-Erholungsgebiet** (9,5 km südlich der Parkverwaltung) zum **Andoung-Tuek-Wasserfall** kostet 6 US$ pro Person. Während der Regenzeit kann man hier schwimmen. Eine Trekkingtour in das bergige Innere des Parks dauert fünf bis sechs Stunden und kostet pro Teilnehmer 20 bis 24 US$ (abgerechnet wird pro Stunde). Am besten ruft man vorher an, allerdings ist das nicht zwingend notwendig. Die Einnahmen kommen dem Schutz der Anlage zugute.

Als schöne Alternative zu den Wanderungen gelten die fünfstündigen von Parkaufsehern geführten **Bootstouren** (1–5 Pers. 45 US$, 6 oder mehr Pers. 8 US$ pro Pers.) im Prek-Toeuk-Sap-Delta und seinen mit Mangroven bewachsenen Kanälen. Dabei kann man sonnenbaden, schwimmen und schnorcheln (die Leihausrüstung kostet 2 US$) sowie Affen, Delphine und zahlreiche Vogelarten sehen.

In dem von Kokospalmen überschatteten Fischerort **Thmor Thom** (Einwohner: 47 Familien) gibt's einen Rangerposten, der **Dolphin Station** genannt wird, weil man hier zwischen November und Mai vor allem morgens häufig Delphine sieht. Man kann in einem **Bungalow** über dem Wasser (5 US$ pro Pers.) nächtigen. Die Toiletten befinden sich draußen und es gibt keinen Strom, Essen bekommt man von den Einwohnern. Der Ort liegt einen 25-minütigen Fußmarsch vom **Koh Sampoach Beach** entfernt, dem schönsten Strand des Parks.

Zum Schutzgebiet gehören auch zwei Inseln namens **Koh Thmei** und **Koh Seh**, die direkt vor der vietnamesischen Phu-Quoc-Insel liegen und mit guten Schnorchelmöglichkeiten aufwarten. In der Trockenzeit kann man mit einem Holzmotorboot von der Prek-Toeuk-Sap-Rangerstation aus losschippern, wenn es nicht zu windig ist (Hin- und Rückfahrt nach Koh Thmei 55 US$, Hin- und Rückfahrt nach Koh Seh für max. 15 Pers. 65 US$).

Zahlreiche Reisebüros in Sihanoukville (S. 229) bieten für rund 20 US$ Tagesausflüge in den Park an. Im Preis inbegriffen sind eine Bootsfahrt, eine Wanderung durch den Dschungel und Mittagessen.

ANREISE & UNTERWEGS VOR ORT

Um zum Ream-Nationalpark etwa 18 km östlich von Sihanoukville zu kommen, fährt man über den NH4 zum Internationalen Flughafen: Die Parkverwaltung liegt 700 m südlich des NH4 gleich gegenüber dem Gebäude mit dem grünen Dach.

Für die Hin- und Rückfahrt von Sihanoukville per *moto* zahlt man 7 bis 15 US$; der Preis hängt davon ab, wie gut der Fahrer Englisch spricht und wie lange man bleibt. Ein Privattaxi kostet für einen Tag 25 bis 35 US$. Eine Küstenstraße zwischen dem Park und Otres Beach und Sihanoukville ist in Planung.

Boote kann man bei der Parkverwaltung oder am Ausgangspunkt der Tour, der Prek-Toeuk-Sap-Rangerstation an der Autobrücke 3 km hinter dem Flughafen, organisieren.

Kbal-Chhay-Wasserfall

Seitdem dieser **Wasserfall** (Eintritt 1 US$) am Prek-Toeuk-Sap-Fluss in *Pos Keng Kong* (Die Riesenschlange; 2000) zu sehen war, dem erfolgreichsten kambodschanischen Film nach dem Bürgerkrieg, zieht er mit seinen vielen **Picknickstellen** (pro Tag 5000 R, an Feiertagen teurer) scharenweise inländische Touristen an.

Vom Parkplatz aus führt eine **Zollbrücke** (Einheimische/Touristen 300/500 R) aus Holzstämmen – eine Miniaturversion von Kambodschas mautpflichtiger Autobahn – in winzige Sandbuchten, weitere Picknickbereiche und zu gefährlichen Stromschnellen. Am besten und sichersten kühlen sich Kinder und Erwachsene auf der anderen Seite der Brücke am hinteren Ufer eines kuhlen, kristallklaren Nebenarmes des bräunlichen Hauptflusses ab. Dort gibt's auch kostenlose Umkleidekabinen. In der Trockenzeit fließt nur wenig Wasser.

Man erreicht die Kaskade 17 km von Sihanoukvilles Zentrum, indem man auf dem NH4 9 km gen Osten fährt und dann am Schild Richtung Norden auf eine breite Schotterstraße abbiegt, der man weitere 8 km folgt. Per *moto*/*remork*/Taxi zahlt man für den Hin- und Rückweg rund 7/15 US$.

KAMPOT-PROVINZ

ខេត្តកំពត

Diese Provinz hat sich dank ihrer nahezu unschlagbaren Kombination aus alten Kolonialbauten, zahlreichen Sehenswürdigkeiten in der Natur und guten Verkehrsanbindungen in der gesamten Region zu einem der reizvollsten Feriengebiete Kambodschas gemausert. Zu ihren Highlights gehören der Bokor-Nationalpark und seine verlassene Bergstation, die Höhlen rund um Kompong Trach und das verlockende Strandbad Kep in einer benachbarten Miniprovinz – angeblich spukt es dort sogar. Manch ein Besucher bleibt länger in der verschlafenen, reizvollen Regionalhauptstadt, als es ursprünglich geplant war.

Darüber hinaus stammt aus dieser Gegend der berühmte Kampot-Pfeffer (siehe S. 243). Wer keine *durian* mag, sei allerdings gewarnt: Kampot ist Kambodschas größter Hersteller der stinkenden Frucht.

KAMPOT

កំពត

☎ 033 / 33 000 Ew.

Immer mehr Besucher zieht es nach Kampot, einen charmanten, verschlafenen Ort am Fluss mit einer entspannten Atmosphäre und einigen der schönsten (wenn auch heruntergekommenen) französischen Kolonialbauten des Landes. Als Sihanoukville 1959 gegründet wurde, verlor Kampot seine Bedeutung als Handelshafen, eignet sich aber immer noch als hervorragender Ausgangspunkt für Ausflüge in den Bokor-Nationalpark, an die grünen Küsten in Richtung Vietnam sowie nach Kep und zu großartigen Höhlentempeln. Das Einzige, was hier fehlt, ist ein Strand.

Informationen zum Grenzübergang Prek Chak–Xa Xia nach Vietnam siehe S. 375.

Orientierung

Viele Geschäfte liegen an der 7 Makara Street, die zwischen dem Obelisken-Kreisverkehr und der River Road verläuft, sowie rund um den Psar Leu, Kampots ältesten Markt, der gerade neu gestaltet wird. Psar Samaki, der größte Markt, befindet sich 400 m nördlich des Obelisken-Kreisverkehrs. Der Verkehrsknotenpunkt ist die Gegend rund um die Total-Tankstelle, die über eine breite Allee mit dem Psar Leu verbunden ist.

Praktische Informationen

Infos zu lokalen Projekten und Freiwilligenarbeit liefert der kostenlose Rundbrief *Kampot Dar'laing*. Alternativ kann man das Bodhi-Villa-Gästehaus kontaktieren. Der kostenlose *Kampot Survival Guide* wirft einen ironischen Blick auf die hiesige Einwandererszene.

Bokor-Klinik & -Geburtshaus (☎ 932289; n_saroeun@yahoo.com; ärztliche Beratung 10 US$; ⌚ Notfälle rund um die Uhr, ärztliche Beratung 7–12 & 14–18 Uhr) Dies ist die beste Klinik der Stadt. Hier arbeiten vier englischsprechende Ärzten, außerdem gibt's vor Ort Ultraschall-, Röntgen- und EKG-Geräte.

SÜDKÜSTE

Canadia Bank In der Bank nordwestlich des Obelisken-Kreisverkehrs findet man einen Geldautomaten.

Kampot Network (7 Makara St; 3000 R pro Std.; ⌚ 7–22 Uhr) Eines der vielen Internetcafés an der 7 Makara St.

Kepler's Kampot Books (☎ 012 306410; www.keplerbook.com; ⌚ 8–20 Uhr) Secondhandbücher auf Deutsch, Englisch, Französisch, Niederländisch, Schwedisch und Japanisch sowie Internetzugang für 3000 R pro Std.

Sy Internet (7 Makara St; 3000 R pro Std.; ⌚ 6–22 Uhr) Internetzugang.

Touristeninformation (⌚ 7.30–11.30 & 14–17 Uhr) Sollte bei Erscheinen dieses Reiseführers bereits eröffnet worden sein.

Sehenswertes & Aktivitäten

In Kampot macht es am meisten Spaß, durch die Straßen zu bummeln und dabei die Atmosphäre aus längst vergangenen Tagen zu genießen. Zahlreiche baufällige **französische Ladenhäuser** stehen in dem Dreieck zwischen dem

KAMPOT

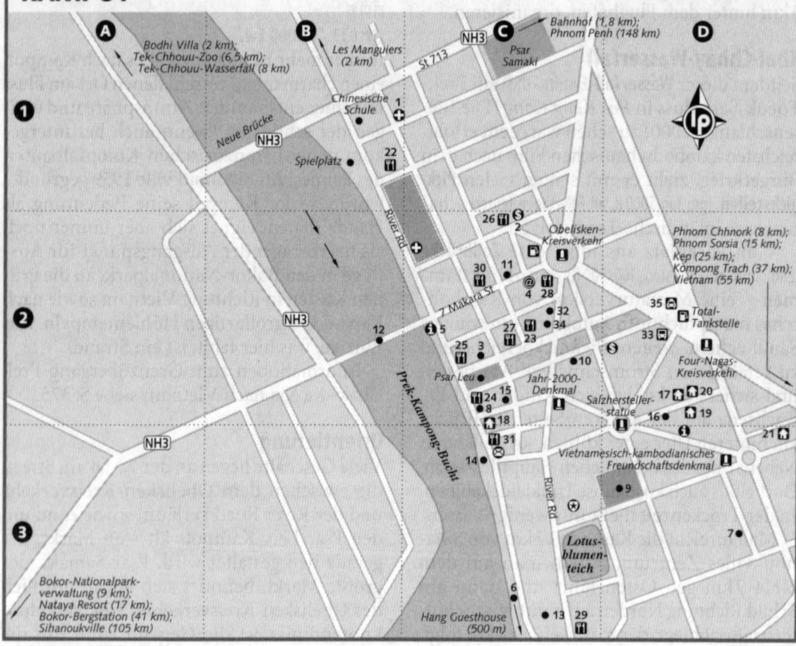

PRAKTISCHES
- Bokor-Klinik & -Geburtshaus 1 B1
- Canadia Bank 2 C2
- Kampot Network .... (siehe 11)
- Kepler's Kampot Books 3 C2
- Sy Internet 4 C2
- Touristeninformation (bei Redaktionsschluss noch nicht eröffnet) 5 C2

SEHENSWERTES & AKTIVITÄTEN
- Aerobic-Kurse 6 C3
- FarmLink 7 D3
- Kampot Massage by the Blind 8 C2
- Gefängnis 9 D3
- Traditionelle Musikschule 10 C2
- Altes Kino 11 C2
- Alte französische Brücke 12 B2
- Villa des ehem. Gouverneurs 13 C3
- Promenade 14 C3
- Seeing Hands Massage V. 15 C2
- Sok Lim Tours 16 D2
- Wild Orchid Adventure Tours (siehe 19)

SCHLAFEN
- Blissful Guesthouse 17 D2
- Bokor Mountain Lodge 18 C2
- Mea Culpa .... (siehe 29)
- Orchid Guesthouse 19 D2
- Pepper Guesthouse 20 D2
- Rikitikitavi .... (siehe 31)
- Ta Eng Guesthouse 21 D3

ESSEN
- Akashi Café 22 B1
- Bakery 333 .... 23 C2
- Bamboo Light Café 24 C2
- Blissful Guesthouse .... (siehe 17)
- Bokor Mountain Lodge .... (siehe 18)
- Coco House 25 C2
- Lokale 26 C2
- Epic Arts Café 27 C2
- Obststände .... (siehe 26)
- Heng Dy Grocery 28 C2
- Jasmine .... (siehe 25)
- Mea Culpa 29 C3
- Nachtmarkt 30 C2
- Rikitikitavi 31 C3
- Rusty Keyhole .... (siehe 18)
- Vimean Tip Bakery .... (siehe 28)

TRANSPORT
- Cheang Try 32 C2
- Hua Lian .... (siehe 33)
- Phnom Penh Sorya 33 D2
- Sean Ly 34 C2
- Sammeltaxis 35 D2

KAMPOT-PFEFFER

Vor dem Bürgerkrieg im Kambodscha würzte jeder Chefkoch eines Pariser Restaurants, das etwas auf sich hielt, mit Pfeffer aus der Provinz Kampot. Dann allerdings wurden sämtliche Plantagen von den Roten Khmer zerstört.

Dank einer Gruppe von Ökounternehmern und Gourmets mit einer Leidenschaft für dieses Gewürz feiern die köstlich-aromatischen, kräftigen Körner aus Kampot aber ein Comeback.

Der Pfeffer wächst auf Familienhöfen in Phnom Voa und den umliegenden Tälern nordwestlich von Kompong Trach. Hier sorgen das einmalige Klima und die arbeitsintensiven Anbauverfahren für eine besonders scharfe Ernte. Kampot-Pfeffer gilt als solche Besonderheit, dass er wie französische Käsesorten als erstes kambodschanisches Produkt eine Herkunftsangabe bekam. Gestiegene Verkaufszahlen hatten weitreichende Konsequenzen für die anbauenden Familien, vor allem für deren Töchter, die nun heiraten konnten, weil sich ihre Eltern endlich die dafür nötige Aussteuer leisten konnten.

Pfeffer wird von Februar bis Mai geerntet. Schwarze Körner pflückt man von den Bäumen, sobald sie sich langsam gelb verfärben. Während sie in der Sonne trocknen, werden sie schwarz. Roter Pfeffer wird gepflückt, wenn er richtig reif ist, und milder weißer Pfeffer wird in Wasser getaucht, damit man die Hüllen entfernen kann. Die Erntezeit von grünem Pfeffer ist zwischen September und Februar. Ihn muss man praktisch direkt nach dem Ernten essen. Am besten genießt man seine sanfte Frische in den Restaurants am Krebsmarkt in Kep (S. 254).

Ein Päckchen Pfeffer ist ein hervorragendes Mitbringsel oder Geschenk: Die Körner gehen nicht kaputt, sind leicht, und halten sich jahrelang, wenn man sie vernünftig (d. h. in *nicht* gemahlenem Zustand) lagert. Bei **FarmLink** (☎ 012 365321; www.farmlink-cambodia.com; ⌚ Mo–Fr 8–11 & 14–17 Uhr) in Kampot, einem der Pioniere der Pfefferherstellung mit Herkunftsangabe, kann man Säckchen mit dem unvergleichlichen Würzmittel kaufen. Außerdem sieht man, wie die Körner getrocknet und sortiert werden. Auf der Webseite kann man das gekaufte Produkt sogar bis zu dem Landwirt nachverfolgen, der es angebaut hat.

Obelisken-Kreisverkehr, der Post und der **alten französischen Brücke**, einer interessanten Sehenswürdigkeit: Während der Machtergreifung der Roten Khmer wurde sie zerstört, später aber in verschiedenen Stilrichtungen wiederaufgebaut. Das **alte Kino** (7 Makara St), das **Gefängnis** und die **Villa des ehemaligen Gouverneurs** lohnen ebenfalls einen Blick (von außen). Am Fluss entlang verläuft eine **Promenade**.

Besucher dürfen in der **Traditionellen Musikschule** (☎ 011 435283; ⌚ Mo–Fr 8–11 & 18.30–19.30 Uhr) dabei zusehen, wie verwaiste und behinderte Kinder unterrichtet werden. Dafür muss man zwar keinen Eintritt zahlen, aber Spenden werden gerne gesehen. In seiner jeweiligen Unterkunft erfährt man mehr über Aufführungen, die etwa einmal im Monat stattfinden.

Flusskajaks vermietet das Les-Manguiers-Gästehaus etwa 2 km nördlich der Stadt: Für zwei Stunden, einen halben oder ganzen Tag zahlt man 3/5/8 US$ (2-Pers.-Kajaks sind übrigens kaum teurer).

Am Flussufer kann man sich zusammen mit zahlreichen Einheimischen im **Aerobic** (Eintritt 1000 R; ⌚ tägl. ab ca. 17 Uhr–Sonnenuntergang) versuchen.

Blinde bieten ihre wohltuenden Dienste bei **Kampot Massage by the Blind** (☎ 012 662114; River Rd; 4 US$ pro Std.; ⌚ 7–22 Uhr) an. Shiatsu-Behandlungen und Massagen im japanischen Stil gibt's bei **Seeing Hands Massage V.** (☎ 012 697391; 4 US$ pro Std.; ⌚ 8–23 Uhr).

Geführte Touren

Im Rahmen eines organisierten Tagesausflugs lernt man die Provinz besonders gut kennen. Beliebt sind z. B. folgende Optionen (Preise pro Pers.):

- Ein ganztägiger Ausflug zur Bokor-Bergstation (wenn die Straße gesperrt ist, geht man zu Fuß; s. S. 249).
- Ein Besuch von Kep inklusive Erkundung der Kanincheninsel, von Phnom Chhnork, Phnom Sorsia sowie einer Pfefferplantage (siehe Kastentext oben) und Salzfeldern in der Trockenzeit (etwa 10–15 US$ mit Mittagessen).
- Ein Bootsausflug (5 US$) in schöne Landschaften flussaufwärts oder gegen 17 Uhr flussabwärts, wenn die Fischerboote aufs Meer hinausfahren.
- Kombinierte Touren, bei denen Radfahren mit Wandern, Kajakfahren oder

SÜDKÜSTE

einem Bootstrip (15–20 US$ inkl. Mittagessen) verbunden wird.
- Ausflüge mit dem Bambuszug (S. 273) von Kompong Trach und eventuell auch von Kampot aus.

Verlässliche Anbieter:

Sok Lim Tours (☎ 012 719872, 012 796919; www.soklimtours.com) Kampots ältester und größter Veranstalter genießt einen tollen Ruf. Hier sind ausgebildete Pfefferplantagenführer angestellt.

Wild Orchid Adventure Tours (☎ 092-226996) Im Orchid Guesthouse. Touren mit 250- und 400-ccm-Geländemotorrädern.

Schlafen

Nach einem kühlen Tag in Bokor ist eine heiße Dusche genau das Richtige.

BUDGETUNTERKÜNFTE

LP Tipp **Bodhi Villa** (☎ 012 728884; www.bodhivilla.com; B 3 US$, Zi. 5–10 US$; 💻 📶) Rund 2 km von Kampot in Richtung Tek-Chhouu-Wasserfall (500 m flussaufwärts von den Schienen aus gesehen) stößt man auf dieses fröhliche Quartier unter australischer Leitung mit einem üppigen Garten, fünf Bungalows, von denen zwei auf dem Wasser schwimmen, und vier Zimmern. Es hat ein voll ausgestattetes (kostenloses) digitales Aufnahmestudio, eine Bar zum Entspannen direkt am Wasser, Ausrüstung für Wassersport sowie Livemusik jeden Freitag ab 19.30 Uhr. Ein *moto/remork* aus der Stadt kostet 4000/6000 R.

Blissful Guesthouse (☎ 092-472914; www.blissfulguesthouse.com; Zi. 5–7 US$; 📶) Das stimmungsvolle alte Holzhaus verfügt über einen tropischen Garten, ein beliebtes Bar-Restaurant und elf schlichte Zimmer, von denen sich vier ein Gemeinschaftsbad teilen. Hier herrscht immer noch die gute alte Backpackeratmosphäre.

Ta Eng Guesthouse (☎ 012 330058; Zi. 5–10 US$) An einer von Reihenhäusern aus den 1960er-Jahren gesäumten Straße liegt das 1992 eröffnete Ta Eng, das sich von einer Familienpension zu einem einladenden Gästehaus mit zehn gepflegten Zimmern und einem schönen Ausblick vom Dach gemausert hat. Der liebenswürdige ältere Eigentümer spricht Französisch und Englisch.

Pepper Guesthouse (☎ 017 822626; pepperguesthouse@yahoo.com; Zi. mit Ventilator/Klimaanlage ab 5/15 US$; 💻 📶) Das Pepper ist gleich neben dem Blissful in einer geräumigen Villa mit 15 Zimmern zu finden. Es gehört einer freundlichen Khmer-Familie. Gäste können sich kostenlos Fahrräder ausleihen.

Orchid Guesthouse (☎ 092-226996; orchidguesthousekampot@yahoo.com; Zi. mit Ventilator/Klimaanlage ab 5/15 US$; ❄ 💻 📶) In einem gepflegten Garten voller Orchideen (was auch sonst?) lockt dieses Gästehaus mit elf gemütlichen, bunten Zimmern und einem Wasserlilienteich. Auch hier gibt's kostenlose Fahrräder für Gäste.

Les Manguiers (☎ 092-330050; www.mangomango.byethost18.com; Zi. 10–18 US$, Bungalow 22–40 US$; 💻 📶) Dieser wunderbar idyllische, familienfreundliche Komplex etwa 2 km nördlich der neuen Brücke an einer Schotterstraße sowie in einem grünen Zuckerpalmengarten direkt am Fluss beherbergt sieben Zimmer und neun schlichte, aber geschmackvolle Holzbungalows mit Ventilator und kaltem Wasser. Darüber hinaus lockt die Unterkunft mit Badminton- und *pétanque*-Feldern, vier Pavillons auf dem Wasser sowie einem Kanu- (2 US$ pro Std.) und Radverleih (kostenlos). Es werden Tagesmenüs serviert. Ein *moto/remork* aus der Stadt kostet 1/3 US$.

Hang Guesthouse (☎ 932170; www.hang.esmartweb.com; Zi. mit Ventilator/Klimaanlage 10/25 US$; ❄ 💻) Ungefähr 700 m flussabwärts von der Post steht dieses friedliche Gästehaus direkt am Wasser. Es handelt sich um eine ideale Zufluchtsstätte, wenn man absolute Ruhe sucht. Die sieben Zimmer liegen an einem ruhigen Garten. Fahrräder gibt's gratis, sodass man schnell in die Stadt kommt.

MITTELKLASSEHOTELS

Mea Culpa (☎ 012 504769; www.meaculpakampot.com; Zi. 25 US$; ❄ 📶) Hinter der Villa des ehemaligen Gouverneurs stößt man auf das luxuriöse Mea Culpa mit sechs geräumigen Zimmern samt großen Fenstern, einer DVD-Bibliothek und kostenlosem Tee bzw. Kaffee.

Rikitikitavi (☎ 012 235102; www.rikitikitavi-kampot.com; River Rd; Zi. 35–45 US$; ❄ 💻 📶) Beherbergt fünf der elegantesten und gemütlichsten Zimmer der Stadt.

Bokor Mountain Lodge (☎ 932314; www.bokorlodge.com; River Rd; Zi. inkl. Frühstück 35–50 US$; ❄ 💻 📶) Dieses majestätische 1904 errichtete Kolonialgebäude am Fluss wurde in ein schönes Boutique-Hotel verwandelt, dessen sechs große Zimmer 3,5 m hohe Decken aufweisen und alle Annehmlichkeiten bieten. Von den teureren blickt man direkt auf den Fluss.

Nataya Resort (☎ 012 822863; www.natayaresort.com; Zi. 55 US$; ❄ 💻 🏊) 17 km westlich von

SÜDKÜSTE

DER PREIS DER KÜHLUNG

Da Kambodschas Stromnetz unterentwickelt ist – viele Städte beziehen die Energie hauptsächlich über veraltete Dieselgeneratoren – zahlen die Einheimischen einen deutlich höheren Preis für Elektrizität als die weitaus wohlhabenderen Menschen im Westen. In Kampot kostet eine Kilowattstunde mit 1200 R wirklich ein halbes Vermögen. Der durchschnittliche Kambodschaner muss dafür ganze 1 1/2 Std. arbeiten! Aus diesem Grund haben sich hier Energiesparlampen viel schneller durchgesetzt als in den meisten westlichen Ländern.

Lässt man bei diesen Preisen die Klimaanlage im Hotel laufen, kosten nur drei Stunden Kälte rund 1 US$ – so viel verdienen viele Kambodschaner an einem Tag. Fast genauso teuer ist es, eine Stunde lang einen Heißwasserboiler zu betreiben. Deshalb sind Zimmer mit Klimaanlagen auch deutlich teurer als Zimmer mit Ventilatoren. Reich wird dabei keiner – außer vielleicht die Besitzer der lokalen Elektrizitätsgesellschaft.

Die Kosten für Diesel-Elektrizität sind ein Grund dafür, dass im sowie rund um das Kardamom-Gebirge der Bau gewaltiger Wasserkraftwerke in Planung ist, einige davon in ökologisch empfindlichen Gebieten.

Kampot erstreckt sich dieses brandneue Resort. Es gehört der Ehefrau eines früheren kambodschanischen Botschafters in Malaysia. Zu den Extras gehören ein 2 km langer, von Kokospalmen bestandener Strand, ein 25-m-Pool, ein hippes Restaurant mit hervorragender chinesischer, indischer, Khmer- und Thai-Küche und 26 halbrunde Bungalows inklusive Himmelbetten sowie Parkettboden aus Hartholz.

Essen & Ausgehen

Zahlreiche Restaurants saumen die River Road südlich der alten französischen Brücke. Wer wie die Einheimischen essen möchte, sollte die kleinen, nicht beschilderten **Lokale** (6–22 Uhr) unter Zeltdächern unmittelbar westlich der Canadia Bank sowie die Stände am Straßenrand auf dem **Nachtmarkt** (7 Makara St; 16–24 Uhr) besuchen, wo man u. a. Hühnersuppe mit Reis (4000 R) bekommt. Beide Anlaufstellen locken mit Khmer-Desserts (1000 R) wie Suppe aus Klebreis mit Jackfrucht und Klebreis mit Kokossauce.

Coco House (012 974198; River Rd; Hauptgerichte 2–6,50 US$; 7–22 Uhr) Westliche und asiatische Gerichte, darunter köstliches *amoc*.

Bokor Mountain Lodge (932314; River Rd; Hauptgerichte 2,25–12 US$;) In diesem stimmungsvollen Restaurant gibt's eine große Auswahl an europäischen Gerichten sowie verschiedene offene Weine. Zu den Spezialitäten gehören gegrillte Meeresfrüchte, argentinisches Steak und sonntags Lammbraten.

Epic Arts Café (932247; www.epicarts.org.uk; Hauptgerichte 2,50–3 US$; 7–18 Uhr;) Tolles Frühstück und köstliche Kuchen zum Tee oder Kaffee. In dem stimmungsvollen Café arbeiten u. a. Taube. Man kann sich auch einen Bagel zum Mittagessen einpacken lassen, wenn man z. B. den Bokor besteigen will. Von den Erlösen werden Tanz-, Musik- und Kunstausbildungen für Behinderte finanziert.

Blissful Guesthouse (092-472914; Hauptgerichte 2,50–4 US$; 7.30–22 Uhr) Der englische Koch mischt kreativ europäische mit Khmer-Koch traditionen.

Rusty Keyhole (092-758536; River Rd) Serviert z. B. leckere Grillgerichte sowie Wein. Ein wunderbarer Treff für Sportfans.

Jasmine (012 927313; River Rd; Hauptgerichte mittags 2,50–4,75 US$, Hauptgerichte abends 3,50–9 US$; 10–22 Uhr, Di geschl.;) In dem halbförmlichen Restaurant trifft Kalifornien auf Kambodscha. Ein Glas Wein kostet 3,50 US$. Filme werden jeden Montag um 19.30 Uhr vorgeführt.

Bamboo Light Café (089-476578; River Rd; Currys 3–6 US$; 7–23 Uhr) Hiesige Einwanderer schätzen die feinen subkontinentalen (und vor allem sri-lankischen) Gerichte, etwa Chicken Tikka Masala und Biryani sowie die vegetarischen Varianten. Einfach göttlich: das Chapati, Puri und Papadam.

Mea Culpa (012 504769; Hauptgerichte ab 3 US$;) Die köstliche Holzofenpizza (5,50–9 US$) wird in einem Gartenpavillon serviert, dessen Rasen von einer Kuh kurz gehalten wird. Sandwiches kosten 3 bis 4 US$.

LP Tipp **Akashi Café** (092-775900; Hauptgerichte 3,50–5,75 US$; 11–17 Uhr außer Mi) Ein englisch-japanisches Pärchen betreibt dieses gemütliche Café in einer lilafarbenen Villa, das für seine superfrischen vegetarischen Gerichte bekannt ist. Zu den hausgemachten Speziali-

SÜDKÜSTE

täten zählen Brote, Eis, Sandwiches und Quiches, außerdem gibt's tollen Kaffee.

LP Tipp **Rikitikitavi** (☎ 012 235102; River Rd; Hauptgerichte 4,75–7,75 US$; ⌚ 7–22 Uhr;) Das angesagte Terrassenrestaurant ist nach dem Mungo in Rudyard Kiplings *Dschungelbuch* benannt und berühmt für sein Hühnchen mit Kampot-Pfeffer (auf Salat oder als Sandwich), *saraman* (kambodschanisches Rindercurry), Burger, Burritos, Salate, Apfelkuchen und vegetarischen Speisen. Wein wird im Glas ausgeschenkt.

SELBSTVERSORGER

Obststände findet man neben der Canadia Bank. Frische Baguettes verkauft die **Bakery 333** (⌚ 6–18 Uhr) – nach den Stapeln mit Brennholz (für den Ofen) vor der Tür Ausschau halten. Die besten westlichen Lebensmittel, darunter Joghurt und Erdnussbutter, bekommt man bei **Heng Dy** (☎ 932925; Obelisken-Kreisverkehr; ⌚ 7–21 Uhr). In der benachbarten **Vimean Tip Bakery** (Obelisken-Kreisverkehr; ⌚ 7–20 Uhr) gibt's Donuts (1000 R) und Gebäck aus Bohnenpaste (1500 R).

SÜDKÜSTE

An- & Weiterreise

Kampot liegt am NH3, 148 km südwestlich von Phnom Penh, 105 km östlich von Sihanoukville und 25 km nordwestlich von Kep.

Zwei Busgesellschaften, **Phnom Penh Sorya** (☎ 092-181801; www.ppsoryatransport.com; ⌚ 7–18 Uhr) und **Hua Lian** (☎ 012 939917; ⌚ 6–19 Uhr), betreiben Ticketschalter neben dem Sokhoda Restaurant (gegenüber der Total-Tankstelle). Einige Busse nach Phnom Penh (5 US$, 4–5 Std.) fahren die lange Strecke über Kep (2 US$, 40 Min.), Kompong Trach und Angk Tasaom (Ausgangspunkt für die Weiterreise nach Takeo); sie starten gegen 7 und 12.30 Uhr. Auf der anderen Straßenseite findet man Sammeltaxis (5 US$, 2½ Std. über den NH3), vollgestopfte Minibusse (15 000 R) und Privattaxis (45 US$) nach Phnom Penh.

Für ein Sammeltaxi nach Sihanoukville zahlt man 5 US$ (15 000 R für Einheimische), für einen Minibuss 15 000 R und für ein Privattaxi 25 US$. In seinem jeweiligen Gästehaus wird man über bequeme Minibusse (7 US$) informiert, die von Tür zu Tür fahren.

Ein *moto*/*remork*/Privattaxi nach Kep kostet rund 5/8/15 US$.

Wer den vietnamesischen **Grenzübergang Prek Chak–Xa Xia** (⌚ 6–17 oder 17.30 Uhr) zum Ziel hat, kann über ein Reisebüro oder ein Gästehaus ein *moto* (8–10 US$, 1 Std.), *remork* (10–20 US$, 1½ Std.), Sammeltaxi (5 US$, 1 Std.) oder Privattaxi (20–25 US$) dorthin organisieren. Ein *moto* ins vietnamesische Ha Tien kostet 15 US$.

Unterwegs vor Ort

Für eine *moto*-Fahrt in der Stadt muss man 2000 R (abends 3000 R) und für ein *remork* rund 1 US$ einplanen.

Zwei hervorragende, nebeneinander liegende Geschäfte vermieten Motorräder (die man auch bei manchen Gästehäusern bekommt) und Geländemotorräder:

Cheang Try (☎ 012 974698; ⌚ 6.30–19 Uhr) Kleine Motorräder kosten 3 US$, neue Hondas mit 125 ccm 5 US$ und ein Auto inklusive Fahrer 40 US$ pro Tag. Geführte Ganztagstouren per Motorrad oder *remork* schlagen mit 25 US$ zu Buche. Der Besitzer spricht gut Englisch.

Sean Ly (☎ 012 944687; ⌚ 7–21 Uhr) Motorräder mit 125 Kubik für 3 US$ pro Tag (für die neuen muss man 5 US$ zahlen) und 250-ccm-Geländemaschinen für 10 US$. Ein Pick-up mit Allradantrieb ohne Fahrer bekommt man für 35 US$ pro Tag.

Wer Tipps und Auskünfte zu Fahrten mit 250-ccm-Geländemotorrädern rund um Kampot möchte, wendet sich am besten an das Rusty Keyhole oder das Blissful Guesthouse.

Wild Orchid Adventure Tours verleiht Räder (1 US$ pro Tag).

RUND UM KAMPOT

Die Kalksteinhügel im Osten Richtung Kep sind durchsetzt mit Höhlen. Einige davon lassen sich mithilfe einheimischer Kinder und einer zuverlässigen Taschenlampe erkunden. Der prächtige Phnom Chhnork erhebt sich in einer üppig grünen Landschaft und kann problemlos an einem Nachmittag zusammen mit Phnom Sorsia besucht werden.

Tek-Chhouu-Wasserfall

ទឹកឈូ

Bei Einheimischen erfreut sich diese **Picknick- und Badestelle** (Eintritt 1 US$) mit Stromschnellen sowie vielen Essensständen großer Beliebtheit. Bis sie Ende 2009 von einer Flutwelle weggespült wurde, führte eine schaukelige Fußgängerhängebrücke zu einer **Insel**, an deren anderer Seite sich einige winzige Strandabschnitte erstrecken. Heute werden Besucher mit Booten dorthin gebracht. Kleine/große Gummischläuche zum Schwimmen kosten 2000/3000 R.

Etwa 500 m flussaufwärts errichtet ein chinesisches Unternehmen den 115 m hohen und 568 m breiten **Kamchay-Staudamm** mit einer Leistung von 193,2 MW. Das Projekt kostet 280 Mio. US$ und wird Teile des Bokor-Nationalparks fluten. Es soll 2011 fertiggestellt werden.

Ein *moto* von Kampot zum Tek-Chhouu-Wasserfall (8 km) und zurück schlägt mit rund 5 US$ (in der Nebensaison 3 US$) zu Buche und führt an mehreren Stinkfrucht-Feldern vorbei.

Tek-Chhouu-Zoo

Dieser private **Zoo** (☎ 012 434272; Einheimische/Ausländer 4000 R/4 US$) liegt vom Wasserfall aus 1,5 km Richtung Kampot und hat schon bessere Zeiten gesehen. Allerdings kommt man hier viel dichter an die „Einwohner" (darunter zwei Elefanten, deren Rüssel man anfassen darf) heran als in westlichen Anlagen. Die Tiere, von denen die meisten aus dem illegalen Handel gerettet wurden, erscheinen gesund (manche der sechs Affenarten haben sogar Nachwuchs), wirken aber traurig. Darüber hinaus sehen sie so aus, als könnten sie das Futter brauchen, das durch das Eintrittsgeld finanziert wird. Am Eingang befinden sich zwei Tigerstatuen.

Phnom Chhnork

ភ្នំឈ្ងោក

Zum **Phnom Chhnork** (Phnom Chngouk; Eintritt 1 US$) läuft man vom Wat Ang Sdok aus ein kleines Stück durch Reisfelder. Ein Mönch kassiert das Eintrittsgeld und eine Schar freundlicher Kinder aus der Gegend, von denen manche fließend Englisch sprechen, bietet ihre Dienste als Führer an.

Über die gepflegte Treppe mit 203 Stufen kommt man den Hang hinauf bzw. hinab in eine Höhle, die so schön ist wie eine gotische Kathedrale. Hier wird man von einem **Stalaktiten-Elefant** begrüßt. Rechts entdeckt man einen zweiten Dickhäuter und ganz in der Nähe eine Formation, die wie der **Kopf eines Kalbs** aussieht. Fledermäuse leben oben in den zwei natürlichen, teilweise von einem grünen Laubdach überwachsenen Kaminen, durch die man in den blauen Himmel blickt.

In der Hauptkammer der Höhle befindet sich ein eindrucksvoller, Shiva geweihter **Backsteintempel** aus dem 7. Jh. (Funan-Zeit), der sich dank seiner schützenden Umgebung eines hervorragenden Zustands erfreut. Besucher können ihr Köpfe hineinstecken und den uralten Stalaktiten bewundern, der als Linga dient. Eine ziemlich rutschige Passage, die in der Regenzeit überflutet ist, führt durch den Hügel.

Der Phnom Chhnork erhebt sich mitten aus einem Flickenteppich voller Reisfelder und sorgfältig gepflegten Gemüsebeeten mit Tomaten, Gurken, Salat, Kohl und Minze. Die Aussicht von seiner Spitze und der Spaziergang vom bzw. zum Wat sind vor allem am Spätnachmittag und bei Sonnenuntergang zauberhaft.

Von Kampot ist der Hügel rund 8 km entfernt. Kurz hinter der Nashornstatue in der Mitte des NH33 (5,5 km außerhalb der Stadt) biegt man gegenüber der Straße zur Cham-Moschee Richtung Nordosten ab und hält Ausschau nach dem Schild „Phnom Chhngok Resort". Ein *moto*/*remork*/Taxi von Kampot kostet hin und zurück 5/8 US$.

Phnom Sorsia

ភ្នំសរសៀ

Der **Phnom Sorsia** (Phnom Sia; Eintritt frei) kommt etwas weniger beeindruckend als der Phnom Chnork daher.

Vom Schulparkplatz führt eine Treppe den Hügel hinauf zu einem grellbunten Tempel. Links geht's über weitere Stufen zur **Rung Damrey Saa** (Höhle des weißen Elefanten), die nicht nach einem fehlgeschlagenen Großprojekt, sondern nach einer Mineralformation rechts von den zwei Buddha-Statuen benannt ist. Kurz hinter der rutschigen, abfallenden Passage, auf der man lieber nicht danebentreten sollte, befindet sich ein handgroßes Loch, hinter dem sich ein **Pool** voll erfrischend kaltem Wasser versteckt. Ganz in der Nähe kann man einen Blick auf winzige terrassierte Reisfelder werfen. Wer seine Taschenlampe anmacht, entdeckt vielleicht Fledermäuse.

Rechts vom Tempel geht's hinauf zur **Fledermaushöhle** mit unzähligen Tieren. Einheimische jagen sie mit Bambusstäben und erschlagen sie in der Luft. Der Rundweg endet nahe einem **Stupa** auf einer Bergkuppe mit eindrucksvollem Ausblick.

Touristen können sich von einheimischen Kindern umherführen lassen, die für ihre Dienste hohe Trinkgelder fordern, aber vermutlich nicht viel davon behalten dürfen. Sobald man ihnen Geld gibt, stürzen nämlich Erwachsene auf sie zu und teilen den Betrag zu ihren Gunsten auf.

Die Abzweigung zum Phnom Sorsia liegt am NH33, 13,5 km südöstlich von Kampot bzw. 2,5 km nordwestlich des White-Horse-Kreisverkehrs, der sich wiederum 7 km nördlich von Kep befindet. Nach dem Schild „Phnom Sorsia Resort" Ausschau halten – von dort führt eine Schotterstraße 1 km Richtung Nordosten durch die Reisfelder.

BOKOR-NATIONALPARK

Der **Park** (Preah-Monivong-Nationalpark; 1581 km²; Eintritt 5 US$) an der Südspitze des Elefantengebirges ist berühmt für seine verlassene französische Bergstation, das erfrischend kühle Klima und den tiefgrünen Primärregenwald.

Bokors feuchter immergrüner Dschungel mit trockenen Flügelfruchtgewächsen und Laubmischwäldern im Norden beherbergt eine große Vielfalt seltener und bedrohter Tiere, darunter indische Elefanten, Tiger, Leoparden, Asiatische Schwarz- und Malaienbären, Kappengibbons, Langschwanzmakaken, Plumploris, rote Muntjaks, Hirschferkel, Schuppentiere (S. 220), Buntmarder, Mungos sowie zahlreiche Eichhörnchen- und Fledermausarten. Zu den mehr als 300 Vogelarten gehören auch Nashornvögel. Wildtiere wird man allerdings eher selten zu sehen bekommen, weil sich diese in abgeschiedenen Gegenden aufhalten und nachtaktiv sind.

Von Wilderei und illegaler Rodung ist vor allem der Norden des Parks bedroht, dazu kommen illegale Siedler, ein gigantisches Tourismusprojekt auf der Bergspitze und das Wasserkraftunternehmen Kamchay. In den 1990er-Jahren sollte Bokor zum Welterbe erklärt werden, aber leider war die Regierung nicht in der Lage, das Gebiet zu schützen, was diesem Vorhaben schnell ein Ende bereitete.

Der Park und die Bergstation sind angeblich frei von Landminen, trotzdem sollte man die vorgegebenen Wege nicht verlassen.

BOKOR-BERGSTATION
ស្ថានីយ៍ភ្នំបូកគោ

Anfang der 1920er-Jahre errichteten die Franzosen eine Bergstation auf dem Phnom Bokor (1080 m), um der Hitze des Flachlands zu entkommen. Von diesem oft in Nebel gehüllten Ort genießt man einen spektakulären Ausblick auf die Küstenebene.

Die Bergstation wurde zweimal verlassen – das erste Mal, als die Vietnamesen und Khmer Issarak (Freie Khmer) sie Ende der 1940er-Jahre stürmten, während sie für ihre Unabhängigkeit von Frankreich kämpften, und dann noch einmal 1972, als das Regime von Lon Nol sie den Roten Khmer überließ. Wegen ihrer Lage war sie strategisch wichtig für alle Parteien des Bürgerkriegs. Deshalb galt die Bergstation als einer der Orte, um die Vietnam bei seiner Invasion 1979 mit allen Kräften kämpfen musste. Über mehrere Monate harrten die Roten Khmer in der katholischen Kirche aus, während ihre Gegner sie vom 500 m entfernten Bokor Palace unter Beschuss nahmen.

Heute ist die Station eine Geisterstadt. Ihre einst prächtigen Gebäude haben sich in gruselige, fensterlose Bauskelette verwandelt und sind von leuchtend orangefarbenen Flechten überzogen, die ihnen eine beinahe unwirkliche Aura verleihen. Darüber hinaus wabert Nebel durch die Zimmer und Treppenhäuser. Die Aussicht aufs Meer ist atemberaubend, oft schaut man aber auch nur ins Weiße. Kein Wunder, dass der düstere Showdown am Ende von Matt Dillons Thriller *City of Ghosts* (2002) hier gedreht wurde.

Im **Bokor Palace**, einem großen, vierstöckigen Hotel, das 1925 eröffnet wurde, kann man durch die Korridore schlendern und die Küchen, den Ballsaal sowie die oben gelegenen Suiten begutachten. Dabei läuft man über bunt gemischte Keramikböden und vorbei an gefliesten Bädern bzw. einem riesigen Kamin, an dem sich früher vermutlich französische Kolonialherren und die Khmer-Oberschicht aufwärmten. An kalten, nebligen Tagen wird es manchmal recht ungemütlich, da man wegen des Dunsts nichts sieht und der Wind durch den Ballsaal pfeift.

Auf dem gedrungenen Glockenturm der **katholischen Kirche** im romanischen Stil ragt noch immer das Kreuz empor, Teile von Buntglasfenstern zieren die Ecken der Fenster im Hauptraum und in einem Seitenfenster sind die Umrisse eines rostigen Kruzifixes erkennbar. Man kann sich mühelos vorstellen, wie sich eine kleine Gruppe französischer Kolonialisten in Sonntagskleidern zur Messe einfand. Die Trennwände im Gebäudeinneren wurden von den Roten Khmer errichtet. Etwas weiter oben blickt man von einer steilen Wand auf unberührten Regenwald.

2008 sicherte sich Sok Kong, Besitzer aller Sokimex-Tankstellen und der Konzessionen für die Eintrittsgelder in Angkor, mit seinen außergewöhnlich guten Beziehungen die Rechte an einem riesigen Landstück von

140 km², das größtenteils auf dem Bokor liegt. Er plant, darauf eine „Touristenstadt von Weltrang" zu erschaffen. Das Herzstück dieses 15 Jahre alten 1-Mrd.-US$-Projekts, das 1000 Villen und zwei von Arnold Palmer entworfene Golfplätze beinhalten soll, trägt den bombastischen Namen „Sokha Bokor 5 Star International Hotel & Casino Resort". Es wird 650 Zimmer der Luxusklasse und einen Ballsaal mit genug Platz für 2000 Gäste bekommen. Und all das in einem geschützten Nationalpark! Gerüchten zufolge soll das Bokor Palace minutiös restauriert werden. Bei Redaktionsschluss lag das gesamte Projekt jedoch auf Eis. Bisher wurde lediglich die Ausbesserung der Straße vorgenommen, außerdem rostet in der Nähe der Kirche ein Haufen Baumaterialien vor sich hin.

NOCH MEHR SEHENSWERTES

Die ersten Gebäude, die man auf der Fahrt von Kampot hierher sieht, gehören zu Sihanouks Villenkomplex, bekannt als **Schwarzer Palast**. Er liegt im Schatten von Kiefern (die man an der Küste nicht findet) und wurde gründlich ausgeschlachtet, doch in einem Speiseraum findet man noch Überreste des eleganten Marmorbodens und die Bäder sind teilweise in Pink- bzw. Zitronengelbtönen im Stil der 1950er-Jahre gefliest.

Ein paar Kilometer vor der Bergstation erstreckt sich links der Hauptstraße das sogenannte **Smaragdtal**.

Der von Flechten überwucherte **Wat Sampeau Bram Roi** (Tempel der Fünf Boote) verdankt seinen Namen fünf Felsen, die angeblich wie Boote aussehen (was die Menschen, die das behaupteten, damals geraucht haben, wissen wir nicht ...). Von der Terrasse hat man einen umwerfenden Blick auf den Urwald, die Küste und sogar auf die Phu-Quoc-Insel in Vietnam. Leider hört man inzwischen oft den Lärm von Kettensägen aus dem tiefer gelegenen Dschungelgebiet. Die vier Betonträger gehörten einst zu einer Radarstation der Roten Khmer. Wilde Affen versammeln sich gerne rund um die Klosteranlage.

Vom Wat führt ein 11 km langer Pfad – Autobrücken werden gerade gebaut – zum zweistufigen **Popokvil-Wasserfall**, dessen Name so viel wie „wirbelnde Wolken" bedeutet. Vorsicht: Hier könnte man unerwartet einem dreibeinigen weiblichen Tiger mit dem Spitznamen Tripod (Dreibein) begegnen, der auf dem Bergrücken umherstreift.

WANDERN

In Bokor ist das Potenzial für ein- bzw. mehrtägige Wanderungen groß, wird jedoch kaum genutzt. Eventuell können Reisebüros in Kampot (S. 243) eine Führung organisieren. Das Sam Veasna Center (S. 376) bietet Ausflüge zur Vogelbeobachtung an.

Für die Dienste eines erfahrenen, allerdings nicht englischsprechenden **Rangers** (☎ 012 923738; bokornp@camintel.com) stellt die Parkverwaltung 20 US$ pro Tag in Rechnung. Mücken-, Blutegel-, Schlangen- und Regenschutz muss jeder selbst mitbringen.

Schlafen

Unweit der alten Bergstation befindet sich das **Preah Monivong „Bokor" National Park Training & Research Facility** (☎ 012 923738; bokornp@camintel.com; B 5 US$, Zi. 20), eine von Usaid (Behörde der Vereinigten Staaten für internationale Entwicklung) finanzierte Einrichtung. Es verfügt über einfache Zimmer mit heißem Wasser und bis zu vier Betten. Kücheneinrichtungen sind vorhanden. Besucher sollten unbedingt warme Kleidung mitbringen, weil die Temperatur nachts auf bis zu 12°C fällt.

An- & Weiterreise

Die Parkverwaltung am Fuß des Bergs liegt 9 km westlich von Kampot. Eine 32 km lange Straße von dort den Hügel hinauf wurde zwischen 1917 und 1921 von kambodschanischen Zwangsarbeitern errichtet; bei den Arbeiten kamen damals Hunderte um.

Ein chinesisches Unternehmen baut für Sokimex eine neue Strecke, die aber nur sporadisch für die Öffentlichkeit zugänglich ist (z. B. an wichtigen Khmer-Feiertagen). Bis zu ihrer Fertigstellung kommt man nur im Rahmen einer Gruppentour zur Bokor-Bergstation. Sofern es die Bedingungen vor Ort zulassen, organisieren Reisebüros in Kampot (S. 243) einen Aufstieg zu Fuß und/oder mit einem Fahrzeug. Bei Redaktionsschluss verlief der Straßenbau schleppend – als Gründe dafür werden sowohl Erdrutsche als auch Geldprobleme genannt.

Wenn die Strecke geöffnet ist, bietet Bokor Mountainbiketrips für Hartgesottene.

KOMPONG TRACH

កំពង់ត្រាច

Die pure Hässlichkeit von Kompong Trach sticht angesichts der wirklich außergewöhnlichen Schönheit seines Umlands – das gilt vor allem für die Gegend rund um den Wat Kiri Sela – nur noch stärker ins Auge.

Eventuell kann man den **Bambuszug** (siehe S. 273) hinter dem Phnom Kompong Trach mieten; der Fremdenführer am Wat Kiri Sela weiß, wen man ansprechen muss.

Details zum Grenzübergang Prek Chak–Xa Xia nach Vietnam siehe S. 375.

Wat Kiri Sela

វត្តគិរីសិលា

Der **Wat Kiri Sela** (Phnom Kompong Trach, Wat Kirisan; Eintritt 1 US$) ist an bezaubernder natürlicher Schönheit und buddhistischer Frömmigkeit kaum zu überbieten. Er wurde am Fuß einer Karstformation errichtet, die von mehr als 100 Höhlen und Gängen durchzogen wird. Einheimische behaupten, dass er an einen Drachen erinnert. Hier gibt's zahlreiche **Klettermöglichkeiten** (www.rockclimbingincambodia.com).

Von den Gebäuden der Klosteranlage (in der vier Mönche und vier Nonnen leben) führt eine unterirdische Passage, das „Maul des Drachens", an Formationen vorbei, die wie eine Schildkröte und die baumelnde Zunge (oder vielleicht Mandel) eines Drachen aussehen, bis ins Innere des Hügels. Hier öffnet sich ein **verborgenes Tal** („der Magen des Drachens") zwischen weinberankten Felsen. An einem solchen Ort wäre man nicht überrascht, wenn ein Dinosaurier an Blättern oder à la *Jurassic Park* auf einem Anwalt herumkauen würde.

Von hier gelangt man über schwer ausfindig zu machende Höhlen in den Berg bzw. hindurch. Unterwegs passiert man mehrere natürliche **Stalaktitformationen**: den Kopf eines Aals bzw. Krokodils, ein Militärboot und einen Hang voller Miniatur-Reisterrassen. Freundliche einheimische Schulkinder mit Taschenlampen, die gerne ihr fließendes Englisch anwenden, bieten sich als Guides an. Seit 1999 ersetzt der liegende Buddha eine von den Roten Khmer zerstörte Statue.

Ein schmaler Pfad windet sich 300 m vom Wat entfernt um den Berg herum. Er beginnt hinter einem einsamen baumähnlichen Strauch und führt über lose Steine sowie Treppenstufen zu einer winzigen dreieckigen Öffnung hinauf. Hier gelangt man über eine alte Betonleiter 5 m in die Tiefe hinab (Achtung: die zweite Stufe von oben und die unterste fehlen). Dank zwei weiteren Holzleitern gelangt man noch tiefer in die schleimige, rutschige **Höhle**. Dort weist ein (unverzichtbarer) Guide auf schlafende Fledermäuse und erstaunliche Kalksteinformationen hin, von denen eine an eine Jackfrucht erinnert.

Der Rundgang um den Berg dauert etwa zwei Stunden.

Schlafen

Das **Kiri Sela Guesthouse** (☎ 012 330201; Zi. mit Ventilator/Klimaanlage 7/12 US$) in Kompong Trach besitzt 22 sehr durchschnittliche Zimmer. Den korinthischen Säulengang des Anwesens sieht man schon von der Hauptstraße aus.

An- & Weiterreise

Kompong Trach liegt am NH33, 37 km östlich von Kampot, 23 km nordöstlich von Kep und 18 km nördlich vom Grenzübergang Prek Chak–Xa Xia nach Vietnam. Am besten besucht man den Wat Kiri Sela im Rahmen eines Tagesausflugs von Kep oder Kampot aus. Man erreicht ihn über die unbefestigte Straße gegenüber der Acleda Bank, der man 2 km folgt.

Hier halten Busse von **Phnom Penh Sorya** (www.ppsoryatransport.com) und Hua Lian auf ihrer Fahrt zwischen Kampot und Phnom Penh. Wer nach Phnom Penh (über Angk Tasaom) will, zahlt 3 US$, und nach Kep 2 US$. Die Preise für Minibusse sind ähnlich. Ein *moto*/*remork*/Taxi nach Kep kostet 3/5 US$.

4 oder 5 US$ werden für ein *moto* zum **Grenzübergang Prek Chak–Xa Xia** (⏲ 6–17 oder 17.30 Uhr) verlangt. An der Grenze bringen einen bestimmte *motos* für 3 US$ von der kambodschanischen Seite zum vietnamesischen Grenzposten (300 m hinter dem kambodschanischen) und dann bis in die vietnamesische Stadt ha Tien (9 km). Ein englischsprechender Fahrer ist teurer.

Kommt man in Prek Chak an, setzen *remorks* und Taxis ihre Passagiere häufig einfach vor der Grenze ab, sodass sie für die Weiterfahrt mit dem *moto* noch einmal zahlen müssen. Daher sollte man im Vorfeld klären, ob man direkt zum kambodschanischen Grenzbaum befördert wird.

KRONG KEP

ក្រុងកែប

Krong Kep (auch Kaeb geschrieben) ist eine Provinzgemeinde, die aus kaum mehr als der kleinen Kep-Halbinsel besteht. Ihrer Westküste gegenüber liegen der Bokor-Nationalpark und die vietnamesische Phu-Quoc-Insel.

KEP
កែប

☎ 036 / 4000 Ew.

Kep-sur-Mer ist 1908 als Strandort für die französische Kolonialistenelite gegründet worden. Das Städtchen erlangte Berühmtheit wegen seiner großartigen Sonnenuntergänge sowie die überaus köstlichen Meeresfrüchte. In den 1960er-Jahren führten reiche Kambodschaner diese Tradition fort, doch unter den Roten Khmer wurde der Ort verlassen und dann in den 1980er-Jahren systematisch ausgeplündert. Heutzutage sind die luxuriösen Villen aus der Zeit vor dem Krieg nur noch rußgeschwärzte Bauskelette und Relikte einer einst großen bzw. zumindest prunkvollen Zivilisation, die ein plötzliches und gewaltsames Ende fand.

Nach mehreren Fehlstarts scheint Kep nun endlich aus (oder auch zwischen) den Ruinen aufzuerstehen, was Teilen des Ortes noch immer eine Art postapokalyptisches Flair verleiht. Vor allem an Wochenenden und Feiertagen erfreut sich die Küste wieder steigender Beliebtheit bei Phnom Penhs Reichen und Schönen: Angezogen von der lässigen, an die Riviera erinnernden Atmosphäre kommen sie in ihren großen Geländewagen hierher, um zu picknicken und sich an den eher durchschnittlichen Stränden zu entspannen (sogar vor dem Krieg musste schon weißer Sand von Sihanoukville in die Gegend gebracht werden, damit der äußere Schein gewahrt bleiben konnte).

Details zum Grenzübergang Prek Chak–Xa Xia nach Vietnam siehe S. 375.

Orientierung
Vom nördlichen Kreisverkehr aus geht's etwa 7 km auf dem NH33 Richtung Norden an mehreren Villenruinen vorbei bis zum White-Horse-Kreisverkehr. Dann biegt man Richtung Osten ab und fährt einen Hügel hinauf zu einer Reihe von Gästehäusern in Hanglage. Wenn man sich nun gen Westen hält, kommt man zum Krebsmarkt. Von dort verläuft eine Küstenstraße ungefähr 1,5 km um eine Landzunge herum zum Kep Beach, der sich direkt unterhalb des Kep-Beach-Kreisverkehrs erstreckt. Die Bootsanlegestelle befindet sich ca. 2,5 km weiter östlich gleich hinter dem Coconut Beach.

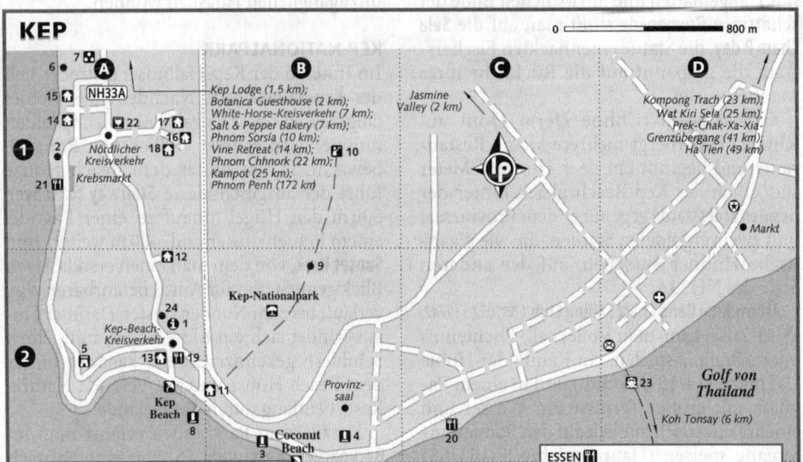

PRAKTISCHES
Green House (siehe 13)
Touristeninformation 1 A2
Rith Travel 2 A1

SEHENSWERTES & AKTIVITÄTEN
Backpackers Restaurant (siehe 19)
Riesige Krebsstatue 3 B2
Vergoldete Hühnerstatuen 4 B2
König Sihanouks Palast 5 A2
Knai Bang Chatt Sailing Club 6 A1
Mid-20th Century Villas 7 A1
Sela-Cham-P'day-Statue 8 A2
Stairway to Heaven 9 B2
Sunset Rock 10 B1

SCHLAFEN
Beach House 11 B2
Boat House 12 A2
Brise de Kep 13 A2
Kep Seaside Guesthouse 14 A1
Knai Bang Chatt 15 A1
Le Bout du Monde 16 A1
Vanna Bungalows 17 A1
Veranda Natural Resort 18 A1

ESSEN
Backpackers Restaurant 19 A2
Breezes 20 C2
Kimly Restaurant 21 A1
La Baraka (siehe 2)

AUSGEHEN
Riel Bar 22 A1

TRANSPORT
Boote nach Koh Tonsay 23 D2
Rith Travel (siehe 2)
Rotanak Kong Kea (siehe 13)
So Van Sarkor 24 A2

Praktische Informationen

Die kostenlose Broschüre *The Kep Revival* beinhaltet Anzeigen, Artikel und Karten. Achtung: In Kep gibt's weder Banken noch Geldautomaten.

Green House (☎ 089-440161; 1 US$ pro Std.) Reisebüro mit Internetzugang.

Rith Travel (☎ 016 789994; Krebsmarkt; 1 US$ pro Std.; ⏲ 6.30–21 Uhr) Das Reisebüro organisiert Schnorcheltrips und die Weiterreise nach Vietnam. Außerdem kann man hier im Internet surfen.

Touristeninformation (Kep-Beach-Kreisverkehr) In dem schönen Gebäude ist nicht viel los, aber draußen wird derzeit ein neuer Info-Pavillon gebaut.

Sehenswertes & Aktivitäten

Details zu Koh Tonsay siehe S. 255.

STRÄNDE & WASSERSPORT

Trotz seines groben Sands und obwohl er relativ schmal ist (vor allem bei Hochwasser) und sich Richtung Süden öffnet (das heißt, keine großartigen Sonnenuntergänge hat), ist der **Kep Beach** extrem beliebt bei Khmer-Familien. Auf der anderen Straßenseite befinden sich zahlreiche kleine Lokale und Essterrassen mit Hängematten und am östlichen Ende der schattigen **Promenade** stößt man auf die **Sela Cham P'dey**, die Statue einer nackten Fischersfrau, die gespannt auf die Rückkehr ihres Mannes wartet.

Coconut Beach (Chhne Derm Dont auf Khmer) beherbergt mehrere kleine Restaurants und beginnt ein paar Hundert Meter südöstlich des Kep Beach gleich hinter der **riesigen Krebsstatue** gegenüber dem Provinzsaal und zwei vergoldeten Statuen, die wie gigantische Hühner aussehen, auf der anderen Seite des NH33A.

Beim **Knai Bang Chatt Sailing Club** (☎ 012 349742; ⏲ 10–23 Uhr) kann man Volleyball, Tischtennis oder *pétanque* spielen, ein Kanu oder Hobie Cat mieten (4/15 US$/Std.) und in einem Pavillon mit großer Terrasse am Wasser und einem fantastischen Blick auf den Sonnenuntergang speisen (Hauptgerichte 5–15 US$) oder Cocktails schlürfen (4 US$).

Von dem 10 m langen **Pool** der Kep Lodge sieht man Richtung Westen den Phnom Bokor. Wer als Nichtgast Essen für 5 US$ bestellt, kann umsonst hineinspringen.

VILLEN

Vom nördlichen Kreisverkehr führt der NH33A Richtung Norden vorbei an verschimmelten **Villen aus den 1950er-Jahren**, die von glücklicheren Zeiten, aber auch von den schrecklichen Jahren der Roten Khmer bzw. des Bürgerkriegs zeugen. Sie weisen einen modernistischen Stil mit klaren Linien, vielen Horizontalen sowie wenigen Verzierungen auf. Einst fanden in ihnen schillernde Jetset-Partys statt, doch inzwischen leben hier Hausbesetzer (und, wie manche behaupten, Geister). Kaufen kann man die Gebäude nicht, da sie Mitte der 1990er-Jahre von Spekulanten mit guten Beziehungen zu einem Spottpreis vom Markt geschnappt wurden.

Auf dem Hügel nordwestlich des Kep Beach thront ein **Palast**, den König Sihanouk Anfang der 1990er-Jahre errichten ließ. Vor seinem Umsturz im Jahr 1970 war Kep einer seiner Lieblingsorte. Dort unterhielt er Würdenträger aus dem Ausland auf einer vorgelagerten Insel mit dem Spitznamen Île des Ambassadeurs. Vielleicht spielte der König sogar mit dem Gedanken, sich irgendwann in diesem Ort niederzulassen. Seine schlechte Gesundheit und Kambodschas politische Instabilität verboten es ihm aber, jemals in seinem nach wie vor unmöblierten, für die Öffentlichkeit unzugänglichen Palast zu wohnen.

KEP-NATIONALPARK

Im Inneren der Kep-Halbinsel erstreckt sich der **Kep-Nationalpark**. Nachdem das Gebiet längere Zeit unter illegaler Abholzung leiden musste, wird es jetzt endlich von Rangern bewacht. Direkt hinter dem Beach House führt der ausgeschilderte **Stairway to Heaven** 800 m den Hügel hinauf zu einer Pagode, einem Frauenkloster und, 400 m weiter, zum **Sunset Rock**, von dem man einen erstklassigen Blick genießt. Ein für Autos befahrbarer Weg verläuft bis zum Nonnenkloster. Darüber hinaus windet sich ein 8 km langer, mit gelben Schildern gekennzeichneter **Rundweg** hinter dem Beach House und am Veranda Natural Resort entlang durch das Gelände.

Details zum Parkbesuch erfährt man im **Backpackers Restaurant** (S. 254; einfach nach Christian fragen).

Schlafen

Kep Seaside Guesthouse (☎ 012 684241; sengbunly@bnckh.com; Zi. mit Ventilator/Klimaanlage ab 7/15 US$; ❄) Die dreistöckige Unterkunft sieht wie ein Studentenwohnheim aus und liegt direkt am Wasser, hat allerdings keinen Strand. Sie verfügt über 25 schlichte Zimmer und das Management ist sehr entspannt. Von Zimmer 20 blickt man direkt aufs Meer. An Wochenenden und Feiertagen ist das Kep Seaside oft voll von einheimischen Touristen. Derzeit wird ein neues Gebäude mit 26 Räumen errichtet.

Botanica Guesthouse (☎ 016 562775; www.kep-botanica.com; Zi. 8–10 US$;) Fünf Bungalows unter belgischer Leitung und ein luftiges Restaurant mit internationaler Küche in einem hübschen Blumengarten. Das Gästehaus befindet sich rund 2 km nördlich des nördlichen Kreisverkehrs (Richtung Kampot). Ein *moto* zum Krebsmarkt kostet 3000 bis 4000 R.

Brise de Kep (☎ 012 301017; Kep Beach; Zi. mit Ventilator/Klimaanlage ab 8/15 US$;) Neue Bleibe mit einer tollen kleinen Balkonbar und fünf geräumigen Zimmern inklusive hohen Decken sowie Schaummatratzen.

Boat House (☎ 099-504820; www.theboathousekep.com; Zi. 8–20 US$;) In einer ruhigen Villa zwischen den zwei Kreisverkehren ist dieses neue Quartier unter der Leitung von Briten und Khmer mit einem Loungebereich aus Holz, fünf Zimmern mit Ventilatoren (zwei davon mit Gemeinschaftsbädern) und ein wenig alter Indochina-Stimmung untergebracht. Wunderbar für einen ruhigen, romantischen Aufenthalt. Darüber hinaus gibt's einen kostenlosen Fahrradverleih.

Vanna Bungalows (☎ 012 755038; www.vannabungalows.com; Zi. mit Ventilator/Klimaanlage ab 10/20 US$;) Das entspannte Vanna besitzt 17 solide Bungalows in Hanglage, von denen die meisten mit einem Kühlschrank und Warmwasser aufwarten, sowie einen schönen Garten. Bei Einwanderern erfreut es sich besonders großer Beliebtheit. Der Blick auf den Sonnenuntergang von der Restaurantveranda ist fantastisch.

Jasmine Valley (☎ 097-7917636; www.jasminevalley.com; Zi. 19–44 US$;) Diese neue Ökolodge an einem Hang direkt unterhalb des Kep-Nationalparks besteht aus acht Bungalows, die mit Solarstrom betrieben werden. Sechs der Häuschen sind aus Ziegelsteinen gebaut und zwei stehen auf Säulen. Zu den Annehmlichkeiten gehören eine Sauna und ein „natürlicher" Pool (der gerade errichtet wird). Von der Bootsanlegestelle biegt man am Krankenhaus Richtung Nordwesten ab und folgt der Serpentinenstraße über 2 km; ein *moto* vom Krebsmarkt hierhin kostet zwischen 1,50 und 2,50 US$ und ein *remork* 3 bis 5 US$.

Le Bout du Monde (☎ 011 964181; http://leboutdumonde.new.fr; DZ inkl. Frühstück 20–85 US$) Das „Ende der Welt" unter französischer Leitung verfügt über sechs Bungalows mit Holzböden, Ventilatoren, Weidenwänden, Ziegelbädern und Safes. Vom Bar-Restaurant genießt man einen tollen Blick auf den Sonnenuntergang über dem Bokor.

LP Tipp **Vine Retreat** (☎ 011 706231; www.thevineretreat.com; nahe dem Dorf Chamcar Bei; DZ 23–35 US$;) 14 km nordöstlich von Kep stößt man in einem Gebiet, wo Kampot-Pfeffer mit Herkunftsangabe (S. 243) angebaut wird, auf eine neue, sehr empfehlenswerte Ökolodge. Die Unterkunft beherbergt acht gemütliche Zimmer mit Warmwasser (über Solarenergie) und schlichten Matratzen sowie einem Ausblick auf einen Ökobauernhof und einen Badeteich. In der Oberetage lockt ein ruhiger Entspannungsbereich. Vom White-Horse-Kreisverkehr geht's 3 bis 4 km Richtung Osten, dann fährt man zwischen zwei mit Zement-Stinkfrüchten verzierten Säulen links ab und erreicht nach 4,5 km sein Ziel.

Veranda Natural Resort (☎ 012 888619; www.veranda-resort.com; Zi. mit Ventilator/Klimaanlage ab 30/48 US$;) Auf einem Hügel oberhalb der Stadt erstreckt sich dieser Komplex mit 20 Bungalows aus Holz, Bambus und Stein. Es handelt sich um ein tolles Fleckchen für einen romantischen Aufenthalt. Das für sein köstliches Gebäck bekannte Bar-Restaurant eröffnet einen großartigen Blick auf den Sonnenuntergang. Seit 2010 gibt's hier außerdem einen Pool mit 25-m-Bahn.

Kep Lodge (☎ 092-435330; www.keplodge.com; Zi. 33–38 US$;) Sechs Bungalows in Hanglage mit Ventilatoren, heißem Wasser, Mückennetzen und Terrassen. Weitere klimatisierte Häuschen sind in Planung. Im Restaurant (7–22 Uhr) mit Aussicht auf den Pool und den Sonnenuntergang werden Phnom-Penh-Preise verlangt. Vom nördlichen Kreisverkehr geht's 1 km auf dem NH33A gen Norden und dann 700 m Richtung Osten. Für ein *moto/remork* vom Krebsmarkt aus zahlt man 1/3 US$. Kostenloser Fahrradverleih.

Beach House (☎ 012 240090; www.thebeachhousekep.com; Zi. 40–55 US$;) Gleich oberhalb des Kep Beach befindet sich das Beach House mit 16 Zwei-Sterne-Zimmern samt Fliesenböden und Veranden, die zum Meer ausgerichtet sind. Abkühlung verspricht der 6 m lange Pool mit einem Miniwasserfall.

Knai Bang Chatt (☎ 012 349742; www.knaibangchatt.com; Zi. 150–350 US$;) Das überaus schicke, luxuriöse Boutique-Hotel mit elf Zimmern in drei Villen aus den 1960er-Jahren liegt direkt am Wasser. Es punktet mit einem Wellnessbereich, einem (nicht gechlorten) Schwimmbecken und einem atemberaubenden Blick auf den Sonnenuntergang.

Essen & Ausgehen

In Kep dreht sich so gut wie alles um frische Meeresfrüchte. Fündig wird man vor allem auf dem Krebsmarkt mit zahlreichen Buden am Wasser, die günstige, köstlich gegrillte, gebratene und gedünstete Krebse, Garnelen, Tintenfisch sowie andere Fischsorten anbieten. Erstere (35 000 R pro Kilo) stammen direkt aus Kep und werden lebendig in Reusen ein paar Meter abseits des Kieselstrands gehalten. Die Garnelen und der Fisch kommen dagegen aus Kampot.

Das Botanica Guesthouse, Le Bout du Monde, die Vanna Bungalows, das Veranda Natural Resort und der Knai Bang Chatt Sailing Club betreiben jeweils eigene, empfehlenswerte Restaurants.

Backpackers Restaurant (☎ 089-763865; Kep-Beach-Kreisverkehr; Hauptgerichte 1–3 US$) Nette Cafeteria unter französischer bzw. Khmer-Leitung mit günstigen vegetarischen Gerichten und die beste Informationsquelle zu Wanderungen im Kep-Nationalpark.

Salt & Pepper Bakery (☎ 099-219004; White-Horse-Kreisverkehr; Sauerteigbrot 2,50 US$; ⌚ Mo–Fr 8–17, Sa bis 12 Uhr) 50 m nördlich (Richtung Kampot) des White-Horse-Kreisverkehrs betreibt eine fröhliche Hamburgerin diese luftige Bäckerei, in der man zu Heißgetränken geradezu göttliche hausgemachte Brote (z. B. aus Sauerteig), Kuchen (u. a. kalifornischen Schokoladenkuchen), Kekse oder Frühstück genießen kann.

LP Tipp **Kimly Restaurant** (☎ 089-822866; Krebsmarkt; Hauptgerichte ab 2,50 US$; ⌚ 10–22 Uhr) Dies ist das älteste und bekannteste Lokal am Krebsmarkt. Zu den Spezialitäten gehören Krebse (klein/groß 6,50/8,75 US$) und Garnelen (5/7,50 US$) mit grünem Kampot-Pfeffer.

La Baraka (☎ 092-127548; Krebsmarkt; Hauptgerichte 4,50–5,50 US$; ⌚ 7–22 Uhr oder länger) Pizzeria unter französischer Leitung. In diesem Lokal werden auch Pastagerichte serviert.

Breezes (☎ 097-675 9072; Hauptgerichte 5–8 US$; ⌚ 9–21 Uhr) Nur 10 m vom Ufer entfernt zieht dieses neue Restaurant niederländischer Inhaber mit schicken Möbeln und einem tollen Blick auf Koh Tonsay Gäste an. Auf der Karte stehen asiatische (nicht ausschließlich Khmer-), westliche und Fusionsgerichte.

Riel Bar (☎ 017 902771; www.kep-riel-bar.com; nördlicher Kreisverkehr) In einem hallenähnlichen Gebäude mit Korbstühlen und Hängematten. Die schlichte Bar mit Restaurant gehört einem ehemaligen niederländischen Toningenieur. Hier gibt's z. B. hausgemachtes Eis ohne Eier (also besteht keine Salmonellen-Gefahr).

An- & Weiterreise

Kep liegt 25 km von Kampot (von dort aus kann man Kep problemlos im Rahmen einer Tagestour besuchen), 41 km vom Grenzübergang Prek Chak–Xa Xia nach Vietnam und 172 km von Phnom Penh.

Phnom Penh Sorya (www.ppsoryatransport.com) und Hua Lin bieten Busverbindungen zwischen Kep und Kampot (2 US$, 45 Min.), Kompong Trach (5000 R), Angk Tasaom (nahe Takeo) und Phnom Penh (4 oder 5 US$) an. Busse mit dem Ziel Phnom Penh starten zwischen 8 und 13 Uhr. Sie halten auf Anfrage (z. B. in der Nähe des gebuchten Gästehauses), in der Regel aber auch am nördlichen Kreisverkehr und am Kep-Beach-Kreisverkehr. Gästehäuser nehmen Reservierungen vor.

Ein *moto/remork*/Taxi nach Kampot kostet 7/10/20 US$. Die Fahrer versammeln sich am Nordende des Kep Beach; Angestellte in den Gästehäusern kümmern sich bei Bedarf um die Organisation der Reise.

Für ein *moto/remork*/Taxi zum Grenzübergang Prek Chat–Xa Xia nach Vietnam muss man 8/15/20 US$ sowie 1½ Std. einplanen. **Rith Travel** (☎ 016 789994; Krebsmarkt) arrangiert die Touren.

Die Einrichtung einer Fährverbindung zur vietnamesischen Phu-Quoc-Insel ist gerade in Planung.

Unterwegs vor Ort

In Kep werden nur wenige Straßen beleuchtet, deshalb sollte man eine Taschenlampe mitnehmen, wenn man nachts unterwegs ist.

Moto-Fahrer trifft man am Kep Beach und am Krebsmarkt. Für die Fahrt vom Markt zum Strand oder zur Bootsanlegestelle zahlt man 1 US$. *Remorks* kosten 1 US$/6000 R für eine/zwei Personen. Nach 21 Uhr kann man *motos* nur noch telefonisch anfordern. Ein solches Fahrzeug für einen Tag zu mieten schlägt mit rund 15 US$ zu Buche. Im Preis ist ein Ausflug zum Wat Kiri Sela nahe Kompong Trach enthalten. Für ein *remork* zahlt man inklusive dem Besuch einer Pfefferfarm etwa 20 US$ pro Tag.

SÜDKÜSTE

Motorräder bekommt man bei **So Van Sarkor** (Sovann Sakor; ☎ 012 608345; Kep-Beach-Kreisverkehr; altes/neues Motorrad 6/7 US$ pro Tag; ⌚ 6 oder 7–22 Uhr), **Rotanak Kong Kea** (☎ 017 818303; Kep Beach; altes/neues Motorrad 6/8 US$ pro Tag; ⌚ 6–22 Uhr) neben dem Gästehaus Brise de Kep und bei der Kep Lodge (ca. 8 US$ pro Tag).

Räder werden bei Rith Travel (2 US$ pro Tag), Rotanak Kong Kea (2 US$ pro Tag), dem Knai Bang Chatt Sailing Club (4 US$ pro Tag) und dem Botanica Guesthouse verliehen.

RUND UM KEP

Kep ist ein guter Ausgangspunkt für die Besichtigung zahlreicher schöner Höhlentempel, darunter der **Wat Kiri Sela** nahe Kompong Trach (S. 250), der **Phnom Chhnork** (S. 247) und der **Phnom Sorsia** (S. 247).

Koh Tonsay

កោះទន្សាយ

Koh Tonsay (Kanincheninsel; Einwohner: 25 Familien) hat angeblich die schönsten Strände rund um Kep (abgesehen von der vietnamesischen Phu-Quoc-Insel, deren Verlust die Kambodschaner noch immer bitter bereuen). Laut den Einheimischen ähnelt die Inselform einem Kaninchen – ein gutes Beispiel dafür, was das lokale Gebräu mit der Fantasie anstellt. Wer es urig mag, sollte das Eiland besuchen, bevor es für immer durch Bauvorhaben verändert wird.

Am 250 m langen, von Bäumen gesäumten **Hauptstrand** in Richtung Westen kann man Meeresfrüchte verspeisen, auf erhöhten Bambusterrassen entspannen und in Bungalows mit Strohdächern unterkommen. Koh Tonsay wird oft als „tropisches Paradies" bezeichnet, doch eine klinisch saubere Resortversion darf man nicht erwarten: Hier schwimmt Treibgut herum, Fliegen surren durch die Gegend und darüber hinaus sieht man eine Menge Hühner, Hunde und Kühe.

Vom südlichen Ende des Hauptstrands erreicht man in einem zehnminütigen Spaziergang ein Fischerdorf und zwei weitere **Sandstreifen**, die sich zu beiden Seiten der schmalen Südspitze der Insel erstrecken. Es ist möglich, aber nicht ganz einfach, Koh Tonsay zu Fuß komplett zu umrunden.

Das Inselinnere ist bewaldet und die Bäume wachsen fast überall bis an die Wasserkante heran. Auf der in der Trockenzeit zugänglichen **Bergspitze** findet man die Überreste eines ehemaligen Bunkers der Roten Khmer.

Weitere Inseln rund um Kep sind **Koh Pos** (Schlangeninsel; ca. 30 Minuten hinter Koh Tonsay) mit einem verlassenen Strand und guten Schnorchelmöglichkeiten, allerdings ohne Unterkünfte (ein Tagesausflug hierher kostet in einem Boot für max. 10 Pers. 40–50 US$), sowie **Koh Svai** (Mangoinsel) ohne Strand, von deren Gipfel ein wunderschöner Blick lockt.

SCHLAFEN & ESSEN

Zu den familienbetriebenen Gästehäusern am Strand mit winzigen Freiluftrestaurants gehören das **Yeay Am** (☎ 012 343759) und das **Yeay Meng** (☎ 012 893102). Hier kostet ein schlichter Bungalow mit einem Mückennetz und einer Toilette zum Hinsetzen auf der anderen Hofseite 5 US$. Für einen Bungalow inklusive Bad zahlt man 7 US$. Mahlzeiten mit Fisch, Krebsen, Tintenfisch, Garnelen oder Hühnern schlagen mit 3 bis 5 US$ zu Buche. Letztere laufen übrigens frei herum und ein Gast hat uns erzählt, dass ihm ein Huhn an seinen Füßen herumgepickt hat!

AN- & WEITERREISE

Gästehäuser und *moto*-Fahrer organisieren die Bootsfahrt nach Koh Tonsay (6 km, 20 Min.) und zurück für 7 US$ pro Person inklusive Transport zur Anlegestelle. Für Gruppen ist es günstiger, die Anfahrt selbst zu organisieren. Von Kep aus kostet eine Bootstour für bis zu zehn Personen hin und zurück 20 US$. Auf der Überfahrt sieht man Schwärme kleiner silberner Fische, die alle gleichzeitig aus dem Wasser zu springen scheinen.

Wer auf Koh Tonsay übernachten und am nächsten Morgen abgeholt werden möchte, sollte dies beim Buchen klarstellen. Ansonsten werden einem eventuell bei der Rückfahrt 5 US$ pro Person berechnet. Generell gilt: Reisende, die auf einer Insel festsitzen, haben wenig Verhandlungsspielraum.

TAKEO-PROVINZ

ខេត្តតាកែវ

Diese Provinz wird oftmals als „Wiege der kambodschanischen Zivilisation" bezeichnet. Sie war Teil dessen, was die chinesische Geschichtsschreibung als „Wasser Chenla" bezeichnete. Zweifellos bezieht sich das auf die großflächigen jährlichen Überschwemmungen, die noch immer große Teile der

Gegend bedecken. Heute sind die wichtigsten Touristenmagneten der verarmten ländlichen Region dieselben Tempel, die schon die Könige von Angkor wegen ihrer aufwendigen Zeremonien herlockten: Tonlé Bati (S. 134) und Phnom Chisor (S. 135) nahe Phnom Penh und Angkor Borei sowie Phnom Da, die man über die Provinzhauptstadt Takeo erreicht.

TAKEO

តាកែវ

☎ 032 / 39 000 Ew.

Die ruhige Provinzhauptstadt an einem See dient als hervorragender Ausgangspunkt, um mit einem schnellen Motorboot Tempel aus der präangkorianischen Zeit (S. 258) zu besuchen.

Fahrradgruppen auf dem Weg vom Mekong-Delta nach Phnom Penh über den Grenzübergang Phnom Den–Tinh Bien legen hier oft einen Stopp ein, da es am NH2 herrlich breite, befestigte Randstreifen gibt. Details zum Grenzübergang nach Vietnam siehe S. 375.

SÜDKÜSTE

Orientierung

Takeo ist schachbrettartig angelegt. Im Norden wird es von einem großen *boeng* (See), im Osten von einem riesigen Flutgebiet begrenzt. Das Zentrum der Altstadt erstreckt sich rund um den Psar Nat (Markt). Die Haupteinkaufsstraße verläuft entlang dem NH2 (Straße 20) vom Unabhängigkeitsdenkmal bis zum Psar Thmei (neuer Markt) neben dem Busbahnhof und Taxistand.

Praktische Informationen

Acleda Bank (St 3 Ecke St 5) Takeos einzige Bank hat einen Geldautomaten, an dem Visakarteninhaber rund um die Uhr einen Barvorschuss erhalten.

VTC Internet (1500 R pro Std.; 🕒 6–20 Uhr) Internetzugang.

Xpress Internet Café (NH2; 2000 R pro Std.; 🕒 6–21 Uhr)

Touristeninformation (☎ /Fax 931323; 🕒 Mo–Fr 7.30–11 & 14–17 Uhr, auch Sa & So geöffnet) Hier kann man eventuell einen Führer (15–20 US$) für Angkor Borei und Phnom Da anheuern. Vor dem Gebäude wird ein neuer Info-Pavillon errichtet.

Sehenswertes

Am besten für einen Bummel eignet sich die Gegend rund um den **Psar Nat**, ein Ungetüm aus Beton, das nach dem Umsturz der Roten Khmer gebaut wurde und heute einen lebendigen Food Court beherbergt. In seiner Umgebung erstrecken sich Straßen mit zahlreichen **französischen Ladenhäusern**.

Die **Seeuferpromenade** am Nordrand der Stadt gilt als beliebter spätnachmittäglicher Treffpunkt der einheimischen Jugend. Insbesondere die **Anlegestelle** (St 3 zw. St 15 & St 17) an ihrem westlichen Ende hat schon bessere Zeiten gesehen. Sie zieht junge Paare an, die mit Seerosenblättern, Fröschen und vor allem miteinander kommunizieren wollen. Am Spätnachmittag finden **Aerobickurse** (Ecke St 3 & St 12; 🕒 17–18 Uhr) für Frauen statt.

Im **Provinzmuseum** (☎ 017 458280; St 4; Eintritt 2 US$; 🕒 7–11 & 14–17 Uhr), das lediglich aus einem Zimmer im farbenfrohen Stil eines Khmer-Tempels besteht, sind uralte hinduistische und buddhistische Schnitzereien zu sehen, darunter zahlreiche Lingas und zwei Sanskrit-Stelen aus der Region. Wenn es verschlossen ist, sollte man nach dem Pförtner Ausschau halten.

Takeo ist in erster Linie für den aus der Gegend stammenden Ta Mok alias „der Schlächter" bekannt. In den 1960er-Jahren war er der Generalstabschef der Roten Khmer und später Befehlshaber der südwestlichen Zone, wo unter ihm entsetzliche Gräueltaten verübt wurden. 1976 ließ „Onkel Mok", der zutiefst um seine eigene Sicherheit besorgt war, eine dreistöckige Kommandozentrale 1 km nördlich der Stadt mitten auf dem See errichten (zudem hatte er zwei Residenzen nahe Anlong Veng; s. S. 291 und S. 294). **Ta Moks Haus** wurde als Verwaltungszentrum der hochrangigen Führungskräfte (und von Experten aus China) genutzt, die den Massenmord in Kambodscha anordneten. Heute befindet sich im Inneren eine Polizeischule, trotzdem ist das Gelände über eine 150 m lange Brücke ohne Geländer für die Öffentlichkeit zugänglich.

Details zu Angkor Borei und Phnom Da siehe S. 258.

Schlafen

Phnom Da Guesthouse (☎ 016 826083; St 9; Zi. mit Ventilator/Klimaanlage 5/10 US$; ❄) Dieses schön am See gelegene, von einer einheimischen Familie geführte Gästehaus verfügt über zehn Zimmer mit hohen Decken und Plastikblumen. Vom vergitterten Balkon aus blickt man direkt aufs Wasser. Man sollte ein Zimmer inklusive Fenster verlangen.

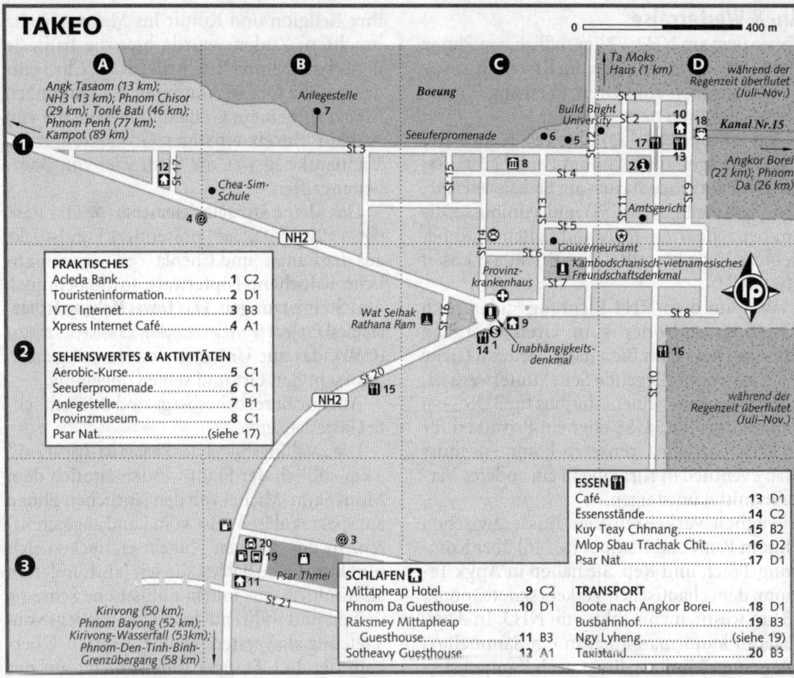

Sotheavy Guesthouse (☎ 016 869482, 012 935133; NH2 Ecke St 17, DZ mit Ventilator/Klimaanlage ab 5/10 US$; ❄) Das vierstöckige gelbe Gebäude mit Balkonen beherbergt 32 mittelgroße Zimmer, die niedrige Decken, kompakte Bäder und kraftvolle Klimaanlagen haben.

Mittapheap Hotel (☎ 931205, 012 341744; St 20; DZ mit Ventilator/Klimaanlage ab 5/10 US$; ❄) Gegenüber dem Unabhängigkeitsdenkmal. 33 saubere, gepflegte Zimmer in vier Gebäuden rund um einen von Kokospalmen überschatteten betonierten Hof. Die Angestellten sprechen ein wenig Englisch und die teureren Räume verfügen über heißes Wasser.

Raksmey Mittapheap Guesthouse (☎ 016 882362; NH2; Zi. mit Ventilator/Klimaanlage 5/10 US$) Ein gepflegtes Gästehaus gegenüber dem Psar Thmei mit 18 Zimmern und günstiger Lage, wenn man öffentliche Verkehrsmittel nutzt. Morgens kann es hier allerdings laut werden.

Essen & Ausgehen

Rund um das Unabhängigkeitsdenkmal verteilen sich mehrere Essensstände. Abends bekommt man hier leckere kambodschanische Desserts und *tukaloks* (Fruchtshakes).

Café (St 9; 🕒 6–17 Uhr) In diesem schlichten Café mit Blechdach gibt's den besten Eiskaffee in ganz Takeo (1500 R). Essen wird nicht serviert.

LP Tipp **Psar Nat** (St 10; 🕒 6–ca. 20 Uhr) Dieser Food Court besteht aus zahlreichen Buden, die tollen Kaffee, Frühstückssuppen (2000 R), *num kong* (leckere Khmer-Donuts; 200 R) und *num kroch* (gebratene Klöße mit Bohnen und Palmzucker) anbieten. Außerdem werden vegetarische Lebensmittel verkauft.

Kuy Teay Chhnang (NH2; 🕒 6–19 Uhr oder länger) Der Name dieses beliebten Imbisses bedeutet „köstliche Nudeln". Hier bekommt man vor allem frühmorgens chinesische Suppen (4000 R) – ein toller Start in den Tag. Hat auch Khmer-Gerichte auf Reisbasis auf der Karte. Ein englisches Schild gibt's nicht, deshalb muss man nach der nachgemachten Ziegelfassade Ausschau halten.

Mlop Sbau Trachak Chit (☎ 011 974040; St 10; Hauptgerichte 5000 R; 🕒 10–21 Uhr) Köstliche, günstige Khmer-Gerichte werden in Pavillons über dem See serviert. Eine der Spezialitäten ist *sach ko ang* (gegrilltes Rindfleisch). Nach dem Anchor-Beer-Schild suchen.

An- & Weiterreise

Takeo liegt am NH2, 77 km südlich von Phnom Penh, 50 km nördlich von Kirivong sowie 58 km nördlich vom Grenzübergang Phnom Den–Tinh Bien nach Vietnam.

Ngy Lyheng (☎ 023-351101) bietet täglich vier Verbindungen nach Phnom Penh (2,50 US$) an. Die Fahrzeuge starten am **Busbahnhof** (NH2), aber Sammeltaxis (3 US$) und Minibusse, die am benachbarten Taxistand halten, sind beliebtere Verkehrsmittel. Ein Privattaxi kostet etwa 20 US$.

Wer auf dem NH2 Richtung Süden nach Kirivong und/oder zum Grenzübergang Phnom Den–Tinh Bien nach Vietnam (siehe auch gegenüberliegende Seite) unterwegs ist, nimmt entweder einen Minibus für 3 US$, ein Sammeltaxi für 5 US$ oder ein Privattaxi für 35 US$. Um zur Grenze zu kommen, muss man eventuell in Kirivong in ein anderes Verkehrsmittel umsteigen.

Täglich verkehren vier Busse zwischen Phnom Penh und Kampot (S. 246) über Kompong Trach und Kep. Sie halten in Angk Tasaom, dem chaotischen Verkehrsknotenpunkt 13 km westlich von Takeo am NH3. In Angk Tasaom kann man auch in ein Sammeltaxi oder einen Minibus direkt nach Kampot steigen. Um von Takeo nach Angk Tasaom zu kommen, klettert man am Psar Thmei in einen Anhänger, der von einem Motorrad gezogen wird (2000 R), nimmt am Psar Thmei oder am Krankenhaus ein *remork* (5 US$) oder hält ein *moto* (2 US$) an, wenn man eines sieht.

Innerhalb von Takeo schlägt ein *moto* vom Psar Thmei zum Psar Nat mit 2000 R zu Buche. Boote nach Angkor Borei starten von der Anlegestelle an der Straße 9.

RUND UM TAKEO

Angkor Borei & Phnom Da

អង្គរបុរី និង ភ្នំដា

Als Highlight eines Besuchs von Takeo gilt die 20 km lange **Bootsfahrt** nach **Angkor Borei**. Das verarmte Städtchen am Fluss liegt strategisch günstig am Rand des Mekong-Deltas. Im 8. Jh. war es die Hauptstadt des „Wasser-Chenla" und als Vyadhapura bekannt.

Auch in der frühen Funan-Zeit (1.–6. Jh.) stellte Angkor Borei ein wichtiges Zentrum dar, weil es von Händlern, Künstlern und Priestern aus Indien (der große Seehandelsweg zwischen Indien und China führte durch das Mekong-Delta) angesteuert wurde, die ihre Religion und Kultur ins Mekong-Delta brachten. Zudem wurde hier die früheste datierbare Khmer-Inschrift (611 v. Chr.) entdeckt. Der Ort ist von einer 5,7 km langen Mauer mit einem Graben umgeben, die von Angkor Boreis einstiger Größe zeugt. Im Vietnamkrieg war die Stadt Ziel von Bombenangriffen.

Das kleine **Archäologiemuseum** (☎ 012 201638; Eintritt 1 US$; ⏲ tagsüber) präsentiert Fundstücke aus der Funan- und Chenla-Zeit wie menschliche Knochen, Töpferware sowie Schmuck und Steinritzungen. Das **Lower Mekong Archaeological Project** (www.anthropology.hawaii.edu/Projects/LOMAP), das zur University of Hawaii gehört, erforscht den Ort und seine Umgebung.

Angkor Borei beherbergt zwei sehr schlichte Gästehäuser.

Die Zwillingshügel des **Phnom Da** (Eintritt 2 US$) 3 km südlich der Stadt werden ähnlich dem Mont Saint-Michel von den jährlichen Fluten auf spektakuläre Weise vom Land abgeschnitten. In den felsigen Hügeln erstrecken sich fünf künstliche **Höhlen**, die seit Jahrhunderten als hinduistische und buddhistische Schreine dienen und während des Vietnamkriegs vom Vietcong als Versteck genutzt wurden. Oberhalb der 142 Treppenstufen thront auf der Bergkuppe ein **Tempel**, dessen Grundfesten aus dem 6. Jh. stammen. Der 18 m hohe Bau selbst wurde im 11. Jh. errichtet. Ungewöhnlicherweise zeigt der Eingang Richtung Norden. Die anderen drei Seiten haben Scheintüren, die mit Flachrelief-*nagas* verziert sind. Die schönsten Schnitzereien wurden in Museen nach Angkor Borei, Phnom Penh und Paris gebracht.

Rund 50 km nordöstlich des Tempels gelangt man zu einem riesigen **Felsbrocken**, der nur auf drei Punkten aufliegt. Von hier aus sieht man bis nach Vietnam, das sich 8 km südöstlich erstreckt.

Ganz in der Nähe steht auf einem zweiten Hügelchen der 8 m hohe **Wat Asram Moha Russei**, ein restauriertes Hindu-Heiligtum aus dem Jahr 700 n. Chr. Wegen seiner Ähnlichkeit zu zeitgenössischen Tempeln in Südindien wird es „indischer Tempel" genannt.

AN- & WEITERREISE

Angkor Borei und Phnom Da liegen etwa 20 km östlich von Takeo am Kanal Nr. 15, der in den 1880er-Jahren gebaut wurde, um Takeo mit dem Tonlé-Bassac-Fluss sowie dem Mekong-Delta zu verbinden. Der sich in der

Trockenzeit deutlich abzeichnende Wasserweg ist im restlichen Jahr von überfluteten Reisfeldern umgeben.

Als erfrischendes Vergnügen unter freiem Himmel gilt eine Fahrt durch den Kanal in einem Motorboot aus Fiberglas (Hin- und Rückfahrt nach Angkor Borei 30 US$, 35 Min., nach Phnom Da 10–15 Min. länger), das man an der Anlegestelle in Takeo mieten kann. Bis auf einen kleinen Anteil wird das, was man bezahlt, in Benzin gesteckt. Während der Regensaison kann die Wasseroberfläche nachmittags rau werden, sodass man früh aufbrechen sollte. Eine Kopfbedeckung und Regensachen mitbringen. Viele der voll beladenen Boote, an denen man vorbeifährt, haben Terrakottafliesen und aus Vietnam eingeschmuggelten Sprit an Bord.

Größere Boote (3000 R pro Pers., 2 Std.) fahren vom Pier in Takeo nach Angkor Borei. In Takeo geht's um 14 Uhr und in Angkor Borei um 9 Uhr los. Ansonsten kann man auch einfach abwarten, bis sich genügend Einheimische eingefunden haben, was bedeutet, dass das Sammelmotorboot (einfache Strecke 2,50 US$) bis zum Bersten voll ist.

Von Takeo aus kostet ein *moto* nach Phnom Da und zurück 2 US$.

Phnom Bayong & Umgebung
ភ្នំបាយ៉ុង

Vom Gipfel des schroffen Phnom Bayong (313 m) lockt ein atemberaubender Blick auf das flache Mekong-Delta in Vietnam. Ihn ziert ein **Chenla-Tempel** aus dem 7. Jh., der gebaut wurde, um einen Sieg über Funan zu feiern. Das Linga, das sich eigentlich in der Innenkammer befand, ist heute im Pariser Musée Guimet zu sehen. Man entdeckt jedoch noch immer einige **Flachreliefs** mit Blumen- und Tiermotiven, z. B. an den drei Scheintüren und im Mauerwerk. Die einst von zwei konzentrischen Mauern (Überreste sind noch vorhanden) geschützte Stätte zieht noch immer Pilger an und wird von buddhistischen Nonnen unterhalten, die in nahe gelegenen schlichten Hütten leben.

Der steile Spaziergang hinauf zum Tempel und zurück nimmt rund 2½ Std. in Anspruch Der Weg ist nicht klar markiert, sodass man vielleicht ein oder auch gleich fünf einheimische Kinder mit Macheten als Führer anheuern sollte. Hier trifft man wahrscheinlich viele Einheimische, die Blätter und Wurzeln zur Herstellung von traditioneller Medizin sammeln. Wasser und dicke Augenbrauen mitbringen – oder wenigstens ein Taschentuch, um sich den Schweiß von der Stirn zu wischen. Der Abstieg über glatte felsige Hänge trainiert die Beinmuskulatur für die nächste Skisaison.

In Kirivong gibt's drei Unterkünfte, darunter das **Tran Hout Guesthouse** (☎ 016 500033; NH2; Zi. 5–8 US$), dessen 17 winzige Zimmer dunkel und schlecht belüftet sind.

28 km westlich entlang der Zufahrtsstraße zum Phnom Bayong (Schnellstraße 113) liegt der **Phnom Tchea Tapech** mit einem 14 m hohen Buddha auf dem Gipfel. Man erreicht die 2006 errichtete Statue über eine gewaltige Treppe.

Der **Kirivong-Wasserfall** (Phar-Ouk-Wasserfall) 2,5 km westlich des Südrands der Stadt Kirivong erfreut sich bei Einheimischen großer Beliebtheit, vor allem an warmen Wochenenden. Kürzlich wurden im Zuge einer Reinigungskampagne Toiletten installiert. An Marktständen bekommt man die bekanntesten Produkte der Gegend: Topas- und Quarzsteine, die entweder in Form von Edelsteinen oder in Form winziger geschnitzter Buddhas und *nagas* verkauft werden.

An- & Weiterreise

Kirivong (Kiri Vong) liegt am NH2, 50 km südlich von Takeo und 8 km nördlich vom Grenzübergang Phnom Den–Tinh Bien. Der Phnom Bayong erhebt sich 3 km westlich des Nordrands von Kirivong-Stadt. Man erkennt die Abzweigung an einer Platte mit einem aufgemalten Tempel.

Von Takeo aus kostet ein *moto* nach Phnom Bayong 10 US$ (Hin- und Rückweg 15 US$). Günstiger ist ein Sammeltaxi oder Minibus nach Kirivong, von wo aus man ab der Abzweigung mit dem *moto* weiterfährt.

Vom Grenzübergang Phnom Den–Tinh Bien kann man eventuell ein *remork* oder *moto* zum Lon-Top-Markt in Kirivong nehmen; dort starten Minibusse nach Takeo und Phnom Penh. Wer ab der Grenze in ein Taxi steigen will, muss eventuell telefonisch eines aus Kirivong rufen.

Nordwest-kambodscha

Der Nordwesten beherbergt sowohl gut angebundene Städte als auch extrem abgelegene Tempel. Diese Region erstreckt sich vom mittlerweile asphaltierten Grenzübergang nach Thailand bei Poipet in Richtung Osten bis in die Kompong-Thom-Provinz und im Norden vom Dangkrek-Gebirge Richtung Süden bis ins Kardamom-Gebirge. Im Zentrum befindet sich der wunderbare Tonlé-Sap-See (S. 71).

Battambang, Kambodschas drittgrößte Stadt, zieht die meisten Besucher an, denn sie bietet eine attraktive Mischung aus Entspannung, französischer Architektur und tollen Ausflugszielen. Die anderen Städte dienen hauptsächlich als Zugangstor: Kompong Thom liegt in der Nähe der präangkorianischen Tempel von Sambor Prei Kuk, Pursat ist eine gute Basis für die Erkundung des Kardamom-Gebirges und von Anlong Veng braucht man nur eine kurze *moto*-Fahrt bis zu den schrecklichen Schauplätzen der Roten-Khmer-Periode.

In den abgelegenen Ebenen und Regenwäldern verstecken sich wunderschöne Tempel. Die einst verrufenen Straßen zum spektakulären Prasat Preah Vihear, der 2008 zum Unesco-Welterbe erklärt wurde, sowie nach Koh Ker werden allmählich besser. Darüber hinaus gibt's in Banteay Chhmar, einem vielversprechender Anwärter auf den Status als Welterbestätte, ein gemeindebasiertes Gastfamilienprojekt. Die Routen ins weitläufige, sagenumwobene Preah Khan sind während der Regenzeit aber nach wie vor meist überschwemmt.

Unberührter Dschungel und seltene Tierarten locken im tiefen Südwesten des Kardamom-Gebirges, wohingegen die Wälder und Sümpfe der Provinzen Preah Vihear und Kompong Thom als idealer Lebensraum für gefährdete Vögel wie den Riesenibis gelten.

HIGHLIGHTS

- **Battambang** (S. 270) verströmt kolonialen Charme und ist von üppiger Landschaft sowie Bergtempeln umgeben
- Mit dem Boot zu den prächtigen schwimmenden Dörfern **Kompong Luong** (S. 268) und **Kompong Chhnang** (S. 262) fahren
- Den majestätischen Bergtempel **Prasat Preah Vihear** (S. 303) erkunden
- **Koh Ker** (S. 298) lockt mit massiven Tempeln, die mehr als tausend Jahre lang vergessen in den Wäldern schlummerten
- Südostasiens erste Tempelstadt, **Sambor Prei Kuk** (S. 308), beeindruckt mit ihren präangkorianischen Ruinen

HÖHE: 5–1500 M	EINWOHNER: 3,6 Mio.	FLÄCHE: 71 157 KM²

An- & Weiterreise

Im Nordwesten gibt's fünf internationale Grenzübergänge nach Thailand:

- Poipet–Aranya Prathet (S. 283): 48 km westlich von Sisophon und 153 km westlich von Siem Reap. Der beliebteste Übergang liegt am westlichen Ende des nun endlich asphaltierten National Highway 5 (NH5).
- Psar Pruhm–Ban Pakard (S. 282): 22 km westlich von Pailin und 102 km südwestlich von Battambang. Die Zugangsstraße 57 ist ziemlich holprig.
- Choam–Choam Srawngam (S. 295): Die Grenze 16 km nördlich von Anlong Veng und 134 km nördlich von Siem Reap ist durch den ausgezeichneten NH67 mit Siem Reap verbunden.
- O Smach–Chong Jom (S. 290): Der Übergang befindet sich strapaziöse 40 km südöstlich von Samraong und 120 km nördlich von Kralanh.
- Kamrieng–Daun Lem: 90 km westnordwestlich von Battambang und 50 km nordnordwestlich von Pailin. Der Außenposten wird fast nie von Ausländern genutzt.

Als gute Ausgangspunkte zum Nordwesten dienen sowohl Siem Reap als auch Phnom Penh. Während der Trockenzeit ist der legendäre Waldweg von der Koh-Kong-Provinz (S. 217) am Golf von Thailand Richtung Norden durch das Kardamom-Gebirge nach Pursat nun nicht mehr ganz so grauenhaft wie noch einige Jahre zuvor. Der Dschungelpfad, der Thala Boravit (gegenuber dem Mekong und Stung Treng; s. S. 328) mit Tbeng Meanchey verbindet, soll bald zu einer Straße ausgebaut werden.

Siem Reap und Battambang sind über einen unvergesslichen, allerdings extrem langsamen Bootsservice miteinander verbunden. Normalerweise kann man in Kompong Chhnang aus dem Schnellboot aussteigen, das zwischen Siem Reap und Phnom Penh verkehrt.

Unterwegs vor Ort

Südlich des Sees verbindet der NH5 Phnom Penh mit Kompong Chhnang, Kompong Luong, Pursat, Battambang, Sisophon und dem thailändischen Grenzübergang Poipet–Aranya. An seiner Nordseite verläuft der NH6 von der Hauptstadt nach Kompong Thom, Siem Reap und Sisophon.

Folgende Straßen zweigen vom NH6 gen Norden ab (von Osten nach Westen):

- Der NH64 von Kompong Thom nach Tbeng Meanchey, der bei Redaktionsschluss trotz jährlicher Planierung und wiederholten Versprechungen der Regierung, ihn wieder instand zu setzen, immer weiter verfiel.
- Eine gute Mautstraße von Dam Dek über Beng Mealea und Koh Ker nach Tbeng Meanchey; der Straßenabschnitt innerhalb der Provinz Siem Reap ist asphaltiert. Die Strecken nördlich davon sind in einem schlechten Zustand, besonders in der Regenzeit. Sie werden aber aufgrund der neu entdeckten strategischen und symbolischen Bedeutung von Prasat Preah Vihear zurzeit ausgebessert.
- Der erst vor Kurzem ausgebaute NH67; er führt von Siem Reap nach Anlong Veng (1½ Std.) und weiter zum thailändischen Grenzübergang Choam–Choam Srawngam.
- Der NH68 von Kralanh nach Samraong, der Ende 2009 durch eine Überflutung von der Umwelt abgeschnitten war, aber 2010 wieder instand gesetzt wurde und sich bei Redaktionsschluss in gutem Zustand befand. Dagegen weist die Straße von Samraong Richtung Nordosten zur thailändischen Grenze O Smach–Chong Jom einen fürchterlichen Zustand auf.
- Der NH69 von Sisophon über Banteay Chhmar nach Samraong wurde bei unserem Besuch grundlegend ausgebessert.

Es wird immer einfacher, den Nordwesten zu bereisen. Am besten startet man nördlich von Angkor in Sisophon (NH5 und 6), fährt entlang der Nordgrenze zu Thailand nach Banteay Chhmar, Samraong, Anlong Veng, Sra Em (nahe dem Prasat Preah Vihear), Tbeng Meanchey und Kompong Thom (auf dem NH6) oder unternimmt die Tour in umgekehrter Richtung. Während der Regenzeit ist die Route sehr anspruchsvoll und könnte durch den vielen Schlamm unterbrochen werden. Unterwegs passiert man entlegene Minenfelder und Regionen, die lediglich von einzelnen Bauern besiedelt werden. Wer ein echtes Dschungelabenteuer sucht, muss wahrscheinlich nicht mehr lange warten, denn schon in ein paar Jahren werden die meisten Sehenswürdigkeiten über große Asphaltstraßen zu erreichen sein.

Viele Traveller konzentrieren sich eher auf den Süden und den NH6 (oft auch auf Siem Reap) statt auf den Osten oder Westen. Daher findet man nur wenige und fast keine öffentlichen Verkehrsmittel von Banteay Chhmar nordöstlich nach Samraong und von dort östlich nach Anlong Veng. Aufgrund der anhaltenden Spannungen mit Thailand rund um den Prasat Preah Vihear kurven zwischen Siem Reap, Anlong Veng und Sra Em neuerdings Sammeltaxis durch die Gegend.

KOMPONG-CHHNANG-PROVINZ

ខេត្តកំពង់ឆ្នាំង

Kompong Chhnang ist eine relativ wohlhabende Provinz. Hauptsächlich hat sie das ihrer Nähe zur Hauptstadt sowie der Fischereiindustrie und Landwirtschaft zu verdanken, die aufgrund ergiebiger Wasserressourcen sehr großen Erfolg haben.

KOMPONG CHHNANG

កំពង់ឆ្នាំង

☎ 026 / 42 000 Ew.

Kompong Chhnang (Clay Pot Port) liegt am Tonlé-Sap-Fluss und besteht praktisch aus zwei Teilen: nämlich aus dem verschlafenen Zentrum, in dessen Mittelpunkt sich ein riesiger, grasbewachsener Park ausbreitet, und dem lebhaften Hafenviertel. In der Nähe finden sich mehrere Sehenswürdigkeiten, darunter zwei schwimmende Dörfer, ein für seine charakteristischen Töpferwaren berühmtes Dorf und eine umwerfend schöne Landschaft, die mit ihren grünen Reisfeldern und großen Zuckerpalmen das typische Kambodscha widerspiegelt.

Orientierung

Das Zentrum erstreckt sich rund um den Psar Leu (Hauptmarkt), der zwei Blöcke nordöstlich der Acleda Bank, des Busbahnhofs und des Taxistands liegt. 500 m weiter südlich erhebt sich das Unabhängigkeitsdenkmal in einem grünen Park.

Ungefähr 3 km nordöstlich der Innenstadt gibt's noch ein zweites Geschäftszentrum, und zwar rund um Psar Krom (Untermarkt) bzw. am Flussufer.

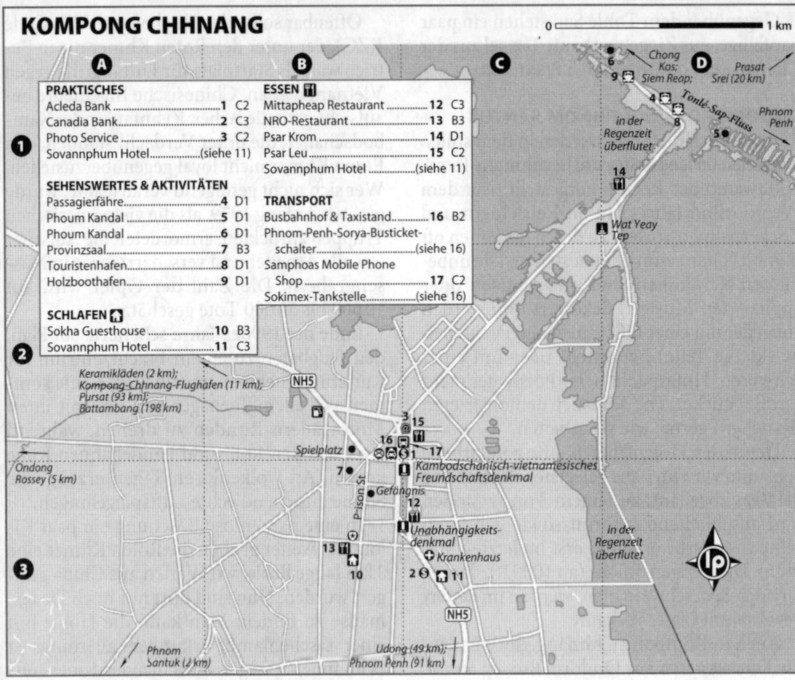

Praktische Informationen

Acleda Bank (NH5) Mit der Visa-Karte bekommt man am Geldautomaten einen Barvorschuss.

Canadia Bank (NH5) Mit einem Geldautomat.

Photo Service (2 US$ pro Std.; 6–20 Uhr) Der Fotoladen liegt gegenüber vom dreieckigen *naga*-Kreisverkehr und bietet Internetzugang.

Sovannphum Hotel (☎ 989333; NH5; 1 US$ pro Std.) In der Lobby gibt's einen Computer mit Internetzugang.

Sehenswertes & Aktivitäten

Im bzw. rund um den **Provinzsaal** tummeln sich zahlreiche **Affen**. Gelegentlich springen sie mittags und nachmittags sogar auf der Prison Street herum.

SCHWIMMENDE DÖRFER

Am **Hafen** starten kurze Bootsfahrten auf dem Tonlé Sap zu zwei farbenprächtigen schwimmenden Dörfern: **Phoum Kandal** mit Ortsteilen im Osten sowie Nordosten und **Chong Kos**. Sie sind viel weniger touristisch als Kompong Luong (S. 268), bieten aber trotzdem Annehmlichkeiten wie Häuser, Werkzeugläden, Gemüsehändler, eine Moschee und eine Tankstelle. Außergewöhnlich ist nur, dass alles schwimmt. Viele Einwohner stammen ursprünglich aus Vietnam.

Wer diese Orte erkunden möchte, kann sich einem **einstündigen Ausflug** (☎ 012 878331; für Ausländer/Khmer 2,50/1,50 US$ pro Pers., mind. 10 Pers.) anschließen. Los geht's am Touristenhafen. Man ist auf Motorbarkassen mit 15 oder 35 Sitzplätzen sowie genügend Schwimmwesten an Bord unterwegs. Wer ein ganzes Boot mietet, zahlt 20 US$ pro Stunde.

Eine günstigere, ruhigere und ökologischere Möglichkeit, Ohoum Kandal und Chong Kos zu besuchen, gibt's 300 m weiter nordwestlich, indem man es den Bewohnern der schwimmenden Dörfer einfach gleichtut und sich ein **Holzboot** (5 US$ pro Std.) ausleiht, das im Stehen gerudert wird.

Darüber hinaus kann man mit der **Passagierfähre** (1000 R, 30 Min., Abfahrt 8.30, 11, 13.30 und 16 Uhr) eine nette, preiswerte Rundtour ins Viertel Kompong Lang unternehmen, das etwa 6 km entfernt auf der anderen Seite des Tonlé Sap liegt. In das Boot passen mehrere Dutzend Personen und der Startpunkt befindet sich 100 m nordwestlich vom Touristenhafen.

Gegenüber dem Tonlé Sap stehen ein paar baufällige, aus Ziegeln erbaute **Tempel** aus der Chenla-Zeit, darunter auch **Prasat Srei**.

ONDONG ROSSEY & PHNOM SANTUK

7 km westlich der Stadt werden in dem stillen Dörfchen **Ondong Rossey** die berühmten Terrakottawaren der Region hergestellt. Auf dem Weg dorthin fährt man an Reisfeldern und Zuckerpalmen vorbei, an deren Stämmen oft Bambusleitern zum Ernten stehen. Die unbemalten Keramiken sind mit geätzten oder applizierten Mustern dekoriert und werden entweder mit einer fußbetriebenen Drehscheibe (kleine Teile) hergestellt oder mit einer schweren Holzspachtel in Form gebracht (große Stücke). Die Künstler demonstrieren Besuchern gerne, wie sie arbeiten.

Der in den Höfen aufgehäufte goldfarbene Schlamm wird im nahe gelegenen **Phnom Krang Dai Meas** abgebaut, zu feinem Ton zerstoßen und anschließend geformt sowie gebrannt; seine rosa Farbe erhält er erst im letzten Stadium. Die fertigen Stücke (ab 1000 R), darunter auch Sparschweinchen, werden im **Pottery Development Center** verkauft

Auch in Kompong Chhnang gibt's Läden, die **Keramikwaren** aus Ondong Rossey anbieten. Sie befinden sich ein paar Kilometer außerhalb der Stadt am NH5 Richtung Battambang.

Der Besuch von Ondong Rossey kann mit einem Ausflug zum **Phnom Santuk**, einem Hügel wenige Kilometer südwestlich von Kompong Chhnang hinter dem Wat Santuk, kombiniert werden. Von dem mit Felsbrocken übersäten Berggipfel eröffnet sich ein toller Ausblick auf die Landschaft und den 20 km nördlich gelegenen Tonlé Sap.

Wer Ondong Rossey und Phnom Santuk per Fahrrad oder *moto* erkunden möchte, darf sich auf eine zauberhafte Rundfahrt freuen, insbesondere wenn man morgens oder spätnachmittags startet. Straßenschilder sind hier ein Fremdwort, deshalb lässt man sich am besten von einem Einheimischen führen.

KOMPONG-CHHNANG-FLUGHAFEN

Die Roten Khmer waren nicht als große Baumeister bekannt, aber 1977 und 1978 errichteten Sklavenarbeiter ein Flugfeld aus Zement von solch hoher Qualität, dass die 2440 m lange Piste und die Zufahrtsstraßen noch heute so aussehen, als seien sie erst gestern asphaltiert worden.

Offenbar sollte der Flughafen (IATA-Code KZC), der unter den Roten Khmer nie in Betrieb war, als Startplatz für Luftangriffe gegen Vietnam dienen. Chinesische Ingenieure beaufsichtigten die Arbeit Zehntausender Kambodschaner, die unter Verdacht standen, den Roten Khmer nicht loyal gegenüberzustehen. Wer sich nicht genügend verausgabte, wurde getötet. Anfang 1979, als die vietnamesischen Truppen anrückten, ermordeten die Aufseher fast alle Arbeiter und verscharrten sie in Massengräbern. Die Zahl der Opfer wird auf 10 000 bis 50 000 Tote geschätzt.

Ende der 1990er-Jahre scheiterte ein Plan, den Flughafen zu einem Frachtzentrum für Kurierunternehmen umzubauen. Heute kommen vor allem Teenager her, um mit ihren Motorrädern Runden zu drehen, während zwischen den Roll- und Landebahnen Kühe grasen. An wolkenlosen Tagen erzeugt die Sonne täuschend echte Luftspiegelungen.

In eine namenlose Böschung ein paar Kilometer weiter gruben die Roten Khmer eine 3 km lange **Höhle**, wo Waffen aus China gelagert wurden. Nun sind dort nur noch Fledermäuse zu finden. Man kann die Höhle mit einer Taschenlampe erkunden, allerdings ist es im Inneren wegen der fehlenden Sauerstoffzufuhr unangenehm feuchtheiß. Auf dem Weg zum Hügel muss man sich durch Unterholz kämpfen.

Auf einem kleinen Berg unweit von Kugeln durchlöcherter **Zementbarracken** stößt man auf einen massiven **Wassertank** aus Zement. Wenn man sich in die Mitte stellt und in die Hände klatscht, kommt der Donnerhall aus jeder Richtung zurück – und zwar volle zehn Sekunden lang.

An- & Weiterreise

Um den Flughafen 12 km westlich der Stadt zu erreichen, folgt man dem NH5 7 km Richtung Battambang und biegt dann links auf eine Betonstraße ab, die wie eine deutsche Autobahn aus den 1930er-Jahren aussieht. Manche *moto*- und *remork*- bzw. *tuk-tuk*-Fahrer in Kompong Chhnang kennen den Weg.

Schlafen

Sokha Guesthouse (☎ 988622; Prison St; Zi. mit Ventilator/Klimaanlage ab 5/12 US$; ❄) Die 31-Zimmer-Pension in einem schattigen Garten bietet die charmantesten Übernachtungsmöglichkeiten der Stadt. Alle Räume sind einfach, aber makellos, außerdem ist ein Internetzugang ge-

NORDWEST-KAMBODSCHA

plant. Für alle, die nachts anreisen: Der Weg hierher ist nicht beleuchtet.

Sovannphum Hotel (☎/Fax 989333; sovannphumkpchotel@yahoo.com; NH5; Zi. mit Ventilator/Klimaanlage ab 7/13 US$;) Ein sauberes, gut geführtes und gepflegtes Hotel, das sich bei NRO-Mitarbeitern großer Beliebtheit erfreut. Es verfügt über 30 geräumige Zimmer mit modernen Bädern, ein Restaurant, eine Rezeption und WLAN in der Lobby.

Essen

Auf den beiden Märkten Psar Leu und Psar Krom findet man zahlreiche Essstände, wobei Letzterer keinen besonders guten Standard aufweist. Die Verkäufer halten ihn für verflucht, seitdem sich hier vor zehn Jahren ein deutscher Tourist erschossen hat (oder vielleicht auch ermordet wurde). Am Hafen gibt's ebenfalls mehrere Imbissbuden. Die Mitarbeiter der Hilfsorganisationen essen oft im nicht ausgeschilderten **NRO-Restaurant** (Gericht 1,50 US$) um die Ecke vom Sokha Guesthouse.

Sovannphum Hotel (☎ 989333; NH5; Hauptgerichte ab 4500 R; 6–21 Uhr) Lockt mit einer guten Auswahl an Khmer-Klassikern.

Mittapheap Restaurant (☎ 012 949297; NH5; Hauptgerichte 8000–20 000 R; 5–21 Uhr) Gegenüber dem Unabhängigkeitsdenkmal. Der Service ist so durchschnittlich wie die einfallslosen Khmer-Gerichte.

An- & Weiterreise

Kompong Chhnang liegt 91 km nördlich von Phnom Penh, 93 km südöstlich von Pursat und 198 km südöstlich von Battambang.

BUS

Auf dem NH5 kann man versuchen, einen Bus nach Phnom Penh heranzuwinken. Die meisten Fahrzeuge in die andere Richtung, z. B. nach Pursat und Battambang, sind bereits voll.

Phnom Penh Sorya (☎ 016 400031; www.ppsoryatransport.com; 6.30–17.30 Uhr) betreibt einen Ticketschalter am Busbahnhof bzw. Taxistand; die Angestellten können vorher anrufen, um zu prüfen, ob Plätze frei sind. Busse nach Phnom Penh (15 000 R, 1½–2 Std.) starten stündlich zwischen 9.30 und 17.30 Uhr. Ebenfalls einmal pro Stunde von 8 bis 14 Uhr geht's nach Battambang (20 000 R, 2 Std.) und Poipet (30 000 R, 5 Std.).

Auf der anderen Straßenseite bekommt man im **Samphoas Mobile Phone Shop** (☎ 012 900190) Fahrkarten der Gesellschaft Neak Kror Horm, deren Busse Ziele im Westen wie Battambang (19 000 R) und Poipet (28 000 R) ansteuern.

SCHIFF/FÄHRE

Die Schnellfähren zwischen Phnom Penh und Siem Reap passieren auf ihrer Route Kompong Chhnang. Wer dort aussteigen will, sollte die Schiffsgesellschaft vorher informieren. Im Sokha Guesthouse kann man einen Platz für die Boote nach Siem Reap buchen.

TAXI

Am einfachsten und schnellsten erreicht man Phnom Penh per Sammeltaxi (12 000 R, 1½–2 Std.). Die Fahrzeuge warten am Busbahnhof bzw. Taxistand und am Flussufer unweit der Passagierfähre zum Viertel Kompong Lang. Ziele im Nordwesten (z. B. Battambang) werden nicht bedient.

Unterwegs vor Ort

Moto-Fahrer stehen am Busbahnhof bzw. Taxistand und morgens auch vor dem Sokha Guesthouse. Sie berechnen etwa 2000 R für die kurze Strecke in die Stadt, 5 bis 8 US$ für einen halbtägigen Trip und 10 US$ für einen Tagesausflug (7–19 Uhr). Angestellte des Sovannphum Hotel organisieren zudem *remorks* (10 US$ für die Hin- & Rückfahrt zum alten Flughafen).

Im Sokha Guesthouse kann man Fahrräder (1 US$ pro Tag) und Motorräder (6 US$ pro Tag) mieten.

PURSAT-PROVINZ

ខេត្តពោធិ៍សាត់

Kambodschas viertgrößte Provinz ist für ihre Orangen berühmt und erstreckt sich von den abgelegenen Wäldern rund um den Phnom Samkos an der thailändischen Grenze Richtung Osten bis zu den Fischerdörfern und Sümpfen des Tonlé-Sap-Sees. Die Nordausläufer des Kardamom-Gebirges gehören ebenfalls dazu. Sie sind durch holprige Straßen mit der Stadt Pursat verbunden.

PURSAT

ពោធិ៍សាត់

☎ 052 / 57 000 Ew.

Die für ihre Marmorbildhauer bekannte Provinzmetropole ist zwar keine sonderlich schöne Stadt, aber ein guter Ausgangspunkt für

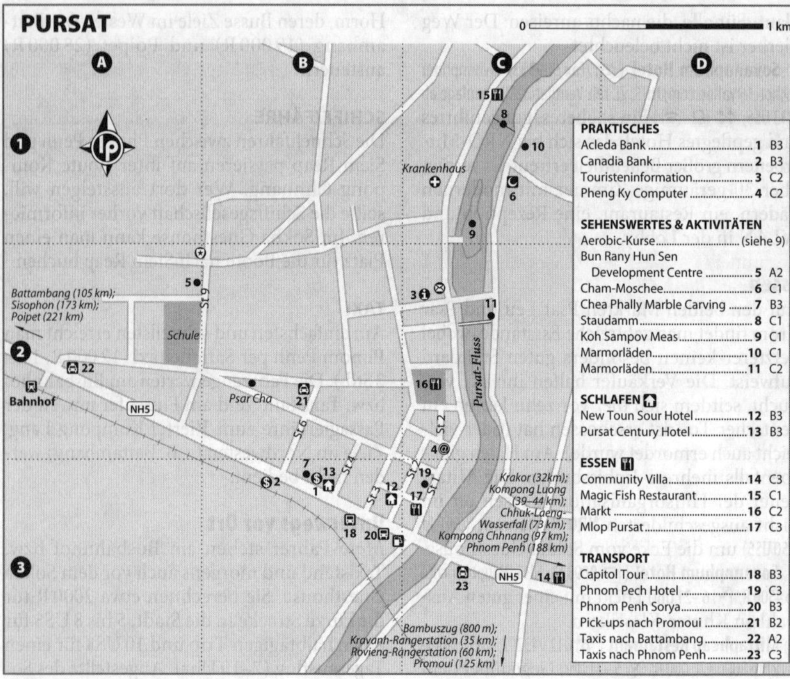

einen Tagesausflug in das schwimmende Dorf Kompong Luong (S. 268) oder für eine Expedition in das Zentrale Kardamom-Waldschutzgebiet (S. 268).

Orientierung

Die Haupteinkaufsstraße 3 erstreckt sich von Norden nach Süden und liegt zwei Blöcke westlich der Straße 1, die am Fluss entlangführt. Beide Strecken verlaufen im rechten Winkel zum NH5.

Praktische Informationen

Acleda Bank (NH5) Mit der Visa-Karte bekommt man am Geldautomaten einen Barvorschuss.

Canadia Bank (NH5) Mit einem Geldautomat.

Pheng Ky Computer (St 1; 1 US$ pro Std.; ⌚ 6–20 Uhr) Internetzugang.

Touristeninformation (☎ 012 838854; ⌚ Mo–Fr 7–11 & 14–17 Uhr) An den Wänden hängen Infoblätter über die Highlights der Provinz, außerdem bekommt man hier ein paar Handzettel.

Sehenswertes & Aktivitäten

Traveller können ein paar angenehme Stunden mit einem Spaziergang Richtung Norden auf der Straße 1 und dann nach Süden am Ostufer des Flusses entlang verbringen.

Wer die **Koh Sampov Meas** (Insel des Goldenen Schiffs), die sehr bescheidene Antwort der Stadt auf die Sentosa-Insel in Singapur, zum ersten Mal sieht, traut seinen Augen kaum: Was macht ein Ozeantanker im Pursat-Fluss?! Das einzigartige Erscheinungsbild des Eilands spiegelt eine lokale Legende über ein Boot wider, das auf Grund ging und sich in eine Insel verwandelte. Am späten Nachmittag sind der gepflegte Rasen und die Pavillons im Khmer-Stil *der* Platz zum Sehen und Gesehenwerden. Dann kommen zahlreiche Einheimische – besonders junge Leute – hierher, um an **Aerobic-Kursen** (⌚ Kurse ab 17 Uhr) teilzunehmen, sich einen Imbiss zu gönnen oder Federball zu spielen. Auf der anderen Seite des Flusses steht eine gelbe **Cham-Moschee** mit Zwiebelturm, dessen Spitze ein Stern und ein Halbmond krönen.

Einen langen Block weiter nördlich lohnt sich ein schwindelerregender Spaziergang über den verfallenen **Staudamm** aus der Roten-Khmer-Zeit, einst Teil eines grandiosen Projekts, das den Anbau von Reis in der Trockenzeit ermöglichen sollte (der Plan funktionierte nicht). Am ländlich geprägten Ostufer folgt man der Straße am Fluss nach Süden. Dort gibt's mehrere Geschäfte für **Marmorwaren**, in denen Künstler jede Menge Schnickschnack herstellen und verkaufen. Ihre Erzeugnisse werden auch in den Läden am NH5 angeboten, z. B. im **Chea Phally Marble Carving**, wo man darüber hinaus Frauen dabei zusehen kann, wie sie *naom banchok* (dicke Reisnudeln) machen.

Im **Bun Rany Hun Sen Development Centre** (☎ 951606; St 9; 🕑 Mo–Fr 7–11 & 12–17, Sa 7–11 Uhr) lernen junge Leute das Weben von Stoff und Matten, Nähen, Marmorbildhauerei und andere künstlerische Fähigkeiten. Touristen sind werden herzlich willkommen geheißen.

Gelegentlich halten **Bambuszüge** *(Norry* oder *Lorry;* S. 273) am Bahnhof oder Bahnübergang 800 m südlich des NH5 auf der Straße nach Kravanh. Ein drei- oder vierstündiger privater Ausflug kostet rund 10 US$ plus Benzin; alternativ mischt man sich unter die Kambodschaner. Am besten bittet man einen Einheimischen darum, einen der Züge anzuhalten. Erfolg hat man am ehesten morgens; illegale Frachten wie Holz werden dagegen zumeist nachts transportiert. Wer die schönste Landschaft sehen will, sollte in Richtung Phnom Penh fahren. Man kann auch im Dorf **Chheu Tom** aussteigen und ein *moto* zum **Chhuk-Laeng-Wasserfall** (Chroek Laeng oder Chrok La Eing; 1 Std.) 73 km südöstlich von Pursat und 41 km südlich von Krakor nehmen.

Schlafen

New Toun Sour Hotel (Hotel Than Sour Thmey, Hotel Thmey Thansour; ☎ 951506; St 2; Zi. mit Ventilator/Klimaanlage 6/13 US$; ❄ 💻 📶) In der Lobby dieses einladenden Hotels mit insgesamt 43 großen, sauberen Zimmern inklusive Warmwasser und Kühlschränken stehen zahlreiche geschnitzte Holzfiguren.

Pursat Century Hotel (☎ 951446; pursatcenturyhotel@yahoo.com; NH5; Zi. mit Ventilator/Klimaanlage ab 7/15 US$; ❄ 📶) Dieses Hochhaus wurde 2009 eröffnet und setzte neue Standards in Pursat. Alle 110 Räume bieten Zwei-Sterne-Komfort und auf jedem Bett liegt ein künstlicher Kirschblütenzweig.

Essen

Auf dem neuen **Markt** (St 1), der sowohl tagsüber als auch abends geöffnet hat, findet man die üblichen Imbissbuden sowie Obst- und Gemüsestände. Das New Toun Sour Hotel beherbergt ein Restaurant.

Mlop Pursat (☎ 012 928586; St 1; 🕑 6–11 Uhr) Dieser schattige Garten ist *der* Ort zum Frühstücken. Hier locken Spezialitäten wie Hühnchenreis (6000 R) und die besten Suppen (3500 R) der Stadt.

Community Villa (☎ 012 178 9050; www.knkscambodia.org; NH5; Hauptgerichte 4000–10 000 R; 🕑 6–19 Uhr) Wird von einer kambodschanischen NRO geführt, die benachteiligte Jugendliche ausbildet. Sie liegt 500 m östlich der Brücke am NH5 und serviert leckere Khmer-Gerichte, darunter Fisch mit Ingwer sowie *tukalok* (Fruchtshakes). In einem kleinen Geschenkeladen kann man von Landfrauen hergestellte *kramas,* Portemonnaies und Taschen kaufen.

Magic Fish Restaurant (Tep Machha Restaurant; ☎ 951537; St 1; Hauptgerichte 5000–15 000 R; 🕑 10–21 Uhr oder länger) Am Flussufer nördlich des Staudamms wartet dieses Restaurant mit köstlichen Khmer-Gerichten und einem großartigen Ausblick auf.

Anreise & Unterwegs vor Ort

Pursat liegt etwa 105 km südöstlich von Battambang und 188 km nordwestlich von Phnom Penh am NH5.

Tagsüber fahren zahlreiche Busse durch den Ort, die zwischen Poipet und Battambang (10 000 R, 1½ Std.) im Nordwesten sowie Kompong Chhnang und Phnom Penh (18 000 R, 4 Std.) im Südosten pendeln. Es gibt ein paar wenige Direktverbindungen nach Siem Reap (25 000 R, 5 Std.) und Kompong Cham (35 000 R). Zu den Busunternehmen mit Büros in Pursat gehören **Capitol Tour** (☎ 951650; NH5 Ecke St 3; 🕑 6.30–19.15 Uhr) und **Phnom Penh Sorya** (☎ 012 687565; www.ppsoryatransport.com; NH5; 🕑 6–19 Uhr).

Sammeltaxis nach Phnom Penh (20 000 R, 3½ Std.) und Kompong Chhnang (20 000 R) stehen am NH5 östlich der Brücke. Die Wagen nach Battambang (15 000 R, 1½ Std.) halten gegenüber dem NH5 und dem alten Bahnhof ganz in der Nähe der kleinen Sokimex-Tankstelle. Nach Battambang verkehren darüber hinaus auch Pick-ups (Außen-/Innenplatz 7000/10 000 R).

Außerdem kommt man per Pick-up (Außen-/Innenplatz 10 000/15 000 R) und Sammeltaxi (20 000 R, 4 Std.) in die abgelegene Stadt Promoui (Veal Veng) im Kardamom-Gebirge. Los geht's neben dem alten Markt Psar Cha. Während der Trockenzeit findet man eventuell einen Pick-up-Fahrer, der von Promoui in Richtung Süden durch das Kardamom-Gebirge nach Krong Koh Kong unterwegs ist.

Im **Phnom Pech Hotel** (☎ 951515; St 1) kann man Fahrräder (2,50 US$ pro Tag) sowie Motorräder (8 US$) mieten und für 10/30 US$ eine *moto-*/Taxirundfahrt nach Kompong Luong buchen.

KOMPONG LUONG
កំពង់លួង
10 000 Ew.

Dieser schwimmende Ort bietet alle Annehmlichkeiten, die man von einem überdimensionierten Fischerdorf erwarten darf. Kompong Luong ist ein vietnamesisch inspiriertes Venedig ohne Festland. Cafés, Geschäfte, Hühnerställe, Fischteiche, eine Eisfabrik, eine Krokodilfarm und Karaokebars werden durch Bootsrümpfe, Fässer und Bambusbündel vor dem Versinken bewahrt. Gleiches gilt für die vietnamesische Pagode (mit Bougainvilleen auf der Außenveranda), die blau gedeckte Kirche und die bunten Häuser, deren Terrassen gelegentlich mit Blumentöpfen geschmückt sind. Coole Teenager streifen in Booten mit überdimensionalen Motoren umher, während kleine alte Damen auf althergebrachte Weise mit der Hand rudern. Das Einzige, was man in Kompong Luong nicht tun kann, ist Billard spielen – aus einleuchtenden Gründen.

In der Trockenzeit, wenn der Wasserpegel sinkt und der Tonlé Sap zusammenschrumpft, wird das gesamte Aquapolis Boot für Boot ein paar Kilometer weiter nach Norden geschleppt. Aus diesem Grund wies früher ein Schild am NH5 darauf hin, dass die Entfernung nach Kompong Luong maximal 7 und mindestens 2 km beträgt. Kein Vergnügen für den Postboten!

Die Einwohner dieses ebenso faszinierenden wie malerischen Dorfs stammen teilweise aus Vietnam. Aufgrund ihrer ambivalenten Stellung in der kambodschanischen Gesellschaft werden Besucher – zumindest von den Erwachsenen – etwas gedämpfter empfangen als in den meisten anderen kambodschanischen Städten. Anfang der 1990er-Jahre ermordeten die Roten Khmer zahlreiche Dorfbewohner, die rund um den Tonlé Sap-See lebten, und sogar noch 1998 wurden etwa 20 Vietnamesen bei einem Pogrom nahe Kompong Chhnang umgebracht.

Schlafen

800 m nördlich der Krakor-Kreuzung stößt man an der Straße nach Kompong Luong auf das Ende 2009 eröffnete **Hotel 59** (☎ 012 384009; Zi. mit Ventilator/Klimaanlage ab 5/13 US$; ❄). 30 spartanische Zimmer säumen viel zu breite Korridore. Hinter dem Haus befindet sich ein Fischteich.

Anreise & Unterwegs vor Ort

Je nach Jahreszeit liegt Kompong Luong 39 bis 44 km östlich von Pursat. Von der Provinzhauptstadt aus gelangt man per *moto* (10 US$, 45 Min.) oder Privattaxi (30 US$) hierher. Die Abzweigung vom NH5 befindet sich neben der Sokimex-Tankstelle in Krakor.

Eine Spritztour rund um Kompong Luong in einem **Holzmotorboot** (☎ 092-240286) für zwei bis vier Passagiere schlägt mit 3 US$ pro Person und Stunde (die Uhrzeit im Auge behalten) zu Buche. Die Kähne sind mit Schwimmwesten ausgestattet.

Taxis nach Phnom Penh starten frühmorgens an der Sokimex-Tankstelle in Krakor.

NÖRDLICHES KARDAMOM-GEBIRGE

Sowohl das Zentrale Kardamom-Waldschutzgebiet (Central Cardamoms Protected Forest, CCPF) als auch die benachbarten Naturschutzreservate öffnen sich langsam für den Ökotourismus. Pursat dient als nördliches Tor zum Kardamom-Gebirge.

Infos über die südlichen Ausläufer der Berge bis zum Golf von Thailand siehe S. 216.

Die Straßen der Region sind schwer beschädigt und manche Brücken haben so große Löcher, dass ein Autoreifen durchfallen könnte. In Pursat kann man ein Taxi nach Kravanh, Rovieng oder Promoui nehmen; am besten erkundigt man sich auf dem Psar Cha oder in seiner jeweiligen Unterkunft.

Zentrales Kardamom-Waldschutzgebiet

Mehr über das CCPF und die Straßen, die zu den südlichen Abschnitten dieses Gebiets führen, siehe S. 219.

Die Parkaufseher bekommen technische und finanzielle Unterstützung von **Conservation International** (CI; www.conservation.org). Wer einen Besuch plant, einen Fremdenführer buchen oder in der **Rangerstation** (z. B. Kravanh, Rovieng oder O Som) übernachten will, kontaktiert am besten **La Peng Ly** (☎ 012 908560; lly@conservation.org), das Büro von Conservation International.

Die Regionen im und rund um das Waldschutzgebiet sind immer noch vermint, also empfiehlt es sich, auf den Straßen und Hauptwegen zu bleiben.

KRAVANH-RANGERSTATION

Diese Station liegt tief im Dschungel des Kardamom-Gebirges in der Tang-Rang-Region südlich von Pursat. Hier sammeln sich sowohl Waldaufseher (in hellbraunen Uniformen) als auch bewaffnete Militärpolizisten (in dunkelgrünen Uniformen). Ihr Kampf gegen illegale Holzfäller und Wilderer – ein scheinbar endloses Katz-und-Maus-Spiel – ist von entscheidender Bedeutung für das Überleben des Regenwalds, seiner Fauna und der Artenvielfalt Kambodschas. Oftmals gehen die Teams auf ausgedehnte Fußpatrouillen und campieren eine Woche oder länger unter Abdeckplanen.

Für Informationen über Wanderungen nach/von Kravanh durch das CCPF siehe S. 219. Möglicherweise kann man in einem Schlafsaal (bzw. bald auch in einem richtigen Zimmer) in Kravanh übernachten, allerdings verströmt dieser Ort die Atmosphäre eines abgelegenen militärischen Außenpostens.

ROVIENG-RANGERSTATION

Im Hof dieser Station sieht man eine beeindruckende Sammlung ausgeweideter Autos und Ochsenkarren voller illegalem Holz. Die wertvollste Schmuggelware ist aber das aromatische, nach Sandelholz duftende, wertvolle *moras-preuv*-Öl (Sassafras- oder Safroleöl), das aus den Wurzeln des vom Aussterben bedrohten *Dysoxylum-loureiri*-Baums gewonnen wird. Aus 1 t Holz kann man lediglich 30 l erzeugen. Die Einheimischen verwenden es für die Herstellung traditioneller Medizin, außerdem hält es Spatzen und Ratten fern. Schmuggler sind an der Flüssigkeit interessiert, weil man mit ihr Ecstasy herstellen kann. Zu den weiteren beschlagnahmten Produkten gehören Kettensägen, Fallen (auch ein paar Spezialanfertigungen zum Fangen von Schuppentieren; s. S. 220) und Waffen.

Auf Anschlagbrettern sieht man Fotos von illegalen Sägemühlen, Destillierapparaten zur Ölgewinnung, konfisziertem Wildfleisch und unter Beobachtung stehenden Tieren, darunter Leoparden, Füchse, Krokodile, Affen, Schuppentiere, Rotwild und Wildschweine.

Ein paar Kilometer von Rovieng und 53 km südwestlich von Pursat liegen die **L'Bak-Kamronh-Stromschnellen**, in deren Nähe viele Einheimische Urlaub machen. 25 km westlich von Rovieng, in der Gemeinde Promoui, kann man in Begleitung eines Führers den uralten **Chhrok-Preal-Wald** besuchen.

Das Land rund um die Straße nach Rovieng wurde von den Vietnamesen abgeholzt, um Überfälle zu verhindern, und später von mittellosen Bauern besiedelt, ohne dass sie es vorher komplett von Landminen befreiten. In vielen Regionen, die vor einigen Jahren entwaldet wurden, aber heute geschützte Zonen sind, wachsen die Bäume von Neuem – ein hoffnungsvolles Zeichen der Regeneration.

Mit dem Auto dauert die Fahrt von Pursat nach Rovieng zwei Stunden.

Phnom-Aural-Naturschutzgebiet

Leider wird dieses Gebiet (2538 km²) östlich des CCPF durch korrupte Landspekulanten und ungebremste illegale Abholzung immer mehr zerstört.

Eine Radtour auf den **Phnom Aural** (1813 m), Kambodschas höchsten Berg, nimmt 1½ Tage in Anspruch; die Rückfahrt dauert einen Tag. Auf halber Strecke stößt man auf ein **abgestürztes Flugzeug**, das im Frühjahr 1975 möglicherweise Waffen aus China zu den Roten Khmer transportieren sollte. Guides, die den Weg kennen und wissen, wo man Wasser findet, kann man im Dorf Sra Ken anheuern.

Die einzigen heißen Quellen des Landes, die **Te Teuk Pus**, liegen im südlichen Teil des Reservats in der Kompong-Speu-Provinz, etwa 75 km westnordwestlich der regionalen Hauptstadt Kompong Speu.

Phnom-Samkos-Naturschutzgebiet

Das Naturschutzgebiet (3338 km²) erstreckt sich zwischen dem CCPF und der thailändischen Grenze am sprichwörtlichen Ende der Welt. Es wird durch eine Konzession zum Abbau von Kupfer und den von Chinesen erbauten Atai-Damm bedroht, der ab 2011 ganze 52 km² überfluten wird.

Die größte Stadt des Reservats ist **Promoui** (Veal Veng), wo sich auch der mit 1717 m zweithöchste Berg Kambodschas, der **Phnom Samkos**, erhebt. Promoui liegt 125 km bzw. 4 Std. von Pursat und ist über eine ziemlich holprige Straße zu erreichen (s. S. 267). Der Weg führt u. a. durch Rovieng, das drei **Pensionen** (7 i. 5 US$) beherbergt. Am besten heuert man einen lokalen Guide an, der einen mit dem Motorrad zu den Dörfern der Bergstämme bringt.

PRAKTISCHES
ANZ Royal Bank 1 B2
Canadia Bank 2 B2
Französisches Kulturzentrum 3 B1
Yi-Kuok-Klinik 4 A2
Notfallzentrum 5 D3
Green Net 6 B2
KCT Internet ..... (siehe 55)
Pulp 7 A3
Smiling Sky Bookshop 8 B3
Star Net 9 A3
Tok Song Sour Internet 10 B2
Touristeninformation 11 B5
Union Commercial Bank 12 B2
Vietnamesisches Konsulat 13 B1

SEHENSWERTES & AKTIVITÄTEN
Aerobic-Kurse 14 B4
Australian Centres for Development 15 A3
Stadtmuseum 16 B4
Wachgebäude vor dem Provinzsaal 17 B5
Kolonialgebäude 18 B3
Kolonialgebäude 19 B3
Französische Geschäftshäuser 20 A3
Bauhütten aus der französischen Kolonialzeit 21 A3
Gouverneursresidenz 22 B5
Nikon Photo Studio 23 B3
Alte französische Brücke 24 B5
Psar Nat 25 B2
Seeing Hands Massage 26 A3
Smokin'-Pot-Kochschule ..... (siehe 52)
Victory Club 27 B5
Wat Damrey Sar 28 A4
Wat Kandal 29 B3
Wat Phiphétaram 30 B2

SCHLAFEN
Banan Hotel 31 A1
Chhaya Hotel 32 A2
Chhaya II Hotel 33 A2
Golden Palace Hotel 34 C4
Holiday Hotel 35 A2
Khemara Battambang Hotel 36 C5
La Villa 37 B3
Lux Hotel 38 A2
Royal Hotel 39 A2
Spring Park Hotel 40 C4
Stung Sangke Hotel 41 B1

ESSEN
Chea Neang 42 A2
Fresh Eats Café ..... (siehe 49)
Gecko Café 43 A3
Green House Café 44 C4
International Bakery ..... (siehe 60)
Khmer Delight 45 B3
Korean Steam Boat 46 B4
La Villa ..... (siehe 37)
Lux-Tang Bakery 47 B2
Nachtmarkt 48 B2
Pomme d'Amour 49 B2
Psar Nat ..... (siehe 25)
Riverside Balcony Bar 50 B6
Nachtmarkt am Fluss 51 B4
Smokin' Pot 52 B3
Sunrise Coffee House 53 A2
Vegetarian Foods Restaurant 54 A1
White Rose 55 B3
X-Gold Beer Garden 56 C4

UNTERHALTUNG
Sky Disco 57 C4

SHOPPEN
Fresh Eats Café ..... (siehe 49)
Hat Bunthoeun 58 B3
Rachana Handicrafts 59 D5

TRANSPORT
Boote nach Siem Reap 60 B1
Capitol Tour 61 A1
Neak Kror Horm 62 A1
Paramount Angkor Express 63 A1
Phom Penh Sorya 64 A1
Ponleu Angkor Khmer 65 A1
Taxistand 66 A1
Taxis nach Pailin 67 B6

Eine schlechte Strecke führt nach Süden über **0 Som** (dort befindet sich eine Rangerstation des CCPF) nach Krong Koh Kong sowie zum Koh Kong Conservation Corridor (s. S. 216). Während der Trockenzeit kann man in Promoui einen Pick-up zur Küste mieten.

BATTAMBANG-PROVINZ

ខេត្តបាត់ដំបង

Laut den Einheimischen gibt es in Battambang (Bat Dambang) den besten Reis, die süßesten Kokosnüsse und die leckersten Orangen (Letzteres sollte man in Pursat nicht erzählen). Die Provinz grenzt an Thailand sowie ein kurzes Stück an den Tonlé Sap. Traditionell bringt sie die beliebtesten Sänger und Schauspieler des Landes hervor.

In den letzten Jahrhunderten wurde Battambang mehrmals zwischen Kambodscha und Thailand hin- und hergereicht. Der Nachbarstaat besaß die Region von 1795 bis 1907 sowie während des Zweiten Weltkriegs bis kurz danach (1941–46), wofür die Thailänder einen entsprechenden Vertrag mit den Japanern und der französischen Vichy-Regierung abschlossen hatten.

BATTAMBANG

បាត់ដំបង

☎ 053 / 140 000 Ew.

Diese Stadt hat einen ganz eigenen Charme. Kambodschas viertgrößtes Touristenziel (nach Siem Reap, Phnom Penh und Sihanoukville) vereint die Ressourcen einer modernen Großstadt mit der am besten erhaltenen Kolonialarchitektur des Landes und einer Freundlichkeit, die man sonst nur in Kleinstädten findet. Auf entspannten Tagesausflügen mit dem Fahrrad, *moto* oder dem sagenumwobenen Bambuszug bekommt man Bergtempel und ländliche Dörfer zu Gesicht. Eine idyllische Flussfahrt führt zudem bis nach Siem Reap.

Battambang verfügt über mehr hinduistische Darstellungen (z.B. Statuen an Kreuzungen) als die meisten anderen Regionen Kambodschas und beherbergt seit Langem christliche Gemeinden.

Orientierung

Das Zentrum erstreckt sich am Westufer des Stung Sangke und die Hauptgeschäftszone konzentriert sich um den Psar Nat (Versammlungsmarkt). Straße 1 führt am Flussufer entlang, Straße 2 liegt einen Block weiter stadt-

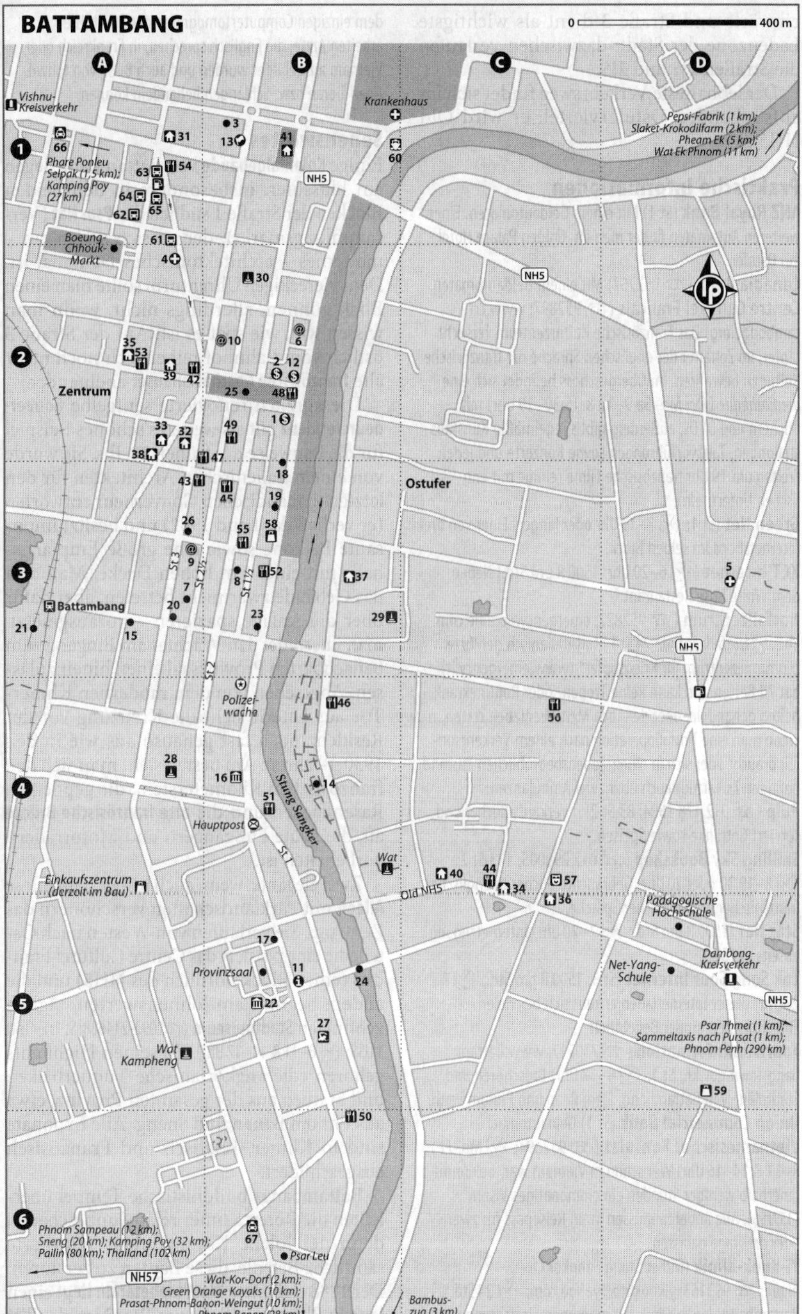
BATTAMBANG
0
400 m
A
B
C
D
1
2
3
4
5
6
Vishnu-Kreisverkehr
Krankenhaus
Pepsi-Fabrik (1 km);
Slaket-Krokodilfarm (2 km);
Pheam Ek (5 km);
Wat Ek Phnom (11 km)
Phare Ponleu Selpak (1,5 km);
Kamping Poy (27 km)
Boeung-Chhouk-Markt
NH5
Zentrum
Ostufer
Battambang
St 3
St 2½
St 1½
St 2
St 1
Polizeiwache
Stung Sangker
Hauptpost
Wat
Einkaufszentrum (derzeit im Bau)
Old NH5
Pädagogische Hochschule
Dambong-Kreisverkehr
Net-Yang-Schule
Provinzsaal
Wat Kampheng
Psar Thmei (1 km);
Sammeltaxis nach Pursat (1 km);
Phnom Penh (290 km)
Phnom Sampeau (12 km);
Sneng (20 km); Kamping Poy (32 km);
Pailin (80 km); Thailand (102 km)
Psar Leu
NH57
Wat-Kor-Dorf (2 km);
Green Orange Kayaks (10 km);
Prasat-Phnom-Banon-Weingut (10 km);
Phnom Banan (28 km)
Bambuszug (3 km)
1 2 3 4 5 6 7 8 9 10 11 12 13 14 15 16 17 18 19 20 21 22 23 24 25 26 27 28 29 30 31 32 33 34 35 36 37 38 39 40 41 42 43 44 45 46 47 48 49 50 51 52 53 54 55 56 57 58 59 60 61 62 63 64 65 66 67

einwärts und Straße 3 dient als wichtigste Ladenzone der Stadt; dazwischen verlaufen die Straßen 1½ und 2½.

Der lebhafteste Verkehrsweg findet sich im aufstrebenden Ostuferviertel; er wird Old NH5 genannt.

Praktische Informationen

ANZ Royal Bank (St 1) Mit einem Geldautomaten. Einen weiteren Automaten findet man im Golden Palace Hotel am Ostufer.

Canadia Bank (☎ 952267) Mit einem Geldautomaten.

Centre Culturel Français (☎ 952897; www.ccf-cambodge.org) Das Französische Kulturzentrum versucht tapfer, im Zeitalter der englischen Sprache die französische Kultur zu bewahren. Im Obergeschoss befindet sich eine *médiathèque* (🕒 Mo–Sa 9–12 & 15.30–19 Uhr) mit Büchern und DVDs, außerdem gibt's regelmäßig Kunstausstellungen, Tanzvorführungen sowie Konzerte und jeden Freitag um 19 Uhr französische Filme (einige mit englischen Untertiteln).

Green Net (St 1; 🕒 7–19 Uhr oder länger) Einer von drei Internetshops im selben Block.

KCT Internet (🕒 6–20 Uhr; 1500 R pro Std.) Neben dem White Rose Restaurant.

Notfallzentrum (☎ 952822; emergency@online.com.kh; 🕒 Notfallzentrale 24 Std.) Das italienisch geführte „Chirurgiezentrum für Kriegsopfer" (www.emergency.it) hat 70 Betten und kann keine Tropen- oder Routinekrankheiten behandeln, aber dennoch Menschenleben retten, wenn man eine Notfalloperation nach einem Verkehrsunfall braucht oder sich in einem lebensbedrohlichen Zustand befindet. Es verfügt auch über zwei Ambulanzen.

Pulp (☎ 012 178 3584; 83 St 2½) Verkauft Bücher und serviert Getränke sowie Speisen.

Smiling Sky Bookshop (☎ 012 298005; 113 St 2; 🕒 8–19.30 oder 20 Uhr) Gebrauchte Bücher in englischer, französischer und deutscher Sprache.

Star Net (1500 R pro Std.; 🕒 7–20 Uhr) Internetzugang abseits der St 3.

Tok Song Sour Internet (St 3; 1500 R pro Std.; 🕒 7–20 Uhr) Dieser Internetladen erfreut sich bei vielen Einheimischen großer Beliebtheit.

Touristeninformation (☎ 730217; www.battambang-town.gov.kh; St 1; 🕒 8–18 Uhr) Broschüren und Stadtpläne von Battambang, Siem Reap und Phnom Penh.

Union Commercial Bank (St 1) Geldautomat.

Vietnamesisches Konsulat (☎ 952894; 🕒 Mo–Fr 8–11 & 14–16 Uhr) Wer schon in Vietnam war, bekommt innerhalb weniger Stunden ein einmonatiges Visum (35 US$). Alle anderen müssen ihren Reisepass für zwei oder drei Tage dalassen.

Yi-Kuok-Klinik (früher Stung Sangker Clinique; ☎ 953163; yikuokbtb@yahoo.com; 🕒 24 Std.) Battambangs beste Klinik mit modernen Einrichtungen und dem einzigen Computertomografen der Stadt. Hier arbeiten Ärzte, die Englisch sprechen, in Frankreich oder Vietnam ausgebildet wurden und auch Bisse von tollwütigen Tieren bzw. Schlangen behandeln können.

Sehenswertes

Einige **Kolonialgebäude** von Battambang liegen am Flussufer, insbesondere in den beiden Blöcken der Straße 1 südlich des **Psar Nat** (Versammlungsmarkt), der an sich schon ein – modernes – architektonisches Denkmal ist. Dem viereckigen Uhrenturm sollte man einen Blick gönnen, allerdings nicht, wenn man wissen will, wie spät es ist! Auf der Straße 3 östlich vom Bahnhof reihen sich noch mehr alte **französische Geschäftshäuser** aneinander.

Die kürzlich renovierte senfgelbe **Gouverneursresidenz** gilt als weiteres schönes Beispiel für die Bauweise des frühen 20. Jhs. Sie wurde von einem italienischen Architekten für den letzten thailändischen Gouverneur entworfen (er verließ das Land 1907) und besitzt imposante Balkone sowie eine große Empfangshalle mit einer 5 m hohen Decke. Man darf das Gebäude zwar nicht betreten, aber dafür über die Anlage spazieren – vorausgesetzt, man überredet den Wächter am Eingang zum benachbarten Provinzsaal einen hineinzulassen. Abgesehen von dem modernen Khmer-Tor aus Laterit sieht die Kreuzung vor der Residenz noch fast genauso aus wie in den 1930er-Jahren: Am besten sieht man sich den französischen Kilometerstein, die gepflegten Rasenflächen und die **alte französische Brücke** an, die heute Fußgängern und Motorrädern vorbehalten ist.

Zwei elegante, wenn auch bisher namenlose **Alleen** mit Parklandschaften verschönern das Zentrum. Sie verlaufen von Westen nach Osten; die eine passiert das Centre Culturel Français (einen Block nördlich des NH5) und die andere beginnt am lohnenswerten, täglich geöffneten **Stadtmuseum** (☎ 092-214688; St 1; Eintritt 1 US$; 🕒 8–11 & 14–17 Uhr). Zu seinen Highlights gehören edle angkorianische Tüquerbalken und Statuen aus der gesamten Provinz, etwa aus Phnom Banan und Sneng. Alle Exponate sind in Khmer, Englisch und Französisch ausgeschildert.

Battambangs buddhistische Tempel überlebten die Roten Khmer relativ unbeschadet, denn der lokale Kommandeur ignorierte sämtliche Befehle, diese Bauten zu zerstören: Der 1888 errichtete **Wat Phiphétaram** liegt einen langen Block nördlich vom Psar Nat, der **Wat**

Damrey Sar erhebt sich westlich des Museum und der **Wat Kandal**, einst für seine Bibliothek berühmt, ist am Ostufer zu finden. Einige der hier ansässigen Mönche sprechen Englisch und freuen sich über die Chance, ihre Fremdsprachenkenntnisse anzuwenden; sie sind oft am späten Nachmittag auf dem jeweiligen Tempelgelände unterwegs.

Im Viertel rund um den alten Bahnhof (die Uhr zeigt schon seit Langem dieselbe Zeit an, nämlich 8.02 Uhr) und entlang der Gleise in Richtung Süden kann man einen wahren Schatz an verfallenen **Bauhütten**, Warenhäusern und alten Schienenfahrzeugen aus der französischen Kolonialepoche erkunden. Auf einigen Wagenschildern steht „1930 Köln". Vielleicht handelte es sich ja um eine Reparationszahlung der Deutschen nach dem Ersten Weltkrieg? Oder wurden die Waggons nach dem Zweiten Weltkrieg konfisziert und in den letzten Jahren von Französisch-Indochina hierher verschifft?

Aktivitäten

Zu den Highlights in Battambang gehören die Tagesausflüge zu Zielen außerhalb der Stadt (s. S. 277).

FITNESS & SCHWIMMEN

In westlichen Metropolen erlangt man mit Tai-Chi innere Harmonie, am Ostufer hingegen verbrennt man bei **Aerobic** (1000 R) Kohlenhydrate. Die Kurse finden täglich (außer bei Regen) von 6 bis 7 und von 17 bis 19 Uhr statt. Sie werden von einem lokalen Adonis geleitet; für die musikalische Begleitung sorgt eine tragbare Tonanlage, und fünf Minuten sollten ausreichen, um die Khmer-Zahlen bis vier zu lernen.

Im **Victory Club** (☎ 017 530168; inkl. Handtuch & Schließfach 2,50 US$ pro Tag; 🕓 6–20 Uhr) gibt's ein 25 m langes Schwimmbecken und zwei Dutzend Fitnessgeräte (im OG).

Nichtgäste dürfen gegen eine Gebühr sowohl den **Pool** (Erw./Kind inkl. Handtuch & Schließfach 5/3 US$; 🕓 7–21 Uhr) als auch den Fitnessraum im Stung Sangker Hotel nutzen.

FOTOGRAFIE

Für nur 2 US$ kann man im **Nikon Photo Studio** (☎ 012 864884; 23 St 1; 🕓 6–17 Uhr) in einer traditionellen Khmer-Tracht posieren und sich vor einem angemessen kitschigen Hintergrund fotografieren lassen. Die Preise schließen das Make up ein.

ALLE AN BORD, ALLE AUSSTEIGEN, ALLE AN BORD, ALLE AUSSTEIGEN!

Der **Bambuszug**, ein zeitloser Klassiker des internationalen Bahnverkehrs, tuckert von O Dambong 3,7 km südlich der alten französischen Brücke in Battambang am Ostufer des Flusses Richtung Südwesten O Sra Lav. Die Reise führt über krumme, schiefe Schienen und schwindelerregend hohe Abgründe.

Jeder Wagen (in Khmer als *norry* bzw. *nori* oder *lorry* bekannt) besteht aus einem 3 m langen Holzrahmen mit Leisten aus ultraleichtem Bambus und ruht auf zwei hantelartigen Achsen; die hintere ist durch mehrere Keilriemen mit einem 6 PS starken Benzinmotor verbunden. Der Zug wird mit bis zu 15 Personen oder bis zu 3 t Reis beladen, angekurbelt und gurkt dann mit etwa 15 km/h durch die Gegend.

Was aber soll man tun, wenn zwei in entgegengesetzte Richtung fahrende Waggons auf dieser eingleisigen Strecke aufeinandertreffen? In diesem Fall ist die Antwort ganz einfach: Man baut schnell einen der beiden auseinander und deponiert die Einzelteile neben den Gleisen. Dabei gilt die Regel, dass der Zug mit den wenigsten Passagieren nachgeben muss. Eine Vorzugsbehandlung bekommen übrigens Leute, die Motorräder mit in den Zug bringen.

Manch einer fragt sich jetzt vielleicht, was passiert, wenn ein *norry* auf einen echten Schnellzug trifft? Keine Bange: Erstens fahren die kambodschanischen Züge nicht schnell, sondern „kriechen" eher. Zweitens kennen die Fahrer der Bambuswagen die Fahrpläne. Und drittens kann man die Hupe der echten Bahn schon aus weiter Entfernung hören und hat so genug Zeit, um auszusteigen und das Gefährt zu zerlegen.

Für eine Privatfahrt mit dem Bambuszug von O Dambong nach O Sra Lav (Hin- & Rückfahrt 12 km, 1¼ Std.) zahlt man 10 US$; viel billiger ist die Fahrt jedoch, wenn man gemeinsam mit den Einheimischen reist, die Gemüse, Kohle oder Holz zum Markt transportieren.

Leider werden die Bambuszüge wohl verboten, wenn die Bahnstrecke zwischen Phnom Penh und Poipet fertiggestellt ist.

KAJAKFAHREN

Green Orange Kayaks (☎ 085-506910; feda@online.com.kh; ⌚ Mo–Fr 7–17 Uhr) vermietet ein- bis dreisitzige Paddelboote. Der Laden wird von einer NRO (www.fedacambodia.org) geführt, die kostenlosen Englischunterricht anbietet. Vom grünen Gelände der Organisation, 10 km südlich von Battambang in Richtung Phnom Banan, starten halbtägige Ausflüge flussabwärts in die Stadt. Sie kosten 12 US$ pro Person (inkl. Schwimmwesten); wer einen Guide engagieren will, muss 3 US$ extra zahlen. Für Fahrten am Samstag oder Sonntag sollte man den Kajak vorbestellen.

KURSE

Wer sich für authentische Khmer-Gerichte interessiert, sollte das **Smokin' Pot** (☎ 012 821400; vannaksmokingpot@yahoo.com; St 1½) ansteuern. Hier kann man täglich von 9.30 bis 12.30 Uhr **Kochkurse** (8 US$) belegen. Sie beginnen mit einem Ausflug zum Psar Nat und gipfeln in einem Mittagessen mit drei Gängen (man isst, was man selbst gekocht hat). Unbedingt einen Tag im Voraus reservieren.

Für die Kochkurse im **Ch'ngainh! Ch'ngainh!** (☎ 012 639360; sambath_9@hotmail.com; 10 US$) 2 km vom Stadtzentrum meldet man sich im Royal Hotel an.

Das **Australian Centre for Development** (☎ 952370; acd@online.com.kh; 5 US$ pro Std.) unweit des alten Bahnhofs bietet zehnwöchige Khmer-Sprachlehrgänge an.

MASSAGE

Bei **Seeing Hands Massage** (☎ 092-379903; 6 US$ pro Std.; ⌚ 7–22 Uhr) bieten ausgebildete Blinde wohltuende Ganzkörperbehandlungen im japanischen Stil an.

UNTERRICHTEN

Im **Kambodschanischen Bildungszentrum** (S. 279) von Pheam Ek und in der **Khmer New Generation Organization** (☎ 092-790597; www.kngo-home.org) sind ehrenamtliche Englischlehrer herzlich willkommen.

Schlafen

Battambang verfügt über ausgezeichnete Unterkünfte. Ein besonders gutes Preis-Leistungs-Verhältnis bieten Mittelklassehotels.

ZENTRUM

Viele Stadthotels liegen in der lebhaften Gegend rund um den Psar Nat. In der Nähe des Taxistands findet man besonders günstige Pensionen. Das Royal bzw. das Chhaya Hotel helfen bei der Organisation von Guides und Tickets für die Weiterreise.

Chhaya Hotel (☎ 952170; chhaya.best@yahoo.com; 118 St 3; Zi. mit Ventilator 3–7 US$, mit Klimaanlage 10 US$;) Bei Backpackern ist dieses große, chaotische Hotel mit 84 recht einfallslosen Zimmern seit Langem eine überaus beliebte Adresse. Hinter dem Gebäude wird bald das neue Chhaya II Hotel mit etwa 50 klimatisierten Räumen und Familiensuiten für 12 bis 25 US$ eröffnet.

Royal Hotel (☎ /Fax 952522; royalasiahotelbb@yahoo.com; Zi. mit Ventilator/Klimaanlage ab 6/10 US$;) Das 45-Zimmer-Hotel gehört zu den bevorzugten Unterkünften von Rucksacktouristen. Es verzichtet auf Schnickschnack und bietet saubere, komfortable sowie geräumige Zimmer mit Kühlschränken und Fernsehern.

Lux Hotel (☎ 092-335767; Zi. mit Ventilator/Klimaanlage ab 7/13 US$;) Mitte 2009 wurde das fünfstöckige, sehr zentral gelegene Lux Hotel eröffnet. In der Lobby hängen kitschige Wandgemälde und die 24 modernen, komfortablen Gästeräume sind mit hochwertigen Möbeln ausgestattet. Hervorragendes Preis-Leistungs-Verhältnis. Ein Internetzugang mit WLAN ist derzeit in Planung.

Banan Hotel (☎ /Fax 953242; NH5; Zi. mit Klimaanlage ab 13 US$;) Kombiniert modernen Drei-Sterne-Komfort mit Holzmöbeln im Khmer-Stil. Die 30 Zimmer sind klimatisiert, außerdem gibt's hinter dem Haus viele Parkmöglichkeiten. In Kürze sollen weitere Räume und ein Swimmingpool eingerichtet werden.

Holiday Hotel (☎ 081-999006; www.holidayhotel-bb.com; Zi. 14–50 US$;) Drei-Sterne-Annehmlichkeiten, riesig wirkende Panoramafenster und verglaste Duschen erwarten Gäste in diesem 2009 eröffneten siebenstöckigen Hotel mit 71 Zimmern. Der Fahrstuhl ist aus rostfreiem Stahl und in der Lobby hängt ein Kronleuchter aus Kristall.

Stung Sangke Hotel (☎ 953495/6/7; www.stungsangkehotel.com; NH5; DZ ab 45 US$;) 2008 öffnete dieses siebenstöckige Haus mit 130 Zimmern von internationalem Standard, einem 14 m langen Swimmingpool sowie Fitness- und Geschäftszentren seine Pforten.

OSTUFER

Spring Park Hotel (☎ /Fax 730999; Old NH5; Zi. mit Ventilator/Klimaanlage ab 6/11 US$;) 93 behagliche, zeitgemäße Räume mit Internetzugang, eine

Tiefgarage und ein ausgezeichnetes Preis-Leistungs-Verhältnis.

Golden Palace Hotel (☎ 953901; www.goldenpalacehotels.com; Old NH5; Zi. mit Klimaanlage 11–20 US$;) Ein Businesshotel im besten Sinne des Wortes: Hier kann man sich über 50 makellose, praktisch ausgestattete Räume inklusive Internetzugang freuen. Zudem stimmt das Preis-Leistungs-Verhältnis. Die Gäste werden z. B. kostenlos vom Busbahnhof oder Fährhafen abgeholt.

Khemara Battambang Hotel (☎ 732727; www.khemarahotel.com; Old NH5; Zi. ab 15 US$;) Ein attraktives, apricotfarbenes Haus mit Terrakotta-Dach und Sandsteinfluren. Die 32 Zimmer bieten Drei-Sterne-Komfort und vereinen traditionelles Khmer- mit modernem Design. Außerdem verfügen sie über westliche Bäder und eine Internetverbindung.

LP Tipp La Villa (☎ 730151; www.lavilla-battambang.com; DZ 60–85 US$;) Diese wunderbare französische Villa, eines der romantischsten Boutique-Hotels Kambodschas, ist von einem reichen Khmer-Kaufmann chinesischer Abstammung erbaut worden und beherbergt sieben Zimmer. Sie wurde komplett saniert und im Vintage-Stil der 1930er-Jahre eingerichtet. Darüber hinaus wartet sie mit einem 12 m langen Pool auf. Das Frühstück ist im Zimmerpreise enthalten. Weil die Unterkunft oft ausgebucht ist, sollte man im Voraus reservieren.

Essen

ZENTRUM

Besonders günstige Essensstände findet man zwischen den beiden Gebäuden des Psar Nat. Vor der Canadia Bank, in der Nordostecke des **Nachtmarkts** (16–21 Uhr), werden Barbecue-Hühnchen, Frosch- und Rindfleischgerichte verkauft. Der neonbeleuchtete **Nachtmarkt am Fluss** (St 1; ca. 15–24 Uhr) ist gegenüber dem Stadtmuseum zu finden.

LP Tipp Vegetarian Foods Restaurant (☎ 012 642234; Hauptgerichte 1500–3500 R; 6.30–11 & 14–19, oft auch von 11–14 Uhr geöffnet) Serviert die besten vegetarischen Gerichte im ganzen Land, darunter chinesische, vietnamesische und Khmer-Suppen, Frühlingsrollen und hausgemachte Sojamilch (2500 R). Als Fleischersatz dienen Tofu, Sojabohnen, Pilze und Gemüse. Wird von einer Familie chinesischer Abstammung geführt. Unschlagbare Preise.

Fresh Eats Café (☎ 089-473370; St 2½; Hauptgerichte 1,50–3 US$; 6–21 Uhr) Dieser Laden einen halben Block südlich des Psar Nat ist eine NRO-Einrichtung. Mit dem Gewinn werden Kinder unterstützt, deren Familien HIV-positiv sind. Das kleine Café kredenzt billiges, leckeres Essen, z. B. westliches Frühstück, Bagels, frittierte Frühlingsrollen und Khmer-Curry.

White Rose (☎ 012 693855; St 2; Hauptgerichte 7000–12 000 R; 6.30–22 Uhr) Auf der umfangreichen Speisekarte stehen wunderbare, preiswerte chinesische, vietnamesische, thailändische und Khmer-Gerichte, Suppen, Vegetarisches und tolle *tukalok* (Fruchtshakes).

Sunrise Coffee House (☎ 953426; Hauptgerichte 8000–13 000 R; Mo–Sa 6.30–20 Uhr) Erinnert an die typischen Cafés amerikanischer Universitätsstädte. Ein großartiger Platz für Kaffee, frisches Bananenbrot, Wraps im kalifornischen Stil, vegetarische sowie Hühnchen-Quesadillas, hausgemachte Tortillas, Thunfischcreme oder Frühstück (den ganzen Tag über).

Smokin' Pot (☎ 012 821400; St 1½; Hauptgerichte 2–3,50 US$; 7–ca. 23 Uhr) In dem fröhlichen, entspannten Laden werden gute Khmer-, Thai- und westliche Speisen serviert. Beliebt sind z. B. das Brathühnchen mit Kokos, Rindfleisch-*loklak* (pfannengerührtes, mariniertes Fleisch mit Pfeffer-Limonen-Sauce) und Hühnersuppe von „glücklichem" Geflügel. Dient auch als Kochschule (s. S. 274).

Khmer Delight (☎ 953195; Hauptgerichte 2,25–4 US$; 7–23 Uhr;) Ein wunderbarer Ort mit Deckenventilatoren und bunten Wandlampen, der eine gute Mischung aus westlichen, Khmer- und Fusiongerichten bietet. Dazu gehören Frühstück, Sandwiches, Thunfisch-Wraps und Vegetarisches.

Gecko Café (☎ 017 712428; www.geckocafecambodia.com; St 3; Hauptgerichte 3–5,50 US$; 8–22 Uhr oder länger;) Ein stimmungsvolles, amerikanisch geführtes Café mit Eckbalkon in einem alten französischen Geschäftshaus. Westliche und mexikanische Gerichte wie Burritos, Pizza und Pasta. Hand- und Fußmassagen schlagen mit 4/6 US$ für 30/60 Minuten zu Buche.

Riverside Balcony Bar (☎ 730313; St 1; Hauptgerichte 3,50–7,50 US$; 16–23 oder 24 Uhr außer Mo) Dieser luftige Zufluchtsort liegt hoch über dem Flussufer auf der Holzveranda eines schönen alten Hauses. Besonders beliebt sind die Burger, auf der Karte stehen aber auch Pasta und Pizza.

Pomme d'Amour (☎ 012 415513; 63 St 2½; Hauptgerichte 5–8,50 US$; 11–22 Uhr) Der „Liebesapfel" mit französischer Geschäftsführung befindet sich einen halben Block südlich des Psar Nat. Hier kommt edle französische Küche auf den

Tisch, z. B. Gerichte aus lokalem Rindfleisch, Grillhühnchen mit cremigem Senf, Blauschimmelkäse mit schwarzem Kampot-Pfeffer und authentische Crêpes.

OSTUFER

Am Ostufer hat sich eine lebhafte Restaurantszene entwickelt. Besonders quirlig geht es in dem Dreieck zwischen der Old NH5 und der alten französischen Brücke zu.

Green House Café (☎ 012 883187; Old NH5; Hauptgerichte 1,50–3 US$; ⌚ 6.30–21 oder 21.30 Uhr) Kaffee, frische Shakes, Khmer-Reis, Nudelgerichte, Salate und westliche Gerichte wie Burger. Erfreut sich vor allem bei den Jugendlichen und Twens der nahe gelegenen Schule bzw. Pädagogischen Hochschule großer Beliebtheit.

X-Gold Beer Garden (☎ 012 977337; Hauptgerichte 8000–25 000 R; ⌚ 6.30–23 Uhr) Der wahrscheinlich beste Biergarten der Gegend. Es gibt großartiges Essen, eine schöne Terrasse und Livemusik (18–23 Uhr) in angenehmer Lautstärke.

Korean Steam Boat (☎ 012 228457; Hauptgerichte 10 000–25 000 R; ⌚ 15–22 Uhr) In dem Pavillon stehen leuchtend rote Plastikstühle und Tische aus rostfreiem Stahl. Hier kann man selbstgegrilltes Rind-, Schweine- und Hühnchenfleisch sowie Fisch und Meeresfrüchte genießen – in Khmer werden diese Restaurants als *phnom pleung* (Feuerhügel) bezeichnet.

La Villa (☎ 730151; Hauptgerichte 6–15 US$; ⌚ 12–14.30 & 18–21 Uhr; ❄) Battambangs bestes Restaurant (es gehört zum gleichnamigen Hotel) verströmt Charme und überzeugt sowohl mit Khmer- als auch mit französischen und italienischen Gerichten sowie Weinen aus aller Welt. Als Spezialität des Hauses gelten *amoc* (zartes gebackenes Fischfilet in Zitronensauce), französische Zwiebelsuppe und die hervorragenden Rindersteaks. In der Bar (12–21.30 Uhr) huldigt man Hemingway und serviert einen in der Gegend hergestellten Banon-Brandy (S. 279).

SELBSTVERSORGER

Obst und Gemüse werden an der Westseite des Psar Nat verkauft.

Chea Neang (St 3; ⌚ 7–20 Uhr) Lebensmittelladen mit westlichen Produkten wie Käse, Wein, Joghurt und Wall's Eiscreme.

Lux-Tang Bakery (St 3; ⌚ 5–20 Uhr) Lockt mit Donuts, Muffins, Gebäck und köstlichen Baguettes (etwa 500 R).

International Bakery (St 1; ⌚ 6–24 Uhr) Die Bäckerei für „starke Männer" (unbedingt die Sicherung ansehen) liegt gleich neben der Fähranlegestelle. Hier gibt's Baguettes, Kuchen und Gebäck.

Unterhaltung

Phare Ponleu Selpak (☎ 952424; www.phareps.org) Das Kunstzentrum für benachteiligte Kinder schickt seine Zirkusartisten regelmäßig nach Europa, Japan und Australien. Jeden Donnerstag um 19 Uhr finden Vorstellungen statt (Erw./Kind 8/4 US$), nach denen ein Abendessen serviert wird (6 US$; einen Tag im Voraus buchen). Wer sich über Aufführungen an anderen Tagen informieren will, besucht am besten die Webseite oder sieht sich die Aushänge in Hotels und Cafés an. Tagsüber darf man normalerweise als **Zuschauer** (⌚ Mo–Fr 8–11 & 14–17 Uhr) an den Zirkus-, Tanz-, Musik-, Mal- und Grafikkursen teilnehmen. Zum Zentrum kommt man, indem man dem NH5 am Vishnu-Kreisverkehr 900 m nach Westen folgt und dann rechts (nach Norden) abbiegt. 600 m weiter ist man am Ziel.

Sky Disco (☎ 092-751535; Eintritt normalerweise frei, an Feiertagen 1 US$; ⌚ 20–1 Uhr) In Battambangs heißester Disko wird eine Mischung aus Khmer-Liebesliedern, Diskomusik, Hip-Hop und Rock für 18- bis 25-Jährige gespielt.

Shoppen

Fresh Eats Café (☎ 089-473370; St 2½; ⌚ 6–21 Uhr) Hier gibt's bunte Taschen, *kramas*, Plüschtiere und anderes Kunsthandwerk, das von hilfsbedürftigen Frauen hergestellt wird.

Rachana Handicrafts (☎ 952506; ⌚ 7.30–17.30 Uhr) Das von einer NRO geführte winzige Lädchen am Stadtrand bildet benachteiligte Frauen aus und hat Taschen, Kuscheltiere, *kramas* sowie Accessoires aus Baumwolle und Seide im Sortiment.

Hat Bunthoeun (☎ 012 476104; 88 St 1; ⌚ 7–19 Uhr) Eines von mehreren ähnlichen Geschäften auf der Straße 1 südlich des Psar Nat, die Holzschnitzereien und Steinreliefs, Silberschmuck, Trommeln und kitschige Ölgemälde an den hiesigen Souvenirmarkt verkaufen.

An- & Weiterreise

Battambang liegt 290 km nordwestlich von Phnom Penh am NH5 und 80 km nordöstlich von Pailin am NH57 (früher NH10).

BUS

Es gibt hier keinen zentralen Busbahnhof. Die Unternehmen haben Büros und Haltestellen am bzw. in der Nähe des NH5, darunter **Capitol Tour** (☎ 953040; ⏰ 6–19.30 Uhr), **Neak Kror Horm** (☎ 953838; ⏰ 5–20 Uhr), **Phnom Penh Sorya** (☎ 092-181804; ⏰ 5.30–21 Uhr), **Paramount Angkor Express** (☎ 092-575572; ⏰ 6–19 Uhr) und **Ponleu Angkor Khmer** (☎ 092-517792; ⏰ 6–20.30 Uhr).

Alle Firmen bieten von 6 bis 14.30 Uhr regelmäßige Verbindungen Richtung Südosten nach Phnom Penh (4–5 US$, 5 Std.), Pursat (2,50–3 US$, 2 Std.) und Kompong Chhnang (Preis wie nach Phnom Penh, 3½ Std.). Am frühen Nachmittag geht's gen Nordwesten nach Sisophon (2–2,50 US$, 1 Std.), Poipet (3–4 US$, 2 Std.) und Bangkok (13 US$, 8 Std.). Weitere Busse verkehren vormittags rund um den Tonlé Sap nach Siem Reap (3,75–5 US$, 3–4 Std.). Phnom Penh Sorya schickt morgens einen Bus nach Kompong Cham (35 000 R, 7 Std.). Die genannten Preise gelten in den Büros der Unternehmen; Hotels und Pensionen berechnen mehr.

SCHIFF/FÄHRE

Das Flussboot nach Siem Reap (18 US$ beim Ticketkauf an der Anlagestelle, 20 US$ bei der Buchung im Hotel; Abfahrt 7 Uhr) quetscht sich durch schmale Fahrrinnen und passiert geschützte Feuchtgebiete. Die Reise dauert im Oktober etwa 5½ Std. und von Februar bis April mindestens 9 Std. Die herrliche Bootstour wird abwechselnd von **Angkor Express** (☎ 012 601287) und **Chann Na** (☎ 012 354344) angeboten. Während der Trockenzeit transportiert man die Passagiere zu einem befahrbaren Abschnitt des Flusses. Am besten setzt man sich möglichst weit weg vom lärmenden Motor.

TAXI

An der Nordwestseite des **Taxistands** (NH5) starten Sammeltaxis nach Poipet (5 US$) über Sisophon (15 000 R). Wagen nach Siem Reap (25 000 R, 2 Std.) fahren an der nordöstlichen Seite ab, Taxis nach Phnom Penh (8 US$, 3½ Std.) an der südwestlichen. Gegenüber dem NH5 brechen Pick-ups nach Sisophon (Außen-/Innenplatz 7000/10 000 R) und Poipet (10 000/15 000 R) auf. Ein Privattaxi kostet etwa 40 US$ nach Siem Reap und 40 bis 50 US$ nach Phnom Penh. Hartes Verhandeln ist nötig. Man kann die Taxis im Chhaya bzw. im Royal Hotel reservieren.

Sammeltaxis nach Pursat starten im **Psar Thmei** (NH5), etwa 1 km östlich des Ta-Dambong-Kreisverkehrs. Details zur Anreise nach Pailin siehe S. 282.

Unterwegs vor Ort

Für ein *moto* innerhalb der Stadt muss man 2000 R einplanen. *Remorks* findet man am westlichen Ende des Psar Nat; sie kosten 1 US$ (für mehrere Passagiere 2 US$).

Wer einen *moto*-Fahrer anheuern will, mit dem man sich auf Englisch oder Französisch verständigen kann, zahlt 6 bis 8 US$ für eine halbtägige Tour in bzw. außerhalb der Stadt und 12 US$ für einen Tagesausflug außerhalb von Battambang. Viele *moto*-Guides, die am Royal Hotel auf Kundschaft warten, sprechen ebenso wie ihre erbitterten Rivalen vor dem Chhaya Hotel gut Englisch.

Gecko Moto (☎ 089-924260; www.geckocafecambodia.com; St 3; ⏰ 8–19 Uhr) vermietet Motorräder (100 ccm) für 8 US$ pro Tag und verfügt auch über Straßenkarten; die Hotels Chhaya und Royal berechnen 6 bis 8 US$.

Mit Fahrrädern kann man Battambang großartig erkunden und am Flussufer entlangradeln. Man bekommt sie für 1,50 oder 2 US$ pro Tag bei Gecko Moto sowie im Sunrise Coffee House und in den Hotels Royal bzw. Chhaya.

RUND UM BATTAMBANG

Für Ausflüge heuert man am besten einen englischsprachigen *moto*-Fahrer an, denn so lernt man die Region erst richtig kennen. Man kann eine Schleife über Phnom Sampeau nach Phnom Banan fahren und unterwegs entweder ein Weingut besuchen oder mit dem Bambuszug zurückfahren (S. 273). Wer ein eigenes Fahrzeug hat, sollte auf dem Weg nach Pailin den Wat Phnom Sampeau und Sneng (Sneung) besuchen.

Die Besichtigung der Klosteranlagen Phnom Sampeau, Phnom Banan und Ek Phnom schlägt mit 2 US$ zu Buche. Man bekommt das ganztägig gültige Ticket, das einem Zutritt für alle drei Wats gewährt, bei der Touristenpolizei.

Eine Rundfahrt nach Phnom Sampeau, Phnom Banan oder zum Wat Ek Phnom kostet per *moto* 5 bis 7 US$ bzw. 12 bis 15 US$ per *remork* (für einen Passagier). Wenn man einen Ganztagsausflug zu mehreren Sehenswürdigkeiten unternehmen will, sollte man 12 bis 15 US$ für ein *moto* und 30 US$ für ein *remork* einplanen.

Informationen über weitere, im Folgenden nicht aufgeführte Stätten findet man im Reiseführer *Around Battambang* (10 US$ für die Ausgabe von 2006) von Ray Zepp. Das Buch enthält auch detaillierte Auskünfte über Tempel, Wats und Exkursionen in den Regionen Battambang sowie Pailin. Sämtliche Erlöse gehen an Mönche und Nonnen, die sich für die Aufklärng über HIV/Aids einsetzen und Kindern helfen, die ihre Eltern durch diese Krankheit verloren haben.

Phnom Sampeau

ភ្នំសំពៅ

Auf dem Gipfel dieses sagenumwobenen Kalksteinfelsens 12 km südwestlich von Battambang am NH57 (Richtung Pailin) thronen mehrere **Tempel** (Eintritt 2 US$) mit einem großartigen Ausblick auf die Umgebung. Besucher sollte sich allerdings vor den hier lebenden Makaken in Acht nehmen. Die Tiere fressen die Bananen, die von vielen Gläubigen als Opfergaben mitgebracht werden, und können sehr aggressiv sein. Hinter den Speiselokalen an einer Betonstraße beginnt eine steile Treppe, über die man auf den Felsen gelangt.

Nachdem man den goldenen Stupa besichtigt hat, biegt man unter dem Tor mit einem Flachrelief von Eiy Sei (einem bejahrten Buddha) links ab und kommt so zu einem tiefen **Canyon** mit grün bewachsenen Felswänden. Er fällt steil in ein natürliches Gewölbe voller Stalaktiten, verschlungenen Weinreben und Fledermäusen ab; zwei angkorianische Krieger bewachen den Ort.

Im Abschnitt zwischen den beiden Antennenanlagen sieht man zwei **Kanonen**, eine davon russisch, die andere deutsch beschriftet. Beide zeigen in westliche Richtung zum **Phnom Krapeu** (Krokodilberg), einer früheren Hochburg der Roten Khmer.

Etwa auf halbem Weg zum Felsgipfel verläuft eine Straße durch ein Tor sowie 250 m hinauf zu den **Killing Caves von Phnom Sampeau**, die heute als Wallfahrtsort dienen: Eine von Pflanzen bewachsene Treppe führt in eine Höhle, wo ein goldener Buddha friedlich neben einem gläsernen Mahnmal liegt; dieses enthält Knochen und Schädel einiger Menschen, die von Kadern der Roten Khmer zu Tode geprügelt wurden. Neben der ersten Treppenstufe befindet sich das **alte Mahnmal**, ein teils mit menschlichen Knochen gefüllter rostiger Käfig aus Maschendraht.

Am Fuß des Hügels wurde ein 30 m hoher **Buddha** in die Klippenwand gemeißelt. Weil jedoch die finanziellen Mittel fehlen, ist nur der Kopf fertiggestellt geworden.

Phnom Banan

វត្តបាណន់

358 Steinstufen führen vom schattigen Phnom Banan 28 km südlich von Battambang hinauf zum **Prasat Banan** (Eintritt 2 US$), dessen fünf Türme an Angkor Wat erinnern. Einige Einheimische behaupten sogar, dass Ersterer als Inspiration dafür diente!

Udayadityavarman II., der Sohn von Suryavarman I., ließ die Tempelanlage im 11. Jh. errichten. Von hier genießt man einen herrlichen Ausblick auf die umliegende Region. Über den Türen jedes Gebäudes befinden sich beeindruckende, mit Steinmetzarbeiten verzierte Querbalken, außerdem ist der obere Teil des zentralen Turmes mit Flachreliefs geschmückt. Viele der schönsten Verzierungen sind heute im Stadtmuseum von Battambang zu sehen (S. 272).

Über eine schmale Steintreppe in Richtung Süden gelangt man den Hügel hinab zu drei **Höhlen**, von denen zwei nicht vermint sind und deshalb mit einer Taschenlampe sowie einem lokalen Fremdenführer besichtigt werden können.

Wat-Kor-Dorf

2 km südlich von der Riverside Balcony Bar in Battambang liegt an der Straße nach Phnom Banan das Wat-Kor-Dorf. Es ist für seine 21 **Khmer-Häuser** bekannt, die vor etwa einem Jahrhundert aus mittlerweile selten gewordenen Harthölzern erbaut wurden, von Obstgärten umgeben sind und mit ihren großen Veranden die Atmosphäre einer anderen Ära ausstrahlen.

Als eines der interessantesten Gebäude gilt das **Khor-Sang-Haus** (☎ 017 529552; serey07@yahoo.com; Eintritt 1 US$). Seine Fußböden glänzen von den vielen nackten Füßen, die darübergelaufen sind. Es ist mit alten Möbeln eingerichtet und mit Familienfotos bzw. alten Schulzeugnissen dekoriert. Erbaut hat es 1907 der Großvater des heutigen französischsprachigen Besitzers, der seinerzeit als Sekretär des letzten thailändischen Provinzgouverneurs arbeitete. Die Löcher in den Holzdielen dienten den früheren Bewohnern als Badewannen, wenn sie zu krank waren, um das Haus zu verlassen. Der hintere Teil des Hauses stammt von 1890. Für 6 US$ kann man hier auch eine Nacht verbringen.

Mehr über weitere Unterkünfte erfährt man in Battambangs Touristeninformation (S. 272).

NORDWEST-KAMBODSCHA

DIE WEINREGIONEN KAMBODSCHAS

Auf halber Strecke zwischen Battambang und Phnom Banan erstreckt sich eine Region, die vor allem für die Produktion scharfer Chilischoten bekannt ist (Erntezeit: Okt.–Jan.). Doch auf 4 ha Land wird auch eine der weltweit exklusivsten Weinsorten angebaut.

Das **Prasat-Phnom-Banon-Weingut** (☎ 012 665238; Bot-Sala-Dorf; ⏲ 6–18 Uhr) ist der einzige Betrieb dieser Art in ganz Kambodscha. Aus den Shiraz- und Cabernet-Sauvignon-Reben wird Rotwein (15 US$ pro Flasche) gekeltert. Außerdem gibt's hier die tropenresistenten Black-Queen- und Black-Opal-Trauben für einen Rosé (6 US$). Diese Weine kann man kaum beschreiben, ohne auf Superlative zurückzugreifen, denn sie verfügen über ein Bouquet, das keiner anderen Sorte gleicht. Ihr Geschmack ist ebenso erstaunlich wie der Abgang. Das Banon-Weingut, offiziell anerkannt vom kambodschanischen Ministerium für Industrie, Bergwerke und Energie, gehört zu jenem exklusiven Klub von Kellereien, deren Jahrgänge mit ein paar Eiswürfeln genossen noch viel besser schmecken. Hier wird auch der himmlische Banon-Brandy (12 US$ für 0,7 l) erzeugt. In einem schönen Gartenpavillon finden Weinproben statt, außerdem kann man die Weinberge erkunden und die Kellereigebäude besichtigen.

Das Unternehmen liegt 10 km südlich von Battambang und 8 km nördlich von Phnom Banan.

Wat Ek Phnom
វត្តឯកភ្នំ

Der **Wat Ek Phnom** (Aek Phnum; Eintritt 2 US$) ist ein stimmungsvoller, teils verfallener Tempel aus dem 11. Jh., umgeben von den Überresten einer Mauer aus Laterit und einem uralten *baray* (Wasserspeicher). Der Querbalken über dem Ostportal des Hauptgebäudes stellt das **„Quirlen des Milchmeers"** dar. Die Anlage gilt als beliebter Wallfahrts- und Ausflugsort, besonders an Festtagen, und dient als Anlaufstelle für Frauen, die sich Kinder wünschen.

Wer von Battambang per Fahrrad oder *moto* herkommt, kann unterwegs ein paar interessante Zwischenstopps einlegen. 1,2 km nördlich vom Fähranleger stößt man auf eine **Pepsi-Fabrik** aus den 1960er-Jahren. Das Schild ist zwar vergilbt, ansonsten wirkt die Firma aber fast unverändert, seitdem die Produktion 1975 abrupt eingestellt wurde. Am Ende eines Weges hinter den Wassertanks aus Beton sieht man noch die Überreste des alten Fließbands. Im rückwärtigen Bereich der Anlage, am äußersten Ende des Lagerhauses, stehen zudem Tausende verstaubte Leergutflaschen.

700 m weiter geht's an der Ausschilderung zur „Islamic Local Development Organisation" links ab (in Richtung Westen). Nach 250 m erreicht man ein nicht ausgeschildertes Haus, hinter dem sich die **Slaket-Krokodilfarm** befindet. Sie ist den ganzen Tag geöffnet, auch zu den Fütterungszeiten: Die Krokodile freuen sich immer über ein paar Touristen zum Mittagessen ...

Wieder auf der Hauptstraße und an ein paar Wats vorbei folgt nach weiteren 3,5 km das Dorf **Pheam Ek** mit zahlreichen Familienwerkstätten, in denen Reispapier für Frühlingsrollen hergestellt wird. Hier sieht man, wie die Bewohner die Reispaste dämpfen und dann auf einem Bambusrahmen zum Trocknen in der Sonne auslegen. Für 100 Reisblätter bekommen sie nur 3500 R – keine einfache Art, seinen Lebensunterhalt zu verdienen. Die in der Region angebauten Kokosnüsse sollen besonders süß schmecken. Bis zum Wat Ek Phnom sind es von Pheam Ek noch 5,5 km.

Im Dorf befindet sich auch das gemeinnützige **Kambodschanische Bildungszentrum**, 13 km von Battambang entfernt. Hier erhalten Kinder kostenlosen Englischunterricht. Das Zentrum nimmt gerne freiwillige Hilfskräfte an (auch die Khmer-Angestellten sind auf ehrenamtlicher Basis tätig), die als Lehrer arbeiten. Mehr darüber erfährt man bei **Racky Thy** (☎ 092-301697; rith_gentleman@yahoo.com).

Der Wat Ek Phnom liegt 11 km von der Fähranlegestelle in Battambang, wenn man sich für die kürzeste Route entscheidet, und 21 km, wenn man unterwegs die Pepsi-Fabrik und Pheam Ek besucht. Wer beide Sehenswürdigkeiten kombiniert, erlebt eine schöne, 32 km lange Rundtour.

Kamping Poy
កំពីងពួយ

27 km westlich von Battambang (wenn man dem NH5 und dann dem Bewässerungskanal folgt) erstreckt sich Kamping Poy (Poi oder Puoy), auch als „Tödlicher Damm" bekannt. Es handelt sich um einen der vielen hochtrabenden Pläne der Roten Khmer: Diese wollten

das raffinierte Bewässerungsnetz wiederherstellen, das einst den Königen von Angkor zu ihrer großen Macht verhalf. Mindestens 10 000 Kambodschaner sollen während der harten Bauarbeiten infolge von Unterernährung und Krankheiten umgekommen sein. Dank dem Damm ist die Gegend heute eine der wenigen Regionen Kambodschas, in der zwei Reisernten pro Jahr eingebracht werden.

Trotz der schaurigen Geschichte des Stausees – und der Tatsache, dass es außer dem Damm und seinen Schleusentoren wenig zu sehen gibt – sind die Speiselokale, Restaurants und Ruderboote (2,50 US$ für zwei oder drei Stunden) am Wochenende und an Feiertagen ein beliebtes Ziel der Einwohner von Battambang. Man kann den Besuch problemlos mit einem Zwischenstopp in Phnom Sampeau kombinieren.

Sneng
ស្នឹង

Diese Stadt liegt 20 km südwestlich von Battambang in Richtung Pailin am NH57 und beherbergt zwei kleine, aber interessante Tempel. Der **Prasat Yeay Ten** ist Shiva geweiht und wurde Ende des 10. Jhs. erbaut. Heute sieht man nur noch seine Überreste, darunter drei wundervolle, mit Steinmetzarbeiten versehene Querbalken über den Türen, die sämtliche Verwüstungen der Zeit und des Kriegs irgendwie überstanden haben. Auf dem östlichen Balken wird das „Quirlen des Milchmeers" dargestellt. Die Ruine befindet sich östlich der Autobahn so nahe an der Straße, dass man sie nicht verpassen kann.

Dahinter erhebt sich 200 m weiter östlich ein moderner Wat mit drei **Altarräumen**, die ebenfalls sehr gut erhaltene Steinmetzarbeiten an ihren Eingangstüren aufweisen und wie präangkorianische Chenla-Tempel aussehen. Angesichts der Tatsache, dass im Westen Kambodschas allerdings nur wenige Angehörige dieses Volks lebten, stammen sie möglicherweise aus derselben Periode wie der Prasat Kravan (S. 196) in Angkor, also aus dem frühen 10. Jahrhundert.

NORDWEST-KAMBODSCHA

KRONG PAILIN

Diese Provinz ist vor allem für ihre mittlerweile fast erschöpften Edelsteinbergwerke sowie für Landminen bekannt, die immer noch das Leben der Einwohner bedrohen. Darüber hinaus dient sie als Zufluchtsort für Rote-Khmer-Pensionäre.

Während des Bürgerkriegs waren die Juwelen- und Holzressourcen dieser Region – sie wurden mithilfe thailändischer Generäle auf den internationalen Märkten verkauft – die ökonomische Basis der Roten Khmer. Bis Mitte der 1990er-Jahre nutzten diese Krong Pailin als Schauplatz für ihre Offensiven. Während der Trockenzeit griffen sie nämlich regelmäßig Regierungsposten an.

1996 lief jedoch ihr Führer Ieng Sary (Bruder Nummer drei) mit 3000 Kämpfern und deren Angehörigen zur Regierungsseite über. Als Gegenleistung wurden ihm Amnestie und die Herrschaft über Krong Pailin gewährt, einer Miniprovinz, die aus der Provinz Battambang herausgeschnitten und den Roten Khmer als Lehen zur Verfügung gestellt wurde. Erst Ende 2007 verhaftete man Ieng und seine Frau für ihre Kriegs- und Menschheitsverbrechen. Zeitgleich nahm man zwei andere Rote Khmer in ihren Häusern in Pailin fest: Khieu Samphan, einstiger Staatsführer der Roten Khmer, und Nuon Chea (Bruder Nummer zwei), Chefideologe der Gruppe. Iengs Sohn, Ieng Vuth, amtiert derzeit als stellvertretender Gouverneur von Pailin.

Wer mit dem Rad von Thailand nach Kambodscha fährt, sollte den Grenzübergang Psar Pruhm–Ban Pakard (s. S. 374) 22 km nordwestlich der Stadt benutzen, da der Übergang bei Poipet am extrem verkehrsreichen und deshalb gefährlichen NH5 liegt.

PAILIN
ប៉ៃលិន

☎ 055 / 22 000 Ew.

Pailin hat wenig zu bieten außer einem farbenprächtigen Bergtempel – es sei denn, man ist ehemaliger Kommandeur der Roten Khmer: Dann kann man hier wunderbar seine Rentenzeit unter Gleichgesinnten genießen.

NICHT VOM WEG ABWEICHEN!

Krong Pailin und nahe gelegene Landstriche der Provinz Battambang (besonders die Bezirke Samlot und Rotanak Mondol) gehören zu den am stärksten verminten Regionen der Welt. 2008 und 2009 gab es in Krong Pailin pro Quadratkilometer mehr Opfer von Landminen und Blindgängern als in jeder anderen Gegend des Landes.

Praktische Informationen

Acleda Bank (NH57) Barvorschüsse auf Visa-Karten.
Boyada Phone Shop (1 US$ pro Std.; 7–20 Uhr) Vier Computer mit Internetzugang.
Canadia Bank (NH57) Geldautomat.
Grenzmarkt (Psar Pruhm, thailändische Grenze) Der Markt findet etwa 200 m von der Kreuzung entfernt auf einem Hügel statt. Hier gibt's auch Geldwechsler.
Victoria Supermarket (Psar Pruhm, thailändische Grenze; 5000 R pro Std.; 7–24 Uhr) Internetzugang.

Sehenswertes & Aktivitäten

Vom NH57 führt eine Treppe durch ein protziges Tor mit verblichenen *nagas* (mythischen Schlangen), die einst pink, grün und knallgelb waren, bis zum **Wat Phnom Yat** hinauf, einem psychedelisch anmutenden Tempel, der um einen uralten *po*-Baum herum erbaut wurde. Auf einem lebensgroßen **Betongemälde** sind splitternackte Sünder zu sehen (wohl die einzigen nackten Menschen, die man in Kambodscha zu Gesicht bekommt). Einige werden in einen Waschkessel geworfen (die Gottlosen), anderen wird die Zunge abgeschnitten (Lügnern) und wieder andere werden dazu gezwungen, auf einen dornigen Baum zu klettern (Ehebrecher). In der Nähe beten reuige Sünder um Vergebung, was durchaus passend ist, wenn man bedenkt, was für Leute in der Region leben. Neben dem oberen Altarraum sollte man die dreiköpfigen Elefanten und einen grün angemalten Sünder betrachten, dessen Eingeweide von zwei raubgierigen Vögeln herausgerissen werden. Wem die Höllendarstellungen zu grausam sind, der kann sich stattdessen auf den schönen Sonnenauf- bzw. -untergang konzentrieren.

Am Fuß des Hügels geht's durch ein beeindruckendes Tor aus dem Jahr 1968 zum **Wat Khaong Kang**. Die Anlage war vor der Herrschaft der Roten Khmer ein bedeutendes buddhistisches Bildungszentrum. Ihre Außenmauer ist mit einem langen Flachrelief geschmückt, auf dem das „Quirlen des Milchmeers" dargestellt wird.

Te Meng Suor (☎ 016 533356; 7–17 Uhr) ist einer der wenigen verbliebenen Juwelierläden der Stadt. Es bietet eine gute Auswahl an geschliffenen und ungeschliffenen Saphiren sowie Rubinen. In ein paar winzigen Geschäften am Ostende des **Psar Samaki** (Psar Pailin) kann man die Goldschmiede noch dabei beobachten, wie sie Edelsteine von Hand schleifen. Viele Stücke, die in Pailin verkauft werden, sind von schlechter Qualität. Nach einer langen Regenzeit sieht man oft Einheimische am Straßenrand nach Edelsteinen suchen, allerdings werden sie nur selten fündig.

Per *moto* kann man sich zu mehreren **Wasserfällen** außerhalb der Stadt bringen lassen. Leider können einen diese lediglich in der Regenzeit beeindrucken, wenn die Straßen unpassierbar sind.

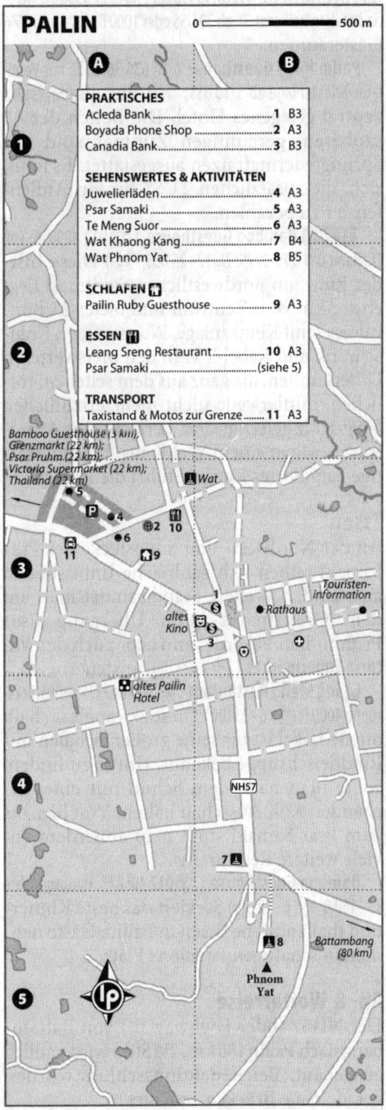

Schlafen

Am Grenzübergang Psar Pruhm–Ban Pakard befindet sich das 150-Zimmer-Hotel **Diamond Crown** (☎ 012 400657, in Thailand 082-219 7227; hoteldiamondcrown@yahoo.com; Zi. mit Ventilator 8 US$, mit Klimaanlage 15–35 US$;) mit einem Kasino. Es wurde erbaut, um thailändischen Spielern ihr Geld abzunehmen. Eine weitere Option ist das brandneue **Victoria Hotel** (☎ 011 550001; victoria.hotel@gmail.com; Zi. ab 30 US$ oder 1000 B;) mit 76 Gästeräumen.

Pailin Ruby Guesthouse (☎ 636 3603; Zi. mit Ventilator/Klimaanlage ab 5/10 US$;) Ein neues, sehr zentral gelegenes Hotel. Die Betten der 48 sauberen, geräumigen Zimmer sind mit Sprungfedermatratzen ausgestattet. Es lohnt sich, die zusätzlichen 2 US$ für ein Außenfenster zu bezahlen.

LP Tipp Bamboo Guesthouse (☎ 012 405818, von Thailand 081-279 9725; Zi. 12–25 US$;) Diese Insel der Ruhe am nordwestlichen Stadtrand liegt etwa 3 km vom Zentrum und bietet 27 Bungalows samt Klimaanlage, Warmwasser, Kühlschrank und Kabel-TV. In den preiswerteren Unterkünften, die ganz aus dem seltenen, rötlichen, mittlerweile nicht mehr erhältlichen *beng*-Holz gefertigt sind, herrscht eine Atmosphäre wie in einem Waldhaus. Eine tatkräftige Familie aus Kampot führt die Anlage.

Essen

An der Nordwest- und Südostecke des Psar Samaki reihen sich zahlreiche Imbissbuden aneinander. Weitere Stände findet man auf dem Grenzmarkt beim Übergang Psar Pruhm–Ban Pakard, kann aber auch den **Victoria Supermarket** (7–24 Uhr) ansteuern.

Leang Sreng Restaurant (☎ 016 842115; Frühstückssuppe 4000 R; 6–23 Uhr) Dieses zwanglose, halb offene Lokal ist für seine großen Schalen mit Rindfleischsuppe bekannt. Um es zu finden, sollte man nach dem Schild mit einer lachenden Kuh Ausschau halten. Von hier bis zum Psar Samaki stößt man außerdem auf viele weitere Restaurants.

Bamboo Guesthouse (☎ 012 405818; Hauptgerichte 35–150 B; 6–22 Uhr) Serviert das beste Khmer- und thailändische Essen in Pailin. Gäste nehmen in schattigen Pavillons Platz.

An- & Weiterreise

Der NH57 (oder Highway 10) von Battambang nach Pailin (80 km, 2½ Std.) wird endlich ausgebaut. Bei Redaktionsschluss wurden gerade neue Brücken errichtet.

Taxis nach Pailin starten an der Westseite des **Psar Leu** (südliches Ende der St 3) in Battambang. Ein Sammeltaxi (2½ Std.) kostet 25 000 R (20 000 R in die entgegengesetzte Richtung), ein Pick-up 10 000/15 000 R für einen Außen-/Innenplatz. Wer sich per Privattaxi von Battambang zur Grenze (einfach/hin und zurück 35/65 US$) bringen lässt, kann zwischendurch in Phnom Sampeau und Sneng halten.

Die 22 km lange Straße von Pailin zum Grenzübergang Psar Pruhm–Ban Pakard ist in einem ganz guten Zustand. An der Grenze findet man unweit vom Victoria Supermarket Sammeltaxis (25 000 R nach Battambang, 5000 R oder 50 B nach Pailin). Ein *moto* von der Grenze nach Pailin kostet 15 000 R oder 150 B (jedenfalls werden diese Preise von Einheimischen verlangt). Taxis und *motos* halten am NH57 südlich des Psar Samaki in Pailin.

Paramount Angkor Express (☎ 012 320737; www.paramountangkorexpress.com) bietet Busverbindungen zwischen dem Grenzübergang und Pailin (5000 R) sowie Battambang (13 000 R, 3–3½ Std.). Die Fahrzeuge starten um 7.30 Uhr am Psar Pruhm (das Büro liegt 100 m vom Grenzübergang in der Nähe des Diamond Crown Hotel) und manchmal auch zwischen 13 und 15 Uhr an der Niederlassung des Unternehmens in Battambang.

Vom 25 km östlich von Pailin gelegenen Treng-Bezirk führt ein holpriger Weg gen Süden durch das Kardamom-Gebirge bis nach Krong Koh Kong (s. S. 217).

SAMLAUT

Der nördlichste Bereich des Kardamom-Gebirges bietet Elefanten, Gibbonaffen, Schuppentieren, Nashornvögeln sowie vielen anderen vom Aussterben bedrohten Tierarten eine Heimat und nimmt die südliche Hälfte von Krong Pailin (also fast die gesamte Provinz südlich des NH57) ein. Diese bewaldete Bergregion ist als **Samlaut-Mehrzweckgebiet** (600 km²; höchster Berg 1164 m) bekannt und grenzt an zwei thailändischen Parks. Demnächst soll sie mit einem der beiden – dem Namtok-Klong-Kaew-Nationalpark – zusammengelegt werden und so den grenzüberschreitenden **Peace Park** bilden. Seit Mitte 2008 haben sich skrupellose kambodschanische Vollzugsbehörden die Krise zwischen Prasat Preah Vihear und Thailand zunutze gemacht und Teile von Samlaut zum Zweck illegaler Abholzung übernommen. Ihre vielen Landminen machen die Region zu gefährlich für den Ökotourismus.

Samlaut wird mithilfe der **Maddox Jolie-Pitt Foundation** (MJP; www.mjpasia.org) verwaltet. Sie ist nach dem in Kambodscha geborenen Adoptivsohn ihrer Gründerin und Präsidentin, der amerikanischen Schauspielerin Angelina Jolie, benannt. 2006 unterzeichnete die Verwaltungsregierung von Samlaut einen fünfjährigen Partnervertrag mit den Nationalparks Sequoia und Kings Canyon (www.nps.gov/seki) in Kalifornien.

BANTEAY-MEANCHEY-PROVINZ

ខេត្តបន្ទាយមានជ័យ

Die Provinz Banteay Meanchey (Siegesfestung) erstreckt sich zwischen dem bedeutendsten kambodschanischen Grenzübergang nach Thailand, den glorreichen Ruinen von Angkor sowie den Kasinos von Poipet und wird daher oft von Travellern übersehen, die meist ohne Zwischenstopp nach Siem Reap oder Battambang weiterreisen. Zu ihren Highlights gehören die angkorianischen Tempel von Banteay Chhmar und die seltenen Vögel im Ang-Trapeng-Thmor-Reservat (S. 162).

POIPET

ប៉ោយប៉ែត

☎ **054 / 45 000 Ew.**

Poipet (in Khmer „poi-*peh*" ausgesprochen) galt aufgrund seiner Armut, der vielen Betrüger und der grassierenden Korruption lange Zeit als Kambodschas „Achselhöhle", hat nun aber zumindest in der grenznahen Kasinozone eine umfassende Behandlung mit dickem Make-up und Deodorant erhalten. Die neun Kasinoresorts leben hauptsächlich von Kunden aus Thailand, wo Glücksspiele verboten sind, und tragen Namen wie Tropicana und Grand Diamond City. Sie verwandeln die Stadt in eine Art Las Vegas. Außerhalb des Grenzbereichs präsentiert sich der Ort jedoch nach wie vor als chaotische, von Müll übersäte Einkaufsmeile voller zwielichtiger Massagesalons. Hier merkt man wirklich nichts vom sanften Charakter der Khmer.

Am besten gewöhnt man sich schnell daran, die Wechselkurse zwischen den hier verwendeten kambodschanischen Riel, US-Dollar und thailändischen Baht auszurechnen. Eine gute Faustregel: 4000 R = 1 US$ = 33 B, also sind 100 B = 3 US$ = 12 000 R.

Orientierung & Praktische Informationen

Poipet erstreckt sich vom schmutzigen O-Chrou-Streifen an der Grenze und der sauberen, modernen Kasinozone am NH5 entlang ein paar Kilometer Richtung Osten. Kambodschanische Visa (S. 372) erhält man neben dem prächtigen Königreich-Kambodscha-Tor. Den Schwarzhändlern vertraut man besser nicht, denn sonst zahlt man statt der offiziellen Gebühr von 20 US$ (660 B) 1000 bis 1300 B! Reisepässe werden 200 m weiter hinter den großen Hotels direkt vor dem „großen Kreisverkehr" am Ostrand der Kasinozone bzw. am westlichen Ende des NH5 abgestempelt. Der Marktplatz liegt 1 km östlich des Kreisverkehrs und einen Block nördlich des NH5.

Außerdem sollte man bei den Schwarzhändlern auch kein Geld tauschen, selbst wenn sie noch so offiziell aussehen.

Medizinische Notfallpatienten können jederzeit über die Grenze nach Thailand transportiert werden.

ANZ Bank (NH5, 1,5 km östlich des großen Kreisverkehrs) Geldautomaten gibt's hier und in der Kasinozone.

Canadia Bank (NH5, 1 km östlich des großen Kreisverkehrs) Hat einen rund um die Uhr zugänglichen Geldautomat.

Internet & E-Mail (großer Kreisverkehr, Südseite; 3000 R pro Std.; ⌚ 24 Std.) Einfacher Internetshop unweit der Kasinozone.

Internetcafés (Kasinozone) Einen Block nördlich des NH5 in der Nähe des Nachtmarkts.

Sehenswertes & Aktivitäten

Mit ihren klimatisierten Hotelkasinos ist die **Kasinozone** eine Art thailändische Insel auf kambodschanischem Staatsgebiet. Die Unterkünfte selbst sind überraschenderweise recht familienorientiert. Wohlhabende Einheimische kommen gerne mit ihren Kindern hierher, um das Gefühl zu genießen, im „Ausland" zu sein.

Ein paar Hundert Meter nördlich des Visa-Büros veranstaltet eine aus Thailändern und Khmer bestehende Popmusikgruppe jeden Abend kostenlose **Open-Air-Konzerte** (⌚ 19.30–1 Uhr) und einen Block nördlich erhebt sich das **Star Vegas** mit einem sauberen, modernen **Swimmingpool** (150 B).

Das gehobene **Jiwa Spa** (Kasino-Zone; ⌚ 24 Std.) liegt im Poipet Holiday Palace (südlich des Visa-Büros) und bietet eine große Auswahl an Massagen (ab 350 B) sowie eine Sauna (350 B) und einen kleinen Fitnessraum (200 B).

ABZOCKE IN POIPET

Ab dem Moment, in dem man über Poipet nach Kambodscha einreist, ist man Kunde eines Monopols, das für das exklusive Recht bezahlt, Urlaubern öffentliche Verkehrsmittel bereitzustellen – und das Geld gerät mit Sicherheit nicht nur in staatliche Hände. Dieser Ort ist berühmt für seine dreisten Gaunereien, aber das Raffinierte an dieser Vereinbarung ist die Tatsache, dass sie offiziell von der Provinzregierung genehmigt wurde, um den Standard der touristischen Infrastruktur zu heben.

Bei Redaktionsschluss gab es in Poipet zwei rivalisierende Busbahnhöfe. Das erst vor Kurzem eröffnete **Poipet Tourist Passenger International Terminal** (PTPIT, ausgesprochen *pit-pit*) 8 km östlich der Stadt im Niemandsland beherbergt eine Wechselstube und Läden, die völlig überteuertes Wasser verkaufen. Es gehört demselben südkoreanischen Unternehmen, das auch die Chong-Kneas-Anlegestelle in der Nähe von Siem Reap betreibt.

Das **International Tourist Terminal** (ITT, alias „der Busbahnhof") hat dagegen bereits seit Jahren das Monopol inne. Es liegt 1,5 km östlich der Kasinozone, ist sauber und ordentlich und verfügt über englischsprachiges Personal, eine Wechselstube sowie ein Lebensmittelgeschäft. Die ausgeschriebenen Busfahrpreise sind um bis zu 250 % höher als die Preise für Einheimische. Darüber hinaus verlangen die Angestellten sogar noch höhere Beträge, wenn sie glauben, ungestraft davonzukommen, z. B. am späten Nachmittag.

Wenn man das Büro der Einwanderungspolizei verlässt (wo die Reisepässe abgestempelt werden), wird man durch eine Abzäunung in den „Busbahnhof für kostenlose Shuttlebusse" dirigiert, dem Abfahrtspunkt der OSP-Busse zum ITT (die Vermittler tragen gelbe T-Shirts) und der VCD-Busse zum PTPIT (die Vermittler tragen schwarze Polo-Shirts).

Am ITT wird der Weitertransport durch drei „Verbände" (gut vernetzte Profitgesellschaften, keine Kooperativen) organisiert, die auf Rotationsbasis arbeiten: Alle drei Tage wickelt je einer der drei die Busfahrkarten- und Taxibuchungen der Touristen ab. Alle berechnen dieselben Preise: Sie bieten Busse und Sammeltaxis für vier Personen nach Sisophon (5/5 US$), Siem Reap

Schlafen

Die modernen Drei-Sterne-Megahotels in der Kasinozone bieten Zimmer inklusive Frühstück und 500 B in Kasino-Chips (ab 1000 B plus eine Kaution von 1000 B – nichts ist so toll, wie in einem Hotel zu übernachten, das einem nicht traut ...). Weitere Unterkünfte und Pensionen – darunter auch einige Bordelle –, findet man am NH5 und rund um den Busbahnhof.

Huy Kea Hotel (☎ 012 346333, aus Thailand 085-280 7228; NH5, 600 m östlich des großen Kreisverkehrs; Zi. mit Ventilator/Klimaanlage 6/11 US$ oder 250/350 B; ⊠) Eine freundliche, effiziente Bleibe mit sauberen, netten Zimmern; die mit Ventilator liegen in den oberen Etagen. Von hier hat man es nicht weit bis zu der Grenze, dem Busbahnhof und dem Markt.

Viroch Hotel (☎ 967315; viroch.hotel@yahoo.com; großer Kreisverkehr, Nordseite; Zi. 500 B; ⊠) Die Lobby dieser blitzsauberen Unterkunft in praktischer Nähe zur Kasino-Zone ist neoklassisch. Der Fahrstuhl funktioniert zwar nie, dafür können sich die Gäste aber über 24 geräumige Zimmer mit glänzenden, weiß gefliesten Fußböden freuen.

Essen

Das billigste Essen bekommt man rund um den Markt sowie am NH5. Auf dem Nachtmarkt in der Kasinozone, einen Block nördlich des NH5, findet man saubere, gut beleuchtete Restaurants und Kneipen.

Einige Hotels in der Kasinozone bieten All-you-can-eat-Büfetts: Das Poipet Holiday Palace lockt mit einer thailändischen und chinesischen Variante für 150 B, während das nahe gelegene Holiday Poipet mit einem **aiko-japanischen Büfett** (⏲ 11–23 Uhr) für 359 B aufwartet. Im Obergeschoss des **Poipet Casino Resort** (⏲ 11–23 Uhr) wird „italienisch-amerikanische Küche" kredenzt, darunter auch Pizza (klein/groß 189/259 B). Das Tropicana ist für sein Open-Air-Barbecue bekannt, das die Gäste selbst zubereiten.

Mit schmackhaften Kaffee lockt der **Palais Coffee Shop** (Kasinozone; ⏲ So–Do 8–23, Fr & Sa 8–1 Uhr) im Poipet Holiday Palace Gäste an. Der Laden ist eine Imitation von Starbucks, und die Getränke sowie Süßwaren stammen aus dem benachbarten Holiday Cake Shop.

Das fröhliche **Cheayden Chobmeth Restaurant** (☎ 017 949939; NH5, 1,6 km östlich des großen Kreisverkehrs;

(9/12 US$), Battambang (10/10 US$) und Phnom Penh (15/25 US$) an. Hier startende Taxis haben eine offizielle „Touristenlizenz", einen Ausweis mit Foto, der an der Windschutzscheibe hängt. Die ausgeschriebenen Gebühren im PTPIT sind kaum günstiger.

Und so machen die Unternehmen ihre großen Profite: Wenn vier Touristen je 12 US$ pro Person für ein Gemeinschaftstaxi vom ITT nach Siem Reap berappen, gehen nur 30 der bezahlten 48 US$ an den Taxifahrer. Der Rest – außer dem 1 US$, den man für den „kostenlosen" Shuttleservice an OSP entrichtet –, findet seinen Weg in diverse Taschen.

Klamme Traveller sollten zum NH5 laufen und sich – genauso wie die Kambodschaner – selbst ein Taxi suchen (s. unten). Das Problem besteht darin, dass die „Vollstrecker" der Verbände von der Polizei unterstützt werden (es ist schließlich ein offizielles Monopol) und oft eingreifen, um zu verhindern, dass unabhängige Taxifahrer ausländische Kunden aufnehmen. Uns haben mehrere Leser davon berichtet, dass ihnen, als sie den Shuttlebus von OSP ablehnten, ein „Verbandsagent" eine Zeit lang folgte und jeden Taxifahrer, der vorbeifuhr, einschüchterte. Fahrer, die dabei erwischt werden, wie sie Touristen „abwerben", werden von den Verbänden „bestraft". Der Trick besteht also darin, den Agenten abzuschütteln, indem man ihm z. B. sagt, dass man in Poipet übernachtet.

Wenn man dem Monopol einmal entwischt ist, muss man allerdings mit anderen Gaunereien klarkommen. Manche Taxifahrer (besonders die am großen Kreisverkehr) fordern exorbitante Summen für die Beförderung nach Siem Reap. Lokale Schlepper bieten Ihre Hilfe bei der Suche nach einem Taxi an und verlangen dann beispielsweise 40 US$, zahlen dem Taxifahrer aber nur etwa 20 US$.

Als Resultat dieser Vereinbarungen landet nicht nur Geld in unbekannten Taschen, sondern es gibt auch viele wütende Touristen. Manche lassen ihren Frust an den Taxifahrern aus, aber die haben keine Wahl und müssen die Aufträge der „Verbände" annehmen. Sie sind mit Sicherheit nicht diejenigen, die von diesem System profitieren.

kleine/große Hauptgerichte 60/100 B; (⏲ 7–2 Uhr; 💻) direkt gegenüber der Acleda Bank am NH5 punktet mit seiner zauberhaften Beleuchtung sowie Khmer- und Thaigerichten.

An- & Weiterreise

Informationen zum Grenzübergang Poipet–Aranya nach Thailand siehe S. 372.

Poipet liegt 48 km westlich von Sisophon und 153 km westlich von Siem Reap. Aus Thailand einreisende Touristen kommen meist vormittags oder am frühen Nachmittag hierher.

Der verkehrsreiche NH5 wurde nun *endlich* asphaltiert, außerdem setzt man zurzeit die Eisenbahnlinie von Sisophon nach Poipet wieder instand.

BUS

Um vom großen Kreisverkehr zum **Busbahnhof** (Internationales Touristenterminal) zu gelangen, folgt man dem NH5 1,3 km gen Osten und biegt nach dem verrosteten Tor links ab; von dort sind es bis zum Ziel noch 200 m Richtung Norden. Einige Fahrzeuge halten an den Firmenbüros unweit der Abzweigung zum Busbahnhof am NH5.

In Poipet sind viele Busunternehmen angesiedelt, darunter **Capital Tours** (☎ 967350; NH5, Nordseite, 150 m westlich der Abzweigung zum Busbahnhof), das von NRO-Mitarbeitern bevorzugt wird, **Phnom Penh Sorya** (☎ 092-181802; www.ppsoryatransport.com; NH5, Südseite, vor der Abzweigung zum Busbahnhof), ein angesehener Betrieb mit guten Preisen, und **GST** (☎ 012 727771; NH5, Südseite, 50 m westlich der Abzweigung zum Busbahnhof). Alle bieten Verbindungen nach Sisophon (2–3 US$, 40 Min.), Siem Reap (5 US$, 2½–4 Std.), Battambang (3,75 US$, 2 Std.) und Phnom Penh (7,50 US$, 7 Std.) an. Wer nach Siem Reap reisen will, muss eventuell in Sisophon umsteigen. Phnom Penh Sorya fährt direkt nach Kompong Cham. Die meisten Busse starten zwar zwischen 6.15 und 10.30, doch es gibt auch teure Nachmittagsbusse (s. Kasten S. 284) nach Siem Reap (9 US$).

Zudem haben mehrere Firmen, darunter auch Capitol, nachmittägliche Verbindungen nach Bangkok (300 B) im Programm.

TAXI

Sammeltaxis, die nicht zum „Monopol" (s. Kasten S. 284) gehören, findet man tagsüber auf dem Parkplatz des **Postamts** (großer Kreisverkehr, Südseite) und vor allem am NH5 etwa 1,3 km östlich des Kreisverkehrs (in der Nähe der Abzweigung zum Busbahnhof). Einige sind thailändische Camrys mit Rechtslenkung, die vorne sitzenden Passagieren den zweifelhaften Kick verschaffen, entgegenkommende Wagen und Motorräder schon vor dem Fahrer zu sehen.

Zu den Zielen gehören Sisophon (2,50 US$, 40 Min.), Siem Reap (5 US$, 2½ Std.) und Battambang (5 US$, 2 Std.). Ein Privattaxi kostet normalerweise das Sechsfache eines Platzes im Gemeinschaftstaxi (kambodschanische Sammeltaxis setzen zwei oder drei Passagiere auf den Vorder- und vier auf den Rücksitz). Am besten macht man sich auf ein fröhlich-chaotisches Gedränge bei den Taxivermittlern gefasst und verhandelt hart (Lächeln hilft).

Die überfüllten Pick-ups, die am NH5 halten, sind etwas billiger; teilweise deshalb, weil die Fahrt auf der Ladefläche nicht gerade gefährlich ist: Selbst bei einem kleinen Unfall kann es vorkommen, dass die Passagiere herunterstürzen.

Unterwegs vor Ort

In der Kasinozone verkehren kostenlose Shuttles. *Motos* stehen am großen Kreisverkehr bereit; eine Fahrt von der Grenze zum Busbahnhof kostet 2000 R (nachts 1 US$).

SISOPHON

ស៊ីសុផុន

☎ 054 / 98 000 Ew.

Sisophon (auch bekannt als Svay, Svay Sisophon, Srei Sophon und Banteay Meanchey) liegt strategisch günstig an der großen Straßenkreuzung im Nordwesten des Landes, wo der NH5 und der NH6 aufeinandertreffen. Es handelt sich um einen praktischen Zwischenstopp für Leute, die aus Poipet kommen, sowie um einen guten Ausgangspunkt für die Erkundung der angkorianischen Tempel von Banteay Chhmar.

Orientierung & Praktische Informationen

Der NH6 (von Siem Reap und Phnom Penh) kreuzt den NH5 (von Battambang und Phnom Penh) an der Westspitze des dreieckigen Stadtzentrums.

Acleda Bank Mit der Visa-Karte bekommt man am 24-Std.-Geldautomaten einen Barvorschuss.

Bayon Web (2000 R pro Std.; 7–ca. 20 Uhr) Internetzugang vor dem Golden Crown Guesthouse.

Canadia Bank Geldautomat.

Lao Puoy Kheang Exchange (☎ 012 837239; 5–17 Uhr) In der zuverlässigen Wechselstube werden viele Währungen akzeptiert.

Pacific Internet (NH6 Ecke St 3; 2000 R pro Std.; 7–19 Uhr) Vor der Sokimex-Tankstelle.

Sehenswertes

Die **École d'Art et de Culture Khmers** (Schule für Kunst & Kultur der Khmer; ☎ 017 449277; Mo–Fr 7–11 & 14–17, Sa 7–11 Uhr) ist in einem bräunlichen Gebäude im Khmer-Stil untergebracht. Hier werden Kinder in traditioneller Musik, *apsara*-Tanz, Malerei, Bildhauerei sowie Schattentheater unterrichtet. Oft dürfen Gäste dem Unterricht beiwohnen.

In den von Mönchen verwalteten **Phneat-Koh-Pong-Sat-Gemeindefischereien**, einem Schutzgebiet 8 km außerhalb der Stadt, kann man auf dem Gelände des Wats von einem friedlichen Pavillon am Fluss aus ganze Gruppen fetter, munterer Fische füttern. Futtergranulat und trockenes Brot bekommt man vor Ort für 500 R. Die Klosteranlage lässt sich darüber hinaus auf einem sehr schönen Ausflug mit dem Fahrrad, *moto* oder Auto erkunden; besonders lohnenswert ist eine Tour am späten Nachmittag.

Wer sich massieren lassen will, sollte das neue **Pyramid Spa** (☎ 017 565262; ab 5 US$ pro Std.; 9–24 Uhr) ausprobieren. Dahinter liegt ein 25 m langer **Swimmingpool** (Eintritt 3000 R; Sa & So 16–21 Uhr) mit Umkleidekabinen. Touristen können ihn auch dann nutzen, wenn er offiziell geschlossen ist.

Auf und rund um den **Phnom Touch** (kleiner Berg), 18 km vor Battambang auf der westlichen Seite des NH5 gelegen, thronen mehrere Tempel. Von oben genießt man einen großartigen Ausblick auf die Umgebung.

Schlafen

Golden Crown Guesthouse (☎ 958444; Fax 710578; Zi. 5–15 US$;) Das bei NRO-Mitarbeitern beliebte Hotel bietet 72 saubere, gut eingerichtete Zimmer mit Warmwasser und Kühlschränken.

Essen

Auf der Südseite des Psar Sisophon (der Hauptmarkt im Stadtzentrum) findet man Essensstände mit guten Frühstückssuppen (3000 R). **Phay Kik** (6–21 Uhr), ein älterer Mann

PRAKTISCHES		
Acleda Bank	1	A2
Bayon Web	2	B2
Canadia Bank	3	B2
Lao Puoy Kheang Exchange	4	A2
Pacific Internet	5	B2
SEHENSWERTES & AKTIVITÄTEN		
École d'Art et de Culture Khmers	6	B2
Pyramid Spa	7	B2
Swimmingpool	8	B2
SCHLAFEN		
Golden Crown Guesthouse	9	B2
ESSEN		
Dy & Phong Restaurant	10	A2
Essensstände	11	A2
Golden Crown Restaurant	(siehe 9)	
Kem Heng Restaurant	12	B2
Phay Kik	(siehe 11)	
Psar Sisophon	13	A2
Sok Yi Grocery	14	A2
Sorm Rethy Bakery	15	B2
Suon Kamsan Restaurant	16	A2
TRANSPORT		
Busbahnhof & Taxistand	17	B2
Sammeltaxis nach Poipet	18	A2

mit einer flachen Mütze, serviert köstlichen Eiskaffee (2000 R).

Kem Heng Restaurant (☎ 012 502091; NH6 Ecke St 3; Hauptgerichte 5000–7000 R; 🕓 5–20.30 Uhr oder länger) Dank seiner gelb-orangefarbenen Wände und der roten Plastikstühle ist das Kem Heng Restaurant gegenüber der Sokimex-Tankstelle sehr leicht zu erkennen. Hier kommt man in den Genuss guter süßsaurer Gerichte zu erschwinglichen Preisen.

Dy & Phong Restaurant (☎ 958874; Hauptgerichte 6000–8000 R; 🕓 7–23 Uhr) An der Decke des hübschen Café-Restaurants mit einem klimatisierten Speiseraum im Ogergeschoss hängen Windspiele und Vogelnester. Gäste können zwischen Khmer- und ein paar westlichen Gerichten wählen. Abends von 19 bis 20 Uhr werden Livekonzerte mit Akustikgitarren veranstaltet.

Golden Crown Restaurant (☎ 958444; Hauptgerichte 2–5 US$; 🕓 6–20 Uhr) Ein recht neues, überaus beliebtes traditionelles Speiselokal, das u. a. ein leckeres „Feuerhügel"-Barbecue für 5 US$ im Angebot hat.

Suon Kamsan Restaurant (☎ 012 829006; Hauptgerichte 10 000–20 000 R; 🕓 6–22.30 Uhr) Dieses von vielen hochgelobte Ecklokal serviert Frühstück im westlichen und Khmer-Stil sowie lokale und ein paar thailändische Gerichte. Abends treten von 18 bis 22.30 Uhr laute Schnulzensänger auf.

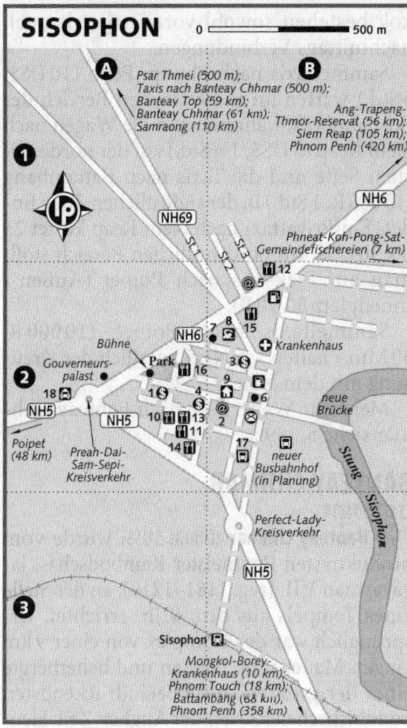

SELBSTVERSORGER

Sorm Rethy Bakery (NH6 gegenüber St 2; 🕓 4–20 Uhr) Brot und Biskuittorten (1000 R pro Stück).

Sok Yi Grocery (🕓 6–18 Uhr) Westliche Lebensmittel, frische Milch und Joghurt aus Thailand sowie Wein und Eiscreme.

An- & Weiterreise

Sisophon liegt 48 km (40 Min. mit dem Auto) östlich von Poipet, 105 km westlich von Siem Reap, 61 km südlich von Banteay Chhmar und 68 km nordwestlich von Battambang.

Fernstreckenbusse und die meisten Sammeltaxis halten am Busbahnhof bzw. Taxistand. Letzteren findet man 400 m südlich des NH6. Acht Busunternehmen, darunter auch **Capitol Tour** (☎ 012 525782), das oftmals mit den besten Preisen aufwartet, **Rith Mony** (☎ 012 444427) und **Phnom Penh Sorya** (www.ppsoryatransport.com) bieten Verbindungen nach Poipet (5000–10 000 R, 40 Min.), Siem Reap (15 000–20 000 R, 1½ Std.), Battambang (7000–10 000 R, 1½ Std.), Phnom Penh (5 oder 6 US$, 7 Std.) und Bangkok (10 US$) an. Fast alle Busse in Richtung Osten starten zwischen 6.30 und 11.45 Uhr; nach Poipet und Bangkok bestehen sowohl vormittags als auch nachmittags Verbindungen.

Sammeltaxis nach Phnom Penh (10 US$, 5 Std.) warten im südwestlichen Bereich des Busbahnhofs, während man die Wagen nach Siem Reap (5 US$, 1½ Std.) auf der nordöstlichen Seite und die Taxis nach Battambang (15 000 R, 1 Std.) in der südöstlichen Zone findet. Ein Privattaxi nach Siem Reap kostet 25 bis 30 US$. Im nordwestlichen Bereich stößt man auf Pick-ups nach Poipet (Außen-/Innenplatz 50/70 B).

Sammeltaxis nach Poipet (10 000 R, 40 Min.) halten am NH5, westlich der Kreuzung mit dem NH6.

Mehr zur Weiterreise nach Banteay Chhmar siehe S. 289.

BANTEAY CHHMAR

បន្ទាយឆ្មារ

Der **Banteay Chhmar** (Eintritt 5 US$) wurde vom produktivsten Baumeister Kambodschas, Jayavarman VII. (reg. 1181–1219), an der Stelle eines Tempels aus dem 9. Jh. errichtet. Ursprünglich war der Komplex von einer 9 km langen Mauer umschlossen und beherbergte eines der größten sowie beeindruckendsten buddhistischen Klöster der Angkor-Zeit. Heute handelt es sich um eine der wenigen Stätten, die noch mit den rätselhaft lächelnden **Avalokiteshvara-Gesichtern** im Bayon-Stil aufwarten kann. Der **Global Heritage Fund** (www.globalheritagefund.org) kümmert sich um die Erhaltung der Anlage, die als vielversprechender Kandidat für den Status als Unesco-Welterbestätte gilt.

Der Komplex ist auch für seine 200 m² großen, komplizierten Steinmetzarbeiten mit Szenen aus dem Alltagsleben bekannt. An der Ostseite des Tempels befindet sich auf einer teilweise eingestürzten Mauer ein riesiges **Flachrelief**, das auf dramatische Weise den Seekrieg zwischen den Khmer (links) und den Cham (rechts) wiedergibt; im unteren Bereich sind die Toten dargestellt, die teilweise von Krokodilen verschlungen werden. Weiter südlich (links) sieht man Szenen aus dem Landkrieg mit Infanterie und Elefanten. Die südlichen Außenmauern des Tempels zeigen weitere Kriegsdarstellungen.

Inzwischen ist die einstmals großartige Eingangshalle nur noch eine Ruine. An einigen Stellen haben jedoch ein paar Säulenhallen und versteckte Inschriften aus dem 12. Jh. der Zeit widerstanden. Leider wurden alle *apsaras* (Nymphen) von Plünderern enthauptet.

Die Sequenz der acht **vielarmigen Avalokiteshvaras** am südlichen Abschnitt der westlichen Tempelmauer war einzigartig, allerdings stahlen Diebe 1998 große Teile davon und brachten diese nach Thailand. Mittlerweile sind sie aber im Nationalmuseum in Phnom Penh (S. 90) zu bewundern. Im Tempel selbst befinden sich heute nur noch zwei – aber dafür wahrhaft spektakuläre – Figuren (eine mit 22, die andere mit 32 Armen).

Orientierung & Praktische Informationen

Die Hauptstraße verläuft von Ost nach West und südlich des *baray* (Wasserspeicher rund um den Tempelkomplex). Dann macht sie eine 90-Grad-Wendung und führt östlich des *baray* nach Norden. Markt und Taxistand liegen an der Kurve; etwas weiter nördlich befindet sich der Haupt- bzw. Osteingang des Tempels. Die **Touristeninformation der Gemeinde** (Banteay Chhmar Community-Based Tourism Office; ☎ 012 237605), leicht südlich auf der gegenüberliegenden Straßenseite, organisiert Gastfamilienaufenthalte und Ochsenkarrenfahrten. Außerdem kann man hier Räder mieten.

Weitere Tempel

Der kleine, aber atmosphärische **Banteay Top** (Festung) liegt südöstlich von Banteay Chhmar zwischen Reisfeldern. Er wurde zur selben Zeit wie der Banteay Chhmar erbaut. Möglicherweise handelte es sich um einen Tribut an die Armee von Jayavarman VII., die durch ihren endgültigen Sieg über die Cham die Vorherrschaft der Khmer über die Region sicherte. Einer der beschädigten Türme sieht aus wie ein knochiger Finger, der in den Himmel deutet. Um vom Banteay Chhmar hierherzugelangen, folgt man dem NH6 7 km lang nach Süden (Richtung Sisophon), biegt dann gen Osten ab und fährt weitere 5 km.

Unweit des Banteay Chhmar stößt man zudem auf neun faszinierende **Satellitentempel**, allesamt Ruinen. Wer sich durch den Dschungel schlägt, kann folgende Stätten besichtigen: Prasat Mebon, Prasat Ta Prohm, Prasat Prom Muk Buon, Prasat Yeay Choun, Prasat Pranang Ta Sok und Prasat Chiem Trey.

Aktivitäten

In den **Soieries du Mékong** (Mekong-Seidenherstellung; www.soieriesdumekong.com, auf Franz.; 🕑 Mo–Fr 7.30–12 & 13.30–17 Uhr) dürfen Besucher die Seidenweberinnen bei ihrer Arbeit beobachten. Außer-

NORDWEST-KAMBODSCHA

dem werden hier hochwertige Stücke verkauft, die für den französischen Markt bestimmt sind. Der Betrieb liegt 150 m südlich der Stelle, wo der NH69 von Sisophon auf den *baray* trifft. Er ist der französischen NRO **Enfants du Mékong** (☎ 012 307069; www.enfantsdumekong.com) angeschlossen. Im geplanten **Besucherzentrum** des Tempels soll später ebenfalls lokal hergestellte Seide angeboten werden.

Wer einen der sechs einheimischen Bienenzüchter treffen will, fragt auf dem Markt nach *tuek kmom* (Honig).

In der Hauptverwaltung des **Banteay-Chhmar-Naturschutzgebiets** (☎ 012 197 1225) 2 km außerhalb der Stadt in Richtung Sisophon kann man einen (nicht englischsprachigen) Führer für Spaziergänge durch die umliegende Landschaft anheuern.

Schlafen & Essen

Dank des wegweisenden kommunalen **Gastfamilienprojekts** (☎ 012 237605; cbtbanteaychhmar@yahoo.com; Zi. 7 US$) kann man in Banteay Chhmar und drei nahe gelegenen Dörfchen übernachten. Die Zimmer befinden sich in Privathäusern und haben Moskitonetze, Ventilatoren, die nur funktionieren, wenn Strom zur Verfügung steht (18–22 Uhr), und Bäder im Erdgeschoss. Ein Teil der Einkünfte geht an den Entwicklungsfond der Gemeinde.

Unweit vom Osteingang des Tempels stößt man auf das rustikale **Banteay Chhmar Restaurant** (☎ 077-743136) – der einzige Ort, wo man ohne Vorbestellung zu Abend essen kann. Hier werden leckere Khmer-Gerichte serviert.

An- & Weiterreise

Banteay Chhmar liegt 61 km nördlich von Sisophon und 50 km südwestlich von Samraong am NH69, der bei Erscheinen dieses Buches bereits asphaltiert sein sollte. Man kann den Tempelkomplex im Rahmen eines Tagesausflugs von Siem Reap aus besuchen.

Vom Psar Thmei in Sisophon (1 km nördlich des NH6) starten Sammeltaxis gen Norden. Sie steuern zumeist nur Thmor Puok an; lediglich am frühen Morgen und mittags fahren ein paar bis zum Banteay Chhmar (nach Norden/Süden 10 000/15 000 R, 1¼ Std.). Von Sisophon aus bietet das Busunternehmen Rith Mony eine langsame Nachmittagsverbindunge nach Thmor Puok (2,50 US$). Die wenigen Pick-ups, die zwischen dem Psar Thmei in Sisophon und Samraong verkehren, halten auch in Banteay Chhmar.

ODDAR-MEANCHEY-PROVINZ

ខេត្តឧត្តរមានជ័យ

Die abgelegene, ausgesprochen arme Oddar-Meanchey-Provinz (Otdar Mean Chey) hat abgesehen von Arbeit für Hilfsorganisationen sehr wenig zu bieten. Nur die Schauplätze aus der Roten-Khmer-Zeit bei Anlong Veng ziehen einige kambodschanische und ausländische Besucher an.

Darüber hinaus gibt's hier zwei selten genutzte internationale Grenzübergänge nach Thailand: Choam–Choam Srawngam und O Smach–Chong Jom.

SAMRAONG

សំរោង

☎ 065 / 22 000 Ew.

Es gibt mehrere kambodschanische Städte namens Samraong, was „dichter Dschungel" bedeutet – dabei ist dieser in der Region eine Rarität. In die abgelegene Provinzhauptstadt kommen nur wenige Traveller; die meisten Besucher reisen nämlich direkt zum Grenzübergang O Smach 40 km weiter nördlich.

Orientierung & Praktische Informationen

Das Stadtzentrum, sofern man es als solches bezeichnen möchte, erstreckt sich vom verlotterten kleinen Marktplatz nach Norden. Hier findet man eine Acleda Bank mit einem Geldautomaten, an dem Inhaber von Visa-Karten Barvorschüsse bekommen. Der **M-Fone Shop** (1 US$ pro Std.; ⌚ 6–ca. 20 Uhr) mit Internetzugang liegt an der Ostseite der Hauptstraße etwa 200 m nördlich der Bank.

Thailändische Baht werden fast überall akzeptiert. Darüber hinaus gibt's rund um die Uhr Strom.

VORSICHT LANDMINEN!

Banteay Meanchey und Oddar Meanchey gehören zu den am stärksten verminten Provinzen Kambodschas, deshalb sollte man unter keinen Umständen die ausgetretenen Pfade verlassen. Wer mit einem eigenen Fahrzeug unterwegs ist, befährt am besten nur Straßen und Wege, die von den Einheimischen regelmäßig benutzt werden.

Schlafen & Essen

Heng Meanchey Hotel (☎ 012 275256; Zi. mit Ventilator/Klimaanlage 5/12 US$) Saubere, zweckdienliche Zimmer etwa 100 m nördlich der Acleda Bank. In der Nähe verteilen sich mehrere kleine Speiselokale.

Chhoeun Prak Kap Hotel (☎ 391777, 085-383868; Zi. mit Ventilator/Klimaanlage ab 7/13 US$) Die vielleicht schönste Überraschung in Samraong: Hier befindet sich ein richtiges Touristenhotel. Alle 35 Zimmer sind geräumig, hell und mit Warmwasser, brauchbaren Schreibtischen sowie Minikühlschränken ausgestattet. Um von der Acleda Bank aus hierherzugelangen, geht man 500 m nach Norden, biegt dann rechts ab und folgt der Straße weitere 500 m Richtung Osten.

Pkay Proeuk Restaurant (Phkay Preuk; ☎ 391888; Hauptgerichte 5000–15 000 R; 6–22 Uhr) 300 m östlich des Chhoeun Prak Kap Hotel serviert dieses luftige, hallenartige Restaurant mit Deckenventilatoren die üblichen Khmer-Gerichte und das beste Frühstück der Stadt. Manche sagen, der Schuppen nebenan biete noch besseres Essen.

An- & Weiterreise

Der NH68 von Samraong nach Kralanh (genau 75 km Richtung Süden) soll bald asphaltiert werden. In der Regenzeit kann die Straße zum Banteay Chhmar (50 km) – die ebenfalls bald ausgebessert werden soll – nicht befahren werden. Ebenso schlecht ist die Strecke nach Anlong Veng 70 km östlich: Einige Abschnitte sind zwar mittlerweile asphaltiert, aber der größte Teil ist noch so miserabel wie in den schlechten alten Zeiten.

Sammeltaxis (25 000 R, 2½ Std.) nach Siem Reap starten am Markt und fahren über den NH68. Während der Trockenzeit verkehren manchmal Busse nach Siem Reap sowie Pickups oder Taxis via Banteay Chhmar nach Sisophon. Öffentliche Verkehrsmittel in Richtung Osten nach Anlong Veng gibt's nicht.

Details zur Reise von/nach O Smach siehe unten.

O SMACH

អូរស្មាច់

Nur wenige ausländische Besucher nutzen den Grenzübergang O Smach–Chong Jom (s. S. 373), der auf kambodschanischer Seite wirklich ziemlich rückständig ist. In der protzigen Grenzzone gibt's zwei große Kasino-Hotels, eine asphaltierte zweispurige, immerhin mehrere Hundert Meter lange Fahrbahn (die Thailänder nutzen die linke Seite, während die Kambodschaner auf beiden Seiten fahren – das Ergebnis: Chaos!) und einen ordentlichen, modernen Markt, den **Neuen O-Smach-Markt**.

Südlich des Triumphbogens neben dem Markt erstrecken sich schwer zugängliche Orte fernab ausgetretener Pfade. Die Strecke nach Samraong schlängelt sich zwischen Minenfeldern hindurch; an einer Stelle hat man während der Regenzeit die Wahl, 1 US$ für das Privileg zu zahlen, die verfallene Holzbrücke überqueren zu dürfen (die von jungen Dorfunternehmern leider sehr unsolide gebaut wurde), oder einen schlammigen Straßenabschnitt von unbestimmter Tiefe zu passieren. Unterwegs kommt man an Motorrädern vorbei, die so hoch mit Obst, billigen Haushaltswaren und geschmuggeltem Benzin (aus Thailand) beladen sind, dass sie unter ihrer Last oft umkippen.

O Smach geriet im Juli 1997 in die Schlagzeilen, als sich hier Funcinpec-Truppen nach dem Staatsstreich neu formierten und so lange mit den überlegenen Truppen der Kambodschanischen Volkspartei (KPK) verhandelten, bis ein Friedenspakt vereinbart wurde, sodass 1998 Wahlen durchgeführt werden konnten. Nachdem Friede eingekehrt war, zog das Militär ein und vertrieb die Einwohner von ihrem sicheren Land, um es an einen Kasino-Unternehmer zu verkaufen. Mittlerweile sind die zwangsgeräumten Landbesitzer dazu gezwungen, in verminte Regionen zu ziehen, von denen das Militär behauptet, sie seien sicher. Wie so oft in Kambodscha beuteten die Starken die Schwachen aus, aber dieser Vorfall war besonders herzlos und weckte die internationale Aufmerksamkeit für militärischen Landraub in einem Staat, wo angeblich Frieden herrscht.

Praktische Informationen

Auf dem Markt findet man mehrere Geldwechsler. **K-I-M School** (Neuer O-Smach-Markt, Shop A-30; 8–23 Uhr) sollte mittlerweile Internetzugang anbieten.

Schlafen & Essen

1 km von der Grenze liegt das **TD Na Guesthouse** (☎ 016 312549; Zi. mit Ventilator/Klimaanlage ab 25 000/45 000 R). Es wurde in einem Stil erbaut, den man sowohl neoklassisch als auch spanisch und traditionell bezeichnen kann. Die 18

NORDWEST-KAMBODSCHA

Zimmer (10 weitere werden gerade hinzugefügt) sind groß, aber nicht gerade makellos.

Wer etwas Schickeres sucht, kann an der Grenze im Royal Hill Hotel übernachten, das abends mit einer wunderschönen Beleuchtung aufwartet und überraschend familienorientiert ist (Mama und die Kinder müssen schließlich beschäftigt werden, wenn Papa spielt). Außerdem gibt's hier ein großzügiges **Mittags- und Abendbüfett** (100 B; ⏲ 11–16 & 17–22 Uhr). Im Open-Air-Café gegenüber dem Parkplatz werden kostenlose thailändische **Popkonzerte** (⏲ jeden Abend 20–1 Uhr) veranstaltet.

An- & Weiterreise

O Smach ist ein guter Ort, um billiges Benzin zu kaufen, und von Thailand problemlos zu erreichen. Wer allerdings von Samraong (40 km) anreist, muss eine anstrengende, kurvenreiche Fahrt über rutschige Hänge und riesige Schlaglöcher bewältigen.

Direkt hinter dem Büro der kambodschanischen Einreisebehörde warten zahlreiche *motos* sowie ein paar Taxis auf Passagiere oder Frachtgut. Ein *moto* nach Samraong (1½ 2 Std.) sollte etwa 250 B, ein Sammeltaxi 15 000 R und ein Privattaxi 25 US$ kosten: Jedenfalls sind das die Preise in Samraong; an der Grenze verlangen die Fahrer jedoch das Doppelte.

Für ein Gemeinschaftstaxi nach Siem Reap (2½ Std.) muss man mit 30 000 R, für ein Privattaxi mit 1500 B rechnen.

Öffentliche Verkehrsmittel gibt's weder in Richtung Osten nach Anlong Veng noch in Richtung Südwesten zum Banteay Chhmar.

ANLONG VENG
អន្លង់វែង

Anlong Veng war fast ein Jahrzehnt lang die ultimative Hochburg der Roten Khmer: Hier lebten einige berühmt-berüchtigte Führer des Demokratischen Kampuchea, darunter Pol Pot, Nuon Chea, Khieu Samphan und Ta Mok. Im April 1998 fiel der Ort an die Regierungstruppen; etwa zur selben Zeit starb in der Nähe Pol Pot unter mysteriösen Umständen. Kurz darauf befahl Premierminister Hun Sen, den NH67 mit Bulldozern durch den Dschungel zu schlagen, um sicherzustellen, dass die Bevölkerung nicht auf den Gedanken käme, den Krieg fortzuführen.

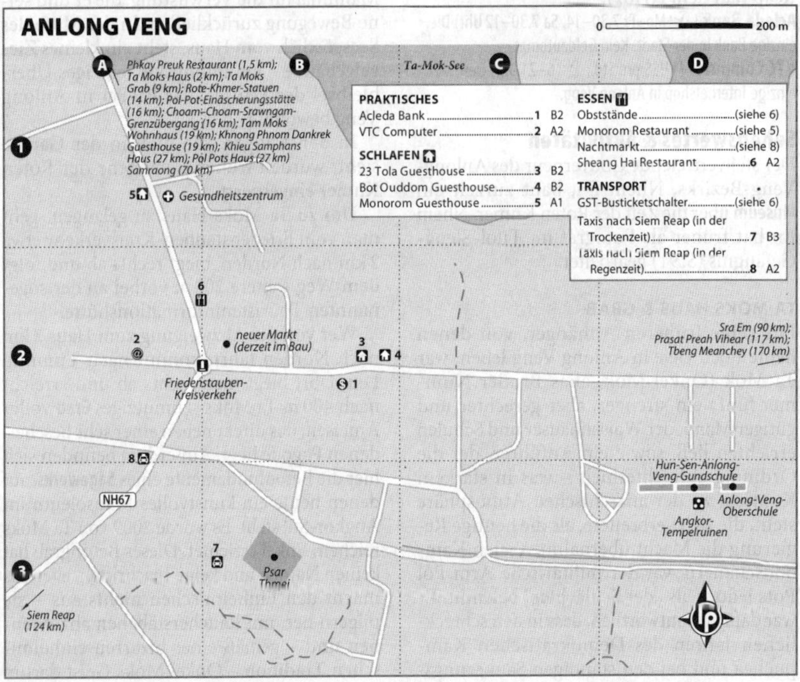

Heute ist Anlong Veng eine arme, staubige Stadt mit wenigen Attraktionen. Immerhin befindet sich ganz in der Nähe der Grenzübergang Choam–Choam Srawngam, von dem aus man in einen ziemlich isolierten Teil von Thailand kommt. Wer sich für die zeitgenössische kambodschanische Geschichte interessiert, kann zudem die beunruhigenden Schauplätze aus der Zeit der Roten Khmer besuchen. Die meisten Bewohner dieser Region sowie fast die gesamte politische Verwaltung und obere Gesellschaftsschicht sind ehemalige Rote Khmer oder deren Nachfahren.

Auch dank der verbesserten Straßenverbindungen nach Siem Reap entwickelt sich die lokale Wirtschaft sehr schnell.

Orientierung & Praktische Informationen

In Anlong Vengs Zentrum befindet sich der Friedenstauben-Kreisverkehr mit einem Denkmal, das der Stadt von Hun Sen geschenkt wurde. Von hier aus führen Straßen nach Norden zum Grenzübergang Choam, in Richtung Osten nach Sra Em und Prasat Preah Vihear sowie in Richtung Süden nach Siem Reap (auf dem NH67).

Acleda Bank (🕒 Mo–Fr 7.30–14, Sa 7.30–12 Uhr) Die einzige Bank in der Stadt. Kein Geldautomat.

VTC Computer (1 US$ pro Std.; 🕒 6–21 Uhr) Der einzige Internetshop in Anlong Veng.

Sehenswertes & Aktivitäten

Der stellvertretende Gouverneur des Anlong-Veng-Bezirks, Nhem En, baut zurzeit ein **Museum** über die Zeit der Roten Khmer. Nhem En hat früher als Fotograf im Tuol-Sleng-Gefängnis (S. 91) gearbeitet.

TA MOKS HAUS & GRAB

Für seine früheren Anhänger, von denen heute noch viele in Anlong Veng leben, war Ta Mok (Onkel Mok, alias Bruder Nummer fünf) ein strenger, aber gerechter und gütiger Mann, der Waisenhäuser und Schulen errichten ließ, sowie ein Anführer, der die Ordnung aufrechterhielt – was in starkem Kontrast zu der anarchischen Atmosphäre steht, die sich verbreitete, als die heutige Regierung die Macht übernahm. Vielen Kambodschanern war der militärische Arm Pol Pots jedoch als „der Schlächter" bekannt. Er war dafür verantwortlich, dass in den schrecklichen Jahren des Demokratischen Kampuchea und bei den ständigen Säuberungsaktionen Tausende von Menschen umkamen. Ta Mok wurde 1999 festgenommen und starb im Juli 2006 in einem Krankenhaus in Phnom Penh, während er auf die Gerichtsverhandlung wartete, während der er des Genozids und der Verbrechen gegen die Menschlichkeit angeklagt werden sollte.

Sein **Haus** (Eintritt 2 US$) liegt an einem friedlichen Seeufer und ist ein spartanisches Gebäude mit einem Bunker im Keller, fünf albernen Wandgemälden im Erdgeschoss (eins von Angkor Wat, vier von Prasat Preah Vihear) und drei weiteren Bildern im Obergeschoss (darunter eine idyllische Naturszene). Hier verabschiedete der Mann, auf dessen Konto 1,7 Millionen ermordete Kambodschaner gehen, Todesurteile, plante Offensiven und scherzte mit Freunden. Die Bäume rund um das Haus sind seit der Heerschaft der Roten Khmer still weitergewachsen, unberührt von den schrecklichen Ereignissen, die um sie herum geschahen.

Der sumpfige **Ta-Mok-See** wurde auf Befehl von Bruder Nummer Fünf hin geschaffen, allerdings vernichtete das Wasser sämtliche Bäume. Ihre Gerippe gelten als passendes Mahnmal für die Verwüstung, die er und seine Bewegung zurückließen. In der Mitte des Sees, östlich vom Haus, steht ein kleines Ziegelgebäude – ein Plumpsklo, einziges Überbleibsel des Hauses, das **Pol Pot** in Anlong Veng bewohnte.

In den Käfigen, die man in der Garage sieht, wurden früher Gefangene der Roten Khmer eingesperrt.

Um zu Ta Moks Haus zu gelangen, geht man vom Friedenstauben-Kreisverkehr etwa 2 km nach Norden, biegt rechts ab und folgt dem Weg weitere 200 m vorbei an der sogenannten Touristeninformationshütte.

Wer von der Abzweigung zum Haus 7 km nach Norden fährt, kommt nach Tumnup Leu. Dort biegt man rechts ab und erreicht nach 400 m Ta Moks schmutziges **Grab** voller Ameisen, das direkt neben einer sehr bescheidenen Pagode liegt. Außerdem befinden sich hier die Betonfundamente eines **Sägewerks**, auf denen heute ein kunstvolles Mausoleum im Angkor-Stil steht. Es wurde 2009 von Ta Moks reichem Enkel errichtet. Dieses Betongrab hat keinen Namen und keine Inschriften, aber das macht den Einheimischen nichts aus – sie pilgern her, um Räucherstäbchen abzubrennen und – gemäß einer bizarren einheimischen Tradition – Onkel Moks Geist darum

LANDMINEN: EIN TÖDLICHES VERMÄCHTNIS DES KRIEGS

Obwohl er schon seit einem Jahrzehnt vorüber ist, fordert der kambodschanische Bürgerkrieg auch heute noch viele Opfer: Zivilisten, die auf eine Mine treten oder von Blindgängern verletzt werden, die auch als „explosive Kriegsrelikte" *(explosive remnants of war,* ERW) bekannt sind.

Erstmals massiv eingesetzt wurden die Sprengkörper Mitte der 1980er-Jahre, als vietnamesische Truppen mithilfe lokaler Zwangsarbeiter ein 700 km langes Minenfeld entlang der gesamten kambodschanisch-thailändischen Grenze errichteten. Nach dem Rückzug der Vietnamesen legte die kambodschanische Regierung weitere Ladungen, um die Städte, Dörfer, Militärposten, Brücken, Grenzübergänge und Versorgungsrouten vor Überfällen zu schützen. Auch die Roten Khmer verminten die von ihnen kontrollierten Regionen zum Schutz vor Angreifern. Und schließlich legte die Regierung Mitte der 1990er-Jahre bei Offensiven gegen die Roten Khmer rund um Anlong Veng und Pailin viele zusätzliche Sprengladungen.

Inzwischen gehört Kambodscha zu den am stärksten verminten Regionen der Welt und hat weltweit die höchste Anzahl an Menschen mit Amputationen – über 25 000 Kambodschaner haben bereits ein oder mehrere Gliedmaßen verloren. Trotz der aufwendigen Informationskampagnen über das Risiko werden monatlich durchschnittlich 20 Einheimische verletzt oder getötet. Das stellt eine große Verbesserung gegenüber den 1990er-Jahren dar, als die monatliche Zahl der Opfer mehr als 300 betrug, außerdem waren die Zahlen bis 2006 noch fast doppelt so hoch – trotzdem finden in diesem Land, wo offiziell Frieden herrscht, nach wie vor Kriegsmassaker statt.

Komplizierterweise können Regionen, die in der Trockenzeit sicher zu sein scheinen, während der Regenzeit gefährlich werden, weil die Erde aufweicht. Viele kambodschanische Bauern besiedeln dann neues Land, doch ihr Traum von einem neuen Leben scheitert nur wenige Monate später, wenn eines der Familienmitglieder aufgrund einer Landmine ein Bein verliert.

Mehrere Gruppen arbeiten daran, die gefährdeten Regionen zu entminen, und schlagen sich Meter für Meter durch das Unterholz. Zwischen 1992 und 2008 wurden 820 000 Schützenminen, 200 000 Panzerminen und 1,77 Millionen Blindgänger auf einer Fläche von 486 km² entfernt. Es müssen aber noch weitere 4000 km² gesäubert werden. Wenn man abgelegene Gebiete der Provinzen (in absteigender Reihenfolge geordnet nach der Zahl der Opfer von 2008 bis 2009:) Battambang, Banteay Meanchey, Krong Pailin, Oddar Meanchey, Preah Vihear und Pursat besucht, wird man wahrscheinlich Entminungsgruppen des **Cambodian Mine Action Centre** (CMAC; www.cmac.org.kh), des **HALO Trust** (www.halotrust.org) und der **Mines Advisory Group** (MAG; www.maginternational.org) sehen.

Ein paar gute Ratschläge, um sich zu schützen:

- In abgelegenen Regionen sollte man niemals die ausgetretenen Pfade verlassen.
- Nichts berühren, das auch nur entfernt an eine Mine oder an Munition erinnert.
- Wenn man sich zufällig in einer verminten Region aufhält, sollte man nur dann den gleichen Rückweg nehmen, wenn man seine Fußabdrücke deutlich sieht. Wenn nicht, bleibt man stehen und ruft um Hilfe – Beratergruppen bringen es auf den Punkt: „Besser man verbringt einen Tag in einem Minenfeld als ein Leben lang als Amputierter."
- Wenn jemand verletzt wird, darf man keinesfalls auf ihn zugehen, selbst wenn er um Hilfe ruft; stattdessen muss man jemanden holen, der sich mit Minenfeldern auskennt.
- In abgelegenen Regionen niemals die Straße verlassen, auch dann nicht, wenn die Natur ruft. Gliedmaßen sind wichtiger als Sittsamkeit.

Detaillierte Informationen über das Landminenmuseum in der Nähe von Siem Reap siehe S. 145.

zu bitten, dass er ihnen eine Zahlenkombination nennt, mit der sie im Lotto gewinnen.

ENTLANG DER THAILÄNDISCHEN GRENZE

Weiter nördlich findet man auf den Gipfeln des Dangkrek-Gebirges weitere Stätten aus der Zeit der Roten Khmer, die jeweils mit einem hellblauen Schild markiert sind. Jahrelang fragte sich die Welt, wo sich Pol Pot und seine Kumpanen versteckt hielten – nun, hier, nahe genug an der Grenze zu Thailand, um bei Bedarf rechtzeitig fliehen zu können.

NORDWEST-KAMBODSCHA

2 km vor der Grenze, wo sich die Straße an einem mannsgroßen Felsen gabelt, sollte man nach einer Gruppe von **Statuen** Ausschau halten. Die Roten Khmer haben sie aus dem Felsen gehauen. Eine davon stellt eine Frau mit einem Bündel Bambusstöcke auf dem Kopf dar; die beiden anderen Skulpturen zeigen uniformierte Soldaten (Letztere wurden von den Regierungstruppen enthauptet). Heute sind sie ein makaberer, aber beliebter Wallfahrtsort. Viele Einheimische kommen hierher, um Früchte und Räucherwerk zu opfern und damit den Seelen der toten Khmer-Soldaten Ehre zu erweisen.

Am Pass (ein paar Hundert Meter vor der Grenze) biegt man neben einem cremefarbenen, dreistöckigen Neubau rechts (Richtung Osten) ab, hält sich nach 50 m links und springt über einen kleinen Abwasserkanal. Unter einem verrosteten Wellblechdach liegt **Pol Pots Einäscherungsstätte**, umgeben von teilweise vergrabenen Glasflaschen. 1998 wurde Po Pot auf einem Haufen aus Müll und alten Reifen hastig verbrannt – manche sagen, dies sei ein angemessenes Ende für den Diktator, der Millionen Menschen ins Elend stürzte.

So seltsam es auch klingen mag, manche Kambodschaner erinnern sich mit Wehmut an den Tyrannen, und manchmal kommen Leute hierher, um Räucherstäbchen anzuzünden. Nach Aussagen der umliegenden Anwohner haben die Besucher des „Grabs" in der Hoffnung, dies bringe Glück, jedes auch noch so kleine Knochenfragment aus der Asche gezogen – denn auch Pol Pots Geist soll Gewinnzahlen fürs Lotto übermitteln.

1997 ließ Pol Pot Son Sen, den früheren Verteidigungsminister der Roten Khmer, und dessen Familie ermorden und die Leichen von Lastwagen überfahren, nur weil dieser versucht hatte, in der Regierung unterzukommen. Der Zwischenfall führte zu Pol Pots Sturz und Inhaftierung durch Ta Mok. Anschließend folgte der Schauprozess gegen ihn (unweit der Einäscherungsstätte) und wenig später fand man ihn tot auf; angeblich starb er an einem Herzinfarkt.

Einige Hundert Meter nördlich liegt neben einem maroden **Schmugglermarkt** der alte **Grenzübergang Choam–Choam Srawngam** (s. S. 373). Ein Stück weiter westlich haben Thailänder auf der gut asphaltierten Straße eine schicke neue Kreuzung errichtet. Die Kambodschaner behaupten jedoch, sie befände sich auf ihrem Gebiet, und sprechen von Landraub. Da kein Ende des Disputs in Sicht ist, müssen weiterhin die alten Verkehrsweg herhalten.

Vom Schmugglermarkt führt eine staubige Route parallel zum Steilhang nach Osten. Sie ist mit riesigen Schlaglöchern übersät und nur mit Allradwagen und Motorrädern befahrbar. Nach 3 km gelangt man zu den überwucherten Ziegelmauern und Betonfundamenten eines weiteren **Wohnhauses von Ta Mok**, das sich hinter Mango-, Jackfrucht- und Tamarindenbäumen versteckt. In der Nähe des Funkturms ragen die Betonruinen einer **Radiostation** der Roten Khmer in die Höhe. Kambodschanische Touristen besuchen **Peuy Ta Mok** (Ta Moks Klippe), um die spektakulären Ausblicke auf die nördlichen Ebenen des Landes zu genießen. Manche übernachten im **Khnong Phnom Dankrek Guesthouse** (☎ 012 444067; Zi. 7,50 US$) mit sechs Zimmern samt Moskitonetzen, unverglasten Fenster und Rollläden. Ein Pfad verläuft an der Klippe entlang durch den Dschungel nach Osten zu einem **Wasserfall**, der in der Trockenzeit versiegt.

Von hier windet sich die Straße Richtung Nordosten an Minenfeldern (wurden Ende 2009 immer noch vom Halo Trust gesäubert), Armeeniederlassungen und Häusern vorbei, deren Bewohner Brandrodung betreiben. Nach 8 km gelangt man zu **Khieu Samphans Haus**, das sich tief im Dschungel an einem Flussufer befindet. Wer dann noch einer überwucherten Straße folgt, erreicht nach einigen Minuten auch **Pol Pots Haus**. Die ehemalige Zuflucht des Diktators ist von einer Betonziegelmauer umgeben und wurde vollständig ausgeplündert; übrig blieb nur ein niedriges Ziegelgebäude, unter dem sich ein Untergrundbunker verbirgt. Viele Fliesen im Hof wurden abtransportiert, sodass man die im Zement gehärteten Fußabdrücke getreuer Rote-Khmer-Kader sieht, die das Haus errichteten. Für manche Besucher ist dies der richtige Platz, um Pol Pots Biografie *Brother Number One* von David Chandler zu lesen.

Am Grenzübergang bei Choam stehen *moto*-Fahrer bereit, die einen zu Pol Pots Haus bringen können (30 000 R).

Schlafen

23 Tola Guesthouse (☎ 017 358868; Zi. mit Ventilator/Klimaanlage ab 6/15 US$;) Verfügt über tiefblaue Fliesenfußböden und 27 Zimmer mit hellgelben Wänden.

Bot Ouddom Guesthouse (☎ 011 500507; Zi. mit Ventilator/Klimaanlage ab 25 000 R/15 US$;) Das Gästehaus im Besitz der Familie des stellvertretenden Gouverneurs beherbergt 40 geräumige, makellose Zimmer mit massiven Hartholzbetten. Vom neuen Nebengebäude aus blickt man auf den Ta-Mok-See.

Monorom Guesthouse (☎ 011 293046; Zi. 10–15 US$; ❄) Ein echtes Touristenhotel mit 20 großen, komfortablen klimatisierten Zimmern und Warmwasser. Im hinteren Bereich wird zurzeit ein Nebengebäude mit 50 weiteren Räumen errichtet. Außerdem soll es bald einen Internetzugang geben.

Essen

Südlich des Kreisverkehrs findet man ein paar ganztags geöffnete Speiselokale und einen lebhaften Nachtmarkt mit Buden, in denen Hühnchen, Fisch und Eier auf Spießen gegrillt werden. Neben dem Sheang Hai Restaurant reihen sich mehrere **Obststände** (🕑 7–20 Uhr oder länger) aneinander.

Phkay Preuk Restaurant (☎ 012 884823; NH67; Hauptgerichte 5000–20 000 R; 🕑 6–22 Uhr) 2 km nördlich der Stadt und ein paar Häuser südlich der Abzweigung zu Ta Moks Haus werden in den Pavillons des beliebten Speiselokals leckere, preiswerte Khmer-Gerichte serviert.

Sheang Hai Restaurant (☎ 012 786878; Hauptgerichte 2–6 US$; 🕑 5–21 oder 22 Uhr) Das kantinenartige Restaurant ist nach der chinesischen Stadt Shanghai (der Spitzname des chinesisch-kambodschanischen Besitzers) benannt. Hier locken sowohl chinesische als auch Khmer-Kreationen wie Bratreis und *tom-yam*-Suppe. Wildfleisch von bedrohten Tierarten sollte man nicht bestellen.

Monorom Restaurant (☎ 011 907791; Hauptgerichte 2–6 US$; 🕑 6–22 Uhr) Ein hell beleuchteter, für Anlong Vengs Verhältnisse wirklich todschicker Laden.

Anreise & Unterwegs vor Ort

Anlong Veng liegt 124 km nördlich von Siem Reap (über den exzellenten NH67), 16 km südlich des Grenzübergangs Choam–Choam Srawngam (über eine sehr gut asphaltierte Straße), 70 km nordöstlich von Samraong und etwa 90 km westlich von Sra Em (Abzweigung nach Prasat Preah Vihear).

Sammeltaxis (20 000 R, 1½ Std.) und Pickups (Außen-/Innenplatz 10 000/15 000 R) nach Siem Reap starten am häufigsten morgens, ebenso wie die Taxis Richtung Osten nach Sra Em (20 000 R, 2 Std.); manche fahren nach Kor Muy (25 000 R, 2½ Std.) weiter. In der Trockenzeit geht's am Psar Thmei los, in der Regenzeit nahe der Straße nach Psar Thmei am NH67. In Siem Reap fahren die Taxis vor dem Prohm Meas Guesthouse ab, das 3,5 km östlich des Royal Palace am NH6, 100 m östlich der ANZ Royal Bank und 800 m westlich des größten Taxistands liegt.

Im Sheang Hai Restaurant bekommt man Tickets für GST-Busse nach Siem Reap (15 000 R, 2 Std., Abfahrt 7.30 Uhr).

Es gibt hier keine öffentlichen Verkehrsmittel nach Samraong.

Um von Anlong Veng zum Grenzübergang Choam–Choam Srawngam zu gelangen, nimmt man entweder ein *moto* (einfache Fahrt 10 000–15 000 R) oder ein Privattaxi (15 US$). An der Grenze werden Touristen keine Taxis aufgedrängt, aber bei Bedarf bestellen die englischsprechenden Angestellten des Visa-Büros gerne eines. Manchmal betätigen sich die Beamten übrigens sogar selbst als Fahrer!

Für eine *moto*-Fahrt zu Ta Moks Haus zahlen Einheimische normalerweise 2000 R. Eine Rundfahrt bis zur Grenze inklusive Haus und Grab kostet 30 000 R (60 000 R samt einer Fahrt zu Pol Pots Haus).

PREAH-VIHEAR-PROVINZ

ខេត្តព្រះវិហារ

Die weitläufige Provinz grenzt nördlich an Thailand und Laos und besteht größtenteils aus Dschungel. Sie beherbergt drei der beeindruckendsten angkorianischen Bauwerke des Landes. Der Prasat Preah Vihear thront in fantastischer Lage auf einem Felsvorsprung im Dangkrek-Gebirge und ist seit 2008 die zweite Unesco-Welterbestätte Kambodschas; der gewaltige Preah Khan erhebt sich weiter nördlich, kann aber nur in der Trockenzeit besucht werden; und die Hauptstadt Koh Ker aus dem 10. Jh. ist über eine neue, ziemlich gute Mautstraße von Siem Reap aus (via Beng Mealea) zu erreichen.

Diese Region ist extrem arm: Einerseits liegt das an der lange bestehenden Kontrolle durch die Roten Khmer (bis 1998), andererseits am katastrophalen Zustand der Infrastruktur: Bis vor Kurzem gab es in der gesamten Gegend keine einzige asphaltierte Straße! Die Bedürfnisse der kambodschanischen Armee infolge der Konfrontation mit Thailand sowie der patriotische Eifer, der durch die Auseinandersetzungen um den Prasat Preah Vihear entfacht wurde, führten zum lange versprochenen Ausbau der Wege.

Lichtverschmutzung ist in Preah Vihear kaum vorhanden und so lockt in klaren Nächten ein absolut spektakulärer Blick auf die Milchstraße.

Hidden Cambodia (www.hiddencambodia.com) veranstaltet während der Trockenzeit Geländemotorradtouren zu den angkorianischen Tempeln. Wer etwas komfortabler reisen will, sollte sich an **Hanuman Tourism** (www.hanumantourism.com) wenden.

Anreise & Unterwegs vor Ort

Momentan kann man weder schnell noch bequem durch Preah Vihear reisen. In der Regenzeit sind die meisten Straßen für normale Passagierfahrzeuge sogar kaum passierbar.

Als wichtigste Verkehrsader dient der von Norden nach Süden verlaufende NH64 zwischen Kompong Thom und Tbeng Meanchey (157 km). Die Straße wird zwar gelegentlich ausgebessert, verwandelt sich aber bei Regen in einen nahezu undurchdringlichen Morast. Aus diesem Grund entscheiden sich die meisten Autofahrer mit den Zielen Koh Ker und Tbeng Meanchey für die Mautstraße (10 000 R pro Auto) von Dam Dek, das 115 km nordwestlich von Kompong Thom am NH6 und 30 km südöstlich von Siem Reap liegt. Bei unserem Besuch war die Route in der Region nicht asphaltiert, aber weiter nördlich wurden gerade neue Brücken erbaut und 2011 – so wird jedenfalls behauptet – soll die Straße ebenfalls befestigt werden.

Nördlich von Tbeng Meanchey sind einige Streckenabschnitte zum Prasat Preah Vihear und nach Choam Ksant mit riesigen Schlaglöchern und Furchen übersät. Dank chinesischer Ingenieure und des kambodschanischen Verteidigungshaushalts wird die Straße langsam ausgebaut. Die Region ist nach wie vor besiedelt: An den Straßen sieht man viele Holzhütten, in denen die Ärmsten der Armen leben.

Die Regierung will alle Straßen der Provinz verbessern, das gilt auch für den NH64 und den Weg zum Prasat Preah Vihear. Bei Erscheinen dieses Reiseführers hat sich die Situation also möglicherweise verbessert – allzu viel Hoffnung sollte man sich aber besser nicht machen.

PREAH KHAN

ព្រះខ័ន

Der **Preah Khan** (Eintritt 5 US$), nicht zu verwechseln mit dem gleichnamigen Tempel in Angkor, bedeckt eine Fläche von fast 5 km² und ist die größte Anlage, die in der Angkor-Zeit gebaut wurde – angesichts der vielen Stätten eine Meisterleistung! Dank seiner Lage am sprichwörtlichen Ende der Welt herrscht hier eine friedliche Stille.

Die Geschichte des Komplexes hüllt sich in ein geheimnisvolles Dunkel. Immerhin weiß man, dass es sich um eine bedeutende religiöse Stätte gehandelt haben muss und dass einige Gebäude aus dem 9. Jh. stammen. Sowohl Suryavarman II., Erbauer von Angkor Wat, als auch Jayavarman VII. haben hier zeitweise gelebt, demnach diente der Preah Khan im Angkor-Reich als bedeutendes Zentrum. Ursprünglich war die Anlage hinduistischen Gottheiten geweiht, aber Ende des 12. bzw. Anfang des 13. Jhs. ordnete Jayavarman VII. einen umfassenden Umbau an und verwandelte sie in eine Gebetsstätte des Mahayana-Buddhismus.

Am Ostende des 3 km langen *baray* (Wasserspeicher) erhebt sich der kleine, pyramidenförmige **Prasat Damrei** (Elefantentempel). Ganz oben sieht man zwei wunderschön gemeißelte Elefanten; zwei weitere kann man im Nationalmuseum in Phnom Penh (S. 90) und im Pariser Musée Guimet besichtigen.

Im Zentrum des Wasserbeckens thront der **Prasat Preah Thkol** (bei den Einheimischen als Mebon bekannt), ein Inseltempel, dessen Stil an den Westlichen Mebon in Angkor erinnert. Der **Prasat Preah Stung** am westlichen Ende des *baray* (auch als Prasat Muk Buon bzw. Tempel der Vier Gesichter bekannt) ist das vielleicht einprägsamste Gebäude der Anlage, denn seinen Hauptturm schmücken vier rätselhaft wirkende Gesichter im Bayon-Stil.

400 m südwestlich davon verlaufen die Mauern von Preah Khan. Sie sind von einem Graben umgeben, der dem um Angkor Thom ähnelt. Unweit des östlichen *gopura* (Eingangspavillon) steht ein **dharmasala** (Rasthaus für Pilger). Ein großer Teil der Hauptanlage ist heute von Wald bedeckt.

Erst Mitte der 1990er-Jahre brachte man den zentralen Tempelkomplex in einen verhältnismäßig guten Zustand. Kurz danach erschienen Diebe auf der Suche nach Statuen, die unter den *prang* (Tempeltürmen) vergraben lagen. Sie waren mit Druckluft-Bohrma-

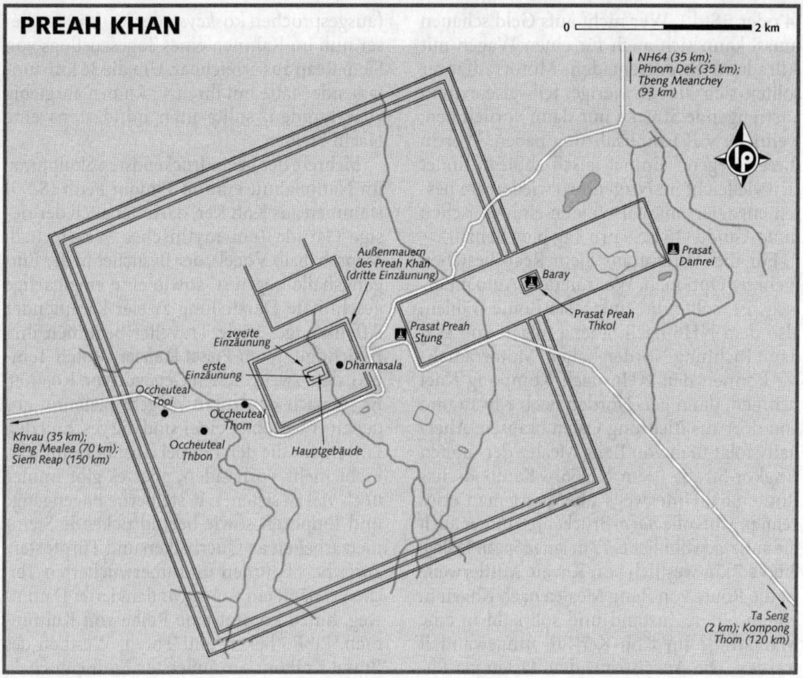

schinen und Baggern ausgerüstet, gegen die der Tempel keine Chance hatte; viele Türme stürzten einfach in sich zusammen und übrig blieb das traurige Chaos, das heute zu sehen ist. Wieder einmal konnte eine Stätte, die so lange überlebt hatte, dem Angriff des 20. Jhs. und seinen Konsumwünschen nicht standhalten.

Unter den Steinmetzarbeiten befand sich auch eine Büste von Jayavarman, die heute im Nationalmuseum in Phnom Penh gezeigt und oft als Touristensouvenir kopiert wird. Der Körper der Statue wurde vor ein paar Jahren von Einheimischen entdeckt. Sie informierten die Behörden und im Jahr 2000 wurde der Kopf wieder mit dem Leib vereint.

Kambodschaner nennen den Tempel zumeist Prasat Bakan, während Gelehrte ihn offiziell als Bakan Svay Rolay bezeichnen, eine Kombination des lokalen Gebäudenamens mit dem des Bezirkes. Von den Einwohnern in Siem Reap wird er oft auch Preah Khan bzw. Kompong Svay genannt.

Die Einheimischen behaupten zwar, dass es in der Region rund um den Preah Khan keine Landminen gibt; aus Sicherheitsgründen sollte man aber trotzdem immer auf den ausgeschilderten Wegen bleiben.

Schlafen & Essen

Wenn man den Preah Khan wirklich genießen will, muss man über Nacht bleiben. Besucher, die eine Hängematte und ein Moskitonetz besitzen, können in der Anlage schlafen, sollten sich aber mit der Touristenpolizei abstimmen, die gerne ein kleines Trinkgeld nimmt und einen dafür im Auge behält. Alternativ entscheidet man sich für einen **Gastfamilienaufenthalt** (Zi. 3 US$) in Ta Seng, 3 km vom Tempelkomplex entfernt.

An- & Weiterreise

In der Regenzeit (etwa Mai bis November) ist die Anreise eigentlich nur mit einem Ochsenkarren möglich. Am besten kommt man zwischen Februar und April, denn dann sind die Straßen verhältnismäßig trocken.

Es gibt keine öffentlichen Verkehrsmittel zur Tempelanlage, also mietet man am besten ein *moto*, einen aufgebockten Camry oder einen Pick-up in Stoeng (am NH6), Kompong Thom (120 km, 5 Std.) oder Tbeng Meanchey

(4 oder 5 Std.). Wer nicht aufs Geld schauen muss, kann sich auch für einen Wagen mit Allradantrieb entscheiden. Motorradfahrer sollten sich die schwierige, teilweise extrem anstrengende Strecke nur dann vornehmen, wenn sie viel Fahrerfahrung haben. Wer in dieser Gegend einmal falsch abbiegt, findet sich vielleicht im Nirgendwo wieder; am besten engagiert man also einen einheimischen *moto*-Guide (15 US$ pro Tag plus Benzin).

Für die Anreise aus Siem Reap bestehen mehrere Optionen. Wer mit dem Auto unterwegs ist, sollte die einfachste Route wählen, also dem NH6 nach Stoeng folgen und sich dann Richtung Norden halten. Motorradfahrer können den NH6 nach Kompong Kdei nehmen, dann gen Norden nach Khvau und von dort aus Richtung Osten brausen. Alternativ folgt man von Beng Mealea der uralten Angkor-Straße (dem NH66 – Kambodschas Route 66). Unterwegs überquert man etwa zehn prachtvolle *naga*-Brücken, darunter auch die außergewöhnliche, 77 m lange **Spean-Ta-Ong-Brücke** 7 km westlich von Khvau. Mittlerweile ist die Route von Beng Mealea nach Khvau in einem guten Zustand und soll bald in eine Mautstraße im Koh-Ker-Stil umgewandelt werden. Die Anreise aus dem Osten via Phnom Dek (auf dem NH64 zwischen Kompong Thom und Tbeng Meanchey) führt über eine ziemlich schlechte Strecke, aber dafür kann man unterwegs Sambor Prei Kuk besuchen.

NORDWEST-KAMBODSCHA

KOH KER

កោះកែ

Koh Ker (Eintritt 10 US$) war jahrhundertelang den Dschungelwäldern des Nordens überlassen und von 928 bis 944 n. Chr. die Hauptstadt des Angkor-Reichs. Dank einer kürzlich erfolgten Säuberung von Minen und der Eröffnung einer Mautstraße zwischen Dam Dek (via Beng Mealea) und dem Tempelkomplex (ausgesprochen ko-*keye* oder ko-*kye*) ist dieser nun im Rahmen eines Tagesausflugs von Siem Reap aus erreichbar. Um die 36 km² umfassende Stätte mit ihren 42 Ruinen ausgiebig zu erkunden, sollte man mindestens eine Nacht bleiben.

Mehrere der beeindruckendsten Skulpturen im Nationalmuseum in Phnom Penh (S. 90) stammen aus Koh Ker, darunter auch der riesige Garuda (ein mythisches Wesen, halb Mensch, halb Vogel), der Besucher in der Eingangshalle begrüßt, sowie eine einzigartige geschnitzte Darstellung zweier kämpfender Affenkönige. Viele Traveller beginnen ihre Besichtigung am **Prasat Krahom** (Roten Tempel), dem zweitgrößten Gebäude von Koh Ker. Er ist nach den roten Ziegeln benannt, aus denen er besteht. Leider sind die geschnitzten Löwen, für die der Tempel einst bekannt war, nicht mehr vorhanden, aber es gibt immer noch viel zu sehen, z. B. steinerne Bogengänge und Emporen sowie beeindruckende Steinmetzarbeiten an Querbalken und Türpfosten. Zwischen Bäumen und überwucherten Teichen verläuft ein von *nagas* flankierter Dammweg, hinzu kommt eine Reihe von Kulträumen, Bibliotheken und Toren. Westlich des Prasat Krahom, am äußersten Ende eines halb verfallenen Säulengangs, sieht man die Überreste (Teile des Kopfes) einer *nandi*-Statue.

Als bedeutendstes Highlight von Koh Ker gilt der **Prasat Thom** (Prasat Kompeng), eine 55 m breite und 40 m hohe Sandsteinpyramide mit sieben Stufen. Das imposante Bauwerk westlich des Prasat Krahom birgt etwa 40 Inschriften aus der Zeit zwischen 932 und 1010 und sieht fast wie eine Maya-Stätte auf der Halbinsel Yucatan aus. Bei Redaktionsschluss war die Treppe zur Gebäudespitze aus Sicherheitsgründen geschlossen.

Südlich davon erstreckt sich ein 1185 x 548 m großer, als **Rahal** bekannter *baray* (Wasserspeicher). Er wird vom Stung Sen gespeist, der früher zur Bewässerung dieser trockenen Region genutzt wurde.

1 km nordöstlich von Prasat Thom stößt man auf vier weitere Tempel. Hier befinden sich einige der größten Shiva-Lingas (Phallussymbole) des Landes. Das größte sieht man im **Prasat Thneng**, aber auch der **Prasat Leung** (Prasat Balang) ist gut ausgestattet.

Schlafen & Essen

Wer ein Moskitonetz (Malariagefahr!) und eine Hängematte (es gibt auch Schlangen)

VORSICHT LANDMINEN!

Während des Kriegs wurden viele Tempel von Koh Ker vermint, aber bis 2008 konnten die meisten Sprengkörper entfernt werden: Bisher hat man in der Region 1382 Minen sowie 1 447 212 Blindgänger und Bomben beseitigt. Reisende sollten grundsätzlich auf Nummer sicher gehen und sich nicht von den ausgetretenen Pfaden entfernen oder im Wald herumlaufen.

DIE EISERNEN KUY VON KAMBODSCHA

Die Kuy, eine ethnische Minderheit in Nordkambodscha, Südlaos und Nordostthailand, sind vor allem als Schmelzer und Schmiede bekannt. Wahrscheinlich haben sie bereits zur Angkor-Zeit Eisen für Waffen, Werkzeuge und Bauwerke produziert.

Seit etwa 1950 verarbeiten die Angehörigen dieses Volksstammes kein Eisen mehr, doch in einigen Gemeinden gibt's noch qualitativ hochwertige Schmiedearbeiten. Wenn man auf dem NH64 zwischen Kompong Thom und Tbeng Meanchey unterwegs ist, kann man einen Zwischenstopp in Rumchek 2 km südlich der Eisenminen von Phnom Dek einlegen. Der Kuy-Schmied Ma Thean lebt in Rumcheck und fertigt in nur einer Stunde ein traditionelles Buschmesser an. Wer ihn besucht, darf den Blasebalg treten und unterstützt überdies eine aussterbende Kunst.

mitbringt, kann in der Nähe von Prasat Krahom übernachten – am besten fragt man die Polizisten nach einer guten Stelle. Ein paar kleine **Speiselokale** (Sonnenauf- bis Sonnenuntergang) in der Nähe werden von den Frauen der hier stationierten Wachleute geführt.

200 m südlich der Mautstelle von Koh Ker, die wiederum 8 km südlich von Prasat Krahom liegt, bietet das ruhige **Mom Morokod Koh Ker Guesthouse** (☎ 011 935114, 092-317713; Zi. ab 10 US$) elf saubere, geräumige Zimmer mit schönen, geschnitzten Holztüren, bemalten Wänden aus Holzplanken und Bädern an.

Von der Mautstelle 1 km gen Süden und dann 1 km Richtung Osten gelangt man zum Srayong-Dorf. Strom gibt's dort nur zwischen 18 und 22 Uhr. Das freundliche, familiengeführte **Ponloeu Preah Chan Guesthouse** (☎ 012 489058; Zi. 5 US$) verfügt über 14 Gästeräume mit kahlen Wänden, unverglasten Fenstern, Moskitonetzen und genügend Platz für ein Doppelbett. Die Toiletten und die Dusche befinden sich hinter dem Haus in einem kleinen, überdachten Hof. Eines der Zimmer hat ein Bad mit Hockklo.

Auf dem alten (Psar Cha) und dem neuen Dorfmarkt (Psar Thmei) kann man sich in einigen Speiselokalen stärken.

An- & Weiterreise

Koh Ker liegt 127 km nordöstlich von Siem Reap (mit dem Auto 2½ Std.) und 72 km westlich von Tbeng Meanchey (2 Std.). Die Mautstraße von Dam Dek ist nur bis zur Grenze der Preah-Vihear-Provinz asphaltiert und führt durch Beng Mealea (S. 206) 61 km südwestlich von Koh Ker; Tagesausflügler, die in Siem Reap starten, besuchen oft beide Tempelkomplexe. An der Mautstelle unweit von Beng Mealea werden möglicherweise Eintrittsgebühren verlangt. Hier sollte man sich eine gedruckte Quittung geben lassen.

Wer in Siem Reap ein Privatauto für einen Tagesausflug nach Koh Ker mieten will, zahlt etwa 80 US$.

Öffentliche Verkehrsmittel nach Koh Ker gibt es schlichtweg nicht, stattdessen verkehren lediglich nur ein paar Pick-ups zwischen Siem Peap und dem 10 km südlich von Prasat Krahom gelegenen Srayong. Eventuell kann man auch eines der Sammeltaxis Richtung Tbeng Meanchey nehmen und in Srayong aussteigen.

TBENG MEANCHEY

ត្បែងមានជ័យ

☎ 064 / 22 000 Ew.

Tbeng Meanchey (ausgesprochen *tbai manchey*) wird von den Einheimischen oft Preah Vihear genannt (nicht zu verwechseln mit Prasat Preah Vihear) und ist eine der ruhigsten Provinzhauptstädte Kambodschas. Der weitläufige Ort mit den staubigen roten Wegen (die sich während der Regenzeit in schlammige rote Wege verwandeln) wurde als Großstadt geplant, besteht aber nur aus zwei parallel von Norden nach Süden verlaufenden Hauptstraßen, auf denen sich mittags die Hunde ausruhen. Es gibt wenig zu sehen und zu tun, aber dafür ist dies ein guter Ausgangspunkt für die knochenharte Reise zum Prasat Preah Vihear, der 110 anstrengende Kilometer weiter nördlich liegt.

Bis 1999 konnte man aufgrund der Aktivitäten der Roten Khmer nur auf dem Luftweg nach Tbeng Meanchey reisen.

Orientierung & Praktische Informationen

Das Zentrum – wenn man es denn so bezeichnen möchte – erstreckt sich in der Nähe des Taxistands und des Markts und besteht aus mehreren niedrigen Hütten auf der Koh Ker Street, die hier als Psar Kompong Pranak bekannt ist. Einen langen Block weiter östlich verläuft der NH64, in der Stadt Mlou Prey Street genannt.

Acleda Bank (Koh Ker St) An dem rund um die Uhr zugänglichen Geldautomaten gibt's Barvorschüsse für Inhaber von Visa-Karten.

MSN Computer (Koh Ker St; 1 US$ pro Std.; ⌚ 7–18 Uhr) Internetzugang.

Touristeninformation (☎ 012 496154; Mlou Prey St; ⌚ Mo–Fr 7.30–11.30 & 14–17 Uhr) Bald soll eine neue Touristeninformation in einem Pavillon eröffnet werden.

Sehenswertes

Weaves of Cambodia (☎ 092-346415) – die Einheimischen nennen es Chum Ka Mo – wurde von der Stiftung der Amerikanischen Vietnamveteranen (www.veteransforamerica.org) gegründet und ist ein Zentrum für Seidenweberei. Es bietet Opfern von Landminen, Menschen, die an Kinderlähmung erkrankt sind, sowie Witwen und Waisen Beschäftigung. Montags bis freitags werkeln die Angestellten von 7 bis 11 bzw. 13 bis 17 Uhr und samstagmorgens an Handwebstühlen und stellen Seidenschals (25–40 US$) sowie Sarongs (70 US$) für den Export her. Um vom Krankenhaus am NH64 hierherzugelangen, geht man einen halben Häuserblock nach Süden und ein paar Hundert Meter Richtung Osten.

Die Tourismusbehörde der Provinz plant die Gründung eines kleinen ökotouristischen Projekts etwa 13 km westlich von Tbeng Meanchey (Richtung Koh Ker) und ganz in der Nähe des **Wat Bak Kam** (Wat Sang Virak Seila). Das Dorf **Thmor Pourng Angkam** schmiegt sich an den 45 km langen **Phnom Tbeng** und liegt am Rand des Dschungels. Mit einem Führer (z. B. einem Mönch) **klettert** man die steilen Bergwände hinauf und gelangt zu zwei Teichen (Schwimmen ist von Juni bis Dezember möglich), einem Ort, wo ethnische Minderheiten leben, sowie zum Gipfel (1½–2 Std.). Demnächst sollen hier auch Gastfamilienaufenthalte möglich sein – detaillierte Auskünfte erteilt die Touristeninformation in Tbeng Meanchey.

Einige Kilometer weiter östlich steht am Fuß des Bergs die **Peng-Oreah-Kor-Pagode**. Zu ihren Attraktionen gehören eine **Felsplatte** mit zwei winzigen Tempeln und eine **Waldhöhle**, wo die Mönche meditieren und schlafen.

19 km südlich der Stadt stößt man auf den **Vol-Rayong-Wasserfall**, der in der Trockenzeit versiegt. Nach etwa 16 km folgt die Abzwei-

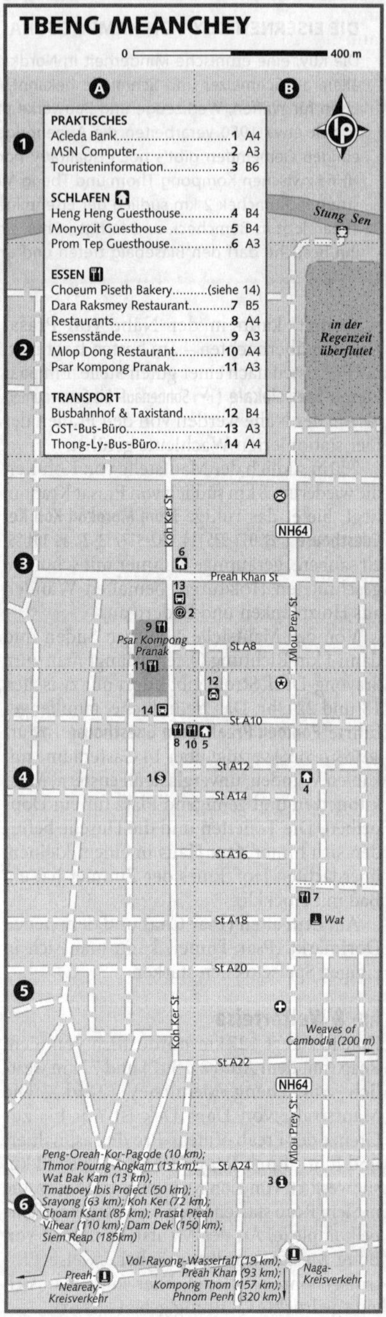

gung dorthin; die letzten 1000 m muss man dann zu Fuß zurücklegen.

Schlafen

Prom Tep Guesthouse (☎ 012 964645; Koh Ker St; Zi. mit Ventilator/Klimaanlage ab 6/16 US$;) Dieses dreistöckige Gästehaus ist groß genug, um als Hotel durchzugehen, und liegt an einer breiten Straße. Es bietet 25 große, unpersönliche Zimmer mit Kabel-TV und westlichen Toiletten; einige haben auch Kühlschränke. In der Trockenzeit kann es in den Räumen an der Südseite sehr heiß werden.

Monyroit Guesthouse (☎ 012 789955; St A10; Zi. mit Ventilator/Klimaanlage 8/16 US$;) In dem ebenfalls dreistöckigen Gebäude gibt's zwölf geräumige Zimmer, die man über eine steile Treppe erreicht. Viele Fenster, hohe Decken, solide Holzbetten und Waschmöglichkeiten mit kaltem Wasser. Nebenan werden derzeit neue Räume mit Warmwasseranschluss gebaut. Der Besitzer fährt einen Hummer.

Heng Heng Guesthouse (☎ 012 900992; Mlou Prey St; Zi. mit Ventilator/Klimaanlage 8/16 US$;) Das 35-Zimmer-Hotel verfügt über die besten Unterkünfte der Stadt. Die Räume im Obergeschoss haben enorm hohe Decken.

Essen

In der Region werden Rinder gehalten, deshalb kommt man in den Genuss köstlicher Fleischgerichte.

An der Nordseite des **Psar Kompong Pranak** (Koh Ker St) findet man Essensstände. Vor dem Taxistand sowie gleich um die Ecke auf der Koh Ker Street reihen sich mehrere Speiselokale. Die **Choeum Piseth Bakery** (Koh Ker St; 5.30–20 Uhr) verkauft Kuchen, Baguettes (500 R) und Gebäck (1000 R).

Mlop Dong Restaurant (☎ 011 709011; St A10; Hauptgerichte 7000 R; 6–19.30 Uhr) In diesem Holzgebäude werden die üblichen Khmer- und vegetarische Bratgerichte serviert. Morgens schauen viele Einheimische auf eine schnelle Morgensuppe vorbei.

Dara Raksmey Restaurant (☎ 012 556146; Mlou Prey St; Hauptgerichte 8000–20 000 R; 6.30–21 oder 22 Uhr) Tbeng Meancheys bestes und schickstes Restaurant wartet mit verspiegelten Glassäulen, massiven Holztischen und den üblichen beliebten Khmer-Gerichten auf.

Anreise & Unterwegs vor Ort

Tbeng Meanchey liegt 110 km südlich von Prasat Preah Vihear (über mehrere holprige Straßen erreichbar), 72 km östlich von Koh Ker, 150 km nordöstlich von Dam Dek (3 Std., über eine größtenteils unbefestigte Mautstraße zu erreichen), 185 km nordöstlich von Siem Reap und 157 km nördlich von Kompong Thom am unbefestigten NH64. Trotz wiederholter Versprechungen der Regierung, die Straße auszubessern, ist sie nach wie vor eine von Schlaglöchern übersäte Katastrophe.

VORSICHT LANDMINEN!

Die Preah-Vihear-Provinz – insbesondere der Bezirk Choam Ksant (und auch der Prasat Preah Vihear) – ist eine der am stärksten verminten Gegenden des Landes. Aus diesem Grund ist es nicht ratsam, die ausgetretenen Pfade zu verlassen. Wer mit einem eigenen Fahrzeug unterwegs ist, sollte unbedingt nur Straßen oder Wege befahren, die von den Einheimischen regelmäßig benutzt werden.

Die Busunternehmen **GST** (☎ 012 200128; Koh Ker St) und **Thong Ly** (☎ 012 503016; Koh Ker St) bieten Verbindungen nach Kompong Thom (20 000 R, 5 Std.) und Phnom Penh (25 000 R, 8 Std.); Abfahrt ist jeweils um 7 Uhr.

Vom **Busbahnhof** und dem **Taxistand** (St A10) starten Sammeltaxis nach Kompong Thom (25 000 R, 3 Std.) und – unregelmäßiger – nach Siem Reap (30 000 R, Abfahrt 7 Uhr), Choam Ksant (20 000 R, 2–2½ Std.) sowie Prasat Preah Vihear (30 000 R, 2½ Std.). Darüber hinaus kann man ein Privattaxi nach Siem Reap (einfach 50 US$), Kompong Thom (einfach 45 US$) und Prasat Preah Vihear (einfach/Hin- & Rückfahrt 50/70 US$) mieten.

Weitere Informationen zur Anreise nach Prasat Preah Vihear und Koh Ker siehe S. 304 und S. 299.

Ein Waldweg, der ganzjährig überschwemmt sein kann, verbindet Tbeng Meanchey mit Thala Boravit. Er führt nahe dem Stung Treng durch den Mekong (s. S. 328). In der Trockenzeit wird er mit Pick-ups, Allradfahrzeugen und Motorrädern durchquert. Er soll bald zu einer ganzjährig trockenen Straße ausgebaut werden.

TMATBOEY IBIS PROJECT

Die abgelegenen nördlichen Ebenen sind die größte Region mit immergrünen Flügelfruchtbäumen, Sümpfen und Weideland in ganz Südostasien und gelten als Kambodschas Antwort auf Afrikas Savannen. Sie bedecken den Nordwesten der Preah-Vihear-Provinz und gehören zu den letzten Orten auf der Welt, wo man den Nationalvogel des Landes, den vom Aussterben bedrohten **Riesenibis** (er nistet von Juli bis November) beobachten kann. Außerdem leben hier viele weitere seltene Arten, darunter der Wollhalsstorch, der Langschwanzfalke, der grüne Pfau, der große Alexandersittich, der Graukopfseeadler, ganze 16 Spechtarten sowie Eulen und Raubvögel. Am besten kann man die Tiere in der Zeit von Dezember bis März beobachten.

In einem letzten verzweifelten Versuch, das Überleben des Riesenibis zu sichern, die einzigen bekannten Brutstätten des **Weißschulteribis** (Brutzeit von Dezember bis März) zu schützen und den Lebensraum anderer weltweit vom Aussterben bedrohter Tierarten zu bewahren – etwas des Saruskranichs (Brutzeit von Juni bis Oktober) und seiner Verwandten – rief die **Wildlife Conservation Society** (www.wcs.org) ein wegweisendes, kommunales Ökoprojekt ins Leben. Es ist im abgelegenen Dorf Tmatboey (Thmat Baeuy; 223 Familien) mitten im **Kulen-Promtep-Naturschutzgebiet** stationiert. 2007 gewann die Initiative den **Responsible Tourism Award** (www.wildasia.net) von Wild Asia. Sie bietet den Dorfbewohnern Bildung, Arbeit und konkrete Anreize, alles Menschenmögliche zu tun, um den Ibis zu schützen. Besucher müssen sich im Voraus dazu bereiterklären, dem Naturschutzfond dieses Orts Geld zu spenden – aber nur, wenn sie wirklich einen oder mehrere der gefährdeten Vögel *sehen*.

Von Siem Reap (via Beng Mealea und Koh Ker) benötigt man etwa vier bis fünf Stunden bis Tmatboey, von Tbeng Meanchey eine Stunde. Man kann das Dorf das ganze Jahr über besuchen; in der Regenzeit ist die Anreise jedoch nur per *moto* möglich. Wer einen dreitägigen Besuch mit zwei Übernachtungen (450 US$ pro Person für eine vierköpfige Gruppe inkl. Unterkunft, Führer und Verpflegung) buchen will, kontaktiert das **Sam Veasna Center** (Karte S. 142; ☎ 063-963710; www.samveasna.org) in Siem Reap. Man übernachtet in Holzbungalows mit Bädern und Solaranlagen, die für warmes Wasser sorgen.

CHHEP-FÜTTERUNGSSTATION FÜR GEIER

Um drei vom Aussterben bedrohte Tierarten zu schützen – den Bengal-, den Schmalschnabel- und den Kahlkopfgeier – baute die **Wildlife Conservation Society** (WCS; www.wcs.org) in Chhep am Rand des extrem abgelegenen **Preah-Vihear-Waldschutzgebiets** ein „Geierrestaurant". Wer mindestens eine Woche vorher bucht, darf die stark gefährdeten Aasfresser dabei beobachten, wie sie den Kadaver einer Kuh vertilgen, und mit den dafür entrichteten Gebühren zur Finanzierung des Projekts beitragen.

Man kann die Fütterungsstation nur in der Trockenzeit besuchen, und selbst dann nur mit einem Geländewagen. Sie liegt 50 km nordöstlich von Tbeng Meanchey (in der Regenzeit 80 km). Detaillierte Auskünfte erteilt das **Sam Veasna Center** (Karte S. 142; ☎ 063-963710; www.samveasna.org) in Siem Reap. Besucher werden in einem von der WCS betreuten Waldlager untergebracht. 2008 kamen nur etwa 30 Touristen nach Chhep.

CHOAM KSANT

ជាំក្សាន្ត

In diesem von Pflanzen überwucherten Dorf hat man das Gefühl, am Ende der Welt zu sein. Es ist bis heute besiedelt, teilweise dank eines unbedeutenden Handelsverkehrs mit Thailand. Dieser wird über **Anh Seh** abgewickelt, das 26 km und einen zweistündigen Fußmarsch entfernt im nördlichen Dangkrek-Gebirge liegt. Der Grenzübergang ist für Ausländer geschlossen, aber die Region bietet fantastische Panoramablicke und unberührte Natur. Zurzeit wird die Zugangsstraße von der kambodschanischen Armee instand gesetzt.

In der Region östlich von Choam Ksant sagen sich Fuchs und Hase gute Nacht. Während der Regenzeit kann man das historisch bedeutende **Prasat Neak Buos** per *moto*, Pickup oder Geländewagen besuchen; die Touristeninformation in Tbeng Meanchey hilft eventuell bei der Suche nach einem Guide (30 US$ pro Tag). Das **Preah-Vihear-Waldschutzgebiet** verläuft entlang der thailändischen und laotischen Grenze im sogenannten **Smaragddreieck** (in Khmer: Dompon Trey Kon Morokot), wo die kambodschanische, die thailändische und die laotische Grenze aufeinandertreffen. Demnächst will man die Flügelfruchtwälder der Region grenzübergreifend unter Naturschutz stellen (www.itto.int), denn hier leben etwa 50 vom Aussterben bedrohte Tierarten, darunter indische Elefanten, Gauren, Sunda-Ochsen und Kappengibbons. Besucher sollten die Wege auf keinen Fall verlassen, denn die Grenzzone ist an vielen Stellen vermint.

Was die Übernachtungsmöglichkeiten betrifft, so kommt man am besten im Sok San Guesthouse gegenüber dem Gesundheitszentrum unter. Es verfügt über etwa zwölf sehr einfache, holzverkleidete Zimmer mit einem Gemeinschaftsbad. Strom gibt's immer nur von 18 bis 22 Uhr.

Ungefähr einen Block nördlich der Acleda Bank erstreckt sich ein Markt mit mehreren Essensständen.

Die Straßen von Choam Ksant Richtung Süden nach Tbeng Meanchey (per Sammeltaxi 20 000 R, 2–2½ Std.) und Richtung Westen nach Sra Em (nicht mit öffentlichen Verkehrsmitteln erreichbar) werden langsam verbessert, sind in der Regenzeit aber in einem miserablen Zustand.

PRASAT PREAH VIHEAR

ប្រាសាទព្រះវិហារ

Der 800 m lange Tempel **Prasat Preah Vihear** (www.preahvihearauthority.org; Eintritt zurzeit frei) gilt als das angkorianische Baudenkmal mit der beeindruckendsten Lage: Er thront hoch oben auf einem Steilhang im Dangkrek-Gebirge (Höhe 625 m) und der Ausblick ist atemberaubend: 550 m tiefer erstrecken sich die Ebenen von Kambodscha, so weit das Auge reicht, und in der Ferne sieht man den heiligen Berg Phnom Kulen (S. 205) aufragen.

Während der Angkor-Zeit diente der Prasat Preah Vihear als bedeutender Pilgerort. Sieben Khmer-Könige waren am Bau beteiligt: Yasovarman I. (reg. 889–910) begann mit der Errichtung der Anlage und Suryavarman II. (reg. 1112–1152), Erbauer von Angkor Wat, stellte ihn fertig. Wie andere Tempelberge dieser Zeit sollte er den Berg Meru repräsentieren und war dem Hindugott Shiva geweiht; im Unterschied zu Angkor Wat ist er jedoch in einer von Norden nach Süden verlaufenden Prozessionsachse angelegt.

Am besten beginnt man die Besichtigung am Fuß der **monumentalen Treppe** aus grauem Sandstein. Wenn man in südlicher Richtung den Hang hinaufgeht, gelangt man zu fünf kreuzförmigen *gopura* (Pavillons), die mit exquisiten Schnitzereien geschmückt und durch bis zu 275 m lange freie Flächen verbunden sind. Zuerst kommt man zur zierlichen **Gopura V.**, die auf der 50 000-Riel-Banknote von 1995 und der 200-Riel-Banknote von 2008 abgebildet ist. Auf dem Giebel über der südlichen Tür zur **Gopura IV.** ist eine frühe Interpretation vom „Quirlen des Milchmeers"

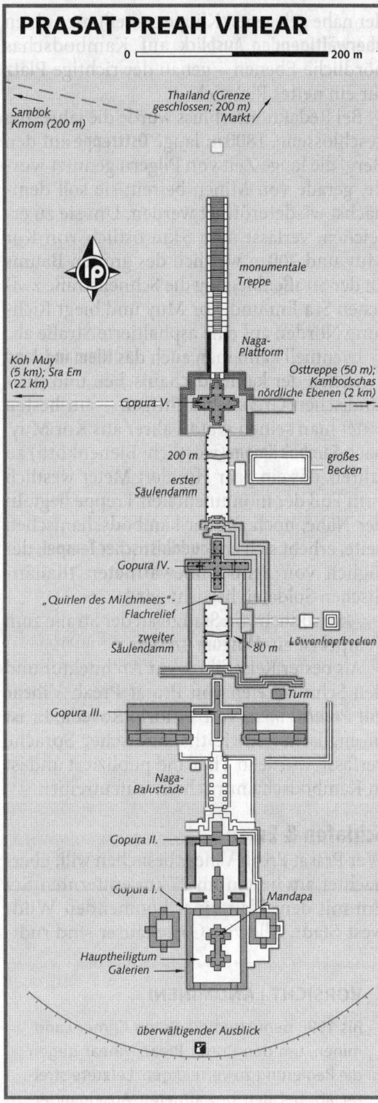

zu sehen, ein Thema, das später in Angkor Wat auf furchteinflößende Weise verarbeitet wurde. Rund um die **Gopura I.** verlaufen bemerkenswert gut erhaltene Emporen mit nach innen gerichteten Fenstern, der zentrale Kultraum jedoch ist ein Trümmerhaufen. Ist er zusammengebrochen oder wurde er abgerissen? Die Archäologen wissen es nicht. Von der nahe gelegenen Klippe genießt man einen **überwältigenden Ausblick** auf Kambodschas nördliche Ebenen – genau der richtige Platz für ein nettes Picknick.

Bei Redaktionsschluss wurde die jahrelang geschlossene, 1800 m lange **Osttreppe** auf den Berg, die lange Zeit von Pilgern genutzt wurde, gerade von Minen befreit; sie soll demnächst wiedereröffnet werden. Um sie zu erreichen, verlässt man 5 km östlich von Kor Muy und 200 m westlich des großen Baums an der Straßenbiegung die Schnellstraße zwischen Sra Em und Kor Muy und biegt Richtung Norden auf eine asphaltierte Straße ab.

Eventuell kann man auch das **Niemandsland** zwischen der kambodschanischen und thailändischen Grenze besichtigen – am besten bittet man seinen *moto*-Fahrer aus Kor Muy, nach **Sambok Kmom** (wörtlich: Bienenkorb) zu fahren, das ein paar Hundert Meter westlich vom Fuß der monumentalen Treppe liegt. In der Nähe, noch auf der kambodschanischen Seite, erhebt sich ein **buddhistischer Tempel**, der täglich von zehn unbewaffneten thailändischen Soldaten besucht wird.

7 km südlich von Sra Em an der Straße zum Tempel ist ein **Museum** im Bau.

Als bester Reiseführer zur Architektur und den Schnitzereien von Prasat Preah Vihear gilt *Preah Vihear* von Vittorio Roveda. Er ist in englischer sowie thailändischer Sprache verfasst, wurde in Thailand publiziert und ist in Kambodscha nur schwer aufzutreiben.

Schlafen & Essen

Wer Prasat Preah Vihear besuchen will, übernachtet am besten im 27 km entfernten Sra Em mit dem Flair einer boomenden Wildwest-Stadt. Alle vier Gästehäuser sind rudimentär, teilweise ungemütlich und schmutzig. Am empfehlenswertesten ist das **Tuol Monysophon Guesthouse** (☎ 099-620757; Zi. mit/ohne Bad 10/7,50 US$) 500 m westlich (in Richtung Anlong Veng) der zentralen, dreispurigen Kreuzung. Es wurde 2009 eröffnet und hat 25 Zimmer mit Moskitonetzen sowie Holzfußböden. Man kann sein Glück auch im neuen **Sraem Srey Nat Guesthouse** (☎ 012 644745; Zi. mit/ohne Bad 30 000/20 000 R) ein paar Häuser nördlich der Kreuzung versuchen.

Kor Muy erstreckt sich 5 km vom Tempel am Fuß des Hügels und verfügt über fünf einfache Gästehäuser. Die Bewohner des Orts sollen in naher Zukunft nach Hun Sen, ein Umweltprojekt 4 km nördlich von Sra Em, umgesiedelt werden.

Es gibt in Sra Em erstaunlich gute Restaurants und Speiselokale. Möglicherweise liegt das an den kambodschanischen Offizieren, die Wert auf leckeres Essen legen (die rund um den Tempel stationierten Fußsoldaten – viele von ihnen sind ehemalige Rote Khmer – beschweren sich hingegen, dass sie nicht genug zwischen die Zähne bekommen). Eine Spezialität im **Pkay Prek Restaurant** (Phkay Proek Srorem Restaurant; ☎ 012 636-617; Hauptgerichte 4000–15 000 R; 🕒 6–22 Uhr) ist das köstliche *phnom pleung* (Feuerhügel; 3,73 US$), das von den Gästen selbst gegrillt wird. Die Gerichte werden in Pavillons serviert. Man sollte aber kein Fleisch gefährdeter Tierarten bestellen.

VORSICHT LANDMINEN!

Bis 1998 benutzten die Roten Khmer Landminen, um den Prasat Preah Vihear gegen die Regierung zu verteidigen. Letztere streitet ab, bei den bewaffneten Auseinandersetzungen mit Thailand 2008 und 2009 neue Sprengkörper gelegt zu haben, doch die Gerüchte halten trotzdem an. Im Dezember 2009 kam nicht weit von der monumentalen Treppe zum Tempel ein kambodschanischer Soldat durch eine Mine um – man sollte also niemals die ausgeschilderten Pfade verlassen.

An- & Weiterreise

Am einfachsten gelangt man nach Prasat Preah Vihear, wenn man von Thailand aus anreist – dort nennt man den Tempel übrigens Khao Phra Wiharn (Heiliges Kloster) –, denn von Kantharalak führen asphaltierte Straßen fast bis zur monumentalen Treppe. Leider ist das zurzeit allerdings nicht möglich. Bis Mitte 2008 war die Grenze für Tagesausflügler ohne Visum (10 US$) passierbar; aufgrund des Waffenstillstands zwischen Thailand und Kambodscha (s. Kasten S. 305) ist sie momentan jedoch mit Stacheldrahtzaun versiegelt und wird wohl in absehbarer Zeit nicht geöffnet werden.

Aufgrund der schlechten Straßen, die in der Regenzeit besonders miserabel sind, gerät jede Reise zum Prasat Preah Vihear zu einem strapaziösen Unterfangen. Doch immerhin werden die Straßen und Verkehrsanbindungen langsam besser. Sammeltaxis verkehren zwischen Sra Em (27 km vom Tempel)

WAFFENSTILLSTAND IM KAMPF UM DEN PRASAT PREAH VIHEAR

Seit Generationen sorgt der Prasat Preah Vihear bereits für Spannungen zwischen Kambodscha und Thailand. Die Region wurde mehrere Jahrhunderte lang von den Thailändern regiert, doch in der Zeit des französischen Protektorats gab man den Tempel – wie im Vertrag von 1907 vereinbart – an Kambodscha zurück. 1959 besetzte das thailändische Militär die Stätte. Sihanouk, der damalige Premierminister, brachte den Disput daraufhin vor den Internationalen Gerichtshof in Den Haag, der in seinem Urteil 1962 die Hoheitsgewalt Kambodschas über den Tempel anerkannte.

1979 geriet der Prasat Preah Vihear erneut in die internationalen Schlagzeilen, als das thailändische Militär 40 000 kambodschanische Flüchtlinge über die Landesgrenzen abschob: Dies war der schwerste Fall von erzwungener Rücksiedlung, den die UN jemals zu bewältigen hatte. Die Region war vermint, sodass viele Menschen an Verletzungen, Hunger und Krankheiten starben, bevor die vietnamesische Besatzungsarmee eine sichere Passage schaffen und sie auf ihrer langen Wanderung Richtung Süden nach Kompong Thom eskortieren konnte.

Für erneute Aufmerksamkeit sorgte der Prasat Preah Vihear im Mai 1998, als sich die Roten Khmer nach dem Fall von Anlong Veng am Tempel versammelten und letzten Widerstand gegen die Regierung leisteten, bevor sie kurz darauf kapitulierten.

Im Juli 2008 wurde der Komplex zur zweiten Unesco-Welterbestätte in Kambodscha erklärt. Die thailändische Regierung, die ein Territorium von 4,6 km² rund um die Anlage beansprucht (einige thailändische Nationalisten beanspruchen sogar den Tempel selbst), unterstützte ursprünglich das Angebot, doch bald wurde der Tempel zu einer Schachfigur in der chaotischen Innenpolitik des Nachbarlands. Nach einer Woche besetzten thailändische Truppen kambodschanisches Territorium und lösten damit eine bewaffnete Konfrontation aus, bei der auf beiden Seiten mindestens sieben Soldaten umkamen. Der lebhafte kambodschanische Markt und das Gästehaus am Fuß der monumentalen Treppe wurden während eines Gefechts im April 2009 komplett niedergebrannt.

Bei Redaktionsschluss bestand immer noch eine Pattsituation, die verschiedenen thailändischen Politikern und Hun Sen dazu diente, ihre nationalistischen Legitimationsansprüche weiter zu pflegen. Aber die Grenze war ruhig und der Tempel für Touristen und Pilger geöffnet (obwohl durchschnittlich nur fünf Ausländer pro Tag kamen). Bevor man sich auf den langen Weg hierher macht, sollte man sich erkundigen, ob die Situation sich nicht gerade wieder dem Siedepunkt nähert.

und Siem Reap (30 000 R von Sra Em, 10 US$ von Siem Reap, 3 Std.), Anlong Veng (20 000 R, 1½ Std.) und Tbeng Meanchey (25 000 R, 2 Std.). Ein Privattaxi von Siem Reap kostet 70 US$ (einfache Strecke). Ein paar Taxis steuern auch Kor Muy am Fuß des Bergs an. Es gibt keine regelmäßigen Verbindungen nach Choam Ksant. In Siem Reap starten die Taxis vor dem Prohm Meas Guesthouse 3,5 km östlich des Königspalasts, 100 m östlich der ANZ Royal Bank und 800 m westlich des größten Taxistands am NH6.

Ein Sammeltaxi von Sra Em nach Kor Muy (22 km) schlägt mit etwa 10 000 R pro Person zu Buche, ein *moto* mit 15 000 R. Von dort muss man für ein *moto* zum Tempel (5 km pro Strecke) 5 US$ bzw. 20 bis 25 US$ für einen erhöhten Pick-up einplanen (die Betonstraße ist zu steil für normale Fahrzeuge). Unterwegs kommt man an Armeeposten vorbei, die mit Sandsäcken und Maschinengewehren gesichert sind. Einige *moto*-Fahrer, oftmals handelt es sich um dienstfreie Offiziere, bieten sich gerne als Fremdenführer an.

KOMPONG-THOM-PROVINZ

ខេត្តកំពង់ធំ

Kompong Thom ist ein praktischer Zwischenstopp auf der Reise von Phnom Penh nach Siem Reap und zieht immer mehr Besucher an. In der Nähe der gleichnamigen Provinzhauptstadt locken mehrere einzigartige Sehenswürdigkeiten, darunter die präangkorianischen Tempel von Sambor Prei Kuk und die außergewöhnlichen Bergschreine von Phnom Santuk. Das bemerkenswerteste geografische Merkmal von Kambodschas zweitgrößter Region ist der Stung Sen, ein mäandrierender Fluss, der in den Tonlé-Sap-Strom mündet.

Anfang der 1970er-Jahre wurde Kompong Thom von US-Truppen bombardiert. Sie wollten die Straße zwischen Phnom Penh und Siem Reap erobern, die von den Roten Khmer gesperrt worden war.

Fast alle Sehenswürdigkeiten der Provinz liegen an bzw. nahe des NH6.

KOMPONG THOM

កំពង់ធំ

☎ 062 / 66 000 Ew.

Das lebhafte Handelszentrum erstreckt sich etwa auf halber Strecke zwischen Phnom Penh und Siem Reap am NH6 und bietet sich als idealer Ausgangspunkt für die Besichtigung von Sambor Prei Kuk (S. 310) sowie Phnom Santuk (S. 311) an.

Orientierung

Der NH6 verläuft von Norden nach Süden direkt durch Kompong Thom. Rund um den Hauptmarkt Psar Kompong Thom liegt das Zentrum. Als weiterer Orientierungspunkt dient das Arunras Hotel 300 m nördlich der Elefanten- und Tigerstatue bzw. 300 m südlich der zwei Brücken über den Stung Sen.

Praktische Informationen

Acleda Bank (NH6) In dem neuen Bankgebäude 1 km südlich der Elefanten- und Tigerstatue gibt's einen rund um die Uhr zugänglichen Bankautomaten, der Visa-Karten akzeptiert.

American Restaurant (Prachea Thepatay St; 3000 R pro Std.; 🕑 7–ca. 21 Uhr) Internetzugang.

Chamroeun-Rith-Apotheke (NH6; 3000 R pro Std.; 🕑 6.30–19.30 oder 20 Uhr) Internetzugang und Medikamente.

Im Sokhom Travel Agency (☎ 012 691527; guideimsokhom@yahoo.com) Geführte Touren und Fahrradausflüge nach Sambor Prei Kuk.

Po Sothea Internet (NH6 Ecke St 5; 4000 R pro Std.; 🕑 7–20 Uhr) Eine weitere Apotheke mit Internetzugang.

Touristeninformation (Prachea Thepatay St; 🕑 Mo–Fr 8–11 & 14–17 Uhr) Befindet sich im Obergeschoss eines alten Holzhauses und hat gelegentlich Infoblätter.

Sehenswertes & Aktivitäten

Am südlichen Flussufer, etwa 500 m westlich der Brücke, erwartet Traveller gleich neben dem alten **Wohnhaus des französischen Gouverneurs** die ungewöhnlichste Sehenswürdigkeit der Stadt: In drei alten Mahagonibäumen leben Hunderte großer **Fledermäuse** (in Khmer: *chreoun)* mit 40 cm Spannweite. Sie hängen wie geflügelte Früchte an den Zweigen und fächeln sich mit ihren Schwingen kühlende Luft zu. Bei Sonnenuntergang (zwischen 17.30 und 18 Uhr) fliegen sie davon, um Futter zu suchen. Fledermäuse sind zwar geschützte Tiere, werden in Kambodscha aber auch gern gegessen – dass sie hier friedlich nisten können, liegt z. T. an der Gegenwart des Umweltministeriums, das seinen Sitz direkt auf der gegenüberliegenden Straßenseite hat.

Die **alte französische Brücke** über den Stung Sen ähnelt der Brücke in Kampot, allerdings hat man ihre Stützen nie gesprengt. Die parallel verlaufende **neue Stahlbrücke** wurde 1997 eröffnet. Da sie mit australischer Hilfe erbaut wurde, ist sie an jedem Ende mit Kängurus geschmückt.

Westlich der Brücken erstreckt sich der **Flusspark**, wo sich nach 16 Uhr und an den Wochenenden zahlreiche Leute tummeln, darunter viele Jugendliche. Unter den großen Bäumen ganz in der Nähe der Brücken finden regelmäßig **Aerobic-Kurse** (🕑 17.45–18.15 Uhr) für Frauen statt.

Gelegentlich kann man am nördlichen Flussufer sowie westlich der Brücken kleine **Boote** mieten.

Moto-Fahrer bringen Besucher zum stromaufwärts gelegenen **Wat Sampeau Meas Sampeau Prak** (Tempel der Goldenen und Silbernen Boote), einem Komplex aus drei Gebäuden

DIE SUCHE NACH DER BARTTRAPPE

Das Nordostufer des Tonlé-Sap-Sees bietet zahlreichen Vögeln einen Lebensraum. Einige der hier zu findenden Arten, darunter die Barttrappe, sind vom Aussterben bedroht. Mittlerweile besuchen immer mehr passionierte Vogelbeobachter die Kompong-Thom-Provinz, vor allem das **Stoeng-Chikrieng-Weideland** und das **Boeng-Tonlé-Chhmar-Naturschutzgebiet** (eines der drei Feuchtgebiete Kambodschas, die nach den Richtlinien der Ramsar-Konvention geschützt werden; siehe www.ramsar.org). Beide Regionen erstrecken sich an den Grenzen der Provinzen Kompong Thom und Siem Reap. Großer Beliebtheit erfreut sich auch das **Kru-Krom-Weideland** 25 südlich der Stadt Kompong Thom. Das **Sam Veasna Center** (Karte S. 142; ☎ 063-963710; www.samveasna.org) hat seinen Hauptsitz in Siem Reap und veranstaltet Ausflüge zur Vogelbeobachtung.

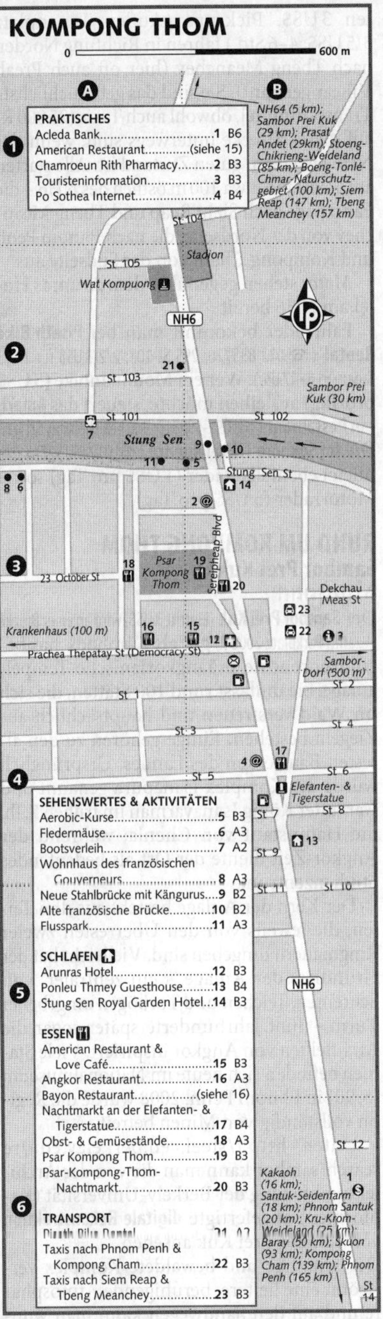

mit äußerst erstaunlichen Formen. Um hierherzugelangen, muss man eventuell den Fluss überqueren.

Schlafen

An der Dekchau Meas Street reihen sich mehrere günstige Gästehäuser aneinander, viele dienen jedoch gleichzeitig als Bordell. Direkt gegenüber befindet sich ein Taxistand, deshalb muss man mit morgendlichen Hupkonzerten rechnen.

Ponleu Thmey Guesthouse (☎ 012 910896; NH6; Zi. mit Ventilator 3–7 US$, mit Klimaanlage 12 US$; ❄) Eine familiengeführte Pension im Khmer-Stil mit 20 gepflegten Zimmern, die überdurchschnittlichen Komfort bieten und sehr sauber sind. Privater Parkplatz.

Arunras Hotel (☎ /Fax 961294; 39 Sereipheap Blvd.; Zi. mit Ventilator/Klimaanlage ab 6/15 US$; ❄) Dieses siebenstöckige Hotel ist das bekannteste Wahrzeichen der Stadt, verfügt über den einzigen Fahrstuhl von Kompong Thom und serviert mittelmäßiges Essen. Im fünften Obergeschoss befindet sich ein schicker „Karaoke"-Salon. Es gibt hier insgesamt 26 preiswerte, gute Touristenzimmer mit frischer roter Bettwäsche. Das billigere 57-Zimmer-Hotel Arunras Guesthouse nebenan gehört demselben Betreiber.

Stung Sen Royal Garden Hotel (☎ /Fax 961228; Stung Sen St; DZ/3BZ 20/30 US$; ❄) Kompong Thoms schönstes Hotel in attraktiver Flusslage besitzt 32 Zimmer mit Zwei-Sterne-Komfort, Panoramafenstern und geräumigen Bädern. Die Dreibettzimmer sind geradezu riesig und bieten selbst für Turnübungen genügend Platz.

Sambor Village (☎ 961391; www.samborvillage.com; Prachea Thepatay St; Zi. 50–85 US$; 💻 📶 🏊) Anfang 2009 wurde dieses 700 m östlich des NH6 gelegene Gartenhotel mit 19 geräumigen Bungalowzimmern und einem 15 m langen Swimmingpool eröffnet.

Essen

Eine gute Auswahl an Obst- und Gemüseständen findet man im hinteren Bereich (Westseite) des Markts **Psar Kompong Thom** (Sereipheap Blvd.). In der Nähe des Arunras haben die Verkäufer der Obstbuden am NH6 die unangenehme Angewohnheit, Ausländer über den Tisch zu ziehen.

LP Tipp **Nachtmarkt an der Elefanten- und Tigerstatue** (NH6; 🕒 16–2 Uhr) Nudelsuppe mit Curryhuhn (3500 R) und Porridge mit Hühnchenreis (3000 R) schmecken lecker, aber die

NORDWEST-KAMBODSCHA

Spezialität des Markts sind Khmer-Desserts (1000 R) aus klebrigem Reismehl, geschabtem Eis, Kokosmilch, gesüßter Kondensmilch, Bananen, Taros, Bohnen und Sesam.

Psar-Kompong-Thom-Nachtmarkt (NH6; ⌚ 16–2 Uhr) Gäste nehmen auf Plastikstühlen an neonbeleuchteten Tischen Platz und bekommen Hühnersuppe mit Reis (3000 R), Nudeln mit Hühnchencurry (3500 R) sowie leckere Fleischsandwiches (3000 R) oder trinken einen *tukalok* (Shake; 2500 R).

Angkor Restaurant (Prachea Thepatay St; Hauptgerichte 4000–5000 R; ⌚ 7–21.30 oder 22 Uhr) Seinen fast ausschließlich einheimischen Kunden serviert das Restaurant köstliche Fisch-, Hühnchen- und Rindfleischgerichte. Es liegt direkt neben dem Bayon – wo sollte ein Lokal namens Angkor wohl auch sonst liegen?

Bayon Restaurant (☎ 012 419202; Prachea Thepatay St; Hauptgerichte inkl. Reis 5000–6000 R; ⌚ 7–21 Uhr) Dieses Ecklokal hat weder ein englisch beschriftetes Schild noch eine Speisekarte, wartet aber mit schmackhaften Khmer-Speisen auf. Man erkennt es an dem Schild mit Bayon-Gesichtern.

American Restaurant (☎ 092-599810; Prachea Thepatay St; Hauptgerichte 3–7,50 US$; ⌚ 7–ca. 21 Uhr) Der amerikanisch angehauchte Laden wird von einem früheren ehrenamtlichen Mitarbeiter des Friedenskorps und seiner Khmer-Frau geführt. Hier locken Pizza Neapolitana mit dünner Kruste, Spaghetti, Sandwiches, Burger, hausgemachte Eiscreme und Khmer-Gerichte sowie frischer vietnamesischer Kaffee (1 US$). Nebenan liegt das angegliederte preiswertere Love Café, wo sich vor allem verliebte Teenager treffen.

Anreise & Unterwegs vor Ort

Kompong Thom liegt 65 km nördlich von Phnom Penh, 147 km südöstlich von Siem Reap und 157 km südlich von Tbeng Meanchey am NH6.

Hier halten Dutzende Busse, die zwischen Phnom Penh (5 US$, 4 Std.) und Siem Reap (5 US$, 2 Std.) verkehren. Man kann sie vor dem Arunras Hotel problemlos heranwinken. Das Restaurant im Erdgeschoss dieser Unterkunft verkauft Tickets für den Mekong Express nach Phnom Penh, berechnet dafür aber eine Extragebühr.

Mit Sammeltaxis gelangt man am schnellsten nach Phnom Penh (5 US$), Siem Reap (4 US$) und Kompong Cham (5 US$); Minibusse nach Phnom Penh und Siem Reap kosten 3 US$. Pick-ups (Außen-/Innenplatz 3/5 US$, 4–6 Std.) fahren in Richtung Norden nach Tbeng Meanchey (hier oft auch Preah Vihear genannt). Sie sind das gebräuchlichste Transportmittel, obwohl auch Taxis (25 000 R) auf dieser Strecke unterwegs sind, wenn der NH64 in einem guten Zustand ist. Alle starten am Taxistand etwa 100 m östlich des NH6 – die Fahrzeuge nach Siem Reap und Tbeng Meanchey von der Nordseite, die nach Phnom Penh und Kompong Cham von der Südseite aus.

Motos stehen gegenüber dem Arunras Hotel am NH6 bereit.

Fahrräder bekommt man bei **Piseth Bike Rental** (☎ 012 835726; 295 St 103; 2/2/3 US$ für 1/2/3 Tage; ⌚ 6–17 Uhr). Wer ein Mountainbike (5 US$ pro Tag) ausleihen möchte, steuert das **American Restaurant** (☎ 092-599810; Prachea Thepatay St) an. Die **Im Sokhom Travel Agency** (☎ 012 691527) vermietet ebenfalls Räder (1 US$ pro Tag) sowie Motorräder (5 US$ pro Tag).

RUND UM KOMPONG THOM

Sambor Prei Kuk

សំបូរព្រៃគុក

Der **Sambor Prei Kuk** (Eintritt 3 US$, wird an einer Brücke gezahlt; Parkplatz 2000 R) gilt als Kambodschas beeindruckendste präangkorianische Tempelanlage. Sie umfasst rund 100 Stätten, die sich im Wald verstreuen und hauptsächlich aus Ziegeln bestehen. Einige gehören zu den ältesten Bauwerken des Landes. Ursprünglich wurde der Komplex Isanapura genannt und war unter König Isanavarman im frühen 7. Jh. die Hauptstadt von Chenla; während der Angkor-Zeit diente der Ort als bedeutendes Studienzentrum.

Der Kern der Anlage besteht aus drei Teilen, die jeweils von den Überresten zweier Ringmauern umgeben sind. Vielleicht hat der Grundriss der Anlage – ein zentraler, von Schreinen, Teichen und Torbögen umgebener Turm – fünf Jahrhunderte später sogar die Architekten von Angkor inspiriert. Viele Statuen befinden sich heute im Nationalmuseum (S. 90) in Phnom Penh. 2008 wurde die Region vollständig von Minen befreit.

Unter http://steel.ced.berkeley.edu/research/sambor kann man die von der Architekturabteilung der Berkely-Universität (Kalifornien) angefertigte **digitale Rekonstruktion** von Sambor Prei Kuk ansehen.

Der schattige und bewaldete Komplex verströmt eine heitere, beruhigende Atmosphäre und auf den Sandwegen kann man wun-

KEO KINAL ***Daniel Robinson***

Als der Archäologe Keo Kinal auf dem Gelände der Angkor Conservation in Siem Reap geboren wurde, wachten siebenköpfige *nagas* und tanzende *apsaras* über ihn. Man schrieb das Jahr 1973 und sein Vater, der berühmte Altertumsforscher Pich Keo, betreute die Angkor Conservation sowie ihre riesige Sammlung angkorianischer Statuen – er war der letzte Direktor dieser Institution, bevor die Schreckenszeit der Roten Khmer folgte, und einer von drei kambodschanischen Archäologen, die mit dem Leben davonkamen. „Mein Vater überlebte", sagt sein Sohn, „weil er keine Brille trug." Piech Keo schaffte es, seine Identität als französischsprachiger Intellektueller geheimzuhalten (beides war unter den Roten Khmer gleichbedeutend mit einem Todesurteil), indem er „wie ein Tagelöhner arbeitete und Fisch vom See ins Dorf transportierte. Meine Mutter schuftete wie alle Frauen in den Reisfeldern." Kinals älterer Bruder starb 1976 an Unterernährung und Krankheit.

Als ich in Sambor Prei Kuk (S. 308) mit Kinal sprach, während er ungefähr 3 m unter dem Boden eines präangkorianischen Ziegeltempels eine Ausgrabung leitete, trug er wie üblich einen sehr schicken *krama* (Schal). Sein Team hatte gerade einen kunstvoll geschnitzten Steinblock freigelegt und er half zwei Männern mit Schutzhelmen dabei, das schöne Stück von der feuchten Erde zu säubern. Als sie diese endlich abgebürstet hatten, kam die Kontur einer eleganten Gottheit zum Vorschein.

Obwohl er mit dem „silbernen Archäologenspachtel" im Mund geboren wurde, träumte Kinal als Kind nicht davon, in die schlammigen Fußstapfen seines Vaters zu treten. „Eigentlich", sagt er, „interessiere ich mich überhaupt nicht für Archäologie. Ich wollte Medizin studieren, fiel aber durch die (Zulassungs-)Prüfung. Dann machte ich die Prüfung für Literatur – und fiel erneut durch. Als Nächstes kam die Prüfung für Wirtschaftswissenschaften. Aber auch die bestand ich nicht! Als Viertes machte ich die Prüfung für Ingenieurwissenschaften und auch da fiel ich durch – alles wegen des Geldes: Ich konnte nämlich die Bestechungsgebühren für eine bestandene Prüfung nicht bezahlen. Also schlug mein Vater vor, dass ich mich für Archäologie bewerben sollte. Und hier kam ich durch!"

Von 1991 bis 1996 studierte Kinal an der Archäologischen Fakultät der Königlichen Universität für Schöne Künste. Nach seinem Studienabschluss verbrachte er drei Monate in Nara, Japan, am Nationalen Forschungsinstitut für Kulturgüter. „Dort erlebte ich meinen ersten Winter, denn in Kambodscha gibt es keinen!", lacht er. „Ich sah zum ersten Mal Schnee! Den kannte ich vorher nur aus dem Fernsehen. Endlich konnte ich im Schnee spielen. Wir rodelten und machten Ausgrabungen unter dem Schnee", ganz wie man es von einem Archäologen erwartet. 2003 kehrte Kinal nach Japan zurück, um an der prestigeträchtigen Kunsthochschule in Tokio seinen Magisterabschluss zu machen.

Wieder in Kambodscha fand Kinal sich als Dozent für westliche Kunstgeschichte an der Archäologischen Fakultät wieder. „Während meiner Arbeit als Dozent hatte ich dank der Unterstützung der Unesco die Möglichkeit, einen Monat in Rom zu verbringen. Ich besuchte viele, viele Tempel, darunter auch das Kolosseum, und natürlich das Pantheon. Aber am interessantesten fand ich die Katakomben." Die Größe des Pantheon beschäftigt ihn immer noch und er erwähnt, dass die Kuppel 43 m Durchmesser und „das Loch im Gewölbe", der Oculus, „9 m Durchmesser hat – das ist fantastisch!"

Erstaunlicherweise scheint es Verbindungen zwischen dem Rom der Pantheon-Zeit und dem Funan-Reich gegeben zu haben. „Seit dem 2. Jh. betrieb das Römische Reich Seehandel und die römischen Schiffe passierten auf dem Weg nach China den Hafen von Oc-Eo (am Mekong-Delta)", erklärt Kinal. Was die römischen Münzen betrifft, die in Oc-Eo 70 km südlich von Angkor Borei (S. 258) am Mekong-Delta ausgegraben wurden, erklärt er: „Als die Kaufleute dorthin kamen, zahlten sie wahrscheinlich mit (römischen) Münzen." Im antiken Kambodscha führten mit Sicherheit nicht alle Wege, aber scheinbar mindestens eine Straße nach Rom. Kinal hofft, diese Geschichte eines Tages bis nach Italien zurückverfolgen zu können: „Ich möchte noch weitere Orte besuchen, vor allem Pompeji und Venedig."

Keo Kinal lebt mit seiner Frau auf dem Gelände der Angkor Conservation in Siem Reap und ist beim Ministerium für Kultur und Schöne Künste angestellt.

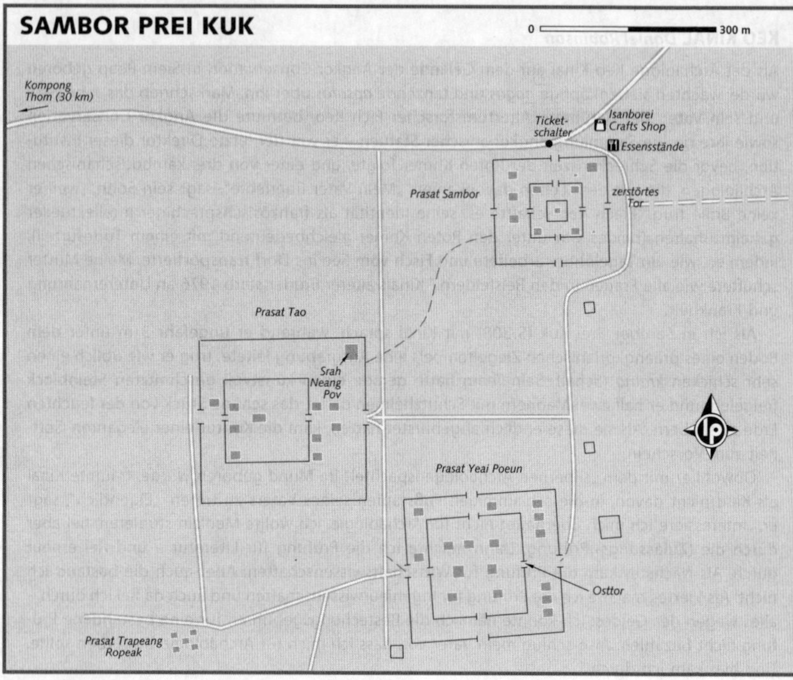

derbare Spaziergänge unternehmen. Im **Isanborei Crafts Shop** (🕑 in der Regenzeit geschl.) hinter dem Ticketstand werden eine gute englische Broschüre (2000 R), hochwertige handgemachte Körbe und Holzwaren sowie T-Shirts mit eigenem Design verkauft. Ganz in der Nähe verteilen sich einige Essensstände, wo man Getränke und Hühnchen oder Rindfleisch mit Reis bekommt.

Der **Prasat Sambor** (7. und 10. Jh.) ist Gambhireshvara geweiht, einer der vielen Inkarnationen Shivas (alle anderen Tempelgruppen sind Shiva selbst geweiht). Mehrere seiner Türme sind mit gut erhaltenen Steinmetzarbeiten geschmückt, darunter zahlreiche große *yonis* (weibliche Fruchtbarkeitssymbole) am Hauptturm, der vermutlich aus einer späteren Zeit stammt, was den Zusammenhang zwischen der präangkorianischen und angkorianischen Kultur belegt.

Mit besonders viel Flair wartet der tief im Wald versteckte **Prasat Yeai Poeun** (Prasat Yeay Peau) auf. Sein Osttor wird von einem uralten Baum zugleich gehalten und aufgespalten, denn die Ziegel sind mit den großflächigen Wurzeln im Laufe der Zeit quasi zusammengewachsen. Das Westtor wird von einem wahrhaft massiven Baum beschattet.

Im **Prasat Tao** (Löwentempel), dem größten Komplex von Sambor Prei Kuk, finden sich zwei außergewöhnliche Beispiele exzellenter Steinmetzarbeiten aus der Chenla-Zeit: zwei große, aufwendig verzierte Steinlöwen. Darüber hinaus beherbergt die Tempelanlage einen schönen, rechteckigen Teich namens **Srah Neang Pov**.

Anfang der 1970er-Jahre wurde der Sambor Prei Kuk von US-Fliegern bombardiert, die den zum Scheitern verurteilten Kampf der Lon-Nol-Regierung gegen die Roten Khmer unterstützten. Einige Krater in beunruhigender Nähe zu den Tempeln sind noch bis heute zu sehen.

Besucher finden sich oft in Begleitung niedlicher, aber aufdringlicher Kinder wieder, die bunte Schals (1 US$) anbieten. Manche Traveller machen sie fast wahnsinnig, andere sind von ihrem Lächeln verzaubert.

AN- & WEITERREISE

Wer sich vor allem für die chronologische Entwicklung der kambodschanischen Tempelarchitektur interessiert, sollte den Sambor Prei Kuk vor Angkor besuchen.

Um von Kompong Thom aus hierherzugelangen, folgt man dem NH6 etwa 5 km nach Norden und wechselt dann auf den NH64 Richtung Tbeng Meanchey (die Asphaltstraße nach Siem Reap geht links ab). Nach 11 km (man achte auf ein kunstvoll verziertes Schild aus Laterit) biegt man rechts ab und fährt weitere 14 km. Alternativ kann man von Kompong Thom aus der Straße 102 nach Osten folgen – manche *moto*-Fahrer bevorzugen diese ruhige, aber umständliche Route durch die Landschaft.

Von der Provinzhauptstadt sollte eine *moto*-Tour hierher (weniger als 1 Std.) 10 US$ bzw. 15 US$ inklusive einem Besuch des Phnom Santuk kosten. Mit dem Auto benötigt man ebenfalls etwa eine Stunde.

Phnom Santuk

ភ្នំសន្ទុក

Der **Phnom Santuk** (Phnom Sontuk; Eintritt 2 US$) ist der bedeutendste heilige Berg (207 m) der Region und ein äußerst beliebter buddhistischer Wallfahrtsort. Seine bewaldeten Hänge sind mit Buddhafiguren und zahlreichen Pagoden geschmückt, die hoch über der umliegenden Landschaft thronen und über 809 Treppenstufen erreicht werden können. Alternativ nimmt man die vor Kurzem asphaltierte, 2,5 km lange Straße, wobei man so die vielen Affen an der Treppe verpasst und auch auf den Waldspaziergang verzichten muss, der an Wats im *prasat*-Stil (manche werden gerade erst erbaut) mit einer Menge *nagas* und Drachen vorbeiführt. Rund um die Hauptgebäude sind bunte Figuren in die riesigen Felsen gemeißelt. Unterhalb des südlichen Gipfels entdeckt man mehrere **liegende Buddhas**: Einige sind erst in jüngster Zeit entstanden und bestehen aus Beton, andere wurden vor vielen Jahrhunderten aus dem Stein geschlagen. Eine vielstöckige **chinesische Pagode** ist mit Porzellanfiguren geschmückt.

Die von Baum zu Baum springenden Affen verleihen der Szenerie eine komische Note. Sie stehlen die Opfergaben der Pilger, betrachten die alten Funktürme als vertikale Dschungelturnhallen und genießen offensichtlich die Aussicht.

Darüber hinaus gibt's auf dem Berg einen aktiven Wat. Hier leben sieben Mönche, die sich sehr über den Besuch ausländischer Touristen freuen. Von den Felsen unterhalb des Gipfels lockt ein beeindruckender **Panoramablick** Richtung Süden auf den Tonlé Sap.

Wer in Kompong Thom übernachtet, kann vom Phnom Santuk den wundervollen **Sonnenuntergang** über den Reisfeldern beobachten; allerdings muss man dann im Dunkeln hinabsteigen (Taschenlampe mitnehmen).

Unweit der Speiselokale und Essbereiche am Fuß der Treppe stößt man auf saubere Hocktoiletten (500 R).

AN- & WEITERREISE

Die 2 km lange Asphaltstraße nach Phnom Santuk kreuzt sich 18 km hinter Kompong Thom mit dem NH6 nach Phnom Penh; man achte auf die Ausschilderung „Santuk Mountain Site". Von Kompong Thom aus kostet eine *moto*-Rundfahrt 5 US$.

Die Steinmetze von Kakaoh

Das Dorf Kakaoh erstreckt sich 16 km von Kompong Thom am NH6 nach Phnom Penh (etwa 2 km nordwestlich der Abzweigung nach Phnom Santuk). Es ist für seine Steinmetze berühmt, die mit geübtem Auge handgefertigte Buddhastatuen, dekorative Löwen sowie andere traditionelle Khmer-Figuren herstellen. Die 15 cm bis 5 m hohen, aus Steinbrocken gemeißelten Statuen sind faszinierend. Es gibt sie in fünf verschiedenen Farbtönen: weiß, grau, rot, gelb und grün. Ein 2,5 m hoher Buddha, aus einem einzigen Felsblock gemeißelt, kostet je nach Qualität des Materials 1800 bis 3500 US$ (ohne die Fluggebühren für Übergewicht). Die hier hergestellten Skulpturen werden oft von wohlhabenden Khmer an Wats gestiftet.

Santuk-Seidenfarm

Die **Santuk-Seidenfarm** (☎ 012 906604; budgibb@yahoo.com; Eintritt frei; 🕑 tagsüber) liegt 300 m vor Kompong Thom an der Asphaltstraße nach Phnom Santuk und 100 m vor dem NH6. Es handelt such um einen der wenigen Betriebe in Kambodscha, wo man den gesamten Prozess der Seidenherstellung beobachten kann: Er beginnt mit der sieben Wochen dauernden Verpuppung der Seidenraupe. Dieses empfindliche Tier frisst nur Maulbeerblätter und muss vor seinen Feinden (Geckos, Ameisen und Moskitos) geschützt werden. Fast die gesamte hier verarbeitete Rohseide stammt aus China und Vietnam. Lokale Raupen produzieren die „goldene Khmer-Seide", die ihren Namen aufgrund ihrer Farbe trägt. Man kann den Künstlern – auf der Farm arbeiten 16 Angestellte – montags bis freitags von 7 bis 11 sowie 13 bis 17 und samstags von 7 bis 11 Uhr dabei zusehen, wie sie Schals (20–25 US$) und andere Produkte anfertigen. Im ruhigen Garten gibt's saubere westliche Toiletten; außerdem bekommen Besucher kostenlosen Kaffee, Tee und kaltes Wasser.

Die Farm wird von Budd Gibbons, einem amerikanischen Vietnamkriegsveteranen, der seit 1996 in Kambodscha lebt, und seiner kambodschanischen Ehefrau geführt. Falls möglich, sollte man sich ein paar Stunden vor der Ankunft telefonisch anmelden.

Prasat Kuha Nokor

ប្រាសាទគុហានគរ

Dieser Tempel aus dem 11. Jh. wurde unter Suryavarman I. erbaut. Dank einer umfassenden Restaurierung vor dem Bürgerkrieg ist er außergewöhnlich gut erhalten. Er steht auf dem Gelände eines Wats und kann mit einem eigenen Fahrzeug problemlos erreicht werden. Die Stätte ist am NH6 ausgeschildert und liegt etwa 60 km südöstlich von Kompong Thom, 22 km nördlich von Skuon sowie 2 km von der Hauptstraße. Am NH6 kann man ein *moto* zum Tempel nehmen.

Prasat Andet

ប្រាសាទអណ្ដែត

Dieser kleine Ziegeltempel stammt aus derselben Zeit wie der Sambor Prei Kuk (7. Jh.). Er befindet sich direkt neben einem grellbunt gestrichenen modernen Wat und hat einige beunruhigende Risse. Einst war der Prasat Andet Mittelpunkt eines bedeutenden Handelszentrums am Tonlé Sap (in der Regenzeit liegt der Tempel in der Nähe des Seeufers), außerdem gehen manche Forscher davon aus, dass er auch in der Angkor-Zeit als wichtiges Geschäftszentrum diente. Ein Abstecher hierhin lohnt sich nur für passionierte Tempelforscher, die viel Zeit mitbringen. Demnächst soll die Anlage restauriert werden.

Um von Kompong Thom nach Prasat Andet zu gelangen, folgt man dem NH6 nach Siem Reap etwa 26 km, biegt im Dorf Sampeau Meas hinter dem Ksan-Ko-Markt Richtung Süden (bzw. nach links) ab und fährt weitere 3 km auf der nicht ausgeschilderten Straße bis zum Tempel.

Ostkambodscha

Auf den ersten Blick scheint ganz Ostkambodscha aus Reisfeldern und Zuckerpalmen zu bestehen. In den Tiefebenen trifft das tatsächlich zu, doch im Nordosten erheben sich die bewaldeten Berghänge der Provinzen Mondulkiri und Ratanakiri, die sich allmählich zu Ökotourismuszentren mausern. Die riesige Region erstreckt sich vom „Schwanz des Drachen", wo die Grenzen Kambodschas, Laos' und Vietnams zusammenlaufen, bis zum „Maul", wo der Mekong das Delta erreicht und sich ins Südchinesische Meer ergießt. Der gewaltige Strom und seine Zuflüsse winden sich durch die Landschaft, sorgen für fruchtbare Böden und sattes Grün und schaffen somit die Existenzgrundlage für Millionen Menschen.

Nahezu überall locken rauschende Wasserfälle, Kraterseen und weit verzweigte Flüsse, außerdem werden immer häufiger Aktivitäten wie Wandern, Fahrrad- bzw. Kajakfahren oder Elefantenritte angeboten. Inmitten sanft geschwungener Hügel und grüner Wälder leben viele *chunchiet* (ethnische Minderheiten), die man unter dem Sammelbegriff Khmer Leu (Obere Khmer) zusammenfasst. Sie sprechen verschiedene Dialekte, haben unterschiedliche Sitten und können anhand ihres Aussehens auseinandergehalten werden.

Die wilde Atmosphäre wird noch durch die zahlreichen seltenen Tiere unterstützt, darunter Tiger, Leoparden und Elefanten. Vertreter dieser Arten zu Gesicht zu bekommen ist allerdings ähnlich wahrscheinlich wie dem vermutlich ausgestorbenen Kouprey (Rinderart) zu begegnen. Darüber hinaus bietet der Mekong den stark gefährdeten Irrawaddy-Delphinen einen Lebensraum, die sich das ganze Jahr über ganz in der Nähe von Kratie tummeln. Um es auf den Punkt zu bringen: Ostkambodscha ist einfach überwältigend.

HIGHLIGHTS

- In den Wäldern von **Ratanakiri** (S. 331) oder **Mondulkiri** (S. 339) umherstreifen
- Bei **Kratie** (S. 326) oder **O'Svay** (S. 330) einen Blick auf die seltenen Irrawaddy-Delphine erhaschen
- Im kristallklaren Wasser des Kratersees **Boeng Yeak Lom** (S. 333) schwimmen
- **Kompong Cham** (S. 318) mit seinen historischen Tempeln, netten Bewohnern und wunderschönen Landschaft entdecken
- Dank dem **Elephant Valley Project** (S. 343) Dickhäuter in ihrem Element erleben
- Auf dem **Mekong Discovery Trail** (S. 326) rund um Kratie und Stung Treng kann man das „wahre" Kambodscha mit dem Fahrrad, zu Fuß oder in einem Kajak kennenlernen

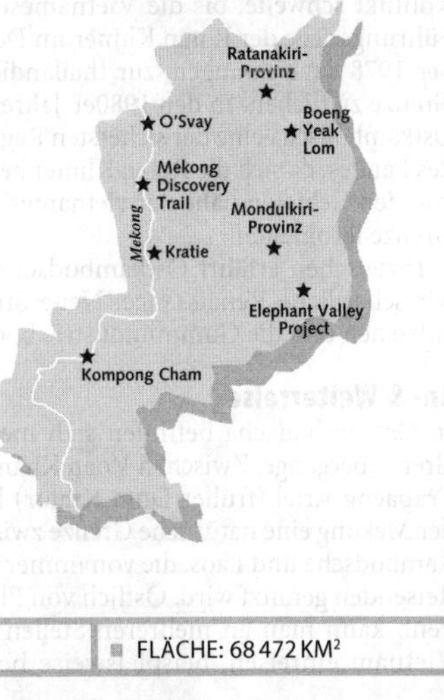

HÖHE: 5–1500 M	EINWOHNER: 6 MIO.	FLÄCHE: 68 472 KM²

Geschichte

In den 1960er-Jahren versteckten sich kommunistische Streitkräfte aus Vietnam auf der Flucht vor den US-Amerikanern im Osten Kambodschas. Der Einfluss der Vietnamesen in der Region war stark, und in den kommenden Jahren zeigte sich Prinz Sihanouks antiamerikanische Haltung immer deutlicher. Er schloss heimlich einen Handel mit den Vietnamesen und versorgte sie mit Waffen aus China, die am Hafen von Sihanoukville eingeführt wurden. Gegen Ende der 1960er-Jahre, als die US-Regierung die ersten Bombenangriffe und Übergriffe anordnete, waren die Kommunisten bereits weit ins Landesinnere vorgedrungen. Nach dem Sturz Sihanouks ordnete Lon Nol an, dass sich die vietnamesischen Truppen binnen einer Woche aus Kambodscha zurückziehen sollten, doch dieses Ultimatum konnten sie unmöglich einhalten. So begann der Krieg. In nur wenigen Monaten hatten die vietnamesischen Kommunisten gemeinsam mit ihren Verbündeten, den Roten Khmer, einen Großteil Ostkambodschas erobert.

In den östlichen Provinzen war die Herrschaft der Roten Khmer moderater als in den übrigen Teilen Kambodschas. Erst 1977 versuchten Pol Pot und die Zentralregierung, den Osten zu unterwerfen. Militärisch gesehen war das Gebiet unabhängig und stark und der Einmarsch der Truppen resultierte in einem Bürgerkrieg zwischen verschiedenen Gruppierungen innerhalb der Roten Khmer. Der Konflikt schwelte, bis die Vietnamesen die Führungsriege der Roten Khmer im Dezember 1978 dazu zwangen, zur thailändischen Grenze zu fliehen. In den 1980er-Jahren war Ostkambodscha eine der sichersten Regionen des Landes, da sich die Roten Khmer bewusst von den Gebieten nahe der vietnamesischen Grenze fernhielten.

Inzwischen erfährt Ostkambodscha eine wirtschaftliche Renaissance: Neue Straßen entstehen und die Gummiindustrie boomt.

An- & Weiterreise

In Ostkambodscha befinden sich mehrere Grenzübergänge. Zwischen Voen Kham und Trapaeng Kriel (früher Dom Kralor) bildet der Mekong eine natürliche Grenze zwischen Kambodscha und Laos, die von immer mehr Reisenden genutzt wird. Östlich von Phnom Penh kann man an mehreren Stellen nach Vietnam einreisen, beispielsweise bei Bavet–Moc Bai (wenn man auf dem Weg nach Ho-Chi-Minh-Stadt ist) oder bei Kaam Samnor–Vinh Xuong (eine weitere Mekong-Grenze). Mehr Informationen zu Grenzübergängen siehe S. 370.

Fast alle Traveller reisen von der Hauptstadt in den Osten des Landes; mehrere vernünftige Straßen führen zu den größeren Städten. Als wichtigste Nord-Süd-Verbindung der Region gilt der National Highway 7 (NH7), der bis zur laotischen Grenze führt und gut in Schuss ist. Mittlerweile sollten sowohl Ban Lung (Ratanakiri) als auch Sen Monorom (Mondulkiri) über gepflasterte Straßen mit dem NH7 verbunden sein, sodass man von Phnom Penh aus nur noch sechs Stunden bis Sen Monorom braucht und acht Stunden bis Ban Lung.

Bislang wurden die Flughäfen in Ban Lung und Sen Monorom nicht von Passagierflugzeugen angesteuert.

Unterwegs vor Ort

Der Osten zählt zu den entlegeneren Regionen des Landes. Hier gibt's einen enormen Unterschied zwischen Trocken- und Regenzeit. In den Niederungen von A nach B zu gelangen ist recht unkompliziert, denn zwischen den größeren Städten verkehren Busse, Minibusse und Taxis.

Abgelegene Orte erreicht man nicht ganz so leicht. Nach heftigen Regenfällen sind die Straßen in einem katastrophalen Zustand und so kann sich eine eigentlich gute Route innerhalb weniger Wochen in einen Albtraum verwandeln. Aus diesem Grund hängen die Reisezeiten von der jeweiligen Witterung ab. Manche Routen können nur mit dem Motorrad befahren werden, z. B. der berüchtigte Weg zwischen den Provinzen Mondulkiri und Ratanakiri (via Koh Nhek) – das ideale Terrain für Motocross-Fans!

SVAY-RIENG-PROVINZ

ខេត្តស្វាយរៀង

Diese kleine Provinz ragt wie ein Finger in das vietnamesische Staatsgebiet hinein und wird auch oft als „Papageienschnabel" bezeichnet. Im Vietnamkrieg überzeugte man die US-Streitkräfte davon, dass sich dort die kommunistische Version des Pentagon befand. Zwar hielten sich in dieser Zeit tatsächlich sehr viele Vietnamesen in Kambodscha auf, sie verfügten

OSTKAMBODSCHA

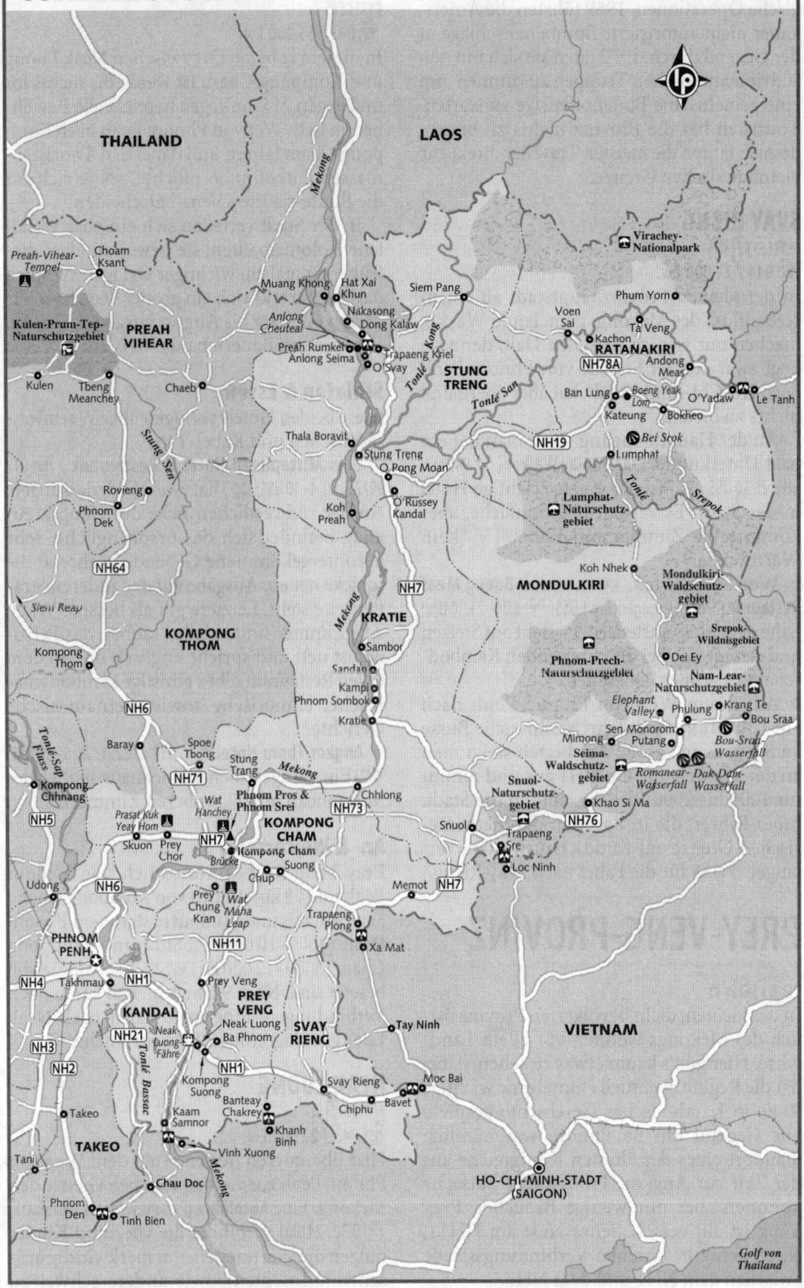

jedoch nicht über eine Zentrale für strategische Operationen. 1969 führten die Amerikaner nicht autorisierte Bombenanschläge in der Gegend durch. 1970 taten sie sich mit den südvietnamesischen Truppen zusammen, um eine gemeinsame Bodenoffensive zu starten. Touristen hat die Provinz nichts zu bieten, deshalb fahren die meisten Traveller direkt zur vietnamesischen Grenze.

SVAY RIENG
ស្វាយរៀង
☎ 044 / 21 000 Ew.

In der kleinen Provinzhauptstadt an einem Nebenfluss des Mekong, dem Tonlé Wayko, machen nur wenige Reisende Halt, denn sie liegt zwar auf der Strecke von Phnom Penh nach Ho-Chi-Minh-Stadt, hat aber überhaupt nichts zu bieten.

An der Hauptkreuzung stößt man auf ein paar Unterkünfte. Das **Tonlay Waikor** (☎ 945718; NH1; Zi. 10 US$; ❄) ist das einzige richtige Hotel in der Stadt. Es verfügt über einfache, aber komfortable Zimmer mit Kabel-TV (kein Warmwasser).

Wer Hunger hat, könnte das **Boeng Meas Restaurant** (NH1; Hauptgerichte 1 US$; 🕒 6.30–21.30 Uhr) nahe dem Fluss ansteuern. Es steht auf Stelzen und erfreut sich bei durchreisenden Kambodschanern großer Beliebtheit.

Auf ihrem Weg von Phnom Penh nach Ho-Chi-Minh-Stadt fahren zahlreiche Busse an Svay Rieng vorbei. Am besten steigt man an der Abzweigung am NH1 aus und nimmt für 1000 bis 2000 Riel ein *moto* in die Stadt. *Moto*-Fahrer, die in Bavet an der vietnamesischen Grenze auf Kundschaft warten, verlangen 5 US$ für die Fahrt nach Svay Rieng.

PREY-VENG-PROVINZ
ខេត្តព្រៃវែង

In der kleinen, dicht bevölkerten Provinz östlich des Mekongs wohnen vor allem Landwirte. Hier gibt's kaum etwas zu sehen, dabei hat die Region eventuell einmal eine wichtige Rolle in Kambodschas Geschichte gespielt: Die Gegend um Ba Phnom war nämlich Standort eines der ältesten Königreiche aus der Zeit vor Angkor. Trotz dieser Tatsache kommen aber nur wenige Besucher. Prey Veng ist ein verschlafenes Nest am NH11, einer wenig befahrenen Verbindungsstraße zwischen dem NH1 und dem NH7.

PREY VENG
ព្រៃវែង
☎ 043 / 55 000 Ew.

In diesem ruhigen Ort zwischen Neak Luong und Kompong Cham ist wenig bis nichts los und gegen 21 Uhr liegen bereits viele Bewohner im Bett. Wer von Phnom Penh nach Kompong Cham fahren und dabei den Touristenmassen entkommen möchte, sollte sich für die Route via Prey Veng entscheiden.

In der Stadt verteilen sich ein paar verfallene Kolonialbauten; sie beweisen, dass dies früher einmal ein wichtiger Ort war. Westlich davon erstreckt sich ein großer See, der allerdings von März bis August ausgetrocknet ist. Die hiesigen Bauern bauen Reis an.

Schlafen & Essen
Diese beiden Hotels verfügen über Warmwasserduschen und Kabel-TV:

Das **Mittapheap Hotel & Restaurant** (☎ 012 997757; Zi. 4–10 US$; ❄) hat zwei Niederlassungen: An der südwestlichen Ecke der Hauptkreuzung befindet sich das ursprüngliche, sehr heruntergekommene Gebäude, während die schicke neuere Ausgabe auf der anderen Straßenseite steht. Letztere gilt als bessere Wahl. Alle Zimmer sind tadellos sauber, das Personal ist nett und spricht Englisch und in dem tollen Restaurant gibt's günstige kambodschanische, chinesische sowie vietnamesische Gerichte.

Angkor Thom Hotel (☎ 011 272201; Zi. 5–10 US$; ❄) Ein orangefarbenes Hochhaus südlich des Mittapheap mit 27 sauberen Zimmern.

An- & Weiterreise
Prey Veng liegt 90 km östlich von Phnom Penh und 78 km südlich von Kompong Cham. Sammeltaxis und Minibusse starten in Phnom Penh (8000–10 000 R, 2 Std.) und Kompong Cham (8000–12 000 R, 1½ Std.), sobald sie voll besetzt sind. Nach 9 Uhr bestehen kaum noch Verbindungen. Eine *moto*-Fahrt nach Neak Luong schlägt mit 15 000 R zu Buche.

NEAK LUONG
អ្នកលឿង
☎ 043 / 22 000 Ew.

Hier überqueren Reisende auf dem Weg von Phnom Penh zur vietnamesischen Grenze den Mekong. Eine **Autofähre** (Passagiere/Autos 100/5800 R; 🕒 5.30–24 Uhr) verbindet die Ufer und Kinder nutzen die Wartezeiten, um merkwürdig aussehende Insekten sowie andere schwer zu

BOMBENANGRIFF AUF NEAK LUONG ***Nick Ray***

In den Anfangsszenen von *The Killing Fields* (1984), dem ultimativen Film über den Bürgerkrieg und Genozid in Kambodscha, wird Neak Luong gezeigt. Im August 1973 machte einer der US-amerikanischen B-52-Piloten die Stadt versehentlich dem Erdboden gleich – eigentlich sollten die Langstreckenbomber einen Vorstoß der Roten Khmer auf Phnom Penh vereiteln. Der flächendeckende Angriff kostete 137 Zivilisten das Leben, 268 Menschen wurden verletzt. Zwar versuchte die US-Regierung, den Einsatz geheim zu halten, doch Sydney Schanberg (im Film dargestellt von Sam Waterstone) schaffte es, auf dem Wasserweg nach Neak Luong zu reisen und das wahre Ausmaß der Tragödie publik zu machen. Der US-Botschafter bot Kompensationszahlungen in Höhe von 100 US$ pro Familie an und der Pilot musste ein Bußgeld von 700 US$ zahlen. Diese Summen verdeutlichen, wie viel den Amerikanern in jener Zeit ein Menschenleben wert war.

identifizierende Lebensmittel am Spieß an den Mann zu bringen. Doch bald gehört dieses Szenario der Vergangenheit an. In der Nähe von Neak Luong wird gerade eine neue Brücke gebaut, die bei Erscheinen dieses Reiseführers vielleicht bereits fertiggestellt ist. Es handelt sich um die zweite Mekongbrücke des Landes; die Erste ist in Kompong Cham.

Als einziger Grund für Touristen, hier Halt zu machen, gilt die Bootsverbindung nach Kaam Samnor (45 km), dem Tor nach Vietnam und zum Mekong-Delta (s. S. 374). Manche Reisende mieten ein *moto* in Neak Luong, um nach Ba Phnom (5 US$) zu gelangen. In Phnom Penh fahren Busse nach Neak Luong am Psar Thmei ab (6000–10 000 R).

BA PHNOM
បាភ្នំ

Der Ba Phnom ist eine der ältesten religiösen Stätten Kambodschas. Er entstand im 5. Jh., während der geheimnisumwobenen Funan-Zeit. Manche Gelehrte betrachten den Tempel als Wiege der Nation, so wie Phnom Kulen als erste Hauptstadt Angkors verehrt wird. Er blieb eine wichtige Pilgerstätte für die nachfolgenden Chenla- und Angkor-Könige und hatte bis ins 19. Jh. hinein eine besondere spirituelle Bedeutung. Allerdings gibt's jedoch auch eine dunkle Seite: Französischen Aufzeichnungen zufolge wurden hier bis 1872 Menschenopfer dargebracht.

Leider ist von diesem historischen Ort nicht mehr viel übrig. Am östlichen Ende einer kleinen Hügelgruppe befinden sich die kitschigen Ruinen eines Tempels aus dem 11. Jh., des **Preah Vihear Chann**. Das verfallene Bauwerk wurde von Mönchen wiederaufgebaut, die dafür ein paar Originalsteinblöcke und jede Menge Zement verwendeten. Die Mauern tragen ein Wellblechdach.

Am Fuß des Hügels steht ein moderner **Wat**, außerdem führen ein paar steile Betonstufen den Hang hinauf zu ein paar auffällig gestrichenen **Pagoden** auf dem Gipfel. Dort hat man einen schönen Blick auf das Tiefland.

Um zum Ba Phnom zu kommen, muss man den NH1 in Kompong Suong 9 km östlich von Neak Luong verlassen und auf der unbefestigten Straße nach Norden fahren. Nach 3 km biegt man rechts ab, anschließend geht's an der Ostseite um den Fuß des Hügels herum. Nach weiteren 7 km hält man sich links (man fährt durch einen Torbogen im Wat-Stil) und steuert direkt auf den Hügel zu. Ein *moto* ab Neak Luong kostet 7 US$ (hin und zurück). Die *motodups* (*moto*-Fahrer) in Prey Veng (30 km) verlangen 12 US$ für die Strecke.

KOMPONG-CHAM-PROVINZ
ខេត្តកំពង់ចាម

Immer mehr Touristen reisen nach Kompong Cham, dem Tor zum Nordosten. Zu den Attraktionen dieser Gegend zählen einige Tempel aus der Angkor-Periode und früheren Zeiten. Darüber hinaus kann man schöne Rad- und Motorradtouren am Flussufer unternehmen. Die Provinzhauptstadt gilt als ein Stück „echtes Kambodscha", das sich durch malerische Dörfer, hübsche Wats und Fischergemeinden auszeichnet.

Kompong Cham ist die am dichtesten bevölkerte Region des Landes. Viele der aktuellen politischen Schwergewichte wurden hier geboren, so z. B. der Premierminister Hun Sen und der Senatsvorsitzende Chea Sim. Viele Bewohner führen jedoch ein ruhiges Leben und bestreiten ihren Lebensunterhalt als Bau-

EIN HAARIGER LECKERBISSEN ***Nick Ray***

Viele Touristen auf dem Weg von Siem Reap nach Phnom Penh oder umgekehrt passieren Skuon, ohne einen weiteren Gedanken an diesen Ort zu verschwenden – dabei ist dies das Mekka einer der exotischsten kambodschanischen Delikatessen: der frittierten Spinne. Die Bewohner der kleinen kambodschanischen Stadt genießen die achtbeinigen Zeitgenossen sowohl zum Frühstück als auch zum Mittag- und zum Abendessen.

Üblicherweise legen die Busse einen kurzen Halt in „Spiderville" ein, sodass man an den Essständen einen Blick auf die behaarten Leckereien werfen kann. Auf den Tellern liegen zwar eindeutig tote Spinnen, oft sieht man allerdings ganz in der Nähe aber auch ein paar lebendige Exemplare. Sie werden in den Hügeln nördlich von Skuon gefangen und sollten am besten wie Krebse gegessen werden, indem man den Körper aufbricht und die Beine herauszieht. Dabei tritt saftiges Fleisch zutage; wer unter Arachnophobie leidet, liegt inzwischen wahrscheinlich ohnmächtig unterm Tisch. Der Geschmack geht in Richtung … Hühnchen?! Will man einfach nur ein tolles Foto haben, könnte man eine Spinne beherzt in der Mitte durchbeißen, aber Vorsicht: Der Unterleib ist mit einem widerlichen braunen Schleim gefüllt. Das könnte so ziemlich alles von Eiern bis Exkrementen sein.

Niemand scheint genau zu wissen, wie sich diese „Branche" rund um Skuon entwickeln konnte. Manche mutmaßen, dass die Einheimischen während der Herrschaft der Roten Khmer auf den Geschmack gekommen sind, als Lebensmittel rar waren.

ern oder Fischer. Vor dem Krieg war die Gummiindustrie der wichtigste Wirtschaftszweig, deshalb erstrecken sich östlich des Mekongs weitläufige Kautschukpflanzungen. Darüber hinaus wird in dieser Provinz feinste Seide gewonnen; ein Großteil der *kramas* (Schals) kommt hierher.

KOMPONG CHAM

កំពង់ចាម

☎ 042 / 46 000 Ew.

Während der Kolonialzeit war die ruhige Provinzhauptstadt an den Ufern des Mekong ein bedeutendes Handelszentrum. Das französische Erbe äußert sich deutlich, wenn man die vielen klassischen Gebäude betrachtet.

Früher galt Kompong Cham nach Phnom Penh und Battambang als drittwichtigste Stadt des Landes, mittlerweile haben ihr die schnell wachsenden Touristenorte Siem Reap und Sihanoukville allerdings den Rang abgelaufen. Dennoch ist Kompong Cham unverändert ein beliebtes Reiseziel, da es als Tor zum Osten und Nordosten des Landes dient – mehr denn je, seitdem hier Kambodschas erste Mekongbrücke errichtet wurde. Dank ihr haben sich die Fahrtzeiten nach Kratie und Mondulkiri erheblich verringert.

Orientierung & Praktische Informationen

Kompong Cham ist eine der größten Städte des Landes, allerdings heißt das nichts. Wer aus Phnom Penh kommt, wird feststellen, dass alle Straßen gen Osten am Mekongufer enden, ganz in der Nähe vieler Pensionen und Hotels. Der Markt (Psar Thmei) erstreckt sich ein paar Hundert Meter westlich des Flusses.

ANZ Royal Bank (Preah Monivong Blvd; ⏲ Mo–Fr 8.30–16 Uhr) Eine internationale Bank und ein funktionstüchtiger Geldautomat.

Sophary Internet Service (Vithei Pasteur; 2500 R pro Std.) Internetzugang.

Sehenswertes & Aktivitäten

Hier leben zahlreiche Cham-Muslime, daher stammt auch der Name Kompong Cham. Eines ihrer Dörfer befindet sich nördlich des französischen Leuchtturms am linken Ufer des Mekong. Die große Moschee mit der silbernen Kuppel ist vom rechten Ufer problemlos auszumachen. Eine weitere Siedlung liegt südlich der Brücke gleich hinter dem **Wat Day Doh**, der durchaus einen Abstecher lohnt.

Bei Sonnenuntergang führen zahlreiche Einheimischen am Flussufer nahe der Brücke **Line Dances** auf.

WAT NOKOR

វត្តនគរ

Der **Wat Nokor** (Eintritt 2 US$) ist eine moderne, ziemlich kitschige Theravada-Pagode innerhalb der Mauern eines Mahayana-Schreins aus dem 11. Jh. Letzterer besteht aus Sandstein und Laterit. Viele Torbogen des älteren Bauwerks wurden beim Bau der Pagode zu

OSTKAMBODSCHA

Schreinen umfunktioniert. An Wochentagen halten sich nur wenige Mönche auf dem Gelände auf, sodass man in Ruhe zwischen den zahlreiche Alkoven und versteckten Schreinen umherspazieren kann. Der Eintrittspreis deckt auch den Besuch des Phnom Pros und des Phnom Srei gleich außerhalb der Stadt ab.

Um zur Klosteranlage zu gelangen, verlässt man die Stadt über die Straße nach Phnom Penh, und folgt an dem großen Kreisverkehr nach 1 km der linken Weggabelung. Der Tempel befindet sich ganz am Ende der hübschen unbefestigten Straße.

KOH PAEN
កោះប៉ែន

Wer eine gemütlich Radtour unternehmen möchte, stattet dieser ländlichen Mekonginsel einen Besuch ab. Sie ist in der Trockenzeit über eine aufwendig gearbeitete Bambusbrücke (500–1000 R) an den südlichen Ausläufern von Kompong Cham zu erreichen. In der Regenzeit muss man die Fähre nehmen (mit/ohne Fahrrad 1500/1000 R); die Anlegestelle befindet sich gegenüber dem Wat Day Doh. Schon die Brücke an sich ist sehenswert. Sie wird jedes Jahr neu von Hand gefertigt und aus der Ferne hat es den Anschein, als bestünde sie aus Streichhölzern. Während der Trockenzeit ragen rund um das Eiland Sandbänke aus dem Wasser hervor – die hiesige Alternative zu einem richtigen Strand. In den trockensten Monaten kann man über eine dieser Sandbänke 3 km hinter (bzw. östlich) der Bambusbrücke bis nach Koh Paen laufen.

ALTER FRANZÖSISCHER LEUCHTTURM
ប៉មបារាំងចាស់

Gegenüber der Stadt ragt ein alter französischer Leuchtturm am Mekongufer auf. Viele Jahre lang stand er verlassen da, doch vor Kurzem ließ man ihn renovieren. Zu dem Bauwerk gehört eine extrem steile Metalltreppe, die eigentlich mehr an eine Reihe von Leitern erinnert – Leute mit Höhenangst sollten sich den Aufstieg nicht antun! Oben angekommen genießt man einen tollen Blick auf das Wasser, besonders bei Sonnenuntergang.

Geführte Touren

Frank von Lazy Mekong Daze (S. 320) organisiert Sonnenuntergangsausflüge an Bord

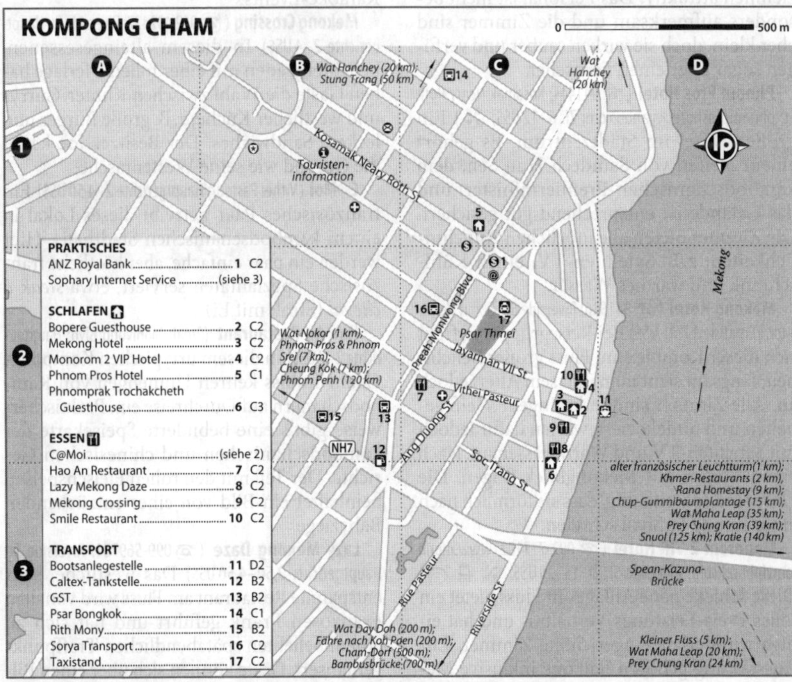

OSTKAMBODSCHA

eines traditionellen Boots. Manchmal wird unterwegs Halt in einem interessanten Dorf auf einer Insel 30 Minuten stromaufwärts gemacht. Die Fahrten kosten 5 bis 7 US$ pro Person, je nach Länge der Tour und Anzahl der Passagiere (bis zu 14 Pers.).

Schlafen

Viele Besucher ziehen es vor, wegen des schönen Ausblicks in einem Hotel am Fluss zu übernachten, man sollte jedoch nicht vergessen, dass es dort schon frühmorgens laut wird – Teil der Geräuschkulisse ist z. B. der Schrei des Muezzin von der Cham-Moschee am anderen Ufer.

Bopere Guesthouse (☎ 092-510365; Vithei Pasteur; Zi. mit/ohne Bad 5/3 US$) Eine sehr einfache Pension, aber für den Preis kann man auch nicht viel mehr erwarten. Die Zimmer oben sind um ein Zigfaches besser als die schmuddeligen Unterkünfte unten, der Geräuschpegel (Straßenlärm) ist jedoch auch dort ziemlich hoch.

Phnomprak Trochakcheth Guesthouse (☎ 099-559418; Riverside St; EZ/DZ 5/6 US$) Kostenlose Zahnbürsten und andere Toilettenartikel in einem Zimmer mit Flussblick für nur 5 Dollar – ziemlich attraktiv! Das Personal ist nicht besonders aufmerksam und die Zimmer sind eher klein, doch sie wirken sauber und verfügen sogar über einen Fernseher.

Phnom Pros Hotel (☎ 941444; Kosamak Neary Roth St; phnomproshotel@yahoo.com; Zi. 6–12 US$; ❄) Ein großes Hotel im Stadtzentrum. Es gehört einem Neffen von Samdech Hun Sen, dem kambodschanischen Premierminister, und das Gelände ist entsprechend gut gesichert. Die Zimmer bieten alle möglichen Annehmlichkeiten, z. B. Satelliten-TV, einen Kühlschrank und warmes Wasser.

Mekong Hotel (☎ 941536; Riverside St; Zi. mit Ventilator/klimatisiert 7/15 US$) Bei Reisegruppen erfreut sich dieser Komplex am Fluss großer Beliebtheit, langsam sieht man ihm sein Alter jedoch an. Alle Zimmer sind in kräftigem Weiß gehalten und undekoriert, warten dafür jedoch mit Satelliten-TV und Warmwasser auf. Nach einem Raum mit Mekongblick fragen. Die Flure sind so weitläufig, dass sie förmlich nach einer Runde Fußball schreien.

Monorom 2 VIP Hotel (☎ 092-777102; www.monoromviphotel.com; Riverside St; Zi. 15–25 US$; ❄ 💻 📶) Diese schicke neue Anlage am Fluss bietet ein tolles Preis-Leistungs-Verhältnis und hat einige wunderbar eingerichtete Zimmer. Zur Ausstattung gehören Balkone inklusive Mekongblick und große Bäder mit Unmengen von Toilettenartikeln. In sämtlichen Räumlichkeiten gibt's warmes Wasser und auch das Bild einer halbnackten Khmer-Prinzessin ist Standard. Die Zimmer für 15 US$ besitzen keine Fenster.

Rana Homestay (☎ 012 686240; www.rana-cambodia.blogspot.com; 22–25 US$ pro Pers.) Außerhalb von Kompong Cham gewährt das Rana Homestay einen guten Einblick in das Leben auf dem Lande. Im Übernachtungspreis sind die Mahlzeiten und Ausflüge in die Umgebung bereits inbegriffen. Zwei Übernachtungen sind das Minimum.

Essen

In der Stadt gibt's mehrere gute Restaurants, darunter auch ein paar Lokale mit westlicher Küche. Rund um den Markt findet man zudem günstige Imbissbuden und am neu aufgemachten Flussufer reihen sich zahlreiche Essensstände aneinander, wo man bis spätabends Snacks und kaltes Bier bekommt. Auf der anderen Mekongseite haben sich am NH17, haben sich einige Khmer-Restaurants angesiedelt. Dort locken häufig Livebands und Karaoke-Events.

Mekong Crossing (☎ 012 432427; Riverside St; Hauptgerichte 2–4 US$) In diesem alteingesessenen, beliebten Laden mit einer tollen Uferlage haben Gäste die Wahl zwischen Khmer-Currys und westlicher Küche, z. B. große Burger und leckere Sandwiches. Der Besitzer Joe kennt die Gegend wie seine Westentasche.

C@Moi (Vithei Pasteur; Hauptgerichte 2–4,50 US$) Ein französisches Paar betreibt dieses Lokal in einem kambodschanischen Stadthaus. Hier werden ein paar einfache, aber köstliche französische Spezialitäten serviert, etwa *steak à cheval* (Steak mit Ei).

Hao An Restaurant (Preah Monivong Blvd; Hauptgerichte 2–7 US$) In diesem urtypischen Kompong-Cham-Imbiss kehren Unmengen von Kambodschanern auf Durchreise ein. Praktischerweise gibt's eine bebilderte Speisekarte der kambodschanischen und chinesischen Gerichte. Der Teil mit den rohen Fleischspeisen beinhaltet ein Bild von einer entzückenden Babyziege.

Lazy Mekong Daze (☎ 099-569781; Riverside St; Hauptgerichte 2,50–4,50 US$) Das westliche, sehr entspannte Restaurant am Fluss wird von dem Franzosen Frank geführt und hat sich zu einem beliebten spätabendlichen Treffpunkt gemausert. Gäste können sich über einen Billardtisch sowie kambodschanische, thailändische und westliche Gerichten freuen. Besonders lecker sind die Pizzabaguettes.

Smile Restaurant (Riverside St; www.bsda-cambodia.org; Hauptgerichte 2,50–4,50 US$) Bei NRO-Mitarbeitern ist der gemeinnützige, von der Buddhism and Society Development Association betriebene Laden sehr beliebt. Er lockt mit einem umfangreichen Frühstücksangebot und gesunden Speisen. Kostenloses WLAN.

An- & Weiterreise

Täglich verkehren zehn klimatisierte Busse von **Sorya Transport** (Preah Monivong Blvd) zwischen Kompong Cham und der Hauptstadt (13 000 R, 2½ Std.). **Rith Mony** (NH7) und **GST** (Preah Monivong Blvd) bedienen diese Strecke ebenfalls, allerdings weniger häufig. Sammeltaxis (3,50 US$) brauchen knapp zwei Stunden bis Kompong Cham; die Abfahrt erfolgt am Taxistand nahe dem Neuen Markt (Psar Thmei). Alternativ entscheidet man sich für einen der chronisch überfüllten Minibusse (10 000 R).

Die Rith-Mony- und/oder Paramount-Angkor-Busse von Phnom Penh nach Sen Monorom (7,50 US$), Ban Lung (10 US$) und Stung Treng (7 US$, 6 Std.) passieren Kompong Cham gegen 10 Uhr, ebenso wie die Sorya-Busse nach Stung Treng und Pakse in Laos. Ein Großteil der Busse nach Stung Treng und Ban Lung folgt der längeren Route via Snuol und hält in Kratie (4 US$, 3½ Std.). Die morgendlichen Sammeltaxis und Minibusse steuern Kratie über Chhlong an und benötigen zwei Stunden. Abfahrt ist an der Caltex-Tankstelle am Hauptkreisverkehr, sobald alle Sitzplätze belegt sind. Während der Regenzeit muss man eventuell einen Pick-up oder ein Sammeltaxi vom Psar Bongkok (Alter Markt) nach Sen Monorom nehmen.

Rith Mony bietet täglich eine direkte Verbindung nach Siem Reap (Abfahrt um 7 Uhr; 5 US$, 5 Std.). Wer mit Sorya fährt, muss in Skuon in einen Bus umsteigen. Battambang (30 000 R, 6½ Std.) wird einmal pro Tag von GST angesteuert.

Motorradfahrer können in der Trockenzeit einer malerischen Route entlang dem Mekong bis nach Kratie folgen. Man nimmt die Straße, die Richtung Norden aus Kompong Cham hinausführt, und überquert den Fluss im Bezirk Stung Trang (wird „Trong" ausgesprochen) an Bord einer kleinen Fähre, bevor es am Ostufer weiter hinaufgeht. Unterwegs passiert man Chhlong und einige kleine Dörfer. Auf einem Trailbike benötigt man vier Stunden für die Bewältigung der wunderschönen Strecke.

Mittlerweile verkehren auf dem Mekong keine Passagierboote mehr.

Unterwegs vor Ort

In Kompong Cham wimmelt es von *moto-* und *remork-moto*-Fahrern, die sehr gut Englisch sprechen und Touristen alle Sehenswürdigkeiten zeigen können. Wenn man irgendwo am Mekong Platz nimmt, um etwas zu trinken, wird man früher oder später von einem der Fahrer angesprochen werden. **Herr Vannat** (☎ 012 995890; vannat_kompongcham@yahoo.com) ist am längsten dabei und vermietet ein Vehikel mit Allradantrieb (er spricht auch Französisch), doch auch seine Kollegen sind gute Guides. Für ihre Dienste muss man angemessene 10/15 US$ *(moto/remork)* pro Tag einplanen (etwas mehr, wenn man den Wat Maha Leap besichtigen möchte); Benzin ist inbegriffen.

Moto-Fahrten im Stadtgebiet kosten tagsüber nur 1000 R und abends etwas mehr. In den meisten Pensionen und Hotels können Motorräder gemietet werden. Im Bopere Guesthouse gibt's Leihfahrräder für rund 2 US$ pro Tag.

RUND UM KOMPONG CHAM

Phnom Pros & Phnom Srei

ភ្នំប្រុសភ្នំស្រី

Der „Männerhügel" und der „Frauenhügel" sind Gegenstand unterschiedlicher lokaler Legenden. Eine Version berichtet von einem Jungen, das seine Eltern verlassen muss und später als einflussreicher Mann zurückkehrt. Er verliebt sich in seine eigene Mutter, schenkt ihr jedoch keinen Glauben, als sie ihn erkennt, und hält dennoch um ihre Hand an. Damit diese Verbindung nicht zustande kommt, denkt sich die Mutter einen cleveren Trick aus: Sie ruft zu einem Wettbewerb zwischen Frauen und Männern auf – sollten die Frauen bis Sonnenaufgang den höheren Hügel errichtet haben, würde der Sohn auf ihre Hand verzichten müssen. Die beiden Teams ackerten bis tief in die Nacht, da entzündeten die Frauen ein großes Feuer, dessen Flammen bis zum Himmel reichten. Die Männer glaubten, dass der Sonnenaufgang gekommen sei und legten das Werkzeug nieder. So konnten die Frauen gewinnen, und die Hochzeit wurde vereitelt. Die Einheimischen lieben diese Geschichte und fügen beim Erzählen gerne noch die eine oder andere Einzelheit hinzu. Der Eintritt kostet 2 US$; mit der Karte hat man auch Zutritt zum Wat Nokor.

Während der Regenzeit lockt der Phnom Srei mit einer schönen Aussicht auf das Umland, außerdem steht hier eine *nandi*-Statue (der heilige Bulle, Shivas Reittier). Der Phnom Pros bietet sich für eine Pause an; neugierige Äffchen leisten einem dabei Gesellschaft. Die Fläche zwischen den beiden Hügeln gehört zu den sogenannten Killing Fields (unter den Roten Khmer fanden hier Massenmorde statt). Wenn man vom Männerhügel zum Frauenhügel läuft, entdeckt man rechter Hand einen kleinen, goldenen Stupa, der zahlreiche Schädel bewahrt.

Die beiden Hügel erheben sich 7 km außerhalb der Stadt an der Straße nach Phnom Penh. Gegenüber dem Eingang zum Phnom Pros liegt das Dorf **Cheung Kok**. Dort wird ein kambodschanisches Ökotourismusprogramm durchgeführt, das Besuchern einen Einblick in den Alltag auf dem Lande ermöglichen soll. Einheimische zeigen den Gästen, wie man z. B. Reis oder Zuckerpalmensaft erntet. In dem kleinen Laden wird zudem vor Ort hergestelltes Kunsthandwerk verkauft. Das Projekt wurde von der NRO **Amica** (www.amica-cambodge.org, auf Franz.) ins Leben gerufen.

Wat Maha Leap
វតឱ មហាលាភ

Der Wat Maha Leap ist eine der wenigen noch erhaltenen Holzpagoden in Kambodscha und mehr als 100 Jahre alt. Die Roten Khmer funktionierten das Gebäude in ein Krankenhaus um, was gewissermaßen seine Rettung war. Zahllose Kambodschaner, die auf den Feldern ringsum Zwangsarbeit leisten mussten, starben hier. 500 von ihnen wurden vor Ort verscharrt, heute findet man aber nur noch einen friedlichen Garten vor.

Die Pagode ist wirklich wunderschön. Ihre breiten schwarzen Säulen bestehen jeweils aus einem kompletten Baumstamm und sind mit Goldmustern versehen. Die Roten Khmer bedeckten die Originalverzierungen zwar mit ihrer Propaganda, doch die Mönche haben diese inzwischen wieder entfernt.

Am besten reist man per Boot von Kompong Cham zum Wat Maha Leap. Dazu folgt man dem Mekong ein Stück flussabwärts, bevor man auf einen wunderschönen Nebenfluss abbiegt, der als „Kleiner Fluss" bekannt ist. Am Ufer spielen sich Szenen aus dem kambodschanischen Alltag ab. Mit einem 40-PS-Außenborder (hin und zurück 40 US$ inkl. Stopps in ein paar hiesigen Webdörfern) benötigt man weniger als einer Stunde pro Strecke, die langsameren Boote (30 US$) brauchen um die 90 Minuten. Fahrer warten am Fluss gegenüber dem Mekong Hotel.

Der Kleine Fluss ist nur von Juli bis Ende Dezember schiffbar. Den Rest des Jahres bleibt einem nur der Landweg – das ist aber auf eigene Faust gar nicht so einfach, wenn man nicht wenigstens ein paar Brocken Khmer spricht. Unterwegs muss man nämlich zigmal abbiegen. Aus diesem Grund sollte man sich für ein *moto* entscheiden (hin und zurück 10 US$, inkl. eines Stopps in Prey Chung Kran; Fahrtzeit: 1 Std. pro Strecke). Auf dem Wasserweg beträgt die Distanz 20 km, auf dem Landweg beinahe das Doppelte.

Prey Chung Kran
ព្រៃចង្ក្រាន

Kompong Cham ist berühmt für hochwertige Seide. Das winzige Dorf Prey Chung Kran erstreckt sich direkt am Flussufer, und in nahezu jedem Gebäude steht ein Webstuhl. Emsig werkeln die Einheimischen im Schatten ihrer Stelzenhäuser und stellen moderne sowie traditionelle *kramas* her. Besonders interessant ist das Färben; dabei werden nämlich die charakteristischen Karo- und Punktmuster herausgearbeitet. Prey Chung Kran liegt 4 km vom Wat Maha Leap. An der Straße zwischen dem Wat und Prey Chung Kran findet man weitere Weberwerkstätten.

Wat Hanchey
វត្តហាន់ជ័យ

Die Hügelpagode Wat Hanchey war während der Chenla-Periode ein wichtiges religiöses Zentrum und eventuell auch ein bedeutender Verkehrsknotenpunkt für Reisende auf dem Weg zwischen den alten Städten Thala Boravit (bei Stung Treng im Norden) und Angkor Borei (bei Takeo im Süden) sowie Sambor Prei Kuk (bei Kompong Thom im Westen) und Banteay Prei Nokor (bei Memot im Osten). Hier oben kann man einen der schönsten Ausblicke auf den Mekong genießen.

Vor der großen modernen Klosteranlage befindet sich ein auffälliges, im 8. Jh. errichtetes Heiligtum aus Ziegelsteinen. Der gut erhaltene Schriftzug an den Wänden des Eingangs ist bislang nicht bestimmt worden.

KRAMAS – MEHR ALS NUR EIN KLEIDUNGSSTÜCK ***Nick Ray***

Der bunt karierte *krama*, ein Schal aus Baumwolle oder Seide, wird in ländlichen Regionen von fast allen Kambodschanern getragen und ist auch in den Städten ein beliebtes Accessoire. Aus den Provinzen Kompong Cham und Takeo stammen die berühmtesten Seidentücher.

Kramas haben unterschiedliche Funktionen. In erster Linie schützen sie den Träger vor Sonne, Staub und Wind. Deshalb legen sich auch viele Touristen einen der praktischen Schals zu. Manche Einheimische wickeln sich den Stoff wie einen Minisarong um die Hüften, verwenden ihn als Hand- oder dekoratives Halstuch, knoten ihn um die Schultern, um Babys zu transportieren, oder nutzen ihn als Bezug auf Stühlen oder Betten. Manchmal werden die Tücher sogar als Abschleppseile eingesetzt oder in marode Motorradreifen gestopft. Dieser Schal ist wirklich ein Alleskönner!

Man bekommt ihn auf Märkten in ganz Kambodscha, und er ist ein Muss für alle, die mit einem Pick-up oder Boot reisen wollen. Darüber hinaus gilt er als Symbol für Kambodscha – viele Khmer drücken durch den *krama* aus, dass sie sich mit ihrer Nationalität identifizieren.

Durch ein Loch im Dach fällt Licht ins Innere. Auf dem Gelände können neben Fundamenten weiterer Bauten aus dem 8. Jh. – manche wurden von US-amerikanischen Bomben zerstört – auch eine Reihe eigentümlicher Obst- und Tierstatuen besichtigt werden.

Moto-Fahrer berechnen 7 US$ für die Hin- und Rückfahrt (von Kompong Cham aus 40 Min. pro Strecke). Wer sich nicht beeilen muss, sollte in der Trockenzeit eine Fahrradtour durch die hübschen Dörfer am Flussufer unternehmen.

Gummibaumplantagen

ចំការកៅស៊ូ

Kompong Cham war das Zentrum der kambodschanischen Gummiindustrie und es gibt nach wie vor zahlreiche Gummibaumplantagen in der Provinz. Viele sind mittlerweile wieder in Betrieb und die größten Pflanzungen können auch besichtigt werden. Mit einem Schaber reiben die Arbeiter die Stämme auf, bis der Pflanzensaft hinaustropft; er wird in Kokosnusshälften aufgefangen, die auf dem Boden ausliegen. Auf der **Chup-Gummibaumplantage** 15 km östlich von Kompong Cham kann man die Ernte live miterleben und das **Fabrikgelände** (Eintritt 1 US$) besichtigen, wo der Gummisaft verarbeitet wird.

KRATIE-PROVINZ

ខេត្តក្រចេះ

Der Mekong windet sich durch diese Provinz und liefert die Lebensgrundlage für einen Großteil der hiesigen Bewohner. Abseits des Flusses erstrecken sich abgeschiedene Landstriche, in der kaum Ortsfremde gesichtet werden. Fast alle Besucher kommen wegen der seltenen Irrawaddy-Delphine in die Region. Die possierlichen Tiere können 15 km nördlich der hübschen Provinzhauptstadt – eine hervorragende Basis für Ausflüge ins Umland – in Kampi gesichtet werden.

Kratie war einer der ersten Orte, die von den Roten Khmer im Sommer 1970 „befreit“ wurden (jedenfalls taten sie so, als ginge der Erfolg auf ihr Konto; tatsächlich waren es jedoch die Nordvietnamesen) sowie eine der ersten Provinzhauptstädte, wo vietnamesische Truppen das Ruder übernahmen, als die Roten Khmer ihre Macht am 30. Dezember 1978 verloren.

Früher konnte man sich einfacher mit einem Boot als mit einem Wagen fortbewegen, denn das Straßennetz der Provinz wies einen desolaten Zustand auf. Mittlerweile ist Kratie aber über den NH7 mit Kompong Cham und Phnom Penh im Süden sowie Stung Treng und der laotischen Grenze im Norden verbunden.

KRATIE

ក្រចេះ

☎ **072 / 79 000 Ew.**

Das quirlige Kratie ist ein wichtiger Verkehrsknotenpunkt für Reisende und bietet sich für einen Zwischenstopp an, wenn man auf dem Landweg von Phnom Penh nach Champasak im Süden von Laos reist. Außerdem ist dies der richtige Ort, um Irrawaddy-Delphine zu beobachten. Ihre Population wird immer kleiner, doch noch bevölkern sie die Wasser des Mekong. Kratie (kra-*tscheh gesprochen*) erstreckt sich entlang dem Fluss, wo man herrliche Sonnenuntergänge miterleben kann. Zudem erspäht man an fast jeder Ecke Gebäude aus der französischen Kolonialzeit, denn Kratie blieb der Bombenhagel erspart, der das architektonische Erbe so vieler anderer Städte in Kambodscha zerstört hat.

Praktische Informationen

Telefonieren kann man in verschiedenen Büdchen rund um den Markt. Die Unterkünfte You Hong Guesthouse I und II (S. 325) betreiben gut besuchte Internetcafés und bieten Reisenden jede Menge Infos. Auch in den übrigen Pensionen ist man gut auf die Bedürfnisse von Touristen eingestellt. In Kürze soll eine Canadia Bank mit einem Geldautomaten für MasterCard/Cirrus-Karten direkt nördlich des Balcony Guesthouse am Flussufer eröffnet werden.

Acleda Bank (Mo–Fr 7.30–16 Uhr) An dem Geldautomaten kann man mit Visa-Karten Geld abheben. Außerdem werden Reiseschecks (in US-Dollar und Euro) angenommen.

Touristeninformation (Rue Preah Suramarit) Die Touristeninformation am Fluss wurde gerade erweitert, als wir Kratie besucht haben. Zukünftig sollen hier Karten und Broschüren sowie Infos zum Mekong Discovery Trail erhältlich sein.

Sehenswertes & Aktivitäten

Kraties Hauptattraktion sind die seltenen Irrawaddy-Flussdelphine (s. Kasten S. 326).

Direkt vor der Stadt erstreckt sich die Insel **Koh Trong**. Diese gewaltige Sandbank mitten im Fluss könnte sich mit ihrem alten Stupa und dem kleinen schwimmenden Dorf bald zur kambodschanischen Antwort auf Don Khong mausern. Eventuell erspäht man hier auch eine der ebenfalls seltenen Mekong-Schlammschildkröten, die am Westufer leben. Das kleine Boot zur Insel legt am Hafen ab (mit/ohne Fahrrad 1000/500 R). Auf Koh Trong werden Räder vermietet (1 US$).

Als weitere Sehenswürdigkeit gilt der wunderschöne kleine **Wat Roka Kandal** (www.cambodian-craft.com; Eintritt 2000 R) 2 km südlich von Kratie an der Straße nach Chhlong. Er entstand im frühen 19. Jh. und ist damit einer der ältesten Tempel in der Region. Wer das liebevoll restaurierte Innere des Bauwerks sehen möchte (hier stellen Korbflechter aus der Umgebung ihre Arbeiten aus), muss vor Ort jemandem ausfindig machen, der den Schlüssel hat.

Schlafen

Die meisten Unterkünfte verteilen sich rund um das Flussufer. Steinharte Kissen sind die

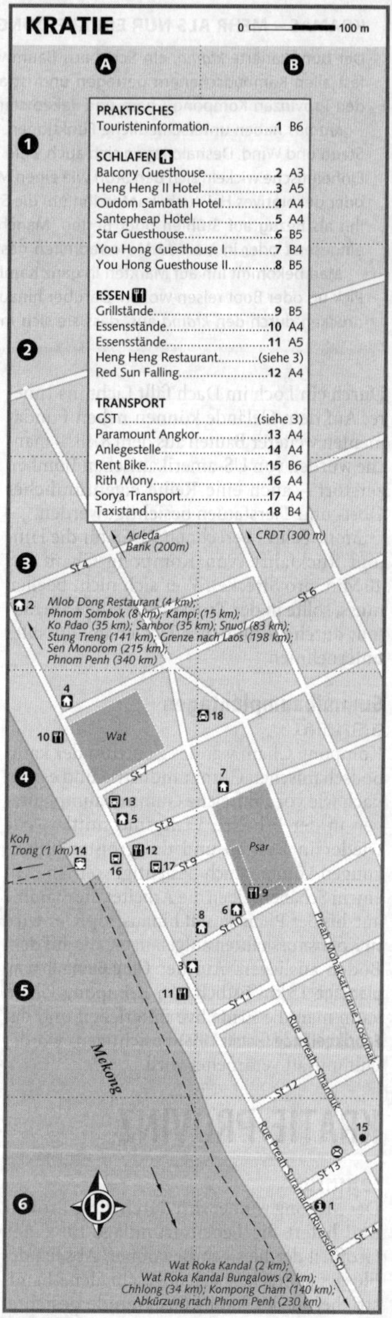

Regel – vermutlich wird der lokale Hersteller vom hiesigen Chiropraktiker geschmiert.

Balcony Guesthouse (☎ 016 604036; www.balconyguesthouse.net; Rue Preah Suramarit; Zi. mit/ohne Bad ab 6/4 US$;) In der Pension, die neue Standards in Sachen Budgetunterkünfte setzt, herrscht eine entspannte Atmosphäre. Am besten reserviert man vorab, denn die sechs Zimmer sind häufig ausgebucht. Zu den Highlights zählen das tolle Restaurant, der gemütliche Balkon und WLAN. Im Gemeinschaftsbad fließt ebenso wie in den Privatbädern warmes Wasser.

You Hong Guesthouse II (☎ 012 957003; youhong_kratie@yahoo.com; 91 St 10; Zi. mit Ventilator/klimatisiert 5/13 US$) Eine relativ neue Bleibe unweit des Flussufers und ein beliebter Treffpunkt für Backpacker. Es gibt eine gut besuchte kleine Restaurant-Bar und die Wände quellen über vor Reiseinfos. Wenn die vier Zimmer belegt sind, ist das Schwesterhotel You Hong Guesthouse I am Markt eine Alternative. Allerdings wirken die Räumlichkeiten weder in der einen, noch in der anderen Unterkunft besonders ansprechend.

Santepheap Hotel (☎ 971537; santepheaphotel@yahoo.com; Rue Preah Suramarit; Zi. 5–20 US$,) Das weitläufige Hotel bietet große Zimmer mit Ventilator (im hinteren Bereich) sowie TV und Privatbad für nur 5 US$. Wer nicht auf eine Klimaanlage verzichten will, hat die Wahl zwischen verschiedenen Ausführungen, teilweise warten die Räume dann mit feinem Holzdekor und Warmwasser auf. Beliebt bei Reisegruppen.

Oudom Sambath Hotel (☎ 012 965944; 439 Rue Preah Suramarit; Zi. mit Ventilator/klimatisiert ab 7/15 US$) Eine elegante Bleibe am Fluss, die mit gut gepflegten Zimmern (samt Klimaanlage, Warmwasser und Kabel-TV für all diejenigen, die es sich leisten können) überzeugt. Die Räume zum Fluss hin sind etwas teurer.

Ebenfalls empfehlenswert:

Star Guesthouse (kratiestar@hotmail.com; Zi. 4 US$) Erteilt Reiseinformationen und hat ein lebendiges Restaurant an der Straße sowie schlecht isolierte Zimmer.

Heng Heng II Hotel (☎ 011 282821; hengheng2hotel@yahoo.com; Rue Preah Suramarit; Zi. mit Ventilator/klimatisiert 7/15 US$) Typisches Khmer-Hotel: ein Hochhaus. Verlässliche Adresse.

Wat Roka Kandal Bungalows (Rue Preah Suramarit; Zi. 10 US$) Diese Unterkunft punktet mit großen Bungalows und durchgehenden Terrassen sowie einem tollen Blick auf den Mekong, allerdings wirkte die Anlage bei unserem Besuch etwas verwahrlost.

Essen & Ausgehen

Die Essensstände am Mekong sind eine gute Anlaufstelle für einen günstigen Imbiss oder einen Drink bei Sonnenuntergang. Hier gibt's zwei lokaltypische Spezialitäten: *krolan* (Klebreis, Bohnen und Kokosmilch, die in einem Bambusrohr gegart werden) und *nehm* (in Bananenblätter gewickelter, scharf gewürzter, roher Fisch). Beide Gerichte halten sich auch außerhalb des Kühlschranks ein paar Tage lang. Abends verwandelt sich das südliche Ende des *psar* (Markt) in ein Paradies für Liebhaber gegrillter Fleischspieße.

Red Sun Falling (☎ 012 476528; Rue Preah Suramarit; Hauptgerichte 6000–12 000 R) Eine der beliebtesten Anlaufstellen der Stadt. Das kleine Red Sun geht sogar richtig ab, sobald Besitzer Joe das Startzeichen gibt. In dem entspannten Laden erklingt angenehme Musik und tagsüber wird auch noch eine kleine Buchhandlung geöffnet. Die Köche zaubern gute asiatische und westliche Gerichte auf den Tisch. Besonders lecker: der Kuchen des Tages.

Mlob Dong Restaurant (NH7; Hauptgerichte 9000–18 000 R) Leuten, die gerne am Fluss sitzen, liegt das Mlob Dong meistens ein bisschen zu weit ab vom Schuss, doch wer gerade von der laotischen Grenze kommt, erlebt hier einen ersten typischen Khmer-Abend inklusive lokaler Band und *rom vong* (erinnert an einen Line Dance).

Ein paar Pensionen und Hotels verfügen über hauseigene Restaurants, darunter das beliebte **Heng Heng Restaurant** (Hauptgerichte 8000–15 000 R) im Heng Heng II Hotel (siehe links). Dort werden sämtliche typisch kambodschanischen und chinesischen Spezialitäten zubereitet.

An- & Weiterreise

Bei Redaktionsschluss legten die Busse nach wie vor den langen Weg von Phnom Penh (340 km) via Snuol zurück. Das sollte sich aber ändern, sobald die Straße nach Chhlong gepflastert ist (wahrscheinlich Anfang 2011; das Stück südlich von Chhlong in den Suong-Bezirk ist bereits fertiggestellt). Über diesen Ort zu reisen bedeutet eine Abkürzung um ganze 100 km (bzw. 2 Std.). Die Route wird bereits von Taxis, Minibussen und Express-Minitransportern bedient. Letztere bieten den bequemsten und schnellsten Service nach Phnom Penh (8 US$, 4 Std.) und lesen ihre Passagiere schon um 6 Uhr morgens an der jeweiligen Unterkunft auf. Sor vom You Hong

Guesthouse II (S. 325) kümmert sich um die Organisation sowie um Reservierungen für die frühmorgendlichen Rückfahrten ab Phnom Penh. Sammeltaxis (9 US$) und überfüllte Minibusse (5 US$) verkehren ebenfalls auf dieser Strecke; sie starten zwischen 8 und 8 Uhr (weitere Abfahrten nach Mittag).

Sorya Transport, Rith Mony, Paramount Angkor und GST bieten bis zum Mittag regelmäßige Busverbindungen nach Phnom Penh (5 US$, 6½ Std.) via Snuol (2 US$, 1 Std.) und Kompong Cham (4 US$, 3 Std.) an. Gegen 13 Uhr kommen dann die letzten Fahrzeuge durch die Stadt (sie starten an der laotischen Grenze). Wer nach Siem Reap (9 US$) reisen möchte, muss in Skuon umsteigen.

Die Busse nach Stung Treng (5 US$, 2½ Std.), Ban Lung (10 US$, 6 Std.), zur laotischen Grenze (8 US$, 3½ Std.) und nach Pakse (in Laos; 17 US$, 6 Std.) passieren Kratie zwischen 12 und 14 Uhr. Am Morgen nehmen zudem Minibusse Kurs auf Ban Lung (30 000 R) und ein Kleintransporter macht sich um 7 Uhr auf den Weg zur laotischen Grenze (via Stung Treng).

Mehrere Minibusse steuern Sen Monorom an (die Abfahrt erfolgt am Morgen, sobald alle Plätze besetzt sind; 30 000 R, 4½ Std.). Alternativ nimmt man einen Bus nach Phnom Penh bis Snuol und steigt dort um; allerdings sollte man vor 12 Uhr in Snuol eintreffen, sonst bekommt man eventuell keinen Anschluss mehr.

Unterwegs vor Ort

In den meisten Pensionen werden Motorräder vermietet (5 US$). Für einen englischsprachigen *motodup* muss man 15 US$ pro Tag einkalkulieren. **Rent Bike** (Rue Preah Sihanouk) bietet Fahrräder für 1 US$ am Tag an.

RUND UM KRATIE

Mekong Discovery Trail

Es lohnt sich, ein paar Tage in Kratie zu bleiben, um Radtouren zu machen oder an einer der übrigen Aktivitäten teilzunehmen, die auf dem **Mekong Discovery Trail** (www.mekongdiscoverytrail.com) angeboten werden. Diese neue Initiative wurde gegründet, um Teile des Mekongs rund um Stung Treng und Kratie für den gemeindebasierten Tourismus zu erschließen. Das Projekt steckt noch in den Kinderschuhen, hat aber jede mögliche Unterstützung verdient, da es den lokalen Fischern ein alternatives Einkommen ermöglicht. So sollen die Irrawaddy-Delphine und andere bedrohte Arten geschützt werden.

Bei Red Sun Falling (S. 325) und in den meisten anderen Unterkünften in Kratie erhält man eine hervorragende Broschüre, die

DELPHINE RUND UM KRATIE

Irrawaddy-Delphine *(trey pisaut)* zählen zu den bedrohten Tierarten Asiens. Schwindende Populationen sind in Mekong-Abschnitten Kambodschas und Laos' sowie in Teilen von Bangladesch und Myanmar zu finden. Die dunkelblau bis grau gefärbten Delphine werden 2,75 m lang und können sowohl in Süß- als auch Salzwasser leben, halten sich allerdings nur selten im Meer auf. Als besonders charakteristisch gelten die wulstige Stirn und die kleinen Rückenflossen. Mehr Informationen unter www.panda.org/greatermekong.

Vor dem Bürgerkrieg gab es laut den Einheimischen noch ungefähr 1000 Irrawaddy-Delphine in Kambodscha. Als Pol Pot an die Macht kam, jagte man sie jedoch wegen ihres kostbaren Fetts. Trotz einschneidender Schutzmaßnahmen (für den Mekong-Abschnitt zwischen Kratie und Stung Treng wurde ein fast vollständiges Fisch- und Fahrverbot für Motorboote verhängt) sinkt ihre Zahl immer weiter. Die Prognosen sind besorgniserregend: Experten schätzen, dass den Mekong zwischen Kratie und der laotischen Grenze derzeit weniger als 70 Vertreter dieser Spezies bevölkern.

Wer einen der Delphine sehen möchte, muss sich nach Kampi 15 km nördlich von Kratie an der Straße nach Sambor aufmachen. Eine *moto/remork*-Fahrt kostet 5/10 US$ (Hin- & Rückfahrt), je nachdem, wie lange der Fahrer warten muss. Mit Motorbooten werden Besucher auf den Fluss hinausgefahren, um die Säuger aus der Nähe beobachten zu können. Bei ein bis zwei Passagieren muss man mit 9 US$ pro Person rechnen und bei einer Gruppe ab drei Personen zahlt man 7 US$ pro Nase. Am besten hält man den Bootsführer dazu an, den Motor so selten wie möglich anzuschmeißen, sobald man in der Nähe der lärmempfindlichen Tiere ist. Delphine können auch unweit der laotischen Grenze in der Stung-Treng-Provinz gesichtet werden (s. S. 330).

über halb- bzw. mehrtägige Exkursionen in der Umgebung informiert. Die Straßen des Trails (190 km inkl. Fährüberfahrten) befährt man am besten mit dem Rad, aber auch Motorradfans werden ihren Spaß haben. Auf den Ausflügen muss man den Mekong recht häufig überqueren und kommt an einigen Flussinseln wie Koh Trong (S. 324) vorbei.

Übernachtungsmöglichkeiten bei einheimischen Familien sind ein essentieller Bestandteil des Projekts und so werden in der Broschüre einige dieser „Homestays" genannt. Mit einem besonders schönen Programm wartet das **Cambodian Rural Development Team** (CRDT; ☎ 023-357230; www.crdt.org.kh; 695 St 2, Kratie) auf der Insel Koh Pdao etwa 35 km nördlich von Kratie auf. Touristen arbeiten dort mit den Einwohnern zusammen und errichten beispielsweise Gebäude oder ackern auf den Feldern. Nebenher kann man natürlich auch Fahrrad fahren oder Delphine beobachten. Das Ganze kostet ungefähr 35/50 US$ für eine/zwei Nächte; Mahlzeiten und Transport sind inklusive.

Phnom Sombok

ភ្នំសំបុក

Auf diesem kleinen Hügel an der Straße, die von Kratie nach Kampi führt, befindet sich ein Wat mit einer aktiven Gemeinde. Hier genießt man einen herrlichen Blick auf den Mekong. Ein Besuch der Klosteranlage kann für ein paar Dollar extra gut mit einer Delphintour kombiniert werden.

Sambor

សំបូរ

Sambor war zwar der Standort einer blühenden Stadt aus der Zeit des Sambor Prei Kuk und des Chenla-Imperiums, doch heute sieht man nichts mehr davon. Der Ort beherbergt Kambodschas größte **Klosteranlage**, den Wat Moi Roi (Wat Sorsor Moi Roi; Tempel der 100 Säulen; eigentlich sind es 108). Sie entstand da, wo sich im 19. Jh. ein Holztempel befunden hatte; ein paar der alten Pfeiler können im hinteren Teil des Geländes besichtigt werden. Für die Bewohner der Provinz ist dies eine eher unbedeutende Pilgerstätte. Um hierhinzugelangen, folgt man der Straße nach Kampi Richtung Norden bis Sandan. Dann biegt man links ab auf eine einigermaßen annehmbare Straße und erreicht nach weiteren 10 km Sambor. Insgesamt hat man 35 km zu bewältigen.

CHHLONG

ឆ្លូង

Sobald die Straße nach Kratie im Norden vollständig gepflastert ist, wird sich die nette Hafenstadt zu einem wichtigen Verkehrsknotenpunkt entwickeln. Als Chhlongs Hauptattraktion gilt der frühere Sitz des Gouverneurs, ein wunderschöner gelb und weiß gestrichener Kolonialbau nahe dem Fluss, der in ein feines Boutique-Hotel namens **Le Relais de Chhlong** (☎ 012 991801) umfunktioniert wurde. Die Unterkunft hat ein neues Management und ist bei unserem Besuch gerade umfassend renoviert worden. Anfang 2011 sollte sie ihre Pforten wieder öffnen. Zur Anlage gehört ein Pool und die Zimmer kosten zwischen 80 und 100 US$.

Ansonsten herrscht in der Stadt nicht gerade viel Andrang. Am Flussufer stehen ein paar verfallene französische Bauwerke herum, und Architekturfans interessieren sich vielleicht für das **Haus der 100 Säulen** (erb. 1884) etwa 500 m nördlich des Le Relais. Dem Besitzer zufolge haben die Roten Khmer viele der Pfeiler entwendet, sodass heute nur noch 56 zu sehen sind.

Wer mit dem eigenen Fahrzeug unterwegs ist, könnte einen Zwischenstopp in Chhlong einlegen, extra von Kratie aus dorthin zu fahren lohnt sich aber nicht.

SNUOL

ស្នួល

☎ **072 / 19 000 Ew.**

Diese traurige kleine Stadt ist allenfalls als Rast- oder Umsteigestation auf dem Weg nach Mondulkiri interessant. Wer hier aus unerfindlichen Gründen übernachten muss, kann das **Chompa Pich** (☎ 399014; Zi. mit Ventilator/klimatisiert 7/13 US$) ansteuern, ein neues Hotel gleich außerhalb der Stadt an der Strecke nach Sen Monorom.

Will man von Snuol nach Mondulkiri, sollte man weit vor 12 Uhr ankommen, denn nachmittags fahren keine öffentlichen Verkehrsmittel mehr. Busse von Phnom Penh nach Sen Monorom passieren Snuol zwischen 11 und 12 Uhr. Sie halten südöstlich des Zentrums an der Straße nach Sen Monorom.

Am Markt starten morgens ein paar Pickups nach Sen Monorom (Sitzplatz im Wagen/hinten 5/3 US$) und Kratie (Sitzplatz im Wagen/hinten 2/1,25 US$). Darüber hinaus kommen zwei oder drei morgendliche Minibusse aus Kratie vorbei. Die Minibusse nach Kratie erreichen Snuol zwischen 15 und 16 Uhr. Für ein Taxi nach Kratie (83 km) muss man ca. 20 US$ einplanen.

Snuol liegt nur 15 km nördlich des Grenzübergangs bei Trapaeng Sre und Loc Ninh, wo Ausländer nach Vietnam einreisen können (s. S. 376).

STUNG-TRENG-PROVINZ

ខេត្តស្ទឹងត្រែង

Stung Treng erinnert ein wenig an das ewig vernachlässigte zweite von drei Kindern – es steht im Schatten der schönen Provinzen Ratanakiri und Champasak in Südlaos. Doch dank des schicken neuen Grenzpostens und des erst kürzlich sanierten Straßennetzwerks ist die Region wieder etwas mehr in den Mittelpunkt des Geschehens gerückt. Vielleicht wird sie bald die Früchte ihres enormen Potentials als Reiseziel ernten können.

Reisende interessiert vor allem die Gegend rund um das O'Svay-Dorf im Norden, wo an einem herrlichen Abschnitt des Mekongs verschiedene Ökotourismusinitiativen ins Leben gerufen wurden. Hier fährt man z. B. per Kajak an Inseln, Wasserfällen und Feuchtgebieten mit unzähligen Vogelarten vorbei zu einer Population der seltenen Irrawaddy-Delphine unweit der laotischen Grenze.

Den Flussabschnitt zwischen O'Svay und Stung-Treng-Stadt kann man mit dem Rad, Boot oder Motorrad erkunden. Außerdem gelangt man von Stung Treng mit dem Motorrad oder Boot ins entlegene Siem Pang an der Grenze zum Virachey-Nationalpark, der ebenfalls vielen Vögeln und andere Tieren eine Heimat bietet.

Heute passieren immer mehr Touristen die Grenze nach Laos bei Trapaeng Kriel (früher Dom Kralor), doch nur wenige halten sich länger in Stung Treng auf. Wer hier ein paar Tage verbringt, wird also nur wenigen Travellern über den Weg laufen.

STUNG TRENG

ស្ទឹងត្រែង

☎ 074 / 24 500 Ew.

Viele neue Straßen haben Stung Treng gut erreichbar gemacht, gleichzeitig bieten sie jedoch auch die Möglichkeit, die Provinz in einem Rutsch zu durchqueren. Die Stadt liegt am Ufer des Tonlé San, der sich weiter westlich in den Mekong ergießt. Einige Einwohner nennen den Fluss „Tonlé Sekong", da er 10 km östlich der Stadt mit dem Tonlé Kong zusammenfließt. Eine neue große Brücke überspannt den San; sie ist ein wichtiges Verbindungsstück auf der Strecke zwischen Kratie und der laotischen Grenze.

Praktische Informationen

In der **Acleda Bank** (☎ 973684) nahe dem *psar* (Markt) können Reiseschecks eingewechselt werden. Der Geldautomat (24 Std.) nimmt ausschließlich Visa-Karten an – wer frisch aus Laos angereist ist, sollte für den Fall vorsorgen, dass er außer Betrieb ist.

Telefonate können an den Handyläden rund um den Markt getätigt werden. **Internet Service** (4000 R pro Std.), ebenfalls beim Markt, bietet Internetzugang.

Nahe der südöstlichen Ecke des *psar* befindet sich ein Laden, in dem 250-ccm-Motocrossräder (20 US$ pro Tag) und alte Mountainbikes (2 US$ pro Tag) vermietet werden.

TOURISTENINFORMATION

Mlup Baitong (☎ 012 425172; www.mlup.org; ponsambo@yahoo.com) Die NRO organisiert Delphintouren und Homestay-Programme entlang des Mekong Discovery Trail.

Riverside Guesthouse (S. 329) Arrangiert Transfers zwischen Laos und Kambodscha, nach Siem Reap und in so ziemlich jeden anderen Ort sowie Bootsfahrten, etwa nach Kratie (4 Std.) und zur laotischen Grenze – unterwegs stattet man den Flussdelphinen einen Besuch ab. Englischsprachige Guides bringen Besucher mit dem Motorrad nach Tbeng Meanchey und in andere Orte.

Touristeninformation (☎ 099-709677; ⏲ 8–11 & 14.30–16 Uhr) Die Lage nahe der neuen Brücke ist unpraktisch, aber dafür arbeitet hier der hilfsbereite Theany (auch bei Xplore-Asia angestellt).

Xplore-Asia (☎ 6388867; www.xplore-cambodia.com) Broschüren, Infos und Tipps sowie maßgeschneiderte ein- bzw. mehrtätige Rad- und Kajaktouren entlang dem Mekong Discovery Trail. Verleiht Kajaks (30 US$ pro Tag), Motorräder (7 US$) und robuste Mountainbikes (5 US$). Außerdem besteht die Möglichkeit eines One-way-Verleihs von Mountainbikes nach Südlaos und Phnom Penh.

Sehenswertes & Aktivitäten

THALA BORAVIT

ថ្លាបូរាវិត

Thala Boravit war während der Chenla-Periode eine bedeutende Handelsstadt an der Wasserstraße zwischen Champasak und dem heiligen Tempel Wat Phu sowie den südlichen Ausläufern des Chenla-Reichs mit den alten Städten Sambor Prei Kuk (Isanapura) und

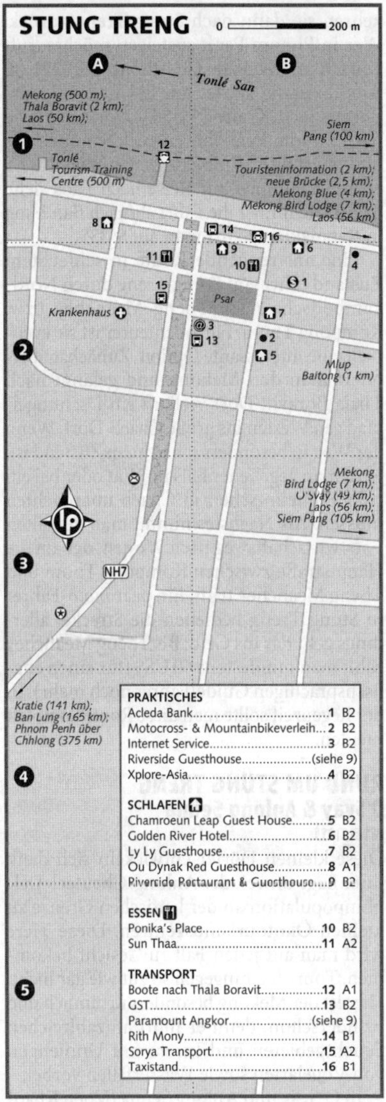

Angkor Borei. Zeugnisse dieser bewegten Zeiten sind kaum noch vorhanden. Für den Durchschnittsreisenden lohnt sich ein Besuch kaum, aber absolute Tempelfans werden eventuell das Bedürfnis verspüren, ein Häkchen hinter den Namen Thala Boravit machen zu können. Das Gebäude liegt am Westufer; den ganzen Tag über fahren Boote etwa im 30-Minuten-Takt in Stung Treng los (3500/1500 R mit/ohne Motorrad).

MEKONG BLUE
មេគង្គប៊្លូ

Das **Mekong Blue** (☎ 012 622096; www.mekongblue.com; Mo–Sa 7.30–11.30 & 14–17 Uhr) ist ein Seidenweberzentrum am Rande von Stung Treng und gehört zum Stung Treng Women's Development Centre. Hier werden hochwertige Produkte für den Verkauf und Export hergestellt. Besucher erleben die Färber und Weber, die meistens aus verarmten Familien stammen, in Aktion. In dem kleinen Verkaufsraum werden verschiedene Seidenartikel angeboten, außerdem gibt's dort ein Café. Das Zentrum befindet sich 4 km östlich der Stadt.

Schlafen

Riverside Guesthouse (☎ 012 439454; Zi. 5–10 US$;) Ein beliebter Treffpunkt für Reisende, der kurz nach unserem Besuch ein neues, schickes Gebäude bezogen hat. Er gehört der lokalen Legende Mr. T. von der Tree Top Ecolodge (S. 334) in Ban Lung und beherbergt ein kleines Restaurant (Hauptgerichte 1,50 bis 3 US$).

LP Tipp **Tonlé Tourism Training Centre** (☎ 973638; fieldco@tourismforhelp.org; EZ/DZ ab 6/8 US$) 500 m westlich der Fähranlegestelle besetzt die kleine Pension ein schattiges Fleckchen am Fluss. Sie dient gleichzeitig als Ausbildungszentrum für Einheimische mit sozial schwachem Hintergrund, die hier alles über die Tourismusbranche lernen. Die vier Zimmer sind angemessen groß, geschmackvoll eingerichtet, aber einfach (keine Fernseher). Zudem gibt's hier ein makellos sauberes Bad und einen gemütlichen Balkon mit Blick auf den Tonlé San.

Mekong Bird Lodge (☎ 099-709677; Hütte 6–10 US$) Diese Ökolodge thront 4 km nördlich der Stadt auf einer Klippe über dem Mekong. Die teureren Hütten verfügen über einen privaten Balkon mit Hängematten und einem tollen Ausblick auf den Sonnenuntergang. Um 20 Uhr wird der Strom abgestellt. Man kann hier Kajaks leihen und anscheinend auch wunderbar Vogel beobachten.

Golden River Hotel (☎ 012 980678; Zi. 15–35 US$;) Gemessen am Stung-Treng-Standard kann dieses neue Hotel am Flussufer durchaus als schick bezeichnet werden. Die Zimmer sind sauber und mit ein paar gehobenen Einrichtungen ausgestattet. Ein bisschen mehr Gemütlichkeit würde nicht schaden.

Rund um den Markt verteilen sich einige unspektakuläre familienbetriebene Pensionen, Hochhäuser, die vor allem von kambodschanischen Geschäftsleuten frequentiert werden. Sie warten mit ein paar Extras wie Toilettenartikeln und Kabel-TV auf, doch die Angestellten sprechen nur wenig Englisch und viele Zimmer sind ohne Fenster. Die besten Räumlichkeiten bietet das **Ly Ly Guesthouse** (☎ 012 937859; Zi. mit Ventilator/klimatisiert 6/12 US$). Weitere gute Optionen sind das **Chamroeun Leap Guest House** (☎ 973616; EZ/DZ ab 5/7 US$; ❄) – einer der Söhne spricht Englisch – und das **Ou Dynak Red Guesthouse** (☎ 011 963676; Zi. mit Ventilator/klimatisiert 7/15 US$).

Essen

An der Flusspromenade westlich der Anlegestelle bringen ein paar Straßenverkäufer bis spätabends kaltes Bier (3000 R) und Nudelsuppe an den Mann. In der südwestlichen Ecke des Markts befinden sich mehrere günstige Schnellimbisse.

Ponika's Palace (Hauptgerichte 2–4 US$) Wen es nach westlicher Küche gelüstet, dem sollte dieser Laden genug Auswahl bieten. Auf der Speisekarte stehen Burger, Pizza und englisches Frühstück. Außerdem gibt's indisches Essen und hervorragende Khmer-Currys. Ponika spricht übrigens Englisch.

Mekong Blue (☎ 973977; Hauptgerichte 2–4 US$) In dem entspannten Café werden traditionelle Khmer-Gerichte zubereitet. Es liegt außerhalb der Stadt. Am besten ruft man vorher an und reserviert fürs Mittag- oder Abendessen, denn spontane Gäste sind eher die Ausnahme.

Sunn Tha (Hauptgerichte 2,50–4 US$) Das Sunn Tha ist so ziemlich das einzige Restaurant, das noch nach 21 Uhr geöffnet ist, allerdings macht diese Tatsache das Essen auch nicht wirklich besser.

An- & Weiterreise

Der gut ausgebaute NH7 führt Richtung Süden nach Kratie (141 km) und Richtung Norden zur laotischen Grenze. Die Busunternehmen Sorya Transport (3-mal tgl.), Paramount Angkor (3-mal tgl.), Rith Mony (2-mal tgl.) und GST (1-mal tgl.) bieten Verbindungen nach Phnom Penh (Abfahrt vormittags; 8 US$, 9 Std.) via Kratie (5 US$) und Snuol. Ein paar Express-Minibusse fahren via Chhlong in die Hauptstadt; die Passagiere werden gegen 4 Uhr morgens bei der jeweiligen Unterkunft abgeholt (10 US$, 7 Std.). Am folgenden Vormittag kehren sie dann nach Stung Treng zurück. Wer in Phnom Penh zusteigen möchte, ruft einfach im Riverside Guesthouse (S. 329) an. Am Taxistand startet um 13 Uhr ein Transporter nach Kratie (5 US$). Dorthin sowie nach Phnom Penh fahren auch Sammeltaxis und überfüllte Minibusse (vormittags).

Informationen zur Reise nach Laos siehe S. 370. Mehr über die Fahrt ab/nach Ban Lung in Ratanakiri erfährt man auf S. 335.

Eine anstrengende Route in schlechtem Zustand führt von Stung Treng durch Nordkambodscha nach Tbeng Meanchey bzw. Kompong Thom. Für Abenteurer ist sie eventuell eine interessante Option. Zunächst überquert man den Mekong und gelangt nach Thala Boravit. Dort verläuft ein Dschungelpfad gen Westen ins große Chaeb-Dorf. Wenn der Weg in besonders schlechtem Zustand ist, wird man gegebenenfalls im Wat oder bei ein paar Einheimischen in Chaeb übernachten müssen. Als Nächstes nimmt man den alten Forstwirtschaftsweg nach Westen, der auf die Hauptstraße zwischen Kompong Thom und Tbeng Meanchey trifft. Ein paar *moto*-Fahrer in Stung Treng bedienen die Strecke, allerdings geht das ins Geld: Bis Tbeng Meanchey zahlt man mindestens 60 US$ (für einen englischsprachigen Guide/Fahrer noch mehr). In der Regenzeit sollte man diese Route komplett meiden.

RUND UM STUNG TRENG

O'Svay & Anlong Seima

អូរស្វាយ

Diese kleinen Dörfer entwickeln sich dank ihrer Lage unweit der Anlong-Cheuteal-Delphinpopulation an der laotischen Grenze zu kleinen Ökotourismuszentren. Diese Tiere wird man auf jeden Fall zu Gesicht bekommen, Touristen hingegen so gut wie gar nicht. Hier ist der Mekong besonders urtümlich und wunderschön, denn er führt an zahlreichen Feuchtgebieten und Inseln mit Unmengen von Vogelarten sowie Wasserfällen vorbei.

In O'Svay und Anlong Seima (Voen Khao) werden Longtailboote vermietet, mit denen man die Umgebung erkunden und den Delphinen einen Besuch abstatten kann. O'Svay liegt näher an Stung Treng, dafür ist der Weg zu den possierlichen Tieren weiter. Es handelt sich um die richtige Option für alle, die sich auf dem Weg zu den Flussbewohnern ein wenig mehr anschauen wollen. Anlong Seima ist gerade mal 5 km von der wichtigsten laotischen Grenze auf dem Festland entfernt. Wer aus Laos anreist, braucht mit dem *moto* ca. zehn Minuten bis Anlong Seima; man könnte den Tag mit einer Bootstour füllen und am späten Nachmittag nach Stung Treng zurückkehren.

Ein Boot für drei Personen kostet 13 US$ ab Anlong Seima und 15 US$ ab O'Svay. Wenn man die Delphine sehen möchte, kommt noch mal 1 US$ pro Person dazu. Normalerweise ist es in Ordnung, spontan an die Bootsführer heranzutreten. Wer auf Nummer sicher gehen will, plant die Fahrt vorab über Mlup Baitong oder Xplore-Asia in Stung Treng (S. 328). Kajaktrips (Xplore-Asia betreibt einen Verleih) gelten als nette Alternative.

Sämtliche Ausflüge führen am Mekong Discovery Trail (S. 326) entlang. Mlup Baitong organisiert Unterkünfte bei Einheimischen in zwei Dörfern – in Preah Rumkel, unweit der Delphine von Anlong Cheuteal, sowie 28 km südlich von Stung Treng in O'Russey Kandal. CRDT in Kratie (S. 327) bietet einen ähnlichen Service in Koh Preah 15 km südlich von Stung Treng.

Siem Pang
សៀមប៉ាង

Siem Pang ist eine recht wohlhabende Stadt am Tonlé Kong. Hier locken eine gute Dosis Landleben und eine entspannte Zeit am Fluss. Der entlegene Außenposten ganz im Norden der Provinz ist mittlerweile über eine neue Straße mit dem NH7 verbunden.

Mit einer Fähre (Passagiere 1000 R, Motorräder 2500 R) kommt man ans andere Ufer, wo der malerische Weg nach Voen Sai in Ratanakiri beginnt. Das hübsche **Theany Guesthouse** (☎ 012 675413; Zi. 5 US$) bietet auf dieser Strecke eine One-Way-Option für Leihmotorräder an (25 US$). Es besteht aus Holz und verfügt über schlichte Zimmer.

Siem Pang fungiert als westliches Tor zum Virachey-Nationalpark, der für seine enorme Artenvielfalt berühmt ist. Hier leben Riesen- und Weißschulteribisse, außerdem betreibt **BirdLife International** (☎ 092-994002, in Phnom Penh 023-993631; www.birdlife.org) eine **Geierstation**. Während der einmal monatlich stattfindenden „Fütterung" (der Kadaver eines Büffels oder einer Kuh wird auf einem Feld nahe dem Beobachtungsposten abgelegt) können die drei bedrohten einheimischen Geierarten eventuell aus nächster Nähe betrachtet werden. Wer 150 US$ übrig hat, bekommt seine ganz persönliche Exklusivfütterung. Das Gelände ist mehr Forschungszentrum als touristische Einrichtung.

Besonders entspannt reist man auf einem langsamen Boot von Stung Treng nach Siem Pang (5 US$, 8 Std.); die Abfahrt erfolgt an beiden Orten täglich um 7 Uhr. Alternativ nimmt man einen der Transporter, die morgens regelmäßig und nachmittags gelegentlich verkehren (5 US$, 2½ Std.). Mit dem Motorrad braucht man von Stung Treng aus ca. 2½ Stunden für die Strecke. Von Stung Treng kommend, fährt man auf dem NH7 55 km Richtung Norden, biegt dann rechts ab und folgt einer ziemlich sandigen, unbefestigten Straße (52 km).

RATANAKIRI-PROVINZ
ខេត្តរតនគិរី

Die aufstrebende Provinz macht sich einen Namen als abwechslungsreiche, entlegene Region mit einer außergewöhnlich schönen Landschaft und einer bunten Mischung aus ethnischen Minderheiten. Die Jarai, Tompuon, Brau und Kreung zählen zu den Khmer Leu (Obere Khmer); sie haben jeweils eigene Sprachen, Traditionen und Bräuche. Darüber hinaus leben in der Gegend viele Laoten.

Wer auf Adrenalinkicks steht, kann in Vulkanseen schwimmen, eine Wasserfalldusche nehmen oder im Virachey-Nationalpark wandern. Falls die Politiker und Generäle aus dem Tiefland nicht beschließen, diese Region für ihre Zwecke auszubeuten, wird die Tourismusbranche hier unweigerlich durchstarten. Ratanakiri hat die Schlüsselrolle im Kampf um Land; die Minoritäten, die Brandrodung betreiben, haben aufgrund des traditionellen Prinzips des Kollektivbesitzes das Nachsehen. Immer mehr Wälder verschwinden, da zahlreiche neue Gummibaum- und Cashewnussplantagen entstehen. Hoffentlich riecht bald jemand den Braten oder vielleicht auch den Kaffee – den gibt's ebenfalls reichlich! –, bevor es zu spät ist.

Ratanakiri heißt so viel wie „Hügel der kostbaren Steine". In manchen Gegenden werden hochwertiges Zirkon und verschiedene Halbedelsteine abgebaut. Die Preise sind ziemlich günstig, man sollte jedoch nicht denken, dass man das Geschäft seines Lebens machen wird – Betrügereien sind nämlich an der Tagesordnung.

Während der 1960er-Jahre diente die Provinz als Basis der Roten-Khmer-Führungsriege. Pol Pot und Ieng Sary flohen 1963 hierhin und errichteten ihr Hauptquartier in Ta Veng im Norden.

Leider sind Ratanakiris Straßen nicht gerade beeindruckend: In der Trockenzeit muss man sich auf einen „Kampf" mit rotem Staub gefasst machen, der sich auf Haut und Haaren festsetzt, und während der Regenzeit weicht der rote Boden so stark auf, dass er ein wenig an Karottensuppe erinnert. Als beste Reisezeit gilt der November, wenn die heftigsten Regenfälle vorüber sind, das Land jedoch noch nicht komplett ausgetrocknet ist.

BAN LUNG

បានលុង

☎ 075 / 25 000 Ew.

Ban Lung wird liebevoll *dey krahorm* (rote Erde) genannt und ist ein beliebter Ausgangspunkt für Ausflüge in die Umgebung. Irgendwie sieht es das ganze Jahr über aus, als wäre Herbst, da die Blätter ebenso wie alles andere auch mit rotem Staub überzogen sind. Glücklicherweise werden derzeit immer mehr Straßen gepflastert, sodass die Staubentwicklung zumindest innerhalb der Stadtgrenzen kein allzu großes Problem mehr darstellt.

Im Ort herrscht geschäftiges Treiben (Kleinstadtcharme à la Sen Monorom in Mondulkiri? Fehlanzeige!), doch dafür sind Attraktionen wie Boeng Yeak Lom (S. 333) nur einen Katzensprung entfernt. Viele Angehörige regionaler Minderheiten strömen aus den Dörfern nach Ban Lung, um Waren zu kaufen bzw. zu verkaufen. Vor dem Bürgerkrieg wurde der Ort Labansiek genannt, danach hat sich nach und nach der Name des Bezirks Ban Lung als Bezeichnung durchgesetzt.

Praktische Informationen

Acleda Bank (☎ 974220) Hier kann man Reiseschecks eintauschen. Außerdem werden Überweisungen per Western Union abgewickelt. Am Automaten kann ausschließlich mit Visa Geld abgehoben werden.

Im Postamt an der Straße nach Bokheo sind internationale Telefongespräche möglich, günstiger kommt man allerdings in den Handyläden rund um den Markt weg. Einen In-

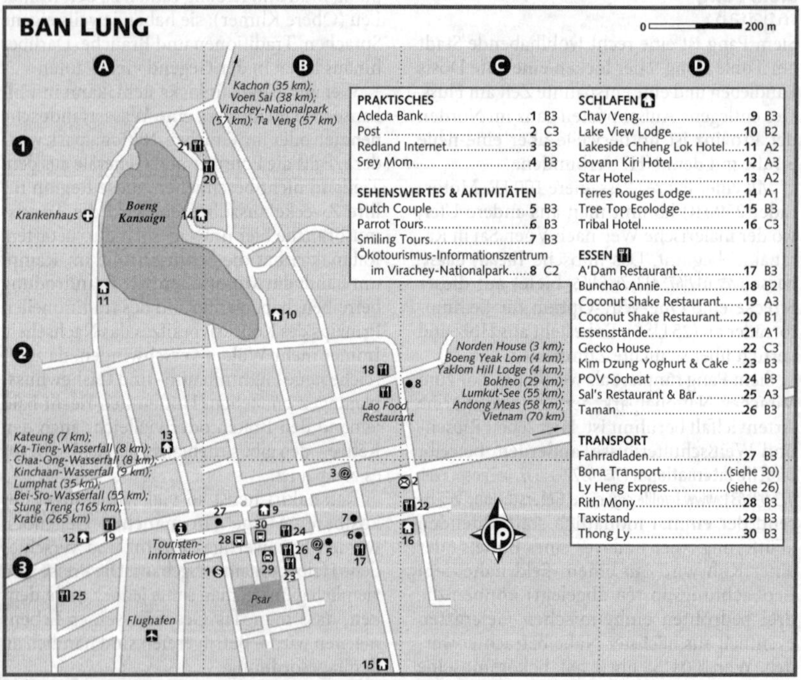

ternetzugang bieten **Redland Internet** (4000 R pro Std.) und **Srey Mom** (6000 R pro Std.).

Wer mehr über die Stadt und die Gegend wissen möchte, wendet sich an das Pensionspersonal oder die empfohlenen Reisebüros (S. 334). Siehe auch www.yaklom.com.

Sehenswertes & Aktivitäten

Im Stadtzentrum gibt's keine wirklichen Sehenswürdigkeiten. Das Highlight ist Boeng Yeak Lom. Darüber hinaus kann man mehrtätige Wanderungen rund um Ban Lung unternehmen. Wie man einen guten Guide findet, siehe unten.

BOENG YEAK LOM

បឹងយក្សឡោម

Das Herzstück dieses **Schutzgebiets** (Eintritt 1 US$) bildet ein wunderschöner blauer Kratersee inmitten einer üppig grünen Dschungellandschaft, der vor 700 000 Jahren entstanden sein soll. Manche behaupten, dass hier ein Meteor eingeschlagen ist; das würde auch die kreisrunde Form des Sees erklären. Die indigene Bevölkerung betrachtet Yeak Lom als heilig. In ihren Legenden ist die Rede von geheimnisvollen Kreaturen, die in dem klaren Wasser leben. Es handelt sich um einen der friedlichsten und schönsten Orte Kambodschas. Ringsum befinden sich ein paar Holzstege, genau richtig, wenn man eine Runde schwimmen gehen möchte.

Das kleine **Kultur- & Umweltzentrum** liefert Infos zu ethnischen Minderheiten und zu Spaziergängen, stellt Kunsthandwerk aus und verleiht **Schwimmschläuche** (4000 R pro Std.). Bis 2021 wird der See vom Tompuon-Stamm verwaltet; die eingenommenen Eintrittsgelder sind für den Aufbau der nahe gelegenen Dörfer. Leider versuchen Unternehmer, diesen 25-jährigen Pachtvertrag mit Unterstützung einiger Regionalpolitiker aufzulösen, um hier Hotels und Straßen zu bauen und auf einem heiligen Berg ein Kasino zu errichten.

Boeng Yeak Lom liegt 5 km östlich von Ban Lungs Hauptkreisverkehr. An der Statue der indigenen Familie muss man von der Straße nach Bokheo rechts abbiegen. *Motos* kosten 3 US$ (hin und zurück); wenn der Fahrer längere Zeit warten muss, steigt der Preis. Zu Fuß braucht man etwa eine Stunde.

WANDERN

Mehrtägige Wanderungen sind mittlerweile *die* Attraktion in Ratanakiri. Passionierte Trekkingfans verbringen bis zu acht Tage in den unberührten Wäldern des Virachey-Nationalparks und schlafen in nachgemachten Hängematten der US-Armee. Es werden auch kürzere Touren, Kajakausflüge auf dem Tonlé San und Übernachtungen in traditionellen Dörfern angeboten.

Exkursionen innerhalb des Parks werden ausschließlich vom **Ökotourismus-Informationszentrum im Virachey-Nationalpark** (☎ unter der Woche 075-974013, am Wochenende 077-965196; http://viracheyecotourism.blogspot.com; soukhon07@yahoo.com; Abteilung für Umweltfragen; ⏰ Mo–Fr 8–12 & 14–17.30 Uhr) organisiert. Es gibt zwar auch private Anbieter, doch ihre Touren führen nicht auf das eigentliche Parkgelände. Außerhalb der Grenzen sind die Wälder stark ausgedünnt und man muss darauf achten, dass man nicht wieder und wieder durch dasselbe Stück Wald geführt wird. Davon abgesehen können die privaten Veranstalter interessante Wanderungen zu ethnischen Minderheiten und malerischen Orten in der Provinz arrangieren. Vorab unbedingt genau mit dem Guide abklären, was man eigentlich will.

Geführte Touren

Am besten engagiert man für Wanderungen und Ausflüge rund um Ban Lung einen indigenen Führer (s. Kasten, S. 340). Leider sprechen diese oft nur wenig Englisch. Wer genug Geld hat, könnte zusätzlich noch einen englischsprachigen Khmer-Guide mitnehmen.

Die neue Vereinigung von **Tompuon-Reiseführer** (www.yeakloam.com; yeak.loam@yahoo.com) ist eine gute Anlaufstelle, wenn man Einheimische anheuern will. Sie arrangiert überdies Touren zu verschiedenen Tompuon-Dörfern rund um Boeng Yeak Lom. Man kann Webern und Korbflechtern bei der Arbeit zusehen, mehr über animistische Traditionen lernen und eine typische Mahlzeit genießen: in Bambus gedämpfter Fisch mit frischem Gemüse, Reis und Reiswein. Zudem werden Jobs für Freiwillige angeboten, z. B. für Englischlehrer.

Der einzige private Veranstalter, bei dem ein Tompuon-Guide in Vollzeit arbeitet, ist die Yaklom Hill Lodge (S. 334). Im Virachey-Nationalpark (siehe oben) arbeiten ebenfalls ein paar indigene Führer und Träger.

Folgende Anbieter unterstützen mit eingenommenen Geldern hiesige Gemeinden sowie einige NROs und soziale Projekte. Ihre Angestellten sind jedoch keine einheimischen Guides (auf Anfrage können aber Angehörige der Minderheiten als Träger engagiert werden). Die Preise hängen von der jeweiligen Route ab; für einen englischsprachigen Führer müssen ca. 15 US$ pro Tag einkalkuliert werden, zzgl. der Kosten für Transport, Essen und Übernachtung.

Dutch Couple (☎ 017 571682; www.ecotourism.cambodia.info) Organisiert z. B. Kajaktouren rund um Ta Veng.

Parrot Tours (☎ 012 764714; sitha_guide@yahoo.com)

Smiling Tours (☎ 012 247713; smeyadventure@gmail.com)

ELEFANTENRITTE

In den meisten Pensionen und Hotels können kurze Elefantenritte von Dörfern zu Wasserfällen organisiert werden. Besonders großer Beliebtheit erfreut sich die Tour von Kateung zum umwerfenden Ka Tieng. Sie dauert 60 Minuten und führt über wunderschöne Gummibaumplantagen. Normalerweise zahlt man 8 US$ pro Person und Stunde (10 US$ bei Buchung in Ban Lung). Wenn man längere Ausflüge bevorzugt, ist die Mondulkiri-Provinz (S. 339) die bessere Option.

Schlafen

Sollten die folgenden Unterkünfte belegt sein, findet man rund um den Kreisverkehr im Zentrum einige gewöhnliche Hotels, die von Einheimischen frequentiert werden (5–10 US$, mit Ventilator, aber vielfach ohne Fenster).

Tribal Hotel (☎ 974074; Zi. 3–20 US$;) In diesem alteingesessenen Hotel ist etwas für jedes Budget dabei – die „Löcher" für 3 US$ (ohne Moskitonetz) sollte man aber nur im absoluten Notfall beziehen! Obwohl die teureren Zimmer ganz nett aussehen, fehlt die persönliche Note.

Chay Veng (☎ 012 686954; Zi. mit Ventilator/klimatisiert 5/10 US$;) Die neue Unterkunft wird von zwei enthusiastischen Brüdern betrieben (beide sprechen Englisch). Alle Zimmer bieten den typischen Standard, sind aber etwas sauberer und heller als üblich. Auf jeder Etage gibt's einen gemütlichen Sitzbereich mit Blick auf die Hauptstraße.

Lake View Lodge (☎ 092-785259; Zi. mit Ventilator/klimatisiert 5/15 US$;) Backpackerlodge mit acht großen Zimmern inklusive Holzböden und hohen Decken in einer umgebauten alten Villa nahe dem Ufer des Boeng Kansaign. Vom maroden Balkon im zweiten Obergeschoss sieht man einen Teil des Sees. Der Besitzer Sophat betreibt auch eine Reiseagentur.

LP Tipp **Tree Top Ecolodge** (☎ 012 490333; www.treetop-ecolodge.com; EZ/DZ/Hütte inkl. Frühstück 8/10/15 US$;) Mit dieser BLEIBE setzt Mr. T. neue Standards in Sachen Budgetunterkünfte in Kambodscha. Die „normalen" Zimmer verfügen über Warmwasser, solide Betten mit Holzrahmen und Moskitonetzen sowie private Veranden, während sich die privaten „Verwöhnbungalows" zwischen den Bäumen jenseits des Restaurants verstecken. Sie bestehen aus Hartholz, genauso wie das Lokal, das über einer üppig grünen Schlucht thront und einen wunderbaren Blick auf den Hang gegenüber gewährt. Hier gibt's jede Menge aktuelle Infos für Reisende, vor allem für diejenigen auf dem Weg nach Laos.

Yaklom Hill Lodge (☎ 011 725881; www.yaklom.com; EZ/DZ/3BZ inkl. Frühstück 10/15/20 US$) Die rustikalen Holzbungalows von Ratanakiris einziger echter Ökolodge stehen in einem schönen Wald beim Boeng Yeak Lom, 5 km östlich von Ban Lungs zentralem Kreisverkehr. Wanderwege führen von dort u. a. zum See. Dank eines Generators kann man von 18 bis 21 Uhr warm duschen, die Energie für die Lampen (aber nicht für Ventilatoren) liefert die Sonne. Der Übernachtungspreis beinhaltet den Transfer von der Stadt aus.

Norden House (☎ 6900640; www.nordenhouseyaklom.com; Zi. 20 US$;) Bungalowpark in idyllischer Lage an der Straße zum Boeng Yeak Lom. Die geschmackvoll eingerichteten Zimmer sind mit TV und DVD-Geräten ausgestattet (kein Kabel), es gibt warmes Wasser und kostenlosen Internetzugang. In den eleganten Restaurants werden schwedische Spezialitäten serviert.

Terres Rouges Lodge (☎ 974051, 012 959115; www.ratanakiri-lodge.com; Zi./Bungalow 35/85 US$;) Ban Lungs einziges Spitzenhotel gilt als einer der angenehmsten Orte für einen Aufenthalt im kambodschanischen Hinterland. Die Standardzimmer im Haupthaus sind im klassischen Kolonialstil gehalten, das Dekor ist von wunderschönem kambodschanischen Mobiliar und indigenem Kunsthandwerk geprägt. Außerdem können sich die Gäste über eine große Gemeinschaftsterrasse sowie einen hübschen Garten mit einem 14 m langen Pool freuen. Ganz in der Nähe des Beckens reihen sich mehrere erstklassige, geräumige Bungalows aneinander.

Ebenfalls empfehlenswert:

Star Hotel (☎ 012 958322; Zi. 5-10 US$;) Eine umgebaute Villa mit großen Zimmern, die erste Alterserscheinungen zeigen. Warmwasser. Das Restaurant hat einen guten Ruf.

Sovann Kiri Hotel (☎ 974001; Zi. mit Ventilator/klimatisiert ab 5/10 US$) Weitläufiges, gut ausgestattetes Businesshotel an der Straße nach Ban Lung.

Lakeside Chheng Lok Hotel (☎ 390063; lakeside-chhenglokhotel@yahoo.com; Zi. 5–20 US$; ❄) Guter Allrounder in toller Lage mit Blick auf den Boeng Kansaign.

Essen & Ausgehen

Das Lokal in der Terres Rouges Lodge ist das beste Hotelrestaurant der Stadt. Wer einen authentischeren Ort sucht, sollte sich bei Sonnenuntergang zum See aufmachen, es sich nahe dem Coconut Shake Restaurant auf einer Matte bequem machen und billiges Bier bzw. Snacks an einer der Buden bestellen.

Bunchao Annie (bunchao 2500 R; ⌚ 11–20 Uhr) Die Besitzerin hat sich auf *bunchao* spezialisiert: Fleisch, kleine Krabben, Sprossen, ein wenig Gemüse und Gewürze in einem dünnen Eierpfannkuchen werden in ein Kohlblatt gewickelt und in eine scharfe, orangefarbene Sauce getunkt. Der Laden hat kein Schild; er befindet sich gegenüber dem Lao Food Restaurant.

Coconut Shake Restaurant (Boeng Kansaign; Hauptgerichte 6000–12 000 R). Die besten Kokosmilchshakes des Nordostens. Wer sich traut, könnte „Fish and Ship" oder „Friend Toes" bestellen. Eine weitere Filiale befindet sich an der Hauptstraße.

Gecko House (Hauptgerichte 7000–14 000 R; ⌚ 10–23 Uhr) Nette kleine Restaurant-Bar mit einladenden Sofas, stimmungsvoller Beleuchtung und eiskaltem Bier. Sowohl tagsüber als auch abends eine tolle Anlaufstelle.

Sal's Restaurant & Bar (☎ 012 284377; Hauptgerichte 1,75–5 US$) Sehr beliebt bei der hiesigen ausländischen Gemeinde. Hier kann man westliche Gerichte wie Burger bestellen, aber auch indische Currys und würzige mexikanische Klassiker verspeisen. Manchmal muss man länger auf sein Essen warten; wer das nicht will, kann vorab telefonisch bestellen.

A'Dam Restaurant (Hauptgerichte 2–4 US$) Ein Open-Air-Restaurant, in dem Thai- und Khmer-Küche sowie ein paar westliche Gerichte zubereitet werden. Praktisch: Es gibt eine bebilderte Speisekarte. Weitere Extras sind der Billardtisch und die Dartsscheibe.

In der Marktgegend könnte man zum Frühstück **Kim Dzung Yoghurt & Cake** (Hauptgerichte 4000 R; ⌚ Frühstück) ansteuern, wo es gebratene Eier, Joghurt und leckeren Kaffee gibt. Wenn man Lust auf Nudelsuppe hat, bietet sich dagegen das **Taman** (Hauptgerichte 5000 R) an, und das **POV Socheat** (Hauptgerichte 8000 R) besucht man, falls es einen nach preiswerter Khmer-Küche gelüstet (englischsprachige Speisekarte).

An- & Weiterreise

Bei Redaktionsschluss waren auf dem Flughafen von Ratanakiri schon fast drei Jahre keine Passagierflugzeuge mehr gelandet.

Mittlerweile wird es immer einfacher, Ban Lung über den Landweg zu erreichen. Bei unserem Besuch wurde der NH19 zwischen Ban Lung und O Pong Moan (die Anschlussstelle 19 km südlich von Stung Treng) gerade saniert; er sollte 2011 vollständig asphaltiert sein. Bis dahin sind verschiedene Streckenabschnitte noch ziemlich unwegsam, insbesondere während der Regenzeit.

Busse nach Phnom Penh (10 US$, 11 Std.) verkehren derzeit nur in der Trockenzeit. Thong Ly, Rith Mony und Ly Heng Express bedienen diese Route via Kratie, Snuol und Kompong Cham. Die Abfahrt in Ban Lung bzw. der Hauptstadt erfolgt frühmorgens.

Schnelle Express-Minibusse holen Passagiere um 6 Uhr an der jeweiligen Pension ab und nehmen die kürzere Strecke via Chhlong nach Phnom Penh (12 US$, 9 Std.). Minibusfahrten können in den Pensionen bzw. über Ly Heng Express oder **Bona Transport** (☎ 012 567161) organisiert werden. Wer aus Phnom Penh anreist, sollte die Tree Top Ecolodge (S. 334) kontaktieren. Aufgrund des Straßennetzausbaus werden Sammeltaxis nach Phnom Penh weniger nachgefragt. Pick-ups sind vor allem in der Regenzeit im Einsatz.

Private Minibusse (inkl. Abholservice) nehmen auch Kurs auf Stung Treng (6 US$, 2½ Std.). Am Taxistand warten Gemeinschaftstaxis (30 000 R) und langsamere Pick-ups (Sitzplatz im Wagen/auf der Ladefläche 20 000/16 000 R).

Zwischen Ratanakiri und Mondulkiri besteht keine wirkliche Straßenverbindung, auch wenn dies auf alten Karten vielleicht so aussieht: Der Weg endet in Lumphat. Wer den Tonlé Srepok mit der Fähre überquert, muss einer Reihe von sandigen Ochsenkarrenspuren bis Koh Nhek im Norden der Mondulkiri-Provinz folgen. Eingefleischte Motorradfans lieben diese Route, die sich allerdings nicht für Anfänger eignet. Man sollte sich unbedingt einem Einheimischen anschließen, der die Strecke kennt, weil man sich hier sehr leicht verirren kann. Nicht vergessen: Ersatzteile, viel Wasser und einen Kompass! Während der Regenzeit ist der Weg nahezu unpassierbar.

Es ist kaum zu glauben, aber es gibt ein paar unerschrockene *moto*-Fahrer in Ban Lung und Sen Monorom, die diese Route abfahren. Die anstrengende Tour dauert neun Stunden (inkl. ein paar längeren Pausen) und kostet 50 bis 70 US$. In diesem Fall lohnt es sich, etwas mehr Geld für einen erfahrenen, englischsprachigen Guide auszugeben. Für das schwierige Stück zwischen Koh Nhek und Lumphat haben wir mit einer Honda Dream ganze vier Stunden gebraucht.

Unterwegs vor Ort

Die meisten Pensionen in der Stadt vermieten Motorräder (etwa 5–7 US$ pro Tag), Pkws (ab 30 US$) sowie Wagen mit Allradantrieb (mind. 40 US$).

Für 25 US$ pro Tag bietet das Norden House gepflegte 250-ccm-Motorräder an. Ein lokaler Guide mit Motorrad, der gut Englisch spricht, nimmt für eine Tour durch die Provinz 15 bis 20 US$ pro Tag. Fahrer, die nur Khmer sprechen, sind günstiger.

Wer weniger Geld ausgeben und etwas für die Umwelt tun möchte, leiht sich in einem der Hotels oder Fahrradläden an der Hauptstraße ein Rad (1–3 US$ pro Tag).

RUND UM BAN LUNG

Wasserfälle

In der Umgebung befinden sich zahlreiche Wasserfälle, viele davon sind jedoch in der Regenzeit nur schwer zugänglich und führen während der Trockenzeit zu wenig Wasser. Der größten Beliebtheit erfreuen sich **Chaa Ong**, **Ka Tieng** und **Kinchaan** (Kachang). Alle drei liegen weniger als 10 km von der Stadt entfernt (Eintritt 2000 R). Schilder an der Straße nach Stung Treng weisen Besuchern 3 km westlich von Ban Lung den Weg.

Als schönster Wasserfall gilt Chaa Ong. Er stürzt in eine mit Dschungelvegetation bewachsene Schlucht und man kann hinter die Kaskade klettern oder eine natürliche Dusche nehmen. Ka Tieng ergießt sich über einen Felsensockel – auch hier ist es möglich, hinter den Vorhang aus Wasser zu schlüpfen. Wer Lust auf ein bisschen Tarzan-Theater hat, schnappt sich eine der Lianen auf der anderen Seite; sie sind robust genug, um das Gewicht eines Menschen zu tragen.

Voen Sai

វឿនសៃ

3000 Ew.

Voen Sai liegt am Ufer des Tonlé San und besteht aus mehreren chinesischen, laotischen sowie *chunchiet*-Dörfern. Ursprünglich war der Ort unter dem Namen Virachey bekannt und erstreckte sich am Nordufer des Flusses, mittlerweile befindet sich die Hauptsiedlung aber am Südufer.

Aus südlicher Richtung kommend, überquert man den Fluss an Bord der kleinen Fähre (500/3000 R ohne/mit Motorrad) und spaziert ein paar Kilometer nach Westen. Auf dem Weg passiert man ein Khmer-Dorf, eine laotische Gemeinde und eine kleine *chunchiet*-Siedlung, bevor man zuletzt ein wohlhabendes chinesisches Dorf mit großen Holzhäusern erreicht; die Bewohner sprechen nach wie vor Chinesisch. Besuchern wird sofort ins Auge fallen, wie sauber und ordentlich dieser Ort verglichen mit den übrigen Gemeinden ist.

Bis **Kachon**, östlich von Voen Sai gelegen, benötigt man per Boot 40 Minuten. Hier stößt man auf einen beeindruckenden **Tompuon-Friedhof** (Eintritt 1 US$). Wenn die lange Trauerzeit abgeschlossen ist, feiern die Dorfbewohner ein großes Fest und fügen den Ruhestätten zwei geschnitzte Abbilder von Elefantenstoßzähnen hinzu. Manche Gräber sind schon sehr alt und wurden vom Dschungel „geschluckt". Die neueren Grabstellen wohlhabender Einheimischer bestehen aus Beton und weisen moderne Elemente auf, z. B. Handys. Man darf nicht vergessen, dass dieser Ort den Tompuon heilig ist: Mehr zum angemessenen Verhalten auf einem *chunchiet*–Friedhof siehe Kastentext S. 337.

Es gibt einen Friedhof auf dem Gelände der alten Kachon-Siedlung am nördlichen Ufer des Tonlé San sowie einen im neuen Ort am Südufer, der von Ausländern nicht betreten werden darf. Für die Bootsfahrt von Voen Sai nach Kachon inklusive Abstechern zu den chinesischen und laotischen Dörfern gegenüber von Voen Sai muss man 15 US$ einkalkulieren. Alternativ fährt man auf dem Landweg nach Neu-Kachon und zahlt einem der hier lebenden Einheimischen ein paar Tausend Riel, damit er einen auf die andere Flussseite bringt.

Voen Sai liegt 39 km nordwestlich von Ban Lung; die Straße dorthin ist in mittelmäßigem bis schlechtem Zustand. Mit dem Motorrad oder Wagen gelangt man problemlos dorthin.

Englischsprachige *moto*-Guides verlangen etwa 10 bis 15 US$ für die Strecke.

Erfahrene Motorrad- und Mountainbikefahrer könnten der malerischen Route von Voen Sai nach Siem Pang in Stung Treng folgen, die am Nordufer beginnt. In Siem Pang (S. 331) werden One-way-Mieten für Motorräder nach Voen Sai angeboten.

Ta Veng
តាវែង

Ta Veng ist eigentlich ein unbedeutendes Dorf am südlichen Ufer des Tonlé San, dient jedoch als Tor zum Virachey-Nationalpark und eignet sich als Wanderbasis. Im Ta-Veng-Bezirk richteten Pol Pot, Ieng Sary und weitere Anführer der Roten Khmer in den 1960er-Jahren das Hauptquartier ihrer Guerilla-Truppen ein. Einheimische haben uns erzählt, dass die entlegene Militärbasis mittlerweile vollständig verschwunden ist, und dass es in Ta Veng vor dem Krieg noch Strom gab.

Der Ort liegt 57 km nördlich von Ban Lung und der Weg dorthin führt über eine gewundene Straße durch die Berge, von der man eine wunderschöne Aussicht genießen kann. Unterwegs passiert man ein paar **Dörfer ethnischer Minderheiten**, die sich gut für ein Päuschen eignen. Ein paar Streckenabschnitte sind sehr steil, was bei heftigem Regen sehr unangenehm ist. Am besten reist man per Motorrad oder chartert einen Wagen.

Alternativ mietet man in Ta Veng ein kleines Boot (kürzere Fahrten 10–15 US$, 5-stündiger Ausflug nach Voen Sai 70–80 US$).

Andong Meas
អណ្ដូងមាស

1500 Ew.

Die Gegend rund um Andong Meas wird immer beliebter. Sie wartet mit Dörfern ethnischer Minderheiten und **Jarai-Friedhöfen** auf (nach kurzer Flussfahrt zu erreichen), Letztere wurden jedoch stark in Mitleidenschaft gezogen, als hier 2009 der Taifun Ketsana wütete. Ein Pfad führt von Andong Meas zu einer Jarai-Siedlung und einer Gräberstätte am Ufer des Tonlé San. Pro Strecke benötigt man zu Fuß zwei Stunden, in einem schnellen Langboot 30 Minuten (hin und zurück 15 US$). Einen Jarai-Friedhof darf man auf keinen Fall ohne Erlaubnis und Jarai-Eskorte betreten. Der Eintritt kostet 1 bis 3 US$.

Die Besichtigung könnte man mit einem Besuch der bedeutenden **Edelsteinregion** Bokheo 29 km östlich von Ban Lung verbinden. Einheimische heben dort riesige Gruben aus und errichten horizontale Tunnel auf der Suche nach Amethysten und Zirkon. Bei unserem Besuch befand sich die Abbaustätte 1 km außerhalb der Stadt an der Straße nach Andong Meas, es wird aber auch an anderen Stellen gesucht.

Andong Meas liegt 58 km nordöstlich von Ban Lung. Vor Bokheos Ortseingang biegt man links von der gepflasterten Schnellstraße ab und folgt dem unbefestigten Weg. Von Ban Lung aus benötigt man 1½ Std. pro Strecke.

Lumkut-See
បឹងលំគុត

Dieser große Kratersee wird von dichten Wäldern gesäumt. Wer schwimmen möchte, spaziert im Uhrzeigersinn am Ufer entlang bis zu einem Steg. Der See liegt 55 km südöstlich von Ban Lung. 4 km östlich von Bokheo biegt man rechts von der Straße nach O'Yadaw ab.

Virachey-Nationalpark
ឧទ្យានជាតិវីរៈជ័យ

Mit 3325 km² ist der **Park** (Eintritt 5 US$) eine der größten geschützten Flächen des Landes. Er erstreckt sich im Osten bis zur vietname-

FRIEDHOFSETIKETTE

Ratanakiris *chunchiet* bestatten ihre Toten im Dschungel und fertigen Bildnisse der Verstorbenen an, die über die Grabstellen wachen sollen. Über die Wälder der Provinz verteilen sich zahlreiche Friedhöfe, die von Touristen meistens nicht besichtigt werden dürfen. Wer eine der Stätten betreten möchte, muss dafür unbedingt die Genehmigung des obersten Dorfbewohners einholen und sollte einen einheimischen Führer engagieren. Falls man die Erlaubnis erhält, darf man nichts anfassen und muss sich respektvoll verhalten; z. B. sollte man immer erst fragen, bevor man ein Foto schießt!

Leider wurde uns mehrfach berichtet, dass Traveller (englische!) Verbotsschilder einfach ignoriert und die Friedhöfe widerrechtlich betreten haben. Schlimmer noch, skrupellose Kunstsammler und Amateur-Anthropologen aus Europa kaufen den armen Dorfbewohnern angeblich alte Schnitzereien ab – dabei handelt es sich um Kulturraub der übelsten Sorte!

sischen und im Norden bis zur laotischen Grenze und nimmt im Westen Teile der Stung-Treng-Provinz ein. Das Gelände ist noch nicht vollständig erforscht und bietet zahlreichen seltenen Säugetieren einen Lebensraum, darunter Elefanten, Nebelparder, Tiger und Sonnenbären. Die Wahrscheinlichkeit, dass man einem Vertreter dieser Spezies über den Weg laufen wird, ist jedoch gering. Besucher werden aber vermutlich den einen oder anderen Gibbon *hören* und eventuell Nashornvögel, Ibisse, braune Pfaufasane und andere seltene Vögel sichten. Optimisten mutmaßen, dass auf dem Gelände vielleicht sogar ein paar Nashörner oder Kouprey (Wildrinder) heimisch sind, das ist jedoch eher unwahrscheinlich. 2003 wurde das Gebiet zum Asean Heritage Park (asiatisches Naturdenkmal) erklärt.

Darüber hinaus wird hier das am besten organisierte Ökotourismusprojekt in ganz Kambodscha durchgeführt. Es soll die ansässigen ethnischen Minderheiten unterstützen. Der Fokus liegt auf kleinen Kulturlandschaften, Natur und Abenteuertrekking. Alle Wanderungen im Park müssen über das Virachey National Park Eco-Tourism Information Center (S. 333) organisiert werden, darunter zwei- bis achttägige Trekkingtouren unter der Leitung englischsprachiger Parkwächter. Private Anbieter dürfen keine Ausflüge auf dem Parkgelände unternehmen, stellen aber auf Wunsch ihrer Kunden Kontakt zum Parkbüro her.

Ein Teil des Gebiets kann von Siem Pang im Stung-Treng-Bezirk (S. 331) erreicht werden. Wer das Gelände legal betreten möchte, benötigt auch dort eine Genehmigung, die in Ban Lung ausgestellt wird.

Lumphat

លំផាត់

2000 Ew.

Mittlerweile wirkt Lumphat am Ufer des Tonlé Srepok wie eine Art Geisterstadt, was auf die anhaltenden US-amerikanischen Bombenangriffe in den frühen 1970er-Jahren zurückzuführen ist. Hartgesottene Motorradfahrer auf dem Weg gen Süden nach Mondulkiri werden in der ehemaligen Provinzhauptstadt ein letztes Stück Zivilisation vorfinden – falls man es denn so nennen kann –, bevor es in die absolute Wildnis geht.

Angeblich ist der Tonlé Srepok jener Fluss, der in dem eindringlichen Antikriegsfilm *Apocalypse Now* gezeigt wird: Captain Benjamin Willard alias Martin Sheen folgt dem Strom auf der Suche nach dem abtrünnigen Colonel Kurtz alias Marlon Brando nach Kambodscha.

Der beliebte Wasserfall **Bei Srok** (Tuk Chrouu Bram-pul; Eintritt 2000 R) etwa 20 km östlich von Lumphat umfasst sieben sanft abfallende Stufen. Viele Reiseveranstalter in Ban Lung bieten Tagestouren dorthin an (15–20 US$), die den Besuch verlassener Edelsteinminen in der Nähe und Bombenkrater rund um Lumphat beinhalten.

WANDERUNGEN IM VIRACHEY-NATIONALPARK

In diesem Park haben Besucher die Wahl zwischen drei Wandertouren. Hier aufgeführte Tarife sind Pro-Kopf-Preise für eine Gruppe von zwei Personen. Sie enthalten den *moto*-Transport zum Startpunkt der Routen, den Parkeintritt, die Verpflegung sowie Guides, Träger, Hängematten und, falls notwenig, Boottransfers. Je größer die Gruppe, desto niedriger die Kosten.

Kalang Chhouy Sacred Mountain Trek (2 Tage 59 US$) Dieser Trekkingausflug beginnt in der Nähe des Dorfs Koklak und beinhaltet eine Übernachtung beim Wasserfall Chai Chanang. Am zweiten Tag geht's zum Phnom Gong, einem Berg, der den Brau heilig ist, und zu den Tju-Preah-Stromschnellen, die sich zum Schwimmen anbieten.

O'Lapeung River Valley Trek (3/4 Tage 115/138 US$) Ausgangspunkt dieser Tour ist Ta Veng. Mit dem Boot fährt man auf dem Tonlé San und dem O Tabok zum Brau-Dorf Phum Yorn. Dort übernachtet man bei Einheimischen. Als Nächstes erklimmt man den Gipfel des Phnom Meive und wandert ins O'Lapeung-Tal zu einem Campingplatz. Am dritten Tag folgt man einem Abschnitt des Ho-Chi-Minh-Pfads, in dessen Nähe man vielleicht noch ein paar Kriegsrelikte entdeckt. Nach einer zweiten Übernachtung im Brau-Dorf geht's an Bord eines aufblasbaren Kajaks zurück nach Ta Veng.

Phnom Veal Thom Wilderness Trek (7/8 Tage 258/286 US$) In Ta Veng beginnt die längste Wanderroute. Teilnehmer bleiben über Nacht bei Bewohnern eines Brau-Dorfs. Danach dringt man tief in das Weideland von Phnom Veal Thom vor. Dort leben Unmengen von Sambar-Hirschen, Gibbons, Languren, Wildschweinen, Bären und Nashornvögeln. Der Rückweg führt durch wunderschöne immergrüne Wälder.

Um von Ban Lung nach Lumphat zu gelangen, muss man der Straße nach Stung Treng 15 km folgen, bevor man nach Süden fährt. Für die 35 km lange Strecke benötigt man etwa eine Stunde. Fast jeden Tag fahren frühmorgens Pick-ups in Lumphat ab; nachmittags geht's zurück.

MONDULKIRI-PROVINZ

ខេត្តមណ្ឌលគិរី

Mondulkiri und Kambodschas Tiefland trennen Welten. Die Kultur ist anders, ebenso das Klima – eine echte Erleichterung nach der Hitze in den Niederungen. Diese Provinz ist wahrhaftig der „Wilde Osten" des Landes. Hier leben die zähen Bunong (Pnong) mit ihren stolzen Elefanten, außerdem entdeckt man zahlreiche traditionelle Dörfer und kann die Kunst des Elefantenreitens erlernen. Die Landschaft ist abwechslungsreich: Kiefernhaine, grasbewachsene Hügel und windverwehte Täler wechseln sich mit jadegrünen Wäldern ab, in denen versteckte Wasserfälle rauschen. Nirgendwo sind mehr wilde Tiere wie Bären, Tiger und vor allem Elefanten heimisch als in dieser Provinz. Für gewöhnlich wird man aber nur Vögel, Affen und ein paar Wildschweine sichten.

Mondulkiri bedeutet „Treffen der Hügel", angesichts der Szenerie ein absolut passender Name. Die Provinz liegt auf einer durchschnittlichen Höhe von 800 m, deshalb kann es nachts recht frisch werden. Warme Kleidung mitbringen!

Es handelt sich um die am dünnsten besiedelte Region des Landes: Auf 1 km² kommen gerade mal zwei Personen. Fast die Hälfte der Bewohner gehört den Bunong an, andere ethnische Minderheiten stellen nahezu den kompletten Rest der Bevölkerung. In der jüngsten Vergangenheit haben die großen Ländereien und das angenehme Klima zahlreiche Migranten nach Mondulkiri gelockt. Überall entstehen Obst- und Gemüsepflanzungen, doch die meisten Menschen bestreiten ihren Lebensunterhalt nach wie vor als Jäger. Umweltschützer haben Großes mit der Gegend vor: Es werden Schutzparks für Wildtiere eingeweiht und man fördert nachhaltigen Tourismus, die Naturfreunde geraten jedoch immer wieder in Interessenkonflikte mit Spekulanten und Unternehmern, denen es in erster Linie um die natürlichen Ressourcen geht.

Fast alle Straßen sind in einem schlechten Zustand, der wichtigste Highway nach Phnom Penh sollte allerdings 2011 vollständig gepflastert sein, was die Fahrtzeit auf sechs Stunden reduzieren wird. Der Weg nach Koh Nhek ist kaum auszumachen, so übel wurde er in den vergangenen Jahren in Mitleidenschaft gezogen. Weil sich die Provinz bei kambodschanischen Touristen großer Beliebtheit erfreut, sollte man an Wochenenden besser vorab reservieren.

SEN MONOROM

សែនមនោរម្យ

☎ 073 / 7000 Ew.

Mondulkiris Provinzhauptstadt ist nicht viel mehr als ein von Pflanzen überwuchertes Dorf. Ihr Zentrum befindet sich da, wo die berühmten Hügel aufeinandertreffen. Weil sich dort zwei Seen erstrecken, spricht der eine oder andere auch schon mal von der „kambodschanischen Schweiz". Rund um Sen Monorom stößt man auf diverse Gemeinden ethnischer Minderheiten und malerische Wasserfälle – es handelt sich also um den idealen Ort, um ein paar ruhige Tage zu verbringen. Viele Bunong aus den umliegenden Siedlungen kommen nach Sen Monorom, um ihre Waren zu verkaufen. Anhand der Körbe, die sie auf dem Rücken tragen, sind sie leicht von den Einwanderern aus dem Tiefland zu unterscheiden. Die Stadt befindet sich auf über 800 m, und wenn der Wind pfeift, ist es hier eindeutig kälter als in den übrigen Regionen des Landes. Warme Kleidung gehört unbedingt ins Gepäck.

Praktische Informationen

In vielen größeren Pensionen erhält man nützliche Auskünfte.

Acleda Bank (NH76) Tauscht die wichtigsten Währungen. Der Geldautomat akzeptiert nur Visa-Karten.

Green House (☎ 017 905659) Der liebenswerte Restaurantbesitzer Sam Nang gilt als beste Informationsquelle des ganzen Orts. Er organisiert Wanderungen und Ausflüge zu Sehenswürdigkeiten rund um Sen Monorom sowie maßgeschneiderte Mountainbiketouren. Man kann qualitativ hochwertige Mountainbikes (5 US$ pro Tag), Motorräder (6–8 US$) oder ein 250-ccm-Motocrossbike (15 US$) leihen. Sam arrangiert zudem *moto*-Fahrten nach Ban Lung (60 US$). Die Internetnutzung kostet 4000 R pro Stunde; wer einen Laptop hat, darf diesen via LAN-Kabel an den Router anschließen.

Middle of Somewhere (☎ 012 474879; www.bunongcenter.org; 🕑 6–18 Uhr) Das von einer NRO

VERHALTENSKODEX IN DEN BERGDÖRFERN

In vielerlei Hinsicht ist der Tourismus ein Segen für die Gemeinden im Hochland: Das interkulturelle Verständnis wird gefördert, die Infrastruktur verbessert und Waren werden günstiger, für Einheimische ergeben sich Arbeitsmöglichkeiten und durch die Kaufkraft der Traveller wird das lokale Handwerk gefördert. Es gibt aber auch negative Aspekte, z. B. größere Mengen an Müll, Umweltverschmutzung, aufkeimende Abhängigkeitsverhältnisse sowie der Verfall lokaltypischer Werte und Bräuche.

Allmählich nehmen die negativen Faktoren sogar überhand. Ein Großteil der Einnahmen aus der Tourismusbranche in Ratanakiri und Mondulkiri kommen nicht ethnischen Minderheiten zugute, sondern Khmer aus dem Tiefland, die den Sektor beherrschen. Kambodschanische Reiseveranstalter scheren sich kaum um Nachhaltigkeit, denn ihnen geht es ausschließlich ums Geld. Nur selten halten sie ihre Kunden dazu an, so wenig wie möglich in das Leben der indigenen Gemeinden einzugreifen.

Am besten spricht man lokale Guides direkt an, dann weiß man, wo das Geld landet, und hat ein einmaliges Reiseerlebnis. Die Führer können nämlich einen engeren Kontakt zu den Bewohnern der Hochlanddörfer herstellen, die animistische Traditionen pflegen und nur selten Khmer sprechen. Außerdem kennen sie die Wälder und wissen um Tabus und Sitten, von denen andere Guides vielleicht noch nie gehört haben.

Hier noch ein paar Tipps für Besucher indigener Gemeinden:

Umgang mit Einheimischen

- Höflichkeit und Respekt an den Tag legen, insbesondere im Umgang mit älteren Menschen.
- Dezente Kleidung tragen.
- Wein nicht ablehnen, das gilt vor allem bei Zeremonien. Abzuwinken käme einer Beleidigung gleich.
- Auf Schilder achten, die Ausländern das Betreten eines Orts untersagen. Ein guter Guide kennt sich mit den Warnhinweisen aus.
- Etwas über die Kultur und Sprache der Gemeinden lernen und ein guter Botschafter für die eigene Kultur sein.

betriebene Zentrum für Angehörige der Bunong ist ein Aushängeschild für nachhaltigen Tourismus in der Region. Hier werden verschiedene halb- oder ganztägige Touren unter der Leitung indigener Guides angeboten. Darüber hinaus können echte Bunong-Körbe, Perlen, Musikinstrumente und Baumwolltextilien erstanden werden.

WWF (☎ 012 466343; www.panda.org) Unterstützt diverse Ökotourismusinitiativen rund um Sen Monorom.

Sehenswertes & Aktivitäten

In Sen Monorom selbst passiert nicht viel, ringsum gibt's jedoch einiges zu sehen und unternehmen, z. B. Ausflüge zu Bunong-Dörfern, Elefantenritte und einige mehrtägige Wanderungen.

Ein paar sehenswerte Attraktionen können mit dem Motorrad (kurze Fahrt) oder zu Fuß erreicht werden (lange Wanderung). Der **Monorom-Wasserfall** (Eintritt frei) liegt 3 km nordwestlich der Stadt im Wald und ist Sen Monoroms Version eines öffentlichen Freibads. *Moto*-Fahrer berechnen etwa 2 US$ für die Fahrt (hin und zurück).

Über der nordöstlichen Ecke der Landebahn erhebt sich der **Wat Phnom Doh Kromom**; dort hat man bei Sonnenuntergang eine fantastische Aussicht.

Sehenswert ist auch die Aussichtsplattform des **Phnom Bai Chuw** (Roher-Reis-Berg) 5 km nördlich des Wat Phnom Doh Kromom. Von dem Hügel genießt man einen umwerfenden Blick auf den smaragdgrün leuchtenden Wald. Weil sich die Baumkronen zu einem Meer aus Blättern zu vereinigen scheinen, sprechen die Einheimischen auch vom Samot Cheur (Ozean aus Bäumen).

Geführte Touren

Ähnlich wie in Ratanakiri werden mehrtägige Waldwanderungen auch in Mondulkiri immer beliebter. Am besten engagiert man einen indigenen Fremdenführer, denn er kennt die

Geschenke

- Einzelpersonen Geschenke zu machen, sorgt für Neid und weckt Erwartungen. Stattdessen spendet man das Geld besser einer Institution, z.B. einer Schule oder einer medizinischen Einrichtung oder zahlt etwas in einen Gemeindefonds ein.
- Wer unbedingt einer Einzelperson etwas schenken möchte, sollte ein einfaches Präsent wählen (etwa Streichhölzer).
- Kindern niemals Süßigkeiten oder Geld zustecken.
- Keine Kleidungsstücke abgeben – die Gemeinden sind autark.

Shoppen

- Höfliches Handeln ist erlaubt. Immer den vereinbarten (fairen) Preis zahlen.
- Einen Dorfbewohner niemals fragen, ob man ihm persönliche Gegenstände, Werkzeug, Schmuck oder Kleidung abkaufen kann.
- Keine „Dorfschätze" wie Altargegenstände oder Totems kaufen.

Fotografieren

- Nicht fotografieren, ohne vorher um Erlaubnis zu bitten; auch Kinder müssen erst gefragt werden. Manche Bergvölker sind davon überzeugt, dass die Kamera ihren Geist rauben kann.
- Keine Altäre ablichten.
- Nie mit Blitz knipsen.
- Wer sich nur 15 Minuten in einer Gemeinde aufhält, sollte nicht erwarten, sofort uneingeschränktes Vertrauen zu genießen. Man muss ein wenig Zeit mit den Bewohnern verbringen, bevor man sie fotografieren darf (siehe unten).

Reisen

- In kleinen Gruppen reisen, um keinen allzu großen „Störfaktor" darzustellen.
- Am besten verbringt man mehrere Stunden oder sogar einen ganzen Tag in den Dörfern. Wer nicht so viel Zeit investieren kann, sollte ganz von einem Besuch absehen.

Wälder wie seine Westentasche und kann den Kontakt zu Einheimischen in den Bunong-Dörfern herstellen.

Bei Middle of Somewhere (S. 339) sind einige Bunong-Guides angestellt, die Touristen in traditionelle Dörfer bringen und/oder tolle Tagesausflüge auf die Beine stellen. Andere Reiseagenturen wie beispielsweise Nature Lodge (S. 342) und Green House (S. 342) verpflichten Bunong als Träger für längere Wanderungen; diesen Service sollte man jedoch explizit anfordern.

In den meisten Pensionen, die auf Seite 342 genannt werden, wird die komplette Bandbreite an Wanderungen und Touren rund um Sen Monorom angeboten. Sie kosten 35 US$ pro Person und Tag. Mahlzeiten, *moto*-Transfers zu den Ausgangspunkten der Wanderpfade und ein englischsprachiger Guide sind inklusive. Je größer die Gruppe, desto niedriger der Preis pro Person. Der WWF hat eigene Exkursionen im Programm, die ins Mondulkiri-Waldschutzgebiet (siehe S. 345) nördlich von Sen Monorom führen.

ELEFANTENRITTE

Die Dörfer Phulung, 7 km nordöstlich von Sen Monorom, und Putang, 9 km südwestlich der Stadt, sind die richtigen Anlaufstellen, wenn man auf einem Elefanten reiten möchte. Die Ritte kosten 20 bis 25 US$ pro Person inkl. Mittagessen und Transfers zum jeweiligen Dorf und zurück. Wenn man eine Weile auf einem Dickhäuter gesessen hat, kann es ganz schön unbequem werden, deshalb bringt man am besten ein Kissen mit.

Man kann auch eine längere Elefantenwanderung inklusive Übernachtung in einem Bunong-Dorf unternehmen (40–50 US$).

Das Elephant Valley Project (s. Kasten S. 343) zeichnet sich durch ein besonders nachhaltiges Ökokonzept aus.

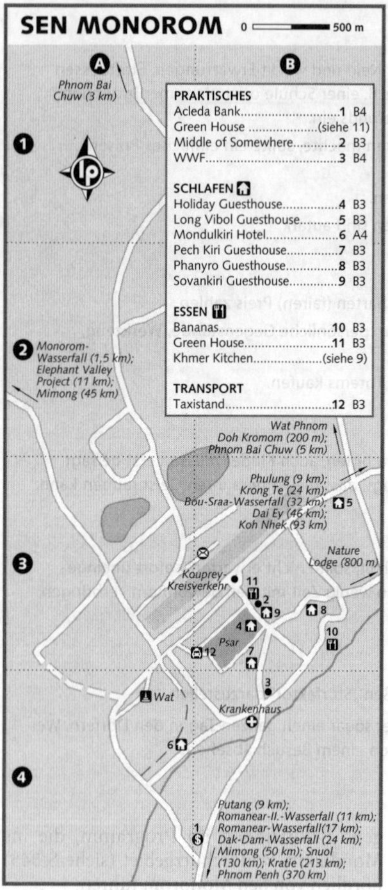

Schlafen

Warmes Wasser ist eine tolle Sache im frostigen Mondulkiri, aber normalerweise muss man dafür 5 US$ extra zahlen. In Unterkünften ohne diesen Service werden den Gästen normalerweise Behälter mit heißem Wasser für eine Dusche zur Verfügung gestellt. In dieser Gegend ist eine Klimaanlage eher überflüssig. Das Elephant Valley Project (s. Kasten S. 343) bietet ein ganz besonderes Übernachtungserlebnis.

Sovankiri Guesthouse (☎ 017 472769; Zi. mit/ohne Bad ab 5/3 US$) Bei Backpackern wegen der günstigen Zimmer und der tollen zentralen Lage hinter dem vorzüglichen Restaurant Khmer Kitchen (S. 343) beliebt. Die Budgetunterkünfte sind schlecht isoliert und das dazugehörige Gemeinschaftsbad wirkt ziemlich unappetitlich. Um einiges besser kommen die Zimmer für 7 US$ daher.

LP Tipp **Nature Lodge** (☎ 230272; www.naturelodgecambodia.com; Hütte mit/ohne Bad 10/5 US$) Dieses ausgefallene Ökoresort erstreckt sich auf einem Hügel nahe der Stadt. Entweder übernachtet man in einfachen Bungalows (inkl. Warmwasser) oder dem umwerfenden Chalet mit bequemen Betten und versteckten Räumlichkeiten. Das einladende Restaurant ist mit einzelnen Baumstämmen und Wurzeln dekoriert, außerdem gibt's einen Billardtisch. Auf der Speisekarte findet man die üblichen Backpackerfavoriten. Darüber hinaus werden in der Nature Lodge mehrtägige Ausflüge angeboten. Abends sitzen die Gäste an der Bar zusammen und tauschen Reisetipps aus bzw. suchen potentielle Wanderkameraden.

Holiday Guesthouse (☎ 011 580060; Zi. mit Kalt-/Warmwasser 5/10 US$) In dem Hochhaus aus Beton geht's insgesamt sauberer und netter zu als in den zentral gelegenen Unterkünften entlang der Hauptstraße. Praktisch: Hier können Ausflüge organisiert werden.

Long Vibol Guesthouse (☎ 012 944647; longvibol12@yahoo.com; Zi. 5–15 US$) Ein ansprechendes Resort mit unterschiedlichen Zimmern und einem üppigen Garten etwa 900 m nordöstlich der Kouprey-Statue. Vibol führt zwar selbst keine Trekkingtouren mehr, ist jedoch eine Größe unter den lokalen Guides. Wer sich also mit umfassenden Informationen eindecken möchte, sollte diese Pension ansteuern.

Pech Kiri Guesthouse (☎ 012 932102; Zi. 5–30 US$) Hier schwingt die quirlige Madame Deu das Zepter. Früher war dies die einzige Unterkunft in der Stadt und das Geschäft läuft unverändert gut, den billigen Zimmern nahe dem Empfang sieht man allerdings ihr Alter an. Derzeit werden im hinteren Bereich schickere, teurere Räumlichkeiten eingerichtet.

Phanyro Guesthouse (☎ 017 770867; Zi. mit Kalt-/Warmwasser 6/8 US$) Hervorragender Newcomer und bereits eine der angesagtesten Anlaufstellen in Mondulkiri. 500 m östlich des Stadtzentrums reihen sich die Hütten auf einem Grat mit Blick zum Flusstal aneinander. In den Zimmern hat man zwar nichts von der grandiosen Aussicht, dafür sind sie jedoch groß und sehr sauber.

Mondulkiri Hotel (☎ 390139; Zi. 15–30 US$; ❄ 💻) Inmitten der unberührten Natur und sanft geschwungenen Hügel wirkt das Hotel fehl am Platz, doch jenseits der wuchtigen Betonfassade findet man die modernsten und bequemsten Zimmer des ganzen Orts. Sie sind klimatisiert sowie mit schicken Bädern, Kabel-TV und einem Kühlschrank ausgestattet.

Essen & Ausgehen

Green House (Hauptgerichte 1,50–3,50 US$) Das Essen schmeckt nicht so gut wie im Khmer Kitchen, doch das Bambus- und Reggae-Ambiente gilt als unvergleichlich – dies ist *die* Anlaufstelle für einen Cocktail nach einem langen Wandertag.

Khmer Kitchen (Hauptgerichte 2–4 US$) Der unauffällige Laden am Straßenrand sieht nicht gerade nach einer tollen Location aus, doch hier wird tatsächlich das leckerste Khmer-Essen im Umkreis zubereitet. Besonders empfehlenswert: *kari saik trey* (Fisch-Kokos-Curry) und auch alle übrigen Currys.

Bananas (☎ 092-412680; Hauptgerichte 5–8 US$; ⏲ 9–14 & 17–22 Uhr) Tania hat zuvor in Sihanoukville gelebt, ist sehr gesprächig und serviert westliche Gerichte wie flämischen Eintopf oder Coq au Vin. Dazu gibt's eine Prise Insiderwissen gratis dazu. Sonntags kommt Braten auf den Tisch. Am besten findet man sich schon früh ein, um einen Drink auf der Terrasse am Fluss zu genießen.

An- & Weiterreise

Auf der Landebahn von Sen Monorom kommen schon länger keine Passagierflugzeuge mehr an. Wer diese einzigartige Gegend erkunden möchte, muss also den Landweg wäh-

DAS ELEPHANT VALLEY PROJECT

Elefanten hautnah erleben – diese Möglichkeit bietet das **Elephant Valley Project** (☎ 099-696041; jackhighwood@yahoo.co.uk), das zum **Elephants Livelihood Initiative Environment** (www.elie-cambodia.org) gehört. Ziel ist es, *mahouts* (Elefantenführer bzw. -besitzer) dazu zu bewegen, den häufig überarbeiteten oder verletzten Tieren „wieder beizubringen, wie sich ein Elefant normalerweise zu verhalten hat", so Projektleiter Jack Highwood.

Highwood ist ein junger Brite mit einem besonderen Faible für die Dickhäuter. Er hat es sich zur Aufgabe gemacht, die Lebensbedingungen der Arbeitselefanten in Mondulkiri zu verbessern. Gemäß der Tradition der Bunong muss den Tieren regelmäßig Zeit zum Ausruhen gewährt werden, doch Highwood zufolge ist die Verlockung für die bettelarmen *mahouts* zu groß, mehr Geld zu verdienen, indem sie die Dickhäuter bis zum Umfallen arbeiten lassen. Sie tragen nicht nur Touristen auf ihrem Rücken, sondern schleppen so ziemlich alles, was man sich vorstellen kann, auch illegal geschlagenes Holz. „In Mondulkiri betrachtet man Elefanten als günstige Traktoren", erklärt Highwood.

Die meisten Reiseveranstalter in Mondulkiri betonen, dass bei ihren Touren nur gesunde Elefanten zum Einsatz kommen, die artgerecht gehalten werden. Highwood befürwortet dies, stellt aber gleichzeitig die Frage, ob man diese Aussagen für bare Münze nehmen kann. „Die meisten Elefanten in der Provinz sind in einer furchtbaren Verfassung", bemerkt er. „Sie werden auf den Kopf geschlagen und gezwungen, Dinge zu tun, die wider ihre Natur sind."

Im Elephant Valley Project wird *mahouts* ein vernünftiger Lohn gezahlt, wenn sie einwilligen, ihre Tiere ausschließlich gemäß Ökotourismusmaßstäben einzusetzen. Sie kümmern sich weiter um die Dickhäuter, arbeiten mit ihnen und füttern sie. Die Elefanten können aber auch durch die Wälder streifen und selbst nach Futter suchen und sich am Flussufer Schlammschlachten mit ihren Artgenossen liefern.

Ausritte werden nicht mehr angeboten, aber Besucher können die Tiere in einem natürlichen Lebensraum aus nächster Nähe beobachten. Dabei lernt man nicht nur einiges über ihr Verhalten, sondern auch über die Bunong-Kultur sowie die Wälder.

Wer unbedingt auf einem Elefanten reiten möchte, sollte die Tiere vorher genau unter die Lupe nehmen. Anzeichen für Misshandlung und Unterernährung sind vorstehende Rippen, eine krumme Wirbelsäule oder Druckstellen auf dem Rücken unter dem Korb.

Für einen zweitägigen Aufenthalt (inkl. aller Mahlzeiten, dem Transport und einer Übernachtung in einem schönen Dschungelbungalow mit Blick übers Tal) zahlt man 100 US$ pro Person, eine Tagestour schlägt mit 50 US$ zu Buche (nur nach vorheriger Anmeldung). Reservierungen können über Middle of Somewhere (S. 339) vorgenommen werden. Freiwillige (für kurze und längerfristige Einsätze) sind willkommen, müssen jedoch das *mahout*-Training selbst zahlen.

len, was heutzutage gar nicht mehr so umständlich ist. Von Phnom Penh aus erstrecken sich gepflasterte Straßen bis nach Snuol. Der kürzlich ausgebaute NH76 von Snuol nach Sen Monorom war bei Redaktionsschluss noch unbefestigt, wurde jedoch schrittweise mit Bitumen aufgefüllt. Eingefleischte Motocross-Fans bevorzugen eventuell die alte französische Straße, die von Khao Si Ma nach Osten führt und etwa parallel zum NH76 verläuft.

Morgendliche Busse von Rith Mony und Thong Ly fahren via Snuol (3,75 US$, 3 Std.) und Kompong Cham (6,25 US$, 5 Std.) nach/ab Phnom Penh (7,50 US$, 8 Std.). Derzeit sind sie nur während der Trockenzeit im Einsatz, doch sobald die Strecke ab Snuol gepflastert ist, sollten die Verbindungen ganzjährig bestehen. Die schnelleren Sammeltaxis (12,50 US$) und Kleintransporter (10 US$) nach Phnom Penh reserviert man am besten einen Tag im Voraus, entweder in der Pension oder direkt am Taxistand (Abfahrt vormittags).

Kleintransporter bringen einen nach Kratie (30 000 R, 4½ Std.). Normalerweise verkehrt mindestens einer am frühen Morgen, gegen 12.30 Uhr starten zwei bis drei weitere Wagen. Vormittags sollte man den Platz vorab reservieren. Ein paar Pick-ups nehmen frühmorgens Kurs auf Snuol (Sitzplatz drinnen/auf der Ladefläche 5/3 US$).

Wer nach Ratanakiri reisen möchte, muss entweder nach Snuol oder Kratie zurückkehren und dort umsteigen oder die anstrengende Route Richtung Norden, nach Ban Lung, in Angriff nehmen; mehr zu diesem Abenteuer siehe S. 335.

Unterwegs vor Ort

Englischsprachige *moto*-Fahrer können für 15 bis 20 US$ pro Tag angeheuert werden. Typische Preise für Hin- und Rückfahrten in der Gegend: Bou Sraa 10 US$, Dak-Dam-Wasserfall 8 US$ und Phnom Bai Chuw 4 US$.

In den meisten Pensionen bekommt man Motorräder für 5 bis 8 US$, Pick-ups und Wagen mit Allradantrieb können tageweise gechartert werden. Während der Trockenzeit zahlt man ungefähr 40 US$ für Ausflüge in die Umgebung von Sen Monorom, in der Regenzeit mehr.

RUND UM SEN MONOROM

Wer sich fernab ausgetretener Pfade bewegen möchte, könnte z. B. dem Nam-Lear-Naturschutzgebiet einen Besuch abstatten (vom Bou-Sraa-Dorf benötigt man mit dem *moto* etwa 1 Std.), versteckt gelegene Wasserfälle suchen oder die Gegend um die holprige Straße zwischen Dei Ey und Mimong erkunden.

Bou-Sraa-Wasserfall

ទឹកជ្រោះប៊ូស្រា

Der zweistufige Bou Sraa ist einer der beeindruckendsten **Wasserfälle** (Eintritt 5000 R) Kambodschas und im ganzen Land bekannt. Seine obere Stufe misst 10 m, seine untere stolze 25 m. Um zum Fuß der unteren Kaskade zu gelangen, muss man die Brücke über den Fluss überqueren und einem Pfad zu einer steilen Treppe folgen, die bis zum Wasserfall führt (15 Gehminuten).

Der Wasserfall liegt 33 km östlich von Sen Monorom; auf der halb fertiggestellten, gebührenpflichtigen Straße benötigt man ca. eine Stunde für die Anfahrt. Die Reise auf einem kleinen Motorrad kostet 3000 R und auf einem großen 5000 R. 15 000 R muss man für ein Auto bzw. einen Wagen mit Allradantrieb einplanen. Am besten engagiert man einen *moto*-Fahrer für den Tag oder mietet zusammen mit ein paar anderen einen Wagen. Am Wasserfall werden einfache Snacks und Getränke verkauft, aber nichts für ein „ordentliches" Picknick.

Weitere Wasserfälle

Es gibt noch mehr beliebte Wasserfälle in der Provinz, darunter der **Romanear-Wasserfall** 18 km südöstlich von Sen Monorom und der **Dak-Dam-Wasserfall** 25 km südöstlich der Stadt. Beide können kaum ohne Unterstützung eines Einheimischen gefunden werden – am besten sucht man sich einen *moto*-Fahrer oder lokalen Guide. Der Romanear-Wasserfall ist nicht sehr hoch, aber breit, außerdem bietet er ein paar nette Schwimmgelegenheiten. Der zweite Romanear-Wasserfall, originellerweise unter dem Namen **Romanear II.** bekannt, befindet sich nahe der Hauptstraße zwischen Sen Monorom und Snuol. Der Dak Dam erinnert an den Monorom (S. 339), führt allerdings mehr Wasser. Er liegt einige Kilometer hinter dem Bunong-Dorf Dak Dam; Einheimische können einen dorthin geleiten, sofern man ihnen begreiflich machen kann, was man sucht.

Bunong-Dörfer

Einige Bunong-Dörfer rund um Sen Monorom eignen sich hervorragend als Tagesausflugsziele, manche haben jedoch durch den

Einfluss der Touristen ihre authentische Note verloren. Allgemein gilt: Je entlegener das Dorf, desto urtümlicher. Exkursionen zu den Siedlungen können häufig mit Besichtigungen von Wasserfällen und Elefantenritten kombiniert werden. Jede Pension hat ein „Lieblingsdorf", das Gästen empfohlen wird – so landet das Geld nicht nur bei einer Gemeinde.

Der WWF hat in zwei Orten Projekte angestoßen, die Travellern einen Einblick in den traditionellen Alltag der Bunong ermöglichen sollen. In **Krang Te**, 25 km östlich von Sen Monorom, kann man auf Elefanten reiten, lokale Tänze miterleben, lernen, wie man Körbe flechtet, und vor Ort hergestellten Honig, Obst sowie Kunsthandwerk der Bunong kaufen. 46 km nördlich von Sen Monorom, an der Straße nach Koh Nhek, liegt das Dorf **Dei Ey**. Dort übernachtet man bei Einheimischen, probiert typische Gerichte und unternimmt Elefantenritte sowie Wanderungen im Mondulkiri-Waldschutzgebiet. Teile der Einnahmen fließen in einen Gemeindefonds, aus dem Verbesserungen der Infrastruktur und Schutzmaßnahmen für den Wald finanziert werden.

SEIMA-WALDSCHUTZGEBIET
តំបន់ការពារព្រៃឈើកែវសីមា

In dem 3000 km² umfassenden Naturschutzgebiet leben unzählige Säugetiere. Mitarbeiter einer erst kürzlich durchgeführten Studie der World Conservation Society (WCS) haben mehr als 42 000 schwarzschenklige Kleideraffen und 2500 Gelbwangen-Schopfgibbons gezählt – das sind beispiellos große Populationen dieser beiden bedrohten Primatenarten. Darüber hinaus streifen hier schätzungsweise 150 wilde Elefanten umher, mehr als die Hälfte der Gesamtpopulation in Kambodscha. Auch Bären, Unmengen von Vögeln und sieben verschiedene Raubkatzenspezies sind auf dem Gelände heimisch. Der hiesige Dschungel weist eine üppigere Vegetation als der Trockenwald im Westen Mondulkiris auf und ist in einem relativ guten Zustand.

Nach wie erreicht man das Gebiet nur schwer. Dazu muss man sich an das WCS-Partnerunternehmen **Sam Veasna Center** (☎ 063-963710 www.samveasna.org) wenden, das sich auf Vogelbeobachtungen spezialisiert hat. Alle Guides sind sehr gut ausgebildet, aber auch ziemlich teuer (100 US$ pro Tag zzgl. einer pauschalen „Umwelt-Gebühr" von 30 US$ pro Pers.). Übernachtungen werden über die Forstverwaltung vermittelt. Unterstützt wird diese von der WCS, die ein Büro in der Parkzentrale 5 km östlich von Khao Si Ma betreibt.

Sämtliche Tiere in Seima sind scheue, zurückhaltende Zeitgenossen. Da es keine Garantien dafür gibt, dass man die eine oder andere Art vor die Linse bekommen wird, geht die Entwicklung des Ökotourismus zu-

DAS MONDULKIRI-WALDSCHUTZGEBIET

Vor dem Bürgerkrieg lebten in den weitläufigen Grasebenen im Norden Mondulkiris Unmengen von Gauren, Banteng-Rindern und wilden Büffeln. Besucher, die das Glück hatten, hier eine Wildwanderung mitzuerleben, stellten Vergleiche mit Serengeti und der jährlichen Gnu-Migration an. Leider hat der Bürgerkrieg auch in der Tierwelt Opfer gefordert: Ähnlich wie in Uganda und anderen afrikanischen Staaten wurden Tausende von Vierbeinern getötet, um Nahrungsengpässe auszugleichen.

Der WWF hat sich mächtig ins Zeug gelegt, um diese Region wiederzubeleben, und diverse Ökotourismusinitiativen im Mondulkiri-Waldschutzgebiet angeregt. Kambodschas größtes Naturschutzgebiet wird von Tigern, Leoparden, Bären, Languren, Gibbons, Wildrindern und seltenen Vögeln bevölkert. Bislang wurden die verschiedenen Projekte mit unterschiedlichem Erfolg durchgeführt. Ursprünglich sollte hier eine noble Ökolodge gebaut werden, doch diesen Plan verwarf man wieder; stattdessen will man nun einen Ökocampingplatz an einem besonders entlegenen Teil des Tonlé Srepok im Nordosten der Provinz errichten, den man über einen alten, von der Hauptstraße zwischen Dei Ey und Koh Nhek abgehenden Weg der Franzosen erreichen soll.

Leider lassen sich die Raubkatzen, Bären und anderen Bewohner des Waldes nur selten blicken. Aus diesem Grund setzt der WWF auf Nachtexkursionen und gut getarnte Aussichtspunkte, um Touristen mehr bieten zu können, betont aber auch, dass es noch viel mehr als Säugetiere zu sehen gibt, z. B. Primärwald und Unmengen von Vögeln. Darüber hinaus locken Bootsfahrten auf dem Srepok. Mehr zum Ökocamp erfährt man im WWF-Büro in Sen Monorom (S. 340) oder in **Phnom Penh** (☎ 023-218034).

gunsten des Waldes, der Lebewesen und der lokalen Bunong-Gemeinde nur schleppend voran. „Wir haben die Nuss noch immer nicht geknackt", so Edward Pollard, ein technischer Berater der WCS.

Die Straße nach Sen Monorom führt durch das Waldschutzgebiet. Wer gelegentlich nach oben blickt, entdeckt vielleicht ein paar niedliche Äffchen!

MIMONG

មីមុង

Willkommen im „Wilden Osten", wo der Goldrausch noch längst nicht vorüber ist. Der Bezirk Mimong ist berühmt für seine **Goldminen**, deren Schätze auch Spekulanten aus Ländern wie Vietnam und China angelockt hat. Die Arbeiter gelangen mit uralten Minenwagen in die Gruben; sie sind an wenig vertrauenerweckenden Winden befestigt und erreichen Tiefen von über 100 m! Jedes Jahr kommen ein paar von ihnen bei Unfällen ums Leben – dies ist definitiv nichts für Zartbesaitete.

Die Straße von Sen Monorom hierhin befindet sich in einem so schlechten Zustand, dass man fast vier Stunden für die 47 km benötigt. Nur wenige *moto*-Fahrer bedienen diese Strecke (z. B. Mony von Middle of Somewhere; s. S. 339). Hinter Mimong wird der Weg etwas besser. Nach weiteren vier Stunden stößt er auf den NH7, der nach Kratie im Westen führt.

KOH NHEK

កោះញ៉ែក

6000 Ew.

Koh Nek erstreckt sich im äußersten Norden der Provinz an der anstrengenden Route von Sen Monorom nach Ratanakiri (mehr zu dieser Strecke s. S. 335). Dank der neuen (unbefestigten) Straße zwischen Sen Monorom und Koh Nhek (93 km) ist diese Siedlung nicht mehr ganz so abgeschottet von der Zivilisation wie früher. Davon, dass sich die Zeiten ändern, zeugt auch die vor Kurzem eröffnete Acleda-Bankfiliale.

Im Ort gibt's zwei namenlose Pensionen. Eine befindet sich 500 m westlich der wichtigsten Kreuzung gegenüber einem öffentlichen Brunnen, die andere ist im dritten Haus vor der Kreuzung untergebracht (rechter Hand, wenn man aus südlicher Richtung in die Stadt gelangt). In beiden Unterkünften kostet ein Zimmer 20 000 R. Der Laden an der nordöstlichen Ecke der Kreuzung hat Lebensmittel und einigermaßen kaltes Bier im Sortiment.

Allgemeine Informationen

INHALT

AKTIVITÄTEN

Der Tourismus ist in Kambodscha mächtig im Aufwind. Wer Adrenalinkicks sucht, wird hier auf jeden Fall fündig, denn es gibt inzwischen mehr Aktivitäten als je zuvor. Phnom Penh und Siem Reap stehen an erster Stelle, doch auch Sihanoukville und Kep machen sich allmählich mit Wassersportaktivitäten einen Namen.

Bootstouren

Bei so viel Wasser ist es kein Wunder, dass Bootstouren hoch im Kurs stehen. Einige Angebote sind auch sehr praktisch, um von A nach B zu kommen, z. B. die Fahrt von Phnom Penh nach Siem Reap den Tonlé-Sap-Fluss hinauf (S. 129), oder die Fahrt auf dem Sangker von Siem Reap nach Battambang (S. 277). In Phnom Penh (S. 106), Siem Reap (S. 162) sowie Sihanoukville (S. 240) kann man viele klassische Ausflüge buchen und in Kratie (S. 326) locken Delphinbeobachtungstrips.

Geländefahrten

Für geübte Geländemotorradfahrer ist Kambodscha eines der weltweit lohnendsten Ziele. Die Straßen dürften die schlechtesten Asiens und somit die besten für eingefleischte Dirtbike-Enthusiasten sein. Im ganzen Land erstrecken sich fantastische Routen, besonders im Norden und Nordosten. Von den großen Hauptstraßen hält man sich allerdings besser fern, denn Verkehr und Staub können das Atmen zur Qual machen. Mehr Informationen siehe S. 377.

Golf

Für immer mehr Golfspieler wird Kambodscha zu einem interessanten Ziel. Das verdankt das Land vor allem mehreren neuen Plätzen in Siem Reap (S. 145). Auf einem davon findet ein jährliches PGA-Event der Asian Tour statt. Weitere Anlagen gibt's in Phnom Penh (S. 96).

Klettern

Organisiertes kommerzielles Klettern ist zwar nicht möglich, doch im Südosten des Landes locken rund um Kampot und Kep jede Menge interessante Karstformationen. Wer ernsthafte Aufstiege in Angriff nehmen möchte, kann sich auf der Seite www.rockclimbingincambodia.com informieren.

Radfahren

Die Straßen werden zunehmend besser, und immer häufiger sieht man Touristen auf dem Rad. Touren sind hier ein richtiges Abenteuer, bei dem man wunderbar in Kontakt mit den superfreundlichen Einwohnern treten kann: Kambodschanische Kinder lassen sich keine Gelegenheit zu einem kleinen Wettrennen entgehen und viele Familien bitten Radfahrer auf einen heißen Tee oder ein paar Früchte in ihr Haus. Auf einigen Hauptstraßen hat der Verkehr zugenommen, andere sind sehr staubig, doch auf diejenigen, die sich durchaus ein bisschen anstrengen wollen, warten tolle Routen, vor allem an der Südküste. Der Nordosten könnte darüber hinaus eine vielversprechende Zukunft für professionelles Mountainbiking haben. Angkor mit seinen majestätischen Tempeln erfreut sich der größten Beliebtheit, denn dort sind die Straßen asphaltiert und der dichte Wald spendet Schatten. In den meisten Städten kann man Räder ausleihen; ein einfaches Citybike kostet 2 US$ am Tag, ein gutes Mountainbike um die 7 US$. Ambitionierte Fahrer bringen aber am besten ihr eigenes Rad mit oder kaufen sich eins in Bangkok oder Phnom Penh.

Tauchen & Schnorcheln

Kambodschas Tauchgebiete sind kaum erkundet. Unterwasserfans steuern bislang vor allem die Küste von Sihanoukville an. Obwohl es hier vielleicht nicht ganz so spektakulär ist wie in Indonesien oder auf den Philippinen, so hat das tiefeblaue Meer doch einiges zu bieten. Am besten fährt man ein bisschen weiter hinaus zu Spots wie Koh Tang und Koh Prins (S. 232) und übernachtet auf dem Boot. Vor der Küste zwischen Koh Kong und Sihanoukville liegen noch viele unerforschte Tauchgründe, die dafür sorgen könnten, dass dieses Land eines Tages doch noch als asiatisches Unterwasserparadies auf der Landkarte erscheint.

Vogelbeobachtung

Hier leben einige äußerst seltene Wasservögel, darunter der Große und Kleine Adjutant, Störche und Pelikane. Mehr zu den einheimischen Arten erfährt man ab S. 71. Informationen zu Schutzgebieten und Vogelbeobachtung rund um Siem Reap siehe S. 162.

Wandern

Wegen der Landminen ist Trekking nicht gerade das Erste, was einem in Kambodscha in den Sinn kommt. Doch mittlerweile gibt's mehrere sichere Gebiete, darunter die im Entstehen begriffenen Nationalparks. Die nordöstlichen Provinzen Mondulkiri und Ratankiri wurden nie vermint. Ihre wilde, natürliche Landschaft mit den zahlreichen Wasserfällen und die hier lebenden ethnischen Minderheiten könnten dazu beitragen, dass sie die führenden Wandergegenden des Landes werden. Dennoch sollte man nie ohne Guide umherlaufen, denn es liegen noch einige Blindgänger aus der Zeit der amerikanischen Luftangriffe in den frühen 1970er-Jahren herum. Elefantentrekkings sind ebenfalls möglich.

Momentan errichtet die Regierung ein Netz von Nationalparks mit Besuchereinrichtungen: Bokor (S. 248), Kirirom (S. 136) sowie Ream (S. 240) bergen für Wanderer einiges Potential, außerdem kann man im Virachey-Nationalpark (S. 337) mehrtägige Touren unternehmen.

Angkor entwickelt sich zu einem guten Spaziergebiet. Auf diese Weise erlebt man

PRAKTISCH & KONKRET

- Die übliche Stromspannung beträgt 220 Volt bei einer Frequenz von 50 Hz, doch Störungen und Ausfälle sind nichts Ungewöhnliches – vor allem in den Provinzen. In die Steckdosen passen Stecker mit zwei flachen oder runden Stiften.
- Fast alle Gästehäuser und Hotels bieten einen billigen Wäscheservice an, man sollte aber in der feuchten Jahreszeit sichergehen, dass sie auch einen Trockner haben. Darüber hinaus gibt's in allen Städten Waschsalons.
- Die tägliche *Phnom Penh Post* wartet mit einer guten Mischung aus nationalen und internationalen Nachrichten auf und kümmert sich auch um die Themen Wirtschaft bzw. Sport. Termine und Veranstaltungshinweise findet man in der kostenlosen, monatlich erscheinenden Zeitschrift *AsiaLife*.
- In Phnom Penh kann man den BBC World Service auf der Frequenz 100,0 FM empfangen. Die kambodschanischen Rundfunk- und Fernsehsender werden überwiegend von der Regierung kontrolliert und haben sich auf Karaoke-Videos sowie Seifenopern spezialisiert.
- Normalerweise wird in Kambodscha das metrische System benutzt. Edelmetalle und Edelsteine bilden eine Ausnahme, da man hierfür chinesische Maßeinheiten verwendet.

zwischen den Tempeln ungeachtet explodierender Besucherzahlen noch friedliche Momente.

Wassersport

Die kambodschanische Küste befindet sich im Aufwind und das Angebot für Adrenalinjunkies wird stetig größer. So kann man inzwischen vor den Stränden von Sihanoukville (S. 226) nicht nur Boot fahren, sondern auch surfen und kitesurfen.

ARBEITEN IN KAMBODSCHA

Arbeit gibt's zwar in ganz Kambodscha, doch abgesehen von Stellen als Englischlehrer oder als Aushilfe in Gästehäusern sind die meisten Jobs für qualifizierte Profis und werden im Voraus arrangiert. Die Bezahlung richtet sich unmittelbar nach der Erfahrung. Mit einem Zertifikat als Englischlehrer kann man erheblich mehr verdienen als ohne.

Wer sich über Arbeitsmöglichkeiten bei Nichtregierungsorganisationen (NROs) informieren will, sollte beim CCC (S. 351) vorbeischauen; hier gibt's ein Schwarzes Brett für freie Stellen, möglicherweise bekommt man auch Ratschläge, wo man Angebote finden kann. Wer eine Bewerbung bei NROs ins Auge fasst, sollte Kopien von Bildungsabschlüssen und Arbeitszeugnissen mitbringen. Die meisten Jobs sind jedoch für Freiwillige, denn die Besetzung von speziellen Positionen erfolgt in den Heimatländern oder durch internationale Organisationen.

Anzeigen findet man auch in der *Phnom Penh Post* und des *Cambodia Daily* sowie an Schwarzen Brettern von Unterkünften und Restaurants in Phnom Penh.

Traveller sollten nicht erwarten, in Kambodscha eine Menge Geld zu verdienen, doch wer das Land besser kennenlernen möchte und den Einwohnern bei der Verbesserung ihres Lebensstandards helfen will, kann sich auf lohnende Erfahrungen freuen.

BOTSCHAFTEN & KONSULATE

Etliche Länder haben in Phnom Penh eine Botschaft. Wer hier nicht fündig wird, muss es in Bangkok versuchen. Jeder Traveller sollte sich bewusst machen, was die Mitarbeiter im Notfall für einen tun können und was nicht. Prinzipiell darf man nicht zu viel Hilfe erwarten, falls man die Notsituation auch nur im Entferntesten selbst verschuldet hat. Immer daran denken: Es gelten die Gesetze des Landes, in dem man sich aufhält. Hier wird niemand viel Mitgefühl haben, wenn man wegen einer Straftat im Gefängnis landet – auch wenn es zu Hause legal gewesen wäre, was man getan hat.

In schwerwiegenden Notfällen bekommt man eventuell Hilfe, aber nur, sofern alle anderen Möglichkeiten ausgeschöpft sind. Wem das Geld und alle Papiere gestohlen wurden, dem kann die Botschaft bei der Beschaffung eines neuen Passes behilflich sein, doch finanzielle Hilfe für die Weiterreise, auch als Darlehen, muss man sich abschminken.

Wer nach Laos reisen will, bekommt in Phnom Penh ein Visum. Das dauert zwei Arbeitstage und kostet je nach Nationalität 35 bis 45 US$. Ein Visum für die einmalige Einreise nach Vietnam, das einen Monat gültig ist, schlägt mit 30 bis 35 US$ zu Buche und nimmt nur einen Tag Wartezeit in Anspruch – noch weniger als beim vietnamesischen Konsulat in Sihanoukville.

Botschaften in Phnom Penh (☎ 023):

Deutschland (Karte S. 83; ☎ 216381; 76-78 St 214)
Laos (Karte S. 80 f.; ☎ 982632; 15-17 Mao Tse Toung Blvd)
Österreich Es gibt in Phnom Penh keine österreichische Botschaft. Staatsangehörige müssen sich an die Botschaft in Bangkok wenden.
Schweiz (☎ 023-219045; swissconsulate@online.com.kh; 53 St 242)
Thailand (Karte S. 80 f.; ☎ 726306; 196 Norodom Blvd)
Vietnam Phnom Penh (Karte S. 80 f.; ☎ 362531; 436 Monivong Blvd); Sihanoukville (Karte S. 227; ☎ 012 340495; Ekareach St)

ERMÄSSIGUNGEN

Weder Senioren noch Studenten haben in Kambodscha Anspruch auf Ermäßigungen. Aus Sicht der Einheimischen können Ausländer, die genug Geld haben, um dieses Land zu besuchen, auch voll bezahlen.

ESSEN & TRINKEN

Kambodschanische Gerichte mögen nicht so berühmt sein wie die Küche der Nachbarländer Thailand und Vietnam, aber sie schmecken mindestens genauso lecker. Mehr dazu ab S. 61.

FEIERTAGE

Öffentliche Feiertage

Banken, Regierungsministerien und Botschaften schließen an öffentlichen Feiertagen und bei Festen, also muss man für diese Zeit vorausplanen. Fallen die Termine der Feiertage auf ein Wochenende, werden diese einfach angehängt. Wichtige Feste werde auch gerne mal um einen oder auch gleich um zwei Tage verlängert. Weil internationale Gedenktage hier ebenfalls Feiertage sind, hat Kambodscha mehr öffentliche Feiertage als jedes andere Land.

Internationaler Neujahrstag 1. Januar
Sieg über die Roten Khmer 7. Januar
Internationaler Frauentag 8. März
Internationaler Tag der Arbeit 1. Mai
Geburtstag des Königs 13.–15. Mai
Geburtstag der Königsmutter 18. Juni
Tag der Verfassung 24. September
Geburtstag des Königvaters 31. Oktober
Unabhängigkeitstag 9. November
Internationaler Tag der Menschenrechte 10. Dezember

FESTE & EVENTS

Alles Wissenswerte zu den Festen und Events in Kambodscha erfährt man auf S. 20.

FOTOS & VIDEO

Viele Internetcafés in Phnom Penh, Siem Reap, Battambang und Sihanoukville brennen digitale Bilder mithilfe von Kartenlesern oder USB-Verbindungen auf CD bzw. DVD. Das kostet etwa 2,50 US$, wenn man eine CD benötigt, ansonsten 1,50 US$. Digitale Speichersticks sind inzwischen leicht erhältlich und ziemlich billig. Digitalkameras gelten aufgrund der niedrigen Steuern und Zölle sogar als richtiges Schnäppchen. Wer sich eine kaufen möchte, sollte also in Erwägung ziehen, das hier zu tun und nicht in Bangkok oder Saigon.

Für Printfilme und ihre Entwicklung muss man nur einen geringen Betrag einplanen: Die meisten Fotolabore berechnen 4 US$ je Filmrolle. Auch Diapositive bekommt man in Phnom Penh relativ günstig.

Wer eine Videokamera mitbringt, sollte dafür sorgen, dass er ein passendes Ladegerät mit dem richtigen Stecker dabeihat. Vorsicht mit den Kabeln in einigen Gästehäusern, die Installation ist manchmal alles andere als professionell. Videobänder für die meisten Formate findet man in Phnom Penh und Siem Reap, im Rest des Landes gibt's wahrscheinlich keine brauchbaren. Wer HD-Videos dreht, bringt die Bänder besser von zu Hause mit, denn in Kambodscha sind sie noch nicht besonders verbreitet.

Personen fotografieren

Wer Einheimische fotografieren möchte, sollte höflich sein, ihnen nicht die Kamera ins Gesicht halten und sich gegenüber Mönchen sowie betenden Menschen besonders respektvoll verhalten. Normalerweise sind die Khmer ausgesprochen zuvorkommend. Wenn man freundlich fragt, ob man sie ablichten oder filmen darf, werden sie einverstanden sein. In ländlichen Gebieten drängeln sich Kinder oft geradezu verzweifelt vor die Kamera und betrachten dann erstaunt ihr Bild auf dem Display. Viel näher werden die meisten ihrem Traum, einmal im Fernsehen zu sein, wohl nicht kommen. Einige Menschen wollen Geld dafür, dass man ein Foto von ihnen machen darf. Dies sollte geklärt sein, ehe man auf den Auslöser drückt.

Technische Tipps

Das schönste Licht gibt's etwa 20 Minuten nach Sonnenaufgang für ein bis zwei Stunden (6–8 Uhr), und am späten Nachmittag, wenn die Farben eine Stunde vor Sonnenuntergang besonders zu leuchten scheinen. Zwischen 10 und 16 Uhr ist das Licht dagegen meistens hart und zu hell. Damit kann man nur etwas anfangen, wenn man einen Polarisationsfilter hat. Noch mehr Tipps findet man im *Travel Photography* von Lonely Planet.

FRAUEN UNTERWEGS

Für Frauen ist Kambodscha ein problemloses Reiseland, auch wenn der eine oder andere Typ im Gästehaus vielleicht mal sein Glück versucht. Wie überall in der Welt ist es aber natürlich auch hier riskant, spätabends allein zu Fuß oder mit dem Rad unterwegs zu sein. Wer eine Tour abseits der ausgetretenen Pfade plant, sucht sich am besten jemanden, der mitkommt.

Obwohl Prostitution und Frauen, die z. B. als „Biermädchen" oder Tanzpartnerinnen arbeiten, weit verbreitet sind, werden Ausländerinnen wahrscheinlich feststellen, dass sich die meisten Kambodschaner zuvorkommend und höflich verhalten. Am besten zieht man sich zurückhaltend an; wer nämlich sein Bauchnabel-Piercing zur Schau stellt, wird wahrscheinlich das Blut der Männer in Wallung bringen, da sich die einheimischen Frauen recht konservativ kleiden (langärmlige T-Shirts, lange Hosen oder Röcke). Sie sollten als gutes Vorbild genommen werden, das gilt besonders beim Besuch von Wats. Es empfiehlt sich auch, Hosen zu tragen, wenn man abends mit dem *moto* loszieht, kurze Kleider sind da einfach unpraktisch.

Tampons und Binden findet man in allen großen und den Provinzhauptstädten, doch wer für mehrere Tage in sehr abgelegene Gebiete fährt, sollte bei Bedarf einen Vorrat dabeihaben.

FREIWILLIGENARBEIT

Für ein so armes Land wie Kambodscha gibt's weniger Möglichkeiten für Freiwillige, als es wahrscheinlich viele erwarten. Teilweise liegt das an der großen Zahl der professionellen Mitarbeiter in der Entwicklungshilfe, die heutzutage ein lukratives Geschäft ist.

Einige der zahlreichen Nichtregierungsorganisationen (NRO) benötigen gelegentlich Helfer. Die Mitarbeiter des **Cooperation Committee for Cambodia** (CCC; Karte S. 83; ☎ 023-214152; 35 St 178) in Phnom Penh verfügen über eine Liste der einheimischen sowie internationalen Einrichtungen und sind zudem ausgesprochen hilfsbereit.

In Siem Reap sitzen mehrere professionelle Organisationen, die bei der Vermittlung helfen. **ConCERT** (Karte S. 142; ☎ 063-963511; www.concert cambodia.org) erteilt auf seiner Internetseite vernünftige Ratschläge zur Vorbereitung auf einen Einsatz als freiwilliger Helfer. **Globalteer** (☎ 063-761802; www.globalteer.org) koordiniert das Projekt Cambodia Kids und bietet Einsatzmöglichkeiten in örtlichen Waisenhäusern und Tagesstätten, allerdings ist das mit einer wöchentlichen Gebühr verbunden.

Graswurzelorganisationen schätzen oft die Arbeit von Freiwilligen. Nachfragen kann man im Lazy Gecko Café (S. 114) in Phnom Penh, das „Jeannies Waisenhaus" unterstützt, oder im Starfish Bakery & Café (S. 236) in Sihanoukville, das beim Fundraising für örtliche Projekte mithilft. Einige Kinderheime in Phnom Penh, Siem Reap und anderen kambodschanischen Städten hätten Unterstützung dringend nötig, denn sie sind oft in einem heruntergekommenen Zustand.

Eine weitere Möglichkeit ist die professionelle Freiwilligenarbeit über Einrichtungen im Heimatland, darunter z. B. **Weltwärts** (www.weltwaerts.de) in Deutschland, der Freiwilligendienst des Bundesministeriums für wirtschaftliche Zusammenarbeit und Entwicklung.

Allgemeine Tipps zur Freiwilligenarbeit in Kambodscha findet man auf der Seite www.voluntourism101.com.

GEFAHREN & ÄRGERNISSE

Die Erinnerungen an den Krieg verblassen allmählich und Kambodscha ist ein sehr viel sichereres Reiseland geworden. Wer sich an die goldene Regel hält, in abgelegenen Gegenden immer auf den gekennzeichneten Wegen zu bleiben, muss schon viel Pech haben, um Probleme zu bekommen. Es kann aber nicht schaden, sich über die Sicherheitslage zu informieren, ehe man sich auf eine Tour begibt, die wenige andere Touristen unternehmen – besonders wenn man mit dem Motorrad unterwegs ist.

Die Zeitungen **Cambodia Daily** (www.cambodia daily.com) und **Phnom Penh Post** sind gute Quellen für die neuesten Nachrichten aus Kambodscha; ehe man aufbricht, sollte man mal auf ihre Webseiten schauen.

Abzocke

Fast alle gegenwärtig üblichen Maschen gelten als ziemlich harmlos. Es geht meist um eine kleine Provision hier und da für Taxi- oder *moto*-Fahrer, vor allem in Siem Reap. Ärgerlicher sind da schon die „billigen" Busse von Bangkok nach Siem Reap, die zu Recht den Spitznamen „Scam Buses" (Abzockerbusse) tragen, denn sie benutzen die falschen Grenzübergänge, fahren langsam und „verkaufen" ihre Passagiere an Gästehäuser. Zum Glück sterben sie aber langsam aus.

Es gab ein oder zwei Berichte über Fälle, in denen Reisenden mit Wissen der Polizei Drogen untergeschoben wurden. Das scheint nur sehr selten vorzukommen, doch wer in eine solche Falle tappt, wird Geduld und Hartnäckigkeit benötigen, um die Sache in Ordnung zu bringen – am besten mithilfe der Botschaft und dergleichen. Das Klügste dürfte es sein, die Polizisten sofort auszuzahlen, ehe bei der örtlichen Wache noch mehr Personen in die Angelegenheit hineingezogen werden. Je mehr Personen beteiligt sind, desto tiefer muss man am Ende in die Tasche greifen.

Kambodscha ist für seine Edelsteine berühmt, besonders für die Rubine und Saphire rund um Pailin in Westkambodscha. Es gibt allerdings auch jede Menge chemisch behandelter Fälschungen, denn ein großer Teil der hochwertigen Steine wird von internationalen Händlern aufgekauft. Kurz und gut: Wenn man sich nicht wirklich sicher ist, sollte man nicht kaufen.

Um bei Fälschungen zu bleiben: In der Region sind viele gefälschte Medikamente im

Umlauf. Dagegen kann man sich schützen, indem man verschreibungspflichtige Arzneimittel nur in zuverlässigen Apotheken oder Kliniken kauft. Außerdem sollte man sich vor den zwielichtigen Modedrogen in Acht nehmen, die ernsthafte gesundheitliche Schäden bewirken können (s. Kasten S. 356).

Betteln

Auf Bettler trifft man nahezu überall, insbesondere aber in Phnom Penh und Siem Reap. In einer so armen Gesellschaft gibt es dafür viele Gründe. Manche sind offensichtlich, etwa bei den Amputierten, die durch Landminen ihre Gliedmaßen verloren haben. Jeder Besucher muss individuell entscheiden, ob er helfen möchte oder nicht. Man sollte aber daran denken, dass es bei Buddhisten üblich ist, denen die Hand zu reichen, die bedürftiger sind als man selbst.

Große braune Augen, laufende Nase und schmutzige Hände – in sämtlichen Entwicklungsländern wimmelt es von bettelnden Kindern und Kambodscha bildet da keine Ausnahme. Insbesondere in Phnom Penh und bei den Tempeln von Angkor fällt es oft schwer, ihren engelsgleichen Gesichtern zu widerstehen. Bevor man ins Portemonnaie greift, sollte man jedoch bedenken, dass man damit einen Kreislauf der Abhängigkeit ins Rollen bringen kann, der sich bis ins Erwachsenenleben fortsetzt. Manche Kinder profitieren gar nicht von dem Geld, weil sie von einem „Zuhälter" oder von ihren Familien zum Betteln gebracht werden. Daneben gibt es besonders im Zentrum Phnom Penh auch suchtkranke Kids, die mit dem Geld Leim zum Schnüffeln kaufen. Man hilft ihnen mehr, indem man ihnen etwas zu essen oder zu trinken kauft oder ihnen ein wenig Zeit und Aufmerksamkeit schenkt. Es ist erstaunlich, wie schnell die Kleinen das Betteln vergessen, sobald sie etwas Neues lernen können, z. B. einen Pfiff, einen Trick oder ein Spiel.

Auf dem Land sind die meisten Hausierer Landminenopfer. Viele wurden beim Kampf verletzt, andere verloren Gliedmaßen beim Arbeiten oder Spielen auf den Feldern. Nach ein paar Tagen wird man ihrer Aufmerksamkeit vielleicht überdrüssig, doch man muss daran denken, dass man sich in einem Land ohne soziale Absicherung befindet. Wer etwas gibt, sollte allerdings kleine Beträge wählen, damit Ausländer nicht noch stärker belagert werden.

Diebstahl & Straßenkriminalität

Wenn man die hohe Anzahl der Schusswaffen in Kambodscha bedenkt, erstaunt es, dass sich hier so selten bewaffnete Raubüberfälle ereignen. Dennoch stellen Überfälle und Motorraddiebstähle in Phnom Penh und Sihanoukville eine potentielle Gefahr dar. Man sollte sich zwar nicht verrückt machen, aber darauf verzichten, spätabends allein umherzulaufen oder zu fahren, das gilt erst recht für ländliche Gegenden.

Langfinger sind in Vietnam ein größeres Problem als in Kambodscha, doch etwas Vorsicht zahlt sich aus. Als besonders riskant gelten überfüllte Fahrzeuge auf beliebten Touristenrouten wie die von Siem Reap nach Poipet und nach Phnom Penh sowie die Märkte in der Hauptstadt. Man sollte Dieben das Leben nicht erleichtern, indem man den Pass und Geldscheine hinten in die Hosentasche steckt. Am besten bewahrt man einen Teil des Bargeldes getrennt vom restlichen Geld auf. In den vergangenen Jahren gab es in Phnom Penh immer wieder Taschenraub im Vorbeifahren. Auch die Motorraddiebe lassen nicht locker, sondern ziehen Passagiere von den *motos* und gefährden so deren Leben.

Gewalt

Gewalt gegen Ausländer kommt ausgesprochen selten vor. In überfüllten Bars oder Nachtclubs in Phnom Penh zahlt sich jedoch ein wenig Vorsicht aus. Wer in einer Bar oder einem Club in eine Auseinandersetzung mit reichen jungen Khmer gerät, sollte seinen Stolz herunterschlucken und einlenken. Wer immer noch denkt, dass er mit der Situation

PLANET DER FÄLSCHUNGEN

Kambodscha wird von Raubkopien und billigen Fotokopien vieler Bücher regelrecht überschwemmt, darunter auch Lonely Planet Titel. Wir wissen natürlich, dass unsere Leser nicht im Traum daran denken würden, eine Reiseführerkopie zu kaufen. Das ist übrigens auch sehr vernünftig, denn manchmal packen die Fälscher einfach alte Ausgaben in neue Umschläge, binden die Seiten in der falschen Reihenfolge oder verwenden so schlechtes Material, dass man den Text kaum lesen kann. Kleine Warnung: Wenn dies eine Fotokopie ist, zerstört sie sich in wenigen Sekunden selbst!

DAS GROSSE STEHLEN VOR DEM FEST

Im Vorfeld von großen Festen wie dem P'chum Ben oder dem Chaul Chnam Khmer nimmt die Zahl von Raubüberfällen deutlich zu. Viele Kambodschaner benötigen nun Geld, um Geschenke zu kaufen, und für einige ist Diebstahl der schnellste Weg, sich welches zu besorgen. Zu diesen Zeiten sollte man nachts noch wachsamer sein und nicht mehr Wertsachen bei sich tragen als nötig.

locker fertig wird: Viele tragen Schusswaffen und haben ein ganzes Gefolge von Leibwächtern – das sollte genügen.

Kontrollpunkte

Während der langen Jahre des Bürgerkriegs gab es an den Straßen viele Checkpoints. Heute sieht man sie nur noch selten. An Hauptstraßen finden dort möglicherweise stichprobenartige Kontrollen statt, um sicherzustellen, dass Fahrer die Straßensteuer gezahlt haben und keine illegalen Schusswaffen dabeihaben.

Wenn man mit dem Taxi oder Pick-up in entlegenen Gegenden umherreist, sind die Fahrer für die Entrichtung der Gebühr am Kontrollpunkt zuständig. Motorräder werden in der Regel nicht angehalten. Wer jedoch in die Situation gerät, dass er Geld zahlen soll, sollte versuchen, die Summe auf ein akzeptables Niveau herunterzuhandeln. Auf gar keinen Fall darf man versuchen, die beteiligten Personen zu fotografieren, sonst wird die Situation schnell unangenehm.

Nicht detonierte Minen, Granaten & Bomben

Niemals Raketen, Granaten, Geschütze, Minen, Bomben oder andere Kriegsmaterialien berühren, wenn man welche sieht. Die Roten Khmer streuten früher Minen entlang von Straßen und in Reisfeldern aus, um Zivilisten zu verstümmeln oder zu töten. Das einzige konkrete Ergebnis dieser Politik sind die vielen Menschen mit fehlenden Gliedmaßen.

Kambodschas am stärksten verminte Gegend ist das Grenzgebiet zu Thailand, doch Minen stellen überall im Land ein Problem dar. Kurz gesagt: Niemals und unter keinen Umständen die gekennzeichneten Wege verlassen! Wer eine Wanderung vorhat, sollte unbedingt einen Guide nehmen, selbst in sichereren Gebieten wie dem abgelegenen Nordosten, denn man kann nach wie vor auf Blindgänger *(unexploded ordnance;* UXO) aus den amerikanischen Bombenangriffen der frühen 1970er-Jahre treten.

Schlangen

Wer Ta Prohm in Angkor und andere überwucherte archäologische Stätten besuchen möchte, muss unbedingt auf Schlangen achten. Augen auf, denn sie sind oft gut getarnt. Was genau im Fall eines Bisses zu tun ist, erfährt man auf S. 392.

Sicherheit

Inzwischen kann man Kambodscha ebenso gut besuchen wie seine Nachbarn Thailand und Vietnam. Allerdings sollte man sich immer an die goldene Regel halten: *In abgelegenen Gegenden immer auf den gekennzeichneten Wegen bleiben.* In politischer Hinsicht hat sich das Land allerdings als unberechenbar erwiesen, deshalb ist es schwierig, für die Sicherheit der Reise zu garantieren. Immerhin wird man nun nicht mehr automatisch zur Zielscheibe, nur weil man Tourist ist.

In gewisser Hinsicht handelt es sich um einen gesetzlosen Staat, in dem Konflikte oft mit Waffen statt mit Worten gelöst werden. Diese „Wildost"-Atmosphäre betrifft Traveller zwar nur selten, man sollte aber trotzdem darüber Bescheid wissen. Gelegentlich hört man wahrscheinlich Gewehrschüsse; meistens sind jedoch nur Betrunkene, die in die Luft ballern. Phnom Penh dürfte einer der gefährlichsten Orte des Landes sein, hier gibt es die höchste Konzentration an Schusswaffen und hier passieren die meisten Raubüberfälle.

REISEWARNUNGEN

Regierungswebseiten bieten immer den aktuellsten Stand der Sicherheitslage in allen Ländern, so auch in Kambodscha. Hier kann man sich über gefährliche Staaten und derzeitige Krisenregionen informieren. Teilweise werden aber auch unsinnige Warnungen ausgesprochen, weil sich die Regierungen um jeden Preis absichern wollen.

Deutschland (www.auswaertiges-amt.de)
Österreich (www.bmeia.gv.at)
Schweiz (www.eda.admin.ch)

Dicht dahinter folgt Sihanoukville, das wegen Taschendiebstählen und Raubüberfällen leider einen schlechten Ruf hat. Anderswo in den Provinzen muss man schon ziemliches Pech haben, um Opfer einer Straftat zu werden, denn die große Mehrheit der Khmer ist außerordentlich gastfreundlich, ehrlich und hilfsbereit. Sie erleben zum ersten Mal seit über 30 Jahren Frieden und wollen nicht, dass er gestört wird.

Es ist schwer, bestimmte Orte im Land auszumachen, wo wirklich dauerhaft Grund zur Besorgnis besteht, da sich die Umstände schnell ändern. Pailin und große Teile der Provinzen Oddar Meanchey und Preah Vinar wurden bis vor ein paar Jahren von den Roten Khmer kontrolliert, doch inzwischen gelten sie als ungefährlich. Mit der Fortsetzung des Prozesses gegen noch lebende Führer der Roten Khmer könnte die Stimmung jedoch wieder umschlagen, denn nur weil die früheren Rebellen heute Basecaps anstatt Mao-Mützen tragen, haben sie das Kämpfen noch lange nicht verlernt. Seit Beginn des Prozesses gab es jedoch in diesen Gegenden keine Probleme.

Wer Opfer eines Raubs wird, muss sich darauf gefasst machen, dass die kambodschanische Polizei nur für bare Münze zur Hochform aufläuft. Jegliche Hilfe wie etwa ein Bericht kostet Geld. Der übliche Preis richtet sich nach der Größe des Schadens, aber 5 bis 20 US$ sind normal. Manche Zweigstellen der Touristenpolizei verfassen diese Berichte aber auch kostenlos.

Verkehrsunfälle

Die Verkehrsverhältnisse sind chaotisch, wenn auch nicht schlimmer als in anderen Entwicklungsländern. Wer in Phnom Penh unterwegs ist, sollte sehr gut aufpassen und auf alles gefasst sein. Der Verkehr bewegt sich auf beiden Straßenseiten in beide Richtungen, man sollte sich also nicht wundern, wenn ein Fahrzeug frontal auf einen zukommt. Die Hupe wird dazu genutzt, um andere Leute auf das eigene Fahrzeug aufmerksam zu machen; wenn man hinter sich ein Auto oder einen LKW hört, macht man den Weg besser frei.

Moto-Fahrer müssen in Kambodscha inzwischen einen Helm tragen, dies trifft jedoch nicht auf Passagiere zu, darum gibt's für sie auch keine Sicherheitshelme. Zum Glück sind die meisten in einem vernünftigen Tempo unterwegs. Wer an einen rücksichtslosen und waghalsigen Fahrer gerät, sollte ihn auffordern langsamer zu werden – oder bezahlen und sich ein anderes *moto* suchen.

Ein größerer Verkehrsunfall in der Hauptstadt ist schon schlimm genug, doch in ländlichen Gebieten bekommt man richtige Probleme. Irgendwie muss man es von dort bis Phnom Penh, Siem Reap oder Battambang schaffen, um sich in medizinische Behandlung zu begeben.

Die Grundregel ist: Vorsichtig fahren! Sicherheitstipps siehe S. 376.

NICHT OHNE MEINE KRANKENVERSICHERUNG!

Kambodscha sollte man auf keinen Fall ohne Krankenversicherung besuchen. Die medizinischen Einrichtungen in den Provinzen sind ausgesprochen einfach und entsprechen selbst in Phnom Penh nicht den von zu Hause gewohnten Standards. Wer hier ernsthaft erkrankt oder sich eine schwere Verletzung zuzieht, benötigt meist einen Nottransport nach Bangkok. In einer Versicherung, die pro Tag nicht mehr als eine Flasche Bier kostet, ist dieser Transport inbegriffen. Ohne kostet er dagegen zwischen 10 000 und 20 000 US$! Mit seiner Gesundheit geht man in diesem Land besser kein Risiko ein, sonst endet man vielleicht als eine weitere Nummer in der Statistik.

GELD

Die kambodschanische Währung ist der Riel, in diesem Buch mit einem „R" abgekürzt. Auch der US-Dollar (manche würden sagen, dass es sich hierbei um die erste Währung handelt) wird überall und von jedem akzeptiert, wobei man das Wechselgeld vielleicht in Riel bekommt. Eingerissene Dollarscheine werden von den Kambodschanern wahrscheinlich nicht angenommen, darum zahlt es sich aus, Wechselgeld sorgfältig zu überprüfen, damit man nicht mit schlechten Scheinen dasteht. Im Westen des Landes ist auch der thailändische Bath (B) weit verbreitet. Drei Währungen sind möglicherweise ein bisschen viel, doch vielleicht haben die Kambodschaner Nachholbedarf, da es während der Pol-Pot-Ära gar kein Geld gab. Die Roten Khmer schafften es nämlich ab und sprengten das Gebäude der Nationalbank in Phnom Penh in die Luft.

Es gibt Riel-Scheine mit folgenden Werten: 50, 100, 200, 500, 1000, 2000, 5000, 10 000, 20 000, 50 000 und 100 000 R.

In diesem Buch werden Preise stets in der Währung angegeben, die der durchschnittliche Kunde bezahlt. Normalerweise sind es US-Dollar oder Riel, im Westen des Landes manchmal auch thailändische Baht. Dies mag nicht konsequent erscheinen, aber so wird es in Kambodscha gehandhabt. Man sollte sich angewöhnen, parallel in Riel, Dollar und Baht zu rechnen, das erleichtert das Reisen.

In den Teilen des Landes, wo thailändische Bath genutzt werden, ist es oft deutlich billiger (bis zu 25 %), in Riel oder US-Dollar zu zahlen als in Bath. Von Geschäften und Unternehmen wird der Standardwechselkurs 4000 R = 1 US$ = 40 B genutzt, bei den gegenwärtigen Wechselkursen sind aber sowohl 4000 R als auch 1 US$ nur 33 B wert.

Wechselkurse bei Redaktionsschluss findet man auf der Umschlaginnenseite.

Bargeld

Der US-Dollar ist in Kambodscha immer noch die Nummer eins. Wenn man genug Bargeld dabeihat, kann man sich den Besuch einer Bank komplett sparen, denn kleinere Dollarbeträge werden auch in Hotels, Restaurants sowie auf Märkten in Riel getauscht. Einige Traveller behaupten, dass der Aufenthalt ein kleines bisschen teurer wird, wenn man immer US-Dollar benutzt anstatt Riel, doch in der Realität ist da nicht viel dran. Es schadet allerdings nichts, die einheimische Währung gegenüber dem Dollar zu unterstützen. Am besten hat man immer Riel im Wert von etwa 10 US$ zur Hand, um damit auf Märkten zu bezahlen. Auch für *motos* und *remork-motos* sind sie nützlich. Wer etwas mit US-Dollar bezahlt, bekommt das Wechselgeld meistens in Riel. In einigen abgelegenen Ecken im Norden und Nordosten erledigen die Einwohner alles mit Riel oder kleinen Dollarscheinen.

Thailändische Baht können vor allem im Westen des Landes von Nutzen sein. In Städten wie Krong Koh Kong, Poipet und Sisophon werden die Preise oft in Baht angegeben. In Battambang ist der Baht genauso verbreitet wie der Dollar.

Um sich bei Überlandreisen das Leben so leicht wie möglich zu machen, sollte man sich vor der Reise nach Kambodscha einen US-Dollar-Vorrat besorgen. Bargeld in anderen wichtigen Währungen kann man bei Banken in Phnom Penh oder Siem Reap tauschen. Viele Banken bieten jedoch einen schlechten Kurs, sodass es manchmal günstiger sein kann, zum Geldwechsler zu gehen. Letztere findet man meist rund um bzw. auf größeren Märkten.

Wenn es um schnellen Geldtransfer geht, wendet man sich an Western Union oder MoneyGram – beides ist allerdings kostspielig. Western Union wird von der SBC und der Acleda Bank vertreten, MoneyGram von der Canadia Bank.

Geldautomaten

Geldautomaten, die internationale Kreditkarten akzeptieren (Visa, MasterCard, JCB, Cirrus) gibt's inzwischen in den meisten großen Städten, darunter Siem Reap, Sihanoukville, Battambang und Kompong Cham. Wer von Thailand einreist, findet auch an den Grenzübergängen Cham Yeam und Poipet Automaten. Sie geben US-Dollar aus. Man kann größere Beträge bis zu 2000 US$ abheben, wenn das im Rahmen der eigenen Karte liegt. Über das größte Geldautomatennetz verfügt die ANZ Royal Bank, sie betreibt auch Automaten an Tankstellen und in beliebten Hotels, Restaurants sowie Geschäften. Dicht dahinter folgt die Canadia Bank. Die ANZ Royal erhebt jedoch 4 US$ Gebühren pro Transaktion, während bei der Canadia Bank derzeit keine Extrakosten anfallen. Die Acleda Bank betreibt die meisten Zweigstellen in Kambodscha – mindestens eine in jeder Provinzhauptstadt –, außerdem hat sie ihre Automaten so aufgerüstet, dass diese internationale Karten akzeptieren. Dies erleichtert die Planung von Reisen in entlegene Gebiete enorm.

Handeln

Auf den lokalen Märkten in Phnom Penh und Siem Reap muss man einfach handeln, wenn man etwas kauft, ansonsten wird man über den Tisch gezogen (in Kambodscha nennt man das „shave your head"). Es ist sowohl auf Märkten als auch bei Fahrten mit Sammeltaxis oder Pick-ups und in einigen Gästehäusern üblich zu feilschen. Die Khmer sind nicht skrupellos: Oft genügen schon ein überzeugendes Lächeln und ein paar nette Worte, um einen fairen Preis zu bekommen. Man sollte daran denken, dass es nicht darum geht, den tiefstmöglichen Betrag herauszuschlagen, sondern eine Summe, die für einen und für den Verkäufer akzeptabel ist. Schließlich zahlen wir in unserer Heimat astronomische Summen für manche Dinge (besonders Kleidung), die in armen Ländern für einen Hungerlohn hergestellt wurden. Wir haben nicht einmal die Chance zu handeln, sondern zahlen praktisch für die private Rentenvorsorge irgendeines Managers. In Kambodscha gibt's zumindest Verhandlungsspielraum. Man sollte auch bedenken, dass ein paar Hundert Riel für einen Kambodschaner, der eine Familie ernähren muss, sehr viel mehr sind als für einen Traveller auf Langzeiturlaub. Schließlich versucht auch niemand, den Preis eines Bieres in einer belebten Backpackerbar herunterzuhandeln, warum also zäh über den Preis einer Flasche Wasser feilschen?

Kreditkarten

Hotels der Spitzenklasse, Fluggesellschaften, teurere Boutiquen und Restaurants akzeptieren die meisten großen Kreditkarten (Visa, MasterCard, JCB und manchmal American Express), viele holen sich die Gebühren aber sofort vom Kunden zurück und schlagen etwa 3 % auf die Rechnung auf.

Bargeldvorschüsse auf Kreditkarten bekommt man in Phnom Penh, Siem Reap, Sihanoukville, Kampot, Battambang, Kompong Cham und anderen größeren Städten. Die Canadia Bank und die Union Commercial Bank bieten gebührenfreie Vorschüsse an, die meisten anderen Banken erheben eine Mindestgebühr von 5 US$.

Einige Reisebüros und Hotels in Phnom Penh und Siem Reap arrangieren Vorschüsse gegen eine Gebühr von 5 %; das kann hilfreich sein, wenn einem am Wochenende das Bargeld ausgeht.

Reiseschecks

Reiseschecks kann man in nahezu allen Zweigstellen der Acleda Bank einlösen, was für Touren in abgelegene Provinzen wie Ratankiri und Mondulkiri größere finanzielle Unabhängigkeit bedeutet. Am besten bringt man Schecks in US-Dollar mit, doch bei der Acleda Bank kann man auch welche in Euro einlösen. Die Canadia Bank akzeptiert sie in den meisten wichtigen Währungen. Im Allgemeinen zahlt man beim Einlösen ungefähr 2 % drauf.

Schwarzmarkt

In Kambodscha gibt's keinen Schwarzmarkt für Geldwechsel mehr. Die Wechselkurse auf der Straße sind meistens die gleichen wie bei den Banken, man spart sich aber das Anstehen und den Papierkram.

Trinkgeld

Hier erwartet zwar niemand Trinkgeld, andererseits kann das Aufrunden einer Summe in einem so armen Land ein nennenswerter Beitrag sein. Die Löhne sind nach wie vor extrem niedrig, und dank der hingebungsvollen Gastfreundschaft der Khmer ist der Service oft hervorragend. Ein kleines Dankeschön von 1 US$ entspricht mancherorts einem halben Tageslohn. Viele gehobene Hotels schlagen eine Servicegebühr von 10 % auf die Rechnung. Dieses Geld geht aber nicht immer an die Angestellten. Wer mehrere Nächte im gleichen Hotel übernachtet,

WIE SICH EIN SCHLECHTER TRIP VERMEIDEN LÄSST

Man hüte sich vor *yama* (in Thailand *yaba* genannt), das den unheilverheißenden Namen des hinduistischen Totengottes trägt. Bei der Droge, die bei uns als Ice oder Crystal Meth bekannt ist, handelt es sich nicht einfach um irgendeine Diätpille aus der Apotheke, sondern um hausgemachte Methamphetamine, die in kambodschanischen Labors hergestellt werden. Oft werden sie mit giftigen Substanzen wie Quecksilber, Lithium oder was immer der Hersteller gerade finden konnte, vermischt. *Yama* ist eine schmutzige Droge und hat ein größeres Suchtpotential, als viele Konsumenten zugeben möchten. Es verursacht starke Halluzinationen, Schlafstörungen und Psychosen. Wer wieder gesund nach Hause kommen will, sollte sich von der Droge fernhalten.

Auch beim Kauf von „Kokain" ist größte Vorsicht geboten. Ein Blick auf die Landkarte und die Entfernung zwischen Kolumbien und Kambodscha sollte genügen, um ins Zweifeln zu geraten. Doch es kommt noch schlimmer: Was in Kambodscha, besonders in Phnom Penh, als Kokain verkauft wird, ist meist reines Heroin und viel stärker als in westlichen Ländern. Wer sich dieses Zeug reinzieht, gerät in ernsthafte Schwierigkeiten: So sterben z. B. im Backpackerghetto am Boeng-Kak-Seeufer in Phnom Penh jedes Jahr mehrere Rucksacktouristen.

DIE SACHE MIT DEM TRINKGELD

In vielen kambodschanischen Lokalen bekommt man die Rechnung in einer Art Mappe. Wenn man das Wechselgeld darin liegen lässt, nimmt es häufig der Restaurantbesitzer an sich. Damit es auch wirklich derjenige erhält, der einen bedient hat, deponiert man es besser auf dem Tisch oder gibt es ihm direkt.

sollte nicht vergessen, dem Zimmerpersonal etwas zu geben. Auch Fahrern und Guides tut ein Extralohn gut, denn sie verbringen die meiste Zeit unterwegs und damit fern von ihrer Familie.

Es wird als angemessen betrachtet, nach dem Besuch eines Wats einen kleinen Betrag zu spenden, besonders wenn man von einem der Mönche eine Führung durch die Klosteranlage genossen hat; meist sind zu diesem Zweck Boxen aufgestellt.

INTERNETZUGANG

In den meisten kambodschanischen Städten hat man die Möglichkeit, ins Internet zu gehen. Erfreulicherweise fallen die Preise in Phnom Penh immer weiter, im Durchschnitt zahlt man jetzt nur noch 0,50 US$ oder weniger pro Stunde. In Siem Reap ist es mit etwa 0,50 bis 1 US$ pro Stunde etwas teurer, in anderen Provinzen kann der Preis sogar zwischen 1 und 3 US$ je Stunde liegen. Die meisten Internetcafés haben auch Sprecheinrichtungen, mit denen man über Skype oder eine ähnliche Software billig telefonieren kann. Teure Hotels erheben oft übertriebene Preise, darum sollte man sich erkundigen, bevor man ins Netz geht.

Wer mit dem Laptop unterwegs ist, sollte nicht vergessen, dass die Netzspannung sich von der zu Hause unterscheidet. Am besten investiert man in einen universellen AC-Adapter, damit man den Computer überall anschließen kann, ohne sein Innenleben zu gefährden.

Am bequemsten ist der Zugang über kabellose WLAN-Netzwerke, die zahlreiche Cafés und Restaurants ihren Gästen kostenlos anbieten, Hotels nehmen dafür manchmal eine Gebühr.

Wer mit einem Kabel ins Internet will, kann in Geschäften, Hotels, einigen Restaurants und an Tankstellen Prepaid Internet Cards kaufen, es gibt sie zu Preisen zwischen 10 und 50 US$.

KARTEN

Als beste Allzweckkarte für Kambodscha gilt die *Cambodia Road Map* von Gecko im Maßstab 1:750 000. Sie bietet jede Menge Details und akkurate Ortsbezeichnungen. Andere beliebte Faltkarten sind die *Cambodia, Laos and Vietnam Map* von Nelles im Maßstab 1:1 500 000, die allerdings nicht so detailliert ist, und die *Cambodia Travel Map* von Periplus im Maßstab 1:1 000 000, mit Stadtplänen von Phnom Penh und Siem Reap.

Darüber hinaus gibt's etliche kostenlose Karten, die durch Anzeigen finanziert werden, man bekommt sie in Phnom Penh und Siem Reap in führenden Hotels, Gästehäusern, Restaurants sowie Bars.

Kartenfans und Kartografen finden auf dem Psar Thmei (Hauptmarkt) in Phnom Penh eine gute Auswahl an Stadtplänen und Karten der Provinzen, die in Vietnam und Kambodscha hergestellt werden, sowie US-amerikanische Militärkarten aus den 1970er-Jahren im Maßstab von 1:50 000.

KINDER

Kinder können in Kambodscha das Leben genießen, denn sie stehen immer im Mittelpunkt und jeder wird mit ihnen spielen wollen. Für diejenigen, die mehr über dieses Thema wissen wollen, bietet der Lonely Planet Band *Travel with Children* ausführliche Infos, u. a. einen Überblick zu gesundheitlichen Vorsorgemaßnahmen und Ratschläge für schwangere Frauen auf Reisen.

Praktisch & Konkret

Was das Füttern und die Pflege von Babys betrifft, bekommt man in Phnom Penh und Siem Reap so ziemlich alles, was man benötigt, anderswo sind entsprechende Artikel jedoch oft nicht vorrätig. Kinderbetten gibt's in Mittelklasse- und Spitzenklassehotels mit internationalem Standard, aber nirgendwo sonst. Man sollte den Kauf einer robusten Hängematte in Erwägung ziehen, wenn man in weniger bekannte Gegenden reist. In Mietwagen und Taxis wird man keine Kindersitze finden, es sei denn, man bucht im Voraus bei einer renommierten Reiseagentur. Manche Restaurants verfügen über Hochstühle.

In Kambodscha ist es weit verbreitet, Babys in der Öffentlichkeit zu stillen. Man muss sich also keine Sorgen über kulturelle Differenzen machen. Es gibt jedoch außer den normalen Toiletten kaum Möglichkeiten, die Kleinen zu wickeln, darum sollte man immer eine Wickeltasche dabeihaben. Für Kinder, die zu klein sind, um mit Stäbchen zu essen, haben die meisten Restaurants auch Besteck.

Die größte Herausforderung besteht in Kambodscha darin, im Auge zu behalten, was Kleinkinder alles in den Mund stecken: Ihre natürliche Neugier kann in einem Land, wo Ruhr, Typhus und Hepatitis nichts Ungewöhnliches sind, verhängnisvolle Folgen haben. Außerdem sollten die Kids immer genug trinken und Sonnencreme verwenden.

In Phnom Penh, Siem Reap und anderen städtischen Zentren des Landes ist das Leben heutzutage ziemlich unkompliziert. Bei den chaotischen Verkehrsverhältnissen in der Hauptstadt schränkt man die Bewegungsfreiheit von Kindern aber besser ein anstatt sie in eine gefährliche Situation laufen zu lassen. Die abgelegenen Gebiete stellen kein gutes Reiseziel dar, da es auf dem Land immer noch viele Landminen gibt – und wer kann wirklich sichergehen, dass sein Sprössling immer auf dem Weg bleibt?

Sehenswertes & Aktivitäten

Phnom Penh, Siem Reap und die Südküste bieten jede Menge Aktivitäten, die Kinder glücklich machen. In kleineren Provinzstädten schleicht sich hingegen leicht Langeweile ein. Phnom Penh wartet mit einer guten Auswahl an Swimmingpools (S. 106) auf und hat sogar eine Gokartbahn (S. 96). Auch Bootsfahrten auf dem Fluss sind eigentlich immer ein Erfolg. Doch als Höhepunkt gilt das 45 km südlich der Stadt gelegene Phnom-Tamao-Tierschutzzentrum (S. 134) mit Tigern, Malaienbären und Elefanten.

Von den Tempeln von Angkor könnten kleine Besucher überfordert sein, doch wissbegierige ältere Kinder werden sie schätzen. Die jüngeren Kids dürften eher von verfallenen Ruinen wie Ta Prohm (S. 195) und Beng Mealea (S. 206) begeistert sein als von museumsartig restaurierten Bauten. *Remork-motos* (auch *tuk tuks;* Motorräder mit einem witzigen überdachten Anhänger) stellen in Angkor ein vergnügliches Transportmittel für die ganze Familie dar. Das Kambodschanische Kulturdorf (S. 144) mag zwar kitschig sein, doch nach den Tempeln ist es genau das richtige Stärkungsmittel. Und schließlich können die Kleinen in Siem Reap auch echte Action erleben, z. B. eine Fahrt im Heißluftballon oder einen Helikopterflug.

In den Nationalparks sind die Tiere nicht oft genug zu sehen, um Kinder zu begeistern, doch in einigen Anlagen gibt's immerhin Wasserfälle, etwa im Kirirom- (S. 136) und im Bokor-Nationalpark (S. 248). Jede Menge herabstürzende Wassermassen findet man auch im Nordosten und in den Provinzen Mondulkiri und Ratanakiri, wo man auf Elefanten reiten kann. Die Luft ist sauber, zumindest solange nicht gerade Autos Staubwolken hinter sich herziehen, und es gibt zahlreiche freie Flächen.

Kambodscha besitzt eine ziemlich lange Küste. Als Nummer eins unter den Strandorten gilt Sihanoukville (S. 226). An den Sandstreifen tummeln sich stets zahlreiche einheimische Kinder, viele von ihnen bei dem Versuch, ihren Lebensunterhalt zu verdienen – das kann für den eigenen Nachwuchs eine wertvolle Erfahrung sein. Beim Baden sollte man immer sehr gut aufpassen, denn in der Regenzeit entwickeln sich manchmal harmlos aussehende Strömungen, die tatsächlich sehr stark sind.

KLIMA

Im Tiefland von Kambodscha ist es normalerweise schwülwarm, dort herrscht klassisches Tropenklima. Dagegen warten die Hügel im Nordosten mit weniger heißen Gradzahlen auf, allerdings wird es auch hier kaum einmal kalt.

Die durchschnittlichen Tagestemperaturen liegen in den „kühlen" Monaten Dezember und Januar zwischen 25 und 30 °C, während sie sich in den Monaten April und Mai sogar der 40°C-Marke nähern und auch schon mal darüber steigen. Im Juni setzt Regen ein, der im gesamten August und September heftig ist. Er erweckt die Landschaft bis zur Ernte wieder zum Leben.

KURSE

Kochen

Mehr zu Kochkursen siehe S. 67.

Sprache

Die einzigen Sprachkurse, die man gegenwärtig besuchen kann, sind für Khmer oder richten sich an Einwanderer, die sich in Phnom Penh niedergelassen haben. Wer längere Zeit in der Hauptstadt bleibt, für den lohnt es sich jedoch unbedingt, einige Grundkenntnisse zu erwerben. Eine Möglichkeit bietet das Institut für Fremdsprachen an der **Königlichen Universität von Phnom Penh** (Karte S. 80; ☎ 012 866826; Russian Blvd). Auch ein Blick auf die Schwarzen Bretter in Gästehäusern, Restaurants und Bars lohnt sich. Hier wird oft stundenweiser Unterricht von privaten Lehrern angeboten. Außerdem gibt's eine eigene Rubrik in den Anzeigenteilen der Zeitungen *Phnom Penh Post* und *Cambodia Daily*.

ÖFFNUNGSZEITEN

Viele Kambodschaner stehen zeitig auf, deshalb ist es nicht ungewöhnlich, um 5.30 Uhr beim Heimkommen bzw. Aufstehen trainierende Einheimische zu sehen. Ämter sind von Montag bis Freitag und Samstagvormittags geöffnet, theoretisch ab 7.30 Uhr. Von 11.30 bis 14 Uhr wird Mittagspause gemacht, Schluss ist um 17 Uhr. Allerdings kann man davon ausgehen, dass man am frühen Morgen oder nach 16 Uhr nur wenige Mitarbeiter antrifft, denn viele verdienen ihren eigentlichen Lebensunterhalt anderswo.

Die Geschäftszeiten der Banken variieren, doch für gewöhnlich haben sie montags bis freitags in der Kernzeit von 8 bis 15.30 Uhr und am Samstagvormittag auf. Sehenswürdigkeiten wie Museen sind normalerweise täglich zugänglich, mittlerweile sogar über Mittag.

Einheimische Restaurants empfangen durchgängig von 6.30 bis 21 Uhr Gäste, internationale Lokale haben etwas länger offen, schließen dafür aber meist zwischen den Mahlzeiten. Einige Bars öffnen bereits tagsüber, andere erst abends, vor allem diejenigen, wo es kein Essen gibt.

Die örtlichen Märkte finden sieben Tage die Woche statt. Sie öffnen bzw. schließen, wenn die Sonne auf- bzw. untergeht (6.30–17.30 Uhr). Während der wichtigen Feste Chaul Chnam Khmer (Neujahrsfest der Khmer), P'chum Ben (Totenfest) und Chaul Chnam Chen (Chinesisches Neujahr) setzen sie für ein paar Tage aus. Geschäfte sind meistens von 8 bis 18 Uhr geöffnet, manchmal auch länger.

POST

Die Post ist in Kambodscha ein reines Glücksspiel. Wertsachen sollte man deshalb mit einem Kurierdienst oder aus einem anderen Land verschicken. Bei Briefen und Karten achtet man besser darauf, dass sie frankiert werden, solange man noch daneben steht.

In den Filialen der größeren Städte hängen die Preise aus. Karten ins Ausland kosten 1800 bis 3000 R. Briefe und Pakete, die über die Grenzen Asiens hinausgehen, können zwei bis drei Wochen unterwegs sein. Mit einem Kurierdienst geht's schneller: **DHL** (Karte S. 83; ☎ 023-427726; www.dhl.com; 353 St 110), **FedEx** (Karte S. 80 f.; ☎ 023-216712; www.fedex.com; 701D Monivong Blvd) und **TNT** (Karte S. 83; ☎ 023-430922; www.tnt.com; 28 Monivong Blvd) haben alle Büros in Phnom Penh, einige auch eine Zweigstelle in Siem Reap. **EMS** (Karte S. 83; ☎ 023-723511; Hauptpostamt, St 13) ist ein preiswerter Kurierdienst mit Filialen in allen großen Postämtern des Landes.

Die Hauptpost in Phnom Penh hat am äußersten linken Ende der Posttheke eine Box für postlagernde Sendungen. Langzeitreisende sind aber besser beraten, sich ihre Sachen nach Bangkok schicken zu lassen.

RECHTSFRAGEN

Marihuana ist in Kambodscha illegal, und die Polizei beginnt langsam, in diesem Punkt härter durchzugreifen. Es gab einige Razzias (sowie seltene Fälle von untergeschobenen Drogen) in Bars und Restaurants, die Ausländern gehörten und in denen Gras geraucht wurde – die Tage der kostenlosen Joints in den Gästehäusern gehören also endgültig der Vergangenheit an. Allerdings kochen die Khmer traditionell einige Gerichte mit dem Rauschmittel, in der Küche wird es daher wohl noch lange zu finden sein. Raucher sollten auf jeden Fall diskret sein, wenn sie partout nicht darauf verzichten wollen. Es ist wahrscheinlich nur eine Frage der Zeit, bis die kambodschanische Polizei regelmäßige Razzias bei Ausländern zu einem lukrativen Nebengeschäft macht.

Darüber hinaus sollte man sich sehr genau überlegen, wenn einem ein unbekannter *moto*-Fahrer diese oder auch andere illegale Drogen anbietet. Es könnte durchaus passieren, dass man ohnmächtig und ausgeraubt wird.

Traveller sollten sich bewusst sein, dass ihre Taten nach den Gesetzen ihres Heimatlandes strafrechtlich verfolgt werden können, auch wenn sie sich im Ausland aufhalten.

REISEN MIT BEHINDERUNG

Für die meisten Menschen mit Behinderung ist Kambodscha alles andere als ein einfaches Reiseland, dafür sorgen kaputte Bürgersteige, mit Schlaglöchern übersäte Straßen und steile Treppen. Kaum ein Haus wurde mit Rücksicht auf Rollstuhlfahrer entworfen, doch immerhin gibt's einige neuere Bauwerke, darunter die internationalen Flughäfen in Phnom Penh und Siem Reap sowie einige Hotels der Spitzenklasse, die Rampen haben. Die Verkehrsmittel in den Provinzen sind normalerweise überfüllt. Ein Taxi von Etappe zu Etappe zu nehmen ist jedoch eine bezahlbare Alternative.

Normalerweise sind die Kambodschaner Ausländern gegenüber sehr hilfsbereit, außerdem kosten Arbeitskräfte nicht viel, sodass man eine Begleitperson engagieren kann. In vielen Gästehäusern und kleinen Hotels finden sich Zimmer im Erdgeschoss, die relativ leicht zugänglich sind.

Die größten Kopfschmerzen dürften die Tempel von Angkor bereiten. Alle Dammwege sind uneben, häufig stößt man auf Hindernisse, und die Treppenstufen stellen eine echte Herausforderung dar. Es wird wahrscheinlich einige Jahre dauern, bis sich das verbessert. Zumindest an den bedeutendsten Stätten wurden jetzt Rampen installiert.

Rollstuhlfahrer müssen sich vor der Reise nach Kambodscha umfassend informieren. Inzwischen gibt's ein wachsendes Netz von Informationsquellen, über die man auch Kontakt zu Personen aufnehmen kann, die bereits im Land waren. So kann man sich u. a. an die folgenden Organisationen wenden:

Mobility International Schweiz (www.mis-ch.ch.org)
Royal Association for Disability and Rehabilitation (Radar; ☎ 020-7250 3222; www.radar.org.uk)
Society for Accessible Travel & Hospitality (SATH; ☎ 212-447 7284; www.sath.org)

Im Reiseforum von www.lonelyplanet.com, Thorn Tree, bekommt man gute Ratschläge von anderen Travellern.

SCHWULE & LESBEN

Zwar toleriert die kambodschanische Gesellschaft Homosexualität, aber es gibt keine mit Thailand vergleichbare Szene. Der frühere König Norodom Sihanouk war ein eifriger Unterstützer der Rechte für gleichgeschlechtliche Paare, und das ist in der Offenheit jüngerer Kambodschaner spürbar. Sowohl in Phnom Penh als auch in Siem Reap stößt man auf schwulenfreundliche Bars, doch verglichen mit anderen Teilen Asiens kommt die Szene sehr zurückhaltend daher.

Da im ganzen Land unzählige Reisende, ob nun homosexuell oder nicht, das Hotelzimmer mit Personen des gleichen Geschlechts teilen, kümmert sich niemand groß darum, in welcher Beziehung sie zueinander stehen. Es ist allerdings nicht angebracht, seine Sexualität offen zur Schau zu stellen. Genau wie bei heterosexuellen Paaren wird leidenschaftliches oder zärtliches Verhalten in der Öffentlichkeit als Tabu betrachtet.

Utopia (www.utopia-asia.com) bietet Reiseinfos und Kontaktadressen sowie detaillierte Informationen über Rechtsfragen (Homosexualität ist legal, die schwule/lesbische Ehe jedoch nicht) und ein paar nützliche kambodschanische Ausdrücke.

SHOPPEN

In Kamboscha kann man hervorragend shoppen, vor allem in Phnom Penh und Siem Reap. Neben der unvermeidlichen Palette an Souvenirs gibt's hier zahlreiche erstklassige kunsthandwerkliche Erzeugnisse, von deren Verkauf benachteiligte Gruppen profitieren.

Tipps zum Handeln siehe S. 355.

Antiquitäten

Mag auch während der Kriegsjahre vieles verschwunden oder zerstört worden sein, so findet man in Kambodscha doch nach wie vor eine gute Auswahl an Antiquitäten. Besonders großer Beliebtheit erfreuen sich Textilien, Silber, Schwerter, Keramiken und Möbel. Man sollte beim Kauf gut darauf achten, dass man sich keine Fälschungen andrehen lässt. Wenn der Preis zu schön ist, um wahr zu sein, dann handelt es sich meistens um eine auf alt getrimmt moderne Kopie. Dies kommt vor allem bei „alten" Bronzen aus der „Angkor-Zeit" und vielen „antiken" chinesischen Stücken vor. Nicht vergessen: Sandsteinskulpturen aus der Angkor-Periode bzw. früheren Zeiten dürfen nicht außer Landes gebracht werden.

Wer hier für längere Zeit lebt, kann auf Märkten und in Geschäften in Phnom Penh sehr schöne antike Möbel entdecken, oft mit deutlichen chinesischen, französischen und Khmer-Einflüssen.

Holzschnitzereien

Die Holzschnitzerei hat eine lange Tradition, sodass man viele schöne, dekorative Stücke findet. Vor allem Buddha-Reproduktionen erfreuen sich bei Besuchern großer Beliebtheit; man darf sie ohne Beschränkungen ins Ausland ausführen. Außerdem werden oft Kopien der wichtigsten Angkor-Skulpturen und kunstvoll geschnitzte Tiere angeboten. Die häufig aufwendig verzierten Webräder sind ebenso gefragt, denn sie machen sich gut als Wandschmuck. Hoch im Kurs stehen auch Betelnussboxen sowie Schmuckkästchen mit Perlmutt-Intarsien, Lackmalereien oder Metallverzierungen.

Kleidung

In den Fabriken rund um Phnom Penh werden viele internationale Marken hergestellt, darunter Colombia, Gant, Gap, Levi's und Nautica. Zahlreiche Produkte tauchen zu sehr niedrigen Preisen auf dem Psar Tuol Tom Pong (S. 128) in Phnom Penh auf.

Kunsthandwerk

Bis vor Kurzem beschränkte sich die Kunstszene auf Angkor-Gemälde schlechter Qualität, die im ganzen Land zu finden waren. In Phnom Penh und Siem Reap ändert sich die Situation jedoch. Auf dem Psar Chaa (S. 159) in Siem Reap und in den Kunstläden auf der Straße 178 (S. 127) in Phnom Penh kann man gut stöbern, in der Hauptstadt gibt es mehrere anspruchsvolle Galerien. Kambodscha hat eine aufblühende Szene, örtliche Koryphäen stellen regelmäßig in Hotels, Restaurants und Cafés aus.

Seide & Textilien

Kambodscha ist weltberühmt für seine edle Seide. Zumeist wird das kostbare Material traditionell handgewebt und mit natürlichen Farbstoffen aus Pflanzen und Mineralien gefärbt. Die beste Seide stammt aus den Provinzen Kompong Cham und Takeo. Doch nicht alles, was in Kambodscha verkauft wird, wurde auch dort hergestellt: Ein Teil kommt aus China und Vietnam. Inzwischen bemuht man sich aber, wieder im ganzen Land den Maulbeerbaum und die lokale Seidenherstellung einzuführen. Seidenfarmen findet man in Siem Reap und einigen Provinzzentren. Die schönsten Stoffe gibt's bei Artisans d'Angkor (S. 144) in Siem Reap mit Zweigstellen in den internationalen Flughäfen, in den empfohlenen Geschäften in Phnom Penh (s. Kasten S. 126) bzw. Siem Reap (s. Kasten S. 159), die behinderte und verarmte Kambodschaner unterstützen, sowie auf dem Psar Tuol Tom Pong (S. 128) in Phnom Penh. In den Provinzen haben sich ebenfalls einige Unternehmen niedergelassen, die hochwertiges Material anbieten, z. B. Mekong Blue (S. 329) in Stung Treng und Weaves of Cambodia (S. 300) in Tbeng Meanchey.

Silber

Silber aus Kambodscha wird im Ausland wegen der handgefertigten detaillierten Verzierungen geschätzt, doch nicht alle Schmuckstücke enthalten so viel Edelmetall, wie man vielleicht glaubt. Aus diesem Grund sollte man beim Kauf sorgsam auf die Zusammensetzung achten, die von Kopien über Legierungen mit 50 % bis zu reinem Silber reichen. Renommierte Geschäfte nennen einem oft den Gehalt, aber Marktverkäufer wollen einen eventuell übers Ohr hauen. Der einfachste Weg zur Feststellung der Qualität ist die Prüfung des Gewichts. Reines Silber sollte schwerer sein als Legierungen oder als Stücke mit Silberüberzug.

Skulpturen

Die Schönheit und Vielfalt der kambodschanischen Bildhauerkunst kann jeder Besucher in den Tempeln von Angkor und dem Nationalmuseum in Phnom Penh bewundern. Im Land gibt's viele geschickte Künstler, Nachbildungen von Skulpturen sind in Phnom Penh und Siem Reap weit verbreitet. Zu den beliebtesten Werken gehören Büsten von Jayavarman VII. und Statuen von Hindugöttern wie Shiva, Vishnu und Harihara. Wer alte Steinskulpturen kauft, trägt allerdings zur Verschlimmerung des Kunstraubproblems in großen Teilen des Landes bei und sollte deshalb darauf verzichten.

TELEFON & FAX

Während des langen Bürgerkriegs wurden Kambodschas Festnetzleitungen total zerstört. Erst das Aufkommen von Mobiltelefonen machte es dem Land möglich, gegenüber seinen regionalen Nachbarn wieder aufzuholen, indem es sich kopfüber in die technologische Revolution stürzte. Handys gibt's mittlerweile überall, doch auch das Festnetz wird in den großen Städten immer mehr ausgebaut, sodass mehr Teile des Landes als je zuvor mit der Außenwelt verbunden sind.

Auslandsgespräche

Für Auslandsgespräche bestehen heute sehr viel mehr Möglichkeiten als früher; vor nicht allzu langer Zeit gingen nämlich alle Telefonate über Moskau. Es gibt zahlreiche Karten für Kartentelefone, Prepaidkarten, die man von jedem Apparat aus benutzen kann, private Telefonkabinen, in denen man über das Mobilnetz telefoniert, und jede Menge Internetangebote. Wenn man vom Hotel aus anruft, zahlt man einen Zuschlag. Je teurer die Unterkunft, desto höher der Preis.

Am günstigsten sind Auslandsgespräche übers Internet, die man in den meisten ans World Wide Web angeschlossenen Läden und Cafés führen kann. Pro Minute kostet dieser Service zwischen 200 und 2000 R (nach dem Anrufziel berechnet). Für Telefonate nach Europa und in die USA zahlt man am wenigsten, doch für Verbindungen mit Mobiltelefonen wird eine saftige Extragebühr fällig. Am Preis ist sicher nichts auszusetzen, allerdings muss man oftmals eine deutliche Verzögerung in der Wiedergabe des Gesprochenen in Kauf nehmen, das zu großen Teilen aus Worten wie „Hallo?" und „Wie bitte?" besteht. Etwas klarer und ein wenig billiger sind Anrufe über Programme wie Skype, da man hier mit anderen Skype-Nutzern sogar kostenlos sprechen kann. Viele Internetcafés warten darüber hinaus mit Webcams auf, sodass man beim Austausch der letzten Neuigkeiten Familie und Freunde sehen kann.

M Fone bietet eine praktische SIM-Karte für Touristen. Sie kostet 10 US$ und kann in jedem Handy mit entsperrtem SIM-Lock benutzt werden. Mit 0,25 US$ pro Minute muss man nicht viel zahlen und darf sich auch noch über eine gute Verbindung freuen. Die Karte ist ab der Aktivierung sieben Tage gültig.

Wer von einem Handy oder Kartentelefon aus anruft, sollte statt des normalen internationalen Zugangscodes ☎ 001 die billigere ☎ 007 von Tele 2 wählen.

NATIONALE ORTSVORWAHLEN

Banteay-Meanchey-Provinz	☎ 054
Battambang-Provinz	☎ 053
Kampot-Provinz	☎ 033
Kandal-Provinz	☎ 024
Kep-Provinz	☎ 036
Koh-Kong-Provinz	☎ 035
Kompong-Cham-Provinz	☎ 042
Kompong-Chhnang-Provinz	☎ 026
Kompong-Speu-Provinz	☎ 025
Kompong-Thom-Provinz	☎ 062
Kratie-Provinz	☎ 072
Mondulkiri-Provinz	☎ 073
Oddar-Meanchey-Provinz	☎ 065
Phnom Penh	☎ 023
Preah-Vihear-Provinz	☎ 064
Prey-Veng-Provinz	☎ 043
Pursat-Provinz	☎ 052
Ratanakiri-Provinz	☎ 075
Siem-Reap-Provinz	☎ 063
Sihanoukville-Provinz	☎ 034
Stung-Treng-Provinz	☎ 074
Svay-Rieng-Provinz	☎ 044
Takeo-Provinz	☎ 032

Fax

Mit den fallenden Telefongebühren wird auch das Faxen immer günstiger. Am preiswertesten ist es, Faxe übers Internet zu versenden (in Intercafés für 1–2 US$ pro Seite). Einige der bekannten Mittelklassehotels bieten einen zuverlässigen Service, doch in Luxusunterkünften ist das Faxen eine kostspielige Angelegenheit: Hier muss man bis zu dreimal so viel zahlen als anderswo.

Handys

Viele Reisende mit einem Handy, das für internationales Roaming ausgerüstet ist, wählen bei ihrer Ankunft einfach ein Netz aus und telefonieren munter drauf los. In diesem Fall müssen sie sich allerdings nach der Rückkehr auf eine hohe Rechnung gefasst machen. Gerade in Kambodscha sind die Gebühren nämlich überdurchschnittlich hoch.

Wer länger bleibt, wird daher ein örtliches Netz bevorzugen. Wenn man ein Mobiltelefon dabeihat, kann man einfach bei einem örtlichen Anbieter eine SIM-Karte kaufen. Das funktioniert aber nur bei entsperrtem SIM-Lock, was fast alle Angestellten in den Telefonläden gegen eine kleine Gebühr erledigen können. Natürlich sollte man vorher in seinen eigenen Vertrag schauen, ob der Netzbetreiber eine Entsperrung überhaupt gestattet. In Kambodscha sind Handys billig und gebrauchte Mobiltelefone leicht erhältlich. Die meisten örtlichen Unternehmen haben Verträge mit monatlichen Zahlungen oder

Prepaidkarten im Angebot. Es gibt regelmäßig Sonderaktionen, darum lohnen sich Vergleiche. Darüber hinaus bieten inzwischen viele Mobilfunkunternehmen billige Telefonate übers Internet mit einer speziellen Zugangsnummer an. Diese sollte man unbedingt benutzen, denn dann kosten Gespräche höchstens 0,25 US$ pro Minute.

Inlandsgespräche

Ortsgespräche sind normalerweise sehr günstig, selbst vom Hotelzimmer aus. Eine andere Provinz übers Festnetz anzurufen, geht da schon wesentlich mehr ins Geld. In den meisten städtischen Gebieten benutzt man am besten eine der vielen kleinen Telefonzellen am Straßenrand, die mit Nummern wie 012 und 016 zugepflastert sind (Werbung großer Mobiltelefongesellschaften) und um die 300 R kosten. Die Betreiber verfügen über verschiedene Mobiltelefone und Standleitungen und sorgen so dafür, dass Inlandsgespräche kaum etwas kosten. Auch an den öffentlichen Münztelefonen von MPTC und Camintel, die man manchmal noch in Städten wie Phnom Penh, Siem Reap und Sihanoukville sieht, kann man Ortsgespräche führen. Es ist allerdings gelegentlich schwierig, Nummern außerhalb Phnom Penhs zu erreichen, außerdem gibt's keine Telefonauskunft. Einige Hotels haben Telefonbücher für die Hauptstadt, falls man eine bestimmte Nummer sucht. In den **Yellow Pages** (www.yp.com.kh) findet man eine umfassende Auflistung von Unternehmen, Dienstleistungen und Regierungsbehörden.

TOILETTEN

In Kambodscha gibt's fast ausschließlich Sitztoiletten. Nur gelegentlich stößt man noch auf asiatische Hocktoiletten, vor allem in den billigsten Provinzabsteigen. In der Pampa lassen die hygienischen Standards nach, aber insgesamt sind kambodschanische Sanitäranlagen häufig in einem besseren Zustand als solche in ländlichen Gegenden Chinas oder Indiens.

Wenn ein Abfalleimer neben dem WC steht, gehört das Toilettenpapier dort hinein, weil die Abwassersysteme damit nicht fertig werden. In den WCs auf Bus- und Bahnhöfen oder in anderen öffentlichen Gebäuden findet man selten Papier, darum sollte man immer welches dabeihaben.

Viele westliche Toiletten haben außerdem einen Sprühschlauch. Man kann ihn als flexibles Bidet betrachten und zum Reinigen, Waschen bzw. Spülen benutzen.

Öffentliche Sanitäranlagen sind selten. Es gibt welche an der Uferpromenade in Phnom Penh sowie einige richtig schöne Holzgebäude zwischen den Tempeln von Angkor. Normalerweise kostet ihre Nutzung 500 R, doch in Angkor ist sie kostenlos. Die meisten Restaurants haben eine (mehr oder weniger gut gepflegte) Toilette; wenn man dort nichts isst oder trinkt, sollte man 500 R bezahlen.

Wer in ländlichen Gegenden von einem dringenden Bedürfnis überrascht wird, flüchtet besser nicht aus Scham ins Gebüsch, denn in der Nähe von Straßen oder Wegen könnten **Landminen** sein. Entweder man erledigt am Straßenrand, was man nicht aufschieben kann, oder beißt die Zähne zusammen und hält bis zur nächsten Stadt durch.

TOURISTENINFORMATION

Die wenigen Touristeninformationen in Kambodscha (etwa in Phnom Penh und Siem Reap) bieten kaum Hilfe. In den Provinzen sieht die Sache anders aus: Dort sind die Angestellten oft total überrascht und ganz aus dem Häuschen, wenn Besucher kommen. Vielleicht müssen sie erst ihren Chef aus einer nahe gelegenen Karaoke-Bar holen – selbst morgens um 10 Uhr keine Seltenheit –, doch sobald klar ist, dass sie es wirklich mit Travellern zu tun haben, erzählen sie einem für gewöhnlich alles, was man über die örtlichen Sehenswürdigkeiten wissen möchte. Mittlerweile eröffnen immer mehr Städte Touristeninformationen, die allerdings selten mit Broschüren oder Flyern ausgestattet sind. In diesem Buch werden die Infostellen in den entsprechenden Abschnitten aufgelistet, man sollte aber keine allzu hohen Erwartungen an sie haben. Meistens erweisen sich andere Reisende, Gästehäuser, Hotels und kostenlose örtliche Magazine als nützlicher.

Kambodscha betreibt keine Touristeninformationen im Ausland, zudem ist es unwahrscheinlich, dass einem kambodschanische Botschaften bei der Reiseplanung helfen – abgesehen davon, dass sie Visa ausgeben, aber die erhält man ohnehin bei der Ankunft.

UNTERKUNFT

Im letzten Jahrzehnt haben sich die Unterkünfte stark verbessert. Inzwischen ist von der Backpackerbleibe bis zum vornehmen Palast nahezu alles im Angebot. Viele Hotels geben ihre Preise in US-Dollar an, während einige Gästehäuser in den Provinzen auch eine Zahlung in Riel und Pensionen nahe der thailändischen Grenze oft Baht verlangen. Wir haben uns bei den Angaben an die Währung gehalten, die bei unserem Besuch vom Hotel genannt wurde. In Phnom Penh, Siem Reap, Sihanoukville und Kep gibt's Alternativen für jeden Geldbeutel. In allen anderen Gegenden beschränkt sich die Auswahl auf Budget- und Mittelklasseunterkünfte, die aber mit einem sehr guten Preis-Leistungs-Verhältnis aufwarten. Sogar Provinzhauptstädte wie Ban Lung, Battambang und Kompong Thom verfügen inzwischen über Boutique-Hotels der Mittelklasse.

Als Budgetunterkünfte werden Gästehäuser eingestuft, wo fast alle Zimmer zwischen 2 und 20 US$ kosten, Mittelklasseunterkünfte liegen zwischen 20 und 80 US$ und für Spitzenklassehotels muss man mindestens 80 US$ einplanen.

Budgetgästehäuser gab es früher nur in Phnom Penh, Siem Reap und Sihanoukville, doch mit dem Aufschwung des Tourismus tauchen sie nun auch in vielen anderen Provinzhauptstädten auf. Sie kosten pro Bett etwa 2 bis 5 US$. In ländlichen Gegenden beträgt der Standardpreis für Budgethotels 5 US$, normalerweise sind die Zimmer hier mit Bad und Satellitenfernseher ausgestattet. Manche Hotels bieten ihre Zimmer schon ab 10 000 R an, verdienen aber oft mehr Geld mit stundenweiser Vermietung als mit Übernachtungsgästen, sodass man keinen ungestörten Schlaf erwarten darf.

In den touristenreichen Städten Phnom Penh und Siem Reap sowie an der gut besuchten Südküste sind die Hotels ab einem Preis von 10 US$ wesentlich gepflegter. Für 15 US$ findet man meistens schon ein Zimmer mit Klimaanlage, Satellitenfernseher und Privatbad. Im Bereich von 20 bis 50 US$ kann man sich über ausgesprochen komfortable Unterkünfte freuen, eventuell sogar mit einem verlockenden Pool. Auch in den meisten kleineren Städten in den Provinzen gibt's inzwischen klimatisierte Zimmer für 10 bis 20 US$.

UNTERKÜNFTE ONLINE BUCHEN

Wer sich für die Beschreibungen und Empfehlungen weiterer Unterkünfte von Lonely Planet Autoren interessiert, sollte sich beim Online-Buchungsservice unter http://hotels.lonelyplanet.com umsehen. Dort finden sich zuverlässige Insidertipps zu den besten Übernachtungsmöglichkeiten. Die Berichte sind gründlich und unabhängig, und das Beste ist: Man kann gleich online buchen.

In Siem Reap haben sich zahlreiche Hotels mit internationalem Standard niedergelassen, einige findet man auch in Phnom Penh und an der Küste in Sihanoukville und Kep. Manche werden von internationalen Hotelketten wie Orient Express und Raffles betrieben. Wenn man nicht im Voraus gebucht hat, sind die Preise allerdings meist saftig, und obendrauf kommen noch 10 % Steuern und 10 % Servicegebühr. Günstigere Preise, die sowohl die Steuern als auch die Servicegebühr bereits enthalten, kann man bei der Buchung im Reisebüro erwarten.

Nach wie vor stößt man in Kambodscha noch auf Gästehäuser ohne warmes Wasser, doch fast alle vermieten auch ein paar teurere Zimmer mit mehr Komfort. Kleinere Unterkünfte in abgelegenen Gegenden beschränken sich manchmal darauf, einen großen Krug oder Zementtrog mit warmem Wasser ins Bad zu stellen. Nicht hineinklettern – man schöpft das Wasser mit der Plastikkelle oder der Metallschüssel.

Schicke neue Hotels haben Fahrstühle, ältere dagegen oft keine, deshalb liegen die preiswertesten Zimmer ganz oben: Immerhin bekommt man auf diese Weise eine billige Bleibe mit guter Aussicht und tut zudem noch was für die Gesundheit.

Oft entsteht Verwirrung über die Bedeutung der Begriffe *single, double, double occupancy* und *twin*. Ein *single* hat nur ein Bett, auch wenn zwei Personen darin schlafen. Ein *twin* ist ein Zimmer mit zwei Betten, auch wenn nur einer im Zimmer wohnt. Wenn ein Zimmer von zwei Personen belegt wird, heißt das *double occupancy. Double* ist in manchen Hotels das gleiche wie *twin*, während es in anderen wiederum *double occupancy* bedeutet.

Unterkünfte bei einheimischen Familien

In den Provinzen bieten einem immer mehr Familien die Möglichkeit, in ihren Häusern zu schlafen. Diese sogenannten Homestays sind toll, um Kambodschaner kennenzulernen und etwas über ihren Alltag zu erfahren. Es gibt mehrere organisierte Bleiben auf dem

WAISENHAUSBESUCHE – JA ODER NEIN?

Der Besuch von Waisenhäusern in Entwicklungsländern – und ganz besonders in Kambodscha – erfreut sich seit ein paar Jahren immer größerer Beliebtheit. Doch ist er auf längere Sicht für die Kinder und Länder gut? Schwierige Frage! „Waisenhaustourismus" mit allem, was das impliziert, kann auch als beängstigende Entwicklung angesehen werden, die skrupellose Elemente in die Welt der Kinder bringt. Es gab bereits Berichte von neuen Heimen mit einem Geschäftsmodell, das auf einer bestimmten Besucheranzahl pro Monat basiert. In anderen Fällen sind die Kleinen gar keine Waisen, sondern werden von der örtlichen Schule gegen eine Gebühr „ausgeliehen".

Laut dem im November 2009 veröffentlichten Bericht der Organisation Save the Children haben die meisten Kinder, die in Entwicklungsländern in Waisenhäusern leben, zumindest noch einen Elternteil. Mehr als 8 Millionen Kinder wohnen in diesen Einrichtungen. Viele werden von ihren Familien aus Verzweiflung hergeschickt, gezwungen durch ihre pure Armut. Sie sind in Gefahr, von Pflegern missbraucht oder vernachlässigt zu werden; Ausbeutung und internationaler Handel stellen ein weiteres Risiko dar, insbesondere für Kinder unter drei Jahren.

Der Bericht stellt außerdem fest: „Einer der größten Mythen ist, dass Kinder in Waisenhäusern sind, weil sie keine Eltern haben. Das ist nicht der Fall. Die meisten sind hier, weil ihre Eltern einfach zu arm sind, um für ihre Nahrung, Kleidung und Bildung zu sorgen."

Zahlreiche Heime in Kambodscha leisten gute Arbeit unter schweren Bedingungen. Einige haben Weltklasseniveau und erhalten Finanzmittel bzw. Unterstützung von wohlhabenden Förderern. Sie sind nicht auf Besucher angewiesen. Andere benötigen dagegen jede Hilfe, die sie bekommen können. Wenn eine Einrichtung jedoch den Waisenhaustourismus fördert, muss man Vorsicht walten lassen, denn möglicherweise liegen den Erwachsenen nicht immer die Interessen der Kinder am Herzen. Kambodscha ist ein verwirrendes und schwer zu verstehendes Land. Es ist nicht an uns, Richter zu spielen, doch wir glauben, dass jeder Traveller informiert sein sollte, bevor er eine Entscheidung für oder gegen einen Besuch trifft.

Land in Regionen wie Kompong Cham und Kompong Thom, aber auch zahlreiche informelle Gastfamilienunterkünfte in abgelegenen Orten wie Preah Vihear. In den Minderheitengebieten Mondulkiri und Ratanakiri kann man oftmals bei Stammesmitgliedern im Dorf übernachten. Darüber hinaus liegen zwischen Kratie und der laotischen Grenze mehrere Homestays in der Nähe des Mekong Discovery Trail (S. 326).

VERSICHERUNG

Eine Reiseversicherung für den Verlust von Wertsachen und eventuelle medizinische Kosten ist in Kambodscha wichtiger als in den meisten anderen Ländern Südostasiens. Wegen der großen Auswahl an Policen lohnt es sich, einen zuverlässigen Vertreter zu fragen, welche sich für das Reiseziel eignet. Weltweite Versicherungen findet man auf der Webseite www.lonelyplanet.com/travel_services. Hier kann man jederzeit online Verträge abschließen, erweitern und Schadensansprüche geltend machen, selbst wenn man schon unterwegs ist.

Vor dem Abschluss sollte man unbedingt aufs Kleingedruckte achten:

- Einige Policen schließen sogenannte „gefährliche Aktivitäten" wie Tauchen oder Motorradfahren aus; wer diesen Sportarten nachgehen will, sollte also checken, ob er bei Unfällen versichert ist.
- Außerdem sollte man prüfen, ob die Krankenversicherung auf folgender Grundlage beruht: Erst zahlen, später den Anspruch geltend machen. In diesem Fall muss man alle Unterlagen im Zusammenhang mit der ärztlichen Behandlung gut aufbewahren.
- Für Reisende nach Kambodscha ist es unverzichtbar, dass die Krankenversicherung im Notfall sämtliche Kosten einer Rückführung einschließt (s. Kasten S. 354)

VISA

Die meisten Traveller benötigen ein Touristenvisum für einen Monat (20 US$), manche auch ein Geschäftsvisum für einen Monat (25 US$). Besucher der meisten Nationen, darunter Deutsche, Österreicher und Schweizer, erhalten das Ein-Monats-Visum bei der Einreise an den Flughäfen in Phnom Penh und Siem Reap oder an den Grenzübergängen. Für das Visum braucht man ein Passbild;

wer keines dabeihat, muss 1 US$ „Strafe" zahlen. Man kann das Visum für Kambodscha auch bei einer kambodschanischen Botschaft oder online beim kambodschanischen **Außenministerium** (www.mfaic.gov.kh) als e-Visum beantragen (20 US$ plus 5 US$ Bearbeitungsgebühr). Inzwischen gibt's jedoch einige gefälschte Visa-Internetseiten (von China aus betrieben), darum sollte man nur die offiziellen Seiten nutzen, die hier aufgeführt sind.

Wer in Kambodscha arbeiten möchte, wählt das Geschäftsvisum, denn es kann offiziell problemlos für längere Perioden verlängert werden – inoffiziell praktisch für unbegrenzte Zeit, einschließlich mehrfacher Aus- und Einreisen. Das Touristenvisum wird nur einmal und nur für einen Monat verlängert. Somit ist die Wiedereinreise nicht möglich.

Wenn man aus Thailand über Land einreist, zahlt man oft zu viel, weil die Einreisebeamten eine Zahlung in Baht verlangen und äußerst großzügig aufrunden. Dieses Problem umgeht man, indem man sich das Visum im Voraus besorgt. Vor den gegenwärtigen Streitigkeiten an der Grenze zwischen Kambodscha und Thailand benötigten Tagesausflügler aus Thailand nach Prasat Preah Vihear kein Visum, wurden manchmal aber aufgefordert, ihren Pass auf der thailändischen Seite der Grenze zurückzulassen.

Das Überschreiten des Visums kostet gegenwärtig 5 US$ pro Tag.

Visaverlängerungen

Verlängerungen nimmt die Einwanderungsbehörde direkt gegenüber dem Internationalen Flughafen Phnom Penh vor.

Es gibt zwei Möglichkeiten, eine Verlängerung zu bekommen – eine offizielle und eine inoffizielle. Zeitaufwand und Kosten für beide unterscheiden sich allerdings stark. Offiziell kostet eine Verlängerung für einen Monat 35 US$, für drei Monate 65 US$, für sechs Monate 125 US$ und für ein Jahr 200 US$ (Verlängerungen für sechs und zwölf Monate sind jedoch nur möglich, wenn man ein Geschäftsvisum hat!); der Pass wird für 25 Tage einbehalten und es gibt mehr Papierkram, als sich ein kommunistischer Bürokrat träumen lassen würde. Das ist kein großes Problem für Ausländer, die in Kambodscha arbeiten und deren Arbeitgeber sich um die Angelegenheit kümmert. Doch wer alleine dasteht, sollte den inoffiziellen Weg wählen. In Kambodscha heißt das nicht „Korruption", sondern „unter dem Tisch". Man zahlt überhöhte 45 US$ für einen Monat, 80 US$ für drei Monate, 165 US$ für sechs Monate und 265 US$ für ein Jahr, doch dafür hat man seinen Pass am nächsten Tag wieder. Sobald man einer der „Inoffiziellen" geworden ist, kann man sein Visum endlos verlängern. Dabei helfen Reisebüros und einige Motorradvermietungen in Phnom Penh, manchmal für eine geringere Gebühr.

ZEIT

In Kambodscha beträgt der Zeitunterschied ebenso wie in Laos, Vietnam und Thailand plus 6 Stunden zur Mitteleuropäischen Zeit (MEZ), zur Sommerzeit (MESZ) plus 5 Stunden. Wenn es in Kambodscha 12 Uhr ist, zeigt die Uhr in Berlin, Bern und Wien also 6 Uhr (in der Winterzeit).

ZOLLBESTIMMUNGEN

Falls Kambodscha Bestimmungen für die zollfreie Ein- und Ausfuhr von Waren hat, posaunt es diese jedenfalls nicht groß hinaus. Jeder Besucher darf „eine angemessene Menge" zollfreier Waren einführen. Wer mit dem Flugzeug einreist, sollte wissen, dass Alkohol und Zigaretten auf den Straßen Phnom Penhs sehr viel billiger verkauft werden als im Duty-free-Shop. Eine Stange Markenzigaretten kostet nur 9 US$, internationale Spirituosen gibt's ab 7 US$ je Liter.

Wie in jedem Land der Welt ist es in Kambodscha verboten, Waffen, Sprengstoffe oder Drogen einzuführen, von denen man hier ohnehin schon mehr als genug findet. Alte Steinskulpturen aus der Angkor-Periode dürfen nicht aus dem Land gebracht werden.

Verkehrsmittel & -wege

INHALT

AN- & WEITERREISE

EINREISE

In Phnom Penh und Siem Reap gibt's je einen internationalen Flughafen, außerdem findet man in Kambodscha zahlreiche Grenzübergänge nach Thailand, Vietnam und Laos. Einreiseformalitäten werden an den internationalen Flughäfen wegen des höheren Verkehrsaufkommens traditionell reibungsloser abgewickelt als an den Landübergängen. Doch auch die Einreise über Land ist relativ einfach, es kann lediglich passieren, dass die Beamten versuchen, extra abzukassieren – entweder für das Visum oder aus einem erfundenen Grund. Wer kein Foto für die Genehmigung dabeihat, zahlt 1 US$ am Flughafen und bis zu 100 Baht an Grenzübergängen zu Thailand.

Besucher, die nur für einen kurzen Urlaub nach Kambodscha kommen, bevorzugen in der Regel das Flugzeug, denn die Überlandreise ist relativ zeitraubend. Traveller auf einer längeren Reise kommen meistens über Land oder Fluss, da die Transportmöglichkeiten hier sehr günstig sind.

Pass

Der Pass ist für die Einreise unerlässlich. Er muss noch mindestens sechs Monate *nach* Reiseende gültig sein, ansonsten erhält man in Kambodscha kein Visum.

Außerdem sollte noch viel Platz im Pass frei sein. Man darf auf keinen Fall mit nur zwei leeren Seiten zu einer sechsmonatigen Reise quer durch Asien aufbrechen, denn alleine das kambodschanische Visum füllt eine ganze Seite. Manchmal ist es möglich, neue Seiten einzufügen, aber normalerweise braucht man einen neuen Pass. Fast alle Ausländer bekommen diesen zwar, allerdings kann das zeitaufwendig und teuer werden. Viele Botschaften bearbeiten nämlich die neuen Pässe in Bangkok.

Wenn man den Pass verliert, ist das zwar nicht das Ende der Welt, es bedeutet aber Unannehmlichkeiten. Am besten bewahrt man eine Fotokopie des Dokuments getrennt vom Original auf.

Alles rund um das Thema „Visa" erfährt man ab S. 365.

FLUGZEUG

Flughäfen & Fluggesellschaften

Der Internationale Flughafen Phnom Penh (PNH; ☎ 023-890520; www.cambodia-airports.com) bildet das Tor zur Hauptstadt, während die Besucher der Tempel von Angkor den **Internationale Flughafen Siem Reap** (REP; ☎ 063-380283; www.cambodia-airports.com) nutzen. Beide sind mit Restaurants, Bars, Geschäften und Geldautomaten ausgestattet. In naher Zukunft soll auch der **Internationale Flughafen Sihanoukville** (KOS) Auslandsverbindungen anbieten.

> **DIE DINGE ÄNDERN SICH…**
>
> Die Informationen in diesem Kapitel sind naturgemäß besonders schnell überholt. Es lohnt daher, sich bei Fluggesellschaften oder Reisebüros nach Details über Preise, Tickets, Bedingungen und aktuelle Sicherheitsbestimmungen zu erkundigen. Wer etwas Zeit in den Vergleich der verschiedenen Tarife investiert, kann oft erstaunlich viel Geld sparen. Angaben in diesem Kapitel verstehen sich als Hinweise und sind kein Ersatz für die eigene, gründliche Recherche!

KLIMAWANDEL & REISEN

Der Klimawandel stellt eine ernste Bedrohung für unsere Ökosysteme dar. Zu diesem Problem tragen Flugreisen immer stärker bei. Lonely Planet sieht im Reisen grundsätzlich einen Gewinn, ist sich aber der Tatsache bewusst, dass jeder seinen Teil dazu beitragen muss, um die globale Erwärmung zu verhindern.

Fliegen & Klimawandel

Fast jede Art der motorisierten Fortbewegung erzeugt CO_2 (die Hauptursache für die globale Erwärmung), doch Flugzeuge sind mit Abstand die schlimmsten Klimakiller – nicht nur wegen der großen Entfernungen und der entsprechend großen CO_2-Mengen, sondern auch weil sie diese Treibhausgase direkt in hohen Schichten der Atmosphäre freisetzen. Die Zahlen sind erschreckend: Zwei Personen, die von Europa in die USA und wieder zurück fliegen, erhöhen den Treibhauseffekt in demselben Maße wie ein durchschnittlicher Haushalt in einem ganzen Jahr.

Emissionsausgleich

Die englische Website www.climatecare.org und die deutsche Internetseite www.atmosfair.de bieten sogenannte CO_2-Rechner. Damit kann jeder ermitteln, wie viel Treibhausgase seine Reise produziert. Das Programm errechnet den zum Ausgleich erforderlichen Betrag, mit dem der Reisende nachhaltige Projekte zur Reduzierung der globalen Erwärmung unterstützen kann, beispielsweise Projekte in Indien, Honduras, Kasachstan und Uganda.

Lonely Planet unterstützt gemeinsam mit Rough Guides und anderen Partnern aus der Reisebranche das CO_2-Ausgleichs-Programm von climatecare.org. Alle Reisen von Mitarbeitern und Autoren von Lonely Planet werden ausgeglichen.

Weitere Informationen sind unter www.lonelyplanet.com zu finden.

Es gibt zwar immer mehr Flüge nach Kambodscha, die meisten verbinden das Land aber nur mit den Hauptstädten der Nachbarstaaten. In den letzten Jahren haben jedoch etliche Billigairlines den Verkehr aufgenommen und dafür gesorgt, dass die Preise stetig fallen. Fast alle Linien nach Kambodscha starten in Bangkok. In der Regel bekommt man bei den Gesellschaften auch kurzfristig eine Verbindung, lediglich die Maschinen von Bangkok nach Siem Reap können von November bis März ziemlich voll sein.

Wer nur für einen kurzen Urlaub nach Kambodscha fliegt und möglichst wenig Umstände haben will, findet bei Thai Airways die besten Verbindungen mit Städten in Europa. Der regionale Ableger von Singapore Airline, Silk Air, und die Budget-Fluggesellschaft Jetstar verkehren beide täglich mindestens einmal zwischen Kambodscha und Singapur. Andere Großstädte der Region, von denen man nach Kambodscha fliegen kann, sind Ho-Chi-Minh-Stadt (Saigon), Hanoi, Vientiane, Luang Prabang, Pakse, Kuala Lumpur, Seoul, Taipei, Hongkong, Guangzhou und Schanghai.

Kambodschanische Fluggesellschaften kommen und gehen mit ziemlicher Regelmäßigkeit. Wer die Wahl hat, sollte lieber mit einer internationalen Airline einreisen als mit einer kambodschanischen.

Einige Unternehmen bieten auch Gabelflüge an: Dabei kommt man z. B. in Phnom Penh an und fliegt von Siem Reap ab, was etwas Zeit und Geld sparen kann. Viele der folgenden Telefonnummern gelten für Büros in Phnom Penh (☎ 023). Büros von Fluggesellschaften in Siem Reap findet man auf S. 161.

FLUGGESELLSCHAFTEN NACH/VON KAMBODSCHA

Air Asia (AK; ☎ 356011; www.airasia.com) Tägliche Budgetflüge verbinden Phnom Penh und Siem Reap mit Kuala Lumpur und Bangkok.

Asiana Airlines (OZ; ☎ 890440; www.asiana.co.kr) Verbindungen zwischen Phnom Penh und Seoul.

Bangkok Airways (PG; ☎ 722545; www.bangkokair.com) Verkehrt täglich von Phnom Penh und Siem Reap nach Bangkok.

Cambodia Angkor Airways (K6; ☎ 6666786; www.cambodiaangkorair.com) Tägliche Verbindungen von Phnom Penh und Siem Reap nach Ho-Chi-Minh-Stadt (Saigon).

China Eastern Airlines (MU; ☎ 063-965229; www.ce-air.com) Regelmäßige Flüge zwischen Siem Reap und Kunming.

China Southern Airlines (CZ; ☎ 430877; www.cs-air.com) Regelmäßige Flüge zwischen Phnom Penh und Guangzhou.

Dragon Air (KA; ☎ 424300; www.dragonair.com) Tägliche Verbindungen zwischen Phnom Penh und Hongkong.

Eva Air (BR; ☎ 219911; www.evaair.com) Pendelt täglich zwischen Phnom Penh und Taipei.

Jetstar (3K; ☎ 220909; www.jetstar.com) Tägliche Budgetflüge sowohl von Phnom Penh als auch Siem Reap nach Singapur.

Korean Air (KE; ☎ 224047; www.koreanair.com) Regelmäßige Flüge verbinden Phnom Penh und Siem Reap mit Seoul und Incheon.

Lao Airlines (QV; ☎ 216563; www.laoairlines.com) Regelmäßige Flüge von Phnom Penh und Siem Reap nach Pakse und Vientiane.

Malaysia Airlines (MY; ☎ 426688; www.malaysiaairlines.com) Tägliche Verbindungen von Phnom Penh und Siem Reap nach Kuala Lumpur.

Shanghai Airlines (FM; ☎ 723999; www.shanghai-air.com) Fliegt häufig zwischen Phnom Penh und Schanghai.

Siem Reap Airways (FT; ☎ 720022; www.siemreapairways.com) 2009 und teilweise auch 2010 wurden alle Verbindungen eingestellt. Normalerweise bestehen Verbindungen von Siem Reap und Phnom Penh nach Hongkong.

Silk Air (MI; ☎ 426807; www.silkair.com) Fliegt täglich von Phnom Penh und Siem Reap nach Singapur, außerdem gibt's einige Flüge zwischen Siem Reap und Da Nang.

Thai Airways (TG; ☎ 214359; www.thaiair.com) Tägliche Flüge zwischen Phnom Penh und Bangkok.

Vietnam Airlines (VN; ☎ 363396; www.vietnamair.com.vn) Tägliche Verbindungen von Phnom Penh und Siem Reap nach Hanoi und Ho-Chi-Minh-Stadt sowie von Phnom Penh nach Vientiane und von Siem Reap nach Luang Prabang.

Tickets

Beim Kauf von Tickets lohnt es immer, sich etwas umzuschauen. Wenn man direkt bei der Fluggesellschaft bucht, ist es meistens teurer, Ausnahmen bilden Sonderaktionen bzw. Budgetfluglinien mit speziellen Online-Angeboten. Am besten bucht man so früh wie möglich, denn je mehr Sitze vergeben sind, desto teurer werden die restlichen Plätze.

> **INTERNATIONALE FLUGHAFENSTEUER**
>
> Für alle internationalen Flüge fällt vor der Abreise sowohl in Phnom Penh als auch in Siem Reap eine Steuer in Höhe von 25 US$ an, die bar oder mit der Kreditkarte bezahlt werden kann.

Die Jahreszeit hat auf die Preise großen Einfluss. In Europa kann man damit rechnen, dass diese über Weihnachten und im Juli und August in die Höhe schießen. In Zeiten mit geringerer Nachfrage wie im Februar, Juni und Oktober gehen sie dagegen deutlich zurück.

Wenn man sich nicht schon in der Region aufhält, reist man am bequemsten über Thailand ein (von den politischen Problemen des Landes mal abgesehen). In der Bangkoker Banglamphu-Gegend, besonders in der Khao San Road, gibt's gute Möglichkeiten, Flugtickets zu ergattern. Wer per Flieger aus Vietnam kommt, kauft die Tickets in Ho-Chi-Minh-Stadt.

Die besten Reisebüros in Kambodscha findet man in Phnom Penh. Viele haben inzwischen auch Zweigstellen in Siem Reap. Normalerweise sind Tickets bei den Reisebüros ein paar Dollar günstiger als bei den Fluggesellschaften. Bei Langstreckenflügen oder Flügen in der Businessclass kann man sogar ziemlich viel sparen.

Einige Anbieter:

Deutschland

Expedia (www.expedia.de)
Just Travel (www.justtravel.de)
Lastminute (www.lastminute.de)
STA Travel (www.statravel.de) Eine gute Anlaufstelle für Reisende unter 26 Jahren.

Österreich

STA Travel (www.statravel.at)

Schweiz

STA Travel (www.statravel.ch)
Helvetic Tours (www.helvetictours.ch)

AUF DEM FLUSS

Es gibt einen Fluss-Grenzübergang zwischen Kambodscha und Vietnam an den Ufern des Mekong. Auf der Route zwischen Phnom Penh und Chau Doc in Vietnam verkehren reguläre Passagierschnellboote über den Grenzübergang Kaam Samnor–Vinh Xuong. Außerdem pendeln verschiedene luxuriöse Flussboote zwischen Ho-chi-Minh-Stadt und den Tempeln von Angkor.

AUF DEM LANDWEG

Jahrelang konnten Reisende, die auf dem Landweg herkamen, nur den kambodschanisch-vietnamesischen Grenzübergang Bavet–Moc Bai nutzen. Mittlerweile wurden jedoch etliche neue Grenzposten zwischen Kambodscha und seinen Nachbarstaaten geöffnet, die Verbindungen von und nach Laos, Thailand sowie Vietnam bieten. Viele der neu eröffneten Übergänge sind jedoch eher zur Förderung des Handels und weniger für Touristen gedacht. Die aktuellsten Infos zu kambodschanischen Grenzübergängen findet man auf der Webseite der Einwanderungsbehörde (http://www.immigration.gov.kh/).

Auto & Motorrad

Auto- und Motorradfahrer benötigen den Fahrzeugschein, einen Nachweis über die Versicherung und einen internationalen Führerschein (auch wenn dieser offiziell nicht anerkannt wird), um ihr Fahrzeug ins Land zu bringen. Ein Auto einzuführen ist ziemlich kompliziert. Mit dem Motorrad einzureisen gilt dagegen als relativ problemlos, solange man ein *carnet de passage* (eine Art Reisepass für das Fahrzeug) hat. Das Dokument ist zugleich eine befristete Befreiung von der Einfuhrsteuer und sollte die Formalitäten mit dem kambodschanischen Zoll normalerweise erheblich erleichtern. Immer mehr ausländische Motorradfans kommen mit ihrem eigenen Fahrzeug nach Kambodscha. Fast alle Autos aus dem Ausland, die es bis Kambodscha schaffen, sind dagegen in Thailand zugelassen.

Bus

Mit dem Bus kann man aus Laos, Thailand und Vietnam einreisen. Als beliebteste Route von/nach Vietnam gilt eine günstige Tour über Bavet in Kambodscha und Moc Bai in Vietnam. Ab Thailand nutzen viele Traveller die Überlandroute von Bangkok nach Siem Reap über den Grenzübergang Poipet–Aranya Prathet, oder sie fahren von Bangkok bzw. Trat über den Grenzübergang Cham Yeam–Hat Lek nach Krong Koh Kong oder Sihanoukville. Inzwischen gibt's mehrere Unternehmen, die Grenzbusse zwischen Phnom Penh bzw. Stung Treng und Pakse im Norden von Laos anbieten.

Grenzübergänge

Kambodscha hat einen Grenzübergang nach Laos, sechs nach Thailand und acht nach Vietnam. An allen Übergängen erhält man mittlerweile ein kambodschanisches Visum, einige sind allerdings nach wie vor wegen anhaltender Spannungen zwischen Kambodscha und Thailand geschlossen, darunter der beim Prasat Preah Vihear (S. 304). Außerdem gibt's zahlreiche Grenzposten für Einwohner, die von Ausländern gegenwärtig nicht benutzt werden dürfen.

Geldautomaten findet man in der Nähe der Übergänge Cham Yeam und Poipet nach Thailand. An allen anderen Grenzen besteht auf kambodschanischer Seite kaum eine Möglichkeiten, Geld zu tauschen. Deshalb sollte man unbedingt genug Dollar in kleinen Scheinen oder Baht mitbringen, wenn man aus Thailand kommt. Regionale Währungen – vietnamesische Dong, laotische Kip und thailändische Baht – kann man an Ständen tauschen. Achtung: Schwarzmarkthändler stehen im keineswegs unbegründeten Ruf, Kunden übers Ohr zu hauen oder diese zu bestehlen.

Kambodschanische Beamte an den Grenzübergängen sind berüchtigt für kleinere Abzockereien. Manchmal werden Traveller aufgefordert, eine geringe „Einreisegebühr" zu bezahlen, besonders, wenn sie aus Laos oder Thailand kommen. Als schwerwiegender Betrug gilt dagegen der Preiszuschlag für ein Visum, indem die Zahlung in thailändischen Baht gefordert wird (statt 700 B soll man 1000 bis 1300 B berappen). Außerdem werden Touristen gelegentlich gezwungen, US-Dollar zu einem schlechten Wechselkurs in Riel umzutauschen. Am besten atmet man tief durch, gibt nicht nach, fängt keinen Streit an und denkt daran, dass nicht alle Kambodschaner so geldgierig sind wie die Jungs in Blau.

Höhere Regierungsbeamte in Phnom Penh gehen hart gegen die überteuerten Visagebühren und allgemeinen Betrügereien an der Grenze vor, denn sie schädigen den Ruf des Landes. Traveller können sie unterstützen, wenn sie unbemerkt die Namen von den Beamten notieren, die an der Grenze zusätzliches Geld fordern, und sie dann der Touristenpolizei in Phnom Penh oder Siem Reap mitteilen.

LAOS

Die abgelegene Grenze zwischen Kambodscha und Laos gehört zu den wildesten Gegenden beider Länder. Nur ein Übergang ist für Ausländer geöffnet.

Trapaeng Kriel–Dong Kalaw

Der Grenzübergang zwischen Kambodscha und Laos ist offiziell täglich von 8 bis 16 Uhr geöffnet. Er erfreut sich großer Beliebtheit,

KAMBODSCHAS GRENZÜBERGÄNGE AUF EINEN BLICK

Land	Grenzübergang	Verbindung nach
Kambodscha/Laos	Trapaeng Kriel/Dong Kalaw	Stung Treng/Si Phan Done
Kambodscha/Thailand	Poipet/Aranya Prathet	Siem Reap/Bangkok
	Cham Yeam/Hat Lek	Krong Koh Kong/Trat
	O Smach/Chong Jom	Samraong/Surin
	Choam/Choam Srawngam	Anlong Veng/Sangkha
	Psar Pruhm/Ban Pakard	Pailin/Chantaburi
	Kamrieng/Daun Lem	Battambang/Chanthaburi
Kambodscha/Vietnam	Bavet/Moc Bai	Phnom Penh/Ho-Chi-Minh-Stadt
	Kaam Samnor/Vinh Xuong	Phnom Penh/Chau Doc
	Prek Chak/Xa Xia	Kampot/Ha Tien
	Phnom Den/Tinh Bien	Takeo/Chau Doc
	O'Yadaw/Le Tanh	Ban Lung/Plei Ku
	Trapaeng Plong/Xa Mat	Kompong Cham/Tay Ninh
	Trapaeng Sre/Loc Ninh	Snuol/Loc Ninh
	Banteay Chakrey/Khanh Binh	Neak Luong/An Phu

weil man über ihn auf abenteuerliche und preiswerte Weise durch Nordostkambodscha und das südliche Laos reisen kann. Der Grenzposten war immer schon etwas verwirrend, weil er zwei mögliche Ein- und Ausreisepunkte besitzt. Ende 2009 wurde er 4 km nördlich nach Trapaeng Kriel (früher Dom Kralor) verlegt, das sich 65 km nördlich von Stung Treng befindet.

Visa erhält man auf dieser Route bei der Einreise nach Kambodscha in Trapaeng Kriel. Mit dem verlegten Grenzübergang sind nun endlich auch Visa für Laos an der Grenze erhältlich. Sie kosten je nach Nationalität 30 bis 42 US$. Beide Seiten scheinen eine Art Bearbeitungsgebühr zu nehmen, die 1 US$ beträgt (3 bis 4 US$ nach Feierabend) – wahrscheinlich eine „Erschwerniszulage" für die Arbeit in dieser abgelegenen Gegend.

Um Kambodscha zu verlassen, reist man nach Stung Treng (S. 328). Hier starten Minibusse (5 US$) Richtung Norden zur Grenze, einmal morgens gegen 7 Uhr und einmal um die Mittagszeit. Doch da es auf der laotischen Seite praktisch keine Möglichkeiten zur Weiterfahrt gibt, ist es vielleicht am besten, einen Transfer nach Ban Nakasong (2 US$) in Laos zu buchen; Gästehäuser können dabei behilflich sein. Ansonsten sollte man ein *moto* für etwa 4 US$ nehmen. Im Laufe des Tages verkehren auch ein paar Busse, etwa eine Verbindung von Rith Mony gegen 8 Uhr und eine von Phnom Penh Sorya Transport nach 15 Uhr (dieser Bus kommt aus der Hauptstadt und fährt nach Pakse weiter).

Das Riverside Guesthouse (S 329) in Stung Treng verfügt über Boote (ab 50 US$ pro Boot für 2 Std.), die man für die Fahrt von Stung Treng den Mekong hinauf chartern kann. Sie befördern bis zu sechs Personen und setzen Passagiere in Anlong Seima (früher Voen Khao) ab, einem kambodschanischen Dorf in der Nähe des alten Grenzübergangs nach Laos, Voen Kham. Wer jetzt verwirrt ist, sollte sich nichts daraus machen – wir kennen das. Während der Bootstour sieht man wahrscheinlich Delphine, deshalb lohnt sich diese Art zu reisen sehr viel mehr als ein bloßer Transfer.

Bei der Fahrt von Laos nach Kambodscha kann man die meisten genannten Transportmöglichkeiten in umgekehrter Richtung nutzen. Minibusse fahren irgendwann nach 8.30 Uhr zurück nach Stung Treng, Busse starten gegen 10 Uhr an der Grenze. Falls man festsitzt, sollte man einen Minibus für 30 US$ oder ein *moto* für etwa 10 US$ chartern (hartnäckiges Verhandeln vorausgesetzt).

Eine weitere Möglichkeit ist eine der spottbilligen Bootsfahrten, für die in Don Khone und Don Khong geworben wird: Sie kosten nur ein paar Dollar und beinhalten einen Besuch der Wasserfälle sowie einen Delphinbeobachtungstrip. Sobald das Boot in Voen Kham angekommen ist, verlässt man es und kümmert sich um einen Motorradfahrer, der einen bis zum Grenzposten an der Hauptstraße bringt.

Ein paar warnende Worte zu den „Direktbussen" von Südlaos nach Siem Reap: Meh-

„WILLKOMMEN IN KAMBODSCHA" – ABZOCKE AN DER GRENZE

Poipet zieht eine Menge unangenehme Gestalten an, die vom wirtschaftlichen Boom ein Zipfelchen erhaschen wollen. Leider sind viele Gauner im Reisegeschäft tätig, was sich auf Kambodschas Ruf niederschlägt. Der Grenzübergang in Cham Yeam unweit von Koh Kong ist nicht viel besser und vor allem für überzogene Visagebühren berüchtigt. Wir haben ein paar Tipps zusammengestellt, wie man sich in diesem Labyrinth zurechtfinden kann. Eines sollte man jedoch im Hinterkopf behalten: Nicht jeder Kambodschaner möchte einen übers Ohr hauen.

Um überhöhte Visagebühren in Bavet, Cham Yeam und Poipet zu vermeiden, kann man ein für alle Grenzübergänge gültiges **e-Visum** (www.mfaic.gov.kh; 20 US$ plus eine Bearbeitungsgebühr von 5 US$) beantragen. Der Vorgang nimmt drei Tage in Anspruch.

Poipet–Aranya Prathet

Sobald man den stinkenden Strom überquert hat, der hier die Grenze bildet, erreicht man den „Cambodian Visa Service", wo die Kosten für ein Touristenvisum mit 20 US$ ausgehängt sind. Bevor man es jedoch so weit gebracht hat, verwenden etliche „Geschäftsleute" viel kreative Energie darauf, einem die Einreiseerlaubnis für den doppelten Preis aufzuschwatzen.

Auf thailändischer Seite wurde ein kambodschanisches „Consulate" errichtet. Hier gibt's keine ausgewiesenen Preise. Meistens verlangen die „Beamten" zwischen 1000 und 1300 B (30 bis 39 US$) für ein Visum. Dafür werden diverse Vorwände aus der Trickkiste geholt, z. B. dass man in Poipet keine Genehmigungen mehr bekommt oder dass die Ausstellung eines Visums an der Grenze zwei bis drei Tage dauert. Am besten versucht man, die thailändische Seite unbeschadet hinter sich zu lassen und es bis zum „Cambodian Visa Service" zu schaffen. Das Visum sollte man nur in US-Dollar bezahlen, denn sonst steigt der Preis auf 800 bis 1000 B.

Mehr Infos zu Gaunereien in Poipet siehe S. 284.

Cham Yeam–Hat Lek

Bei unserem Besuch verlangten die Einreisebeamten am Grenzübergang Cham Yeam 1200 B (36 US$) für ein Visum, das eigentlich 20 US$ kostet. Regierungsangestellte sind in Kambodscha notorisch schlecht bezahlt und viele „kaufen" sich ihre Jobs von höheren Beamten. Um ihre Stellen zu behalten, müssen sie eine „monatliche Gebühr" entrichten. Offensichtlich sollen die Touristen diese Zeche übernehmen.

Wir haben von höflichen und beharrlichen Reisenden gehört, denen es gelungen ist, nur 25 US$ oder sogar 20 US$ zu bezahlen (indem sie vorgaben, nur Dollar dabeizuhaben, eine Quittung verlangten oder damit drohten, sich in Phnom Penh beim Außen- bzw. Innenministerium zu beschweren), doch diese Visa werden oft sehr langsam bearbeitet. Anderen wurde gesagt, sie können nach Thailand zurückgehen, wenn sie nicht 1200 B zahlen würden.

rere Traveller haben uns berichtet, dass sie den Bus in Kompong Cham wechseln mussten und ihnen für das Privileg, nach Siem Reap weiterzufahren, noch einmal 5 US$ abgeknöpft wurden.

THAILAND

Kambodscha und Thailand haben eine 805 km lange gemeinsame Grenze, an der es inzwischen sechs offizielle internationale Übergänge gibt. Einwohner haben noch mehr Möglichkeiten. Die Grenzposten mit Thailand sind täglich von 7 bis 20 Uhr geöffnet. Für 20 US$ bekommt man an allen ein Touristenvisum. Inzwischen gibt's deutliche Schilder, auf denen die Gebühr von 20 US$ deklariert wird, aber viele Beamte fordern immer noch mindestens 1000 B. Die jüngsten Storys über Grenzgeschichten zwischen Thailand und Kambodscha findet man auf der Internetseite www.talesofasia.com.

Poipet–Aranya Prathet

Der ursprüngliche Grenzübergang zwischen Kambodscha und Thailand hat sich wegen massenhafter Betrügereien einen schlechten Ruf erworben (s. Kasten oben).

Zweimal täglich fahren langsame Züge vom Bahnhof Hualamphong in Bangkok zur thailändischen Grenzstadt Aranya Prathet (48 B, 6 Std.); wer nicht die Nacht dort verbringen will, sollte sich für die Verbindung um

5.55 Uhr entscheiden. Außerdem verkehren Busse von Bangkoks Busbahnhof Nord, Mo Chit, nach Aranya Prathet (1./2. Klasse 215/125 B, 4–5 Std.), wo man für die letzten 6 km bis zur Grenze ein *tuk tuk* (motorisiertes dreirädriges Fahrradtaxi, 80 B) oder einen örtlichen Bus (15 B) nimmt.

Wenn man auf der anderen Seite der Grenze angelangt ist, sollte man die „kostenlosen" Touristenshuttlebusse zum „International Tourist Terminal" (S. 384) vermeiden, die den Transport in größere Städte zu überhöhten Preisen arrangieren, etwa nach Phnom Penh (15 US$, 7 Std.), Siem Reap (9 US$, 2 Std.) und Battambang (10 US$, 2 Std.). Am besten läuft man stattdessen zu den Büros der Busgesellschaften, die um einiges günstiger sind. Fast alle Busse starten bereits vor 8 Uhr. Wem es gelingt, den International Tourist Terminal zu umgehen, der kann auch mit einem Taxifahrer verhandeln. Nach Siem Reap oder Battambang sollte man nicht mehr als 30 US$ zahlen.

Die Straße nach Siem Reap (153 km) weist inzwischen einen hervorragenden Zustand auf, sodass man für die Strecke in einem guten Fahrzeug keine zwei Stunden braucht.

Es ist kein Problem, von Siem Reap, Battambang oder sogar Phnom Penh nach Poipet zu kommen. Bei der Ausreise über Land wird keine Steuer erhoben. In Poipet nimmt man dann ein *tuk tuk* nach Aranya Prathet; dort verkehren zwischen 4 und 22 Uhr regelmäßig Busse nach Bangkok. Alternativ steigt man in den langsamen Zug um 13.55 Uhr.

Cham Yeam–Hat Lek

Bei Travellern, die von Kambodschas zu Thailands Stränden wollen und umgekehrt, erfreut sich der Grenzübergang Cham Yeam–Hat Lek zwischen Krong Koh Kong in Kambodscha und Trat in Thailand großer Beliebtheit. Weiterreisemöglichkeiten reichen von Bangkok, Ko Samet und Ko Chang bis zum Kardamom-Gebirge, Sihanoukville und Phnom Penh. Freitags, wenn viele Kambodschaner die Grenze überqueren, um den thailändischen Wochenmarkt zu besuchen, herrscht hier enormer Andrang und es geht nur sehr langsam voran.

In Bangkok nimmt man von den Busbahnhöfen Ost oder Nord/Nordost einen der Busse nach Trat (ab 223 B, 5–6 Std.), die regelmäßig zwischen 6 und 23.30 Uhr starten. Für Touristen, die in der Gegend um die Khao San Road wohnen, gelten die Minibusse nach Koh Chang als günstige Alternative, weil man damit bis nach Trat kommt. Dort nimmt man einen weiteren Minibus zur thailändischen Grenze bei Hat Lek (120 B). Wer auf der kambodschanischen Seite angelangt ist, kann per *moto* (Motorrad mit Fahrer, 100 B plus 11 B Maut) oder Taxi (200 B plus 44 B Maut) nach Krong Koh Kong fahren.

Mittlerweile gestaltet sich die Weiterreise von Krong Koh Kong nach Phnom Penh oder Sihanoukville ziemlich schnell und unkompliziert. Die Straße führt über vier größere Brücken, was die Fahrzeit dramatisch verringert (s. S. 215).

Vor einiger Zeit wurde der Schnellbootverkehr zwischen Krong Koh Kong und Sihanoukville eingestellt, es kann aber sein, dass er demnächst wieder aufgenommen wird.

Wenn man Kambodscha verlässt, nimmt man von Krong Koh Kong ein Taxi oder *moto* über die Mautbrücke bis zur Grenze. Auf der thailändischen Seite fahren Minibusse nach Trat, wo reguläre Busse nach Bangkok halten. Man kann auch in Trat übernachten und am nächsten Morgen nach Ko Chang oder zu den umliegenden Inseln aufbrechen.

Andere Grenzübergänge

Darüber hinaus gibt's einige abgeschiedene Übergänge, die für den internationalen Grenzverkehr geöffnet sind. Der Grenzübergang **O Smach–Chong Jom** (S. 290) verbindet die kambodschanische Provinz Oddar Meanchey und die thailändische Provinz Surin, liegt jedoch fern der Verkehrszentren. Sammeltaxis fahren über die NH68 zwischen Siem Reap (30 000 R, 4 Std.) und Samraong. Von Samraong kann man die schreckliche Fahrt nach O Smach (40 km, fast 2 Std.) und seiner Kasinozone per *moto* (250 B) oder Taxi (25 US$) zurücklegen. Auf thailändischer Seite geht's dann problemlos weiter; *sawngthaews* (Pick-ups) und *motos* bringen Ankömmlinge zur Bushaltestelle, wo Verbindungen nach Surin (70 km, 1½ Std.) bestehen. Visa für Kambodscha bekommt man an der Grenze für 20 US$ plus 2 US$ „Bearbeitungsgebühr". Manchmal werden auch 1000 B verlangt.

Der Grenzübergang **Choam–Choam Srawngam**, unweit der Stätte von Pol Pots Einäscherung, befindet sich 16 km nördlich von Anlong Veng und 134 km nördlich von Siem Reap. Von Anlong Veng führt eine asphaltierte Straße zur Grenze (*moto* 10 000–

15 000 R). Der protzige thailändische Grenzkomplex wurde stillgelegt, da Kambodscha behauptet, er läge auf kambodschanischem Gebiet. Stattdessen muss man zum alten Übergang ein paar Hundert Meter Richtung Osten gehen; er liegt in der Nähe des alten Schmugglermarkts. Visa kosten hier 22 US$, doch dafür ist der Service schnell und wird von einem Lächeln begleitet. Auf thailändischer Seite müssen sich Traveller auf eine ziemlich entlegene Gegend einstellen, aber immerhin verkehren von dort einige *sawngthaews* nach Phusing. Dort starten wiederum Busse nach Kantharalak oder Si Saket. Eventuell kann man auch ein Fahrzeug direkt nach Si Saket mieten. Möglichkeiten zur Weiterreise von Anlong Veng nach Siem Reap (auf einer tollen Straße) und nach Sra Em in der Nähe von Prasat Preah Vihear siehe S. 295.

Der Grenzübergang **Psar Pruhm–Ban Pakard** liegt 102 km südwestlich von Battambang und 22 km nordwestlich Pailin und ist über gute Straßen zu erreichen. Wer diese Route auf eigene Faust zurücklegen will, nimmt in Bangkok einen Bus nach Chanthaburi (160 B, 4 Std.) und dort einen Minibus nach Ban Pakard (150 B, 1½ Std.). Im Privattaxi zahlt man für die Fahrt von Chanthaburi nach Ban Pakard etwa 1000 B. Auf der kambodschanischen Seite kosten Visa 20 US$ oder 800 B, außerdem ist der Grenzübertritt stressfrei. Hinter der Grenze kommt zunächst die Kasinozone, danach kann man die Weiterfahrt nach Pailin organisieren (S. 282).

Einen weiteren abgelegenen Grenzübergang, **Kamrieng–Daun Lem**, findet man in der Battambang-Provinz. Eigentlich ist das aber nur ein Außenposten mit einem Kasino für thailändische Glücksspieler. Von der kambodschanischen Seite ist er nur sehr schwer zugänglich.

Schließlich gibt's noch einen Grenzübergang für visafreie Tagesausflüge zum **Prasat Preah Vihear** (S. 303), dem beeindruckenden kambodschanischen Tempel hoch über der Dangkrek-Gebirgskette. Wegen bewaffneter Auseinandersetzungen zwischen Kambodscha und Thailand um den Grenzverlauf in diesem Gebiet ist er gegenwärtig geschlossen.

VIETNAM

Kambodscha und Vietnam teilen sich eine lange gemeinsame Grenze mit etlichen Übergängen. Ausländer dürfen zurzeit acht davon benutzen, außerdem eröffnen jedes Jahr neue. An allen bekommt man Visa für Kambodscha. Visa für Vietnam sollte man jedoch im Voraus besorgen, bei der Einreise geht das nämlich nicht. Zum Glück ist Kambodscha das wohl unkomplizierteste Land der Welt, um ein vietnamesisches Visum zu bekommen. Es ist nicht mehr nötig, den genauen Grenzübergang der Ein- bzw. Ausreise oder das genaue Datum der Einreise im Visum festzulegen, sodass man genau die unbeschwerte Freiheit beim Reisen genießt, die sich Traveller wünschen.

Bavet–Moc Bai

Ein steter Besucherstrom überquert seit fast zwei Jahrzehnten den ersten Grenzübergang auf dem Landweg zwischen Vietnam und Kambodscha. Per Bus dauert die Fahrt zwischen Phnom Penh und Ho-Chi-Minh-Stadt fünf bis sieben Stunden einschließlich des Grenzübertrittes. Vor und nach Festen kann sie aber sehr viel länger dauern. Zahlreiche Busgesellschaften bieten Direktverbindungen an, darunter Capitol Tour, GST, Mai Linh, Mekong Express, Phnom Penh Sorya und Sapaco. Die Fahrt kostet zwischen 9 und 12 US$, Kontaktinformationen siehe S. 128. Einige Traveller, die häufig auf dieser Route unterwegs sind, empfehlen, sich für die Fahrt nach Ho-Chi-Minh-Stadt ein vietnamesisches Unternehmen (Mai Linh oder Sapaco) und für die Strecke nach Phnom Penh eine kambodschanische Gesellschaft auszusuchen.

Kaam Samnor–Vinh Xuong

Im Jahr 2000 eröffneten Kambodscha und Vietnam ihren Grenzübergang am Mekong. Inzwischen erfreut er sich bei Individualreisenden großer Beliebtheit. Diese Route ist wesentlich interessanter als die Fahrt auf der Straße. Sie umfasst eine Schnellbootfahrt auf dem Mekong in Kambodscha und die Reise an einigen malerischen Gegenden des Mekong-Deltas in Vietnam vorbei. Wenn man sich in Ho-Chi-Minh-Stadt befindet, kann man auch eine preiswerte Mekong-Delta-Tour bis Chau Doc buchen und von dort alleine weiterfahren.

Mehrere Bootsunternehmen bieten Direktverbindungen zwischen Phnom Penh und Chau Doc an. Am billigsten ist **Capitol Tour** (☎ 023 217627; langsames/Schnellboot 10/17 US$) mit der Kombination einer Straßenfahrt bis nach Neak Luong und einer Bootsfahrt bis Chau Doc. Die Abfahrt erfolgt täglich um 7.30 Uhr, per Schnellboot benötigt man fünf Stunden, mit der langsamen Alternative acht Stunden. **Hang Chau** (Karte S. 83; ☎ 012-883542; langsames/Schnellboot 15/24 US$) verlässt Chau Doc um 9 Uhr und startet um 12 Uhr in Phnom Penh. Der etwas gehobenere **Blue Cruiser** (Karte S. 83; ☎ 016-824343; 93 Sisowath Quay; 35 US$) legt um 8.30 Uhr in Chau Doc und um 13.30 Uhr in Phnom Penh ab. Die Reise dauert jeweils etwa drei Stunden. Auch **Victoria Hotels** (www.victoriahotels-asia.com; 80 US$) hat ein Boot, das mehrmals in der Woche zwischen Phnom Penh und seinem Hotel Victoria in Chau Doc verkehrt. Alle genannten Boote starten an der Anlegestelle für Touristenboote (Karte S. 83) in Phnom Penh.

Abenteuerlustige Traveller können ihre eigene Route planen. Am Westufer des Mekong in Neak Luong (S. 316) erkundigt man sich nach Booten mit Außenbordmotor Richtung Kaam Samnor. Sie fahren von einer kleinen Anlegestelle 300 m südlich der Fähre ab. Außerdem verkehrt gegen 9 Uhr ein langsames Boot (4 US$) von **Ly Kim Hong** (☎ 011-806606 in Neak Luong), das mehr als zwei Stunden benötigt. Man kann auch für 50 US$ ein Schnellboot chartern. Auf beiden Seiten der Grenze gibt's sowohl Büros der Einwanderungsbehörde als auch des Zolls, daher dauert es bis zu einer Stunde, ehe man alles hinter sich gebracht hat. Auf der vietnamesischen Seite der Grenze muss das Gepäck geröntgt werden. Wenn man dann im Dorf Vinh Xuong offiziell vietnamesischen Boden betritt, nimmt man einen Minibus nach Chau Doc (2 US$) oder einen *xe om (moto)* für etwa 5 US$ (verhandeln!). Wer von Vinh Xuong nach Kambodscha einreist, kann die beschriebene Route einfach in entgegengesetzter Richtung zurücklegen.

Darüber hinaus bieten mehrere Unternehmen Luxuskreuzfahrten zwischen Ho-Chi-Minh-Stadt und Siem Reap über den Grenzübergang Kaam Samnor–Vinh Xuong an. Die internationale Firma **Pandaw Cruises** (www.pandaw.com) ist relativ teuer und wird gerne von Touristikunternehmen der gehobenen Kategorie gewählt. Das kleinere kambodschanische Unternehmen **Toum Teav Cruises** (www.cf-mekong.com) genießt wegen seines persönlichen Services und hervorragenden Essens einen guten Ruf. Neueinsteiger wie **Indochina Sails** (www.indochina-sails.com) mit der *RV La Marguerite* und **Heritage Line** (www.heritage-line.com) mit der *Jayavarman VII.* wollen den Wettbewerb auf dieser Route auf ein neues Niveau heben. Bei der kompletten siebentägigen Kreuzfahrt verbringt man jedoch eine Menge Zeit auf dem Wasser und die Landschaft ist nicht sehr abwechslungsreich. Es dürfte besser sein, sich für eine kürzere Strecke zu entscheiden, *z. B. von* Ho-Chi-Minh-Stadt nach Phnom Penh oder von Phnom Penh nach Siem Reap.

Prek Chak–Xa Xia

Dieser Grenzübergang (geöffnet von 6.30–17.30 Uhr) verbindet Kep und Kampot mit Ha Tien im Mekong-Delta sowie die kambodschanische Küste mit der schönen vietnamesischen Phu-Quoc-Insel (einst die kambodschanische Insel Koh Tral). Im Moment gibt's kaum reguläre Verkehrsmittel, in absehbarer Zeit soll aber eine Busverbindung eingerichtet werden. Bis dahin kann man mit einem *moto* von Kompong Trach (3 US$), Kep (8 US$) oder Kampot (10 US$) zur Grenze fahren, zu Fuß nach Vietnam gehen und dort ein *xe om (moto)* nach Ha Tien (2 US$) nehmen. Alternativ mietet man in Kampot ein Taxi (25 US$) oder zahlt für einen Platz in einem Sammeltaxi (5 US$).

Eventuell besteht bald eine Fährverbindung von Kep zur vietnamesischen Phu-Quoc-Insel – der internationale Bootsanleger, der in der Nähe des Hafens von Kep gebaut wurde, spricht jedenfalls dafür.

Andere Grenzübergänge

Das Angebot an Grenzübergängen zwischen Kambodscha und Vietnam ist zwar groß, allerdings sind viele etwas zu abgelegen.

Obwohl der Grenzposten **Phnom Den–Tinh Bien** (7–17 Uhr) nun schon vor einiger Zeit geöffnet wurde, bevorzugen die meisten Traveller den Übergang am Mekong in Kaam Samnor oder den neuen Übergang Prek Chak weiter südlich. Er liegt ungefähr 60 km südöstlich der kambodschanischen Stadt Takeo und bietet Verbindungen nach Chau Doc. Eine Fahrt im Minibus von Takeo zur Grenze kostet für diejenigen, die früh genug da sind, 5000 R. Ansonsten bleiben noch *motos* für etwa 8 US$.

In der Ratanakiri-Provinz befindet sich der Grenzübergang **O'Yadaw–Le Tanh** (geöffnet von 7–17 Uhr), der Ban Lung mit Plei Ku im Zentralen Hochland Vietnams verbindet. Der NH19 von Ban Lung zum Grenzübergang O'Yadaw ist in gutem Zustand und der Verkehr nimmt immer mehr zu. Bis zur Stadt O'Yadaw 25 km von der Grenze kann man mit dem Pick-up (Kabine/hinten 15 000/10 000 R) oder Sammeltaxi (5 US$) fahren. Von dort bis zur Grenze muss man ein Fahrzeug mieten oder trampen. Einfacher geht's mit dem durchgehenden Minusbus zum Grenzübergang O'Yadaw (40 000 R, 7.30 Uhr). Auf der vietnamesischen Seite gibt's Asphaltstraßen, auf denen man per *xe om* nach Duc Co kommt, wo Busse nach Plei Ku halten. In umgekehrter Richtung startet der Minibus gegen 12 Uhr zurück nach Ban Lung; dort kann man für 40 US$ ein Taxi nehmen.

Im Osten Kambodschas verbinden mehrere recht unbekannte Grenzübergänge einige obskure Städte miteinander. **Trapaeng Plong–Xa Mat** (7–17 Uhr) und **Trapaeng Sre–Loc Ninh** (7–17 Uhr) liegen beide unweit des NH7. Der Grenzposten Xa Mat könnte nützlich sein, wenn man auf dem Weg von oder nach Ho-Chi-Minh-Stadt den Cao-Dai-Tempel besuchen möchte. Von Kambodscha kommend nimmt man einen Bus nach Krek und von dort ein *moto* nach Trapaeng Plong (2 US$, 12 km). Dann geht man zu Fuß über die Grenze und steigt in einen Bus nach Tan Bien. Von hier wiederum gelangt man nach Tay Ninh. Man kann auch gleich auf ein *xe om (moto)* nach Tay Ninh (ca. 10 US$, 40 km) steigen.

Wirklich entlegen ist der Grenzübergang **Banteay Chakrey–Khanh Binh**, den kaum ein ausländischer Besucher überquert.

GEFÜHRTE TOUREN

Früher konnte man das Land eigentlich nur im Rahmen einer organisierten Tour besuchen, doch heutzutage ist es viel einfacher, eine individuelle Reise zu organisieren. Besonders Traveller mit kleinem oder mittlerem Budget können sehr gut alleine durch die Gegend ziehen, da sich vor Ort alles einfach und günstig arrangieren lässt. Wer nur wenig Zeit hat, für den lohnt es sich, einen Inlandsflug zwischen der kambodschanischen Hauptstadt Phnom Penh und Siem Reap mit den Tempeln von Angkor im Voraus zu buchen. Wenn man erst mal in Angkor ist, besteht an Führern und Transportmitteln wahrlich kein Mangel.

Bevor man eine Tour bucht, sollte man sich etwas umschauen, denn der Wettbewerb ist groß, und manche Unternehmen (siehe rechts) bieten interessantere Ausflüge an als andere. In Kambodscha findet man zudem mehrere gute Einrichtungen, die gemeinnützige Projekte im Land unterstützen.

Kambodscha

About Asia (☎ 855-92 121059; www.asiatravel-cambodia.com) Kleines, viel gelobtes Reiseunternehmen für maßgeschneiderte Reisen im Land und speziell in Siem Reap. Mit einem Teil des Gewinns wird der Bau von Schulen in Kambodscha unterstützt.

Cambodia Expeditions (☎ 855-12 583759; www.cambodiaexpeditions.com) Die Firma für Abenteuerlustige bietet Motorradtrips, Expeditionen und Trekkingtouren an.

Hanuman Tourism (☎ 855-23 218396; www.hanumantourism.com) Das alteingesessene Unternehmen mit einheimischen Besitzern und Managern hat innovative Touren im Programm, z. B. eine Tempel-Safari.

Journeys Within (☎ 855-63 964748; www.journeys-within.com) Ein Unternehmen im Boutique-Tourismus-Bereich, das Reisen nach Kambodscha und in die Mekong-Region ermöglicht. Es betreibt ein kleines Boutique-Hotel in Siem Reap und hat auch einen wohltätigen Ableger (siehe unter www.journeyswithinourcommunity.org), der Schulen und Gemeinden unterstützt.

Local Adventures (☎ 855-23 990460; www.cambodia.nl) Das in Kambodscha ansässige Unternehmen hat sich auf Touren abseits der ausgetretenen Pfade in weniger besuchte Regionen des Landes spezialisiert. Es kümmert sich mithilfe der Cambodian Organisation for Learning and Training (www.colt-cambodia.org) um kambodschanische Kinder.

PEPY Ride (☎ 855-23 222804; www.pepyride.org) Organisiert abenteuerliche Radreisen durch Kambodscha, um Geld für Schulneubauten und verbesserte Bildungsmöglichkeiten aufzubringen. Darüber hinaus werden auch Touren ohne Fahrrad angeboten.

Sam Veasna Center (☎ 855-63 761597; www.samveasna.org) Das etablierte Ökotourismusunternehmen hat Vogelbeobachtungstouren im Programm, z. B. in Ang Trapeang Thmor und Ttamboey. Es unterstützt Naturschutz und Bildung.

UNTERWEGS VOR ORT

AUTO & MOTORRAD

In Kambodscha ist es relativ billig, ein Auto oder ein Motorrad zu mieten. Viele Besucher nutzen diese Möglichkeit, weil sie dadurch größere Freiheit beim Besuch abgelegener Gegenden und bei der Frage, wann bzw. wo man anhält, haben. Fast immer ist beim Automieten in Kambodscha ein Fahrer inbegriffen – angesichts des miserablen Zustands vieler Straße, des Mangels an Straßenschildern und der psychopathischen Gene, die bei vielen kambodschanischen Verkehrsteilnehmern vorzuherrschen scheinen, eine erfreuliche Einrichtung.

Führerschein

Ein normaler Führerschein ist hier nicht viel wert. Theoretisch benötigt man einen internationalen Führerschein, den man in der Regel zu Hause beim Straßenverkehrsamt erhält, allerdings wird dieser in Kambodscha zumeist ebenfalls nicht anerkannt. Für die meisten Reisenden dürfte der Führerschein deshalb wohl völlig wertlos sein, ausgenommen für Leute, die für eine ausländische Organisation im Land arbeiten.

Was die Motorradvermietung angeht: Hier geht's ganz ohne. Wer in der Lage ist loszufahren, der hat anscheinend auch das Recht dazu. In Sihanoukville eilt der Polizei der Ruf voraus, mit Vorliebe von Ausländern einen Führerschein zu verlangen und allen ohne entsprechende Papiere eine Strafe aufzubrummen.

Sprit & Ersatzteile

Sprit ist verglichen mit anderen alltäglichen Produkten relativ teuer. Pro Liter zahlt man etwa 4000 R (1 US$). Benzin bekommt man in ganz Kambodscha problemlos, in ländlichen Gebieten steigen die Preise allerdings oft an. Selbst in den isoliertesten Orten gibt's normalerweise jemanden, der Benzin in Fanta- oder Schnapsflaschen verkauft. Einige Verkäufer mischen diesen Kraftstoff mit Kerosin, um schnelles Geld zu machen – man sollte ihn daher sparsam und am besten nur im Notfall verwenden.

Was Ersatzteile betrifft, so wird das Land von chinesischen, japanischen und koreanischen Motorrädern geradezu überflutet. Man findet ohne Probleme Ersatzteile für Hondas, Yamahas oder Suzukis; bei Ersatzteilen für eine Harley oder Ducati sieht die Sache allerdings anders aus. Gleiches gilt für Autos – Teile für japanische Wagen bekommt man leicht, doch für andere Fahrzeuge sollte man wichtige Ersatzteile besser mitbringen.

Straßenbedingungen & Gefahren

Es ist gefährlich, sich in falscher Sicherheit zu wiegen und davon auszugehen, dass am Ende jeder ländlichen Straße ein freundliches Dorf wartet. Selbst nach dem Niedergang der Roten Khmer gibt's noch vereinzelte Vorfälle von Banditentum und Raub. In Sihanoukville wurden außerdem ein paar hässliche Fälle von Motorradraub bekannt. Wer mit dem eigenen Fahrzeug unterwegs ist, insbesondere in abgelegenen Gegenden, sollte sich unbedingt nach der aktuellen Sicherheitslage erkundigen.

Westliche Ausländer, die in Phnom Penh arbeiten, legen sich vielleicht einen Pkw oder einen Allradwagen zu, müssen hier jedoch mit viel mehr Vorsicht fahren als zu Hause. Der Hauptstadtverkehr folgt seinen eigenen Gesetzen. In den Provinzen können die Straßen an Achterbahnen erinnern. Besonders auf Kinder sollte man achten, denn manchmal hängen sie mitten auf einer großen Schnellstraße herum. Auch Vieh stellt eine Gefahr dar. Wer eine Kuh überfährt, muss um sein Leben fürchten, vor allem als Motorradfahrer. Nach Einbruch der Dunkelheit nimmt das Risiko zu.

Weitere Tipps zur Erhöhung der Sicherheit von Motorradfahrern:

- Für längere oder schnelle Fahrten braucht man einen guten Schutzhelm.
- Am besten hat man das wichtigste Reparaturzeug immer dabei, darunter Reifenheber, Flickzeug für die Reifen und eine Pumpe.
- Auf längeren Reisen sollte man immer ein Seil mitnehmen, falls man abgeschleppt werden muss.
- In entlegene Gebiete mehrere Liter Wasser einpacken – man weiß nie genau, ob man nicht doch mehr braucht, als man vorher dachte.
- Lieber in kleinen Gruppen fahren als ganz allein.
- Gruppen sollten eng zusammenbleiben. Falls sich ein Unfall oder Zwischenfall ereignet, wissen alle gleich Bescheid.
- Nicht beim Benzin sparen. Sollte es in ländlichen Gebieten ausgehen, könnte das gefährlich werden – besonders, wenn auch das Wasser knapp wird.
- Beim Fahren auf keinen Fall Marihuana rauchen oder Alkohol trinken.
- Die Augen immer auf die Straße richten, denn kambodschanische Schlaglöcher haben es in sich.

Verkehrsregeln

Falls es in Kambodscha Verkehrsregeln gibt, hält sich so gut wie niemand daran. Es kommt nur auf eines an: Das größte Fahrzeug gewinnt kampflos. Traveller sollten nichts als selbstverständlich betrachten und immer davon ausgehen, dass die anderen motorisierten Verkehrsteilnehmer Psychopathen mit Sehproblemen sind. Generell herrscht in Kambodscha Rechtsverkehr. An einigen Kreuzungen in Phnom Penh, Siem Reap und Sihanoukville

WARNUNG

Mittlerweile werden jeden Monat mehr Menschen bei Verkehrsunfällen verletzt oder getötet als durch Landminen. Teilweise ist dies auf das gesteigerte Gefahrenpotential und auf die fortgesetzten Minenräumungsprogramme zurückzuführen. Es hat seinen Grund aber auch in der gewaltigen Zunahme der Fahrzeuge auf den Straßen – und der Fahrer, die in einem gefährlichen Tempo durch die Gegend heizen. Wer selbst am Steuer sitzt, muss extrem aufmerksam sein und besonders bei der Nutzung der National Highways (NH) vorsichtig sein. Hier sollte man sich nachts am besten überhaupt nicht aufhalten, da die Unfallhäufigkeit dann zunimmt. Dies gilt ganz besonders für Motorradfahrer: Jedes Jahr sterben mehrere Ausländer bei Unfällen.

gibt's Ampeln. Wo keine sind, versuchen Linksabbieger, sich von links in den fließenden Verkehr einzufädeln und fahren so lange auf der falschen Seite der Straße mit, bis sie eine Lücke zum Eingliedern finden. Für Neulinge sieht das aus, als ob jeden Moment eine Katastrophe passiert, doch die Einwohner sind mit diesem System ziemlich vertraut. Ausländer sollten an Kreuzungen anhalten und sich ständige Wachsamkeit angewöhnen. Darüber hinaus darf man niemals voraussetzen, dass Fahrzeuge an roten Ampeln anhalten: Die meisten Kambodschaner betrachten diese Einrichtungen als freiwillige Hilfe, die sie aber nicht in Anspruch nehmen müssen, besonders nachts.

Phnom Penh ist der einzige Ort, wo die Polizei mitten im größten Chaos westliche Verkehrsteilnehmer auch wegen der lächerlichsten Regeln anhält. Bei Schildern mit der Aufschrift *no left turn* sollte man nicht links abbiegen, zudem fährt man tagsüber nicht mit Licht. Sonderbarerweise scheint es nicht illegal zu sein, dass die Kambodschaner auch nachts ohne Licht fahren. Nach neuen Gesetzen müssen Motorräder mit Spiegeln ausgerüstet sein und die Fahrer einen Helm tragen (das gilt jedoch nicht für die Passagiere und Kinder). Die Verkehrspolizei im ganzen Land überwacht ihre Einhaltung streng und ist ganz scharf darauf, Strafgebühren zu erheben. Ausländer sind stets willkommene Opfer.

Vermietung

AUTO

Autos können in der Regel nur mit einem Fahrer gemietet werden. Sie sind am nützlichsten für Besichtigungen rund um Phnom Penh und Angkor. Manche Touristen mit reichlich bemessenem Budget mieten sich auch Wagen mit Allradantrieb und Fahrer, um durch die Provinzen zu reisen. Wenn man in den kambodschanischen Städten und ihrer Umgebung umherfährt, kostet das pro Tag 30 bis 35 US$. Eine Tour in die Provinzen lässt den Preis je nach Reiseziel auf 50 US$ oder mehr steigen, dazu kommt noch das Benzin. Wer unterwegs übernachten will, muss sich auch um eine Unterkunft für den Fahrer kümmern. Einen Allradwagen kann man für 60 bis 120 US$ mieten, je nach Modell und der Länge der Strecke. Es ist zwar möglich, selbst zu fahren, aber wegen der chaotischen Straßenverhältnisse, der persönlichen Haftung bei einem Unfall und höherer Mietwagenraten wird das nicht empfohlen.

MOTORRAD

Motorräder bekommt man in Phnom Penh und einigen anderen beliebten Touristenorten. In Siem Reap (und zeitweise auch in Sihanoukville) ist der Verleih verboten; wer rund um Siem Reap Touren unternehmen will, muss das Motorrad deshalb woanders besorgen. In vielen Provinzstädten kann man nach einigem Verhandeln kleine Motorräder mieten. Ein Fahrzeug mit 100 ccm kostet 3 bis 7 US$ pro Tag, Geländemotorräder mit 250 ccm schlagen mit 10 bis 25 US$ zu Buche.

Traveller sollten unbedingt mit der nötigen Vorsicht und Aufmerksamkeit fahren, denn die medizinische Versorgung ist außerhalb von Phnom Penh, Siem Reap und Battambang absolut unzureichend. Wer noch nie auf einem Motorrad saß, fängt am besten nicht gerade in Kambodscha damit an. Sobald man aus der Stadt raus ist, wird es allerdings ein bisschen einfacher. Falls man einfach ins kalte Wasser springt, muss man einen erfahrenen Begleiter an seiner Seite haben.

Als großer Vorteil des Motorradreisens gilt die totale Unabhängigkeit, da man auch in kleinen Dörfern anhalten kann, wo kaum westliche Besucher vorbeikommen. Die Straßen landeinwärts eignen sich ausschließlich für erfahrene Offroad-Biker mit Geländemotorrädern. Doch selbst Vielfahrer sollten in abgelegenen Regionen vorsichtig sein. Wer eine längere Tour vorhat, tut gut daran, das Motorrad erst mal einen Tag lang in Phnom Penh zu testen, um sicher zu sein, dass es in Ordnung ist.

Für passionierte Offroad-Biker bietet Kambodscha einige der besten Routen der Welt zum Geländefahren, vor allem in den Provinzen Preah Vihear, Mondulkiri und Ratanakiri sowie im Kardamom-Gebirge.

Unternehmen, die sich auf Geländetouren spezialisiert haben:

Dancing Roads (www.dancingroads.com) Motorradtouren rund um Phnom Penh und leichte Touren zur Südküste. Die Fahrer sind gut drauf und freundlich.

Hidden Cambodia (www.hiddencambodia.com) Das in Siem Reap ansässige Unternehmen hat sich auf Motorradreisen durch Kambodscha spezialisiert und steuert auch die abgelegenen Tempel im Norden Kambodschas sowie darüber hinaus an.

Red Raid Cambodia (www.motorcycletourscambodia.com) Eine teure, von Franzosen geführte Firma mit viel Erfahrung. Hier werden Touren durch das ganze Land einschließlich des Kardamom-Gebirges angeboten.

Siem Reap Dirt Bikes (www.siemreapdirtbikes.com) Auch dieses Unternehmen hat sich in Siem Reap niedergelassen und so ziemlich alles von Tagestrips bis zu sechstägigen abenteuerlichen Ausflügen zu entlegenen Tempeln im Programm.

Versicherung

Touristenfahrzeuge mit einem Fahrer sind für gewöhnlich versichert. Anders verhält es sich mit Motorrädern: Meistens muss man einen Vertrag unterschreiben, in dem man sein Einverständnis für eine Wertermittlung gibt, falls das Bike gestohlen wird. Darum sollte man sich um ein gutes Schloss kümmern und das Motorrad möglichst immer auf bewachten Parkplätzen abstellen.

Wer verrückt genug ist, ohne Krankenversicherung umherzureisen, sollte gar nicht erst erwägen, ein Motorrad auszuleihen. Die Kosten der Behandlung ernsthafter Verletzungen können jeden Budgetreisenden in den Ruin treiben, besonders bei einer Evakuierung.

BUS

Die Auswahl an Verkehrsmitteln ist groß. Auf asphaltierten Straßen sind Busse mit Klimaanlagen die beste Wahl. Überall sonst sollte man sich für Sammeltaxis oder Minibusse entscheiden.

ENTFERNUNGEN (KM)

	Phnom Penh	Siem Reap	Sihanoukville	Ban Lung	Battambang	Bavet (Vietnam)	Kampot	Koh Kong	Kompong Cham	Kompong Thom	Kratie	Poipet (Thailand)	Sen Monorom	Stung Treng	Takeo	Tbeng Meanchey
Phnom Penh	-															
Siem Reap	316	-														
Sihanoukville	230	546	-													
Ban Lung	545	715	775	-												
Battambang	293	171	523	838	-											
Bavet (Vietnam)	169	485	399	634	462											
Kampot	148	464	105	693	441	317	-									
Koh Kong	280	596	230	825	573	449	235	-								
Kompong Cham	120	290	350	425	413	214	268	300	-							
Kompong Thom	165	151	395	564	322	334	313	445	140	-						
Kratie	258	574	488	287	551	342	406	538	138	277	-					
Poipet (Thailand)	410	152	640	867	117	579	558	690	442	303	580	-				
Sen Monorom	370	540	600	155	663	410	518	650	250	389	215	692	-			
Stung Treng	399	569	629	165	692	439	547	679	279	418	141	721	356	-		
Takeo	75	391	190	620	368	244	85	355	195	240	333	485	445	474	-	
Tbeng Meanchey	302	288	532	701	459	501	450	582	276	137	414	440	526	555	377	-

In den letzten Jahren hat das Bussystem enorme Fortschritte gemacht, da nun immer mehr Straßen ausgebaut werden. Inzwischen dürften Busse die sichersten Transportmittel sein, um durchs Land zu reisen. Die bei Ausländern beliebtesten Verbindungen sind die von Phnom Penh nach Siem Reap, Battambang, Sihanoukville, Kompong Cham und Kratie sowie die Touristenbusse von Siem Reap nach Poipet.

Städte und Dörfer in der Nähe von Phnom Penh wie Udong und Phnom Chisor werden von den günstigen, sauberen und bequemen Linien des Unternehmens **Phnom Penh Sorya Transport** (Karte S. 83; www.ppsoryatransport.com; ☎ 210359; Psar Thmei) angesteuert. Englischsprachige Mitarbeiter zeigen einem gerne den richtigen Bus.

In den Provinzen werden die meisten Strecken von Minibussen bedient, allerdings nutzen Reisende aus dem Westen sie nur selten. Sie kosten nicht viel, sind dafür aber oft schrecklich überfüllt, außerdem geben manche Fahrer wie die Verrückten Gas. Man sollte sie wirklich nur in Betracht ziehen, wenn gar keine Alternative besteht. Zwischen Phnom Penh und Orten im Nordosten wie Stung Treng und Ban Lung verkehren inzwischen „Express-Minibusse". Meistens handelt es sich um Hyundai Starex, die oft schneller und bequemer sind als die alten Minibusse.

FAHRRAD

Für abenteuerlustige Radfahrer ist Kambodscha ein großartiges Land. Angesichts der geradezu legendären Schlaglöcher versteht es sich von selbst, dass sich ein Mountainbike am besten eignet. Grundlegende Sicherheitsausrüstung und Original-Ersatzteile sind Mangelware, deshalb bringt man sie besser von zu Hause mit. Eine Klingel ist unabdingbar – je lauter desto besser –, ebenso helle Vorder- und Rücklichter. Viele Straßen weisen immer noch einen schlechten Zustand auf, doch meistens gibt's einen flachen unbefestigten Fahrstreifen neben der Straße. Touren mit sanfter Geschwindigkeit bergen viel mehr Möglichkeiten, mit Einheimischen in Kontakt zu kommen. In den Dörfern sind Drahtesel zwar weit verbreitet, doch Fahrradtouristen nach wie vor ein Novum. Sie werden in den meisten kleinen Orten mit einer Riesenbegeisterung aufgenommen. In vielen Teilen des Landes entstehen derzeit unbefestigte Wege für Motorrad- und Radfahrer. Sie bieten eine wunderbare Möglichkeit, entlegene Gegenden kennenzulernen.

Ein Großteil des Landes ist flach wie ein Pfannkuchen bzw. nur leicht hügelig. Auf den neueren asphaltierten Straßen fahren die Einwohner mit sehr hoher Geschwindigkeit, was für Radler gefährlich werden kann. Fahrräder können hinten in Pick-ups oder auf dem Dach von Minibussen mitgenommen werden.

Wer in Angkor umherradelt, auf den wartet eine fantastische Erfahrung, denn so bekommt man eine Vorstellung vom wahren Ausmaß und den Größenverhältnissen des Tempelkomplexes. Auch in Mondulkiri und Ratanakiri wird das Mountainbiken in den nächsten Jahren wahrscheinlich einen Aufschwung erleben. Dort erstrecken sich nämlich einige tolle Routen abseits der ausgetretenen Pfade. Rund um Chi Phat (S. 222) im Kardamom-Gebirge locken ebenfalls tolle Strecken. In zahlreichen Gästehäusern und Hotels kann man Fahrräder für etwa 2 US$ pro Tag mieten, für importierte Markenräder wie Trek zahlt man 7 bis 10 US$. Die nächste Reparaturbude ist niemals sehr weit weg.

Alles Wissenswerte zu kurzen und langen Touren bietet *Cycling Vietnam, Laos & Cambodia* von Lonely Planet.

PEPY Ride (☎ 023-222-804; www.pepyride.org) ist ein Fahrrad- bzw. Freiwilligenunternehmen, das mit Abenteuertrips im ganzen Land aufwartet. PEPY fördert „abenteuerliches Leben" und „verantwortungsbewusstes Geben" und unterstützt mit den Einnahmen Schulbauten im ländlichen Kambodscha sowie die Finanzierung von Bildungsprogrammen.

FLUGZEUG

Fluggesellschaften in Kambodscha

Inlandsflüge bieten die Möglichkeit, schnell von einem Ort des Landes zum nächsten zu kommen. Problematisch ist nur, dass die Gesellschaften schnell kommen und gehen. Im Moment gibt's nur ein voll funktionsfähiges inländisches Unternehmen, **Cambodia Angkor Airways** (K6; ☎ 023-424496; www.cambodiaangkorair.com; Drehkreuz Phnom Penh), eigentlich ein Ableger von

NATIONALE FLUGHAFENSTEUER

Die Steuer für Inlandsflüge beträgt auf den Flughäfen von Phnom Penh und Siem Reap 6 US$, ist aber fast immer bereits im Ticketpreis enthalten.

> **WARNUNG**
>
> Fahrer von *motos* und *cyclos* mit schlechten (oder gar keinen) Englischkenntnissen verstehen möglicherweise das gewünschte Ziel nicht, obwohl sie energisch mit dem Kopf nicken. Das ist besonders in einer großen Stadt wie Phnom Penh ein Problem (s. Kasten S. 131).

Vietnam Airlines. Gegenwärtig bietet es Verbindungen auf der Strecke von Phnom Penh nach Siem Reap mit modernen französischen ATRs an. In naher Zukunft soll endlich auch der Flugbetrieb zwischen Sihanoukville und Siem Reap aufgenommen werden. Nach Ratanakiri kann man zur Zeit nicht fliegen.

Zwischen Phnom Penh und Siem Reap gibt es bis zu vier Verbindungen täglich (einfach/ Hin- und Rückflug ab 75/120 US$), in der Regel bekommt man auch kurzfristig einen Flug. Zu Spitzenzeiten sollte man aber im Voraus buchen.

Pro Passagier kann man 10 kg Freigepäck mitnehmen; solange man nicht weit darüber liegt, muss man wahrscheinlich nichts für Übergepäck bezahlen.

Helikopter

Helicopters Cambodia (☎ 023-213706; www.helicopterscambodia.com) hat Büros in Phnom Penh und Siem Reap und vermietet zuverlässige Hubschrauber. Sie werden überwiegend für landschaftlich reizvolle Flüge über Angkor genutzt, man kann sie aber für jede beliebige Route chartern. Das neue Unternehmen Helistar bietet ebenfalls Rundflüge an.

NAHVERKEHR

Außenborder

Außenborder *(outboard*, ausgesprochen „autboor") sind das kambodschanische Gegenstück zu den *vaporettos* in Venedig – eine Art Flussbus bzw. -taxi. Die kleinen Fiberglasboote mit 15HP- oder 40HP-Motoren findet man im ganzen Land. Sie können auf kurzen oder längeren Strecken bis zu sechs Personen transportieren. Einen Fahrplan gibt's nur selten; die Einheimischen warten geduldig, bis die Kähne voll sind. Wer genug Zeit hat, kann sich den Wartenden anschließen, ansonsten chartert man das ganze Boot. Eine Alternative ist das aus Thailand importierte *longtail rocket boat*, das kleine Dörfer im oberen Bereich des Mekong miteinander verbindet. *Rocket* (Rakete) ist wirklich das richtige Wort, die Sicherheit der Boote gilt aber leider als fragwürdig.

Bus

Momentan gibt's kein Nahverkehrsbusnetz in Kambodscha, nicht einmal in der Hauptstadt Phnom Penh.

Cyclo

Cyclos (Fahrradrikschas) sind genau wie in Vietnam und Laos ein preiswertes Verkehrsmittel in Städten. In Phnom Penh kann man entweder eines am Straßenrand heranwinken oder sich zu Märkten und größeren Hotels aufmachen, wo normalerweise zahlreiche Rikscha-Fahrer warten. Wenn man vor einem Luxushotel, einem Restaurant oder einer beliebten Bar in ein *cyclo* steigt, muss man den Preis herunterhandeln. Die Fahrt kostet zwischen 1000 R und 1 US$ (4000 R). In den Provinzen gibt es nur wenige Rikschas und in Phnom Penh werden sie zunehmend von *motos* verdrängt.

Lorry

Lorry ist der kambodschanische Name für einen örtlichen Zug aus Holz und Bambus, der von einem kleinen Benzinmotor angetrieben wird. In Battambang und Umgebung wird er als *norry* oder „Bambuszug" (S. 273) bezeichnet. Ein lustiges Vergnügen – bis man auf Gegenverkehr stößt!

Moto

Wer von einem *moto (motodups* sind *moto*-Fahrer) spricht, meint ein kleines Motorradtaxi. Es handelt sich um ein schnelles Transportmittel für kurze Wege in der Stadt. Der Preis für eine Fahrt beginnt bei 1000 R und kann je nach Entfernung und Stadt 1 US$ oder mehr betragen, nachts wird es in der Regel

> **MOTO-BRANDWUNDEN**
>
> Reisende sollten auf langen *moto*-Fahrten beachten, dass man mit seinen Beinen nicht zu nahe an den Auspuff gerät. Viele Touristen haben sich auf diese Weise nämlich unschöne Verbrennungen zugezogen, die bei dem feuchtheißen Wetter nur langsam heilen und oft mit Antibiotika behandelt werden müssen.

VERKEHRSMITTEL & -WEGE

teurer. Früher wurden die Preise selten im Voraus ausgemacht, doch mit der zunehmenden Besucherzahl haben sich viele Fahrer angewöhnt, zuviel zu verlangen. Daher ist es wahrscheinlich am besten, den Betrag vorher auszumachen, besonders in den großen Touristenzentren, vor teuren Hotels oder nachts. Manche Traveller haben für die Fahrt auf dem Beifahrersitz leichte Helme dabei.

Remork-kang

Der von einem Fahrrad gezogene Anhänger ist eigentlich eine Art *cyclo* mit einem Passagier hinten dran. Die Anzahl der *remork-kangs* ging mit dem Aufkommen der *motos* zurück, doch man sieht sie manchmal noch in Battambang oder Kampot. Eine Fahrt kostet etwa so viel wie die Tour mit einem *moto*.

Remork-moto

Das *remork-moto* ist ein großer Anhänger, der von einem Motorrad gezogen und wie ein örtlicher Bus ohne Hightech und mit supernatürlicher Klimaanlage genutzt wird. Überall im ländlichen Kambodscha transportieren *remork-motos* Menschen und Güter. Am Rand der Städte sieht man die Fahrer oft auf Bauern warten, die zurück in ihr Dorf wollen.

Fast alle Touristenziele, darunter Phnom Penh, Siem Reap und die Südküste, haben ihre eigene Version des *remork-motos (remork)* mit einem niedlichen überdachten Anhänger, der hinten am Motorrad befestigt ist und für zwei Personen komfortabel Platz bietet (was nicht heißt, dass nicht auch viel mehr mitfahren können). Per *remork-moto* kann man wunderbar die Tempel erkunden, denn man kann sich an der frischen Brise erfreuen, ohne Sonne und Regen ausgesetzt zu sein. Reisende aus dem Ausland nennen das Fahrzeug meistens *tuk tuk*.

REMORK ODER TUK TUK?

Wie heißen diese Motorräder mit den niedlichen kleinen Anhängern denn nun wirklich? *Remork-motos? Remorks? Tuk tuks?* Offiziell nennen die Kambodschaner sie *remork-motos*, was oft zu *remork* abgekürzt wird. In Bangkok sind die hochoktanigen dreirädrigen Taxis als *tuk tuks* bekannt. Dieser Spitzname hat den Weg über die Grenze in die kambodschanische Umgangssprache geschafft. Einige Einheimische könnten jedoch gekränkt reagieren, wenn man ihre Fahrzeuge so bezeichnet, darum entscheiden wir uns derzeit für *remork*.

Rotei Ses

Rotei bedeutet Karren, Wagen oder Kutsche und *ses* ist das Pferd, doch der Begriff wird für alle Wagen benutzt, die von einem Tier gezogen werden. Kambodschas ursprünglicher Allradwagen, der Ochsenkarren, ist in abgelegenen Gebieten des Landes ein verbreitetes Transportmittel, denn nur damit schafft man es auch auf dem Höhepunkt der Regenzeit durch dicken Schlamm. Meistens werden die Karren von Wasserbüffeln oder Kühen gezogen. Auch Pferde mit Wagen sind im ländlichen Kambodscha nichts Ungewöhnliches, obwohl nur wenige Touristen Lust dazu haben, sich von einem der bemitleidenswerten Tiere ziehen zu lassen. Ein paar örtliche Tourismusinitiativen bieten aber inzwischen solche Fahrten an.

Taxi

In den Städten wird es zunehmend einfacher, ein Taxi zu bekommen. Doch bis auf einige Unternehmen in Phnom Penh haben immer noch die wenigsten Gebührenzähler. Taxis für Besichtigungstouren in Städten und ihrer Umgebung kann man in Gästehäusern, Hotels und bei Reisebüros buchen.

SAMMELTAXI & PICK-UP

Mit den stetig besser werdenden Straßen verlieren Pick-ups immer mehr an Bedeutung gegenüber den „Express-Minibussen", aufgemotzten Toyota Camrys, deren Aufhängung wie bei einem Monstertruck erhöht wird. Wenn man ein Sammeltaxi oder einen Pickup nehmen will, ist es vorteilhaft, mit einer Gruppe unterwegs zu sein, denn dann kann man zusätzliche Sitze „kaufen" und die Fahrt so bequemer machen. Für den Frontsitz zahlt man den doppelten Preis, für die komplette letzte Reihe den vierfachen. Man sollte daran denken, dass es nicht unbedingt auf jeder Route Festpreise gibt und die Kosten sich mit dem Benzinpreis verändern. Darum muss man vorher den Betrag aushandeln.

Sammeltaxis und Pick-ups verkehren auf Pisten, die so schlecht sind, dass Busse sie nicht befahren können genau so wie auf stärker genutzten Straßen, wo auch andere öffentliche Verkehrsmittel unterwegs sind. Vielerorts kann man Sammeltaxis mieten: entweder individuell für größere Ziele oder man zahlt für einen Sitz und wartet, bis sich genug Passagiere eingefunden haben. Gästehäuser helfen gerne dabei, Sammeltaxis zu arrangieren – natürlich gegen einen Aufschlag.

In Pick-ups kann man vorne in der Kabine sitzen oder hinten auf der Ladefläche, wenn man knapp bei Kasse ist und nicht viel auf Bequemlichkeit gibt. Die Pick-ups starten erst, wenn sie richtig voll sind. Wer hinten sitzt, sollte ein Tuch als Schutz gegen den Staub dabeihaben und Sonnencreme benutzen. In der Regenzeit geht's nicht ohne Regenmantel. Wenn man selbst einen Pick-up organisiert, ist das billiger als über ein Gästehaus, allerdings muss man schon sehr geduldig verhandeln, um einen fairen Preis zu erzielen.

In sehr abgelegenen Gegenden und ganz besonders während der Regenzeit, wenn die Straßen noch schlechter sind als sonst, dienen zeitweise riesige russische Militärtrucks mit sechs Reifen als Transportmittel. Sie werden *lan damrei* (Elefantentrucks) genannt.

SCHIFF/FÄHRE

Kambodschas 1900 km schiffbare Wasserwege haben seit der bedeutsamen Verbesserung des Straßennetzes für den durchschnittlichen Touristen nicht mehr so viel Bedeutung wie früher. Der Mekong lässt sich nördlich von Phnom Penh bis Kratie gut befahren, doch es gibt keine regulären Passagierboote mehr, denn der ganze Verkehr läuft jetzt über die Straße. Landschaftlich reizvolle Bootsrouten erstrecken sich zwischen Siem Reap und Battambang, und auch der Tonlé-Sap-See ist das ganze Jahr über befahrbar, zwischen März und Juli allerdings nur mit kleineren Booten.

Die bei Ausländern traditionell beliebteste Route ist die zwischen Phnom Penh und Siem Reap (S. 129). Mit dem Schnellboot dauert die Fahrt nur fünf Stunden. Doch es handelt sich nicht um die interessanteste Tour, da der Tonlé-Sap-See wie ein kleines Meer daherkommt und keine sehr abwechslungsreiche Landschaft bietet. Es ist viel klüger (und um einiges billiger), für diese Strecke den Bus auf der asphaltierten Straße zu nehmen. Falls man die Bootsfahrt auf dem Dach zurücklegt, sollte man eine Kopfbedeckung tragen und Sonnencreme benutzen.

Am lohnendsten sind die kleinen Boote zwischen Siem Reap und Battambang (S. 277), da die Landschaft als unvergesslich gilt, allerdings kann die Reise ewig dauern.

TRAMPEN

Trampen ist in keinem Land sicher, deshalb empfehlen wir es nicht. Reisende, die nicht darauf verzichten wollen, gehen ein kleines, aber potenziell schwerwiegendes Risiko ein. Zu zweit ist es etwas sicherer als allein. Außerdem sollte man jemandem mitteilen, wohin man reisen will. Man kann auch mit Lkws mitfahren, allerdings ist das sehr unbequem und für alleinreisende Frauen nicht ratsam. Darüber hinaus sollte man immer davon ausgehen, dass man dem Fahrer fürs Mitnehmen Geld geben muss.

ZUG

Kambodschas Eisenbahnnetz ist ebenso wie das alte Straßennetz eines der berüchtigten in ganz Asien. Es gibt mittlerweile keine Passagierzüge mehr, doch möglicherweise kann man die Fahrt auf einem Frachtzug vereinbaren (nur etwas für ganz Hartgesottene). Die schönsten Abschnitte des Schienennetzes liegen zwischen Takeo und Kampot sowie zwischen Kampot und Sihanoukville. Züge fahren mit durchschnittlich 20 km/h, Brücken werden oft nicht gewartet, und weil die alten Schienen so verbogen sind, ist die Fahrt oft genauso holprig wie auf manchen Straßen.

Bald wird das Netz komplett saniert, um eine Geschwindigkeit von 50 km/h zu ermöglichen. Zudem ist der Anschluss der kambodschanischen an die Transasiatische Eisenbahn geplant, die später einmal Singapur und China verbinden soll. Die Verbindung von Phnom Penh nach Ho-Chi-Minh-Stadt über eine Mekong-Brücke wird jedoch noch ein paar Jahre dauern. Bis dahin sollten leidenschaftliche Eisenbahnfreaks in der Lage sein, gegen Bezahlung eine Reise auf einem Güterzug zu arrangieren. Man sollte aber nicht vergessen, dass der Zug mehr als zwölf Stunden nach Battambang benötigt – und das auch nur, wenn er nicht entgleist. Mit dem Bambuszug (S. 273) rund um Battambang macht das Bahnfahren jedenfalls mehr Spaß.

Das Schienennetz besteht aus 645 km eingleisigen Meterspurbahnen. Die 385 km lange nordwestliche Strecke, die vor dem Zweiten Weltkrieg gebaut wurde, verbindet Phnom Penh mit Pursat und Battambang. Das letzte Stück von Sisophon nach Poipet wurde in den 1970er-Jahren von den Roten Khmer gebaut, während man die 254 km lange südwestliche Strecke zwischen Phnom Penh, Takeo, Kampot und Sihanoukville 1969 fertiggestellt hat.

Gesundheit

Dr. Trish Batchelor

INHALT

In Kambodscha muss man mehr an seine Gesundheit denken als in den meisten anderen Regionen Südostasiens. Das liegt vor allem an der Armut im Land und an den wenigen effektiven medizinischen Einrichtungen. Wer ländliche Gegenden bereist, ist größtenteils auf sich selbst gestellt, auch wenn es heute in den meisten Städten halbwegs vernünftige Kliniken gibt. Falls man sich nicht wohlfühlt, sollte man eher zu einem Arzt als ins Krankenhaus gehen; die Kliniken auf dem Land sind recht primitiv und dort werden möglicherweise die falschen Schlüsse gezogen. Wenn man in Kambodscha ernsthaft erkrankt, steuert man Phnom Penh oder Siem Reap (oder Bangkok, wenn es näher liegt) an, weil man nur in diesen Orten mit einer guten Notfallversorgung rechnen kann. Die Apotheken in den Großstädten warten mit einer sehr guten Ausstattung auf und man bekommt praktisch alles von Antibiotika bis zu Malaria-Medikamenten ohne Rezept. Auch die Preise sind erschwinglich. Allerdings sollte man das Verfallsdatum kontrollieren, denn manche Medikamente stehen bereits seit langer Zeit in den Regalen.

Von den Warnungen sollte man sich aber nicht verrückt machen lassen. Die eigene Gesundheit hängt immer davon ab, wie intensiv man sich vorbereitet, wie vorsichtig man auf der Reise ist und wie man unterwegs mit medizinischen Problemen umgeht. Die potentiellen Gefahren klingen beängstigend, aber in der Realität bekommen nur wenige Traveller mehr als eine Magenverstimmung.

VOR DER REISE

VERSICHERUNG

Eine gute Krankenversicherung ist absolut unverzichtbar (s. S. 365).

EMPFOHLENE IMPFUNGEN

Traveller sollten genug Zeit für Impfungen einplanen (s. Kasten S. 385): Bei manchen sind mehrere Injektionen nötig, andere sollten nicht kombiniert gegeben werden. Darüber hinaus eignen sich einige Impfungen nicht für Schwangere oder Allergiker.

Am besten sucht man mindestens sechs Wochen vor Reisebeginn einen Arzt auf. Für schwangere Frauen und Kinder besteht ein größeres Risiko zu erkranken.

Die vorgenommenen Impfungen müssen in einen internationalen Impfausweis eingetragen werden, den man bei seinem Arzt erhält und auf der Tour durch Kambodscha immer bei sich haben sollte.

WEITERFÜHRENDE LEKTÜRE

Wer für längere Zeit abgelegene Regionen bereisen will, sollte einen detaillierten Gesundheitsführer lesen, z. B. das handliche Taschenbuch *Healthy Travel: Asia & India* von Lonely Planet. Es liefert hilfreiche Informationen zur Reiseplanung, ersten Hilfe, Schutzimpfungen sowie möglichen Krankheiten und gibt Hinweise, was man tun soll, wenn man unterwegs erkrankt. Ein sehr ausführlicher Führer für Reisende, die unterentwickelte Länder besuchen, ist David Werners *Wo es keinen Arzt gibt*.

Der Lonely Planet *Travel with Children* gibt gute Hinweise für Eltern.

WEITERE VORKEHRUNGEN

Eine Reise sollte man nur gesund antreten. Vor längeren Trips sucht man am besten auch seinen Zahnarzt auf. Brillenträger sollten eine zweite Brille sowie ein ärztliches Rezept mitnehmen.

Wer regelmäßig Medikamente benötigt, muss unbedingt einen ausreichenden Vorrat einpacken, falls sie vor Ort nicht erhältlich sind. Wer immer die Verpackung mit dem Arzneimittelnamen (nicht nur die Marke) dabeihat, wird beim Nachkaufen auf weniger Probleme stoßen. Außerdem sollte man ein ärztliches Rezept oder einen Brief des Arztes vorlegen können, die belegen, dass man die Medikamente wirklich braucht.

Reiseapotheke

Folgende Arzneimittel sollte in der eigenen Reiseapotheke enthalten sein – welche Mar-

EMPFOHLENE IMPFUNGEN

Im Folgenden sind alle Impfungen aufgelistet, die für eine Reise nach Kambodscha empfohlen werden. Dennoch sollte man vorher unbedingt mit seinem Arzt sprechen. Mehr über die Krankheiten siehe die Einzelbeschreibungen in diesem Kapitel.

- **Diphtherie und Tetanus** – Normalerweise werden die Impfungen für diese beiden Krankheiten kombiniert. Nach den ersten drei Injektionen (die in der Kindheit erfolgen) muss man den Schutz alle zehn Jahre auffrischen lassen.
- **Gelbfieber** – Die Impfung gegen Gelbfieber ist die einzige gesetzlich vorgeschriebene Impfung, wenn man nach Kambodscha einreisen will und aus betroffenen Regionen kommt. Dies betrifft auch Direktflüge aus betroffenen Ländern. Allerdings gibt's keine Direktverbindungen von Afrika oder Südamerika (den meistgefährdeten Regionen).
- **Hepatitis A** – Diese Impfung bietet langjährigen Schutz. Die erste Injektion muss nach sechs bis zwölf Monaten aufgefrischt werden. Alternativ bietet eine Injektion mit Gamma-Globulin kurzfristigen Schutz vor Hepatitis A; es wirkt je nach Dosis zwei bis sechs Monate. Gamma-Globulin ist verhältnismäßig effektiv und sorgt – anders als der Impfstoff – für sofortigen Schutz. Weil es sich um ein Bluterzeugnis handelt, bestehen Bedenken bezüglich des Langzeitschutzes. Der Impfstoff gegen Hepatitis A ist auch kombiniert mit dem gegen Hepatitis B erhältlich; hier sind drei Injektionen über einen Zeitraum von sechs Monaten nötig.
- **Hepatitis B** – Eine Impfung gegen Hepatitis B empfiehlt sich für Langzeitreisende und Besucher von Ländern mit einer hohen Infektionsrate an Hepatitis B (wie in Kambodscha), in denen Bluttransfusionen möglicherweise nicht genau kontrolliert werden und man sich durch sexuelle Kontakte oder gebrauchte Nadeln anstecken kann. Die Impfung besteht aus drei Injektionen und wird nach zwölf Monaten aufgefrischt. Falls nötig, sind auch kürzere Abstände möglich.
- **Japanische Enzephalitis B** – Wer einen Monat oder länger in Kambodscha verbringt, das Land wiederholt besucht oder während einer Epidemie anreist, sollte sich gegen diese Krankheit impfen lassen. Die Impfung besteht aus drei Injektionen, die in einem Zeitraum von 30 Tagen gegeben werden.
- **Kinderlähmung** – Jeder sollte diese Impfung (erfolgt normalerweise in der Kindheit) alle zehn Jahre auffrischen lassen.
- **Tollwut** – Wer einen Monat oder länger in Kambodscha verbringt und radelt, mit Tieren umgeht, Höhlen besucht oder abgelegene Gebiete bereist, muss sich gegen Tollwut impfen lassen. Dies ist auch für Kinder empfehlenswert, da die Kleinen nicht immer von ihren Verletzungen erzählen. Die Impfung besteht aus drei Injektionen über einen Zeitraum von 21 bis 28 Tagen. Geimpfte Personen, die von einem Tier gebissen oder gekratzt werden, brauchen zwei Auffrischungsspritzen des Impfstoffes; wer nicht geimpft ist, benötigt mehr.
- **Tuberkulose** – Das Ansteckungsrisiko ist bei Reisenden sehr gering, es sei denn, man hat sehr enge Kontakte mit Einheimischen. Eine Impfung gegen TB (Impfstoff BCG) wird für Kinder und junge Erwachsene empfohlen, die drei oder mehr Monate in gefährdeten Regionen wie Kambodscha leben.
- **Typhus** – Eine Impfung gegen Typhus ist nötig, wenn man Kambodscha länger als zwei Wochen bereist.

ken jeweils erhältlich sind, erfährt man bei seinem Apotheker.

- Aspirin oder Paracetamol – gegen Schmerzen oder Fieber
- Antihistamin – gegen Allergien, z. B. Heuschnupfen; gegen Insektenstiche oder -bisse; beugt Reisekrankheiten vor
- Tabletten gegen Erkältung und Fieber, Lutschtabletten und abschwellendes Nasenspray
- Multivitamine – empfohlen für längere Reisen, wenn man nicht genügend Vitamine über die täglichen Mahlzeiten einnehmen kann
- Antibiotika – empfehlenswert, wenn man abseits ausgetretener Pfade reist; weil diese verschrieben werden müssen, sollte man vor der Reise zum Arzt gehen und das Rezept mitnehmen
- Loperamid oder Diphenoxylat – hilft gegen Durchfall
- Prochlorperazin oder Metoclopramid – gegen Brechreiz und Übelkeit
- Rehydrationslösung – beugt Dehydrierung vor, die z. B. bei Durchfall entstehen kann; besonders wichtig, wenn man mit Kindern reist
- Insektenabwehrmittel, Sonnenmilch, Lippenbalsam und Augentropfen
- Galmei-Lotion, Spray für Insektenstiche oder Aloe Vera – zur Linderung von Sonnenbrand und Insektenbissen
- Antifungalcreme oder -puder – gegen Pilzinfektionen
- Antiseptikum (wie Povidon-Jod) – zur Behandlung von Schnitt- und Schürfwunden
- Bandagen, Pflaster und Ähnliches
- Wasserreinigungstabletten oder Jod
- Scheren, Pinzetten und ein Thermometer – Quecksilber-Thermometer sind im Flugzeug verboten
- Steriler Verbandskasten (versiegeltes medizinisches Kit mit Spritzen und Nadeln) – sehr empfehlenswert, da Kambodscha medizinische Hygieneprobleme hat

UNTERWEGS

THROMBOSE

Wer auf Flügen die Beine zu wenig bewegt, riskiert ein Blutgerinnsel (tiefe Venenthrombose) in den Venen. Je länger der Flug, desto größer das Risiko. Obwohl die meisten Blutklümpchen ohne Komplikationen resorbiert werden, können manche sich lösen und durch die Blutgefäße in die Lunge wandern, was unter Umständen lebensgefährlich ist.

Als Hauptsymptom einer Thrombose gelten Schwellungen und Schmerzen am Fuß, Knöchel oder an der Wade, die normalerweise nur an einer Seite auftreten. Wenn ein Blutgerinnsel zur Lunge wandert, kann es zu Brustschmerzen und Atemnot kommen. Wer solche Symptome hat, muss sofort medizinisch behandelt werden.

Um Thrombosen vorzubeugen, sollte man in der Kabine umhergehen, im Sitzen die Beinmuskeln regelmäßig anspannen, viel trinken und auf Alkohol verzichten.

JETLAG & REISEÜBELKEIT

Wenn man durch mehr als drei Zeitzonen fliegt, kommt es zu einem Jetlag. Er entsteht, weil viele Körperfunktionen des Menschen (Körpertemperatur, Puls und Toilettengänge) durch einen internen 24-Stunden-Rhythmus geregelt sind. Wenn man mit hoher Geschwindigkeit lange Distanzen zurücklegt, braucht der Körper eine Weile, um sich an die „neue Zeit" anzupassen, und es kommt zu Ermüdung, Desorientierung, Schlaflosigkeit, Unruhe, Konzentrationsschwierigkeiten sowie Appetitlosigkeit. Diese Auswirkungen sind meistens nach drei Tagen wieder vorbei. Um den Jetlag zu minimieren, sollte man:

- sich bereits ein paar Tage vor der Reise erholen.
- einen Flug heraussuchen, der den Schlafentzug minimiert; wenn man abends ankommt, kann man schon kurz nach der Ankunft schlafen gehen. Bei sehr langen Flügen plant man am besten einen Zwischenstopp ein.
- während des Flugs nicht zu viel essen (bläht den Magen auf) und keinen Alkohol trinken (kann zu Dehydrierung führen). Stattdessen nimmt man viele kohlensäurefreie, alkoholfreie Getränke wie Fruchtsaft oder Wasser zu sich.
- es sich gemütlich machen und legere Kleidung tragen sowie eine Augenmaske und Ohrenstöpsel zur Hand haben.
- während des Flugs der Zeitzone entsprechend schlafen, in die man reist.

Wer vor und während des Flugs leichte Kost zu sich nimmt, beugt Reiseübelkeit vor. Falls man dafür anfällig ist, sollte man einen Platz wählen, der möglichst wenig in Bewegung ist – unweit der Tragflügel eines Flugzeugs, im Mittelschiff eines Bootes oder in der Mitte des Busses. Normalerweise hilft frische Luft; aufs Lesen und auf Zigaretten sollte man dagegen verzichten. Ingwer (in Kapseln erhältlich) und Pfefferminze (auch Süßigkeiten mit Minzgeschmack) dienen als natürliche Mittel gegen Reiseübelkeit.

IN KAMBODSCHA

MEDIZINISCHE VERSORGUNG

Seine Gesundheitsprobleme selbst zu diagnostizieren und zu behandeln kann riskant sein, deshalb sollte man immer professionelle medizinische Hilfe suchen. Obwohl wir hier Arzneimittel nennen, sind diese Ratschläge nur für den Notfall gedacht. Eine korrekte Diagnose ist unerlässlich.

Botschaften, Konsulate oder Hotels können normalerweise einen lokalen Arzt oder eine Klinik empfehlen. Antibiotika sollte man nur unter medizinischer Aufsicht einnehmen, die empfohlenen Dosen und Zeitintervalle einhalten und die Medikation vorschriftsmäßig zu Ende führen, auch wenn man das Gefühl hat, die Krankheit sei schon früher geheilt. Bei ernsten Nebenwirkungen ist das Medikament unverzüglich abzusetzen. Kein Antibiotikum einnehmen, wenn man nicht weiß, ob man das Richtige bekommen hat. Wer gegen eines der gebräuchlichen Antibiotika wie Penicillin oder Sulfonamid allergisch ist, sollte diese Informationen (z. B. an einem Armband) auf der Reise bei sich tragen.

Die besten Kliniken und Krankenhäuser in Kambodscha befinden sich in Phnom Penh (S.87) und Siem Reap (S. 140). Eine Konsultation kostet normalerweise zwischen 20 und 40 US$ plus Arzneimittelkosten. In anderen Landesteilen kommen die medizinischen Einrichtungen einfacher daher; dort sind Privatkliniken den staatlichen Krankenhäusern meist vorzuziehen. Bei schweren Verletzungen oder Krankheiten lässt man sich am besten nach Bangkok ausfliegen.

INFEKTIONEN

Darmparasiten

Darmparasiten kommen vor allem in den ländlichen Regionen vor. Die Würmer gelangen mit dem Essen in den Körper, etwa durch zu kurz gegarte Speisen (z. B. Bandwürmer), manche dringen durch die Haut ein (wie Hakenwürmer). Der Befall macht sich nicht sofort bemerkbar. Obwohl die Parasiten im Allgemeinen nicht gefährlich sind, können sie ohne Behandlung langfristig zu ernsthaften Gesundheitsproblemen führen. Man sollte nach seiner Rückkehr einen Stuhltest machen lassen, um bei einem positiven Befund die richtige Medikation zu erhalten.

TRADITIONELLE MEDIZIN IN KAMBODSCHA

Traditionelle Medizin oder *thnam boran* erfreut sich in den ländlichen Regionen Kambodschas großer Beliebtheit. Fast alle Provinzen haben ihre *kru Khmer* bzw. traditionellen Medizinmänner, und manch ein Einheimischer vertraut ihnen mehr als modernen Ärzten und Krankenhäusern. Die Medizinmänner arbeiten mit Baumrinden, Wurzeln und Pflanzen, aus denen sie ein Gebräu kochen, das angeblich jedes Gebrechen heilt. Bei ernsten Krankheiten wie Schlangenbissen kann ihre Behandlung jedoch kontraproduktiv und infektiös sein. Weitere beliebte Heilmittel, die auch in den Städten angewendet werden, sind *kor kchoal,* eine kraftvolle Massage mit Münzen, die gegen Blähungen helfen soll, und *chup kchoal,* eine Behandlung mit erhitzten Saugnäpfen. Erstere hinterlässt tiefe rote Striemen auf der Haut, Letztere große rote Kreise wie bei einer ansteckenden Krankheit.

Dengue-Fieber

Diese Viruserkrankung wird durch Moskitos übertragen und kommt hauptsächlich in tropischen und subtropischen Regionen vor. Für Reisende besteht nur ein kleines Risiko, außer bei Epidemien, die normalerweise während und nach der Regenzeit vorkommen.

Anders als der Malaria-Moskito ist der *Aedes-aegypti*-Moskito, der das Dengue-Virus überträgt, meist tagsüber aktiv und lebt überwiegend in den Städten.

Zu den Symptomen gehören plötzliches hohes Fieber, Kopf-, Gelenk- und Muskelschmerzen (daher der alte Name „Knochenbrecherfieber“) sowie Übelkeit und Erbrechen. Drei bis vier Tage nach dem Fieberausbruch erscheinen kleine rote Punkte auf der Haut. Dengue-Fieber wird oft mit anderen Infektionskrankheiten wie Grippe verwechselt.

Wer glaubt, sich infiziert zu haben, sollte einen Arzt aufsuchen. Ein Bluttest kann die Infektion diagnostizieren, doch es gibt keine spezielle Behandlungsmethode. Aspirin sollte man nicht nehmen, denn es erhöht das Risiko innerer Blutungen, stattdessen werden viele andere Medikamente empfohlen. Die Genesung kann lange dauern und mit wochenlanger Müdigkeit einhergehen. Ernsthafte Komplikationen sind selten, doch gelegentlich kommt es zu hämorrhagischem Dengue-Fieber, das ohne sofortige medizinische Behandlung oft tödlich endet. Dieses tritt bei einer sekundären Infektion mit einem anderen Erreger (es gibt vier Haupterreger) auf und befällt normalerweise eher Einheimische als Traveller.

Es gibt keine Impfung gegen Dengue-Fieber. Die beste Vorbeugung ist der Schutz vor Moskitobissen (siehe Stichwort „Malaria", S. 389).

Geschlechtskrankheiten

Zu diesen Infektionen gehören Gonorrhöe, Herpes und Syphilis. Übliche Symptome sind Bläschen oder ein Ausschlag im Genitalbereich, Ausfluss oder Schmerzen beim Wasserlassen. Manche Geschlechtskrankheiten wie der Warzenvirus oder Chlamydien, haben weniger oder gar keine Symptome, vor allem bei Frauen. Syphilis-Symptome verschwinden nach einiger Zeit, aber die Krankheit bleibt bestehen und kann in späteren Jahren ernste Probleme verursachen. Als beste Vorbeugungsmaßnahme gilt sexuelle Abstinenz, aber auch die Verwendung von Kondomen hilft effektiv. Zuverlässige Präservative erhält man in Städten. Geschlechtskrankheiten werden mit speziellen Medikamenten behandelt. Die Behandlung von Gonorrhöe und Syphilis erfolgt mit Antibiotika. Es gibt keine Heilmittel für Herpes oder HIV/AIDS (S. 388).

Hepatitis

Hepatitis ist ein allgemeiner Begriff für Leberentzündung. Diese weltweit verbreitete Krankheit wird durch mehrere Viren hervorgerufen, die in ihrer Übertragungsweise variieren. Bei allen Infektionen sind die Symptome gleich: Zu ihnen gehören Fieber, Schüttelfrost, Kopfschmerzen, Erschöpfung, Schwächezustände sowie Schmerzen, denen Appetitsverlust, Übelkeit, Erbrechen, Bauchschmerzen, dunkler Urin, heller Kot, eine gelbe Haut und gelb verfärbte Augen folgen. Wer Hepatitis hatte, sollte nach der Genesung einige Zeit auf Alkohol verzichten, denn die Leber muss sich erst erholen.

Hepatitis A bekommt man durch kontaminiertes Essen oder Wasser. Man muss einen Arzt aufsuchen, kann aber nicht viel tun außer sich auszuruhen, viel zu trinken, leicht zu essen und fettige Lebensmittel zu meiden. Hepatitis E wird ebenso wie Hepatitis A übertragen und kann bei Schwangeren zu ernsthaften Komplikationen führen.

Weltweit gibt's fast 300 Millionen chronische Hepatitis-B-Überträger. Die Krankheit verbreitet sich durch den Kontakt mit infiziertem Blut, Bluterzeugnissen oder Körperflüssigkeiten, etwa durch sexuellen Kontakt, nicht sterilisierte Nadeln, Bluttransfusionen oder Kontakt mit Blut durch kleine Hautrisse. Weitere Risikofelder sind Rasuren, Tätowierungen oder Piercings mit kontaminiertem Zubehör. Die Symptome von Hepatitis B sind ernsthafter als die von Typ A – die Krankheit kann zu lebenslangen Problemen wie chronischen Leberschäden, Leberkrebs oder langanhaltender Infektiosität führen. Hepatitis C und D werden wie Hepatitis B übertragen und können ebenfalls lebenslange Schäden verursachen.

Es gibt Impfungen gegen Hepatitis A und B, aber nicht gegen die anderen Typen der Krankheit. Wichtige Präventivmaßnahmen: Einfache Regeln über Nahrung und Getränke (Hepatitis A und E) befolgen und riskante Situationen meiden (Hepatitis B, C und D).

HIV/Aids

Eine Infizierung mit dem Humanen Immundefizienz-Virus (HIV) führt zum Erworbenen Immundefektsyndrom (Aids), einer tödlichen Krankheit. Jeder Kontakt mit Blut, Bluterzeugnissen oder Körperflüssigkeiten kann ansteckend sein.

Oft wird die Krankheit durch sexuellen Kontakt oder schmutzige Nadeln übertragen: Impfungen, Akupunktur, Tätowierungen und Body-Piercing sind genauso riskant wie die intravenöse Einnahme von Drogen. HIV/Aids verbreitet sich auch durch Transfusionen mit infiziertem Blut. Obwohl das Blutzentrum in Phnom Penh die dafür vorgesehenen Reserven sorgfältig überprüft, geschieht dies nicht unbedingt in anderen Provinzen.

Wer eine Injektion braucht, sollte sich die eingepackte Spritze zeigen lassen oder selbst eine mitnehmen. Furcht vor einer HIV-In-

GESUNDHEIT IM ALLTAG

Normalerweise darf die Körpertemperatur bis zu 37 °C betragen; ist sie mehr als 2 °C höher, hat man hohes Fieber. Der normale Puls eines Erwachsenen liegt bei 60 bis 100 Schläge pro Minute (Kinder 80–100, Babys 100–140). Als Faustregel gilt: Erhöht sich der Puls um 20 Schläge pro Minute, führt dies zu 1 °C erhöhter Körpertemperatur.

Auch die Atemgeschwindigkeit gilt als Indikator für eine Krankheit. Am besten zählt man die Atemzüge pro Minute: Zwischen zwölf und 20 Atemzüge sind normal für Erwachsene und Kinder (bis zu 30 für Kleinkinder, 40 für Babys). Wer hohes Fieber oder eine Atemkrankheit hat, atmet schneller als normal. Mehr als 40 flache Atemzüge pro Minute deuten auf eine Lungenentzündung hin.

fektion darf einen allerdings niemals hindern, sich medizinisch behandeln zu lassen.

Nach Angaben der Weltgesundheitsorganisation sind die Infektionsraten in Kambodscha unter Prostituierten am höchsten. Dank einer Kampagne zur Stärkung des Bewusstseins für HIV/Aids sind die Infektionsraten im letzten Jahrzehnt von 5 % der Bevölkerung in den 1990er-Jahren auf heute unter 1 % gesunken.

Japanische Enzephalitis B

Diese Virusinfektion befällt das Gehirn und wird durch Moskitos übertragen. Fast alle Fälle treten bei Einheimischen in ländlichen Gebieten auf, denn der Virus lauert in Schweinen und Stelzvögeln. Zu den Symptomen gehören Fieber, Kopfschmerzen und Bewusstseinsveränderungen. Für eine genaue Diagnose und adäquate Behandlung muss man den Arzt konsultieren. Ein hoher Anteil der Infizierten stirbt; wer die Krankheit übersteht, behält möglicherweise dauerhafte Hirnschäden zurück.

Malaria

Diese ernste und potentiell tödliche Krankheit wird durch Moskitos verbreitet. Wer gefährdete Regionen bereist, sollte Mückenstiche unbedingt vermeiden und Tabletten einnehmen, um zu verhindern, dass die Krankheit bei einer Infektion ausbricht. Es gibt keine Malaria in Phnom Penh, Siem Reap und den meisten anderen Großstädten, daher können Besucher, die nur kurz die bekanntesten Orte besuchen, auf Malariaprophylaxe verzichten. Überall in Kambodscha gibt es Malaria-Testpakete zu kaufen, die aber nicht besonders zuverlässig sind.

Zu den Symptomen zählen Fieber, Schüttelfrost und Schweißausbrüche, Kopfschmerzen, Gliederschmerzen sowie Durchfall und Magenschmerzen, denen normalerweise ein schwaches Krankheitsgefühl vorausgeht. Wer glaubt, sich angesteckt zu haben, muss sofort zum Arzt gehen, denn ohne Behandlung kann sich die Krankheit schnell verschlimmern oder sogar tödlich ausgehen.

Falls keine medizinischen Einrichtungen verfügbar sind, kann man sich auch selbst mit Malariatabletten behandeln. Dazu braucht man andere Tabletten als während der Prophylaxe, denn diese haben offensichtlich nicht angeschlagen. Wenn man hauptsächlich ländliche Gebiete bereist, sollte man vorher eine Apotheke aufsuchen und Tabletten kaufen – dann gibt's im Notfall keine Komplikationen. Medikamente gegen Malaria bekommt man überall in Kambodscha zu billigen Preisen; am besten kauft man sie in einer renommierten Klinik und kontrolliert vorher das Verfallsdatum.

Reisende sollten sich unbedingt wie folgt vor Moskitostichen schützen:

- Helle Kleidung tragen.
- Lange Hosen und langärmelige T-Shirts tragen.
- In gefährdeten Regionen Moskito-Abwehrmittel benutzen, die Diethyltoluamid (DEET) enthalten. Eine dauerhafte Überdosierung von DEET kann besonders für Kinder schädlich sein, ist aber dem Stich eines Krankheitsüberträgers vorzuziehen.
- Kein Parfüm oder Aftershave benutzen.
- Ein mit Abwehrmittel (Permethrin) imprägniertes Moskitonetz verwenden; am besten bringt man selbst eins mit.
- Kleidung mit Permethrin imprägnieren, um Moskitos und andere Insekten effektiv abzuwehren.

MEDIKAMENTE GEGEN MALARIA

Medikamente gegen Malaria schützen nicht vor einer möglichen Infektion, töten aber die Parasiten während ihrer Entwicklung ab und reduzieren die Gefahr einer schweren Erkrankung mit möglicher Todesfolge. Am besten lässt man sich von einem Experten beraten, denn es muss vieles berücksichtigt werden, darunter die Region, die man bereisen will; inwiefern man Moskitos ausgesetzt sein wird, die Malaria übertragen; die eigene Krankheitsgeschichte; die Nebenwirkungen der Medikamente und den Umstand, ob man ein Kind, ein Erwachsener oder eine Schwangere ist. Wer isolierte Regionen besuchen will, sollte eine Behandlungsdosis mitnehmen, falls Symptome auftauchen. Das Medikament Malarone wird von der Europäischen Union (EU) und der Weltgesundheitsorganisation zur Verfügung gestellt und subventioniert. Man erhält es überall in Kambodscha billig in Apotheken. Das effektivste Malariamittel, das man in Kambodscha kaufen kann, ist die Kombination aus Artesunat und Mefloquin. Für Hinweise zur richtigen Dosierung siehe die Gebrauchsanweisung auf dem Beipackzettel.

Pilzinfektionen

Pilzerkrankungen treten meist bei heißem Wetter auf und zeigen sich normalerweise an der Kopfhaut, zwischen den Zehen (Sportlerfuß) oder Fingern sowie in der Leistenbeuge und am Körper (Ringelflechte). Letztere wird von infizierten Tieren und Menschen übertragen. Feuchtigkeit begünstigt Infektionen.

Um Pilzinfektionen vorzubeugen, sollte man lockere, bequeme Kleidung ohne Kunstfasern tragen, sich regelmäßig waschen und sorgfältig abtrocknen. Wer sich infiziert, muss den betroffenen Körperbereich mindestens einmal täglich mit einem Desinfektionsmittel oder einer medizinischen Seife und Wasser waschen, abspülen und gut abtrocknen. Hilfreich sind auch Antipilzsalben und -puder wie Tolnaftat (Tinaderm). Am besten setzt man den infizierten Bereich so oft wie möglich der frischen Luft oder dem Sonnenlicht aus. Handtücher und Unterwäsche oft wechseln, in heißem Wasser waschen und in der Sonne trocknen lassen.

Schistosomiasis

Schistosomiasis ist auch als Bilharziose bekannt und wird durch winzige Würmer übertragen. Diese befallen bestimmte Arten von Süßwasserschlangen in Flüssen und Seen, besonders in Stauseen. Nachdem sie sich vermehrt haben, werden sie schließlich ins Wasser ausgeschieden.

Der Wurm dringt durch die Haut ein und heftet sich an den Darm oder die Blase. Das erste Symptom ist Unwohlsein oder Kribbeln und manchmal leichter Ausschlag an der Stelle, wo der Wurm eingedrungen ist. Wochen später kann hohes Fieber auftreten. Wenn die Krankheit sich festgesetzt hat, kommt es zu Bauchschmerzen und blutigem Urin. Oft verursacht die Infektion erst Symptome, wenn sie sich (Monate oder Jahre später) im Körper ausgebreitet hat und die Schäden an inneren Organen irreparabel sind.

Die Hauptmethode zur Vorbeugung: Nicht in Bilharziose-verseuchten Gewässern schwimmen oder baden. Auch tiefes Wasser kann infiziert sein. Wer nass wird, trocknet sich schnell ab und lässt außerdem seine Kleidung trocknen.

Mit einem Bluttest kann man die Krankheit zuverlässig diagnostizieren, aber der Test zeigt erst mehrere Wochen nach der Infektion ein positives Ergebnis.

Typhus

Diese gefährliche Darminfektion wird durch verschmutztes Wasser und Essen hervorgerufen. Infizierte brauchen unbedingt ärztliche Behandlung.

Im Anfangsstadium haben die Erkrankten das Gefühl, eine schwere Erkältung oder Grippe zu bekommen, denn frühe Symptome sind Kopf- und Gliederschmerzen sowie Fieber, das über mehrere Tage bis auf 40 °C oder höher steigt. Der Puls ist im Vergleich zum Fieberkranken oft verlangsamt – bei normalem Fieber dagegen steigt der Puls. Es kann auch zu Erbrechen, Bauchschmerzen, Durchfall oder Verstopfung kommen.

In der zweiten Woche halten das hohe Fieber und der niedrige Puls an, auf dem Körper können einige rosafarbene Punkte auftreten; außerdem kann es zu Zittern, Delirium, Schwächeanfällen, Gewichtsverlust und Dehydrierung kommen. Oft geht die Krankheit mit Lungenentzündung, Darmkrankheiten oder Meningitis einher.

DURCHFALLERKRANKUNGEN

Schon einfache Dinge wie anderes Wasser und Essen oder ein Klimawechsel können leichten Durchfall verursachen, aber ein paar eilige Toilettengänge ohne weitere Symptome deuten nicht automatisch auf ein ernstes Problem hin. Fast jeder, der Kambodscha für längere Zeit besucht, bekommt Durchfall.

Das Hauptrisiko ist der Flüssigkeitsverlust, besonders bei Kindern oder älteren Menschen, denn dieser kann schnell zu Dehydrierung führen. Unter allen Umständen sollte man für genügend Flüssigkeitsersatz sorgen. Besonders gut sind schwacher schwarzer Tee mit etwas Zucker und Sodawasser oder Softdrinks, die mit 50 % klarem Wasser verdünnt sein sollten. Man muss dieselbe Menge an Flüssigkeit zu sich nehmen, die man bei Durchfall und Erbrechen verliert. Anhand des Urins lässt sich die nötige Flüssigkeitsmenge gut abschätzen: Wer nur wenig und konzentrierten Urin abgibt, muss mehr trinken. Man sollte in kurzen Abständen kleine Mengen an Flüssigkeit zu sich nehmen. Wenn der Durchfall überstanden ist, steht leichte Kost auf dem Speiseplan.

Bei schwerem Durchfall ist die Einnahme einer Elektrolytlösung empfehlenswert, die den Mineralien- und Salzverlust ausgleicht. Auch die überall erhältlichen Rehydrationssalze sind hilfreich; sie werden in abgekochtem oder in Flaschen abgefülltem Wasser aufgelöst. Im Notfall gibt man sechs Teelöffel Zucker und einen halben Teelöffel Salz in einen Liter abgekochtes oder abgefülltes Wasser.

Die Darmtätigkeit unterdrückende Medikamente wie Imodium lindern die Symptome, heilen jedoch nicht die Krankheit. Man sollte sie nur dann einnehmen, wenn keine Toiletten in der Nähe sind und man reisen muss. Für Kinder unter zwölf Jahren und für Reisende, die hohes Fieber haben oder schwer dehydriert sind, wird Imodium nicht empfohlen.

In manchen Fällen können Antibiotika notwendig sein: bei Durchfall mit Blut oder Schleim (Dysenterie), Durchfall mit Fieber, sehr starkem, sehr wässrigem oder sehr hartnäckigem Durchfall, der nach 48 Stunden nicht aufhört. Dann liegen ernstere Ursachen vor, und darmberuhigende Medikamente sind nicht empfehlenswert.

In diesen Situationen ist ein Stuhltest notwendig, um zu diagnostizieren, welcher Bazillus den Durchfall verursacht. Daher sollte man umgehend den Arzt aufsuchen. Wenn das nicht möglich ist, nimmt man empfehlenswerte Medikamente gegen bakterielle Infektionen – die wahrscheinlichste Ursache für ernsten Durchfall bei Reisenden – wie Norfloxacin (3 Tage lang 2-mal tgl. 400 mg) oder Ciprofloxacin (5 Tage lang 2-mal tgl. 500 mg). Diese eignen sich allerdings nicht für Kinder oder Schwangere. Kinder sollten am besten mit Cotrimoxazol (Bactrim, Cotrim oder Kepinol) behandelt werden, das man abhängig vom Gewicht dosiert. Man nimmt das Medikament fünf Tage lang ein. Ampicillin oder Amoxycillin eignen sich für Schwangere, die allerdings unbedingt einen Arzt aufsuchen sollten.

Amöbenruhr & Giardiasis

Zwei weitere Ursachen für hartnäckigen Durchfall bei Reisenden sind Amöbenruhr und Giardiasis. Erstere wird durch die Amöbe *Entamoeba histolytica* hervorgerufen und beginnt mit einem leichten Durchfall, der oft mit Blut und Schleim durchsetzt ist. Anders als bei anderen Durchfallerkrankungen hat man keine krampfartigen Bauchschmerzen und oftmals auch kein Fieber. Amöbenruhr bleibt so lange bestehen, bis sie behandelt wird, und kann auch weitere Gesundheitsprobleme hervorrufen.

Giardiasis entsteht durch einen weit verbreiteten Parasiten, den *Giardia lamblia*. Zu den Symptomen zählen Magenkrämpfe, Brechreiz, ein aufgeblähter Bauch, wässriger, faulig riechender Durchfall und Blähungen. Manchmal bricht die Krankheit erst mehrere Wochen nach dem Parasitenbefall aus. Die Symptome können einige Tage lang verschwinden und dann wiederkehren; dies kann sich über mehrere Wochen hinziehen.

Beim Verdacht auf Amöbenruhr oder Giardiasis sollte man zum Arzt gehen. Wenn dies nicht möglich ist, wird die Einnahme von Tinidazol (Fasigyn) oder Metronidazol (Flagyl) empfohlen, obwohl Flagyl schwere Nebenwirkungen hat. Zur Behandlung nimmt man fünf bis zehn Tage lang dreimal täglich 2 g Fasigyn oder 250 mg Flagyl ein.

GESUNDHEITSRISIKEN

Essen

Ein altes Sprichwort besagt: „Kannst du's kochen, garen oder schälen, iss es … sonst vergiss es." Das ist etwas extrem, aber viele Reisende befolgen es, um nicht krank zu werden. Gemüse und Obst sollten mit gereinigtem Wasser gewaschen oder, falls möglich, geschält werden. Niemals Eiscreme auf der Straße oder an Orten kaufen, wo sie möglicherweise schon einmal geschmolzen und wieder gefroren ist. Meiden sollte man Schalentiere wie Muscheln, Austern und Venusmuscheln, ebenso zu kurz gegartes Fleisch,

EINE BANANE AM TAG ...

Wer sich eingeschränkt oder einseitig ernährt, sehr anstrengende und lange Reisen unternimmt und dabei Mahlzeiten verpasst oder einfach nur keinen Appetit hat, verliert schnell Gewicht und riskiert seine Gesundheit.

Traveller sollten auf einen ausgewogenen Speiseplan achten. Gekochte Eier, Tofu, Bohnen, Linsen sowie Nüsse liefern Proteine und schälbare Früchte (z. B. Bananen, Orangen oder Mandarinen) Vitamine. Melonen können Bakterien enthalten und sollten deshalb gemieden werden. Am besten isst man eine Menge Getreide (auch Reis) und Brot. Obwohl gut gekochtes Essen im Allgemeinen als sicher gilt, verlieren überkochte Gerichte viel von ihrem Nährwert. Wer sich nicht ausgewogen ernährt oder zu wenig isst, kann auch Vitamin- und Eisentabletten nehmen.

Man sollte viel trinken und nicht warten, bis man durstig wird. Sonst besteht nämlich die Gefahr auszutrocknen. Dies zeigt sich z. B. daran, dass man nicht mehr austreten muss oder nur kleine Mengen an dunkelgelbem Urin ausscheidet. Auf langen Reisen immer eine Flasche Wasser mitnehmen. Mehr zu Hitzeschäden siehe unten.

besonders Gehacktes. Auch gedämpfte Krustentiere sind nicht sicher.

Wenn ein Laden oder Stand sauber aussieht und auch der Händler gepflegt und gesund wirkt, ist das Essen wahrscheinlich sicher. Gut gefüllte Läden und Lokale, in denen viele Traveller und Einheimische essen, gelten als empfehlenswert. Leere Restaurants sind nicht grundlos ohne Gäste. Das Essen in gut besuchten Lokalen wird schnell gekocht und gegessen, ohne lange herumzustehen, und deshalb wohl auch nicht mehrmals erhitzt.

Hitzepickel

Der juckende Hautausschlag wird durch starken, auf der Haut eingeschlossenen Schweiß hervorgerufen. Er entsteht meist bei Leuten, für die das heiße Klima ungewohnt ist. Am besten hält man sich in kühlen, klimatisierten Räumen auf, badet oft, trocknet die Haut sofort ab und benutzt ein mildes Talkum- oder Hitzepickelpuder.

Hitzeschäden

Dehydrierung und Salzmangel können Hitzeschäden hervorrufen. Am besten gewöhnt man sich langsam an die hohen Temperaturen, trinkt genügend und strengt seinen Körper nicht zu sehr an.

Salzmangel führt zu Erschöpfungszuständen, Lethargie, Kopfschmerzen, Schwindel und Muskelkrämpfen. Salztabletten können helfen, am besten jedoch würzt man sein Essen gut nach.

Anhidrotische Hitzeerschöpfung entsteht, wenn man nicht schwitzen kann. Sie befällt vor allem Menschen, die sich schon länger in einer heißen Klimazone aufhalten, und kann zu Hitzeschlag führen. Neuankömmlinge sind seltener betroffen. Zur Behandlung sollte man sich an einem kühlen Ort aufhalten, kalt duschen und auf feuchten Bettlaken liegen.

Hitzschlag

Zu diesem ernsthaften und potentiell lebensgefährlichen Zustand kommt es, wenn die Mechanismen der Hitzeregulierung im Körper eines Menschen versagen, wodurch die Körpertemperatur bedrohlich ansteigt. Wer sich über lange Zeit hohen Temperaturen aussetzt und wenig Flüssigkeit zu sich nimmt, wird anfällig.

Die Symptome: Unwohlsein, wenig (oder gar kein) Schweiß und eine hohe Körpertemperatur (39–41 °C). Wenn man nicht mehr schwitzt, rötet sich die Haut. Auch pochende Kopfschmerzen und Koordinationsschwierigkeiten treten auf, der Betroffene kann verwirrt sein oder aggressiv werden. Schließlich fällt das Opfer in ein Delirium und bekommt Krämpfe. Die Krankheit muss im Krankenhaus behandelt werden, aber in der Zwischenzeit sollte man den Betroffenen aus der Sonne bringen, ihn entkleiden, in ein feuchtes Laken oder Handtuch wickeln und ihm kontinuierlich Luft zufächeln. Wenn er bei Bewusstsein ist, muss er viel trinken.

Insektenbisse & -stiche

Bettwanzen leben an verschiedenen Orten, aber speziell in schmutzigen Matratzen und Betten. Man erkennt sie an Blutspuren auf der Bettwäsche oder an den Wänden. Diese Viecher hinterlassen juckende Bisse in geraden Linien. Galmei-Lotion oder Spray gegen Insektenstiche können helfen.

Läuse verursachen Jucken und Unannehmlichkeiten. Sie machen es sich im Haar (Kopfläuse), in der Kleidung (Menschenläuse) oder im Schamhaar (Filzläuse) bequem. Man fängt sich Läuse durch den direkten Kontakt mit infizierten Personen ein oder durch die gemeinsame Benutzung von Kämmen, Kleidung und ähnlichen Dingen. Eine Behandlung mit Spezialpuder oder -shampoo tötet die Läuse; die befallene Kleidung muss in sehr heißem Seifenwasser gewaschen und zum Trocknen in die Sonne gehängt werden.

Bienen- und Wespenstiche sind normalerweise eher schmerzhaft als gefährlich. Wer jedoch allergisch darauf reagiert, kann Atemprobleme bekommen und muss sofort medizinisch behandelt werden. Galmei-Lotion oder Insektenspray helfen gegen den Juckreiz, kalte Eispackungen reduzieren den Schmerz und die Schwellung.

Der Kontakt mit Quallen, die Stacheltentakeln haben, ist zu vermeiden – am besten erkundigt man sich bei Einheimischen nach sicheren Badeplätzen. Ein Essigbad deaktiviert Stacheln, die sich nicht entzündet haben. Galmei-Lotion, Antihistamine und Schmerzmittel können Hautreaktionen reduzieren und die Schmerzen lindern.

Blutegel leben im feuchten Dschungelklima und heften sich an die Haut. Wanderer haben sie oft an den Beinen oder in den Stiefeln. Salz oder eine brennende Zigarette bewirken, dass sie abfallen. Man sollte sie nicht abziehen, denn dann kann sich der Biss schneller entzünden. Die Bissstelle wird gesäubert und abgedeckt, falls sie blutet. Insektenschutzmittel halten Blutegel fern. Wer durch Gebiete wandert, in denen Blutegel zu finden sind, sollte seine Schuhe und Hosen mit Benzylbenzoat und Dibutylphthalat (in ganz Kambodscha in Apotheken erhältlich) imprägnieren.

Wenn man durch ein Gebiet gelaufen ist, in dem Zecken leben, sollte man seinen gesamten Körper absuchen, denn die Tiere können Hautinfektionen und andere schwere Krankheiten hervorrufen. Wenn sich eine Zecke an der Haut festgebissen hat, dreht man ihren Kopf mit einer Pinzette herum und zieht sie vorsichtig nach oben. Man sollte nicht am Hinterteil zupfen, denn dann gibt das Tier seinen Darminhalt über die Mundwerkzeuge in die Haut ab, was das Infektionsrisiko erhöht. Chemikalien auf die Zecke zu streichen, löst diese nicht aus der Haut und wird nicht empfohlen.

Um die Möglichkeit eines Schlangenbisses zu reduzieren, sollte man immer Stiefel, Socken und lange Hosen tragen, wenn man durch schlangengefährdetes Dickicht läuft. Man sollte nicht in Löcher und Erdspalten greifen und beim Sammeln von Feuerholz Vorsicht walten lassen. Die Bisse der in Kambodscha lebenden Schlangen führen nicht sofort zum Tod, aber leider bekommt man nicht überall ein passendes Gegengift. Man muss das betroffene Körperteil unverzüglich eng umwickeln, wie man es mit einem verstauchten Knöchel tun würde, und dann schienen, um es ruhigzustellen. Das Opfer sollte ruhig gehalten werden und medizinische Behandlung suchen; falls möglich, bringt man die tote Schlange zur Identifizierung mit. Man darf nicht versuchen, die Schlange zu fangen, wenn die Gefahr besteht, gebissen zu werden. Aderpressen und Aussaugen des Gifts gelten heute nicht mehr als hilfreiche Behandlungsmethoden.

Sonnenbrand

Man kann erstaunlich schnell einen Sonnenbrand bekommen, auch wenn es bewölkt ist. Unbedingt Sonnencreme, einen Hut und eine Schutzcreme für Nase und Lippen mitnehmen. Galmei-Lotion oder Sprays helfen bei einer leichten Entzündung. Am besten schützt man seine Augen mit hochwertigen Sonnenbrillen, die man nur in Phnom Penh, Siem Reap und Sihanoukville erhält.

Wasser

Die wichtigste Faustregel: *Vorsicht mit Wasser und Eis,* auch wenn beides fast immer in Fabriken produziert wird (eine Hinterlassenschaft der Franzosen). Wenn man nicht genau weiß, ob das Wasser keimfrei ist, sollte man vom Schlimmsten ausgehen. Angesehene Wasser- und Getränkemarken gelten als sicher, Leitungswasser hingegen nicht. Nur

KEIN GUTER PLATZ FÜR KONTAKTLINSEN

Kambodscha ist ein extrem staubiges Land, was unterwegs für viel Ärger sorgen kann. Im Auto kann man zwar meist problemlos Kontaktlinsen tragen, auf dem Motorrad oder Pick-up aber definitiv nicht. Aus diesem Grund sollte man unbedingt eine Brille mitnehmen.

Wasser aus Behältern mit versiegeltem Verschluss trinken. Tee und Kaffee sind für gewöhnlich genießbar, weil das Wasser abgekocht wurde.

Am einfachsten reinigt man Wasser durch Abkochen. Es muss sprudelnd kochen; in Höhenlagen kocht es allerdings schon bei niedrigeren Temperaturen, dabei werden die Keime nicht unbedingt abgetötet. In dem Fall sollte man es lange kochen lassen.

Wer länger unterwegs ist, kauft sich am besten einen Wasserfilter. Totalfilter entziehen alle Parasiten, Bakterien und Viren und machen das Wasser trinkbar. Sie sind oft teuer, können aber kostengünstiger als abgefüllte Flaschen sein. Chlortabletten (Puritabs, Steritabs oder andere Marken) töten viele Krankheitserreger ab, jedoch nicht Parasiten wie Giardien und amöbische Zysten. Empfehlenswerter: Jodtabletten oder Silbersalze (z. B. Micropur).

FRAUEN & GESUNDHEIT

Gynäkologische Probleme

Antibiotika, synthetische Unterwäsche, Schweiß und Antibabypillen können vaginale Pilzinfektionen verursachen, besonders, wenn man in einem heißen Klima reist. Pilzkrankheiten (vaginale Kandidose) machen sich durch Ausschlag, Jucken und Ausfluss bemerkbar. Sie werden für gewöhnlich mit Nystatin-, Miconazol- oder Clotrimazol-Zäpchen und Vaginalsalbe behandelt. Um Infektionen vorzubeugen, sollte man auf gute Körperhygiene achten sowie legere Kleidung und Baumwollunterwäsche tragen.

Als Hauptursache für Vaginalprobleme gelten sexuell übertragbare Krankheiten. Zu den Symptomen gehören übelriechender Ausfluss, Schmerzen beim Verkehr und Brennen beim Wasserlassen. Man sollte medizinische Hilfe suchen; auch die männlichen Sexualpartner müssen sich behandeln lassen. Weitere Details siehe S. 388. Als beste Vorbeugungsmaßnahme gilt sexuelle Abstinenz, aber auch die Verwendung von Kondomen ist effektiv.

Schwangerschaft

Das größte Risiko für eine Fehlgeburt besteht in den ersten drei Monaten der Schwangerschaft. Fehlgeburten sind häufig und können zu schweren Blutungen führen. In den letzten drei Schwangerschaftsmonaten sollte man sich stets in der Nähe guter medizinischer Behandlungszentren aufhalten. Ein Baby, das bereits nach 24 Wochen geboren wird, hat die Chance zu überleben – aber nur in einem guten Krankenhaus wie dem Calmette (S. 87) in Phnom Penh. Schwangere sollten möglichst keine Medikamente einnehmen, Impfungen und Malariaprophylaxe sind jedoch erlaubt. Sie müssen besonders gut auf sich achten, um nicht krank zu werden, und sich natürlich auch gesund ernähren.

Sprache

INHALT

Khmer (bzw. Kambodschanisch) wird in Kambodscha von etwa 9 Mio. Menschen gesprochen und auch von den Einwohnern vieler Nachbarländer verstanden. Die Schriftzeichen basieren auf der alten südindischen Brahmi-Schrift. Vermutlich ist Khmer eine der ältesten Sprachen Südostasiens, denn die frühesten Inschriften stammen bereits aus dem 7. Jh. Zwar unterscheidet es sich deutlich von den benachbarten Sprachen Birmanisch, Laotisch und Thai, doch alle vier haben gemeinsame Wurzeln im Sanskrit und Pali – ein jahrhundertealtes Erbe der linguistischen und kulturellen Interaktion sowie der gemeinsamen Religion des Theravada-Buddhismus. In der jüngeren Vergangenheit fanden während der Kolonialzeit zahlreiche französische Worte Eingang ins Khmer, darunter besonders medizinische und technische Begriffe.

Im Gegensatz zu den Sprachen der Nachbarländer (Laotisch, Thai und Vietnamesisch) ist Khmer nicht tonal, also verändert man nicht gleich die Bedeutung des Wortes, wenn man eine Silbe falsch betont – eine gute Nachricht für Traveller. Auch die Grammatik ist relativ einfach. Verben werden nicht konjugiert, außerdem gibt's keine besonderen Endungen für das Geschlecht bzw. Singular und Plural. Der Zeitbezug eines Satzes wird durch zusätzliche Worte festgelegt; diese bestimmen, ob es sich um Vergangenheit, Gegenwart oder Zukunft handelt.

Mit ein bisschen Khmer kann man weit kommen, denn die Einheimischen schätzen jede Bemühung, ihre Sprache zu lernen, und unterstützen Besucher gerne bei ihren Versuchen. Reisende werden feststellen, dass mit zunehmendem Vokabular und besserer Sprachfertigkeit auch ihr Ansehen steigt: Man wird mit Komplimenten überschüttet, Preise für *moto*-Fahrten und auf Märkten sinken, und vielleicht gewinnt man sogar ein paar neue Freunde.

Englisch ist zwar auf dem Weg, Kambodschas erste Fremdsprache zu werden, doch die Khmer halten sich beim lateinischen Alphabet und den meisten Fremdworten immer noch an die französische Aussprache. Das ist gut zu wissen, wenn man Namen und westliche Vokabeln laut buchstabiert: Aus „A-Be-Ce" wird dann „A-Bey-Sey" usw. Wer Französisch beherrscht, ist beim Kontakt mit älteren Menschen sicher im Vorteil, denn die meisten gebildeten Khmer haben diese Sprache irgendwann während ihrer Schulzeit gelernt. Darüber hinaus tragen zahlreiche Gebrauchsgegenstände im Haushalt aus dem Französischen stammende Namen, vor allem diejenigen, die von den Kolonisten eingeführt wurden, darunter *robinet* (Wasserhahn) und *ampoule* (Glühlampe).

Wer sich eingehender mit dem gesprochenen und schriftlichen Khmer beschäftigen möchte, dem seien besonders die Werke *Cambodian System of Writing and Beginning Reader* und *Modern Spoken Cambodian* von Frank Huffmann empfohlen. Eine ausführliche Einführung in die Sprache bietet auch das Lonely Planet *Southeast Asia* Phrasebook. Außerdem gibt's ein paar Werke auf Deutsch: *Khmer – Eine Einführung in die Sprache Kambodschas* von To Loeuy und *Lehrbuch des Khmer* von Ruth Sacher und Nguon Phan. Eine Sprachliste rund ums Thema Essen findet man ab S. 68.

Dialekte

Das in Phnom Penh gesprochene Khmer wird zwar von Einwohnern im ganzen Land verstanden, in anderen Gegenden hört man jedoch mehrere unterschiedliche und recht ausgeprägte Dialekte. Am auffälligsten ist jener der Provinz Takeo. Dort spricht man

Kombinationen aus Konsonanten und Vokalen oft modifiziert oder verschliffen aus, insbesondere solche mit einem „r“: Aus *bram* (fünf) wird beispielsweise *pe-am*, aus *sraa* (Alkohol) *se-aa* und aus *baraang* (Franzose oder Ausländer) *be-ang*. In Siem Reap nehmen Reisende mit gutem Gehör eine stark ans Laotische erinnernde Sprachmelodie in der örtlichen Sprache wahr. Hier verändern die Einheimischen bestimmte Vokale, so wird z. B. *poan* (tausend) zu *peuan*, und *kh'sia* (Pfeife) zu *kh'seua*.

AUSSPRACHE

Während des französischen Protektorats wurde ein etwas willkürlich wirkendes Transliterationssystem des Khmer in die lateinische Schrift erstellt, aber nie vollendet; es ist daher wenig hilfreich. Aussprachehinweise in diesem Kapitel zielen vor allem auf verständliche Kommunikation und weniger auf linguistische Perfektion ab. Im Folgenden wird das lateinische Alphabet verwendet, um den Klang der Sprache möglichst korrekt wiederzugeben.

Für die in lateinischer Schrift geschriebenen Khmer-Ortsnamen haben wir in diesem Reiseführer die allgemein übliche Schreibweise gewählt.

Vokale

Vokale und Diphthonge (Doppelvokale) mit einem **h** am Ende werden hart und aspiriert (behaucht) ausgesprochen.

a, ah kurz wie in „Blatt“ und härter als **aa**
aa wie in „Bar“
aa-œ wie eine Kombination aus **aa** und **œ**; zwischen Konsonanten stehend wird es oft wie **ao** ausgesprochen
ae wie „ä“
ai wie in „Ei“
am wie in „am“
ao wie in „Mao“
av wie ein sehr nasales **ao**, das abschließende v ist stumm
aw kurzes, gedehntes „o“ wie im englischen „jaw“
awh wie **aw**, aber kurz und hart ausgesprochen
ay wie **ai**, aber etwas nasaler
e kurz wie in „nett“
eah Kombination von **e** und **a**, kurz und hart ausgesprochen
eh wird wie im englischen Wort „date“ ausgesprochen, kurz und hart
ei wie **ai**, nur länger
eu wie **uu**, wobei die Lippen nicht gespitzt, sondern gestreckt werden
eua Kombination aus **eu** und **a**
euh wie **eu**, aber kurz und hart ausgesprochen
euv wie ein sehr nasales **eu**; das abschließende v ist stumm
ey wie im englischen „prey“
i kurz wie in „bitte“
ia wie in „ihr“
ii lang wie in „sie“
ih wie **ii**, aber kurz und hart ausgesprochen
oah Kombination von **o** und **ah**, kurz und hart ausgesprochen
oam Kombination von „o“ und „am“
œ wie „ö“, aber ein bisschen weiter hinten ausgesprochen
oh kurz und hart wie in „Schloss“
ohm wie in „Rom“
ow wie im englischen „flow“
u kurzes, hartes „u“ wie in „Lust“
ua wie das „ou“ in Tour“
uah wie **ua**, wird allerdings kurz und hart ausgesprochen
uh wie das „a“ in „matt“
uu langes „u“ wie in „Uhr“

Konsonanten

Es gibt im Khmer einige für deutsche Sprecher ungewöhnliche Konsonantenkombinationen, z. B. „j-r“ in *j'rook* (Schwein) und „ch-ng“ in *ch'ngain* (köstlich). Um die Aussprache zu erleichtern, sind solche Konsonantengruppen in diesem Buch mit einem Apostoph gekennzeichnet.

ch wie das „tsch“ in „Tschüss“
j wie das „dsch“ in „Dschungel“
k wie das „g“ in „gehen“
kh wie das „k“ in „Kind“
ng wie in „singen“
ny wie die letzte Silbe von „Linie“, z. B. in „*nyun*“
p stimmloses hartes „p“
ph wie in „Puder“
r hartes und rollendes „r“, bei schnellem Reden wird es oft gänzlich weggelassen
t harter stimmloser Laut wie in „stehen“
th wie in „Tür“
w wie im englischen Wort „would“

SPRACHE

AUSWÄRTS ESSEN

Wo ist ein…?
…នៅឯណា? *… neuv ai naa*

billiges Restaurant
ហាងបាយ, *haang baay,*
រេស្តូរង់ថោក *resturawn thaok*

Essensstand
កន្លែងលក់ម្ហូប *kuhnlaing loak m'howp*

Markt
ផ្សារ *psar*

Restaurant
រេស្តូរង់, *resturawn,*
ភោជនីយដ្ឋាន *phowjaniyahtnaan*

Bitte bringen Sie mir ein/eine/einen …
សូមយក…មក *sohm yohk … mao*

Gabel
សម *sawm*

Löffel
ស្លាបព្រា *slaapria*

Messer
កាំបិត *kambuht*

Teller
ចាន *jaan*

Haben Sie eine englische Speisekarte?
មានមីនុយជាភាសា *mien menui jea*
អង់គ្លេសទេ? *piasaa awnglay te*

Ich bin Vegetarier. (Ich kann kein Fleisch essen.)
ខ្ញុំតមសាច *kh'nyohm tawm sait*

Kahn ich das hier ohne das Fleisch bekommen?
សូមកុំដាក់សាច? *sohm kohm dak sait*

Ich bin allergisch gegen (Erdnüsse).
កុំដាក់ (សណ្ដែកដី) *kohm dak (sandaik dei)*

Bitte nicht so scharf.
សូមកុំធ្វើហឹរពេក *sohm kohm twœ huhl pek*

Das schmeckt köstlich.
អានេះឆ្ងាញ់ណាស *nih ch'ngain nah*

Die Rechnung bitte.
សូមគិតលុយ *sohm kuht lui*

GESUNDHEIT

Ich bin krank.
ខ្ញុំឈឺ *kh'nyohm cheu*

Mein … tut weh.
… របស្តខ្ញុំឈឺ *… r'bawh kh'nyohm cheu*

Ich fühle mich schwach.
ខ្ញុំអស្ដុកំលាំង *kh'nyohm awh kamlahng*

Mir ist schwindelig.
ខ្ញុំវិលមុខ *kh'nyohm wuhl muhk*

Mir ist schlecht.
ខ្ញុំចង្កួត *kh'nyohm jawng k'uat*

Ich muss mich dauernd übergeben.
ខ្ញុំក្អួតច្រើន *kh'nyohm k'uat j'raa-œn*

Wo ist ein/eine …?
… នៅឯណា? *… neuv ai naa*

Apotheke
កន្លែងលក់ថ្នាំ/ *kuhnlaing luak th'nam/*
ឧសថស្ថាន *ohsawt s'thaan*

Arzt
គ្រូពេទ្យ *kruu paet*

Krankenhaus
មន្ទីរពេទ្យ *mohntrii paet*

Zahnarzt
ពេទ្យធ្មេញ *paet th'mein*

Ich bin allergisch gegen …
ខ្ញុំមិនត្រូវធាតុ … *kh'nyohm muhn treuv thiat …*

Antibiotika
អង់ទីប៊ីយោទិក *awntiibiowtik*

Penicillin
ប៉េនីស៊ីលីន *penicillin*

Ich benötige Medikamente gegen …
ខ្ញុំត្រូវការថ្នាំសំរាប់ … *kh'nyohm treuv kaa th'nam samruhp …*

Durchfall
រោគចុះរាក *rowk joh riak*

Fieber
គ្រន់/ក្ដៅខ្លួន *krohn/k'dav kh'luan*

Ruhr
រោគមួល *rowk mual*

Schmerzen
ឈឺ *cheu*

Aspirin
ប៉ារាសេតាម៉ុល *parasetamol*

Monatsbinden
សំឡីអនាម័យ *samlei ahnaamai*

Chinin
គីនីន *kiiniin*

Codein
ខូឌីន *codiin*

Desinfektionsmittel
ថ្នាំសំលាប់មេរោគ *th'nam samlahp me rowk*

Kondome
ស្រោមអនាម័យ *sraom ahnaamai*

Mückenschutz
ថ្នាំការពារមូស *th'nam kaa pia muh*

Rasierklingen
កាំបិតកោរពុកមាត្ត *kambuht kao pohk moat*

Shampoo
សាប៊ូកក់សក់ *sabuu kawk sawk*

Sonnencreme
ក្រែមការពារពន្លឺថ្ងៃ *kraim kaa pia pohnleu th'ngay*

Toilettenpapier
ក្រដាស្ដអនាម័យ *krawdah ahnaamai*

SPRACHE

KONVERSATION & NÜTZLICHES

Anredeformen

Khmer reflektiert die soziale Stellung des Sprechers und der angesprochenen Person durch zahlreiche verschiedene Personalpronomen und Höflichkeitsfloskeln. Das reicht vom einfachen *baat* für Männer und *jaa* für Frauen, das an das Ende eines Satzes gehängt wird und „ja" bzw. „ich stimme zu" bedeutet, bis zur sehr formellen und archaischen *Reachasahp* („königliche Sprache"), einem eigenen Vokabular, das für die Anrede des Königs und hoher Beamter reserviert ist. Viele dieser Pronomen richten sich nach dem Alter und Geschlecht der angesprochenen Person in Bezug auf den Sprecher.

Von Ausländern wird nicht erwartet, dass sie all diese Formen kennen. Das einfachste und allgemeinste Pronomen ist *niak* (Sie/du), das in den meisten Situationen und für beide Geschlechter benutzt werden kann. Männer, die genauso alt oder älter sind, kann man *lowk* (Herr) nennen. Frauen, die genauso alt oder älter sind, können mit *bawng srei* (ältere Schwester) oder in förmlicheren Situationen mit *lowk srei* (Dame/Madam) angesprochen werden. *Bawng* ist ein gutes informelles Pronomen für Männer und Frauen, die älter als man selbst sind (oder zu sein scheinen). Für die dritte Person – egal, ob männlich oder weiblich, Singular oder Plural – ist die höfliche Form *koat* und die Umgangsform *ke*.

Hallo.
ជំរាបសួរ/ *johm riab sua/*
សួស្តី *sua s'dei*
Auf Wiedersehen.
លាសិនហើយ *lia suhn hao-y*
Bis später.
ជួបគ្នាថ្ងៃក្រោយ *juab kh'nia th'ngay krao-y*
Ja.
បាទ *baat* (der Sprecher ist männlich)
ចាស *jaa* (der Sprecher ist weiblich)
Nein.
ទេ *te*
Bitte.
សូម *sohm*
Danke.
អរគុណ *aw kohn*
Gern geschehen.
អត់អីទេ/សូមអញ្ជើញ *awt ei te/sohm anjœ-in*
Entschuldigung/Es tut mir leid.
សុំទោស *sohm toh*
Wie bitte?
អ្នកនិយាយថាម៉េច? *niak niyey thaa mait*

Hallo, wie geht es Ihnen?
អ្នកសុខសប្បាយទេ? *niak sohk sabaay te*
Gut.
ខ្ញុំសុខសប្បាយ *kh'nyohm sohk sabaay*
Wohin gehen Sie?
អ្នកទៅណា? *niak teuv naa*
(Eine sehr gebräuchliche Frage, die auch an Fremde gerichtet wird; man muss darauf keine genaue Antwort geben.)

Wie heißen Sie?
អ្នកឈ្មោះអី? *niak ch'muah ei*
Ich heiße …
ខ្ញុំឈ្មោះ ... *kh'nyohm ch'muah …*
Woher kommen Sie?
អ្នកមកពីប្រទេសណា? *niak mao pii prateh naa*
Ich komme aus …
ខ្ញុំមកពី ... *kh'nyohm mao pii …*
Ich übernachte im …
ខ្ញុំស្នាក់នៅ ... *kh'nyohm snahk neuv …*
Darf ich ein Foto von Ihnen machen?
ខ្ញុំអាចថតរូបអ្នកបានទេ?
kh'nyohm aa-it thawt ruup niak baan te

NOTFÄLLE

Hilfe!
ជួយខ្ញុំផង! *juay kh'nyohm phawng*
Halt!
ឈប់! *chohp*
Vorsicht!
ប្រយ័ត្ន! *prawyaht*
Das ist ein Notfall!
នេះជារឿងបន្ទាន់! *nih jia reuang bawntoan*
Rufen Sie einen Arzt!
ជួយហៅគ្រូពេទ្យមក! *juay hav kruu paet mao*
Rufen Sie die Polizei!
ជួយហៅប៉ូលីសមក! *juay hav polih mao*
Ich bin beraubt worden.
ខ្ញុំត្រូវចោរប្លន់ *kh'nyohm treuv jao plawn*
Wo sind die Toiletten?
បង្គន់នៅឯណា? *bawngkohn neuv ai naa*

Können Sie mir bitte helfen?
អ្នកអាចជួយខ្ញុំបានទេ?
niak aa-it juay kh'nyohm baan te
Kann ich bitte das Telefon benutzen?
ខ្ញុំប្រើទូរស័ព្ទបានទេ?
kh'nyohm braa-œ turasahp baan te
Ich möchte gerne Kontakt zu meiner Botschaft/meinem Konsulat aufnehmen.
ខ្ញុំចង់ហៅស្ថានទូត/កុងស៊ុលរបស់ប្រទេសខ្ញុំ
kh'nyohm jawng hav s'thaantuut/kohngsuhl r'bawh prawteh kh'nyohm

SHOPPEN & SERVICE

Wie weit ist es bis zur/zum …?
...... ឆ្ងាយប៉ុន្មាន? *… ch'ngaay pohnmaan*

Ich möchte den/die/das … besichtigen.
ខ្ញុំចង់ទៅមើល … *kh'nyohm jawng teuv mœl …*

Ich suche den/die/das …
ខ្ញុំរក … *kh'nyohm rohk …*

Wie teuer ist das?
នេះថ្លៃប៉ុន្មាន? *nih th'lay pohnmaan*

Das ist zu teuer.
ថ្លៃពេក *th'lay pek*

Ich geben Ihnen …
ខ្ញុំឱ្យ … *kh'nyohm ao-y …*

Höchstens …
មិនលើសពី … *muhn lœh pii …*

Was ist Ihr bester Preis?
អ្នកដាច់ប៉ុន្មាន? *niak dait pohnmaan*

Wann öffnet er/sie/es?
វាបើកម៉ោងប៉ុន្មាន? *wia baok maong pohnmaan*

Wann schließt er/sie/es?
វាបិតម៉ោងប៉ុន្មាន? *wia buht maong pohnmaan*

Wo ist ein/eine/der/die/das …?
… នៅឯណា? *… neuv ai naa*

Bank
ធនាគារ *th'niakia*

Botschaft
ស្ថានទូត *s'thaantuut*

Kino
រោងកុន *rowng kohn*

Museum
សារមន្ទី *saramohntii*

öffentliches Telefon
ទូរស័ព្ទសាធារណៈ *turasahp saathiaranah*

Park
សួន *suan*

Polizeistation
ប៉ុស្តិ៍ប៉ូលីស/ *poh polih/*
ស្ថានីយនគរបាល *s'thaanii nohkohbaal*

Postamt
ប្រៃសណីយ *praisuhnii*

Tempel
វត្ត *wawt*

Ich möchte US-Dollar tauschen.
ខ្ញុំចង់ដូរដុល្លាអាមេរិក
kh'nyohm jawng dow dolaa amerik

Wie ist der Wechselkurs für US-Dollar?
មួយដុល្លាដូរបានប៉ុន្មាន?
muy dolaa dow baan pohnmaan

UNTERKUNFT

Ich habe bereits ein Hotel gefunden.
ខ្ញុំមានអូតែលហើយ
kh'nyohm mian ohtail hao-y

Ich übernachte im …
ខ្ញុំស្នាក់នៅ
kh'nyohm snahk neuv …

Wo ist ein (günstiges) Hotel?
សណ្ឋាគារ/អូតែល(ថោក)នៅឯណា?
sahnthaakia/ohtail (thaok) neuv ai naa

Könnten Sie bitte die Adresse aufschreiben?
សូមសរសេរអាស័យដ្ឋានឱ្យខ្ញុំ?
sohm sawse aasayathaan ao-y kh'nyohm

Haben Sie noch Zimmer frei?
អ្នកមានបន្ទប់ទំនេរទេ?
niak mian bantohp tohmne te

Wie viel kostet das pro Nacht?
តំលៃមួយថ្ងៃប៉ុន្មាន?
damlay muy th'ngay pohnmaan

Ist das Frühstück im Preis enthalten?
តំលៃបន្ទប់គិតទាំងម្ហូបពេលព្រឹកឬ?
damlay bantohp khuht teang m'hohp pel pruhk reu

Kann ich das Zimmer sehen?
ខ្ញុំអាចមើលបន្ទប់បានទេ?
kh'nyohm aa-it mœl bantohp baan te

Dieses Zimmer gefällt mir nicht.
ខ្ញុំមិនចូលចិត្តបន្ទប់នេះទេ
kh'nyohm muhn johl juht bantohp nih te

Haben Sie ein besseres Zimmer?
អ្នកមានបន្ទប់ល្អជាងនេះទេ?
niak mian bantohp l'aw jiang nih te

Ich nehme dieses Zimmer.
ខ្ញុំយកបន្ទប់នេះ
kh'nyohm yohk bantohp nih

Ich hätte gern ein Zimmer …
ខ្ញុំសុំបន្ទប់ … *kh'nyohm sohm bantohp …*

für eine Person
សំរាប់មួយនាក់ *samruhp muy niak*

für zwei Personen
សំរាប់ពីរនាក់ *samruhp pii niak*

mit eigenem Bad
ដែលមានបន្ទប់ទឹក *dail mian bantohp tuhk*

mit Ventilator
ដែលមានកង្ហារ *dail mian dawnghahl*

mit einem Fenster
ដែលមានបង្អួច *dail mian bawng-uit*

Ich bleibe für …
ខ្ញុំនឹងស្នាក់ទីនេះ … *kh'nyohm nuhng snahk tii nih …*
eine Nacht
មួយថ្ងៃ *muy th'ngay*
eine Woche
មួយអាទិត្យ *muy aatuht*

Kann ich meine Sachen hierlassen bis …?
ខ្ញុំអាចផ្ញើអីវ៉ាន់របស់ខ្ញុំនៅទីនេះដល់ … បានទេ?
kh'nyohm aa-it ph'nyaa-œ tohk eiwuhn r'bawh kh'nyohm neuv tii nih dawl … baan te
heute Nachmittag
ល្ងាចនេះ *l'ngiak nih*
heute Abend
យប់នេះ *yohp nih*

VERKEHRSMITTEL

Wo ist der/die …?
… នៅឯណា? *… neuv ai naa*
Bahnhof
ស្ថានីយរថភ្លើង *s'thaanii roht plœng*
Bushaltestelle
ចំណតឡានឈ្នួល *jamnawt laan ch'nual*
Flughafen
វាលយន្តហោះ *wial yohn hawh*

Wann fährt der/das …?
… ចេញម៉ោងប៉ុន្មាន? *… jein maong pohnmaan*
Bus
ឡានឈ្នួល *laan ch'nual*
Flugzeug
យន្តហោះ/ *yohn hawh/*
កបាលហោះ *k'pal hawh*
Zug
រថភ្លើង *roht plœng*

Ich möchte (hier) aussteigen.
ខ្ញុំចង្កុះ (ទីនេះ) *kh'nyohm jawng joh (tii nih)*
Wieviel kostet die Fahrt nach …?
ទៅ … ថ្លៃប៉ុន្មាន? *teuv … th'lay pohnmaan*
Bitte fahren Sie mich nach …
សូមជូនខ្ញុំទៅ … *sohm juun kh' nyohm teuv …*
Bitte halten Sie hier an, vielen Dank.
ឈប់នៅទីនេះក5បាន *chohp neuv tii nih kaw baan*

VERSTÄNDIGUNG

Spricht hier irgendjemand Englisch?
ទីនេះមានអ្នកចេះភាសាអង់គ្លេសទេ?
tii nih mian niak jeh phiasaa awngle te
Verstehen Sie?
អ្នកយល់ទេ/អ្នកស្តាប់បានទេ?
niak yuhl te/niak s'dap baan te
Ich verstehe.
ខ្ញុំយល់/ខ្ញុំស្តាប់បាន
kh'nyohm yuhl/kh'nyohm s'dap baan
Ich verstehe nicht.
ខ្ញុំមិនយល់ទេ/ខ្ញុំស្តាប់មិនបានទេ
kh'nyohm muhn yuhl te/kh'nyohm s'dap muhn baan te
Was bedeutet das?
នេះមានន័យថាម៉េច?
nih mian nuh-y thaa mait
Wie heißt das hier?
នេះគេហៅថាម៉េច?
nih ke hav thaa mait
Bitte sprechen Sie langsam.
សូមនិយាយយឺតៗ
sohm niyay yeut yeut
Bitte schreiben Sie dieses Wort für mich auf.
សូមសរសេរពាក្យនោះឱ្យខ្ញុំ
sohm sawse piak nu ao-y kh'nyohm
Bitte übersetzen Sie für mich.
សូមបកប្រែឱ្យខ្ញុំ
sohm bawk brai ao-y kh'nyohm

WEGWEISER

Wie komme ich nach …?
ផ្លូវណាទៅ …? *phleuv naa teuv …*
Ist es weit?
វានៅឆ្ងាយទេ? *wia neuv ch'ngaay te*
Ist es in der Nähe?
វានៅជិតទេ? *wia neuv juht te*
Ist es hier in der Nähe?
វានៅជិតនេះទេ? *wia neuv juht nih te*
Gehen Sie geradeaus.
ទៅត្រង់ *teuv trawng*
Biegen Sie links ab.
បត់ឆ្វេង *bawt ch'weng*
Biegen Sie rechts ab.
បត់ស្តាំ *bawt s'dam*
an der Ecke
នៅកាច់ជ្រុង *neuv kait j'rohng*
hinter
នៅខាងក្រោយ *neuv khaang krao-y*
vor
នៅខាងមុខ *neuv khaang mohk*
bei/neben
នៅជាប់ *neuv joab*
gegenüber
នៅទល់មុខ *neuv tohl mohk*

Norden
ខាងជើង *khaang jœng*
Süden
ខាងត្បូង *khaang d'bowng*
Osten
ខាងកើត *khaang kaot*
Westen
ខាងលិច *khaang leit*

SPRACHE

ZAHLEN

Khmer zählen in Fünferschritten: Sobald die Zahl 5 *(bram)* erreicht wird, beginnt der Zyklus von vorne und die Zahlen ab 1 werden angefügt, z. B. 5-1 *(bram muy)*, 5-2 *(bram pii)* und so fort bis zur 10; dann beginnt wieder ein neuer Zyklus. So besteht die 18 z. B. aus drei Teilen, nämlich aus den Zahlen 10, 5 und 3.

Es gibt auch eine umgangssprachliche Form zu zählen, bei der die Reihenfolge der beiden Worte für die Zahlen zwischen 10 und 20 umgedreht und dazwischen das Worte *duhn* geschoben wird: *pii duhn dawp* für 12, *bei duhn dawp* für Dreizehn usw.

1	មួយ	*muy*
2	ពីរ	*pii*
3	បី	*bei*
4	បួន	*buan*
5	ប្រាំ	*bram*
6	ប្រាំមួយ	*bram muy*
7	ប្រាំពីរ	*bram pii/puhl*
8	ប្រាំបី	*bram bei*
9	ប្រាំបួន	*bram buan*
10	ដប់	*dawp*
11	ដប់មួយ	*dawp muy*
12	ដប់ពីរ	*dawp pii*
16	ដប់ប្រាំមួយ	*dawp bram muy*
20	ម្ភៃ	*m'phei*
21	ម្ភៃមួយ	*m'phei muy*
30	សាមសិប	*saamsuhp*
40	សែសិប	*saisuhp*
100	មួយរយ	*muy roy*
1000	មួយពាន់	*muy poan*
1 000 000	មួយលាន	*muy lian*

ZEIT & DATUM

Wie spät ist es?

ឥឡូវនេះម៉ោងប៉ុន្មាន?
eileuv nih maong pohnmaan

morgens	ពេលព្រឹក	*pel pruhk*
nachmittags	ពេលរសៀល	*pel r'sial*
abends	ពេលល្ងាច	*pel l'ngiat*
nachts	ពេលយប់	*pel yohp*

gestern	ម្សិលមិញ	*m'suhl mein*
heute	ថ្ងៃនេះ	*th'ngay nih*
morgen	ថ្ងៃស្អែក	*th'ngay s'aik*

Montag	ថ្ងៃចន្ទ	*th'ngay jahn*
Dienstag	ថ្ងៃអង្គារ	*th'ngay ahngkia*
Mittwoch	ថ្ងៃពុធ	*th'ngay poht*
Donnerstag	ថ្ងៃព្រហស្បតិ៍	*th'ngay prohoah*
Freitag	ថ្ងៃសុក្រ	*th'ngay sohk*
Samstag	ថ្ងៃសៅរ៍	*th'ngay sav*
Sonntag	ថ្ងៃអាទិត្យ	*th'ngay aatuht*

Glossar

apsara – himmlische Nymphe oder engelhafte Tänzerin, wird oft in der Khmer-Bildhauerei dargestellt
Asean – Verband Südostasiatischer Nationen
Avalokiteshvara – Bodhisattva der Barmherzigkeit, Inspiration für das von Jayavarman VII. erbaute Angkor Thom

baray – Wasserspeicher
Berg Meru – mythische Wohnstätte des Hindugottes Shiva
boeng – See

Chenla – präangkorianische Periode, 1. bis 6. Jh.
chunchiet – ethnische Minderheiten
cyclo – Fahrradtaxi; Fahrradrikscha

devaraja – Kult des Gottkönigs, bei dem der Monarch die universelle Macht hat; eingeführt von Jayavarman II.
devadas – Göttinnen

EFEO – École Française d'Extrême Orient
essai – weiser Mann oder traditioneller Medizinmann

Funan – präangkorianische Periode, 6. bis 8 Jh.
Funcinpec – Nationale Einheitsfront für ein unabhängiges, neutrales, friedliches und kooperatives Kambodscha; königstreue politische Partei

Garuda – mythisches, halb menschliches, halb vogelartiges Wesen
gopura – Eingangspavillon in der traditionellen hinduistischen Architektur

Hun Sen – Kambodschas derzeitiger Premierminister (seit 1998)

Jahr Null – 1975; das Jahr, in dem die Roten Khmer die Macht ergriffen
Jayavarman II. – Herrscher (reg. 802–50), der den Kult des Gottkönigs einführte und eine Zeit erstaunlicher architektonischer Produktivität anstieß, die in den außergewöhnlichen Tempeln von Angkor resultierte
Jayavarman VII. – Herrscher (reg. 1181–1219), der die Cham aus Kambodscha vertrieb und danach ein ambitioniertes Bauprogramm begann, zu dem auch die ummauerte Stadt Angkor Thom gehörte

Kampuchea – Name, den die Kambodschaner für ihr Land verwenden; für Ausländer ist der Begriff mit der blutigen Regentschaft der Roten Khmer verbunden, die darauf bestanden, dass die Außenwelt von 1975 bis 1979 den Namen Demokratisches Kampuchea benutzte

Khmer – eine Person kambodschanischer Herkunft; die kambodschanische Sprache
Khmer Krom – ethnische Khmer, die in Vietnam leben
Khmer Loeu – Obere Khmer oder ethnische Minderheiten im Nordosten des Landes
kouprey – extrem seltener, wahrscheinlich ausgestorbener Wildochse in Südostasien
KPK – Kambodschanische Volkspartei
krama – Schal

Linga – Phallussymbol

Mahayana – wörtlich „Großes Fahrzeug"; eine buddhistische Schule (auch als die nördliche Schule bekannt), die auf frühe buddhistische Lehren aufbaut und diese erweitert; siehe auch *Theravada*
moto – kleines Motorrad mit Fahrer; übliches Verkehrsmittel in Kambodscha

naga – mythische Schlange, oft vielköpfig; ein Symbol, das häufig in der angkorianischen Architektur verwendet wird
nandi – heiliger Ochse, Fahrzeug von Shiva
NRO – Nichtregierungsorganisation
NH – National Highway
Norodom Ranariddh, Prinz – Sohn von König Sihanouk und früherer Führer der Funcinpec
Norodom Sihanouk, König – früherer König von Kambodscha, Filmregisseur und überragende Figur im modernen Kambodscha

Pali – antike indische Sprache, neben Sanskrit der Ursprung des modernen *Khmer*
phlauv – Straße; wird Ph abgekürzt
phnom – Berg oder Hügel
Pol Pot – einstiger Anführer der Roten Khmer, der für das Elend und den Tod von Millionen Kambodschanern verantwortlich gemacht wird; auch bekannt als Saloth Sar
prasat – Stein oder Ziegelhalle von religiöser oder königlicher Bedeutung
preah – heilig
psar – Markt

Ramayana – episches Gedicht in Sanskrit von etwa 300 v. Chr.; Titelheld ist der mythische Ramachandra, die Inkarnation des Gottes Vishnu
remork-kang – Anhänger, der von einem Fahrrad gezogen wird
remork-moto – Anhänger, der von einem Motorrad gezogen wird; oft mit *remork* abgekürzt

rom vong – kambodschanischer Kreistanz
Rote Khmer – die revolutionäre Organisation ergriff 1975 die Macht und vollzog eine brutale soziale Neustrukturierung, die in den folgenden vier Jahren Millionen Kambodschaner in Tod und Elend stürzte

Sangkum Reastr Niyum – Sozialistische Volksgemeinschaft; eine Nationalbewegung, die von König Sihanouk angeführt wurde und das Land in den 1950er und -60er Jahren regierte
Sanskrit – antike Hindusprache; neben Pali der Ursprung der modernen Khmer-Sprache
stung – Fluss
Suryavarman II. – dieser König (reg. 1112–52) war verantwortlich für die Erbauung von Angkor Wat; er erweiterte und vereinte das Khmer-Reich

Theravada – eine buddhistische Schule (auch bekannt als südliche Schule oder Hinayana) in Myanmar (Birma), Thailand, Laos und Kambodscha; sie beschränkt sich auf die frühen buddhistischen Lehren; siehe auch *Mahayana*
tonlé – großer Fluss

UNDP – Entwicklungsprogramm der Vereinten Nationen
Unesco – Organisation der Vereinten Nationen für Erziehung, Wissenschaft und Kultur
Untac – Übergangsverwaltung der Vereinten Nationen in Kambodscha

vihara – Kultraum eines Tempels

WHO – Weltgesundheitsorganisation

yoni – weibliches Fruchtbarkeitssymbol

Die Autoren

NICK RAY

Hauptautor

Nick ist in gewisser Weise ein Londoner, doch ursprünglich stammt er aus Watford. Mit seiner Frau Kulikar und den gemeinsamen Kindern Julian und Belle lebt er in Phnom Penh. Er hat an der Entstehung von mehreren Reiseführern mitgewirkt, darunter die Lonely Planet Bände *Südostasien für wenig Geld* und *Cycling Vietnam, Laos & Cambodia*. Außerdem verfasst er Artikel für Zeitungen und Zeitschriften, etwa für die *Sunday Times* und *Wanderlust* in Großbritannien. Ansonsten ist er oft in entlegenen Ecken Kambodschas zu finden, wo er als Locationscout für Film und Fernsehen tätig ist, z. B. für *Tomb Raider* und *Zwei Brüder*. Motorräder sind seine Teilzeit-Leidenschaft (er fährt sie mit Leidenschaft und wartet sie in Teilzeit) und er hat bereits alle Provinzen des Landes damit bereist.

DANIEL ROBINSON

Natur & Umwelt, Südküste, Nordwestkambodscha

Daniel hat 1989 die preisgekrönte erste Ausgabe des Lonely Planet Reiseführers *Kambodscha* verfasst. Damals kreisten Flugzeuge auf der Route Phnom Penh–Siem Reap über der Mitte des Tonlé Sap, um Bodenfeuer zu vermeiden, und Daniel war drei geschlagene Tage lang der einzige Gast in Siem Reaps einzigem Hotel. Die Geschichte seiner Missgeschicke in einem verminten Tempel findet sich in *Lonely Planet Unpacked Again*. Heute sind seine Lieblingsorte zum Ausspannen die (bis jetzt) unberührte Westküste der Koh-Kong-Insel, die vom Nebel verhüllten Ruinen der Bokor-Bergstation und der Felssporn des Prasat Preah Vihear, von wo die atemberaubende Aussicht bis fast nach Angkor reicht. Daniel lebt in Tel Aviv und Los Angeles.

GREG BLOOM

Ostkambodscha

Greg hatte in den letzten sieben Jahren die beneidenswerte Aufgabe, seiner Frau zu beruflichen Positionen in Südostasien zu folgen. Nach fünf Jahren in Manila landete er 2008 im „kleinstädtischen" Phnom Penh. Er mochte die Stadt und ihre Bewohner sofort. Weil er in seinem Herz ein Mann der Berge ist, zögerte er nicht, als sich die Gelegenheit bot, für dieses Buch Kambodschas „Wilden Osten" zu erkunden. Wenn er nicht gerade über Südostasien schreibt, ist er vielleicht irgendwo in der ehemaligen Sowjetunion unterwegs (er war einmal in Kiew zu Hause) oder er reist auf der Suche nach Asiens ultimativen Frisbeeplätzen herum. Seinen Blog über diese und andere Forschungstouren findet man unter www.mytripjournal.com/bloomblogs.

DIE LONELY PLANET AUTOREN

Warum unsere Reiseführer die besten der Welt sind? Ganz einfach: Unsere Autoren sind unabhängige und leidenschaftliche Globetrotter. Sie recherchieren nicht einfach nur übers Internet oder Telefon und sie lassen sich nicht mit Werbegeschenken für positive Berichterstattung schmieren. Sie reisen weit – zu touristischen Highlights und entlegenen Orten. Sie schauen sich Tausende von Hotels, Restaurants, Cafés, Bars, Galerien, Schlössern und Museen höchstpersönlich an und beschreiben alles genau so, wie sie es vorfinden. Weitere Infos über die Arbeit der Autoren gibt's auf www.lonelyplanet.com.

Hinter den Kulissen

BEITRAG VON …

Dr. Trish Batchelor hat das Kapitel „Gesundheit" beigesteuert. Die Allgemeinmedizinerin und Spezialistin für Reisemedizin arbeitet an der CIWEC-Klinik in Kathmandu. Außerdem ist sie medizinische Beraterin der Travel-Doctor-New-Zealand-Kliniken. Trish unterrichtet Reisemedizin an der Universität von Otago und interessiert sich besonders für Unterwasser- und Höhenmedizin sowie für den Einfluss des Tourismus. Sie war viel in Südostasien und Ostasien unterwegs und liebt Trekkingtouren im Himalaya.

Hinter den Kulissen

DIESES BUCH

Dies ist die 1. deutsche Auflage von *Kambodscha*, basierend auf der mittlerweile 7. englischen Auflage von *Cambodia*, die von Nick Ray, Daniel Robinson und Greg Bloom bearbeitet wurde. Nick hat bereits an den vorigen vier Editionen mitgewirkt, Tony Wheeler und sein Co-Autor Daniel verfassten 1992 die erste Ausgabe. Dieser Reiseführer wurde vom Lonely Planet Büro in Melbourne in Auftrag gegeben und von folgenden Personen betreut:

Verantwortliche Redakteure Shawn Low, Tashi Wheeler
Leitende Redakteurin Saralinda Turner
Leitender Kartograf Andras Bogdanovits
Leitende Layoutdesignerin Margaret Jung
Redaktion Melanie Dankel, Bruce Evans
Kartografie David Connolly
Layoutdesign Sally Darmody
Redaktionsassistenz Susie Ashworth, Jackey Coyle, Robyn Loughnane
Kartografieassistenz Birgit Jordan, Alex Leung, Peter Shields
Umschlagrecherche Naomi Parker, lonelyplanetimages.com
Fotorecherche Aude Vauconsant, lonelyplanetimages.com
Projektleitung Chris Girdler
Redaktion Sprachführer Branislava Vladisavljevic

Dank an Lucy Birchley, Chris Love, Annelies Mertens, Trent Paton, John Taufa, Brian Turnbull, Celia Wood

DANK DER AUTOREN

NICK RAY

Wie immer danke ich von Herzen den Kambodschanern, deren Wärme, Humor, Gelassenheit und Scharfsinn eine Reise nach Kambodscha zu einer großartigen, aber auch demütigenden Erfahrung machen. Mein größter Dank gilt meiner wunderbaren Frau Kulikar Sotho, ohne deren Unterstützung und Ermutigung diese Abenteuer nicht möglich wären, sowie unseren Kindern Julian und Belle, die unser Leben bereichern und eine neue Perspektive in die Abschnitte „... für Kinder" bringen.

Danke an Mum und Dad, die mich immer unterstützen und ermutigen und diesen Teil der Welt

DIE LONELY PLANET STORY

Am Küchentisch fing alles an – nachdem Tony und Maureen Wheeler 1972 eine lange, abenteuerliche Reise durch Europa, Asien und Australien unternommen hatten, trugen sie all ihre Informationen und Notizen zusammen. So entstand der erste Lonely Planet Reiseführer *Across Asia on the Cheap*.

Der Reiseführer wurde von Travellern geradezu verschlungen. Ermutigt durch ihren Erfolg, veröffentlichten die Wheelers weitere Bücher über Südostasien, Indien und andere Länder. Die Nachfrage war so ungeheuerlich groß, dass die Wheelers ihr Untenehmen erweiterten. Über die Jahre deckten sie mit ihrer Reiseliteratur den ganzen Globus ab und sie dehnten ihre Berichterstattung auf die virtuelle Welt von lonelyplanet.com und das Lonely Planet Messageboard Thorn Tree aus.

Lonely Planet wurde ein immer beliebterer Reisebuchverlag und Tony und Maureen konnten sich vor Aufträgen kaum mehr retten. Doch erst 2007 fanden sie einen verlässlichen Partner, bei dem sie sich sicher sein konnten, dass er dem Prinzip abenteuerlustiger, aber umweltbewusster Reisen treu blieb. Im Oktober dieses Jahres erwarb BBC Worldwide 75% der Anteile von Lonely Planet, mit dem Versprechen, die Grundsätze unabhängiges Reisen, vertrauenswürdige Auskünfte und redaktionelle Unabhängigkeit aufrechtzuerhalten.

Heute hat Lonely Planet Büros in Melbourne (Australien), London und Oakland (USA) mit über 500 Mitarbeitern und 300 Autoren. Tony und Maureen engagieren sich immer noch aktiv bei Lonely Planet. Sie reisen mehr als je zuvor und in ihrer Freizeit widmen sie sich wohltätigen Projekten. Das Unternehmen wird nach wie vor von der Philosophie von *Across Asia on the Cheap* getragen: „Wichtig ist, dass du dich entscheidest zu gehen, dann hast du den härtesten Teil geschafft. Also, los geht's!"

schon oft bereist haben. Ich danke dir, meine kambodschanische Familie, dass du mich so herzlich aufgenommen und Verständnis für meinen weniger traditionellen Lebensstil gezeigt hast. Danke an meine Mitreisenden, Freunde und Bekannte, die mein Wissen und meine Reise bereichert haben. Es gibt leider nicht genug Platz, um jedem zu danken, aber ihr alle wisst, wer gemeint ist, denn wir treffen uns regelmäßig zum Biertrinken.

Danke auch an meinen Co-Autor Daniel Robinson, der 1989 die Grundlagen für dieses Buch gelegt hat, als die Reisebedingungen noch viel schwieriger waren. Danke an meinen Co-Autor und Freund, den in Kambodscha lebenden Greg Bloom, mit dem ich oft bei einem Bier zusammensaß, um mich in puncto Grenzübergänge zu informieren.

Schließlich danke ich dem Lonely Planet Team, das an dieser Ausgabe mitgearbeitet hat. Der Autor repräsentiert zwar das Werk, aber ein großer Teil der Arbeit erfolgt hinter den Kulissen, deshalb danke ich euch für eure Hilfe.

DANIEL ROBINSON

Ich danke den NRO-Mitarbeitern, die ihre Zeit und Erfahrungen so großzügig mit mir geteilt haben: Janet Gracey, Elise Vermeulen und Emma Blackmore von VSO; Greg Bauer, Kelsey Hedrick, Tyler Jellison und Mitch Widener vom Friedenskorps; Seng Bunra und La Peng Ly von Conservation International; Adam Starr von Fauna & Flora International; Nick Butler vom Sam Veasna Center; Xavier Gobin von Phare Ponleu Selpak; Oum Daraneth vom Zentrum für Khmer-Studien; Magali und Noah Courtial von Enfants du Mékong; sowie Oran Shapira, Lesley Perlman, Dany Goldshtein, Moeurk Mee, Gil Chen und Amy Van Nice von der Wildlife Alliance in Chi Phat.

Sehr hilfreich waren auch Loumi Martin, Janet Newman und Jason Webb aus Koh Kong; Chris Beaven, Antonia (Toni) Curman, Jean-Francois Dupuy, Duncan Garner, Lim Seng Hong, Erika Hilmersson, David Husbands, Scott McKenzee-Lee, Henrik Olsson und Nut Mom, Lee Verlander und Craig Warren aus Sihanoukville; Sok Lim, Som Sovan und Angela Vestergaard aus Kampot; Karen Schroeder-Ames und Yenng Phary aus Kep; Jean James aus Takeo; Chhan Chamroeun, Yang Chantha und Keo Kinal aus Siem Reap; Kong Vibol, Pol Sinheng und You Sokha aus Tbeng Meanchey; Chourn Bunnath, Kosei Fujimoto, Pheng Sam Oeun, Uk Topbotra, Vong Thadira und Prof. Tsuneaki Yoshida, die ich in Prasat Preah Vihear kennengelernt habe; Pa Song Heng aus Poipet; Stephan Bognar, Thai Choeung Chan, Yves Deguin, Xavier Gobin und Pierrot Sem aus Battambang;

> **WIR FREUEN UNS ÜBER IHR FEEDBACK**
>
> Post von Travellern zu bekommen ist für uns ungemein hilfreich – Kritik und Anregungen halten uns auf dem Laufenden und helfen, unsere Bücher zu verbessern. Unser reiseerfahrenes Team liest alle Zuschriften genau durch, um zu erfahren, was an unseren Reiseführern gut und was schlecht ist. Wir können solche Post zwar nicht individuell beantworten, aber jedes Feedback wird garantiert schnurstracks an die jeweiligen Autoren weitergeleitet, rechtzeitig vor der nächsten Nachauflage.
>
> Wer uns schreiben will, erreicht uns über www.lonelyplanet.de/kontakt.
>
> Hinweis: Da wir Beiträge möglicherweise in Lonely Planet Produkten (Reiseführer, Websites, digitale Medien) veröffentlichen, ggf. auch in gekürzter Form, bitten wir um Mitteilung, falls ein Kommentar nicht veröffentlicht oder ein Name nicht genannt werden soll. Wer Näheres über unsere Datenschutzpolitik wissen will, erfährt das unter www.lonelyplanet.com/privacy.

Alysha Beyer, Brad Gordon und seine Frau Rattana sowie Nora Lindström aus Phnom Penh.

Wie immer war es ein großes Vergnügen, mit meinen Freunden (und Führern) zusammenzuarbeiten: Hang Vuthy aus Sihanoukville und Racky Thy (Rith Vanna) aus Battambang; meinen Co-Autoren Nick Ray und Greg Bloom; den Lonely Planet Redakteuren Shawn Low, Chris Girdler und Saralinda Turner; außerdem Tashi Wheeler, der emeritierten verantwortlichen Redakteurin: Sie gehört zur zweiten Generation der Wheelers, die mich für den Lonely Planet nach Kambodscha entsandt haben.

Schließlich möchte ich meiner Frau Rachel Safman für ihren Rückhalt und immerwährenden Humor danken.

GREG BLOOM

Großer Dank geht an meine Frau Karin, die uns bis hierher gebracht und dieses Buch erst ermöglicht hat. Danke auch an meine Tochter Anna, die eine ständige Quelle der Heiterkeit ist. Danke an Howie Nielson und den Leuten von SVC, die mir die Welt der Vogelbeobachtung in Seima nähergebracht haben. Unterwegs habe ich verschiedene Leute getroffen, die mir tolle Tipps gegeben haben, speziell Tania in Ban Lung, Jean James und Theany in

Stung Treng sowie Kratie-Joe und Kompong-Cham-Joe. Danke an die Co-Autoren Nick und Daniel für den Informationsaustausch. Danke auch an Nick und Tashi, die dieses Buch erst möglich gemacht haben.

UNSERE LESER

Vielen Dank an die Reisenden, die unsere letzte Ausgabe genutzt und uns hilfreiche Hinweise, Ratschläge und interessante Geschichten geschickt haben:

A Carla Andersen, Jules Atkins, Sandra Atkins, **B** Caroline Baize, Antony Barton, Kerri Bastin, Chloe Baylis, Magnus Bengtsson, Kate Bennett, Karin Blokziel, Sarah Booth, Peter Bramwell, Gary Brehm, Stacey Brennan, Andrea Briedé, Jurgen Bruyninx, Luella Buckley, Thomas Buechler, Simon Burdon, Georgina Burman, Lee Burrows, **C** Paul Chin, Anita Chopra, Jean-Philippe Claude, Jon Clements, Ally Collier, Clare Copley, Daniel Crowther, Jerry Czarnecki, **D** Devan Darby, Jane Dearden, Anja Dijkema, Yvonne Duijst, Dorn Duk, **E** Mark Eckenrode, Kevin Eperjesy, **F** Charles Failmezger, Marry Fermont, Emma Figueirado, Daniel Ford, **G** Gal Gafni, Allan Gathercoal, Lia Genovese, Dianna Graham und Pierre Gallant, Lacy Grotheer, **H** Sofie Hagens, Bernard Hanna, Nicole Hansen, John Hayward, Jamie Henderson, Peter Hendriks, Gary Hirson, James Hirst, Belinda Hoffer, Amber Hoffman, Frank Höppener, **J** Esther Janssen, Mark Jarecki, Tim Jomartz-Knowles, **K** Kelly Knowles, Brian Kuhl, **L** Silke Lassen, Joel Lasser, Mark Lindley, Cloe Lowery, **M** John Maginness, Adam Martin, Julie Martinez, Grant McMillan, Ampay Medina, Lior Meirzon, Thavy Meng Jones, Sofie Merck, Krishnendu Mondal, **N** Hannele Nystrom, **O** Mary O'Neill, Rita Owen, **P** Souvik Paul, Claude Payen, Jayne Pearson, Elin Persson, Richard Petrie, Cick Pouw, Frances Prince, **R** Kerry Raymond, Frances Rein, Simon Robert, **S** Paul Sampson, Matilda Sandén, Rainer Schulze, Shawny Scott, Andrew Senderak, John Sidgwick, Anna Spruce, Kate Steer, Beth Stevenson, Anupma Sud, Malgorzata Szramkowska, Istvan Szucs, **T** John Tattersall, Dan Taylor, Inka Tetzlaff, Gees und Jan Tinholt, Benjamin Tipton, Ep Tissing, Richard Tucker, **V** Jan Willem Van Hofwegen, Marc Van Lierop, Kim Van Oudheusden, Huub Van Rooij, Katerina Vlady, Alexandra Von Muralt, Marianne Vrouwenvelder, **W** Jamie Waterhouse, Holly Webb, Sajith Weerasinghe, Joey Weiss, Alexandra Wells, Katelin Westwood, Elsbeth Wissink, Danielle Wolbers, Edgar Wyss, **Z** Natasha Zheltov, Rachel Zuercher

QUELLENNACHWEIS

Vielen Dank für die Nutzungsgenehmigung:

Weltkugel auf der Titelseite © Mountain High Maps 1993 Digital Wisdom, Inc.

Register

REGISTER

000 Verweise auf Karten
000 Verweise auf Fotos

REGISTER

000 Verweise auf Karten
000 Verweise auf Fotos

REGISTER

REGISTER

GreenDex

In Kambodscha sind sowohl der Öko- als auch der gemeindebasierte Tourismus auf dem Vormarsch. Darüber hinaus stößt man hier auf eine ganze Reihe von Restaurants und Läden, die Behinderte unterstützen. Für die nachfolgend genannten Veranstalter, Unterkünfte, Geschäfte und Lokale ist Umweltschutz nicht nur eine Marketingfloskel. Sie legen Wert auf nachhaltigen Tourismus, engagieren sich für die Erhaltung der Natur, beschaffen Benachteiligten Ausbildungs- bzw. Arbeitsplätze oder treiben Gelder auf, um soziale Projekte zu finanzieren.

Wer weitere empfehlenswerte Einrichtungen kennt, mit unserer Auswahl nicht einverstanden ist oder glaubt, dass wir einen Anbieter übersehen haben, kann uns unter der E-Mail-Adresse talk2us@lonelyplanet.com.au seine Meinung mitteilen. Mehr Informationen gibt's unter www.lonelyplanet.com/responsibletravel.

NORDWEST-KAMBODSCHA

OSTKAMBODSCHA

PHNOM PENH & UMGEBUNG